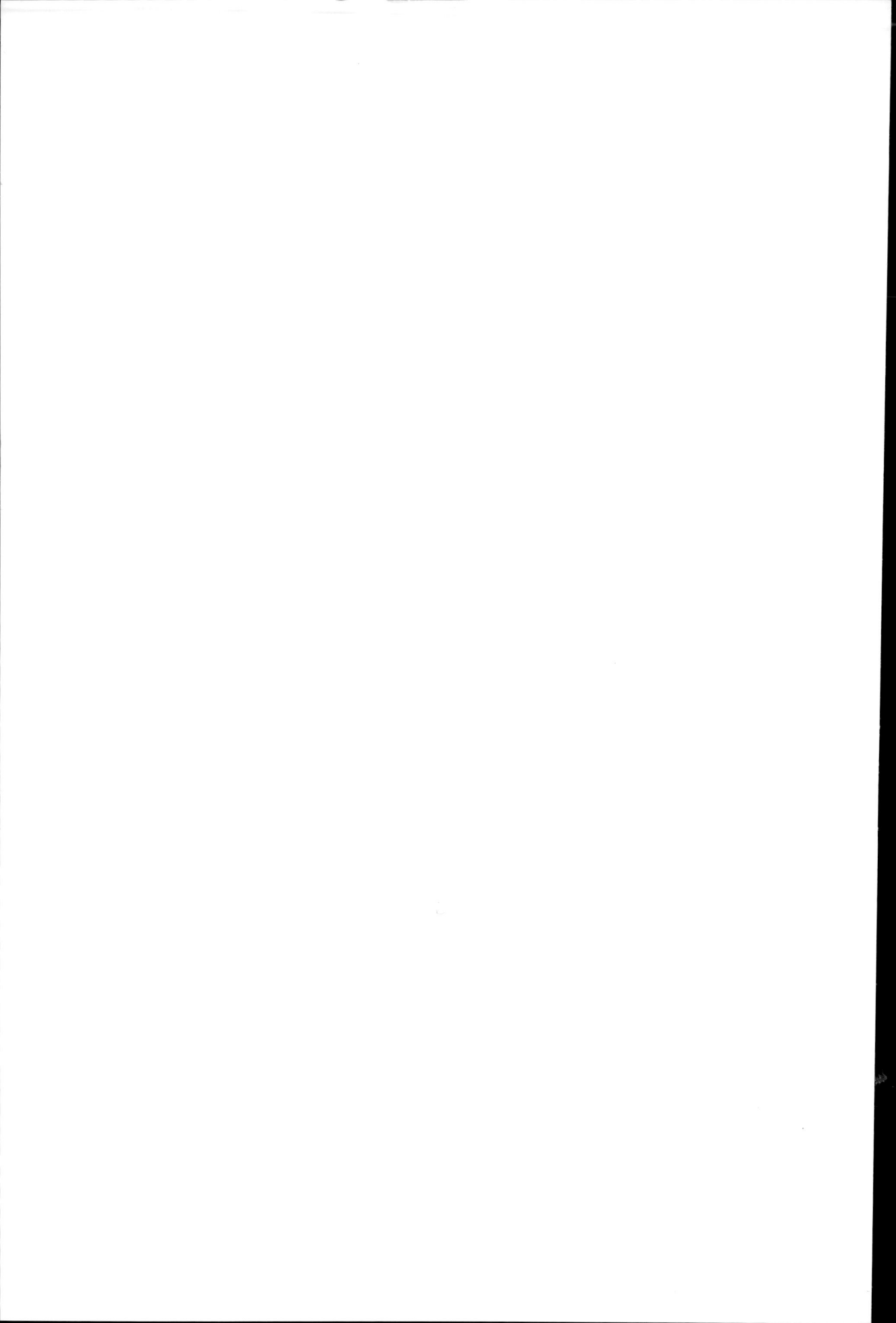

福建省圖書館

古籍普查登記目録

（下）

索引

全國古籍普查登記目録

國家圖書館出版社
National Library of China Publishing House

書名筆畫字頭索引

3

7

十一畫

十二畫

14

16

十五畫

十六畫

18

十七畫

十八畫

二十二畫

二十三畫

二十四畫

二十九畫

書名筆畫索引

三畫

四畫

56

59

七畫

85

九畫

112

十畫

139

十一畫

151

155

十二畫

161

162

171

十三畫

179

185

189

190

195

十五畫

207

209

217

十七畫

221

224

十九畫

231

二十二畫

二十三畫

二十四畫

福建省圖書館古籍普查登記目録（上）

全國古籍普查登記目録

國家圖書館出版社

National Library of China Publishing House

圖書在版編目（CIP）數據

福建省圖書館古籍普查登記目録/本書編委會編. --北京：國家圖書館出版社,2015.12
（全國古籍普查登記目録）
ISBN 978－7－5013－5723－9

Ⅰ.①福…　Ⅱ.①本…　Ⅲ.①古籍—圖書目録—福建省　Ⅳ.①Z838

中國版本圖書館 CIP 數據核字（2015）第 273318 號

書　　名	福建省圖書館古籍普查登記目録（全二冊）	
編　　者	本書編委會　編	
責任編輯	趙　嬡　張珂卿	

出　　版	國家圖書館出版社（100034 北京市西城區文津街 7 號）	
	（原書目文獻出版社　北京圖書館出版社）	
發　　行	010－66114536　66126153　66151313　66175620	
	66121706（傳真）,66126156（門市部）	
E-mail	nlcpress@ nlc. cn（郵購）	
Website	www. nlcpress. com ──→投稿中心	
經　　銷	新華書店	
印　　裝	河北三河弘翰印務有限公司	
版　　次	2015 年 12 月第 1 版第 1 次印刷	

開　　本	787×1092 毫米　1/16	
印　　張	65	
字　　數	1300 千字	

書　　號	ISBN 978－7－5013－5723－9	
定　　價	580.00 圓（全二冊）	

《全國古籍普查登記目錄》
工作委員會

主　任：周和平
副主任：張永新　詹福瑞　劉小琴　李致忠　張志清
委　員（按姓氏筆畫排序）：

于立仁　王水喬　王　沛　王紅蕾　王筱雯
方自今　尹壽松　包菊香　任　競　全　勤
李西寧　李　彤　李忠昊　李春來　李　培
李曉秋　吳建中　宋志英　努　木　林世田
易向軍　周建文　洪　琰　倪曉建　徐欣禄
徐　蜀　高文華　郭向東　陳荔京　陳紅彦
張　勇　湯旭巖　楊　揚　賈貴榮　趙　嬿
鄭智明　劉洪輝　歷　力　鮑盛華　韓　彬
魏存慶　鍾海珍　謝冬榮　謝　林　應長興

《全國古籍普查登記目録》

序　言

　　全國古籍普查登記工作是"中華古籍保護計劃"的首要任務,是全面開展古籍搶救、保護和利用工作的基礎,也是有史以來第一次由政府組織、參加收藏單位最多的全國性古籍普查登記工作。

　　2007年國務院辦公廳發佈《關於進一步加强古籍保護工作的意見》(國辦發〔2007〕6號),明確了古籍保護工作的首要任務是對全國公共圖書館、博物館和教育、宗教、民族、文物等系統的古籍收藏和保護狀況進行全面普查,建立中華古籍聯合目録和古籍數字資源庫。2011年12月,文化部下發《文化部辦公廳關於加快推進全國古籍普查登記工作的通知》(文辦發〔2011〕518號),進一步落實了全國古籍普查登記工作。根據文化部2011年518號文件精神,國家古籍保護中心擬訂了《全國古籍普查登記工作方案》,進一步規範了古籍普查登記工作的範圍、內容、原則、步驟、辦法、成果和經費。目前進行的全國古籍普查登記工作的中心任務是通過每部古籍的身份證——"古籍普查登記編號"和相關信息,建立古籍總臺賬,全面瞭解全國古籍存藏情况,開展全國古籍保護的基礎性工作,加强各級政府對古籍的管理、保護和利用。

　　《全國古籍普查登記工作方案》規定了全國古籍普查登記工作的三個主要步驟:一、開展古籍普查登記工作;二、在古籍普查登記基礎上,編纂出版館藏古籍普查登記目録,形成《全國古籍普查登記目録》;三、在古籍普查登記工作基本完成的前提下,由省級古籍保護中心負責編纂出版本省古籍分類聯合目録《中華古籍總目》分省卷,由國家古籍保護中心負責編纂出版《中華古籍總目》統編卷。

　　在党和政府領導下,在各地區、各有關部門和全社會共同努力下,古籍普查登記工作得以扎實推進。古籍普查已在除臺、港、澳之外的全國各省級行政區域開展,普查內容除漢文古籍外,還包括各少數民族文字古籍,特別是於2010年分別啓動了新疆古籍保護和西藏古籍保護專項,因地制宜,開展古籍普查登記工作;國家古籍保護中心研製的"全國古籍普查登記平臺"已覆蓋到全國各省級古籍保護中心,並進一步研發了"中華古籍索引庫",爲及時展現古籍普查成果提供有力支持;截至目前,已有11375部古籍進入《國家珍貴古籍名録》,浙江、江蘇、山東、河北等省公佈了省級《珍貴古籍名録》,古籍分級保護機制初步形成。

　　《全國古籍普查登記目録》是古籍普查工作的階段性成果,旨在摸清家底,揭示館藏,反映古籍的基本信息。原則上每申報單位獨立成册,館藏量少不能獨立成册者,則在本省範圍內幾個館目合併成册。無論獨立成册還是合併成册,均編製獨立的書名筆畫索引附於書後。著録的必填基本項目有:古籍普查登記編號、索書號、題名卷數、著者(含著作方式)、版本、册數及存缺卷數。其他擴展項目有:分類號、批校題跋、版式、裝幀形式、叢書子目、書影、破損狀況等。有條件的收藏單位多著録的一些擴展項目,也反映在《全國古籍普查登記目録》上。目録編排按古籍普查登記編號排序,內在順序給予各古籍收藏單位較大自由度,可按分類排列古籍普查登記編號,也可按排架號、按同書名等排列古籍普查登記編號,以反映各館特色。

　　此次全國古籍普查登記工作,克服了古籍數量多、普查人員少、普查難度大等各種困難,也得到了全國古籍保護工作者的極大支持。在古籍普查登記過程中,國家古籍保護中心、各省古籍保護中心爲此舉辦了多期古籍普查、古籍鑒定、古籍普查目録審校等培訓班,全國共1600餘家單位參加了培訓,爲古籍普查登記工作培養了大量人才。同時在古籍普查登記工作中,也鍛煉了普查員的實踐能力,爲將來古籍保護事業發展奠定了良好的基礎。

　　《全國古籍普查登記目録》的出版,將摸清我國古籍家底,爲古籍保護和利用工作提供依據,也將是古籍保護長期工作的一個里程碑。

國家古籍保護中心

2013 年 10 月

《全國古籍普查登記目録》

編纂凡例

一、收録範圍爲我國境内各收藏機構或個人所藏,産生於 1912 年以前,具有文物價值、學術價值和藝術價值的文獻典籍,包括漢文古籍和少數民族文字古籍以及甲骨、簡帛、敦煌遺書、碑帖拓本、古地圖等文獻。其中,部分文獻的收録年限適當延伸。

二、以各收藏機構爲分册依據,篇幅較小者,適當合併出版。

三、一部古籍一條款目,複本亦單獨著録。

四、著録基本要求爲客觀登記、規範描述。

五、著録款目包括古籍普查登記編號、索書號、題名卷數、著者、版本、册數、存缺卷等。古籍普查登記編號的組成方式是:省級行政區劃代碼—單位代碼—古籍普查登記順序號。

六、以古籍普查登記編號順序排序。

七、編製各館藏目録書名筆畫索引附於書後,以便檢索。

《福建省圖書館古籍普查登記目録》

編委會

1

《福建省圖書館古籍普查登記目錄》

前　言

　　古籍是民族文明成果的重要載體。中華文明綿延數千年而未遭斷絶,與我國歷史上重視文化典籍的編纂與傳承有着重要的關係。中國古代典籍是珍貴的文化遺産,也是人類智慧的結晶。保護中華古籍,就是守護人類文明的瑰寶。

　　"中華古籍保護計劃"是國家在"十一五"期間重點開展的古籍保護項目。國家加强古籍保護,必須全面瞭解古籍的存藏情況,古籍普查和《全國古籍普查登記目録》的建立實際上是從源頭解决這個問題,使國家對於古籍的數量、價值、保存環境和破損情況有個清晰的認識。

　　迄今爲止,全國開展的古籍普查登記工作,就是希望全面瞭解和掌握各級圖書館、博物館等單位及民間所藏古籍的基本情況,這是中華古籍保護計劃的主要内容,是國家重要的文化工程。

　　福建省圖書館所藏古籍主要來源於清末福州鰲峰、正誼、鳳池這三大書院,以及部分私人藏書家的捐藏,如龔易圖"大通樓"、螺江陳氏"賜書樓"藏書等,以此作爲基礎,歷經此後不斷以捐贈、購買等方式次第匯入,館藏古籍量逐漸增加。1952 年,福建省圖書館接收了原屬私立福建學院"烏山圖書館"所藏古籍,至此可謂基本奠定了迄今葆有的藏書規模與體系,其中尤以福建地方文獻的建設最爲着力。

　　福建省圖書館對館藏古籍的整理從未間斷,1959 年集中進行清點、核對、配套和裱褙等工作,至 20 世紀 60 年代中,編纂了《館藏各省方志目録》《館藏本省方志目録》《館藏綫裝古書簡目》(900 類書名索引)、《館藏族譜目録》《館藏叢書目録》《館藏古籍善本目録》等書録,但這些書目間明顯存在着各爲體系,且分類交叉重叠等現象,並非館藏古籍的整體書目。至 1978 年,福建省圖書館參加了全國古籍善本大普查,部分館藏善本經專家遴選後收入了《中國古籍善本書目》中。1995 年搬遷至新館,囿於庫容的局限,許多古籍依舊無法整理上架,因而也就談不上對書目系統的完善,以至於時近半個多世紀,我館依舊祇有上述幾部古籍書目在繼續使用,而作爲輔助性的目録卡片,在長期使用過程中損耗、缺失比較嚴重,經年累月,以至於許多古籍已無法有效地予以揭示,館藏古籍家底不清。

2007 年“中華古籍保護計劃”啓動後，福建省圖書館積極響應號召，認真開展古籍保護各項工作，首先將館藏古籍普查登記工作列爲首要任務，以期進一步摸清家底。古籍存藏部門特藏部業務人員經過了學習、摸索及適應階段，自 2009 年開通“全國古籍普查登記平臺”後，利用數字化平臺，加快工作進度；同時，根據《全國古籍普查登記手冊》開展規範化著録，並糾正了不少原編目數據的錯訛，館藏古籍目録數據日益精進。2012 年實施的全國古籍普查登記工作，就是爲了全面瞭解全國古籍存藏情況，建立古籍總臺賬，這是開展全國古籍保護的基礎性工作。爲此，我館即根據國家古籍保護中心《全國古籍普查工作方案》部署與要求，制訂了“目驗原書，逐冊清點”的館藏普查登記工作方針，在“全國古籍普查登記平臺”上對館藏古籍進行登記。至 2014 年底，累計完成 15700 餘條書目，逾 136500 冊古籍，基本摸清了館藏古籍的家底。

當然，當下的普查登記工作祇是對古籍的索書號、題名卷數、撰著者、版本和冊數的初步登記，所取得的數據也難稱完備，但經過逐冊清點、整理和登記，館藏古籍可以説得到了一次較爲細緻的梳理。在此期間，我們還對破損嚴重的古籍進行了搶救性修復，爲下一階段的保護工作打下了良好的基礎。與此同時，我館還嘗試進行了部分古籍的完整著録（即完成全部 13 項普查登記要素），共計有 1885 條目，通過了二級審核，並已上傳至國家古籍保護中心，從中也逐漸摸索出了相應的經驗和教訓。在普查過程中，普查小組還持續深入發掘館藏珍本，積極向國家古籍保護中心進行申報，先後計有 83 部古籍分別入選第一至四批《國家珍貴古籍名録》；通過認真細緻的摸庫排查，從普通古籍中發掘出《大唐西京千福寺多寶佛塔感應碑文》《玉枕蘭亭序玉版十三行合冊》兩部拓本，彌足珍貴，顯見開展古籍普查工作的重要性與必要性。

2015 年之始，館藏古籍的普查登記工作暫告一段落，特藏部隨即安排古籍普查小組開展對普查數據的審校，並嚴格按照國家古籍保護中心的要求，着手編纂《福建省圖書館古籍普查登記目録》，删除了部分民國本，以及和刻本等域外版本，館藏中文古籍共計 15544 條目，在大家一致努力下，終於在 3 月中旬完成了該目録的編校工作，交付出版。經過數年的艱苦奮鬥，我館古籍普查工作取得了階段性的成果，每一位參與者都倍感欣慰，同時也深切地感受到古籍保護工作在持續推進過程中所遇到的實際困難和問題依然不少，諸如基礎較弱，歷史欠賬較多，加上人才短缺，古籍保護投入的保障機制有待完善等，因此，完成館藏古籍普查登記工作後，還有很多工作需要在下一階段的工作中予以細化、繼續加強，諸如詳細和深入地考訂古籍版本源流、充分揭示古籍中所有信息，索書號序列有待進一步地優化，等等。祈望由省館推及全省各收藏單位，帶動全省古籍普查工作，逐步完善福建省的古籍保護工作體系，進而使全省古籍得到全面、科學、規範地保護和利用。

　　我們已經做出了以上各種努力，今後仍將會持續、不斷地在此基礎上予以深入和發展，爲中華古籍保護事業做出更多、更大的貢獻。

福建省圖書館

2015 年 3 月 31 日

目　録

上冊

下冊

350000－2001－0000001　甲9.2/25

六書統二十卷　（元）楊恒撰　元至大元年
(1308)江浙行省儒學刻元明遞修本　二十冊

350000－2001－0000002　甲1/8

誠齋先生易傳二十卷　（宋）楊萬里撰　明嘉
靖二十一年(1542)尹耕療鶴亭刻本　五冊

350000－2001－0000003　丙12/48

**山堂先生群書考索前集六十六卷後集六十五
卷續集五十六卷別集二十五卷**　（宋）章如愚
輯　元延祐七年(1320)圓沙書院刻本　三十
九冊　存一百六卷(前集一至三、九至五十
三、五十五至五十六,後集一至二十、二十三
至四十六、五十四至六十五)

350000－2001－0000004　甲1/10

學易記五卷　（明）金賁亨撰　明嘉靖刻本
一冊

350000－2001－0000005　丁2.5/6

揭曼碩詩集三卷　（元）揭傒斯撰　（元）溥化
校錄　元後至元六年(1340)日新堂刻本
一冊

350000－2001－0000006　乙6.1/1

新編方輿勝覽七十卷　（宋）祝穆撰　元刻本
(卷六十九至七十配南宋嘉熙刻本)　十八冊
存四十八卷(一至二、十九至二十五、三十
二至七十)

350000－2001－0000007　甲3/5.2

詩緝三十六卷　（宋）嚴粲撰　明趙府味經堂
刻本　二十四冊

350000－2001－0000008　丙12/13

**新箋決科古今源流至論前集十卷後集十卷續
集十卷**　（宋）林駉輯　**別集十卷**　（宋）黃履
翁撰　明刻本　三冊　存十卷(續集十卷)

350000－2001－0000009　甲6/8

唐荆川先生編纂左氏始末十二卷　（明）唐順
之編　明嘉靖四十一年(1562)唐正之刻本
五冊

350000－2001－0000010　甲5/1

李氏樂書六種二十卷　（明）李文察撰　明嘉
靖刻本　十冊

350000－2001－0000011　甲7.3/1

大學億二卷釋疑一卷　（明）王道撰　明嘉靖
二十三年(1544)錢楩刻本　一冊

350000－2001－0000012　甲9.2/6

許氏說文解字五音韻譜十二卷　（宋）李燾撰
明刻本　五冊　存十卷(三至十二)

350000－2001－0000013　甲9.3/11

新編併音連聲韻學集成十三卷　（明）章黼撰
明成化十七年(1481)刻本　十三冊

350000－2001－0000014　甲9.2/28

六書本義十二卷圖一卷　（明）趙撝謙撰　明
正德十四年(1519)刻本　二冊

350000－2001－0000015　甲9.3/12

重編廣韻五卷　（宋）陳彭年等撰　（明）朱祐
檳編　明嘉靖二十八年(1549)益藩刻本
五冊

350000－2001－0000016　甲9.2/29

六書精蘊六卷　（明）魏校撰　**音釋舉要一卷**
（明）徐官撰　明嘉靖十九年(1540)魏希明
刻本　六冊

350000－2001－0000017　甲9.3/14

詩韻輯略五卷　（明）潘恩撰　明隆慶三年
(1569)刻本　五冊

350000－2001－0000018　甲9.1/10

博雅十卷　（魏）張揖撰　（唐）曹憲音解　明
正德杜子實刻本　二冊

350000－2001－0000019　乙5.6/1

古今列女傳三卷　（明）解縉等撰　明永樂元
年(1403)内府刻本　三冊

350000－2001－0000020　甲9.1/11

埤雅二十卷　（宋）陸佃撰　明成化十五年
(1479)劉廷吉刻本　四冊

350000－2001－0000021　乙4/6

逸周書十卷　（晉）孔晁注　明嘉靖刻本
二冊

350000－2001－0000022　乙4/32.5
鄭端簡公徵吾錄二卷　（明）鄭曉撰　明鄭履淳刻本　一冊

350000－2001－0000023　乙4/22
宋紀受終考三卷　（明）程敏政撰　明弘治四年（1491）戴銑刻本　一冊

350000－2001－0000024　乙5.1/8
皇明名臣錄贊一卷　（明）彭韶撰　明成化十四年（1478）刻本　一冊

350000－2001－0000025　乙6.5/1
古今游名山記十七卷總錄三卷　（明）何鏜編（明）吳炳校正　明嘉靖四十四年（1565）何鏜刻萬曆重修本　十二冊

350000－2001－0000026　乙5.2/1.4
范文正公［仲淹］年譜一卷　（宋）樓鑰編　明正德十二年（1517）葉士美、歐陽席刻本　一冊

350000－2001－0000027　乙6.5/1.5
古今游名山記十七卷總錄三卷　（明）何鏜編（明）吳炳校正　明嘉靖四十四年（1565）何鏜刻萬曆重修本　十四冊

350000－2001－0000028　乙7.5/5
少保胡端敏公奏議十卷　（明）胡世寧撰（明）黄以賢校　明嘉靖十九年（1540）余鍐刻本　五冊

350000－2001－0000029　乙1.2/1－6
史記題評一百三十卷　（明）楊慎　（明）李元陽輯　（明）高世魁校正　明嘉靖十六年（1537）胡友恒、胡瑞敦刻本　二十六冊　存一百二十二卷（一至十二、十五至二十二、二十六至三十九、四十三至一百三十）

350000－2001－0000030　乙3/6.5
司馬温公經進稽古錄二十卷　（宋）司馬光撰　明弘治十四年（1501）楊璋刻本　三冊

350000－2001－0000031　乙1.2/20－3
宋史新編二百卷　（明）柯維騏撰　明嘉靖四十三年（1564）刻本　四十二冊

350000－2001－0000032　甲10/1
五經蠡測六卷　（明）蔣悌生撰　明嘉靖十七年（1538）刻本　二冊

350000－2001－0000033　丙1/25
二程子抄釋十卷　（明）呂柟撰　明嘉靖二十七年（1548）刻本　二冊

350000－2001－0000034　乙12/4
歷代世譜十卷　（□）□□撰　明弘治十六年（1503）陳璘刻本　一冊

350000－2001－0000035　丙1/32
潛室陳先生木鐘集十一卷　（宋）陳埴撰　明弘治十四年（1501）刻本　二冊

350000－2001－0000036　乙1.2/3－1
後漢書九十卷　（南朝宋）范曄撰　（唐）李賢注　**志三十卷**　（晉）司馬彪撰　（南朝梁）劉昭注補　明刻嘉靖十六年（1537）廣東崇正書院重修本　二十二冊

350000－2001－0000037　丙1/33
大學衍義四十三卷　（宋）真德秀撰　明刻本　十冊

350000－2001－0000038　乙1.2/16－1
唐書二百卷　（五代）劉昫等纂　明嘉靖十八年（1539）聞人詮刻本（志二十一至二十五配清抄本）　六十四冊

350000－2001－0000039　丙1/38
楊子折衷六卷　（明）湛若水撰　明嘉靖刻藍印本　一冊

350000－2001－0000040　乙3/3
少微通鑑節要五十卷外紀四卷　（宋）江贄撰　**資治通鑑節要續編三十卷**　（明）張光啓撰　明正德九年（1514）司禮監刻本　四十冊

350000－2001－0000041　丙5/15
醫說十卷　（宋）張杲撰　明嘉靖二十三年（1544）顧定芳刻本　六冊

350000－2001－0000042　乙6.1/3
大明一統志九十卷　（明）李賢　（明）萬安纂修　明嘉靖三十八年（1559）書林楊氏歸仁齋

刻本　三十二冊

350000－2001－0000043　丙10/30
石林燕語十卷　（宋）葉夢得撰　明正德元年
(1506)楊宗文刻本　二冊

350000－2001－0000044　乙6.1/2
大明一統志九十卷　（明）李賢　（明）萬安纂
修　明萬壽堂刻本　十二冊

350000－2001－0000045　丙10/88
自警編九卷　（宋）趙善璙撰　明嘉靖十九年
(1540)陳光哲刻本　四冊

350000－2001－0000046　乙7.5/7
兩廣疏略二卷惠威錄二卷省吾林公文集一卷
詩集一卷　（明）林富撰　明刻本　一冊　存
二卷(兩廣疏略二卷)

350000－2001－0000047　丁2.5/10
書林外集七卷　（元）袁士元撰　明正統刻本
一冊

350000－2001－0000048　丙1/24
道南源委錄十二卷　（明）朱衡編　（明）李邦
珍詮訂　明嘉靖四十二年(1563)楊一鶚刻本
四冊

350000－2001－0000049　丁2.2/35
李文山詩集三卷　（唐）李群玉撰　明嘉靖四
十二年(1563)水之文刻本　一冊

350000－2001－0000050　丙1/31
考亭淵源錄二十四卷　（明）宋端儀撰　（明）
薛應旂重輯　明隆慶三年(1569)刻本　八冊

350000－2001－0000051　丁2.1/8
陶靖節集六卷　（晉）陶潛撰　明崇禎十三年
(1640)葉益蓀春書堂刻本　二冊

350000－2001－0000052　丙10/13
西溪叢語二卷　（宋）姚寬撰　明嘉靖二十七
年(1548)俞憲刻本　一冊

350000－2001－0000053　丁2.1/9
陶靖節集六卷　（晉）陶潛撰　明崇禎十三年
(1640)葉益蓀春書堂刻本　一冊

350000－2001－0000054　丙10/36
吹劍錄一卷　（宋）俞文豹撰　明嘉靖二十六
年(1547)高氏抄本　一冊

350000－2001－0000055　丁2.1/10
陶靖節集十卷　（晉）陶潛撰　（明）何孟春注
明嘉靖二年(1523)范永鑾刻本　二冊

350000－2001－0000056　丙10/19
兩山墨談十八卷　（明）陳霆撰　明嘉靖十八
年(1539)李檗刻本　二冊

350000－2001－0000057　丁2.1/11
陶靖節集十卷　（晉）陶潛撰　（明）何孟春注
明正德刻本　四冊

350000－2001－0000058　丙12/14
新箋決科古今源流至論前集十卷後集十卷續
集十卷　（宋）林駉輯　別集十卷　（宋）黃履
翁撰　明嘉靖十六年(1537)白坪刻本　三冊
存十卷(續集十卷)

350000－2001－0000059　丁2.3/9
南豐先生元豐類稿五十一卷　（宋）曾鞏撰
明嘉靖王忬刻本　八冊

350000－2001－0000060　丙5/11
心印紺珠經二卷　（明）李湯卿撰　明嘉靖二
十六年(1547)趙瀛刻本　四冊

350000－2001－0000061　丁2.3/14
重刊嘉祐集十五卷　（宋）蘇洵撰　明嘉靖十
一年(1532)太原府刻本　四冊

350000－2001－0000062　丁2.6/87
滄溟先生集三十卷　（明）李攀龍撰　附錄一
卷　明萬曆三十四年(1606)陳陛刻本　八冊

350000－2001－0000063　丁2.3/34
豫章羅先生文集十七卷　（宋）羅從彥撰　年
譜一卷　（元）曹道振編　明正德十二年
(1517)姜文魁刻隆慶五年(1571)羅文明重修
本　二冊

350000－2001－0000064　丁2.6/86
滄溟先生集三十卷　（明）李攀龍撰　附錄一
卷　明隆慶刻本　九冊　存二十二卷(一至

二、十二至三十,附錄一卷)

350000－2001－0000065　丁2.3/35
豫章羅先生文集十七卷　(宋)羅從彥撰　**年譜一卷**　(元)曹道振編　清康熙抄本　四冊

350000－2001－0000066　丁2.6/99
丘隅集十九卷　(明)喬世寧撰　明嘉靖刻本　六冊

350000－2001－0000067　丁2.3/44
毅齋詩集別錄一卷　(宋)徐僑撰　**宋待制徐文清公家傳一卷**　明正德六年(1511)徐興刻本　一冊

350000－2001－0000068　丁6.2/127
蘭汀存藁八卷　(明)梁有譽撰　明末清初刻本　一冊　存五卷(一至五)

350000－2001－0000069　丁2.3/60
滄浪先生吟卷二卷　(宋)嚴羽撰　明正德十五年(1520)尹嗣忠刻本　一冊

350000－2001－0000070　丁3.3/1
婺賢文軌四卷　(明)戚雄輯　明嘉靖三十八年(1559)戚寵刻本　二冊

350000－2001－0000071　丁2.3/9.1
南豐曾先生文粹□□卷　(宋)曾鞏撰　(明)卜大有輯　明嘉靖黃希憲、劉士瑗刻本　四冊　存四卷(一至四)

350000－2001－0000072　丁3.3/4
麟溪集二十二卷別篇二卷　(元)鄭太和輯　(明)鄭璽續輯　**附錄二卷**　明成化十一年(1475)鄭瑞、鄭琥刻本　三冊　存二十二卷(麟溪集二十二卷)

350000－2001－0000073　丁2.5/4
道園學古錄五十卷　(元)虞集撰　明嘉靖刻本　十二冊

350000－2001－0000074　丁2.6/77
遵巖先生文集二十五卷　(明)王慎中撰　明隆慶五年(1571)嚴鑌刻本　十二冊

350000－2001－0000075　丁2.6/144
白沙先生詩教解十卷　(明)陳獻章撰　(明)湛若水輯解　明隆慶元年(1567)李荷刻本　一冊

350000－2001－0000076　丁2.6/84
芝園集三十六卷　(明)張時徹撰　明嘉靖二十三年(1544)鄒守愚刻本　十二冊　存二十四卷(五至九、十二至三十)

350000－2001－0000077　丁2.6/146
淡軒先生詩文集十二卷補遺一卷　(明)林文撰　明嘉靖四十五年(1566)林炳章刻本　四冊

350000－2001－0000078　丁2.6/76
浚谷趙先生文粹五卷　(明)趙時春撰　(明)胡直輯　明隆慶五年(1571)刻本　一冊

350000－2001－0000079　丁3.1/47
古文類選十六卷　(明)鄭旻輯　明隆慶六年(1572)顧知類、徐宏刻本　三冊　存三卷(一、八、十一)

350000－2001－0000080　丁2.6/85
青霞文集六卷　(明)沈鍊撰　明嘉靖四十五年(1566)俞咨益刻重修本　二冊

350000－2001－0000081　丁2.5/15
師山先生文集八卷　(元)鄭玉撰　明刻本　一冊

350000－2001－0000082　丁2.6/73
天馬山房遺稿八卷　(明)朱濂撰　(明)張秉鐸編　明萬曆四十三年(1615)刻本　四冊

350000－2001－0000083　丁2.5/13
聞過齋集八卷　(元)吳海撰　(明)王偁編　明成化三年(1467)邵銅刻本　四冊

350000－2001－0000084　丁2.6/74
天馬山房遺稿八卷　(明)朱濂撰　(明)張秉鐸編　明萬曆四十三年(1615)刻本　四冊

350000－2001－0000085　丙1/45
新刊性理白文輯略要語四卷　(明)黃大廉輯　(明)林東海增　明嘉靖十年(1531)三槐堂刻本　八冊

350000－2001－0000086　丁2.6/62

苑洛集二十二卷　（明）韓邦奇撰　明嘉靖三十一年(1552)刻本　十六冊　存十九卷（一至七、九至二十）

350000－2001－0000087　丙13/5

法藏碎金錄十卷　（宋）晁迥撰　明嘉靖二十五年(1546)刻本　五冊

350000－2001－0000088　丁2.6/53

大復遺稿二卷新論一卷　（明）何景明撰　明嘉靖任良榦刻本　一冊

350000－2001－0000089　丙13/6

五燈會元二十卷　（宋）釋普濟撰　明嘉靖四十年(1561)徑山寺刻本　十二冊

350000－2001－0000090　丁2.6/55

鄭文十五卷詩十三卷　（明）鄭善夫撰　附錄二卷　明嘉靖汪文盛刻本　四冊

350000－2001－0000091　丙14/1

重刊三子口義十五卷　（宋）林希逸撰　明嘉靖四年(1525)張士鎬刻本　十二冊

350000－2001－0000092　丁2.6/14

東里詩集三卷　（明）楊士奇撰　明正統刻重修本　一冊

350000－2001－0000093　丙14/15

龍門子凝道記三卷　（明）宋濂撰　明成化十年(1474)周寅刻本　一冊

350000－2001－0000094　丁2.6/36

林文安公文集□卷　（明）林瀚撰　明嘉靖刻本　一冊　存五卷（十五至十九）

350000－2001－0000095　甲6.1/1

春秋存俟十二卷　（明）余光　（明）余颺撰　明弘光元年(1645)文萊閣刻本　十冊

350000－2001－0000096　丁2.6/52

孟有涯集十七卷　（明）孟洋撰　明嘉靖十七年(1538)徐九皋刻本　六冊

350000－2001－0000097　丙1/43

性理大全書七十卷　（明）胡廣撰　（明）吳勉學校　明萬曆二十五年(1597)師古齋刻本　二十四冊

350000－2001－0000098　丁2.6/33

未軒公文集十二卷附錄一卷補遺二卷　（明）黃仲昭撰　（明）劉節校　明嘉靖三十四年(1555)黃希白刻清重修本　六冊

350000－2001－0000099　丙1/44

性理大方書七十卷　（明）胡廣撰　明刻本　三十冊

350000－2001－0000100　丙1/53

鹽鐵論十二卷　（漢）桓寬撰　（明）鍾惺評　（明）張之象注　明萬曆擁萬堂刻本　三冊

350000－2001－0000101　丁2.2/7

集千家註杜工部詩集二十卷文集二卷　（唐）杜甫撰　（宋）黃鶴補註　附錄一卷　明嘉靖十五年(1536)玉几山人刻本　十二冊

350000－2001－0000102　丁3.2/47

新刊舉業明儒論宗八卷　（明）薛應旂批點　明隆慶元年(1567)三山書坊刻本　一冊　存二卷（一至二）

350000－2001－0000103　丁2.5/5

揭文安公文粹一卷　（元）揭傒斯撰　明天順五年(1461)沈琮廣州府學刻本　一冊

350000－2001－0000104　丁2.6/145

增刊石鐘山集九卷湖口縣八景一卷　（明）王恕輯　（明）王元佐增輯　明正德十三年(1518)刻本　一冊

350000－2001－0000105　丁2.6/1

潛溪集八卷附錄一卷　（明）宋濂撰　明嘉靖十五年(1536)徐嵩、溫秀刻本　八冊

350000－2001－0000106　丁2.6/143

升菴詩集九卷文集十二卷　（明）楊慎撰　明嘉靖三十六年(1557)刻本　四冊　存十七卷（詩集一至五、文集十二卷）

350000－2001－0000107　丁2.6/2

誠意伯劉先生文集二十卷　（明）劉基撰　明正德十四年(1519)林富刻本　五冊　存十卷（一至十）

350000－2001－0000108　丁2.6/7

王忠文公文集二十四卷 （明）王褘撰 （明）劉傑編 明嘉靖元年(1522)張齊刻本 八冊

350000－2001－0000109 丁2.6/12

遜志齋集二十四卷 （明）方孝孺撰 附錄一卷 明正德十五年(1520)顧璘刻本 十冊

350000－2001－0000110 丁2.3/50

象山先生全集三十六卷 （宋）陸九淵撰 明刻本 八冊

350000－2001－0000111 丙7/4

天原發微五卷圖一卷篇目名義一卷 （宋）鮑雲龍撰 （明）鮑寧辨正 問答節要一卷 （明）鮑寧輯 明天順五年(1461)鮑氏耕讀書堂刻本 十冊

350000－2001－0000112 丁2.3/51

象山先生全集三十六卷 （宋）陸九淵撰 明刻重修本 十六冊

350000－2001－0000113 丁2.6/4

翠屏集四卷 （明）張以寧撰 明成化十六年(1480)張淮刻明清遞修本 二冊

350000－2001－0000114 丙10/40

餘冬序錄六十五卷 （明）何孟春撰 （明）何仲方編輯 明嘉靖七年(1528)刻重修本 十二冊

350000－2001－0000115 丁2.6/31

愧齋先生文粹十卷 （明）陳音撰 （明）黃鞏編選 附錄一卷 明嘉靖十五年(1536)宋茂熙刻本 二冊

350000－2001－0000116 丙10/41

燕泉何先生餘冬序錄五十卷 （明）何孟春撰 明萬曆十二年(1584)黃齊賢、張汝賢刻本 十冊

350000－2001－0000117 丁2.3/59

西山先生真文忠公文集五十一卷目錄二卷 （宋）真德秀撰 明嘉靖三年(1524)書林精舍刻本 二十八冊

350000－2001－0000118 丙12/18

韻府羣玉二十卷 （元）陰時夫輯 （元）陰中

夫注 （明）荆聚校補 明嘉靖三十一年(1552)荆聚刻本 十冊

350000－2001－0000119 丙12/19

新增說文韻府羣玉二十卷 （元）陰時夫輯 （元）陰中夫注 （明）王元貞校正 明萬曆三十三年(1605)芸經堂刻本 二十冊

350000－2001－0000120 丁2.6/17

薛文清公全集四十卷附錄一卷 （明）薛瑄撰 （明）趙孔昭彙編 明嘉靖三十四年(1555)趙孔昭刻本 十冊

350000－2001－0000121 丁2.6/18

薛文清公全集四十卷附錄一卷 （明）薛瑄撰 （明）趙孔昭彙編 明嘉靖三十四年(1555)趙孔昭刻本 十冊

350000－2001－0000122 丁2.6/19

文清公薛先生文集二十四卷 （明）薛瑄撰 （明）張鼎輯並校 明萬曆四十二年(1614)薛士弘刻本 四冊 存十卷(一、九至十四、十八至二十)

350000－2001－0000123 丁2.6/28

石田清嘯集□□卷 （明）朱翰撰 明成化十七年(1481)周瑾刻本 一冊 存六卷(一至六)

350000－2001－0000124 丁2.6/45

翰林羅圭峰先生文集十八卷圭峰續集十五卷 （明）羅玘撰 明嘉靖五年(1526)陳洪謨、余載仕刻本 三冊 存十五卷(續集十五卷)

350000－2001－0000125 丁2.6/75

蘇門集八卷 （明）高叔嗣撰 明嘉靖四十二年(1563)張正位刻本 二冊

350000－2001－0000126 丁3.1/20

古文會編八卷 （明）黃如金輯 明正德五年(1510)刻本 六冊 存六卷(一至六)

350000－2001－0000127 丁2.3/13

歐陽文忠公全集一百三十五卷 （宋）歐陽修撰 明嘉靖三十四年(1555)陳珊刻本 三十六冊

350000－2001－0000128 丁3.1/1.1

六家文選六十卷　（南朝梁）蕭統輯　（唐）李善等注　明嘉靖袁褧嘉趣堂刻清重修本　六十冊

350000－2001－0000129　乙1.2/20－2

宋史四百九十六卷目錄三卷　（元）脫脫等修　明成化七年至十六年（1471－1480）朱英刻明清南京國子監遞修本　一百二十六冊

350000－2001－0000130　乙12/1

歷代史纂左編一百四十二卷　（明）唐順之輯　明嘉靖四十年（1561）胡宗憲刻本（卷七至八、十九至二十、二十七至三十二、三十八至四十、四十三至四十四、四十六至四十七、四十九至五十三、九十三、九十七、一百二十六至一百二十七、一百三十至一百三十七、一百三十九至一百四十二係後人抄配）　一百十八冊

350000－2001－0000131　乙12/1.5

歷代史纂左編一百四十二卷　（明）唐順之輯　明嘉靖四十年（1561）胡宗憲刻本　九十五冊　存一百三十六卷（七至一百四十二）

350000－2001－0000132　丁2.6/147

王文成公全書三十八卷　（明）王守仁撰　明隆慶六年（1572）謝廷杰刻本　六冊　存九卷（一、十三至十六、二十、二十六至二十八）

350000－2001－0000133　丁3.1/36.1

漢魏詩紀二十卷　（明）馮惟訥輯　明嘉靖王應璧刻本　四冊

350000－2001－0000134　丁3.1/36

詩紀一百五十六卷目錄三十六卷　（明）馮惟訥編　（明）方天眷重訂　明萬曆吳琯、謝陞、陸弼、俞策刻方天眷印本　二十二冊

350000－2001－0000135　戊1/6

顧氏明朝四十家小說四十種　（明）顧元慶編　明正德、嘉靖陽山顧氏家塾刻本　十冊存十八種十八卷（蠶衣一卷、琅琊漫抄一卷、寶櫝記一卷、海槎餘錄一卷、天全先生遺事一卷、讀書筆記一卷、清夜錄一卷、病逸漫記一卷、國寶新編傳贊一卷、聽雨紀談一卷、吳郡二科志一卷、寓意編一卷、夷白齋詩話一卷、剪勝野聞一卷、新倩籍一卷、續編宋史辯一卷、近言一卷、君子堂日詢手鏡一卷）

350000－2001－0000136　丙12/39

群書集事淵海四十七卷　（□）□□輯　明弘治十八年（1505）賈性刻本　四十冊

350000－2001－0000137　丁3.1/36.2

漢魏詩紀二十卷　（明）馮惟訥輯　明嘉靖王應璧刻本　六冊

350000－2001－0000138　丁3.1/7

文苑英華一千卷　（宋）李昉等輯　明隆慶元年（1567）胡維新、戚繼光刻隆慶、萬曆遞修本　一百一冊

350000－2001－0000139　甲1/2

關氏易傳一卷　（北魏）關朗撰　（唐）趙蕤注　明范氏刻天一閣奇書本　一冊

350000－2001－0000140　甲1/3

周易兼義九卷　（三國魏）王弼注　（唐）孔穎達正義　明崇禎四年（1631）古虞毛氏汲古閣刻十三經註疏本　四冊

350000－2001－0000141　甲1/5

周易舉正三卷　（唐）郭京撰　（明）范欽訂　明范氏刻天一閣奇書本　一冊

350000－2001－0000142　甲1/6

復齋易說六卷　（宋）趙彥肅撰　明末清初抄本　一冊

350000－2001－0000143　甲2/1

東坡書傳二十卷　（宋）蘇軾撰　明吳興凌濛初刻朱墨套印本　四冊

350000－2001－0000144　甲2/4

禹貢古今合註五卷圖一卷　（明）夏允彝撰　明崇禎刻本　二冊

350000－2001－0000145　甲2/3

書經集傳六卷　（宋）蔡沈撰　（明）汪應魁句讀　明崇禎四年（1631）汪應魁貽經堂刻本　三冊

350000－2001－0000146　甲3/4

呂氏家塾讀詩記三十二卷　（宋）呂祖謙撰
明嘉靖十年（1531）刻本　十冊

350000－2001－0000147　甲 2/5

書傳大全十卷書説綱領一卷圖一卷　（明）胡
廣等編　明内府刻本　十冊

350000－2001－0000148　822.44/268

姜白石詩詞合集十卷　（宋）姜夔撰　清乾隆
八年（1743）江都陸鍾輝刻本　二冊

350000－2001－0000149　甲 4.1/3

周官禮注十二卷　（漢）鄭玄注　清乾隆五十
一年（1786）揚州一得齋刻本　六冊

350000－2001－0000150　甲 4.1/5

周禮二十卷　（明）陳深批點　明凌杜若刻朱
墨套印本　五冊

350000－2001－0000151　甲 9.1/12

新刻埤雅二十卷　（宋）陸佃撰　明萬曆胡氏
文會堂刻格致叢書本　二冊

350000－2001－0000152　甲 9.1/13

埤雅二十卷　（宋）陸佃撰　明刻本　九冊

350000－2001－0000153　甲 7.3/2.1

四書集註大全四十三卷　（明）胡廣等輯　明
刻本　十六冊

350000－2001－0000154　乙 4/7

汲冢周書十卷　（晉）孔晁注　（明）吳琯校
明吳琯刻古今逸史本　一冊

350000－2001－0000155　乙 4/8

逸周書十卷　（晉）孔晁注　清乾隆五十一年
（1786）盧文弨刻抱經堂叢書本　二冊

350000－2001－0000156　乙 4/9

國語二十一卷　（明）陳仁錫　（明）鍾惺評
明崇禎刻本　二冊

350000－2001－0000157　822.43/ϕ492

黃滔詩集二卷　（唐）黃滔撰　清康熙四十一
年（1702）洞庭席氏琴川書屋刻唐詩百名家全
集本　一冊

350000－2001－0000158　852.44/ϕ718－1

重編晞髮集十卷首一卷補遺二卷附錄二卷
（宋）謝翱撰　（清）蔣蘅審定　清咸豐元年
（1851）刻本　四冊

350000－2001－0000159　822.196/ϕ661

卻掃齋詩集二卷　（清）鄭方城　（清）鄭方坤
撰　清乾隆刻本　二冊

350000－2001－0000160　ϕ368.82/873

福建電話公司章程一卷　（清）福建電話公司
編　清宣統元年（1909）福州鉛印本　一冊

350000－2001－0000161　乙 4/10

國語二十一卷　（三國吳）韋昭注　古文音釋
一卷　（明）王鏊撰　明嘉靖四年（1525）許宗
魯宜靜書堂刻本　四冊

350000－2001－0000162　ϕ364.518/271

籌辦閩礦文牘一卷　（清）□□撰　清光緒鉛
印本　一冊

350000－2001－0000163　乙 4/10.2

國語二十一卷　（三國吳）韋昭注　校刊明道
本韋氏解國語札記一卷　（清）黃丕烈撰　國
語明道本考異四卷　（清）汪遠孫撰　清同治
八年（1869）湖北崇文書局刻本　五冊

350000－2001－0000164　乙 4/11.5

天祿閣外史八卷　題（漢）黃憲撰　（宋）韓洎
贊　清乾隆五十六年（1791）王謨刻增訂漢魏
叢書本　二冊

350000－2001－0000165　乙 4/38

視草餘錄一卷　（明）楊廷和撰　明謝肇淛小
草齋抄本　一冊

350000－2001－0000166　丙 1/7

孔叢子七卷　題（漢）孔鮒撰　明嘉靖二十九
年（1550）蔡宗堯刻本　二冊

350000－2001－0000167　丙 1/8

新語二卷　（漢）陸賈撰　明萬曆程榮刻漢魏
叢書本　一冊

350000－2001－0000168　丙 1/9

鹽鐵論十二卷　（漢）恒寬撰　（明）張之象注
明嘉靖三十三年（1554）張氏猗蘭堂刻本

四冊

350000－2001－0000169　丙1/10

劉向新序十卷　（漢）劉向撰　明刻本　二冊

350000－2001－0000170　丙1/11

劉向新序十卷　（漢）劉向撰　明嘉靖四年(1525)刻本　二冊

350000－2001－0000171　丙1/12

劉向說苑二十卷　（漢）劉向撰　明嘉靖何良俊刻重刻說苑新序本　四冊

350000－2001－0000172　丙1/13

劉向說苑二十卷　（漢）劉向撰　明嘉靖何良俊刻重刻說苑新序本　四冊

350000－2001－0000173　852.45/ϕ618

熊勿軒集六卷　（元）熊禾撰　（清）張伯行考訂　清同治五年(1866)福州正誼書局刻正誼堂全書本　一冊

350000－2001－0000174　852.45/ϕ261

續軒渠集十卷附錄一卷　（元）洪希文撰（明）蔡宗兗校　**杏庭摘稿一卷**　（元）洪焱祖撰　清光緒六年(1880)刻本　二冊

350000－2001－0000175　822.44/ϕ677

後邨居士詩二十卷　（宋）劉克莊撰　（清）姚培謙校訂　清康熙五十九年(1720)刻本四冊

350000－2001－0000176　852.46/ϕ212.2

藏山堂遺篇二卷　（明）林之蕃撰　（清）郭柏蒼編　清光緒八年(1882)刻本　一冊

350000－2001－0000177　852.46/ϕ155

元居集十卷首一卷　（明）李春熙撰　清乾隆二十六年(1761)刻本　二冊

350000－2001－0000178　018.22/ϕ135

福建鼇峯書院藏書目錄四卷附記一卷　（清）汪志伊編　清嘉慶六年至七年(1801－1802)刻本　一冊

350000－2001－0000179　018.22ϕ215

鼇峯書院藏書目錄一卷　（清）林祚曾編　清同治十三年(1874)福州鼇峯書院刻本　一冊

350000－2001－0000180　852.47/ϕ217.2

宛舫居文集十卷　（清）林源撰　清乾隆二十八年(1763)仰天軒刻本　四冊

350000－2001－0000181　929.0202/556

歷代輿地沿革險要圖不分卷　（清）楊守敬（清）饒敦秩撰　清光緒五年(1879)饒氏刻朱墨套印本　一冊

350000－2001－0000182　929.0202/556.1

歷代輿地沿革險要圖說不分卷　（清）楊守敬（清）饒敦秩撰　（清）海陵周氏繪　清光緒三十年(1904)石印本　一冊

350000－2001－0000183　018.56/ϕ393

紅雨樓題跋二卷　（明）徐㷆撰　（清）鄭杰輯　清嘉慶三年(1798)侯官鄭杰注韓居刻本一冊

350000－2001－0000184　852.46/ϕ445

布衣陳先生遺集四卷　（明）陳晟撰　（清）游光繹重訂　清道光六年(1826)龍溪郭基刻本一冊

350000－2001－0000185　852.46/ϕ444.1

紫峰陳先生文集十三卷首一卷　（明）陳琛撰　**年譜二卷**　（清）陳元錫纂　清乾隆三十五年(1770)刻本　六冊

350000－2001－0000186　852.46/ϕ524

傅木虛集十五卷　（明）傅汝舟撰　（清）郭柏蒼選　清光緒七年(1881)侯官郭氏沁泉山館刻明閩中高傅二山人集本　三冊

350000－2001－0000187　852.47/ϕ179

何氏學四卷　（清）何治運撰　清嘉慶二十四年(1819)愛日軒刻本　二冊

350000－2001－0000188　822.45/ϕ730

雁門集六卷首一卷　（元）薩都剌撰　清乾隆五十年(1785)薩龍光刻本　四冊

350000－2001－0000189　822.19171/ϕ429

建寧耆舊詩鈔十六卷首一卷　（清）張際亮輯（清）李雲誥續訂　清同治二年(1863)刻本二冊　存七卷(一至六、首一卷)

350000 – 2001 – 0000190　852.47/φ167

清夫文集不分卷　（清）吳賢湘撰　清嘉慶木活字印本　四冊

350000 – 2001 – 0000191　822.47/φ24.5

北遊草一卷歸田集一卷東隱集一卷　（清）王廷俊撰　清木活字印本　一冊

350000 – 2001 – 0000192　852.47/φ104

笙樓文鈔二卷攄情草二卷　（清）朱簧撰　落葉編一卷　（清）朱升莪撰　清咸豐元年(1851)刻本　二冊

350000 – 2001 – 0000193　φ852.47/165

小酉腴山館文鈔五卷集外文二卷詩鈔二卷詩鈔續編二卷　（清）吳大廷撰　清同治四年(1865)福州刻本　六冊

350000 – 2001 – 0000194　822.47/φ100

碧峰詩集六種　（清）朱仕玠撰　清乾隆刻本　七冊

350000 – 2001 – 0000195　822.47/φ156.1

崇雅堂詩鈔十一卷　（清）李開葉著　（清）鄧以臨選　清乾隆六年(1741)刻本　四冊

350000 – 2001 – 0000196　822.47/φ181

濤園別集七卷濤園集一卷　（清）何其偉撰　清康熙二十年(1681)刻本　一冊

350000 – 2001 – 0000197　852.47/φ654

二希堂文集十一卷首一卷　（清）蔡世遠撰　清乾隆四十八年(1783)刻本　三冊

350000 – 2001 – 0000198　822.47/φ718.4

小蘭陔詩集八卷　（清）謝道承著　清乾隆三十八年(1773)刻本　二冊

350000 – 2001 – 0000199　822.47/φ215.3

葵園草詩集一卷首詩草總評一卷續集一卷　(清)林鐸著　清康熙刻本　一冊

350000 – 2001 – 0000200　852.47/φ718

二勿齋文集六卷首一卷　（清）謝金鑾撰　清木活字印本　二冊

350000 – 2001 – 0000201　612.8/φ127

補註洗冤錄集證四卷　（宋）宋慈撰　刊檢骨

圖格一卷　（清）刑部題定　作吏要言一卷（清）葉鎮撰　（清）朱椿增　清道光二十三年(1843)刻三色套印本　四冊

350000 – 2001 – 0000202　852.47/φ651

雲寮山人文鈔八卷　（清）蔣蘅撰　清咸豐元年(1851)刻本　一冊　存二卷(一至二)

350000 – 2001 – 0000203　852.47/φ662

西霞文鈔二卷　（清）鄭光策撰　清嘉慶十年(1805)陳名世刻本　二冊

350000 – 2001 – 0000204　852.47/φ661

蔗尾文集二卷　（清）鄭方坤撰　清乾隆刻本　二冊

350000 – 2001 – 0000205　852.47/761 – 8 = 1

古微堂內集三卷外集七卷　（清）魏源撰　清光緒四年(1878)淮南書局刻本　四冊

350000 – 2001 – 0000206　822.47/φ214.3

樸學齋詩薹十卷文薹一卷　（清）林佶撰　清乾隆九年(1744)刻本　四冊　存十卷(詩薹十卷)

350000 – 2001 – 0000207　φ999.1/φ730

[福建福州]薩氏族譜不分卷　（清）薩國霖重修　清嘉慶五年(1800)福州薩氏抄本　二冊

350000 – 2001 – 0000208　852.47/φ496 = 2

餘事齋詩稿二卷文稿二卷　（清）黃惠撰　清道光二十七年(1847)黃慶安刻本　一冊　存一卷(詩稿一)

350000 – 2001 – 0000209　822.47/φ730 – 5 = 1

湘南吟草一卷　（清）薩龍田著　清宣統二年(1910)薩氏刻本　一冊

350000 – 2001 – 0000210　φ822.47/474.4

夔夔堂詩草四卷　（清）劉玉璋撰　清宣統三年(1911)福州鉛印本　一冊

350000 – 2001 – 0000211　929.71021/φ493

鼓山志十四卷首一卷　（清）黃任纂修　清乾隆二十六年(1761)刻本　六冊

350000 – 2001 – 0000212　852.4949/φ126

[宋真殿試朝考卷]一卷　（清）宋真撰　清光

緒三十三年(1907)刻本　一冊

350000－2001－0000213　852.47/ф408
聊中隱齋遺稿二卷　(清)許祖涝撰　清光緒
四年(1878)龔顯曾木活字印本　一冊

350000－2001－0000214　852.47/ф443.1
籀經堂集十四卷補遺二卷　(清)陳慶鏞撰
(清)何秋濤編　清同治十三年(1874)龔氏誦
芬堂木活字印本　一冊　存四卷(五至八)

350000－2001－0000215　852.4949/ф22
王仁堪殿試卷不分卷　(清)王仁堪撰　清光
緒三年(1877)刻本　一冊

350000－2001－0000216　乙6.6/5
閩部疏不分卷　(明)王世懋撰　清末至民國
初抄本　一冊

350000－2001－0000217　甲9.3/48
聲韻考四卷　(清)戴震撰　清潮陽縣署刻本
一冊

350000－2001－0000218　丙1/18
中說十卷　(隋)王通撰　(宋)阮逸注　明刻
本　四冊

350000－2001－0000219　丙1/20
帝範一卷金鏡一卷　(唐)太宗李世民撰　清
抄本　一冊

350000－2001－0000220　ф999.1/23
[福建福州]錦塘王氏支譜三卷　(清)王龍超
修　(清)王朝貴續修　清光緒二十七年
(1901)刻本　三冊

350000－2001－0000221　丙1/26
分類經進近思錄集解十四卷　(宋)葉采撰
(明)周公恕編　明刻本　二冊

350000－2001－0000222　丙1/27
近思錄集解十四卷　(宋)朱熹編　(宋)葉采
集解　清康熙邵仁泓刻本　五冊

350000－2001－0000223　ф999.1/406
[福建浦城]全城堂章氏會譜十六卷　(清)章
馨山等修　清光緒十五年(1889)章氏木活字
印本　十九冊

350000－2001－0000224　ф999.1/443－1
[福建福州]螺江陳氏家譜不分卷　(清)陳若
霖修　清同治二年(1863)陳懋藻抄本　十
二冊

350000－2001－0000225　ф999.1/449
[福建福州]三山陶氏族譜二卷　(清)陶□纂
修　清陶氏抄本　一冊

350000－2001－0000226　ф929.710269/912
登瀛紀錄一卷　(清)登瀛書院編　清道光元
年(1821)登瀛書院刻本　一冊

350000－2001－0000227　999.1/ф674.1
[福建閩清]玉阪劉氏家譜二十卷　(清)劉吹
藜等修　清刻本　十冊　存十八卷(三至二
十)

350000－2001－0000228　ф929.710269/24
致用堂志略一卷　(清)王凱泰纂　清光緒二
年(1876)刻本　一冊

350000－2001－0000229　ф999.1/495.1
[福建莆田]興浦黃氏族譜□□卷　(清)黃□
修　清光緒黃氏木活字印本　一冊　存一卷
(二)

350000－2001－0000230　ф999.2/446
知足齋詩房鬮書一卷　(清)陳弼夫撰　清同
治三年(1864)稿本　一冊

350000－2001－0000231　ф999.1/730.1
[福建福州]雁門薩氏族譜四卷　(清)薩知時
修　清道光三年(1823)薩氏刻本　四冊

350000－2001－0000232　丙1/21
合刻周張兩先生全書二十二卷　(明)徐必達
輯　明萬曆三十四年(1606)徐必違刻本
四冊

350000－2001－0000233　丙3/1.5
詩經二十卷　(漢)毛萇撰　清抄本　二冊

350000－2001－0000234　丙1/23
張子全書十五卷　(宋)張載撰　(宋)朱熹注
明萬曆陝西鳳翔府刻本　六冊

350000－2001－0000235　丙1/29

象山先生全集三十六卷　（宋）陸九淵撰　明嘉靖刻本　二冊　存二卷（三十四至三十五）

350000－2001－0000236　丙1/30

上蔡先生語錄三卷　（宋）謝良佐撰　（宋）朱熹輯　明刻本　一冊

350000－2001－0000237　929.71029/ϕ678

鶴場漫志二卷　（清）劉家謀撰　清道光二十九年（1849）刻本　一冊

350000－2001－0000238　ϕ929.711/24

閩都記三十三卷　（明）王應山撰　清道光十一年（1831）刻本　六冊

350000－2001－0000239　ϕ929.71316/11

[乾隆]馬巷廳志十八卷首一卷　（清）萬友正修　（清）黃家鼎纂　附錄三卷　（清）黃家鼎輯　清光緒九年（1883）丁惠深刻十九年（1893）黃家鼎增修本　十一冊

350000－2001－0000240　ϕ929.71846/153－2

[康熙]寧化縣志七卷　（清）祝文郁修（清）李世熊纂　清同治八年（1869）蔣澤沄刻本　八冊

350000－2001－0000241　ϕ929.71846/153

[康熙]寧化縣志七卷　（清）祝文郁修（清）李世熊纂　清康熙二十三年（1684）刻道光重修本　八冊

350000－2001－0000242　ϕ929.718/154

[乾隆]汀州府志四十五卷首一卷　（清）曾曰瑛等修　（清）李紱等纂　清同治六年（1867）延楷刻本　二十冊

350000－2001－0000243　ϕ929.7115/215

[道光]新修羅源縣志三十卷首一卷　（清）盧鳳芩修　（清）林春溥纂　清道光十一年（1831）刻本　十冊

350000－2001－0000244　ϕ929.71845/558

臨汀彙攷四卷　（清）楊瀾編　清光緒四年（1878）刻本　四冊

350000－2001－0000245　ϕ929.710269/558

重修南溪書院志四卷首一卷　（清）楊毓健修

清康熙五十五年（1716）刻本　二冊

350000－2001－0000246　ϕ929.71210/590

[乾隆]興化府莆田縣志三十六卷首一卷（清）汪大經修　（清）廖必琦纂　清乾隆二十三年（1758）刻本　二十冊　存三十四卷（三至三十六）

350000－2001－0000247　ϕ929.714/200.1

[乾隆]漳州府志四十六卷首一卷　（清）李維鈺修　（清）官獻瑤纂　清乾隆四十一年（1776）刻嘉慶十一年（1806）補修本　十九冊　存三十八卷（一至三十四、四十三至四十六）

350000－2001－0000248　ϕ929.71419/496＝2

[乾隆]龍溪縣志二十四卷首一卷　（清）吳宜燮修　（清）黃惠　（清）李疇纂　新增補二卷　（清）吳聯薰等纂修　清光緒五年（1879）刻本　九冊　存十四卷（十三至二十四、新增補二卷）

350000－2001－0000249　ϕ929.71419/169

[乾隆]龍溪縣志二十四卷首一卷　（清）吳宜燮修　（清）黃惠　（清）李疇纂　新增補二卷　（清）吳聯薰等纂修　清光緒五年（1879）刻本　二冊　存二卷（新增補二卷）

350000－2001－0000250　ϕ929.717/432

[光緒]重纂邵武府志三十卷首一卷　（清）王琛　（清）徐兆豐修　（清）張景祁等纂　清光緒二十四年（1898）刻本　二十冊

350000－2001－0000251　022/ϕ443.1

知非齋易釋三卷　（清）陳懋侯撰　清光緒十四年（1888）刻本　一冊

350000－2001－0000252　023/ϕ731－3

書經精華六卷　（清）薛嘉穎輯　清宣統元年（1909）光霽堂刻本　三冊

350000－2001－0000253　024/ϕ558

詩經圖不分卷　（清）楊魁植輯　（清）楊文源增訂　清乾隆三十七年（1772）信芳書房刻本　一冊

350000－2001－0000254　024/ф731＝1

詩經精華十卷　(清)薛嘉穎輯　清道光五年(1825)光霽堂刻本　四冊

350000－2001－0000255　027/ф334

春秋釋經十二卷　(清)高澍然撰　清道光七年(1827)高氏刻本　四冊

350000－2001－0000256　027/ф448

春秋義十二卷　(清)陳翼撰　清光緒十九年(1893)陳秉中刻本　八冊

350000－2001－0000257　029/ф213.3

四書註解撮要二卷　(清)林慶炳輯　清光緒十一年(1885)刻本　二冊

350000－2001－0000258　029/ф217

語孟左海八卷附錄一卷　(清)林筠英輯　清道光十三年(1833)刻本　四冊

350000－2001－0000259　ф029/301

漱芳軒合纂四書體註十九卷　(清)范翔輯　清光緒十三年(1887)味芸廬刻本　六冊

350000－2001－0000260　029/ф432

四書翼註論文二十八卷　(清)張甄陶撰　清末鉛印本　六冊

350000－2001－0000261　ф029/557

四書改錯平十四卷　(清)楊希閔撰　清光緒元年(1875)刻本　六冊

350000－2001－0000262　029.6/ф212

大學原文私釋一卷　(清)林長扶撰　清光緒八年(1882)刻本　一冊

350000－2001－0000263　124/ф369.2

大學衍義四十三卷　(宋)真德秀撰　清乾隆二年(1737)楊鵑刻本　十冊

350000－2001－0000264　029.8/ф25

論語述註十六卷　(清)王景賢撰　清同治十三年(1874)三山王氏刻本　四冊

350000－2001－0000265　029.9/ф86

論孟卮言一卷　(清)江瀚撰　清光緒二十八年(1902)鉛印本　一冊

350000－2001－0000266　ф042.1/134

勸學淺語一卷　(清)沈源深撰　清光緒二十五年(1899)致用書院刻本　一冊

350000－2001－0000267　042.7/ф181

何氏學四卷　(清)何治運撰　清嘉慶二十四年(1819)杭州愛日軒刻本　一冊

350000－2001－0000268　042.7/ф431

湖南校士錄四卷　(清)張亨嘉編　清光緒十七年(1891)湖南學院刻本　五冊

350000－2001－0000269　082.17/ф215.3

竹柏山房十五種附刻四種　(清)林春溥撰　清嘉慶至咸豐間閩縣林氏刻本　二十六冊存十種五十七卷(開闢傳疑二卷、古史紀年十四卷、古史考年異同表三卷、武王克殷日紀附滅國五十考二卷、戰國紀年六卷戰國地輿一卷年表一卷、竹書紀年補正四卷本末一卷後案一卷、孔門師弟年表孟子時事年表四卷、四書拾遺四卷、古書拾遺四卷、開卷偶得十卷)

350000－2001－0000270　082.17/ф661

注韓居遺書五種　(清)鄭杰撰　清光緒十八年(1892)林氏續墨緣書屋刻本　六冊

350000－2001－0000271　082.17/ф598

還硯齋全集二十五卷　(清)趙新撰　清光緒八年(1882)黃樓刻本　三十二冊

350000－2001－0000272　082.77/ф718

聚紅榭詩詞錄三種　(清)謝章鋌輯　清咸豐六年至同治二年(1856－1863)刻本　五冊

350000－2001－0000273　ф992.267/214

林長民手書先嚴哀啓一卷　林長民撰　清末石印本　一冊

350000－2001－0000274　179/ф211.1

林子三教正宗統論三十六卷　(明)林兆恩等撰　(明)盧文輝校　清同治元年(1862)刻宣統元年(1909)重修本　三十六冊

350000－2001－0000275　ф194/942

摩訶般若波羅蜜多心經一卷　題(明)無垢子注　清咸豐十年(1860)安瀾館刻本　一冊

350000－2001－0000276　φ194/947.1＝1

禪門日誦諸經不分卷　（□）□□輯　清光緒
十二年(1886)湧泉寺刻本　一冊

350000－2001－0000277　φ992.237/402

皇清誥授通議大夫例晉資政太常寺卿提督學
政前太僕寺卿詹事府少詹事奉天府府丞兼學
政太常寺少卿太僕寺少卿内閣侍讀學士工科
掌印給事中掌山東道監察御史翰林院編修九
山梁四府君行述一卷　（清）梁雲銑撰　清嘉
慶二十年(1815)梁氏刻本　一冊

350000－2001－0000278　124/φ446

北溪先生遺書六卷　（宋）陳淳撰　清咸豐十
一年(1861)余氏明辯齋刻本　二冊

350000－2001－0000279　992.237/φ444

陳承裘行述一卷陳承裘夫人一卷　陳寶琛撰
　清光緒陳氏鐵石軒抄本　一冊

350000－2001－0000280　φ992.237/454

莊瓊園行述一卷　（清）莊蓮等撰　清道光七
年(1827)莊氏刻本　一冊

350000－2001－0000281　φ992.237/473

先考敬亭府君[童敬亭]行狀一卷附先大父素
庵公大母賴太姥孺人暨先考敬亭公先慈江太
孺人合葬墓誌一卷　（清）童南撰　清道光童
氏刻本　一冊

350000－2001－0000282　φ259/447

英國依丁堡大學考要一卷　（清）陳肇章撰
清末湖北洋務譯書局刻本　一冊

350000－2001－0000283　φ992.243/441

穎川郡陳府君[巖]墓誌一卷　（唐）黃璞撰
(唐)胡兆祉書　陳觀察遺事一卷　（清）鄭杰
撰　清乾隆六十年(1795)侯官鄭杰刻本
一冊

350000－2001－0000284　992.227/φ717

生成輯錄一卷　（清）謝世南編　清嘉慶十二
年(1807)賭棋山莊抄本　一冊

350000－2001－0000285　φ992.237/396

皇清敕授儒林郎布政使司經廳誥封武翼都尉

副總戎欽賜紀錄二次加贈文林郎七十有八壽
顯考藴山府君[翁文輝]行述一卷　（清）翁邦
科撰　清道光刻本　一冊

350000－2001－0000286　992.237/φ156

皇清敕授文林郎署江蘇川沙撫民同知前知高
淳新陽縣事誥封奉政大夫内閣中書協辦侍讀
顯考硯雲府君[李鴻瑞]行狀一卷　（清）李彥
彬撰　清刻本　一冊

350000－2001－0000287　992.214/φ557

宋儒楊龜山[時]先生通紀五卷　（清）楊起佐
編　清光緒十四年(1888)福州道南祠刻本
一冊　存二卷(一至二)

350000－2001－0000288　082.17/φ154

李西雲遺書三種　（清）李枝青撰　清光緒十
年(1884)刻本　五冊

350000－2001－0000289　甲1/1

京氏易傳三卷　（漢）京房撰　（三國吳）陸績
注　周易略例一卷　（三國魏）王弼撰　（唐）
邢璹注　明萬曆二十年(1592)程榮刻漢魏叢
書本　一冊

350000－2001－0000290　甲1/4

周易集解十七卷　（唐）李鼎祚輯　附略例一
卷　（三國魏）王弼撰　明嘉靖三十六年
(1557)朱睦㮮聚樂堂刻本　十六冊

350000－2001－0000291　乙6.2/8

[康熙]建寧府志四十八卷　（清）張琦修
(清)鄒山等纂　清康熙三十二年(1693)刻重
修本　二十二冊

350000－2001－0000292　乙4/40

洗海近事二卷　（明）俞大猷撰　清抄本
一冊

350000－2001－0000293　乙5.1/3

狂狷裁中十卷　（明）楊時偉撰　明天啓刻本
　三冊

350000－2001－0000294　乙5.2/3.7

宋丞相崔清獻公全錄十卷　（宋）崔與之撰
(明)崔子璲輯　（明）崔曉增輯　明嘉靖十三

年(1534)刻本　一册　存四卷(一至四)

350000－2001－0000295　乙5.2/5.6

倪雲林一卷　(明)毛晉輯　附題畫詩一卷
(元)倪瓚撰　(明)毛晉輯　明末毛氏綠君亭
刻本　一册

350000－2001－0000296　乙5.2/6

楊忠愍公[繼盛]行狀一卷　(明)王世貞撰
明兵部武選員外郎贈太常少卿諡忠愍楊公墓
誌銘一卷　(明)鄭旻撰　明刻本　一册

350000－2001－0000297　乙5.2/5.8

薛文清公[瑄]行實不分卷　(□)□□撰　清
初抄本　一册

350000－2001－0000298　822.19171/φ413－2

全閩明詩傳五十五卷　(清)郭柏蒼錄　清光
緒十五年(1889)侯官郭氏沁泉山館刻本　十
七册　存三十三卷(一、六至十五、二十四至
二十五、二十八至四十一、四十六至五十一)

350000－2001－0000299　822.19171/φ444

溫陵詩紀十二卷　(清)龔顯曾輯　清光緒元
年(1875)龔氏亦園木活字印本　四册

350000－2001－0000300　927.038/347

[康熙]己未詞科錄十二卷首一卷　(清)秦瀛
輯　清嘉慶刻本　四册

350000－2001－0000301　822.19171/φ661

莆風清籟集六十卷　(清)鄭王臣輯　清乾隆
三十七年(1772)刻本　十册

350000－2001－0000302　822.19171/φ787

樵川二家詩四卷滄浪詩話一卷附錄一卷
(清)朱霞訂　清康熙六十一年(1722)朱霞刻
本　四册

350000－2001－0000303　甲3/2

毛詩註疏二十卷　(漢)毛亨傳　(漢)鄭玄箋
(唐)孔穎達疏　(唐)陸德明音義　明嘉靖
李元陽刻十三經注疏本　二十四册

350000－2001－0000304　甲3/3

三家詩異文疏證六卷補遺三卷續補遺二卷
(清)馮登府撰　清道光刻本　一册

350000－2001－0000305　甲3/6

詩考一卷　(宋)王應麟撰　明崇禎虞山毛氏
汲古閣刻津逮秘書本　一册

350000－2001－0000306　甲1/9

周易本義十二卷易圖一卷五贊一卷筮儀一卷
(宋)朱熹撰　清刻本　四册

350000－2001－0000307　甲3/7

詩傳大全二十卷附綱領一卷圖一卷　(明)胡
廣等輯　詩序辨說一卷　(宋)朱熹撰　明永
樂十三年(1415)內府刻本　十二册

350000－2001－0000308　甲3/8

詩傳纂義一卷　(明)倪復撰　清抄本　一册

350000－2001－0000309　戊2/7.1

一齋集十二種　(明)陳第撰　明萬曆會山樓
刻本　二册　存二種五卷(毛詩古音考四卷、
讀詩拙言一卷)

350000－2001－0000310　甲3/10

多識編七卷　(明)林兆珂撰　明刻本　二册

350000－2001－0000311　甲3/11

五經四書明音八卷　(明)王覺撰　明嘉靖三
十二年(1553)黃洪毗刻本　一册　存一卷
(詩經明音一卷)

350000－2001－0000312　甲3/12

毛詩日箋六卷　(清)秦松齡撰　清康熙梃秀
堂刻本　二册

350000－2001－0000313　甲3/14

詩傳名物集覽十二卷　(清)陳大章撰　清康
熙刻本　六册

350000－2001－0000314　甲3/15

毛詩故訓傳定本小箋三十卷　(清)段玉裁撰
清嘉慶二十一年(1816)刻經韻樓叢書本
二册

350000－2001－0000315　甲3/18

詩故攷異三十二卷　(清)徐華嶽輯　清道光
十二年(1832)咫聞齋刻本　十册

350000－2001－0000316　甲3/19

詩經申義十卷　(清)吳士模撰　清道光十五

年（1835）刻本　四冊

350000－2001－0000317　甲3/20

邶風說一卷　（清）龔景瀚撰　清抄本　一冊

350000－2001－0000318　甲3/21

詩經增訂旁訓四卷　（宋）朱熹集傳　清匠門
書屋刻本　四冊

350000－2001－0000319　612.41/213

本草傷寒輯要合編三種　（清）林玉友輯　清
道光十一年（1831）刻本　十二冊

350000－2001－0000320　021.8/661

鄭氏佚書二十三種　（漢）鄭玄撰　（清）袁鈞
輯　清光緒十四年（1888）浙江書局刻本
十冊

350000－2001－0000321　甲4.1/4

周禮註疏四十二卷　（漢）鄭玄註　（唐）陸德
明音義　（唐）賈公彥疏　明崇禎元年（1628）
毛氏汲古閣刻十三經註疏本　十六冊

350000－2001－0000322　580.3/446

全芳備祖前集二十七卷後集三十一卷　（宋）
陳景沂輯　清抄本　二十冊

350000－2001－0000323　甲4.1/7

周禮註疏刪翼三十卷　（明）王志長輯　明崇
禎十二年（1639）刻本　十冊

350000－2001－0000324　021.8/706

錢氏四種附十經文字通正書　（清）錢坫撰
清乾隆、嘉慶刻本　四冊

350000－2001－0000325　甲4.1/8

考工記述註二卷首一卷圖一卷　（明）林兆珂
撰　明萬曆刻本　三冊

350000－2001－0000326　甲4.2/1.2

儀禮疏五十卷　（唐）賈公彥撰　清道光十年
（1830）汪氏藝芸精舍影宋刻本　六冊

350000－2001－0000327　甲4.2/1.5

儀禮正義四十卷　（清）胡培翬學　清同治七
年（1868）蘇州湯晉苑局刻本　二十冊

350000－2001－0000328　甲4.2/2

儀禮摘畧四卷　（清）曾藝圃輯　清抄本
四冊

350000－2001－0000329　021.9/377

古微書三十六卷　（明）孫瑴輯　清嘉慶十七
年（1812）陳世望對山問月樓刻本　六冊

350000－2001－0000330　甲4.2/2.5

儀禮注疏考證一卷　（清）周學健等撰　清抄
本　一冊

350000－2001－0000331　甲4.2/3

禘祫攷一卷說祼一卷　（清）龔景瀚撰　稿本
一冊

350000－2001－0000332　甲4.3/1

禮記三卷　（□）□□撰　清抄本　三冊

350000－2001－0000333　甲4.3/2

禮記二十卷　（漢）鄭玄注　撫本禮記鄭注考
異二卷　（清）張敦仁撰　禮記釋文一卷
（唐）陸德明撰　清嘉慶十一年（1806）陽城張
敦仁影宋刻本　六冊

350000－2001－0000334　甲4.3/2.5

禮記註疏六十三卷　（漢）鄭玄注　（唐）陸德
明音義　（唐）孔穎達疏　明崇禎十二年
（1639）毛氏汲古閣刻十三經註疏本　二十
四冊

350000－2001－0000335　甲4.3/3

禮記纂言三十六卷　（元）吳澄撰　（清）朱軾
校補　清雍正刻本　七冊

350000－2001－0000336　甲4.3/4

禮記陳氏集說補正三十八卷　（清）納蘭成德
撰　清康熙十九年（1680）刻通志堂經解本
四冊

350000－2001－0000337　甲4.3/5

禮記集解六十一卷尚書顧命解一卷　（清）孫
希旦撰　清咸豐十年至同治七年（1860－
1868）瑞安孫氏盤谷草堂刻本　十六冊

350000－2001－0000338　甲4.3/6

禮記揭要一卷周禮揭要一卷儀禮揭要一卷
（清）余潛士輯　清道光余潛士抄本　一冊

350000－2001－0000339　甲4.3/7
檀弓述註二卷　（明）林兆珂撰　明萬曆刻本
　二冊

350000－2001－0000340　甲4.3/7.2
檀弓述註二卷　（明）林兆珂撰　明萬曆刻重
修本　二冊

350000－2001－0000341　甲4.3/8
大戴禮記十三卷　（漢）戴德撰　（北周）盧辯
注　清乾隆二十五年(1760)德州盧見曾刻雅
雨堂叢書本　三冊

350000－2001－0000342　甲4.4/1
三禮考註十卷序錄一卷綱領一卷　（元）吳澄
撰　（明）焦竑校正　明萬曆刻本　六冊

350000－2001－0000343　甲4.4/2
三禮備覽四卷　（清）林楓撰　稿本　四冊

350000－2001－0000344　甲4.4/3
文公家禮儀節八卷　（明）邱濬輯　（明）楊廷
筠訂　明萬曆三十六年（1608）錢時刻本
五冊

350000－2001－0000345　852.43/ф497
唐黃御史集八卷　（唐）黃滔撰　（宋）黃公度
輯　**附錄一卷**　明崇禎十一年(1638)刻明清
遞修本　四冊

350000－2001－0000346　822.195/ф718
東嵐謝氏明詩畧四卷　（清）謝世南編　清光
緒十九年(1893)刻本　四冊

350000－2001－0000347　甲4.1/9
考工記協韻考一卷退學錄一卷　（清）葉大莊
撰　稿本　一冊

350000－2001－0000348　甲3/17
陳氏毛詩五種　（清）陳奐撰　清道光、咸豐
吳門南園陳氏掃葉山莊刻本　十二冊

350000－2001－0000349　甲9.2/21
班馬字類五卷　（宋）婁機撰　明刻本　四冊

350000－2001－0000350　甲9.2/22
班馬字類五卷　（宋）婁機撰　明刻本　一冊

350000－2001－0000351　甲9.2/31
**大明正德乙亥重刊改併五音類聚四聲篇十五
卷五音集韻十五卷**　（金）韓道昭撰　**新編經
史正音切韻指南一卷**　（元）劉鑑撰　**新編篇
韻貫珠集八卷直指玉鑰匙門法一卷**　（明）釋
真空撰　明正德十一年(1516)金臺衍法寺釋
覺恒募刻本　八冊　存十五卷(大明正德乙
亥重刊改併五音類聚四聲篇十五卷)

350000－2001－0000352　甲9.2/32
**大明萬曆己丑重刊改併五音類聚四聲篇十五
卷五音集韻十五卷**　（金）韓道昭撰　**經史正
音切韻指南一卷**　（元）劉鑒撰　**新編篇韻貫
珠集八卷**　（明）釋真空撰　明萬曆二十三年
(1595)晉安芝山開元寺刻本　十二冊

350000－2001－0000353　甲9.2/32.2
**大明萬曆己丑重刊改併五音類聚四聲篇十五
卷五音集韻十五卷**　（金）韓道昭撰　**經史正
音切韻指南一卷**　（元）劉鑒撰　**新編篇韻貫
珠集八卷**　（明）釋真空撰　明萬曆二十三年
(1595)晉安芝山開元寺刻本　十冊　存三十
八卷(大明萬曆己丑重刊改併五音類聚四聲
篇十五卷、五音集韻十五卷、新編篇韻貫珠集
八卷)

350000－2001－0000354　992.217/ф133
沈文肅公[葆楨]事略一卷　（清）李元度撰
清光緒刻本　一冊

350000－2001－0000355　822.196/ф251
草草園詩集一卷　（清）周濂撰　**穀音集一卷**
　（清）高騰撰　清道光十六年(1836)刻本
一冊

350000－2001－0000356　822.044/ф527
高齋漫錄一卷詩話一卷　（清）曾愷撰　清同
治十三年(1874)木活字印本　一冊

350000－2001－0000357　822.047/ф210－1
榕城詩話三卷　（清）杭世駿撰　清乾隆杭賓
仁刻本　一冊

350000－2001－0000358　822.047/ф402.1
試律叢話四卷　（清）梁章鉅撰　清咸豐三年

(1853)知足知不足齋刻本　一冊

350000－2001－0000359　822.047/ф402.5
南浦詩話八卷　（清）梁章鉅撰　清光緒三十一年(1905)祝氏鉛印本　四冊

350000－2001－0000360　852.87/ф404－7
浪跡三談六卷　（清）梁章鉅撰　清光緒十年(1884)刻本　二冊

350000－2001－0000361　852.47/751.5
謫麐堂遺集四卷　（清）戴望撰　清光緒元年(1875)刻本　二冊

350000－2001－0000362　852.47/766－1
樂志堂文略四卷附錄一卷　（清）譚瑩撰　清光緒元年(1875)南海譚宗浚刻本　一冊　存三卷(三至四、附錄一卷)

350000－2001－0000363　924.2/ф154
李忠定公別集十卷　（宋）李綱撰　清光緒十年(1884)邵武徐氏刻本　三冊

350000－2001－0000364　822.47/ф414
補蕉山館詩二卷　（清）郭柏蒼撰　清光緒七年(1881)刻閩中郭兼秋全集本　一冊

350000－2001－0000365　ф999.1/395
[福建浦城]徐氏宗譜十卷首一卷　（清）徐其昌等修　清光緒三十三年(1907)集賢堂木活字印本　七冊　存十卷(二至十、首一卷)

350000－2001－0000366　822.47/ф414＝1
補蕉山館詩二卷　（清）郭柏蒼撰　清光緒七年(1881)刻閩中郭兼秋全集本　一冊

350000－2001－0000367　ф999.1/216
[福建]閩林大宗世譜六卷首一卷　（清）林□纂修　清嘉慶八年(1803)林氏刻本　一冊

350000－2001－0000368　ф999.1/447.1
[福建福州]峒山陳氏族譜不分卷　（清）陳□纂修　清陳氏抄本　一冊

350000－2001－0000369　ф999.1/455
[福建連城]松洋莊氏族譜一卷　（清）莊□纂修　清宣統三年(1911)莊氏木活字印本　一冊

350000－2001－0000370　929.710261/ф215＝1
游太姥山圖詠一卷　（清）林樹梅撰　清道光十一年(1831)刻本　一冊

350000－2001－0000371　ф999.1/662
[福建]浦城鄭氏宗譜五卷　（清）鄭玉麟纂輯　清同治九年(1870)鄭氏木活字印本　六冊

350000－2001－0000372　822.4997/ф940＝1
燕臺鴻爪集一卷　題（清）粟海庵居士撰　清末刻本　一冊

350000－2001－0000373　ф929.710268/935
靈光北禪事跡合刻一卷　（明）釋永覺編（清）釋道霈續編　清康熙十四年(1675)北禪寺刻本　一冊

350000－2001－0000374　ф929.71029/267
閩雜記十二卷　（清）施鴻保輯　清光緒四年(1878)申報館鉛印本　四冊

350000－2001－0000375　ф999.2/164
[福建武夷山]崇安吳氏家錄一卷　（清）吳竹璵撰　清抄本　一冊

350000－2001－0000376　929.71029/ф662
閩中錄八卷　（清）鄭杰撰　清光緒十八年(1892)林氏續墨緣書屋刻本　一冊

350000－2001－0000377　ф929.7112/557
[同治]長樂縣志二十卷　（清）彭光藻修（清）楊希閔纂　清同治九年(1870)鉛印本　十冊

350000－2001－0000378　ф929.71638/396
[光緒]續修浦城縣志四十二卷首一卷　（清）翁天祐　（清）呂渭英修　（清）翁昭泰纂　清光緒二十六年(1900)刻本　二十冊

350000－2001－0000379　丁2.2/26
唐韓文公文選二卷　（唐）韓愈撰　（明）林乂冠評點　明同園刻本　二冊

350000－2001－0000380　丁2.2/27
唐大家韓文公文抄十六卷　（唐）韓愈撰（明）茅坤批評　明崇禎四年(1631)茅著刻本　四冊

350000－2001－0000381　φ929.71845/677

[光緒]長汀縣志三十三卷首一卷末一卷
（清）王璴等修　（清）楊瀾等纂　（清）延棟
續修　（清）曾炳文等續纂　（清）謝昌霖再續
修　（清）劉國光等再續纂　清光緒五年
(1879)刻本　十四冊

350000－2001－0000382　φ929.712/250

[同治]重刊興化府志五十四卷　（明）陳效修
　（明）周瑛　（明）黃仲昭纂　清同治十年
(1871)林慶貽刻本　二十四冊

350000－2001－0000383　φ929.71211/563－2

[同治]仙遊縣志五十三卷首一卷　（清）胡啓
植　（清）王椿修　（清）葉侃和纂　清同治十
二年(1873)吳森刻本　十七冊　存五十一
（四至五十三、首一卷）

350000－2001－0000384　φ929.71532/394

[道光]沙縣志二十卷首一卷末一卷　（清）孫
大焜等修　（清）徐逢盛等纂　清道光十四年
(1834)刻同治十年(1871)重修本　十四冊

350000－2001－0000385　φ929.71529/720

[嘉慶]南平縣誌二十八卷首三卷末二卷
（清）楊桂森修　（清）應丹詔等纂　清嘉慶十
五年(1810)刻同治十一年(1872)增補本　十
八冊

350000－2001－0000386　929.71021/φ718.4

方廣巖志三卷　　（明）謝肇淛纂　（清）王紹沂
續編　清宣統二年(1910)鉛印本　一冊

350000－2001－0000387　φ929.71026/340

劍津名勝光緒圖一卷古跡一卷　（清）唐贊袞
輯　清光緒十六年(1890)刻本　一冊

350000－2001－0000388　021/φ491

石齋先生經義四種　（明）黃道周撰　清道光
六年(1826)刻本　四冊

350000－2001－0000389　021.2/φ111＝1

五經補綱一卷　（清）伊樂堯撰　清咸豐四年
(1854)晉江黃氏刻本　一冊

350000－2001－0000390　021.1/φ409

五經異義疏證三卷　（清）陳壽祺撰　清嘉慶
十八年(1813)王捷南刻本　三冊

350000－2001－0000391　022/φ556－1

易義針度補八卷　（清）朱昌壽撰　（清）楊浚
補　清咸豐五年(1855)侯官楊氏冠悔堂刻本
　一冊　存三卷(六至八)

350000－2001－0000392　022/φ733－1

易經精華六卷末一卷　（清）薛嘉穎編　清道
光元年(1821)光韙堂刻二十五年(1845)吳尚
志堂印本　一冊

350000－2001－0000393　025.6/φ443

周禮精華六卷　（清）陳龍標撰　清光緒善成
堂刻本　二冊

350000－2001－0000394　025.6/φ443－3

周禮精華六卷　（清）陳龍標撰　清光緒二年
(1876)刻本　六冊

350000－2001－0000395　025.9/φ761＝2

夏小正校注四卷　（清）魏本唐撰　清咸豐元
年(1851)刻　四冊

350000－2001－0000396　027/φ558

春秋圖一卷　（清）楊魁植輯　（清）楊文源增
訂　清乾隆三十七年(1772)信芳書屋刻本
二冊

350000－2001－0000397　028/φ412

孝經一卷　（清）郭尚先書　清刻本　一冊

350000－2001－0000398　029/φ654

蔡虛齋先生四書蒙引十五卷　（明）蔡清撰
清光緒刻本　十五冊

350000－2001－0000399　029.8/φ167

維肅制藝一卷　（清）吳伯敬撰　清光緒元年
(1875)刻本　二冊

350000－2001－0000400　420.4/φ404.1

退菴金石書畫跋二十卷　（清）梁章鉅撰　清
道光二十五年(1845)刻本　十冊

350000－2001－0000401　042.7/φ676

勸學芻言四卷　（清）劉存仁撰　清咸豐四年
(1854)福州刻本　一冊

350000 - 2001 - 0000402　082.8/φ656 - 1

蔡氏九儒書九卷首一卷　　（明）蔡有鶤輯　清光緒十三年（1887）刻本　六冊

350000 - 2001 - 0000403　082.17/φ753

閩漳浦鹿洲全集八種　（清）藍鼎元撰　清康熙、雍正刻光緒增修本　二十四冊

350000 - 2001 - 0000404　178/φ413

嘐嘐言六卷　（清）郭柏蔭撰　清道光三十年（1850）刻本　一冊

350000 - 2001 - 0000405　178/φ564

四種良言四卷　（清）葉滋樅編·清光緒二十六年（1900）沁香書屋刻本　二冊

350000 - 2001 - 0000406　φ194/939

萬法歸心錄三卷　（清）釋祖源撰　清光緒十五年（1889）湧泉寺刻本　一冊

350000 - 2001 - 0000407　φ992.277/155

薇垣歸娶圖詩四卷　（清）李彥章輯　清咸豐九年（1859）刻本　四冊

350000 - 2001 - 0000408　φ194/942.2

釋迦如來應行化跡全譜四函　（□）□□撰　清光緒三十三年（1907）湧泉寺刻本　四冊

350000 - 2001 - 0000409　126/φ491

榕壇問業十八卷　（明）黃道周撰　清乾隆十五年（1750）郭文焱刻本　四冊　存十二卷（一至十二）

350000 - 2001 - 0000410　124.9/φ441 - 1

北溪先生字義二卷補遺一卷　（宋）陳淳撰（清）朱錫穀校　清道光十三年（1833）怡山館刻本　一冊

350000 - 2001 - 0000411　127/φ151

榕村語錄三十卷　（清）李光地撰　清刻本八冊

350000 - 2001 - 0000412　φ992.237/445

皇清例封修職郎鄉賢裔生七十有一翁先巖誠試圃陳府君[樹苾]行狀一卷　（清）陳敦勳撰　清道光十二年（1832）刻本　一冊

350000 - 2001 - 0000413　φ992.237/431

禮部左侍張公[亨嘉]行狀一卷　陳衍撰　清宣統三年（1911）刻本　一冊

350000 - 2001 - 0000414　207/φ22.2

教授法精義二卷　（清）王振先編　清宣統二年（1910）鉛印本　一冊

350000 - 2001 - 0000415　φ992.237/562

[葉大焯行述]一卷　（清）葉在琦撰　清光緒刻本　一冊

350000 - 2001 - 0000416　φ992.237/795.2

皇清賜同進士出身誥授朝議大夫賞戴花翎甘肅蘭州府知府顯考海峰[龔景瀚]府君行述一卷　（清）龔式穀等撰　清道光刻本　一冊

350000 - 2001 - 0000417　992.194/φ104

宋名臣言行錄前集十卷後集十四卷續集八卷別集二十六卷外集十七卷　（宋）朱熹輯（宋）李幼武校正　清康熙刻同治七年（1868）桂氏重修本　十二冊

350000 - 2001 - 0000418　φ992.237/215.1

皇清歲貢士例誥封通奉大夫江寧布政使顯考暘谷府君[林寶日]行狀一卷　（清）林則徐撰　清道光刻本　一冊

350000 - 2001 - 0000419　φ992.196/226

東南紀事十二卷西南紀事十二卷　（清）邵廷采撰　清光緒十年（1884）徐榦刻本　二冊

350000 - 2001 - 0000420　082.17/φ213 - 1

林文忠公政書十二種　（清）林則徐撰　清光緒二十四年（1898）天津文德堂石印本　五冊

350000 - 2001 - 0000421　992.217/φ211

室人林夫人[普晴]事略一卷　（清）沈葆楨撰　清沈氏刻本　一冊

350000 - 2001 - 0000422　822.47/φ589

玉尺山樓遺稿一卷　（清）齊祥棣撰　清末鉛印本　一冊

350000 - 2001 - 0000423　992.217/φ776

崇祀名宦錄一卷　（□）□□纂　清末鉛印本　一冊

350000 - 2001 - 0000424　929.71021/φ413 - 1

烏石山志九卷首一卷 （清）郭柏蒼纂 清道
光二十二年（1842）刻光緒九年（1883）重修本
八冊

350000－2001－0000425 929.71021/ф493－1
鼓山志十四卷首一卷 （清）黄任編 清乾隆
二十六年（1761）刻光緒重修本 六冊

350000－2001－0000426 ф929.710263/318
西湖志六卷 （清）姚循義編 清乾隆十四年
（1749）刻本 四冊

350000－2001－0000427 ф929.710268/133
西禪長慶寺志六卷 （清）沈涵輯 清嘉慶五
年（1800）刻本 一冊

350000－2001－0000428 ф999.1/784.1
［福建閩清］蘇氏族譜略記一卷 （清）蘇文蔚
重修 清光緒蘇氏抄本 一冊

350000－2001－0000429 ф999.1/562
［福建福州］三山葉氏祠錄四卷 （清）葉觀國
修 （清）葉大焯重修 清光緒十六年（1890）
葉氏祠堂刻本 一冊

350000－2001－0000430 929.71022/ф443
莆田水利志八卷 （清）陳池養輯 清光緒元
年（1875）刻本 八冊

350000－2001－0000431 ф929.7113/215
［乾隆］福清縣志二十卷圖一卷 （清）饒安鼎
（清）邵應龍修 （清）林昂 （清）李修卿
纂 清光緒二十四年（1898）劉玉璋刻本 十
二冊

350000－2001－0000432 ф929.71846/153－1
［道光］寧化縣志七卷 （清）祝文郁修
（清）李世熊纂 清康熙二十三年（1684）刻道
光重修本 八冊

350000－2001－0000433 ф929.7119/313－1
［乾隆］永福縣志十卷 （清）陳焱等修
（清）俞荔 （清）陳雲客纂 清乾隆刻本
四冊

350000－2001－0000434 ф929.714/169
［光緒］漳州府志五十卷首一卷 （清）李維鈺

修 （清）沈定均續修 清光緒三年（1877）芝
山書院刻本 三十冊

350000－2001－0000435 929.0971/ф26
閩中沿革表五卷 （清）王捷南撰 清道光十
九年（1839）刻本 四冊

350000－2001－0000436 ф929.71863/216
［道光］漳平縣志十卷首一卷補編一卷 （清）
蔡世鈸修 （清）林得震纂 清道光十年
（1830）刻本 五冊

350000－2001－0000437 ф929.7125/449
［乾隆］延平府志四十六卷首一卷 （清）傅爾
泰修 （清）陶元藻纂 清乾隆三十年（1765）
刻同治十二年（1873）增修本 二十四冊

350000－2001－0000438 乙3/10
通鑑綱目一百十一卷 （明）陳仁錫評定 清
康熙四十年（1701）王公行刻本 五冊 存二
十五卷（綱目前編一至二十五）

350000－2001－0000439 乙4/28
皇元聖武親征記一卷 （清）鄭杰校正 清乾
隆侯官鄭杰注韓居抄本 一冊

350000－2001－0000440 乙1.2/25
大清太祖高皇帝本紀二卷 （清）國史館纂修
清康熙抄本 一冊

350000－2001－0000441 乙3/9
御批資治通鑑綱目全書一百九卷 （清）聖祖
玄燁批 清康熙四十六年（1707）内府刻本
七十八冊

350000－2001－0000442 乙6.6/11
下雉纂一卷 （明）馬歘撰 明天啟四年
（1624）徐𤉹抄本 一冊

350000－2001－0000443 乙5.2/5.5
致身錄一卷 （明）史仲彬撰 清抄本 一冊

350000－2001－0000444 乙4/31
欽定蒙古源流八卷 （清）小徹辰薩囊撰 清
福州烏石山房抄本 二冊

350000－2001－0000445 乙4/30
欽定蒙古源流八卷 （清）小徹辰薩囊撰 清

抄本　四冊

350000－2001－0000446　822.196/ф195
楓江酒船詩一卷　（清）余懷撰　清康熙刻本
　一冊

350000－2001－0000447　乙7.5/13
王文勤公奏稿二十四卷　（清）王慶雲撰　清
末民國初謄清稿本　六冊

350000－2001－0000448　乙12/5
甲子會紀五卷　（明）薛應旂編集　（明）陳仁
錫評閱　明崇禎金閶大歡堂刻資治通鑑大全
本　二冊

350000－2001－0000449　乙12/5.5
甲子會紀五卷　（明）薛應旂編集　（明）陳仁
錫評閱　明天啓陳仁錫刻通鑑全書六種本
四冊

350000－2001－0000450　乙3/7
文公先生資治通鑑綱目五十九卷　（宋）朱熹
撰　（宋）尹起莘發明　（元）汪克寬考異
（元）王幼學集覽　（明）陳濟正誤　明初建安
劉寬裕刻本　六十冊

350000－2001－0000451　乙6.7/2
瀛涯勝覽一卷　（明）馬歡撰　明末祁氏淡生
堂抄本　一冊

350000－2001－0000452　878/ф215.1
閒居雜錄二卷　（清）林春溥編　清咸豐四年
（1854）侯官林氏刻竹柏山房十五種本　一冊

350000－2001－0000453　丙1/1
孔子家語八卷　（明）何孟春注　明正德十六
年（1521）建寧郡張公瑞刻本　八冊

350000－2001－0000454　822.047/ф211
射鷹樓詩話二十四卷　（清）林昌彝輯　清咸
豐元年（1851）刻本　八冊

350000－2001－0000455　丙1/28
濂洛關閩書十九卷　（清）張伯行集解　清康
熙四十八年（1709）刻正誼堂叢書本　五冊

350000－2001－0000456　丙3/8
韓子迂評二十卷　題（明）門無子撰　明萬曆

刻朱墨套印本　六冊

350000－2001－0000457　丙12/7
事物紀原集類十卷　（宋）高承輯　明成化八
年（1472）李果刻本　四冊

350000－2001－0000458　丙6/2
步天歌一卷　（□）□□撰　明陳闇勰抄本
一冊

350000－2001－0000459　852.44/ф578
詹元善先生遺集二卷　（宋）詹體仁撰　（清）
朱秉鑑輯　清嘉慶十九年（1814）祝昌泰留香
室刻浦城遺書本　一冊

350000－2001－0000460　丙7/21
五刻理氣纂要詳辯三台便覽通書正宗十八卷
首三卷　（明）林紹周纂　（明）林維松重編
附二卷　（明）柯珮編輯　（明）林維松補遺
明崇禎十年（1637）建陽余仰止刻本　十冊
存十八卷（一、四至十八，附二卷）

350000－2001－0000461　丙9/9
新刻香譜二卷　（宋）洪芻輯　（明）胡文煥校
　明萬曆胡氏文會堂刻格致叢書本　一冊

350000－2001－0000462　丙10/2
呂氏春秋二十六卷　題（宋）陸游評　（明）凌
稚隆批　明萬曆四十八年（1620）凌毓枏刻朱
墨套印本　六冊

350000－2001－0000463　丙10/38
井觀瑣言三卷鄭省齋蜩笑偶言一卷　（明）鄭
瑗撰　明刻本　一冊

350000－2001－0000464　ф852.44/718.1
謝疊山先生文集五卷首一卷外集二卷附錄二
卷　（宋）謝枋得撰　（清）陳喬樅編　清道光
二十九年（1849）刻本　二冊

350000－2001－0000465　丙13/4
法藏碎金錄十卷　（宋）晁迥撰　明嘉靖二十
五年（1546）晁瑮寶文堂刻本　十冊

350000－2001－0000466　822.196/ф448
擊缽吟偶存二卷附存一卷　（清）曾元海訂
清道光十一年（1831）刻本　一冊

350000－2001－0000467　822.71/ф223

楚辭燈四卷　（清）林雲銘論述　（清）林沅校
　　附楚懷襄王二王在位事蹟考　清康熙三十
六年(1697)挹奎樓刻本　二册

350000－2001－0000468　丙 10/56

野記不分卷　（□）□□撰　明錢弘升抄本
一册

350000－2001－0000469　丙 12/16

古今合璧事類備要前集六十九卷後集八十一
卷續集五十六卷　（宋）謝維新輯　別集九十
四卷外集六十六卷　（宋）虞載輯　明嘉靖三
十一年至三十五年(1552－1556)三衢夏相刻
本　二十册　存一百二十二卷(續集五十六
卷、外集六十六卷)

350000－2001－0000470　121.21/153

老子道德經二卷　（三國魏）王弼注　清乾隆
木活字印武英殿聚珍版書本　一册

350000－2001－0000471　852.44/ф557

楊龜山先生集四十二卷首一卷　（宋）楊時撰
　　清康熙四十六年(1707)刻本　十册

350000－2001－0000472　丙 4/4

金薯傳習錄二卷　（清）陳世元輯　清乾隆三
十三年(1768)陳雲等刻本　一册　存一卷
(上)

350000－2001－0000473　丙 4/3

金薯傳習錄二卷　（清）陳世元輯　清乾隆四
十一年(1776)福州升尺堂刻本　一册

350000－2001－0000474　852.44/ф556

武夷新集二十卷楊文公逸詩文一卷　（宋）楊
億撰　（清）梁章鉅校　清嘉慶祝昌泰留香室
刻浦城遺書本　十册

350000－2001－0000475　852.44/ф675－1

宋劉文靖公屏山全集二十卷首一卷　（宋）劉
子翬撰　（清）潘政明校　屏山集考異一卷
（清）潘政明撰　清光緒二十八年(1902)武夷
潘氏雲屏山房刻本　二册

350000－2001－0000476　852.44/ф718

晞髮集十卷遺集二卷遺集補一卷　（宋）謝翱
撰　（清）祝昌泰校　天地間集一卷　（宋）謝
翱輯　清嘉慶二十一年(1816)刻本　四册

350000－2001－0000477　ф368.3/874

閩路公會勸股說帖不分卷　（清）閩路公會編
　　清光緒刻本　一册

350000－2001－0000478　乙 6.7/1

安南志一卷　（明）蘇濬撰　明刻本　一册

350000－2001－0000479　乙 6.3/7.5

武夷山志十八卷　（明）衷仲孺修　明崇禎十
六年(1643)刻本　五册　存十六卷(一至十
六)

350000－2001－0000480　乙 6.3/6

鼓山志十二卷　（明）釋元賢纂修　清初刻本
　　一册　存五卷(八至十二)

350000－2001－0000481　乙 6.3/7

重修鼓山志□□卷　（清）陳祚康修　清同治
陳氏稿本　三册　存五卷(五至八、十)

350000－2001－0000482　丙 11/23.5

酉陽雜俎二十卷　（唐）段成式撰　明刻本
四册

350000－2001－0000483　乙 6.3/7.3

武夷志畧四卷　（明）徐表然纂　明萬曆四十
七年(1619)孫世昌刻本　四册

350000－2001－0000484　丙 11/22

酉陽雜俎二十卷　（唐）段成式撰　（明）鄭琰
校　明閩城娜嬛齋刻本　二册

350000－2001－0000485　丙 11/23

酉陽雜俎二十卷續集十卷　（唐）段成式撰
（明）毛晉訂　明崇禎汲古閣刻本　四册

350000－2001－0000486　丙 11/19

續夷堅志前集一卷後集一卷　題(元)元好問
纂　清抄本　一册

350000－2001－0000487　丙 8/18

蓼懷堂琴譜不分卷　（清）雲志高輯　清康熙
蓼懷堂刻本　四册

350000－2001－0000488　丙 11/20

續夷堅志前集一卷後集一卷　題(元)元好問撰　清乾隆三十六年(1771)侯官鄭杰注韓居抄本　二冊

350000－2001－0000489　丙 9/11

茶經三卷　(唐)陸羽撰　**又一卷**　(唐)張又新等撰　明萬曆十六年(1588)程福生竹素園刻本　一冊

350000－2001－0000490　丙 9/12

茶集二卷　(明)喻政選輯　明萬曆四十一年(1613)刻茶書二十七種本　二冊

350000－2001－0000491　丙 9/4

程氏墨苑十四卷　(明)程大約撰　明萬曆程氏滋蘭堂刻本　十冊

350000－2001－0000492　022/761

周易要義十卷首一卷　(宋)魏了翁撰　清光緒十二年(1886)江蘇書局刻五經要義本　四冊

350000－2001－0000493　丁 2.3/30

西塘先生文集九卷　(宋)鄭俠撰　清刻本　四冊

350000－2001－0000494　822.196/φ679.1

西湖社詩存二卷　(清)林壽圖輯　清道光二十八年(1848)刻本　一冊

350000－2001－0000495　丁 2.1/2

漢蔡中郎集六卷　(漢)蔡邕撰　明嘉靖二十七年(1548)楊賢刻本　一冊

350000－2001－0000496　丁 2.1/5

陸士衡文集十卷　(晉)陸機撰　明正德十四年(1519)陸元大刻晉二俊文集本　一冊

350000－2001－0000497　丁 2.1/6

陸士衡集十卷　(晉)陸機撰　(明)汪士賢校　明刻漢魏六朝諸家文集二十二種本　一冊

350000－2001－0000498　丁 2.1/7

陸士龍文集十卷　(晉)陸雲撰　(明)汪士賢校　明刻漢魏六朝諸家文集二十二種本　一冊

350000－2001－0000499　乙 6.6/8.5

榕城要纂不分卷　(清)林春溥撰　稿本　一冊

350000－2001－0000500　乙 6.6/8.3

閩會小紀百韻不分卷　(清)孫學稼撰　(清)孫起宗注　清抄本　一冊

350000－2001－0000501　φ194/947.1

禪門日誦諸經不分卷　(□)□□輯　清光緒十二年(1886)湧泉寺刻本　一冊

350000－2001－0000502　乙 6.6/9.5

臺灣紀略不分卷　(清)林謙光撰　**臺灣雜記不分卷**　(清)季麒光撰　清補不足齋抄本　一冊

350000－2001－0000503　丁 2.3/19

東坡文選十七卷　(宋)蘇軾撰　(明)鍾惺評選　明萬曆四十八年(1620)閔氏刻朱墨套印本　十冊

350000－2001－0000504　丁 1/5

楚辭集註八卷辯證二卷後語六卷　(宋)朱熹撰　明萬曆二十五年(1597)吉府刻本　四冊

350000－2001－0000505　丁 1/6

楚辭集註八卷辯證二卷後語六卷　(宋)朱熹撰　明萬曆朱崇沐刻本　三冊

350000－2001－0000506　852.87/φ493

消夏錄二卷　(清)黃任輯　(清)余文儀鑒定　清乾隆四十年(1775)余文儀刻本　二冊

350000－2001－0000507　丁 1/7

楚辭集註八卷辯證二卷後語六卷　(宋)朱熹撰　清光緒八年(1882)江蘇書局刻本　四冊

350000－2001－0000508　丁 1/8

楚辭集注八卷　(宋)朱熹撰　清乾隆五十三年(1788)聽雨齋刻朱墨套印本　四冊

350000－2001－0000509　丁 1/9

楚辭集注八卷　(宋)朱熹撰　清乾隆五十三年(1788)聽雨齋刻朱墨套印本　十二冊

350000－2001－0000510　丁 2.3/15

臨川先生文集一百卷目錄二卷　(宋)王安石

撰　明嘉靖三十九年(1560)何遷刻本　二十冊

350000－2001－0000511　852.47/φ495.1
鯨濤集二卷　(清)黃海撰　清咸豐元年(1851)福州鼇峰書院刻本　二冊

350000－2001－0000512　822.47/φ180.1
實齋詩薰二卷　(清)何西泰撰　清嘉慶十一年(1806)刻本　一冊

350000－2001－0000513　027.6/16.1
方氏左傳評點二卷　(清)方苞撰　清光緒十九年(1893)金匱廉氏刻本　二冊

350000－2001－0000514　φ822.1991/597
十閩名勝箋四卷補遺一卷　(清)鄢調元輯(清)鄢點辰編校　清咸豐二年(1852)木活字印本　三冊　存三卷(一至三)

350000－2001－0000515　021.6/247
十三經古注二百九十卷　(明)金蟠　(明)葛鼏校　清同治八年(1869)浙江書局刻本　四十八冊

350000－2001－0000516　甲11/1
十三經註疏　(□)□□輯　明萬曆十四年至二十一年(1586－1593)北京國子監刻本　一百二十冊

350000－2001－0000517　021/705
經苑二十五種　(清)錢儀吉輯　清道光、咸豐刻同治七年(1868)王儒行等印本　三十九冊

350000－2001－0000518　021.6/162－1
宋本十三經註疏　(□)□□輯　**校勘記四百十六卷**　(清)阮元撰　(清)盧宣旬摘錄　清光緒十三年(1887)上海脈望仙館石印本　三十二冊

350000－2001－0000519　021.6/837
袖珍十三經註十五種　(□)□□輯　清同治十二年(1873)稽古樓刻本　八十七冊

350000－2001－0000520　021.6/248
十三經分類政要十卷　(清)周世樟編　清光

緒二十八年(1902)教育世界社石印本　八冊

350000－2001－0000521　021.6/844
十三經注疏附考證　(□)□□撰　清乾隆四年至十二年(1739－1747)刻本　一百二十冊

350000－2001－0000522　022/524－1
御纂周易述義十卷　(清)傅恒撰　清乾隆刻道光、同治遞修本　八冊

350000－2001－0000523　丙1/19
中說十卷　題(隋)王通撰　(宋)阮逸注　明桐蔭書屋刻本　二冊

350000－2001－0000524　992.1387/164－1
昭代名人尺牘小傳二十四卷　(清)吳修輯　清道光六年(1826)刻本　一冊

350000－2001－0000525　022/526.2
焦氏遺書十種　(清)焦循撰　清光緒二年(1876)衡陽魏氏刻本　十一冊　存三種三十七卷(雕菰樓易學三書之易章句十二卷、易通釋二十卷、易話二卷、易廣記三卷)

350000－2001－0000526　021.8/400
通志堂經解一百四十種　(清)納蘭成德輯　清康熙十九年(1680)通志堂刻本　三百六十四冊　存八十四種一千二百三十八卷(子夏易傳十一卷、易數鉤隱圖三卷遺論九卷事一卷、橫渠先生易說三卷、易學一卷、紫巖居士易傳十卷、漢上易傳十一卷周易卦圖三卷周易叢說一卷、易學啓蒙通釋二卷圖一卷、周易玩辭十六卷、東谷鄭先生易翼傳二卷、三易備遺十卷、丙子學易編一卷、易學啓蒙小傳一卷經傳一卷、水村易鏡一卷、晦菴先生朱文公易說十七卷、大易緝說十卷、周易輯聞六卷易雅一卷筮宗一卷、周易傳義附錄十四卷首一卷、俞氏易集說十三卷、周易本義附錄纂注十五卷、周易發明啓蒙翼傳三卷外篇一卷、周易本義通釋十二卷輯錄雲峰文集易義一卷、周易本義集成十二卷首一卷、周易經傳集程朱解附錄纂注十四卷首一卷附一卷、易圖通變五卷、易象圖說內篇三卷外篇三卷、大易象數鉤深圖三卷、周易參義二卷、合訂刪補大易集義撢言八十卷、書古文訓十六卷、三山拙齋林先

生尚書全解四十卷、程尚書禹貢論二卷後論一卷山川地理圖二卷、尚書說七卷、增修東萊書說三十五卷首一卷、書疑九卷、書集傳或問二卷、杏溪傅氏禹貢集解二卷、尚書詳解十三卷、尚書表注二卷、尚書纂傳四十六卷、書蔡氏傳輯錄纂注六卷首一卷、書纂言四卷、書蔡氏傳旁通六卷、尚書句解十三卷、書集傳纂疏六卷首一卷、詩傳遺說六卷、逸齋詩補傳三十卷篇目一卷、詩集傳名物鈔八卷、詩經疑問七卷附編一卷、詩解頤四卷、春秋尊王發微十二卷附錄一卷、木訥先生春秋經筌十六卷、石林先生春秋傳二十卷、止齋先生春秋後傳十二卷、春秋集解三十卷、春秋集傳十五卷、東巖周禮訂義八十卷首一卷、鬳齋考工記解二卷、儀禮圖十七卷旁通圖一卷附儀禮本經十七卷、禮記集說一百六十卷、禮經會元四卷、太平經國之書十一卷首一卷、夏小正戴氏傳四卷、儀禮集說十七卷、儀禮逸經傳一卷、經禮補逸九卷附錄一卷、禮記陳氏集說補正三十八卷、孝經注解一卷、孝經一卷、晦菴先生所定古文孝經句解一卷、南軒先生論語解十卷、論語集說十卷、南軒先生孟子說七卷、孟子集疏十四卷、孟子音義二卷、大學纂疏一卷中庸纂疏一卷論語纂疏十卷孟子纂疏十四卷、大學集編一卷中庸集編一卷論語集編十卷孟子集編十四卷、大學通一卷中庸通一卷論語通十卷孟子通十四卷、經典釋文三十卷、公是先生七經小傳三卷、六經奧論六卷首一卷、六經正誤六卷、熊先生經說七卷、十一經問對五卷、五經蠡測六卷）

350000－2001－0000527　992.1317/775
船山師友記十七卷首一卷　（清）羅正鈞纂清光緒三十三年（1907）刻本　二冊

350000－2001－0000528　甲 11/2
十三經註疏　（□）□□撰　明崇禎元年至十二年（1628－1639）毛氏汲古閣刻本　一百十九冊

350000－2001－0000529　022/535
易原八卷　（宋）程大昌撰　清乾隆四十二年（1777）福建刻道光、同治遞修光緒二十一年

（1895）增補武英殿聚珍版書本　二冊

350000－2001－0000530　022/537
易經八卷　（宋）程頤傳　清光緒九年（1883）江南書局刻本　二冊

350000－2001－0000531　甲 1/7
張先生校正楊寶學易傳二十卷　（宋）楊萬里撰　（宋）張敬之校　清抄本　二冊

350000－2001－0000532　甲 1/10.5
易本象四卷　（明）黃道周撰　清康熙三十八年（1699）刻本　六冊

350000－2001－0000533　甲 1/11
易義古象通八卷　（明）魏濬撰　明刻本四冊

350000－2001－0000534　甲 1/12
像象管見九卷　（明）錢一本撰　明萬曆刻本四冊　存四卷（一至四）

350000－2001－0000535　甲 1/13
像抄六卷　（明）錢一本撰　明萬曆刻本四冊

350000－2001－0000536　甲 1/15
四聖一心錄六卷　（明）錢一本撰　清康熙錢濟世刻本　五冊

350000－2001－0000537　甲 1/16
伏羲圖贊二卷雜卦傳古音考一卷　（明）陳第撰　（明）焦竑訂　明萬曆三十七年（1609）會山樓刻一齋集十二種本　一冊

350000－2001－0000538　甲 1/16.5
御纂周易折中二十二卷首一卷　（清）李光地等撰　清康熙五十四年（1715）內府刻本　十二冊

350000－2001－0000539　甲 1/16.6
御纂周易折中二十二卷首一卷　（清）李光地等編　清康熙五十四年（1715）內府刻本　十二冊

350000－2001－0000540　甲 1/17
珍山陳庶子易說二十四卷　（清）陳遷鶴撰清抄本　二十四冊

350000－2001－0000541　甲1/18

乾乾篇三卷　（明）龍文光撰　清抄本　三冊

350000－2001－0000542　甲1/19

周易集解五十四卷　（清）張仁淶撰　清嘉興李英抄本　五十冊

350000－2001－0000543　甲1/20

周易說明二卷　（清）林鳳岐撰　清抄本　二冊

350000－2001－0000544　甲1/21

古周易二經十傳闡註解一卷　（清）陳懋侯撰　清閩縣陳氏修改稿本　一冊

350000－2001－0000545　甲1/23

古三墳一卷　（晉）阮咸撰　明萬曆新安程榮刻漢魏叢書本　一冊

350000－2001－0000546　022/537＝1

易經八卷　（宋）程頤傳　清光緒九年(1883)江南書局刻本　三冊

350000－2001－0000547　021.6/162－2

重刊宋本十三經注疏　（□）□□輯　**校勘記**　（清）阮元撰　（清）盧宣旬摘錄　清同治十二年(1873)江西書局刻本　六十二冊　存五種三百十八卷(附釋音毛詩注疏七十卷校勘記七十卷、附釋音周禮注疏四十二卷校勘記四十二卷、監本附音春秋公羊注疏二十八卷校勘記二十八卷、孝經注疏九卷校勘記九卷、爾雅注疏十卷校勘記十卷)

350000－2001－0000548　022/447

陳氏易說四卷附錄一卷　（清）陳壽熊撰　清光緒二十一年(1895)木活字印本　二冊

350000－2001－0000549　022/537.5

周易傳義音訓八卷首一卷末一卷　（宋）程頤傳　（宋）朱熹本義　（宋）呂祖謙音訓　清咸豐六年(1856)浦城祝氏與古齋刻本　八冊

350000－2001－0000550　022/104

周易本義四卷圖說一卷卦歌一卷筮儀一卷　（宋）朱熹撰　清康熙刻本　二冊

350000－2001－0000551　甲2/2

鄭敷文景望書說一卷　（宋）鄭伯熊撰　清海寧查昇抄本　一冊

350000－2001－0000552　甲2/6

孫月峯先生批評書經六卷　（明）孫鑛撰　（明）馮元仲參定　明崇禎天益山刻本　一冊

350000－2001－0000553　甲2/6.5

尚書註疏二十卷　（漢）孔安國傳　（唐）陸德明音義　（唐）孔穎達疏　明崇禎五年(1632)古虞毛氏汲古閣刻十三經註疏本　八冊

350000－2001－0000554　甲2/7

尚書日記十六卷　（明）王樵撰　明刻崇禎五年(1632)莊繼光重修本　八冊

350000－2001－0000555　甲2/8

尚書疏衍四卷　（明）陳第撰　明萬曆四十年(1612)會山樓刻一齋集十二種本　一冊

350000－2001－0000556　甲2/8.5

尚書疏衍四卷　（明）陳第撰　明萬曆四十年(1612)會山樓刻一齋集十二種本　二冊

350000－2001－0000557　甲2/9

欽定書經傳說彙纂二十一卷首二卷書序一卷　（清）王頊齡等編　清雍正八年(1730)內府刻御纂七經本　十三冊　存二十三卷(一至十五、十七至二十一,首二卷,書序一卷)

350000－2001－0000558　甲2/10

禹貢錐指二十卷圖一卷　（清）胡渭撰　清康熙四十四年(1705)漱六軒刻雍正重印本　十冊

350000－2001－0000559　甲5/2

樂律全書四十九卷　（明）朱載堉撰　明萬曆鄭藩刻增修本　二十冊

350000－2001－0000560　甲5/3

大樂律呂元聲六卷考註四卷　（明）李文利撰　（明）李元校補　清抄本　二冊

350000－2001－0000561　甲6/1

春秋左氏經傳集解三十卷　（晉）杜預撰　（唐）陸德明釋文　（明）周光鎬補校　**春秋名號歸一圖二卷**　（五代）馮繼先撰　**提要一卷**

明萬曆八年(1580)金陵親仁堂刻本　八冊

350000－2001－0000562　甲6/2
春秋集傳二十六卷綱領一卷　(宋)張洽撰
清抄本　十冊　存二十卷(一至十七、二十一至二十二,綱領一卷)

350000－2001－0000563　甲6/3
呂東萊先生左氏博議六卷　(宋)呂祖謙撰
(明)陶珽輯　明崇禎刻本　六冊

350000－2001－0000564　甲6/4
春秋集傳大全三十七卷序論一卷春秋列國東坡說一卷東坡指掌春秋列國圖一卷諸國興廢說一卷春秋二十國年表一卷　(明)胡廣等輯　明內府刻本　二十冊

350000－2001－0000565　甲6/5
春秋孔義十二卷　(明)高攀龍撰　明崇禎十三年(1640)刻本　二冊

350000－2001－0000566　甲6/6
春秋四傳三十八卷綱領一卷提要一卷東坡地理圖說一卷二十國年表一卷諸國興廢說一卷　(□)□□輯　明杜尊刻本　十二冊

350000－2001－0000567　甲6/6.5
春秋胡傳三十卷　(宋)胡安國撰　(宋)林堯叟音注　**春秋列國圖說一卷**　(宋)蘇軾撰　**春秋傳綱領一卷春秋諸國興廢說一卷春秋提要一卷**　明刻本　六冊

350000－2001－0000568　甲6/6.8
春秋三十卷　(宋)胡安國撰　(宋)林堯叟音注　**春秋列國圖說一卷**　(宋)蘇軾撰　**春秋傳綱領一卷春秋諸國興廢說一卷春秋提要一卷**　清康熙三十七年(1698)青蓮書屋刻本　四冊

350000－2001－0000569　甲6/7
春秋林氏傳十二卷　(明)林尊賓撰　(明)陳曾則等錄　**語錄一卷**　(明)陳曾則輯　清末抄本　四冊

350000－2001－0000570　甲6/9
左氏兵法測要二十卷首二卷　(明)宋徵璧撰

(明)徐孚遠評閱　明崇禎劍閣齋刻本　八冊

350000－2001－0000571　甲6/10
春秋輯論一卷　(明)郭偉撰　清抄本　一冊

350000－2001－0000572　甲6/11
增釋春秋列傳五卷　(明)劉節撰　(明)潘榛校　明萬曆三十六年(1608)潘榛刻本　七冊

350000－2001－0000573　甲6/12
春秋大事表五十卷輿圖一卷附錄一卷　(清)顧棟高輯　清乾隆十二年至十七年(1747－1752)錫山顧氏萬卷樓刻本　十二冊

350000－2001－0000574　甲7.1/1
論語註疏解經二十卷　(三國魏)何晏集解　(宋)邢昺疏　明崇禎十年(1637)古虞毛氏汲古閣刻十三經註疏本　四冊

350000－2001－0000575　甲7.2/1
孟子註疏解經十四卷　(漢)趙岐註　(宋)孫奭疏　明崇禎六年(1633)古虞毛氏汲古閣刻十三經註疏本　六冊

350000－2001－0000576　甲7.2/1.5
孟子二卷　(宋)蘇洵批點　明萬曆四十五年(1617)閔齊伋刻三色套印本　二冊

350000－2001－0000577　甲7.2/2
孟子正義三十卷　(清)焦循撰　清道光五年(1825)刻本　十冊

350000－2001－0000578　甲7.3/2
四書集註大全四十三卷　(明)胡廣等輯　明內府刻本　十六冊

350000－2001－0000579　甲7.3/2.3
四書大全四十二卷　(清)汪份輯　清康熙長洲汪氏遺喜齋刻本　二十冊

350000－2001－0000580　甲7.3/3
四書說剩六卷　(明)林散撰　明刻本　八冊

350000－2001－0000581　甲7.3/4
呂晚邨先生四書講義四十三卷　(清)呂留良撰　(清)陳鏦編　清康熙刻本　八冊

350000－2001－0000582　甲 8/1

孝經註疏九卷　（唐）玄宗李隆基注　（宋）邢昺疏　明崇禎二年(1629)毛氏汲古閣刻十三經註疏本　一冊

350000－2001－0000583　甲 8/1.2

孝經註疏九卷　（唐）玄宗李隆基注　（宋）邢昺疏　明崇禎二年(1629)毛氏汲古閣刻十三經註疏本　一冊　存二卷(一至二)

350000－2001－0000584　甲 8/2

孝經集傳四卷　（明）黄道周輯　明崇禎十六年(1643)刻本　二冊

350000－2001－0000585　甲 8/3

孝經衍義一百卷首二卷　（清）葉芳靄　（清）張英等撰　清康熙二十九年(1690)刻本　三十二冊

350000－2001－0000586　甲 9.1/1

五雅四十一卷　（明）郎奎金輯　明天啓六年(1626)郎氏堂策檻刻本　六冊

350000－2001－0000587　甲 9.1/2

爾雅註疏十一卷　（晉）郭璞注　（宋）邢昺疏　明崇禎元年(1628)毛氏汲古閣刻十三經註疏本　三冊

350000－2001－0000588　甲 9.1/3

爾雅三卷　（宋）鄭樵注　明崇禎毛氏汲古閣刻津逮秘書本　一冊

350000－2001－0000589　甲 9.1/16

新刻爾雅翼三十二卷　（宋）羅願撰　（明）畢效欽校　明萬曆十六年(1588)瑞桃堂刻清修本　四冊

350000－2001－0000590　甲 9.1/4

爾雅正義二十卷　（清）邵晉涵撰　**釋文三卷**　（唐）陸德明撰　清乾隆五十三年(1788)邵氏面水層軒刻本　十冊

350000－2001－0000591　甲 9.1/4.2

爾雅正義二十卷　（清）邵晉涵撰　**釋文三卷**　（唐）陸德明撰　清乾隆五十三年(1788)邵氏面水層軒刻本　八冊　存二十卷(一至二十)

350000－2001－0000592　甲 9.1/5

爾雅郭注義疏三卷　（清）郝懿行撰　清同治刻郝氏遺書本　八冊

350000－2001－0000593　甲 9.1/5.2

爾雅郭注義疏三卷　（清）郝懿行撰　清同治刻郝氏遺書本　八冊

350000－2001－0000594　甲 9.1/5.5

爾雅比類便讀二卷　（清）周嘉璧撰　清抄本　一冊

350000－2001－0000595　甲 9.1/6

爾雅比類便讀三卷　（清）周嘉璧撰　清抄本　二冊

350000－2001－0000596　甲 9.1/8

爾雅古義二卷　（清）錢坫撰　清楊浚抄本　一冊

350000－2001－0000597　丙 1/17

中論二卷　（漢）徐幹撰　明萬曆程榮刻漢魏叢書本　一冊

350000－2001－0000598　甲 9.1/9

羣經音辨七卷　（宋）賈昌朝撰　清康熙五十三年(1714)吳郡張士俊刻澤存堂五種本　二冊

350000－2001－0000599　甲 9.1/14

駢雅七卷　（明）朱謀㙔撰　清抄本　一冊

350000－2001－0000600　甲 9.1/15

別雅五卷　（清）吳玉搢撰　清乾隆七年(1742)程氏督經堂刻本　五冊

350000－2001－0000601　甲 9.2/1

通俗文一卷　（漢）服虔撰　（清）臧庸述　**附通俗文敘錄一卷**　（清）林慰曾校　清嘉慶、道光閩縣劉氏掫均尻抄本　一冊

350000－2001－0000602　甲 9.2/2

說文解字十五卷　（漢）許慎撰　（宋）徐鉉等校　清初毛氏汲古閣刻本　六冊

350000－2001－0000603　甲 9.2/2.5

說文解字注三十卷六書音均表二卷　（清）段
玉裁撰　說文部目分韻一卷　（清）陳煥撰
清乾隆、嘉慶段氏經韻樓刻本　二十四冊

350000－2001－0000604　甲9.2/3
說文解字繫傳四十卷　（五代）徐鍇撰　附錄
一卷　（清）汪啓淑輯　清乾隆四十七年
(1782)汪啓淑刻本　八冊

350000－2001－0000605　甲9.2/5
說文解字十二卷　（漢）許慎撰　（宋）李燾重
編　明萬曆二十六年(1598)陳大科刻本
六冊

350000－2001－0000606　甲9.2/7
説文長箋一百卷首二卷解題一卷六書長箋七
卷　（明）趙宧光輯　明崇禎四年(1631)趙均
小宛堂刻本　四十冊

350000－2001－0000607　甲9.2/8
說文繫傳校錄三十卷　（清）王筠撰　清咸豐
七年(1857)刻王菉友九種本　四冊

350000－2001－0000608　甲9.2/9
說文釋例二十卷釋例補正一卷　（清）王筠撰
清道光刻本　十冊　存十九卷（一至十八、
補正一卷）

350000－2001－0000609　甲9.2/10.5
文字蒙求四卷　（清）王筠撰　清末謄清稿本
一冊

350000－2001－0000610　甲9.2/11
讀說文解字小箋二十卷　（清）梁運昌纂　清
光緒二十八年(1902)謝章鋌抄本　八冊

350000－2001－0000611　甲9.2/12
說文分均再纂五卷　（清）劉家鎮編　清道光
閩縣劉氏掰均尻謄清稿本　五冊

350000－2001－0000612　甲9.2/13
說文通訓定聲十八卷分部柬韻一卷說雅一卷
古今韻準一卷　（清）朱駿聲撰　清刻本　十
五冊

350000－2001－0000613　甲9.2/14
說文五翼八卷　（清）王煦撰　清末閩縣陳氏

鐵石軒抄本　二冊

350000－2001－0000614　甲9.2/15
說文引經異文集證不分卷　（清）吳種撰　清
同治、光緒侯官楊用霖循陔書室抄本　八冊

350000－2001－0000615　甲9.2/16
說文蒙求四卷　（清）沈鎮輯　清抄本　二冊

350000－2001－0000616　甲9.2/17
說文部目分韵一卷　（清）陳煥編　清抄本
一冊

350000－2001－0000617　甲9.2/18
大廣益會玉篇三十卷　（南朝梁）顧野王撰
（唐）孫強增字　（宋）陳彭年等重修　清康熙
四十三年(1704)吳郡張士俊刻澤存堂五種本
三冊

350000－2001－0000618　甲9.2/18.2
大廣益會玉篇三十卷　（南朝梁）顧野王撰
（唐）孫強增字　（宋）陳彭年等重修　清康熙
四十三年(1704)吳郡張士俊刻澤存堂五種本
三冊

350000－2001－0000619　甲9.2/19
漢隸字源五卷碑目一卷附字一卷　（宋）婁機
撰　明末毛氏汲古閣刻本　六冊

350000－2001－0000620　甲9.2/23
字通一卷　（宋）李從周撰　清抄本　一冊

350000－2001－0000621　021.9/377－1
古微書三十六卷　（明）孫瑴輯　清光緒十四
年(1888)刻本　六冊

350000－2001－0000622　甲9.2/24
龍龕手鑑四卷　（遼）釋行均撰　清虛竹齋刻
本　六冊

350000－2001－0000623　甲9.2/26
六書正譌五卷　（元）周伯琦撰　（明）胡正言
訂纂　明崇禎七年(1634)海陽胡正言十竹齋
刻本　二冊

350000－2001－0000624　甲9.2/27
六書正義十二卷　（明）吳元滿編集　明萬曆
三十三年(1605)刻本　六冊

350000 - 2001 - 0000625　甲9.2/30

摭古遺文二卷 (明)李登撰 **再增摭古遺文一卷** (明)姚履旋增補 明萬曆二十二年(1594)姚履旋刻本　二冊

350000 - 2001 - 0000626　甲9.2/33

篇海類編二十卷 題(明)宋濂撰 (明)屠隆訂正 **附錄一卷** (明)張嘉和輯 明刻本六冊

350000 - 2001 - 0000627　甲9.2/34

重刊詳校篇海五卷 (明)趙欽湯輯 (明)李登校編 明萬曆三十六年(1608)李登刻本十冊

350000 - 2001 - 0000628　甲9.2/35

經子難字二卷雜字韻寶五卷 (明)楊慎撰 明刻本　一冊

350000 - 2001 - 0000629　甲9.2/36

諸書字考略二卷 (明)林茂槐撰 明萬曆三十二年(1604)刻本　一冊

350000 - 2001 - 0000630　甲9.2/37

俗書刊誤十二卷 (明)焦竑輯 明萬曆見過齋刻本　一冊

350000 - 2001 - 0000631　甲9.2/38

字學四卷篆體偏旁點畫辨訣一卷 (明)葉秉敬撰 (明)潘之淙訂 明天啓七年(1627)潘之淙等刻本　二冊

350000 - 2001 - 0000632　甲9.2/38.5

字詁一卷 (清)黃生撰 清抄本　一冊

350000 - 2001 - 0000633　甲9.2/39

字典考證十二卷 (清)王引之等撰 清道光抄本　四冊

350000 - 2001 - 0000634　甲9.2/41

音同義異辨一卷 (清)畢沅撰 清抄本一冊

350000 - 2001 - 0000635　甲9.2/42

千字文通釋四卷 (清)呂世宜撰 (清)楊浚校 清抄本　一冊

350000 - 2001 - 0000636　甲9.2/43

小學鉤沈十九卷 (清)任大椿輯 (清)王念孫校 清林鳳臺、楊用霖合抄本　一冊

350000 - 2001 - 0000637　021.9/538

緯攟十四卷首一卷 (清)喬松年輯 清光緒四年(1878)強恕堂刻喬勤恪公全集本　八冊

350000 - 2001 - 0000638　甲9.2/44

皇朝通志六書略五卷七音略二卷 (清)嵇璜等纂 清抄本　一冊

350000 - 2001 - 0000639　甲9.2/40

十二字頭一卷 (□)□□撰 清抄本　一冊

350000 - 2001 - 0000640　甲9.2/45

[清文鑑]二卷 (清)林春溥撰 清嘉慶九年(1804)閩縣林氏手稿本　二冊

350000 - 2001 - 0000641　甲9.2/46

[清文新話]一卷 (清)林春溥撰 清嘉慶九年(1804)閩縣林氏手稿本　一冊

350000 - 2001 - 0000642　甲9.2/47

[清文虛字]一卷 (清)林春溥撰 清嘉慶九年(1804)閩縣林氏手稿本　一冊

350000 - 2001 - 0000643　甲9.2/48

[翻譯清文草書]一卷 (清)林春溥撰 清嘉慶九年(1804)閩縣林氏手稿本　一冊

350000 - 2001 - 0000644　甲9.3/1

韻經五卷 (南朝梁)沈約撰 (宋)夏竦集古 (宋)吳棫補 (明)楊慎注 明萬曆二十七年(1599)郭正域刻本　四冊

350000 - 2001 - 0000645　021.9/652

緯學原流興廢考三卷 (清)蔣清翊編 清光緒二十三年(1897)吳縣蔣氏雙唐碑館刻本一冊

350000 - 2001 - 0000646　甲9.3/2

廣韻五卷 (宋)陳彭年等撰 清康熙四十三年(1704)吳郡張氏影宋刻澤存堂五種本五冊

350000 - 2001 - 0000647　甲10/9

七緯三十八卷 (清)趙在翰輯 清嘉慶十四年(1809)侯官趙氏小積石山房刻本　八冊

350000 - 2001 - 0000648   022/22
周易内傳十二卷發例一卷   （清）王夫之撰
清同治四年（1865）湘鄉曾國荃金陵刻船山遺
書本   六冊

350000 - 2001 - 0000649   甲9.3/2.2
廣韻五卷   （宋）陳彭年等撰   清康熙四十三
年（1704）吳郡張氏影宋刻澤存堂五種本
三冊

350000 - 2001 - 0000650   甲9.3/3
經史正音切韻指南一卷   （元）劉鑑撰   清乾
隆抄本   二冊

350000 - 2001 - 0000651   甲9.3/4
增修校正押韻釋疑五卷   （宋）歐陽德隆撰
（宋）郭守正增修   清乾隆抄本   三冊

350000 - 2001 - 0000652   021/312 - 1
群經平議三十五卷   （清）俞樾撰   清光緒十
九年（1893）味腴書屋石印本   三冊

350000 - 2001 - 0000653   029/ϕ971.11
四書集注□□卷   （宋）朱熹撰   清末泉州郁
文堂刻本   一冊   存（告子章句、盡心）

350000 - 2001 - 0000654   ϕ716/432
較正官音仕途必需雅俗便覽三卷首一卷
（清）張錫捷輯   **增刊一卷**   （清）王籛增   清
光緒十四年（1888）泉州綺文居刻本   一冊

350000 - 2001 - 0000655   甲9.2/32.5
**大明萬曆己丑重刊改併五音類聚四聲篇十五
卷五音集韻十五卷**   （金）韓道昭撰   **經史正
音切韻指南一卷**   （元）劉鑑撰   **新編篇韻貫
珠集八卷**   （明）釋真空撰   明崇禎二年至十
年（1629 - 1637）金陵圓覺庵釋新仁刻本   十
冊   存十五卷（五音集韻十五卷）

350000 - 2001 - 0000656   022/26
周易兼義九卷   （三國魏）王弼註   （唐）孔穎
達正義   明崇禎四年（1631）毛氏汲古閣刻十
三經註疏本   一冊   存二卷（五至六）

350000 - 2001 - 0000657   乙1.2/1 - 3
史記一百三十卷   （漢）司馬遷撰   （南朝宋）

裴駰集解   明崇禎十四年（1641）琴川毛氏汲
古閣刻清順治十一年（1654）重修十三經註疏
本   十二冊

350000 - 2001 - 0000658   甲9.3/8
經史正音切韻指南一卷   （元）劉鑑撰   （清）
釋恒遠增訂   清康熙二十五年（1686）刻朱墨
套印本   一冊

350000 - 2001 - 0000659   甲9.3/9
洪武正韻十六卷   （明）樂韶鳳   （明）宋濂等
撰   明萬曆三年（1575）司禮監刻本   五冊

350000 - 2001 - 0000660   甲9.3/9.2
洪武正韻十六卷   （明）樂韶鳳   （明）宋濂等
撰   明劉以節刻本   五冊

350000 - 2001 - 0000661   甲9.3/10
洪武正韻十卷   （明）樂韶鳳   （明）宋濂等編
（明）楊時偉補篆   明崇禎刻本   四冊

350000 - 2001 - 0000662   甲9.3/16
屈宋古音義三卷   （明）陳第撰   明萬曆四十
二年（1614）會山樓刻一齋集十二種本   一冊

350000 - 2001 - 0000663   甲9.3/16.2
屈宋古音義三卷   （明）陳第撰   明萬曆四十
二年（1614）會山樓刻一齋集十二種本   一冊

350000 - 2001 - 0000664   甲9.3/16.12
屈宋古音義三卷   （明）陳第撰   明萬曆四十
二年（1614）會山樓刻一齋集十二種本   一冊

350000 - 2001 - 0000665   甲9.3/17
交泰韻一卷   （明）呂坤撰   明萬曆刻本
一冊

350000 - 2001 - 0000666   甲9.3/18.2
音韻日月燈六十四卷   （明）呂維祺撰   （明）
呂維祜詮   明崇禎七年（1634）至清堂刻本
八冊   存三十四卷（同文鐸三十卷、首四卷）

350000 - 2001 - 0000667   甲9.3/18
音韻日月燈六十四卷   （明）呂維祺撰   （明）
呂維祜詮   明崇禎七年（1634）至清堂刻本
十二冊

350000 - 2001 - 0000668   甲9.3/20

韻譜本義十卷　(明)茅溱輯　明萬曆三十二年(1604)茅溱刻本　六冊

350000－2001－0000669　甲9.3/21

古今韻會舉要小補三十卷　(明)方日升編輯　(明)李維禎校正　明萬曆三十四年(1606)周士顯建陽刻本　二十冊

350000－2001－0000670　甲9.3/22

五車韻瑞一百六十卷　(明)凌稚隆編輯　明文茂堂刻本　十六冊

350000－2001－0000671　甲9.3/23

元韻譜五十四卷首一卷　(明)喬中和纂　清康熙三十年(1691)梅墅石渠閣刻本　十二冊

350000－2001－0000672　甲9.3/24

廣金石韻府五卷　(明)朱雲輯篆　(清)林尚葵參廣　明崇禎九年(1636)蓮菴刻三色套印本　三冊

350000－2001－0000673　甲9.3/38

廣金石韻府五卷纂集玉篇偏傍形似釋疑文字一卷　(清)林尚葵輯　(清)李根校正　清康熙九年(1670)周亮工賴古堂刻朱墨套印本　四冊

350000－2001－0000674　乙1.2/1－1

史記一百三十卷　(漢)司馬遷撰　(南朝宋)裴駰集解　(唐)司馬貞索隱　(唐)張守節正義　明萬曆二年至三年(1574－1575)南京國子監刻二十一史本(卷一至五、史記補由明萬曆二十四年(1596)南京國子監刻本配補)十四冊

350000－2001－0000675　乙1.2/1－2

史記一百三十卷　(漢)司馬遷撰　(南朝宋)裴駰集解　(唐)司馬貞索隱　(唐)張守節正義　明萬曆二年至三年(1574－1575)南京國子監刻二十一史本　二冊　存七卷(一至七)

350000－2001－0000676　甲9.3/27

三鱸堂篆韻正義五卷　(明)楊昌文輯　明崇禎十三年(1640)刻本　五冊

350000－2001－0000677　082.9953/506

經韻樓叢書八種　(清)段玉裁撰　清乾隆至道光間金壇段氏刻本　五冊　存五種五十一卷(周禮漢讀考六卷、春秋左氏古經十二卷附五十凡一卷、毛詩故訓傳定本小箋三十卷、儀禮漢讀考一卷、釋拜一卷)

350000－2001－0000678　甲9.3/29

轉注古音五卷古音餘五卷五音拾遺五卷古音略例一卷古音駢字五卷古音復字五卷　(明)楊慎撰　(明)楊宗吾編輯　明萬曆刻本三冊

350000－2001－0000679　甲9.3/30

元音統韻二十八卷　(明)陳藎謨撰　(清)吳任臣輯　清康熙五十三年(1714)范廷瑚刻本二十冊

350000－2001－0000680　甲9.3/31

韻補正一卷　(清)顧炎武撰　清嘉慶、道光閩縣劉氏掊均尻抄本　一冊

350000－2001－0000681　甲9.3/32

柴氏古韻通八卷正音切韻復古編一卷　(清)柴紹炳撰　(清)柴世堂　(清)柴世臺校　清道光十年(1830)閩縣劉氏掊均尻抄本　五冊

350000－2001－0000682　甲9.3/33

柴氏古韻通八卷　(清)柴紹炳撰　清抄本八冊

350000－2001－0000683　甲9.3/34

聲韻叢說一卷韻問一卷　(清)毛先舒撰　清閩縣劉氏掊均尻抄本　一冊

350000－2001－0000684　甲9.3/35

孫氏唐韻考五卷　(清)紀容舒撰　清抄本三冊

350000－2001－0000685　甲9.3/36

佩韻示斯二卷　(清)吳清藻編輯　清抄本一冊

350000－2001－0000686　甲9.3/37

官韻考異一卷　(清)吳省欽纂　清道光閩縣劉氏掊均尻抄本　一冊

350000－2001－0000687　甲9.3/39

古今韻略五卷　（清）邵長蘅纂　（清）宋犖閲
定　清康熙三十五年(1696)商丘宋犖刻本
五冊

350000－2001－0000688　022/104－3＝1

易經十二卷首一卷末一卷　（宋）朱熹本義
音訓十二卷　（宋）呂祖謙撰　清同治四年
(1865)金陵書局刻本　二冊

350000－2001－0000689　甲9.3/40

韻學通指一卷　（清）毛先舒撰　清康熙刻本
一冊

350000－2001－0000690　甲9.3/41

康熙甲子史館新刊古今通韻十二卷首一卷
（清）毛奇齡撰　清康熙二十四年(1685)刻本
六冊

350000－2001－0000691　022/104－1

周易四卷　（宋）朱熹撰　清同治三年(1864)
浙江撫署刻本　二冊

350000－2001－0000692　甲9.3/42

切音易解一卷　（清）龔履中撰　清光緒二年
(1876)黃謙光抄本　一冊

350000－2001－0000693　022/104－3

易經十二卷首一卷末一卷　（宋）朱熹本義
音訓十二卷　（宋）呂祖謙撰　清同治四年
(1865)金陵書局刻本　二冊

350000－2001－0000694　甲9.3/43

四聲等子一卷　（□）□□撰　清乾隆抄本
一冊

350000－2001－0000695　甲9.3/44

操風瑣錄四卷　（清）劉家謀撰　清閩縣陳氏
鐵石軒抄本　一冊

350000－2001－0000696　甲9.3/45

操風瑣錄四卷　（清）劉家謀撰　清閩縣林氏
棣華山館抄本　一冊

350000－2001－0000697　甲9.3/46

說文閩音通一卷附錄一卷　（清）謝章鋌撰
清光緒二十八年(1902)謝氏稿本　二冊

350000－2001－0000698　甲9.3/47

說文閩音通一卷附錄一卷　（清）謝章鋌撰
清光緒閩縣陳寶璐抄本　一冊

350000－2001－0000699　甲10/2

羣經冠服圖考五卷　（清）黃世發撰　清抄本
三冊

350000－2001－0000700　甲10/3

九經誤字一卷　（清）顧炎武撰　清閩縣劉氏
掊均尻抄本　一冊

350000－2001－0000701　甲10/4

五經補綱一卷　（清）伊樂堯撰　清抄本
一冊

350000－2001－0000702　甲10/6

治經隨筆一卷　（清）魏秀仁撰　新書一卷
題(三國蜀)諸葛亮撰　滇事紀畧一卷　清魏
氏抄本　一冊

350000－2001－0000703　甲10/7

詁經叢話四卷　（清）葉大莊編　稿本　一冊

350000－2001－0000704　022/73

周易口訣義六卷　（唐）史徵撰　清乾隆四十
二年(1777)福建刻道光、同治遞修光緒二十
一年(1895)增補武英殿聚珍版書本　三冊

350000－2001－0000705　022/84

虞氏易變表二卷　（清）江承之撰　虞氏易禮
二卷虞氏易事二卷虞氏易候一卷　（清）張惠
言撰　清道光十二年(1832)刻本　一冊

350000－2001－0000706　021/312－2

春在堂全書三十四種　（清）俞樾撰　清光緒
二十五年(1899)刻本　十二冊　存二種三十
六卷(羣經平議三十五卷、春在堂全書錄要一
卷)

350000－2001－0000707　021/415

新學偽經考十四卷　康有為撰　清光緒十七
年(1891)廣州康氏萬木草堂刻本　七冊

350000－2001－0000708　021/428

稽古日鈔八卷　（清）張方湛　（清）王逸虬輯
清乾隆刻本　二冊

350000－2001－0000709　021/428＝1

稽古日鈔八卷　（清）張方湛　（清）王逸虬等輯　清乾隆刻本　二冊

350000－2001－0000710　022/102

周易傳義合訂十二卷　（清）朱軾輯　清乾隆二年(1737)刻本　三冊

350000－2001－0000711　022/104－4

周易本義四卷　（宋）朱熹撰　（清）畢公天校閱　清宣統二年(1910)上海廣益書局石印本　二冊

350000－2001－0000712　021.1/575.1

增廣五經備旨四十五卷　（清）鄒聖脉纂輯（清）鄒廷猷編　清光緒十三年(1887)上海同文書局石印本　十一冊　存四十二卷(四至四十五)

350000－2001－0000713　022/115

周易洗心十卷　（清）任啓運撰　清乾隆四十七年(1782)刻本　五冊

350000－2001－0000714　023/25

欽定書經傳說彙纂二十一卷首二卷序一卷（清）王頊齡撰　清乾隆八年(1743)刻本　七冊

350000－2001－0000715　023/16＝1

書傳補義三卷　（清）方宗誠撰　清光緒二年(1876)桐城方氏刻柏堂遺書本　一冊

350000－2001－0000716　023/16

書傳補義三卷　（清）方宗誠撰　清光緒二年(1876)桐城方氏刻柏堂遺書本　一冊

350000－2001－0000717　023/3

尚書餘論一卷　（清）丁晏撰　清光緒十三年(1887)吳縣朱氏刻槐廬叢書本　一冊

350000－2001－0000718　021.4/347－1

九經五十四卷　（清）秦鐄訂正　清刻本　十冊　缺四卷(大學一、中庸一、小學一至二)

350000－2001－0000719　022/557

易經音訓不分卷　（清）楊國楨撰　清光緒三年(1877)湖北崇文書局刻本　二冊

350000－2001－0000720　021.2/965

欽定篆文六經四書十種　（清）李光地等編　清光緒九年(1883)上海同文書局石印本　十冊

350000－2001－0000721　022/537－4

易經八卷　（宋）程頤傳　清宣統元年(1909)學部圖書局影印本　六冊

350000－2001－0000722　022/556

誠齋易傳二十卷　（宋）楊萬里撰　清乾隆四十二年(1777)福建刻道光、同治遞修光緒二十一年(1895)增補武英殿聚珍版書本　八冊

350000－2001－0000723　022/661.1

周易鄭康成注一卷　（漢）鄭玄注　（宋）王應麟輯　清康熙刻玉海本　一冊

350000－2001－0000724　021.3/491－2

七經精義　（清）黃淦纂　清嘉慶刻本　十四冊

350000－2001－0000725　022/720

周易應氏集解十三卷前二卷　（清）應撝謙撰　清康熙十二年(1673)潛齋刻本　四冊

350000－2001－0000726　021.1/360

五經典要註釋五卷目錄一卷　（清）袁壯行纂注　（清）袁時行輯　清康熙二十九年(1690)刻本　四冊

350000－2001－0000727　022/537－3

易經八卷　（宋）程頤傳　清光緒十七年(1891)廣州十八甫石經堂石印本　三冊　存四卷(一至四)

350000－2001－0000728　乙6.6/4

寶顏堂訂正閩部疏一卷　（明）王世懋撰（明）陳繼儒訂　明萬曆刻亦政堂鎸陳眉公家藏廣秘笈本　一冊

350000－2001－0000729　乙6.3/10

新刻華夷風土志四卷　（明）胡文煥輯　明萬曆胡氏文會堂刻格致叢書本　二冊

350000－2001－0000730　乙6.3/9

大明一統名勝志二百八卷　（明）曹學佺撰　明崇禎三年(1630)刻本　四冊　存十卷(一

至八、十四至十五)

350000－2001－0000731　乙6.3/11

南泉慈化寺志二卷　（明）錢文薦纂修　明刻本　四冊

350000－2001－0000732　乙6.3/8

三輔黃圖六卷　（□）□□撰　清康熙四年（1665）顏敏刻本　一冊

350000－2001－0000733　乙6.3/9.1

大明一統名勝志二百八卷　（明）曹學佺撰　明刻本　一冊　存二卷（五至六）

350000－2001－0000734　022.08/377

漢魏二十一家易注　（清）孫堂輯　清嘉慶四年（1799）平湖孫氏映雪草堂刻本　五冊

350000－2001－0000735　021.1/455

五經小學述二卷　（清）莊述祖撰　清光緒九年（1883）刻本　一冊

350000－2001－0000736　021/971

欽定七經綱領七卷　（□）□□撰　清宣統元年（1909）學部圖書局鉛印本　一冊

350000－2001－0000737　021/971＝1

欽定七經綱領七卷　（□）□□撰　清宣統元年（1909）學部圖書局鉛印本　一冊

350000－2001－0000738　021/971＝2

欽定七經綱領七卷　（□）□□撰　清宣統元年（1909）學部圖書局鉛印本　一冊

350000－2001－0000739　021/971＝3

欽定七經綱領七卷　（□）□□撰　清宣統元年（1909）學部圖書局鉛印本　一冊

350000－2001－0000740　021/971＝4

欽定七經綱領七卷　（□）□□撰　清宣統元年（1909）學部圖書局鉛印本　一冊

350000－2001－0000741　023/24

尚書後案三十卷附後辨一卷　（清）王鳴盛撰　清乾隆四十五年（1780）禮堂刻本　八冊

350000－2001－0000742　021.1/248－1＝1

五經類編二十八卷　（清）周世樟編　清雍正

二年（1724）穀詒堂刻本　十冊

350000－2001－0000743　022/153

易經體註大全合參一卷　（清）李兆賢輯　**周易四卷**　（宋）朱熹本義　清刻本　二冊

350000－2001－0000744　021/662.2

巢經巢集經說一卷　（清）鄭珍撰　清咸豐二年（1852）刻本　一冊

350000－2001－0000745　023/24－1

尚書後案三十卷附後辨一卷　（清）王鳴盛撰　清乾隆四十五年（1780）禮堂刻本　十冊

350000－2001－0000746　022/184

周易鏡十卷學易管窺二卷　（清）何毓福撰　清光緒十年（1884）刻本　四冊

350000－2001－0000747　021/651

省吾堂四種　（清）蔣光弼輯　清乾隆常熟蔣氏省吾堂刻本　八冊

350000－2001－0000748　021/447.1

一貫全圖十五卷　（宋）陳摶編　（清）繼實增輯　清同治七年（1868）繼氏杏林書房刻本　十三冊

350000－2001－0000749　021.1/837

皇朝五經彙解二百七十卷　題（清）抉經心室主人纂　清光緒十四年（1888）石印本　十六冊

350000－2001－0000750　021.1/248

五經類編二十八卷　（清）周世樟編輯　清康熙二十九年（1690）刻本　十冊

350000－2001－0000751　022/133

周易學二卷　（清）沈夢蘭撰　清光緒十七年（1891）祁縣縣署刻本　三冊

350000－2001－0000752　022/394

敦艮齋遺書九種　（清）徐潤第撰　清道光二十八年（1848）徐繼畬刻本　五冊　存八種十五卷（說易一卷、圖說二卷、臆說二卷、雜言一卷、中庸私解一卷、逍遙游釋一卷、劄記六卷、雜篇一卷）

350000－2001－0000753　022/131.1

易理正旨十卷　（清）沈鳴珮撰　清咸豐五年
(1855)刻本　十冊

350000－2001－0000754　021.1/248－1

五經類編二十八卷　（清）周世樟編輯　清雍
正二年(1724)刻本　十冊

350000－2001－0000755　022/131.2

易憲四卷　（明）沈泓疏　（明）沈權之等增訂
　清光緒十四年(1888)刻本　三冊

350000－2001－0000756　022/219.4

來瞿唐先生日錄內篇六卷外篇七卷　（明）來
知德撰　清道光十一年(1831)刻本　一冊
存二卷（內篇一至二）

350000－2001－0000757　022/219.4－1

新刻來瞿唐先生易註十五卷首一卷末一卷
（明）來知德撰　（清）高喬映校　清康熙十六
年(1677)朝爽堂刻本　八冊

350000－2001－0000758　022/219.4－2

來瞿唐先生易註十五卷首一卷末一卷　（明）
來知德撰　清道光二十六年(1846)來錫蕃刻
本　十二冊

350000－2001－0000759　022/314

周易參同契發揮三卷釋疑一卷　（元）俞琰撰
　清同治十年(1871)錢江王氏詒燕堂刻本
三冊

350000－2001－0000760　021.8/477

雪樵經解三十卷　（清）馮世瀛輯　清光緒十
五年(1889)邗江晉銅古齋鉛印本　七冊

350000－2001－0000761　022/524

御纂周易述義十卷　（清）傅恒等撰　清乾隆
二十年(1755)刻本　四冊

350000－2001－0000762　021.81/359

鄭氏佚書二十三種　（漢）鄭玄撰　（清）袁鈞
輯　清光緒十四年(1888)浙江書局刻本
十冊

350000－2001－0000763　022/261

易說醒四卷首一卷　（明）洪守美撰　清同治
十一年(1872)刻洪氏晦木齋叢書本　三冊

350000－2001－0000764　022/431

易經衷論二卷　（清）張英撰　清刻本　一冊

350000－2001－0000765　022/432

經筍質疑易義原則六卷首一卷易義附篇四卷
首一卷　（清）張瓚昭撰　清道光七年(1827)
蘭朋堂刻本　二冊　存五卷（附篇四卷、首一
卷）

350000－2001－0000766　022/4

自得齋易學十卷　（清）丁澤安撰　清光緒元
年(1875)刻本　三冊

350000－2001－0000767　022/431－1

易經衷論二卷　（清）張英撰　清光緒二十三
年(1897)桐城張氏刻張文端集本　一冊

350000－2001－0000768　022/4＝1

自得齋易學十卷　（清）丁澤安撰　清光緒元
年(1875)刻本　三冊

350000－2001－0000769　022/414

郭氏傳家易說十一卷總論一卷　（宋）郭雍撰
　清乾隆四十二年(1777)福建刻道光、同治
遞修光緒二十一年(1895)增補武英殿聚珍版
書本　八冊

350000－2001－0000770　022/101.1

晦庵先生朱文公易說二十三卷　（宋）朱熹撰
　（宋）朱鑑輯　清康熙十九年(1680)刻通志
堂經解本　十冊

350000－2001－0000771　022/157

周易傳註七卷筮孝一卷　（清）李塨撰　清道
光二十三年(1843)石賓林刻本　四冊

350000－2001－0000772　022/376.1

讀易大旨五卷　（清）孫奇逢纂　（清）耿極較
訂　清康熙刻本　四冊

350000－2001－0000773　022/204

京氏易傳三卷　（漢）京房撰　（三國吳）陸績
注　明崇禎毛氏汲古閣刻津逮秘書本　二冊

350000－2001－0000774　023/38

尚書註疏二十卷　（漢）孔安國傳　（唐）陸德
明音義　（唐）孔穎達疏　明崇禎五年(1632)

古虞毛氏汲古閣刻十三經註疏本　三冊

350000－2001－0000775　022/219.3
新刻來瞿唐先生易註十五卷首一卷末一卷
(明)來知德撰　(清)高喬映校　清乾隆、嘉慶刻本　七冊　存十六卷(新刻來瞿唐先生易註十五卷、首一卷)

350000－2001－0000776　023/38.1
附釋音尚書注疏二十卷　(漢)孔安國傳(唐)陸德明音義　(唐)孔穎達疏　**附校勘記二十卷**　(清)阮元撰　清嘉慶二十年(1815)南昌府學刻道光六年(1826)重修重刊宋本十三經注疏本　八冊

350000－2001－0000777　022/219.6＝1
來瞿唐先生易註十五卷首一卷末一卷　(明)來知德撰　清道光二十六年(1846)來錫蕃刻本　十三冊

350000－2001－0000778　021.9/375
古微書三十六卷　(明)孫瑴輯　清嘉慶二十一年(1816)禹航陳世望對山問月樓刻本　四冊

350000－2001－0000779　021.6/4
學古講義摘錄一卷　(清)丁澤安撰　清光緒二十七年(1901)刻本　一冊

350000－2001－0000780　022/751
鄭氏爻辰補六卷　(清)戴棠撰　清道光二十九年(1849)刻本　二冊　存三卷(一至三)

350000－2001－0000781　021.6/26
達詮就正編四編　(清)王朝渠撰　清嘉慶五年(1800)刻本　五冊　存二種十七卷(十三經拾遺十六卷、唐石經考正一卷)

350000－2001－0000782　022/494
易學濫觴一卷　(元)黃澤撰　清乾隆四十二年(1777)福建刻道光、同治遞修光緒二十一年(1895)增補武英殿聚珍版書本　一冊

350000－2001－0000783　023/38.2
尚書十三卷附考證　(漢)孔安國傳　(唐)陸德明音義　清光緒二年(1876)江南書局刻仿

宋相臺五經本　四冊

350000－2001－0000784　023/38.3
尚書十三卷附考證　(漢)孔安國傳　(唐)陸德明音義　清嘉慶福建布政司刻仿宋相臺五經本　五冊

350000－2001－0000785　022/489－1
周易述二十一卷　(清)惠棟撰　清道光九年(1829)廣東學海堂刻咸豐十一年(1861)補修皇清經解本　五冊

350000－2001－0000786　021.1/940
監本五經五種　(□)□□輯　清嘉慶十六年(1811)金閶多文堂刻本　十八冊

350000－2001－0000787　022/486
易經解注傳義辯正四十四卷首二卷末二卷　(清)彭申甫編輯　清光緒十二年(1886)刻本　十六冊

350000－2001－0000788　022/355
漢易臨文捷徑一卷　(清)馬庚吉輯　清末抄本　一冊

350000－2001－0000789　021.6/100
十三經札記十二種　(清)朱亦棟撰　清光緒四年(1878)武林竹簡齋刻本　六冊

350000－2001－0000790　021.6/100＝1
十三經札記十二種　(清)朱亦棟撰　清光緒四年(1878)武林竹簡齋刻本　六冊

350000－2001－0000791　021.6/159
重校十三經不貳字一卷　(清)李鴻藻輯　清光緒二年(1876)滋本堂刻本　一冊

350000－2001－0000792　022/486＝1
易經解注傳義辯正四十四卷首二卷末二卷　(清)彭申甫編輯　清光緒十二年(1886)刻本　九冊　存三十七卷(辯正一至三十五、首二卷)

350000－2001－0000793　021.6/486
十三經集字摹本不分卷　(清)彭玉雯纂　清道光二十九年(1849)彭氏刻本　七冊

350000－2001－0000794　021.2/945

篆文六經四書十種　（清）李光地等編　清光緒九年(1883)上海同文書局石印本　九冊　缺一種三卷(孟子一至三)

350000 - 2001 - 0000795　021.8/22 - 2
經傳釋詞十卷　（清）王引之撰　清嘉慶二十四年(1819)刻本　四冊

350000 - 2001 - 0000796　021.7/24
石經彙函十種　（清）王秉恩輯　清光緒九年(1883)王氏元尚居刻本　十冊

350000 - 2001 - 0000797　021.6/844 - 1
十三經注疏附考證　（□）□□輯　清同治十年(1871)廣東書局刻本　一百六十冊

350000 - 2001 - 0000798　023/372
尚書詳解二十六卷首一卷　（宋）夏僎撰　清乾隆、嘉慶木活字印本　一冊　存三卷(一至二、首一卷)

350000 - 2001 - 0000799　032.1/134 - 1
百家類纂四十卷　（明）沈津輯　明隆慶元年(1567)刻本　八冊　存九卷(一、十九至二十六)

350000 - 2001 - 0000800　φ999.1/578
[福建浦城]浦城詹氏族譜十六卷　（清）詹成等纂修　清嘉慶三年(1798)浦城詹氏宗祠木活字印本　十五冊

350000 - 2001 - 0000801　021.8/22 - 21
經傳釋詞十卷　（清）王引之撰　清嘉慶二十四年(1819)刻本　二冊

350000 - 2001 - 0000802　021.7/486
石經考文提要十三卷　（清）彭元瑞撰　清咸豐元年(1851)吳振棫刻本　二冊

350000 - 2001 - 0000803　023/109
尚書大傳四卷　（漢）伏勝撰　（漢）鄭玄注考異一卷補遺一卷考異續補遺一卷　（清）盧文弨撰　清乾隆二十一年(1756)盧見曾刻雅雨堂叢書本　一冊

350000 - 2001 - 0000804　φ999.1/527
[福建福州]曾氏家譜一卷　（清）曾新續修

清光緒三十四年(1908)稿本　一冊

350000 - 2001 - 0000805　612.457/φ662
鼠疫約編八篇　（清）吳宣崇撰　（清）鄭奮揚參訂　（清）羅汝蘭增輯　清光緒二十八年(1902)雙江袖海廬刻光緒三十二年(1906)重印本　一冊

350000 - 2001 - 0000806　φ999.1/249
[福建浦城]周氏族譜六卷　（清）周炳麟修　清光緒二十六年(1900)集賢堂木活字印本　六冊

350000 - 2001 - 0000807　612.457/φ662 = 1
鼠疫約編八篇　（清）吳宣崇撰　（清）鄭奮揚參訂　（清）羅汝蘭增輯　清光緒二十八年(1902)雙江袖海廬刻本　一冊

350000 - 2001 - 0000808　φ999.1/302.1
[福建建陽]范氏宗譜不分卷　（清）范啓劉修　清光緒二十九年(1903)木活字印本　六冊

350000 - 2001 - 0000809　023/109 - 1
尚書大傳四卷　（漢）伏勝撰　（漢）鄭玄注補遺一卷續補遺一卷考異一卷　（清）盧文弨撰　清嘉慶五年(1800)愛日草廬刻本　一冊

350000 - 2001 - 0000810　φ999.1/395.1
[福建建陽]徐氏信安房世乘不分卷　（清）徐天麟修　清光緒二年(1876)東海堂木活字印本　十二冊

350000 - 2001 - 0000811　021.7/486 - 1
石經考文提要十三卷　（清）彭元瑞撰　清嘉慶四年(1799)許宗彥刻本　一冊

350000 - 2001 - 0000812　024/φ575
御案詩經備旨□□卷　（清）鄒聖脉纂輯　（清）鄒廷猷編　清連城霧閣鄒景陽刻本　一冊　存三卷(六至八)

350000 - 2001 - 0000813　027.6/φ971
御案春秋左傳經解備旨□□卷　（□）□□撰　清末刻本　一冊　存三卷(六至八)

350000 - 2001 - 0000814　021.8/197 - 1
古經解鈎沉三十卷　（清）余蕭客撰　清道光

二十年（1840）魯慶恩刻本　　四冊

350000－2001－0000815　021.8/439－2

經典釋文三十卷　（唐）陸德明撰　**考證三十
卷**　（清）盧文弨撰　清同治八年（1869）湖北
崇文書局刻本　十二冊

350000－2001－0000816　024/971

監本詩經五卷　（□）□□輯　清靈蘭堂刻本
四冊

350000－2001－0000817　024/ϕ98.3

詩經增訂旁訓四卷　（宋）朱熹集傳　（清）阮
元訓　清泉州施唐培刻本　一冊　存一卷
（一）

350000－2001－0000818　029/ϕ971

監本辨字圈點句讀四書白文不分卷　（□）
□□撰　清末泉州郁文堂刻本　二冊

350000－2001－0000819　029/ϕ971－1

監本辨字圈點句讀四書白文不分卷　（□）
□□撰　清末泉州郁文堂刻本　一冊

350000－2001－0000820　029/ϕ971.1

監本辨字圈點句讀四書白文不分卷　（□）
□□撰　清末泉州綺文居王氏刻本　一冊

350000－2001－0000821　021.8/162

皇清經解一千四百八卷　（清）阮元輯　清道
光九年（1829）廣東學海堂刻咸豐十一年
（1861）補修本　三百六十冊

350000－2001－0000822　029/ϕ165

註釋八銘塾鈔二集不分卷附闈試總論　（清）
吳懋政編　（清）李炳坤　（清）李變坤注　清
嘉慶九年（1804）寶章堂刻本　一冊

350000－2001－0000823　023/ϕ577

寄傲山房塾課纂輯書經備旨蔡注捷錄六卷
（宋）蔡沈撰　（清）鄒聖脉輯　（清）鄒廷猷
編　清連城霧閣鄒氏刻本　一冊　存一卷
（一）

350000－2001－0000824　722.8/496

新刻雜字備要不分卷　（清）黃史卿編　清道
光二十七年（1847）廣東興寧書林四達堂刻本

一冊

350000－2001－0000825　029/ϕ971.2

監本辨字音注讀法四書白文□卷　（□）□□
撰　清末泉州郁文堂刻本　一冊　存一卷
（論語上）

350000－2001－0000826　822.1/ϕ971

新刻千家詩詩選二卷　（□）□□輯　清末日
新堂刻本　一冊

350000－2001－0000827　822.1/ϕ971.1

新刻千家詩詩選二卷　（□）□□輯　清末日
新堂刻本　一冊

350000－2001－0000828　·ϕ852.1949/249

[道光壬午科]福建闈墨一卷　（清）沈周閱定
清道光衡鑑堂刻本　一冊

350000－2001－0000829　355.1/264

奏定陸軍小學堂章程一卷　（清）奕劻等擬
清光緒三十一年（1905）鉛印本　一冊

350000－2001－0000830　021.8/23－1

皇清經解續編二百九卷　王先謙輯　清光緒
十五年（1889）上海蜚英館石印本　三十二冊

350000－2001－0000831　023/115

尚書約註四卷末一卷　（清）任啓運撰　清光
緒十二年（1886）刻本　二冊

350000－2001－0000832　023/354

尚書課程二卷　（清）馬貞榆學　清光緒二十
九年（1903）刻朱印本　二冊

350000－2001－0000833　023/354

尚書要旨一卷　（清）馬貞榆學　清光緒二十
九年（1903）刻朱印本　一冊

350000－2001－0000834　023/357

古文尚書十卷　（漢）馬融　（漢）鄭玄注
（宋）王應麟撰集　（清）孫星衍補集　**逸文二
卷**　（清）江聲撰集　（清）孫星衍補訂　清乾
隆六十年（1795）刻岱南閣叢書本　一冊

350000－2001－0000835　842.4/935

新編玉聯昏傳奇十六齣　題（□）葵園夫子撰
清抄本　一冊

350000 - 2001 - 0000836　022/655

周易闡象五卷　（清）蔡首乾述解　清嘉慶二年(1797)刻本　三冊

350000 - 2001 - 0000837　022/655 = 1

周易闡象五卷　（清）蔡首乾述解　清嘉慶二年(1797)刻本　三冊

350000 - 2001 - 0000838　022/701

周易經義審七卷首一卷　（清）盧浙輯注　清嘉慶十年(1805)錦文堂刻本　三冊

350000 - 2001 - 0000839　022/587

周易指三十八卷易例一卷易圖五卷易斷辭一卷附錄一卷　（清）端木國瑚撰　清道光刻本　十六冊

350000 - 2001 - 0000840　丙 4/4

治蝗傳習錄一卷　（清）陳世元輯　清乾隆四十一年(1776)晉安陳氏升尺堂刻本　一冊

350000 - 2001 - 0000841　022/526

焦氏易林四卷　（漢）焦贛著　清刻本　四冊

350000 - 2001 - 0000842　021.2/661

六經圖二十四卷　（清）鄭之僑編輯　清乾隆九年(1744)潮陽鄭氏述堂刻本　十二冊

350000 - 2001 - 0000843　023/376

欽定書經圖說五十卷　（清）孫家鼐等纂　清光緒三十一年(1905)石印本　十六冊

350000 - 2001 - 0000844　022/447 = 1

陳氏易說四卷附錄一卷　（清）陳壽熊撰　清光緒二十一年(1895)木活字印本　二冊

350000 - 2001 - 0000845　021.09/78

經學歷史一卷　（清）皮錫瑞撰　清光緒三十二年(1906)思賢書局刻皮氏經學叢書九種本　一冊

350000 - 2001 - 0000846　丙 10/55

槎上老舌一卷　（明）陳衎撰　明崇禎刻本　一冊

350000 - 2001 - 0000847　021/750

四書五經類典集成三十四卷　（清）戴兆春撰　清光緒十四年(1888)同文書局石印本　二十四冊

350000 - 2001 - 0000848　丙 10/54

槎上老舌一卷　（明）陳衎撰　明崇禎刻本　一冊

350000 - 2001 - 0000849　021/787

娛親雅言六卷　（清）嚴元照撰　清光緒十年(1884)吳興陸氏刻湖州叢書本　二冊

350000 - 2001 - 0000850　022/486.1

易經圖說辯正二卷　（清）彭申甫編　清末刻本　一冊

350000 - 2001 - 0000851　022/219.6

來瞿唐先生易註十五卷首一卷末一卷　（明）來知德撰　清道光二十六年(1846)來錫蕃刻本　十六冊

350000 - 2001 - 0000852　022/219.5

來瞿唐先生易註十五卷首一卷末一卷　（明）來知德撰　清善成堂刻本　十二冊

350000 - 2001 - 0000853　022/225

讀易偶存六卷　（清）邵大業著　清嘉慶十一年(1806)刻本　三冊

350000 - 2001 - 0000854　024.6/24

毛詩讀三十卷　（漢）毛亨傳　（清）王劼讀　清咸豐五年(1855)成都刻本　四冊

350000 - 2001 - 0000855　023/424

尚書考異六卷　（清）梅鷟撰　清道光五年(1825)立本齋刻本　二冊

350000 - 2001 - 0000856　023/455

尚書既見一卷　（清）莊存與撰　清光緒八年(1882)陽湖莊氏刻味經齋遺書本　一冊

350000 - 2001 - 0000857　024.6/53

附釋音毛詩注疏七十卷　（漢）毛亨傳　（漢）鄭玄箋　（唐）陸德明音義　（唐）孔穎達疏　**校勘記七十卷**　（清）阮元撰　（清）盧宣旬摘錄　清嘉慶二十年(1815)江西南昌府學刻重刊宋本十三經注疏本　二十冊

350000 - 2001 - 0000858　822.47/φ164

素邨小草十二卷　（清）吳玉麟撰　清嘉慶二

十一年(1816)刻宣統三年(1911)重修本
六冊

350000－2001－0000859　024.6/77

毛詩禮徵十卷　（清）包世榮述　清道光八年
(1828)涇縣包氏刻本　六冊

350000－2001－0000860　023/661

鄭氏古文尚書証訛十一卷　（漢）鄭玄注
（宋）王應麟撰集　（清）李調元校　清乾隆刻
本　一冊

350000－2001－0000861　023/706

尚書離句六卷　（清）錢在培輯解　（清）程川
訂　清光緒四年(1878)刻本　二冊

350000－2001－0000862　022/ф214

周易集解補箋四卷　（清）林慶炳撰　清光緒
十五年(1889)刻本　四冊

350000－2001－0000863　022/ф216

易解集義七卷附一卷　（清）林清標輯　（清）
林兆鯤考訂　清乾隆五十三年(1788)刻本
三冊

350000－2001－0000864　022/ф578

周易闡翼五卷　（清）詹國樑撰　清詹氏刻本
五冊

350000－2001－0000865　022/ф600

還硯齋易漢學擬旨一卷　（清）趙新輯　清光
緒八年(1882)黃樓刻還硯齋全集本　一冊

350000－2001－0000866　023/ф662

尚書心法一貫錄一卷　（清）鄭星泗撰　清光
緒三十二年(1906)鉛印本　一冊

350000－2001－0000867　024/ф442＝1

毛詩古音考四卷附讀詩拙言一卷　（明）陳第
編　（明）焦竑訂正　（清）徐時undone重訂　清乾
隆二十七年(1762)徐氏崇本山堂刻本　四冊

350000－2001－0000868　025/ф212

三禮通釋二百八十卷首一卷目錄四卷　（清）
林昌彝撰　清同治三年(1864)廣州刻本　四
十八冊

350000－2001－0000869　025.6/ф80

周禮補亡六卷　（宋）邱葵撰　清光緒七年
(1881)刻本　六冊

350000－2001－0000870　025/ф213

三禮求數陳義三十卷　（清）林喬蔭撰　清嘉
慶八年(1803)誦芬堂刻本　十二冊

350000－2001－0000871　ф028/156＝1

御注孝經一卷　（清）世祖福臨注　清光緒刻
本　一冊

350000－2001－0000872　029.6/ф80

考定大學經傳解一卷附錄一卷　（清）丘嘉穗
輯　（清）盧銓錄　清康熙四十九年(1710)刻
本　一冊

350000－2001－0000873　029.9/ф730＝1

孟子章指一卷　（清）薩玉衡編　清宣統三年
(1911)薩氏蒔花吟館刻敦孝堂叢書本　一冊

350000－2001－0000874　822.47/ф661.1

青墅詩鈔十卷　（清）鄭大謨著　清嘉慶二十
三年(1818)刻本　四冊

350000－2001－0000875　042.7/ф403－2＝1

退菴隨筆二十二卷　（清）梁章鉅編　清道光
十九年(1839)刻同治十一年(1872)重修本
四冊

350000－2001－0000876　042.7/ф791

亦園脞牘八卷　（清）龔顯曾撰　清光緒四年
(1878)木活字印本　四冊

350000－2001－0000877　082.17/ф215.1

竹柏山房十五種附刻四種　（清）林春溥撰
清嘉慶至咸豐間閩縣林氏刻本　二十五冊
存九種三十七卷(開闢傳疑二卷、古史紀年十
四卷、古史考年異同表二卷、武王克殷日紀一
卷附滅國五十考一卷、戰國紀年六卷附地域
一卷年表一卷、竹書紀年補證四卷、孔門師弟
年表一卷孟子時事年表一卷附後說一卷、孔
子家世補訂一卷、孟子列傳纂一卷)

350000－2001－0000878　082.17/ф215.2

竹柏山房十五種附刻四種　（清）林春溥撰
清嘉慶至咸豐間閩縣林氏刻本　十四冊　存

五種二十卷(戰國紀年六卷附地域一卷年表一卷、竹書紀年補證四卷、孔門師弟年表一卷附後說一卷、孔子世家補訂一卷、四書拾遺五卷)

350000－2001－0000879　082.17/φ414

吉雨山房全集二種附二種　(清)郭篯齡撰　清光緒十六年(1890)刻本　二十冊

350000－2001－0000880　822.47/φ656

緝齋詩稿八卷首一卷　(清)蔡新撰　清刻本　二冊

350000－2001－0000881　082.17/φ718

賭棋山莊全集八種　(清)謝章鋌撰　清末至民國初刻本　三十三冊

350000－2001－0000882　172/φ195

恩賜堂族範編一卷家訓編二卷　(清)龔一發輯　清光緒二十年(1894)龔秉彝刻本　一冊

350000－2001－0000883　φ992.267/375

孫壯武[開華]榮哀錄一卷　(清)孫道仁輯　清宣統三年(1911)孫氏刻本　一冊

350000－2001－0000884　φ179/244－1

格言聯璧一卷附一卷　(清)金纓輯　清咸豐元年(1851)刻同治元年(1862)重印本　一冊

350000－2001－0000885　179/φ404

古格言十二卷　(清)梁章鉅輯　清道光四年(1824)刻本　二冊

350000－2001－0000886　φ992.277/403

宣南贈言一卷　(清)梁章鉅輯　清道光刻本　一冊

350000－2001－0000887　φ992.277/446

陳秋坪先生遺墨一卷承歡圖題詠一卷　(清)陳登龍撰　(清)甘澍輯　清同治十年(1871)刻本　一冊

350000－2001－0000888　024.6/169.1

毛詩復古錄十二卷首一卷　(清)吳懋清撰　清光緒二十年(1894)仁和徐氏廣州學使署刻本　六冊

350000－2001－0000889　022/262

易說醒四卷首一卷　(明)洪守美撰　清同治十一年(1872)刻洪氏晦木齋叢書本　二冊

350000－2001－0000890　021.3/496

七經精義七種　(清)黃淦撰　清嘉慶刻本　十四冊

350000－2001－0000891　022/320－1

觀易外編六卷　(清)紀大奎撰　清乾隆五十四年(1789)刻本　三冊

350000－2001－0000892　023/376＝1

欽定書經圖說五十卷　(清)孫家鼐等纂輯　清光緒三十一年(1905)石印本　十六冊

350000－2001－0000893　023/376＝2

欽定書經圖說五十卷　(清)孫家鼐等纂輯　清光緒三十一年(1905)石印本　八冊　存三十一卷(一至十三、三十三至五十)

350000－2001－0000894　022/369.2

易學啓蒙一卷　(宋)朱熹輯　清咸豐六年(1856)刻本　一冊

350000－2001－0000895　024.6/444－1

陳氏毛詩五種　(清)陳奐撰　清光緒九年(1883)徐氏刻本　十二冊

350000－2001－0000896　022/376

周易粹鈔八卷首一卷　(清)孫昭德編　清嘉慶十一年(1806)刻本　二冊

350000－2001－0000897　022/391

周易索詁十二卷首一卷　(清)倪象占撰　清嘉慶六年(1801)順受堂刻本　四冊

350000－2001－0000898　023/758

尚書集注述疏三十二卷首一卷末一卷　(清)簡朝亮撰　**讀書堂答問一卷**　(清)張子沂編　清光緒三十三年(1907)刻本　十八冊

350000－2001－0000899　023/15－1

日講書經解義十三卷　(清)庫勒納等撰　清康熙十九年(1680)刻本　六冊

350000－2001－0000900　023/937

御製日講書經解義十三卷　(清)庫勒納等撰　清康熙十九年(1680)內府刻本　七冊

350000－2001－0000901　　023/21

欽定書經傳說彙纂二十一卷首二卷　（清）王
項齡等撰　清光緒四年(1878)廣州翰墨園刻
本　十二冊

350000－2001－0000902　　023/166

寫定尚書不分卷　（清）吳汝綸書　清光緒十
八年(1892)石印本　一冊

350000－2001－0000903　　023/249

書經備解不分卷　（清）周封魯編　清刻本
一冊

350000－2001－0000904　　023.6/273

禹貢錐指二十卷圖一卷　（清）胡渭撰　清康
熙四十四年(1705)漱六軒刻雍正重印本
十冊

350000－2001－0000905　　024.6/395

毛詩名物圖說九卷　（清）徐鼎輯　清乾隆三
十六年(1771)刻本　三冊

350000－2001－0000906　　024.6/395＝1

毛詩名物圖說九卷　（清）徐鼎輯　清乾隆三
十六年(1771)刻本　一冊

350000－2001－0000907　　023/268

書經蔡傳參義六卷　（清）姜兆錫撰　清雍正
十二年(1734)姜氏寅清樓刻本　一冊

350000－2001－0000908　　023.6/364

禹貢川澤考二卷　（清）桂文燦撰　清光緒十
二年(1886)利華印務局鉛印本　一冊

350000－2001－0000909　　024.6/357

毛詩傳箋通釋三十二卷　（清）馬瑞辰撰　清
光緒十四年(1888)刻廣雅書局叢書本　十
四冊

350000－2001－0000910　　024/16

詩傳補義三卷　（清）方宗誠撰　清光緒元年
(1875)刻柏堂遺書本　一冊

350000－2001－0000911　　024.6/272－2

毛詩後箋三十卷　（清）胡承珙撰　（清）陳奐
補　清光緒十六年(1890)刻廣雅書局叢書本
十二冊

350000－2001－0000912　　023/376.1

尚書今古文注三十卷　（清）孫星衍撰　清光
緒五年(1879)刻本　二冊

350000－2001－0000913　　023/377

尚書古文證疑四卷　（清）孫喬年撰　清嘉慶
十五年(1810)孫氏刻本　二冊

350000－2001－0000914　　024.6/272

毛詩後箋三十卷　（清）胡承珙撰　（清）陳奐
補　清道光十七年(1837)歙縣胡氏刻求是堂
全集本　十二冊

350000－2001－0000915　　φ195/489＝1

太上感應篇箋註一卷　（清）惠棟撰　清咸豐
六年(1856)廈門孫雲鴻刻光緒五年(1879)重
印本　一冊

350000－2001－0000916　　φ822.47/652＝1

晉安樂府一卷　（清）蔣鏞撰　清道光二十六
年(1846)刻本　一冊

350000－2001－0000917　　φ195/493－2

太上感應篇圖說八卷首一卷　（清）黃正元纂
　清光緒二十六年(1900)刻本　八冊

350000－2001－0000918　　127/φ550

雷翠庭先生讀書偶記三卷　（清）雷鋐撰　清
乾隆三十三年(1768)刻本　一冊

350000－2001－0000919　　φ199.2/429

地理辨正疏五卷首一卷末一卷　（清）張心言
撰　清光緒二十八年(1902)薛氏刻本　六冊

350000－2001－0000920　　φ199.7/662

紫霞度劫指迷九部真經不分卷　（清）鄭性通
輯　清光緒十六年(1890)陳真師刻本　一冊

350000－2001－0000921　　249/φ218

法國工藝學堂章程不分卷　（清）杜學英譯
清末湖北洋務譯書局抄本　一冊

350000－2001－0000922　　φ992.244/442

陳忠肅公[文龍]墓錄一卷　（清）孫峻輯　清
光緒二十一年(1895)錢塘丁氏刻本　一冊

350000－2001－0000923　　φ992.247/154－1

皇清優貢生候選儒學訓導例封文林郎李君

[宗度]墓誌銘一卷 （清）鄧傳安撰　清道光刻本　一冊

350000－2001－0000924　283/ф447
西電輯要不分卷 （清）陳鈺編輯　清光緒二十九年(1903)湖北洋務譯書局刻本　一冊

350000－2001－0000925　ф992.237/795
清鄉進士例授文林郎揀選縣知縣六十翁先嚴敬亭龔府君[大占]行狀一卷 （清）龔維瑚撰　皇清例貤封征仕郎五十有八翁先嚴恕亭龔府君[元]行狀一卷 （清）龔維珩撰　清道光元年(1821)刻本　一冊

350000－2001－0000926　992.227/ф153
文貞公[李光地]年譜二卷 （清）李清植編　清道光九年(1829)李維迪刻本　二冊

350000－2001－0000927　ф992.227/395
敝帚齋主人[徐鼒]年譜一卷年譜補一卷 （清）徐鼒撰 （清）徐承禧輯注　清同治十三年(1874)福州邸舍刻本　一冊

350000－2001－0000928　992.237/ф26.1
先府君[王崧辰]行述一卷 （清）王煜撰　清光緒刻本　一冊

350000－2001－0000929　992.237/ф130
誥封光祿大夫先考丹林公[沈廷楓]行狀一卷　先母林夫人事略一卷 （清）沈葆楨撰　清同治十年(1871)沈氏刻本　二冊

350000－2001－0000930　992.224/ф104
朱子[熹]年譜四卷考異四卷附錄二卷 （清）王懋竑編　清乾隆十六年(1751)白草堂刻本　四冊

350000－2001－0000931　195/ф742－1
迪吉錄八卷首一卷 （明）顏茂猷編輯　清光緒八年(1882)遐齡精舍刻本　八冊

350000－2001－0000932　ф822.47/652
晉安樂府一卷 （清）蔣鏞撰　清道光二十六年(1846)刻本　一冊

350000－2001－0000933　ф992.217/333
媿室先生[高鳳岐]事略一卷 高而謙　高鳳

謙撰　清末石印本　一冊

350000－2001－0000934　992.217/ф396
敕封靈佑扣冰古佛實錄二卷 （□）□□撰　清光緒刻本　一冊

350000－2001－0000935　822.47/ф646.1
雲章書屋遺稿一卷 （清）鄧瀛撰　清光緒元年(1875)刻本　一冊

350000－2001－0000936　822.047/ф396
閩遊詩話三卷 （清）徐祚永輯　清刻本　一冊

350000－2001－0000937　822.047/ф402.2
雁蕩詩話二卷 （清）梁章鉅撰　清道光二十八年(1848)福州梁氏刻本　一冊

350000－2001－0000938　ф992.217/794
饒莊勇公[廷選]事略一卷 （清）沈葆楨撰　清同治林士燦刻本　一冊

350000－2001－0000939　852.87/ф404－4
浪跡叢談十一卷續談八卷 （清）梁章鉅撰　清道光刻本　六冊

350000－2001－0000940　822.47/ф661.2
知守齋詩初集六卷二集四卷別集一卷 （清）鄭開禧撰　清道光十二年(1832)刻本　二冊

350000－2001－0000941　929.71021/ф938
武夷新志藝文選不分卷 （□）□□輯　清道光二十六年(1846)刻本　一冊

350000－2001－0000942　929.71021/ф718－1
太姥山志三卷 （明）謝肇淛纂　清光緒十五年(1889)刻本　一冊

350000－2001－0000943　ф999.1/568
[福建福州]台江董氏家譜一卷 （清）董存紀 （清）董繼昌纂修　清同治十一年(1872)董氏刻本　一冊

350000－2001－0000944　ф999.1/674.2
[福建福州]八賢劉氏桂枝房支譜不分卷 （清）劉翊聖修 （清）劉秀有續修　清光緒七年(1881)劉氏刻本　四冊

350000－2001－0000945　φ999.1/761.1

[福建福州]玉融遷省閩東魏氏族譜一卷
(清)魏氏修　清魏氏刻本　一冊

350000－2001－0000946　φ999.2/155

[福建福州]李氏家乘一卷　(清)李彥章輯
清抄本　一冊

350000－2001－0000947　φ999.1/777.1

[福建上杭]大洋羅氏族譜九十六卷首一卷
(清)羅雲芝總修　清光緒二十一年(1895)木
活字印本　十三冊

350000－2001－0000948　φ999.1/786.2

[福建古田]蘇氏家譜祭典糧數不分卷　(清)
蘇□修　清光緒抄本　一冊

350000－2001－0000949　φ929.711/24＝1

閩都記三十三卷　(明)王應山撰　清道光十
一年(1831)刻本　六冊

350000－2001－0000950　φ929.71423/236

[康熙]平和縣志十二卷首一卷　(清)王相修
　(清)昌天錦纂　清光緒十五年(1889)刻本
十冊

350000－2001－0000951　φ929.71419/496＝1

[乾隆]龍溪縣志二十四卷首一卷輿圖一卷
(清)吳宜爕修　(清)黃惠　(清)李疇纂
新增補二卷　(清)吳聯薰等纂修　清光緒五
年(1879)刻本　十二冊

350000－2001－0000952　852.1949/φ347

福建試藝不分卷　(清)□□輯　清光緒二十
九年(1903)衡文閣刻本　二冊

350000－2001－0000953　638/22

蠶桑圖說八編　(清)王世熙編輯　清光緒二
十一年(1895)刻本　二冊

350000－2001－0000954　822.47/φ597

鶴汀詩稿一卷　(清)鄔翔撰　清道光二十年
(1840)刻本　一冊

350000－2001－0000955　φ929.71742/182

[光緒]重纂光澤縣志三十卷首一卷　(清)李
麟瑞　(清)鈕永藩修　(清)何秋淵等纂　清

光緒二十三年(1897)刻本　十二冊

350000－2001－0000956　φ929.71641/432

[咸豐]邵武縣志十九卷首一卷　(清)李正芳
修　(清)張葆森纂　清咸豐五年(1855)刻本
十二冊

350000－2001－0000957　φ929.71029/267－1

閩雜記十二卷　(清)施鴻保輯　清光緒四年
(1878)鉛印本　四冊

350000－2001－0000958　φ929.710269/558－1＝1

重修南溪書院志四卷首一卷　(清)楊毓健纂
修　清康熙五十五年(1716)刻同治九年
(1870)重修本　四冊

350000－2001－0000959　φ929.71/718

[乾隆]福建通志七十八卷首一卷　(清)郝玉
麟修　(清)謝道承　(清)劉敬與纂　清乾隆
二年(1737)刻本　七十一冊

350000－2001－0000960　φ929.71315/132

[乾隆]安溪縣志十二卷　(清)莊成修
(清)沈鍾　(清)李疇纂　清乾隆二十二年
(1757)刻本　五冊

350000－2001－0000961　021/φ444

左海經辨二卷　(清)陳壽祺撰　清道光三年
(1823)三山陳氏刻左海全集本　二冊

350000－2001－0000962　021.4/φ558

九經圖不分卷　(清)楊魁植輯　(清)楊文源
等增訂　清乾隆三十七年(1772)信芳書屋刻
本　十冊

350000－2001－0000963　022/φ443

周易明報三卷首一卷末一卷　(清)陳懋侯撰
　清光緒八年(1882)刻本　三冊

350000－2001－0000964　022/φ600.1

還硯齋周易述四卷　(清)趙新撰　清光緒八
年(1882)黃樓刻還硯齋全集本　四冊

350000－2001－0000965　023/φ443

今文尚書經說考三十二卷今文尚書敍錄一卷
尚書歐陽夏侯遺說考一卷　(清)陳喬樅撰
清同治侯官陳氏刻本　十八冊

350000－2001－0000966　023/φ492

尚書通考十卷　(元)黃鎮成撰　(清)徐時作補訂　清乾隆三十一年(1766)刻本　五冊

350000－2001－0000967　023/φ654－10

書傳音釋六卷　(宋)蔡沈集傳　(元)鄒季友音釋　清咸豐五年(1855)祝氏與古齋刻本　六冊

350000－2001－0000968　023/φ654－3

書經集注六卷　(宋)蔡沈撰　清宣統商務印書館鉛印本　四冊

350000－2001－0000969　027/φ27

三家經文同異考二卷　(清)王錫聆撰　清道光十五年(1835)王氏蚤間齋刻本　一冊

350000－2001－0000970　029/φ98

四書或問三十六卷　(宋)朱熹撰　(清)李日煜輯　清康熙、雍正刻本　十一冊　存三十四卷(一至四、七至三十六)

350000－2001－0000971　φ029.8/84

鄉黨圖考十卷　(清)江永撰　清乾隆六十年(1795)寶章堂刻本　四冊

350000－2001－0000972　φ032.2/169

重訂事類賦三十卷　(宋)吳淑撰注　清道光刻本　六冊

350000－2001－0000973　032.2/φ563

詞林綴錦釋註四卷　(清)葉宗春輯　(清)葉有根注訂　清道光五年(1825)葉氏刻本　四冊

350000－2001－0000974　φ042.7/947

采真彙藁四卷　(清)檀萃著　(清)曾力行箋註　清乾隆五十年(1785)萬卷樓刻本　二冊

350000－2001－0000975　082.16/φ442

一齋集十四種　(明)陳第編輯　清道光二十八年(1848)連江陳斗初刻本　十九冊　存十三種三十五卷(伏羲圖贊二卷雜卦傳古音考一卷、尚書疏衍四卷、毛詩古音考四卷附讀詩拙言一卷、屈宋古音義三卷、松軒講義一卷、意言一卷、謬言一卷、書札燼存一卷、塞曲一卷、兩粵游草一卷、寄心集六卷、五嶽游草七卷、薊門兵事上)

350000－2001－0000976　082.16/φ442－1

一齋集十四種　(明)陳第編輯　清道光二十八年(1848)連江陳斗初刻本　十六冊

350000－2001－0000977　082.17/φ404

二思堂叢書六種　(清)梁章鉅編　清光緒元年(1875)浙江書局刻本　十六冊

350000－2001－0000978　φ121.21/945

老子道德經解二卷　(明)釋德清撰　清光緒元年(1875)道山同慶社刻本　一冊

350000－2001－0000979　082.9971/φ346

浦城遺書十四種　(清)祝昌泰等輯　清嘉慶浦城祝氏留香室刻本　四十六冊

350000－2001－0000980　082.17/φ558－7

閩竹居叢書二十八種　(清)楊浚輯　清刻本　四冊

350000－2001－0000981　082.17/φ473

冠豸山堂全集六種　(清)童能靈撰　(清)童能良編　清光緒二十三年(1897)童氏刻本　八冊

350000－2001－0000982　082.17/φ441

左海全集十種　(清)陳壽祺撰　清嘉慶、道光陳紹埔刻本　二十五冊

350000－2001－0000983　023/393

書經旁訓辨體合訂四卷　(清)徐立綱輯　清末刻本　一冊

350000－2001－0000984　023/393＝1

書經旁訓辨體合訂四卷　(清)徐立綱輯　清末刻本　一冊

350000－2001－0000985　024.6/306

毛詩吲訂十卷　(清)苗夔撰　清咸豐元年(1851)刻苗氏說文四種本　二冊

350000－2001－0000986　024/26

欽定詩經傳說彙纂二十一卷首二卷詩序二卷　(清)王鴻緒等撰　清雍正五年(1727)刻本　二十冊　存二十三卷(三至二十一、首二

卷、詩序二卷）

350000－2001－0000987　024.6/792
毛詩訂詁八卷附錄二卷　（清）顧棟高著　清
光緒二十二年(1896)江蘇書局刻本　四冊

350000－2001－0000988　023/409
尚書札記四卷　（清）許鴻磐著　清同治九年
(1870)廣東學海堂刻本　二冊

350000－2001－0000989　023/424＝1
尚書考異六卷　（清）梅鷟撰　清道光五年
(1825)立本齋刻本　二冊

350000－2001－0000990　024.6/761
毛詩要義二十卷　（宋）魏了翁撰　清光緒十
二年(1886)江蘇書局刻五經要義本　十二冊

350000－2001－0000991　023/431
書經衷論四卷　（清）張英撰　清光緒二十三
年(1897)刻張文端集本　二冊

350000－2001－0000992　024.6/662
詩經繹參四卷　（清）鄧翔撰　清同治六年
(1867)廣東孔氏刻朱墨套印本　四冊

350000－2001－0000993　023/431.1
書經衷論四卷　（清）張英撰　清刻本　一冊

350000－2001－0000994　023/431.1＝1
書經衷論四卷　（清）張英撰　清刻本　一冊

350000－2001－0000995　023/496
書經精義四卷首一卷末一卷　（清）黃淦纂
清嘉慶九年(1804)刻七經精義本　二冊

350000－2001－0000996　024.6/445
毛詩稽古編三十卷　（清）陳啓源述　（清）龐
佑清校　**附考一卷**　（清）費雲倬輯　清嘉慶
二十年(1815)刻本　八冊

350000－2001－0000997　024/35
詩地理攷略二卷圖一卷　（清）尹繼美撰　清
同治五年(1866)刻鼎吉堂全集本　二冊

350000－2001－0000998　024.7/616
韓詩遺說二卷訂譌一卷　（清）臧庸撰　清光
緒六年(1880)刻仰視千七百二十九鶴齋叢書

本　一冊

350000－2001－0000999　025/49
欽定三禮義疏一百八十二卷　（清）鄂爾泰等
撰　清乾隆刻御纂七經本　一百冊

350000－2001－0001000　024/73
風雅遺音二卷　（清）史榮撰　（清）紀昀審定
清乾隆二十五年(1760)刻鏡煙堂十種本
一冊

350000－2001－0001001　024/73＝1
風雅遺音二卷　（清）史榮撰　（清）紀昀審定
清乾隆二十五年(1760)刻鏡煙堂十種本
一冊

350000－2001－0001002　024/104
詩經集傳八卷　（宋）朱熹撰　清乾隆十五年
(1750)天都黃氏槐蔭草堂刻本　四冊

350000－2001－0001003　024/104－1
詩經集傳八卷　（宋）朱熹撰　清光緒三十四
年(1908)學部圖書局影印本　四冊

350000－2001－0001004　024/444
毛詩稽古編三十卷　（清）陳啓源撰　清光緒
九年(1883)上海同文書局石印本　八冊

350000－2001－0001005　024/444＝1
毛詩稽古編三十卷　（清）陳啓源撰　清光緒
九年(1883)上海同文書局石印本　八冊

350000－2001－0001006　024/444＝2
毛詩稽古編三十卷　（清）陳啓源撰　清光緒
九年(1883)上海同文書局石印本　八冊

350000－2001－0001007　024/444－1
毛詩稽古編三十卷　（清）陳啓源撰　（清）龐
佑清校　**附考一卷**　（清）費雲倬輯　清嘉慶
二十年(1815)刻本　八冊

350000－2001－0001008　024/169
詩說七卷　（清）吳嘉賓撰　清咸豐十一年
(1861)木活字印本　二冊

350000－2001－0001009　024/317.1
詩經通論十八卷前一卷　（清）姚際恒著
（清）王篤校訂　清同治六年(1867)成都書局

刻本　八册

350000－2001－0001010　024/301
詩瀋二十卷　（清）范家相撰　清乾隆三十九
年(1774)刻本　二册

350000－2001－0001011　024/409
詩集傳名物鈔八卷　（元）許謙撰　清同治八
年(1869)刻金華叢書本　八册

350000－2001－0001012　025/84
禮書綱目八十五卷首三卷　（清）江永編　清
嘉慶十五年(1810)刻本　十六册

350000－2001－0001013　023/698－1
尚書古文疏證八卷　（清）閻若璩撰　**朱子古
文書疑一卷**　（清）閻詠輯　清乾隆十年
(1745)朱續晫近堂刻本　八册　存八卷(一
至二、四至八,書疑一卷)

350000－2001－0001014　023/698－1＝1
尚書古文疏證八卷　（清）閻若璩撰　**朱子古
文書疑一卷**　（清）閻詠輯　清乾隆十年
(1745)朱續晫近堂刻本　四册　存八卷(一
至二、四至八,書疑一卷)

350000－2001－0001015　023/698－2
尚書古文疏證八卷　（清）閻若璩撰　**朱子古
文書疑一卷**　（清）閻詠輯　清嘉慶元年
(1796)吳人驥刻本　四册　存八卷(一至二、
四至八,書疑一卷)

350000－2001－0001016　024/394
山中學詩記五卷　（清）徐時棟撰　清光緒四
年(1878)葉氏西河別墅刻煙嶼樓集本　二册

350000－2001－0001017　025/115
天子肆獻祼饋食禮纂三卷朝廟宮室考一卷田
賦考一卷　（清）任啟運撰　清光緒十四年
(1888)荆溪任氏家塾刻本　二册

350000－2001－0001018　023/698－3
尚書古文疏證八卷　（清）閻若璩撰　**朱子古
文書疑一卷**　（清）閻詠輯　清同治六年
(1867)汪氏振綺堂刻本　八册　存八卷(一
至二、四至八,書疑一卷)

350000－2001－0001019　024/395
詩經廣詁三十卷　（清）徐璈輯錄　清道光十
年(1830)刻本　八册

350000－2001－0001020　025/348
五禮通考二百六十二卷首四卷總目二卷
（清）秦蕙田編輯　（清）方觀承訂　清乾隆無
錫秦氏味經窩刻本　六十三册

350000－2001－0001021　023/654－1
書傳音釋六卷首一卷末一卷　（宋）蔡沈集傳
　（元）鄒季友音釋　清同治五年(1866)望三
益齋刻本　七册

350000－2001－0001022　025/348－2
五禮通考二百六十二卷首四卷總目二卷
（清）秦蕙田編輯　（清）方觀承訂　清光緒六
年(1880)江蘇書局刻本　五十八册　存二百
五十二卷(一至一百四十七、一百五十三至一
百六十二、一百七十至二百九、二百十二至二
百六十二,首一至二,總目二卷)

350000－2001－0001023　024/761－1
詩古微上編三卷中編十卷下編二卷首一卷
（清）魏源撰　清光緒十三年(1887)楊守敬刻
本　八册

350000－2001－0001024　024/442
詩誦五卷　（清）陳僅撰　清光緒十一年
(1885)四明陳氏文則樓木活字印本　二册

350000－2001－0001025　024/26.1
梅溪王先生詩表一卷　（宋）王十朋撰　**附八
卦取像歌**　清抄本　一册

350000－2001－0001026　024/524
御纂詩義折中二十卷　（清）傅恒等撰　清光
緒長蘆鹽運使司如山刻本　六册

350000－2001－0001027　025.8/103
禮記訓纂四十九卷　（清）朱彬輯　清宣統元
年(1909)學部圖書局石印本　十册

350000－2001－0001028　乙1.1/1
十七史　（明）毛晉編　明崇禎元年至十七年
(1628－1644)毛氏汲古閣刻清順治重修本

一百二十七册　存十二種一千一百九卷（史記一百三十卷、晉書一百三十卷、宋書一百卷、南齊書五十九卷、梁書五十六卷、陳書三十六卷、魏書一百十四卷、北齊書五十卷、後周書五十卷、隋書八十五卷、唐書二百二十五卷、五代史七十四卷）

350000－2001－0001029　025.8/103＝1
禮記訓纂四十九卷　（清）朱彬輯　清宣統元年（1909）學部圖書局石印本　十册

350000－2001－0001030　乙1.1/2
二十一史　（□）□□輯　明刻明清遞修本三百六十八册　存十八種一千八百七十二卷（前漢書一百卷、後漢書九十卷志三十卷、晉書一百三十卷音義三卷、宋書一百卷、南齊書五十九卷、梁書五十六卷、陳書三十六卷、魏書一百十四卷、北齊書五十卷、周書五十卷、隋書八十五卷、南史八十卷、北史一百卷、唐書二百二十五卷釋音二十五卷、五代史記七十四卷、遼史一百十六卷、金史一百三十五卷目錄二卷、元史二百十卷目錄二卷）

350000－2001－0001031　024/762
詩古微上編三卷中編十卷下編二卷首一卷（清）魏源撰　清光緒十三年（1887）席氏掃葉山房刻本　十二册

350000－2001－0001032　乙1.1/3
殿本二十四史備補一卷　（清）傅以禮輯　清抄本　一册

350000－2001－0001033　025.8/98－2
禮記訓纂四十九卷　（清）朱彬輯　清咸豐元年（1851）朱士達宜祿堂刻本　八册　存三十五卷（一至三十五）

350000－2001－0001034　025.8/16.2
禮記集說補義一卷　（清）方宗誠述　清光緒四年（1878）桐城方氏志學堂刻柏堂遺書本一册

350000－2001－0001035　025.8/115
禮記十卷　（宋）朱熹章句　（清）任啓運註清乾隆三十八年（1773）刻本　六册

350000－2001－0001036　025.8/136
禮記章句十卷　（清）汪紱撰　清光緒二十一年（1895）長安趙舒翹刻汪雙池先生叢書本五册　存九卷（一至七、九至十）

350000－2001－0001037　027/439.1
春秋微旨三卷　（唐）陸淳撰　清同治十二年（1873）粵東書局刻古經解匯函本　一册

350000－2001－0001038　025.8/442
禮記十卷　（元）陳澔集說　清同治三年（1864）浙江撫署刻本　四册　存八卷（一至八）

350000－2001－0001039　025.8/442＝1
禮記十卷　（元）陳澔集說　清同治三年（1864）浙江撫署刻本　十册

350000－2001－0001040　024/776
詩集傳音釋二十卷圖一卷綱領一卷　（宋）朱熹集傳　（元）許謙音釋　（明）羅復纂輯　校刻詩集傳音釋札記一卷　（清）蔣光煦撰　詩序辨說一卷　（宋）朱熹撰　清咸豐七年（1857）海昌蔣光煦刻同治九年（1870）重印本四册

350000－2001－0001041　025.8/448－7
禮記十卷　（元）陳澔集說　清光緒李光明莊刻本　十册

350000－2001－0001042　852.44/φ662
夾漈遺稿三卷　（宋）鄭樵撰　（清）李調元校　清乾隆中綿州李氏萬卷樓刻嘉慶十四年（1809）校印函海本　一册

350000－2001－0001043　024/789
詩緝三十六卷　（宋）嚴粲述　清光緒三年（1877）刻本　十四册

350000－2001－0001044　025.8/448－6
禮記十卷　（元）陳澔撰　清末刻本　十册

350000－2001－0001045　乙1.2/1－4
史記一百三十卷　（漢）司馬遷撰　（南朝宋）裴駰集解　（唐）司馬貞索隱　（唐）張守節正義　史記補一卷　（唐）司馬貞撰並註　明萬

曆二十四年(1596)南京國子監刻明清遞修二十一史本　二十冊

350000－2001－0001046　乙1.2/1－5

史記一百三十卷　(漢)司馬遷撰　(南朝宋)裴駰集解　(唐)司馬貞索隱　(唐)張守節正義　清同治五年至九年(1866－1870)金陵書局刻本　十四冊　存九十二卷(五至三十二、四十至六十六、九十四至一百三十)

350000－2001－0001047　乙1.2/1－5.5

史記索隱三十卷　(唐)司馬貞撰　明末毛氏汲古閣刻本　四冊

350000－2001－0001048　乙1.2/1－7

史記評林一百三十卷補史記一卷　(明)凌稚隆輯　(明)李光縉增補　明萬曆建陽熊氏種德堂刻本　十九冊　存一百十六卷(一至八十九、一百五至一百三十,補史記一卷)

350000－2001－0001049　025.8/136.2

批檀弓二卷　(清)汪有光評　(清)汪有聲校　清光緒十三年(1887)李宗熠刻本　二冊

350000－2001－0001050　乙1.2/1－8

史記評林一百三十卷補史記一卷　(明)凌稚隆輯　(明)李光縉增補　明萬曆建陽熊體忠、劉朝箴刻本　二十冊

350000－2001－0001051　024/679

嚴氏詩緝補義八卷　(清)劉燦編　清嘉慶十六年(1811)刻本　三冊

350000－2001－0001052　024/791

學詩詳說三十卷正詁五卷　(清)顧廣譽撰　清光緒三年(1877)顧鴻昇刻平湖顧氏遺書本　十冊

350000－2001－0001053　024/271－1

毛詩後箋三十卷　(清)胡承珙撰　清光緒七年(1881)刻本　二十冊

350000－2001－0001054　024/792

虞東學詩十二卷詩說一卷　(清)顧鎮撰　清乾隆三十三年(1768)誦芬堂刻光緒十九年(1893)顧堃泰增補本　六冊

350000－2001－0001055　025.8/136.1

禮記或問八卷　(清)汪紱撰　清光緒二十二年(1896)長安趙舒翹刻汪雙池先生叢書本　四冊

350000－2001－0001056　024/795＝1

詩本誼一卷　(清)龔橙撰　清光緒十五年(1889)刻半厂叢書初編本　一冊

350000－2001－0001057　082.17/φ795

澹靜齋全集□□卷　(清)龔景瀚撰　清道光六年(1826)閩縣龔式穀刻本　十二冊

350000－2001－0001058　029.6/φ369.2－1

大學衍義四十三卷　(宋)真德秀撰　明崇禎十一年(1638)刻清乾隆重修本　十冊

350000－2001－0001059　124/φ431

濂洛關閩書十九卷　(清)張伯行集解　清同治五年(1866)正誼書局刻正誼堂全書本　一冊　存五卷(一至五)

350000－2001－0001060　φ194/934

禪林疏語一卷　(清)釋元賢撰　清光緒二年(1876)湧泉寺刻本　一冊

350000－2001－0001061　992.267/φ166

吳孺人輓章一卷　(清)陳宗媯輯　清末鉛印本　一冊

350000－2001－0001062　φ992.267/333

媿室先生[高鳳岐]哀輓錄一卷　高而謙　高鳳謙輯　清宣統元年(1909)鉛印本　一冊

350000－2001－0001063　172/φ473

五倫說一卷　(清)童能靈撰　清乾隆、嘉慶童氏木活字印本　一冊

350000－2001－0001064　φ992.267/333.1

媿室先生[高鳳岐]哀輓續錄一卷　高而謙　高鳳謙輯　清宣統二年(1910)鉛印本　一冊

350000－2001－0001065　φ992.267/494

悼鵬吟四卷　(清)黃喬陰撰　清道光二十六年(1846)刻本　四冊

350000－2001－0001066　194/φ938.7

遍照隆禪師語錄二卷　(清)釋法輪等編　清

乾隆二十六年(1761)刻本　一册

350000 - 2001 - 0001067　174/ф155

人鏡二卷　(清)李絳輯　清光緒二十六年
(1900)李氏刻本　二册

350000 - 2001 - 0001068　172/ф228

家誡錄二卷　(清)孟超然撰　清嘉慶二十年
(1815)刻本　二册

350000 - 2001 - 0001069　127/ф662

儒修必讀書一卷　(清)鄭祐慈編輯　清刻本
一册

350000 - 2001 - 0001070　ф992.237/444 - 1

先府君[陳承裘]行述一卷先妣事略一卷　陳
寶琛撰　清光緒二十二年(1896)刻本　一册

350000 - 2001 - 0001071　992.257/ф211

王母林夫人六十壽辰徵文節略一卷　(清)王
孝繩編　清光緒三十三年(1907)鉛印本
一册

350000 - 2001 - 0001072　ф218/443

豫章書院學約十則不分卷　(清)陳弘謀撰
清光緒十八年(1892)刻本　一册

350000 - 2001 - 0001073　ф992.237/795.1

誥授中憲大夫欽加四品銜陝西隴州知州顯考
和仁府君[龔慎圖]行述一卷　(清)龔厚達
(清)龔真義撰　清光緒二十年(1894)刻本
一册

350000 - 2001 - 0001074　822.47/ф646

晚香樓詩稿二卷　(清)鄧秋英著　清同治元
年(1862)刻本　一册

350000 - 2001 - 0001075　992.227/ф432

張制軍[亮基]年譜二卷附行狀一卷事略一卷
家傳一卷墓誌銘一卷　(清)林紹年撰　清光
緒三十一年(1905)刻本　六册

350000 - 2001 - 0001076　992.227/ф444

皇清誥授光祿大夫振威將軍刑部尚書望坡府
君[陳若霖]年譜一卷　(清)陳承寬等編　清
光緒刻本　一册

350000 - 2001 - 0001077　ф179/244

格言聯璧一卷附一卷　(清)金纓輯　清同治
五年(1866)刻本　一册

350000 - 2001 - 0001078　992.237/ф22

皇清敕授脩職佐郎例增奉直大夫先考竹汀府
君[王書雲]行狀一卷　(清)王傳琨撰　清咸
豐五年(1855)刻本　一册

350000 - 2001 - 0001079　992.216/ф730

明敦孝先生[薩琅]事實一卷　薩嘉曦輯　清
宣統元年(1909)刻本　一册

350000 - 2001 - 0001080　992.214/ф657

蔡福州[襄]外紀十卷附錄一卷　(明)徐𤊹編
(清)陳甫伸訂補　清刻本　二册

350000 - 2001 - 0001081　ф992.224/369.2

西山真文忠公[德秀]年譜一卷　(清)真采編
清同治刻本　一册

350000 - 2001 - 0001082　992.224/ф718

謝皋羽[翱]年譜一卷　(清)徐沁編　清道光
沈氏世楷堂刻本　一册

350000 - 2001 - 0001083　822.047/ф402.3

閩川閨秀詩話四卷　(清)梁章鉅撰　清光緒
十七年(1891)木活字印本　二册

350000 - 2001 - 0001084　852.17/21 - 1

湖海文傳七十五卷　(清)王昶輯　清道光十
七年(1837)經訓堂刻本　十六册

350000 - 2001 - 0001085　992.217/ф213

[林則徐本傳]一卷事略一卷　(清)國史館撰
清光緒刻本　一册

350000 - 2001 - 0001086　ф992.217/443.2

陳大睿旌孝錄一卷　(清)陳慶鏞輯　清咸豐
刻本　一册

350000 - 2001 - 0001087　822.47/ф600

還硯齋試帖一卷　(清)趙新撰　清光緒八年
(1882)黃樓刻還硯齋全集本　一册

350000 - 2001 - 0001088　929.71021/ф395

雪峰志十卷　(明)徐𤊹纂　清乾隆十九年
(1754)刻本　四册

350000－2001－0001089　φ999.1/332

[福建福州]中山高氏家譜三卷首一卷　（清）高福康等修　清光緒元年(1875)高氏刻本　二冊

350000－2001－0001090　822.47/φ661.1

青墅詩鈔四卷　（清）鄭大謨著　清嘉慶二十三年(1818)刻本　二冊

350000－2001－0001091　φ999.1/575

[福建福州]瀛洲鄒氏族譜不分卷　（明）鄭僉憲等修　清嘉慶十一年(1806)鄒昌鈺抄本　一冊

350000－2001－0001092　822.47/φ662

樗雲詩鈔五卷　（清）鄭琮著　清道光四年(1824)刻本　一冊

350000－2001－0001093　929.71029/φ413

竹間十日話六卷　（清）郭柏蒼輯　清光緒十二年(1886)郭氏刻本　二冊

350000－2001－0001094　φ999.1/727

[福建建陽]蕭氏宗譜十二卷　（清）蕭炳文修　清光緒元年(1875)蕭氏木活字印本　十二冊

350000－2001－0001095　852.47/751

商山府君賸稿一卷　（清）戴鹿芝撰　清光緒五年(1879)刻本　一冊

350000－2001－0001096　φ929.71314/169

[嘉慶]惠安縣志四十卷首一卷　（清）吳裕仁修　（清）嫠雲續纂　清嘉慶八年(1803)刻道光十二年(1832)重修本　四十六冊

350000－2001－0001097　822.47/φ597.1

曼翁詩集三卷　（清）鄠尚豐撰　清嘉慶元年(1796)刻本　一冊

350000－2001－0001098　φ929.71638/345

[嘉慶]新修浦城縣志四十卷首一卷　（清）黃恬修　（清）祖之望　（清）朱秉鑒纂　清嘉慶十六年(1811)刻本　十六冊

350000－2001－0001099　929.71021/φ496＝1

滴水巖紀略一卷　（清）黃崇惺撰　清光緒二年(1876)汀州東壁軒書局木活字印本　一冊

350000－2001－0001100　φ929.71021/843

纂修福建通志採訪格式一卷　（清）福建修志局編　清道光九年(1829)福建修志局刻本　一冊

350000－2001－0001101　φ929.71420/216

[光緒]漳浦縣志十九卷續志一卷再續志一卷　（清）陳汝鹹修　（清）林登虎等纂　（清）施錫衛再續纂　清光緒三十二年(1906)刻本　三冊

350000－2001－0001102　φ929.71211/563－1

[乾隆]仙遊縣志五十三卷首一卷末一卷　（清）胡啓植　（清）王椿修　（清）葉侃和纂　清乾隆三十年(1765)刻同治十二年(1873)重修本　二十四冊

350000－2001－0001103　018.22/φ215－1

鼇峰書院藏書目錄一卷　（清）林祚曾編　清同治十三年(1874)福州鼇峰書院刻本　一冊

350000－2001－0001104　822.47/444

[蒼虬閣詩鈔]一卷　（清）陳曾壽撰　清末閩縣陳氏鐵石軒抄本　一冊

350000－2001－0001105　018.692/φ2

[歷代閩人著述錄目]一卷　（清）丁震輯　清抄本　一冊

350000－2001－0001106　φ021.6/26

十三經策案二十二卷　（清）王謨輯　（清）喻祥麟編　清嘉慶三年(1798)寶章堂刻本　十二冊

350000－2001－0001107　021.7/φ215

石經考辨一卷　（清）林象撰　清嘉慶二十五年(1820)刻本　一冊

350000－2001－0001108　022/φ213

水村易鏡一卷　（宋）林光世撰　清康熙十九年(1680)刻通志堂經解本　二冊

350000－2001－0001109　022/φ213－1＝1

水村易鏡一卷　（宋）林光世撰　清同治十二年(1873)粵東書局刻本　一冊

350000－2001－0001110　023/φ731－2

書經精華六卷　（清）薛嘉穎輯　清同治十年
(1871)光霽堂刻本　三冊

350000－2001－0001111　024/φ445

毛詩國風繹一卷　（清）陳遷鶴著　清同治十
三年(1874)晉江黃氏梅石山房木活字印本
一冊

350000－2001－0001112　025/φ153

三禮述註六十八卷　（清）李光坡撰　清乾隆
八年(1743)李氏刻本　二十冊

350000－2001－0001113　025/φ795

澹靜齋說裸二卷　（清）龔景瀚撰　清道光六
年(1826)閩縣龔式穀刻澹靜齋全集本　一冊

350000－2001－0001114　024/φ178

詩經世本古義二十八卷首一卷後一卷　（明）
何楷撰　清嘉慶十八年(1813)周秉仁書三味
齋刻本　十六冊

350000－2001－0001115　025.9/φ404

夏小正通釋一卷　（清）梁章鉅撰　清光緒十
三年(1887)浙江書局刻本　一冊

350000－2001－0001116　029/φ215

四書拾遺六卷　（清）林春溥輯　清道光十四
年(1834)侯官林氏刻竹柏山房十五種本
五冊

350000－2001－0001117　042.7/φ403－1

退菴隨筆二十二卷　（清）梁章鉅編　清道光
十九年(1839)刻本　八冊

350000－2001－0001118　φ062.71/873

福州說報社章程一卷　（清）福州說報社編
清末福州說報社鉛印本　一冊

350000－2001－0001119　024/268

詩序廣義二十四卷　（清）姜炳璋輯　清乾
隆、嘉慶刻本　六冊

350000－2001－0001120　025.92/445

禮書一百五十卷　（宋）陳祥道撰　（清）郭龍
光等校定　清嘉慶九年(1804)福清郭氏校經
堂刻本　十四冊

350000－2001－0001121　024/171

呂氏家塾讀詩記三十二卷　（宋）呂祖謙撰
清嘉慶十六年(1811)刻本　八冊

350000－2001－0001122　025.8/557

禮記音訓不分卷　（清）楊國楨撰　清末閩省
宏文閣刻本　四冊

350000－2001－0001123　024/73.1

風雅遺音二卷　（清）史榮撰　（清）紀昀審定
清乾隆、嘉慶刻本　一冊

350000－2001－0001124　025.8/557－1

禮記音訓不分卷　（清）楊國楨撰　清末閩省
宏文閣刻本　六冊

350000－2001－0001125　025.8/655

蔡氏月令二卷　（漢）蔡邕撰　（清）蔡雲注
清道光四年(1824)王氏刻元和蔡氏所著書本
二冊

350000－2001－0001126　025.8/655－1

蔡氏月令章句二卷　（漢）蔡邕撰　（清）臧庸
述　清光緒十年(1884)上海文藝齋刻本
一冊

350000－2001－0001127　024/77－1

毛詩禮徵十卷　（清）包世榮撰　清道光八年
(1828)小倦游閣刻本　三冊

350000－2001－0001128　025.8/661

禮記二十卷　（漢）鄭玄注　**撫本禮記鄭注考
異二卷**　（清）張敦仁撰　清同治九年(1870)
楚北崇文書局刻本　八冊

350000－2001－0001129　025/489

明堂大道錄八卷禘說二卷　（清）惠棟撰　清
乾隆鎮洋畢氏刻經訓堂叢書本　四冊

350000－2001－0001130　024/52－2

詩經正文四卷　（□）□□撰　清光緒二十五
年(1899)重慶中西書屋刻本　四冊

350000－2001－0001131　025.9/27

大戴禮記解詁十三卷目錄一卷　（清）王聘珍
撰　（清）王嘉會校　清咸豐元年(1851)南城
王嘉會刻本　二冊

350000－2001－0001132　023/700

尚書大傳四卷　(漢)伏勝撰　(漢)鄭玄注
補遺一卷續補遺一卷考異一卷　(清)盧文弨
撰　清嘉慶五年(1800)愛日草廬刻本　一冊

350000－2001－0001133　023.6/317

禹貢正詮四卷　(清)姚彥渠輯　清光緒十一
年(1885)姚丙吉刻本　一冊

350000－2001－0001134　025.9/27＝1

大戴禮記解詁十三卷目錄一卷　(清)王聘珍
撰　(清)王嘉會校　清咸豐元年(1851)南城
王嘉會刻本　四冊

350000－2001－0001135　025/489.1

禮說十四卷　(清)惠士奇撰　清嘉慶二年
(1797)蘭陔書屋刻本　六冊

350000－2001－0001136　025/489.1

大學說一卷　(清)惠士奇撰　清嘉慶二年
(1797)蘭陔書屋刻本　六冊

350000－2001－0001137　026/444

聲律通考十卷　(清)陳澧撰　清咸豐十年
(1860)刻番禺陳氏東塾叢書本　二冊

350000－2001－0001138　082.17/φ448

求在我齋全集九種　(清)陳澧編輯　清同治
十三年(1874)賜葛堂刻本　十七冊　存五種
十四卷(易義纂釋五卷、易說摘存三卷、易理
蒙訓二卷、養性齋經訓二卷、性理闡說二卷)

350000－2001－0001139　φ174.1/942－2

庭訓格言一卷　(清)世宗胤禛撰　清光緒二
十三年(1897)蔣紹荃刻本　一冊

350000－2001－0001140　φ179/244－2

格言聯璧一卷附一卷　(清)金纓輯　清光緒
十年(1884)泉州刻本　一冊

350000－2001－0001141　174/φ785

丞相魏公譚訓十卷　(宋)蘇頌撰　(宋)蘇象
先編　清道光十年(1830)刻本　一冊

350000－2001－0001142　127/φ753

棉陽學准五卷　(清)藍鼎元著　清雍正十年
(1732)刻光緒五年(1879)重修本　二冊　存

四卷(二至五)

350000－2001－0001143　127/φ151.2

榕村語錄續集二十卷　(清)李光地撰　清光
緒二十年(1894)抄本　十一冊

350000－2001－0001144　φ199.7/568

董公選秘訣要覽一卷　(明)董潛著　清光緒
十九年(1893)刻本　一冊

350000－2001－0001145　φ992.237/413

皇清誥授通議大夫大理寺卿加二級藍石伯兄
[郭尚先]行狀一卷　(清)郭尚英撰　清道光
十二年(1832)刻本　一冊

350000－2001－0001146　φ919/393

瀛環志略十卷　(清)徐繼畬輯著　(清)霍明
高採譯　清同治五年(1866)刻本　六冊

350000－2001－0001147　φ992.237/455

皇清誥封奉直大夫兵部武庫司主事加一級邑
庠生顯考南村府君[莊肇崧]行述一卷　(清)
莊志謙撰　清道光刻本　一冊

350000－2001－0001148　φ219.27/429

奏定學堂章程二十卷　(清)張之洞訂　清光
緒二十九年(1903)石印本　八冊

350000－2001－0001149　219.54/φ154

法國建造學堂指南一卷　(清)李孟實譯　清
光緒湖北洋務譯書局刻本　一冊

350000－2001－0001150　992.237/φ155

皇請誥封中議大夫山東鹽運使司鹽運使顯考
蘭卿府君[李彥章]行狀一卷　(清)李宜麟撰
清道光刻本　一冊

350000－2001－0001151　992.237/φ215

皇清賜進士出身誥授奉政大夫誥封中憲大夫
賞加四品卿銜重宴瓊林翰林院編修顯考鑒塘
府君[林春溥]行狀一卷　(清)林懋勳撰　清
同治元年(1862)刻本　一冊

350000－2001－0001152　992.2215/φ37

孔志四卷　(清)龔景瀚撰　(清)林昌彝箋
清光緒二十七年(1901)刻本　二冊

350000－2001－0001153　992.226/φ213.2

林子[兆恩]年譜一卷　(明)林兆珂編　清光
緒十九年(1893)刻本　一冊

350000－2001－0001154　992.226/φ496
黃子[道周]年譜一卷　(清)洪思編　清道光
二十四年(1844)刻本　一冊

350000－2001－0001155　822.047/φ562
龍性堂詩話二卷　(清)葉矯然著　清刻本
二冊

350000－2001－0001156　822.047/φ210
榕城詩話三卷　(清)杭世駿撰　清乾隆至道
光間鮑氏刻知不足齋叢書本　二冊

350000－2001－0001157　822.047/φ211.1
海天琴思錄八卷　(清)林昌彝輯　清同治三
年(1864)刻本　四冊

350000－2001－0001158　822.047/φ402
東南嶠外詩話十卷　(清)梁章鉅撰　清末福
州陳氏刻本　一冊

350000－2001－0001159　φ992.217/662
清賜進士出身誥授資政大夫日講起居注官翰
林院侍讀學士提督四川學政鄭公[瓊詔]事略
一卷　(清)沈葆楨撰　清刻本　一冊

350000－2001－0001160　φ999.1/303
[福建建陽]范氏宗譜不分卷　(清)范□修
清木活字印本　二冊

350000－2001－0001161　φ999.1/442
[福建福州]陳江陳氏五房五家譜一卷　(清)
陳重繩修　清咸豐六年(1856)勵德堂抄本
一冊

350000－2001－0001162　929.71021/φ762
九峰志四卷　(清)陳祚康鑒定　(清)魏杰參
訂　清同治刻本　一冊

350000－2001－0001163　929.71026/φ444
榕城景物錄三卷補遺一卷　(清)陳學夔輯
清道光抄本　四冊

350000－2001－0001164　φ929.710269/558－1
重修南溪書院志四卷首一卷　(清)楊毓健纂
修　清康熙五十五年(1716)刻同治九年

(1870)重修本　二冊

350000－2001－0001165　φ929.71029/165
橋工新志一卷　(清)吳元樞輯　清嘉慶刻本
一冊

350000－2001－0001166　025.9/37
大戴禮記補注十三卷序錄一卷　(北周)盧辯
注　(清)孔廣森補　清嘉慶五年(1800)刻本
二冊

350000－2001－0001167　025/489.2
禮說十四卷　(清)惠士奇撰　清乾隆惠氏紅
豆齋刻本　四冊

350000－2001－0001168　025.9/37－1
大戴禮記補注十三卷序錄一卷　(北周)盧辯
注　(清)孔廣森補　清光緒十三年(1887)王
氏刻本　二冊

350000－2001－0001169　φ999.2/334
[福建光澤]高氏家錄三卷　(清)高澍然輯
清道光高氏刻本　三冊

350000－2001－0001170　φ929.7111/662
閩縣鄉土志不分卷　(清)朱景星修　(清)鄭
祖庚撰　清光緒三十二年(1906)鉛印本
四冊

350000－2001－0001171　025/493
禮書通故五十卷　(清)黃以周述　清光緒刻
本　三十一冊　存四十八卷(三至五十)

350000－2001－0001172　025.9/21
校正孔氏大戴禮記補注十三卷　王樹枏撰
清光緒十三年(1887)王氏刻本　二冊

350000－2001－0001173　025.9/301
夏小正輯注四卷　(清)范家相輯　清嘉慶十
五年(1810)刻本　一冊

350000－2001－0001174　025.9/751
大戴禮記十三卷　(漢)戴德撰　清刻本
一冊

350000－2001－0001175　025.8/702
拜經堂叢書十種　(清)臧琳　(清)臧庸輯
清乾隆、嘉慶武進臧氏同述觀刻本　一冊

福建省圖書館古籍普查登記目錄

056

存三種五卷(盧氏禮記解詁一卷補遺一卷附錄一卷、三禮目錄一卷、六藝論一卷)

350000－2001－0001176　025.8/661.1

禮記二十卷　(漢)鄭玄注　(唐)陸德明音義附考證　清光緒二年(1876)江南書局刻本　六冊　存十五卷(六至二十)

350000－2001－0001177　φ929.71211/563

[乾隆]仙遊縣志五十三卷首一卷　(清)胡啓植　(清)王椿修　(清)葉侃和纂　清乾隆三十五年(1770)刻本　十九冊

350000－2001－0001178　026/494

樂典三十六卷　(明)黃佐撰　清康熙二十一年(1682)黃逵、黃銘刻本　六冊

350000－2001－0001179　乙1.2/1－9

孫月峰先生批評史記一百三十卷褚先生附餘一卷　(明)孫鑛評　明崇禎九年(1636)刻本　十二冊

350000－2001－0001180　乙1.2/1－9.2

史記論文一百三十卷　(漢)司馬遷撰　(清)吳見思評　清康熙刻本　二十冊

350000－2001－0001181　乙1.2/1－9.3

史記論文一百三十卷　(漢)司馬遷撰　(清)吳見思評　清康熙刻本　二十冊

350000－2001－0001182　乙1.2/1－11

史記抄九十一卷補遺十二卷首一卷　(明)茅坤輯　明萬曆三年(1575)刻本　十二冊　存八十卷(一至七十六、補遺九十八至一百、首一卷)

350000－2001－0001183　乙1.2/1－12

同菴史彙十卷　(清)蔣善選評　清康熙思永堂刻本　五冊　存七卷(一、五至十)

350000－2001－0001184　乙1.2/1－13

史記測議三卷　(清)邱逢年撰　**歸震川先生史記例意一卷**　(明)歸有光撰　**史記義法一卷**　(□)□□撰　**歷代甲子考一卷**　(清)黃宗羲撰　**黜朱梁紀年論一卷**　(清)宋實穎撰　**改元考同一卷**　(清)吳肅公撰　清抄本

一冊

350000－2001－0001185　021.6/867

十三經注疏三百八十三卷　(□)□□輯　清嘉慶三年(1798)金閶書業堂刻本　六十五冊　存六種一百四十卷(周易兼義九卷、尚書注疏二十卷、毛詩注疏二十卷、儀禮注疏十七卷、春秋左傳注疏六十卷、孟子注疏解經十四卷)

350000－2001－0001186　乙1.2/1－14

藏書世紀六十八卷　(明)李贄撰　明萬曆二十七年(1599)焦竑刻本　二十四冊

350000－2001－0001187　乙4/47.2

平閩紀十三卷　(清)楊捷撰　清康熙二十二年(1683)楊氏世澤堂刻本　八冊

350000－2001－0001188　乙1.2/1－15

藏書世紀六十八卷　(明)李贄撰　(明)沈汝楫　(明)金嘉謨重訂　明刻本　十六冊

350000－2001－0001189　乙1.2/1－16

藏書世紀六十八卷　(明)李贄撰　明萬曆刻重修本　二十四冊

350000－2001－0001190　乙1.2/1－17

續藏書二十七卷　(明)李贄撰　明刻本　四冊

350000－2001－0001191　乙1.2/1－18

史漢拾遺十六卷　(清)林茂春撰　清抄本　三十一冊

350000－2001－0001192　027/375

春秋經傳類求十二卷　(清)孫從添　(清)過臨汾纂輯　清乾隆二十四年(1759)歙縣吳禧祖刻本　十二冊

350000－2001－0001193　025/493.1

禮書通故五十卷　(清)黃以周述　清光緒刻本　六冊　存二卷(四十八至四十九)

350000－2001－0001194　025/536

禘祫辨誤二卷　(清)程廷祚撰　清道光五年(1825)東山草堂刻本　一冊

350000－2001－0001195　φ929.71316/168－2

[嘉慶]同安縣志三十卷首一卷　（清）吳堂修
（清）劉光鼎等纂　清光緒十二年(1886)朱
承烈刻本　十二冊

350000 – 2001 – 0001196　ф929.71318/217
[同治]金門志十六卷　（清）周凱修　（清）
林焜熿纂　（清）劉松亭續修　（清）林豪續纂
清光緒八年(1882)浯江書院刻本　六冊

350000 – 2001 – 0001197　ф929.71637/406
[嘉慶]崇安縣志十卷　（清）魏大名修
（清）章朝栻纂　清嘉慶十三年(1808)刻本
三冊

350000 – 2001 – 0001198　ф929.71864/442
[同治]寧洋縣志十二卷首一卷　（清）董鍾驥
修　（清）吳正南等纂　清光緒十三年(1887)
刻本　四冊

350000 – 2001 – 0001199　ф929.71956/27
[康熙]壽寧縣誌八卷　（清）趙廷璣　（清）
王錫卣等修　（清）柳上芝　（清）范大廷等纂
清康熙二十五年(1686)刻本　二冊

350000 – 2001 – 0001200　ф929.71954/444
[道光]續修福安縣志十二卷首一卷　（清）劉
之藹修　（清）楊世材等纂　清道光十二年
(1832)刻本　一冊

350000 – 2001 – 0001201　ф929.71316/168
[嘉慶]同安縣志三十卷首一卷　（清）吳堂修
（清）劉光鼎等纂　清嘉慶三年(1798)刻本
十六冊

350000 – 2001 – 0001202　021/ф156
二李經說一卷　（清）李光型　（清）李光墺撰
清道光二十四年(1844)沈氏世楷堂刻昭代
叢書本　一冊

350000 – 2001 – 0001203　021.1/ф575
增補五經備旨精華四十五卷　（清）鄒聖脉纂
清末善成堂刻本　二十四冊

350000 – 2001 – 0001204　021.2/ф662
六經奧論六卷總文一卷　（宋）鄭樵撰　清同
治十二年(1873)粵東書局刻本　一冊

350000 – 2001 – 0001205　022/ф402
易解醒豁二卷　（清）梁欽辰撰　清光緒七年
(1881)刻本　二冊

350000 – 2001 – 0001206　022/ф152.2
周易通論四卷　（清）李光地撰　清道光九年
(1829)李氏刻本　二冊

350000 – 2001 – 0001207　022/ф733＝3
易經精華六卷末一卷　（清）薛嘉穎編　清道
光元年(1821)光韙堂刻本　三冊

350000 – 2001 – 0001208　024/ф178－1
詩經世本古義二十八卷首一卷後一卷　（明）
何楷撰　清嘉慶二十四年(1819)謝氏文林堂
刻本　十八冊

350000 – 2001 – 0001209　024/ф795
邶風說二卷　（清）龔景瀚撰　清道光六年
(1826)思錫堂刻本　一冊

350000 – 2001 – 0001210　025.5/ф417
儀禮集說十七卷　（元）敖繼公撰　清道光八
年(1828)承志堂刻本　十二冊

350000 – 2001 – 0001211　025.7/ф22
儀禮紃解十七卷　（清）王士讓撰　清道光二
年(1822)安溪王樹功刻本　十二冊

350000 – 2001 – 0001212　029/ф369.2
四書集編二十九卷　（宋）真德秀撰　（清）翁
錫書增訂　清同治七年(1868)西山祠刻本
六冊

350000 – 2001 – 0001213　029.8/ф441
論語話解十卷　（清）陳瀋撰　清光緒五年
(1879)刻本　五冊

350000 – 2001 – 0001214　032.2/ф432
群策匯源四十五卷首一卷　（清）張夢鼎輯
清光緒二年(1876)刻本　八冊

350000 – 2001 – 0001215　032.2/ф442
群書備考古學捷十卷　（清）陳應麐輯　清乾
隆元年(1736)刻本　六冊

350000 – 2001 – 0001216　ф042.1/429
勸學篇二卷　（清）張之洞撰　清光緒二十四

年(1898)鼇峯書院刻本　二册

350000－2001－0001217　042.4/767
文昌雜錄六卷補遺一卷　（清）龐元英撰　清乾隆二十一年(1756)刻雅雨堂叢書本　一册

350000－2001－0001218　φ042.7/395
讀書雜釋十四卷　（清）徐鼒撰　清咸豐十一年(1861)福寧郡齋刻本　四册

350000－2001－0001219　φ042.7/557＝1
榕陰日課十卷　（清）楊希閔撰　清光緒二年(1876)福州刻本　二册　存四卷（一至四）

350000－2001－0001220　042.7/φ403－2
退菴隨筆二十二卷　（清）梁章鉅編　清道光十九年(1839)刻同治十一年(1872)重修本　六册

350000－2001－0001221　027/439
春秋啖趙集傳纂例十卷　（唐）陸淳纂　（清）錢儀吉輯　清道光、咸豐大梁書院刻經苑本　二册

350000－2001－0001222　甲1/14
像續抄二卷　（明）錢一本撰　清錢濟世刻本　二册

350000－2001－0001223　025/748－1
新定三禮圖二十卷　（宋）聶崇義集注　清同治、光緒間巴陵鍾謙鈞刻本　二册

350000－2001－0001224　027/445
春秋氏族圖一卷　（清）陳厚耀撰　清道光二十四年(1844)福州王書雲刻本　二册

350000－2001－0001225　027/445＝1
春秋氏族圖一卷　（清）陳厚耀撰　清道光二十四年(1844)福州王書雲刻本　二册

350000－2001－0001226　027/445.1
增訂春秋世族源流圖考六卷　（清）陳厚耀撰　（清）常茂徠增訂　清道光三十年(1850)夷門怡古堂刻本　三册

350000－2001－0001227　025/748
新定三禮圖二十卷　（宋）聶崇義集註　清康熙刻本　一册

350000－2001－0001228　乙1.2/1－19
班馬異同三十五卷　（宋）倪思編　（宋）劉辰翁評　明刻本　四册

350000－2001－0001229　乙1.2/2－1
漢書一百卷　（漢）班固撰　（唐）顏師古注　明崇禎十五年(1642)毛氏汲古閣刻清順治十二年(1655)重修十七史本　二十四册

350000－2001－0001230　乙1.2/2－1.5
漢書一百卷　（漢）班固撰　（唐）顏師古注　明崇禎十五年(1642)毛氏汲古閣刻清順治十二年(1655)重修十七史本　二十册

350000－2001－0001231　027/102
春秋鈔十卷首一卷　（清）朱軾輯　清乾隆元年(1736)刻朱文端公藏書本　二册

350000－2001－0001232　027/22
春秋家說三卷　（清）王夫之撰　清同治四年(1865)湘鄉曾氏金陵節署刻本　三册

350000－2001－0001233　027/22＝1
春秋家說三卷　（清）王夫之撰　清同治四年(1865)湘鄉曾氏金陵節署刻本　三册

350000－2001－0001234　027/149.1
春秋三傳十六卷首一卷　（唐）陸德明撰　附陸氏三傳釋文音義十六卷　清同治三年(1864)浙江撫署刻本　十三册　存三十二卷（春秋三傳一至十一、十三至十六,首一卷,釋文音義十六卷）

350000－2001－0001235　乙1.2/2－2
前漢書一百卷　（漢）班固撰　（唐）顏師古注　（明）陳仁錫評　漢書字例一卷　明崇禎刻本　二十册

350000－2001－0001236　027/393
春秋旁訓辨體合訂四卷　（清）徐立綱輯　清乾隆、嘉慶三益堂刻五經旁訓辨體五種本　四册

350000－2001－0001237　027/362
春秋比二卷　（清）郝懿行撰　清道光七年(1827)趙銘彝刻郝氏遺書本　一册

350000－2001－0001238　027/431

春秋屬辭辨例編六十卷首二卷序目一卷
(清)張應昌撰　清同治十二年(1873)江蘇書局刻本　三十一冊

350000－2001－0001239　027/450

春秋女譜一卷　(清)常茂倈輯　清道光三十年(1850)夷門怡古堂刻本　一冊

350000－2001－0001240　025.6/15

周官集注十二卷　(清)方苞撰　清乾隆八年(1743)桐城方氏刻抗希堂十六種本　六冊

350000－2001－0001241　027/536

春秋識小錄初刻三書　(清)程廷祚撰　清乾隆八年(1743)三近堂刻本　三冊

350000－2001－0001242　024/493

新鐫黃維章先生詩經娜嬛集注八卷　(清)黃文煥輯　**詩經八卷**　(宋)朱熹集傳　清康熙刻本　二冊

350000－2001－0001243　027/536.1

春秋地名辨異三卷附晉書地理志證今一卷
(清)程廷祚撰　清光緒二十七年(1901)江寧傅氏晦齋刻國朝金陵叢書本　一冊

350000－2001－0001244　024/523－2

御纂詩義折中二十卷　(清)傅恒等撰　清光緒長蘆鹽運使司如山刻本　六冊

350000－2001－0001245　024/944

監本詩經全文五卷　(□)□□輯　清光緒四年(1878)書蘭亭刻本　二冊

350000－2001－0001246　025.6/15－2

抗希堂十六種　(清)方苞撰　清康熙、嘉慶桐城方氏刻本　八冊　存二種三十七卷(周官析疑三十六卷、周官辨一卷)

350000－2001－0001247　024.6/21－1

毛詩讀三十卷　(漢)毛亨傳　(清)王劼讀　清咸豐五年(1855)成都刻本　十冊

350000－2001－0001248　024/306.1

毛詩昀訂十卷　(清)苗夔撰　清咸豐元年(1851)壽陽祁氏漢專亭刻苗氏說文四種本

三冊

350000－2001－0001249　024/317

詩識名解十五卷　(清)姚炳著　清嘉慶二十二年(1817)刻本　三冊

350000－2001－0001250　024/322

詩經小學四卷　(清)段玉裁撰　清嘉慶二年(1797)刻拜經堂叢書本　一冊

350000－2001－0001251　027.7/180－1

春秋公羊傳十一卷　(漢)何休撰　(唐)陸德明音義　清同治七年(1868)湖北崇文書局刻本　四冊

350000－2001－0001252　027.7/180－1＝1

春秋公羊傳十一卷　(漢)何休撰　(唐)陸德明音義　清同治七年(1868)湖北崇文書局刻本　四冊

350000－2001－0001253　丁2.6/20

宜秋集八卷　(明)周玄撰　(明)徐熥錄　清道光抄本　一冊

350000－2001－0001254　027.7/180

春秋公羊傳二十八卷　(漢)何休撰　(明)金蟠訂　清同治八年(1869)浙江書局刻十三經古注本　三冊

350000－2001－0001255　028/165.1

孝經一卷　(清)吳大澂書　清光緒十一年(1885)上海同文書局石印本　一冊

350000－2001－0001256　121.24/φ213－2

莊子因六卷　(清)林雲銘評述　清光緒六年(1880)刻本　四冊

350000－2001－0001257　121.24/φ213－1

莊子因六卷　(清)林雲銘評述　清乾隆二年(1737)輔仁堂刻本　四冊

350000－2001－0001258　φ172/432－1

課子隨筆節鈔六卷附錄一卷續編一卷　(清)張師載輯　清光緒二十七年(1901)李氏酌海樓刻本　四冊

350000－2001－0001259　φ194/933

大方便佛教報恩經七卷　(□)□□輯　清光

緒元年(1875)鼓山刻本　一冊

350000－2001－0001260　φ174/152

功過格輯要十六卷　(清)李士達輯　清光緒
三年(1877)隨鶴居刻本　六冊

350000－2001－0001261　718.4/φ753

女學六卷　(清)藍鼎元編　清末刻本　四冊

350000－2001－0001262　718.4/φ753－1

女學六卷　(清)藍鼎元編　清雍正十年
(1732)刻本　四冊

350000－2001－0001263　φ992.277/124

星池紀略一卷　(清)宋玉照輯　清道光五年
(1825)群玉堂刻本　一冊

350000－2001－0001264　φ174.1/942

聖祖仁皇帝庭訓格言一卷　(清)世宗胤禛撰
清同治十年(1871)福建布政使潘霨刻本
一冊

350000－2001－0001265　φ195/411

太上感應篇圖說八卷首一卷　(清)黃正元纂
輯　清光緒四年(1878)同善社刻本　八冊

350000－2001－0001266　127/φ550

校士偶存一卷　(清)雷鋐撰　清刻本　一冊

350000－2001－0001267　852.47/749.9

訪粵集一卷　(清)戴熙撰　清道光二十年
(1840)刻本　一冊

350000－2001－0001268　160/φ945

穆勒名學二十七卷　(英)穆勒撰　嚴復譯
清光緒三十一年(1905)金粟齋刻本　八冊

350000－2001－0001269　φ195/870

南斗凌霄道君閭山楊真人救產真經一卷
(清)凌霄宮占梅社輯　清宣統元年(1909)王
友士刻本　一冊

350000－2001－0001270　207/φ22.1

單級教授法六卷　(清)王振先編　清宣統二
年(1910)鉛印本　一冊

350000－2001－0001271　992.227/φ153.1

榕村譜錄合考二卷　(清)李清馥纂輯　清道

光九年(1829)李維迪刻本　二冊

350000－2001－0001272　992.227/φ404

退菴居士[梁章鉅]自敘年譜一卷　(清)梁章
鉅撰　清道光二十八年(1848)刻本　一冊

350000－2001－0001273　195/φ742

迪吉錄八卷首一卷　(明)顏茂猷編輯　清光
緒十四年(1888)西江別墅刻本　八冊

350000－2001－0001274　082.17/φ152

古山先生遺著三種　(清)李祥賡撰　(清)李
芳編　清道光六年(1826)朱亨檜刻本　十冊

350000－2001－0001275　822.04/φ404

南浦詩話八卷　(清)梁章鉅撰　清光緒三十
一年(1905)鉛印本　三冊　存六卷(一至四、
七至八)

350000－2001－0001276　822.17/φ395－1

重訂昭陽扶雅集六卷　(清)徐榦編輯　清光
緒八年(1882)徐氏刻本　六冊

350000－2001－0001277　φ992.217/444.1

陳壽祺先生傳一卷行狀一卷　(清)陳喬樅輯
清道光陳氏刻本　一冊

350000－2001－0001278　φ992.217/675

**皇清賜進士出身誥授振威將軍晉贈建威將軍
賞戴花翎奇成武巴圖魯江西南贛總鎮欽加提
督賜諡果烈劉府君[開基]紀略一卷**　(清)劉
必迪撰　清咸豐刻本　一冊

350000－2001－0001279　822.047/φ402.4

南浦詩話八卷　(清)梁章鉅撰　清嘉慶十五
年(1810)刻本　四冊

350000－2001－0001280　φ999.1/216.4

[福建永泰]林氏族譜不分卷　(清)林常植等
修　清光緒十七年(1891)林氏刻本　一冊

350000－2001－0001281　φ999.1/413

[福建福州]福州郭氏支譜十卷首一卷　(明)
郭大韶修　(清)郭杰昌　(清)郭兆昌重修
清光緒十八年(1892)郭氏刻本　五冊

350000－2001－0001282　φ999.1/442.1

[福建福州]平陽鄉賢陳氏族譜六卷　(清)陳

星炯編輯　清光緒三十一年(1905)陳氏刻本
　六冊

350000－2001－0001283　ф999.1/443
[福建福州]螺江陳氏家譜不分卷　(清)陳若
霖續修　清嘉慶二十五年(1820)刻道光元年
(1821)增補本　十二冊

350000－2001－0001284　ф999.1/447
[福建福州]峒山陳氏族譜不分卷　(清)陳大
鏘纂修　清末陳氏抄本　一冊

350000－2001－0001285　929.710263/ф678＝1
小西湖志略一卷　(清)劉家鎮輯　清道光木
活字印本　一冊

350000－2001－0001286　ф929.717/938－1
南山略紀一卷　(清)釋非剛纂　清嘉慶刻本
　一冊

350000－2001－0001287　ф929.710269/557
龍津書院志一卷　(清)楊學曾等纂　清光緒
八年(1882)刻本　一冊

350000－2001－0001288　929.71029/ф442－1
閩中撫聞十二卷　(清)陳雲程輯　清乾隆五
十二年(1787)刻本　二冊

350000－2001－0001289　ф929.7111/218
尚干鄉土志一卷　(清)林履端纂　清末鉛印
本　一冊

350000－2001－0001290　ф929.71954/432
[光緒]福安縣志三十八卷首一卷終一卷
(清)張景祁修　(清)黃錦燦等纂　清光緒十
年(1884)刻本　十二冊

350000－2001－0001291　ф929.7116/215
[乾隆]古田縣志八卷　(清)辛竟可修
(清)林咸吉纂　清乾隆十六年(1751)刻本
八冊

350000－2001－0001292　ф929.71316/168－1
[嘉慶]同安縣志三十卷首一卷　(清)吳堂修
(清)劉光鼎等纂　清光緒十二年(1886)刻
本　十二冊

350000－2001－0001293　ф929.71424/348

[康熙]詔安縣志十二卷志餘一卷　(清)秦炯
纂修　清同治十三年(1874)刻本　六冊

350000－2001－0001294　ф929.71530/718
[嘉慶]順昌縣志十卷圖一卷　(清)許廷梧修
　(清)謝鍾瑾纂　(清)陸嗣淵等增修
(清)謝鍾珆等增纂　清光緒七年(1881)吳恩
慶刻二十四年(1898)增補本　五冊

350000－2001－0001295　ф929.71534/560
[雍正]永安縣志十卷首一卷　(清)裴樹榮等
纂修　清道光十三年(1833)孫義刻本　四冊

350000－2001－0001296　ф929.71021/943
福廬靈巖記三卷　(□)□□撰　清木活字印
本　二冊

350000－2001－0001297　ф929.71026/26
榕郡名勝輯要三卷　(清)王紫華輯　清道光
七年(1827)槐陰堂刻本　三冊

350000－2001－0001298　929.710268/ф557－2
[光緒]湄州嶼志略七卷　(清)楊浚輯　清光
緒十四年(1888)冠悔堂刻本　二冊

350000－2001－0001299　929.71022/ф443－1
敕封天后志二卷　(清)林清標輯　清乾隆四
十三年(1778)刻嘉慶二十五年(1820)重印本
　二冊

350000－2001－0001300　ф929.713/493
[乾隆]泉州府志七十六卷首一卷　(清)懷蔭
布修　(清)黃任等纂　清乾隆二十八年
(1763)刻同治九年(1870)重修本　四十八冊

350000－2001－0001301　ф018.22/135
福建鰲峯書院藏書目錄不分卷　(清)汪志伊
編　清嘉慶六年至七年(1801－1802)正誼堂
刻本　一冊

350000－2001－0001302　022/ф214.1
周易述聞一卷　(清)林慶炳撰　清光緒八年
(1882)刻本　一冊

350000－2001－0001303　022/ф412
周易從周述正一卷　(清)郭籛齡撰　清同治
九年(1870)郭氏刻本　一冊

350000 – 2001 – 0001304　022/ф556 = 2

易義針度補八卷　（清）朱昌壽撰　（清）楊浚補　清咸豐五年(1855)侯官楊氏冠悔堂刻本　一冊

350000 – 2001 – 0001305　022/ф562

龍性堂易史參錄二卷　（清）葉矯然撰　清乾隆三十三年(1768)刻嘉慶五年(1800)重修本　二冊

350000 – 2001 – 0001306　023/ф444

尚書大傳五卷洪範五行傳三卷　（清）陳壽祺輯　清嘉慶、道光陳紹塘刻本　一冊

350000 – 2001 – 0001307　027.8/302.1

春秋穀梁傳十二卷　（晉）范甯集解　（明）閔齊伋裁注　清尺木堂刻本　四冊

350000 – 2001 – 0001308　025.6/268

周禮輯義十二卷　（清）姜兆錫輯義　清雍正十三年(1735)聯墨堂刻本　六冊

350000 – 2001 – 0001309　025.6/322

周禮漢讀考六卷　（清）段玉裁撰　清嘉慶三年(1798)刻經韻樓叢書本　二冊

350000 – 2001 – 0001310　025.6/376

周禮政要二卷　（清）孫詒讓著　清光緒二十八年(1902)瑞安普通學堂刻本　二冊

350000 – 2001 – 0001311　025.6/376 = 1

周禮政要二卷　（清）孫詒讓著　清光緒二十八年(1902)瑞安普通學堂刻本　二冊

350000 – 2001 – 0001312　025.6/376.2

周禮三家佚注一卷　（清）孫詒讓著　清光緒二十年(1894)瑞安太平石街廣明書社刻本　一冊

350000 – 2001 – 0001313　025.6/376.3

九旗古義述一卷　（清）孫詒讓著　清光緒二十八年(1902)瑞安太平石街廣明書社刻本　一冊

350000 – 2001 – 0001314　025.6/376.3 = 1

九旗古義述一卷　（清）孫詒讓著　清光緒二十八年(1902)瑞安太平石街廣明書社刻本
一冊

350000 – 2001 – 0001315　027.7/180 – 6

春秋公羊傳十二卷　（漢）何休注　（明）閔齊伋裁注　清尺木堂刻本　四冊

350000 – 2001 – 0001316　025.6/376.4

周禮正義八十六卷　（清）孫詒讓撰　清光緒三十一年(1905)瑞安孫氏鉛印本　十二冊

350000 – 2001 – 0001317　025.6/455

周官指掌五卷　（清）莊有可著　清道光九年(1829)刻本　二冊

350000 – 2001 – 0001318　025.6/455.1

周官記六卷　（清）莊存與撰　清嘉慶刻本　二冊

350000 – 2001 – 0001319　027.8/302

春秋穀梁傳十二卷　（晉）范甯集解　（唐）陸德明音義　清同治七年(1868)湖北崇文書局刻本　四冊

350000 – 2001 – 0001320　027.8/302 = 1

春秋穀梁傳十二卷　（晉）范甯集解　（唐）陸德明音義　清同治七年(1868)湖北崇文書局刻本　四冊

350000 – 2001 – 0001321　027.7/180 – 3

春秋公羊傳十一卷　（漢）何休注　（唐）陸德明音義　清光緒十二年(1886)湖北官書處刻本　四冊

350000 – 2001 – 0001322　024.6/393 = 2

毛詩名物圖說九卷　（清）徐鼎輯　清乾隆三十六年(1771)刻本　二冊

350000 – 2001 – 0001323　027.7/180 – 4

春秋公羊經傳解詁十二卷　（漢）何休撰　**附校記一卷**　清道光四年(1824)揚州汪氏問禮堂刻本　四冊

350000 – 2001 – 0001324　024/395.1

說詩解頤續一卷　（清）徐植之撰　清光緒十年(1884)刻朱墨套印本　一冊

350000 – 2001 – 0001325　025.6/496

周禮節訓六卷　（清）黃叔琳撰　（清）姚培謙

重訂　清光緒鉛印本　二冊

350000－2001－0001326　027.8/302.2

十一經初學讀本　（清）萬廷蘭纂　（清）謝希遷　（清）謝希楨校勘　清末崇仁謝氏刻本三冊　存二種（公羊傳初學讀本不分卷、穀梁傳初學讀本不分卷）

350000－2001－0001327　024/707

田間詩學不分卷　（明）錢澄之撰　清康熙二十八年(1689)刻本　六冊

350000－2001－0001328　024/523－3

御纂詩義折中二十卷　（清）傅恒等撰　清乾隆二十年(1755)刻本　八冊

350000－2001－0001329　025.6/528

周禮注疏小箋五卷　（清）曾釗撰　清光緒刻本　二冊

350000－2001－0001330　025.6/563

禮經會元四卷　（清）葉時著　清刻本　四冊

350000－2001－0001331　025/748－2

新定三禮圖二十卷　（宋）聶崇義集注　清光緒上海同文書局石印本　二冊

350000－2001－0001332　822.47/ϕ795.2

烏石山房詩藁十六卷　（清）龔易圖撰　清光緒五年至六年(1879－1880)龔氏雙驂園刻本三冊　存十三卷(一至十三)

350000－2001－0001333　025.6/661

周禮鄭氏注十二卷　（漢）鄭玄注　附札記一卷　清嘉慶二十三年(1818)刻士禮居黃氏叢書本　二十二冊　存十二卷(周禮鄭氏注十二卷)

350000－2001－0001334　027.8/557

春秋穀梁傳音訓不分卷　（清）楊國楨撰　清光緒三年(1877)湖北崇文書局刻十一經音訓本　二冊

350000－2001－0001335　025/786

四禮從宜四卷　（清）蘇惇元述　清同治十年(1871)桐城蘇儀宋堂刻本　一冊

350000－2001－0001336　025/940

家禮五卷附錄二卷　題(宋)朱氏撰　清同治四年(1865)望三益齋刻本　二冊

350000－2001－0001337　028/598

孝經存解四卷首一卷　（清）趙長庚撰　清光緒十年(1884)刻本　二冊

350000－2001－0001338　028/420

孝經學七卷　（清）曹元弼撰　清光緒三十四年(1908)江蘇存古學堂木活字印本　一冊

350000－2001－0001339　028/115

孝經章句一卷　（清）任啓運撰　清嘉慶十六年(1811)刻本　一冊

350000－2001－0001340　029.8/165

論語二卷　（清）吳大澂書　清光緒十一年(1885)上海同文書局石印本　二冊

350000－2001－0001341　025.6/24

周禮註疏刪翼三十卷　（明）王志長輯　清乾隆五十七年(1792)金閶書業堂刻本　十六冊

350000－2001－0001342　025.6/661.2

周禮十二卷　（漢）鄭玄注　（唐）陸德明音義　清光緒十二年(1886)湖北官書處刻本六冊

350000－2001－0001343　025/127－1

四禮初稿四卷　（明）宋纁輯　**四禮約言四卷**　（明）呂繼祺著　清康熙、雍正刻本　二冊

350000－2001－0001344　025.6/661.6

周禮六卷　（漢）鄭玄注　（唐）陸德明音義　清光緒二十二年(1896)新化三味堂刻本六冊

350000－2001－0001345　025/137

六禮或問十二卷末一卷　（清）汪紱著　清光緒二十一年(1895)刻本　四冊

350000－2001－0001346　025/171

四禮翼四卷　（明）呂坤撰　清光緒二十一年(1895)湖北官書處刻本　一冊

350000－2001－0001347　025/171－1

四禮翼四卷　（明）呂坤撰　清同治二年(1863)品蓮書屋刻本　一冊

350000－2001－0001348　025.6/662

輪輿私箋二卷附圖一卷　（清）鄭珍撰　（清）鄭知同繪圖　清同治七年（1868）獨山莫氏金陵刻本　一冊

350000－2001－0001349　024/φ412

變雅斷章衍義一卷　（清）郭柏蔭撰　清末刻本　一冊

350000－2001－0001350　025/φ445

禮書一百五十卷　（宋）陳祥道撰　（清）郭龍光等校定　清嘉慶九年（1804）福清郭氏校經堂刻本　二十四冊

350000－2001－0001351　025/φ722＝1

韓氏三禮圖說二卷　（元）韓信同撰　清嘉慶十八年（1813）福鼎王遐春麟後山房刻本　四冊

350000－2001－0001352　022/φ152

御纂周易折中二十二卷首一卷　（清）李光地撰　清康熙五十四年（1715）刻本　十二冊

350000－2001－0001353　029/φ98－12

四書章句十九卷　（宋）朱熹撰　清同治三年（1864）浙江撫署刻本　六冊

350000－2001－0001354　φ029.9/598

增補蘇批孟子二卷　（宋）蘇洵撰　（清）趙大浣增補　附孟子年譜一卷　清同治八年（1869）靈蘭堂刻本　二冊

350000－2001－0001355　042.7/φ26

醉經窩雜記三卷　（清）王廷俊輯　清光緒二十一年（1895）刻本　一冊

350000－2001－0001356　φ042.7/506

清麓問答四卷遺語四卷遺事一卷　（清）賀瑞麟手筆　（清）謝化南編輯　清光緒三十一年（1905）正誼書院刻本　八冊

350000－2001－0001357　633.81/446

茶董補二卷　（明）陳繼儒采輯　清道光二十七年（1847）刻本　一冊

350000－2001－0001358　042.7/φ215

開卷偶得十卷　（清）林春溥撰　清道光二十

九年（1849）侯官林氏刻竹柏山房十五種本　四冊

350000－2001－0001359　082.17/φ228

亦園亭全集十二種　（清）孟超然撰　清嘉慶二十年（1815）刻本　十六冊

350000－2001－0001360　082.17/φ442

左海續集七十九卷　（清）陳壽祺撰　清道光至同治間刻本　五十四冊

350000－2001－0001361　124/φ369.2－2

大學衍義四十三卷　（宋）真德秀撰　清光緒二十七年（1901）上海書局石印本　六冊

350000－2001－0001362　025.66/751

考工記圖二卷　（清）戴震撰　（清）汪梅鼎等校　清乾隆、嘉慶聚奎樓刻本　二冊

350000－2001－0001363　025.7/16

儀禮析疑十七卷　（清）方苞撰　清乾隆十一年（1746）桐城方氏刻抗希堂十六種本　四冊

350000－2001－0001364　φ174.1/942－1

聖諭廣訓一卷　（清）聖祖玄燁撰　清光緒三山吳玉田刻本　一冊

350000－2001－0001365　178/φ557

自鏡編四卷　（清）楊其烈編輯　清嘉慶五年（1800）楊氏惇裕堂刻本　二冊

350000－2001－0001366　φ194/937.1

百丈叢林清規證義記九卷首一卷　（唐）釋懷海輯　（清）釋儀潤證義　清光緒四年（1878）刻本　四冊

350000－2001－0001367　φ992.277/80

邱林二分統捐軀顛末情形一卷　（□）□□撰　清光緒三十二年（1906）鉛印本　一冊

350000－2001－0001368　φ194/937

禪門日誦不分卷　（清）釋繼雲善輯　清乾隆五十五年（1790）西禪寺刻本　一冊

350000－2001－0001369　124.4/φ98.2

延平李先生答問二卷　（宋）朱熹編　楊羅李朱四先生年譜四卷　（清）毛念恃撰　清光緒五年（1879）延平府署刻本　二冊　存二卷

（延平李先生答問二卷）

350000－2001－0001370　124.4/φ98.1
延平李先生答問二卷　（宋）朱熹編　楊羅李
朱四先生年譜四卷　（清）毛念恃撰　清光緒
五年（1879）延平府署刻本　四冊

350000－2001－0001371　174/φ576
重梓薛文清公讀書錄講義十二卷　（清）鄒昌
焰撰　清光緒四年（1878）刻本　四冊

350000－2001－0001372　124.9/φ441
北溪先生字義二卷　（宋）陳淳撰　清康熙五
十三年（1714）禧愛荊堂刻本　一冊

350000－2001－0001373　φ992.237/443.3
皇清誥授奉政大夫記名御史翰林院編修加六
級先考恭甫府君[陳壽祺]行略一卷　（清）陳
喬樅撰　附行狀一卷　（清）高澍然撰　清道
光十四年（1834）刻本　一冊

350000－2001－0001374　φ992.237/443
皇清誥授奉政大夫記名御史翰林院編修加六
級先考恭甫府君[陳壽祺]行略一卷　（清）陳
喬樅撰　附行狀一卷　（清）高澍然撰　清道
光十四年（1834）刻本　一冊

350000－2001－0001375　992.247/φ154
皇清優貢生候選儒學訓導例封文林郎李君
[勉湖]墓誌銘一卷　（清）鄧傳安撰　皇清例
敕修職佐郎候選學訓導敕封文林郎分發直隸
知縣癸酉科優貢生六十有四翁顯考李公勉湖
府君行述一卷　（清）李景韓撰　清道光刻本
一冊

350000－2001－0001376　φ992.247/211
皇清歲貢士例封通奉大夫江寧布政使林暘谷
[賓日]先生墓誌銘一卷　（清）陳壽祺撰　清
末抄本　一冊

350000－2001－0001377　φ218/905
憲定正誼書院章程一卷　（清）正誼書院編
清末刻本　一冊

350000－2001－0001378　992.227/φ218
林子穎[穗]年譜一卷　（□）□□撰　善餘堂

嘉訓一卷　（清）林穗撰　清光緒三十二年
（1906）刻本　一冊

350000－2001－0001379　φ992.237/213
皇清鄉進士例授文林郎即選知縣誥封奉直大
夫翰林院編修加三級顯考東崎府君[林兆泰]
行狀一卷　（清）林春溥撰　清嘉慶刻本
一冊

350000－2001－0001380　992.218/φ213
懷第濂孫[林喬椿]事略一卷　（清）林欣榮撰
清光緒三十三年（1907）刻本　一冊

350000－2001－0001381　822.19171/φ98
柘浦詩鈔四卷　（清）朱秉鑑　（清）朱秉錞輯
清刻本　一冊

350000－2001－0001382　822.047/φ151
停雲閣詩話十六卷　（清）李家瑞纂　清咸豐
五年（1855）刻本　四冊

350000－2001－0001383　822.047/φ211＝1
射鷹樓詩話二十四卷　（清）林昌彝輯　清咸
豐元年（1851）刻本　五冊

350000－2001－0001384　φ992.217/444.2
皇清誥授奉政大夫翰林院編修記名御史陳公
[壽祺]崇祀鄉賢祠錄一卷　（清）林春溥輯
清道光三十年（1850）刻本　一冊

350000－2001－0001385　025.7/153
儀禮集釋三十卷　（宋）李如圭撰　清乾隆四
十二年（1777）福建刻道光、同治遞修光緒二
十一年（1895）增補武英殿聚珍版書本　十
六冊

350000－2001－0001386　025.7/153.1
儀禮釋宮一卷　（宋）李如圭撰　清乾隆四十
二年（1777）福建刻道光、同治遞修光緒二十
一年（1895）增補武英殿聚珍版書本　一冊

350000－2001－0001387　028/156
孝經一卷　（唐）玄宗李隆基注　（宋）司馬光
指解　清康熙刻本　一冊

350000－2001－0001388　024.6/444
陳氏毛詩五種　（清）陳奐撰　清光緒十年

(1884)刻本　十二冊

350000－2001－0001389　024.6/444＝1
陳氏毛詩五種　（清）陳奐撰　清光緒十年
(1884)刻本　十二冊

350000－2001－0001390　028/169
孝經一卷　（元）吳澄校定　（清）朱軾按　**孝經三本管窺一卷**　（清）吳隆元撰　清康熙刻本　一冊

350000－2001－0001391　024.7/724.1
韓詩外傳十卷　（漢）韓嬰撰　清光緒三年
(1877)刻崇文書局彙刻書本　二冊

350000－2001－0001392　028/165
孝經古今文傳注輯論一卷　（清）吳大廷撰
清同治十二年(1873)金陵刻本　一冊

350000－2001－0001393　025/80
朱子家禮八卷首一卷　（明）丘濬輯　（明）楊廷筠補　清康熙四十年(1701)刻本　四冊

350000－2001－0001394　025/80＝1
朱子家禮八卷首一卷　（明）丘濬輯　（明）楊廷筠補　清康熙四十年(1701)刻本　六冊

350000－2001－0001395　029/16
讀學庸筆記二卷　（清）方宗誠撰　清光緒五年(1879)桐城方氏志學堂刻柏堂遺書本　一冊

350000－2001－0001396　029/16.1
讀論孟筆記三卷補記二卷　（清）方宗誠撰
清光緒三年(1877)桐城方氏志學堂刻柏堂遺書本　二冊

350000－2001－0001397　025.7/162
儀禮石經校勘記四卷　（清）阮元撰　清乾隆六十年(1795)七錄書閣刻本　一冊　存三卷
(一至三)

350000－2001－0001398　025.7/428－1
儀禮圖六卷　（清）張惠言撰　清嘉慶十年
(1805)刻本　二冊

350000－2001－0001399　025.7/166
儀禮章句十七卷　（清）吳廷華撰　清乾隆二

十二年(1757)仁和吳氏刻本　四冊

350000－2001－0001400　025.7/428－1＝1
儀禮圖六卷　（清）張惠言撰　清嘉慶十年
(1805)刻本　三冊

350000－2001－0001401　029/17.1
集虛齋四書口義十卷　（清）方楘如撰　（清）
于光華編　清乾隆五十三年(1788)刻本
八冊

350000－2001－0001402　025.66/749－1
考工記圖二卷　（清）戴震撰　清乾隆聚奎樓
刻本　二冊

350000－2001－0001403　025.7/167
喪禮經傳約一卷　（清）吳卓信撰　清同治十一年(1872)吳縣潘氏京師刻本　一冊

350000－2001－0001404　025.7/272
儀禮釋宮九卷首一卷　（清）胡匡衷著　清同治八年(1869)刻本　四冊

350000－2001－0001405　025.7/66
司馬氏書儀十卷　（宋）司馬光撰　清同治七年(1868)江蘇書局刻本　一冊

350000－2001－0001406　025.7/66＝1
司馬氏書儀十卷　（宋）司馬光撰　清同治七年(1868)江蘇書局刻本　一冊

350000－2001－0001407　025.7/66＝2
司馬氏書儀十卷　（宋）司馬光撰　清同治七年(1868)江蘇書局刻本　一冊

350000－2001－0001408　025.7/273
儀禮正義四十卷　（清）胡培翬撰　（清）楊大堉補　清咸豐二年(1852)蘇州湯晉苑局刻同治補修本　二十冊

350000－2001－0001409　025.6/661－4
周禮六卷　（漢）鄭玄注　（唐）陸德明音義
清乾隆五十二年(1787)福禮堂刻本　六冊

350000－2001－0001410　025.6/661－3
周禮六卷　（漢）鄭玄注　（唐）陸德明音義
清嘉慶十一年(1806)清芬閣刻本　六冊

350000 – 2001 – 0001411　029/56

四書類典賦二十四卷 （清）甘紱撰　**年譜一卷** （清）包大爟撰　（清）甘紱校訂　清乾隆四十三年(1778)刻本　六冊

350000 – 2001 – 0001412　025.6/362.2

周官精義十二卷 （清）連斗山編　清乾隆四十三年(1778)李士果刻本　六冊

350000 – 2001 – 0001413　025.6/661 – 2

周禮十二卷 （漢）鄭玄注　（唐）陸德明音義　清光緒二十年(1894)金陵書局刻本　六冊

350000 – 2001 – 0001414　025.6/375 – 1

周禮政要二卷 （清）孫詒讓撰　清光緒二十八年(1902)鉛印本　二冊

350000 – 2001 – 0001415　029/24

四書朱子本義匯參四十三卷首四卷 （清）王步青輯　清乾隆十年(1745)敦復堂刻本　二十冊

350000 – 2001 – 0001416　025.7/344

禮經釋例十三卷首一卷 （清）凌廷堪學　清嘉慶十四年(1809)阮元刻文選樓叢書本　四冊

350000 – 2001 – 0001417　025.7/420

禮經校釋二十二卷 （清）曹元弼學　清光緒十八年(1892)刻三十四年(1908)重印本　八冊

350000 – 2001 – 0001418　029/24 – 2

四書朱子本義匯參不分卷 （清）王步青輯　清光緒三十一年(1905)上海廣益書局石印本　六冊

350000 – 2001 – 0001419　025.7/430 – 1

儀禮十七卷 （漢）鄭玄注　（清）張爾岐句讀　清同治十三年(1874)湖南書局刻本　八冊

350000 – 2001 – 0001420　025.7/430 – 2

儀禮十七卷附監本正誤一卷石本誤字一卷 （漢）鄭玄注　（清）張爾岐句讀並撰附錄　清光緒二十六年(1900)新化三味堂刻本　六冊

350000 – 2001 – 0001421　025.7/430

儀禮十七卷附監本正誤一卷石本誤字一卷 （漢）鄭玄注　（清）張爾岐句讀并撰附錄　清同治七年(1868)金陵書局刻本　四冊

350000 – 2001 – 0001422　025.7/432

儀禮圖六卷 （清）張惠言述　清同治九年(1870)湖北崇文書局刻本　三冊

350000 – 2001 – 0001423　025.7/662

儀禮私箋八卷 （清）鄭珍撰　清同治五年(1866)成山唐氏刻鄭子尹遺書本　二冊

350000 – 2001 – 0001424　029/104 – 2

監本四書十九卷 （宋）朱熹集注　清道光十四年(1834)清華書屋刻本　六冊

350000 – 2001 – 0001425　025.7/700

儀禮注疏詳校十七卷 （清）盧文弨輯　清乾隆六十年(1795)刻抱經堂叢書本　四冊

350000 – 2001 – 0001426　025.7/761

儀禮要義五十卷 （宋）魏了翁撰　清光緒十年(1884)江蘇書局刻五經要義本　十二冊

350000 – 2001 – 0001427　029/104 – 1

監本四書十九卷 （宋）朱熹章句　**附四書圖一卷增訂四書字辨一卷句辨一卷** 清道光十三年(1833)婺源一經堂刻本　六冊

350000 – 2001 – 0001428　025.7/98

儀禮節略十七卷圖三卷 （清）朱軾校輯　清康熙至乾隆間刻朱文端公藏書本　九冊

350000 – 2001 – 0001429　乙6.2/7

[萬曆]建寧府志五十二卷首一卷 （明）丁繼嗣修　（明）陳儒　（明）朱東光等纂　明天啟刻本　十九冊　存五十卷(一至三十四、三十八至五十二,首一卷)

350000 – 2001 – 0001430　027/792

春秋大事表五十卷輿圖一卷附錄一卷 （清）顧棟高纂輯　清乾隆十二年至十四年(1747 – 1749)萬卷樓刻重印本　二十五冊

350000 – 2001 – 0001431　027/792 – 1

春秋大事表五十卷輿圖一卷附錄一卷 （清）顧棟高纂輯　清乾隆十二年至十四年(1747 –

1749）萬卷樓刻本　二十四冊

350000 – 2001 – 0001432　027.6/16

左傳義法舉要一卷　（清）方苞口授　（清）王兆符　（清）程崟傳述　清光緒十九年(1893)金匱廉氏刻本　一冊

350000 – 2001 – 0001433　027.6/16.1 = 1

方氏左傳評點二卷　（清）方苞撰　清光緒十九年(1893)金匱廉氏刻本　二冊

350000 – 2001 – 0001434　甲 3/1

毛詩二十卷　（漢）毛萇傳　清抄本　六冊

350000 – 2001 – 0001435　027/792 – 1 = 1

春秋大事表五十卷輿圖一卷附錄一卷　（清）顧棟高纂輯　清乾隆十二年至十四年(1747 – 1749)萬卷樓刻本　二十四冊

350000 – 2001 – 0001436　025.92/445 = 1

禮書一百五十卷　（宋）陳祥道撰　（清）郭龍光等校定　清嘉慶九年(1804)福清郭氏校經堂刻本　二十四冊

350000 – 2001 – 0001437　025.8/169

禮記纂言三十六卷　（元）吳澄撰　（清）朱軾校補　清雍正刻本　五冊

350000 – 2001 – 0001438　029/104

四書集注十九卷　（宋）朱熹章句　清春秀堂刻本　三冊　缺九卷(論語一至五、孟子四至七)

350000 – 2001 – 0001439　甲 3/3.1

三家詩異文疏證六卷補遺三卷續補遺二卷　(清)馮登府撰　清道光刻本　一冊

350000 – 2001 – 0001440　甲 3/5

詩緝三十六卷　（宋）嚴粲撰　明趙府味經堂刻本　十二冊

350000 – 2001 – 0001441　025.8/661 = 1

禮記二十卷　（漢）鄭玄注　**撫本禮記鄭注考異二卷**　（清）張敦仁撰　清同治九年(1870)楚北崇文書局刻本　八冊

350000 – 2001 – 0001442　025.8/442 – 7

禮記集說十卷　（元）陳澔撰　清同治十一年

（1872）湖南尊經閣刻本　十冊

350000 – 2001 – 0001443　027.6/26

欽定春秋傳說彙纂三十八卷首二卷　（清）王掞等撰　清刻本　十八冊

350000 – 2001 – 0001444　025.8/947

禮記增訂旁訓六卷　（清）徐立綱撰　清嘉慶九年(1804)吳郡張氏刻本　六冊

350000 – 2001 – 0001445　025.8/947 = 1

禮記增訂旁訓六卷　（清）徐立綱撰　清嘉慶九年(1804)吳郡張氏刻本　六冊

350000 – 2001 – 0001446　025.8/249

禮記備解不分卷　（清）周封魯輯　清刻本　一冊

350000 – 2001 – 0001447　025.7/662 – 2

儀禮十七卷　（漢）鄭玄注　（唐）陸德明音義　清同治七年(1868)湖北崇文書局刻本　四冊

350000 – 2001 – 0001448　025.8/557 = 1

禮記音訓不分卷　（清）楊國楨撰　清末閩省宏文閣刻本　四冊

350000 – 2001 – 0001449　025.8/442 – 5

禮記十卷　（元）陳澔集說　清光緒十九年(1893)浙江書局刻本　十冊

350000 – 2001 – 0001450　025.7/947

儀禮韻言二卷　（清）檀萃纂　清光緒八年(1882)掃葉山房刻本　二冊

350000 – 2001 – 0001451　025.8/442 – 2

禮記十卷　（元）陳澔集說　清光緒三十三年(1907)刻本　十冊

350000 – 2001 – 0001452　027.6/26 – 1

欽定春秋傳說彙纂三十八卷首二卷　（清）王掞等撰　清刻本　二十一冊

350000 – 2001 – 0001453　025.7/492

儀禮纂要十七卷　（清）黃元善訂　清光緒二十年(1894)傳經書屋刻本　二冊

350000 – 2001 – 0001454　025.7/492 = 1

儀禮纂要十七卷　（清）黃元善訂　清光緒二十年（1894）傳經書屋刻本　二冊

350000－2001－0001455　025.8/442－3
禮記十卷　（元）陳澔集說　清同治三年（1864）浙江撫署刻本　十冊

350000－2001－0001456　025.8/378
檀弓二卷　（清）孫濩孫評訂　清光緒七年（1881）常州狀元第莊刻本　二冊

350000－2001－0001457　027.6/149
春秋左傳注疏六十卷　（晉）杜預注　（唐）陸德明音釋　（唐）孔穎達疏　明崇禎十一年（1638）古虞毛氏汲古閣刻十三經註疏本　二十冊

350000－2001－0001458　027.6/171
東萊博議四卷　（宋）呂祖謙撰　（清）張文炳評點　增補虛字註釋一卷　（清）張文炳點定　清光緒二十七年（1901）旌陽李鴻才刻本　四冊

350000－2001－0001459　029/100
朱柏廬先生大學講義一卷中庸講義二卷（清）朱用純撰　清光緒二年（1876）江蘇書局刻本　三冊

350000－2001－0001460　029/84
四書典林三十卷　（清）江永編　清乾隆六十年（1795）刻本　五冊　存十九卷（一至三、十四至二十九）

350000－2001－0001461　027.6/149－1
春秋左傳五十卷　（晉）杜預注　（宋）林堯叟附注　（唐）陸德明音釋　（清）馮李驊集解　清同治七年（1868）湖北崇文書局刻本　十二冊

350000－2001－0001462　027.6/268
讀左補義五十卷首一卷　（清）姜炳璋輯　清乾隆刻三多堂重印本　十六冊

350000－2001－0001463　025.8/376
禮記集解六十一卷尚書顧命解一卷　（清）孫希旦撰　清咸豐十年至同治七年（1860－

1868）瑞安孫氏盤谷草堂刻本　十四冊

350000－2001－0001464　027.6/268－1
讀左補義五十卷首一卷　（清）姜炳璋輯　清末善成堂刻本　十六冊

350000－2001－0001465　026/567
泰律十二卷外篇三卷　（明）葛仲選撰　清光緒二十八年（1902）經正書院刻本　八冊

350000－2001－0001466　026/567＝1
泰律十二卷外篇三卷　（明）葛仲選撰　清光緒二十八年（1902）經正書院刻本　八冊

350000－2001－0001467　026/567＝2
泰律十二卷外篇三卷　（明）葛仲選撰　清光緒二十八年（1902）經正書院刻本　八冊

350000－2001－0001468　027.6/318－1
春秋左傳杜注三十卷首一卷　（清）姚培謙撰　（清）龐佑清補訂　清道光七年（1827）洪都漱經堂刻朱墨套印本　十二冊

350000－2001－0001469　026/720
直省釋奠禮樂記六卷首一卷末一卷　（清）應寶時輯　清光緒十七年（1891）廣東藩署刻本　四冊

350000－2001－0001470　025.9/749.1
夏小正一卷　（漢）戴德傳　（清）朱駿聲補傳　清刻本　一冊

350000－2001－0001471　丁2.6/104
薛荔園詩集四卷　（明）佘翔撰　清抄本　四冊

350000－2001－0001472　乙6.2/5
[淳熙]三山志四十二卷　（宋）梁克家纂修　清抱山堂抄本　十二冊

350000－2001－0001473　乙6.2/4
閩書抄□□卷　（□）□□撰　明刻本　二冊　存一卷（方外志一）

350000－2001－0001474　乙6.2/3
閩書一百五十四卷　（明）何喬遠纂　明崇禎刻本　三十七冊　存一百四十三卷（一至九十七、一百九至一百五十四）

350000－2001－0001475　乙6.2/17

[康熙]甌寧縣志十三卷　(清)鄧其文修　清康熙三十三年(1694)刻本　六冊

350000－2001－0001476　乙6.2/16

[康熙]建安縣志十卷　(清)崔銑修　(清)陸登選等纂　清康熙五十二年(1713)刻乾隆重修本　四冊

350000－2001－0001477　乙6.2/15

[康熙]沙縣誌十二卷　(清)林采修　(清)樂成等纂　清康熙四十年(1701)刻本　十冊

350000－2001－0001478　乙6.2/14

[康熙]詔安縣志十二卷　(清)秦炯纂修　清康熙刻重修本　五冊

350000－2001－0001479　乙6.2/20

[康熙]壽寧縣誌八卷　(清)趙廷璣等修　(清)柳上芝等纂　清康熙二十五年(1686)刻本　四冊

350000－2001－0001480　乙6.2/21

[康熙]寧洋縣志十卷　(清)沈荃修　(清)楊新日等纂　清康熙三十一年(1692)刻乾隆重修本　三冊

350000－2001－0001481　992.227/492

黃薲圃[丕烈]先生年譜二卷　(清)江標輯　清光緒二十三年(1897)元和江氏長沙使院刻靈鶼閣叢書本　一冊

350000－2001－0001482　乙6.2/12

[嘉靖]惠安縣志十三卷　(明)莫尚簡修　(明)張岳纂　清抄本　四冊

350000－2001－0001483　乙6.2/13

[康熙]惠安縣志續補不分卷　(清)彭翼宸修　(清)黃貞吉纂　清抄本　一冊

350000－2001－0001484　乙6.2/11

[道光]晉江縣志七十七卷首一卷　(清)胡之鋘修　(清)周學曾等纂修　稿本　二十二冊

350000－2001－0001485　乙6.2/9.1

[道光]屏南縣志六卷　(清)梅鼎臣　(清)陳之駒等纂修　稿本　四冊

350000－2001－0001486　乙6.2/22

[康熙]臺灣府志十卷　(清)高拱乾纂修　清康熙刻本　五冊

350000－2001－0001487　022/ф443.1＝1

知非齋易注三卷首一卷易釋三卷　(清)陳懋侯撰　清光緒十四年(1888)刻本　四冊

350000－2001－0001488　022/ф473

中天河洛一卷　(清)童能靈撰　清乾隆連城童氏刻本　一冊

350000－2001－0001489　027.6/723－7

評點春秋綱目左傳句解彙雋六卷　(清)韓菼重訂　清光緒十五年(1889)福省崇文堂刻本　六冊

350000－2001－0001490　022/ф443.1＝2

知非齋易注三卷首一卷易釋三卷　(清)陳懋侯撰　清光緒十四年(1888)刻本　四冊

350000－2001－0001491　022/ф556＝1

易義針度補八卷　(清)朱昌壽撰　(清)楊浚補　清咸豐五年(1855)侯官楊氏冠悔堂刻本　二冊

350000－2001－0001492　022/ф556

易義針度補八卷　(清)朱昌壽撰　(清)楊浚補　清咸豐五年(1855)侯官楊氏冠悔堂刻本　一冊　存七卷(一至七)

350000－2001－0001493　022/ф152－1

御纂周易折中二十二卷首一卷　(清)李光地撰　清同治六年(1867)浙江馬新貽刻本　十冊

350000－2001－0001494　022/ф153

御纂周易折中二十二卷首一卷　(清)李光地撰　清康熙、乾隆刻本　一冊　存二卷(一至二)

350000－2001－0001495　022/ф213－1

水村易鏡一卷　(宋)林光世撰　清同治十二年(1873)粵東書局刻本　一冊

350000－2001－0001496　021.2/ф111

五經補綱一卷　(清)伊樂堯撰　清咸豐四年

（1854）晉江黃氏刻本　一冊

350000－2001－0001497　022/φ152－2
御纂周易折中二十二卷首一卷　（清）李光地撰　清乾隆刻本　十冊

350000－2001－0001498　021/φ376
惕齋經說四卷讀經校語二卷　（清）孫經世撰　清道光二十三年（1843）刻本　二冊

350000－2001－0001499　027.6/302
春秋左傳釋人十二卷附世系一卷年表一卷附錄一卷　（清）范照藜纂　清嘉慶八年（1803）如不及齋刻本　六冊

350000－2001－0001500　027.6/318
春秋左傳杜注三十卷首一卷　（清）姚培謙撰　（清）龐佑清補訂　清道光五年（1825）刻朱墨套印本　十二冊

350000－2001－0001501　027/214
瑞雀樓春秋刪補胡傳六卷　（宋）胡安國集註　（清）林就日刪補　清刻本　四冊

350000－2001－0001502　027/148－9
左繡三十卷首一卷　（清）馮李驊　（清）陸浩評輯　**春秋經傳集解三十卷**　（晉）杜預撰（唐）陸德明音釋　（清）馮李驊增訂　清光緒二十三年（1897）刻本　十四冊

350000－2001－0001503　027.6/723－2
評點春秋綱目左傳句解彙雋六卷　（清）韓菼重訂　清光緒李光明莊刻本　六冊

350000－2001－0001504　027.6/526
春秋左傳補疏五卷　（清）焦循撰　清光緒二年（1876）衡陽魏氏刻焦氏遺書本　二冊

350000－2001－0001505　027.6/536.2
左傳人名辨異三卷　（清）程廷祚撰　清光緒二十四年（1898）江寧傅氏晦齋刻金陵叢刻本　一冊

350000－2001－0001506　027.6/673
孟子外書補注四卷　（宋）劉攽注　陳矩補注**春秋左傳杜注校勘記一卷**　（清）黎庶昌錄　清光緒貴陽陳氏刻靈峯草堂叢書本　一冊

350000－2001－0001507　027/148－1
左繡三十卷首一卷　（清）馮李驊　（清）陸浩評輯　**春秋經傳集解三十卷**　（晉）杜預撰（唐）陸德明音釋　（清）馮李驊增訂　清乾隆三十一年（1766）刻本　二十冊

350000－2001－0001508　852.44/φ675
屏山全集二十卷　（宋）劉子翬撰　清道光十八年（1838）秋柯草堂刻本　五冊　存十六卷（一至六、十一至二十）

350000－2001－0001509　027.6/723
評點春秋綱目左傳句解彙雋六卷　（清）韓菼重訂　清光緒十一年（1885）刻本　六冊

350000－2001－0001510　027.6/723－1
評點春秋綱目左傳句解彙雋六卷　（清）韓菼重訂　清光緒二十八年（1902）新化三味書室刻本　六冊

350000－2001－0001511　027.6/717
左傳濟變錄二卷　（清）謝文洊編輯　清光緒十八年（1892）刻本　二冊

350000－2001－0001512　027.6/148－7
左繡三十卷首一卷　（清）馮李驊　（清）陸浩評輯　**春秋經傳集解三十卷**　（晉）杜預撰（唐）陸德明音釋　（清）馮李驊增訂　清末刻本　十四冊

350000－2001－0001513　027.6/148－8
左繡三十卷首一卷　（清）馮李驊　（清）陸浩評輯　**春秋經傳集解三十卷**　（晉）杜預撰（唐）陸德明音釋　（清）馮李驊增訂　清康熙華川書屋刻重修本　八冊

350000－2001－0001514　027.6/154－2
曲江書屋新訂批註左傳快讀十八卷首一卷（清）李紹崧選訂　清道光三十年（1850）承恩堂刻本　十四冊

350000－2001－0001515　027.6/322
春秋左氏古經十二卷附五十凡一卷　（清）段玉裁撰　清道光元年（1821）刻經韻樓叢書本　一冊

350000－2001－0001516　027.6/599

春秋左氏傳補註十卷　(明)趙汸編定　清康熙趙吉士刻本　二冊

350000－2001－0001517　027.6/357－1

左傳事緯十二卷左傳字釋一卷　(清)馬驌編論　清乾隆四十九年(1784)刻本　十冊

350000－2001－0001518　027.6/404.1

左通補釋三十二卷　(清)梁履繩撰　清道光九年(1829)錢塘汪氏振綺堂刻光緒元年(1875)補修本　六冊

350000－2001－0001519　乙6.2/6

[乾隆]福州府志七十六卷首一卷　(清)徐景熹修　(清)魯曾煜等纂　稿本　一冊　存二卷(二十一至二十二)

350000－2001－0001520　027.6/723－2＝1

評點春秋綱目左傳句解彙雋六卷　(清)韓菼重訂　清光緒李光明莊刻狀元閣印本　六冊

350000－2001－0001521　027.6/723－8

評點春秋綱目左傳句解彙雋六卷　(清)韓菼重訂　清宣統元年(1909)福省宏文閣刻本　六冊

350000－2001－0001522　024/ϕ442

毛詩古音考四卷附讀詩拙言一卷　(明)陳第編　(明)焦竑訂　清乾隆二十七年(1762)崇本山堂刻本　二冊

350000－2001－0001523　024/ϕ412＝1

變雅斷章衍義一卷　(清)郭柏蔭撰　清刻本　一冊

350000－2001－0001524　024/ϕ217

詩經審鵠要解六卷　(清)林錫齡輯　清乾隆九年至十四年(1744－1749)漳浦林氏刻清末重修本　四冊

350000－2001－0001525　022/ϕ733－2

易經精華六卷末一卷　(清)薛嘉穎撰　清道光刻本　二冊

350000－2001－0001526　025.6/ϕ200.1

石谿讀周官六卷　(清)官獻瑤撰　清道光二十五年(1845)同安蘇廷玉刻本　六冊

350000－2001－0001527　021.1/250－1

五經類編二十八卷　(清)周世樟編　清刻本　八冊

350000－2001－0001528　029/ϕ98.1

朱子四書或問小註不分卷　(宋)朱熹撰　清康熙六十一年(1722)刻本　十二冊

350000－2001－0001529　027.6/316－3

春秋左傳杜注三十卷首一卷　(清)姚培謙補輯　清光緒十九年(1893)浙江書局刻本　十冊

350000－2001－0001530　029/ϕ215＝1

四書拾遺六卷　(清)林春溥輯　清道光十四年(1834)侯官林氏刻竹柏山房十五種本　五冊

350000－2001－0001531　ϕ029/557＝1

四書改錯平十四卷　(清)楊希閔撰　清光緒元年(1875)刻本　六冊

350000－2001－0001532　027.6/ϕ215

春秋經傳比事二十二卷　(清)林春溥撰　清咸豐元年(1851)侯官林氏刻竹柏山房十五種本　十冊

350000－2001－0001533　027.6/ϕ215＝1

春秋經傳比事二十二卷　(清)林春溥撰　清咸豐元年(1851)侯官林氏刻竹柏山房十五種本　八冊　存十八卷(一至十八)

350000－2001－0001534　ϕ028/156

御注孝經一卷　(清)世祖福臨注　清光緒刻本　一冊

350000－2001－0001535　ϕ028/156＝3

御注孝經一卷　(清)世祖福臨注　清光緒刻本　一冊

350000－2001－0001536　ϕ028/156＝2

御注孝經一卷　(清)世祖福臨注　清光緒刻本　一冊

350000－2001－0001537　027/ϕ334＝1

春秋釋經十二卷　(清)高澍然撰　清道光七

年(1827)高氏刻本　四冊

350000－2001－0001538　027/φ334＝2
春秋釋經十二卷　(清)高澍然撰　清道光七年(1827)高氏刻本　四冊

350000－2001－0001539　027.6/318－2＝1
春秋左傳杜注三十卷首一卷　(清)姚培謙輯　清同治五年(1866)金陵書局刻十三經讀本本　十冊

350000－2001－0001540　027.6/723－5
評點春秋綱目左傳句解彙雋六卷　(清)韓菼重訂　清光緒十七年(1891)刻本　六冊

350000－2001－0001541　027.6/357－2
左傳事緯十二卷左傳字釋一卷　(清)馬驌撰　(清)潘霱校訂　清光緒四年(1878)吳縣潘氏敏德堂刻本　六冊

350000－2001－0001542　027.6/318－2
春秋左傳杜注三十卷首一卷　(清)姚培謙輯　清同治五年(1866)金陵書局刻十三經讀本本　八冊

350000－2001－0001543　022/φ733＝1
易經精華六卷末一卷　(清)薛嘉穎撰　清道光元年(1821)刻本　三冊

350000－2001－0001544　022/φ733
易經精華六卷末一卷　(清)薛嘉穎編　清道光元年(1821)刻本　三冊

350000－2001－0001545　022/φ600.1＝1
還硯齋周易述四卷　(清)趙新撰　清光緒八年(1882)黃樓刻還硯齋全集本　四冊

350000－2001－0001546　027.6/404
左通補釋三十二卷　(清)梁履繩撰　清道光六年(1826)刻本　十二冊

350000－2001－0001547　025/φ722
韓氏三禮圖說二卷　(元)韓信同撰　清嘉慶十八年(1813)福鼎王遐春麟後山房刻本　一冊

350000－2001－0001548　025/φ212＝1
三禮通釋二百八十卷首一卷目錄四卷　(清)

林昌彝撰　清同治三年(1864)廣州刻本　四十八冊

350000－2001－0001549　024/φ731
詩經精華十卷　(清)薛嘉穎輯　清道光五年(1825)光韹堂刻本　四冊

350000－2001－0001550　023/φ443＝1
今文尚書經說考三十二卷今文尚書敘錄一卷尚書歐陽夏侯遺說考一卷　(清)陳喬樅撰　清同治侯官陳氏刻本　十冊　存十四卷(一至十四)

350000－2001－0001551　025.6/φ443－1
周禮精華六卷　(清)陳龍標編　清嘉慶十一年(1806)光韹堂刻本　三冊

350000－2001－0001552　023/φ654－9
書經六卷　(宋)蔡沈集傳　清光緒十九年(1893)浙江書局刻本　四冊

350000－2001－0001553　027.6/357－1＝1
左傳事緯十二卷左傳字釋一卷　(清)馬驌編論　清乾隆四十九年(1784)黃暹懷澄堂刻本　六冊

350000－2001－0001554　025.7/φ22＝1
儀禮紃解十七卷　(清)王士讓撰　清道光二年(1822)安溪王樹功刻本　八冊

350000－2001－0001555　023/φ654－9＝1
書經六卷　(宋)蔡沈集傳　清光緒十九年(1893)浙江書局刻本　四冊

350000－2001－0001556　027/679
春秋筆削微旨二十六卷　(清)劉紹攽撰　清同治十二年(1873)刻本　六冊

350000－2001－0001557　029/937
日講四書解義二十六卷　(清)喇沙里等撰　清康熙十六年(1677)內府刻本　十冊

350000－2001－0001558　027/939
春秋三傳十六卷首一卷　(唐)陸德明音義附陸氏三傳釋文音義十六卷　清同治三年(1864)浙江撫署刻本　十四冊

350000－2001－0001559　027/521

御纂春秋直解十二卷 （清）傅恒撰 清乾隆
二十三年(1758)刻本 六冊

350000－2001－0001560 027.6/154－1
曲江書屋新訂批註左傳快讀十八卷首一卷
(清)李紹崧選訂 清光緒二十八年(1902)三
昧書室刻本 十六冊

350000－2001－0001561 027.6/316－2
春秋左傳杜注三十卷首一卷 （清）姚培謙輯
　清光緒五年(1879)江南書局刻本 十冊

350000－2001－0001562 025.9/ф404＝2
夏小正通釋一卷 （清）梁章鉅撰 清光緒十
三年(1887)浙江書局刻本 一冊

350000－2001－0001563 029/699
四書釋地一卷續一卷又續一卷三續一卷附孟
子生卒年月考一卷 （清）閻若璩撰 清乾隆
刻本 四冊

350000－2001－0001564 032.2/ф402
稱謂錄三十二卷 （清）梁章鉅撰 清光緒元
年至十年(1875－1884)刻本 八冊

350000－2001－0001565 032.2/ф402＝1
稱謂錄三十二卷 （清）梁章鉅撰 清光緒元
年至十年(1875－1884)刻本 八冊

350000－2001－0001566 027.6/170－4
東萊博議四卷 （宋）呂祖謙撰 增補虛字註
釋一卷 （清）馮泰松點定 清光緒二十五年
(1899)掃葉山房刻本 四冊

350000－2001－0001567 029/699－1
四書釋地一卷續一卷又續一卷三續一卷附孟
子生卒年月考一卷 （清）閻若璩撰 清刻本
　二冊

350000－2001－0001568 025.9/ф404＝1
夏小正通釋一卷 （清）梁章鉅撰 清光緒十
三年(1887)浙江書局刻本 一冊

350000－2001－0001569 029.9/ф730
孟子章指一卷 （清）薩玉衡編 清宣統三年
(1911)薩氏蔚花吟館刻敦孝堂叢書本 一冊

350000－2001－0001570 029.8/ф441＝1

論語話解十卷 （清）陳澧撰 清光緒五年
(1879)刻本 四冊

350000－2001－0001571 027.6/170－6
東萊博議四卷 （宋）呂祖謙撰 增補虛字註
釋一卷 （清）馮泰松點定 清光緒二十四年
(1898)上海祥記書莊石印本 四冊

350000－2001－0001572 027.6/170－5
東萊先生左氏博議二十五卷 （宋）呂祖謙撰
　虛字註釋備考一卷 （清）張文炳點定 清
道光十九年(1839)錢塘瞿氏清吟閣刻本
四冊

350000－2001－0001573 027.6/227
劉炫規杜持平六卷 （清）邵瑛學 清嘉慶二
十二年(1817)刻本 二冊

350000－2001－0001574 027.6/227＝1
劉炫規杜持平六卷 （清）邵瑛學 清嘉慶二
十二年(1817)刻本 二冊

350000－2001－0001575 027.6/261
春秋左傳詁二十卷 （清）洪亮吉撰 清光緒
四年(1878)授經堂刻本 九冊

350000－2001－0001576 029/737
增補四書人物聚考二十二卷圖考一卷 （明）
鍾惺增訂 清刻本 十冊

350000－2001－0001577 029.8/624
論語古注集箋十卷論語考一卷附一卷 （清）
潘維城撰 清光緒七年(1881)江蘇書局刻本
　六冊

350000－2001－0001578 029.8/678
二論典故最豁集四卷 （清）劉珍輯 清末上
海寶賢堂刻本 四冊

350000－2001－0001579 027.6/938－1
欽定春秋左傳讀本三十卷 （清）英和等編修
　清同治十一年(1872)山東書局刻本 十冊

350000－2001－0001580 027.6/939
仿宋相臺五經附考證五種 （□）□□輯 清
光緒二年(1876)江南書局刻本 一冊 存二
種三卷（春秋年表一卷、春秋名號歸一圖二

卷）

350000－2001－0001581　029.9/248

孟子讀法附記十四卷　（清）周人麒撰　清乾隆刻本　七冊

350000－2001－0001582　029/22－1

四書朱子本義匯叅四十三卷首四卷　（清）王步青輯　清乾隆十年(1745)敦復堂刻寶章堂重印本　十五冊

350000－2001－0001583　029/52

四書改錯二十二卷　（清）毛奇齡撰　清嘉慶十六年(1811)刻本　二冊

350000－2001－0001584　027.6/939.1

春秋左傳旁訓十八卷　（清）□□撰　清光緒十年(1884)魏氏古香閣刻本　十冊

350000－2001－0001585　029.8/677

論語正義二十四卷　（清）劉寶楠撰　清同治五年(1866)刻本　六冊

350000－2001－0001586　027.6/938

欽定春秋左傳讀本三十卷　（清）英和等編修　清道光二年(1822)刻十三經讀本本　十四冊　存二十九卷(一至二十九)

350000－2001－0001587　029.9/443

孟子合評二卷　（清）陳正容撰　清初刻本　四冊

350000－2001－0001588　029.9/526

孟子正義三十卷　（清）焦循撰　清光緒刻本　十冊

350000－2001－0001589　029/167

詳註採芹捷訣二卷　（清）吳肖元撰　清乾隆三十九年(1774)經國堂刻本　三冊

350000－2001－0001590　029/135.2

四書題鏡不分卷　（清）汪鯉翔撰　清道光十五年(1835)刻本　十二冊

350000－2001－0001591　029/151.3

四書反身錄八卷　（清）李顒撰　清道光十一年(1831)刻本　四冊

350000－2001－0001592　027.7/178－1

春秋公羊經傳解詁十二卷　（漢）何休撰　**重刊宋紹熙公羊傳注附音本校記一卷**　（清）魏彥撰　清同治二年(1863)金陵書局刻十三經讀本本　三冊

350000－2001－0001593　027.7/178－2

春秋公羊經傳十一卷　（漢）何休撰　（唐）陸德明音義　清光緒十二年(1886)星沙文昌書局刻本　四冊

350000－2001－0001594　028/154－2

孝經一卷　（唐）玄宗李隆基注　（唐）陸德明音義　清光緒十二年(1886)刻本　一冊

350000－2001－0001595　028/154－3

孝經註疏九卷　（唐）玄宗李隆基注　（宋）邢昺疏　清乾隆刻本　二冊

350000－2001－0001596　029.9/776

讀孟子劄記二卷　（清）羅澤南撰　清咸豐九年(1859)長沙刻本　一冊

350000－2001－0001597　032.1/137－2

韻府拾遺一百六卷　（清）汪灝等纂修　清光緒石印本　十冊

350000－2001－0001598　028/661

忠經一卷　（漢）鄭玄集註　**孝經一卷**　（明）陳選集註　清末石印本　一冊

350000－2001－0001599　028/718

同原錄二卷　（清）謝旂敬編　清嘉慶十四年(1809)謝玉田刻本　一冊

350000－2001－0001600　029/17.1＝1

集虛齋四書口義十卷　（清）方桼如撰　清乾隆五十三年(1788)刻本　八冊

350000－2001－0001601　029/17

集虛齋全稿不分卷　（清）方桼如撰　清光緒二十年(1894)浙江書局刻本　四冊

350000－2001－0001602　032.1/137

韻府拾遺一百六卷　（清）汪灝等纂修　清刻本　二十冊

350000－2001－0001603　029/135.1

四書大全四十二卷 （清）汪份輯 清康熙四十二年(1703)汪氏遜喜齋刻本 二十九冊

350000－2001－0001604 025.9/ф761＝1

夏小正校注四卷 （清）魏本唐撰 清咸豐元年(1851)刻本 四冊

350000－2001－0001605 025.9/ф761

夏小正校注四卷 （清）魏本唐撰 清咸豐元年(1851)刻本 二冊

350000－2001－0001606 029/ф932

制義立幹集初編四卷次編四卷 （清）余紹本編 清嘉慶十三年(1808)刻本 二冊

350000－2001－0001607 032.1/137－1

韻府拾遺一百六卷 （清）汪灝等纂修 清刻本 二十四冊

350000－2001－0001608 029/ф98.21

四書集註十九卷 （宋）朱熹注 清光緒三十二年(1906)上海商務印書館鉛印本 六冊

350000－2001－0001609 032.1/654

佩文韻府一百六卷 （清）蔡升元等纂 清刻本 六十三冊 存八十四卷(二至八十五)

350000－2001－0001610 029/ф98.20

四書集註十九卷 （宋）朱熹註 清光緒八年(1882)金陵書局刻本 六冊

350000－2001－0001611 029/73

提督江南通省學政渝東簡謙居先生鑒定四書彙解四十卷 （清）史以徵輯 清康熙十年(1671)美延堂刻本 十八冊

350000－2001－0001612 032.1/654－1

佩文韻府一百六卷 （清）蔡升元等纂 清刻本 二百冊

350000－2001－0001613 032.1/654－2

佩文韻府一百六卷 （清）蔡升元等纂 清道光、咸豐刻本 一百四十冊

350000－2001－0001614 032.1/654－3

佩文韻府一百六卷 （清）蔡升元等纂 清光緒十二年(1886)上海點石齋石印本 四十九冊

350000－2001－0001615 029/ф98－16

春秀堂四書真本十九卷 （宋）朱熹集註 清末春秀堂刻本 六冊

350000－2001－0001616 029/25

朱注發明十九卷 （清）王揆手訂 清康熙五十八年(1719)潮濟堂刻本 七冊

350000－2001－0001617 029/ф98.23

四書集註十四卷 （宋）朱熹集註 清末集新堂刻本 四冊

350000－2001－0001618 029/ф729

遵依監版摹刻四書白文四卷 （清）蕭震校 清康熙十二年(1673)刻本 二冊

350000－2001－0001619 029/169－1

四書經註集證十九卷 （清）吳昌宗撰 清咸豐三年(1853)刻本 十六冊

350000－2001－0001620 025.6/ф443－2

周禮精華六卷 （清）陳龍標編 清嘉慶十一年(1806)光韙堂刻本 六冊

350000－2001－0001621 021/21

經義述聞三十二卷 （清）王引之撰 清道光七年(1827)京師壽藤書屋刻本 十四冊 存二十八卷(一至二十八)

350000－2001－0001622 023/21－2

欽定書經傳說彙纂二十一卷首二卷序一卷 （清）王頊齡等撰 清刻本 二十一冊

350000－2001－0001623 027/442

春秋氏族圖不分卷 （清）陳厚耀撰 清道光二十四年(1844)刻本 二冊

350000－2001－0001624 025.9/ф761＝3

夏小正校注四卷 （清）魏本唐撰 清咸豐元年(1851)刻本 二冊

350000－2001－0001625 027/ф332

春秋釋經十二卷 （清）高澍然撰 清道光五年(1825)高氏刻本 四冊

350000－2001－0001626 022/164

御纂周易述義十卷 （清）傅恒等撰 清刻本 八冊

350000－2001－0001627　029/169－2

四書經註集證十九卷　（清）吳昌宗撰　清嘉慶三年(1798)汪氏刻本　十六冊

350000－2001－0001628　023.6/272

禹貢錐指二十卷圖一卷　（清）胡渭撰　清康熙四十四年(1705)漱六軒刻雍正重印本　六冊

350000－2001－0001629　025.6/15＝1

周官集注十二卷　（清）方苞撰　清乾隆八年(1743)桐城方氏刻抗希堂十六種本　五冊

350000－2001－0001630　025.8/98－3

禮記訓纂四十九卷　（清）朱彬編輯　清道光二十二年(1842)刻本　六冊

350000－2001－0001631　722.71/27－1

小爾雅疏八卷　（清）王煦撰　清光緒十一年(1885)刻邵武徐氏叢書本　二冊

350000－2001－0001632　722.71/27－2

小爾雅疏八卷　（清）王煦撰　清光緒十一年(1885)刻邵武徐氏叢書本　二冊

350000－2001－0001633　726/164

韻補五卷　（宋）吳棫撰　韻補正一卷　（清）顧炎武撰　清光緒九年(1883)刻邵武徐氏叢書本　二冊

350000－2001－0001634　726/164＝1

韻補五卷　（宋）吳棫撰　韻補正一卷　（清）顧炎武撰　清光緒九年(1883)刻邵武徐氏叢書本　二冊

350000－2001－0001635　027.6/148－4

春秋經傳集解三十卷附考證　（晉）杜預撰（唐）陸德明音義　春秋年表一卷　（□）□□撰　春秋名號歸一圖二卷附考證　（五代）馮繼先撰　清光緒二年(1876)江南書局刻本十六冊　存三十二卷(經傳集解一至二十二、二十四至三十,年表一卷,名號歸一圖二卷)

350000－2001－0001636　023/ϕ654－6

書經六卷　（宋）蔡沈集傳　清光緒二十一年(1895)湖北官書處刻本　四冊

350000－2001－0001637　023/ϕ654－7

書經六卷附書傳音釋二卷　（宋）蔡沈集傳清光緒七年(1881)湖北官書處刻本　五冊

350000－2001－0001638　022/ϕ214＝1

周易集解補箋四卷　（清）林慶炳撰　清光緒十五年(1889)刻本　四冊

350000－2001－0001639　029.9/599－1

孟子註疏解經十四卷　（漢）趙岐註　（宋）孫奭疏　清四友堂刻本　六冊

350000－2001－0001640　022/ϕ443＝1

周易明報三卷首一卷末一卷　（清）陳懋侯撰清光緒八年(1882)刻本　三冊

350000－2001－0001641　022/ϕ443＝2

周易明報三卷首一卷末一卷　（清）陳懋侯撰清光緒八年(1882)刻本　三冊

350000－2001－0001642　022/ϕ733＝4

易經精華六卷末一卷　（清）薛嘉穎編　清道光元年(1821)刻本　二冊

350000－2001－0001643　029.9/784

增補蘇批孟子二卷　（宋）蘇洵撰　（清）趙大浣增補　孟子年譜一卷　清同治四年(1865)刻朱墨套印本　二冊

350000－2001－0001644　ϕ029.9/598＝1

增補蘇批孟子二卷　（宋）蘇洵撰　（清）趙大浣增補　孟子年譜一卷　清同治八年(1869)福省靈蘭堂刻朱墨套印本　二冊

350000－2001－0001645　ϕ029.9/598＝2

增補蘇批孟子二卷　（宋）蘇洵撰　（清）趙大浣增補　孟子年譜一卷　清同治八年(1869)福省靈蘭堂刻朱墨套印本　二冊

350000－2001－0001646　029.9/784－2

增補蘇批孟子二卷　（宋）蘇洵撰　（清）趙大浣增補　孟子年譜一卷　清咸豐六年(1856)刻朱墨套印本　二冊

350000－2001－0001647　029/691

四書襯十九卷　（清）駱培撰　清乾隆八年(1743)坦吉堂刻寶翰樓書坊重印本　四冊

350000 – 2001 – 0001648　029/699 – 2

四書釋地補一卷續補一卷又續補一卷三續補
一卷　(清)閻若璩撰　(清)樊廷枚校補　清
嘉慶二十一年(1816)海涵堂刻本　五冊

350000 – 2001 – 0001649　029/699 – 3

四書釋地一卷續一卷又續二卷三續二卷
(清)閻若璩撰　附孟子生卒年月考一卷　清
乾隆八年(1743)刻本　四冊

350000 – 2001 – 0001650　029/707

式詁堂時文一卷　(清)錢國祥撰　清光緒十
六年(1890)刻本　一冊

350000 – 2001 – 0001651　029/735

增補四書人物聚考二十二卷圖一卷　(清)陳
弘謀增訂　清乾隆聚寶樓刻本　十二冊

350000 – 2001 – 0001652　029/679

綠野齋制藝不分卷　(清)劉鴻翱撰　清道光
二十四年(1844)刻本　一冊

350000 – 2001 – 0001653　029/φ795

積石山房四書文三卷　(清)龔景瀚撰　清同
治九年(1870)龔易圖刻本　三冊

350000 – 2001 – 0001654　722.8/27

正字略一卷　(清)王筠撰　清道光二十五年
(1845)刻本　一冊

350000 – 2001 – 0001655　029/645.1

新訂四書補註備旨十卷　(明)鄧林撰　(清)
杜定基增訂　清乾隆四十四年(1779)羊城古
經閣刻本　六冊

350000 – 2001 – 0001656　029/756

秋水閣時文四集　(清)瞿頡撰　清道光六年
(1826)聚賢堂刻本　五冊

350000 – 2001 – 0001657　029/792

近科芹香文鈔一卷　(清)顧家瑞編　清道光
四年(1824)經濟堂刻本　二冊

350000 – 2001 – 0001658　022/98 – 3

周易集注四卷　(宋)朱熹撰　清光緒十九年
(1893)浙江書局刻本　二冊

350000 – 2001 – 0001659　029.7/74

中庸直指一卷　(明)釋德清撰　清光緒十年
(1884)金陵刻經處刻本　一冊

350000 – 2001 – 0001660　022/98 – 4

周易集注四卷　(宋)朱熹撰　清同治十年
(1871)崇川聚經堂刻本　二冊

350000 – 2001 – 0001661　025.6/φ200.1 = 1

石谿讀周官六卷　(清)官獻瑤撰　清道光二
十五年(1845)蘇廷玉刻本　三冊

350000 – 2001 – 0001662　025/φ722 = 2

韓氏三禮圖說二卷　(元)韓信同撰　清嘉慶
十八年(1813)福鼎王遐春麟後山房刻本
二冊

350000 – 2001 – 0001663　022/φ152 – 3

御纂周易折中二十二卷首一卷　(清)李光地
撰　清光緒十四年(1888)江南書局刻本
十冊

350000 – 2001 – 0001664　722.8/155

字錄二卷六書分毫二卷合字注一卷　(清)李
調元撰　清刻本　一冊

350000 – 2001 – 0001665　029.7/486

中庸或問一卷　(清)彭蘊章撰　清道光二十
九年(1849)彭氏刻本　一冊

350000 – 2001 – 0001666　029.8/16

方望溪稿一卷　(清)方苞撰　清同治、光緒
刻本　一冊

350000 – 2001 – 0001667　024/φ98 – 6

詩經八卷　(宋)朱熹集傳　清宣統二年
(1910)上海會文堂書局石印本　四冊

350000 – 2001 – 0001668　722.8/413

佩觿三卷　(宋)郭忠恕撰　清康熙四十九年
(1710)吳郡張氏刻澤存堂五種本　一冊

350000 – 2001 – 0001669　024/φ153

詩所八卷　(清)李光地撰　清雍正六年
(1728)刻本　五冊

350000 – 2001 – 0001670　029.8/84 – 1

鄉黨圖考十卷　(清)江永撰　清乾隆六十年
(1795)江氏刻本　五冊

350000－2001－0001671　722.8/413＝1

佩觿三卷　（宋）郭忠恕撰　清康熙四十九年(1710)吳郡張氏刻澤存堂五種本　一冊

350000－2001－0001672　029.8/674－1

論語正義二十四卷　（清）劉寶楠撰　**附錄一卷**　清同治五年(1866)刻本　六冊

350000－2001－0001673　029/699－2＝1

四書釋地補一卷續補一卷又續補一卷三續補一卷　（清）閻若璩撰　（清）樊廷枚校補　清嘉慶二十一年(1816)海涵堂刻本　六冊

350000－2001－0001674　029/ф492

四書心印不分卷　（清）黃元俊撰　清乾隆三十八年(1773)寶章堂刻本　六冊

350000－2001－0001675　023/ф662＝1

尚書心法一貫錄一卷　（清）鄭星泗撰　清光緒三十二年(1906)鉛印本　一冊

350000－2001－0001676　029/645－3

新訂四書補註備旨十卷　（明）鄧林撰　（清）杜定基增訂　清宣統二年(1910)上海掃葉山房石印本　七冊

350000－2001－0001677　023/ф731－1

書經精華六卷　（清）薛嘉穎輯　清嘉慶二十四年(1819)光鼉堂刻本　二冊

350000－2001－0001678　024/98.2

詩經集傳八卷　（宋）朱熹撰　清光緒二十一年(1895)湖北官書處刻本　四冊

350000－2001－0001679　024/98－4

詩經集傳八卷詩序辨說一卷　（宋）朱熹撰　清光緒七年(1881)金陵書局刻本　四冊

350000－2001－0001680　024/ф98－3

詩經集註八卷　（宋）朱熹傳　清刻本　四冊

350000－2001－0001681　029/674.1

四書恒解不分卷　（清）劉沅輯註　清咸豐五年(1855)刻本　十冊

350000－2001－0001682　029/ф98－14

監本四書十九卷　（宋）朱熹集注　清光緒二十二年(1896)刻本　六冊

350000－2001－0001683　029/ф98－15

四書章句十九卷　（宋）朱熹撰　清光緒三年(1877)胡氏退補齋刻本　六冊

350000－2001－0001684　029/319

惜抱軒時文一卷　（清）姚鼐撰　清光緒二年(1876)刻本　一冊

350000－2001－0001685　722.8/413.1

汗簡七卷　（宋）郭忠恕撰　清康熙四十二年(1703)刻本　一冊

350000－2001－0001686　029/360.1

西泠文萃不分卷　（清）袁枚撰　清末刻本　一冊

350000－2001－0001687　029/430

張素存先生稿不分卷　（清）張玉書撰　清永思堂刻本　一冊

350000－2001－0001688　029/ф98－17

增訂批點四書讀本十九卷　（宋）朱熹撰　清光緒二十年(1894)刻本　六冊

350000－2001－0001689　025/ф216

三禮陳數求義三十卷　（清）林喬蔭撰　清嘉慶八年(1803)刻本　十四冊

350000－2001－0001690　029/750

拓胸二集五卷　（清）周嘉璧輯　清道光十年(1830)刻本　二冊

350000－2001－0001691　722.8/460

經典文字辨證書五卷　（清）畢沅撰　清乾隆四十九年(1784)鎮洋畢氏刻經訓堂叢書本　一冊

350000－2001－0001692　029/439

四書義十二卷　（清）陸隴其撰　清光緒石印本　六冊

350000－2001－0001693　722.8/650

漢隸異體舉要一卷　（清）蔣和撰　清乾隆五十九年(1794)刻本　一冊

350000－2001－0001694　029/486.1

鶴和樓制義二卷補編一卷　（清）彭蘊章撰　清道光二十三年(1843)刻本　一冊

350000 – 2001 – 0001695　029/274.1

四書疏註撮言大全三十七卷　（清）胡蓉芝輯
　清末刻本　二十冊

350000 – 2001 – 0001696　029/301 – 3

漱芳軒合纂四書體注十九卷　（清）范翔輯
　清康熙三十一年(1692)靈蘭堂刻本　六冊

350000 – 2001 – 0001697　025.6/ф443 – 2 = 1

周禮精華六卷　（清）陳龍標撰　清光緒二年
(1876)刻本　六冊

350000 – 2001 – 0001698　025.6/ф443 – 1 = 1

周禮精華六卷　（清）陳龍標編　清嘉慶十一
年(1806)光韠堂刻本　三冊

350000 – 2001 – 0001699　722.8/674

助字辨略五卷　（清）劉淇撰　清咸豐五年
(1855)刻海源閣叢書本　三冊

350000 – 2001 – 0001700　722.8/741

干祿字書一卷　（唐）顏元孫撰　清刻本
一冊

350000 – 2001 – 0001701　722.8/792

隸辨八卷　（清）顧藹吉撰　清康熙五十七年
(1718)刻本　十六冊

350000 – 2001 – 0001702　722.8/792 – 2

隸辨八卷　（清）顧藹吉撰　清同治十二年
(1873)聚賢齋刻本　十六冊

350000 – 2001 – 0001703　722.9/430

復古編二卷　（宋）張有撰　**校正一卷附錄一
卷**　（清）葛鳴陽撰　**曾樂軒稿一卷**　（宋）張
維撰　**安陸集一卷**　（宋）張先撰　清乾隆四
十六年(1781)安邑葛氏刻本　五冊　存五卷
(復古編二卷、校正一卷、附錄一卷、安陸集一
卷)

350000 – 2001 – 0001704　722.9/430 = 1

復古編二卷　（宋）張有撰　**校正一卷附錄一
卷**　（清）葛鳴陽撰　**曾樂軒稿一卷**　（宋）張
維撰　**安陸集一卷**　（宋）張先撰　清乾隆四
十六年(1781)安邑葛氏刻本　三冊　存五卷
(復古編二卷、校正一卷、附錄一卷、安陸集一

卷)

350000 – 2001 – 0001705　722.9/430 = 2

復古編二卷　（宋）張有撰　**校正一卷附錄一
卷**　（清）葛鳴陽撰　**曾樂軒稿一卷**　（宋）張
維撰　**安陸集一卷**　（宋）張先撰　清乾隆四
十六年(1781)安邑葛氏刻本　五冊　存四卷
(復古編二卷、校正一卷、附錄一卷)

350000 – 2001 – 0001706　722.9/430.1

復古編二卷　（宋）張有撰　**安陸集一卷**
（宋）張先撰　**曾樂軒稿一卷**　（宋）張維撰
清光緒八年(1882)淮南書局刻本　三冊

350000 – 2001 – 0001707　722.9/431

五經文字三卷　（唐）張參撰　**新加九經字樣
一卷**　（唐）唐玄度撰　清康熙五十四年
(1715)刻本　一冊

350000 – 2001 – 0001708　722.9/38

五經文字疑一卷　（清）孔繼涵撰　清乾隆三
十三年(1768)刻本　一冊

350000 – 2001 – 0001709　722.9/72 – 1

增訂金壺字考十九卷　（宋）釋適之編　（清）
田朝恒增訂　**金壺字考二集二十一卷補錄一
卷補注一卷**　（清）田朝恒續編　清乾隆二十
四年至二十七年(1759 – 1762)刻本　四冊

350000 – 2001 – 0001710　722.9/188

篆字彙十二卷　（清）佟世男編　清咸豐二年
(1852)漁古山房刻本　十二冊

350000 – 2001 – 0001711　722.9/376

名原二卷　（清）孫詒讓撰　清光緒三十一年
(1905)刻本　一冊

350000 – 2001 – 0001712　722.9/376.3

古籀拾遺三卷宋政和禮器文字考一卷　（清）
孫詒讓撰　清光緒十六年(1890)刻本　二冊

350000 – 2001 – 0001713　722.9/376.3 = 1

古籀拾遺三卷宋政和禮器文字考一卷　（清）
孫詒讓撰　清光緒十六年(1890)刻本　二冊

350000 – 2001 – 0001714　722.9/377.3

古籀餘論三卷　（清）孫詒讓記　（清）張揚校

訂　清光緒二十九年(1903)籀經樓刻本
二冊

350000－2001－0001715　722.9/420
續復古編四卷　(元)曹本撰　清光緒十二年
(1886)歸安姚氏咫進齋刻本　四冊

350000－2001－0001716　722.9/500
隸法彙纂十卷　(清)項懷述編　清乾隆四十
五年(1780)刻本　二冊

350000－2001－0001717　722.9/486
十三經集字摹本不分卷　(清)彭玉雯纂　清
道光三十年(1850)刻本　四冊

350000－2001－0001718　722.22/409－9
說文解字十五卷　(漢)許慎撰　(宋)徐鉉校
定　清嘉慶十四年(1809)孫星衍刻本　八冊

350000－2001－0001719　722.9/486＝1
十三經集字摹本不分卷　(清)彭玉雯纂　清
道光三十年(1850)刻本　八冊

350000－2001－0001720　722.27/409－9
說文解字三十卷　(漢)許慎撰　(宋)徐鉉校
定　清光緒二年(1876)川東官舍刻本　八冊

350000－2001－0001721　029/104－5
四書集註十九卷　(宋)朱熹撰　清光緒三十
二年(1906)上海商務印書館鉛印本　六冊

350000－2001－0001722　722.22/409－10
說文解字十五卷　(漢)許慎撰　(宋)徐鉉校
定　說文通檢十四卷首一卷末一卷　(清)黎
永椿編　附說文校字記　清光緒五年(1879)
祥符常桂潤刻本　十冊

350000－2001－0001723　722.22/409－13
說文解字十五卷　(漢)許慎撰　(宋)徐鉉校
定　清刻本　六冊

350000－2001－0001724　029/154.1
四書諸儒輯要四十卷　(清)李沛霖參訂
(清)李學曾等校　清康熙五十七年(1718)刻
本　十冊　存二十九卷(大學一至三,中庸一
至二,論語一至十四、十七至二十,孟子一至
六)

350000－2001－0001725　722.22/409－11
說文解字十五卷　(漢)許慎撰　(宋)徐鉉校
定　清初汲古閣刻本　八冊

350000－2001－0001726　722.2/102＝2
說文通訓定聲十八卷分部柬韻一卷說雅一卷
古今韻準一卷　(清)朱駿聲撰　行狀一卷
(清)朱孔彰撰　清同治九年(1870)吳縣朱氏
臨嘯閣刻本　二十一冊

350000－2001－0001727　722.27/334
說文經典異字釋一卷　(清)高翔麟著　清光
緒九年(1883)萬卷樓刻本　一冊

350000－2001－0001728　722.27/322.6
說文解字三十二卷　(漢)許慎撰　(清)段玉
裁注　清嘉慶二十年(1815)段玉裁經韻樓刻
本　十六冊

350000－2001－0001729　722.27/322.8
汲古閣說文訂一卷　(清)段玉裁撰　清刻本
一冊

350000－2001－0001730　715/4
東文典問答一卷　丁福保編纂　清光緒二十
八年(1902)上海文明書局鉛印本　二冊

350000－2001－0001731　722.1/27－1
文字蒙求四卷　(清)王筠撰　清光緒十三年
(1887)石印本　一冊

350000－2001－0001732　029/154
四書朱子異同條辨四十卷　(清)李沛霖
(清)李禎纂輯　清康熙近臂堂刻本　二十
二冊

350000－2001－0001733　029/137
四書題鏡不分卷　(清)汪鯉翔纂述　清乾隆
九年(1744)刻本　六冊

350000－2001－0001734　029/149
四書圖考十三卷　(清)杜炳撰　清光緒十三
年(1887)鴻文書局石印本　四冊

350000－2001－0001735　029/104.8
國朝諸老先生論語精義十卷孟子精義十四卷
(宋)朱熹輯　清同治十三年(1874)公善堂

刻本　八冊

350000 – 2001 – 0001736　029/158 – 1
四書反身錄八卷　（清）李顒撰　清道光二十
年(1840)刻本　四冊

350000 – 2001 – 0001737　722.9/φ158
成語辨似初集二卷　（清）李範輯　清乾隆木
活字印本　一冊

350000 – 2001 – 0001738　722.2/430
說文發疑六卷　（清）張行孚撰　清光緒十年
(1884)刻本　三冊

350000 – 2001 – 0001739　722.1/909
蒙學課本二卷　（清）□□編　清光緒二十七
年(1901)南洋公學鉛印本　一冊

350000 – 2001 – 0001740　722.2/272.2 = 1
說文管見三卷　（清）胡秉虔撰　清光緒七年
(1881)望益山房書局刻本　一冊

350000 – 2001 – 0001741　722.9/936
字學三書十五卷　（□）□□輯　清道光二十
年(1840)十芝堂刻本　三冊

350000 – 2001 – 0001742　029/158 – 2
四書反身錄八卷　（清）李顒撰　清同治浙江
書局刻本　四冊

350000 – 2001 – 0001743　722.7/φ762
駢雅七卷訓纂十六卷首一卷　（明）朱謀㙔撰
　（清）魏茂林纂　清道光二十五年(1845)刻
本　八冊

350000 – 2001 – 0001744　722.2/357
說文段注撰要九卷　（清）馬壽齡撰　清光緒
十六年(1890)石印本　二冊

350000 – 2001 – 0001745　722.7/φ762 – 1
駢雅七卷訓纂十六卷首一卷　（明）朱謀㙔撰
　（清）魏茂林訓纂　清光緒七年(1881)成都
渝雅齋刻本　八冊

350000 – 2001 – 0001746　722.27/409 – 8
說文解字十五卷　（漢）許慎撰　（宋）徐鉉校
定　清光緒二十三年(1897)蕉心室刻本
八冊

350000 – 2001 – 0001747　722.2/φ216
說文字辨十四卷　（清）林慶炳撰　清光緒十
一年(1885)侯官林氏小石渠閣刻本　四冊

350000 – 2001 – 0001748　029/167.1
四書經註集證十九卷　（清）吳昌宗輯　清嘉
慶三年(1798)江都汪廷機刻本　六冊　缺六
卷(孟子二至七)

350000 – 2001 – 0001749　722.27/165 – 3
說文古籀補十四卷補遺一卷附錄一卷　（清）
吳大澂撰　清光緒七年(1881)刻本　二冊

350000 – 2001 – 0001750　722.27/169 – 1
說文偏旁考二卷　（清）吳照輯　清乾隆五十
一年(1786)聽雨齋刻本　一冊

350000 – 2001 – 0001751　722.9/939
欽定清漢對音字式不分卷　（清）福隆安撰
清刻本　一冊

350000 – 2001 – 0001752　722.27/169 – 1 = 1
說文偏旁考二卷　（清）吳照輯　清乾隆五十
一年(1786)聽雨齋刻本　二冊

350000 – 2001 – 0001753　722.27/322.3
汲古閣說文訂一卷　（清）段玉裁撰　清嘉慶
二年(1797)五硯樓刻本　一冊

350000 – 2001 – 0001754　722.27/322.5
汲古閣說文訂一卷　（清）段玉裁撰　清同治
二年(1863)湖北崇文書局刻本　一冊

350000 – 2001 – 0001755　722.2/671 – 2
說文通檢十四卷首一卷末一卷　（清）黎永椿
編　清末石印本　一冊

350000 – 2001 – 0001756　722.71/27 – 1 = 1
小爾雅疏八卷　（清）王煦撰　（清）徐榦校
清光緒十一年(1885)刻邵武徐氏叢書本
一冊

350000 – 2001 – 0001757　722.71/362
爾雅郭注義疏三卷　（清）郝懿行撰　清同治
四年(1865)刻本　八冊

350000 – 2001 – 0001758　722.2/φ216 = 1
說文字辨十四卷　（清）林慶炳撰　清光緒十

一年(1885)侯官林氏小石渠閣刻本　四冊

350000 - 2001 - 0001759　722.2/φ216 = 2

說文字辨十四卷　(清)林慶炳撰　清光緒十一年(1885)侯官林氏小石渠閣刻本　二冊

350000 - 2001 - 0001760　722.71/27 - 1 = 2

小爾雅疏八卷　(清)王煦疏　(清)徐幹校　清光緒十一年(1885)刻邵武徐氏叢書本　二冊

350000 - 2001 - 0001761　722.7/742

匡謬正俗八卷　(唐)顏師古撰　清乾隆二十一年(1756)德州盧氏刻雅雨堂藏書本　一冊

350000 - 2001 - 0001762　723/66

類篇十五卷　(宋)司馬光纂　清康熙四十五年(1706)揚州使院刻曹楝亭五種本　七冊

350000 - 2001 - 0001763　722.9/φ170

古今文字通釋十四卷　(清)呂世宜撰　清光緒五年(1879)龍溪林維源刻本　八冊

350000 - 2001 - 0001764　722.7/371 - 1

拾雅二十卷　(清)夏味堂述　清嘉慶二十五年(1820)刻本　八冊

350000 - 2001 - 0001765　722.9/φ170 - 1

古今文字通釋十四卷　(清)呂世宜撰　清光緒五年(1879)龍溪林維源刻本　七冊

350000 - 2001 - 0001766　722.7/371 - 1 = 1

拾雅二十卷　(清)夏味堂述　清嘉慶二十五年(1820)刻本　十冊

350000 - 2001 - 0001767　722.7/268

爾雅六卷　(清)姜兆錫註疏參義　清乾隆四十四年(1779)刻本　二冊

350000 - 2001 - 0001768　723/115

字林攷逸八卷附錄一卷　(清)任大椿撰　清乾隆刻燕禧堂五種本　一冊

350000 - 2001 - 0001769　722.7/371

拾雅二十卷　(清)夏味堂述　清道光二年(1822)刻本　四冊

350000 - 2001 - 0001770　722.7/268 = 1

爾雅六卷　(清)姜兆錫註疏參義　清乾隆四十四年(1779)刻本　二冊

350000 - 2001 - 0001771　φ722.27/249

說文字原一卷　(元)周伯琦編注　清乾隆、嘉慶侯官鄭氏刻本　一冊

350000 - 2001 - 0001772　723/115 - 1

字林攷逸八卷附錄一卷　(清)任大椿學　補本一卷　(清)陶方琦撰　補附錄　(清)諸可寶輯　清光緒十六年(1890)江蘇書局刻本　四冊

350000 - 2001 - 0001773　029/249

四書典故辨正二十卷附錄一卷　(清)周柄中撰　清乾隆刻本　六冊

350000 - 2001 - 0001774　722.7/φ376

經傳釋詞續編二卷　(清)孫經世撰　清道光二十三年(1843)同安蘇廷玉刻本　一冊

350000 - 2001 - 0001775　722.7/261

比雅十卷　(清)洪亮吉著　清光緒五年(1879)陽湖洪氏授經堂刻本　一冊

350000 - 2001 - 0001776　722.7/φ376 = 1

經傳釋詞續編二卷　(清)孫經世撰　清道光二十三年(1843)同安蘇廷玉刻本　一冊　存一卷(二)

350000 - 2001 - 0001777　027/300

四書詳說□□卷　(清)范生洸纂述　清刻本　十一冊　存十二卷(大學一、中庸一至三、論語六、孟子一至七)

350000 - 2001 - 0001778　722.2/φ444 - 2

說文提要一卷　(清)陳建侯撰　清同治十一年(1872)識古齋刻本　一冊

350000 - 2001 - 0001779　722.7/162 - 2

經籍纂詁一百六卷首一卷　(清)阮元撰　清光緒十四年(1888)鴻文書局石印本　十六冊

350000 - 2001 - 0001780　722.9/φ447

字學金薤二卷　(清)陳肇波撰　清木活字印本　一冊

350000 - 2001 - 0001781　722.71/377

爾雅直音二卷 （清）孫侃輯 清嘉慶二十五年(1820)刻本 二冊

350000 - 2001 - 0001782　722.71/377 - 1

爾雅直音二卷 （清）孫侃輯 清光緒十五年(1889)書蘭亭刻本 一冊

350000 - 2001 - 0001783　乙1.2/2 - 9

姚惜抱先生前漢書評點一卷 （清）姚鼐撰 （清）吳汝綸輯 清光緒陳氏鐵石軒抄本 一冊

350000 - 2001 - 0001784　722.71/377 = 1

爾雅直音二卷 （清）孫侃輯 清嘉慶二十五年(1820)刻本 二冊

350000 - 2001 - 0001785　722.71/377 = 2

爾雅直音二卷 （清）孫侃輯 清嘉慶二十五年(1820)刻本 二冊

350000 - 2001 - 0001786　723/22

字典考證十二集 （清）王引之撰 清道光十一年(1831)刻本 四冊

350000 - 2001 - 0001787　723/22 = 1

字典考證十二集 （清）王引之撰 清道光十一年(1831)刻本 四冊

350000 - 2001 - 0001788　726/φ27

韻學指南五卷 （清）王溱編 清道光二十八年(1848)足雨宧刻本 五冊

350000 - 2001 - 0001789　726/φ27 = 1

韻學指南五卷 （清）王溱編 清道光二十八年(1848)足雨宧刻本 二冊

350000 - 2001 - 0001790　726/φ27 = 2

韻學指南五卷 （清）王溱編輯 清道光二十八年(1848)足雨宧刻本 五冊

350000 - 2001 - 0001791　726/φ27 - 1

韻學指南五卷 （清）王溱編輯 清道光二十八年(1848)足雨宧刻咸豐、光緒遞修本 五冊

350000 - 2001 - 0001792　722.71/414 - 1

爾雅三卷 （晉）郭璞注 （唐）陸德明音義 清嘉慶二十二年(1817)刻本 三冊

350000 - 2001 - 0001793　124.9/φ441 - 1 = 1

北溪先生字義二卷補遺一卷 （宋）陳淳撰 （清）朱錫穀校 清道光十三年(1833)怡山館刻本 二冊

350000 - 2001 - 0001794　124.9/φ441 - 1 = 2

北溪先生字義二卷補遺一卷 （宋）陳淳撰 （清）朱錫穀校 清道光十三年(1833)怡山館刻本 二冊

350000 - 2001 - 0001795　029/271

四書大全四十二卷 （明）胡廣等纂 （清）汪份輯 清康熙至乾隆間刻本 三十六冊

350000 - 2001 - 0001796　722.9/950

增訂金壺字考十九卷 （宋）釋適之編 （清）田朝恒增訂 **金壺字考二集二十一卷補錄一卷補注一卷** （清）田朝恒續編 清乾隆二十四年至二十七年(1759 - 1762)刻本 四冊

350000 - 2001 - 0001797　029/242

四書味根錄三十七卷 （清）金澄撰 清光緒刻本 十四冊

350000 - 2001 - 0001798　722.9/683.1

增補字學舉隅六卷 （清）龍光甸 （清）龍啓瑞輯 清光緒六年(1880)京都松竺齋刻本 一冊

350000 - 2001 - 0001799　722.9/683.2

字學舉隅一卷附增訂正譌一卷 （清）龍光甸 （清）龍啓瑞輯 清光緒十五年(1889)刻本 一冊

350000 - 2001 - 0001800　722.71/414

爾雅三卷 （晉）郭璞注 （唐）陸德明音義 清同治十三年(1874)湖南書局刻本 四冊

350000 - 2001 - 0001801　722.71/362 - 1

爾雅郭注義疏三卷 （清）郝懿行撰 清咸豐六年(1856)刻本 八冊

350000 - 2001 - 0001802　722.7/778

新刻爾雅翼三十二卷 （宋）羅願撰 （明）畢效欽校 明萬曆十六年(1588)瑞桃堂刻清修本 三冊

350000－2001－0001803　722.9/683.3
字學舉隅二卷附摘誤一卷 （清）龍光甸
（清）龍啓瑞輯　清末刻本　一冊

350000－2001－0001804　722.9/683.4
字學舉隅二卷附摘誤一卷 （清）龍光甸
（清）龍啓瑞輯　清同治十三年(1874)湖北崇
文書局刻本　一冊

350000－2001－0001805　722.9/607
**隸篇十五卷續十五卷再續十五卷附金石目一
卷續一卷再續一卷字目一卷續一卷再續一卷**
　（清）翟云升纂　清道光十七年(1837)刻本
十冊

350000－2001－0001806　029/158
四書反身錄不分卷 （清）李顒撰　（清）王心
敬輯　清康熙三十一年(1692)關中李氏刻本
四冊

350000－2001－0001807　722.9/683
字學舉隅二卷附摘誤一卷 （清）龍光甸
（清）龍啓瑞輯　清道光二十六年(1846)刻本
一冊

350000－2001－0001808　722.7/138
藝文備覽一百二十卷補詳字義十四卷 （清）
沙木集注　清嘉慶刻本　四冊　存十四卷
（補詳字義十四卷）

350000－2001－0001809　029/607
四書考異七十二卷 （清）翟灝撰　清乾隆刻
本　七冊　缺十四卷(總考一至十四)

350000－2001－0001810　乙1.2/2－6
孫月峰先生批評漢書一百卷 （漢）班固撰
（明）孫鑛評　明末馮元仲天益山刻本　四冊
　存二十八卷(帝紀七至十二,年表一至七,
列傳六至十二、二十九至三十三、六十四至六
十六)

350000－2001－0001811　乙1.2/3－2
後漢書九十卷 （南朝宋）范曄撰　（唐）李賢
注　志三十卷 （晉）司馬彪撰　（南朝梁）劉
昭注補　明萬曆二十四年(1596)北京國子監
刻二十一史本　十六冊

350000－2001－0001812　乙1.2/3－3
後漢書九十卷 （南朝宋）范曄撰　（唐）李賢
注　志三十卷 （晉）司馬彪撰　（南朝梁）劉
昭注補　明崇禎十六年(1643)毛氏汲古閣刻
十七史本　十六冊

350000－2001－0001813　722.6/558
**六書辨通五卷補一卷續補一卷例解一卷襍說
一卷八分書辨一卷** （清）楊錫觀編輯　清乾
隆八年(1743)刻本　六冊

350000－2001－0001814　722.9/652
古今字正二卷 （清）蔣焜輯　清康熙十九年
(1680)刻本　二冊

350000－2001－0001815　722.6/623
六書會原十卷首一卷 （清）潘肇豐著　清嘉
慶六年(1801)刻本　四冊

350000－2001－0001816　722.9/793
增廣字學舉隅三卷 （清）鐵珊輯　清同治十
三年(1874)蘭州郡署刻本　四冊

350000－2001－0001817　722.6/261
六書轉注錄十卷 （清）洪亮吉撰　清光緒四
年(1878)授經堂刻本　二冊

350000－2001－0001818　722.9/791
重刊字義總略四集 （清）顧充撰　（清）顧芳
宗重訂　清康熙四十二年(1703)古虞顧氏刻
康熙四十八年(1709)增補本　二冊

350000－2001－0001819　722.9/742
匡謬正俗八卷 （唐）顏師古撰　清乾隆二
十一年(1756)德州盧氏刻雅雨堂藏書本
一冊

350000－2001－0001820　φ929.710269/317＝1
鼇峯書院志十六卷首一卷 （清）游光繹等纂
　清嘉慶刻本　六冊

350000－2001－0001821　722.6/523
六書分類十二卷首一卷 （清）傅世垚輯篆
清乾隆五十四年(1789)刻嘉慶元年(1796)重
印本　十冊

350000－2001－0001822　722.2/23

說文拈字七卷補遺一卷　（清）王玉樹撰　清
光緒十九年(1893)石印本　四冊

350000－2001－0001823　726.1/23
音韻闡微十八卷附韻譜一卷　（清）李光地修
　（清）王蘭生編纂　清光緒七年(1881)淮南
書局刻本　五冊

350000－2001－0001824　726.1/25
音韻清濁鑑三卷附玉鑰匙門法一卷等韻圖一
卷　（清）王祚禎輯　清康熙六十年(1721)善
樂堂刻本　四冊

350000－2001－0001825　ф929.710269/317
鼇峯書院志十六卷首一卷　（清）游光繹纂修
　清嘉慶刻本　六冊

350000－2001－0001826　726.1/26
韻學五卷　（清）王植撰　清雍正八年(1730)
刻本　五冊

350000－2001－0001827　722.27/706
說文解字斠詮十四卷　（清）錢坫撰　清光緒
九年(1883)淮南書局刻本　十二冊

350000－2001－0001828　722.27/731
說文答問疏證六卷　（清）薛傳均撰　清道光
十八年(1838)刻本　一冊

350000－2001－0001829　723/430
康熙字典十二集附總目檢字辨似一卷等韻切
音指南一卷備考一卷補遺一卷　（清）張玉書
纂　清刻本　四十冊

350000－2001－0001830　723/430－2
康熙字典十二集附總目檢字辨似一卷等韻切
音指南一卷備考一卷補遺一卷　（清）張玉書
纂　清光緒元年(1875)湖北崇文書局刻本
四十冊

350000－2001－0001831　722.27/947
說文部首讀本十四卷　題(清)嘯雲主人撰
清末武昌嘯雲書堂刻本　一冊

350000－2001－0001832　722.27/706＝1
說文解字斠詮十四卷　（清）錢坫撰　清光緒
九年(1883)淮南書局刻本　六冊

350000－2001－0001833　722.2/102＝1
說文通訓定聲十八卷分部柬韻一卷附說雅十
九篇古今韻準一卷　（清）朱駿聲撰　行狀一
卷　（清）朱孔彰撰　清同治九年(1870)刻本
　三十二冊

350000－2001－0001834　726/ф738
加訂美全八音四卷　（清）鍾德明輯　清光緒
三十二年(1906)刻本　一冊

350000－2001－0001835　722.2/102
說文通訓定聲十八卷分部柬韻一卷附說雅十
九篇古今韻準一卷　（清）朱駿聲撰　行狀一
卷　（清）朱孔彰撰　清同治九年(1870)刻本
　二十八冊

350000－2001－0001836　723/430－4
康熙字典十二集附總目檢字辨似一卷等韻切
音指南一卷備考一卷補遺一卷　（清）張玉書
纂　清光緒二十二年(1896)上海點石齋石印
本　二冊

350000－2001－0001837　726.1/249.1
十三經音略十二卷附錄一卷　（清）周春撰
清嘉慶三年(1798)刻本　三冊

350000－2001－0001838　726/ф738＝1
加訂美全八音四卷　（清）鍾德明匯輯　清光
緒三十二年(1906)刻本　一冊

350000－2001－0001839　726/ф738＝2
加訂美全八音四卷　（清）鍾德明匯輯　清光
緒三十二年(1906)刻本　一冊

350000－2001－0001840　726.1/226
古今韻略五卷　（清）邵長蘅纂　清康熙三十
五年(1696)商丘宋犖刻本　五冊

350000－2001－0001841　726/ф738＝3
加訂美全八音四卷　（清）鍾德明輯　清光緒
三十二年(1906)刻本　一冊

350000－2001－0001842　726/ф738＝4
加訂美全八音四卷　（清）鍾德明輯　清光緒
三十二年(1906)刻本　一冊

350000－2001－0001843　722.2/27.1

說文解字句讀三十卷　（清）王筠撰　句讀補正三十卷　（清）王彥侗撰　清同治四年（1865）刻本　十六冊

350000－2001－0001844　726.3/φ334

詩音十五卷　（清）高澍然撰　清嘉慶十七年（1812）木活字印本　四冊

350000－2001－0001845　722.27/565

說文凝錦錄一卷　（清）萬光泰撰　清嘉慶二年（1797）刻本　一冊

350000－2001－0001846　726.1/φ446

屈宋古音義三卷　（明）陳第撰　（清）徐時作重訂　清乾隆三十二年（1767）徐時作刻本　二冊

350000－2001－0001847　726.1/53

韻字略十二集　（清）毛謨編　清嘉慶二十一年（1816）刻本　二冊

350000－2001－0001848　722.2/27.3

說文繫傳校錄三十卷　（清）王筠撰　清咸豐七年（1857）刻王菉友九種本　四冊

350000－2001－0001849　722.27/623

說文解字通正十四卷　（清）潘奕雋述　清光緒貴池劉氏刻聚學軒叢書本　二冊

350000－2001－0001850　726.1/83

韻徵十六卷　（清）安吉纂輯　（清）安念祖纂錄　清道光十八年（1838）親仁堂刻本　四冊

350000－2001－0001851　726.1/83.1

古韻溯原八卷　（清）安念祖　（清）華湛恩輯　清道光十九年（1839）親仁堂刻本　二冊

350000－2001－0001852　722.27/395－1

說文解字繫傳四十卷　（五代）徐鍇撰　校勘記三卷　（清）祁寯藻撰　清光緒三年（1777）吳氏刻本　九冊

350000－2001－0001853　720/718

小學考五十卷　（清）謝啓昆錄　清光緒十四年（1888）浙江書局刻本　十二冊

350000－2001－0001854　722.27/395

說文解字繫傳四十卷　（五代）徐鍇撰　附錄一卷　清乾隆四十七年（1782）汪啓淑刻本　四冊

350000－2001－0001855　722.27/365

說文解字義證五十卷　（清）桂馥學　清同治九年（1870）湖北崇文書局刻本　三十二冊

350000－2001－0001856　722.1/135

鐘鼎字源五卷附錄一卷　（清）汪立名輯　清光緒二年（1876）洞庭秦氏麟慶堂刻本　二冊

350000－2001－0001857　721.3/967

官話指南四卷　（日本）吳啓太　（日本）鄭永邦撰　清光緒八年（1882）上海美華書館排印本　一冊

350000－2001－0001858　726.1/84.1

音學辨微一卷　（清）江永撰　清宣統元年（1909）上海國學保存會影印本　一冊

350000－2001－0001859　726.1/84.1＝1

音學辨微一卷　（清）江永撰　清宣統元年（1909）上海國學保存會影印本　一冊

350000－2001－0001860　726.1/φ446＝1

屈宋古音義三卷　（明）陳第撰　（清）徐時作重訂　清乾隆三十二年（1767）徐時作刻本　二冊

350000－2001－0001861　726.1/φ446＝2

屈宋古音義三卷　（明）陳第撰　（清）徐時作重訂　清乾隆三十二年（1767）徐時作刻本　二冊

350000－2001－0001862　726/φ678＝1

佩文韻遡原五卷　（清）劉家鎮編輯　清道光二十九年（1849）閩縣劉氏掫均尻刻本　二冊

350000－2001－0001863　722.2/27.4

說文釋例二十卷釋例補正一卷　（清）王筠撰　清末抄本　一冊　存六卷（一至六）

350000－2001－0001864　726/φ678

佩文韻遡原五卷　（清）劉家鎮編輯　清道光二十九年（1849）閩縣劉氏掫均尻刻本　二冊

350000－2001－0001865　722.8/792－7

隸辨八卷　（清）顧藹吉撰　清同治十二年

(1873)刻本 八冊

350000－2001－0001866 722.2/53
說文檢字二卷 （清）毛謨輯 補遺一卷
（清）姚覲元補輯 清光緒九年(1883)歸安姚
氏刻本 一冊

350000－2001－0001867 φ726.3/376
佩文詩韻釋要五卷 （清）孫詒經輯 （清）馮
炳章校 清光緒四年(1878)刻本 一冊

350000－2001－0001868 722.8/938.1
增訂臨文便覽不分卷 題(清)怡雲仙館主人
輯 清光緒七年(1881)刻本 二冊

350000－2001－0001869 722.2/102－2
說文通訓定聲十八卷分部柬韻一卷附說雅十
九篇古今韻準一卷 （清）朱駿聲撰 行述一
卷 （清）朱孔彰撰 清光緒十三年(1887)上
海積山書局石印本 四冊

350000－2001－0001870 726.1/104
朱飲山三韻易知十卷 （清）朱燮著 （清）楊
廷茲纂 清乾隆三十七年(1772)刻本 二冊

350000－2001－0001871 722.91/377－1
古籀拾遺三卷宋政咊禮器文字攷一卷 （清）
孫詒讓撰 清光緒十六年(1890)刻本 二冊

350000－2001－0001872 726/φ949
經韻纂字白文便讀一卷榕音備覽一卷 題
（清）警谿居士編 虛字註釋備考一卷 （清）
張文炳點定 清光緒刻紫墨套印本 一冊

350000－2001－0001873 722.9/27
文字蒙求四卷 （清）王筠撰 清光緒十三年
(1887)刻本 二冊

350000－2001－0001874 722.2/155
小學類編十一種 （清）李祖望輯 清咸豐江
都李氏半畝園刻本 八冊 存七種三十六卷
(惠氏讀說文記十五卷、說文校議十五卷、說
文答問一卷、說文經字考一卷、六書說一卷、
說文釋例二卷、說文舊音一卷)

350000－2001－0001875 726.1/132
韻學驪珠二卷 （清）沈乘麐輯 清嘉慶元年

(1796)枕流居刻本 二冊

350000－2001－0001876 722.9/27－1
文字蒙求四卷 （清）王筠撰 清宣統二年
(1910)上海文瑞樓石印本 二冊

350000－2001－0001877 726.1/85
韻歧五卷 （清）江昱輯 清乾隆二十五年
(1760)湘東署齋刻本 二冊

350000－2001－0001878 722.2/165
說文古籀補十四卷補遺一卷附錄一卷 （清）
吳大澂撰 清光緒七年至十年(1881－1884)
刻本 二冊

350000－2001－0001879 722.9/165
字說一卷 （清）吳大澂撰 清光緒刻本
一冊

350000－2001－0001880 722.2/165－1
說文古籀補十四卷補遺一卷附錄一卷 （清）
吳大澂撰 清光緒二十四年(1898)刻本
二冊

350000－2001－0001881 726/24
韻法準說一卷 （清）王應鯨著 清乾隆三十
七年(1772)刻本 一冊

350000－2001－0001882 722.2/27.5
說文五翼八卷 （清）王煦撰 清嘉慶十三年
(1808)上虞王氏芮鞠山莊刻本 一冊

350000－2001－0001883 726/24＝1
韻法準說一卷 （清）王應鯨著 清乾隆三十
七年(1772)刻本 一冊

350000－2001－0001884 φ726/943
新刻閩音彙解千字文一卷 （□）□□撰 清
光緒七年(1881)刻本 一冊

350000－2001－0001885 722.2/156
說文辨字正俗八卷 （清）李富孫撰 清嘉慶
刻本 四冊

350000－2001－0001886 723/936
龍龕手鑑四卷 （遼）釋行均撰 清嘉慶刻本
六冊

350000－2001－0001887　φ727.1/938.1

官話散語集二卷　（□）□□撰　清宣統元年
(1909)鉛印本　一冊

350000－2001－0001888　φ726/432

較正官音仕途必需雅俗便覽三卷首一卷
(清)張錫捷輯　增刊一卷　(清)王籛增　清
光緒十四年(1888)泉州綺文居王氏刻本
一冊

350000－2001－0001889　φ726/159

經韻纂字四卷分部便查一卷附錄雜字一卷彙
集奇字一卷　題(清)警谿逸士編　清光緒五
年(1879)刻本　五冊

350000－2001－0001890　722.8/792－5

隸辨八卷　(清)顧藹吉撰　清乾隆八年
(1743)刻本　八冊

350000－2001－0001891　φ726/159－2

經韻纂字讀本不分卷附十三經古文等字經韻
纂字白文便讀一卷　題(清)警谿居士編　附
刊虛字註釋備考一卷　(清)張文炳點定　清
光緒九年(1883)福州刻本　四冊

350000－2001－0001892　722.2/322

說文解字注三十卷六書音均表二卷　(清)段
玉裁撰　說文部目分韻一卷　(清)陳煥撰
清乾隆、嘉慶段氏經韻樓刻本　十六冊

350000－2001－0001893　φ726/159－1

經韻纂字四卷　題(清)警谿逸士編　清光緒
五年(1879)刻本　四冊

350000－2001－0001894　723/115.1

字林考逸八卷附錄一卷　(清)任大椿學　字
林考逸補本一卷　(清)陶方琦撰　清光緒十
六年(1890)江蘇書局刻本　四冊

350000－2001－0001895　726.1/322

說文解字注三十卷六書音均表五卷　(清)段
玉裁撰　清乾隆四十一年(1776)刻本　二冊
　存五卷(六書音均表五卷)

350000－2001－0001896　726.1/322＝1

說文解字注三十卷六書音均表五卷　(清)段

玉裁撰　清乾隆四十一年(1776)刻本　二冊
　存五卷(六書音均表五卷)

350000－2001－0001897　723/115.2

字林考逸八卷　(清)任大椿學　清抄本
三冊

350000－2001－0001898　722.2/322－2

說文解字注三十卷六書音均表二卷汲古閣說
文訂一卷　(清)段玉裁撰　說文部目分韻一
卷　(清)陳煥撰　清同治十一年(1872)湖北
崇文書局刻本　十八冊

350000－2001－0001899　723/115.3

字林考逸八卷附錄一卷　(清)任大椿學　清
乾隆刻本　一冊

350000－2001－0001900　722.2/322－2＝1

說文解字注三十卷六書音均表二卷汲古閣說
文訂一卷　(清)段玉裁撰　說文部目分韻一
卷　(清)陳煥撰　清同治十一年(1872)湖北
崇文書局刻本　十五冊　存三十一卷(說文
解字注三十卷、說文部目分韻一卷)

350000－2001－0001901　722.2/322－2＝2

說文解字注三十卷六書音均表二卷汲古閣說
文訂一卷　(清)段玉裁撰　說文部目分韻一
卷　(清)陳煥撰　清同治十一年(1872)湖北
崇文書局刻本　十三冊　存二十八卷(一至
二十八)

350000－2001－0001902　722.2/322.5

汲古閣說文訂一卷　(清)段玉裁撰　清嘉慶
二年(1797)吳縣袁廷檮五硯樓刻本　一冊

350000－2001－0001903　722.9/498

錦字箋四卷　(清)黃澐纂　清康熙刻本
一冊

350000－2001－0001904　852.47/27.4

漁洋山人文略十四卷　(清)王士禛撰　清雍
正刻本　四冊

350000－2001－0001905　722.2/316

說文聲系十四卷　(清)姚文田撰　清嘉慶九
年(1804)粵東督學使署刻本　一冊

350000 - 2001 - 0001906　726.1/322 - 1

說文解字注三十卷六書音均表五卷　（清）段玉裁撰　清乾隆刻本　二冊　存五卷（六書音均表五卷）

350000 - 2001 - 0001907　723/679

隸韻十卷附碑目一卷考證一卷　（宋）劉球纂　清嘉慶十五年(1810)秦恩復刻本　四冊

350000 - 2001 - 0001908　722.2/322 - 1

說文解字注十五卷　（清）段玉裁撰　清道光九年(1829)廣東學海堂刻咸豐十一年(1861)補修本　十六冊

350000 - 2001 - 0001909　722.2/317

說文校議十五卷　（清）姚文田　（清）嚴可均撰　清同治十三年(1874)歸安姚氏刻本　四冊

350000 - 2001 - 0001910　726/φ218

羣經音辨二卷　（清）林慶炳輯　清光緒十八年(1892)刻本　二冊

350000 - 2001 - 0001911　726/φ492

古今韻會舉要三十卷　（宋）黃公紹編輯（元）熊忠舉要　清光緒淮南書局刻本　十冊

350000 - 2001 - 0001912　722.2/272.2

說文管見三卷　（清）胡秉虔撰　清光緒七年(1881)申江望益山房書局刻本　二冊

350000 - 2001 - 0001913　722.9/500 = 1

隸法彙纂十卷隸法彙纂字總錄一卷　（清）項懷述編　清乾隆四十五年(1780)刻本　四冊

350000 - 2001 - 0001914　726/φ492 = 1

古今韻會舉要三十卷　（宋）黃公紹編輯（元）熊忠舉要　清光緒淮南書局刻本　十冊

350000 - 2001 - 0001915　甲7.2/1.1

孟子註疏十四卷　（漢）趙岐註　（宋）孫奭疏　明崇禎六年(1633)古虞毛氏汲古閣刻十三經註疏本　六冊

350000 - 2001 - 0001916　722.9/557

四書不二字音釋一卷　（清）楊昕編　清道光二十二年(1842)刻本　一冊

350000 - 2001 - 0001917　722.71/414.3

爾雅郭注義疏三卷　（晉）郭璞注　（清）郝懿行疏　清光緒十年(1884)榮縣蜀南閣刻本　八冊

350000 - 2001 - 0001918　722.2/272.3

說文字原韻表二卷　（清）胡重編　（清）金孝柏訂　清嘉慶十六年(1811)秀水金氏月香書屋刻本　一冊

350000 - 2001 - 0001919　722.9/652.1

五經文字偏旁攷三卷　（清）蔣騏昌編輯　清乾隆五十九年(1794)刻本　一冊

350000 - 2001 - 0001920　726.1/316

四聲易知錄四卷　（清）姚文田撰　清光緒八年(1882)刻邃雅堂全書　二冊

350000 - 2001 - 0001921　722.2/272.4

說文字原韻表二卷　（清）胡重編　（清）金孝柏訂　清嘉慶十六年(1811)秀水金氏月香書屋刻本　一冊

350000 - 2001 - 0001922　726.1/226 - 1

古今韻略五卷　（清）邵長蘅纂　清康熙三十五年(1696)商丘宋犖刻本　三冊

350000 - 2001 - 0001923　726.1/226 - 1 = 1

古今韻略五卷　（清）邵長蘅纂　清康熙三十五年(1696)商丘宋犖刻本　三冊

350000 - 2001 - 0001924　722.2/306

說文聲讀表七卷　（清）苗夔撰　清同治、光緒福山王氏刻天壤閣叢書本　二冊

350000 - 2001 - 0001925　722.2/395

說文解字韻譜五卷　（五代）徐鍇撰　清乾隆三十五年至四十九年(1770 - 1784)刻函海本　三冊

350000 - 2001 - 0001926　722.71/414 - 6

爾雅音圖三卷　（晉）郭璞注　（清）姚之麟摹繪　清光緒八年(1882)上海同文書局石印本　二冊

350000 - 2001 - 0001927　727.1/φ215

宜略識字二卷　（清）林春溥撰　清嘉慶二十

二年(1817)祝昌泰刻本　二冊

350000－2001－0001928　722.73/460

釋名疏證八卷補遺一卷續釋名一卷　(漢)劉熙撰　(清)畢沅疏證　清光緒九年(1883)刻本　六冊

350000－2001－0001929　722.71/623

爾雅正郭三卷　(清)潘衍桐學　清光緒十七年(1891)刻本　一冊

350000－2001－0001930　722.27/365＝1

說文解字義證五十卷　(清)桂馥撰　清同治九年(1870)湖北崇文書局刻本　十六冊

350000－2001－0001931　722.27/365＝2

說文解字義證五十卷　(清)桂馥撰　清同治九年(1870)湖北崇文書局刻本　三十冊　存四十八卷(三至五十)

350000－2001－0001932　φ999.1/103

[福建建阳]紫陽堂朱氏宗譜不分卷　(清)朱恒元等修　(清)朱泗濱等纂　清光緒二十一年(1895)建陽朱氏木活字印本　六冊

350000－2001－0001933　722.2/394

說文解字注匡謬八卷　(清)徐承慶撰　清光緒歸安姚氏刻咫進齋叢書本　四冊

350000－2001－0001934　722.2/394＝1

說文解字注匡謬八卷　(清)徐承慶撰　清光緒歸安姚氏刻咫進齋叢書本　四冊

350000－2001－0001935　727.1/φ215.1

識字續編一卷　(清)林春溥撰　清道光十六年(1836)竹柏山房刻本　一冊

350000－2001－0001936　722.2/394－1

說文解字注匡謬八卷　(清)徐承慶撰　清光緒十四年(1888)上海蜚英館石印本　一冊

350000－2001－0001937　726.1/509

增註字類標韻六卷　(清)華綱輯　(清)范多珏重訂　清光緒二年(1876)石印本　二冊

350000－2001－0001938　722.27/365＝3

說文解字義證五十卷　(清)桂馥撰　清同治九年(1870)湖北崇文書局刻本　二十八冊

350000－2001－0001939　722.27/365＝4

說文解字義證五十卷　(清)桂馥撰　清同治九年(1870)湖北崇文書局刻本　三十冊　存四十七卷(三、五至五十)

350000－2001－0001940　728.471/φ654－4

戚參軍八音字義便覽四卷　(清)蔡士泮輯
太史林碧山先生珠玉同聲四卷　(清)陳他輯　(清)林儔校閱　清末刻本　一冊

350000－2001－0001941　726.1/509.1

字類標韻六卷　(清)華綱輯　(清)王乃棠重校　清光緒二年(1876)韓江王氏刻本　二冊

350000－2001－0001942　戊2/5

一齋集十二種　(明)陳第撰　明萬曆會山樓刻本　六冊　存六種二十五卷(伏羲圖贊二卷附雜卦傳古音考一卷、毛詩古音考四卷附讀詩拙言一卷、屈宋古音義三卷、兩粤遊草一卷、寄心集六卷、五嶽遊草七卷)

350000－2001－0001943　戊2/7

一齋集十二種　(明)陳第撰　明萬曆會山樓刻本　一冊　存三種三卷(兩粤遊草一卷、謬言一卷、意言一卷)

350000－2001－0001944　乙1.2/20－5

東都事略一百三十卷　(宋)王偁撰　清影宋刻本　十六冊

350000－2001－0001945　乙1.2/19－1

五代史記七十四卷　(宋)歐陽修撰　(宋)徐無黨注　明萬曆四年至五年(1576－1577)南京國子監刻清順治遞修二十一史本　八冊

350000－2001－0001946　乙1.2/19－2

五代史七十四卷　(宋)歐陽修撰　(宋)徐無黨注　明崇禎三年(1630)毛氏汲古閣刻清順治印十七史本　八冊

350000－2001－0001947　乙1.2/19－3

歐陽文忠公五代史抄二十卷　(宋)歐陽修撰　(明)茅坤評選　明刻朱墨套印本　十冊

350000－2001－0001948　乙1.2/19－4

歐陽文忠公五代史抄二十卷　(宋)歐陽修撰

（明）茅坤批評　明刻本　四冊　存十八卷
（三至二十）

350000－2001－0001949　乙1.2/16－4
歐陽文忠公新唐書抄二卷五代史抄二十卷
（宋）歐陽修撰　（明）茅坤批評　明末刻本
四冊

350000－2001－0001950　乙1.2/16－2
唐書二百二十五卷　（宋）歐陽修　（宋）宋祁
等撰　明崇禎二年(1629)毛氏汲古閣刻十七
史本　四十八冊

350000－2001－0001951　722.8/156
重校十三經不貳字一卷　（清）李鴻藻輯　清
光緒二年(1876)刻本　一冊

350000－2001－0001952　726.1/509.1＝1
字類標韻六卷　（清）華綱輯　（清）王乃棠重
校　清光緒二年(1876)韓江王氏刻本　二冊

350000－2001－0001953　722.8/503
寫讀辨訛二卷　（清）費夢琦撰　清同治七年
(1868)刻本　一冊

350000－2001－0001954　723/22＝2
字典考證十二集　（清）奕繪等撰　清道光十
一年(1831)刻本　十二冊

350000－2001－0001955　722.2/408
**說文分韻易知錄五卷附說文分畫易知錄一卷
部首重文五卷**　（清）許巽行撰　清光緒五年
(1879)華亭許嘉德刻本　十冊

350000－2001－0001956　722.2/408＝1
**說文分韻易知錄五卷附說文分畫易知錄一卷
部首重文五卷**　（清）許巽行撰　清光緒五年
(1879)華亭許嘉德刻本　十冊

350000－2001－0001957　723/65－1
類篇十五卷　（宋）司馬光等纂　清光緒二年
(1876)川東官舍刻本　十四冊

350000－2001－0001958　722.2/409
說文解字十五卷標目一卷　（漢）許慎記
（宋）徐鉉校定　校字記一卷　（清）陳昌治撰
　說文通檢十四卷首一卷末一卷　（清）黎永

椿編　清同治十二年(1873)陳昌治刻本　八
冊　存二十九卷(說文解字四至十五,校字記
一卷,說文通檢十四卷、首一卷、末一卷)

350000－2001－0001959　722.9/950＝1
增訂金壺字考十九卷　（宋）釋適之編　（清）
田朝恒增訂　**金壺字考二集二十一卷補錄一
卷補注一卷**　（清）田朝恒續編　清乾隆二十
四年至二十七年(1759－1762)刻本　二冊

350000－2001－0001960　722.9/413－1
汗簡三卷略敘目錄一卷　（宋）郭忠恕輯　清
光緒九年(1883)上海點石齋石印本　一冊

350000－2001－0001961　726.1/541
**韻學經緯五卷附古韻通轉法一卷七音圖一卷
古韻分二百六部目次一卷四聲韻表一卷**
（清）溫定瀾輯　清雍正二年(1724)刻本
五冊

350000－2001－0001962　722.9/430.1＝1
復古編二卷　（宋）張有撰　**校正一卷附錄一
卷**　（清）葛鳴陽撰　**安陸集一卷**　（宋）張先
撰　**曾樂軒稿一卷**　（宋）張維撰　清光緒八
年(1882)淮南書局刻本　三冊

350000－2001－0001963　726.1/550
韻府鉤沉五卷　（清）雷浚輯　清光緒十三年
(1887)吳縣雷氏刻雷刻八種本　四冊

350000－2001－0001964　722.9/486.2
十三經集字摹本不分卷　（清）彭玉雯撰
（清）萬青銓校正　清光緒元年(1875)刻本
八冊

350000－2001－0001965　722.2/409－1
說文解字十五卷　（漢）許慎撰　（宋）徐鉉校
定　清同治十三年(1874)東吳浦氏刻本
三冊

350000－2001－0001966　722.2/430.2
說文楬原二卷　（清）張行孚撰　清光緒十年
(1884)常熟鮑氏刻後知不足齋叢書本　二冊

350000－2001－0001967　726.1/449
草韻彙編二十五卷　（清）陶南望輯　清乾隆

二十年(1755)刻本　八冊

350000－2001－0001968　722.2/430.2＝1
說文楬原二卷　(清)張行孚撰　清光緒十年(1884)常熟鮑氏刻後知不足齋叢書本　二冊

350000－2001－0001969　722.9/456－1
班馬字類五卷　(宋)婁機撰　清康熙刻本　二冊

350000－2001－0001970　722.2/431.1
說文佚字考四卷　(清)張鳴珂撰　清光緒十三年(1887)嘉興張氏刻寒松閣集五種本　一冊

350000－2001－0001971　726.1/552
群經音辨七卷　(宋)賈昌朝撰　清康熙五十三年(1714)吳郡張氏刻澤存堂五種本　一冊

350000－2001－0001972　722.9/458
班馬字類二卷　(宋)婁機撰　清光緒九年(1883)常熟鮑氏刻後知不足齋叢書本　二冊

350000－2001－0001973　726.1/552＝1
群經音辨七卷　(宋)賈昌朝撰　清康熙五十三年(1714)吳郡張氏刻澤存堂五種本　一冊

350000－2001－0001974　722.2/431.1＝1
說文佚字考四卷　(清)張鳴珂撰　清光緒十三年(1887)嘉興張氏刻寒松閣集五種本　一冊

350000－2001－0001975　722.9/792
大廣益會玉篇三十卷　(南朝梁)顧野王撰　(唐)孫強增字　(宋)陳彭年重訂　附札記一卷　清道光三十年(1850)新化鄧氏東山精舍刻本　三冊

350000－2001－0001976　727.1/φ406.1
三字經注解備要二卷　(宋)王應麟撰　(清)賀興思注　清同治十年(1871)至善社刻本　一冊

350000－2001－0001977　722.2/430.1
說文發疑六卷　(清)張行孚撰　清光緒九年(1883)刻本　三冊

350000－2001－0001978　726.1/557

350000－2001－0001979　727.1/φ406.2
九經補韻一卷附錄一卷　(宋)楊伯嵒撰　(清)錢侗考證　清嘉慶四年(1799)嘉定秦氏刻汗筠齋叢書本　一冊

350000－2001－0001979　727.1/φ406.2
三字經注解備要二卷　(宋)王應麟撰　(清)賀興思注　清同治十年(1871)至善社刻本　二冊

350000－2001－0001980　722.2/431
說文正字略一卷　(清)張□撰　清乾隆六十年(1795)刻本　一冊

350000－2001－0001981　722.2/408.2
讀說文雜識一卷　(清)許槤撰　清光緒七年(1881)刻本　一冊

350000－2001－0001982　726.1/558
古音叢目五卷古音獵要五卷　(明)楊慎撰　(清)李調元校定　清乾隆李氏萬卷樓刻嘉慶十四年(1809)李鼎元重印函海本　二冊

350000－2001－0001983　727.1/φ404
倉頡篇校證三卷補遺一卷　(清)梁章鉅撰　清光緒梁恭辰刻本　二冊

350000－2001－0001984　722.2/447
說文引經攷證七卷互異說一卷　(清)陳瑑撰　清同治十三年(1874)湖北崇文書局刻本　二冊

350000－2001－0001985　722.2/447＝1
說文引經攷證七卷互異說一卷　(清)陳瑑撰　清同治十三年(1874)湖北崇文書局刻本　二冊

350000－2001－0001986　722.2/447＝2
說文引經攷證七卷互異說一卷　(清)陳瑑撰　清同治十三年(1874)湖北崇文書局刻本　二冊

350000－2001－0001987　722.2/430＝1
說文發疑六卷　(清)張行孚撰　清光緒十年(1884)刻本　三冊

350000－2001－0001988　725/83
文譜一卷　(清)安吉編　(清)安念祖校補

福建省圖書館古籍普查登記目錄

清嘉慶十九年(1814)刻本　一冊

350000－2001－0001989　726.1/568
聲調四譜圖說十二卷首一卷末一卷　(清)董文渙編輯　清同治三年(1864)洪洞董氏刻本　四冊

350000－2001－0001990　725/600
制藝綱目不分卷　(清)趙國麟撰　清雍正刻本　一冊

350000－2001－0001991　726/2.1
集韻十卷　(宋)丁度撰　清康熙四十五年(1706)揚州使院刻曹棟亭五種本　五冊

350000－2001－0001992　727.1/ф402
天池堂千文正音彙帖一卷　(清)梁上國書　清乾隆、嘉慶刻本　一冊

350000－2001－0001993　722.2/451
唐寫本說文解字木部箋異一卷　(清)莫友芝撰　**仿唐寫本說文解字木部一卷**　(漢)許慎撰　清同治三年(1864)刻本　一冊

350000－2001－0001994　726.3/ф623
正音通俗表一卷　(清)潘逢禧輯　清同治九年(1870)逸香齋刻本　一冊

350000－2001－0001995　726.3/ф623＝1
正音通俗表一卷　(清)潘逢禧輯　清同治九年(1870)逸香齋刻本　一冊

350000－2001－0001996　722.2/519.1
段氏說文注訂八卷　(清)鈕樹玉著　清同治十三年(1874)湖北崇文書局刻本　二冊

350000－2001－0001997　726.1/486
韻字辨同五卷　(清)彭元瑞編修　(清)翁方綱補正　清乾隆、嘉慶刻本　一冊

350000－2001－0001998　722.2/519.1＝1
段氏說文注訂八卷　(清)鈕樹玉著　清同治十三年(1874)湖北崇文書局刻本　二冊

350000－2001－0001999　722.2/519
段氏說文注訂八卷　(清)鈕樹玉著　清道光四年(1824)吳郡青霞齋刻本　二冊

350000－2001－0002000　726/23.1
集韻考正十卷　(清)方成珪撰　清光緒五年(1879)刻永嘉叢書本　五冊

350000－2001－0002001　726.1/446
韻綜十二集附檢字一卷集字五卷　(清)陳詒厚編輯　清嘉慶十七年(1812)琴心書屋刻本　十六冊

350000－2001－0002002　728/ф16
方音釋哤一卷　(清)方翀輯注　清乾隆二宜亭刻本　一冊

350000－2001－0002003　722.2/519.2
說文新附考六卷續考一卷　(清)鈕樹玉撰　清嘉慶六年(1801)刻本　一冊

350000－2001－0002004　ф728.471/6
閩腔快字一卷　(清)力捷三撰　清光緒二十二年(1896)武昌刻本　一冊

350000－2001－0002005　ф728.471/6＝1
閩腔快字一卷　(清)力捷三撰　清光緒二十二年(1896)武昌刻本　一冊

350000－2001－0002006　722.2/519.3
說文新附考六卷續考一卷　(清)鈕樹玉撰　清同治十三年(1874)湖北崇文書局刻本　二冊

350000－2001－0002007　乙1.2/3－9
兩漢刊誤補遺十卷　(宋)吳仁杰撰　清抄本　二冊

350000－2001－0002008　乙1.2/3－8
後漢書補逸二十一卷　(清)姚之駰輯　清康熙刻本　三冊

350000－2001－0002009　乙1.2/3－7.5
後漢書纂十二卷　(明)凌濛初輯　明刻本　十冊

350000－2001－0002010　乙1.2/3－7
後漢書纂十二卷　(明)凌濛初輯　明刻本　八冊

350000－2001－0002011　726/52－1
韻字略十二集　(清)毛謨編　清光緒元年

(1875)湖北崇文書局刻本　二冊

350000 – 2001 – 0002012　722.2/455.3
說文古籀疏證六卷原目一卷　(清)莊述祖撰
　清光緒二十年(1894)莊殿華津郡刻本
四冊

350000 – 2001 – 0002013　725.6/935
古文筆法百變一卷　(□)□□撰　清末刻本
　一冊

350000 – 2001 – 0002014　725.6/935 = 1
古文筆法百變一卷　(□)□□撰　清末刻本
　一冊

350000 – 2001 – 0002015　725.6/935 = 2
古文筆法百變一卷　(□)□□撰　清末刻本
　一冊

350000 – 2001 – 0002016　乙1.2/3 – 5
後漢書九十卷　(南朝宋)范曄撰　(唐)李賢
注　**志三十卷**　(晉)司馬彪撰　(南朝梁)劉
昭注　清同治八年(1869)金陵書局刻二十四
史本　十四冊　存九十卷(後漢書九十卷)

350000 – 2001 – 0002017　726/66
切韻指掌圖不分卷　題(宋)司馬光撰　**附檢**
例一卷　(明)邵光祖撰　清光緒九年(1883)
上海同文書局石印本　一冊

350000 – 2001 – 0002018　726/66 – 1
切韻指掌圖不分卷　題(宋)司馬光撰　**附檢**
例一卷　(明)邵光祖撰　清宣統二年(1910)
豐城熊氏舊補史堂刻本　一冊

350000 – 2001 – 0002019　726.1/430
嵐邨韻學管窺不分卷　(清)張成塈撰　清片
玉齋刻本　一冊

350000 – 2001 – 0002020　722.2/550.1
雷刻四種　(清)雷浚輯　清光緒二年至十年
(1876 – 1884)刻本　五冊　存三種十八卷
(說文外編十五卷補遺一卷、說文辨疑一卷、
劉氏碎金一卷)

350000 – 2001 – 0002021　722.2/550.1 = 1
雷刻四種　(清)雷浚輯　清光緒二年至十年

350000 – 2001 – 0002021　722.2/550.1 = 1
(1876 – 1884)刻本　五冊　存三種十八卷
(說文外編十五卷補遺一卷、說文辨疑一卷、
劉氏碎金一卷)

350000 – 2001 – 0002022　722.2/550.1 = 2
雷刻四種　(清)雷浚輯　清光緒二年至十年
(1876 – 1884)刻本　四冊　存三種十八卷
(說文外編十五卷補遺一卷、說文辨疑一卷、
劉氏碎金一卷)

350000 – 2001 – 0002023　722.2/550.2
雷刻四種　(清)雷浚輯　清光緒二年至十年
(1876 – 1884)刻本　四冊　存二種十七卷
(說文外編十五卷補遺一卷、劉氏碎金一卷)

350000 – 2001 – 0002024　φ728.471/26
官音千字文直解二卷　(清)王惠霖釋音　清
末刻本　一冊

350000 – 2001 – 0002025　φ728.471/211
建州八音字義便覽一卷　(清)林端材輯　清
刻本　一冊

350000 – 2001 – 0002026　726/85
古韻標準四卷詩韻舉例一卷　(清)江永編
(清)戴震參定　**聲調前譜一卷後譜一卷**
(清)趙執信撰　清乾隆六十年(1795)刻本
二冊

350000 – 2001 – 0002027　722.2/550
雷刻四種　(清)雷浚輯　清光緒二年至十年
(1876 – 1884)吳縣雷氏刻本　七冊　存二種
十九卷(說文引經例辨三卷、說文外編十五卷
補遺一卷)

350000 – 2001 – 0002028　726/85 = 1
古韻標準四卷詩韻舉例一卷　(清)江永編
(清)戴震參定　**聲調前譜一卷後譜一卷**
(清)趙執信撰　清乾隆六十年(1795)刻本
一冊　存五卷(古韻標準四卷、詩韻舉例一
卷)

350000 – 2001 – 0002029　φ728.471/342
最新聞省官話捷中捷二卷　(清)郎興俊編
清宣統三年(1911)福州宏文閣書莊石印本
四冊

350000 – 2001 – 0002030　726/85 ＝ 2

古韻標準四卷詩韻舉例一卷　（清）江永編
（清）戴震參定　**聲調前譜一卷後譜一卷**
（清）趙執信撰　清乾隆六十年(1795)刻本
一冊　存五卷(古韻標準四卷、詩韻舉例一
卷)

350000 – 2001 – 0002031　φ728.471/491

增補彙音妙悟一卷　（清）黃謙輯　清光緒三
十一年(1905)廈門會文書莊石印本　一冊

350000 – 2001 – 0002032　726/85.2

韻歧五卷　（清）江昱輯　清乾隆二十六年
(1761)湘東署齋刻本　一冊

350000 – 2001 – 0002033　726.1/431

字音正譌正編二卷　（明）張位撰　（清）丁湘
錦重訂　**字音正譌補編一卷**　（清）丁湘錦編
輯　清乾隆二十年(1755)刻本　一冊

350000 – 2001 – 0002034　722.2/662

說文逸字二卷　（清）鄭珍撰　**附錄一卷**
（清）鄭知同撰　清咸豐八年(1858)鄭氏刻本
二冊

350000 – 2001 – 0002035　乙 1.2/3 – 6

後漢書九十卷　（南朝宋）范曄撰　（唐）李賢
注　**志三十卷**　（晉）司馬彪撰　（南朝梁）劉
昭注　清同治八年(1869)金陵書局刻二十四
史本　十六冊

350000 – 2001 – 0002036　722.2/662 – 2

說文逸字二卷　（清）鄭珍撰　**附錄一卷**
（清）鄭知同撰　清同治、光緒福山王氏刻天
壤閣叢書本　一冊

350000 – 2001 – 0002037　乙 1.2/4

三國志六十五卷　（晉）陳壽撰　（南朝宋）裴
松之注　明萬曆二十四年(1596)南京國子監
刻清順治、康熙遞修本　七冊　存三十七卷
(魏志一至二、七至十、二十一至三十,蜀志一
至十五,吳志七至十二)

350000 – 2001 – 0002038　726/243

十三經難字音註不分卷　（清）金文源輯　清
光緒十五年(1889)上海點石齋石印本　二冊

350000 – 2001 – 0002039　726.1/432

古韻發明不分卷附切字肆考不分卷　（清）張
畊撰　清道光六年(1826)刻本　三冊

350000 – 2001 – 0002040　乙 1.2/5

晉書補表二十五卷　（清）趙在翰撰　清抄本
十冊

350000 – 2001 – 0002041　726.1/432 ＝ 1

古韻發明不分卷附切字肆考不分卷　（清）張
畊撰　清道光六年(1826)刻本　三冊

350000 – 2001 – 0002042　722.2/662.4

說文新附考六卷　（清）鄭珍撰　清光緒十五
年(1889)文選樓刻玲瓏山館叢書本　二冊

350000 – 2001 – 0002043　726.1/432 ＝ 2

古韻發明不分卷附切字肆考不分卷　（清）張
畊撰　清道光六年(1826)刻本　四冊

350000 – 2001 – 0002044　乙 1.2/6 – 1

宋書一百卷　（南朝梁）沈約撰　明萬曆二十
二年(1594)南京國子監刻清順治、康熙遞修
本　二十二冊　存九十一卷(一至九十一)

350000 – 2001 – 0002045　727.1/φ535

改良幼學瓊林群芳句解四卷首一卷　（明）程
登吉撰　（清）周達用增訂　清末刻本　四冊

350000 – 2001 – 0002046　726/248.1

中州全韻二十二卷首一卷　（清）周昂輯　清
刻本　五冊

350000 – 2001 – 0002047　乙 1.2/6 – 2

宋書一百卷　（南朝梁）沈約撰　明崇禎七年
(1634)毛氏汲古閣刻清遞修十七史本　十六
冊　存九十二卷(一至三十四、四十三至一
百)

350000 – 2001 – 0002048　乙 1.2/8 – 1

梁書五十六卷　（唐）姚思廉撰　明萬曆三年
(1575)南京國子監刻清順治遞修二十一史本
八冊

350000 – 2001 – 0002049　乙 1.2/8 – 2

梁書五十六卷　（唐）姚思廉撰　明萬曆三年
(1575)南京國子監刻本　十冊

350000 – 2001 – 0002050　乙 1.2/8 – 3

梁書五十六卷　(唐)姚思廉撰　明崇禎六年
(1633)毛氏汲古閣刻清遞修十七史本　五冊

350000 – 2001 – 0002051　乙 1.2/9

陳書三十六卷　(唐)姚思廉撰　明崇禎四年
(1631)毛氏汲古閣刻十七史本　四冊

350000 – 2001 – 0002052　乙 1.2/14

南史八十卷　(唐)李延壽撰　明萬曆十六年
至十九年(1588 – 1591)南京國子監刻明清遞
修二十一史本(五十九至六十二、七十七至七
十九配明萬曆北京國子監刻本,八十配明汲
古閣刻本)　二十四冊

350000 – 2001 – 0002053　726/316

四聲易知錄四卷　(清)姚文田輯　清嘉慶十
七年(1812)刻本　一冊

350000 – 2001 – 0002054　726.1/623

類音八卷　(清)潘耒撰　清康熙刻本　四冊

350000 – 2001 – 0002055　726/509.1

增注字類標韻六卷　(清)華綱輯　(清)范多
玨重訂　清光緒二年(1876)鉛印本　二冊

350000 – 2001 – 0002056　726/ϕ678 = 2

佩文韻遡原五卷　(清)劉家鎮編　清道光二
十九年(1849)石芝山館刻本　二冊

350000 – 2001 – 0002057　726.1/683

本韻一得二十卷　(清)龍爲霖纂　清乾隆十
六年(1751)刻本　六冊

350000 – 2001 – 0002058　722.2/662 – 4

說文逸字二卷　(清)鄭珍撰　**附錄一卷**
(清)鄭知同撰　清同治、光緒福山王氏刻天
壤閣叢書本　一冊

350000 – 2001 – 0002059　726/ϕ678 = 3

佩文韻遡原五卷　(清)劉家鎮編輯　清道光
二十九年(1849)閩縣劉氏石芝山館刻本
二冊

350000 – 2001 – 0002060　726.1/344

五方元音二卷　(清)樊騰鳳原本　(清)年希
堯增補　**韻釋一卷韻略一卷**　清康熙刻本

二冊

350000 – 2001 – 0002061　722.2/662 – 3

說文逸字二卷　(清)鄭珍撰　**附錄一卷**
(清)鄭知同撰　清末湖南經濟書堂刻本
一冊

350000 – 2001 – 0002062　722.2/787

小學類編七種　(清)李祖望輯　清咸豐、光
緒江都李氏半畝園刻本　四冊　存三種十七
卷(說文校議十五卷、說文荅問一卷、說文經
字考一卷)

350000 – 2001 – 0002063　726/933

千字文彙音不分卷　(□)□□撰　清末刻本
二冊

350000 – 2001 – 0002064　726.3/167

聲調譜說一卷　(清)吳紹澯纂　**通韻譜說一
卷**　(清)宋弼訂　清嘉慶二年(1797)吳紹澯
刻本　一冊

350000 – 2001 – 0002065　728.471/ϕ654 – 3

戚參軍八音字義便覽四卷　(明)蔡士泮輯
太史林碧山先生珠玉同聲四卷　(清)陳他輯
(清)林儔校閱　清末至民國初石印本
一冊

350000 – 2001 – 0002066　726.1/683.1

韻府萃音十二卷　(清)龍柏纂　清嘉慶十五
年(1810)刻朱墨套印本　六冊

350000 – 2001 – 0002067　722/705.1

說文統釋自敘一卷　(清)錢大昭撰　清乾隆
藝海堂刻本　一冊

350000 – 2001 – 0002068　726.1/683.2

古韻通說二十卷　(清)龍啓瑞纂　清光緒九
年(1883)四川尊經書局刻本　三冊

350000 – 2001 – 0002069　728.471/ϕ654 = 2

戚參軍八音字義便覽四卷　(清)蔡士泮輯
太史林碧山先生珠玉同聲四卷　(清)陳他輯
清光緒二年(1876)集新堂刻本　一冊

350000 – 2001 – 0002070　726.1/751

聲韻表九卷首一卷　(清)戴震撰　清乾隆四

十二年(1777)曲阜孔氏刻微波榭叢書本
一冊

350000－2001－0002071　728.471/φ654

戚參軍八音字義便覽四卷　（清）蔡士泮輯
太史林碧山先生珠玉同聲四卷　（清）陳他輯
（清）林儔校閱　清光緒二年(1876)刻本
二冊

350000－2001－0002072　726.3/196

詩韻集成十卷　（清）余照輯　**詞林典腋一卷**
清光緒十六年(1890)掃葉山房鉛印本
一冊

350000－2001－0002073　728.471/φ654＝1

戚參軍八音字義便覽四卷　（清）蔡士泮輯
太史林碧山先生珠玉同聲四卷　（清）陳他輯
（清）林儔校閱　清光緒二年(1876)集新堂
刻本　一冊

350000－2001－0002074　722.2/705.2

說文荅問疏證六卷　（清）錢大昕撰　（清）薛
傳均注　清道光刻本　二冊

350000－2001－0002075　乙1.2/15－1

北史一百卷　（唐）李延壽撰　明萬曆二十六
年(1598)北京國子監刻二十一史本　三十
二冊

350000－2001－0002076　乙1.2/15－2

北史一百卷　（唐）李延壽撰　明萬曆十九年
至二十一年(1591－1593)南京國子監刻清順
治重修二十一史本　二十四冊

350000－2001－0002077　乙1.2/15－4

兩晉南北合纂四十卷　（明）錢岱纂　明萬曆
刻本　二十四冊　存二十四卷(南宋纂四卷、
南齊纂三卷、南梁纂四卷、南陳纂一卷、北魏
纂五卷、北齊纂三卷、北周纂二卷、北隋纂二
卷)

350000－2001－0002078　乙1.2/15－5

建康實錄二十卷　（唐）許嵩撰　清抄本
十冊

350000－2001－0002079　乙1.2/16－3

唐書詮要一卷　（清）林茂春撰　清林氏稿本
二冊

350000－2001－0002080　乙1.2/20－1

宋史四百九十六卷　（元）脫脫等撰　明成化
七年至十六年(1471－1480)朱英刻明清南京
國子監遞修本　一百冊

350000－2001－0002081　乙1.2/24

明史三百三十二卷目錄四卷　（清）張廷玉等
撰　清乾隆四年(1739)內府刻本　八十冊

350000－2001－0002082　乙2/1

通鑑紀事本末四十二卷　（宋）袁樞編　明萬
曆三十四年(1606)黃吉士刻本　四十二冊

350000－2001－0002083　乙2/3

三藩紀事本末四卷　（清）楊陸榮編　清康熙
五十六年(1717)刻本　二冊

350000－2001－0002084　乙2/4

繹史一百六十卷世系圖一卷年表一卷　（清）
馬驌撰　清康熙刻本　三十七冊　存一百五
十五卷(一至八十八、九十六至一百六十,世
系圖一卷,年表一卷)

350000－2001－0002085　乙3/1

資治通鑑二百九十四卷　（宋）司馬光撰
（元）胡三省音註　**通鑑釋文辨誤十二卷**
（元）胡三省撰　（明）陳仁錫評　明崇禎刻本
九十七冊　存二百八十九卷(一至十二、十
六至九十九、一百二至二百九十四)

350000－2001－0002086　726.3/316

初學檢韻袖珍十二集　（清）姚文登輯　清末
石印本　一冊

350000－2001－0002087　726.1/792

音學五書三十八卷　（清）顧炎武撰　清光緒
十六年(1890)思賢講舍刻本　十六冊

350000－2001－0002088　φ726.3/376＝2

佩文詩韻釋要五卷　（清）周兆基輯　（清）孫
詒經重輯　（清）馮炳章校　清光緒四年
(1878)福州刻本　一冊

350000－2001－0002089　726.1/372

新集古文四聲韻五卷　(宋)夏竦輯　附錄一卷　清乾隆四十四年(1779)刻本　二冊

350000－2001－0002090　726.1/376

音韻正訛四卷　(明)孫耀輯　(明)吳思本訂　清乾隆刻本　一冊

350000－2001－0002091　726.1/427

漢學諧聲二十四卷說文補考一卷又考一卷　(清)戚學標撰　清嘉慶九年(1804)涉縣官署刻本　六冊

350000－2001－0002092　φ726.3/376＝1

佩文詩韻釋要五卷　(清)周兆基輯　(清)孫詒經重輯　(清)馮炳章校　清光緒四年(1878)福州刻本　一冊

350000－2001－0002093　722.2/705.3

金峨山館叢刻十一種　(清)郭傳璞輯　清光緒鄞縣郭氏刻本　一冊　存二種二卷(說文統釋自序一卷、音同義異辨一卷)

350000－2001－0002094　910.1/939

地理論畧一百五課　(清)□□輯　清末鉛印本　一冊　存六十四課(一至六十四)

350000－2001－0002095　726.3/439－2

佩文詩韻釋要五卷　(清)周兆基輯　清光緒十八年(1892)浙江書局刻本　一冊

350000－2001－0002096　乙3/2－1

資治通鑑目錄三十卷　(宋)司馬光撰　(明)陳仁錫評閱　釋例圖譜一卷　(宋)司馬光撰　(明)陳仁錫評閱　問疑一卷　(宋)劉義仲撰　明崇禎二年(1629)刻本　十八冊

350000－2001－0002097　乙3/2－2

資治通鑑目錄三十卷　(宋)司馬光撰　(明)陳仁錫評閱　釋例圖譜一卷　(宋)司馬光撰　(明)陳仁錫評閱　問疑一卷　(宋)劉義仲撰　明崇禎二年(1629)刻本　十二冊

350000－2001－0002098　722.2/651

說文字原集註十六卷表一卷表說一卷　(清)蔣和撰　清乾隆五十三年(1788)刻本　二冊

350000－2001－0002099　722.2/934

說文注訂鈕氏謂與許書不合有六平議二卷坿見一卷　(清)王元穉撰　清光緒抄本　與《文選注引說文考異》合一冊

350000－2001－0002100　722.2/934

文選注引說文考異一卷　(□)□□撰　清光緒鐵石軒抄本　與《說文注訂鈕氏謂與許書不合有六平議》合一冊

350000－2001－0002101　726.2/152

佩文廣韻匯編五卷　(清)李元祺編輯　清道光十年(1830)半坿草堂刻本　一冊

350000－2001－0002102　726.2/152－1

佩文廣韻匯編五卷　(清)李元祺編輯　清同治十一年(1872)金陵書局刻本　二冊

350000－2001－0002103　722.6/84

六書說一卷　(清)江聲撰　清光緒四年(1878)刻宏達堂叢書本　與《說文淺說》合一冊

350000－2001－0002104　722.6/84

說文淺說一卷　(清)鄭知同撰　清光緒四年(1878)刻宏達堂叢書本　與《六書說》合一冊

350000－2001－0002105　722.2/646

許氏說文解字雙聲疊韻譜一卷　(清)鄧廷楨撰　清光緒七年(1881)常熟鮑氏刻後知不足齋叢書本　二冊

350000－2001－0002106　726.2/169

切韻指歸二卷　(清)吳遐齡纂輯　清道光七年(1827)集古堂刻本　二冊

350000－2001－0002107　722.27/706＝2

說文解字斠詮十四卷　(清)錢坫撰　清光緒九年(1883)淮南書局刻本　六冊

350000－2001－0002108　722.2/662.5

說文本經荅問二卷　(清)鄭知同撰　清光緒十六年(1890)刻廣雅書局叢書本　一冊

350000－2001－0002109　722.2/568

說文測議七卷　(清)董詔撰　(清)謝玉珩校　清道光四年(1824)刻本　四冊

350000－2001－0002110　726.3/652

唐律詩韻二卷首一卷末一卷　（清）蔣國祥　（清）蔣國祚訂　清乾隆二十三年（1758）刻本　一冊

350000－2001－0002111　726/945

增補彙音六卷　題（清）壺麓主人撰　清光緒八年（1882）刻本　六冊

350000－2001－0002112　726.2/448

切韻考六卷附外篇三卷　（清）陳澧撰　清光緒十年（1884）刻本　三冊

350000－2001－0002113　726.1/935

集漢隸分韻七卷　（□）□□撰　清乾隆三十七年（1772）辨志堂刻本　二冊

350000－2001－0002114　乙3/5

通鑑地理通釋十四卷　（宋）王應麟撰　明崇禎毛氏汲古閣刻津逮秘書本　六冊

350000－2001－0002115　乙3/6

通鑑總類二十卷　（宋）沈樞輯　明萬曆二十三年（1595）孫隆刻本　二十冊

350000－2001－0002116　726.1/936

全韻玉篇二卷　（南朝梁）顧野王纂　清光緒十六年（1890）上海積山書局石印本　一冊

350000－2001－0002117　乙3/8

新刊資治通鑑綱目五十九卷　（宋）朱熹撰
續資治通鑑綱目二十七卷　（明）商輅等撰
資治通鑑綱目前編二十五卷　（明）南軒撰
明崇禎三年（1630）陳仁錫刻本　九十冊　存八十六卷（新刊資治通鑑綱目五十九卷、續資治通鑑綱目二十七卷）

350000－2001－0002118　乙3/11

資治通鑑綱目集說五十九卷前編二卷　（明）扶安輯　（明）晏宏校補　明嘉靖晏宏刻本十三冊　存二十九卷（六至九、二十至二十三、二十五至二十九、三十八至三十九、四十六至五十九）

350000－2001－0002119　722.6/504

六書通十卷　（清）閔齊伋撰　（清）畢弘述篆訂　清康熙五十九年（1720）基聞堂刻本　十二冊

350000－2001－0002120　722.6/504－2

六書通十卷　（清）閔齊伋撰　（清）畢弘述篆訂　清刻本　十冊

350000－2001－0002121　726.1/945

增訂韻辨摘要一卷　（清）徐鄮撰　清同治、光緒刻本　一冊

350000－2001－0002122　722.6/504－1

六書通十卷　（清）閔齊伋撰　（清）畢弘述篆訂　清康熙五十九年（1720）基聞堂刻乾隆六十年（1795）重修本　三冊

350000－2001－0002123　722.6/504－3

六書通十卷續集十卷　（清）閔齊伋撰　（清）畢弘述篆訂　清光緒二十一年（1895）上海鴻寶齋石印本　二冊

350000－2001－0002124　726.2/101

廣金石韻府一卷附玉篇字略一卷　（清）朱雲纂　（清）林尚葵輯　（清）張鳳藻增訂　清咸豐七年（1857）巴郡張鳳藻理董軒刻本　六冊

350000－2001－0002125　762.2/101＝1

廣金石韻府一卷附玉篇字略一卷　（清）朱雲纂　（清）林尚葵輯　（清）張鳳藻增訂　清咸豐七年（1857）巴郡張鳳藻理董軒刻本　六冊

350000－2001－0002126　726.3/471－6

增廣詩韻全璧五卷　（清）湯祥瑟輯　題（清）鴻寶齋主人增補　清宣統元年（1909）上海江作書林石印本　五冊

350000－2001－0002127　726.2/446

廣韻五卷　（宋）陳彭年編　清乾隆刻本　五冊

350000－2001－0002128　726.2/940

正音咀華四卷　（清）莎彝尊撰　清同治十二年（1873）刻本　二冊

350000－2001－0002129　726.3/493

詩韻檢字一卷附韻字辨似一卷　（清）黃本驥編　清道光二十八年（1848）刻三長物齋叢書本　一冊

350000－2001－0002130　726.3/938

佩文詩韻五卷　（□）□□撰　清嘉慶三年
(1798)刻本　五冊

350000－2001－0002131　726.2/446－1

廣韻五卷　（宋)陳彭年撰　玉篇校刊札記一
卷　（清)鄧顯鶴撰　清道光三十年(1850)新
化鄧氏東山精舍刻本　三冊

350000－2001－0002132　乙3/4

通鑑釋文辨誤十二卷　（元)胡三省撰　（明)
吳勉學校　明刻本　二冊

350000－2001－0002133　乙3/12

綱鑑正史約三十六卷　（明)顧錫疇撰　（清)
陳弘謀增訂　甲子紀元一卷　（清)陳弘謀撰
清乾隆二年(1737)刻本　十六冊

350000－2001－0002134　乙3/13

綱鑑要編二十四卷　（明)陳臣忠纂　清抄本
十二冊

350000－2001－0002135　乙3/13.8

元經薛氏傳十卷　（隋)王通撰　（唐)薛收傳
（宋)阮逸注　明萬曆程榮刻漢魏叢書本　一
一冊

350000－2001－0002136　乙3/14

東萊先生音註唐鑑二十四卷　（宋)范祖禹撰
（宋)呂祖謙注　清刻本　二冊

350000－2001－0002137　乙3/15

宋元通鑑一百五十七卷　（明)薛應旂撰
(明)陳仁錫評閱　明天啓六年(1626)陳仁錫
刻本　三十冊

350000－2001－0002138　726.3/675

詩學含英十四卷　（清)劉文蔚輯　（清)向焄
增　清道光翼經堂刻本　四冊

350000－2001－0002139　727.1/74

急救篇四卷　（漢)史游撰　（唐)顏師古注
(宋)王應麟補注　清光緒九年(1883)浙江書
局刻本　二冊

350000－2001－0002140　722.6/523.1

六書分類十二卷首一卷　（清)傅世垚輯　清

康熙聽松閣刻燕詒堂印本　十二冊

350000－2001－0002141　726.3/845－5

詩韻合璧五卷　（清)湯文潞編　虛字韻藪一
卷補遺一卷分韻文選題解擇要一卷　（清)潘
維城輯　詞林典腋一卷附外編一卷詩腋一卷
外篇一卷補篇一卷賦彙錄要一卷附增補賦彙
錄要姓名目錄　（清)吳光昭編　清光緒四年
(1878)上海淞隱閣鉛印本　五冊

350000－2001－0002142　722.6/523－1

六書分類十二卷首一卷　（清)傅世垚輯　清
康熙聽松閣刻本　十二冊

350000－2001－0002143　727.1/74－1

急救一卷　（漢)史游撰　清道光十八年
(1838)刻獨抱廬叢刻本　一冊

350000－2001－0002144　727/137

蒙學叢書第二集十九卷　（清)汪鍾霖輯　清
光緒三十二年(1906)吳縣汪氏石印本　六冊

350000－2001－0002145　722.6/750

六書故三十三卷通釋一卷　（元)戴侗著　清
乾隆四十九年(1784)綿州李鼎元刻本　十
六冊

350000－2001－0002146　722.6/623＝1

六書會原十卷首一卷　（清)潘肇豐著　清嘉
慶六年(1801)刻本　二冊

350000－2001－0002147　722.6/558＝1

六書辨通五卷補一卷續補一卷例解一卷褉說
一卷八分書辨一卷　（清)楊錫觀編輯　清乾
隆八年(1743)刻本　五冊　存五卷(六書辨
通五卷)

350000－2001－0002148　727.1/28

急就篇四卷　（漢)史游撰　（唐)顏師古注
(宋)王應麟補注　清光緒九年(1883)浙江書
局刻本　一冊

350000－2001－0002149　722.7/22

經傳釋詞十卷　（清)王引之撰　清嘉慶二十
四年(1819)高郵王氏刻本　四冊

350000－2001－0002150　727.1/728－3

龍文鞭影二卷　（明）蕭良有撰　（明）楊臣靜增訂　龍文鞭影二集二卷　（清）李暉吉（清）徐瓚輯　清光緒刻本　二冊

350000－2001－0002151　727.1/311

小學啓蒙二卷附錄一卷　（清）侯靖撰　清光緒三十三年(1907)師聖堂侯氏家塾石印本一冊

350000－2001－0002152　722.7/342

五雅全書　（明）郎奎金輯　明天啓六年(1626)郎氏堂策檻刻本　四冊　存二種十二卷(爾雅二卷、廣雅十卷)

350000－2001－0002153　727.1/311 ＝1

小學啓蒙二卷附錄一卷　（清）侯靖撰　清光緒三十三年(1907)師聖堂侯氏家塾石印本一冊

350000－2001－0002154　727.1/338.1

蒙求釋註三卷　（清）唐仲冕撰　（清）王承緯補注　清嘉慶十二年(1807)刻本　一冊

350000－2001－0002155　丁2.6/21

宜秋集八卷　（明）周玄撰　（明）徐𤊹錄　清抄本　一冊

350000－2001－0002156　722.7/22.3

吳縣王仁俊讀爾雅日記一卷　王仁俊撰　清光緒十六年(1890)刻本　一冊

350000－2001－0002157　722.7/24

廣雅疏證十卷　（清）王念孫學　博雅音十卷　（唐）曹憲撰　（清）王念孫校勘　清嘉慶刻本　八冊

350000－2001－0002158　722.7/439

經典釋文三十卷　（唐）陸德明撰　考證三十卷　（清）盧文弨撰　清乾隆五十六年(1791)餘姚盧氏刻抱經堂叢書本　十冊

350000－2001－0002159　ϕ728.471/718

說文閩音通一卷附錄一卷　（清）謝章鋌撰清光緒三十年(1904)陳寶璐刻本　一冊

350000－2001－0002160　ϕ728.471/718 ＝1

說文閩音通一卷附錄一卷　（清）謝章鋌撰

清光緒三十年(1904)陳寶璐刻本　一冊

350000－2001－0002161　728.471/ϕ877

閩音千字文集字一卷　（□）□□撰　清光緒八年(1882)贊善社刻本　二冊

350000－2001－0002162　727.1/137

千字文釋義一卷　（清）汪嘯尹纂輯　（清）孫謙益爹注　清乾隆歙西徐士業刻本　一冊

350000－2001－0002163　728.471/ϕ877 ＝1

閩音千字文集字一卷　（□）□□輯　清光緒八年(1882)刻本　一冊

350000－2001－0002164　728.471/ϕ877 ＝2

閩音千字文集字一卷　（□）□□輯　清光緒八年(1882)贊善社刻本　一冊

350000－2001－0002165　727.1/728 － 4

龍文鞭影二卷　（明）蕭良有纂輯　（明）楊臣靜增訂　（清）來集之音注　清刻本　二冊

350000－2001－0002166　722.2/169.1

說文字原考略六卷　（清）吳照輯　清乾隆五十七年(1792)南昌南城吳氏刻本　二冊

350000－2001－0002167　728.4711/ϕ974

閩腔快字千字文不分卷　（□）□□撰　清光緒刻本　二冊

350000－2001－0002168　722.7/27

小爾雅疏八卷　（清）王煦撰　清嘉慶五年(1800)刻本　一冊

350000－2001－0002169　727.1/249.1

童蒙記誦編二卷　（清）周保璋編輯　清光緒二十七年(1901)刻本　二冊

350000－2001－0002170　ϕ728.4712/491

新鎸彙音妙悟全集一卷　（清）黃謙輯　清嘉慶六年(1801)黃謙薰園刻本　一冊

350000－2001－0002171　727.1/406 － 1

三字經註解備要二卷　（宋）王應麟撰　（清）賀興思註解　清光緒三十三年(1907)刻本二冊

350000－2001－0002172　722.7/316

爾雅啓蒙十二卷 （清）姚承輿著 清咸豐二年（1852）刻本 四冊

350000－2001－0002173 727.1/376

倉頡篇三卷 （清）孫星衍學 倉頡篇續本一卷 （清）任大椿學 倉頡篇輯本附一卷 （清）洪亮吉撰 倉頡篇補本二卷 （清）陶方琦學 清光緒十六年（1890）江蘇書局刻本 二冊

350000－2001－0002174 727.1/915

澄衷蒙學堂字課圖說四卷檢字一卷類字一卷 （清）劉樹屏撰 （清）吳子城繪圖 清光緒三十一年（1905）澄衷蒙學堂石印本 八冊

350000－2001－0002175 727.1/915－1

澄衷蒙學堂字課圖說四卷檢字一卷類字一卷 （清）劉樹屏撰 （清）吳子城繪圖 清光緒二十八年（1902）澄衷蒙學堂石印本 八冊

350000－2001－0002176 722.71/377－1＝1

爾雅直音二卷 （清）孫侃輯 清光緒十五年（1889）書蘭亭刻本 二冊

350000－2001－0002177 727.1/915－2

澄衷蒙學堂字課圖說四卷檢字一卷類字一卷 （清）劉樹屏撰 （清）吳子城繪圖 清光緒二十九年（1903）澄衷蒙學堂石印本 八冊

350000－2001－0002178 727.1/944

蒙訓一卷 （清）劉沅撰 清光緒三十年（1904）刻本 一冊

350000－2001－0002179 722.7/377＝3

爾雅直音二卷 （清）孫侃輯 清嘉慶二十五年（1820）刻本 二冊

350000－2001－0002180 727.1/967

官話指南四卷 （日本）吳啓太 （日本）鄭永邦編訂 清光緒二十九年（1903）刻 一冊

350000－2001－0002181 727.1/967＝1

官話指南四卷 （日本）吳啓太 （日本）鄭永邦編訂 清光緒二十九年（1903）刻 一冊

350000－2001－0002182 甲9.2/44.1

欽定續通志六書略四卷七音略四卷 （清）嵇

璜等纂 清抄本 一冊

350000－2001－0002183 727.8/152

字鑑五卷 （元）李文仲編 清光緒十四年（1888）上海蜚英館石印本 一冊

350000－2001－0002184 726.3/196.1

詩韻集成十卷 （清）余照輯 詞林典腋一卷 清光緒三年（1877）上海三元堂銅活字印本 四冊

350000－2001－0002185 722.7/162

經籍纂詁一百六卷首一卷 （清）阮元撰 清嘉慶揚州阮氏琅嬛仙館刻本 四十八冊

350000－2001－0002186 726.3/248

佩文詩韻釋要五卷附辯正一卷 （清）周兆基撰 清光緒三年（1877）粵東使署刻本 二冊

350000－2001－0002187 728/705

輶軒使者絕代語釋別國方言箋疏十三卷 （清）錢繹撰 清光緒十六年（1890）紅蝠山房刻本 二冊

350000－2001－0002188 728/705.1

輶軒使者絕代語釋別國方言箋疏十三卷 （清）錢繹撰 清光緒十六年（1890）紅蝠山房刻民國十八年（1929）補修本 六冊

350000－2001－0002189 722.7/167

經詞衍釋十卷補遺一卷 （清）吳昌瑩撰 清光緒三年（1877）南豐吳氏得一齋刻本 二冊

350000－2001－0002190 726.3/249－1

佩文詩韻釋要五卷 （清）周兆基撰 清光緒十八年（1892）關東學院徐琪刻本 一冊

350000－2001－0002191 726.3/249－2

佩文詩韻釋要五卷 （清）周兆基撰 清光緒十八年（1892）浙江書局刻本 一冊

350000－2001－0002192 742/968

和文漢譯讀本八卷 （日本）坪內雄藏編 （日本）長尾槙太郎譯 清光緒三十年（1904）上海商務印書館鉛印本 八冊

350000－2001－0002193 722.7/162－1

經籍纂詁一百六卷首一卷 （清）阮元撰 清

嘉慶十七年(1812)揚州阮氏瑯嬛仙館刻本
六十四冊

350000－2001－0002194　742.55/167
和文釋例不分卷　(清)吳啓孫輯解　清光緒
二十八年(1902)文明書局鉛印本　二冊

350000－2001－0002195　726.3/249－2＝1
佩文詩韻釋要五卷　(清)周兆基輯　清光緒
十八年(1892)浙江書局刻本　一冊

350000－2001－0002196　722.7/162－2＝1
經籍纂詁一百六卷首一卷　(清)阮元撰　清
光緒十四年(1888)鴻文書局石印本　八冊
存四十六卷(一至四十五、首一卷)

350000－2001－0002197　022/φ402＝1
易解醒豁二卷　(清)梁欽辰撰　清光緒刻本
二冊

350000－2001－0002198　022/φ402＝2
易解醒豁二卷　(清)梁欽辰撰　清光緒刻本
二冊

350000－2001－0002199　022/φ412＝1
周易從周述正一卷　(清)郭籛齡撰　清同治
九年(1870)刻本　一冊

350000－2001－0002200　022/φ443＝4
周易明報三卷首一卷末一卷　(清)陳懋侯撰
清光緒八年(1882)刻本　三冊

350000－2001－0002201　022/φ443.1＝3
知非齋易注三卷首一卷易釋三卷　(清)陳懋
侯撰　清光緒十四年(1888)閩縣陳懋侯刻本
四冊

350000－2001－0002202　722.7/115
小學鉤沈十九卷　(清)任大椿學　(清)王念
孫校正　清嘉慶二十二年(1817)山陽汪廷珍
刻本　一冊

350000－2001－0002203　722.7/439.4
爾雅正義二十卷　(清)邵晉涵撰　爾雅釋文
三卷　(唐)陸德明撰　清乾隆五十三年
(1788)邵氏面水層軒刻本　一冊

350000－2001－0002204　722.7/778－1
爾雅翼三十二卷　(宋)羅願撰　(元)洪焱祖
音釋　清光緒十年(1884)刻洪氏晦木齋叢書
本　六冊

350000－2001－0002205　722.7/778－1＝1
爾雅翼三十二卷　(宋)羅願撰　(元)洪焱祖
音釋　清光緒十年(1884)刻洪氏晦木齋叢書
本　六冊

350000－2001－0002206　722.7/607
爾雅補郭二卷　(清)翟灝撰　清乾隆翟氏刻
本　一冊

350000－2001－0002207　φ029/301＝1
漱芳軒合纂四書體註十九卷　(清)范翔輯
四書章句　(宋)朱熹注　清光緒十三年
(1887)刻本　六冊

350000－2001－0002208　722.7/607＝1
爾雅補郭二卷　(清)翟灝撰　清乾隆翟氏刻
本　一冊

350000－2001－0002209　025.7/φ22＝2
儀禮紃解十七卷　(清)王士讓撰　清乾隆三
十五年(1770)張源義刻道光二年(1822)安溪
王樹功重修本　十二冊

350000－2001－0002210　722.7/623
爾雅正郭三卷　(清)潘衍桐撰　清光緒十七
年(1891)刻本　一冊

350000－2001－0002211　025.7/φ22＝3
儀禮紃解十七卷　(清)王士讓撰　清乾隆三
十五年(1770)張源義刻道光二年(1822)安溪
王樹功重修本　六冊

350000－2001－0002212　025/φ212＝2
三禮通釋二百八十卷首一卷目錄四卷　(清)
林昌彝撰　清同治三年(1864)廣州刻本　四
十八冊

350000－2001－0002213　025/φ445＝1
禮書一百五十卷　(宋)陳祥道撰　(清)郭龍
光等校訂　清嘉慶九年(1804)福清郭氏校經
堂刻本　二十四冊

350000－2001－0002214　025/φ212＝3

三禮通釋二百八十卷首一卷目錄四卷　（清）林昌彝撰　清同治三年(1864)廣州刻本　三十二冊

350000－2001－0002215　025/φ212＝4
三禮通釋二百八十卷首一卷目錄四卷　（清）林昌彝撰　清同治三年(1864)廣州刻本　四十六冊

350000－2001－0002216　722.7/616
爾雅漢注三卷　（清）臧鏞堂撰　（清）孫馮翼校訂　清嘉慶七年(1802)孫氏刻問經堂叢書本　一冊

350000－2001－0002217　722.7/679
釋名疏證八卷補遺一卷續釋名一卷　（漢）劉熙撰　（清）畢沅疏證　清乾隆五十五年(1790)畢氏靈巖山館刻經訓堂叢書本　二冊　存八卷(釋名疏證八卷)

350000－2001－0002218　722.7/679－1
釋名疏證八卷補遺一卷續釋名一卷　（漢）劉熙撰　（清）畢沅疏證　清乾隆五十五年(1790)畢氏靈巖山館刻經訓堂叢書本　二冊

350000－2001－0002219　722.7/414.3
爾雅三卷　（晉）郭璞注　（唐）陸德明音義清光緒十二年(1886)湖北官書處刻本　三冊

350000－2001－0002220　722.7/414.2
爾雅三卷　（晉）郭璞注　（唐）陸德明音義清嘉慶十一年(1806)吳門顧氏思適齋刻本　一冊

350000－2001－0002221　乙3/17
憲章錄四十七卷　（宋）薛應旂編述　明萬曆刻本　十六冊　存三十八卷(一至三十八)

350000－2001－0002222　乙3/18
明武宗毅皇帝實錄一百九十七卷　（明）費宏等纂修　明抄本　一冊　存十二卷(一百五十八至一百六十九)

350000－2001－0002223　乙4/1
古今紀要十九卷　（宋）黃震撰　明初刻本十八冊

350000－2001－0002224　722.7/437
埤雅二十卷　（宋）陸佃撰　清康熙刻本四冊

350000－2001－0002225　726.3/249－2＝2
佩文詩韻釋要五卷　（清）周兆基輯　清光緒十八年(1892)浙江書局刻本　一冊

350000－2001－0002226　726.3/249－3
佩文詩韻釋要五卷　（清）周兆基輯　（清）陸潤庠重校　清宣統三年(1911)上海商務印書館石印本　一冊

350000－2001－0002227　726.3/249－3＝1
佩文詩韻釋要五卷　（清）周兆基輯　（清）陸潤庠重校　清宣統三年(1911)上海商務印書館石印本　一冊

350000－2001－0002228　726.3/249－3＝2
佩文詩韻釋要五卷　（清）周兆基輯　（清）陸潤庠重校　清宣統三年(1911)上海商務印書館石印本　一冊

350000－2001－0002229　722.7/437＝1
埤雅二十卷　（宋）陸佃撰　清康熙刻本四冊

350000－2001－0002230　722.7/439－1
經典釋文三十卷　（唐）陸德明撰　考證三十卷　（清）盧文弨撰　清同治八年(1869)湖北崇文書局刻本　十二冊

350000－2001－0002231　726.2/618－1
古音正義一卷　（清）熊士伯記　清康熙刻本一冊

350000－2001－0002232　726.2/618
等切元聲十卷　（清）熊士伯述　清康熙刻本五冊

350000－2001－0002233　722.7/439－2
經典釋文三十卷　（唐）陸德明撰　攷證三十卷　（清）盧文弨撰　清同治十年(1871)刻本十二冊

350000－2001－0002234　722.7/439－3
經典釋文三十卷　（唐）陸德明撰　攷證三十

卷 （清）盧文弨撰　清光緒十五年(1889)湖南書局刻本　十六冊

350000－2001－0002235　726.3/34
詞林正韻三卷發凡一卷　（清）戈載輯　清光緒三年(1877)刻本　二冊

350000－2001－0002236　726.1/152.2
音韻須知二卷問奇一覽二卷　（清）李書雲輯　（清）朱素臣較　清康熙二十九年(1690)刻乾隆三十一年(1766)汪氏重修本　二冊

350000－2001－0002237　726.3/37
詩聲類十二卷分例一卷　（清）孔廣森學　清乾隆五十七年(1792)曲阜孔氏謙益堂刻顨軒孔氏所著書本　二冊

350000－2001－0002238　乙4/48
靖海紀事二卷　（清）施琅撰　清抄本　二冊

350000－2001－0002239　乙4/3
史要六卷　（清）陳源珍編　清抄本　六冊

350000－2001－0002240　726.1/153
古今韻考四卷　（清）李因篤撰　校刻古今韻考附記一卷　（清）楊傳第撰　清光緒六年(1880)福山王氏刻天壤閣叢書本　一冊

350000－2001－0002241　乙4/10.4
國語正義二十一卷　（清）董增齡撰　清光緒六年(1880)會稽章氏式訓堂刻本　十冊

350000－2001－0002242　乙4/10.6
國語正義二十一卷　（清）董增齡撰　清光緒六年(1880)會稽章氏式訓堂刻本　八冊

350000－2001－0002243　乙4/11
戰國策十卷　（宋）鮑彪撰　（元）吳師道補正　明萬曆九年(1581)張一鯤刻本　八冊

350000－2001－0002244　乙4/12
晉文春秋一卷　（□）□□撰　明刻本　一冊

350000－2001－0002245　乙4/12.3
牛羊日曆一卷　（唐）劉軻撰　清抄本　一冊

350000－2001－0002246　乙4/12.5
五代春秋二卷　（宋）尹洙撰　明刻本　一冊

350000－2001－0002247　乙4/12.6
五代春秋二卷　（宋）尹洙撰　清抄本　一冊

350000－2001－0002248　乙4/13
弘簡錄二百五十四卷　（明）邵經邦撰　清康熙二十七年(1688)仁和邵氏刻本　二十五冊

350000－2001－0002249　乙4/14
續弘簡錄元史類編四十二卷　（清）邵遠平撰　清康熙刻本　五冊

350000－2001－0002250　乙4/15
函史二編　（明）鄧元錫撰　明萬曆刻本　二十冊　存二十一卷(下編一至二十一)

350000－2001－0002251　乙4/17
燕史□□卷　（明）郭造卿撰　清抄本　十八冊　存三十四卷(政紀一至二、統紀一至三、雄紀一至二、鎮紀一至十、敵紀一至二、督紀一至六、道紀一至二、繫紀一至三、裔紀一至二、朔紀三至四)

350000－2001－0002252　乙4/23
宋徽欽二帝赴燕京北行紀畧一卷　題(宋)辛棄疾撰　阿計替傳一卷　清抄本　一冊

350000－2001－0002253　乙4/24
宋徽欽二帝赴燕京北行紀畧一卷附阿計替傳一卷　題(宋)辛棄疾撰　清光緒烏石山房抄本　一冊

350000－2001－0002254　乙4/25
南渡錄大畧一卷南渡紀聞錄一卷竊憤錄一卷竊憤續錄一卷　題(宋)辛棄疾撰　阿計替傳一卷　清抄本　一冊

350000－2001－0002255　乙4/26
南渡錄四卷附阿計替傳　題(宋)辛棄疾撰　清漢陽周氏澹志堂抄本　一冊

350000－2001－0002256　乙4/27
神宗皇帝即位使遼語錄一卷　（宋）陳襄撰　清抄本　一冊

350000－2001－0002257　乙4/29
皇元聖武親征記一卷　（清）鄭杰校正　清乾隆四十三年(1778)侯官鄭杰注韓居抄本

一冊

350000－2001－0002258　丙10/102

諸子品節五十卷　（明）陳深輯　明萬曆刻本
十二冊

350000－2001－0002259　乙4/33

建文朝野彙編二十卷　（明）屠叔方纂　明萬
曆刻本（卷一為抄配）　八冊

350000－2001－0002260　乙4/34

弇州史料前集三十卷後集七十卷　（明）王世
貞撰　（明）董復表輯　明萬曆四十二年
(1614)楊鶴等刻本　十六冊　存八十六卷
(前集一至十四、十七至十九、二十六至三十，
後集一至四十五、五十二至七十)

350000－2001－0002261　乙4/35

弇州史料前集三十卷後集七十卷　（明）王世
貞撰　（明）董復表編　明刻本　十七冊　存
五十九卷(後集一至五十九)

350000－2001－0002262　乙4/36

弇山堂別集一百卷　（明）王世貞撰　明萬曆
十八年(1590)金陵刻本　十六冊

350000－2001－0002263　乙4/37

玉鏡新譚十卷　（明）朱長祚編輯　明崇禎刻
本　五冊　存六卷(一至五、八)

350000－2001－0002264　乙4/39

萬曆野獲編三十卷　（明）沈德符撰　（清）錢
枋輯　清抄本　八冊　存十一卷(四至十四)

350000－2001－0002265　乙4/39.5

甲申朝事小紀摘鈔十卷　（清）抱陽生纂
(清)林春溥輯　清閩縣林氏抄本　八冊　存
八卷(一、三至九)

350000－2001－0002266　乙4/41

**寇變紀一卷寇變後紀一卷寨堡紀一卷堡城紀
一卷**　（清）李世熊撰　清抄本　一冊

350000－2001－0002267　乙4/42

豫變紀畧八卷　（清）鄭廉撰　清抄本　二冊
存四卷(三至六)

350000－2001－0002268　乙4/43

啓禎兩朝剝復錄七卷　（明）吳應箕撰　清抄
本　三冊

350000－2001－0002269　乙4/44

劫灰錄一卷附錄一卷　題(清)珠江寓舫撰
清抄本　一冊　存一卷(一)

350000－2001－0002270　乙4/45

虞山妖亂志三卷　（明）馮舒撰　**海角遺編一
卷**　（清）漫游野史纂　清抄本　一冊

350000－2001－0002271　乙4/46

海濱外史三卷　（清）陳維安撰　（清）郭柏蒼
校　清侯官郭氏懷璞齋抄本　一冊

350000－2001－0002272　乙4/46.8

榕城紀聞一卷　題(清)海外散人撰　清侯官
郭氏懷璞齋抄本　一冊

350000－2001－0002273　726.1/154

韻書音義考五卷　（清）李光瓊撰　清乾隆六
十年(1795)慎詒堂刻本　二冊

350000－2001－0002274　726.3/169

世書堂詩韻更定五卷　（清）吳國縉編輯　清
康熙刻本　二冊

350000－2001－0002275　726.3/196.2

詩韻珠璣五卷　（清）余照輯　清嘉慶五年
(1800)刻本　五冊

350000－2001－0002276　728.1/210

續方言二卷　（清）杭世駿撰　清乾隆刻本
一冊

350000－2001－0002277　728.1/705

輶軒使者絕代語釋別國方言箋疏十三卷
(清)錢繹撰　清光緒十六年(1890)紅蝠山房
刻本　六冊

350000－2001－0002278　728/25

拼音字譜撮要一卷　（清）王炳耀撰　清光緒
二十五年(1899)刻本　一冊

350000－2001－0002279　727.1/915－3

澄衷蒙學堂字課圖說四卷檢字一卷類字一卷
　（清）劉樹屏撰　（清）吳子城繪圖　清光緒
石印本　二冊

350000 - 2001 - 0002280   726.1/153 - 1

李氏音鑑六卷 （清）李汝珍撰　清光緒十四年(1888)刻本　四冊

350000 - 2001 - 0002281   726.1/153.2

李氏音鑑六卷 （清）李汝珍撰　（清）余集鑒定　清嘉慶十五年(1810)寶善堂刻本　二冊

350000 - 2001 - 0002282   021.4/93.4

九經今義二十八卷 （清）成本璞著　清光緒三十一年(1905)鉛印通雅齋叢書本　二冊

350000 - 2001 - 0002283   727.1/622

養蒙針度五卷 （清）潘子聲撰　清道光十八年(1838)刻本　二冊

350000 - 2001 - 0002284   727.1/866

會文學社字課圖說八卷 （清）會文學社編　清光緒三十年(1904)上海會文學社石印本　八冊

350000 - 2001 - 0002285   021.5/557 - 1

十一經音訓不分卷 （清）楊國楨輯　清光緒十六年(1890)吳重熹刻本　二十一冊

350000 - 2001 - 0002286   021.4/347

九經五十一卷 （清）秦鑕訂正　清刻本　十二冊

350000 - 2001 - 0002287   021.3/496 - 1

七經精義 （清）黃淦纂　清末刻本　十冊　存三十四卷(書經精義四卷首一卷末一卷、詩經精義四卷首一卷末一卷、周禮精義六卷首一卷、儀禮精義一卷補編一卷、禮記精義六卷首一卷末一卷、春秋精義四卷首一卷)

350000 - 2001 - 0002288   025/395

讀禮通考一百二十卷 （清）徐乾學撰　清光緒七年(1881)江蘇書局刻本　三十二冊

350000 - 2001 - 0002289   021.6/162

重刊宋本十三經注疏 （□）□□輯　附校勘記 （清）阮元撰　（清）盧宣旬摘錄　清嘉慶二十年(1815)南昌府學刻本　一百十一冊

350000 - 2001 - 0002290   021.5/557

十一經音訓不分卷 （清）楊國楨輯　清光緒

三年(1877)湖北崇文書局刻本　二十六冊

350000 - 2001 - 0002291   082.17/128

果堂全集六種 （清）沈彤撰　清乾隆吳江沈氏刻本　五冊

350000 - 2001 - 0002292   728.54/944.1

菜根譚二卷 （明）洪應明撰　清刻本　一冊

350000 - 2001 - 0002293   728.54/936

御製增訂清文鑑三十二卷總綱八卷補編四卷 （清）傅恒等撰　清乾隆三十六年(1771)刻本　四十四冊

350000 - 2001 - 0002294   021/375

松源經說四卷 （清）孫之騄撰　清乾隆三十一年(1766)春草園刻本　二冊　存二卷(一至二)

350000 - 2001 - 0002295   021/443

白虎通疏證十二卷 （清）陳立撰　清光緒元年(1875)淮南書局刻本　四冊

350000 - 2001 - 0002296   021/445

經咫一卷 （清）陳祖范撰　清乾隆二十九年(1764)日華堂刻陳司業集四種本　一冊

350000 - 2001 - 0002297   021/492

經訓比義三卷 （清）黃以周撰　清光緒二十二年(1896)南菁講舍刻本　一冊

350000 - 2001 - 0002298   021/526

羣經宮室圖二卷 （清）焦循撰　清半九書墅刻本　二冊

350000 - 2001 - 0002299   728.54/944

清文啓蒙四卷 （清）舞格撰　清雍正八年(1730)錢塘程明遠刻本　二冊

350000 - 2001 - 0002300   742.7/938

增訂第三版和文漢讀法不分卷 丁福保撰　清光緒二十七年(1901)無錫丁氏疇隱廬石印本　一冊

350000 - 2001 - 0002301   742.7/938 = 1

增訂第三版和文漢讀法不分卷 丁福保撰　清光緒二十七年(1901)無錫丁氏疇隱廬石印本　一冊

350000－2001－0002302　021/661

鄭志三卷　（三國魏）鄭小同編　清乾隆四十二年(1777)福建刻道光、同治重修光緒二十一(1895)增修武英殿聚珍版書本　一冊

350000－2001－0002303　φ025.92/445＝2

禮書一百五十卷　（宋）陳祥道撰　（清）郭龍光等校定　清嘉慶九年(1804)福清郭氏校經堂刻本　二十冊

350000－2001－0002304　021.8/φ662

石齋先生經傳十種　（明）黃道周輯　（清）鄭開極重訂　清康熙三十二年(1693)刻本　十八冊

350000－2001－0002305　021/616

經義雜記三十卷　（清）臧琳撰　敘錄一卷（清）臧庸輯　清嘉慶四年(1799)武進臧氏刻拜經堂叢書本　八冊

350000－2001－0002306　021/395

通介堂經說十二卷　（清）徐灝撰　清咸豐四年(1854)刻本　四冊

350000－2001－0002307　021/21＝1

經義述聞三十二卷　（清）王引之撰　清道光七年(1827)京師壽藤書屋刻本　二十三冊

350000－2001－0002308　032.2/24

小學紺珠十卷　（宋）王應麟撰　清乾隆、嘉慶刻本　五冊

350000－2001－0002309　021/526－1

羣經宮室圖二卷　（清）焦循撰　清光緒十一年(1885)梁溪朱氏小曝書亭刻本　二冊

350000－2001－0002310　021/526－1＝1

羣經宮室圖二卷　（清）焦循撰　清光緒十一年(1885)梁溪朱氏小曝書亭刻本　二冊

350000－2001－0002311　021/312

羣經平議三十五卷　（清）俞樾撰　清光緒三年(1877)刻春在堂全書本　十六冊

350000－2001－0002312　021/662

愚一錄十二卷　（清）鄭獻甫撰　（清）周幹臣校　清光緒二年(1876)黔南道署刻本　四冊

350000－2001－0002313　021/24

讀十三經管見草一卷　（清）王尚㮚著　清宣統二年(1910)鉛印義川遺書本　一冊

350000－2001－0002314　021/103

經傳攷證八卷　（清）朱彬撰　清道光二年(1822)遊道堂刻本　二冊

350000－2001－0002315　021/654

經學提要十五卷　（清）蔡孔炘撰　清道光七年(1827)刻本　六冊

350000－2001－0002316　021/11

萬充宗先生經學五書　（清）萬斯大著　清嘉慶元年(1796)刻本　四冊

350000－2001－0002317　乙5.2/7.5

閩頌類編一卷　（□）□□輯　清康熙刻本　一冊

350000－2001－0002318　甲9.2/19.1

漢隸字源五卷碑目一卷附字一卷　（宋）婁機撰　明末毛氏汲古閣刻本　六冊

350000－2001－0002319　021.1/248－2

五經類編二十八卷　（清）周世樟編　清刻本　八冊

350000－2001－0002320　甲9.2/36.5

諸書字考略二卷　（明）林茂槐輯　清抄本　一冊　存一卷(上)

350000－2001－0002321　乙4/47

平閩紀十三卷　（清）楊捷撰　清康熙二十二年(1683)楊氏世澤堂刻本　八冊

350000－2001－0002322　722.7/115.1

小學鉤沈十九卷　（清）任大椿學　（清）王念孫校正　清光緒十年(1884)龍氏刻本　四冊

350000－2001－0002323　023/25－1

欽定書經傳說彙纂二十一卷首二卷序一卷（清）王頊齡等撰　清同治七年(1868)刻本　十二冊

350000－2001－0002324　022/537.5－1

周易傳義音訓八卷首一卷末一卷　（宋）程頤傳　（宋）朱熹本義　（宋）呂祖謙音訓　清咸

豐六年(1856)浦城祝氏與古齋刻本　八冊

350000－2001－0002325　195/φ795.2＝1
古本周易參同契三卷　(漢)魏伯陽撰　(清)
龔易圖註　清光緒十七年(1891)木活字印本
二冊

350000－2001－0002326　022/661
易緯十二卷　(漢)鄭玄注　(清)紀昀纂　清
乾隆四十二年(1777)福建刻道光、同治遞修
光緒二十一年(1895)增補武英殿聚珍版書本
二冊

350000－2001－0002327　082.17/15.1
抗希堂十六種　(清)方苞撰　清康熙至嘉慶
間桐城方氏抗希堂刻本　二十八冊　存六種
一百十三卷(周官集注十二卷、周官析疑三十
六卷、春秋直解十二卷、春秋比事目錄四卷、
禮記析疑四十八卷、左傳義法舉要一卷)

350000－2001－0002328　572.1/φ974－1
天演論二卷　(英國)赫胥黎造論　嚴復達恉
　清光緒二十四年(1898)侯官嗜奇精舍石印
本　一冊

350000－2001－0002329　864/φ833
巴黎茶花女遺事一卷　(法國)小仲馬著　林
紓譯　清光緒二十七年(1901)玉情瑤怨館刻
本　一冊

350000－2001－0002330　852.47/φ277
淳菴詩文集十二卷　(清)柯輅撰　清嘉慶十
四年(1809)邵武樵川學舍木活字印本　四冊

350000－2001－0002331　021.8/400－1
通志堂經解一百四十種　(清)納蘭成德輯
清康熙十九年(1680)通志堂刻本　三百五十
九冊　存九十九種一千三百七十八卷(易數
鉤隱圖三卷遺論九事一卷、易學一卷、易璇璣
三卷、周易義海撮要十二卷、易小傳六卷、復
齋易說六卷、童溪王先生易傳三十卷、易稗傳
一卷外篇一卷、易圖說三卷、易學啓蒙通釋二
卷圖一卷、東谷鄭先生易翼傳二卷、三易備遺
十卷、丙子學易編一卷、易學啓蒙小傳一卷經
傳一卷、大易緝說十卷、周易輯聞六卷易雅一

卷筮宗一卷、周易傳義附錄十四卷首一卷、學
易記九卷首一卷、讀易私言一卷、俞氏易集説
十三卷、周易本義附錄纂注十五卷、易纂言十
二卷首一卷、周易經傳集程朱解附錄纂注十
四卷首一卷附一卷、易圖通變五卷、易象圖説
內篇三卷外篇三卷、大易象數鉤深圖三卷、合
訂删補大易集義粹言八十卷、書古文訓十六
卷、尚書說七卷、增修東萊書說三十五卷首一
卷、書疑九卷、書蔡氏傳旁通六卷、尚書句解
十三卷、書集傳纂疏六卷首一卷、尚書通考十
卷、王耕野先生讀書管見二卷、定正洪範集説
一卷首一卷、毛詩指説一卷、詩本義十五卷鄭
氏詩譜補亡一卷、李迂仲黃實夫毛詩集解四
十二卷首一卷、毛詩名物解二十卷、詩説一
卷、詩疑二卷、詩傳遺説六卷、逸齋詩補傳三
十卷篇目一卷、詩集傳名物鈔八卷、詩經疑問
七卷附編一卷、春秋尊王發微十二卷附錄一
卷、春秋皇綱論五卷、春秋劉氏傳十五卷、春
秋權衡十七卷、劉氏春秋意林二卷、春秋臣傳
三十卷、西疇居士春秋本例二十卷、木訥先生
春秋經筌十六卷、石林先生春秋傳二十卷、止
齋先生春秋後傳十二卷、左氏傳說二十卷、春
秋左氏傳事類始末五卷附錄一卷、春秋提綱
十卷、春秋王霸列國世紀編三卷、春秋通説十
三卷、則堂先生春秋集傳詳説三十卷綱領一
卷、春秋本義三十卷首一卷、春秋或問十卷、
春秋集傳十五卷、春秋屬辭十五卷、春秋師説
三卷附錄二卷、春秋左氏傳補注十卷、春秋諸
傳會通二十四卷首一卷、春秋集傳釋義大成
十二卷首一卷、清全齋讀春秋編十二卷、春秋
春王正月考一卷辨疑一卷、東巖周禮訂義八
十卷首一卷、鬳齋考工記解二卷、儀禮圖十七
卷旁通圖一卷附儀禮本經十七卷、禮記集説
一百六十卷、太平經國之書十一卷首一卷、夏
小正戴氏傳四卷、儀禮逸經傳一卷、經禮補逸
九卷附錄一卷、禮記陳氏集説補正三十八卷、
孝經注解一卷、孝經大義一卷、孝經一卷、晦
菴先生所定古文孝經句解一卷、南軒先生論
語解十卷、論語集説十卷、孟子集疏十四卷、
孟子音義二卷、大學纂疏一卷中庸纂疏一卷
論語纂疏十卷孟子纂疏十四卷、大學通一卷

中庸通一卷論語通十卷孟子通十四卷、四書通旨六卷、四書辨疑十五卷、公是先生七經小傳三卷、六經正誤六卷、熊先生經說七卷、十一經問對五卷、五經蠡測六卷）

350000－2001－0002332　丁1/2
楚辭十七卷　（漢）王逸章句　（宋）洪興祖補注　清初毛氏汲古閣刻寶翰樓印本　四冊

350000－2001－0002333　丁1/16
釋騷一卷　（明）何喬遠撰　（清）楊浚錄　清咸豐楊浚冠悔堂抄本　一冊

350000－2001－0002334　ф192/873
福州美以美會第三十四年錄三卷　（美）美以美會編　清宣統二年(1910)福州美華書局鉛印本　一冊

350000－2001－0002335　ф356.92/813.2
福州船政成績概略一卷　（清）福州船政局編　清光緒鉛印本　一冊

350000－2001－0002336　ф356.92/813.2＝1
福州船政成績概略一卷　（清）福州船政局編　清光緒鉛印本　一冊

350000－2001－0002337　355/ф444
各國水師源流攷一卷　（清）陳秉濂譯　清光緒三十年(1904)湖北洋務譯書局刻本　一冊

350000－2001－0002338　ф356.92/813.1
船政奏議續編一卷　（清）總理船政事務衙門編　清宣統二年(1910)總理船政事務衙門排印本　一冊

350000－2001－0002339　ф356.92/813.1＝1
船政奏議續編一卷　（清）總理船政事務衙門編　清宣統二年(1910)總理船政事務衙門排印本　一冊

350000－2001－0002340　360.18/ф942
原富五部　（英國）斯密亞丹原本　嚴復譯　清光緒二十八年(1902)南洋公學譯書院鉛印本　八冊

350000－2001－0002341　ф362.29971/412
閩產錄異六卷　（清）郭柏蒼輯　清光緒十二

年(1886)刻本　三冊

350000－2001－0002342　572.1/ф974
天演論二卷　（英國）赫胥黎造論　嚴復達恉　清光緒沔陽盧氏慎始基齋刻本　一冊

350000－2001－0002343　572.1/ф974.4
天演論二卷　（英國）赫胥黎造論　嚴復達恉　清光緒刻本　一冊

350000－2001－0002344　444.12/ф662
研齋印譜一卷　（清）鄭筜篆　清康熙六十年(1721)刻鈐印本　一冊

350000－2001－0002345　ф334.1/866
全閩地方自治公會章程一卷　（清）全閩地方自治公會編　清宣統三年(1911)鉛印本　一冊

350000－2001－0002346　300/ф942
群學肄言不分卷　（英國）斯賓塞爾造論　嚴復翻譯　清光緒二十九年(1903)上海文明書局鉛印本　四冊

350000－2001－0002347　572.1/ф972－2
天演論二卷　（英國）赫胥黎造論　嚴復達恉　清光緒二十八年(1902)浙江石印總局石印本　二冊

350000－2001－0002348　572.1/ф974－3
天演論二卷　（英國）赫胥黎造論　嚴復達恉　清光緒三十二年(1906)上海商務印書館鉛印本　一冊

350000－2001－0002349　572.1/ф974.6
天演論二卷　（英國）赫胥黎造論　嚴復達恉　清光緒二十七年(1901)富文書局石印本　一冊

350000－2001－0002350　352.2/ф3
演礮圖說輯要四卷　（清）丁拱辰撰　清道光二十三年(1843)刻本　一冊

350000－2001－0002351　ф633.81/618
宣和北苑貢茶錄一卷　（宋）熊蕃撰　北苑別錄一卷　（宋）趙汝礪撰　清嘉慶四年(1799)桐川顧氏刻讀畫齋叢書本　一冊

350000－2001－0002352　　631.81/φ195

茶史補一卷　（清）余懷輯　清道光十三年(1833)吳江沈氏世楷堂刻昭代叢書本　一冊

350000－2001－0002353　　633.51/φ442

棉業考一卷　（清）陳秉濂譯　清光緒三十年(1904)湖北洋務局編譯科排印本　一冊

350000－2001－0002354　　φ327/874

福州英領事混爭天安寺紀實一卷　（清）閩南救火會輯　清宣統元年(1909)鉛印本　一冊

350000－2001－0002355　　355.1/φ813

暫編步兵操典一卷　（清）閩口總司令部摘錄　清宣統二年(1910)福州鉛印本　一冊

350000－2001－0002356　　929.649/φ213

滇軺紀程一卷荷戈紀程一卷　（清）林則徐撰　清光緒三年(1877)三山林氏刻林文忠公遺集本　一冊

350000－2001－0002357　　（M）D08/20

政治講義一卷　嚴復纂　清光緒三十二年(1906)上海商務印書館鉛印本　一冊

350000－2001－0002358　　929.71021/φ718.3

方廣巖志四卷　（明）謝肇淛纂　（明）徐熥校　清光緒十一年(1885)刻本　一冊

350000－2001－0002359　　929.518/φ404

滄浪亭志六卷首一卷　（清）梁章鉅撰　清道光七年(1827)刻本　一冊

350000－2001－0002360　　φ390/873－2

藩臬臺莊臨去毒總社開會議案一卷　（清）福建去毒總社編　清宣統元年(1909)鉛印本　一冊

350000－2001－0002361　　339/φ528

比利時國政條論一卷　（清）曾仰東譯　（清）王瑩修校　清光緒二十九年(1903)湖北洋務譯書局刻本　一冊

350000－2001－0002362　　927.033/φ402－3

南省公餘錄八卷　（清）梁章鉅撰　清嘉慶刻本　二冊

350000－2001－0002363　　927.2/φ267

靖海紀事二卷　（清）施琅撰　（清）施葆修輯　清光緒元年(1875)刻本　三冊

350000－2001－0002364　　042.7/φ718

課餘偶錄四卷　（清）謝章鋌輯　清光緒二十四年(1898)福州刻賭棋山莊所著書本　二冊

350000－2001－0002365　　φ355.1/937

步兵射擊教範一卷　（□）□□撰　清光緒末年福建陸軍武備學堂刻本　一冊

350000－2001－0002366　　φ358/946

興化武備抄略一卷　（□）□□撰　清末抄本　一冊

350000－2001－0002367　　355.3/φ730

上張勤果公南北洋各礮臺情形書一卷附圖說目錄　（清）薩承鈺撰　清光緒石印本　一冊

350000－2001－0002368　　φ422.1/365

百韻草訣歌一卷　（清）桂秋偶書　清乾隆二十六年(1761)刻本　一冊

350000－2001－0002369　　822.1992/φ214

健公詩影一卷　林紓輯　清光緒十九年(1893)刻本　一冊

350000－2001－0002370　　420.4/φ402

退菴題跋二卷　（清）梁章鉅撰　清道光刻本　一冊

350000－2001－0002371　　638.1/φ80

養蠶新論一卷　（清）邱中馨編纂　清光緒三十三年(1907)刻本　一冊

350000－2001－0002372　　φ350/407

武備輯要六卷　（清）許學范撰　（清）許乃釗輯　清咸豐三年(1853)福州松風仙館刻本　一冊

350000－2001－0002373　　444.12/φ795－2

烏石山房藏印一卷　（清）龔易圖藏　清光緒閩縣龔氏鈐印本　一冊

350000－2001－0002374　　444.12/φ795－1

烏石山房藏印不分卷　（清）龔易圖藏　清末閩縣龔氏鈐印本　四冊

350000 – 2001 – 0002375　927.1/ϕ753 – 1
平臺紀畧一卷　（清）藍鼎元撰　（清）王者輔
評　清雍正十年(1732)刻本　一冊

350000 – 2001 – 0002376　722.9/950 = 2
增訂金壺字考十九卷　（宋）釋適之編　（清）
田朝恒增訂　**金壺字考二集二十一卷補錄一**
卷補注一卷　（清）田朝恒編　清乾隆二十四
年至二十七年(1759 – 1762)刻本　二冊

350000 – 2001 – 0002377　822.47/ϕ795.3
烏石山房詩存十二卷　（清）龔易圖撰　清光
緒十九年至三十四年(1893 – 1908)龔氏刻本
四冊

350000 – 2001 – 0002378　822.47/ϕ214.2
林子魚詩略存一卷　（清）林直撰　清咸豐、
同治林直修改稿本　一冊

350000 – 2001 – 0002379　929.1022/ϕ213
畿輔水利議一卷　（清）林則徐撰　**國史本傳**
及林文忠公事略一卷　清光緒三年(1877)三
山林氏刻本　一冊

350000 – 2001 – 0002380　929.1022/ϕ213 = 1
畿輔水利議一卷　（清）林則徐撰　**國史本傳**
及林文忠公事略一卷　清光緒三年(1877)三
山林氏刻本　一冊

350000 – 2001 – 0002381　929.1022/ϕ213 – 1
畿輔水利議一卷　（清）林則徐撰　清光緒三
年(1877)三山林氏刻林文忠公遺集本　一冊

350000 – 2001 – 0002382　929.71021/ϕ493 = 1
鼓山志十四卷首一卷　（清）黃任修輯　（清）
李拔鑒定　清乾隆刻本　六冊

350000 – 2001 – 0002383　992.224/ϕ154
李忠定公[綱]年譜一卷附錄一卷　（清）楊希
閔編　清光緒四年(1878)福州刻本　一冊

350000 – 2001 – 0002384　ϕ927.2/408
閩中紀略一卷　（清）許旭撰　清道光二十四
年(1844)吳江沈氏世楷堂刻本　一冊

350000 – 2001 – 0002385　638.1/ϕ942 – 1
喝茫蠻書八卷　（法國）喝茫勒窩滂著　（清）

鄭守箴譯　清光緒二十四年(1898)杭州鹽學
館石印本　一冊

350000 – 2001 – 0002386　350/ϕ180
何博士備論一卷　（宋）何去非撰　清嘉慶十
六年(1811)祝昌泰留香室刻浦城遺書本
一冊

350000 – 2001 – 0002387　195/ϕ795.1
谷盈子十二篇　（清）龔易圖撰　清光緒五年
(1879)刻本　一冊

350000 – 2001 – 0002388　398/ϕ228
喪禮輯略一卷　（清）孟超然撰　（清）陳壽祺
（清）馮晉校　清嘉慶二十年(1815)刻清末
重印亦園亭全集本　一冊

350000 – 2001 – 0002389　612/ϕ442
醫學實在易八卷　（清）陳念祖撰　（清）陳元
犀參訂　清道光二十四年(1844)陳心典刻本
四冊

350000 – 2001 – 0002390　927.2/ϕ753
平臺紀略一卷　（清）藍鼎元撰　（清）王者輔
評　清同治四年(1865)廣東緯文堂刻本
一冊

350000 – 2001 – 0002391　ϕ195/489
太上感應篇箋注一卷　（清）惠棟箋注　（清）
孫雲鴻校　清咸豐六年(1856)廈門孫雲鴻刻
光緒五年(1879)重印本　一冊

350000 – 2001 – 0002392　ϕ194/947
禪門日誦一卷　（清）釋繼雲善輯　清乾隆五
十五年(1790)刻本　一冊

350000 – 2001 – 0002393　995.41/ϕ969
拿破崙本紀四卷　（英國）洛加德撰　林紓
魏易譯　清光緒三十一年(1905)京師學務處
官書局鉛印本　四冊

350000 – 2001 – 0002394　638.1/ϕ942
喝茫蠻書八卷　（法國）喝茫勒窩滂著　（清）
鄭守箴譯　清光緒二十四年(1898)杭州鹽學
館石印本　一冊

350000 – 2001 – 0002395　927.033/ϕ404 – 1

南省公餘錄八卷　（清）梁章鉅撰　清光緒二十二年(1896)同文館鉛印本　二冊

350000－2001－0002396　822.1992/ф214＝1

健公詩影一卷　林紓輯　清光緒十九年(1893)刻本　一冊

350000－2001－0002397　195/ф795.1＝1

谷盈子十二篇　（清）龔易圖撰　清光緒五年(1879)刻本　一冊

350000－2001－0002398　ф327/874＝1

福州英領事混爭天安寺紀實一卷　（清）閩南救火會輯　清宣統元年(1909)鉛印本　一冊

350000－2001－0002399　(M)D08/20＝1

政治講義一卷　嚴復纂述　清光緒三十二年(1906)上海商務印書館鉛印本　一冊

350000－2001－0002400　乙4/48.2

靖海紀不分卷　（清）施琅撰　（清）施世綸輯　清木活字印本　二冊

350000－2001－0002401　乙4/48.5

陸麗京雪罪雲游記一卷　（清）陸莘行撰　抄本　一冊

350000－2001－0002402　乙4/51

[鴉片戰爭史料]一卷　（清）高明遠輯　清侯官高氏環翠樓抄本　一冊

350000－2001－0002403　乙4/52

夷氛聞記二卷　（清）梁廷枏撰　清抄本　二冊

350000－2001－0002404　乙4/53

福州團練紀事一卷　（清）陳金城撰　清道光陳氏稿本　一冊

350000－2001－0002405　乙4/54

咄咄錄四卷　（清）魏秀仁撰　清光緒二十五年(1899)閩縣林紹年棣華山館抄本　一冊

350000－2001－0002406　乙4/56

盾鼻隨聞錄八卷　題(清)樗園退叟編　清抄本　一冊

350000－2001－0002407　乙4/57

湘軍志十六卷　王闓運撰　清光緒十一年(1885)刻本　二冊

350000－2001－0002408　乙4/59

拙齋蔣夫子請兵日記一卷(咸豐七年三月二十七日至五月初三日)　（清）鄭世祿誌　稿本　一冊

350000－2001－0002409　乙4/60

江左用兵記四卷　（清）林述慶撰　稿本　三冊　存三卷(二至四)

350000－2001－0002410　乙5.1/1

古今人物論三十六卷　（明）鄭賢輯　明萬曆潭陽余彰德刻本　二十四冊

350000－2001－0002411　乙5.1/2

景行篇四卷　（明）孟養浩撰　明刻本　四冊　存三卷(二至四)

350000－2001－0002412　乙5.1/4

歷代壽考名臣錄一卷　（清）洪梧編　清抄本　一冊

350000－2001－0002413　乙5.1/4.5

聖賢像贊三卷　（明）呂維祺撰　明崇禎刻清重修本　二冊

350000－2001－0002414　乙5.1/5

歷代將鑑博議十卷　（宋）戴溪撰　清侯官鄭氏書帶草堂抄本　二冊

350000－2001－0002415　乙5.1/7

廬山蓮社高賢傳七卷　（明）袁懋貞輯　明萬曆四十八年(1620)刻本　三冊

350000－2001－0002416　乙5.1/9

前明忠義別傳三十二卷　（清）汪有典撰　抄本　十六冊

350000－2001－0002417　乙5.1/9.5

表中錄九卷　（明）汪宗伊撰　明萬曆刻本　一冊

350000－2001－0002418　乙5.1/10

明三異人紀暑四卷　（□）樵古閣輯　清光緒鐵石軒抄本　二冊

350000－2001－0002419　乙5.1/11

國史三傳不分卷　（清）國史館編　清抄本
六冊

350000－2001－0002420　乙5.1/12

欽定外藩蒙古回部王公表傳一百二十卷首一
卷　（清）高宗弘曆撰　清抄本　三十冊

350000－2001－0002421　乙5.1/13

貳臣傳十二卷　（清）國史館編　清抄本
八冊

350000－2001－0002422　乙5.1/14

逆臣傳四卷　（清）國史館編　清抄本　四冊

350000－2001－0002423　乙5.1/15

[湖北通志列傳殘稿]五卷　（清）章學誠編
清乾隆修改稿本　一冊

350000－2001－0002424　乙5.1/17

東越文苑六卷　（明）陳鳴鶴撰　（明）趙世顯
訂正　清抄本　四冊

350000－2001－0002425　乙5.1/18

乾嘉全閩詩傳十二卷　（清）梁章鉅輯　清抄
本　三冊

350000－2001－0002426　乙5.1/18.5

黃梨洲先生思舊錄一卷　（清）黃宗羲撰
（清）鄭性訂　清刻本　一冊

350000－2001－0002427　乙5.1/18.6

黃梨洲先生思舊錄一卷　（清）黃宗羲撰
（清）鄭性訂　清抄本　一冊

350000－2001－0002428　乙5.1/18.8

師友集十卷　（清）梁章鉅撰　清道光二十五
年(1845)刻本　四冊

350000－2001－0002429　乙5.2/1

鄭司農[玄]年譜一卷　（清）阮元撰　清抄本
一冊

350000－2001－0002430　乙5.2/1.2

鄭大司農[玄]蔡中郎[邕]年譜合表一卷
（清）林春溥編　清道光二十四年(1844)三山
林氏稿本　一冊

350000－2001－0002431　乙5.2/1.6

鄂國金佗稡編二十八卷續編三十卷　（宋）岳
珂輯　明刻本　一冊　存一卷(一)

350000－2001－0002432　乙5.2/1.8

忠獻韓魏王[琦]君臣相遇傳十卷　（宋）韓原
道錄　別錄三卷　（宋）王巖叟撰　遺事一卷
（宋）強至編　明萬曆四十二年(1614)徐縉
芳刻本　四冊

350000－2001－0002433　乙5.2/2

濂溪志九卷　（明）李禎撰　明萬曆刻本
四冊

350000－2001－0002434　乙5.2/3

宋儒楊龜山[時]先生通紀補遺二卷　（清）楊
浚編　清光緒十六年(1890)抄本　二冊

350000－2001－0002435　乙5.2/3.5

宋陳忠肅公[瓘]言行錄六卷　（明）陳戴興輯
清抄本　一冊

350000－2001－0002436　乙5.2/4

蔡端明[襄]別紀十二卷　（明）徐爩撰　明刻
本　一冊

350000－2001－0002437　乙5.2/5.7

戚少保[繼光]年譜十卷　（明）戚祚國纂　清
道光抄本　十冊

350000－2001－0002438　乙5.2/7

明殉節榮祿大夫太子太保禮部尚書雁澤先府
君[曹學佺]行述一卷　（清）曹孟善撰　清抄
本　一冊

350000－2001－0002439　丙7/17

大六壬大全十三卷　（清）郭載騋校訂　清康
熙四十三年(1704)刻本　六冊

350000－2001－0002440　乙5.2/8

陳若霖列傳一卷　（清）國史館編　清抄本
一冊

350000－2001－0002441　乙5.2/9

雨蒼[林霈]小傳一卷　（清）林芳撰　印說十
則一卷坿辯篆隸四則　（清）林霈撰　清抄本
一冊

350000－2001－0002442　乙5.5/8

秋坪老人日記不分卷(清嘉慶元年□月十四日至十二年五月初五日)　(清)陳登龍撰　稿本　四冊

350000－2001－0002443　乙5.5/9

文勤公日記鈔注不分卷(清道光二十六年閏五月初一日至同治元年二月初八日)　(清)王慶雲撰　王孝綺注　稿本　十六冊

350000－2001－0002444　乙5.5/10

碩甫公日記不分卷(清道光十七年十二月十四日至十八年二月初四、二十年七月朔日至七月廿一日,咸豐元年冬六日至二年三月十一日)　(清)謝宗本撰　(清)謝叔元修訂　稿本　二冊

350000－2001－0002445　乙5.5/11

楊雪滄日記一卷(清光緒七年正月初一至九年三月初三)　(清)楊浚撰　稿本　一冊

350000－2001－0002446　乙5.5/12

葉恂予日記不分卷(清光緒年間)　(清)葉大焯撰　稿本　四冊

350000－2001－0002447　乙5.5/13

鰲齋日記不分卷　(清)陳則誠撰　稿本　四冊

350000－2001－0002448　乙5.5/14

林子莊日記一卷　(清)林均澤撰　稿本　一冊

350000－2001－0002449　乙5.5/15

陳翊臣日記一卷　(清)陳景韶撰　清抄本　一冊

350000－2001－0002450　乙6.1/4

廣輿記二十四卷　(明)陸應陽撰　明刻本　八冊

350000－2001－0002451　乙6.1/5

讀史方輿紀要一百三十卷　(清)顧祖禹撰　清抄本　八十冊

350000－2001－0002452　乙6.1/6

[康熙]漢南郡志二十四卷　(清)滕天綬修

(清)和鹽鼎纂　清康熙二十八年(1689)刻本　十二冊

350000－2001－0002453　乙6.1/7

脩攘通考六卷　(明)何鐣編　明萬曆六年(1578)刻本　二冊　存一卷(一)

350000－2001－0002454　乙6.1/8

廣輿圖二卷　(元)朱思本撰　(明)羅洪先(明)胡松增補　清嘉慶四年(1799)章學濂刻本　二冊

350000－2001－0002455　乙6.1/9

彙輯輿圖備考全書十八卷　(明)潘光祖輯(清)李雲翔參訂　明崇禎刻清順治補修本　三冊　存四卷(一至二、八、十一)

350000－2001－0002456　乙6.1/10

皇明職方地圖三卷　(明)陳組綬輯　明崇禎九年(1636)刻本　三冊

350000－2001－0002457　乙6.1/9.5

方輿紀要圖不分卷　(清)顧祖禹撰　清抄本　四冊

350000－2001－0002458　乙6.1/10.5

十八省輿圖一卷　(□)□□纂　清刻本　一冊

350000－2001－0002459　乙6.1/11

邵武縣輿圖不分卷　(□)□□纂　清邵武縣署抄本　一冊

350000－2001－0002460　乙6.2/1

重纂福建通志議一卷　(□)□□撰　清抄本　一冊

350000－2001－0002461　乙6.2/2

閩大記五十五卷　(明)王應山纂　清閩縣陳壽祺抄本　一冊　存二卷(四十八、五十)

350000－2001－0002462　乙6.2/3.2

閩書一百五十四卷　(明)何喬遠纂　明崇禎刻本　六十五冊

350000－2001－0002463　乙6.2/18.5

崇安縣志備考不分卷　(□)□□撰　清抄本　一冊

350000－2001－0002464　乙6.2/23

[乾隆]重脩福建臺灣府志二十卷　（清）劉良璧　（清）錢洙等纂輯　清乾隆刻本　八冊　存十卷(三至六、八、十至十二、十九至二十)

350000－2001－0002465　乙6.2/23.5

[乾隆]續脩臺灣府志二十六卷首一卷　（清）余文儀脩　（清）黃佾纂　清乾隆刻本　十一冊　存二十六卷(一至二十五、首一卷)

350000－2001－0002466　乙6.2/24

[正德]朝邑縣志一卷　（明）王道修　（明）韓邦靖纂　清乾隆侯官鄭杰抄本　一冊

350000－2001－0002467　乙6.2/25

[康熙]三原縣志七卷　（清）李瀛纂　清康熙四十四年(1705)刻本　五冊

350000－2001－0002468　乙6.2/26

嘉定鎮江志二十二卷首一卷　（宋）盧憲纂修　校勘二卷附錄一卷　（清）劉文淇　（清）劉毓崧撰　清思貽堂抄本　四冊

350000－2001－0002469　乙6.2/27

至順鎮江志二十一卷首一卷　（元）俞希魯纂　附錄一卷校勘記二卷　（清）劉文淇　（清）劉毓崧撰　清思貽堂抄本　四冊

350000－2001－0002470　乙6.2/29

[萬曆]汝南志二十四卷　（明）黃似華　（明）李本固纂修　明萬曆三十六年(1608)刻本　十六冊

350000－2001－0002471　乙6.2/30

[萬曆]湖廣總志九十八卷　（明）徐學謨纂修　明萬曆刻本　七十九冊

350000－2001－0002472　乙6.2/31

[康熙]江西志二百六卷　（清）白潢修　（清）查慎行等纂　清康熙五十九年(1720)刻本　六十冊

350000－2001－0002473　乙6.3/1

水經注箋四十卷　（北魏）酈道元注　（明）朱謀㙔箋　明萬曆四十三年(1615)李長庚刻本　八冊

350000－2001－0002474　乙6.3/2

水經注□□卷　（北魏）酈道元注　清抄本　一冊　存二卷(一至二)

350000－2001－0002475　乙6.3/3

水經注匯校四十卷首一卷　（北魏）酈道元注　（清）楊希閔校　清光緒七年(1881)刻本　十冊

350000－2001－0002476　乙6.3/4

道山紀略不分卷　（清）蕭震撰　清康熙十一年(1672)刻本　二冊

350000－2001－0002477　乙6.3/5

藤山志不分卷　（□）□□纂　清光緒抄本　三冊

350000－2001－0002478　乙6.3/12

石柱記箋釋五卷　（清）鄭元慶撰　清康熙刻本　一冊

350000－2001－0002479　乙6.4/1

皇輿邊庭紀要不分卷　（□）□□撰　清抄本　一冊

350000－2001－0002480　乙6.5/1.8

天下名山勝概記四十六卷　（□）□□纂　明崇禎刻本　八十四冊　存四十五卷(一至四十四、四十六上)

350000－2001－0002481　乙6.5/2

陸平原集二卷　（晉）陸機撰　附錄一卷　明婁東張氏刻本　一冊　存一卷(一)

350000－2001－0002482　乙6.5/3

游西山記一卷詩一卷　（明）范愷撰　明崇禎十一年(1638)刻本　一冊

350000－2001－0002483　乙6.5/4

滇程記一卷　（明）楊慎撰　明萬曆三十三年(1605)刻本　一冊

350000－2001－0002484　乙6.5/4.5

廣志繹五卷雜志一卷　（明）王士性撰　清康熙十五年(1676)刻本　二冊

350000－2001－0002485　乙6.5/5

虹月船行記一卷　（清）李彥彬撰　清抄本

一冊

350000 – 2001 – 0002486　乙6.5/6

使閩日錄一卷　（清）沈源深撰　清光緒祥符
沈氏稿本　一冊

350000 – 2001 – 0002487　乙6.6/1

六朝事迹編類二卷　（宋）張敦頤編　明抄本
二冊

350000 – 2001 – 0002488　乙6.6/2

中吳紀聞六卷　（宋）龔明之撰　明崇禎毛氏
汲古閣刻本　一冊

350000 – 2001 – 0002489　乙6.6/2.5

吳郡圖經續記三卷　（宋）朱長文撰　清抄本
一冊　存二卷（上、中）

350000 – 2001 – 0002490　乙6.6/3

會稽三賦三卷　（宋）王十朋撰　明刻本
一冊

350000 – 2001 – 0002491　乙6.6/2.7

查浦輯聞二卷　（清）查嗣瑮輯　清抄本
二冊

350000 – 2001 – 0002492　乙6.6/2.8

小海場新志十卷　（清）林正青撰　清乾隆四
年(1739)刻本　四冊

350000 – 2001 – 0002493　乙6.6/6

閩志雜錄不分卷　（□）□□撰　清抄本
四冊

350000 – 2001 – 0002494　丙15/2.5

諸子奇賞前集五十一卷後集六十卷　（明）陳
仁錫評選　明天啓六年(1626)刻本　十七冊
存八十六卷（前集一至四、八至三十四,後
集一至二十二、二十八至六十）

350000 – 2001 – 0002495　乙6.6/8

泉南雜志二卷　（明）陳懋仁撰　清抄本
一冊

350000 – 2001 – 0002496　乙6.6/10

海東札記四卷　（清）朱景英撰　清抄本
四冊

350000 – 2001 – 0002497　乙6.6/13

天全聞見記四卷　（清）陳登龍撰　清嘉慶陳
氏稿本　二冊

350000 – 2001 – 0002498　乙6.6/14

天全聞見記四卷　（清）陳登龍撰　清嘉慶甘
氏荔竹山房抄本　二冊

350000 – 2001 – 0002499　乙6.6/15

滇載記一卷　（明）楊慎撰　明萬曆刻本
一冊

350000 – 2001 – 0002500　乙6.6/15.5

廣東新語二十四卷　（清）屈大均撰　清康熙
刻本　八冊

350000 – 2001 – 0002501　乙6.6/16

西北域記一卷　（清）謝濟世撰　清同治鄭天
錦抄本　一冊

350000 – 2001 – 0002502　乙6.7/3

伊犁總統事略四卷　（清）松筠撰　清抄本
四冊

350000 – 2001 – 0002503　乙7.1/1

文獻通考三百四十八卷　（元）馬端臨撰　明
刻本　五十二冊

350000 – 2001 – 0002504　乙7.1/2

文獻通考三百四十八卷　（元）馬端臨撰　明
嘉靖三年(1524)刻本　九十七冊

350000 – 2001 – 0002505　乙7.1/3

經國雄略四十八卷　（明）鄭大郁編　南明弘
光元年(1645)潭陽王氏刻本　十八冊　存三
十三卷（天經攷一至三、皇輿紀一、畿甸攷一
至五、省藩攷一至四、河防攷一至四、邊塞攷
五、海防攷一至三、江防攷一至三、賦徭攷一
至二、賦稅攷一至二、屯政攷一至二、武備攷
六至八）

350000 – 2001 – 0002506　乙7.1/4

宋貢舉條式一卷　（□）□□撰　清抄本
一冊

350000 – 2001 – 0002507　乙7.4/1

禎朝詔疏十卷　（明）朱東觀輯　明崇禎十七

年(1644)刻本　四冊

350000－2001－0002508　乙7.4/2

[清代詔諭表奏彙編]四卷　（□）□□輯　清
抄本　三冊

350000－2001－0002509　乙7.5/1

荊川先生右編四十卷　（明）唐順之輯　（明）
劉曰寧補輯　明萬曆三十三年(1605)刻本
三十冊

350000－2001－0002510　乙7.5/2

陸宣公奏議二十二卷　（唐）陸贄撰　明萬曆
光裕堂刻本　六冊

350000－2001－0002511　乙7.5/2.3

陸宣公翰苑集二十二卷　（唐）陸贄撰　明萬
曆九年(1581)刻本　六冊

350000－2001－0002512　乙7.5/2.4

陸宣公翰苑集二十二卷　（唐）陸贄撰　清雍
正元年(1723)年羹堯刻本　十冊

350000－2001－0002513　乙7.5/3

宋丞相李忠定公奏議六十九卷附錄九卷
(宋）李綱撰　明正德十一年(1516)胡文靜、
蕭洋刻天啓重修本　十六冊

350000－2001－0002514　乙7.5/4

皇明奏疏類鈔六十一卷　（明）汪少泉輯　明
萬曆十六年(1588)刻本　四十冊

350000－2001－0002515　乙7.5/6

譚襄敏公奏議十卷　（明）譚綸撰　清康熙四
十三年(1704)刻本　八冊

350000－2001－0002516　乙7.5/8

願治疏稿八卷　（明）林潤撰　清光緒抄本
四冊

350000－2001－0002517　乙7.5/9

南宮奏草四卷　（明）翁正春撰　清抄本
二冊

350000－2001－0002518　乙7.5/11

于清端公政書八卷首編一卷續集一卷外集一
卷　（清）于成龍撰　清康熙刻本　八冊　缺
一卷(續集一卷)

350000－2001－0002519　乙7.5/15

萬培因奏稿不分卷　（清）萬培因撰　清抄本
二冊

350000－2001－0002520　乙7.6/1

康濟譜二十五卷　（明）潘游龍撰　（明）金俊
明參評　明崇禎十四年(1641)刻本　十二冊

350000－2001－0002521　乙7.6/2

古今治平彙要十四卷　（清）楊潮觀纂　清抄
本　一冊　存七卷(八至十四)

350000－2001－0002522　乙7.6/2.5

校邠廬初稿二卷　（清）馮桂芬撰　清光緒抄
本　二冊

350000－2001－0002523　乙7.6/3

閩嶠外紀□□卷　（□）□□撰　清抄本　四
冊　存三卷(三至五)

350000－2001－0002524　乙7.7/1

柔遠全書八種　（清）袁遂輯　清抄本　五冊

350000－2001－0002525　乙7.7/2

籌洋三策一卷　（清）金安清撰　清大興傅氏
長恩閣抄本　一冊

350000－2001－0002526　018.57Φ445＝1

帶經堂書目四卷　（清）陳徵芝鑒藏　（清）陳
樹杓編次　清宣統順德鄧實鉛印風雨樓叢書
本　三冊

350000－2001－0002527　乙8/1

天下金石志不分卷　（明）于奕正撰　明刻本
四冊

350000－2001－0002528　乙8/2

藏齋金石目一卷　（清）龔顯曾撰　清光緒晉
江龔氏稿本　一冊

350000－2001－0002529　乙8/3

冠悔堂金石題跋一卷　（清）楊浚撰　清抄本
一冊

350000－2001－0002530　乙8/4

閩中金石略存十二卷　（清）陳榮仁輯　清光
緒抄本　三冊

350000－2001－0002531　乙8/6

閩中金石記一卷　（清）馮繕撰　清抄本
一冊

350000－2001－0002532　乙8/8

閩中金石考略一卷　（□）□□撰　清抄本
一冊

350000－2001－0002533　乙8/11

閩中石刻記二卷　（清）葉大莊編　稿本
一冊

350000－2001－0002534　乙8/12

閩碑考十卷　（清）葉大莊撰　稿本　六冊

350000－2001－0002535　乙8/13

石塔碑刻記一卷　（清）林喬蔭等編　清抄本
一冊

350000－2001－0002536　乙8/14

冠悔堂訪碑記一卷　（清）楊浚撰　清光緒楊
氏冠悔堂稿本　一冊

350000－2001－0002537　乙8/16

滕縣漢殷微子墓碑考一卷　（清）楊浚撰　清
光緒楊氏冠悔堂稿本　一冊

350000－2001－0002538　乙8/17

漢石例六卷　（清）劉寶楠撰　清抄本　二冊

350000－2001－0002539　乙8/18

漢碑篆額目錄一卷　（□）□□撰　清抄本
一冊

350000－2001－0002540　乙8/19

唐叢碑目考一卷　（清）楊浚撰　清楊氏冠悔
堂稿本　一冊

350000－2001－0002541　乙9/1

國史經籍志六卷　（明）焦竑輯　（明）徐象橒
校　明徐象橒曼山館刻本　三冊　存四卷
（一至四）

350000－2001－0002542　乙9/2

欽定天祿琳琅書目十卷　（清）于敏中編　清
抄本　十冊

350000－2001－0002543　乙9/6

昭德先生郡齋讀書志二十卷　（宋）晁公武撰
清抄本　八冊

350000－2001－0002544　乙9/7

讀書敏求記四卷　（清）錢曾撰　清抄本
二冊

350000－2001－0002545　乙9/8

耳食錄一卷　題(清)南野草堂編　清抄本
一冊

350000－2001－0002546　乙9/9

常熟瞿氏藏書記一卷　（清）瞿鏞撰　清抄本
一冊

350000－2001－0002547　018.57φ445

帶經堂書目四卷　（清）陳徵芝鑒藏　（清）陳
樹杓編次　清宣統順德鄧實鉛印風雨樓叢書
本　三冊

350000－2001－0002548　乙9/12

林少穆先生雲左山房書目一卷　（清）林則徐
藏　（清）林汝舟編　清林汝舟稿本　一冊

350000－2001－0002549　乙9/13

陳樸園藏書目錄一卷　（清）陳壽祺　（清）陳
喬樅藏　清陳氏謄清稿本　一冊

350000－2001－0002550　乙9/14

賭棋山莊藏書一卷校點書一卷藏手鈔本一卷
（清）謝章鋌藏並編　清謝氏稿本　一冊

350000－2001－0002551　乙9/15

樂此不疲隨筆一卷　（清）謝章鋌撰　清謝氏
稿本　一冊

350000－2001－0002552　乙9/17

冠悔堂書目四卷　（清）楊浚藏並編　清光緒
楊氏冠悔堂稿本　四冊

350000－2001－0002553　乙9/20

題跋一卷　（明）毛晉撰　明崇禎六年(1633)
毛氏汲古閣刻本　一冊

350000－2001－0002554　乙9/21

題跋二卷　（明）毛晉撰　明崇禎毛氏汲古閣
刻本　二冊

350000－2001－0002555　乙 10/1

月令廣義二十四卷首一卷附錄一卷　（明）馮
應京輯　（明）戴任增釋　明萬曆陳邦泰刻本
八冊

350000－2001－0002556　乙 10/2

月令輯要二十四卷圖說一卷　（清）李光地
（清）吳廷楨等輯　清康熙五十四年(1715)武
英殿刻本　十二冊

350000－2001－0002557　乙 10/3

古今類傳四卷　（清）董穀士　（清）董炳文輯
清康熙三十一年(1692)刻本　四冊

350000－2001－0002558　乙 10/4

古今類傳四卷　（清）董穀士　（清）董炳文輯
清康熙三十一年(1692)刻本　四冊

350000－2001－0002559　乙 10/5

歲時日記一卷　（清）林春溥撰　清咸豐四年
(1854)閩縣林氏稿本　一冊

350000－2001－0002560　乙 10/6

榕城歲時記一卷　（清）戴成芬纂　（清）黃烱
參訂　清戴氏稿本　一冊

350000－2001－0002561　乙 11/1

西園彙史義例二卷　（明）张萱撰　明刻本
二冊

350000－2001－0002562　乙 11/2

斯羽堂評點謝在杭先生史測二卷　（明）謝肇
淛撰　（明）蔣謹訂　明天啓斯羽堂刻本
一冊

350000－2001－0002563　乙 11/3

史懷十七卷　（明）鍾惺撰　明刻本　八冊

350000－2001－0002564　乙 11/3.5

史懷十七卷　（明）鍾惺撰　明刻本　四冊

350000－2001－0002565　乙 11/4

昌峯論古錄十六卷　（清）孫丙章撰　清抄本
四冊

350000－2001－0002566　乙 12/2

二十一史論贊輯要三十六卷　（明）彭以明輯
明萬曆刻本　十冊

350000－2001－0002567　乙 12/3

二十一史文鈔三十二卷　（明）戴羲撰　明崇
禎十一年(1638)刻本　二十四冊

350000－2001－0002568　乙 12/6

帝王廟謚年諱譜一卷　（清）陸費墀撰　清抄
本　一冊

350000－2001－0002569　乙 12/7

歷代瑞異錄二十卷　（□）□□輯　清抄本
五冊

350000－2001－0002570　乙 12/8

歷代紀元宅都記略二卷年號相同考一卷
（清）郭柏蒼輯　清抄本　一冊

350000－2001－0002571　乙 12/8.5

歷代三元甲子古今帝王世系地域圖考八卷
（清）黃叔瑄撰　清抄本　二冊

350000－2001－0002572　乙 12/9

編年記事一卷　（清）李彥彬撰　稿本　一冊

350000－2001－0002573　乙 12/10

歷代年號分韻一卷　（清）林春溥撰　清道光
閩縣林氏稿本　一冊

350000－2001－0002574　乙 12/11

古帝王年疑一卷　（清）林春溥撰　清道光閩
縣林氏稿本　一冊

350000－2001－0002575　乙 12/12

開闢至春秋年表一卷　（清）林春溥撰　清道
光閩縣林氏稿本　一冊

350000－2001－0002576　乙 12/13

竹書紀年六國年表一卷　（清）林春溥撰　清
道光閩縣林氏稿本　一冊

350000－2001－0002577　乙 12/14

穆天子傳日譜一卷　（清）林春溥撰　清道光
閩縣林氏稿本　一冊

350000－2001－0002578　丙 1/2

孔子家語十卷　（三國魏）王肅注　明末毛氏
汲古閣刻本　二冊

350000－2001－0002579　丙 1/3

孔子家語十卷　（三國魏）王肅注　明末毛氏汲古閣刻清寶翰樓印本　二冊

350000 – 2001 – 0002580　丙1/4

家語疏證六卷　（清）孫志祖撰　清抄本二冊

350000 – 2001 – 0002581　丙1/5

荀子二十卷　（唐）楊倞注　明刻本　六冊

350000 – 2001 – 0002582　丙1/6

荀子二十卷　（唐）楊倞注　明末刻本　四冊

350000 – 2001 – 0002583　丙1/14

揚子法言十三卷　（漢）揚雄撰　明刻本二冊

350000 – 2001 – 0002584　丙1/15

潛夫論十卷　（漢）王符撰　明萬曆新安陳氏刻漢魏叢書本　一冊

350000 – 2001 – 0002585　丙1/16

申鑒五卷　（漢）荀悅撰　（明）黃省曾注　明萬曆二十年(1592)新安程榮刻漢魏叢書本一冊

350000 – 2001 – 0002586　丙1/34

廖槎溪先生集略一卷　（宋）廖德明撰　（明）葉一材輯　明崇禎廖志高刻本　一冊

350000 – 2001 – 0002587　丙1/34.5

廖槎溪先生集略一卷　（宋）廖德明撰　（明）葉一材輯　清抄本　一冊

350000 – 2001 – 0002588　丙1/35

慈溪黃氏日鈔分類九十七卷　（宋）黃震撰明刻本　六十二冊

350000 – 2001 – 0002589　丙1/36

北溪字義節要一卷　（宋）陳淳撰　（清）楊希閔輯　清新城楊氏退慹山房抄本　一冊

350000 – 2001 – 0002590　丙1/37

畏齋薛先生緒言四卷　（明）薛甲撰　明隆慶刻本　一冊

350000 – 2001 – 0002591　丙1/39

辨惑續編七卷附錄二卷　（明）顧亮輯　明刻本　一冊　存四卷(一至四)

350000 – 2001 – 0002592　丙1/40

見羅李先生南中問辨錄要五卷　（明）李材撰　（明）宋萬元輯　清抄本　一冊

350000 – 2001 – 0002593　丙1/42

證心錄二卷　題（明）池上客輯　明刻本二冊

350000 – 2001 – 0002594　丙1/46

歲寒居答問一卷　（清）孫奇逢撰　清順治十三年(1656)懷遠堂刻本　一冊

350000 – 2001 – 0002595　丙1/47

聖諭像解二十卷　（清）梁延年撰　清康熙二十年(1681)承宣堂刻本　十冊

350000 – 2001 – 0002596　丙1/48

閨範四卷　（明）呂坤輯並註　明萬曆刻本四冊

350000 – 2001 – 0002597　丙1/49

雷翠庭先生自恥錄一卷　（清）雷鋐撰　清抄本　一冊

350000 – 2001 – 0002598　丙1/50

榕村語錄續集十二卷　（清）李光地撰　清抄本　五冊

350000 – 2001 – 0002599　丙1/51

尊聞錄一卷　（清）陳庚煥撰　清抄本　一冊

350000 – 2001 – 0002600　丙1/52

勸學淺語一卷　（清）沈源深撰　清抄本一冊

350000 – 2001 – 0002601　丙2/1

武備志節錄一卷　（□）□□輯　清抄本一冊

350000 – 2001 – 0002602　丙2/3

五火元機十五卷　（明）陳喆撰　清抄本十冊

350000 – 2001 – 0002603　丙2/6

紀效新書十八卷　（明）戚繼光撰　明萬曆刻本　六冊

350000－2001－0002604　丙2/2

虎鈐經二十卷　（宋）許洞撰　明刻本　二冊

350000－2001－0002605　丙2/5

火龍神器陣法一卷　題（明）焦玉撰　明末清初抄本　二冊

350000－2001－0002606　丙2/7

金湯借箸十二籌十二卷　（明）李盤　（明）周鑒等撰　清抄本　十四冊

350000－2001－0002607　丙2/8

登壇必究四十卷　（明）王鳴鶴輯　明萬曆二十七年（1599）刻本　七十八冊

350000－2001－0002608　丙2/10

嚴城守一卷蘇州府守城條議附錄一卷　（明）鄭若曾輯　清抄本　一冊

350000－2001－0002609　丙2/11

守城事宜一卷　（明）何繼高撰　（明）安國賢輯　清抄本　一冊

350000－2001－0002610　丙2/12

耕餘剩技六卷　（明）程宗猷撰　明萬曆四十二年至天啓元年（1614－1621）程禹跡等刻本　二冊

350000－2001－0002611　丙2/13

南北洋各海口礮臺圖說七卷附一卷上張勤果公南北洋各礮臺情形書一卷　（清）薩承鈺撰　清宣統元年（1909）薩嘉曦抄本　二冊

350000－2001－0002612　丙3/1

合刻管子韓非子四十四卷　（明）趙用賢輯　明萬曆十年（1582）吳郡趙用賢刻本　十冊

350000－2001－0002613　丙3/2

管子補注二十四卷　（明）劉績撰　明萬曆刻本　十二冊

350000－2001－0002614　丙3/3

管子補注二十四卷　（明）劉績撰　明刻本　八冊

350000－2001－0002615　丙3/5

韓非子二十卷　（戰國）韓非撰　明萬曆十年（1582）吳郡趙用賢刻本　八冊

350000－2001－0002616　丙3/6

韓非子二十卷　（戰國）韓非撰　（明）吳勉學校　明刻本　四冊

350000－2001－0002617　丙3/7

韓非子二十卷　（戰國）韓非撰　（明）孫鑛評　明刻本　四冊

350000－2001－0002618　丙4/1

農政全書六十卷　（明）徐光啓纂　明崇禎十六年（1643）平露堂刻本　十七冊　存五十一卷（一至三十六、四十六至六十）

350000－2001－0002619　丙4/2

泰西水法六卷　（意大利）熊三拔撰　（明）徐光啓筆記　（明）李之藻訂正　明萬曆四十年（1612）刻本　一冊

350000－2001－0002620　丙5/1

黃帝素問靈樞經十二卷　（唐）王冰撰　（明）吳勉學校　明刻本　四冊

350000－2001－0002621　丙5/2

類經三十二卷　（明）張介賓注　**圖翼十一卷附翼四卷**　（明）張介賓撰　明天啓四年（1624）刻本　二十

350000－2001－0002622　丙5/3

醫林改錯二卷　（清）王清任撰　抄本　一冊

350000－2001－0002623　丙5/4

本經逢原五卷　（清）張璐撰　抄本　五冊

350000－2001－0002624　丙5/5

節庵傷寒六書六卷　（明）陶華撰　明萬曆四十年（1612）李存濟刻本　二冊

350000－2001－0002625　丙5/6

瘰癧指南二卷　（明）鄭全望撰　抄本　二冊

350000－2001－0002626　丙5/7

濟陰綱目五卷　（明）武之望撰　明萬曆四十八年（1620）刻本　九冊

350000－2001－0002627　丙5/8

痘疹異同求是四卷　（清）楊希閔撰　稿本　一冊

350000－2001－0002628　丙5/9

針灸甲乙經十二卷　（晉)皇甫謐撰　（明)吳
勉學輯　明步月樓刻本　二冊

350000－2001－0002629　丙5/10

易筋經□□卷　（□)□□撰　清抄本　一冊
　存二卷(三至四)

350000－2001－0002630　丙5/12

盱客醫譚三卷　（清)楊希閔撰　稿本　一冊

350000－2001－0002631　丙5/13

醫事叢記一卷　（清)楊希閔撰　抄本　一冊

350000－2001－0002632　丙5/14

赤水玄珠三十卷附醫旨緒餘二卷醫案治驗五
卷　（清)孫一奎輯　明萬曆刻清初印本　十
二冊

350000－2001－0002633　丙6/1

[天文經緯度立成]不分卷　（明)徐光啓撰
清抄本　四冊

350000－2001－0002634　丙6/7

天學稗編四卷　（清)程萬里撰　清抄本
四冊

350000－2001－0002635　丙6/8

星宿天文一卷　（□)□□撰　清抄本　一冊

350000－2001－0002636　丙6/9

通占大象曆星經二卷　（明)程榮校　明萬曆
新安程氏刻漢魏叢書本　一冊

350000－2001－0002637　丙6/10

週天星鑑一卷　（明)章世純撰　明抄本
一冊

350000－2001－0002638　丙6/10.5

週天星鑑一卷　（明)章世純撰　清抄本
一冊

350000－2001－0002639　丙6/11

恒星圖說一卷　（清)陳杰撰　清抄本　一冊

350000－2001－0002640　丙6/12

星圖一卷　（清)梅文鼎撰　清康熙抄本
一冊

350000－2001－0002641　丙6/13

幾何原本六卷　（希臘)歐幾里得撰　（意大
利)利瑪寶譯　（明)徐光啓筆受　清抄本
二冊

350000－2001－0002642　丙7/1

太玄經十卷　（漢)揚雄撰　（晉)范望注　**說
玄一卷**　（唐)王涯撰　**釋文一卷**　明玉鏡堂
刻清初重修本　三冊

350000－2001－0002643　丙7/2

元包經傳五卷　（北周)衛元嵩撰　（唐)蘇源
明傳　（唐)李江注　**元包數總義二卷**　（宋)
張行成撰　明范氏刻天一閣奇書本　二冊

350000－2001－0002644　丙7/3

潛虛一卷　（宋)司馬光撰　**潛虛發微論一卷**
　（宋)張敦實撰　明范氏刻天一閣奇書本
一冊

350000－2001－0002645　丙7/8

皇極經世十二卷外編二卷　（宋)邵雍撰　明
刻本　十二冊

350000－2001－0002646　丙7/9

三易洞璣十六卷　（明)黃道周輯　（清)鄭開
極修訂　清康熙三十一年(1692)刻本　十冊

350000－2001－0002647　丙7/10

觀象玩占五十卷　題(唐)李淳風撰　明抄本
二十四冊

350000－2001－0002648　丙7/11

市隱樓玩占十二卷　（□)□□撰　清抄本
五冊

350000－2001－0002649　丙7/12

參籌秘書十卷　（明)汪三益輯注　明崇禎十
一年(1638)刻本　十冊

350000－2001－0002650　丙7/13

重鐫官板地理天機會元正篇體用括要三十五
卷　（唐)卜則巍撰　（唐)顧乃德輯　（明)
徐之鏌重編　明萬曆書林陳孫賢刻本　十
五冊

350000－2001－0002651　丙7/14

撼龍經一卷疑龍經一卷 （唐）楊益撰 （清）
張冕注 清抄本 一冊

350000－2001－0002652 丙7/15

焦氏易林四卷 （漢）焦贛撰 明崇禎虞山毛
氏汲古閣刻津逮祕書本 三冊

350000－2001－0002653 丙7/16

焦氏易林四卷 （漢）焦贛撰 明崇禎虞山毛
氏汲古閣刻津逮祕書本 三冊

350000－2001－0002654 丙7/18

大六壬射覆鬼撮腳一卷六壬輯要一卷 （□）
□□撰 清抄本 一冊

350000－2001－0002655 丙7/19

欽定選擇曆書十卷 （清）安泰等纂修 清抄
本 六冊

350000－2001－0002656 丙7/20

選擇要書不分卷 （□）□□撰 清抄本
五冊

350000－2001－0002657 丙7/22

協紀辨方三十六卷 （清）允祿等纂 清抄本
四冊

350000－2001－0002658 丙7/23

太乙術不分卷 （□）□□撰 清抄本 四冊

350000－2001－0002659 丙8/1

閩中書畫錄八卷 （清）黃錫蕃輯 清抄本
四冊

350000－2001－0002660 丙8/2

六一題跋十一卷 （宋）歐陽修撰 明崇禎虞
山毛氏汲古閣刻津逮秘書本 六冊

350000－2001－0002661 丙8/3

蘇齋題跋不分卷銕函齋書跋補一卷 （清）翁
方綱撰 （清）何溱集錄 清抄本 四冊

350000－2001－0002662 丙8/4

碧城題跋二卷 （清）陳文述撰 清抄本
一冊

350000－2001－0002663 丙8/5

法書要錄十卷 （唐）張彥遠輯 明崇禎虞山

毛氏汲古閣刻津逮祕書本 五冊

350000－2001－0002664 丙8/6

寒山帚談二卷 （明）趙宧光撰 清抄本
一冊

350000－2001－0002665 丙8/7

淳化秘閣法帖考證十卷附二卷 （清）王澍撰
（清）沈宗騫臨帖 清詩鼎齋刻本 一冊
存三卷(一至三)

350000－2001－0002666 丙8/8

戲鴻堂帖目錄一卷 （明）施叔灝撰 清抄本
一冊

350000－2001－0002667 丙8/9

蘭亭考一卷 （清）李彥彬撰 稿本 一冊

350000－2001－0002668 丙8/10

蘭亭年譜不分卷 （清）李彥彬撰 稿本
四冊

350000－2001－0002669 丙8/11

歷代名畫記十卷 （唐）張彥遠撰 明崇禎虞
山毛氏汲古閣刻津逮祕書本 四冊

350000－2001－0002670 丙8/12

圖繪寶鑑八卷 （元）夏文彥撰 （明）毛大倫
增補 清康熙借綠草堂刻本 二冊

350000－2001－0002671 丙8/13

圖繪寶鑑八卷 （元）夏文彥纂 （明）毛大倫
增補 清康熙借綠草堂刻本 四冊

350000－2001－0002672 丙8/14

劉雪湖梅譜二卷 （明）劉世儒繪 （明）王思
任輯 明萬曆二十三年(1595)墨妙山房刻本
二冊

350000－2001－0002673 丙8/15

琴史六卷 （宋）朱長文撰 清康熙四十五年
(1706)揚州詩局刻楝亭藏書十二種本 一冊

350000－2001－0002674 丙8/16

琴譜四卷 （明）張右袞輯 明萬曆刻本
四冊

350000－2001－0002675 丙8/17

琴譜一卷 （□）□□撰 清烏石山房抄本
一冊

350000－2001－0002676 丙8/19
昭君怨琴譜一卷 （□）□□撰 清烏石山房
抄本 一冊

350000－2001－0002677 021.1/255＝1
仿宋相臺五經附考證 （□）□□輯 清乾隆
福建布政司刻本 十冊 存二種三十三卷
（尚書十三卷附考證、毛詩二十卷附考證）

350000－2001－0002678 丙8/20
秦漢印統八卷 （明）羅王常輯 明萬曆三十
四年(1606)新都吳元維樹滋堂刻本 八冊

350000－2001－0002679 丙8/21
宣和集古印史八卷附印則 （明）來行學撰
明萬曆二十四年(1596)來氏寶印齋刻鈐印本
八冊

350000－2001－0002680 丙8/22
七家印跋一卷 （清）秦祖永輯 清光緒三湖
山館抄本 一冊

350000－2001－0002681 丙8/24
不古編一卷 （清）吳貞吉評選 （清）蔣焜較
訂 清康熙刻本 一冊

350000－2001－0002682 丙8/25
奕編十卷 （清）鄭秉宦編輯 清康熙三十一
年(1692)鄭氏嵩山草堂刻本 一冊

350000－2001－0002683 丙8/26
山家清事一卷 （宋）林洪撰 清順治刻本
一冊

350000－2001－0002684 丙8/27
陳眉公考槃餘事四卷 （明）屠隆撰 明刻本
二冊

350000－2001－0002685 丙9/1
端溪硯史二卷 （清）吳蘭修編 清抄本
一冊

350000－2001－0002686 丙9/2
端石擬三卷 （清）陳齡撰 清抄本 一冊

350000－2001－0002687 乙4/46.1
海濱外史□卷 （清）陳維安撰 清抄本
一冊 存一卷(五)

350000－2001－0002688 丙9/3
焚香山館研存便覽一卷 （清）甘鴻編 清道
光閩中甘氏稿本 一冊

350000－2001－0002689 丙9/4
鐘鼎古物圖考一卷 （□）□□撰 清抄本
一冊

350000－2001－0002690 丙9/5
紹興內府古器評二卷 （宋）張掄撰 明崇禎
毛氏汲古閣刻津逮秘書本 二冊

350000－2001－0002691 丙9/7
宣爐彙考一卷 （明）項元汴等撰 清抄本
一冊

350000－2001－0002692 丙9/8
瓶史二卷 （明）袁宏道撰 明崇禎虞山毛氏
汲古閣刻群芳清玩十二種本 一冊

350000－2001－0002693 丙9/10
遠西奇器圖說錄最二卷 （瑞士）鄧玉函口授
（明）王徵譯繪 窺瑕一卷 （明）唐瑞麟增
校 新制諸器圖說一卷 （明）王徵撰 （明）
汪應魁校訂 明崇禎抄本 二冊

350000－2001－0002694 丙9/13
群芳譜三十卷 （明）王象晉輯 明沙村草堂
刻本 十二冊

350000－2001－0002695 丙9/14
群芳譜三十卷 （明）王象晉輯 明刻本 二
十八冊

350000－2001－0002696 丙9/15
荔枝譜一卷 （明）宋珏撰 清抄本 一冊

350000－2001－0002697 丙9/16
金潭蘭譜一卷 （宋）趙時庚撰 清抄本
一冊

350000－2001－0002698 丙9/17
鵪鶉譜一卷 （清）程石鄰撰 清抄本 三冊

350000 – 2001 – 0002699　丙 9/18

促織譜一卷　(□)□□撰　清抄本　一冊

350000 – 2001 – 0002700　丙 9/19

蛇譜一卷　(清)陳鼎撰　清乾隆廖柄抄本
一冊

350000 – 2001 – 0002701　丙 9/20

異魚圖贊二卷　(明)楊慎撰　明崇禎元年
(1628)荷薪堂刻本　一冊

350000 – 2001 – 0002702　丙 10/1

呂氏春秋二十六卷　(秦)呂不韋撰　(漢)高
誘注　(明)吳勉學校　明刻本　三冊

350000 – 2001 – 0002703　丙 10/3

淮南子二十一卷　(漢)劉安撰　(漢)高誘注
　(明)吳勉學校正　明萬曆新安吳氏刻二十
子全書本　二冊

350000 – 2001 – 0002704　丙 10/4

淮南鴻烈解二十一卷　(漢)劉安撰　(漢)高
誘註　明刻本　五冊

350000 – 2001 – 0002705　丙 10/5

兩同書二卷　(唐)羅隱撰　明萬曆刻亦政堂
鐫陳眉公家藏廣秘笈本　一冊

350000 – 2001 – 0002706　丙 10/7

金罍子四十四卷　(明)陳絳撰　明萬曆三十
四年(1606)刻本　十二冊

350000 – 2001 – 0002707　丙 10/8

金罍子四十四卷　(明)陳絳撰　明萬曆三十
四年(1606)刻本　十二冊

350000 – 2001 – 0002708　丙 10/9

激書二卷　(清)賀貽孫撰　清抄本　一冊

350000 – 2001 – 0002709　丙 10/10

心聖直指一卷　(明)林兆恩撰　明萬曆刻本
　一冊

350000 – 2001 – 0002710　丙 10/11

夏語注釋四卷　(明)林兆恩撰　(明)曾人茂
注　附三教合一大要一卷　(明)林廷潤編
明萬曆刻本　二冊

350000 – 2001 – 0002711　丙 10/12

白虎通疏證十二卷　(清)陳立撰　清光緒元
年(1875)淮南書局刻本　四冊

350000 – 2001 – 0002712　丙 10/14

容齋隨筆十六卷續筆十六卷三筆十六卷四筆
十六卷五筆十卷　(宋)洪邁撰　明崇禎三年
(1630)馬元調刻本　十六冊

350000 – 2001 – 0002713　丙 10/14.5

容齋隨筆十六卷續筆十六卷三筆十六卷四筆
十六卷五筆十卷　(宋)洪邁撰　明崇禎三年
(1630)馬元調刻清康熙三十九年(1700)重修
本　十四冊

350000 – 2001 – 0002714　丙 10/15

野客叢書三十卷附野老紀聞一卷　(宋)王楙
撰　明刻本　六冊

350000 – 2001 – 0002715　丙 10/16

鶴山渠陽讀書雜抄二卷　(宋)魏了翁撰　明
萬曆刻寶顏堂續秘笈本　二冊

350000 – 2001 – 0002716　丙 10/17

鶴山渠陽讀書雜抄二卷　(宋)魏了翁撰　明
萬曆刻寶顏堂續秘笈本　一冊

350000 – 2001 – 0002717　丙 10/18

古今考三十八卷　(宋)魏了翁撰　(元)方回
續　明萬曆十二年(1584)王圻刻本　九冊
存三十四卷(一至三十四)

350000 – 2001 – 0002718　丙 10/20.5

日知錄三十二卷　(清)顧炎武撰　清康熙三
十四年(1695)潘耒遂初堂刻本　八冊

350000 – 2001 – 0002719　丙 10/21

惜抱軒筆記一卷　(清)姚鼐撰　清光緒狷齋
抄本　一冊

350000 – 2001 – 0002720　丙 10/22

古今釋疑十八卷　(清)方中履學　清康熙汗
青閣刻本　十二冊

350000 – 2001 – 0002721　丙 10/22.5

古今釋疑十八卷　(清)方中履學　清康熙汗
青閣刻本　八冊

350000－2001－0002722　丙 10/23

秉燭卮言二卷　（清）林春溥撰　清閩縣林氏竹柏山房稿本　二冊

350000－2001－0002723　丙 10/24

榕陰日課十卷　（清）楊希閔撰　清同治新城楊氏遲悆山房稿本　一冊

350000－2001－0002724　丙 10/24.5

簡端賸義一卷　（清）林壽圖輯　清閩縣林氏稿本　一冊

350000－2001－0002725　丙 10/25

論衡三十卷　（漢）王充撰　（明）程榮校　明萬曆新安程氏刻漢魏叢書本　十冊

350000－2001－0002726　丙 10/26

封氏聞見記十卷　（唐）封演撰　清閩縣劉氏玻均尻抄本　一冊

350000－2001－0002727　丙 10/27

夢溪筆談二十六卷補筆談三卷續筆談一卷　（宋）沈括撰　明崇禎四年(1631)嘉定馬元調刻本　六冊

350000－2001－0002728　丙 10/27.5

夢溪筆談二十六卷補筆談三卷續筆談一卷　（宋）沈括撰　明崇禎四年(1631)嘉定馬元調刻本　四冊

350000－2001－0002729　丙 10/28

珩璜新論一卷　（宋）孔平仲纂　明抄本　一冊

350000－2001－0002730　丙 10/29

冷齋夜話十卷　（宋）釋惠洪撰　明崇禎毛氏汲古閣刻津逮祕書本　二冊

350000－2001－0002731　丙 10/31

劇談錄二卷　（唐）康駢撰　明崇禎毛氏汲古閣刻津逮祕書本　二冊

350000－2001－0002732　丙 10/32

梁溪漫志十卷　（宋）費袞撰　清抄本　二冊

350000－2001－0002733　丙 10/33

履齋示兒編二十三卷　（宋）孫奕撰　清侯官鄭杰注韓居抄本　五冊

350000－2001－0002734　丙 10/34

經鉏堂襍誌八卷　（宋）倪思撰　明萬曆三十年(1602)金有華刻本　一冊

350000－2001－0002735　丙 10/37

草木子四卷　（明）葉子奇著　明刻本　一冊

350000－2001－0002736　丙 10/39

井觀瑣言三卷　（明）鄭瑗撰　明萬曆刻寶顏堂續秘笈本　一冊

350000－2001－0002737　丙 10/42

宙合編八卷　（明）林兆珂撰　清抄本　八冊

350000－2001－0002738　丙 10/43

宙合編八卷　（明）林兆珂撰　清抄本　八冊

350000－2001－0002739　丙 10/44

宙合編八卷　（明）林兆珂撰　清抄本　八冊

350000－2001－0002740　丙 10/45

焦氏筆乘六卷續集八卷　（明）焦竑撰　明萬曆三十四年(1606)刻本　四冊

350000－2001－0002741　丙 10/46

焦氏筆乘六卷續集八卷　（明）焦竑撰　明萬曆刻本　二冊　存八卷(續集八卷)

350000－2001－0002742　丙 10/47

湧幢小品三十二卷　（明）朱國禎撰　明刻本　八冊

350000－2001－0002743　丙 10/48

留青日札三十九卷　（明）田藝蘅撰　明萬曆四十五年(1617)陳於廷刻紀錄彙編本　十六冊

350000－2001－0002744　丙 10/49

欝岡齋筆塵四卷　（明）王肯堂撰　明萬曆刻本　二冊

350000－2001－0002745　丙 10/50

文海披沙八卷　（明）謝肇淛撰　清抄本　四冊

350000－2001－0002746　丙 10/52

山居閒考一卷　（明）林宏衍撰　明刻本　一冊

350000－2001－0002747　丙10/53

露書十四卷　（明）姚旅撰　明天啓刻本　十
二冊

350000－2001－0002748　丙10/57

玄亭涉筆五卷　（明）王志遠撰　明刻本
一冊

350000－2001－0002749　丙10/57.5

奩史粹十二卷　（清）王初桐輯　（清）楊浚選
清抄本　四冊

350000－2001－0002750　丙10/58

駢雋不分卷　（□）□□撰　清抄本　四冊

350000－2001－0002751　丙10/59

西事珥八卷　（明）魏浚撰　清乾隆九年
(1744)廖炳抄本　二冊

350000－2001－0002752　丙10/60

羣談採餘不分卷　（明）倪縮撰　清抄本
二冊

350000－2001－0002753　丙10/60.5

因樹屋書影十卷　（清）周亮工撰　清抄本
六冊

350000－2001－0002754　丙10/61

居易錄三十四卷　（清）王士禎撰　清抄本
六冊　存二十五卷(五至八、十四至三十四)

350000－2001－0002755　丙10/62

居易錄三十四卷　（清）王士禎撰　清康熙刻
本　八冊

350000－2001－0002756　丙10/63

香祖筆記十二卷　（清）王士禎撰　清康熙刻
本　四冊

350000－2001－0002757　丙10/64

香祖筆記十二卷　（清）王士禎撰　清康熙刻
本　四冊

350000－2001－0002758　丙10/65

池北偶談二十六卷　（清）王士禎撰　清康熙
刻本　六冊

350000－2001－0002759　丙10/66

尺園隨錄六卷　（□）□□撰　清乾隆抄本
六冊

350000－2001－0002760　丙10/67

繩庵穎至一卷　（清）傅燮詷撰　清康熙刻本
一冊

350000－2001－0002761　丙10/68

柳下咫聞一卷北行紀程一卷　（清）石韞玉撰
清道光抄本　一冊

350000－2001－0002762　丙10/69

蕉窓隨筆一卷　（清）戴成芬撰　清道光戴氏
手稿本　一冊

350000－2001－0002763　丙10/70

樾亭雜纂一卷　（清）林喬蔭撰　清抄本
一冊

350000－2001－0002764　丙10/71

樾亭雜纂一卷　（清）林喬蔭撰　清抄本
一冊

350000－2001－0002765　丙10/72

便是齋瑣語一卷　（清）謝章鋌撰　稿本
一冊

350000－2001－0002766　丙10/77

古夫于亭雜錄六卷　（清）王士禎撰　清康熙
刻本　一冊

350000－2001－0002767　丙10/78

經史鈔不分卷　（清）林茂春輯　清閩縣林茂
春抄本　二冊

350000－2001－0002768　丙10/79

于籠塾譚一卷　（清）陳庚煥撰　清抄本
一冊

350000－2001－0002769　丙10/80

李蘭卿隨錄一卷　（清）李彥章撰　稿本
一冊

350000－2001－0002770　丙10/81

劉炳甫雜記一卷附家書　（清）劉存仁輯　稿
本　一冊

350000－2001－0002771　丙10/82

備忘錄一卷　（清）謝章鋌撰　清謝氏手稿本
　一冊

350000－2001－0002772　丙 10/83

島居四錄十卷　（清）楊浚輯　清末謄清稿本
　一冊

350000－2001－0002773　丙 10/84

寫經齋雜錄不分卷　（清）葉大莊撰　稿本
　二冊

350000－2001－0002774　丙 10/85

壯懷堂雜錄三卷　（清）林直撰　清文寶樓抄
本　三冊

350000－2001－0002775　丙 10/86

狷齋雜錄一卷　（□）□□撰　清抄本　二冊

350000－2001－0002776　丙 10/87

寄廬叢鈔三卷　薩嘉曦輯　清末民國初薩氏
稿本　一冊

350000－2001－0002777　丙 10/89

厚德錄四卷　（宋）李元綱撰　明刻本　一冊

350000－2001－0002778　丙 10/90

重刻讀書鏡十卷　（明）陳繼儒著　明萬曆、
泰昌刻清康熙重修尚白齋鐫陳眉公訂正秘笈
本　一冊

350000－2001－0002779　丙 10/91

家兒私語一卷　（明）張獻翼撰　明刻本
　一冊

350000－2001－0002780　丙 10/92

昨非庵日纂二十卷二集二十卷三集二十卷
（明）鄭瑄撰　明崇禎十六年(1643)刻本　十
九冊　缺七卷(昨非庵日纂三至九)

350000－2001－0002781　丙 10/93

博識考事四卷續箋四卷　（明）王世貞撰　明
崇禎刻本　一冊

350000－2001－0002782　丙 10/94

迪吉錄十卷　（明）顏茂猷輯　明崇禎刻本
十冊

350000－2001－0002783　丙 10/94.5

翼學編十三卷　（明）朱應奎撰　明萬曆刻本
　八冊

350000－2001－0002784　丙 10/95

焦氏類林八卷　（明）焦竑輯　明萬曆十五年
(1587)王元貞刻本　八冊

350000－2001－0002785　丙 10/96

智囊補二十八卷　（明）馮夢龍輯　清刻本
十四冊

350000－2001－0002786　丙 10/97

小窗清紀不分卷　（明）吳從先輯　明萬曆刻
小窗四紀本　四冊

350000－2001－0002787　丙 10/98

小窗艷紀不分卷　（明）吳從先輯　明萬曆刻
小窗四紀本　六冊

350000－2001－0002788　丙 10/99.2

灼艾集二卷續集二卷別集二卷餘集二卷新集
二卷　（明）萬表輯　明萬曆二十九年(1601)
萬邦孚刻本　二冊　缺二卷(新集二卷)

350000－2001－0002789　丙 10/99.4

聽潮居存業十編　（清）原良撰　清刻本
九冊

350000－2001－0002790　丙 10/99.5

雅尚齋遵生八牋十九卷目錄一卷　（明）高濂
編　明萬曆十九年(1591)高濂刻本　一冊
存二卷(二至三)

350000－2001－0002791　丙 10/100

士林彝訓八卷　（清）關槐撰　清抄本　四冊

350000－2001－0002792　丙 10/101

賭棋山莊備忘雜錄不分卷　（清）謝章鋌撰
稿本　十二冊

350000－2001－0002793　丙 11/1

五朝小說大觀(宋人小說)不分卷　題(明)桃
源居士輯　明刻本　十冊

350000－2001－0002794　丙 11/2

西京雜記六卷　（晉）葛洪集　明萬曆梁義鄉
刻本　一冊

350000－2001－0002795　丙11/3

世說新語三卷　（南朝宋）劉義慶撰　（南朝梁）劉孝標注　明嘉靖十四年(1535)袁褧嘉趣堂刻本　六冊

350000－2001－0002796　丙11/4

世說新語八卷　（南朝宋）劉義慶撰　（南朝梁）劉孝標注　（宋）劉辰翁評　（明）王世懋批點　明凌瀛初刻四色套印本　八冊

350000－2001－0002797　丙11/5

世說新語補二十卷　（明）何良俊增補　（明）王世懋批釋　（明）張文柱校注　明萬曆十三年(1585)張文柱刻本　七冊

350000－2001－0002798　丙11/6

世說新語補四卷　（明）何良俊撰補　（明）王世貞刪定　（明）張文柱校注　（明）凌濛初考訂　明刻本　二冊

350000－2001－0002799　丙11/7

李卓吾批點世說新語補二十卷　（南朝宋）劉義慶撰　（南朝梁）劉孝標注　（宋）劉辰翁批（明）何良俊增　（明）王世貞刪定　（明）王世懋批釋　（明）李贄批點　（明）張文柱校注　明凌瀛初刻本　四冊

350000－2001－0002800　丙11/9

後山談叢四卷　（宋）陳師道撰　明萬曆、泰昌刻寶顏堂秘笈本　一冊

350000－2001－0002801　丙11/10

湘山野錄三卷續錄一卷　（宋）釋文瑩撰　明崇禎毛氏汲古閣刻津逮秘書本　一冊

350000－2001－0002802　丙11/11

湘山野錄三卷續錄一卷　（宋）釋文瑩撰　明崇禎毛氏汲古閣刻津逮秘書本　一冊

350000－2001－0002803　丙11/12

揮塵後錄十一卷　（宋）王明清輯　明崇禎毛氏汲古閣刻津逮秘書本　二冊

350000－2001－0002804　丙11/13

南唐近事一卷　（宋）鄭文寶撰　明刻本　一冊

350000－2001－0002805　丙11/14

水東日記四十卷　（明）葉盛撰　明刻清康熙十九年(1680)葉方蔚重修本　四冊

350000－2001－0002806　丙11/15

水東日記四十卷　（明）葉盛撰　明刻清康熙十九年(1680)葉方蔚重修本　六冊

350000－2001－0002807　丙11/16

輟畊錄三十卷　（明）陶宗儀撰　明刻本　六冊

350000－2001－0002808　丙11/17

穀山筆麈十八卷　（明）于慎行撰　明刻本　四冊

350000－2001－0002809　丙11/18

拾遺記十卷　（晉）王嘉撰　明刻本　一冊

350000－2001－0002810　丙11/18.5

太平廣記五百卷目錄十卷　（宋）李昉等輯　明嘉靖四十五年(1566)談愷刻本　五十二冊

350000－2001－0002811　丙11/21

續拾遺記八卷　（明）葉子奇撰　明堂策檻刻本　一冊

350000－2001－0002812　丙11/24

續博物志十卷　（宋）李石撰　明刻本　一冊

350000－2001－0002813　丙11/25

筠廊偶筆二卷　（清）宋犖撰　清康熙刻本　一冊

350000－2001－0002814　丙11/26

見見聞聞錄四卷　（清）丁鈺撰　清抄本　二冊

350000－2001－0002815　丙11/27

孟瞻甫筆記一卷　（清）孟瞻甫撰　稿本　一冊

350000－2001－0002816　丙12/1

初學記三十卷　（唐）徐堅等撰　明萬曆十五年(1587)徐守銘寧壽堂刻本　十二冊

350000－2001－0002817　丙12/2

唐宋白孔六帖一百卷目錄二卷　（唐）白居易

（宋）孔傳輯　明嘉靖刻本　九十九冊

350000－2001－0002818　丙12/3
太平御覽一千卷目錄十五卷　（宋）李昉等輯
　明萬曆二年（1574）周堂銅活字印本　二
百冊

350000－2001－0002819　丙12/4
太平御覽一千卷目錄十卷　（宋）李昉等輯
明萬曆元年（1573）倪炳刻本　四冊　存三十
一卷（一百四十一至一百四十六、二百二十三
至二百三十、二百五十三至二百六十九）

350000－2001－0002820　丙12/5
冊府元龜一千卷目錄十卷　（宋）王欽若等輯
　明崇禎十五年（1642）黃國琦刻本　一百九
十冊　存九百三十二卷（一至七、十五至八百
九、八百四十四至八百八十五、八百九十至八
百九十三、八百九十九至九百五十二、九百五
十七至九百八十三、九百九十八至一千）

350000－2001－0002821　丙12/6
冊府元龜一千卷目錄十卷　（宋）王欽若等輯
　明崇禎十五年（1642）黃國琦刻本　九十七
冊　存三百九十八卷（二十二至一百七十、二
百一至三百四、三百五十四至四百九十八）

350000－2001－0002822　029/302
漱芳軒合纂四書體注不分卷　（清）范翔參訂
　四書章句十九卷　（宋）朱熹撰　清光緒二
十五年（1899）集新堂刻本　六冊

350000－2001－0002823　丙12/8
書敘指南二十卷　（宋）任廣撰　清侯官鄭氏
注韓居抄本　二冊

350000－2001－0002824　丙12/9
海錄碎事二十二卷　（宋）葉廷珪輯　明萬曆
刻本　十冊

350000－2001－0002825　029/302＝1
漱芳軒合纂四書體注不分卷　（清）范翔參訂
　四書章句十九卷　（宋）朱熹撰　清光緒二
十五年（1899）集新堂刻本　五冊　缺二卷
（大學章句一卷、中庸章句一卷）

350000－2001－0002826　029/396
銅板四書體注合講不分卷　（清）翁復編
（清）詹文煥參定　四書章句十九卷　（宋）朱
熹撰　清咸豐十年（1860）刻本　六冊

350000－2001－0002827　丙12/10
**新編古今事文類聚前集六十卷後集五十卷續
集二十八卷別集三十二卷**　（宋）祝穆輯　新
集三十六卷外集十五卷　（元）雷大用輯　遺
集十五卷　（元）祝淵輯　明萬曆三十二年
（1604）唐富春德壽堂刻本　五十二冊　存一
百七十六卷（前集六十卷、後集五十卷、新集
三十六卷、外集十五卷、遺集十五卷）

350000－2001－0002828　丙12/11
**新編古今事文類聚前集六十卷後集五十卷續
集二十八卷別集三十二卷**　（宋）祝穆輯　新
集三十六卷外集十五卷　（元）雷大用輯　明
書林明實堂刻本　六十七冊　存一百五十一
卷（前集三至四、七至九、十三至二十、四十一
至五十五，後集九至五十，續集一至十四、十
七至二十八，別集一至三十二，新集一至六、
十二至二十八）

350000－2001－0002829　丙12/12
**新編古今事文類聚前集六十卷後集五十卷續
集二十八卷別集三十二卷**　（宋）祝穆輯　新
集三十六卷外集十五卷　（元）雷大用輯　遺
集十五卷　（元）祝淵輯　明萬曆三十二年
（1604）唐富春德壽堂刻本　十冊　存十五卷
（遺集十五卷）

350000－2001－0002830　082.8/φ795（31－
33）
[福建福州]福州通賢龔氏支譜三卷　（清）龔
景淙修　（清）龔葆琛增修　清光緒九年
（1883）刻本　三冊

350000－2001－0002831　丙12/15
**玉海二百卷辭學指南四卷詩攷一卷詩地理攷
六卷漢藝文志攷證十卷通鑑地理通釋十四卷
周書王會補注一卷漢制攷四卷踐阼篇集解一
卷急就篇補注四卷小學紺珠十卷姓氏急就篇
二卷六經天文編二卷周易鄭康成注一卷通鑑**

答問五卷　（宋）王應麟撰　元後至元六年
(1340)慶元路儒學刻元明清遞修本　八十冊

350000－2001－0002832　丙12/20
新編簪纓必用翰苑新書前集十二卷後集七卷
續集八卷別集二卷　（□）□□輯　明萬曆十
九年(1591)金陵周對峰仁壽堂刻本　二十二
冊　存十九卷(前集十二卷、後集七卷)

350000－2001－0002833　丙12/21
新編翰苑新書後集三十二卷目錄三卷　（□）
□□輯　明抄本　三冊

350000－2001－0002834　丙12/22
新刊唐荆川先生稗編一百二十卷目錄三卷
（明）唐順之輯　明萬曆九年(1581)東海茅氏
文霞閣刻本　六十冊

350000－2001－0002835　丙12/23
新刊唐荆川先生稗編一百二十卷目錄三卷
（明）唐順之輯　明萬曆九年(1581)東海茅氏
文霞閣刻本　二冊　存八卷(五至十二)

350000－2001－0002836　丙12/24
古今萬姓統譜一百四十卷歷代帝王姓系統譜
六卷氏族博攷十四卷　（明）凌廸知輯　明萬
曆刻本　三十冊

350000－2001－0002837　丙12/25
天中記六十卷　（明）陳耀文輯　明刻本　三
十二冊

350000－2001－0002838　丙12/26
天中記六十卷　（明）陳耀文輯　明刻本　三
十二冊

350000－2001－0002839　丙12/27
天中記六十卷　（明）陳耀文輯　明刻本　三
十冊

350000－2001－0002840　丙12/28
唐類函二百卷　（明）俞安期輯　明萬曆刻本
六十四冊

350000－2001－0002841　丙12/28.5
詩雋類函一百五十卷　（明）俞安期輯　明萬
曆刻本　十冊

350000－2001－0002842　029/607＝1
四書考異七十二卷　（清）翟灝撰　清乾隆無
不宜齋刻本　五冊

350000－2001－0002843　029/607－1
四書考異七十二卷　（清）翟灝撰　清精專閣
刻本　三冊　存三十六卷(總考三十六卷)

350000－2001－0002844　φ042.1/134＝1
勸學淺語一卷　（清）沈源深著　清光緒二十
五年(1899)致用書院刻本　一冊

350000－2001－0002845　φ042.1/134＝2
勸學淺語一卷　（清）沈源深著　清光緒二十
五年(1899)致用書院刻本　一冊

350000－2001－0002846　029/486
蘭台遺稿二卷　（清）彭希涑撰　清光緒九年
(1883)刻本　二冊

350000－2001－0002847　φ042.1/429＝1
勸學篇二卷　（清）張之洞撰　清光緒二十四
年(1898)鼉峯書院刻本　二冊

350000－2001－0002848　042.6/φ250
庀林十卷補遺一卷　（明）周嬰纂　清嘉慶二
十年(1815)蕭山陳氏湖海樓刻本　六冊

350000－2001－0002849　029.8/493
論語後案二十卷　（清）黃式三撰　清光緒九
年(1883)浙江書局刻儆居叢書本　十冊

350000－2001－0002850　φ042.7/28
讀書記疑十六卷　（清）王懋竑撰　清同治十
一年(1872)刻本　五冊　存八卷(一至八)

350000－2001－0002851　φ042.7/28＝1
讀書記疑十六卷　（清）王懋竑撰　清同治十
一年(1872)刻本　八冊

350000－2001－0002852　029/333
四書左國彙纂四卷　（清）高其名　（清）鄭師
成纂　清乾隆三十五年(1770)百尺樓刻聚錦
堂重印本　六冊

350000－2001－0002853　φ042.7/28＝2
讀書記疑十六卷　（清）王懋竑撰　清同治十
一年(1872)刻本　八冊

350000－2001－0002854　042.7/ф214.1

硯耕緒錄十六卷　（清）林昌彝撰　清同治五年(1866)廣州刻本　八冊

350000－2001－0002855　042.7/ф214.1 ＝1

硯耕緒錄十六卷　（清）林昌彝撰　清同治五年(1866)廣州刻本　七冊　存十四卷（一至十四）

350000－2001－0002856　042.7/ф214.1 ＝2

硯耕緒錄十六卷　（清）林昌彝撰　清同治五年(1866)廣州刻本　八冊

350000－2001－0002857　042.7/ф214.1 ＝3

硯耕緒錄十六卷　（清）林昌彝撰　清同治五年(1866)廣州刻本　五冊　存十二卷（三至四、七至十六）

350000－2001－0002858　丙 12/36

文苑彙雋二十四卷　（明）孫丕顯纂　明萬曆三十六年(1608)刻本　四冊

350000－2001－0002859　042.7/ф214

溫經日記六卷　（清）林昌彝撰　清光緒十六年(1890)林慶炳刻本　六冊

350000－2001－0002860　丙 12/30

潛確居類書一百二十卷　（明）陳仁錫纂輯　明崇禎刻本　三十二冊

350000－2001－0002861　丙 12/31

潛確居類書一百二十卷　（明）陳仁錫纂輯　明崇禎刻本　五十冊

350000－2001－0002862　丙 12/29

閟奇類林三十五卷續三十卷　（明）郭良翰輯　明萬曆刻本　十三冊

350000－2001－0002863　丙 12/32

山堂肆考二百二十八卷補遺十二卷　（明）彭大翼輯　明萬曆二十三年(1595)刻本　六十冊

350000－2001－0002864　丙 12/34

庶物異名疏三十卷　（明）陳懋仁輯　明崇禎刻本　四冊

350000－2001－0002865　丙 12/33

廣博物志五十卷　（明）董斯張纂　明萬曆刻本　三十六冊

350000－2001－0002866　丙 12/35

原始秘書十卷　（明）朱權輯　明萬曆二十三年(1595)周氏萬卷樓刻本　十冊

350000－2001－0002867　029/420

四書摭餘說七卷　（清）曹之升輯　清嘉慶十九年(1814)蕭山曹氏家塾刻本　四冊

350000－2001－0002868　042.7/ф182

一鐙精舍甲部藁五卷　（清）何秋濤撰　清光緒五年(1879)淮南書局刻本　一冊

350000－2001－0002869　042.7/ф182 ＝2

一鐙精舍甲部藁五卷　（清）何秋濤撰　清光緒五年(1879)淮南書局刻本　一冊

350000－2001－0002870　042.7/ф182 ＝1

一鐙精舍甲部藁五卷　（清）何秋濤撰　清光緒五年(1879)淮南書局刻本　一冊

350000－2001－0002871　丙 12/37

文苑彙雋二十四卷　（明）孫丕顯纂　明萬曆三十六年(1608)刻本　六冊

350000－2001－0002872　029/430.1

隨課題解十六卷　（清）張慶源撰　清嘉慶元年(1796)刻本　八冊

350000－2001－0002873　丙 12/38

文苑彙雋二十四卷　（明）孫丕顯纂　明萬曆三十六年(1608)刻本　八冊

350000－2001－0002874　丙 12/40

博物典彙二十卷　（明）黃道周纂　明崇禎刻本　六冊

350000－2001－0002875　丙 12/41

博物典彙二十卷　（明）黃道周纂　明崇禎刻本　六冊

350000－2001－0002876　丙 12/42

新刻詩學事類二十四卷　（明）李攀龍輯　明胡氏文會堂刻格致叢書本　八冊

350000－2001－0002877　丙 12/43

太史華句八卷 （明）凌迪知輯 明萬曆四年至五年(1576－1577)吳興凌氏桂芝館刻本 二冊

350000－2001－0002878 丙12/44

尚友錄二十二卷 （明）廖用賢撰 明天啓刻本 十冊

350000－2001－0002879 丙12/44.5

[百壽類函]八卷 （明）朱錦撰 明萬曆刻本 四冊

350000－2001－0002880 丙12/45

對類二十卷 （□）□□輯 明刻本 十冊

350000－2001－0002881 丙12/46

古學彙纂十卷 （明）周岳雍輯 （清）錢謙益 （明）顧錫疇評定 （明）周詩雅較正 明崇禎十五年(1642)愛日齋刻本 十三冊

350000－2001－0002882 丙12/47

同書四卷 （清）周亮工輯 清順治六年(1649)刻本 四冊

350000－2001－0002883 丙13/1

大方廣圓覺修多羅了義經直解二卷 （唐）釋佛陀多羅譯 （明）釋德清解 清抄本 二冊

350000－2001－0002884 丙13/2

顯密圓通成佛心要集二卷 （明）釋道殿撰 明刻本 一冊

350000－2001－0002885 丙13/3

扣冰古佛實錄一卷 （明）安定撰 清抄本 一冊

350000－2001－0002886 丙14/2

老子道德真經二卷 （三國魏）王弼注 明刻本 一冊

350000－2001－0002887 丙14/3

老子道德經二卷 （三國魏）王弼注 清乾隆四十二年(1777)福建刻道光、同治遞修武英殿聚珍版書本 一冊

350000－2001－0002888 丙14/4

老子道德經薈解二卷 （明）郭良翰輯 明刻本 六冊

350000－2001－0002889 丙14/5

老子集解二卷考異一卷 （明）薛蕙撰 明刻本 二冊

350000－2001－0002890 丙14/6

老子道德經解二卷 （明）釋德清撰 清抄本 二冊

350000－2001－0002891 029/323

四書字詁七十八卷 （清）段諤廷撰 （清）黃本驥編訂 清咸豐刻本 十四冊

350000－2001－0002892 042.7/φ214＝1

溫經日記六卷 （清）林昌彝撰 清光緒十六年(1890)林慶炳刻本 六冊

350000－2001－0002893 φ042.7/395＝1

讀書雜釋十四卷 （清）徐鼒撰 清咸豐十一年(1861)福寧郡齋刻本 四冊

350000－2001－0002894 042.7/φ403

退菴隨筆二十卷 （清）梁章鉅編 清道光十六年(1836)李廷錫陝西刻本 六冊

350000－2001－0002895 042.7/φ403－1

退菴隨筆二十二卷 （清）梁章鉅編 清道光十九年(1839)刻本 八冊

350000－2001－0002896 029/432

南軒先生論語解十卷孟子說七卷 （宋）張栻撰 清康熙三十六年(1697)張氏笏峙樓刻本 十冊

350000－2001－0002897 丙14/7

三子口義三種 （明）林希逸撰 明萬曆五年(1577)刻本 十三冊 存二種十二卷(列子鬳齋口義二卷、莊子鬳齋口義十卷)

350000－2001－0002898 丙14/11

沖虛至德真經注八卷 （晉）張湛撰 明刻本 二冊

350000－2001－0002899 042.7/φ403－3

退菴隨筆二十二卷自訂年譜一卷 （清）梁章鉅編 清同治十一年(1872)梁恭辰刻本 四冊

350000－2001－0002900 丙14/8

莊子南華真經十卷 （戰國）莊周撰 明刻本
二冊 存二卷（三至四）

350000－2001－0002901 丙14/9

莊子南華真經注十卷 （晉）郭象注 明刻本
六冊

350000－2001－0002902 丙14/10

莊子郭注十卷 （晉）郭象撰 明萬曆三十三
年（1605）鄒之嶧刻本 六冊

350000－2001－0002903 丙14/12

南華發覆八卷 （明）釋性憑注 明刻本
二冊

350000－2001－0002904 丙14/13

周易參同契解箋三卷 （漢）魏伯陽撰 （明）
張文龍解 （明）朱長春箋 清抄本 三冊

350000－2001－0002905 丙14/14

引年錄二卷 （明）邵潛撰 清抄本 一冊

350000－2001－0002906 丙14/16

[道書四十四種] （□）□□輯 明抄本
八冊

350000－2001－0002907 丙14/17

三十九種藏書（道書三十九種） （□）□□輯
明抄本 九冊

350000－2001－0002908 丙14/18

刻天仙正理直論增注二卷 （明）伍守陽撰並
注 （明）伍守虛增注 清康熙五十八年
（1719）刻乾隆二十九年（1764）重修本 一冊

350000－2001－0002909 丙15/1

子彙二十四種 （明）周子義編 明萬曆四年
至五年（1576－1577）南京國子監刻本 十冊
 存二十二種三十卷（晏子春秋内篇二卷、孔
叢子三卷、鷃子注一卷、陸子一卷、鶡冠子解
一卷、小荀子一卷、鹿門子一卷、關尹子一卷、
亢倉子一卷、黃石公素書一卷、天隱子一卷、
玄真子外篇一卷、無能子三卷、齊丘子一卷、
鄧析子一卷、尹文子一卷、公孫龍子一卷、慎
子一卷、鬼谷子一卷外篇一卷、墨子一卷、子
華子二卷、劉子二卷）

350000－2001－0002910 丁1/1

楚辭十卷 （漢）劉向輯 （漢）王逸注 明萬
曆十四年（1586）俞初刻本 六冊

350000－2001－0002911 丁1/3

楚辭十七卷 （漢）劉向集 （漢）王逸章句
（宋）洪興祖補注 清初毛氏汲古閣刻本
四冊

350000－2001－0002912 φ042.7/557

榕陰日課十卷 （清）楊希閔撰 清光緒二年
（1876）刻本 四冊

350000－2001－0002913 634.1/938

圃業改良法一卷 （日本）河村九淵撰 （清）
鍾觀誥譯 清光緒二十八年（1902）中西印書
局鉛印本 一冊

350000－2001－0002914 042.7/φ791－1

亦園續牘二卷 （清）龔顯曾撰 清光緒四年
（1878）誦芬堂木活字印本 一冊

350000－2001－0002915 029.8/448

論語古訓十卷附一卷 （清）陳鱣述 清光緒
九年（1883）浙江書局刻本 二冊

350000－2001－0002916 638.1/φ972

喝茫鹽書八卷 （法國）喝茫勒窩滂著 （清）
鄭守箴譯 清光緒二十四年（1898）杭州鹽學
館石印本 一冊

350000－2001－0002917 029.7/377

止躬齋中庸慎獨義不分卷 （明）孫慎行著
明崇禎刻本 一冊

350000－2001－0002918 丁1/4

楚辭十七卷 （漢）劉向集 （漢）王逸章句
（宋）洪興祖補注 清初毛氏汲古閣刻本
三冊

350000－2001－0002919 丁1/10

楚辭十九卷讀楚辭語一卷 （戰國）屈原等撰
（明）陸時雍疏 附雜論一卷 （明）陸時雍
撰 明刻本 六冊

350000－2001－0002920 丁1/11

楚辭述注十卷 （明）林兆珂撰 明萬曆三十

九年(1611)刻本　四冊

350000－2001－0002921　丁1/12
楚辭述注十卷　(明)林兆珂撰　明萬曆三十
九年(1611)刻本　二冊

350000－2001－0002922　丁1/13
楚辭聽直八卷合論一卷　(明)黃文煥撰　明
崇禎十六年(1643)晉安刻本　四冊

350000－2001－0002923　丁1/14
山帶閣註楚辭六卷首一卷餘論二卷說韻一卷
　(清)蔣驥撰　清雍正五年(1727)蔣氏山帶
閣刻本　四冊

350000－2001－0002924　029/642
**四書釋地補一卷續補一卷又續補一卷三續補
一卷**　(清)閻若璩撰　(清)樊廷枚校補　清
嘉慶二十一年(1816)梅陽海涵堂刻本　五冊

350000－2001－0002925　029.7/431
中庸補釋一卷　(清)張承華撰　清同治元年
(1862)刻本　一冊

350000－2001－0002926　082.17/φ154＝1
李西雲遺書三種　(清)李枝青撰　清光緒十
年(1884)刻本　五冊

350000－2001－0002927　029.7/444
學庸竊補十四卷　(清)陳孚纂輯　清乾隆刻
本　四冊　存八卷(大學竊補四至五、中庸竊
補一至六)

350000－2001－0002928　029/662
四書翼注論文十二卷　(清)鄭獻甫撰　清光
緒五年(1879)黔南節署刻本　九冊　存十一
卷(一至九、十一至十二)

350000－2001－0002929　082.17/φ213
林文忠公遺集十二種　(清)林則徐撰　清末
刻本　十九冊

350000－2001－0002930　029.8/182.1
論語注疏解經十卷　(三國魏)何晏集解
(宋)邢昺疏　**札記一卷**　劉世珩撰　清光緒
三十年至三十三年(1904－1907)刻貴池劉氏
玉海堂景宋叢書本　二冊

350000－2001－0002931　082.17/φ215
竹柏山房十五種附刻四種　(清)林春溥編
清嘉慶至咸豐間閩縣林氏刻本　四十八冊

350000－2001－0002932　919/φ266
萬國地理問答七篇　(日本)理堂散史編
(清)施景崧譯　清光緒二十八年(1902)鉛印
本　一冊

350000－2001－0002933　919/φ266－1
萬國地理問答七篇　(日本)理堂散史編
(清)施景崧譯　清光緒三十年(1904)福州鉛
印本　一冊

350000－2001－0002934　丁1/15
楚辭節注六卷　(清)姚培謙撰　清乾隆六年
(1741)刻本　一冊

350000－2001－0002935　丁2.1/1
楊侍郎集一卷　(漢)揚雄撰　(明)張溥輯
明刻本　一冊

350000－2001－0002936　丁2.1/3
曹子建集十卷　(三國魏)曹植撰　明刻本
二冊

350000－2001－0002937　丁2.1/4
曹子建集十卷　(三國魏)曹植撰　明刻本
二冊

350000－2001－0002938　丁2.1/12
江文通集彙注十卷　(南朝梁)江淹撰　(明)
胡之驥注　明萬曆二十六年(1598)刻本
二冊

350000－2001－0002939　丁2.1/13
陳後主集一卷　(南朝陳)陳叔寶撰　(明)張
溥輯　明刻漢魏六朝一百三家集本　一冊

350000－2001－0002940　丁2.1/14
徐孝穆全集六卷　(南朝陳)徐陵撰　(清)吳
兆宜箋注　**徐孝穆備考一卷**　(清)徐文炳撰
清刻本　二冊

350000－2001－0002941　丁2.2/1
靈隱子六卷　(唐)駱賓王撰　(明)陳魁士注
明萬曆二十四年(1596)陳大科刻本　三冊

350000－2001－0002942　丁2.2/2

楊盈川集十卷　（唐）楊炯撰　**附錄一卷**　明刻本　二冊

350000－2001－0002943　丁2.2/3

宋學士集九卷附錄一卷　（唐）宋之問撰　明崇禎十三年(1640)曹荃刻本　一冊

350000－2001－0002944　丁2.2/4

沈雲卿集三卷　（唐）沈佺期撰　明刻本　一冊

350000－2001－0002945　丁2.2/5

寒山子詩集五卷　（唐）釋寒山子撰　**豐干拾得詩一卷**　（唐）釋豐干　（唐）釋拾得撰　明萬曆二十七年(1599)朱世椿刻本　一冊

350000－2001－0002946　丁2.2/6

李詩鈔述注十六卷　（唐）李白撰　（明）林兆珂述　明萬曆二十七年(1599)刻本　八冊

350000－2001－0002947　丁2.2/9

集千家注杜工部詩集二十卷文集二卷　（唐）杜甫撰　（明）許自昌校　明萬曆刻李杜合刊本　十冊

350000－2001－0002948　丁2.2/8

集千家注杜工部詩集二十卷文集二卷　（唐）杜甫撰　（宋）黃鶴補注　**附錄一卷**　明嘉靖十五年(1536)玉几山人刻本　十冊

350000－2001－0002949　丁2.2/10

杜律註二卷　（元）虞集撰　（清）高兆校　清抄本　二冊

350000－2001－0002950　029/646

增補鄧退菴先生家藏體注四書講意備旨十卷　（清）鄧林著　（清）祁文友　（清）尹源進增定　（清）梁惠疇參補　清乾隆二十五年(1760)刻芸經堂重修本　六冊

350000－2001－0002951　029/575

四書隨見錄四十一卷首二卷　（清）鄒鳳池（清）陳作梅輯　清道光二十七年(1847)紅杏山房刻本　十六冊

350000－2001－0002952　029.8/18203

論語集解義疏十卷　（三國魏）何晏集解（南朝梁）皇侃義疏　清乾隆五十二年(1787)刻本　五冊

350000－2001－0002953　029/677－1

四書恒解不分卷　（清）劉沅輯注　清光緒三十一年(1905)刻本　六冊

350000－2001－0002954　852.43/439－20

重刊校正笠澤叢書四卷補遺一卷續補遺一卷　（唐）陸龜蒙撰　清大叠山房刻本　二冊

350000－2001－0002955　丁2.2/11

杜律七言集解二卷　（唐）杜甫撰　（明）邵傅集解　明萬曆十五年(1587)刻本　二冊

350000－2001－0002956　丁2.2/12

杜律五言集解四卷　（唐）杜甫撰　（明）邵傅集解　明萬曆十六年(1588)刻本　四冊

350000－2001－0002957　丁2.2/13

杜律意箋二卷　（唐）杜甫撰　（明）顏廷榘箋　清抄本　二冊

350000－2001－0002958　丁2.2/14

杜律詹言四卷　（唐）杜甫撰　（明）謝杰評注　清康熙十四年(1675)魏憲枕江堂刻本　一冊

350000－2001－0002959　丁2.2/15

杜詩鈔述注十六卷　（唐）杜甫撰　（明）林兆珂注　明萬曆刻本　六冊

350000－2001－0002960　丁2.2/16

杜詩鈔述注十六卷　（唐）杜甫撰　（明）林兆珂注　明萬曆刻本　十六冊

350000－2001－0002961　丁2.2/17

杜工部集二十卷　（唐）杜甫撰　（清）錢謙益箋註　**年譜一卷諸家詩話一卷唱酬題詠附錄一卷附錄一卷**　清康熙六年(1667)刻本　十二冊

350000－2001－0002962　丁2.2/18

讀書堂杜工部詩集注解二十卷文集注解二卷　（唐）杜甫撰　（清）張溍評注　清康熙三十六年(1697)讀書堂刻本　十二冊

350000 – 2001 – 0002963　丁2.2/19

杜詩鏡銓二十卷附錄一卷　(唐)杜甫撰
(清)楊倫輯　杜工部年譜一卷　(清)楊倫撰
　清乾隆刻本　八冊

350000 – 2001 – 0002964　丁2.2/20

杜詩字評十八卷　(唐)杜甫撰　(清)董文渙
輯　清同治十三年(1874)稿本　九冊　存十
六卷(一至七、十至十八)

350000 – 2001 – 0002965　丁2.2/21

杜集評點一卷　(唐)杜甫撰　(清)楊用修評
　清道光六年(1826)抄本　一冊

350000 – 2001 – 0002966　丁2.2/22

元次山文集十二卷　(唐)元結撰　明刻本
一冊

350000 – 2001 – 0002967　丁2.2/23

杼山集十卷　(唐)釋皎然撰　明崇禎毛氏汲
古閣刻唐三高僧詩集本　二冊

350000 – 2001 – 0002968　丁2.2/24

昌黎先生集四十卷外集十卷遺文一卷　(唐)
韓愈撰　(宋)廖瑩中校正　**朱子校昌黎先生
集傳一卷**　(宋)朱熹撰　明萬曆東吳徐氏東
雅堂刻本　十四冊

350000 – 2001 – 0002969　丁2.2/24.5

昌黎先生集四十卷外集十卷遺文一卷　(唐)
韓愈撰　(宋)廖瑩中校正　**朱子校昌黎先生
集傳一卷**　(宋)朱熹撰　明萬曆東吳徐氏東
雅堂刻本　十冊　存二十三卷(九至二十、二
十三至二十八、三十五至三十九)

350000 – 2001 – 0002970　丁2.2/25

韓集舉正十卷　(唐)韓愈撰　(宋)方崧卿校
　清抄本　四冊

350000 – 2001 – 0002971　丁2.2/28

韓文故十三卷　(唐)韓愈撰　(清)高澍然編
　清抄本　八冊　存十一卷(三至十三)

350000 – 2001 – 0002972　丁2.2/29

河東先生集四十五卷外集二卷龍城錄二卷
(唐)柳宗元撰　(宋)廖瑩中校正　**附錄二卷**

傳一卷　明郭雲鵬濟美堂刻本　十冊

350000 – 2001 – 0002973　丁2.2/30

河東先生集四十五卷外集二卷龍城錄二卷
(唐)柳宗元撰　(宋)廖瑩中校正　**附錄二卷**
傳一卷　明郭雲鵬濟美堂刻本　十六冊　存
四十六卷(一至四十二、外集二、附錄二卷、傳
一卷)

350000 – 2001 – 0002974　丁2.2/31

孟東野詩集十卷　(唐)孟郊撰　(宋)國材
(宋)劉辰翁評　明凌濛初刻朱墨套印本
四冊

350000 – 2001 – 0002975　丁2.2/32

歐陽行周文集十卷　(唐)歐陽詹撰　明萬曆
刻本　二冊

350000 – 2001 – 0002976　丁2.2/33

賈浪仙長江集十卷　(唐)賈島撰　明刻本
一冊

350000 – 2001 – 0002977　丁2.2/34

李長吉集四卷　(唐)李賀撰　(明)黃淳耀評
　(清)姚文燮注釋　(清)管鳳苞抄補
(清)馮敬萱輯錄　(清)何焯批證　清抄本
二冊

350000 – 2001 – 0002978　丁2.2/36

白氏長慶集七十一卷目錄二卷附錄一卷
(唐)白居易撰　明萬曆三十四年(1606)松江
馬元調刻本　一冊　存四卷(二十九至三十
二)

350000 – 2001 – 0002979　丁2.2/37

**白香山詩集二十卷後集十七卷別集一卷補遺
二卷**　(唐)白居易撰　(清)汪立名編　**年譜
二卷**　(清)汪立名等編　清康熙古歙汪立名
一隅草堂刻本　十冊

350000 – 2001 – 0002980　丁2.2/38

李義山文集箋注十卷　(唐)李商隱撰　(清)
徐樹穀　(清)徐炯箋注　清康熙四十七年
(1708)徐氏花溪草堂刻本　八冊

350000 – 2001 – 0002981　丁2.2/39

李義山文集箋注十卷 （唐）李商隱撰 （清）徐樹穀 （清）徐炯箋注 清康熙四十七年(1708)徐氏花溪草堂刻本 四冊

350000－2001－0002982 丁2.2/40

李義山詩集十六卷 （唐）李商隱撰 （清）姚培謙箋 清乾隆姚氏松桂讀書堂刻本 二冊

350000－2001－0002983 丁2.2/41

樊南文集六卷 （唐）李商隱撰 （清）蔣玢訂 清抄本 一冊

350000－2001－0002984 丁2.2/42

孫可之文集十卷 （唐）孫樵撰 （明）毛晉訂 明崇禎毛氏汲古閣刻本 一冊

350000－2001－0002985 丁2.2/43

唐皮日休文藪十卷 （唐）皮日休撰 明刻本 二冊

350000－2001－0002986 丁2.2/44

唐皮日休文藪十卷 （唐）皮日休撰 清閩縣陳氏鐵石軒抄本 二冊

350000－2001－0002987 丁2.2/45

唐甫里先生集二十卷 （唐）陸龜蒙撰 明萬曆三十一年(1603)刻本 二冊

350000－2001－0002988 丁2.2/46

白蓮集十卷風騷旨格一卷 （唐）釋齊己撰 明毛氏汲古閣刻唐三高僧詩集本 二冊 存十卷(白蓮集十卷)

350000－2001－0002989 丁2.2/47

唐秘書省正字先輩徐公釣磯文集十卷 （唐）徐寅撰 清抄本 一冊

350000－2001－0002990 丁2.2/48

唐黃御史集八卷 （唐）黃滔撰 附錄一卷 明崇禎十一年(1638)黃鳴喬、黃起等刻本 四冊

350000－2001－0002991 丁2.3/1

寇忠愍公詩集三卷 （宋）寇準撰 清康熙刻本 一冊

350000－2001－0002992 丁2.3/2

乖崖集十二卷附錄一卷 （宋）張詠撰 清抄本 四冊

350000－2001－0002993 丁2.3/3

穆參軍集三卷 （遼）穆修撰 清抄本 一冊

350000－2001－0002994 丁2.3/4

鉅鹿東觀十卷 （宋）魏野撰 清抄本 一冊

350000－2001－0002995 丁2.3/5

林和靖先生詩集四卷省心錄一卷 （宋）林逋撰 清康熙四十七年(1708)刻本 二冊

350000－2001－0002996 丁2.3/6

古靈先生文集二十五卷 （宋）陳襄撰 附一卷 清抄本 十一冊 存二十二卷(一至三、七至二十五)

350000－2001－0002997 丁2.3/7

古靈先生文集二十五卷 （宋）陳襄撰 年譜一卷 （宋）陳曄撰 附一卷 清抄本 六冊

350000－2001－0002998 丁2.3/8

新刻石室先生丹淵集四十卷拾遺二卷附錄一卷 （宋）文同著 石室先生年譜一卷 （宋）家誠之撰 明萬曆三十八年(1610)刻崇禎四年(1631)毛晉重修本 八冊

350000－2001－0002999 丁2.3/10

曲阜集二卷 （唐）曾肇撰 清抄本 一冊

350000－2001－0003000 丁2.3/11

宋濂溪周元公先生集十卷 （宋）周敦頤撰 （清）周沈珂重輯 （清）周之翰重輯並訂 清康熙三十年(1691)周之翰刻本 二冊

350000－2001－0003001 丁2.3/12

石學士集一卷 （宋）石延平撰 清抄本 一冊

350000－2001－0003002 丁2.3/16

東坡先生全集七十五卷 （宋）蘇軾撰 明萬曆刻本 三十一冊

350000－2001－0003003 丁2.3/17

東坡先生全集七十五卷 （宋）蘇軾撰 明萬曆刻本 二十二冊

350000－2001－0003004 丁2.3/18

東坡先生全集七十五卷　（宋）蘇軾撰　明萬
曆刻本　三十冊

350000－2001－0003005　丁2.3/22

蘇長公合作八卷補二卷　（宋）蘇軾撰　（明）
鄭之惠評選　明萬曆刻三色套印本　五冊
存六卷(一至二、五至六,補二卷)

350000－2001－0003006　丁2.3/23

蘇長公合作八卷補二卷　（宋）蘇軾撰　（明）
鄭之惠評選　明萬曆刻本　一冊

350000－2001－0003007　丁2.3/24

坡仙集十六卷　（宋）蘇軾撰　（明）李贄評輯
明萬曆二十八年(1600)焦竑刻本　五冊

350000－2001－0003008　丁2.3/25

東坡先生編年詩補注五十卷　（宋）蘇軾撰
(清)查慎行注　東坡先生年表一卷　清乾隆
二十六年(1761)查開香雨齋刻本　二十冊

350000－2001－0003009　丁2.3/26

欒城集五十卷後集二十四卷三集十卷應詔集
十二卷　（宋）蘇轍撰　明清夢軒刻本　四十
四冊　存七十四卷(欒城集五十卷、後集二十
四卷)

350000－2001－0003010　丁2.3/27

重刻黃文節山谷先生文集三十卷外集十四卷
別集二十卷　（宋）黃庭堅撰　年譜十四卷
(宋)黃𪩘撰　明萬曆三十二年(1604)周希令
等刻本　十六冊

350000－2001－0003011　丁2.3/28

[寶晉英光集殘卷]一卷　（宋）米芾撰　明抄
本　一冊

350000－2001－0003012　丁2.3/29

淮海集四十卷後集六卷長短句三卷　（宋）秦
觀撰　明萬曆四十六年(1618)李之藻刻本
四冊

350000－2001－0003013　丁2.3/31

嵩山集二十卷　（宋）晁說之撰　清抄本
六冊

350000－2001－0003014　丁2.3/32

樂圃餘稿十卷補遺一卷附錄一卷　（宋）朱長
文撰　清抄本　二冊

350000－2001－0003015　丁2.3/33

眉山唐先生集三十卷　（宋）唐庚撰　清抄本
三冊

350000－2001－0003016　丁2.3/37

梁溪集三十二卷　（宋）李綱撰　清咸豐三山
陳氏居敬堂抄本　十二冊

350000－2001－0003017　丁2.3/39

莆陽知稼翁集二卷　（宋）黃公度撰　明天啓
五年(1625)莆田黃崇瀚刻本　一冊

350000－2001－0003018　丁2.3/40

莆陽知稼翁集二卷　（宋）黃公度撰　明天啓
五年(1625)莆田黃崇翰刻本　二冊

350000－2001－0003019　丁2.3/41

歸愚集八卷　（宋）葛立方撰　清抄本　二冊

350000－2001－0003020　丁2.3/42

范香溪先生文集二十二卷　（宋）范浚撰　明
萬曆刻本　四冊

350000－2001－0003021　丁2.3/43

校注橘山四六二十卷　（宋）李廷忠撰　（明）
孫雲翼注　明萬曆刻本　四冊

350000－2001－0003022　丁2.3/45

江湖長翁文集四十卷　（宋）陳造撰　明萬曆
四十六年(1618)李之藻刻本　四冊　存八卷
(一至八)

350000－2001－0003023　丁2.3/46

高峰文集十七卷　（宋）廖剛撰　清抄本
三冊

350000－2001－0003024　丁2.3/47

艾軒集九卷附錄一卷　（宋）林光朝撰　清抄
本　四冊

350000－2001－0003025　丁2.3/48

朱子大全集一百卷續集五卷別集七卷　（宋）
朱熹撰　清康熙二十七年(1688)刻本　四十
四冊

350000 – 2001 – 0003026　丁2.3/49

朱文公詩賦全集十卷　(宋)朱熹撰　清抄本
　三冊

350000 – 2001 – 0003027　丁2.3/52

陸放翁全集六種　(宋)陸游撰　明末毛氏汲
古閣刻清毛扆增補本　四十八冊

350000 – 2001 – 0003028　丁2.3/53

陸放翁全集六種　(宋)陸游撰　明末毛氏汲
古閣刻清毛扆增補本　三十二冊

350000 – 2001 – 0003029　丁2.3/57

漫塘前集四卷　(宋)劉宰撰　明正德十六年
(1521)任佃刻本　一冊

350000 – 2001 – 0003030　丁2.3/54

陸放翁全集六種　(宋)陸游撰　明末毛氏汲
古閣刻清毛扆增補本　十二冊　存二種四十
五卷(渭南文集六至四十八、逸稾二卷)

350000 – 2001 – 0003031　丁2.3/55

劍南詩稾八十五卷　(宋)陸游撰　明末毛氏
汲古閣刻清毛扆增補陸放翁全集本　三十
二冊

350000 – 2001 – 0003032　丁2.3/56

劍南詩稾八十五卷　(宋)陸游撰　明末毛氏
汲古閣刻清毛扆增補陸放翁全集本　十二冊

350000 – 2001 – 0003033　879.47/733＝2

**出使英法義比四國日記六卷(清光緒十六年
至十七年)**　(清)薛福成撰　清光緒十八年
(1892)石印本　二冊　存四卷(一至四)

350000 – 2001 – 0003034　丁2.3/63

姜白石詩詞合集九卷　(宋)姜夔撰　**附錄諸
賢酬贈詩一卷**　(宋)楊萬里等撰　清乾隆八
年(1743)江都陸鍾輝刻本　二冊

350000 – 2001 – 0003035　丁2.3/64

壺山四六一卷　(□)□□撰　清抄本　一冊

350000 – 2001 – 0003036　丁2.3/65

[文山全集附錄]一卷　(宋)文天祥撰　明嘉
靖刻本　一冊

350000 – 2001 – 0003037　丁2.3/66

石堂先生遺集二十一卷　(宋)陳普撰　清抄
本　十六冊

350000 – 2001 – 0003038　丁2.3/67

劉須溪先生記鈔八卷　(宋)劉辰翁撰　明天
啓三年(1623)刻本　一冊

350000 – 2001 – 0003039　丁2.3/68

陵陽先生集四卷　(宋)牟巘撰　清抄本
　一冊

350000 – 2001 – 0003040　丁2.3/69

[王深寧文集]五卷　(宋)王應麟撰　清抄本
　二冊

350000 – 2001 – 0003041　丁2.3/70

晞髮集七卷　(宋)謝翱撰　**續錄一卷附錄一
卷**　明萬曆二十六年(1598)繆邦珏刻本　一
冊　存八卷(晞髮集七卷、續錄一卷)

350000 – 2001 – 0003042　丁2.3/71

心史七卷　(宋)鄭思肖撰　明崇禎十二年
(1639)刻本　四冊

350000 – 2001 – 0003043　丁2.3/72

心史七卷　(宋)鄭思肖撰　清抄本　二冊

350000 – 2001 – 0003044　丁2.4/1

閑閑老人滏水集二十卷　(金)趙秉文撰　**附
錄一卷**　(元)元好問撰　清康熙四十二年
(1703)何氏抄本　十二冊

350000 – 2001 – 0003045　丁2.4/2

遺山先生文集四十卷　(元)元好問撰　(金)
張德輝編次　**附錄一卷**　明弘治十一年
(1498)李瀚刻本　八冊

350000 – 2001 – 0003046　丁2.4/3

遺山先生詩集二十卷　(元)元好問撰　明崇
禎十一年(1638)毛氏汲古閣刻元人集十種本
　四冊

350000 – 2001 – 0003047　丁2.5/1

湛然居士文集十四卷　(元)耶律楚材撰　清
影元抄本　四冊

350000 – 2001 – 0003048　丁2.5/2

許白雲先生文集四卷　(元)許謙撰　清抄本

二册

350000－2001－0003049　丁2.5/3
牧庵集二卷　（元）姚燧撰　清抄本　二册

350000－2001－0003050　丁2.5/7
馬石田文集十五卷　（元）馬祖常撰　附錄一卷　（元）虞集等撰　清抄本　四册

350000－2001－0003051　丁2.5/8
翠寒集一卷　（元）宋無撰　清抄本　一册

350000－2001－0003052　丁2.5/9
薩天錫詩集三卷附集外詩一卷　（元）薩都剌撰　明崇禎十一年(1638)毛氏汲古閣刻元人集十種本　二册

350000－2001－0003053　195/431
雲笈七籤一百二十二卷　（宋）張君房撰　明刻本　四册　存七卷(一百十二至一百十三、一百十八至一百二十二)

350000－2001－0003054　丁2.5/12
金臺集二卷　（元）迺賢撰　明崇禎十一年(1638)毛氏汲古閣刻元人集十種本　一册

350000－2001－0003055　丁2.5/14
趙東山先生存稿六卷附錄一卷　（明）趙汸撰　清抄本　四册

350000－2001－0003056　丁2.6/3
劉仲修先生詩集六卷文集二卷　（明）劉永之撰　清乾隆、嘉慶鄭廷浤萬華樓抄本　二册

350000－2001－0003057　丁2.6/5
覆瓿集七卷附錄一卷　（明）朱同撰　明萬曆四十四年(1616)朱時新刻本　二册

350000－2001－0003058　丁2.6/6
青邱高季迪先生詩集十八卷遺詩一卷扣舷集一卷鳧藻集五卷　（明）高啓撰　（清）金檀輯注　年譜一卷附錄一卷　（清）金檀撰　清雍正六年至七年(1728－1729)金氏文瑞樓刻本　五册

350000－2001－0003059　丁2.6/8
重刻楊孟載眉菴集十二卷補遺一卷　（明）楊基撰　明萬曆陳邦瞻、汪汝淳刻明初四家詩

本　二册

350000－2001－0003060　丁2.6/9
重刻張來儀靜居集四卷　（明）張羽撰　明萬曆陳邦瞻、汪汝淳刻明初四家詩本　二册

350000－2001－0003061　丁2.6/10
重刻徐幼文北郭集六卷　（明）徐賁撰　明萬曆陳邦瞻、汪汝淳刻本　一册

350000－2001－0003062　丁2.6/11
南村詩集四卷　（明）陶宗儀撰　明崇禎十一年(1638)毛氏汲古閣刻元人集十種本　一册

350000－2001－0003063　丁2.6/13
巽隱集四卷　（明）程本立撰　清抄本　一册

350000－2001－0003064　丁2.6/15
絅齋文稿一卷　（明）林環撰　清抄本　一册

350000－2001－0003065　丁2.6/16.5
轅門十詠二卷　（明）朱成等撰　明崇禎安國賢刻本　一册

350000－2001－0003066　丁2.6/22
斿山先生集不分卷　（明）黄澤撰　清閩縣林氏棣華山館抄本　三册

350000－2001－0003067　丁2.6/23
斿山先生集六卷　（明）黄澤撰　清抄本　四册

350000－2001－0003068　丁2.6/24
彭惠安公文集十卷附錄一卷　（明）彭韶撰　明嘉靖彭繼美刻本　二册

350000－2001－0003069　丁2.6/25
彭惠安公文集十卷附錄一卷　（明）彭韶撰　明嘉靖彭繼美刻本　四册

350000－2001－0003070　丁2.6/26
彭惠安公文集十卷附錄一卷　（明）彭韶撰　明嘉靖彭繼美刻本　三册　存五卷(一至五)

350000－2001－0003071　丁2.6/27
瓊臺詩文會稿重編二十四卷　（明）丘濬著　明天啓刻本　十二册

350000－2001－0003072　丁2.6/29

[懷麓堂集]五十一卷 （明）李東陽撰 明正德刻本 十六冊

350000－2001－0003073 丁2.6/30

擬古樂府二卷 （明）李東陽撰 （明）何孟春輯 明隆慶四年(1570)魏椿刻本 二冊

350000－2001－0003074 丁2.6/32

何文肅公文集三十四卷外集一卷 （明）何喬新撰 清康熙三十三年(1694)刻本 十六冊 存三十四卷(文集三十四卷)

350000－2001－0003075 丁2.6/35

屠康僖公文集六卷附錄一卷 （明）屠勳撰 明萬曆四十三年(1615)刻本 三冊 存三卷(文集一至三)

350000－2001－0003076 丁2.6/38

翠渠續稿不分卷 （明）周瑛撰 清抄本 二冊

350000－2001－0003077 852.43/439.19

重刊校正笠澤叢書四卷補遺一卷續補遺一卷 （唐）陸龜蒙撰 清末刻本 二冊

350000－2001－0003078 804/115

文章緣起一卷 （南朝梁）任昉撰 （明）陳懋仁注 （清）方熊補注 清光緒刻徐氏叢書本 一冊

350000－2001－0003079 992.14923/375

中州人物考八卷 （清）孫奇逢輯 （清）王元鑮 （清）孫立雅編 清道光二十四年(1844)孫家秀刻本 六冊

350000－2001－0003080 852.43/442

陳伯玉文集三卷詩集二卷首一卷附錄一卷 (唐)陳子昂撰 清咸豐四年(1854)刻本 四冊

350000－2001－0003081 804/674－1

文心雕龍十卷 （南朝梁）劉勰撰 （清）黃叔琳注 （清）紀昀評點 清道光十三年(1833)兩廣節署刻朱墨套印本 四冊

350000－2001－0003082 804/674－1＝1

文心雕龍十卷 （南朝梁）劉勰撰 （清）黃叔琳注 （清）紀昀評點 清道光十三年(1833)兩廣節署刻朱墨套印本 四冊

350000－2001－0003083 804/674－1＝2

文心雕龍十卷 （南朝梁）劉勰撰 （清）黃叔琳注 （清）紀昀評點 清道光十三年(1833)兩廣節署刻朱墨套印本 二冊

350000－2001－0003084 852.43/691.5

駱侍御全集四卷考異一卷 （唐）駱賓王撰 （明）顏文原注 清道光三十年(1850)梅林駱景誼刻本 四冊

350000－2001－0003085 804/674－1＝3

文心雕龍十卷 （南朝梁）劉勰撰 （清）黃叔琳注 （清）紀昀評點 清道光十三年(1833)兩廣節署刻朱墨套印本 四冊

350000－2001－0003086 804/674－6

文心雕龍十卷 （南朝梁）劉勰撰 清光緒三年(1877)湖北崇文書局刻本 二冊

350000－2001－0003087 992.15/318

姚氏先德傳六卷 （清）姚瑩敘 清同治刻本 一冊

350000－2001－0003088 809.9/403

東坡事類二十二卷 （清）梁廷枏纂 清道光十年(1830)刻本 十二冊

350000－2001－0003089 822.02/108

說詩樂趣類編二十卷 （清）伍涵芬輯 清刻本 四冊

350000－2001－0003090 852.43/723－1

重刊五百家注音辯昌黎先生文集四十卷 (唐)韓愈撰 清末民國初上海文瑞樓石印本 十二冊

350000－2001－0003091 852.43/723－2

重刊五百家注音辯昌黎先生文集四十卷 (唐)韓愈撰 清末民國初上海文瑞樓石印本 十二冊

350000－2001－0003092 820.2/157

分類詩腋八卷 （清）李禎編 清光緒元年(1875)刻本 四冊

350000－2001－0003093　822.041/936

名賢詩話七種　（□）□□輯　清光緒二十二年(1896)兩湖書院刻本　八冊

350000－2001－0003094　852.43/723.2

韓昌黎集四十卷外集十卷遺文一卷　（唐）韓愈撰　清光緒二年(1876)毗陵劉氏初日樓刻本　六冊

350000－2001－0003095　852.43/723.2＝1

韓昌黎集四十卷外集十卷遺文一卷　（唐）韓愈撰　清光緒二年(1876)毗陵劉氏初日樓刻本　六冊

350000－2001－0003096　822.0416/756

歸田詩話二卷　（明）瞿佑撰　清抄本　二冊

350000－2001－0003097　992.1474/943

[光緒十四年]廣東武鄉試錄一卷　（□）□□輯　清光緒十四年(1888)刻本　一冊

350000－2001－0003098　822.0417/22－4

帶經堂詩話三十卷首一卷　（清）王士禎撰　清同治十二年(1873)廣州藏修堂刻本　十冊

350000－2001－0003099　852.43/723.4－1

昌黎先生集四十卷外集十卷遺文一卷　（唐）韓愈撰　朱子校昌黎先生集傳一卷　（宋）朱熹撰　韓集點勘四卷　（清）陳景雲撰　清同治八年(1869)江蘇書局刻本　十六冊

350000－2001－0003100　992.168/945.1

高僧傳初集十五卷首一卷　（南朝梁）釋慧皎撰　清光緒十年(1884)金陵刻經處刻本　四冊

350000－2001－0003101　822.101/22－2

漁洋山人古詩選三十二卷　（清）王士禎撰　清同治五年(1866)金陵書局刻本　八冊

350000－2001－0003102　852.43/723.4－2

昌黎先生集四十卷外集十卷遺集一卷首一卷　（唐）韓愈撰　清光緒十九年(1893)慈利刻本　八冊

350000－2001－0003103　082.17/φ394－1

雅歌堂外集十卷　（清）徐經撰　清光緒二年

(1876)徐有林刻本　二冊

350000－2001－0003104　822.0417/396

小石帆亭著錄六卷　（清）翁方綱輯　清道光二十年(1840)孫雲鴻味古書室刻本　五冊

350000－2001－0003105　丁2.6/39

震澤先生集三十六卷　（明）王鏊撰　明嘉靖刻本　十六冊

350000－2001－0003106　丁2.6/40

王文恪公集三十六卷　（明）王鏊撰　明三槐堂刻本　八冊

350000－2001－0003107　丁2.6/41

見素集二十八卷奏議七卷續集十二卷　（明）林俊撰　明萬曆十三年(1585)林及祖、林大黼刻本　十四冊　存二十八卷(見素集二十八卷)

350000－2001－0003108　丁2.6/42

見素集二十八卷奏議七卷續集十二卷　（明）林俊撰　明萬曆十三年(1585)林及祖、林大黼刻本　六冊　存十三卷(見素集六至十,奏議一至三、六至七,續集七至九)

350000－2001－0003109　丁2.6/43

見素詩集十四卷　（明）林俊撰　清抄本　四冊

350000－2001－0003110　丁2.6/44

見素續集十二卷　（明）林俊撰　清抄本　四冊

350000－2001－0003111　丁2.6/44.5

容春堂前集二十卷後集十四卷續集十八卷別集九卷　（明）邵寶撰　（明）吳汝憲等編　明正德刻本　十五冊

350000－2001－0003112　丁2.6/46

李獻吉詩選四卷　（明）李夢陽撰　（明）楊慎批選　明萬曆十年(1582)沈啓南刻本　一冊

350000－2001－0003113　丁2.6/47

徐文長文集二十九卷四聲猿一卷　（明）徐渭撰　明萬曆刻本　六冊

350000－2001－0003114　丁2.6/48

山齋集二十四卷　(明)鄭岳撰　明萬曆刻清初印本　六冊

350000－2001－0003115　丁2.6/49
山齋集二十四卷　(明)鄭岳撰　清抄本　一冊　存五卷(十四至十八)

350000－2001－0003116　丁2.6/50
陽明先生文錄八卷別錄十二卷　(明)王守仁撰　明嘉靖刻本　十六冊

350000－2001－0003117　丁2.6/51
陽明先生文錄五卷外集九卷別錄十卷　(明)王守仁撰　(明)錢德洪編　明嘉靖十四年(1535)聞人詮刻三十六年(1557)胡宗憲補修本　十冊

350000－2001－0003118　丁2.6/54
何仲默詩選四卷　(明)何景明撰　(明)沈啟原選評　明沈啟南刻本　一冊

350000－2001－0003119　丁2.6/56
徐迪功集六卷談藝錄一卷　(明)徐禎卿撰　明正德十五年(1520)李夢陽刻本　一冊

350000－2001－0003120　丁2.6/57
方齋存稿十卷　(明)林文俊撰　清抄本　六冊

350000－2001－0003121　852.43/723.20
昌黎先生集四十卷外集十卷遺文一卷　(唐)韓愈撰　(唐)李漢編　朱子校昌黎先生集傳一卷　(宋)朱熹撰　韓集點勘四卷　(清)陳景雲撰　清宣統三年(1911)上海掃葉山房石印本　十二冊

350000－2001－0003122　992.164/402－1
古列女傳八卷　(漢)劉向編撰　考證一卷　(清)顧廣圻撰　清嘉慶元年(1796)刻本　四冊

350000－2001－0003123　082.17/ф404－5
月山遺書七卷首一卷末一卷　(清)梁㟧撰　清道光二十八年(1848)刻本　四冊

350000－2001－0003124　852.43/723.21
重刊五百家注音辯昌黎先生文集四十卷　(唐)韓愈撰　清乾隆刻本　十四冊

350000－2001－0003125　082.17/ф414
吉雨山房全集二種附二種　(清)郭籛齡著　清光緒十六年(1890)刻本　二十冊　存二種二十卷(吉雨山房遺集十卷、周易從周十卷)

350000－2001－0003126　082.17/ф412
郭氏叢刻十二種　(清)郭柏蒼撰　清光緒刻本　十八冊

350000－2001－0003127　852.43/742.3
顏魯公文集十五卷補遺一卷　(唐)顏真卿撰　年譜一卷　(宋)留元剛撰　附錄一卷　清嘉慶七年(1802)顏崇槼刻本　二冊

350000－2001－0003128　852.43/784
蘇許公文集十二卷首一卷　(唐)蘇環撰　蘦上記一卷　(唐)蘇頲纂　許公逸事一卷　(清)蘇廷玉輯　清道光二十三年(1843)同安蘇氏刻本　二冊

350000－2001－0003129　822.0417/134－1
說詩晬語二卷　(清)沈德潛撰　清抄本　二冊

350000－2001－0003130　852.43/723.7
昌黎先生集四十卷外集十卷遺文一卷　(唐)韓愈撰　(唐)李漢編　朱子校昌黎先生集傳一卷　(宋)朱熹撰　韓集點勘四卷　(清)陳景雲撰　清宣統三年(1911)上海鴻文書局石印本　十冊

350000－2001－0003131　822.0417/134－2
說詩晬語二卷　(清)沈德潛撰　清刻本　一冊

350000－2001－0003132　992.19/99－1
歷代名臣言行錄二十四卷　(清)朱桓編輯　(清)潘永季校定　清光緒二十六年(1900)湖南書局刻本　三十一冊

350000－2001－0003133　822.0417/431
藝談錄二卷　(清)張維屏撰　清粵東富文齋刻本　四冊

350000－2001－0003134　822.0417/598－3

甌北詩話十二卷　(清)趙翼撰　清同治十三年(1874)刻本　四冊

350000－2001－0003135　082.17/φ441＝1
左海全集十種　(清)陳壽祺撰　清嘉慶、道光陳紹塘刻本　二十四冊

350000－2001－0003136　082.17/φ441＝2
左海全集十種　(清)陳壽祺撰　清嘉慶、道光陳紹塘刻本　二十八冊

350000－2001－0003137　992.18/811－1
貳臣傳十二卷逆臣傳四卷　(清)國史館編　清都城琉璃廠半松居士刻本　八冊

350000－2001－0003138　082.17/φ442－1
左海續集七十九卷　(清)陳壽祺撰　清道光至同治間刻光緒八年(1882)林新圓重修本　四十八冊

350000－2001－0003139　992.172/454
碧血錄五卷　(清)莊仲方著論　(清)夏鸞翔繪圖　清光緒八年(1882)上海同文書局石印本　五冊

350000－2001－0003140　852.43/784＝1
蘇許公文集十二卷首一卷　(唐)蘇環撰　壟上記一卷　(唐)蘇頲纂　許公逸事一卷　(清)蘇廷玉輯　清道光二十三年(1843)同安蘇氏刻本　二冊

350000－2001－0003141　852.43/723.7＝1
昌黎先生集四十卷外集十卷遺文一卷　(唐)韓愈撰　(唐)李漢編　朱子校昌黎先生集傳一卷　(宋)朱熹撰　韓集點勘四卷　(清)陳景雲撰　清宣統三年(1911)上海鴻文書局石印本　十冊

350000－2001－0003142　852.44/18－2
宋少保信國公文文山先生全集十六卷首一卷　(宋)文天祥撰　清道光二十五年(1845)刻本　十冊

350000－2001－0003143　082.17/φ598＝1
還硯齋全集二十五卷　(清)趙新撰　清光緒八年(1882)黃樓刻本　三十二冊

350000－2001－0003144　852.44/18－4
重刊文信國公全集十七卷首一卷　(宋)文天祥撰　清道光二十五年(1845)刻本　十二冊

350000－2001－0003145　丁2.6/58
羣玉樓稿八卷附困亨別稿　(明)李默撰　清雍正四年(1726)刻本　八冊

350000－2001－0003146　丁2.6/59
佩蘭子文集三卷　(明)袁達撰　(明)李廷臣校　明同文書院刻本　一冊

350000－2001－0003147　丁2.6/60
人瑞翁詩集五卷　(明)林春澤撰　清抄本　四冊

350000－2001－0003148　丁2.6/61
太白山人漫稿四卷附錄一卷　(明)孫一元撰　清抄本　六冊

350000－2001－0003149　丁2.6/63
行巳外篇六卷　(明)傅汝舟著　(明)曾于拱　(明)周賢宣校　明刻本　一冊

350000－2001－0003150　丁2.6/64
李卓吾先生讀升菴集二十卷　(明)楊慎撰　(明)李贄評　明刻本　八冊

350000－2001－0003151　丁2.6/65
小山類藳選二十卷　(明)張岳撰　張襄惠公輯略一卷　明萬曆刻明清遞修本　十二冊

350000－2001－0003152　丁2.6/66
小山類稿選二十卷　(明)張岳撰　張襄惠公輯略一卷　明萬曆刻明清遞修本　四冊　存十五卷(六至二十)

350000－2001－0003153　丁2.6/67
小山類稿選二十卷　(明)張岳撰　張襄惠公輯略一卷　明萬曆刻明清遞修本　三冊　存十一卷(一至三、十四至二十,輯略一卷)

350000－2001－0003154　丁2.6/68
韓五泉詩四卷附錄二卷　(明)韓邦靖撰　明嘉靖十六年(1537)刻本　一冊

350000－2001－0003155　丁2.6/69
西玄詩集一卷　(明)馬汝驥撰　明嘉靖刻本

一冊

350000－2001－0003156　丁2.6/70

夏桂洲先生文集十八卷　（明）夏言撰　**附年
譜一卷**　明崇禎十一年(1638)刻本　十六冊

350000－2001－0003157　丁2.6/71

甫田集三十六卷　（明）文徵明撰　明刻本
四冊

350000－2001－0003158　丁2.6/72

甫田集三十六卷　（明）文徵明撰　明刻本
四冊

350000－2001－0003159　丁2.6/78

王遵巖集十卷　（明）王慎中撰　（清）張汝瑚
選　清康熙二十一年(1682)郢雪書林刻本
四冊

350000－2001－0003160　丁2.6/79

心齋先生全集六卷　（明）王艮撰　明萬曆刻
本　六冊

350000－2001－0003161　丁2.6/80

荊川文集十八卷　（明）唐順之撰　清康熙五
十一年(1712)刻　八冊

350000－2001－0003162　丁2.6/81

荊川文集十八卷　（明）唐順之撰　清康熙五
十一年(1712)刻　八冊

350000－2001－0003163　丁2.6/82

陳后岡詩集一卷文集一卷　（明）陳束撰
（明）林可成校疏　明萬曆十九年(1591)林可
成刻本　二冊

350000－2001－0003164　丁2.6/83

靳兩城先生集二十卷　（明）靳學顏撰　明萬
曆十七年(1589)刻本　六冊

350000－2001－0003165　丁2.6/88

新刻張太岳先生文集四十卷詩集六卷　（明）
張居正撰　**行實一卷**　明萬曆四十年(1612)
唐國達刻本　十六冊

350000－2001－0003166　丁2.6/89

新刻張太岳先生文集四十卷詩集六卷　（明）
張居正撰　**行實一卷**　明萬曆四十年(1612)

唐國達刻本　十六冊

350000－2001－0003167　丁2.6/90

新刻張太岳先生文集四十卷詩集六卷　（明）
張居正撰　**行實一卷**　明萬曆四十年(1612)
唐國達刻本　十五冊　存四十三卷(文集一
至二十八、三十二至四十,詩集六卷)

350000－2001－0003168　丁2.6/91

海忠介公文集十卷　（明）海瑞撰　明萬曆四
十六年(1618)蔡鐘有刻本　四冊

350000－2001－0003169　丁2.6/92

陳白陽集十卷　（明）陳淳撰　**錄叙事一卷詩
一卷志銘一卷題跋一卷**　（明）張寰等撰　明
萬曆四十三年(1615)陳仁錫刻本　二冊　存
十卷(陳白陽集十卷)

350000－2001－0003170　丁2.6/93

弇州山人四部稿一百七十四卷目錄十二卷
（明）王世貞著　明萬曆五年(1577)吳郡王氏
世經堂刻本　三十一冊

350000－2001－0003171　丁2.6/94

弇州集一卷　（明）王世貞撰　明末清初抄本
一冊

350000－2001－0003172　丁2.6/95.2

讀書後八卷　（明）王世貞撰　清乾隆二十一
年(1756)梁溪顧氏刻本　二冊

350000－2001－0003173　丁2.6/96

鳳洲筆記二十四卷　（明）王世貞撰　明隆慶
三年(1569)黃美中木活字印本　六冊

350000－2001－0003174　丁2.6/97

九愚山房集九十七卷　（明）何東序撰　明萬
曆二十八年(1600)刻本　六十冊

350000－2001－0003175　丁2.6/98

黃忠裕公文集八卷　（明）黃鞏撰　明崇禎十
年(1637)刻本　四冊

350000－2001－0003176　丁2.6/100

林中丞念堂集不分卷　（明）林潤撰　清抄本
三冊

350000－2001－0003177　丁2.6/101

遠遊篇十二卷　（明）周嬰撰　清抄本　七冊

350000－2001－0003178　丁2.6/102

五嶽遊草七卷　（明）陳第著　明萬曆四十四年(1616)刻一齋集十二種本　二冊

350000－2001－0003179　丁2.6/103

濟美堂集四卷　（明）吳文華撰　明萬曆刻本　四冊

350000－2001－0003180　丁2.6/105

碧麓堂集一卷　（明）林如楚撰　明崇禎九年(1636)林慎刻本　一冊

350000－2001－0003181　丁2.6/106

南都新賦一卷　（明）文翔鳳撰　明萬曆四十八年(1620)刻本　一冊

350000－2001－0003182　丁2.6/107

鐘臺先生文集十二卷附錄一卷　（明）田一儁撰　明萬曆二十八年(1600)刻本　六冊

350000－2001－0003183　丁2.6/108

欝儀樓集三十卷　（明）鄒迪光撰　明萬曆刻本　十冊

350000－2001－0003184　丁2.6/109

由拳集二十三卷　（明）屠隆撰　明萬曆書林懷泉丘惟源刻本　二冊　存六卷(一至六)

350000－2001－0003185　丁2.6/110

蒼霞草二十卷詩草八卷續草二十二卷餘草十四卷綸扉奏草十一卷續綸扉奏草十四卷後綸扉尺牘十卷　（明）葉向高撰　明刻本　四十七冊　缺四卷(蒼霞草一至三、十七)

350000－2001－0003186　丁2.6/111

蒼霞草二十卷詩草八卷續草二十二卷餘草十四卷綸扉奏草十一卷續綸扉奏草十四卷後綸扉尺牘十卷　（明）葉向高撰　明刻本　五冊　存十二卷(續草一至二、後綸扉尺牘十卷)

350000－2001－0003187　丁2.6/112

西樓全集十八卷　（明）鄧原岳撰　明崇禎刻本　八冊

350000－2001－0003188　丁2.6/113

小草齋集三十卷　（明）謝肇淛撰　明萬曆刻

本　六冊　存二十五卷(一至十八、二十四至三十)

350000－2001－0003189　丁2.6/114

小草齋集三十卷　（明）謝肇淛撰　清抄本　一冊　存三卷(四至六)

350000－2001－0003190　丁2.6/115

小草齋續集二十八卷　（明）謝肇淛撰　明末刻本　一冊　存三卷(一至三)

350000－2001－0003191　丁2.6/116

水明樓集十四卷　（明）陳薦夫撰　明萬曆刻本　二冊

350000－2001－0003192　丁2.6/117

[曹能始集]二卷　（明）曹學佺撰　明崇禎刻本　一冊

350000－2001－0003193　丁2.6/118

[曹能始集]二卷　（明）曹學佺撰　明崇禎刻本　一冊

350000－2001－0003194　丁2.6/119

七錄齋文集近稿六卷館課一卷存稿五卷詩稿三卷論略一卷　（明）張溥撰　明崇禎刻本　六冊　存十一卷(近稿六卷、存稿五卷)

350000－2001－0003195　丁2.6/120

玄冰集十一卷　（明）陳衎撰　清抄本　一冊

350000－2001－0003196　丁2.6/121

玄冰集十一卷　（明）陳衎撰　清抄本　一冊

350000－2001－0003197　丁2.6/122

玄冰集十一卷　（明）陳衎撰　清抄本　一冊

350000－2001－0003198　丁2.6/123

大江集二十一卷　（明）陳衎撰　明崇禎十二年(1639)刻本　四冊

350000－2001－0003199　丁2.6/124

駱先生文集八卷　（明）駱日升撰　明崇禎刻駱台晉文集本　四冊

350000－2001－0003200　丁2.6/125

鄒公願學集八卷　（明）鄒元標撰　清乾隆十二年(1747)刻本　五冊

350000－2001－0003201　丁2.6/126

崇相集不分卷　（明）董應舉撰　明天啓三年
（1623）刻本　九冊

350000－2001－0003202　丁2.6/128

榕庵集十八卷　（明）韓錫撰　明萬曆四十三
年（1615）刻本　四冊

350000－2001－0003203　丁2.6/131

幔亭集□□卷　（明）徐熥撰　清抄本　二冊
　存五卷（十六至二十）

350000－2001－0003204　丁2.6/129

榕庵集十八卷　（明）韓錫撰　明天啓五年
（1625）刻本　一冊　存二卷（十至十一）

350000－2001－0003205　丁2.6/130

駢枝別集二十卷　（明）黃道周撰　明末大來
堂刻本　二冊

350000－2001－0003206　丁2.6/132

克薪堂詩集九卷首二卷文集十三卷　（明）鄭
之玄撰　明崇禎七年（1634）許自表刻本
八冊

350000－2001－0003207　丁2.6/133

紡授堂集八卷二集十卷文集八卷　（明）曾異
撰撰　明崇禎益友齋刻本　十冊

350000－2001－0003208　丁2.6/134

紡授堂集八卷二集十卷文集八卷　（明）曾異
撰撰　明崇禎益友齋刻本　十冊

350000－2001－0003209　丁2.6/135

公槐集六卷　（明）姚希孟撰　明崇禎刻本
六冊

350000－2001－0003210　丁2.6/136

蛻草一卷　（明）林日光撰　清康熙刻本
一冊

350000－2001－0003211　丁2.6/137

留菴文集十八卷　（明）盧若騰撰　清抄本
一冊　存三卷（十三至十五）

350000－2001－0003212　丁2.6/138

叢青軒集六卷　（明）許豸撰　明崇禎十三年
（1640）刻本　三冊　存四卷（一至三、六）

350000－2001－0003213　丁2.6/139

落花詩一卷　（明）邵捷春撰　明崇禎刻本
一冊

350000－2001－0003214　丁2.6/140

棗林集五卷　（明）談遷撰　清抄本　五冊

350000－2001－0003215　丁2.6/141

張忠烈詩文集四卷　（明）張煌言撰　清抄本
四冊

350000－2001－0003216　丁2.6/142

袁袁山先生遺稿鈔三卷　（明）袁繼咸撰　行
略一卷　（□）□□撰　附書四山樓藏卷補入
潯陽手蹟事　（清）王猷定撰　袁臨候傳　清
乾隆、嘉慶晉安黃世發抄本　一冊

350000－2001－0003217　丁2.7/1.5

牧齋初學集詩註二十卷有學集詩註十四卷
（清）錢謙益撰　（清）錢曾箋註　清玉詔堂刻
本　十二冊

350000－2001－0003218　852.44/18－3

廬陵宋丞相信國公文忠烈先生全集十六卷
（宋）文天祥撰　清道光二十三年（1843）刻本
十冊

350000－2001－0003219　822.0417/22－6

帶經堂詩話三十卷首一卷　（清）王士禎撰
（清）張宗柟輯　清乾隆五十四年（1789）刻本
八冊

350000－2001－0003220　822.0417/104－3

靜志居詩話二十四卷　（清）朱彝尊撰　（清）
扶荔山房輯　清嘉慶十二年（1807）扶荔山房
刻本　十六冊

350000－2001－0003221　992.172/454＝1

碧血錄五卷　（清）莊仲方著論　（清）夏鸞翔
繪圖　清光緒八年（1882）上海同文書局石印
本　五冊

350000－2001－0003222　082.17/φ676

苕川先生合集四種　（清）劉家謀撰　清道光
刻本　六冊

350000－2001－0003223　822.107/441－1

詩比興箋四卷 （清）陳沆撰 清光緒九年(1883)刻本 二冊

350000－2001－0003224 082.17/φ718＝1

賭棋山莊全集八種 （清）謝章鋌撰 清光緒末至民國初刻本 三十一冊

350000－2001－0003225 852.44/23.1

王臨川全集一百卷目錄二卷 （宋）王安石撰 清光緒九年(1883)刻本 十六冊

350000－2001－0003226 822.12/394－3

玉臺新詠十卷 （南朝陳）徐陵編 （清）吳兆宜注 （清）程琰刪補 清光緒五年(1879)宏達堂刻本 六冊

350000－2001－0003227 822.12/428－1

宛鄰書屋古詩錄十二卷 （清）張琦輯 清同治八年(1869)刻本 六冊

350000－2001－0003228 822.12/428－1＝1

宛鄰書屋古詩錄十二卷 （清）張琦輯 清同治八年(1869)刻本 六冊

350000－2001－0003229 082.18/φ80

菽園著書三種 （清）邱煒菱撰 清光緒二十三年(1897)鉛印本 八冊

350000－2001－0003230 121.24/φ213－3

莊子因六卷 （清）林雲銘評述 清末至民國初上海千頃堂書局石印本 一冊

350000－2001－0003231 082.47/430

正誼堂全書六十八種 （清）張伯行輯 （清）楊浚重輯 清同治五年(1866)福州正誼書局刻八年至九年(1869－1870)正誼書院增補光緒十三年(1887)續增補本 二百冊

350000－2001－0003232 121.15/φ104

朱子原編孟子要略五卷首一卷 （宋）朱熹撰 （清）孫光庭輯注 清光緒二十九年(1903)雲南官書局刻本 四冊

350000－2001－0003233 082.9971/φ346＝1

浦城遺書十四種 （清）祝昌泰等輯 清嘉慶浦城祝氏留香室刻本 三十二冊

350000－2001－0003234 822.101/22－3

惜抱軒今體詩選三十四卷 （清）姚鼐輯 （清）王士禛選 清同治七年(1868)湘鄉曾氏刻本 八冊

350000－2001－0003235 082.8/φ656－1＝1

蔡氏九儒書九卷首一卷 （明）蔡有鹍輯 清光緒十三年(1887)刻本 七冊

350000－2001－0003236 992.196/135

史外八卷 （清）汪有典撰 清末刻本 八冊

350000－2001－0003237 852.44/23.2

王臨川全集一百卷目錄二卷 （宋）王安石撰 清光緒九年(1883)刻本 十六冊

350000－2001－0003238 852.44/23.5

王臨川全集一百卷目錄二卷 （宋）王安石撰 清光緒九年(1883)刻本 二十冊

350000－2001－0003239 852.44/23.4

王臨川全集一百卷目錄二卷 （宋）王安石撰 清光緒九年(1883)刻本 十六冊

350000－2001－0003240 852.44/23.6

臨川先生全集錄四卷 （宋）王安石撰 清康熙四十二年(1703)松鱗堂刻本 三冊

350000－2001－0003241 822.101/22－4

阮亭選古詩三十二卷 （清）王士禛輯 清康熙刻本 八冊

350000－2001－0003242 822.101/22－5

阮亭選古詩三十二卷 （清）王士禛輯 清康熙刻本 六冊

350000－2001－0003243 852.44/66.2

司馬文正公集八十二卷首一卷目錄二卷 （宋）司馬光撰 清乾隆十年(1745)臨汾劉組曾刻本 二十四冊

350000－2001－0003244 852.44/66.1

司馬文正公集八十二卷首一卷目錄二卷 （宋）司馬光撰 清乾隆十年(1745)臨汾劉組曾刻本 十冊

350000－2001－0003245 852.44/66.3

司馬溫公文集十四卷首一卷 （宋）司馬光撰 （清）張伯行重訂 清光緒七年(1881)紅杏

山房刻本　八冊

350000－2001－0003246　992.196/135－1

史外八卷　(清)汪有典撰　清光緒三年(1877)謝維藩刻本　七冊　存七卷(一至二、四至八)

350000－2001－0003247　124/φ369.2－1＝1

大學衍義四十三卷　(宋)真德秀撰　清同治刻本　十冊

350000－2001－0003248　124/φ369.2＝3

大學衍義四十三卷　(宋)真德秀撰　明崇禎十一年(1638)刻清乾隆重修本　九冊　存三十七卷(一至三、十至四十三)

350000－2001－0003249　822.1/134－4

古詩源十四卷　(清)沈德潛選　清道光十一年(1831)湖南經濟書局刻本　六冊

350000－2001－0003250　φ124/623

忘筌書十卷　(宋)潘殖撰　清嘉慶十六年(1811)留香室刻本　四冊

350000－2001－0003251　852.44/143

稼軒集鈔存四卷首一卷末一卷稼軒詞四卷補遺一卷　(宋)辛棄疾撰　(清)辛啓泰編　清嘉慶刻本　二冊　存六卷(稼軒集鈔存四卷、首一卷、末一卷)

350000－2001－0003252　822.1/134－4＝1

古詩源十四卷　(清)沈德潛選　清道光十一年(1831)湖南經濟書局刻本　四冊

350000－2001－0003253　822.1/134－6

古詩源十四卷　(清)沈德潛選　清嘉慶八年(1803)刻本　四冊

350000－2001－0003254　822.04191/162－2

廣陵詩事十卷　(清)阮元撰　清光緒十六年(1890)刻本　二冊

350000－2001－0003255　852.44/171－1

呂東萊先生文集二十卷首一卷　(宋)呂祖謙撰　(清)王崇炳編　清雍正元年(1723)金華陳思臚刻本　八冊

350000－2001－0003256　822.0437/22－3

五代詩話十卷　(清)王士禎編　(清)鄭方坤刪補　清乾隆十三年(1748)杞菊軒刻本　六冊

350000－2001－0003257　992.196/200

勝國宰輔錄三卷　(清)宗能徵撰　清光緒三十四年(1908)鉛印本　三冊

350000－2001－0003258　124.4/φ98.2＝1

延平李先生答問二卷　(宋)朱熹撰　**楊羅李朱四先生年譜四卷**　(清)毛念恃撰　清光緒五年(1879)延平府署刻本　二冊　存二卷(答問二卷)

350000－2001－0003259　124.4/φ98.2＝2

延平李先生答問二卷　(宋)朱熹撰　**楊羅李朱四先生年譜四卷**　(清)毛念恃撰　清光緒五年(1879)延平府署刻本　二冊　存二卷(答問二卷)

350000－2001－0003260　124.4/φ98.2＝3

延平李先生答問二卷　(宋)朱熹撰　**楊羅李朱四先生年譜四卷**　(清)毛念恃撰　清光緒五年(1879)延平府署刻本　二冊　存二卷(答問二卷)

350000－2001－0003261　992.197/568

國朝名臣言行錄三十卷首一卷　(清)董壽纂輯　清光緒二十九年(1903)上海順成書局石印本　八冊

350000－2001－0003262　909.11/479

金石索十二卷首一卷　(清)馮雲鵬　(清)馮雲鵷輯　清光緒三十二年(1906)上海文新書局石印本　二十四冊

350000－2001－0003263　丁2.7/3

投筆集一卷　(清)錢謙益撰　(清)錢曾箋注　清抄本　一冊

350000－2001－0003264　丁2.7/4

撫雲集九卷　(清)錢良擇撰　清雍正八年(1730)錢氏招隱堂刻本　四冊

350000－2001－0003265　丁2.7/5

堯峰文鈔五十卷　(清)汪琬撰　(清)林佶編

清康熙三十二年(1693)林佶刻本　六冊

350000 – 2001 – 0003266　丁2.7/6
顧亭林先生詩箋注十七卷詩譜一卷　（清）顧炎武撰　（清）徐嘉注　校補一卷　（清）李詳（清）段朝端撰　集外逸詩一卷　清光緒二十三年至二十七年(1897 – 1901)山陽徐氏味靜齋刻本　三冊　存十八卷(顧亭林先生詩箋注十七卷、集外逸詩一卷)

350000 – 2001 – 0003267　丁2.7/7
魏叔子文鈔八卷　（清）魏禧撰　（清）宋犖（清）許汝霖選　清抄本　二冊

350000 – 2001 – 0003268　丁2.7/15
春靄亭雜錄文稿不分卷　（清）高兆撰　清抄本　二冊

350000 – 2001 – 0003269　丁2.7/12
井上述古六卷　（清）黃晉良著　清康熙和敬堂刻本　一冊

350000 – 2001 – 0003270　丁2.7/14
青箱堂詩集三十三卷文集十二卷年譜一卷（清）王崇簡撰　清康熙刻本　十六冊

350000 – 2001 – 0003271　丁2.7/13
[米有堂集]三卷　（清）許友撰　抄本　二冊

350000 – 2001 – 0003272　丁2.7/16
春靄亭雜錄文稿不分卷　（清）高兆撰　稿本二冊

350000 – 2001 – 0003273　丁2.7/19
蘭雪軒集不分卷　（清）孫學稼撰　清孫氏稿本　六冊

350000 – 2001 – 0003274　丁2.7/19.1
蘭雪軒集不分卷　（清）孫學稼撰　清抄本五冊

350000 – 2001 – 0003275　丁2.7/20
蘭雪軒集摘抄二卷　（清）孫學稼撰　清抄本二冊

350000 – 2001 – 0003276　992.217/527.1
求闕齋弟子記三十二卷　（清）王定安撰　清光緒二年(1876)刻本　十六冊

350000 – 2001 – 0003277　852.44/200
宋宗忠簡公集八卷　（宋）宗澤撰　（清）王廷曾重編　清乾隆刻本　二冊

350000 – 2001 – 0003278　992.217/775
國史羅閣學公列傳一卷　（清）國史館撰　清光緒刻本　一冊

350000 – 2001 – 0003279　082.17/φ795 – 1
滄靜齋全集□□卷　（清）龔景瀚撰　清同治八年(1869)龔易圖濟南郡署刻本　十冊　存十四卷(文鈔八卷、詩鈔六卷)

350000 – 2001 – 0003280　082.17/φ718 = 2
賭棋山莊全集八種　（清）謝章鋌撰　清末至民國初刻本　三十三冊

350000 – 2001 – 0003281　822.13/375 – 6
註釋唐詩三百首六卷　（清）孫洙編　（清）李盤根注　清乾隆刻本　一冊

350000 – 2001 – 0003282　882.47/φ795.1
聽雨山房詩存二卷外編一卷　（清）龔豐轂撰　清道光十七年(1837)龔氏刻本　一冊

350000 – 2001 – 0003283　822.13/936 – 3
御選唐宋詩醇四十七卷目錄二卷　（清）高宗弘曆選　（清）梁詩正等校　清光緒七年(1881)浙江書局刻本　二十冊

350000 – 2001 – 0003284　992.217/931
抱冰堂弟子記一卷　（清）張之洞撰　清光緒鉛印本　一冊

350000 – 2001 – 0003285　852.44/255 – 3
岳忠武王文集八卷首一卷末一卷　（宋）岳飛撰　清乾隆三十五年(1770)刻本　四冊

350000 – 2001 – 0003286　822.47/φ795.3 = 1
烏石山房詩存十二卷　（清）龔易圖撰　清光緒十九年至三十四年(1893 – 1908)龔氏雙驂園刻本　二冊

350000 – 2001 – 0003287　φ992.15/795
龔氏四世循良傳一卷　（清）龔易圖輯　清光緒刻本　一冊

350000 – 2001 – 0003288　822.71/φ795

離騷箋二卷　（清）龔景瀚撰　清道光六年(1826)閩縣龔式穀刻澹靜齋全集本　一冊

350000－2001－0003289　822.13/935－2
全唐詩三十二卷　（清）曹寅等輯　清光緒十三年(1887)上海同文書局石印本　三十一冊

350000－2001－0003290　822.71/φ795－1
離騷箋二卷　（清）龔景瀚撰　清同治八年(1869)龔易圖濟南郡署刻澹靜齋全集本　一冊

350000－2001－0003291　822.47/φ795.4
澹靜齋詩鈔六卷　（清）龔景瀚撰　清道光六年(1826)閩縣龔式穀刻澹靜齋全集本　二冊

350000－2001－0003292　992.227/φ795
[龔易圖]自訂年譜一卷　（清）龔易圖撰（清）龔晉義等誌　清光緒閩縣龔氏刻本　一冊

350000－2001－0003293　852.44/255－4
岳忠武王文集八卷首一卷末一卷　（宋）岳飛撰　（清）黃邦寧編輯　清光緒十三年(1887)刻本　六冊

350000－2001－0003294　992.197/164－1
昭代名人尺牘小傳二十四卷　（清）吳修采輯　清光緒三十四年(1908)上海集古齋石印本　二冊

350000－2001－0003295　992.217/104
雙貞紀傳詩詞鈔一卷　（清）朱錫祁編輯　清光緒十年(1884)星子衙齋刻本　一冊

350000－2001－0003296　852.44/434
象山先生文集三十六卷　（宋）陸九淵撰　附錄少湖徐先生學則辨一卷　（清）徐階撰　清宣統二年(1910)江左書林鉛印本　八冊

350000－2001－0003297　852.44/434－4
象山先生文集三十六卷　（宋）陸九淵撰　附錄少湖徐先生學則辨一卷　（清）徐階撰　清宣統二年(1910)江左書林鉛印本　八冊

350000－2001－0003298　852.44/434－3
陸象山先生文集三十六卷　（宋）陸九淵撰

附錄少湖徐先生學則辨一卷　（清）徐階撰校勘略一卷　（清）喻震孟撰　清光緒七年(1881)陸慕祖刻本　十二冊

350000－2001－0003299　124.4/φ98.2＝4
延平李先生答問二卷　（宋）朱熹撰　楊羅李朱四先生年譜四卷　（清）毛念恃撰　清光緒五年(1879)延平府署刻本　二冊　存二卷（答問二卷）

350000－2001－0003300　124.4/φ98.2＝5
延平李先生答問二卷　（宋）朱熹撰　楊羅李朱四先生年譜四卷　（清）毛念恃撰　清光緒五年(1879)延平府署刻本　二冊　存二卷（答問二卷）

350000－2001－0003301　φ127/26
性學圖說一卷　（清）王景賢撰　清同治十三(1874)三山王氏刻羲停山館集本　一冊

350000－2001－0003302　852.44/348
淮海集四十卷首一卷　（宋）秦觀撰　（明）徐渭評　清同治十二年(1873)秦氏家塾刻本　五冊

350000－2001－0003303　852.44/360
蒙齋集二十卷　（宋）袁甫撰　清刻本　四冊

350000－2001－0003304　852.44/361
絜齋集二十四卷　（宋）袁燮撰　宋儒袁正獻公從祀錄六卷　（清）陳僅編　清光緒二年(1876)刻本　八冊

350000－2001－0003305　992.217/135
汪氏學行記六卷　（清）汪喜孫輯　清道光六年(1826)刻本　一冊

350000－2001－0003306　丁2.7/21
兼山堂集四卷　（清）陳錫嘏撰　清康熙刻本　二冊

350000－2001－0003307　丁2.7/22
憺園集三十六卷　（清）徐乾學撰　清康熙刻本　十二冊

350000－2001－0003308　丁2.7/23
憺園集三十六卷　（清）徐乾學撰　清康熙刻

本　三冊　存十六卷(一至十六)

350000－2001－0003309　丁2.7/24

葦間詩集五卷　(清)姜宸英撰　清抄本
二冊

350000－2001－0003310　丁2.7/25

古愚心言八卷　(清)彭鵬撰　清康熙刻本
六冊　存六卷(二至五、七至八)

350000－2001－0003311　丁2.7/26

白麓文鈔五卷　(清)鄭亦鄒撰　清抄本
一冊

350000－2001－0003312　丁2.7/27

有懷堂文稿二十二卷詩稿六卷　(清)韓菼撰
　清康熙刻本　十冊

350000－2001－0003313　丁2.7/28

西田集四卷　(清)王掞撰　清康熙刻本
一冊

350000－2001－0003314　丁2.7/29

南州草堂集三十卷首一卷　(清)徐釚撰　楓
江漁父圖題詞一卷青門集一卷　(清)徐釚輯
　清康熙三十四年(1695)菊莊刻本　十二冊

350000－2001－0003315　丁2.7/30

曝書亭集八十卷附錄一卷　(清)朱彝尊撰
笛漁小藁十卷　(清)朱昆田撰　清康熙刻本
　十六冊

350000－2001－0003316　丁2.7/31

自怡軒詩稿不分卷　(清)駱慶生撰　清抄本
　一冊

350000－2001－0003317　992.217/162

雷塘庵主[阮元]弟子記八卷　(清)張鑑撰
(清)羅士琳校　清咸豐娜嬛仙館刻本　四冊

350000－2001－0003318　φ172/590

觀感錄二卷　(清)廖維周輯　清光緒八年
(1882)刻本　二冊

350000－2001－0003319　852.44/393.1

徐騎省集三十卷補遺一卷　(宋)徐鉉撰　校
徐集札記一卷　(清)朱孔彰撰　清光緒十七
年(1891)金陵書局刻本　六冊

350000－2001－0003320　852.44/424

宛陵先生文集六十卷　(宋)梅堯臣撰　清宣
統二年(1910)上海石印本　六冊

350000－2001－0003321　992.217/162－1

雷塘庵主[阮元]弟子記八卷附四卷　(清)張
鑑　(清)阮常生等撰　清光緒七年(1881)刻
本　四冊

350000－2001－0003322　852.44/439

渭南文集五十卷　(宋)陸游撰　清光緒五年
(1879)益陽丁氏養雲書屋木活字印本　十
二冊

350000－2001－0003323　852.44/439.1

放翁逸藁二卷家世舊聞一卷齋居紀事一卷
(宋)陸游撰　清光緒五年(1879)益陽丁氏養
雲書屋木活字印本　一冊

350000－2001－0003324　852.44/495.1

宋黃文節公全集三十二卷首四卷外集二十四
卷別集十九卷續集十卷詞一卷　(宋)黃庭堅
撰　黃青社先生伐檀集二卷　(宋)黃庶撰
清光緒二十年(1894)義寧州署刻本　二十
八冊

350000－2001－0003325　φ192/863

新約全書不分卷　(□)□□撰　清光緒二十
三年(1897)鉛印本　一冊

350000－2001－0003326　194/φ937

禪林讚本一卷　(清)釋妙蓮編　清光緒十九
年(1893)湧泉寺刻本　一冊

350000－2001－0003327　194/φ937＝1

禪林讚本一卷　(清)釋妙蓮編　清光緒十九
年(1893)湧泉寺刻本　一冊

350000－2001－0003328　φ194/938.1

金剛經川老註不分卷　(明)屠根注　清光緒
三十二年(1906)刻本　一冊

350000－2001－0003329　822.13/711

鮑溶詩集六卷首一卷補遺一卷　(唐)鮑溶撰
　呂衡州詩集二卷首一卷補遺一卷　(唐)呂
溫撰　清康熙刻本　一冊

350000－2001－0003330　822.13/445

唐詩三百首補註八卷　（清）陳婉俊輯　清光緒十一年(1885)刻本　四冊

350000－2001－0003331　φ194/942.2＝1

釋迦如來應行化跡全譜四函　（□）□□撰　清光緒三十三年(1907)湧泉寺刻本　一冊　存一函(一)

350000－2001－0003332　822.13/394－2

御定全唐詩錄一百卷　（清）徐倬　（清）徐元正編　清康熙刻本　二十冊

350000－2001－0003333　φ195/10

感應篇贅言一卷　（清）于覺世撰　清同治九年(1870)福州刻本　一冊

350000－2001－0003334　822.13/706

唐音審體二十卷　（清）錢良擇編　清末刻本　六冊

350000－2001－0003335　992.21/662

鄭學錄四卷　（清）鄭珍撰　清同治四年(1865)刻本　二冊

350000－2001－0003336　822.13/375－6＝1

註釋唐詩三百首六卷　（清）孫洙編　（清）李盤根注　清乾隆刻本　一冊

350000－2001－0003337　φ195/493－2＝1

太上感應篇圖說八卷首一卷　（清）黃正元纂輯　清光緒二十六年(1900)蔣紹荃刻坊刻本　五冊　存六卷(一至三、六、八,首一卷)

350000－2001－0003338　822.13/375－7

唐詩三百首註釋六卷　（清）孫洙編　唐詩三百首續選一卷姓氏小傳一卷　（清）于慶元編　清光緒十五年(1889)文寶堂書坊刻本　八冊

350000－2001－0003339　852.44/495.2

宋黃文節公正集三十二卷外集二十四卷別集十九卷首四卷　（宋）黃庭堅撰　伐檀集二卷　（宋）黃庶撰　清乾隆三十年(1765)刻本　二十四冊

350000－2001－0003340　852.44/495.3

宋黃文節公正集三十二卷外集二十四卷別集十九卷首四卷　（宋）黃庭堅撰　伐檀集二卷　（宋）黃庶撰　清乾隆三十年(1765)刻本　八冊　存三十六卷(正集三十二卷、首四卷)

350000－2001－0003341　822.13/393－2

而菴說唐詩十卷　（清）徐增撰　清康熙五年(1666)刻本　四冊

350000－2001－0003342　195/φ742＝1

迪吉錄八卷首一卷　（明）顏茂猷輯　清光緒十四年(1888)西江別墅刻本　八冊

350000－2001－0003343　822.13/375.4

註釋唐詩三百首六卷　（清）孫洙編　（清）李盤根注　清刻本　一冊　存四卷(一至四)

350000－2001－0003344　195/φ795.1＝2

谷盈子十二篇　（清）龔易圖撰　清光緒五年(1879)刻本　一冊

350000－2001－0003345　852.44/522

舒文靖集二卷事實擬冊一卷附錄三卷　（清）徐時棟輯　校勘記三卷　孫鏘輯　清光緒二十二年(1896)四明孫氏七千卷樓刻本　三冊　存六卷(舒文靖集二卷、事實擬冊一卷、校勘記三卷)

350000－2001－0003346　207/φ22.1＝1

單級教授法六卷　（清）王振先編　清宣統二年(1910)鉛印本　一冊

350000－2001－0003347　992.227/527－1

曾文正公[國藩]年譜十二卷　（清）黎庶昌編　清光緒二年(1876)傳忠書局刻本　四冊

350000－2001－0003348　207/φ22.2＝1

教授法精義二卷　（清）王振先編　清宣統二年(1910)鉛印本　一冊

350000－2001－0003349　852.44/527

元豐類稿五十卷目錄一卷　（宋）曾鞏撰　（宋）陳師道編輯　清乾隆二十八年(1763)刻本　六冊

350000－2001－0003350　852.44/527.5

元豐類稿五十卷目錄一卷　（宋）曾鞏撰

（宋）陳師道編輯　清乾隆二十八年（1763）刻本　八冊

350000－2001－0003351　φ218/443＝1
豫章書院學約十則不分卷　（清）陳弘謀撰
清光緒十八年（1892）刻本　一冊

350000－2001－0003352　219.27/φ155
文泉書院學則一卷　（清）李駿斌輯　清光緒二十八年（1902）文泉書院刻本　一冊

350000－2001－0003353　992.227/529－9
曾文正公［國藩］大事記四卷　（清）王定安撰　（清）李鴻章　（清）曾國荃審定　清同治十三年（1874）錢寶忠齋刻本　二冊

350000－2001－0003354　992.227/529－9＝1
曾文正公［國藩］大事記四卷　（清）王定安撰　（清）李鴻章　（清）曾國荃審定　清同治十三年（1874）錢寶忠齋刻本　四冊

350000－2001－0003355　822.13/375－5
唐詩三百首註疏六卷　（清）孫洙編　（清）章變注　清光緒十年（1884）靈蘭書坊刻本六冊

350000－2001－0003356　992.227/527－10
曾文正公［國藩］大事記四卷　（清）王定安撰　（清）李鴻章　（清）曾國荃審定　清光緒三十一年（1905）上海商務印書館鉛印本　一冊

350000－2001－0003357　丁2.7/32
松鶴山房文鈔摘錄一卷　（清）陳夢雷撰　清抄本　一冊

350000－2001－0003358　丁2.7/33
閑止書堂集鈔二卷　（清）陳夢雷撰　清康熙刻本　一冊

350000－2001－0003359　丁2.7/34
閑止書堂集鈔二卷　（清）陳夢雷撰　清康熙刻本　一冊

350000－2001－0003360　丁2.7/35
閑止書堂集鈔二卷　（清）陳夢雷撰　清康熙刻本　一冊

350000－2001－0003361　丁2.7/37

漁洋山人精華錄十卷　（清）王士禎撰　（清）林佶編　清康熙刻本　二冊

350000－2001－0003362　丁2.7/40
敬業堂詩集五十卷　（清）查慎行撰　清康熙刻本　十冊

350000－2001－0003363　丁2.7/41
三十六湖草堂詩集四卷　（清）李必恒撰　清侯官郭柏蒼紅雨山房抄本　一冊

350000－2001－0003364　丁2.7/42
松址集一卷　（清）林豫吉撰　清康熙刻本一冊

350000－2001－0003365　丁2.7/43
敬齋詩草一卷　（清）郭守仁撰　抄本　一冊

350000－2001－0003366　丁2.7/44
無悶堂集二十三卷　（清）張遠撰　清抄本四冊

350000－2001－0003367　丁2.7/45
無悶堂集不分卷　（清）張遠撰　清刻本一冊

350000－2001－0003368　丁2.7/46
鳴書小品一卷　（清）林世名撰　清抄本一冊

350000－2001－0003369　丁2.7/47
漱翠園覺非集一卷　（清）倪錫遠撰　清抄本一冊

350000－2001－0003370　丁2.7/48
樊榭山房集一卷　（清）厲鶚撰　清抄本一冊

350000－2001－0003371　丁2.7/49
蒼岷山人集五卷附錄一卷　（清）秦松齡撰清抄本　一冊

350000－2001－0003372　丁2.7/50
歸愚先生詩鈔不分卷　（清）沈德潛撰　清抄本　一冊

350000－2001－0003373　丁2.7/51
秋江集箋注五卷　（清）黃任撰　（清）葉夢苓

福建省圖書館古籍普查登記目錄

笺注　清抄本　五册

350000－2001－0003374　丁2.7/52
瓣香堂詩集不分卷　(清)林正青撰　稿本
四册

350000－2001－0003375　丁2.7/53
綠筠書屋詩鈔十一卷　(清)葉觀國撰　稿本
一册

350000－2001－0003376　丁2.7/53.5
墨庵樓試草一卷　(清)黃淑宛撰　清抄本
一册

350000－2001－0003377　852.44/562－2
水心文集二十九卷　(宋)葉適撰　清嘉慶十
九年(1814)刻本　十六册

350000－2001－0003378　992.227/707.1
文端公[錢陳群]年譜三卷首一卷　(清)錢儀
吉編　(清)錢志澄增訂　清光緒二十年
(1894)刻本　三册

350000－2001－0003379　300/ф942＝1
群學肄言不分卷　(英國)斯賓塞爾造論　嚴
復翻譯　清光緒二十九年(1903)上海文明書
局鉛印本　四册

350000－2001－0003380　300/ф942＝2
群學肄言不分卷　(英國)斯賓塞爾造論　嚴
復翻譯　清光緒二十九年(1903)上海文明書
局鉛印本　四册

350000－2001－0003381　852.44/562－3
水心文集二十九卷　(宋)葉適撰　清嘉慶十
九年(1814)刻本　二十册

350000－2001－0003382　ф322.298/813－3
第二次福建諮議局議事速記錄二十四號
(清)福建諮議局編　清宣統二年(1910)鉛印
本　七册

350000－2001－0003383　822.13/338
刪定唐詩解二十四卷　(清)唐汝詢選釋
(清)吳昌祺評定　清康熙四十一年(1702)刻
本　十二册

350000－2001－0003384　ф322.298/813－7

福建諮議局第一屆全體議員一覽表一卷
(清)福建諮議局編　清宣統二年(1910)鉛印
本　一册

350000－2001－0003385　ф322.298/813－7＝1
福建諮議局第一屆全體議員一覽表一卷
(清)福建諮議局編　清宣統二年(1910)鉛印
本　一册

350000－2001－0003386　ф322.298/813－7＝2
福建諮議局第一屆全體議員一覽表一卷
(清)福建諮議局編　清宣統二年(1910)鉛印
本　一册

350000－2001－0003387　822.13/333.1
唐中興閒氣集二卷　(唐)高仲武輯　清光緒
武進費氏刻本　二册

350000－2001－0003388　ф322.298/813－8
[福建諮議局議長副議長常駐議員互選細則
等四種]一卷附勘誤表一卷　(清)福建諮議
局編　清末鉛印本　一册

350000－2001－0003389　822.13/333.1－1
唐中興閒氣集二卷　(唐)高仲武輯　清光緒
武進費氏刻本　一册

350000－2001－0003390　ф322.298/813－4
第三次福建諮議局議事速記錄十一號　(清)
福建諮議局編　清宣統二年(1910)鉛印本
一册

350000－2001－0003391　852.44/558.2
楊文節公文集四十三卷首一卷　(宋)楊萬里
撰　清乾隆六十年(1795)刻本　八册

350000－2001－0003392　ф322.298/813－5
第四次福建諮議局議事速記錄三號　(清)福
建諮議局編　清宣統二年(1910)鉛印本
一册

350000－2001－0003393　ф322.298/813－5＝1
第四次福建諮議局議事速記錄三號　(清)福
建諮議局編　清宣統二年(1910)鉛印本
一册

350000－2001－0003394　ф322.298/813－6

福建諮議局第一屆議案摘要不分卷　（清）福
建諮議局編　清宣統二年(1910)鉛印本
一冊

350000－2001－0003395　Φ322.298/813－6＝1
福建諮議局第一屆議案摘要不分卷　（清）福
建諮議局編　清宣統二年(1910)鉛印本
一冊

350000－2001－0003396　Φ322.298/813－2
第一次福建諮議局議事速記錄不分卷　（清）
福建諮議局編　清宣統二年(1910)鉛印本
一冊

350000－2001－0003397　852.44/576
道鄉先生文集四十卷補遺一卷附錄一卷
(宋)鄒浩撰　清同治九年(1870)刻本　八冊

350000－2001－0003398　Φ322.298/814
閩臨時議會章程不分卷　（清）閩臨時議會編
清宣統三年(1911)謄印本　一冊

350000－2001－0003399　992.227/430
澄懷主人[張廷玉]自訂年譜六卷　（清）張廷
玉撰　（清）張紹文重校　清光緒六年(1880)
張紹文刻本　一冊　存三卷(一至三)

350000－2001－0003400　Φ322.298/814＝1
閩臨時議會章程不分卷　（清）閩臨時議會編
清宣統三年(1911)謄印本　一冊

350000－2001－0003401　852.44/676
劉給諫文集五卷　（宋）劉安上撰　清同治十
二年(1873)瑞安孫詒讓刻本　一冊

350000－2001－0003402　992.227/439
陸清獻公[隴其]年譜一卷　（清）吳光西編
(清)陸宸徵　（清）李鉉輯　清同治七年
(1868)武林薇署刻本　一冊

350000－2001－0003403　Φ322.298/814－1
[閩侯城議事會議事細則等六種]一卷　（清）
閩侯城議事會編　清宣統三年(1911)鉛印本
一冊

350000－2001－0003404　Φ322.298/814－1＝1
[閩侯城議事會議事細則等六種]一卷　（清）

閩侯城議事會編　清宣統三年(1911)鉛印本
一冊

350000－2001－0003405　852.44/711
鮑參軍集二卷　（南朝宋）鮑照撰　（清）胡鳳
丹校訂　清光緒刻本　一冊

350000－2001－0003406　Φ322.298/814－1＝2
[閩侯城議事會議事細則等六種]一卷　（清）
閩侯城議事會編　清宣統三年(1911)鉛印本
一冊

350000－2001－0003407　Φ322.298/814－1＝3
[閩侯城議事會議事細則等六種]一卷　（清）
閩侯城議事會編　清宣統三年(1911)鉛印本
一冊

350000－2001－0003408　Φ322.298/814－1＝4
[閩侯城議事會議事細則等六種]一卷　（清）
閩侯城議事會編　清宣統三年(1911)鉛印本
一冊

350000－2001－0003409　852.44/722
安陽集五十卷　（宋）韓琦撰　忠獻韓魏王
[琦]家傳十卷　（宋）王巖叟撰　別錄三卷遺
事一卷　（宋）強至編　清乾隆三十五年
(1770)黃邦寧刻本　十六冊

350000－2001－0003410　Φ322.298/814－2
閩侯城議事會第一次會議速記錄不分卷
(清)閩侯城議事會編　清宣統二年(1910)鉛
印本　一冊

350000－2001－0003411　327.15/Φ447－1
亞東各國約章一卷　（清）陳肇章譯　清光緒
二十九年(1903)湖北洋務譯書局刻朱印本
一冊

350000－2001－0003412　327.15/Φ447
亞東各國約章一卷　（清）陳肇章譯　清光緒
二十九年(1903)湖北洋務譯書局刻本　一冊

350000－2001－0003413　327.15/Φ447＝1
亞東各國約章一卷　（清）陳肇章譯　清光緒
二十九年(1903)湖北洋務譯書局刻本　一冊

350000－2001－0003414　852.44/722－1

安陽集五十卷　（宋）韓琦撰　清乾隆五年
(1740)刻本　六冊

350000－2001－0003415　φ327.294/528
法國黃皮書不分卷　（清）曾仰東譯　清光緒
二十九年(1903)湖北洋務譯書局刻本　二冊

350000－2001－0003416　822.13/273－2
唐四家詩集二十卷　（清）胡鳳丹輯　清光緒
十三年(1887)湖北官書處刻本　五冊

350000－2001－0003417　φ327.294/528＝1
法國黃皮書不分卷　（清）曾仰東譯　清光緒
二十九年(1903)湖北洋務譯書局刻本　一冊

350000－2001－0003418　992.227/395
草心閣[徐景軾]自訂年譜一卷　（清）徐景軾
撰　清光緒刻本　一冊

350000－2001－0003419　822.13/316
五言今體詩鈔九卷七言今體詩鈔九卷　（清）
姚鼐輯　清嘉慶十三年(1808)刻本　一冊

350000－2001－0003420　822.13/316.1
五言今體詩鈔九卷七言今體詩鈔九卷　（清）
姚鼐輯　清刻本　四冊

350000－2001－0003421　822.13/250
唐賢三體詩句法六卷　（宋）周弼選　（元）釋
圓至注　（清）高士奇輯　（清）何焯評　清光
緒十二年(1886)瀘州鹽局刻朱墨套印本
二冊

350000－2001－0003422　822.13/148－2
中晚唐詩叩彈集十二卷續集三卷　（清）杜詔
（清）杜庭珠輯　清乾隆寶仁堂刻本　四冊

350000－2001－0003423　822.13/133
唐詩金粉十卷　（清）沈炳震輯　清乾隆刻本
五冊

350000－2001－0003424　822.13/132.1
唐詩金粉十卷　（清）沈炳震輯　清光緒七年
(1881)八杉齋刻本　六冊

350000－2001－0003425　822.13/25－,2
古唐詩合解十六卷　（清）王堯衢注　清光緒
三十一年(1905)三味堂刻本　八冊

350000－2001－0003426　992.227/197
雙池[汪紱]先生年譜四卷　（清）余龍光編
清光緒刻本　二冊

350000－2001－0003427　852.45/570
道園學古錄五十卷　（元）虞集撰　清道光刻
本　六冊

350000－2001－0003428　822.12/445
采菽堂古詩選三十八卷補遺四卷　（清）陳祚
明評選　清乾隆十三年(1748)刻本　十六冊

350000－2001－0003429　丁2.7/54
依園詩草不分卷　（清）官獻瑤撰　清抄本
二冊

350000－2001－0003430　丁2.7/56
書帶草堂詩鈔二卷　（清）鄭廷澍著　清嘉慶
刻本　二冊

350000－2001－0003431　丁2.7/57
書帶草堂詩鈔二卷　（清）鄭廷澍著　清嘉慶
刻本　一冊

350000－2001－0003432　丁2.7/58
浣筆泉唫舫詩一卷　（清）梁上國撰　清抄本
一冊

350000－2001－0003433　丁2.7/59
須庵集一卷　（清）鄭際唐撰　清抄本　一冊

350000－2001－0003434　丁2.7/60
須庵詩集十一卷　（清）鄭際唐撰　清抄本
四冊

350000－2001－0003435　丁2.7/61
藕莊詩文集七卷　（清）杜鈞撰　清抄本
四冊

350000－2001－0003436　丁2.7/62
秋坪詩稿一卷　（清）陳登龍撰　稿本　一冊

350000－2001－0003437　丁2.7/63
壺溪文集初稿不分卷　（清）黃可潤撰　清抄
本　二冊

350000－2001－0003438　丁2.7/64
壺溪文集十卷　（清）黃可潤撰　稿本　七冊

存七卷(一至二、四至八)

350000 - 2001 - 0003439　丁2.7/65
巽亭先生詩集一卷　（清）黃寬撰　清抄本
一冊

350000 - 2001 - 0003440　丁2.7/66
白華樓詩鈔箋註五卷　（清）薩玉衡撰　（清）
薩大年箋注　清光緒二十七年(1901)薩嘉曦
抄本　五冊

350000 - 2001 - 0003441　丁2.7/67
盥白齋詩鈔三卷　（清）劉永標撰　清抄本
一冊

350000 - 2001 - 0003442　丁2.7/68
樾亭詩稿不分卷　（清）林喬蔭撰　清抄本
二冊

350000 - 2001 - 0003443　丁2.7/69
林育萬先生詩草一卷　（清）林喬蔭撰　清抄
本　一冊

350000 - 2001 - 0003444　丁2.7/70
絳跗草堂詩鈔六卷　（清）陳壽祺撰　清抄本
二冊

350000 - 2001 - 0003445　丁2.7/71
覺非草雜著一卷　（清）黃臥窗撰　清抄本
一冊

350000 - 2001 - 0003446　丁2.7/72
遁香小草一卷　（清）王庭熙撰　清抄本
一冊

350000 - 2001 - 0003447　丁2.7/73
榕亭詩稿二卷　（清）李鴻瑞撰　清抄本
五冊

350000 - 2001 - 0003448　丁2.7/74
北行小草一卷　（清）張顯仁撰　清抄本
一冊

350000 - 2001 - 0003449　丁2.7/75
時習軒草一卷　（清）許德樹撰　稿本　一冊

350000 - 2001 - 0003450　丁2.7/76
抑快軒文集乙編四十八卷丙編十六卷丁編九

卷　（清）高澍然撰　清光緒閩縣陳氏抄本
十六冊

350000 - 2001 - 0003451　丁2.7/77
**抑快軒文集乙編四十八卷丙編十六卷丁編九
卷**　（清）高澍然撰　清謝氏賭棋山莊抄本
十七冊

350000 - 2001 - 0003452　丁2.7/79
抑快軒文集三十卷　（清）高澍然撰　清光緒
閩縣陳氏抄本　七冊

350000 - 2001 - 0003453　丁2.7/80
抑快軒文稿一卷　（清）高澍然撰　（清）何嵩
祺輯　清謝氏賭棋山莊抄本　一冊

350000 - 2001 - 0003454　丁2.7/82
抑快軒文鈔一卷　（清）高澍然撰　清潤經堂
抄本　一冊

350000 - 2001 - 0003455　丁2.7/83
抑快軒文選一卷　（清）高澍然撰　何振岱批
選　清末民國初抄本　一冊

350000 - 2001 - 0003456　丁2.7/84
張亨甫全集三十三卷首一卷　（清）張際亮撰
　清咸豐孔慶儦刻同治六年(1867)李雲誥增
補本　八冊

350000 - 2001 - 0003457　φ327.297/873
各國贊助禁煙之公言一卷　（清）福建去毒總
社編　清宣統三年(1911)福建去毒總社鉛印
本　一冊

350000 - 2001 - 0003458　φ327.297/873 = 1
各國贊助禁煙之公言一卷　（清）福建去毒總
社編　清宣統三年(1911)福建去毒總社鉛印
本　一冊

350000 - 2001 - 0003459　φ327.297/873 = 2
各國贊助禁煙之公言一卷　（清）福建去毒總
社編　清宣統三年(1911)福建去毒總社鉛印
本　一冊

350000 - 2001 - 0003460　φ327.297/873 = 3
各國贊助禁煙之公言一卷　（清）福建去毒總
社編　清宣統三年(1911)福建去毒總社鉛印

本　一冊

350000－2001－0003461　φ327.297/873＝4
各國贊助禁煙之公言一卷　（清）福建去毒總
社編　清宣統三年（1911）福建去毒總社鉛印
本　一冊

350000－2001－0003462　φ334/443
培遠堂手札節存一卷　（清）陳弘謀撰　清光
緒十七年（1891）閩藩署刻本　一冊

350000－2001－0003463　852.44/775.3
羅鄂州小集六卷　（宋）羅願撰　**羅鄂州遺文
一卷**　（宋）羅頌撰　清光緒十九年（1893）黟
縣李氏刻本　二冊

350000－2001－0003464　334/φ718
教諭語一卷　（清）謝金鑾撰　清同治七年
（1868）望三益齋刻本　一冊

350000－2001－0003465　334/φ718－1
教諭語一卷　（清）謝金鑾撰　清同治十一年
（1872）吳玉田刻本　一冊

350000－2001－0003466　852.44/784.3
蘇文忠公海外集四卷　（宋）蘇軾撰　（清）王
時宇重校　**年譜一卷**　（宋）王宗稷編　清嘉
慶十九年（1814）刻本　四冊

350000－2001－0003467　334.1/φ155
潤經堂自治官書六卷　（清）李彥章撰　清道
光九年（1829）刻本　二冊

350000－2001－0003468　334.1/φ491
李石渠先生治閩政略一卷　（清）黃貽楫編
清光緒元年（1875）梅石山房刻本　一冊

350000－2001－0003469　φ334.1/717
泉漳治法論一卷　（清）謝金鑾撰　清道光三
年（1823）刻本　一冊

350000－2001－0003470　φ334.1/717－1
泉漳治法論一卷　（清）謝金鑾撰　清同治七
年（1868）三山吳玉田刻本　一冊

350000－2001－0003471　φ334.1/717－2
泉漳治法論一卷　（清）謝金鑾撰　清末排印
本　一冊

350000－2001－0003472　852.44/785
蘇魏公文集七十二卷首一卷目錄二卷　（宋）
蘇頌撰　清道光二十二年（1842）蘇氏刻本
二十冊

350000－2001－0003473　φ334.1/874
閩縣城鎮鄉地方自治聯合會章程一卷　（清）
閩縣城鎮鄉地方自治聯合會編　清宣統排印
本　一冊

350000－2001－0003474　φ334.1/874＝1
閩縣城鎮鄉地方自治聯合會章程一卷　（清）
閩縣城鎮鄉地方自治聯合會編　清宣統排印
本　一冊

350000－2001－0003475　992.227/104
朱文端公[軾]年譜一卷　（清）朱玠撰　清光
緒十年（1884）津河廣仁堂刻本　一冊

350000－2001－0003476　φ334.1/943
福建之存亡一卷　（清）鄭權撰　清末排印本
　一冊

350000－2001－0003477　φ334.1/943＝1
福建之存亡一卷　（清）鄭權撰　清末排印本
　一冊

350000－2001－0003478　992.227/104＝1
朱文端公[軾]年譜一卷　（清）朱玠撰　清光
緒十年（1884）津河廣仁堂刻本　一冊

350000－2001－0003479　φ334.1/943＝2
福建之存亡一卷　（清）鄭權撰　清末排印本
　一冊

350000－2001－0003480　334.4/φ679.1
磐石縣戊申報告書不分卷　（清）劉贊棠撰
清光緒三十四年（1908）排印本　一冊

350000－2001－0003481　852.44/786－2
蘇子美文集六卷詩集四卷　（宋）蘇舜欽撰
清同治六年（1867）中江賓興會刻本　一冊
存六卷（文集六卷）

350000－2001－0003482　852.45/410
許文正公遺書十二卷首一卷末一卷　（元）許
衡撰　清乾隆五十五年（1790）刻本　八冊

350000－2001－0003483　992.227/130

沈端恪公[近思]年譜二卷首一卷　（清）沈曰
富纂　清光緒二十二年（1896）江蘇書局刻本
　一冊

350000－2001－0003484　852.45/599.2

趙文敏公松雪齋全集十卷外集一卷續集一卷
　（元）趙孟頫撰　（清）曹培廉校　清光緒八
年（1882）刻本　六冊

350000－2001－0003485　φ927.038/102

[光緒十一年]福建鄉試硃卷一卷　（清）鄭籛
撰　清光緒衡鑒堂刻本　一冊

350000－2001－0003486　φ927.038/677

[光緒十四年]福建鄉試硃卷一卷　（清）劉怡
撰　清光緒衡鑒堂刻本　一冊

350000－2001－0003487　φ927.038/448

[光緒十五年]福建鄉試硃卷一卷　（清）力鈞
撰　清光緒衡鑒堂刻本　一冊

350000－2001－0003488　927.038/527

[光緒十九年]廣東鄉試硃卷一卷　（清）曾汝
祥撰　清光緒瑞元堂刻本　一冊

350000－2001－0003489　852.46/23－4

陽明先生文集十六卷　（明）王守仁撰　清道
光六年（1826）刻本　十五冊　存十五卷（一、
三至十六）

350000－2001－0003490　992.227/16

湯文正公[斌]年譜定本一卷　（清）方苞考訂
　（清）楊椿輯　潛庵先生志學會約一卷困學
錄一卷　（清）湯斌撰　清道光七年（1827）刻
本　一冊

350000－2001－0003491　342.9/φ528

比利時國政條論五卷　（清）曾仰東譯　清光
緒二十九年（1903）湖北洋務譯書局刻本
　一冊

350000－2001－0003492　342.9/φ528－1

比利時國政條論五卷　（清）曾仰東譯　清光
緒二十九年（1903）湖北洋務譯書局刻本
　一冊

350000－2001－0003493　342.9/φ528－1＝1

比利時國政條論五卷　（清）曾仰東譯　清光
緒二十九年（1903）湖北洋務譯書局刻本
　一冊

350000－2001－0003494　342.9/φ528－1＝2

比利時國政條論五卷　（清）曾仰東譯　清光
緒二十九年（1903）湖北洋務譯書局刻本
　一冊

350000－2001－0003495　822.13/23.4

唐賢三昧集三卷　（清）王士禛纂　（清）吳煊
　（清）胡棠輯注　清光緒九年（1883）翰墨園
刻朱墨套印本　三冊

350000－2001－0003496　992.226/707

太常公[錢薇]年譜一卷　（清）錢泰吉輯　清
光緒三十年（1904）海鹽錢志澄刻本　一冊

350000－2001－0003497　φ927.038/494

[光緒十五年]福建鄉試硃卷一卷　（清）黃丹
梯撰　清光緒衡鑒堂刻本　一冊

350000－2001－0003498　φ349.1/273

[崇安胡錫軒具呈控裊錫猷等卷宗]一卷
（清）建寧府衙撰　清道光五年（1825）抄本
　一冊

350000－2001－0003499　822.13/17－4

瀛奎律髓刊誤四十九卷　（元）方回輯　（清）
紀昀批點　清嘉慶五年（1800）侯官李光垣刻
本　十二冊

350000－2001－0003500　φ349.1/941

府憲崇安縣孀婦饒黃氏具控原署臺灣教諭吳
鎮一案一卷　（清）崇安縣衙撰　清道光五年
（1825）抄本　一冊

350000－2001－0003501　822.13/17－4＝1

瀛奎律髓刊誤四十九卷　（元）方回輯　（清）
紀昀批點　清嘉慶五年（1800）侯官李光垣刻
本　十冊

350000－2001－0003502　822.13/17－4＝2

瀛奎律髓刊誤四十九卷　（元）方回輯　（清）
紀昀批點　清嘉慶五年（1800）侯官李光垣刻

本　十二冊

350000－2001－0003503　922.226/427－1

戚少保[繼光]年譜耆編十二卷首一卷　（明）
戚祚國編　清道光二十七年(1847)刻光緒四
年(1878)增補本　十二冊

350000－2001－0003504　992.226/763

歸震川[有光]先生年譜一卷世系一卷　（清）
孫岱編　清光緒六年(1880)嘉興金氏刻本
一冊

350000－2001－0003505　349.5/φ671

理信存稿四卷附二卷　（清）黎士弘撰　清康
熙刻本　四冊

350000－2001－0003506　992.226/707＝1

太常公[錢薇]年譜一卷　（清）錢泰吉輯　清
光緒三十年(1904)海鹽錢志澄刻本　一冊

350000－2001－0003507　φ350/407＝1

武備輯要六卷　（清）許學范撰　清咸豐三年
(1853)福州松風仙館刻本　一冊

350000－2001－0003508　φ350/407＝2

武備輯要六卷　（清）許學范撰　清咸豐三年
(1853)福州松風仙館刻本　一冊

350000－2001－0003509　φ356.92/813

船政奏議彙編五十四卷　（清）總理船政事務
衙門編　清光緒十四年(1888)刻本　二十
二冊

350000－2001－0003510　360.18/φ942＝1

原富五部　（英國）斯密亞丹原本　嚴復譯
清光緒二十八年(1902)南洋公學譯書院鉛印
本　八冊

350000－2001－0003511　360.18/φ942＝2

原富五部　（英國）斯密亞丹原本　嚴復譯
清光緒二十八年(1902)南洋公學譯書院鉛印
本　八冊

350000－2001－0003512　360.18/φ942＝3

原富五部　（英國）斯密亞丹原本　嚴復譯
清光緒二十八年(1902)南洋公學譯書院鉛印
本　二冊

350000－2001－0003513　φ356.4/412

閩會水利故一卷附福州歷代潴湖事略一卷
（清）郭柏蒼校輯　清光緒九年(1883)刻本
一冊

350000－2001－0003514　φ356.4/412＝1

閩會水利故一卷附福州歷代潴湖事略一卷
（清）郭柏蒼校輯　清光緒九年(1883)刻本
一冊

350000－2001－0003515　992.257/102

朱文端公[軾]行述一卷　（清）朱必堦等撰
清乾隆刻本　一冊

350000－2001－0003516　φ356.4/412＝2

閩會水利故一卷附福州歷代潴湖事略一卷
（清）郭柏蒼校輯　清光緒九年(1883)刻本
一冊

350000－2001－0003517　φ356.4/662

木蘭陂集節要十卷　（明）李熊考證　（明）鄭
岳輯　續刻木蘭陂集誌記二卷　（清）李嗣岱
（清）姚文崇編　重修木蘭陂集一卷　（清）
李泌等撰　清乾隆刻本　八冊

350000－2001－0003518　丁2.785

伊蒿室文集六卷　（清）王效成撰　清光緒閩
縣陳氏抄本　二冊

350000－2001－0003519　丁2.7/86

因寄軒文初集十卷二集六卷補遺一卷　（清）
管同撰　清閩縣陳氏抄本　二冊

350000－2001－0003520　丁2.7/87

因寄軒文初集十卷二集六卷補遺一卷　（清）
管同撰　清閩縣陳氏抄本　二冊

350000－2001－0003521　丁2.7/88

簪花軒詩鈔一卷斷鴻編一卷硯耕偶存一卷
（清）鄭咏謝撰　清閩縣林氏拾穗山房抄本
一冊

350000－2001－0003522　丁2.7/89

拾穗山房詩存十卷文鈔四卷　（清）林軒開撰
清拾穗山房抄本　四冊

350000－2001－0003523　丁2.7/90

165

拾穗山房文稿不分卷　（清）林軒開撰　稿本
一冊

350000－2001－0003524　丁2.7/91
拾穗山房詩存三卷　（清）林軒開撰　稿本
一冊

350000－2001－0003525　丁2.7/92
拾穗山房詩稿不分卷　（清）林軒開撰　稿本
一冊

350000－2001－0003526　丁2.7/93
拾穗山房試帖不分卷　（清）林軒開撰　稿本
一冊

350000－2001－0003527　丁2.7/94
拾穗山房函稿二卷　（清）林軒開撰　稿本
二冊

350000－2001－0003528　丁2.7/95
虛白室偶存詩草一卷　（清）梁際昌撰　清抄
本　一冊

350000－2001－0003529　丁2.7/97
絳雪山房詩鈔二十卷　（清）楊慶琛撰　清抄
本　十冊

350000－2001－0003530　丁2.7/97
天花丈室詩稿不分卷　（清）梁雪鏞撰　清抄
本　四冊

350000－2001－0003531　丁2.7/98
槐忙吟草一卷　（清）李彥章撰　稿本　一冊

350000－2001－0003532　丁2.7/99
榕亭詩鈔不分卷　（清）李彥彬撰　清抄本
二冊

350000－2001－0003533　丁2.7/100
榕亭詩文鈔十五卷　（清）李彥彬撰　清抄本
十七冊

350000－2001－0003534　丁2.7/101
怡山館文稿不分卷　（清）朱錫穀撰　清抄本
一冊

350000－2001－0003535　丁2.7/102
質園尺牘不分卷　（清）商盤撰　清抄本

一冊

350000－2001－0003536　丁2.7/103
螺石詩鈔八卷　（清）黃慶銓撰　清抄本
二冊

350000－2001－0003537　丁2.7/104
紹登詩鈔不分卷　（清）黃佩秋撰　清抄本
二冊

350000－2001－0003538　丁2.7/105
種瑤草齋詩鈔一卷　（清）吳贊韶撰　稿本
一冊

350000－2001－0003539　丁2.7/106
夢竹齋詩草二卷　（清）王式念撰　清抄本
一冊

350000－2001－0003540　丁2.7/107
石泉山人吟稿不分卷　（清）郭柏蔭撰　清抄
本　二冊

350000－2001－0003541　丁2.7/108
天開圖畫樓試帖四卷　（清）郭柏蔭撰　稿本
四冊

350000－2001－0003542　丁2.7/109
吟秋山館詩草七卷　（清）謝宗善撰　稿本
二冊

350000－2001－0003543　丁2.7/110
紅葉山房詩草五卷　（清）謝宗善撰　稿本
一冊

350000－2001－0003544　丁2.7/111
果堂詩文雜存一卷　（清）謝宗本撰　（清）謝
叔文修訂　稿本　一冊

350000－2001－0003545　丁2.7/112
井窗蛩吟集一卷　（清）林熙撰　清抄本
一冊

350000－2001－0003546　丁2.7/113
壺中集一卷　（清）黃碧撰　稿本　一冊

350000－2001－0003547　丁2.7/114
碧榕海閣詩鈔三卷　（清）吳敦撰　清抄本
二冊

350000 – 2001 – 0003548　丁 2.7/115

說雲樓詩草不分卷　(清)郭傳昌撰　清郭氏抄本　二冊

350000 – 2001 – 0003549　丁 2.7/116

尊經齋集五卷　(清)沈紹九撰　清抄本　三冊

350000 – 2001 – 0003550　丁 2.7/117

劉秀峰先生遺集一卷　(清)劉文芝撰　清抄本　一冊

350000 – 2001 – 0003551　丁 2.7/118

不暇嬾齋詩鈔初稿不分卷　(清)黃鶴齡撰　清抄本　九冊

350000 – 2001 – 0003552　丁 2.7/119

知白齋詩草四卷　(清)陳宇撰　稿本　四冊

350000 – 2001 – 0003553　丁 2.7/120

知白齋續草一卷　(清)陳宇撰　稿本　一冊

350000 – 2001 – 0003554　丁 2.7/121

知白齋倚杖吟草四卷　(清)陳宇撰　稿本　一冊

350000 – 2001 – 0003555　丁 2.7/122

知白齋別草一卷　(清)陳宇撰　稿本　一冊

350000 – 2001 – 0003556　丁 2.7/123

知白齋雜文不分卷　(清)陳宇撰　稿本　一冊

350000 – 2001 – 0003557　丁 2.7/124

瓊臺吟史詩初編二十七卷　(清)劉萃奎撰　稿本　四冊

350000 – 2001 – 0003558　丁 2.7/126

擘海樓詩初集九卷　(清)陳寶璿撰　稿本　二冊

350000 – 2001 – 0003559　丁 2.7/127

梧圃詩鈔不分卷　(清)林壽平撰　清抄本　二冊

350000 – 2001 – 0003560　丁 2.7/128

養宜齋唫草不分卷　(清)林子京撰　稿本　一冊

350000 – 2001 – 0003561　丁 2.7/129

蔭莽詩草不分卷　(清)鄭榕撰　清鄭元璧抄本　一冊

350000 – 2001 – 0003562　丁 2.7/130

蓮花心室詩鈔二卷　(清)朱崇撰　稿本　一冊

350000 – 2001 – 0003563　丁 2.7/131

足雨簃詩鈔一卷　(清)王溁撰　清抄本　一冊

350000 – 2001 – 0003564　丁 2.7/132

陜南山館遺文一卷　(清)魏秀仁撰　稿本　一冊

350000 – 2001 – 0003565　丁 2.7/133

不忘初齋輯稿不分卷　(清)王紹燕撰　稿本　二冊

350000 – 2001 – 0003566　丁 2.7/134

冠悔堂集不分卷　(清)楊浚撰　稿本　四冊

350000 – 2001 – 0003567　丁 2.7/135

冠悔堂稿不分卷　(清)楊浚撰　稿本　一冊

350000 – 2001 – 0003568　丁 2.7/136

冠悔堂剩稿不分卷　(清)楊浚撰　稿本　一冊

350000 – 2001 – 0003569　丁 2.7/137

玉籤別集不分卷　(清)楊浚撰　稿本　一冊

350000 – 2001 – 0003570　丁 2.7/138

堅多節齋詩不分卷　(清)劉學湛撰　清抄本　一冊

350000 – 2001 – 0003571　丁 2.7/139

濤室文集不分卷　(清)林湘撰　稿本　一冊

350000 – 2001 – 0003572　丁 2.7/142

鐵鏞集八卷　(清)楊希閔撰　稿本　三冊

350000 – 2001 – 0003573　丁 2.7/148

烏石山房文稿不分卷　(清)龔易圖撰　稿本　二冊

350000 – 2001 – 0003574　丁 2.7/149

賭棋山莊餘集不分卷　(清)謝章鋌撰　稿本

二冊

350000－2001－0003575　丁2.7/150

賭棋山莊餘集剩筆一卷　（清）謝章鋌撰　稿本　一冊

350000－2001－0003576　丁2.7/151

賭棋山莊遺稿不分卷　（清）謝章鋌撰　稿本　二冊

350000－2001－0003577　丁2.7/152

賭棋山莊刪餘偶存不分卷　（清）謝章鋌撰　稿本　一冊

350000－2001－0003578　丁2.7/153

謝枚如先生文稿一卷　（清）謝章鋌撰　稿本　一冊

350000－2001－0003579　丁2.7/154

味秋吟館詩存不分卷　（清）林齊韶撰　稿本　二冊

350000－2001－0003580　丁2.7/155

味秋吟館賦草二卷　（清）林齊韶撰　稿本　二冊

350000－2001－0003581　丁2.7/157

小酉腴山館詩鈔不分卷　（清）吳大廷撰　稿本　一冊

350000－2001－0003582　852.46/23－5

王文成公集要七卷　（明）王守仁撰　（清）劉永宦編　年譜一卷　（明）錢德洪編　清嘉慶三年（1798）原邑劉永宦刻本　三冊　存三卷（一至三）

350000－2001－0003583　992.256/26

薛文清公［瑄］行實錄五卷　（明）周德恭纂校　明萬曆十六年（1588）刻清印本　四冊

350000－2001－0003584　852.46/73－3

史忠正公集四卷首一卷末一卷　（明）史可法撰　（清）史山清輯　清道光三十年（1850）刻本　六冊

350000－2001－0003585　852.46/122－3

宋文憲公全集五十三卷首四卷　（明）宋濂撰　清嘉慶十五年（1810）吳縣嚴氏刻本　二十

四冊

350000－2001－0003586　852.46/165.1

吳莊介公遺集六卷　（明）吳甘來撰　（清）陳丹衷　（清）沈潤編　清咸豐七年（1857）新昌吳氏刻本　四冊

350000－2001－0003587　852.46/165.2

吳康齋先生集十二卷首一卷　（明）吳與弼撰　清咸豐十一年（1861）崇仁謝氏刻本　六冊

350000－2001－0003588　992.277/439

悼儷集一卷　（清）陸鑛輯　清咸豐五年（1855）刻本　一冊

350000－2001－0003589　994.31/938

大日本中興先覺志二卷　（日本）岡本監輔撰　清光緒二十七年（1901）開道社刻本　二冊

350000－2001－0003590　φ366/813

閩省各商之習慣不分卷　（清）閩省商業研究所編　清光緒三十一年（1905）鉛印本　一冊

350000－2001－0003591　822.47/φ155.6

心太平室詩存一卷　（清）李彥彬撰　清光緒抄本　一冊

350000－2001－0003592　993/967

彼得大帝九章　（日本）佐藤信安撰　題（清）愈愚齋主譯　清光緒二十八年（1902）上海文明書局鉛印本　一冊

350000－2001－0003593　822.13/22

唐人萬首絕句選七卷　（宋）洪邁輯　（清）王士禎選　清光緒六年（1880）刻本　二冊

350000－2001－0003594　822.13/936－4

御選唐宋詩醇四十七卷目錄二卷　（清）高宗弘曆選　（清）梁詩正等校　清刻朱墨套印本　二十四冊

350000－2001－0003595　φ368.3/871

前閩路陳總理退職意見書一卷附鈔咨呈郵部並部原奏照會等件一卷　（清）福建鐵路總公司編　清宣統三年（1911）鉛印本　一冊

350000－2001－0003596　φ368.3/874＝1

閩路公會勸股說帖不分卷　（清）閩路公會編

168

清末刻本　一冊

350000 – 2001 – 0003597　852.46/167
樓山堂集二十六卷　（明）吳應箕撰　（清）張
自烈訂　清蟄園木活字印本　十冊

350000 – 2001 – 0003598　φ368.3/874 = 2
閩路公會勸股說帖不分卷　（清）閩路公會編
清末刻本　一冊

350000 – 2001 – 0003599　丁2.8/6
石遺室詩集三卷補遺一卷　陳衍撰　清光緒
三十一年(1905)刻本　一冊

350000 – 2001 – 0003600　丁3.1/1
六臣注文選六十卷　（南朝梁）蕭統輯　（唐）
李善等注　明新安潘惟時、潘惟德刻本　五
十六冊

350000 – 2001 – 0003601　丁3.1/2
文選纂注十二卷　（明）張鳳翼撰　明萬曆刻
本　十二冊

350000 – 2001 – 0003602　丁3.1/3
文選二十四卷　（南朝梁）蕭統輯　（明）張鳳
翼纂注　明天啓錢塘盧氏刻本　十冊

350000 – 2001 – 0003603　丁3.1/4
文選紀聞三十卷　（清）余蕭客撰　清道光恨
不讀書齋抄本　八冊

350000 – 2001 – 0003604　丁3.1/5
選學膠言二十卷補遺一卷　（清）張雲璈撰
清道光十一年(1831)張氏簡松草堂刻本
八冊

350000 – 2001 – 0003605　丁3.1/6
佩蕭齋選藻不分卷　（清）葉大莊撰　稿本
一冊

350000 – 2001 – 0003606　丁3.1/8
古文苑二十一卷　（宋）章樵注　明成化十八
年(1482)張世用刻本　四冊

350000 – 2001 – 0003607　丁3.1/9
樂府詩集一百卷目錄二卷　（宋）郭茂倩輯
明末汲古閣刻本　十六冊

350000 – 2001 – 0003608　丁3.1/10
樂府詩集一百卷目錄二卷　（宋）郭茂倩輯
明末汲古閣刻本　十冊

350000 – 2001 – 0003609　丁3.1/11
歲時雜詠今集不分卷　（宋）蒲積中選　明抄
本　二冊

350000 – 2001 – 0003610　丁3.1/16
謝疊山先生文章軌範七卷　（宋）謝枋得輯
清光緒二十一年(1895)湖北官書處刻三色套
印本　一冊

350000 – 2001 – 0003611　丁3.1/17
瀛奎律髓刊誤不分卷　（元）方回選　（清）紀
昀批點　清嘉慶五年(1800)侯官李光垣刻本
八冊

350000 – 2001 – 0003612　φ368.82/873 = 1
福建電話公司章程不分卷　（清）福建電話公
司編　清宣統元年(1909)福州鉛印本　一冊

350000 – 2001 – 0003613　φ368.82/873 = 2
福建電話公司章程不分卷　（清）福建電話公
司編　清宣統元年(1909)福州鉛印本　一冊

350000 – 2001 – 0003614　995/967
歐洲八大帝王傳不分卷　（英國）李提摩太撰
清光緒二十五年(1899)上海廣學會鉛印本
一冊

350000 – 2001 – 0003615　822.13/936 – 6
御選唐宋詩醇四十七卷目錄二卷　（清）高宗
弘曆選　（清）梁詩正等校　清光緒十五年
(1889)上海鴻文書局石印本　八冊

350000 – 2001 – 0003616　φ370/813 – 5
福建財政沿革利弊說明書不分卷　（清）福建
省清理財政局撰　清宣統鉛印本　十冊

350000 – 2001 – 0003617　822.13/936 – 5
御選唐宋詩醇四十七卷目錄二卷　（清）高宗
弘曆選　（清）梁詩正等校　清刻本　二十一
冊　存四十三卷(一至四十一、目錄二卷)

350000 – 2001 – 0003618　999.2/567
留耕堂集三卷　（清）葛泰臨輯　清宣統元年

(1909)鉛印本　三冊

350000－2001－0003619　ф370/813－5＝1
福建財政沿革利弊說明書不分卷　（清）福建
省清理財政局撰　清宣統鉛印本　九冊

350000－2001－0003620　822.13/936－8
御選唐宋詩醇四十七卷目錄二卷　（清）高宗
弘曆選　（清）梁詩正等校　清光緒十八年
(1892)益元書局刻本　二十四冊

350000－2001－0003621　ф370/813－5＝2
福建財政沿革利弊說明書不分卷　（清）福建
省清理財政局撰　清宣統鉛印本　五冊

350000－2001－0003622　ф370/813－5＝3
福建財政沿革利弊說明書不分卷　（清）福建
省清理財政局撰　清宣統鉛印本　十冊

350000－2001－0003623　822.14/134－1
宋詩別裁八卷　（清）沈德潛選　清刻本
四冊

350000－2001－0003624　370/ф941
學生必讀計學淺訓不分卷　（法國）博樂克撰
　王壽昌譯　清光緒三十四年(1908)商務印
書館鉛印本　一冊

350000－2001－0003625　822.14/151－1
宋詩三百首六卷首一卷　（□）□□輯　清光
緒十年(1884)刻本　二冊

350000－2001－0003626　ф375.6/813－3
擬定福建省藩庫收支章程不分卷　（清）福建
清理財政局編　清末鉛印本　一冊

350000－2001－0003627　ф375.6/813－3－1
擬定福建省藩庫收支章程不分卷　（清）福建
清理財政局編　清末鉛印本　一冊

350000－2001－0003628　852.46/171
呂新吾先生去偽齋文集十卷　（明）呂坤撰
清康熙十三年(1674)刻本　十冊

350000－2001－0003629　ф375.6/943
[福建全省財政局司道報告書]不分卷　（□）
□□撰　清光緒三十三年(1907)刻本　一冊

350000－2001－0003630　ф375.6/943.3
[福建度支傛覽]不分卷　（□）□□撰　清道
光抄本　一冊

350000－2001－0003631　ф376/813－1
福建清理財政局擬定國家稅地方稅簡明表不
分卷　（清）福建清理財政局編　清末鉛印本
　一冊

350000－2001－0003632　822.14/248－1
宋四名家詩鈔不分卷　（清）周之鱗　（清）柴
升選　清康熙刻本　十二冊

350000－2001－0003633　822.14/435
宋詩紀事補遺一百卷小傳補正四卷　（清）陸
心源輯　清光緒十九年(1893)刻本　二十
六冊

350000－2001－0003634　ф376/811
閩省稅釐局卡按月限徵額數不分卷　（清）福
建清理財政局編　清宣統二年(1910)刻本
一冊

350000－2001－0003635　852.46/346.1
枝山文集四卷　（明）祝允明著　清光緒元年
(1875)刻本　二冊

350000－2001－0003636　376/ф943
福州內港南臺局卡進出口釐金章程二卷
（清）南臺館頭局編　清末刻本　一冊

350000－2001－0003637　994.31/938＝1
大日本中興先覺志二卷　（日本）岡本監輔撰
　清光緒二十七年(1901)開道社刻本　二冊

350000－2001－0003638　852.46/359.2
瓶花齋集十卷　（明）袁宏道撰　清宣統三年
(1911)抱殘守缺齋石印本　四冊

350000－2001－0003639　822.14/644
宋詩紀事一百卷　（清）厲鶚　（清）馬曰琯輯
　清乾隆十一年(1746)樊榭山房刻本　二十
四冊

350000－2001－0003640　822.15/134－1
元詩別裁八卷補遺一卷　（清）沈德潛輯　清
乾隆刻本　三冊

350000－2001－0003641　852.46/412

青螺公遺書合編三十五卷首一卷　(明)郭子章撰　(清)郭子仁編輯　**垂楊館集十一卷**(明)郭孔建撰　**經傳正誤一卷**　(明)郭孔太輯　清光緒八年(1882)刻本　十六冊

350000－2001－0003642　852.46/429－2

新刻張太岳先生詩集六卷文集四十卷　(明)張居正撰　**行實一卷**　清江陵鄧氏刻本　十六冊

350000－2001－0003643　822.15/792－3

元詩選癸集十卷　(清)顧嗣立輯　清嘉慶三年(1798)席氏掃葉山房刻光緒十四年(1888)增補本　十六冊

350000－2001－0003644　822.145/412

御訂全金詩增補中州集七十二卷首二卷(元)元好問輯　(清)郭元釪補輯　清嘉慶十五年(1810)刻本　二十三冊　存七十一卷(一至五十一、五十五至七十二,首二卷)

350000－2001－0003645　丁3.1/18

文章辨體五十卷外集五卷　(明)吳訥輯　明天順八年(1464)劉孜等刻本　十六冊

350000－2001－0003646　丁3.1/19

文翰類選大成一百六十三卷　(明)李伯璵輯(明)馮厚校　明刻本　一冊　存一卷(一)

350000－2001－0003647　丁3.1/13

西山先生真文忠公文章正宗二十四卷　(宋)真德秀輯　明嘉靖四十三年(1564)李豸、李磐刻本　二十六冊

350000－2001－0003648　丁3.1/14

西山先生真文忠公文章正宗二十四卷續二十卷　(宋)真德秀輯　明嘉靖四十三年(1564)蔣氏家塾刻本　四十冊

350000－2001－0003649　丁3.1/15

集錄真西山文章正宗三十卷　(宋)真德秀撰(明)孔天胤錄　明嘉靖二十三年(1544)孔天胤刻本　十一冊

350000－2001－0003650　丁3.1/21

文編六十四卷　(明)唐順之選批　(明)姜寶編　明嘉靖塾江胡氏刻本　二十六冊

350000－2001－0003651　丁3.1/22

樂府原十五卷　(明)徐獻忠撰　(明)高應冕校　清康熙五十三年(1714)藍漣抄本　一冊

350000－2001－0003652　994.31/938＝2

大日本中興先覺志二卷　(日本)岡本監輔撰　清光緒二十七年(1901)開道社刻本　二冊

350000－2001－0003653　994.31/938＝3

大日本中興先覺志二卷　(日本)岡本監輔撰　清光緒二十七年(1901)開道社刻本　二冊

350000－2001－0003654　822.16/134－1

明詩別裁集十二卷　(清)沈德潛　(清)周準輯　清刻本　四冊

350000－2001－0003655　822.16/134－2

明詩別裁集十二卷　(清)沈德潛　(清)周準輯　清乾隆四年(1739)刻本　四冊

350000－2001－0003656　992.297/679

詒煒集五卷　(清)劉毓麟輯　清光緒十八年(1892)刻本　一冊

350000－2001－0003657　φ322.298/814＝2

閩臨時議會章程不分卷　(清)閩臨時議會編　清宣統三年(1911)謄印本　一冊

350000－2001－0003658　822.17/21－1

湖海詩傳四十六卷　(清)王昶輯　清嘉慶八年(1803)刻本　十四冊

350000－2001－0003659　822.17/21－2

湖海詩傳四十六卷　(清)王昶輯　清嘉慶八年(1803)刻同治四年(1865)重印本　十六冊

350000－2001－0003660　572.1/φ974－9

天演論二卷　(英國)赫胥黎造論　嚴復達恉　清末石印本　一冊

350000－2001－0003661　572.1/φ974.5

天演論二卷　(英國)赫胥黎造論　嚴復達恉　清光緒二十四年(1898)石印本　一冊

350000－2001－0003662　992.227/φ795＝1

[龔易圖]自訂年譜一卷 （清）龔易圖撰 （清）龔晉義等誌 清光緒閩縣龔氏刻本 一冊

350000－2001－0003663 822.17/26

古詩選四卷 （清）王國棟輯 清宣統二年（1910）石印本 一冊

350000－2001－0003664 φ390/873

福建去毒總社季報不分卷 （清）福建去毒總社編 清光緒三十三年至三十四年（1907－1908）鉛印本 三冊

350000－2001－0003665 822.17/26.1

七家詩輯注彙鈔九卷 （清）張熙宇輯評 （清）王植桂輯注 清同治十一年（1872）刻本 八冊

350000－2001－0003666 992.297/413

輓詞彙編三卷 （清）龔尚毅編輯 （清）郭兆芳編輯 清光緒十九年（1893）養知書屋刻本 一冊

350000－2001－0003667 082.17/φ158－1

榕園全集三種 （清）李彥章撰 清道光二十年（1840）刻本 十六冊

350000－2001－0003668 φ999.1/22.1

[福建福州]開閩忠懿王氏族譜不分卷 （清）王以鏡纂修 （清）王嵩齡修 清道光六年（1826）刻咸豐六年（1856）增修本 十一冊

350000－2001－0003669 822.17/38

曲阜詩鈔八卷 （清）孔憲彝輯 清道光二十三年（1843）曲阜孔氏刻本 一冊

350000－2001－0003670 822.17/130

鳳池集十卷 （清）沈玉亮 （清）吳陳琰集錄 清康熙四十四年（1705）刻本 三冊

350000－2001－0003671 822.17/134

欽定國朝詩別裁集三十二卷 （清）高宗弘曆定 （清）沈德潛纂評 清乾隆二十六年（1761）刻本 十六冊

350000－2001－0003672 822.17/134＝1

欽定國朝詩別裁集三十二卷 （清）高宗弘曆

定 （清）沈德潛纂評 清乾隆二十六年（1761）刻本 十二冊

350000－2001－0003673 φ376/813－1＝1

福建清理財政局擬定國家稅地方稅簡明表不分卷 （清）福建清理財政局編 清末鉛印本 一冊

350000－2001－0003674 822.17/134－3

欽定國朝詩別裁集三十二卷 （清）高宗弘曆定 （清）沈德潛纂評 清刻本 十六冊

350000－2001－0003675 φ376.6/943

福建鹽法志二十二卷首一卷 （□）□□□纂 清道光十年（1830）刻本 八冊

350000－2001－0003676 φ376.6/943＝1

福建鹽法志二十二卷首一卷 （□）□□□纂 清道光十年（1830）刻本 八冊

350000－2001－0003677 φ376.6/943＝2

福建鹽法志二十二卷首一卷 （□）□□□纂 清道光十年（1830）刻本 八冊

350000－2001－0003678 992.297/433

強忠烈公遺墨題辭三卷首一卷 （清）黃邦彥編 清同治元年（1862）刻本 一冊

350000－2001－0003679 822.17/137

清尊集十六卷 （清）汪遠孫輯 清道光刻本 八冊

350000－2001－0003680 丁3.1/23

歷朝文選五十卷 （明）魏翼編 明萬曆九年（1581）刻本 十冊

350000－2001－0003681 丁3.1/24

鉅文十二卷 （明）屠隆輯 明刻本 十二冊

350000－2001－0003682 丁3.1/25

詞致錄十六卷 （明）李天麟輯 明萬曆刻本 八冊

350000－2001－0003683 丁3.1/26

續文選三十二卷 （明）湯紹祖撰 明萬曆三十年（1602）希貴堂刻本 七冊

350000－2001－0003684 丁3.1/27

廣文字會寶不分卷 （明）朱文治輯 明萬曆
刻本 八冊

350000－2001－0003685 丁3.1/28
古詩歸十五卷 （明）鍾惺 （明）譚元春選
明閔振業刻三色套印本 三冊

350000－2001－0003686 丁3.1/30
名媛詩歸三十六卷 （明）鍾惺輯 明刻本
十冊

350000－2001－0003687 丁3.1/31
奇賞齋古文彙編二百三十六卷 （明）陳仁錫
評選 明崇禎七年（1634）刻本 八十七冊

350000－2001－0003688 丁3.1/29
古逸三十卷 （明）鍾惺 （明）譚元春選 明
刻本 八冊

350000－2001－0003689 丁3.1/32
奇賞齋廣文苑英華二十六卷 （明）陳仁錫評
選 明天啓刻本 十四冊

350000－2001－0003690 丁3.1/33
文品苾函三卷史函四卷 （明）陳仁錫選 明
刻本 十二冊

350000－2001－0003691 丁3.1/34
古文瀾編二十卷 （明）王志堅輯 清康熙五
十五年（1716）刻本 二十冊

350000－2001－0003692 丁3.1/35
四六法海選注十二卷 （明）王志堅輯 （清）
蔣士銓評 （清）許貞幹注 稿本 六冊

350000－2001－0003693 丁3.1/37
古樂苑五十二卷 （明）梅鼎祚輯 明萬曆刻
本 八冊

350000－2001－0003694 丁3.1/38
古樂苑五十二卷 （明）梅鼎祚輯 明萬曆刻
本 二十冊

350000－2001－0003695 丁3.1/39
晚邨先生八家古文精選八卷 （清）呂留良輯
（清）呂葆中批點 清康熙四十三年（1704）
呂氏家塾刻本 四冊

350000－2001－0003696 丁3.1/40
慧眼山房原本古今文小品八卷 （清）陳天定
評選 清雍正三年（1725）萬我堂刻本 八冊

350000－2001－0003697 丁3.1/41
養根集十卷 （清）許遇評選 稿本 十四冊

350000－2001－0003698 丁3.1/42
古文斷前集十六卷後集十八卷 （清）姚培謙
評注 清乾隆刻本 十六冊

350000－2001－0003699 丁3.1/43
續古文苑二十卷 （清）孫星衍輯 清嘉慶十
七年（1812）刻本 六冊

350000－2001－0003700 丁3.1/44
古文淵鑒六十四卷 （清）徐乾學等編注 清
康熙內府刻五色套印本 三十冊

350000－2001－0003701 丁3.1/44.1
古文淵鑒六十四卷 （清）徐乾學等編注 清
康熙內府刻五色套印本 三十冊

350000－2001－0003702 丁3.1/45
賦苑八卷 （明）李鴻輯 明萬曆刻本 十
七冊

350000－2001－0003703 丁3.1/46
御定歷代賦彙一百四十卷外集二十卷補遺二
十二卷逸句二卷 （清）陳元龍等輯 清康熙
刻本 五十冊 存一百六十卷（御定歷代賦
彙一百四十卷、外集二十卷）

350000－2001－0003704 丁3.2/2
漢魏六朝一百三家集題詞一卷 （明）張溥輯
清鄭氏傳硯齋抄本 一冊

350000－2001－0003705 丁3.2/3
西漢文二十卷 （明）張采輯 明崇禎六年
（1633）刻本 十冊

350000－2001－0003706 丁3.2/4
東漢文二十卷 （明）張采輯 明崇禎十年
（1637）刻本 十冊

350000－2001－0003707 丁3.2/5
南朝齊文十二卷 （明）張采輯 明崇禎十二
年（1639）刻本 八冊

350000－2001－0003708　丁3.2/6
唐文粹一百卷　（宋）姚鉉輯　明嘉靖三年
(1524)徐焴刻本　十六冊

350000－2001－0003709　丁3.2/7
唐文粹一百卷　（宋）姚鉉輯　明刻本　十五
冊　存七十二卷(一至七十二)

350000－2001－0003710　929.51/439
吳地記一卷後集一卷　（唐）陸廣微撰　清同
治十二年(1873)江蘇書局刻本　一冊

350000－2001－0003711　φ376.6/943＝3
福建鹽法志二十二卷首一卷　（□）□□纂
清道光十年(1830)刻本　十六冊

350000－2001－0003712　929.502/442－2
秣陵集六卷附金陵歷代紀年事表一卷圖考一
卷　（清）陳文述撰　清同治刻本　三冊

350000－2001－0003713　929.5019/935
申江勝景圖二卷　（□）□□撰　清光緒石印
本　二冊

350000－2001－0003714　丁3.2/8
唐文粹一百卷　（宋）姚鉉輯　明刻本　二冊
存四卷(一至四)

350000－2001－0003715　丁3.2/9
唐文粹選抄不分卷　（宋）姚鉉輯　（清）陳寶
璐批選　清光緒螺江陳氏抄本　四冊

350000－2001－0003716　丁3.2/10
唐文粹刪十卷　（宋）姚鉉輯　（明）張溥刪閱
明刻本　五冊

350000－2001－0003717　丁3.2/11
唐人選唐詩二十三卷　（明）毛晉輯　明崇禎
元年(1628)毛氏汲古閣刻本　八冊

350000－2001－0003718　丁3.2/12
唐詩品彙九十卷拾遺十卷　（明）高棅輯　明
張恂刻本　十四冊

350000－2001－0003719　丁3.2/13
唐詩品彙九十卷拾遺十卷　（明）高棅輯　明
張恂刻本　十六冊

350000－2001－0003720　丁3.2/14
唐詩類苑二百卷　（明）張之象輯　（明）趙應
元編　（明）王徹補　明萬曆二十九年(1601)
刻本　六十二冊

350000－2001－0003721　丁3.2/15
唐詩貫珠六十卷　（清）胡以梅箋　清康熙五
十四年(1715)胡氏素心堂刻本　十六冊

350000－2001－0003722　丁3.2/16
唐詩解五十卷首一卷　（明）唐汝詢釋　清順
治趙孟龍萬笈堂刻本　十冊

350000－2001－0003723　丁3.2/17
唐四家詩不分卷　（清）謝璇輯　清乾隆五十
八年至五十九年(1793－1794)閩縣謝氏抄本
二冊

350000－2001－0003724　丁3.2/18
唐詩三十二卷附錄三卷　（清）吳廷楨等編選
清康熙刻本　二十冊

350000－2001－0003725　丁3.2/19
唐詩三十二卷附錄三卷　（清）吳廷楨等編選
清康熙刻本　十六冊

350000－2001－0003726　丁3.2/20
全唐詩九百卷目錄十二卷　（清）聖祖玄燁輯
清康熙內府刻本　一百十二冊

350000－2001－0003727　丁3.2/21
全唐詩九百卷目錄十二卷　（清）聖祖玄燁輯
清康熙內府刻本　一百二十冊

350000－2001－0003728　丁3.2/22
御定全唐詩錄一百卷　（清）徐倬　（清）徐元
正選　清康熙四十五年(1706)刻本　二十
四冊

350000－2001－0003729　丁3.2/23
唐詩鈔不分卷　（□）□□輯　清抄本　十
六冊

350000－2001－0003730　丁3.2/24
唐詩選□□卷　（□）□□輯　清抄本　一冊
存一卷(六)

350000－2001－0003731　丁3.2/25

中晚唐詩紀不分卷　（清）龔賢輯　清康熙刻本　三十二冊

350000－2001－0003732　丁3.2/28

兩宋名賢小集不分卷　（宋）陳思輯　（元）陳世隆補　清抄本　二十六冊

350000－2001－0003733　丁3.2/26

唐宋文醇五十八卷　（清）高宗弘曆選　清乾隆三年(1738)武英殿刻四色套印本　二十冊

350000－2001－0003734　丁3.2/29

宋詩鈔一百六卷　（清）吳之振等輯　清康熙十年(1671)吳氏鑑古堂刻本　二十六冊

350000－2001－0003735　丁3.2/30

宋詩鈔不分卷　（□）□□輯　清抄本　二冊

350000－2001－0003736　丁3.2/31

宋詩三百首六卷　（清）黃聘甫輯　清五擔山人抄本　二冊

350000－2001－0003737　丁3.2/32

河汾諸老詩集八卷　（元）房祺輯　明崇禎毛氏汲古閣刻本　一冊

350000－2001－0003738　丁3.2/33

中州集十卷首一卷樂府一卷　（元）元好問輯　明末毛氏汲古閣刻本　十冊

350000－2001－0003739　丁3.2/34

中州集十卷首一卷樂府一卷　（元）元好問輯　明末毛氏汲古閣刻本　十冊

350000－2001－0003740　丁3.2/35

元文類刪四卷　（明）張溥輯評　明刻本　二冊

350000－2001－0003741　丁3.2/36

皇元風雅前集十二卷　（元）傅習輯　後集十二卷　（元）孫存吾輯　清嘉慶抄本　四冊

350000－2001－0003742　丁3.2/37

元詩選初集一百十四卷首一卷二集一百三卷三集一百三卷癸集十六卷　（清）顧嗣立輯　清康熙顧氏秀野草堂刻本　五十冊

350000－2001－0003743　丁3.2/38

明文海不分卷　（清）黃宗羲輯　清抄本　一冊

350000－2001－0003744　丁3.2/39

明文在一百卷　（清）薛熙纂　清康熙三十二年(1693)錢大鏞等刻本　六冊

350000－2001－0003745　丁3.2/40

古今經世文衡二十八卷　（明）袁黃撰　明書坊龔堯惠刻本　八冊

350000－2001－0003746　丁3.2/41

增定國朝館課經世宏辭十五卷　（明）王錫爵輯　明萬曆刻本　八冊

350000－2001－0003747　852.48/ф788.2

嚴侯官文集七章國聞報論四章　嚴復撰　清光緒二十九年(1903)特別印書局鉛印本　一冊

350000－2001－0003748　572.1/ф974.7

天演論二卷　（英國）赫胥黎造論　嚴復達恉　清光緒石印本　一冊

350000－2001－0003749　ф992.257/656

延禧堂壽言六卷首一卷附崇祀鄉賢錄　（清）蔡本俊輯　清嘉慶刻本　二冊

350000－2001－0003750　852.47/24

伊蒿室文集六卷詩集二卷附詩餘　（清）王效成撰　清咸豐五年(1855)刻本　三冊

350000－2001－0003751　852.1949/ф749－1

[光緒壬寅補行庚子辛丑恩正兩科]福建闈墨不分卷　（清）吳載閱　清末上海久敬齋石印本　一冊

350000－2001－0003752　350/407

武備輯要六卷　（清）許學范撰　（清）許乃釗輯　清道光十二年(1832)廣州刻本　二冊

350000－2001－0003753　350/407.1

武備輯要續編十二卷　（清）許乃釗編輯　清道光二十九年(1849)福珠隆阿刻本　四冊　存十卷(一至十)

350000－2001－0003754　929.5019/841.1

上海地名表一卷　（清）商務印書館編譯所編

纂　清宣統二年(1910)上海上海商務印書館
鉛印本　一冊

350000－2001－0003755　929.5/133－1
英法俄德四國志略四卷　(清)沈敦和輯並譯
清光緒十八年(1892)刻本　二冊

350000－2001－0003756　929.4/963
滿洲旅行記二卷　(日本)小越平隆著　(清)
克齋譯　清光緒二十八年(1902)上海廣智書
局鉛印本　二冊

350000－2001－0003757　929.4/60－1
欽定滿洲源流考二十卷首一卷　(清)阿桂等
修　(清)麟喜等纂　清光緒三十年(1904)中
西書局石印本　四冊

350000－2001－0003758　376.9/φ180
亞東各國稅則不分卷　(清)何爾詵譯　清光
緒二十九年(1903)湖北洋務譯書局刻本
一冊

350000－2001－0003759　φ379.271/813.2
福建省宣統肆年地方歲出入預算冊不分卷
(□)□□編　清宣統三年(1911)鉛印本
一冊

350000－2001－0003760　φ390/866
興郡去毒社暫定簡章不分卷　(清)興郡去毒
社編　清末排印本　一冊

350000－2001－0003761　φ390/873－3
福建去毒總社第五次收支報告不分卷　(清)
福建去毒總社編　清宣統二年(1910)鉛印本
一冊

350000－2001－0003762　φ852.1949/749
[光緒庚子辛丑恩正兩科]**福建闈墨一卷**
(清)林傳甲等撰　(清)吳載閱　清光緒二十
八年(1902)衡鑑堂刻本　二冊

350000－2001－0003763　929.37/409
漸學廬叢書第一集十五種　(清)胡祥鑻輯
清光緒二十三年(1897)元和胡氏石印本　一
冊　存三種三卷(帕米爾圖說一卷、帕米爾輯
略一卷、澳大利亞洲志譯本一卷)

350000－2001－0003764　φ852.1949/749＝1
[光緒庚子辛丑恩正兩科]**福建闈墨一卷**
(清)林傳甲等撰　(清)吳載閱　清光緒二十
八年(1902)衡鑑堂刻本　一冊

350000－2001－0003765　φ852.1949/214＝1
[光緒癸卯恩科]**福建闈墨一卷**　林志烜等撰
(清)李劉閱　清光緒二十九年(1903)衡鑑
堂刻本　一冊

350000－2001－0003766　943.9/491－5
日本國志四十卷首一卷　(清)黃遵憲纂　清
光緒二十四年(1898)浙江書局刻本　十冊

350000－2001－0003767　943.9/316
日本地理兵要十卷　姚文棟撰　清光緒二十
年(1894)寶善書局石印本　五冊

350000－2001－0003768　943/968＝4
大日本中興先覺志二卷　(日本)岡本監輔撰
清光緒二十七年(1901)開導社刻本　二冊

350000－2001－0003769　φ852.1949/214
[光緒癸卯恩科]**福建闈墨一卷**　林志烜等撰
(清)李劉閱　清光緒二十九年(1903)衡鑑
堂刻本　一冊

350000－2001－0003770　丁3.2/42
盛明十二家詩選十二卷　(明)朱翊鈏輯並批
明萬曆十三年(1585)益藩刻本　四冊　存
六卷(一至六)

350000－2001－0003771　丁3.2/43
滋蘭堂明時鈔六十三卷　(清)鄧裴輯　清抄
本　十六冊

350000－2001－0003772　丁3.2/44
廣明詩彙選不分卷　(□)□□輯　清抄本
二冊

350000－2001－0003773　丁3.2/45
百名家詩選八十九卷　(清)魏憲輯　清康熙
二十一年(1682)刻本　二十四冊

350000－2001－0003774　丁3.2/46
南宋雜事詩七卷　(清)沈嘉轍撰　清乾隆刻
本　二冊

350000 – 2001 – 0003775　822.17/152

小學弦歌八卷　（清）李元度輯　清光緒五年（1879）刻本　四冊

350000 – 2001 – 0003776　943.51/966

日本維新慷慨史二卷　（日本）西村三郎編輯　趙必振譯　清光緒二十八年（1902）上海廣智書局鉛印本　二冊

350000 – 2001 – 0003777　822.17/154

優盍羅室詩薈一卷　（清）李尚暲撰　月來軒詩薈一卷　（清）錢韞素撰　清宣統元年（1909）鉛印本　一冊

350000 – 2001 – 0003778　852.46/442 – 1

陳臥子先生安雅堂稿十五卷兵垣奏議二卷　（明）陳子龍撰　清宣統二年（1910）上海時中書局鉛印本　八冊

350000 – 2001 – 0003779　943.9/24

日本地理志一卷　（日本）中村五六編　（日本）頓野廣太郎補　王國維譯　清光緒二十七年（1901）金粟齋鉛印本　一冊

350000 – 2001 – 0003780　822.17/165

綏江偉餞集一卷附龍門送行書一卷　（清）吳大猷編　清光緒二十二年（1896）刻本　一冊

350000 – 2001 – 0003781　φ852.1949/749 = 2

[光緒壬寅補行庚子辛丑恩正兩科]福建闈墨一卷　（清）林傳甲等撰　（清）吳載閱　清光緒二十八年（1902）衡鑑堂刻本　二冊

350000 – 2001 – 0003782　852.46/442 – 1 = 1

陳臥子先生安雅堂稿十五卷兵垣奏議二卷　（明）陳子龍撰　清宣統二年（1910）上海時中書局鉛印本　八冊

350000 – 2001 – 0003783　822.17/250

國朝名家試律詩鈔四十三卷　（清）周壽昌評選　（清）王紹曾注釋　清同治十二年（1873）長沙王先謙刻本　八冊

350000 – 2001 – 0003784　930.1/963

俄羅斯史二卷附錄一卷　（日本）山本利喜雄撰　（清）麥鼎華譯　清光緒二十九年（1903）上海廣智書局鉛印本　二冊

350000 – 2001 – 0003785　852.46/442.1

陳忠裕全集三十卷首一卷末一卷　（明）陳子龍撰　（清）王昶輯　清嘉慶八年（1803）斡山草堂刻本　十二冊

350000 – 2001 – 0003786　940.9/153

漢西域圖考七卷首一卷　（清）李光廷撰　清光緒八年（1882）陽湖趙氏壽謢草堂刻本　三冊

350000 – 2001 – 0003787　852.46/442 – 2

陳臥子先生安雅堂稿十五卷　（明）陳子龍撰　清宣統元年（1909）上海時中書局鉛印本　六冊

350000 – 2001 – 0003788　929.669/316

康輶紀行十六卷　（清）姚瑩撰　清同治六年（1867）刻本　七冊

350000 – 2001 – 0003789　852.46/442.3

陳忠裕公集十五卷首一卷　（明）陳子龍撰　（清）吳光裕輯　（清）朱邙編　清嘉慶七年（1802）刻本　八冊

350000 – 2001 – 0003790　929.749/429

粵遊小識七卷　（清）張心泰撰　清光緒二十六年（1900）夢楳仙館刻本　一冊

350000 – 2001 – 0003791　992.227/φ795 = 2

[龔易圖]自訂年譜一卷　（清）龔易圖撰　（清）龔晉義等誌　清光緒閩縣龔氏刻本　一冊

350000 – 2001 – 0003792　822.17/320 – 2

庚辰集五卷　（清）紀昀編　清道光二十六年（1846）書業德記刻本　五冊

350000 – 2001 – 0003793　852.46/529

松曜詩鈔八卷　（明）曾鶴齡撰　清光緒三十三年（1907）蕭氏趣園刻本　三冊

350000 – 2001 – 0003794　822.17/334 – 1

後九家詩九卷　（清）高學淇　（清）俞廷簡輯　清道光十年（1830）刻本　一冊

350000 – 2001 – 0003795　852.46/556 – 2

太史升菴全集八十一卷目錄二卷　(明)楊慎
撰　清乾隆六十年(1795)新都周氏刻本　二
十四冊

350000－2001－0003796　929.612/450－1

華陽國志十二卷　(晉)常璩撰　補華陽國志
梁益寧三州郡縣目錄一卷　(清)廖寅編　清
嘉慶十九年(1814)刻本　四冊

350000－2001－0003797　822.17/339

詩畸八卷外編二卷　(清)唐景崧編　清光緒
十九年(1893)刻本　四冊

350000－2001－0003798　822.17/365

青山詩選六卷　(清)桂超萬編　清光緒元年
(1875)刻本　二冊

350000－2001－0003799　822.17/377

道咸同光四朝詩史一斑錄不分卷　(清)孫雄
輯　清光緒三十四年(1908)油印本　二冊

350000－2001－0003800　929.568/337

桃花源志略十三卷　(清)唐開韶輯　(清)胡
焯編　清道光二十六年(1846)刻本　四冊

350000－2001－0003801　852.46/558－5

楊忠愍公全集三卷增輯楊忠愍公集一卷附錄
一卷　(明)楊繼盛撰　清光緒二十年(1894)
木活字印本　四冊

350000－2001－0003802　929.518/135

廣陵通典十卷　(清)汪中撰　清道光三年
(1823)刻本　二冊

350000－2001－0003803　929.515/282

分湖小識六卷　(清)柳樹芳輯　清道光二十
七年(1847)勝溪草堂刻本　二冊

350000－2001－0003804　822.17/399

松陵詩徵前編十二卷　(清)殷增編　清嘉慶
刻本　六冊

350000－2001－0003805　丁3.3/2

玉山名勝集八卷外集一卷　(元)顧瑛輯　清
抄本　二冊

350000－2001－0003806　丁3.3/3

梅會詩選十二卷二集十六卷三集四卷附刻一

卷　(清)李稻塍　(清)李集輯　清乾隆三十
二年(1767)寸碧山堂刻本　六冊

350000－2001－0003807　丁3.3/5

滇文不分卷　(明)謝肇淛撰　明謝氏小草齋
抄本　一冊

350000－2001－0003808　丁3.3/6

全蜀藝文志六十四卷續編五十六卷　(明)楊
慎撰　明嘉靖刻本　二十四冊　存一百十七
卷(全蜀藝文志六十四卷,續編一至二十八、
三十二至五十六)

350000－2001－0003809　852.46/560－3

楊忠烈公文集十卷　(明)楊漣撰　補遺一卷
表忠錄一卷　清同治四年(1865)刻本　十
二冊

350000－2001－0003810　822.17/432－2

詳註七家詩七卷　(清)張熙宇評選　(清)石
暉甲箋注　清光緒十八年(1892)廣百宋齋鉛
印本　四冊

350000－2001－0003811　822.17/432.1

七家詩選七卷　(清)張熙宇評選　(清)張昶
注釋　清同治三年(1864)刻朱墨套印本
四冊

350000－2001－0003812　852.46/560－4

楊忠烈公文集五卷　(明)楊漣撰　清嘉慶九
年(1804)刻本　六冊

350000－2001－0003813　852.46/638

歐陽南野先生文集五卷　(明)歐陽德撰
(明)李春芳編　(明)馮惟訥校訂　清道光十
五年(1835)刻本　四冊

350000－2001－0003814　822.17/432.1＝1

七家詩選七卷　(清)張熙宇評選　(清)張昶
注釋　清同治三年(1864)刻朱墨套印本
四冊

350000－2001－0003815　852.46/676

執齋集二十卷　(明)劉玉撰　清同治十三年
(1874)劉福申刻本　四冊

350000－2001－0003816　852.17/443

正氣集三卷　（清）陳慶林輯　清光緒三十年（1904）刻本　三冊

350000－2001－0003817　951.8/967

希臘志略七卷附年表羅馬志略十三卷附年表　（□）□□撰　清光緒鉛印本　一冊

350000－2001－0003818　822.17/486

師矩齋詩錄三卷　（清）彭翰孫撰　寫韻樓詩草不分卷　（清）吳清蕙撰　意蘭吟賸一卷　（清）吳毓蓀撰　清光緒刻本　二冊

350000－2001－0003819　852.46/690

駱先生文集八卷　（明）駱日升撰　明崇禎四年（1631）刻清道光七年（1827）重修本　三冊

350000－2001－0003820　852.46/756

瞿忠宣公集十卷　（明）瞿式耜撰　清光緒十三年（1887）刻本　四冊

350000－2001－0003821　822.17/562

感逝集四卷　（清）葉調生輯　清光緒六年（1880）吳縣潘祖蔭滂喜齋刻本　四冊

350000－2001－0003822　822.17/662

館律分韻初編六卷　題（清）春暉閣主人輯　清光緒十四年（1888）上海鴻寶齋石印本　六冊

350000－2001－0003823　822.17/679－3

國朝六家詩鈔八卷　（清）劉執玉輯　清光緒十三年（1887）刻本　六冊

350000－2001－0003824　953/967

日耳曼史二十章附大事年表　（英國）沙安撰　清光緒二十九年（1903）鉛印歷史叢書本　一冊

350000－2001－0003825　954/972

新譯法史攬要三編　（法國）費克度著　（清）劉翹翰　（清）王文耿譯　清光緒二十八年（1902）上海會文學社鉛印本　二冊

350000－2001－0003826　822.17/748

煎茶閒錄一卷　（清）聶爾康輯　清同治六年（1867）粵東高涼官廨刻本　一冊

350000－2001－0003827　852.46/763

震川先生集三十卷別集十卷　（明）歸有光撰　清光緒六年（1880）常熟歸氏刻本　十六冊

350000－2001－0003828　822.17/781

綺雲樓詩草二卷楹聯一卷詞集一卷　（清）竇士鏞撰　曇花唫一卷　（清）杜敬撰　清宣統二年（1910）鉛印本　一冊

350000－2001－0003829　954.4/428－3

普法戰紀二十卷　（清）張宗良譯　（清）王韜撰輯　清光緒十二年（1886）弢園王氏刻本　十冊

350000－2001－0003830　852.46/763－6

新刊震川先生文集二十卷　（明）歸有光著　（明）歸道傳編　清雍正十年（1732）刻本　十冊

350000－2001－0003831　950.4/938－1

西國近事彙編三十六卷　（美國）金楷理譯　（清）姚棻　（清）蔡錫齡等筆述　清光緒二十三年（1897）慎記書莊石印本　十二冊

350000－2001－0003832　822.196/200.2

同館試律彙鈔二十四卷　（清）法式善等編　清乾隆五十一年（1786）刻本　八冊

350000－2001－0003833　822.196/249

舊雨集八卷　（清）周郁濱輯　清道光二年（1822）刻本　二冊

350000－2001－0003834　950.4/965

十九世紀歐洲文明進化論一卷　（日本）民友社纂　（清）陳國鏞譯　二十年來生計界劇變論一卷　（日本）田尻稻次郎撰　清光緒二十八年（1902）上海廣智書局鉛印本　一冊

350000－2001－0003835　822.196/314

詩夢鐘聲錄一卷　（清）管斯駿輯　清光緒刻本　一冊

350000－2001－0003836　950.4/735

續西國近事彙編二十八卷目錄二卷　（清）鍾天緯輯　清光緒二十九年（1903）刻本　三十冊

350000－2001－0003837　φ230.6/873－1

福州小學研究會章程六章　（清）福州小學研究會編　清宣統元年(1909)福州鉛印本　一冊

350000－2001－0003838　822.196/333.1
海岱聯吟四卷　（清）高孝本等撰　清康熙刻本　二冊

350000－2001－0003839　φ230.6/873－2
福州小學研究會第一次報告不分卷　（清）福州小學研究會編　清宣統二年(1910)福州鉛印本　一冊

350000－2001－0003840　丁3.3/7
閩中正聲七卷　（明）鄧原岳輯　閩中文苑小傳一卷詩人爵里詳節一卷　明刻本　一冊　存七卷(閩中正聲七卷)

350000－2001－0003841　丁3.3/8
晉安風雅十二卷　（明）徐熥輯　明萬曆刻本　六冊

350000－2001－0003842　丁3.3/9
閩中十才子詩三十卷　（明）袁表　（明）張燮編　明萬曆刻本　八冊

350000－2001－0003843　丁3.3/10
福唐風雅集不分卷　（明）葉向高輯　清抄本　四冊

350000－2001－0003844　丁3.3/11
明閩詩錄不分卷　（清）鄭杰輯　稿本　四十冊

350000－2001－0003845　丁3.3/12
閩文類編不分卷　（清）葉桐圭輯　抄本　二十冊

350000－2001－0003846　丁3.3/13
閩文偶錄刪餘不分卷　（清）林星廣編　稿本　七冊

350000－2001－0003847　丁3.3/14
閩海風雅十卷　（清）朱霞輯　清雍正十三年(1735)刻本　一冊

350000－2001－0003848　丁3.3/15
國朝閩詩選二卷　（清）黃景裳輯　稿本

二冊

350000－2001－0003849　丁3.3/16
閩人佳句選二卷　（□）□□輯　稿本　二冊

350000－2001－0003850　丁3.3/17
閩中文獻錄不分卷　（□）□□輯　抄本　二冊

350000－2001－0003851　丁3.3/19
莆陽文獻十三卷列傳七十五卷　（明）鄭岳輯　明萬曆四十四年(1616)黃起龍刻本　八冊

350000－2001－0003852　950/976
西洋歷史教科書六編　（英國）默爾化撰　（清）出洋學生編輯所譯　清光緒二十九年(1903)上海商務印書館鉛印本　二冊

350000－2001－0003853　φ395.1/661
列名懇請閩浙總督松援照新約禁運洋藥進福建口呈文一卷　（□）□□撰　清末鉛印本　一冊

350000－2001－0003854　398/φ492
鄉黨條義六卷　（清）黃勻庭輯　清道光七年(1827)刻本　三冊

350000－2001－0003855　φ395.1/937
社倉條規不分卷　（□）□□撰　清乾隆十八年(1753)刻本　一冊

350000－2001－0003856　φ395.712/943
福建水災賑捐推廣請獎章程不分卷　（□）□□撰　清末刻本　一冊

350000－2001－0003857　φ395.75/943
謹呈北關外馬鞍山建造饗堂幽棲各項工程報銷清冊一卷　（□）□□撰　清光緒十二年(1886)抄本　一冊

350000－2001－0003858　φ395.76/873
福州惟善社徵信錄不分卷　（清）福州惟善社編　清宣統三年(1911)排印本　一冊

350000－2001－0003859　398/φ228＝1
喪禮輯略一卷　（清）孟超然撰　清嘉慶二十年(1815)刻清末重印本　一冊

350000 - 2001 - 0003860　ф398/805

和邑文廟敬事錄一卷 （清）平和縣興文局輯
清光緒三十年(1904)刻本　一冊

350000 - 2001 - 0003861　398/ф943

福建祀典不分卷 （□）□□輯　清刻本
一冊

350000 - 2001 - 0003862　420.4/ф413

芳堅館題跋三卷 （清）郭尚先著　（清）郭篯
齡彙輯　清光緒十六年(1890)刻本　一冊

350000 - 2001 - 0003863　420.4/ф413 ＝1

芳堅館題跋三卷 （清）郭尚先著　（清）郭篯
齡彙輯　清光緒十六年(1890)刻本　一冊

350000 - 2001 - 0003864　420.4/ф404.1 ＝1

退菴金石書畫跋二十卷 （清）梁章鉅撰　清
道光二十五年(1845)刻本　十冊

350000 - 2001 - 0003865　ф422/437

飛白錄二卷 （清）陸紹曾　（清）張燕昌輯
清嘉慶九年(1804)劈荔軒刻本　二冊

350000 - 2001 - 0003866　948.3/965

土耳機史四編 （日本）北村三郎編　趙必振
譯　清光緒二十八年(1902)上海廣智書局鉛
印本　一冊

350000 - 2001 - 0003867　422.1/ф662

衍極五卷 （元）鄭杓撰　清刻本　四冊

350000 - 2001 - 0003868　ф231/908

明倫小學堂報告書(第二次)不分卷 （清）明
倫小學堂編　清宣統二年(1910)福州鉛印本
一冊

350000 - 2001 - 0003869　422.12/ф211.1

印商二卷 （清）林霔篆　清嘉慶十年(1805)
吳大振刻鈐印本　二冊

350000 - 2001 - 0003870　ф425.23/742

顏魯公放生池表記一卷 （唐）顏真卿書　清
道光二十三年(1843)拓本　一冊

350000 - 2001 - 0003871　822.196/372

湘湄驪唱一卷 （清）夏獻雲輯　清光緒刻本
一冊

350000 - 2001 - 0003872　822.196/376

米船樓題詞一卷 （清）管頌聲輯　清光緒刻
本　一冊

350000 - 2001 - 0003873　822.196/511

唐昌攀轅集一卷 （清）曾福謙輯　清光緒三
十一年(1905)成都鉛印本　一冊

350000 - 2001 - 0003874　822.196/556 － 1

西崑詶唱集一卷 （宋）楊億輯　清康熙四十
七年(1708)刻本　二冊

350000 - 2001 - 0003875　822.196/557

蓮湖吟社稿二卷 （清）楊高德　（清）朱庭珍
輯　清光緒十四年(1888)刻本　二冊

350000 - 2001 - 0003876　822.196/944

清華唱和集一卷 （清）許應鑅輯　清光緒刻
本　一冊

350000 - 2001 - 0003877　950.4/167

英法義比志譯略四卷 吳宗濂等譯　（清）趙
元益等述　清光緒二十五年(1899)无錫薛氏
石印本　二冊

350000 - 2001 - 0003878　950/968

新撰歐羅巴政治史四卷 （日本）幸田成友撰
題（清）新是謀者譯　清光緒二十八年
((1902)上海泰東時務譯印局鉛印本　四冊

350000 - 2001 - 0003879　822.19767/476

國朝閨秀正始集二十卷附錄一卷補遺一卷
（清）完顏惲珠輯　清道光十一年(1831)紅香
館刻本　八冊

350000 - 2001 - 0003880　950/933

西洋史要不分卷 （日本）小川銀次郎撰　樊
炳清　（清）薩端譯　清光緒二十七年(1901)
上海商務印書館鉛印本　一冊

350000 - 2001 - 0003881　950/933 ＝1

西洋史要不分卷 （日本）小川銀次郎撰　樊
炳清　（清）薩端譯　清光緒二十七年(1901)
上海商務印書館鉛印本　二冊

350000 - 2001 - 0003882　ф444.1/444

篆刻鍼度八卷 （清）陳克恕述　清光緒二十

三年(1897)浦城李迪瑚刻本　四冊

350000 - 2001 - 0003883　822.19767/656 - 1
國朝閨閣詩鈔一百卷　(清)蔡殿齊輯　清道光二十四年(1844)娜嬛別館刻本　十冊

350000 - 2001 - 0003884　950/937
節本泰西新史攬要八卷　(英國)李提摩太譯　(清)周慶雲節錄　清光緒二十七年(1901)夢坡室刻本　二冊

350000 - 2001 - 0003885　444.12/ф412
莆田郭氏印存一卷　(清)郭尚先篆　清光緒二十四年(1898)鈐印本　六冊

350000 - 2001 - 0003886　444.12/ф414
愛吾鼎齋印存一卷　(清)郭籛齡篆　清光緒二十四年(1898)鈐印本　四冊

350000 - 2001 - 0003887　822.17/793 - 1
欽定熙朝雅頌集一百六卷餘集二卷　(清)仁宗顒琰定　(清)鐵保輯　(清)法式善等編　清嘉慶九年(1804)刻本　二十四冊

350000 - 2001 - 0003888　487/ф413
琴學尊聞一卷　(清)郭柏心輯　清同治三年(1864)五梅居刻本　一冊

350000 - 2001 - 0003889　487/ф413 = 1
琴學尊聞一卷　(清)郭柏心輯　清同治三年(1864)五梅居刻本　一冊

350000 - 2001 - 0003890　487/ф413 = 2
琴學尊聞一卷　(清)郭柏心輯　清同治三年(1864)五梅居刻本　一冊

350000 - 2001 - 0003891　487.1/ф346
與古齋琴譜四卷　(清)祝鳳喈撰　清咸豐五年(1855)浦城祝氏刻本　四冊

350000 - 2001 - 0003892　511/ф455
莊氏算學八卷　(清)莊亨陽編　清光緒十五年(1889)刻本　三冊

350000 - 2001 - 0003893　511/ф455 = 1
莊氏算學八卷　(清)莊亨陽編　清光緒十五年(1889)刻本　三冊

350000 - 2001 - 0003894　950/937.1
泰西新史攬要二十四卷　(英國)馬懇西撰　(英國)李提摩太譯　蔡爾康述　附人地諸名表　清光緒二十二年(1896)三味堂刻本　八冊

350000 - 2001 - 0003895　522.1/ф784
新儀象法要二卷首一卷　(宋)蘇頌撰　清道光二十三年(1843)同安蘇廷玉刻本　一冊

350000 - 2001 - 0003896　522.1/ф784 = 1
新儀象法要二卷首一卷　(宋)蘇頌撰　清道光二十三年(1843)同安蘇廷玉刻本　一冊

350000 - 2001 - 0003897　522.1/ф784 = 2
新儀象法要二卷首一卷　(宋)蘇頌撰　清道光二十三年(1843)同安蘇廷玉刻本　一冊

350000 - 2001 - 0003898　529/ф565
歲躔考二卷附推步歲躔術一卷　(清)萬世美撰　清嘉慶二十三年(1818)萬氏刻本　一冊

350000 - 2001 - 0003899　529/ф565 = 1
歲躔考二卷附推步歲躔術一卷　(清)萬世美撰　清嘉慶二十三年(1818)萬氏刻本　一冊

350000 - 2001 - 0003900　529.2/ф11
疇人駁議一卷　(清)萬世美撰　清刻本　一冊

350000 - 2001 - 0003901　573.3/ф676
體學新編三卷　(清)劉功宇譯　清光緒三十年(1904)福州美部公會鉛印本　三冊

350000 - 2001 - 0003902　ф586.371/413
閩產錄異六卷　(清)郭柏蒼輯　清光緒十二年(1886)刻本　二冊

350000 - 2001 - 0003903　ф586.371/413 = 1
閩產錄異六卷　(清)郭柏蒼輯　清光緒十二年(1886)刻本　三冊

350000 - 2001 - 0003904　593.3/ф557 = 1
小演雅一卷續錄一卷別錄一卷附錄一卷　(清)楊浚編　清光緒五年(1879)晉江龔顯曾誦芬堂木活字印本　一冊

350000 - 2001 - 0003905　822.18/245

冰泉唱和閨集一卷　金武祥輯　清光緒二十
七年（1901）粟香室刻本　一冊

350000－2001－0003906　593.3/ϕ557

小演雅一卷續錄一卷別錄一卷附錄一卷
（清）楊浚編　清光緒五年（1879）晉江龔顯曾
誦芬堂木活字印本　一冊

350000－2001－0003907　950/348

蒙學西洋歷史教科書四篇　（清）秦瑞玠撰
清光緒三十一年（1905）文明書局鉛印本
二冊

350000－2001－0003908　593.3/ϕ557＝2

小演雅一卷續錄一卷別錄一卷附錄一卷
（清）楊浚編　清光緒五年（1879）晉江龔顯曾
誦芬堂木活字印本　一冊

350000－2001－0003909　822.18/444

白石山館詩一卷　（清）陳沆撰　**清夜齋詩稿**
一卷　（清）魏源撰　清宣統三年（1911）影印
本　一冊

350000－2001－0003910　612/ϕ214

樂素齋醫學匯參十卷　（清）林楓輯　清同治
十一年（1872）刻本　十冊

350000－2001－0003911　612/ϕ442＝1

醫學實在易八卷　（清）陳念祖撰　清道光二
十四年（1844）刻本　四冊

350000－2001－0003912　612/ϕ444.2

醫學尋源易簡錄二卷　（清）陳念祖撰　清刻
本　一冊

350000－2001－0003913　852.47/16－12

望溪集不分卷　（清）方苞撰　（清）王兆符
（清）程崟輯　清乾隆十一年（1746）刻本　二
十冊

350000－2001－0003914　丁3.3/22

清源文獻纂續合編三十六卷　（清）柯輅輯
稿本　二十冊　存三十五卷（一、三至三十
六）

350000－2001－0003915　丁3.3/20

莆陽文獻十三卷列傳七十五卷　（明）鄭岳輯

明萬曆四十四年（1616）黃起龍刻本　十
四冊

350000－2001－0003916　丁3.3/21

莆陽風雅□□卷　（清）林人中編　稿本　七
冊　存十四卷（一至六、九至十、十三至十八）

350000－2001－0003917　丁3.3/24

莆陽詩編二卷　（□）□□輯　清抄本　二冊

350000－2001－0003918　丁3.3/23

五溪詩鈔不分卷　（□）□□撰　清抄本
二冊

350000－2001－0003919　丁3.3/25

興安風雅彙編一卷　（清）李光榮輯　稿本
一冊

350000－2001－0003920　丁3.4/1

聚紅榭詩鈔一卷　（清）謝章鋌輯　稿本
一冊

350000－2001－0003921　丁3.4/2

聚紅榭詩鈔一卷　（清）謝章鋌輯　稿本
一冊

350000－2001－0003922　丁3.4/3

我見錄一卷　（清）謝章鋌輯　清道光謝章鋌
抄本　一冊

350000－2001－0003923　丁3.4/4

南社詩鈔一卷　（清）龔易圖輯　清龔氏大通
樓抄本　一冊

350000－2001－0003924　丁3.4/5

船司空雅集錄三卷　（清）黃嘉爾輯　稿本
三冊

350000－2001－0003925　丁3.4/6

擊鉢吟稿不分卷　郭曾炘輯　稿本　三冊

350000－2001－0003926　丁3.4/7

蟄園擊鉢吟不分卷　郭則澐輯　稿本　三冊

350000－2001－0003927　丁3.4/8

蟄園擊鉢吟續集二卷　郭則澐輯　稿本
二冊

350000－2001－0003928　丁3.4/9

榕菴唱和篇一卷 （明）韓錫等撰 清烏石紅雨山房抄本 一冊

350000 – 2001 – 0003929 丁3.5/1
嘉樂齋三蘇文範十八卷 （宋）蘇洵 （宋）蘇軾 （宋）蘇轍撰 （明）楊慎原選 （明）袁宏道評釋 明天啓二年(1622)刻本 八冊

350000 – 2001 – 0003930 丁3.5/2
三袁集五卷 （明）袁宏道編 明刻本 六冊

350000 – 2001 – 0003931 丁3.5/4
江田陳氏詩系存稿二卷 （清）陳謙輯 稿本 二冊

350000 – 2001 – 0003932 丁3.5/3
黃氏家傳詩集不分卷 （明）黃鞏編 清抄本 一冊

350000 – 2001 – 0003933 丁3.5/5
垂露齋聯吟不分卷 （清）鄭方坤輯 清拾穗山房抄本 二冊

350000 – 2001 – 0003934 丁3.5/6
三山丁氏詩存一卷 （清）丁□輯 稿本 一冊

350000 – 2001 – 0003935 丁3.5/7
對影樓合吟稿一卷 （清）陳書輯 清抄本 一冊

350000 – 2001 – 0003936 950/348.1
高等小學西洋歷史教科書二卷附表 （清）秦瑞玠撰 清光緒三十一年(1905)上海文明書局鉛印本 一冊

350000 – 2001 – 0003937 612/φ444.1
醫學從眾錄八卷 （清）陳念祖撰 清道光二十六年(1846)陳心典刻本 二冊 存五卷(一至二、六至八)

350000 – 2001 – 0003938 950/360
外國歷史歌一卷 （清）袁桐輯 清光緒三十年(1904)鏡今書局鉛印本 一冊

350000 – 2001 – 0003939 612/φ444
醫學從眾錄八卷 （清）陳念祖撰 清道光二十五年(1845)陳心典刻本 五冊

350000 – 2001 – 0003940 992.123/25
齋名紀數十二卷 （清）王承烈輯 清嘉慶十七年(1812)刻本 四冊

350000 – 2001 – 0003941 612/φ444.5
醫學從眾錄八卷 （清）陳念祖撰 清光緒三十二年(1906)上海文心書局石印本 二冊

350000 – 2001 – 0003942 612.329/φ444
時方歌括二卷 （清）陳念祖撰 清刻本 一冊

350000 – 2001 – 0003943 950/863.1
泰西新史攬要二十四卷 （英國）馬懇西撰 （英國）李提摩太譯 蔡爾康述 清光緒鉛印本 七冊

350000 – 2001 – 0003944 612/φ446
華醫病理學四卷 （清）陳登鎧撰 清宣統三年(1911)鉛印本 四冊

350000 – 2001 – 0003945 φ612.452/170
瘟疫條辨摘要一卷 （清）呂田集錄 清光緒二十六年(1900)廈門五崎頂倍文齋鉛印本 一冊

350000 – 2001 – 0003946 852.47/16 – 13
方望溪文鈔六卷 （清）方苞撰 清宣統二年(1910)上海國學扶輪社鉛印本 五冊

350000 – 2001 – 0003947 φ612.41/431 – 1
傷寒論六卷附本義一卷 （清）張志聰注釋 （清）高世栻纂 清同治四年(1865)刻本 六冊

350000 – 2001 – 0003948 612.456/φ216
痧癥全書三卷 （清）林森傳授 （清）王凱輯 清道光元年(1821)刻本 一冊

350000 – 2001 – 0003949 822.18/564
觀劇絕句三卷 葉德輝輯 清光緒三十四年(1908)長沙葉氏刻雙楳景閣叢書本 一冊

350000 – 2001 – 0003950 822.19145/26
泰和詩徵五十卷 （清）王琨編 清光緒三十年(1904)蕭氏閒餘軒刻本 二十冊

350000 – 2001 – 0003951 852.47/17.1

集虛齋學古文十二卷離騷經解略一卷 （清）
方楘如撰 清乾隆十九年(1754)還淳方超然
刻本 三冊

350000－2001－0003952 822.19153/460－1
吳會英才集二十四卷 （清）畢沅輯 清道光
刻本 六冊

350000－2001－0003953 852.47/17.1＝1
集虛齋學古文十二卷離騷經解略一卷 （清）
方楘如撰 清乾隆十九年(1754)還淳方超然
刻本 四冊

350000－2001－0003954 852.47/22.7
獨善堂文集八卷 （清）王大經著 （清）周右
編 清嘉慶二十二年(1817)刻本 二冊

350000－2001－0003955 992.121/939
校正尚友錄續集二十二卷 題（清）退思主人
編纂 清光緒二十六年(1900)刻本 六冊

350000－2001－0003956 992.12/99－4
歷代名臣言行錄二十四卷 （清）朱桓輯
（清）潘永季校 清光緒二十八年(1902)上海
煥文書局石印本 八冊

350000－2001－0003957 612.456/φ216－1
痧癥全書三卷 （清）林森傳授 （清）王凱編
輯 痧疫論一卷 （清）胡杰輯 清道光三年
(1823)刻本 二冊

350000－2001－0003958 852.47/22.9
黃書一卷 （清）王夫之撰 清光緒二十四年
(1898)石印本 一冊

350000－2001－0003959 852.47/23.10
煙霞萬古樓文集六卷 （清）王曇撰 清道光
二十年(1840)刻本 二冊

350000－2001－0003960 992.121/135－5
史姓韻編六十四卷 （清）汪輝祖輯 （清）馮
祖憲重校 清光緒十年(1884)慈溪耕餘樓書
局石印本 十六冊

350000－2001－0003961 852.47/23.8
達齋遺文一卷續一卷 （清）王廷材撰 清光
緒二十九年(1903)刻本 二冊

350000－2001－0003962 852.47/27.3－1
蠶尾集十卷後集二卷續集二卷 （清）王士禛
撰 清宣統三年(1911)上海集成圖書公司石
印本 四冊

350000－2001－0003963 991.11/967
中外聖賢事蹟叢談一卷 （美國）李佳白撰
清光緒三十四年(1908)上海華美書局鉛印本
一冊

350000－2001－0003964 852.47/27.3
蠶尾集十卷續集二卷後集二卷 （清）王士禛
撰 清雍正刻本 八冊

350000－2001－0003965 822.1991/25
臺灣雜詠合刻三卷 （清）何徵編 清光緒七
年(1881)刻本 一冊

350000－2001－0003966 992.116/936
光緒甲辰恩科會試題名錄一卷 （□）□□輯
清光緒三十年(1904)刻本 一冊

350000－2001－0003967 954.4/428－5
普法戰紀十四卷 （清）張宗良譯 （清）王韜
輯 清同治十二年(1873)中華印務總局鉛印
本 八冊

350000－2001－0003968 852.47/27.31
蠶尾文八卷 （清）王士禛撰 （清）程哲編
清康熙刻本 四冊

350000－2001－0003969 丁2.8/2
陋軒詩鈔不分卷 郭曾炘輯 稿本 一冊

350000－2001－0003970 丁2.8/3
匏廬詩存九卷 郭曾炘輯 稿本 十冊

350000－2001－0003971 丁2.8/4
漪香山館文集續集不分卷 吳曾祺撰 稿本
一冊

350000－2001－0003972 丁2.8/5
漪香山館文餘集不分卷 吳曾祺撰 稿本
一冊

350000－2001－0003973 丁2.8/7
石遺室詩錄一卷 陳衍撰 清蕭道管抄本
一冊

350000－2001－0003974　丁2.8/8

石遺室詩續集一卷　陳衍撰　稿本　一冊

350000－2001－0003975　丁2.8/15

朱絲詞一卷　陳衍撰　清光緒蕭道管抄本
一冊

350000－2001－0003976　丁3.6/2

尺牘爭奇八卷　(明)張一中選　(明)王世茂
校　明刻本　四冊

350000－2001－0003977　丁3.6/3

尺牘雋言四卷　(明)陳臣忠輯　(明)曹學佺
評　明刻本　四冊

350000－2001－0003978　丁3.6/4

尺牘雋言十二卷　(明)陳臣忠輯　明刻本
六冊

350000－2001－0003979　丁3.6/5

書記洞詮一百十六卷目錄十卷　(明)梅鼎祚
輯　明萬曆二十五年至二十七年(1597－
1599)玄白堂刻本　二十冊

350000－2001－0003980　丁3.6/6

緇林尺牘不分卷　(清)釋道古輯　清康熙九
年(1670)刻本　一冊

350000－2001－0003981　丁3.6/7

賴古堂尺牘二選藏稿集十六卷　(清)周在浚
等輯　清抄本　四冊

350000－2001－0003982　丁4.1/1

宋名家詞六十一種　(明)毛晉輯　明崇禎毛
氏汲古閣刻本　二十二冊

350000－2001－0003983　丁4.2/1

友古詞一卷　(宋)蔡伸撰　明崇禎毛氏汲古
閣刻宋名家詞本　一冊

350000－2001－0003984　丁4.2/2

稼軒詞一卷　(宋)辛棄疾撰　清抄本　一冊

350000－2001－0003985　丁4.2/3

後村別調一卷　(宋)劉克莊撰　明崇禎毛氏
汲古閣刻宋名家詞本　一冊

350000－2001－0003986　丁4.2/4

扶荔詞三卷別錄一卷　(清)丁澎撰　清康熙
刻本　一冊

350000－2001－0003987　丁4.2/5

沈夢塘詞稿一卷　(清)沈學淵撰　清抄本
一冊

350000－2001－0003988　丁4.2/6

賭棋山莊詞稿一卷　(清)謝章鋌撰　稿本
一冊

350000－2001－0003989　丁4.2/7

莘田詩餘一卷　(清)張用禧撰　稿本　一冊

350000－2001－0003990　丁4.2/8

小庚詞存一卷　(清)葉申薌撰　稿本　一冊

350000－2001－0003991　丁4.2/9

墨藩詞二卷　(清)馬凌霄撰　稿本　一冊

350000－2001－0003992　丁4.2/10

剪梅詞一卷　(清)陳宇撰　稿本　一冊

350000－2001－0003993　丁4.2/11

種豆園初稿略存一卷　(清)釋法三撰　稿本
一冊

350000－2001－0003994　丁4.3/1

類編草堂詩餘四卷　(明)何士信輯　題(宋)
武陵逸史編　明嘉靖二十九年(1550)顧汝所
刻本　四冊

350000－2001－0003995　丁4.3/2

類編草堂詩餘正集五卷續集二卷別集四卷新
集五卷　(明)顧從敬輯　明刻本　十冊

350000－2001－0003996　丁4.3/3

花菴絕妙詞選二十卷　(宋)黃昇編　明末毛
氏汲古閣刻詞苑英華本　四冊　存十卷(唐
宋諸賢絕妙詞一至十)

350000－2001－0003997　丁4.3/4

花菴絕妙詞選二十卷　(宋)黃昇編　明末毛
氏汲古閣刻詞苑英華本　二冊　存十卷(中
興以來絕妙詞一至十)

350000－2001－0003998　丁4.3/5

倚聲初集二十卷前編四卷　(清)鄒祗謨

（清）王士禛輯　清順治十七年(1660)刻本
十二冊

350000－2001－0003999　丁4.3/6

御選歷代詩餘一百二十卷　（清）聖祖玄燁定
（清）沈辰垣　（清）王奕清等輯　清康熙内
府刻本　三十冊

350000－2001－0004000　丁4.3/7

詞綜補遺一百卷　（清）林葆恒撰　稿本　五
十一冊

350000－2001－0004001　丁4.3/8

詞林雅正三卷　（□）□□撰　抄本　三冊

350000－2001－0004002　丁4.4/1

詞苑叢談十二卷　（清）徐釚編輯　清康熙二
十七年(1688)刻本　二冊

350000－2001－0004003　丁4.4/2

古懽錄一卷　（清）王士禛撰　清抄本　一冊

350000－2001－0004004　丁4.4/3

賭棋山莊詞學纂說一卷　（清）謝章鋌撰　稿
本　一冊

350000－2001－0004005　丁4.4/4

香岩詞約二卷　（清）舒夢蘭輯　清抄本
一冊

350000－2001－0004006　丁5/1

度曲須知二卷絃索辨訛三卷　（明）沈寵綏撰
明崇禎十二年(1639)刻本　二冊

350000－2001－0004007　丁5/2

九宮譜定十二卷總論一卷　題(清)東山釣史
題(清)鴛湖逸者輯　清金閶綠蔭堂刻本
六冊

350000－2001－0004008　丁5/3

元曲選十集　（明）臧懋循輯　明萬曆吳興臧
氏刻本　三十六冊

350000－2001－0004009　丁5/4

新編目連救母勸善戲文三卷　（明）鄭之珍撰
明萬曆十年(1582)鄭氏高石山房刻本
三冊

350000－2001－0004010　丁5/5

勸善金科二十卷首一卷　（清）張照等撰　清
抄本　十冊

350000－2001－0004011　丁5/6

演曲首套九種　題(明)閒世道人編　明崇禎
毛氏汲古閣刻本　九冊

350000－2001－0004012　丁5/7

廿一史彈詞注十一卷　（明）楊慎　（清）張三
異增定　（清）張仲璜注　**明紀彈詞注一卷**
（清）張三異撰　（清）張仲璜注　清雍正五年
(1727)刻本　八冊

350000－2001－0004013　丁5/8

閒情偶寄十六卷　（清）李漁撰　清康熙刻本
八冊

350000－2001－0004014　丁6/1

全唐詩話六卷續輯二卷　（宋）尤袤撰　明崇
禎毛氏汲古閣刻津逮秘書本　六冊

350000－2001－0004015　丁6/2

彥周詩話一卷　（宋）許顗撰　明崇禎毛氏汲
古閣刻津逮秘書本　一冊

350000－2001－0004016　丁6/3

六一詩話一卷　（宋）歐陽修撰　明崇禎毛氏
汲古閣刻津逮秘書本　一冊

350000－2001－0004017　丁6/4

漁隱叢話前集六十卷後集四十卷　（宋）胡仔
撰　清乾隆六年(1741)耘經樓刻本　十冊

350000－2001－0004018　丁6/5

詩藪内篇六卷外篇六卷雜編六卷續編二卷
（明）胡應麟撰　明刻本　二冊

350000－2001－0004019　丁6/6

五代詩話十卷　（清）王士禛撰　（清）鄭方坤
刪補　清抄本　一冊

350000－2001－0004020　丁6/7

詩學問津二卷　（清）鄭磊撰　稿本　一冊

350000－2001－0004021　丁6/8

靜志居詩話偶鈔一卷　（清）朱彝尊撰　（清）
孟超然輯　清乾隆二十六年(1761)閩縣孟超

然抄本　一冊

350000－2001－0004022　822.19153/623
兩浙輶軒續錄五十四卷　（清）潘衍桐訂　清
光緒十七年（1891）浙江書局刻本　二十七冊
存四十卷（一至四十）

350000－2001－0004023　822.19164/359
國朝滇南詩略二十二卷流寓詩略二卷　（清）
袁文揆纂輯　清光緒二十六年（1900）五華書
院刻本　十二冊

350000－2001－0004024　822.19174/21－1
嶺南三大家詩選二十四卷　（清）王隼輯　清
同治七年（1868）南海陳氏刻本　五冊

350000－2001－0004025　822.19174/21－1＝1
嶺南三大家詩選二十四卷　（清）王隼輯　清
同治七年（1868）南海陳氏刻本　五冊

350000－2001－0004026　822.19174/21－1＝2
嶺南三大家詩選二十四卷　（清）王隼輯　清
同治七年（1868）南海陳氏刻本　五冊

350000－2001－0004027　822.194/557
絕句詩選三卷　（清）楊希閔輯　清同治十三
年（1874）刻本　一冊

350000－2001－0004028　955/945－1
大英國志八卷　（英國）慕維廉譯　清末刻本
二冊

350000－2001－0004029　852.47/27.6
洞庭文集十二卷詩集二十卷　（清）王慶麟撰
清嘉慶刻本　五冊　存二十八卷（文集一
至十二卷、詩集三至十八）

350000－2001－0004030　955/945.1
英興記二卷廣學會記一卷　（英國）鄧理槎著
（美國）林樂知　（清）任廷旭譯　清光緒二
十四年（1898）上海廣學會鉛印本　一冊

350000－2001－0004031　852.47/28.3
慎其餘齋文集二十卷　（清）王贈芳撰　清咸
豐四年（1854）刻本　五冊

350000－2001－0004032　955/966
蘇格蘭獨立史二十章　（美國）那頓撰　（清）

商務印書館譯　清光緒二十九年（1903）鉛印
歷史叢書本　一冊

350000－2001－0004033　852.47/28.4
墾舟園初稿不分卷　（清）王鏊撰　清道光十
四年（1834）刻本　一冊

350000－2001－0004034　822.1979/448
巘棲楳菴詩合刻二卷　（清）陳鷗輯　清光緒
二十九年（1903）滇南刻本　一冊

350000－2001－0004035　822.1993/312－2
咏物詩選六卷　（清）俞琰輯　清雍正刻本
三冊

350000－2001－0004036　961/940
埃及近世史二十六章　（日本）柴四郎撰
（清）麥鼎華譯　清光緒二十八年（1902）上海
廣智書局鉛印本　一冊

350000－2001－0004037　822.1994/479
秋吟十則一卷　（清）張忠暻輯　清乾隆十二
年（1747）刻本　一冊

350000－2001－0004038　961/941
尼羅河同舟記事十章　（英國）康安道逸路氏
撰　清光緒三十四年（1908）大公報館鉛印本
一冊

350000－2001－0004039　φ852.47/43
松蘿山人遺稿一卷　（清）王如撰　（清）王景
韶注　清光緒三十四年（1908）刻本　一冊

350000－2001－0004040　852.47/61.3
左文襄公詩集一卷文集五卷聯語一卷　（清）
左宗棠撰　清宣統元年（1909）鉛印本　一冊

350000－2001－0004041　992.131/378－1
理學宗傳二十六卷　（清）孫奇逢輯注　（清）
魏一鼇編　清光緒十八年（1892）雲南經正書
院刻本　十二冊

350000－2001－0004042　972.4/964
繙譯米利堅志四卷　（日本）岡千仞　（日本）
河野通之撰　清光緒二十七年（1901）石印本
一冊

350000－2001－0004043　852.47/74

秋樹讀書樓遺集十六卷　（清）史善長著　清
吳江柳氏刻本　四冊

350000－2001－0004044　852.47/74＝1
秋樹讀書樓遺集十六卷　（清）史善長著　清
吳江柳氏刻本　四冊

350000－2001－0004045　822.1992/563
秦淮八艷圖詠不分卷　（清）葉衍蘭撰　清光
緒十八年(1892)羊城越華講院刻本　一冊

350000－2001－0004046　822.1992/563＝1
秦淮八艷圖詠不分卷　（清）葉衍蘭撰　清光
緒十八年(1892)羊城越華講院刻本　一冊

350000－2001－0004047　852.47/74＝2
秋樹讀書樓遺集十六卷　（清）史善長著　清
吳江柳氏刻本　四冊

350000－2001－0004048　822.1993/237
咏物詩選註釋八卷　（清）易開緒　（清）孫溎
鳴注　清嘉慶十五年(1810)聚盛堂刻本
四冊

350000－2001－0004049　丁6/9
粵遊詩話日記一卷(清康熙五十三年二月至
六月)　（清）林沅撰　清康熙閩縣林氏稿本
一冊

350000－2001－0004050　丁6/10
原詩四卷　（清）葉燮撰　清抄本　一冊

350000－2001－0004051　戊1/2
合刻宋劉須溪點校書九種　（宋）劉辰翁評點
明天啓刻本　二十六冊

350000－2001－0004052　戊1/3
說郛一百二十卷　（明）陶宗儀輯　清順治三
年(1646)兩浙督學周南李際期宛委山堂刻本
一百十八冊

350000－2001－0004053　戊1/4
續說郛四十六卷　（明）陶珽輯　清順治三年
(1646)兩浙督學周南李際期宛委山堂刻本
四十七冊

350000－2001－0004054　戊1/5
紀錄彙編一百二十六種　（明）沈節甫輯　明

萬曆四十五年(1617)陳于廷刻本　五十八冊

350000－2001－0004055　戊1/7
稗海七十種　（明）商濬輯　明萬曆會稽商氏
半埜堂刻清康熙增補本　八十冊

350000－2001－0004056　戊1/8
廣漢魏叢書七十六種　（明）何允中輯　明萬
曆刻本　一百冊

350000－2001－0004057　戊1/9
漢魏別解十六卷　（明）黃澍　（明）葉紹泰輯
明崇禎十一年(1638)香谷山房刻本　二十
二冊

350000－2001－0004058　822.1996/134－3
南宋雜事詩七卷　（清）沈嘉轍等撰　清同治
刻本　四冊

350000－2001－0004059　992.131/378
理學宗傳二十六卷　（清）孫奇逢輯　（清）魏
一鰲編　清光緒六年(1880)浙江書局刻本
十二冊

350000－2001－0004060　822.1997/422
畫題襪錄一卷　（清）曹濬泉訂　國朝畫徵錄
一卷　（清）張庚浦編　清光緒三十三年
(1907)抄本　一冊

350000－2001－0004061　822.1996/134.4
南宋雜事詩七卷　（清）沈嘉轍等撰　清康
熙、雍正刻本　一冊

350000－2001－0004062　992.131/98－1
歷代名儒傳八卷　（清）朱軾　（清）蔡世遠訂
（清）李清植纂　清光緒李鈐刻本　六冊

350000－2001－0004063　992.131/98－2
歷代循吏傳八卷　（清）朱軾撰　（清）蔡世遠
輯　清末刻本　六冊

350000－2001－0004064　822.1997/444
御定歷代題畫詩類一百二十卷　（清）陳邦彥
輯　清康熙四十六年(1707)刻本　二十冊

350000－2001－0004065　852.47/77
中衢一勺三卷附錄四卷　（清）包世臣撰
（清）包世榮　（清）包慎言注　清刻本　一冊

350000－2001－0004066　822.1999/446

詩句題解韻編合集二十二卷　（清）陳維屏撰
（清）朱春舫增輯　清光緒元年(1875)刻本
二十二冊

350000－2001－0004067　852.47/86.1

澄川書屋文集二卷　（清）江廣學撰　清末刻
本　二冊

350000－2001－0004068　992.131/22

關學篇六卷　（清）馮從吾纂編　（清）王心敬
重訂　清乾隆刻本　二冊

350000－2001－0004069　822.424/449－27

陶淵明集十卷　（晉）陶潛撰　清道光二十年
(1840)溫陵李廷鈺刻本　一冊

350000－2001－0004070　852.47/98.93

曝書亭集八十卷附錄一卷　（清）朱彝尊撰
笛漁小藁十卷　（清）朱昆田撰　清康熙刻本
十一冊

350000－2001－0004071　822.43/79－7

白香山詩長慶集四十卷　（唐）白居易撰
（清）汪立名編　清宣統三年(1911)石印本
十二冊

350000－2001－0004072　852.1949/φ196

舉業汲綆不分卷　（清）余潛士輯　清余潛士
抄本　一冊

350000－2001－0004073　852.47/98.93＝1

曝書亭集八十卷附錄一卷　（清）朱彝尊撰
笛漁小藁十卷　（清）朱昆田撰　清康熙刻本
八冊

350000－2001－0004074　φ240.6/873

福建教育總會一覽不分卷　（清）福建教育總
會編　清宣統二年(1910)福州鉛印本　一冊

350000－2001－0004075　852.47/98.94

曝書亭集八十卷附錄一卷　（清）朱彝尊撰
笛漁小藁十卷　（清）朱昆田撰　清康熙刻本
十六冊　存八十一卷(曝書亭集八十卷、附
錄一卷)

350000－2001－0004076　戊1/12

津逮秘書十五集一百四十四種　（明）毛晉輯
明崇禎虞山毛氏汲古閣刻本　十七冊　存
十九種六十四卷(六一詩話一卷、滄浪詩話一
卷、後山詩話一卷、石林詩話一卷、中山詩話
一卷、竹坡詩話一卷、續詩話一卷、芥隱筆記
一卷、冷齋夜話十卷、西溪叢語二卷、玉藥辨
證一卷、龍輔女紅餘志二卷、甘澤謠一卷附錄
一卷、五色線二卷、卻掃編三卷、劇談錄二卷、
琅嬛記三卷、洛陽名園記一卷、西京雜記六
卷、唐國史補三卷、南唐書十八卷、焚椒錄一
卷)

350000－2001－0004077　戊1/14

學海類編四百三十一種　（清）曹溶輯　（清）
陶樾增刪　清道光六安晁氏木活字印本　一
百二十冊

350000－2001－0004078　戊1/15

雅雨堂叢書十三種　（清）盧見曾輯　清乾隆
二十一年至二十五年(1756－1760)盧氏雅雨
堂刻本　三十冊

350000－2001－0004079　戊1/17

古逸叢書二十六種　（清）黎庶昌輯　清光緒
遵義黎氏日本東京使署刻本　四十九冊

350000－2001－0004080　戊1/18

古逸叢書二十六種　（清）黎庶昌輯　清光緒
遵義黎氏日本東京使署刻本　四十九冊

350000－2001－0004081　戊1/19

古逸叢書二十六種　（清）黎庶昌輯　清光緒
遵義黎氏日本東京使署刻本　四十冊

350000－2001－0004082　戊2/1

王文成公全書三十八卷　（明）王守仁撰　明
隆慶六年(1572)謝廷傑刻本　六冊　存九卷
(一、十三至十六、二十、二十六至二十八)

350000－2001－0004083　戊2/2

少室山房筆叢正集三十二卷續集十六卷
（明）胡應麟撰　（明）江湛然輯　明萬曆刻本
八冊

350000－2001－0004084　戊2/3

少室山房筆叢正集三十二卷續集十六卷

(明)胡應麟撰　(明)江湛然輯　明萬曆刻本
　四冊　存三十一卷(正集十八至三十二、續集十六卷)

350000－2001－0004085　戊2/4
楊園先生全集十六種　(清)張履祥撰　清乾隆刻嘉慶二十二年(1817)補修本　八冊

350000－2001－0004086　852.47/104.2
來鶴山房文鈔二卷　(清)朱琦撰　清咸豐四年(1854)臨桂唐氏涵通樓刻本　二冊

350000－2001－0004087　852.47/115－1
清芬樓遺藁四卷　(清)任啓運撰　清光緒十四年(1888)荊溪任氏家塾刻本　二冊

350000－2001－0004088　852.47/116.4
全謝山文鈔十六卷　(清)全祖望撰　清宣統二年(1910)上海國學扶輪社鉛印本　八冊

350000－2001－0004089　852.47/116.4＝1
全謝山文鈔十六卷　(清)全祖望撰　清宣統二年(1910)上海國學扶輪社鉛印本　八冊

350000－2001－0004090　992.131/38
闕里文獻考一百卷首一卷末一卷　(清)孔繼汾撰　清乾隆二十七年(1762)刻本　八冊

350000－2001－0004091　992.131/41
文廟通考六卷首一卷　(清)牛樹梅輯　清同治十一年(1872)浙江書局刻本　二冊

350000－2001－0004092　822.43/100
朱慶餘詩集一卷　(唐)朱慶餘撰　清康熙四十一年(1702)洞庭席氏刻光緒八年(1882)重修本　一冊

350000－2001－0004093　992.131/41－1
文廟通考六卷首一卷　(清)牛樹梅輯　清同治八年(1869)刻本　二冊

350000－2001－0004094　822.43/135
杜韓詩句集韻三卷　(唐)杜甫　(唐)韓愈撰　(清)汪文柏輯　清光緒八年(1882)古香樓刻本　四冊

350000－2001－0004095　992.125/33
宮閨小名錄四卷後錄一卷　(清)尤侗纂

(清)余懷輯　清乾隆刻本　一冊

350000－2001－0004096　822.43/148.3
杜工部集二十卷目錄一卷　(唐)杜甫撰
(清)錢謙益箋注　**少陵[杜甫]先生年譜一卷**
　清宣統三年(1911)時中書局石印本　八冊

350000－2001－0004097　992.125/212
養蒙金鑒二卷　(清)林之望編輯　(清)沈錫慶刪訂　(清)瞿廷韶校　清光緒元年(1875)刻本　一冊

350000－2001－0004098　852.47/116.5
鮚埼亭集三十八卷全謝山先生經史問答十卷
　(清)全祖望撰　(清)史夢蛟校　**全氏世譜一卷**　(清)董秉純輯　清嘉慶刻本　十二冊

350000－2001－0004099　822.43/148－5
杜工部集二十卷　(唐)杜甫撰　(清)盧坤編
　清光緒二年(1876)粵東翰墨園刻六色套印本　十冊

350000－2001－0004100　852.47/116.6
鮚埼亭集外編五十卷　(清)全祖望撰　清嘉慶十六年(1811)刻本　十二冊

350000－2001－0004101　852.47/116.7
鮚埼亭集三十八卷首一卷鮚埼亭集外編五十卷全謝山先生經史問答十卷　(清)全祖望撰
　(清)史夢蛟校　清嘉慶九年(1804)餘姚朱氏借樹山房刻同治十一年(1872)重修本　二十四冊

350000－2001－0004102　822.43/148－5＝1
杜工部集二十卷　(唐)杜甫撰　(清)盧坤編
　清光緒二年(1876)粵東翰墨園刻六色套印本　十冊

350000－2001－0004103　822.43/148.3＝2
杜工部集二十卷目錄一卷　(唐)杜甫撰
(清)錢謙益箋注　**少陵[杜甫]先生年譜一卷**
　清宣統三年(1911)時中書局石印本　八冊

350000－2001－0004104　852.47/123.2
西陂類稿五十卷　(清)宋犖撰　清康熙五十年(1711)刻本　十五冊

350000－2001－0004105　822.43/148－6

杜工部草堂詩箋二十二卷　（唐）杜甫撰
（宋）魯訔編　（宋）蔡夢弼箋　清光緒元年
（1875）碧琳瑯館刻本　五冊

350000－2001－0004106　822.43/148.13＝3

杜工部集二十卷目錄一卷　（唐）杜甫撰
（清）錢謙益箋注　**少陵[杜甫]先生年譜一卷**
　清宣統三年（1911）時中書局石印本　八冊

350000－2001－0004107　852.47/129

受恒受漸齋集十二卷　（清）沈曰富撰　清光
緒十三年（1887）刻本　四冊

350000－2001－0004108　852.47/130.1

鎏山賸稿二卷　（清）沈昌世撰　清光緒十二
年（1886）刻本　二冊

350000－2001－0004109　852.47/133.1

蓮溪先生文存二卷　（清）沈濂撰　清光緒十
七年（1891）廣州刻本　一冊

350000－2001－0004110　992.125/237

歷代名媛齒譜三卷　（清）易宗涒輯　清乾隆
六十年（1795）刻本　六冊

350000－2001－0004111　992.125/535

人壽金鑑二十二卷　（清）程得齡輯　清嘉慶
二十五年（1820）柳衣園刻本　六冊

350000－2001－0004112　822.43/148－35

杜工部集二十卷　（唐）杜甫撰　（清）錢謙益
箋注　**年譜一卷諸家詩話一卷唱酬題詠附錄
一卷附錄一卷**　清康熙六年（1667）季氏靜思
堂刻本　六冊　存二十一卷（杜工部集二十
卷、年譜一卷）

350000－2001－0004113　822.43/148－24

杜詩鏡銓二十卷　（清）楊倫輯　**讀書堂杜工
部文集注解二卷**　（清）張溍撰　清同治十一
年（1872）吳棠望三益齋刻本　十二冊

350000－2001－0004114　992.125/933

大清康熙雍正進士題名碑錄一卷　（□）□□
輯　清雍正刻本　一冊

350000－2001－0004115　992.124/434

350000－2001－0004116　852.47/134

樗莊文稿十卷尺牘一卷詩稿二卷　（清）沈維
材撰　清乾隆刻道光重修本　四冊　存十二
卷（文稿十卷、詩稿二卷）

350000－2001－0004117　822.43/148－36

遲盦集杜詩一卷　（清）孫毓汶撰　清末刻本
　一冊

350000－2001－0004118　992.124/705－1

補疑年錄四卷　（清）錢椒編　清光緒六年
（1880）吳興陸氏刻潛園總集本　一冊

350000－2001－0004119　822.43/148－39

杜工部集二十卷　（唐）杜甫撰　（清）錢謙益
箋注　（清）何焯評點　清宣統二年（1910）鉛
印本　八冊

350000－2001－0004120　992.124/808

京師譯學館同學錄一卷　（清）京師譯學館編
　清宣統二年（1910）鉛印本　一冊

350000－2001－0004121　852.47/136

述學內篇三卷補遺一卷外篇一卷別錄一卷
（清）汪中撰　清同治八年（1869）揚州書局刻
本　二冊

350000－2001－0004122　852.47/136.4

述學內篇三卷外篇一卷補遺一卷別錄一卷
（清）汪中撰　清光緒二十年（1894）刻本
四冊

350000－2001－0004123　822.43/148－40

讀書堂杜工部詩集註解二十卷文集注解二卷
　（唐）杜甫撰　（清）張溍評注　**杜工部編年
詩史譜目一卷**　清康熙三十六年（1697）讀書
堂刻本　六冊　存二十卷（詩集注解二十卷）

350000－2001－0004124　992.124/166－1

**歷代名人年譜十卷附存疑及生卒年月無考一
卷**　（清）吳榮光撰　（清）瞿樹辰　（清）吳
彌光編校　清光緒張氏刻本　五冊

350000－2001－0004125　822.43/148－41

杜詩鏡銓二十卷　（清）楊倫編輯　**讀書堂杜工部文集注解二卷**　（清）張潯撰　清光緒十八年(1892)著易堂鉛印本　六冊

350000－2001－0004126　852.47/136.8

述學內篇三卷外篇一卷補遺一卷別錄一卷（清）汪中撰　清同治刻本　一冊

350000－2001－0004127　822.43/148－5＝2

杜工部集二十卷　（唐）杜甫撰　（清）盧坤編　清光緒二年(1876)粵東翰墨園刻六色套印本　十冊

350000－2001－0004128　822.43/148－5＝3

杜工部集二十卷　（唐）杜甫撰　（清）盧坤編　清光緒二年(1876)粵東翰墨園刻六色套印本　十冊

350000－2001－0004129　822.43/148－46

讀杜小箋三卷二箋二卷　（清）錢謙益撰　清宣統二年(1910)上海國學扶輪社石印本　一冊

350000－2001－0004130　丙2/14

洴澼百金方十四卷首一卷　題（清）惠麓酒民編　題（清）玉厄居士重訂　清乾隆刻本　六冊　存十四卷(一至十三、首一卷)

350000－2001－0004131　丁2.8/19

越吟集一卷　陳可襟撰　稿本　一冊

350000－2001－0004132　丁2.8/1

梅陽山人集不分卷　（清）江春霖撰　清抄本　八冊

350000－2001－0004133　丁2.8/18

滄趣樓律賦一卷　陳寶琛撰　陳寶璐抄本　一冊

350000－2001－0004134　851.43/968

東槎二十二種　姚文棟撰　清光緒刻本　一冊　存三種四卷(海外同人集一卷補遺一卷、歸省贈言一卷、墨江修禊詩一卷)

350000－2001－0004135　992.1317/337－1＝1

學案小識十四卷首一卷末一卷　（清）唐鑒撰　清光緒十年(1884)刻本　十二冊

350000－2001－0004136　992.1317/337－1

學案小識十四卷首一卷末一卷　（清）唐鑒撰　清光緒十年(1884)刻本　十二冊

350000－2001－0004137　992.1316/491－4

明儒學案六十二卷　（清）黃宗羲撰　清道光元年(1821)會稽莫氏刻本　十六冊

350000－2001－0004138　992.1317/337－1＝2

學案小識十四卷首一卷末一卷　（清）唐鑒撰　清光緒十年(1884)刻本　十二冊

350000－2001－0004139　852.47/136.9

述學內篇三卷外篇一卷補遺一卷別錄一卷（清）汪中撰　清道光刻本　一冊

350000－2001－0004140　852.47/136.9＝1

述學內篇三卷外篇一卷補遺一卷別錄一卷（清）汪中撰　清道光刻本　二冊

350000－2001－0004141　992.131/483

實學考四卷　（清）雲茂琦纂　清咸豐元年(1851)雲氏刻本　四冊

350000－2001－0004142　852.47/136.10

述學內篇三卷外篇一卷補遺一卷別錄一卷（清）汪中撰　清同治、光緒刻本　一冊　存四卷(內篇三卷、外篇一卷)

350000－2001－0004143　852.04/337

古人論文大義二卷　（清）唐文治撰　清宣統元年(1909)鉛印本　二冊

350000－2001－0004144　852.47/136＝1

述學內篇三卷補遺一卷外篇一卷別錄一卷（清）汪中撰　清同治八年(1869)揚州書局刻本　二冊

350000－2001－0004145　992.131/565－2

儒林宗派十六卷　（清）萬斯同撰　清宣統三年(1911)浙江圖書館刻本　二冊

350000－2001－0004146　852.47/136＝2

述學內篇三卷補遺一卷外篇一卷別錄一卷（清）汪中撰　清同治八年(1869)揚州書局刻本　二冊

350000 – 2001 – 0004147　852.47/136 ＝ 3
述學內篇三卷補遺一卷外篇一卷別錄一卷
（清）汪中撰　清同治八年（1869）揚州書局刻
本　二冊

350000 – 2001 – 0004148　992.1316/491 – 4 ＝ 1
明儒學案六十二卷　（清）黃宗羲撰　清道光
元年（1821）會稽莫氏刻本　十二冊

350000 – 2001 – 0004149　852.47/136.72
述學內篇三卷補遺一卷外篇一卷別錄一卷
（清）汪中撰　清光緒二十三年（1897）余氏寶
墨齋刻本　二冊

350000 – 2001 – 0004150　852.47/137
松溪文集不分卷　（清）汪梧鳳撰　清刻本
二冊

350000 – 2001 – 0004151　992.131/565 – 2 ＝ 1
儒林宗派十六卷　（清）萬斯同撰　清宣統三
年（1911）浙江圖書館刻本　二冊

350000 – 2001 – 0004152　甲 1/10.1
牖窺堂讀易一卷　（清）陳遷鶴撰　清抄本
一冊

350000 – 2001 – 0004153　023/435
尚書匯纂必讀十二卷　（清）陸士楷輯　清康
熙十三年（1674）刻本　四冊

350000 – 2001 – 0004154　023/323
古文尚書撰異三十二卷　（清）段玉裁撰　清
七葉衍祥堂刻本　五冊

350000 – 2001 – 0004155　024/178
詩經世本古義二十八卷首一卷　（明）何楷撰
　明崇禎刻本　十六冊

350000 – 2001 – 0004156　甲 3/9.5
一齋集十二種　（明）陳第撰　明萬曆三十四
年（1606）會山樓刻本　五冊　存二種五卷
（毛詩古音考四卷、讀詩拙言一卷）

350000 – 2001 – 0004157　082.8/φ795
春秋三傳釋地一卷　（清）龔景瀚撰　稿本
一冊

350000 – 2001 – 0004158　甲 7.2/3

350000 – 2001 – 0004159　021.034/525
群經宮室圖二卷　（清）焦循撰　清半九書墅
刻本　二冊

350000 – 2001 – 0004160　021.034/525 ＝ 1
群經宮室圖二卷　（清）焦循撰　清半九書墅
刻本　一冊

350000 – 2001 – 0004161　927.1/231
皇清開國方略三十二卷首一卷　（清）阿桂等
纂　清刻本　十六冊

350000 – 2001 – 0004162　927/213
泰西歸附始末十卷　（清）林齊霄輯　清抄本
四冊

350000 – 2001 – 0004163　992.12/φ661.2
本朝名家詩鈔小傳二卷　（清）鄭方坤撰　清
乾隆刻本　二冊

350000 – 2001 – 0004164　992.12/φ661.2 ＝ 1
本朝名家詩鈔小傳二卷　（清）鄭方坤撰　清
乾隆刻本　二冊

350000 – 2001 – 0004165　121.9/376
晏子春秋四卷　（□）□□撰　明刻本　二冊

350000 – 2001 – 0004166　φ992.214/444
東山聖侯陳公列傳雜誌不分卷　（清）陳公傳
撰　（清）陳梅編　清刻本　一冊

350000 – 2001 – 0004167　φ992.297/417
陳鄉賢鼇峯載筆圖記事輯一卷　（清）謝章鋌
輯　稿本　一冊

350000 – 2001 – 0004168　929.333/φ795
[乾隆]循化志八卷　（清）龔景瀚纂修　清刻
本　八冊

350000 – 2001 – 0004169　929.223/550
[萬曆]恩縣志六卷　（明）孫居相修　（明）
雷金聲纂　明萬曆二十七年（1599）刻本
三冊

350000 – 2001 – 0004170　929.223/722

[雍正]恩縣續志五卷　（清）陳學海修
（清）韓天篤等纂　清雍正元年(1723)刻本
一冊

350000－2001－0004171　929.313/434

[康熙]靈壽縣志十卷末一卷　（清）陸隴其修
（清）傅維橒纂　清康熙二十五年(1686)刻
本　四冊

350000－2001－0004172　929.311/128

[雍正]陝西通志一百卷首一卷　（清）劉于義
等修　（清）沈青崖纂　清雍正十三年(1735)
刻本　五十冊

350000－2001－0004173　722.2/52－1

說文檢字二卷　（清）毛謨輯　清嘉慶二十一
年(1816)四川督學使署刻本　二冊

350000－2001－0004174　025/ф211

三禮陳數求義三十卷　（清）林喬蔭撰　清嘉
慶八年(1803)誦芬堂刻本　十二冊

350000－2001－0004175　726/501

黃鐘通韻二卷　（清）都四德纂　清乾隆三餘
堂刻本　一冊

350000－2001－0004176　992.124/154

宋賢事彙二卷　（明）李廷機輯　清抄本
二冊

350000－2001－0004177　929.71026/945

壺蘭晶鏡不分卷　題(清)橡竹墅居士輯　清
抄本　一冊

350000－2001－0004178　929.7104/761

東越沿革表不分卷　（清）魏本唐撰　稿本
二冊

350000－2001－0004179　929.522/428

[康熙]安慶府志三十二卷　（清）張楷纂修
清康熙六十年(1721)刻本　十六冊

350000－2001－0004180　929.231/375

[雍正]河南通志八十卷　（清）田文鏡等修
(清)孫灝等纂　清雍正刻本　十九冊

350000－2001－0004181　929.641/477

滇考二卷　（清）馮甦輯　清康熙刻本　一冊

350000－2001－0004182　ф355/544.2

福州駐防志十六卷　（清）新柱等纂修　清乾
隆刻本　四冊

350000－2001－0004183　929/272

籌海圖編十三卷　（明）胡宗憲纂　明天啓四
年(1624)胡維極刻本　四冊

350000－2001－0004184　乙4/48.3

外海紀要不分卷　（清）李增階撰　清道光八
年(1828)刻本　一冊

350000－2001－0004185　082.8/ф795.1

海防芻論一卷附山東福建海防條議　（清）龔
易圖撰　稿本　一冊

350000－2001－0004186　919/213

栲栳發覆四卷　（清）林齊霄撰　清抄本
四冊

350000－2001－0004187　乙7.5/10

沈文肅公牘十六卷　（清）沈葆楨撰　清抄本
六冊

350000－2001－0004188　874.47/ф134

沈文肅公家書不分卷　（清）沈葆楨撰　清抄
本　六冊

350000－2001－0004189　920.93/134

沈文肅政書續編二卷　（清）沈葆楨撰　清抄
本　二冊

350000－2001－0004190　909.35/260

泉志十五卷　（宋）洪遵撰　明崇禎毛氏汲古
閣刻津逮秘書本　二冊

350000－2001－0004191　634.6/441

秘傳花鏡六卷圖一卷　（清）陳淏子輯　清刻
本　二冊

350000－2001－0004192　042.7/535

蓉槎蠡說十二卷　（清）程哲撰　清康熙五十
年(1711)程氏七略書堂刻本　一冊　存六卷
（一至六）

350000－2001－0004193　862.97/136

水曹清暇錄十六卷　（清）汪啓淑撰　清乾隆
五十七年(1792)汪氏飛鴻堂刻本　五冊

350000 - 2001 - 0004194　042.7/135

焠掌錄二卷　（清）汪啓淑撰　清汪氏開萬樓
刻本　一冊

350000 - 2001 - 0004195　042.6/15

通雅五十二卷首三卷　（清）方以智輯著
（清）姚文燮較訂　清康熙五年(1666)姚氏浮
山此藏軒刻本　十四冊

350000 - 2001 - 0004196　852.8/φ556

聞香小舍雜記一卷　（清）楊用霖撰　稿本
一冊

350000 - 2001 - 0004197　862.97/φ2

見見聞聞錄不分卷　（清）丁鈺撰　清抄本
二冊

350000 - 2001 - 0004198　042.7/968

陶廬雜錄六卷　（清）法式善撰　清嘉慶刻本
三冊

350000 - 2001 - 0004199　920.64/φ762

讀史隨筆二卷　（清）魏秀仁撰　清抄本
一冊

350000 - 2001 - 0004200　422.4/578

書旨一卷　（明）詹景鳳撰　明萬曆刻本
一冊

350000 - 2001 - 0004201　852.47/φ331 - 1

荔隱山房集七種　（清）塗慶瀾撰　清光緒、
宣統莆陽塗氏刻本　五冊　存五種十四卷
（荔隱山房詩草六卷、文略一卷、翰林院進奉
文一卷、日記偶存三卷、衛生集語三卷）

350000 - 2001 - 0004202　027.6/787

春秋內傳古注輯存三卷　（清）嚴蔚撰　清乾
隆五十二年(1787)嚴氏二酉齋刻本　三冊

350000 - 2001 - 0004203　722.8/677

助字辨略五卷　（清）劉淇撰　清乾隆四十四
年(1779)刻本　二冊

350000 - 2001 - 0004204　722.71/414 - 5

爾雅音圖三卷　（晉）郭璞注　（清）姚之麟繪
清嘉慶六年(1801)刻本　三冊

350000 - 2001 - 0004205　852.195/356

馬忠節父子合集四卷　（清）劉尚文輯　清光
緒二十四年(1898)莆田劉鴻年刻本　一冊

350000 - 2001 - 0004206　852.195/496

二黃合稿二卷　（清）黃崇惺　（清）黃家鼎撰
（清）廷愷編　清光緒八年(1882)刻本
一冊

350000 - 2001 - 0004207　852.48/φ22

致用書院文集一卷　（清）王元穉輯　清光緒
刻本　一冊

350000 - 2001 - 0004208　633.81/674

茶史二卷　（清）劉源長撰　清雍正六年
(1728)刻本　一冊

350000 - 2001 - 0004209　633.192/179

撫郡農產考略二卷　（清）何剛德撰　清光緒
二十九年(1903)撫郡學堂木活字印本　一冊

350000 - 2001 - 0004210　612.08/151

醫學十書（東垣十書）十二種　（金）李杲輯
（清）陳璞等校　清光緒七年(1881)羊城雲林
閣刻本　二十冊

350000 - 2001 - 0004211　832.17/164

吳儲合稿二卷　（清）吳會　（清）儲夢熊撰
清道光五年(1825)刻本　一冊

350000 - 2001 - 0004212　612.456/638

秘授治痧要略一卷痧癥指微集一卷　（清）歐
陽調律輯　清光緒九年(1883)刻本　一冊

350000 - 2001 - 0004213　822.1916/φ359 - 1

閩中十才子詩集三十卷　（明）袁表　（明）馬
熒輯　清光緒十二年(1886)刻本　八冊

350000 - 2001 - 0004214　612.271/394

灸法心傳一卷　（清）徐寶謙編　清光緒九年
(1883)刻本　一冊

350000 - 2001 - 0004215　636.9941/516.2

新刊纂圖元亨療馬集六卷　（明）喻本元
（明）喻本亨撰　清光緒十八年(1892)刻本
六冊

350000 - 2001 - 0004216　612.41/676

劉河間傷寒三書二十卷　（金）劉完素撰　明

刻重印本　四冊

350000－2001－0004217　032.27/326.4
讀書紀數略五十四卷　（清）宮夢仁纂輯　清康熙刻本　十二冊

350000－2001－0004218　992.121/ϕ212
姓譜分滇一卷　（清）林春溥撰　稿本　一冊

350000－2001－0004219　195/404.1
金丹正理大全周易參同契真義三卷　（五代）彭曉注　明刻本　三冊

350000－2001－0004220　852.43/151.6
李太白文集三十卷　（唐）李白撰　清康熙五十六年(1717)吳門繆曰芑刻本　四冊

350000－2001－0004221　822.44/784－4
古香齋鑒賞袖珍施註蘇詩四十二卷目錄二卷　（宋）蘇軾撰　（宋）施元之注　（清）顧嗣立　（清）邵長蘅等刪補　**蘇詩續補遺二卷**　（宋）蘇軾撰　（清）馮景補注　**王注正譌一卷**　（清）顧嗣立　（清）邵長蘅撰　**東坡先生年譜一卷**　（宋）王宗稷撰　清古香齋刻本　十九冊

350000－2001－0004222　822.46/537
松圓浪淘集十八卷目錄三卷　（明）程嘉燧撰　明末刻本　二冊

350000－2001－0004223　852.47/152.1
喜聞過齋文集十二卷　（清）李文耕撰　（清）楊勳　（清）李德蕙編　清道光十九年(1839)昆陽李氏刻光緒二十三年(1897)重修本　四冊

350000－2001－0004224　992.131/677
明良志略一卷　（清）劉沅撰　清刻本　一冊

350000－2001－0004225　612.459/ϕ446
八種風疾專門科手稿二卷　（清）陳登鎧撰　清光緒三十年(1904)陳氏手稿本　一冊

350000－2001－0004226　822.43/148－49
杜詩詳註二十五卷首一卷附編二卷　（清）仇兆鰲輯注　清刻本　二十六冊　存二十七卷（杜詩詳註二十五卷、首一卷、附編下）

350000－2001－0004227　852.47/458.2
翠岩偶集六卷　（清）李雍熙撰　（清）王士禛選評　清康熙刻本　二冊

350000－2001－0004228　ϕ612.71/523
女科二卷產後編二卷女科續卷一卷　（清）傅山撰　**葉氏眼科方一卷附眼科方校文一卷**　（清）葉桂撰　清光緒十九年(1893)閩浙督署刻本　四冊

350000－2001－0004229　ϕ612.74/705
胎產秘書三卷　（明）錢氏撰　清光緒十年(1884)刻本　一冊

350000－2001－0004230　852.47/157.9
吏隱山房擬作不分卷　（清）李鳳翎撰　清光緒、宣統刻本　一冊

350000－2001－0004231　927.8/536
教案奏議彙編八卷首一卷　（清）程宗裕撰　清光緒二十七年(1901)上海書局石印本　六冊

350000－2001－0004232　ϕ612.77/11
萬氏醫貫三卷　（明）萬咸撰　清同治十年(1871)鷺門徵瑞堂葉氏刻本　六冊

350000－2001－0004233　822.43/148－47
杜工部集二十卷　（唐）杜甫撰　（清）盧坤編　清道光十四年(1834)刻六色套印本　八冊

350000－2001－0004234　ϕ612.77/11＝1
萬氏醫貫三卷　（明）萬咸撰　清同治十年(1871)鷺門徵瑞堂葉氏刻本　六冊

350000－2001－0004235　927.8/936
防海紀略二卷　題（清）芍唐居士編　清光緒六年(1880)上洋文藝齋刻本　二冊

350000－2001－0004236　852.47/164－3
小酉腴山館文集十二卷詩集八卷自著年譜二卷　（清）吳大廷撰　清光緒五年(1879)沅陵吳氏刻本　四冊

350000－2001－0004237　612.8/ϕ127－1
補註洗冤錄集證五卷增一卷　（清）宋慈撰　（清）王又槐增輯　（清）李觀瀾補輯　（清）

阮其新補注　(清)張錫蕃重訂　**刊石香秘錄一卷**　(清)張錫蕃重訂　清道光十七年(1837)王氏刻四色套印本　四冊

350000－2001－0004238　852.47/165.8
吳摯甫文集四卷附鈔深州風土記四篇　(清)吳汝綸撰　清宣統二年(1910)上海國學扶輪社石印本　五冊

350000－2001－0004239　852.47/165.8＝1
吳摯甫文集四卷附鈔深州風土記四篇　(清)吳汝綸撰　清宣統二年(1910)上海國學扶輪社石印本　五冊

350000－2001－0004240　822.43/148－50
杜工部集二十卷　(唐)杜甫撰　清同治十一年(1872)致一齋刻本　十冊

350000－2001－0004241　822.43/148－51
杜詩詳註二十五卷首一卷附編二卷　(唐)杜甫撰　(清)仇兆鰲輯註　清康熙刻本　十二冊

350000－2001－0004242　852.47/165.9
白華前稿六十卷後稿四十卷年譜一卷　(清)吳省欽撰　(清)吳敬樞編　清嘉慶十五年(1810)刻本　十四冊　存八十五卷(前稿六十卷、後稿一至二十四、年譜一卷)

350000－2001－0004243　927.8/967－2
巴里客餘生詩草六卷首一卷末一卷　(清)延清撰　清光緒二十七年(1901)石印本　二冊

350000－2001－0004244　927.8093/833－1
守岐公牘匯存一卷　(清)張兆棟輯　清光緒四年(1878)刻本　二冊

350000－2001－0004245　927.85/786
翼教叢編六卷附一卷　(清)蘇輿輯　清光緒二十四年(1898)刻本　三冊

350000－2001－0004246　852.47/165.9＝1
白華前稿六十卷後稿四十卷年譜一卷　(清)吳省欽撰　(清)吳敬樞編　清嘉慶十五年(1810)刻本　十六冊

350000－2001－0004247　927.709/27.2＝1

350000－2001－0004248　927.709/27.2＝2
湘軍記二十卷　(清)王定安撰　清光緒十五年(1889)江南書局刻本　八冊

350000－2001－0004249　927.709/27.2
湘軍記二十卷　(清)王定安撰　清光緒十五年(1889)江南書局刻本　十二冊

350000－2001－0004250　927.709/27
湘軍記二十卷　(清)王定安撰　清光緒十六年(1890)袖海山房影印本　四冊

350000－2001－0004251　927.704/24－4
湘軍志十六篇　王闓運撰　清光緒刻本　四冊

350000－2001－0004252　852.47/166.9
吳學士文集四卷詩集五卷　(清)吳鼐撰　(清)梁肇煌　(清)薛時雨編　清光緒八年(1882)江寧藩署刻本　六冊

350000－2001－0004253　852.47/166.10
攜雪堂全集不分卷　(清)吳可讀撰　清光緒十九年(1893)刻本　四冊　存四種(文集、詩集、對聯、時文試帖)

350000－2001－0004254　992.1456/775
湖南褒忠錄初稿五十七卷　(清)郭嵩燾等撰　清同治十二年(1873)木活字印本　二十二冊

350000－2001－0004255　992.1451/536
練川名人畫象四卷坿二卷續編三卷　(清)程祖慶編　清光緒四年(1878)刻本　二冊

350000－2001－0004256　992.1387/700
漁洋感舊集小傳四卷附補遺　(清)盧見曾撰　清宣統二年(1910)上海國學扶輪社鉛印本　二冊

350000－2001－0004257　992.138/502
東軒吟社畫像一卷附記傳題跋　(清)費丹旭繪　(清)黃士珣記　清光緒二年(1876)錢塘汪氏振綺堂刻本　一冊

350000－2001－0004258　852.47/183.2

存誠齋文集十二卷　（清）何曰愈著　清同治
五年(1866)皖江藩署刻本　四冊

350000－2001－0004259　992.1387/164－3

昭代名人尺牘小傳二十四卷　（清）吳修采輯
　清藏修書屋刻本　四冊

350000－2001－0004260　852.47/200.4

頤情館聞過集十二卷　（清）宗源瀚撰　清光
緒三年(1877)刻本　八冊

350000－2001－0004261　852.04/577

文鑰二卷　（清）鄒福保輯　清光緒三十四年
(1908)江蘇存古學堂鉛印本　二冊

350000－2001－0004262　852.47/210－5＝1

**道古堂文集四十八卷詩集二十六卷集外文一
卷集外詩一卷軼事一卷**　（清）杭世駿撰　清
光緒十四年(1888)泉唐汪氏振綺堂刻本　十
六冊

350000－2001－0004263　822.44/495－10

山谷內集詩注二十卷　（宋）黃庭堅撰　（宋）
任淵注　**山谷外集詩注十七卷**　（宋）黃庭堅
撰　（宋）史容注　**山谷別集詩注二卷**　（宋）
史季溫注　清乾隆四十二年(1777)福建刻道
光、同治遞修光緒二十一年(1895)增補武英
殿聚珍版書本　十四冊

350000－2001－0004264　852.47/210－5

**道古堂文集四十八卷詩集二十六卷集外文一
卷集外詩一卷軼事一卷**　（清）杭世駿撰　清
光緒十四年(1888)泉唐汪氏振綺堂刻本　十
六冊

350000－2001－0004265　992.135/162.1

疇人傳四十六卷　（清）阮元撰　**續六卷**
(清)羅士琳撰　**三編七卷附近代疇人著述記**
　（清）諸可寶纂　清光緒二十二年(1896)石
印本　六冊

350000－2001－0004266　852.04/637

重刻歐陽外翰點勘記二卷省堂筆記一卷
(清)歐陽泉撰　清同治九年(1870)刻本
二冊

350000－2001－0004267　822.44/268－6

姜白石全集十一卷　（宋）姜夔撰　清宣統二
年(1910)上海掃葉山房石印本　三冊

350000－2001－0004268　992.1317/705

文獻徵存錄十卷　（清）錢林輯　清咸豐八年
(1858)有嘉樹軒刻本　十二冊

350000－2001－0004269　852.04/871

初等小學論說入門二集不分卷　（清）彪蒙編
輯所編輯　清光緒三十四年(1908)影印本
四冊

350000－2001－0004270　822.44/405

寇忠愍公詩集三卷　（宋）寇準撰　清宣統三
年(1911)中華圖書館影印本　二冊

350000－2001－0004271　822.44/405＝1

寇忠愍公詩集三卷　（宋）寇準撰　清宣統三
年(1911)中華圖書館影印本　二冊

350000－2001－0004272　822.44/786

斜川集六卷　（宋）蘇過撰　清道光七年
(1827)刻本　四冊

350000－2001－0004273　852.47/219

懋齋小題文不分卷　（清）來宗敏撰　清道光
元年(1821)刻本　二冊

350000－2001－0004274　822.44/784.14－1

蘇文忠公詩集五十卷目錄二卷　（宋）蘇軾撰
　（清）紀昀點評　清道光十四年(1834)兩廣
節署刻朱墨套印本　八冊

350000－2001－0004275　852.042/792

行文寶笈不分卷　（清）顧紹鼎輯　清光緒十
一年(1885)影印本　四冊

350000－2001－0004276　852.47/223－1

翁山文外十六卷　（清）屈大均撰　清宣統二
年(1910)上海國學扶輪社鉛印本　五冊

350000－2001－0004277　852.07/498

訓蒙捷徑四卷　（清）黃慶澄撰　清光緒刻本
　一冊　存一卷(三)

350000－2001－0004278　852.47/225.1

邵青門全集三十卷　（清）邵長蘅撰　**邵氏家**

錄二卷　清光緒二十三年(1897)刻本　四冊

350000－2001－0004279　852.47/227.1

玉芝堂文集六卷詩集三卷　（清)邵齊壽撰
清光緒五年(1879)湘南節署刻本　三冊

350000－2001－0004280　852.47/249.3

賴古堂集二十四卷　（清)周亮工撰　清乾隆
二十一年(1756)刻本　六冊

350000－2001－0004281　822.44/784－5

施註蘇詩四十二卷總目二卷　（宋)蘇軾撰
(宋)施元之注　(清)邵長蘅等刪補　蘇詩續
補遺二卷　(宋)蘇軾撰　(清)馮景補注　王
注正譌一卷　(清)顧嗣立　(清)邵長蘅撰
東坡先生年譜一卷　(宋)王宗稷撰　清康熙
三十八年(1699)刻本　十二冊

350000－2001－0004282　852.47/265－2

澤雅堂文集八卷　（清)施補華撰　清光緒十
九年(1893)刻本　一冊

350000－2001－0004283　822.44/529

茶山集八卷　(宋)曾幾撰　清乾隆四十二年
(1777)福建刻道光、同治遞修光緒二十一年
(1895)增補武英殿聚珍版書本　二冊

350000－2001－0004284　852.043/679－1

藝槩六卷　（清)劉熙載撰　清同治、光緒刻
本　二冊

350000－2001－0004285　822.44/676

龍洲集十四卷首一卷　（宋)劉過撰　清光緒
二十五年(1899)蕭氏閒餘軒刻本　四冊

350000－2001－0004286　852.47/266.6

施愚山先生全集五種附一種　（清)施閏章撰
　年譜四卷　清康熙至乾隆間刻本　二十冊

350000－2001－0004287　852.07/154－3

重刊李扶九原選古文筆法百篇二十卷首一卷
　(清)李扶九編　清光緒二十八年(1902)昭
陵經元書室刻本　八冊

350000－2001－0004288　928.1/189

皇清開國方略三十二卷首一卷　（清)阿桂等
撰　清乾隆刻本　十六冊

350000－2001－0004289　822.44/268－8

白石詩集一卷詞集一卷　（宋)姜夔撰　清雍
正五年(1727)刻本　一冊　存一卷(詩集一
卷)

350000－2001－0004290　929/791－1

讀史方輿紀要十卷附統論　（清)顧祖禹撰
清光緒十五年(1889)長沙傳忠書局刻本
六冊

350000－2001－0004291　852.47/φ395

紅雨樓集二卷　（明)徐𤊻撰　清抄本　二冊

350000－2001－0004292　852.47/φ394

尺木堂集十二卷　（明)徐延壽撰　清抄本
三冊

350000－2001－0004293　852.47/334

徧行堂集四卷　（清)釋今釋著　清抄本
四冊

350000－2001－0004294　822.46/765

鄒庵訂定譚子詩歸十卷首一卷　（明)譚元春
撰　明末嶽歸堂刻本　一冊　存四卷(一至
四)

350000－2001－0004295　852.47/52

譔書八卷首一卷　（清)毛先舒撰　清刻本
四冊

350000－2001－0004296　822.46/334

高忠憲公詩集八卷　（明)高攀龍撰　清雍正
十一年(1733)刻本　一冊

350000－2001－0004297　852.46/184

大復集三十八卷　（明)何景明撰　清乾隆刻
本　十六冊

350000－2001－0004298　852.47/123.1

西陂類稿五十卷　（清)宋犖撰　清康熙五十
年(1711)刻本　十六冊

350000－2001－0004299　852.47/268.1

姜先生全集三十三卷首一卷　（清)姜宸英撰
　(清)馮保燮　(清)王定祥編　清光緒十五
年(1889)慈溪毋自欺齋刻本　十八冊

350000－2001－0004300　852.47/271－5

石笥山房文集五卷補遺一卷　（清）胡天游撰
清宣統二年（1910）上海國學扶輪社鉛印本
四冊

350000－2001－0004301　929/151.1
歷代地理志韻編今釋二十卷附皇朝輿地韻編
二卷　（清）李兆洛輯　清同治九年（1870）李
氏刻本　八冊

350000－2001－0004302　929/787
大清中外壹統輿圖三十卷首一卷中一卷
（清）胡林翼　（清）嚴樹森等纂　（清）鄒世
詒　（清）晏啓鎮編繪　（清）李廷簫　（清）
汪士鐸校　清同治二年（1863）湖北撫署景桓
樓刻本　三十二冊

350000－2001－0004303　852.47/272
壺庵類稿十四種　（清）胡念修撰　清光緒杭
州刻鵠齋刻本　十冊　存五種二十六卷（靈
芝偃館詩抄十二卷、捲秋亭詞抄二卷、問湘樓
駢文初稿六卷、息園舊得錄一卷、四家纂文敘
錄彙編四卷附錄一卷）

350000－2001－0004304　852.101/10.10
增訂昭明文選集成詳註六十卷首二卷　（南
朝梁）蕭統纂　（唐）李善注　（清）方廷珪評
點　（清）陳雲程補訂　（清）于光華輯並注
清同治七年（1868）吳天爵龍江書屋刻本　十
七冊

350000－2001－0004305　929/787＝1
大清中外壹統輿圖首一卷中一卷　（清）胡林
翼　（清）嚴樹森等纂　（清）鄒世詒　（清）
晏啓鎮繪　（清）李廷簫　（清）汪士鐸校　清
同治二年（1863）湖北撫署刻本　十二冊

350000－2001－0004306　929/444
歷代地理沿革表四十七卷　（清）陳芳績編
清道光十三年（1833）張氏萬卷樓刻本　二十
四冊

350000－2001－0004307　929/151.3
皇朝輿地韻編二卷　（清）李兆洛輯　清光緒
四年（1878）馬氏刻本　二冊

350000－2001－0004308　852.47/272.5

問湘樓駢文初稿四卷　（清）胡念修撰　清光
緒二十四年（1898）杭州刻本　二冊

350000－2001－0004309　929/151.4
皇朝輿地略一卷皇朝輿地韻編一卷　（清）李
兆洛撰　清道光十一年（1831）辨志書塾刻本
一冊

350000－2001－0004310　614.37/φ974
西藥略釋二卷　（美國）嘉約翰譯　（清）林湘
東筆述　清光緒元年（1875）刻本　二冊

350000－2001－0004311　929/24－2
今古地理述十八卷首三卷末一卷　（清）王子
音撰　（清）萬承風等補　（清）顏伯燾等注
清光緒三年（1877）王氏刻本　二十冊

350000－2001－0004312　618.2/φ414
胎產秘書歌括三卷附保嬰要訣一卷經驗各方
一卷　（明）錢□撰　清同治五年（1866）刻本
一冊

350000－2001－0004313　852.47/273－10
胡文忠公遺集十卷首一卷　（清）胡林翼撰
清同治七年（1868）醉六堂刻本　四冊

350000－2001－0004314　619.1/φ941
檢驗新知識不分卷　（清）吉林檢驗學習所學
生筆記　清宣統二年（1910）福州鉛印本
一冊

350000－2001－0004315　852.47/311
壯悔堂文集十卷　（清）侯方域著　（清）賈開
宗　（清）宋犖等評點　清雍正刻本　四冊

350000－2001－0004316　621.203/φ563
度量衡新議一卷　（清）葉在揚撰　清光緒三
十一年（1905）石印本　一冊

350000－2001－0004317　822.44/268－7
姜白石集十卷　（宋）姜夔撰　清乾隆知不足
齋刻本　四冊

350000－2001－0004318　621.203/φ563＝1
度量衡新議一卷　（清）葉在揚撰　清光緒三
十一年（1905）石印本　一冊

350000－2001－0004319　621.203/φ563＝2

度量衡新議一卷　（清）葉在揚撰　清光緒三十一年(1905)石印本　一冊

350000－2001－0004320　621.203/φ563＝3

度量衡新議一卷　（清）葉在揚撰　清光緒三十一年(1905)石印本　一冊

350000－2001－0004321　621.203/φ563＝4

度量衡新議一卷　（清）葉在揚撰　清光緒三十一年(1905)石印本　一冊

350000－2001－0004322　852.47/311－9

壯悔堂文集十卷　（清）侯方域著　（清）賈開宗　（清）宋犖等評點　清乾隆侯資燦刻本　一冊

350000－2001－0004323　852.47/311－10

壯悔堂文集十卷遺稿一卷四憶堂詩集六卷　（清）侯方域著　（清）賈開宗　（清）宋犖等評點　清同治十一年(1872)刻本　六冊

350000－2001－0004324　822.44/211

林和靖詩集四卷拾遺一卷　（宋）林逋撰　附諸家詩話　清同治十二年(1873)長洲朱氏抱經堂刻本　二冊

350000－2001－0004325　929.022/796－10

水經注四十卷首一卷　（北魏）酈道元撰　附錄二卷　清光緒二十三年(1897)新化三味書室刻本　十六冊

350000－2001－0004326　929.022/796－11

水經注四十卷　（北魏）酈道元撰　清乾隆三十九年(1774)向博文刻本　八冊　存二十四卷(一至三、二十至四十)

350000－2001－0004327　929.022/796.8

水經注不分卷　（北魏）酈道元撰　清乾隆刻本　八冊

350000－2001－0004328　852.47/123

西陂類稿五十卷　（清）宋犖撰　清康熙五十年(1711)刻本　十六冊

350000－2001－0004329　822.47/122.2

綿津山人詩集二十四卷楓香詞一卷筠廊偶筆二卷怪石贊一卷漫堂墨品一卷　（清）宋犖撰

雪堂墨品一卷　（清）張仁熙撰　緯蕭草堂詩二卷　（清）宋至撰　清康熙刻本　四冊

350000－2001－0004330　852.47/125

學福齋文集二十卷詩集三十七卷首一卷　(清)沈大成撰　清乾隆刻本　五冊

350000－2001－0004331　082.17/52

西河合集一百七十七卷　（清）毛奇齡撰　清康熙刻本　八十二冊

350000－2001－0004332　852.47/27.1

帶經堂集九十二卷　（清）王士禎撰　清康熙程氏七略書堂刻本　二十四冊

350000－2001－0004333　852.47/136.82

堯峰文鈔五十卷　（清）汪琬撰　（清）林佶編　清康熙三十二年(1693)林佶刻本　四冊

350000－2001－0004334　852.47/136.83

堯峰文鈔五十卷　（清）汪琬撰　（清）林佶編　清康熙三十二年(1693)林佶刻本　四冊

350000－2001－0004335　852.47/153

秋錦山房集二十二卷外集三卷　（清）李良年撰　清康熙三十五年(1696)刻乾隆二十四年(1759)增補本　五冊

350000－2001－0004336　852.47/151.51

笠翁一家言全集十六卷　（清）李漁撰　清雍正八年(1730)芥子園刻本　十三冊

350000－2001－0004337　852.47/151.52

笠翁一家言全集十六卷　（清）李漁撰　清雍正八年(1730)芥子園刻本　二十冊

350000－2001－0004338　852.47/151.5

笠翁一家言全集十六卷　（清）李漁撰　清雍正八年(1730)芥子園刻本　十四冊

350000－2001－0004339　852.47/159

二曲集二十六卷　（清）李顒撰　清康熙刻本　八冊

350000－2001－0004340　852.47/557

孟鄰堂文鈔十六卷　（清）楊椿撰　清嘉慶二十四年(1819)紅梅閣刻本　四冊

350000 - 2001 - 0004341　852.47/590

海陽紀略二卷　（清）廖騰煃撰　清康熙三十二年(1693)刻本　二冊

350000 - 2001 - 0004342　852.47/665

山木居士外集四卷　（清）魯仕驥撰　清乾隆四十七年(1782)刻本　二冊

350000 - 2001 - 0004343　852.47/319 - 7

惜抱軒文集十六卷後集十卷　（清）姚鼐撰清光緒九年(1883)桐城徐氏刻本　四冊

350000 - 2001 - 0004344　852.101/10.12

重訂文選集評十五卷　（清）于光華編　清乾隆刻本　十二冊

350000 - 2001 - 0004345　852.47/320 - 4

紀文達公文集十六卷首一卷詩集十六卷(清)紀昀撰　（清)紀樹馨編校　清道光三十年(1850)刻本　十冊

350000 - 2001 - 0004346　852.47/320 - 5

紀文達公遺集十六卷首一卷　（清）紀昀撰（清)紀樹馨編校　清宣統二年(1910)上海保粹樓石印本　八冊

350000 - 2001 - 0004347　852.101/16

昭明文選集成六十卷首二卷　（清）方廷珪評點　（清)方輝祖校　清乾隆二十三年(1758)倣范軒刻本　十五冊

350000 - 2001 - 0004348　852.47/320 - 6

紀文達公遺集文十六卷詩十六卷　（清）紀昀撰　（清)紀樹馨編校　清嘉慶十七年(1812)刻本　十冊

350000 - 2001 - 0004349　852.47/338.1

讀我書齋時文存薰八種　（清）唐李杜撰　清咸豐四年(1854)讀我書齋刻本　二十二冊

350000 - 2001 - 0004350　929.022/523

行水金鑑一百七十五卷首一卷　（清）傅澤洪錄　清雍正三年(1725)淮揚官舍刻本　十六冊　存八十卷(一至八十)

350000 - 2001 - 0004351　929.0202/683

歷代輿地沿革表二十卷　（清）龍學泰編　清光緒三十三年(1907)石印本　二十冊

350000 - 2001 - 0004352　929.0202/556.2

歷代輿地沿革險要圖說一卷　（清）楊守敬（清)饒敦秩撰　（清）王尚德繪　清光緒二十四年(1898)石印本　一冊

350000 - 2001 - 0004353　852.47/674.5

慎獨軒文集八卷　（清）劉青霞撰　清刻本四冊

350000 - 2001 - 0004354　852.47/722 - 2

有懷堂文稿二十二卷詩稿六卷　（清）韓菼撰清康熙四十二年(1703)刻本　八冊

350000 - 2001 - 0004355　852.47/722.1

有懷堂文稿二十二卷詩稿六卷　（清）韓菼撰清康熙四十二年(1703)刻本　六冊

350000 - 2001 - 0004356　852.47/722

有懷堂文稿二十二卷詩稿六卷　（清）韓菼撰清康熙四十二年(1703)刻本　五冊　存二十二卷(文稿二十二卷)

350000 - 2001 - 0004357　φ852.47/727

後知堂文集四十六卷　（清）蕭正模撰　清康熙五十六年(1717)刻本　六冊

350000 - 2001 - 0004358　852.47/760

在陸草堂文集六卷　（清）儲欣撰　清雍正元年(1723)刻本　二冊

350000 - 2001 - 0004359　852.47/791.7

白茅堂集四十六卷　（清）顧景星撰　清康熙刻本　十六冊

350000 - 2001 - 0004360　852.47/168

初月樓文鈔十卷詩鈔四卷　（清）吳德旋撰清光緒十年(1884)刻本　二冊

350000 - 2001 - 0004361　852.47/223

翁山文外十二卷　（清）屈大均撰　清抄本四冊　存十一卷(一至五、七至十二)

350000 - 2001 - 0004362　852.47/268

湛園未定稿六卷　（清）姜宸英撰　清刻本四冊

350000 – 2001 – 0004363　852.47/264.1

改亭詩集六卷文集十六卷　（清）計東撰　清
乾隆刻本　十冊

350000 – 2001 – 0004364　852.47/266.1

施愚山先生學餘文集二十八卷　（清）施閏章
撰　清康熙四十七年（1708）刻本　六冊

350000 – 2001 – 0004365　929.0202/938

皇清地理圖一卷　（□）□□纂　清末刻本
一冊

350000 – 2001 – 0004366　852.101/156.4

文選六十卷　（南朝梁）蕭統纂　（唐）李善注
　（清）葉樹藩參訂　（清）何焯評點　清同治
羊城翰墨園刻朱墨套印本　十二冊

350000 – 2001 – 0004367　929.0202/939 – 2

皇朝一統輿地全圖一卷　題（清）欸乃軒主人
輯　清光緒二十年（1894）上海鴻寶齋石印本
一冊

350000 – 2001 – 0004368　929.0202/183

大清中外壹統輿圖首一卷中一卷　（清）胡林
翼　（清）嚴樹森等纂　（清）鄒世詒　（清）
晏啓鎮編繪　清同治二年（1863）湖北撫署景
桓樓刻本　十二冊

350000 – 2001 – 0004369　852.101/156.10

文選六十卷　（南朝梁）蕭統纂　（唐）李善注
　（清）葉樹藩參訂　（清）何焯評點　清乾隆
刻朱墨套印本　十二冊

350000 – 2001 – 0004370　852.101/156.11

文選李善注六十卷　（南朝梁）蕭統纂　（唐）
李善注　清同治八年（1869）湖北崇文書局刻
本　二十冊

350000 – 2001 – 0004371　852.101/156.2

文選六十卷　（南朝梁）蕭統纂　（唐）李善注
　清嘉慶十五年（1810）刻本　十六冊

350000 – 2001 – 0004372　852.101/156.11 = 1

文選六十卷　（南朝梁）蕭統纂　（唐）李善注
　清同治八年（1869）湖北崇文書局刻本　二
十四冊

350000 – 2001 – 0004373　852.47/334.1

寒綠齋小集十二卷粉廊賸稿二卷　（清）高崇
瑞撰　清光緒二十三年（1897）刻本　三冊

350000 – 2001 – 0004374　852.101/156.13

文選六十卷　（南朝梁）蕭統纂　（唐）李善注
　附考異十卷　（清）胡克家撰　清光緒十六
年（1890）上海鴻文書局石印本　六冊

350000 – 2001 – 0004375　852.101/156.14

文選六十卷　（南朝梁）蕭統纂　（唐）李善注
　考異十卷　（清）胡克家撰　清同治八年
（1869）湖北崇文書局刻本　二十四冊

350000 – 2001 – 0004376　852.47/343

校禮堂文集三十六卷　（清）凌廷堪撰　清嘉
慶十八年（1813）刻本　四冊

350000 – 2001 – 0004377　852.47/348

劍虹居文集二卷詩集二卷　（清）秦煥撰　清
光緒三十一年（1905）刻本　四冊

350000 – 2001 – 0004378　852.47/359 – 6

增訂袁文箋正四卷補註一卷　（清）袁枚撰
（清）魏大縉注　清光緒石印本　一冊

350000 – 2001 – 0004379　852.47/359 – 7

袁文合箋十六卷　（清）袁枚撰　（清）王廣業
集箋　清光緒八年（1882）青箱墊刻本　六冊

350000 – 2001 – 0004380　852.47/359.8

袁文箋正十六卷　（清）袁枚撰　（清）石韞玉
箋　清光緒十四年（1888）上海蜚英館石印本
二冊

350000 – 2001 – 0004381　852.47/359.8 = 1

袁文箋正十六卷　（清）袁枚撰　（清）石韞玉
箋　清光緒十四年（1888）上海蜚英館石印本
二冊

350000 – 2001 – 0004382　852.107/166

桐城吳氏古文讀本十三卷　（清）吳汝綸評選
　清光緒三十一年（1905）上海文明書局鉛印
本　四冊

350000 – 2001 – 0004383　852.47/359 – 9

補校袁文箋正七卷首一卷　（清）袁枚撰

（清）石韞玉箋　清嶺南叢雅居刻本　六冊

350000－2001－0004384　852.107/166＝1
桐城吳氏古文讀本十三卷　（清）吳汝綸評選
清光緒三十四年（1908）上海文明書局鉛印
本　四冊

350000－2001－0004385　852.47/393－2
憺園全集三十六卷　（清）徐乾學撰　清光緒
九年（1883）刻本　十六冊

350000－2001－0004386　852.47/365
晚學集八卷未谷詩集四卷　（清）桂馥著　清
道光二十一年（1841）刻本　一冊

350000－2001－0004387　852.47/365＝1
晚學集八卷未谷詩集四卷　（清）桂馥著　清
道光二十一年（1841）刻本　一冊　存八卷
（晚學集八卷）

350000－2001－0004388　乙6.6/9.3
臺海使槎錄八卷　（清）黃叔璥撰　清乾隆刻
本　四冊

350000－2001－0004389　082.17/376
孫文定公全集六種　（清）孫廷銓撰　清康熙
刻本　八冊

350000－2001－0004390　852.47/300－2
范忠貞公集十卷　（清）范承謨撰　清康熙刻
本　四冊

350000－2001－0004391　852.47/406－2
思綺堂文集十卷　（清）章藻功撰　清康熙六
十一年（1722）刻本　十冊

350000－2001－0004392　852.47430.3
渠亭山人半部稿五卷　（清）張貞撰　清康熙
刻本　二冊

350000－2001－0004393　852.47/266.3
施愚山先生學餘文集二十八卷　（清）施閏章
撰　清康熙四十七年（1708）刻本　六冊

350000－2001－0004394　852.47/266.4
施愚山先生全集五種附一種　（清）施閏章撰
年譜四卷　清康熙至乾隆間刻本　十四冊

350000－2001－0004395　852.47/266.5
施愚山先生全集五種附一種　（清）施閏章撰
年譜四卷　清康熙至乾隆間刻本　二十冊

350000－2001－0004396　852.47/376.6
三賢文集三種　（清）張斐然　（清）楊蕩輯
清刻本　四冊

350000－2001－0004397　852.47/396.1
復初齋外集不分卷　（清）翁方綱撰　清抄本
二冊

350000－2001－0004398　852.47/225
邵青門籛稿十六卷旅稿六卷賸稿八卷　（清）
邵長蘅撰　**邵氏家錄二卷**　（清）宋犖等撰
清康熙毗陵邵氏刻常州先哲遺書本　六冊

350000－2001－0004399　852.47/406
思綺堂文集十卷　（清）章藻功撰　清康熙六
十一年（1722）刻本　十冊

350000－2001－0004400　852.47/428.72
篤素堂文集十六卷詩集七卷　（清）張英撰
清刻本　七冊　存十八卷（文集一至十二、詩
集一至六）

350000－2001－0004401　852.47/430.3
渠亭山人半部稿四卷　（清）張貞撰　清康熙
刻本　二冊

350000－2001－0004402　852.47/431.7
船山刪賸詩文鈔不分卷　（清）張問陶撰　清
抄本　一冊

350000－2001－0004403　852.47/443－3
陳檢討集二十卷　（清）陳維崧撰　（清）程師
恭注　清康熙三十二年（1693）刻本　六冊

350000－2001－0004404　852.47/446－4
兼山堂集八卷　（清）陳錫嘏　（清）鄭梁選
（清）陳汝鹹輯　清康熙刻本　二冊

350000－2001－0004405　852.47/446.81
午亭文編五十卷　（清）張廷敬撰　（清）林佶
輯　清康熙四十七年（1708）刻本　八冊

350000－2001－0004406　852.47/446.8
午亭文編五十卷　（清）張廷敬撰　（清）林佶

輯 清康熙四十七年(1708)刻本 十六冊

350000－2001－0004407 852.47/506.5

水田居文集五卷 (清)賀貽孫撰 清康熙刻本 八冊

350000－2001－0004408 822.47/429

陶雲詩鈔十五卷 (清)張大緒撰 清康熙五十年(1711)刻本 二冊

350000－2001－0004409 822.47/22－1

漁洋山人精華錄十二卷 (清)王士禛撰 清刻本 四冊

350000－2001－0004410 822.47/22

漁洋山人精華錄訓纂十卷 (清)王士禛撰 (清)惠棟輯 清乾隆紅豆齋刻本 八冊

350000－2001－0004411 852.47/322

經韻樓集十二卷儀禮漢讀考一卷 (清)段玉裁撰 清道光元年(1821)刻經韻樓叢書本 三冊

350000－2001－0004412 852.47/440

無悶堂集二十三卷 (清)張遠撰 清抄本 二冊

350000－2001－0004413 852.47/φ661.82

蔗尾文集二卷 (清)鄭方坤撰 清抄本 二冊

350000－2001－0004414 852.47/φ661.81

蔗尾詩集十五卷 (清)鄭方坤撰 清乾隆元年(1736)刻本 四冊

350000－2001－0004415 852.47/432

茗柯文初編一卷二編二卷三編一卷四編一卷 (清)張惠言撰 清抄本 六冊

350000－2001－0004416 852.47/665.1

魯賓之文鈔一卷 (清)魯賓之撰 (清)姚鼐鑒定 清道光刻本 一冊

350000－2001－0004417 852.47/402

清白士集六種附一種 (清)梁玉繩撰 清嘉慶刻本 六冊

350000－2001－0004418 822.47/250

內自訟齋詩鈔八卷 (清)周凱撰 清道光刻本 二冊

350000－2001－0004419 852.47/φ718

二勿齋文集六卷首一卷 (清)謝金鑾撰 稿本 二冊

350000－2001－0004420 822.47/167

蟫餘詩鈔二卷 (清)吳國翰撰 清抄本 一冊

350000－2001－0004421 852.107/395－1

古文淵鑒六十四卷 (清)徐乾學等編注 清康熙內府刻五色套印本 三十二冊

350000－2001－0004422 822.47/158

李曉滄先生遺著一卷 (清)李大深撰 清抄本 一冊

350000－2001－0004423 822.47/795

山影樓詩鈔不分卷 (清)龔嶸撰 清抄本 一冊

350000－2001－0004424 852.117/432

張太史評選秦漢文範十三卷 (明)張溥輯 明刻本 四冊

350000－2001－0004425 852.11/316

春秋戰國文選三十四卷 (明)姚三才輯 明萬曆七年(1579)萬卷樓刻本 十五冊

350000－2001－0004426 852.107/395.3

讀耆堂精選古文晨書十二卷 (清)徐陳發輯 清康熙三十一年(1692)刻本 八冊

350000－2001－0004427 852.101/196

文選音義八卷 (清)余蕭客輯 清乾隆刻本 二冊

350000－2001－0004428 852.12/431

東漢文二十卷 (明)張采輯 明崇禎刻本 十冊

350000－2001－0004429 852.124/438

西晉文二十卷 (明)張采輯 明崇禎刻本 五冊

350000－2001－0004430 822.13/22.11

唐人萬首絕句選七卷　(宋)洪邁輯　(清)王
士禛選　清刻本　二冊

350000 - 2001 - 0004431　822.13/262
唐人萬首絕句選七卷　(宋)洪邁輯　(清)王
士禛選　清刻本　二冊

350000 - 2001 - 0004432　822.13/23
唐賢三昧集三卷　(清)王士禛編　清康熙刻
本　二冊

350000 - 2001 - 0004433　822.13/332
唐詩正聲二十二卷　(明)高棅編　明刻本
二冊

350000 - 2001 - 0004434　822.13/362
唐詩鼓吹十卷　(元)元好問輯　(元)郝天挺
注　清刻本　四冊

350000 - 2001 - 0004435　822.13/362 - 1
唐詩鼓吹十卷　(元)元好問輯　(元)郝天挺
注　清刻本　十冊

350000 - 2001 - 0004436　822.13/791
丙子消夏錄五卷　(清)顧安輯　清刻本
四冊

350000 - 2001 - 0004437　822.14/164
宋詩鈔一百六卷　(清)吳之振等輯　清康熙
吳氏鑒古堂刻本　二十冊

350000 - 2001 - 0004438　822.14/164 - 1
宋詩鈔一百六卷　(清)吳之振等輯　清康熙
吳氏鑒古堂刻本　三十冊

350000 - 2001 - 0004439　822.13/23 = 1
唐賢三昧集三卷　(清)王士禛編　清康熙刻
本　一冊

350000 - 2001 - 0004440　822.13/23 - 1
唐賢三昧集三卷　(清)王士禛編　(清)吳煊
(清)胡棠輯注　清乾隆五十二年(1787)聽
雨齋刻本　三冊

350000 - 2001 - 0004441　822.14/439
南宋群賢詩選十二卷　(清)陸鐘輝輯　清雍
正九年(1731)刻本　四冊

350000 - 2001 - 0004442　822.16/104
明詩綜一百卷　(清)朱彝尊輯　清雍正刻本
二十冊

350000 - 2001 - 0004443　852.16/496
明文授讀六十二卷　(清)黃宗羲輯　清康熙
三十八年(1699)味芹堂刻本　十六冊

350000 - 2001 - 0004444　822.17/448
篋衍集十二卷　(清)陳維崧輯　清康熙刻本
八冊

350000 - 2001 - 0004445　822.16/599
梁園風雅二十七卷　(清)趙彥復輯　清康熙
四十三年(1704)刻本　四冊

350000 - 2001 - 0004446　822.16/707 - 2
列朝詩集八十一卷　(清)錢謙益輯　清刻本
三十冊

350000 - 2001 - 0004447　822.13/10
玉堂才調集七集　(清)于鵬翥輯　清康熙刻
本　八冊

350000 - 2001 - 0004448　822.13/216
五七言今體詩鈔十八卷　(清)姚鼐輯　清嘉
慶十三年(1808)績溪程氏刻本　五冊

350000 - 2001 - 0004449　822.19153/131
沈南疑先生橋李詩繫四十二卷　(清)沈季友
輯　清康熙四十九年(1710)金南鍈敦素堂刻
本　十八冊

350000 - 2001 - 0004450　852.1991/654
滕王閣全集十三卷征匯詩文十一卷　(清)蔡
士英輯　清順治十四年(1657)刻本　四冊

350000 - 2001 - 0004451　822.19173/135
粵西詩載二十五卷文載七十五卷叢載三十卷
(清)汪森輯　清康熙四十三年(1704)汪氏
梅雪堂刻本　十冊

350000 - 2001 - 0004452　822.196/φ556
西崑酬唱集二卷　(宋)楊億纂　清康熙刻本
一冊

350000 - 2001 - 0004453　822.19167/272
本朝名媛詩鈔六卷　(清)胡孝思　(清)朱珖

輯　清康熙五十五年（1716）淩雲閣刻本
二冊

350000－2001－0004454　832.47/563
小玲瓏閣詞一卷　（清）葉大莊撰　稿本
一冊

350000－2001－0004455　852.47/406.1
如不及齋文鈔不分卷　（清）章甫撰　清嘉慶
十五年（1810）桐城章氏刻本　一冊

350000－2001－0004456　929/792－5
天下郡國利病書一百二十卷　（清）顧炎武輯
　清光緒二十九年（1903）上海益吾齋石印本
二十四冊

350000－2001－0004457　929.02/412－6
山海經十八卷附圖贊一卷訂譌一卷敘錄一卷
　（晉）郭璞傳　（清）郝懿行箋疏　清光緒七
年（1881）刻本　四冊

350000－2001－0004458　852.47/406－1
思綺堂文集十卷　（清）章藻功撰　清康熙六
十一年（1722）刻本　十冊

350000－2001－0004459　929.029/613
四十日萬八千里之游記不分卷　（清）管鳳龢
撰　清宣統二年（1910）鉛印本　一冊

350000－2001－0004460　852.47/428.9
濂亭文集八卷遺文五卷　（清）張裕釗撰　清
宣統刻本　三冊

350000－2001－0004461　852.107/169
乾坤正氣集選鈔九十七卷　（清）潘錫恩輯
（清）吳煥采選　清光緒十三年（1887）刻本
三十二冊

350000－2001－0004462　852.47/428.8
濂亭文集八卷　（清）張裕釗撰　清光緒八年
（1882）蘇州查氏木漸齋刻本　二冊

350000－2001－0004463　852.47/428.8＝1
濂亭文集八卷　（清）張裕釗撰　清光緒八年
（1882）蘇州查氏木漸齋刻本　二冊

350000－2001－0004464　929.029/799.2－1
鴻雪因緣圖記三集　（清）麟慶撰　清光緒十

二年（1886）上海同文書局石印本　三冊

350000－2001－0004465　852.47/428.8＝2
濂亭文集八卷　（清）張裕釗撰　清光緒八年
（1882）蘇州查氏木漸齋刻本　二冊

350000－2001－0004466　852.47/428.8＝3
濂亭文集八卷　（清）張裕釗撰　清光緒八年
（1882）蘇州查氏木漸齋刻本　二冊

350000－2001－0004467　852.47/423.2
柏梘山房文集十六卷續集一卷駢體文二卷詩
集十卷續二卷　（清）梅曾亮撰　清光緒鉛印
本　六冊

350000－2001－0004468　852.107/319.8
古文辭類纂七十四卷　（清）姚鼐纂集　清同
治八年（1869）江蘇書局刻光緒十八年（1892）
席氏掃葉山房增修本　十二冊

350000－2001－0004469　852.107/319.9
古文辭類纂七十五卷　（清）姚鼐纂集　清同
治八年（1869）湖南刻本　十六冊

350000－2001－0004470　852.107/319.10
古文辭類纂七十四卷　（清）姚鼐纂集　清道
光合河康氏刻本　十二冊

350000－2001－0004471　852.107/319.10＝1
古文辭類纂七十四卷　（清）姚鼐纂集　清道
光合河康氏刻本　十二冊

350000－2001－0004472　852.107/319.12
古文辭類纂十五卷　（清）姚鼐纂集　清光緒
二十四年（1898）慎記書莊石印本　四冊

350000－2001－0004473　929.029/377
南遊記一卷　（清）孫嘉淦撰　清光緒刻本
一冊

350000－2001－0004474　929.0266/244
曹江孝女廟誌八卷首一卷末一卷補遺一卷
（清）阮元鑒定　（清）金廷棟編輯　清光緒八
年（1882）刻本　二冊

350000－2001－0004475　852.47/428.8＝4
濂亭文集八卷　（清）張裕釗撰　清光緒八年
（1882）蘇州查氏木漸齋刻本　二冊

350000 – 2001 – 0004476　852.47/428.8 = 5

濂亭文集八卷　(清)張裕釗撰　清光緒八年(1882)蘇州查氏木漸齋刻本　二冊

350000 – 2001 – 0004477　852.107/395

御製古文淵鑒六十四卷　(清)聖祖玄燁選(清)徐乾學等編注　清康熙二十四年(1685)内府刻五色套印本　二十四冊

350000 – 2001 – 0004478　852.47/428.8 = 6

濂亭文集八卷　(清)張裕釗撰　清光緒八年(1882)蘇州查氏木漸齋刻本　二冊

350000 – 2001 – 0004479　852.47/428.8 = 7

濂亭文集八卷　(清)張裕釗撰　清光緒八年(1882)蘇州查氏木漸齋刻本　二冊

350000 – 2001 – 0004480　852.47/428.8 = 8

濂亭文集八卷　(清)張裕釗撰　清光緒八年(1882)蘇州查氏木漸齋刻本　二冊

350000 – 2001 – 0004481　852.47/428.83

濂亭遺文五卷　(清)張裕釗撰　清宣統二年(1910)刻本　一冊

350000 – 2001 – 0004482　852.47/428.92

㐀齋文集八卷詩集四卷　(清)張穆撰　清咸豐八年(1858)刻本　六冊

350000 – 2001 – 0004483　929.024/968 – 1

海道圖說十五卷附長江圖說一卷　(英國)金約翰輯　(英國)傅蘭雅譯　(清)王德均筆述　清光緒二十二年(1896)上海書局石印本　七冊

350000 – 2001 – 0004484　929.024/968

海道圖說十五卷附長江圖說一卷　(英國)金約翰輯　(英國)傅蘭雅譯　(清)王德均筆述　清光緒刻本　十冊

350000 – 2001 – 0004485　852.47/429.4

嘉樹山房集二十卷外集二卷續集二卷　(清)張士元撰　清道光六年(1826)刻本　六冊

350000 – 2001 – 0004486　852.107/395.5

御製古文淵鑒六十四卷　(清)聖祖玄燁選(清)徐乾學等編注　清宣統二年(1910)學部圖書局影印本　二十四冊

350000 – 2001 – 0004487　926.908/971 – 1

荆駝逸史五十一種附一種　題(清)陳湖逸士編　清宣統三年(1911)中國圖書館石印本　十六冊

350000 – 2001 – 0004488　852.107/395.6

御製古文淵鑒六十四卷　(清)聖祖玄燁選(清)徐乾學等編注　清同治十二年(1873)浙江書局刻本　三十二冊

350000 – 2001 – 0004489　852.107/529 – 31

曾文正公全集十三種　(清)曾國藩撰　清同治、光緒傳忠書局刻本　十九冊　存二種二十八卷(經史百家簡編二卷、經史百家雜抄二十六卷)

350000 – 2001 – 0004490　082.17/749 – 1

戴氏遺書十二種　(清)戴震撰　清乾隆曲阜孔氏刻本　四冊　存五種二十七卷(東原文集十卷、聲類表九卷首一卷、原善三卷、聲韻考四卷)

350000 – 2001 – 0004491　852.107/673.3

古文辭類纂三編二十八卷　(清)黎庶昌輯　清光緒二十六年(1900)山西書葉昌石印本　八冊

350000 – 2001 – 0004492　852.107/673.4

續古文辭類纂二十八卷　(清)黎庶昌輯　(清)蔣子藩等校　清光緒二十一年(1895)金陵狀元閣刻本　十二冊

350000 – 2001 – 0004493　926.908/970 – 1

明季稗史彙編二十七卷　題(清)留雲居士輯　清光緒二十二年(1896)上海圖書集成局鉛印本　六冊

350000 – 2001 – 0004494　926.908/970 – 2

明季稗史彙編二十七卷　題(清)留雲居士輯　清光緒二十二年(1896)上海圖書集成局鉛印本　六冊

350000 – 2001 – 0004495　926.908/169

勝朝遺事初編六卷二編八卷　(清)吳彌光輯

（清）宋澤元重訂　清光緒九年（1883）宋澤元懺華盦刻勝朝遺事本　十八冊

350000－2001－0004496　926.9/577

明季遺聞四卷　（清）鄒漪輯　清抄本　四冊

350000－2001－0004497　926.9/542－1

南疆繹史勘本五十六卷首二卷　（清）溫睿臨　（清）李瑤勘定　清道光十年（1830）都城琉璃廠半松居士木活字印本　八冊

350000－2001－0004498　852.107/695

類纂古文雲蒸六卷　（清）燕毅輯　清光緒三年（1877）燕毅亦政書齋刻本　六冊

350000－2001－0004499　929.710263/φ678

小西湖志略一卷　（清）劉家鎮輯　清道光木活字印本　一冊

350000－2001－0004500　926.9/393

小腆紀年坿考二十卷　（清）徐鼒撰　清咸豐十一年（1861）刻本　十二冊

350000－2001－0004501　926.9/393＝1

小腆紀年附考二十卷　（清）徐鼒撰　清咸豐十一年（1861）刻本　十二冊

350000－2001－0004502　852.126/407－4

六朝文絜四卷　（清）許槤評選　（清）朱鈞參校　清光緒李光明莊刻本　一冊

350000－2001－0004503　822.47/394.1

香雪巢詩鈔十二卷　（清）徐兆豐撰　清光緒二十四年（1898）刻本　四冊

350000－2001－0004504　852.47/395.1

未灰齋文外集一卷　（清）徐鼒撰　清咸豐刻本　一冊

350000－2001－0004505　852.13/318－5

唐文粹一百卷　（宋）姚鉉纂　清光緒刻本　十六冊

350000－2001－0004506　822.14/248

宋四家名詩選六卷　（清）周之鱗　（清）柴升著　清同治五年（1866）刻本　六冊

350000－2001－0004507　926.7/128－1

野獲編三十卷補遺四卷　（明）沈德符著　（清）錢枋輯　清道光七年（1827）錢塘姚氏扶荔山房刻同治八年（1869）重修本　二十冊

350000－2001－0004508　926.9/98

嘉定屠城慘史一卷　（清）朱子素著　清宣統三年（1911）嘉定旅滬同鄉會鉛印本　一冊

350000－2001－0004509　852.13/414

唐文粹補遺二十六卷　（清）郭麐纂　（清）金勇校　清嘉慶刻本　四冊

350000－2001－0004510　628.53/φ970

汽機初級一卷　（英國）哲密生著　（清）陳秉濂譯　清光緒二十九年（1903）湖北洋務譯書局刻本　一冊

350000－2001－0004511　628.53/φ970＝1

汽機初級一卷　（英國）哲密生著　（清）陳秉濂譯　清光緒二十九年（1903）湖北洋務譯書局刻本　一冊

350000－2001－0004512　852.47/406.3

望雲館文稿一卷詩稿一卷　（清）章鋆撰　（清）章鏊編　清光緒十四年（1888）刻本　一冊

350000－2001－0004513　852.13/442

精選增批八家文鈔九卷　（清）陳兆崙批　（清）陸潤庠鑒定　（清）張謇校正　清宣統二年（1910）上海石竹山房石印本　六冊

350000－2001－0004514　926.9/263.6

明季南略十八卷明季北略二十四卷　（清）計六奇編輯　清道光都城琉璃廠半松居士木活字印本　十六冊

350000－2001－0004515　852.13/479

三唐人集三十七卷　（清）馮焌光輯　清光緒南海馮氏讀有用書齋刻本　六冊

350000－2001－0004516　852.47/396－7

復初齋文集三十五卷　（清）翁方綱撰　清道光十六年（1836）侯官李彥章刻光緒三年至四年（1877－1878）補修本　八冊

350000－2001－0004517　927.031/432

會典簡明錄一卷　（清）張祥河訂　清光緒刻
本　一冊

350000－2001－0004518　822.044/φ492

碧溪詩話十卷　（清）黃徹撰　清乾隆四十一
年(1776)刻本　一冊

350000－2001－0004519　822.044/φ492－1

碧溪詩話十卷　（清）黃徹撰　清乾隆四十二
年(1777)刻光緒二十一年(1895)重修本
一冊

350000－2001－0004520　927.033/844.1

大清中樞備覽不分卷　（清）榮祿堂編　清光
緒二十五年(1899)榮祿堂刻本　二冊

350000－2001－0004521　927.033/844－5

大清縉紳全書四卷　（清）榮祿堂編　清光緒
二十五年(1899)榮祿堂刻本　三冊

350000－2001－0004522　927.033/933

大清縉紳錄一卷直省候補同寅錄一卷　（□）
□□輯　清宣統元年(1909)石印本　一冊

350000－2001－0004523　927.033/945

皇朝政典挈要八卷　（日本）增田貢撰　（清）
毛澄補編　清光緒二十七年(1901)知新書局
石印本　四冊

350000－2001－0004524　927.03/811－1

欽定臺規四十卷　（清）松筠等總閱　（清）景
文等分修　清道光七年(1827)刻本　十六冊

350000－2001－0004525　852.47/430.4

文貞公集十二卷　（清）張玉書撰　清乾隆五
十七年(1792)松蔭堂刻本　六冊

350000－2001－0004526　852.13－4/760.2

唐宋八大家類選十四卷　（清）儲欣評　（清）
儲芝參述　（清）周恭壽　（清）儲廷杰重校
清光緒九年(1883)宜興靜遠堂刻本　八冊

350000－2001－0004527　927.02/945.1

增補清史攬要八卷　（日本）增田貢撰　（清）
毛澄編補　清光緒二十八年(1902)上海時務
書局鉛印本　四冊

350000－2001－0004528　852.13－4/936－1

御選唐宋文醇五十八卷　（清）高宗弘曆選
清光緒二十一年(1895)上海鴻文書局石印本
八冊

350000－2001－0004529　929.0202/939.1

皇朝直省輿地圖志一卷　題（清）歆乃軒主人
撰　清光緒二十八年(1902)石印本　一冊

350000－2001－0004530　927.02/650－3

東華錄三十二卷　（清）蔣良騏撰　清道光木
活字印本　八冊

350000－2001－0004531　852.14/171－2

宋文鑑一百五十卷目錄三卷　（宋）呂祖謙詮
次　清光緒十二年(1886)江蘇書局刻本　二
十四冊

350000－2001－0004532　852.14/486

宋四六選二十四卷　（清）彭元瑞輯　（清）曹
振鏞編　清光緒刻本　十二冊

350000－2001－0004533　822.43/792

顧逋翁詩集四卷　（唐）顧況撰　清康熙四十
一年(1702)洞庭席氏琴川書屋刻清光緒八年
(1882)重修唐詩百名家全集本　一冊

350000－2001－0004534　927.02/650－4

東華錄三十二卷　（清）蔣良騏撰　清京都琉
璃廠榮錦書坊刻本　十六冊

350000－2001－0004535　927/838

本朝史講義一卷　（清）京師譯學館編　清末
京師譯學館鉛印本　一冊

350000－2001－0004536　852.47/430.10

積石文藁十八卷　（清）張履撰　清光緒二十
年(1894)刻本　六冊

350000－2001－0004537　822.43/731.1

洪度集一卷　（唐）薛濤著　清光緒三十二年
(1906)陳矩靈峰草堂刻本　一冊

350000－2001－0004538　927/975

清史攬要六卷　（日本）增田貢著　清光緒美
高博聞報局排印本　三冊

350000－2001－0004539　852.14/718

謝疊山先生文章軌範七卷　（宋）謝枋得輯

清光緒二十一年(1895)湖北官書處刻三色套印本　二冊

350000－2001－0004540　852.47/430.10＝1

積石文藁十八卷　(清)張履撰　清光緒二十年(1894)刻本　六冊

350000－2001－0004541　822.0414/762

詩人玉屑二十卷　(宋)魏慶之輯　清刻本十冊

350000－2001－0004542　852.144/740

遼文存六卷附錄二卷　繆荃孫輯　清光緒二十二年(1896)刻本　二冊

350000－2001－0004543　822.04/φ761

陔南山館詩話十卷　(清)魏秀仁撰　清抄本十冊

350000－2001－0004544　927.033/945＝1

皇朝政典輋要八卷　(日本)增田貢撰　(清)毛淦補編　清光緒二十七年(1901)知新書局石印本　四冊

350000－2001－0004545　852.47/430.11

仰蕭樓文集一卷　(清)張星鑑撰　清光緒刻本　一冊

350000－2001－0004546　728/412

輶軒使者絕代語釋別國方言十三卷校正補遺一卷　(漢)揚雄撰　(晉)郭璞注　(清)盧文弨校　清乾隆刻抱經堂叢書本　一冊

350000－2001－0004547　822.43/φ392

徐昭夢詩集三卷　(唐)徐寅撰　清康熙四十一年(1702)席氏琴川書屋刻唐詩百名家全集本　三冊

350000－2001－0004548　927.02/580

東華錄詳節二十四卷　(清)鄔樹庭編　清光緒二十六年(1900)上海東文學堂石印本　十六冊

350000－2001－0004549　822.45/φ730－1

雁門集六卷　(元)薩都剌撰　清康熙十九年(1680)刻本　四冊

350000－2001－0004550　022/143

易圖存是二卷　(清)辛紹業撰　清嘉慶六年(1801)篤慶堂刻本　一冊

350000－2001－0004551　852.44/φ98

韋齋集十二卷　(宋)朱松撰　清雍正刻本四冊

350000－2001－0004552　φ832.191/178

閩省近事竹枝詞不分卷　(□)□□輯　清抄本　一冊

350000－2001－0004553　929.024/φ445

海國聞見錄二卷　(清)陳倫炯撰　清乾隆五十八年(1793)刻本　一冊

350000－2001－0004554　822.43/722

昌黎先生詩集注十一卷　(唐)韓愈撰　(清)顧嗣立注　**年譜一卷**　(清)顧嗣立刪補　清康熙三十八年(1699)顧氏秀野草堂刻本四冊

350000－2001－0004555　822.47/φ151.1

崇雅堂詩鈔十一卷　(清)李開葉撰　清乾隆刻本　四冊

350000－2001－0004556　852.47/431.84

茗柯文初編一卷二編二卷三編一卷四編一卷　(清)張惠言撰　清光緒七年(1881)刻本一冊

350000－2001－0004557　852.47/431.9

筠心堂文集十卷詩集四卷外集三卷　(清)張岳崧撰　清道光二十四年(1844)刻本　六冊

350000－2001－0004558　852.145/155

金元明八大家文選五十四卷　(清)李祖陶評點　清道光二十五年(1845)刻本　十六冊

350000－2001－0004559　032.27/428－1

淵鑑類函四百五十卷目錄四卷　(清)張英(清)王士禎等纂輯　清康熙四十九年(1710)內府刻本　一百二十冊

350000－2001－0004560　852.47/431.84.1

茗柯文初編一卷二編二卷三編一卷四編一卷　(清)張惠言撰　清宣統三年(1911)掃葉山房石印本　一冊

350000 – 2001 – 0004561　082.77/710

知不足齋叢書二百六種　（清）鮑廷博輯
（清）鮑志祖續輯　清乾隆至道光間長塘鮑氏
知不足齋刻本　二百二十四冊

350000 – 2001 – 0004562　852.47/431.11

前川樓文集二卷詩集一卷　（清）張沐撰　清
康熙刻本　三冊

350000 – 2001 – 0004563　852.47/130

戎馬風濤集六卷　（清）沈汝瀚著　（清）沈文
等校　清道光二十年(1840)刻本　二冊

350000 – 2001 – 0004564　852.46/φ213

林次崖先生文集十八卷　（明）林希元撰　清
乾隆十八年(1753)詒燕堂刻本　四冊

350000 – 2001 – 0004565　丁2.7/140

隨菴遺稿二卷　（清）劉三才撰　清抄本
二冊

350000 – 2001 – 0004566　042.7/φ395

萊堂節錄二十卷　（清）徐時作輯　清乾隆三
十年(1765)刻本　五冊

350000 – 2001 – 0004567　909.11/φ211

石塔碑刻記一卷　（清）林喬蔭纂　附考一卷
（清）龔景瀚撰　清乾隆刻鄭氏注韓居七種
本　一冊

350000 – 2001 – 0004568　852.47/58.3

獨學廬初稿四種　（清）石韞玉撰　清乾隆六
十年(1795)長沙官舍刻本　四冊

350000 – 2001 – 0004569　852.47/27

白田草堂存稿二十四卷　（清）王懋竑撰　清
乾隆刻本　六冊

350000 – 2001 – 0004570　丁4.3/9

昭代詞選三十八卷　（清）蔣重光輯　清乾隆
三十二年(1767)經鉏堂刻本　十二冊

350000 – 2001 – 0004571　927.031/48

欽定大清會典一百卷　（清）允祹等撰　清光
緒十九年(1893)上海圖書集成印書局鉛印本
八冊

350000 – 2001 – 0004572　852.47/432.11

曾文正公文鈔四卷附刻一卷　（清）張瑛編校
清同治十二年(1873)醉六堂刻本　四冊

350000 – 2001 – 0004573　852.47/434 – 21

儀顧堂集十六卷　（清）陸心源撰　清同治十
三年(1874)福州刻潛園總集本　四冊

350000 – 2001 – 0004574　927.704/24 – 1

湘軍志二十卷　（清）王定安撰　清光緒十五
年(1889)江南書局刻本　八冊

350000 – 2001 – 0004575　852.145/455

金文雅十六卷作者考一卷　（清）莊仲方編
清光緒十七年(1891)江蘇書局刻本　四冊

350000 – 2001 – 0004576　852.47/435.3

桴亭先生文鈔六卷　（清）陸世儀撰　清同治
九年(1870)合肥蒯德模刻本　三冊

350000 – 2001 – 0004577　852.145/455 ＝1

金文雅十六卷作者考一卷　（清）莊仲方編
清光緒十七年(1891)江蘇書局刻本　四冊

350000 – 2001 – 0004578　852.47/439

切問齋文鈔三十卷　（清）陸燿輯　清乾隆蘇
州吳門劉萬傳局刻本　十冊

350000 – 2001 – 0004579　852.15/784 – 1

元文類七十卷目錄三卷　（元）蘇天爵編　清
光緒十五年(1889)江蘇書局刻本　十冊

350000 – 2001 – 0004580　927.7/649

六合紀事四卷　（清）周長森撰　清光緒十二
年(1886)贛郡甘菊簃刻本　一冊

350000 – 2001 – 0004581　822.044/φ527

高齋漫錄一卷詩話一卷　（宋）曾慥撰　清同
治十三年(1874)晉江龔氏木活字印本　一冊

350000 – 2001 – 0004582　822.044/φ787 – 1

滄浪詩話一卷　（宋）嚴羽著　清刻本　一冊

350000 – 2001 – 0004583　927.509/966 – 2

中西紀事二十四卷　（清）夏燮撰　清光緒木
活字印本　六冊

350000 – 2001 – 0004584　852.16/226

續中州名賢文表六十八卷　邵松年輯　清光

緒三十年(1904)鴻文書局石印本　二十二冊

350000－2001－0004585　822.044/φ787－2
滄浪詩話一卷　(宋)嚴羽著　清光緒二十四年(1898)刻本　一冊

350000－2001－0004586　822.044/φ787－2＝1
滄浪詩話一卷　(宋)嚴羽著　清光緒二十四年(1898)刻本　一冊

350000－2001－0004587　927.04/598
皇朝武功紀盛四卷補遺一卷　(清)趙翼撰清乾隆五十七年(1792)刻本　二冊

350000－2001－0004588　822.044/φ787－2＝2
滄浪詩話一卷　(宋)嚴羽著　清光緒二十四年(1898)刻本　一冊

350000－2001－0004589　822.044/φ787－2＝3
滄浪詩話一卷　(宋)嚴羽著　清光緒二十四年(1898)刻本　一冊

350000－2001－0004590　822.044/φ787－2＝4
滄浪詩話一卷　(宋)嚴羽著　清光緒二十四年(1898)刻本　一冊

350000－2001－0004591　822.044/φ787－2＝5
滄浪詩話一卷　(宋)嚴羽著　清光緒二十四年(1898)刻本　一冊

350000－2001－0004592　852.16/733－1
明文在一百卷　(清)薛熙纂　(清)何潔輯清光緒十五年(1889)江蘇書局刻本　十冊

350000－2001－0004593　927.509/966－1
中西紀事二十四卷　題(清)江上蹇叟撰　清同治七年(1868)刻本　六冊

350000－2001－0004594　852.16/733－1＝1
明文在一百卷　(清)薛熙纂　(清)何潔輯清光緒十五年(1889)江蘇書局刻本　十冊

350000－2001－0004595　822.044/φ787－3
滄浪詩話注五卷　(清)胡鑑注　清光緒七年(1881)廣州刻本　二冊

350000－2001－0004596　822.044/φ787－3＝1
滄浪詩話注五卷　(清)胡鑑注　清光緒七年

(1881)廣州刻本　二冊

350000－2001－0004597　927.04/761－3
聖武記十四卷　(清)魏源撰　清道光二十四年(1844)刻本　十二冊

350000－2001－0004598　927.04/761
聖武記十四卷　(清)魏源撰　清道光二十六年(1846)刻本　十二冊

350000－2001－0004599　927.04/598－1
皇朝武功紀盛四卷　(清)趙翼撰　清道光、咸豐壽考堂刻本　一冊

350000－2001－0004600　φ999.1/218.4
[福建永泰]嵩陽林氏族譜三卷　(清)林□修清同治永福林氏刻本　三冊

350000－2001－0004601　852.17/23.7
續古文辭類纂三十四卷　王先謙纂集　清光緒十八年(1892)席氏掃葉山房刻本　七冊

350000－2001－0004602　822.047/φ151＝1
停雲閣詩話十六卷　(清)李家瑞纂　清咸豐五年(1855)刻本　二冊　存四卷(一至四)

350000－2001－0004603　852.17/23.7＝1
續古文辭類纂三十四卷　王先謙纂集　清光緒十八年(1892)席氏掃葉山房刻本　八冊

350000－2001－0004604　852.17/23.8
續古文辭類纂三十四卷　王先謙纂集　清光緒八年(1882)長沙王氏虛受堂刻本　四冊

350000－2001－0004605　852.17/153
皇朝文典七十四卷　(清)李兆洛輯　清嘉慶二十年(1815)揚州李淦刻本　十六冊

350000－2001－0004606　822.44/495－9
山谷詩內集注二十卷　(宋)黃庭堅撰　(宋)任淵注　**山谷詩外集注十七卷**　(宋)黃庭堅撰　(宋)史容注　**山谷詩外集補四卷別集補一卷**　(宋)黃庭堅撰　**山谷詩別集注二卷**(宋)黃庭堅撰　(宋)史季溫注　**重刻山谷先生年譜十四卷**　(宋)黃𥅆編　清乾隆五十四年(1789)樹經堂刻本　二十冊

350000－2001－0004607　852.17/155.2

國朝文錄續編四十九種 （清）李祖陶輯 清同治七年（1868）敖陽李氏刻本 二十八冊 缺四卷（邁堂文畧四卷）

350000 – 2001 – 0004608　822.44/495 – 8

山谷詩內集注二十卷 （宋）黃庭堅撰 （宋）任淵注 **山谷詩外集注十七卷** （宋）黃庭堅撰 （宋）史容注 **山谷詩別集注二卷** （宋）黃庭堅撰 （宋）史季溫注 清光緒二十五年（1899）刻朱印本 十二冊

350000 – 2001 – 0004609　927.033/710

皇朝謚法考五卷附續編一卷補編一卷續補編一卷 （清）鮑康輯 清同治三年（1864）刻本 一冊

350000 – 2001 – 0004610　927.038/227

錫山遊庠錄一卷首一卷 （清）邵涵初撰 **錫金遊庠錄一卷** （清）汪士侃撰 清咸豐刻民國十九年（1930）重印本 二冊

350000 – 2001 – 0004611　926.04/177 – 3

明朝紀事本末八十卷 （清）谷應泰輯 清順治十五年（1658）刻本 十二冊

350000 – 2001 – 0004612　822.43/541 – 5

溫飛卿詩集九卷 （唐）溫庭筠撰 （清）曾益注 （清）顧予咸補注 清康熙三十六年（1697）秀野草堂刻本 二冊

350000 – 2001 – 0004613　398.18/428

聖門禮樂統二十四卷 （清）張行言輯 清康熙四十一年（1702）萬松書院刻本 八冊

350000 – 2001 – 0004614　042.7/598 – 1

陔餘叢考四十三卷 （清）趙翼撰 清乾隆陽湖趙氏湛貽堂刻甌北全集本 八冊

350000 – 2001 – 0004615　929.15/φ211

畿輔水利議一卷 （清）林則徐撰 清光緒三年（1877）三山林氏刻本 一冊

350000 – 2001 – 0004616　丁 313/49.5

朱子晚年全論八卷 （清）李紱輯 清雍正十三年（1735）刻本 二冊

350000 – 2001 – 0004617　822.47/φ23

植三堂遺草二卷 （清）王應元撰 清乾隆刻本 一冊 存一卷（一）

350000 – 2001 – 0004618　丁 3.1/48

歷朝賦選箋釋十卷首一卷 （清）沈德潛輯 清乾隆二十二年（1757）刻本 四冊

350000 – 2001 – 0004619　927.038/705 – 1

國朝歷科題名碑錄初集不分卷 （清）李周望輯 清乾隆刻本 十六冊

350000 – 2001 – 0004620　920.52/26

十七史商榷一百卷 （清）王鳴盛撰 清乾隆五十二年（1787）刻本 二十冊

350000 – 2001 – 0004621　920.52/26.1

十七史商榷一百卷 （清）王鳴盛撰 清乾隆五十二年（1787）刻本 十六冊

350000 – 2001 – 0004622　909.11/φ211 – 1

石塔碑刻記一卷 （清）林喬蔭纂 **附考一卷** （清）龔景瀚撰 清乾隆刻鄭氏注韓居七種本 一冊

350000 – 2001 – 0004623　023.6/352

禹貢注節讀一卷 （清）馬俊良輯 清乾隆刻本 一冊

350000 – 2001 – 0004624　174.1/942

聖祖仁皇帝庭訓格言一卷 （清）世宗胤禛纂 清刻本 四冊

350000 – 2001 – 0004625　852.12/431.1

西漢文二十卷東漢文二十卷 （明）張采輯 明崇禎刻本 十六冊

350000 – 2001 – 0004626　762.3/406

重刊併音連聲韵學集成十三卷 （明）章黼撰 明萬曆六年（1578）維揚資政左室刻本 八冊

350000 – 2001 – 0004627　032.2/965

分類字錦六十四卷 （清）何焯等纂 清康熙六十一年（1722）刻本 四十冊

350000 – 2001 – 0004628　852.88/24

唐摭言十五卷 （五代）王定保撰 清乾隆刻本 二冊

350000－2001－0004629　φ929.717/556.6

龍津書院志一卷　（清）楊學曾等纂　清光緒
八年（1882）刻本　一冊

350000－2001－0004630　852.44/φ332

高東溪先生遺集不分卷　（宋）高登撰　清咸
豐刻本　一冊

350000－2001－0004631　023.6/273－1

禹貢錐指二十卷圖一卷　（清）胡渭撰　清康
熙四十四年（1705）漱六軒刻雍正重印本　十
六冊

350000－2001－0004632　023.6/272－1

禹貢錐指二十卷圖一卷　（清）胡渭撰　清康
熙四十四年（1705）漱六軒刻雍正重印本
八冊

350000－2001－0004633　乙 1.2/16－5

舊唐書論□□卷　（五代）劉昫著　（明）鍾惺評
選　明集賢堂刻本　二冊　存二卷（一至二）

350000－2001－0004634　852.47/33.2

西堂全集一百二十八卷　（清）尤侗撰　清康
熙刻本　二十四冊

350000－2001－0004635　992.1386/707

錢牧齋先生列朝詩集小傳十卷　（清）錢謙益
撰　清康熙三十七年（1698）刻本　六冊

350000－2001－0004636　927.033/164

國朝翰詹源流編年二卷　（清）吳鼎雯撰　清
乾隆刻本　一冊

350000－2001－0004637　乙 7.9/1.5

棘聽草十二卷賦役詳稿一卷　（清）李之芳撰
清康熙四十一年（1702）李鐘麟刻本　四冊

350000－2001－0004638　852.87/158.2

井蛙雜記十卷　（清）李調元纂　清乾隆刻本
一冊

350000－2001－0004639　852.47/760.5

存硯樓文集十六卷　（清）儲大文撰　清乾隆
九年（1744）刻本　十冊

350000－2001－0004640　862.97/21－3

今世說八卷　（清）王晫撰　清康熙刻本

一冊

350000－2001－0004641　乙 4/55

摩盾餘譚四卷　（清）朱用孚等撰　清抄本
四冊

350000－2001－0004642　082.17/527

曾文正公全集一百五十六卷　（清）曾國藩撰
清同治、光緒刻本　三十冊

350000－2001－0004643　082.17/151－1

李文忠公全集一百六十五卷　（清）李鴻章撰
（清）吳汝綸編　清光緒三十四年（1908）金
陵刻本　四十八冊

350000－2001－0004644　852.15－6/679

元明七大家古文選十一卷　（清）劉肇虞編並
評　清乾隆二十九年（1764）步月樓刻本
六冊

350000－2001－0004645　920.34/447

歷代紀年便覽一卷歷代割據諸國一卷　（清）
陳鐘珂輯　清乾隆十九年（1754）刻本　一冊

350000－2001－0004646　852.47/644－5

樊榭山房集十卷續集十卷　（清）厲鶚撰　清
乾隆刻本　四冊

350000－2001－0004647　921/225

史記疑問三卷　（清）邵泰衢撰　清康熙四十
一年（1702）刻本　一冊

350000－2001－0004648　921/674

史記紀疑二卷　（清）劉青芝撰　清乾隆刻劉
氏傳家集本　一冊

350000－2001－0004649　852.46/10

于忠肅公集十卷　（明）于謙撰　（清）于繼先
輯　清康熙六十年（1721）刻本　四冊

350000－2001－0004650　926.8/52

平叛記二卷　（清）毛霦撰　清康熙五十五年
（1716）刻本　二冊

350000－2001－0004651　612.41/277－2

傷寒論注四卷　（漢）張機撰　（清）柯琴注
附翼二卷　（清）柯琴輯　論翼二卷　（清）柯
琴撰　（清）馬中驊校　清乾隆刻本　四冊

350000 – 2001 – 0004652　927.038/210

詞科掌錄十七卷餘話七卷 （清）杭世駿編
清乾隆刻本　六冊

350000 – 2001 – 0004653　927.038/210 – 1

詞科掌錄十七卷餘話七卷 （清）杭世駿編
清乾隆刻本　六冊

350000 – 2001 – 0004654　852.47/698

西澗草堂全集五種 （清）閻循觀撰　清乾隆
三十八年(1773)樹滋堂刻本　二冊　存二種
八卷(西澗草堂集四卷、西澗草堂詩集四卷)

350000 – 2001 – 0004655　832.034/565

詞律二十卷 （清）萬樹撰　清康熙二十六年
(1687)刻本　八冊

350000 – 2001 – 0004656　832.034/565.1

詞律二十卷 （清）萬樹撰　清康熙二十六年
(1687)萬氏堆絮園刻保滋堂印本　六冊

350000 – 2001 – 0004657　822.44/784

施註蘇詩四十二卷總目二卷 （宋）蘇軾撰
(宋)施元之注　（清）顧嗣立
（清）宋至刪補　**蘇詩續補遺二卷** （宋）蘇
軾撰　（清）馮景補注　**王注正譌一卷** （清）
邵長蘅撰　**東坡先生年譜一卷** （宋）王宗稷
編　清康熙三十八年(1699)宋犖刻本　十冊

350000 – 2001 – 0004658　029/φ153

四書解義七卷 （清）李光地撰　清康熙六十
年(1721)居業堂刻本　二冊

350000 – 2001 – 0004659　822.17/448 – 1

篋衍集十二卷 （清）陳維崧輯　清康熙三十
六年(1697)刻本　四冊

350000 – 2001 – 0004660　822.13/271

唐詩貫珠六十卷 （清）胡以梅輯並箋釋　清
康熙五十四年(1715)蘇州胡氏素心堂刻本
十二冊

350000 – 2001 – 0004661　822.47/φ662.9

蘭陔詩集二卷 （清）鄭王臣撰　清乾隆刻本
一冊

350000 – 2001 – 0004662　822.72/25

歷朝賦楷八卷首一卷 （清）王修玉輯　清康
熙二十五年(1686)尚德堂刻本　四冊

350000 – 2001 – 0004663　612.41/762

傷寒論本義十八卷首一卷末一卷 （清）魏荔
彤撰　清康熙刻本　四冊

350000 – 2001 – 0004664　822.47/φ151.2

崇雅堂詩鈔十一卷 （清）李開葉撰　清乾隆
刻本　四冊

350000 – 2001 – 0004665　879.47/φ218

[暘谷日記]不分卷 （清）林賓日撰　稿本
三冊

350000 – 2001 – 0004666　612.43/430

金匱心典三卷 （漢）張機著　（清）尤怡集註
清雍正十年(1732)遂初堂刻本　二冊

350000 – 2001 – 0004667　852.43/φ214.6

塔江樓文鈔六卷 （清）林涵春撰　清康熙二
十七年(1688)刻本　一冊

350000 – 2001 – 0004668　822.47/φ662.5

書帶草堂詩鈔二卷 （清）鄭廷涒著　清嘉慶
刻本　一冊

350000 – 2001 – 0004669　822.47/φ662.5 = 1

書帶草堂詩鈔二卷 （清）鄭廷涒著　清嘉慶
刻本　一冊

350000 – 2001 – 0004670　822.47/φ662.5 = 2

書帶草堂詩鈔二卷 （清）鄭廷涒著　清嘉慶
刻本　二冊

350000 – 2001 – 0004671　822.47/φ662.5 = 3

書帶草堂詩鈔二卷 （清）鄭廷涒著　清嘉慶
刻本　一冊

350000 – 2001 – 0004672　822.47/φ662.5 = 4

書帶草堂詩鈔二卷 （清）鄭廷涒著　清嘉慶
刻本　一冊

350000 – 2001 – 0004673　乙 8.1/3

寶古堂重修考古圖十卷 （宋）呂大臨撰
(元)羅更翁考訂　明萬曆三十一年(1603)吳
萬化刻本　十一冊

350000 - 2001 - 0004674　822.12/394

玉臺新詠十卷　（南朝陳）徐陵輯　**續五卷**
（明）鄭玄撫輯　（明）茅元禎重校　明萬曆七年（1579）刻本　四冊

350000 - 2001 - 0004675　822.47/ф228.1

晚聞錄一卷　（清）孟超然撰　清嘉慶二十年（1815）刻亦園亭全集本　一冊

350000 - 2001 - 0004676　822.0416/470

白沙先生詩教解十卷　（明）陳獻章撰　（明）湛若水輯解　明隆慶元年（1567）刻本　一冊

350000 - 2001 - 0004677　322.25/492

福惠全書三十二卷　（清）黃六鴻撰　清康熙刻本　四冊

350000 - 2001 - 0004678　852.47/646

雪莊文集六卷續編四卷　（清）鄭作梅撰　清乾隆四十四年（1779）刻乾隆五十一年（1786）補修本　四冊

350000 - 2001 - 0004679　726/ф28

音韻闡微十八卷韻譜一卷　（清）李光地等撰　清雍正武英殿刻本　五冊

350000 - 2001 - 0004680　822.47/477

佳山堂詩集十卷二集九卷　（清）馮溥撰　清康熙古吳朱士儒刻本　八冊

350000 - 2001 - 0004681　022/ф178

古周易訂詁十六卷　（明）何楷撰　清乾隆十六年（1751）海澄郭文焰刻朱墨套印本　六冊

350000 - 2001 - 0004682　022/ф178＝1

古周易訂詁十六卷　（明）何楷撰　清乾隆十六年（1751）海澄郭文焰刻朱墨套印本　八冊

350000 - 2001 - 0004683　022/ф178＝2

古周易訂詁十六卷　（明）何楷撰　清乾隆十六年（1751）刻朱墨套印本　八冊

350000 - 2001 - 0004684　921.04/352－1

繹史一百六十卷世系圖一卷年表一卷　（清）馬驌撰　清康熙刻本　二十四冊

350000 - 2001 - 0004685　909.302/170－1

亦政堂重修考古圖十卷　（宋）呂大臨撰

（元）羅更翁考訂　明萬曆刻清乾隆十七年（1752）天都黃晟重修三古圖本　八冊

350000 - 2001 - 0004686　丁2.6/150

黃吾野先生詩集五卷　（明）黃克晦撰　清乾隆二十五年（1760）黃隆恩刻本　三冊

350000 - 2001 - 0004687　丁2.6/107.1

鐘臺先生文集十二卷　（明）田一儁撰　清康熙刻本　六冊

350000 - 2001 - 0004688　920.9/645

函史上編八十二卷下編二十一卷　（明）鄧元錫撰　明刻本　八十冊

350000 - 2001 - 0004689　927.038/939

咸豐壬子會試同年齒錄不分卷　（□）□□輯　清咸豐二年（1852）刻本　四冊

350000 - 2001 - 0004690　927.038/972.1

道光十六年進士登科錄一卷　（□）□□輯　清道光刻本　一冊

350000 - 2001 - 0004691　852.47/439.1

切問齋集十二卷首一卷　（清）陸耀撰　清光緒十八年（1892）江蘇書局刻本　四冊

350000 - 2001 - 0004692　822.047/ф211.1＝1

海天琴思錄八卷　（清）林昌彝輯　清同治三年（1864）刻本　四冊

350000 - 2001 - 0004693　822.047/ф396＝1

閩遊詩話三卷　（清）徐祚永輯　清刻本　一冊

350000 - 2001 - 0004694　852.47/441

陳清端文集十卷　（清）陳璸撰　清同治七年（1868）羊城富文齋刻本　四冊

350000 - 2001 - 0004695　852.17/181－1

皇朝經世文四編五十二卷　（清）何良棟輯　清光緒二十八年（1902）上海書局石印本　十二冊

350000 - 2001 - 0004696　822.43/541－9

溫飛卿詩集九卷　（唐）溫庭筠撰　（明）曾益注　（清）顧子咸補注　清光緒八年（1882）泉唐汪氏刻本　四冊

350000 - 2001 - 0004697　852.17/213

國朝文雅正所見集十六卷　（清）林有席輯
清道光九年（1829）刻本　十二冊

350000 - 2001 - 0004698　822.047/φ402.3 = 1

閩川閨秀詩話四卷　（清）梁章鉅撰　清光緒
十七年（1891）木活字印本　二冊

350000 - 2001 - 0004699　822.047/φ402.3 = 2

閩川閨秀詩話四卷　（清）梁章鉅撰　清光緒
十七年（1891）木活字印本　二冊

350000 - 2001 - 0004700　852.17/272

四家纂文敘錄彙編四卷附錄一卷　（清）胡念
修輯　清光緒二十五年（1899）刻刻鵠齋叢書
本　一冊

350000 - 2001 - 0004701　822.047/φ402.5 = 1

南浦詩話八卷　（清）梁章鉅撰　清光緒三十
一年（1905）祝氏鉛印本　四冊

350000 - 2001 - 0004702　822.047/φ402.5 = 2

南浦詩話八卷　（清）梁章鉅撰　清光緒三十
一年（1905）祝氏鉛印本　三冊　存六卷（一
至四、七至八）

350000 - 2001 - 0004703　822.43/287 - 4

韋蘇州集十卷　（唐）韋應物撰　清宣統三年
（1911）石印本　一冊

350000 - 2001 - 0004704　822.047/φ402.7

讀漁洋詩隨筆二卷　（清）梁章鉅撰　清末刻
本　一冊

350000 - 2001 - 0004705　822.047/φ402.7 = 1

讀漁洋詩隨筆二卷　（清）梁章鉅撰　清末刻
本　一冊

350000 - 2001 - 0004706　822.047/φ402.7 = 2

讀漁洋詩隨筆二卷　（清）梁章鉅撰　清末刻
本　一冊

350000 - 2001 - 0004707　822.43/228.3

孟東野詩集十卷　（唐）孟郊撰　清康熙四十
一年（1702）洞庭席氏琴川書屋刻唐詩百名家
全集本　一冊

350000 - 2001 - 0004708　822.43/228.1

孟東野集十卷附一卷　（唐）孟郊撰　清宣統
二年（1910）上海著易堂石印本　一冊

350000 - 2001 - 0004709　852.47/443 - 5

陳檢討集二十卷　（清）陳維崧撰　（清）程師
恭注　清末刻本　六冊

350000 - 2001 - 0004710　852.17/273

國朝文棟八卷　（清）胡嘉銓輯　清宣統元年
（1909）上海時中書局鉛印本　四冊

350000 - 2001 - 0004711　852.47/443.6

湖海樓全集五十一卷　（清）陳維崧撰　（清）
陳淮等編校　清乾隆六十年（1795）刻本　十
六冊

350000 - 2001 - 0004712　852.17/426 - 2

皇朝經世文新編二十二卷　麥仲華輯　清光
緒二十七年（1901）上海寶善書局石印本
六冊

350000 - 2001 - 0004713　822.43/722 - 7

昌黎先生詩集注十一卷　（唐）韓愈撰　（清）
顧嗣立注　（清）朱彝尊　（清）何焯評　**昌黎
先生年譜**　清道光十六年（1836）膺德堂刻朱
墨套印本　四冊

350000 - 2001 - 0004714　822.43/722 - 7 = 1

昌黎先生詩集注十一卷　（唐）韓愈撰　（清）
顧嗣立注　（清）朱彝尊　（清）何焯評　**昌黎
先生年譜**　清道光十六年（1836）膺德堂刻朱
墨套印本　四冊

350000 - 2001 - 0004715　852.17/426 - 3

皇朝經世文新編二十一卷　麥仲華輯　清光
緒二十八年（1902）上海書局石印本　八冊

350000 - 2001 - 0004716　822.43/722 - 8

昌黎先生詩增注証訛十一卷　（唐）韓愈撰
（清）顧嗣立刪補　（清）黃鉞增注証訛　**昌黎
先生年譜**　清道光二十八年（1848）黃中民刻
本　四冊

350000 - 2001 - 0004717　822.43/722 - 9

昌黎先生詩增注証訛十一卷　（唐）韓愈撰
（清）顧嗣立刪補　（清）黃鉞增注証訛　**昌黎**

先生年譜　清道光二十八年(1848)黃中民刻
咸豐七年(1857)重印本　四冊

350000－2001－0004718　852.47/446.12
靜遠堂集三卷首一卷　（清）陳壽熊撰　清光
緒十八年(1892)蘇州五畝園刻本　二冊

350000－2001－0004719　921.5/287－5
國語二十一卷　（三國吳）韋昭解　**校刊明道**
本韋氏解國語札記一卷　（清）黃丕烈撰　清
末石印本　二冊

350000－2001－0004720　921.5/947
國語選四卷　（清）儲欣評　清道光年刻本
一冊

350000－2001－0004721　852.47/446.12＝1
靜遠堂集三卷首一卷　（清）陳壽熊撰　清光
緒十八年(1892)蘇州五畝園刻本　二冊

350000－2001－0004722　921.5/287－4
國語二十一卷　（三國吳）韋昭解　**校刊明道**
本韋氏解國語札記三卷　（清）黃丕烈撰　清
嘉慶五年(1800)黃氏讀未見書齋刻本　四冊

350000－2001－0004723　822.43/722－9＝1
昌黎先生詩增注証訛十一卷　（唐）韓愈撰
（清）顧嗣立刪補　（清）黃鉞增注証訛　**昌黎**
先生年譜　清道光二十八年(1848)黃中民刻
咸豐七年(1857)重印本　四冊

350000－2001－0004724　852.17/250
歷代宮閨文選二十六卷　（清）周壽昌輯訂
（清）孫鼎臣參閱　（清）翟元鈞纂類　（清）
蔣恭鎰編校　清宣統三年(1911)上海群學社
鉛印本　六冊

350000－2001－0004725　852.47/448.4
蓮窗雜著一卷　（清）陳鶴齡著　清光緒九年
(1883)刻本　一冊

350000－2001－0004726　921.5/135.1
國語校注本三種　（清）汪遠孫撰　清道光二
十六年(1846)汪憲綺刻本　五冊

350000－2001－0004727　852.47/453－1
來雨軒存稿四卷　（清）莫晉著　清光緒二十

年(1894)濟南刻本　四冊

350000－2001－0004728　852.47/462
濂墨軒文集一卷　（清）崔炳炎撰　清光緒三
十四年(1908)廣東學務公所鉛印本　一冊

350000－2001－0004729　921.02/393
竹書紀年統箋十二卷附前編一卷雜述一卷
（清）徐文靖撰　清光緒三年(1877)浙江書局
刻本　四冊

350000－2001－0004730　852.47/471－1
欒薈文甲三卷乙二卷別錄一卷　（清）湯紀尚
撰　清光緒十八年(1892)刻本　二冊

350000－2001－0004731　822.047/φ412
十朝詩乘二十四卷　（清）郭則澐纂　清光緒
元年(1875)栖樓刻本　十二冊

350000－2001－0004732　822.047/φ452
屏麓草堂詩話十六卷　（清）莫有棠著　清道
光二十九年(1849)刻本　八冊

350000－2001－0004733　921.09/347
世本十卷　（清）秦嘉謨輯補　清嘉慶二十三
年(1818)秦氏琳琅仙館刻本　三冊

350000－2001－0004734　822.047/φ491
消夏錄二卷　（清）黃任輯　清乾隆四十年
(1775)刻本　一冊

350000－2001－0004735　822.047/φ491＝1
消夏錄二卷　（清）黃任輯　清乾隆四十年
(1775)刻本　二冊

350000－2001－0004736　丁3.1/1.3
選賦六卷　（南朝梁）蕭統選　（明）郭正域評
點　明凌氏刻朱墨套印本　二冊

350000－2001－0004737　丁2.2/18.5
杜工部五言詩選直解三卷七言詩選直解二卷
（唐）杜甫撰　（清）范廷謀注釋　**年譜一卷**
清雍正范氏稼石堂刻本　六冊

350000－2001－0004738　852.47/φ727
後知堂文集四十六卷　（清）蕭正模撰　清康
熙五十六年(1717)刻本　十冊

350000 - 2001 - 0004739　852.46/762

歸震川集十卷　（明）歸有光撰　（清）張汝瑚
評選　清康熙二十一年(1682)鄧雪書林刻本
　三冊

350000 - 2001 - 0004740　乙5.1/19

交舊錄一卷　（清）張際亮撰　清道光高氏抑
快軒抄本　一冊

350000 - 2001 - 0004741　862.94/784

蘇黃門龍川別志二卷　（宋）蘇轍撰　明萬曆
商濬刻稗海本　一冊

350000 - 2001 - 0004742　921/317 - 2

史記菁華錄六卷　（清）姚祖恩摘錄　清道光
四年(1824)吳興姚氏扶荔山房刻朱墨套印本
　六冊

350000 - 2001 - 0004743　822.047/φ661

全閩詩話十二卷　（清）鄭方坤輯　清乾隆十
九年(1754)刻本　十冊

350000 - 2001 - 0004744　852.47/471 - 2

湯子遺書十卷首一卷續編二卷　（清）湯斌撰
　清同治九年(1870)高要蘇廷魁刻本　十六
冊　存十一卷(湯子遺書十卷、首一卷)

350000 - 2001 - 0004745　921/317 - 3

史記菁華錄六卷　（清）姚祖恩摘錄　清道光
四年(1824)吳興姚氏扶荔山房刻朱墨套印本
　六冊

350000 - 2001 - 0004746　822.101/φ153

榕村詩選八卷首一卷　（清）李光地撰　清道
光二年(1822)刻本　四冊

350000 - 2001 - 0004747　852.17/444 - 1

皇朝經世文三編八十卷　（清）陳忠倚輯　清
光緒二十七年(1901)上海書局石印本　十
六冊

350000 - 2001 - 0004748　822.107/φ408

遜集集前編六卷　（清）許貞幹輯　清光緒二
十八年(1902)侯官許氏味青齋刻本　六冊

350000 - 2001 - 0004749　921/317 - 1

史記菁華錄六卷　（清）姚祖恩輯　清末民國

初上海錦章圖書局石印本　一冊

350000 - 2001 - 0004750　822.107/φ408 - 1

遜集集前編六卷後編十卷　（清）許貞幹輯
清光緒二十八年至三十四年(1902 - 1908)侯
官許氏味青齋刻本　十五冊　存十五卷(前
編二至六、後編十卷)

350000 - 2001 - 0004751　φ822.12/794

月午樓古詩十九首詳解二卷　（清）饒學斌著
　清光緒元年(1875)刻本　二冊

350000 - 2001 - 0004752　822.13/φ406

唐詩三百首注釋六卷　（清）孫洙編　（清）章
燮注　續選六卷　（清）于慶元編　清光緒十
六年(1890)石渠山房刻本　八冊

350000 - 2001 - 0004753　921/524

史漢發明五卷　（清）傅澤鴻彙集　清光緒十
八年(1892)刻本　一冊

350000 - 2001 - 0004754　921/760

在陸草堂史記選八卷　（清）儲欣選　（清）李
敬躋增訂　清乾隆十六年(1751)刻本　四冊

350000 - 2001 - 0004755　852.47/476 - 8

**大雲山房文稿初集四卷二集四卷補編一卷言
事二卷**　（清）惲敬著　清同治八年(1869)雷
信述齋刻本　十冊

350000 - 2001 - 0004756　852.19121/432

容城三賢文集十二卷　（清）張斐然　（清）楊
蒓輯　清道光十六年(1836)正義書院刻本
十二冊

350000 - 2001 - 0004757　852.19121/432 = 1

容城三賢文集十二卷　（清）張斐然　（清）楊
蒓輯　清道光十六年(1836)正義書院刻本
十二冊

350000 - 2001 - 0004758　852.47/476 - 9

大雲山房文稿初集四卷二集四卷言事二卷
（清）惲敬撰　清同治二年(1863)刻本　五冊

350000 - 2001 - 0004759　852.47/476 - 10

惲子居文鈔四卷　（清）惲敬撰　清宣統二年
(1910)國學扶輪社石印本　四冊

350000 – 2001 – 0004760　922.3/933
三國志辨誤一卷　（□）□□撰　清光緒二十
年(1894)刻本　一冊

350000 – 2001 – 0004761　852.47/479
李菊圃先生遺文一卷　（清）李用清撰　（清）
馮濟川編輯　清宣統三年(1911)晉新書社石
印本　一冊

350000 – 2001 – 0004762　822.43/156 – 23
李義山詩集三卷　（唐）李商隱撰　（清）朱鶴
齡箋注　（清）沈厚塽輯評　清同治九年
(1870)粵東羊城萃文堂刻三色套印本　四冊

350000 – 2001 – 0004763　922.4/248
晉略六十五卷序目一卷　（清）周濟撰　清光
緒二年至三年(1876 – 1877)味儁齋刻本
十冊

350000 – 2001 – 0004764　852.19123/677
中州名賢文表三十卷　（明）劉昌編　清光緒
三十年(1904)鴻文書局石印本　六冊

350000 – 2001 – 0004765　822.43/552
賈浪仙長江集十卷　（唐）賈島撰　清康熙四
十一年(1702)洞庭席氏琴川書屋刻唐詩百名
家全集本　一冊

350000 – 2001 – 0004766　822.43/722 – 3
韓昌黎詩集編年箋注十二卷　（清）方世舉撰
　清乾隆二十三年(1758)德州盧氏雅雨堂刻
本　八冊

350000 – 2001 – 0004767　852.47/486.9
樹廬文鈔十卷　（清）彭士望著　清道光四年
(1824)彭氏刻本　八冊

350000 – 2001 – 0004768　852.19151/22
吳中兩布衣集二十卷　（清）王之佐　（清）蔣
光煦編　清道光十八年(1838)海昌蔣氏別下
齋刻本　二冊

350000 – 2001 – 0004769　922.3/705.2
三國志辨疑三卷　（清）錢大昭撰　清道光二
十四年(1844)錢師璟刻本　一冊

350000 – 2001 – 0004770　852.47/486.9 = 1

350000 – 2001 – 0004770　852.47/486.9 = 1
樹廬文鈔十卷　（清）彭士望著　清道光四年
(1824)彭氏刻本　三冊　存七卷(一至二、六
至十)

350000 – 2001 – 0004771　922.2/489 – 1
後漢書補注二十四卷　（清）惠棟撰　清嘉慶
九年(1804)刻本　二冊

350000 – 2001 – 0004772　852.19151/226
海虞文徵三十卷目錄二卷　邵松年編　清光
緒三十一年(1905)鴻文書局石印本　十六冊

350000 – 2001 – 0004773　822.43/722 – 6
昌黎先生集十卷　（唐）韓愈撰　清同治八年
(1869)江蘇書局刻本　四冊

350000 – 2001 – 0004774　822.43/150.2
樊川詩集四卷別集一卷外集一卷補遺一卷
（唐）杜牧撰　（清）馮集梧注　清嘉慶六年
(1801)刻本　四冊

350000 – 2001 – 0004775　852.19151/343 – 1
松陵文錄二十四卷　（清）凌淦輯　清同治十
三年(1874)刻民國九年(1920)增補本　八冊

350000 – 2001 – 0004776　852.19151/343 – 2
松陵文錄二十四卷　（清）凌淦輯　清同治十
三年(1874)刻本　十二冊

350000 – 2001 – 0004777　822.43/150.2 = 1
樊川詩集四卷別集一卷外集一卷補遺一卷
（唐）杜牧撰　（清）馮集梧注　清嘉慶六年
(1801)刻本　四冊

350000 – 2001 – 0004778　852.19151/343 – 1 = 1
松陵文錄二十四卷　（清）凌淦輯　清同治十
三年(1874)刻民國九年(1920)補修本　八冊

350000 – 2001 – 0004779　852.19151/343 – 1 = 2
松陵文錄二十四卷　（清）凌淦輯　清同治十
三年(1874)刻民國九年(1920)補修本　八冊

350000 – 2001 – 0004780　922.203/393
東漢會要四十卷　（宋）徐天麟撰　清乾隆四
十二年(1777)福建刻道光、同治遞修光緒二
十一年(1895)增補武英殿聚珍板書本　六冊

350000 – 2001 – 0004781　922.2/128.1

漢書疏證三十六卷　(清)沈欽韓撰　清光緒二十六年(1900)浙江官書局刻本　二十四冊

350000－2001－0004782　822.43/151－10

昌谷集四卷　(唐)李賀著　(明)曾益釋　明末刻清乾隆汪啓淑飛鴻堂重修本　二冊

350000－2001－0004783　822.43/151.2

追昔遊集三卷　(唐)李坤撰　(明)毛晉訂　清宣統二年(1910)上海著易堂石印本　一冊

350000－2001－0004784　852.19161/558－1

升菴全蜀秇文志六十四卷首一卷　(明)楊慎輯　(清)譚言藹重校　清嘉慶二十二年(1817)張氏刻本　二十四冊

350000－2001－0004785　822.43/151－9

李長吉集四卷外卷一卷　(唐)李賀撰　(明)黃淳耀評　(清)黎簡評點　清光緒十八年(1892)羊城葉氏刻朱墨套印本　二冊

350000－2001－0004786　922.1/165

兩漢刊誤補遺十卷　(宋)吳仁杰撰　清同治七年(1868)金陵書局木活字印本　二冊

350000－2001－0004787　822.43/156－19

李義山詩集三卷　(唐)李商隱撰　(清)朱鶴齡箋注　(清)沈厚塽輯評　清末刻三色套印本　三冊

350000－2001－0004788　852.47/487.63

南昀先生詩錄二卷文錄二卷　(清)彭定求撰　清同治十二年(1873)刻本　二冊

350000－2001－0004789　822.43/151.11

欒陽詩存十二卷末一卷續集八卷別集六卷　(唐)李賀撰　(清)王以敏編　清光緒三十四年(1908)刻本　一冊　存一卷(別集六)

350000－2001－0004790　852.47/496.1

兩當軒集二十卷　(清)黃景仁撰　**考異二卷附錄六卷**　(清)黃志述撰　清同治十二年(1873)集珍齋木活字印本　五冊　存二十二卷(兩當軒集二十卷、考異二卷)

350000－2001－0004791　822.71/ϕ223－11

楚辭燈四卷　(清)林雲銘論述　(清)林沅校

附楚懷襄王二王在位事蹟考　清康熙三十六年(1697)晉安挹奎樓刻本　二冊

350000－2001－0004792　822.71/ϕ223－13

楚辭燈四卷　(清)林雲銘論述　(清)林沅校
　　附楚懷襄王二王在位事蹟考　清康熙三十六年(1697)晉安挹奎樓刻本　四冊

350000－2001－0004793　822.71/ϕ223－12

楚辭燈四卷　(清)林雲銘論述　(清)林沅校
　　附楚懷襄王二王在位事蹟考　清康熙三十六年(1697)晉安挹奎樓刻本　二冊

350000－2001－0004794　822.43/148－17

杜詩偶評四卷　(清)沈德潛撰　清乾隆十二年(1747)潘承松賦閑草堂刻本　一冊

350000－2001－0004795　852.46/ϕ217

淡軒先生詩文集十二卷補遺一卷　(明)林文撰　明嘉靖四十五年(1566)林炳章刻本　四冊

350000－2001－0004796　852.44/ϕ496

莆陽知稼翁集二卷　(宋)黃公度撰　明天啓五年(1625)黃崇瀚刻本　二冊

350000－2001－0004797　852.44/ϕ496－1

莆陽知稼翁集二卷　(宋)黃公度撰　明天啓五年(1625)黃崇瀚刻本　二冊

350000－2001－0004798　126/ϕ491－1

榕壇問業十八卷　(明)黃道周著　清乾隆十五年(1750)海澄郭文燄刻本　六冊

350000－2001－0004799　乙4/62

臺灣外記十卷　(清)江日昇識　清康熙求無不獲齋刻本　十冊

350000－2001－0004800　822.71/ϕ223－14

楚辭燈四卷　(清)林雲銘論述　(清)林沅校
　　附楚懷襄王二王在位事蹟考　清康熙三十六年(1697)晉安挹奎樓刻本　二冊

350000－2001－0004801　822.71/ϕ223－15

楚辭燈四卷　(清)林雲銘論述　(清)林沅校
　　附楚懷襄王二王在位事蹟考　清康熙三十六年(1697)晉安挹奎樓刻本　二冊

350000 – 2001 – 0004802　862.95/683

龍輔女紅餘志二卷　（元）龍輔撰　明崇禎海虞毛氏汲古閣刻詩詞雜俎本　一冊

350000 – 2001 – 0004803　乙7.1/5.6

頖宮禮樂全書十六卷　（清）張安茂纂　清順治十三年(1656)刻本　八冊

350000 – 2001 – 0004804　852.46/765

新刻譚友夏合集二十三卷　（明）譚元春撰　明崇禎六年(1633)刻本　六冊

350000 – 2001 – 0004805　922.1/333 – 1

前後漢書菁華錄六卷　（清）高嵣集評　清光緒二十五年(1899)慎記書莊石印本　一冊

350000 – 2001 – 0004806　922.1031/393 – 2

西漢會要七十卷　（宋）徐天麟撰　清光緒十年(1884)江蘇書局刻本　十冊

350000 – 2001 – 0004807　822.13/φ623

唐詩發蒙初集六卷　（清）潘逢禧輯　清咸豐七年(1857)刻本　一冊

350000 – 2001 – 0004808　822.13/φ623 – 1

唐詩發蒙二集六卷　（清）潘逢禧輯　清咸豐十一年(1861)刻本　一冊

350000 – 2001 – 0004809　822.13/φ623 – 1 = 1

唐詩發蒙二集六卷　（清）潘逢禧輯　清咸豐十一年(1861)刻本　一冊

350000 – 2001 – 0004810　822.13/φ623 – 1 = 2

唐詩發蒙二集六卷　（清）潘逢禧輯　清咸豐十一年(1861)刻本　一冊

350000 – 2001 – 0004811　822.14/φ413

光風閣新刻宋元明詩三百首一卷　（清）郭尚先等輯　清光緒二年(1876)光風閣刻本　一冊

350000 – 2001 – 0004812　921.6/792

國策編年不分卷　（清）顧觀光撰　清光緒二十八年(1902)刻本　一冊

350000 – 2001 – 0004813　921.6/792 – 1

國策編年不分卷　（清）顧觀光撰　清光緒刻本　一冊

350000 – 2001 – 0004814　921.5/287 – 6

國語二十一卷　（三國吳）韋昭解　（宋）宋庠補音　清道光刻本　六冊

350000 – 2001 – 0004815　φ822.17/432.1

詳註七家詩七卷　（清）張熙宇輯評　清同治五年(1866)泉州輔仁堂刻本　四冊

350000 – 2001 – 0004816　921.04/352 – 3

繹史一百六十卷附世系圖一卷年表一卷　（清）馬驌撰　清光緒十五年(1889)金匱浦氏刻本　三十二冊

350000 – 2001 – 0004817　φ822.17/432.1 = 1

詳註七家詩七卷　（清）張熙宇輯評　清同治五年(1866)泉州輔仁堂刻本　四冊

350000 – 2001 – 0004818　φ822.17/432.2

詳註七家詩七卷　（清）張熙宇輯評　清光緒三年(1877)泉州聚德堂刻本　四冊

350000 – 2001 – 0004819　822.196/φ674 = 2

篤舊集十八卷　（清）劉存仁編輯　清咸豐十年(1860)蘭州刻本　八冊

350000 – 2001 – 0004820　822.17/φ676 = 1

篤舊集十八卷　（清）劉存仁編輯　清咸豐十年(1860)蘭州刻本　八冊

350000 – 2001 – 0004821　822.19171/φ214.2

蒹葭館拾遺一卷　（清）林芳輯　清嘉慶十六年(1811)刻本　一冊

350000 – 2001 – 0004822　822.19171/φ214.2 = 1

蒹葭館拾遺一卷　（清）林芳輯　清嘉慶十六年(1811)刻本　一冊

350000 – 2001 – 0004823　822.19171/φ214.2 = 2

蒹葭館拾遺一卷　（清）林芳輯　清嘉慶十六年(1811)刻本　一冊

350000 – 2001 – 0004824　822.19171/φ84

建陽詩鈔二卷外編一卷　（清）江遠涵彙輯　清道光十年(1830)刻本　三冊

350000 – 2001 – 0004825　852.47/496.2

南雷餘集一卷　（清）黃宗羲撰　清宣統三年(1911)上海鉛印風雨樓叢書本　一冊

350000－2001－0004826　822.1913/φ787

本朝咏物詩選四卷補遺一卷 （清）嚴永齡輯
釋　清末刻本　二冊

350000－2001－0004827　852.47/496.3

黃梨洲先生南雷文約四卷 （清）黃宗羲撰
（清）鄭性考訂　清雍正刻本　六冊

350000－2001－0004828　822.1916/φ662.6

全閩明詩傳五十五卷 （清）郭柏蒼錄刊　清
光緒十六年(1890)侯官郭氏沁泉山館刻本
二十八冊

350000－2001－0004829　926.09/674－1

明宮史八卷 （明）劉若愚編　清宣統二年
(1910)國學扶輪社鉛印本　二冊

350000－2001－0004830　822.43/156－4

**重訂李義山詩集箋注三卷外集詩箋注一卷詩
話一卷** （唐）李商隱撰　（清）朱鶴齡注
（清）程夢星刪補　**附重訂李義山年譜**　清乾
隆刻本　四冊

350000－2001－0004831　822.19171/φ250－1

昭陽扶雅集八卷 （清）周揆源選　清咸豐四
年(1854)刻本　八冊

350000－2001－0004832　852.47/502

蘧庵文鈔一卷 （清）費蘭墀撰　清同治十二
年(1873)費氏刻本　一冊

350000－2001－0004833　852.47/502＝1

蘧庵文鈔一卷 （清）費蘭墀撰　清同治十二
年(1873)費氏刻本　一冊

350000－2001－0004834　852.47/502＝2

蘧庵文鈔一卷 （清）費蘭墀撰　清同治十二
年(1873)費氏刻本　一冊

350000－2001－0004835　852.47/505

結一宧駢體文二卷詩略三卷 （清）屠寄撰
清光緒十六年(1890)廣州刻本　一冊

350000－2001－0004836　822.445/29－1＝1

元遺山詩集箋注十四卷首一卷末一卷 （元）
元好問撰　（元）張德輝類次　（清）施國祁研
箋　清道光二年(1822)蔣氏瑞松堂刻本

五冊

350000－2001－0004837　926.7/18

先撥志始二卷 （明）文秉著　清同治二年
(1863)江西省寓刻本　二冊

350000－2001－0004838　852.19164/359

滇南文略四十七卷 （清）袁文揆　（清）張登
瀛纂　（清）初頤園　（清）潘芝軒鑒定　清光
緒二十六年(1900)刻本　二十四冊

350000－2001－0004839　926.02/429－1

御撰資治通鑑綱目三編二十卷 （清）張廷玉
等輯　清乾隆十一年(1746)刻本　六冊

350000－2001－0004840　822.445/29－1

元遺山詩集箋注十四卷首一卷末一卷 （元）
元好問撰　（元）張德輝類次　（清）施國祁研
箋　清道光二年(1822)蔣氏瑞松堂刻本
六冊

350000－2001－0004841　925.034/705

元史氏族表三卷 （清）錢大昕撰　清同治、
光緒江蘇書局刻本　二冊

350000－2001－0004842　852.19416/24－1

四六法海十二卷 （明）王志堅論次　（明）王
偲等編較　清乾隆二十三年(1758)刻本　十
二冊

350000－2001－0004843　822.45/10

紫巖詩選三卷附錄一卷 （宋）于石撰　清光
緒十五年(1889)于氏刻本　一冊

350000－2001－0004844　925/225

續弘簡錄元史類編四十二卷 （清）邵遠平撰
　清乾隆刻本　十六冊

350000－2001－0004845　852.47/526

雕菰集二十四卷 （清）焦循撰　**蜜梅花館詩
錄一卷文錄一卷** （清）焦廷琥撰　清道光四
年(1824)阮福嶺南節署刻本　四冊

350000－2001－0004846　852.47/528－1

曾惠敏公遺集四種 （清）曾紀澤撰　清光緒
十九年(1893)江南製造總局鉛印本　八冊

350000－2001－0004847　852.19417/153－1

駢體文鈔三十一卷　（清）李兆洛輯　清同治六年（1867）刻本　十冊

350000－2001－0004848　822.45/25

梧溪集七卷補遺一卷　（元）王逢撰　困學齋雜錄一卷　（元）鮮于樞撰　清同治十三年（1874）思補樓木活字印本　八冊

350000－2001－0004849　822.45/509

棲碧先生黃楊集三卷補遺一卷　（元）華幼武撰　附錄一卷　清刻本　一冊

350000－2001－0004850　822.46/10

于肅愍公集八卷拾遺一卷　（明）于謙撰　附錄一卷　清光緒錢塘丁氏刻武林往哲遺著本　二冊

350000－2001－0004851　925/938

蒙古史二卷　（日本）河野元三撰　（清）歐陽瑞驊譯　清宣統三年（1911）江南圖書館鉛印本　二冊

350000－2001－0004852　852.84/775

鶴林玉露十六卷補遺一卷　（宋）羅大經撰　明萬曆三十六年（1608）孫鑛刻本　三冊

350000－2001－0004853　852.83/152

獨異志三卷　（唐）李冗撰　明萬曆刻清康熙重修本　三冊

350000－2001－0004854　852.246/393.1

徐僕射集一卷　（南朝陳）徐陵著　（明）張溥閱　明婁東張氏刻漢魏六朝一百三家集本　一冊

350000－2001－0004855　丁3.2/48

沽上題襟集八卷　（清）查爲仁　（清）查學禮輯　清乾隆六年（1741）查氏刻本　二冊

350000－2001－0004856　丙10/23.5

羣書拾補初編三十九卷　（清）盧文弨撰　清乾隆盧氏刻抱經堂叢書本　六冊

350000－2001－0004857　852.47/φ153

榕村全集四十卷　（清）李光地撰　清乾隆刻本　十四冊

350000－2001－0004858　852.47/27.2

帶經堂集九十二卷　（清）王士禛撰　清刻本　三十二冊

350000－2001－0004859　丁3.2/41.11

國雅二十卷續四卷　（明）顧起綸輯　國雅品一卷　（明）顧起綸撰　明萬曆元年（1573）顧氏奇字齋刻本　十三冊

350000－2001－0004860　852.19417/153－1＝1

駢體文鈔三十一卷　（清）李兆洛輯　清同治六年（1867）刻本　十冊

350000－2001－0004861　822.19171/φ331

國朝莆陽詩輯四卷　（清）涂慶瀾編　清光緒二十七年（1901）刻本　二冊

350000－2001－0004862　822.19171/φ334

劍浦詩編二卷　（清）高鏞輯　清光緒三十一年（1905）刻本　一冊

350000－2001－0004863　925/260－1

元史譯證補三十卷　（清）洪鈞撰　清光緒刻本　四冊　存十八卷（一至六、九至十二、十四至十五、十八、二十二至二十四、二十六至二十七）

350000－2001－0004864　852.19417/153－1＝2

駢體文鈔三十一卷　（清）李兆洛輯　清同治六年（1867）刻本　六冊

350000－2001－0004865　822.19171/φ359

閩中十才子詩集三十卷首一卷　（明）袁表（明）馬熒選輯　清光緒十二年（1886）侯官郭氏刻本　八冊

350000－2001－0004866　852.19417/153－2

駢體文鈔三十一卷　（清）李兆洛輯　清光緒八年（1882）刻本　八冊

350000－2001－0004867　924.404/151－1

遼史紀事本末四十卷　（清）李有棠編纂　清光緒十九年（1893）李柞鄂樓刻本　四冊

350000－2001－0004868　852.19417/377.2

四六叢話三十三卷選詩叢話一卷　（清）孫梅輯　清光緒七年（1881）刻本　十二冊

350000－2001－0004869　852.19417/377.2＝1

四六叢話三十三卷選詩叢話一卷 （清）孫梅
輯 清光緒七年(1881)刻本 十二冊

350000－2001－0004870 822.46/25－2

疑雨集四卷 （明）王彥泓著 清宣統三年
(1911)上海掃葉山房石印本 二冊

350000－2001－0004871 822.46/159

滄溟先生集十四卷 （明）李攀龍撰 **附錄一**
卷 清光緒二十一年(1895)張氏湘雨樓刻本
四冊

350000－2001－0004872 924.15/23

王安石新法論三編 （日本）高橋作衛撰
（清）陳超譯 清光緒二十八年(1902)上海廣
智書局鉛印本 一冊

350000－2001－0004873 852.19417/650.2

忠雅堂評選四六法海八卷 （清）蔣士銓評選
清同治刻朱墨套印本 四冊

350000－2001－0004874 852.47/529－1

曾文正公文鈔四卷 （清）曾國藩撰 （清）張
瑛編校 清同治十二年(1873)蘇州刻本
二冊

350000－2001－0004875 924.16/15

青溪寇軌一卷 （宋）方勺著 清同治九年
(1870)永康胡氏退補齋刻金華叢書本 一冊

350000－2001－0004876 852.19417/942

斯文精粹不分卷 （清）尹繼善輯 清同治、
光緒刻本 一冊 存二種(雜體、四六)

350000－2001－0004877 822.46/196

晚聞堂集十六卷 （明）余紹祉著 （清）余龍
光輯 清道光十七年(1837)單氏刻民國十五
年(1926)重印本 五冊

350000－2001－0004878 822.46/323

鷺股詩集不分卷 （明）段所撰 清道光二十
四年(1844)段氏刻本 二冊

350000－2001－0004879 852.47/529－6

曾文正公文鈔四卷附刻一卷 （清）曾國藩撰
（清）張瑛編校 清同治刻本 四冊

350000－2001－0004880 923.82/436－1

南唐書十八卷 （宋）陸游撰 清同治十三年
(1874)蔡氏刻本 一冊

350000－2001－0004881 922.74/376

周書斠補四卷 （清）孫詒讓撰 清光緒二十
六年(1900)刻本 一冊

350000－2001－0004882 852.47/529－1＝1

曾文正公文鈔四卷 （清）曾國藩撰 （清）張
瑛編校 清同治十二年(1873)蘇州刻本
四冊

350000－2001－0004883 852.19417/944

廣注新體駢體文自修讀本四卷 （□）□□輯
清末上海世界書局石印本 二冊

350000－2001－0004884 822.1997/444－1

御定歷代題畫詩類一百二十卷 （清）陳邦彥
輯 清康熙四十六年(1707)刻本 二十二冊
存一百十四卷(一至一百九、一百十六至一
百二十)

350000－2001－0004885 丁2.7/28.5

恥躬堂文集二十卷 （清）王命岳撰 清康熙
二十三年(1684)刻本 六冊

350000－2001－0004886 丁2.7/4.7

古處堂集四卷 （清）高爾儼撰 清康熙刻本
四冊

350000－2001－0004887 852.47/128

果堂集十二卷 （清）沈彤撰 清乾隆吳江沈
氏刻沈果堂全集本 三冊

350000－2001－0004888 852.47/365－1

晚學集八卷未谷詩集四卷 （清）桂馥撰 清
道光二十一年(1841)刻本 四冊 存八卷
(晚學集八卷)

350000－2001－0004889 丁2.6/151

擷芙蓉集□□卷 （明）周韓瑞撰 清初刻本
三冊 存一卷(三)

350000－2001－0004890 丁3.1/49

秦漢文尤十二卷 （明）倪元璐輯 明末書林
來儀堂刻本 三冊 存九卷(一至六、十至十
二)

350000 – 2001 – 0004891　852.101/196.1
文選音義八卷　（清）余蕭客輯　清乾隆刻本
四冊

350000 – 2001 – 0004892　戊3/1
麗句集六卷　（明）許之吉輯　明天啓刻本
四冊

350000 – 2001 – 0004893　丁6/11
韓筆酌蠡三十卷　（唐）韓愈撰　（清）盧軒綴
清雍正刻本　三冊

350000 – 2001 – 0004894　612.08/24
王氏醫案（回春錄）二卷　（清）王士雄撰
（清）周鑅輯　清光緒二十二年（1896）上海圖
書集成局排印本　一冊

350000 – 2001 – 0004895　923.2031/27
五代會要三十卷　（宋）王溥撰　清光緒十二
年（1886）江蘇書局刻本　六冊

350000 – 2001 – 0004896　852.47/529 – 5
曾文正公奏議補編四卷詩鈔四卷挽聯一卷雜
著一卷　（清）曾國藩撰　清光緒二年（1876）
刻本　二冊

350000 – 2001 – 0004897　922.5/462
十六國春秋一百卷　題（北魏）崔鴻撰　清乾
隆三十九年（1774）汪氏欣託山房刻本　二
十冊

350000 – 2001 – 0004898　822.19171/ɸ395
樵川二家詩六卷　（宋）嚴羽　（元）黃鎮成撰
（清）徐榦輯　清光緒七年（1881）刻本
二冊

350000 – 2001 – 0004899　822.19171/ɸ413
全閩明詩傳五十五卷　（清）郭柏蒼輯　（清）
楊浚錄　清光緒十六年（1890）侯官郭氏沁泉
山館刻本　十四冊

350000 – 2001 – 0004900　922.4/248 – 1
晉略六十五卷序目一卷　（清）周濟撰　清道
光二十三年（1843）刻本　十冊

350000 – 2001 – 0004901　852.47/529 – 8
曾文正公文集三卷詩集一卷　（清）曾國藩撰

清宣統三年（1911）掃葉山房石印本　三冊
存三卷（文集三卷）

350000 – 2001 – 0004902　852.47/529 – 9
曾文正公奏疏文鈔合刊六卷　（清）曾國藩撰
清同治十二年（1873）金陵書局刻本　四冊

350000 – 2001 – 0004903　822.19171/ɸ429
劉淡齋詩存一卷　（清）劉尚文撰　清光緒三
十四年（1908）鉛印本　一冊

350000 – 2001 – 0004904　822.19171/ɸ491
全閩詩雋六卷　（清）黃日紀輯　清道光刻本
三冊　存三卷（一、三、六）

350000 – 2001 – 0004905　852.1947/23.3
國朝十家四六文鈔十種　王先謙輯　清光緒
十五年（1889）長沙王氏刻本　四冊

350000 – 2001 – 0004906　ɸ082.18/27
致用書院文集續存十六種　（清）王元穉撰
清末民國初鉛印本　六冊

350000 – 2001 – 0004907　852.47/541
攜雪齋詩鈔六卷首三卷續一卷文鈔三卷
（清）溫汝适撰　清末刻本　九冊

350000 – 2001 – 0004908　822.19171/ɸ556
汀南廛存集四卷續集二卷　（清）楊瀾撰　清
同治十一年至十二年（1872 – 1873）鄞江刻本
四冊

350000 – 2001 – 0004909　822.19171/ɸ556.1
汀南廛存集四卷續集二卷　（清）楊瀾撰　清
同治十一年至十二年（1872 – 1873）鄞江刻本
二冊　存四卷（汀南廛存集四卷）

350000 – 2001 – 0004910　822.19171/ɸ661 – 1
莆風清籟集六十卷　（清）鄭王臣輯　清乾隆
三十七年（1772）刻光緒二十六年（1900）重修
本　十五冊

350000 – 2001 – 0004911　852.47/557.1
芙蓉山館詩鈔八卷補鈔一卷詞鈔二卷附鈔一
卷文鈔八卷　（清）楊芳燦撰　清光緒十七年
（1891）木活字印本　八冊

350000 – 2001 – 0004912　822.19171/ɸ662

國朝全閩詩錄初集二十一卷續十一卷　（清）
鄭杰輯　清嘉慶六年（1801）鄭氏注韓居刻同
治六年（1867）重印本　十一冊　存二十九卷
（初集二十一卷、續一至八）

350000－2001－0004913　852.47/558.3
知白軒遺稿四卷末一卷　（清）楊景程著
（清）楊瓊輯　清光緒十九年（1893）楊瓊刻本
　二冊

350000－2001－0004914　852.47/563
葉忠節公遺稿十二卷　（清）葉映榴撰　清乾
隆十年（1745）刻本　四冊

350000－2001－0004915　852.1947/115
［道光壬辰科］直省鄉墨文滙附試帖不分卷
（清）仁泰評選　清道光十二年（1832）刻本
二冊

350000－2001－0004916　852.47/568
微泉閣詩集十四卷文集十六卷　（清）董文驥
撰　清光緒盛氏思惠齋刻本　四冊

350000－2001－0004917　852.47/576
世忠堂文集六卷　（清）鄒鳴鶴撰　清同治刻
本　六冊

350000－2001－0004918　920.52/432－1
讀史舉正八卷　（清）張熷撰　清乾隆五十一
年（1786）刻本　一冊

350000－2001－0004919　852.1947/137
駢體南鍼十六卷　（清）汪傳懿輯　清光緒十
一年（1885）刻本　八冊

350000－2001－0004920　丁3.6/8
林文忠公手改尺牘□卷　（清）林則徐撰
（清）林直錄　清抄本　四冊　存四卷（五至
八）

350000－2001－0004921　920.52/431.1
歷代史論四卷　（明）張溥著　清光緒二十四
年（1898）皖城刻本　二冊

350000－2001－0004922　852.1947/408.3
八家四六文注八卷首一卷　（清）許貞幹注
清光緒十七年（1891）味青齋刻本　十六冊

350000－2001－0004923　852.47/580
傅紅寫翠室賸稿一刻一卷　（清）鄔銓撰　清
光緒十年（1884）刻本　一冊

350000－2001－0004924　920.52/441
史餘二十卷　（清）陳堯松撰　（清）陳慶鏞注
補錄一卷　（清）陳慶鏞撰　清同治三年
（1864）竹平安齋刻本　三冊

350000－2001－0004925　852.47/598.1
小松石齋詩集五卷文集五卷　（清）趙允懷撰
清光緒十五年（1889）刻本　四冊

350000－2001－0004926　920.52/449
求己錄三卷　（清）陶葆廉編　清光緒二十五
年（1899）石印本　三冊

350000－2001－0004927　852.1947/319
皇朝駢文類苑十四卷首一卷　（清）姚燮輯
清光緒七年（1881）刻本　二十四冊

350000－2001－0004928　852.1947/432.1
國朝駢體正宗續編八卷　（清）張鳴珂輯　清
光緒二十一年（1895）善化章氏刻本　四冊

350000－2001－0004929　920.52/431－1
歷代史論五種　（清）□□輯　清末民國初石
印本　六冊

350000－2001－0004930　852.47/613.2
因寄軒文初集十卷二集六卷補遺一卷　（清）
管同著　坿刻小異遺文一卷　（清）管嗣復撰
　清光緒五年（1879）刻本　四冊

350000－2001－0004931　852.47/613.5
因寄軒文初集十卷二集六卷補遺一卷　（清）
管同著　坿刻小異遺文一卷　（清）管嗣復撰
　清光緒五年（1879）刻本　二冊

350000－2001－0004932　852.1947/529－2
國朝駢體正宗十二卷　（清）曾燠輯　清嘉慶
十一年（1806）刻本　六冊

350000－2001－0004933　920.52/φ100
朱九江先生論史口說一卷　（清）朱次琦撰
（清）邱煒萲校　清光緒二十六年（1900）粵城
寶經閣刻本　一冊

350000 – 2001 – 0004934　852.47/619

恥不逮齋文集三卷首一卷附錄一卷補遺一卷
（清）熊英純撰　清光緒十七年（1891）刻本
四冊

350000 – 2001 – 0004935　920.52/148

讀史論略不分卷　（清）杜詔撰　清光緒元年
（1875）刻本　一冊

350000 – 2001 – 0004936　852.47/619.1

經義齋集十八卷　（清）熊賜履撰　清光緒永
康胡氏退補齋刻本　十冊

350000 – 2001 – 0004937　920.52/28

廿二史策案十二卷首一卷　（清）王鎏輯　清
咸豐十一年（1861）綠蔭山房刻本　四冊

350000 – 2001 – 0004938　920.52/26 – 2

十七史商榷一百卷　（清）王鳴盛撰　清刻本
二十冊

350000 – 2001 – 0004939　920.52/26 – 1

十七史商榷一百卷　（清）王鳴盛撰　清乾隆
五年（1740）刻本　十二冊

350000 – 2001 – 0004940　032.2/360

增訂二三場群書備考四卷　（明）袁黃著
（明）袁儼注　（明）沈昌世增　（明）徐行敏
訂　明崇禎刻本　八冊

350000 – 2001 – 0004941　019.19/79

道藏目錄詳注四卷　（明）白雲霽撰　明天啓
刻本　一冊　存三卷（一至三）

350000 – 2001 – 0004942　852.8/395

續筆精一卷　（明）徐㷼撰　清抄本　一冊

350000 – 2001 – 0004943　丁2.6/152

李氏焚書六卷　（明）李贄撰　明刻朱墨套印
本　五冊　存五卷（一、三至六）

350000 – 2001 – 0004944　852.8/φ127

立齋閒錄四卷　（明）宋端儀撰　清抄本
二冊

350000 – 2001 – 0004945　852.86/641

智品十三卷　（明）樊玉衝撰　（明）于倫增編
明萬曆刻本　三冊　存七卷（一至七）

350000 – 2001 – 0004946　822.14 – 6/134

真味詩錄不分卷　（清）沈近思輯　清康熙刻
本　四冊

350000 – 2001 – 0004947　032.26/24

三才圖會一百六卷　（明）王圻纂　明萬曆三
十七年（1609）刻王爾賓重修本　八冊　存十
四卷（人物一至十四）

350000 – 2001 – 0004948　822.45/148

谷音二卷　（元）杜本輯　明毛氏汲古閣刻詩
詞雜俎本　一冊

350000 – 2001 – 0004949　852.44/φ655 – 1

**宋端明殿學士蔡忠惠公文集三十六卷別紀補
遺二卷**　（宋）蔡襄撰　清雍正、乾隆蔡氏遜
敏齋刻本　四冊

350000 – 2001 – 0004950　φ822.04/396 – 1

閩遊詩話三卷　（清）徐祚永輯　清乾隆刻本
三冊

350000 – 2001 – 0004951　032.2/316

類林新咏三十六卷　（清）姚之駰撰　清康熙
四十六年（1707）刻本　十二冊

350000 – 2001 – 0004952　862.94/763

東軒筆錄十五卷　（宋）魏泰撰　明萬曆刻本
一冊

350000 – 2001 – 0004953　126/677

人譜類記二卷　（明）劉宗周撰　清刻本
二冊

350000 – 2001 – 0004954　φ927.509/128

舌擊編五卷　（清）沈儲撰　清咸豐九年
（1859）刻本　二冊

350000 – 2001 – 0004955　丁2.3/74

夾漈遺稿三卷　（宋）鄭樵撰　清乾隆刻藝海
珠塵本　一冊

350000 – 2001 – 0004956　025.92/φ444

禮書一百五十卷　（宋）陳祥道撰　明末婁東
張溥刻本　八冊

350000 – 2001 – 0004957　929.710261/φ215

游太姥山圖詠一卷　（清）林樹梅撰　清道光

十一年(1831)刻本　一冊

350000－2001－0004958　乙7.6/4

洋務通論四卷　（清）林齊霄撰　清抄本
四冊

350000－2001－0004959　丙1/54

道一編六卷　（明）程敏政輯　明弘治刻本
一冊

350000－2001－0004960　丁2.2/49

唐陸宣公集二十二卷　（唐）陸贄撰　清雍正
元年(1723)年羹堯刻本　三冊

350000－2001－0004961　852.44/171

呂東萊先生文集二十卷首一卷　（宋）呂祖謙
撰　（清）王崇炳編　清雍正元年(1723)金華
陳思臚刻本　四冊

350000－2001－0004962　852.47/393－1

憺園全集三十六卷　（清）徐乾學撰　清光緒
九年(1883)刻本　八冊

350000－2001－0004963　丁3.1/1.2

六家文選六十卷　（南朝梁）蕭統輯　（唐）李
善等注　明嘉靖刻本　六十冊

350000－2001－0004964　822.121/479

漢魏詩紀二十卷　（明）馮惟訥輯　明嘉靖王
應璧刻本　四冊

350000－2001－0004965　822.121/479－1

漢魏詩紀二十卷　（明）馮惟訥輯　明嘉靖王
應璧刻本　六冊

350000－2001－0004966　丁6/12

二山說詩四卷　（清）何忠相箋　（清）朱書疇
等校　清乾隆三十一年(1766)刻本　一冊

350000－2001－0004967　852/213

國朝文讀不分卷　（清）林齊霄輯　清抄本
六冊

350000－2001－0004968　丁3.1/50

文章正宗鈔四卷　（宋）真德秀輯　（明）胡汝
嘉節鈔　明萬曆十八年(1590)刻本　四冊

350000－2001－0004969　丁3.5/8

東嵐謝氏明詩略四卷　（清）謝世南輯　稿本
二冊

350000－2001－0004970　丁2.3/73

陳獻章文選一卷　（宋）陳獻章撰　清謝世南
抄本　一冊

350000－2001－0004971　920.63/375

鑄史駢言十二卷　（清）孫玉田編　清光緒二
年(1876)刻本　四冊

350000－2001－0004972　920.63/386

歷代政治類編十二卷　（清）柴紹炳纂　清光
緒二十七年(1901)上海自強書局石印本
六冊

350000－2001－0004973　852.47/650.1

忠雅堂文集十二卷詩集二十七卷補遺二卷詞
集二卷　（清）蔣士銓撰　清嘉慶刻本　十
四冊

350000－2001－0004974　852.47/662.10

藏密廬文稿四卷　（清）鄭喬遷著　清道光刻
本　一冊

350000－2001－0004975　852.47/665.2

山木居士外集四卷　（清）魯仕驥撰　清乾隆
四十七年(1782)刻本　二冊

350000－2001－0004976　852.1949/24

考卷同風不分卷　（清）王言編　清道光刻本
二冊

350000－2001－0004977　852.1949/107

[道光戊子科]直省鄉墨稟經不分卷附試帖
(清)伍長華評選　清道光刻本　二冊

350000－2001－0004978　852.47/665－3

魯山木先生文集十二卷首一卷外集二卷
(清)魯九皋撰　清道光十一年(1831)陳用光
刻本　三冊　存十三卷(文集十二卷、首一
卷)

350000－2001－0004979　920.52/944

綱鑑總論二卷　（□）□□撰　清光緒二十七
年(1901)上海煥文書局石印本　一冊

350000－2001－0004980　852.47/674.1

海峰先生文十卷詩六卷　（清）劉大櫆撰　清同治十三年(1874)刻本　六冊

350000－2001－0004981　852.1949/152.1

經訓書院文集六卷　（清）王棻輯　清光緒九年(1883)江西書局刻本　三冊

350000－2001－0004982　822.46/557

清江楊忠節公遺集三卷　（明）楊廷麟撰　清光緒六年(1880)慎自愛軒刻本　二冊　存二卷(二至三)

350000－2001－0004983　852.1949/152.1＝1

經訓書院文集六卷　（清）王棻輯　清光緒九年(1883)江西書局刻本　三冊

350000－2001－0004984　920.52/945

遼金元三史語解三種　（清）高宗弘曆撰　清光緒四年(1878)江蘇書局刻本　六冊

350000－2001－0004985　852.1949/313

一百二十名家全稿不分卷　（清）俞長城輯　清光緒十九年(1893)上海鴻寶齋石印本　四冊

350000－2001－0004986　852.47/674－2

海峰文集八卷　（清）劉大櫆撰　清光緒元年(1875)刻本　四冊

350000－2001－0004987　852.47/667.1

劉子全書三十八卷　（明）劉宗周撰　行狀二卷　（□）□□撰　年譜二卷　（清）劉伯繩編　清嘉慶十五年(1810)山陰陳廣寧刻本　二十七冊　存四十二卷(劉子全書三十八卷、行狀二卷、年譜二卷)

350000－2001－0004988　822.196/φ24

綏城唱和錄一卷後集一卷　（□）□□輯　清咸豐五年(1855)綏城刻本　一冊

350000－2001－0004989　822.196/φ28

歸園唱和集一卷湖上弦歌集一卷嶺南鴻雪集一卷　（清）王凱泰輯　清同治十三年(1874)儉明簡齋刻本　一冊

350000－2001－0004990　822.196/φ28＝1

歸園唱和集一卷湖上弦歌集一卷嶺南鴻雪集

一卷　（清）王凱泰輯　清同治十三年(1874)儉明簡齋刻本　一冊

350000－2001－0004991　852.1949/428

江漢炳靈集二卷　（清）張之洞輯　清同治刻本　四冊

350000－2001－0004992　920.52/945.1

讀史論略一卷　（清）杜詔撰　清末民國初抄本　一冊

350000－2001－0004993　852.47/677.4

二樂堂初稿二卷　（清）劉明良撰　清光緒十七年(1891)刻本　二冊

350000－2001－0004994　822.47/11.1

新樂府詞一卷　（清）萬斯同撰　清同治八年(1869)刻本　一冊

350000－2001－0004995　822.47/11.2

桐枝集二卷　（清）高萬林　（清）高盛珍撰　清嘉慶十二年(1807)刻本　四冊

350000－2001－0004996　852.47/678

劉禮部集十一卷　（清）劉逢祿撰　麟石文鈔一卷　（清）劉承寵撰　清道光刻本　三冊

350000－2001－0004997　852.1949/618

[光緒癸卯恩科]江西闈墨不分卷　（□）□□輯　清光緒上海文寶書局石印本　一冊

350000－2001－0004998　920.52/705.1

廿二史考異一百卷　（清）錢大昕撰　清光緒八年(1882)長沙龍氏家塾刻本　三十二冊

350000－2001－0004999　852.47/679.8

尚絅堂制藝一卷　（清）劉嗣綰撰　清同治七年(1868)辰州官署刻本　二冊

350000－2001－0005000　822.47/12.3

餘生集一卷　（清）山鳳輝撰　清光緒十四年(1888)刻本　一冊

350000－2001－0005001　852.1949/679

[庚子辛丑恩正併科]浙江闈墨不分卷　（□）□□輯　清光緒二十八年(1902)聚奎堂刻本　一冊

350000－2001－0005002　852.47/679.9

綠野齋前後合集六卷太湖詩草一卷　（清）劉鴻翔撰　清道光二十四年(1844)刻本　七冊

350000－2001－0005003　852.1949/868－1

[光緒甲辰恩科]會試闈墨不分卷　（□）□□輯　清光緒影印本　二冊

350000－2001－0005004　822.47/22.2

吳越游草一卷　（清）王文治撰　清宣統二年(1910)古吳藏書樓石印本　一冊

350000－2001－0005005　920.52/598－2

廿二史劄記三十六卷補遺一卷　（清）趙翼撰　清光緒二十四年(1898)石印本　六冊

350000－2001－0005006　920.52/598－1

廿二史劄記三十六卷補遺一卷　（清）趙翼撰　清嘉慶五年(1800)刻本　六冊

350000－2001－0005007　852.47/679.11

養晦堂文集十卷詩集二卷　（清）劉蓉撰　清光緒三年(1877)思賢講舍刻本　六冊

350000－2001－0005008　822.47/22.5

韻山堂詩集七卷補遺一卷　（清）王文誥撰　清光緒十四年(1888)浙江書局刻本　一冊　存七卷(詩集七卷)

350000－2001－0005009　852.47/683.2

[經德堂集]八種　（清）龍啓瑞纂　清光緒京師刻本　七冊　存五種十五卷(經德堂文內集四卷外集二卷、經德堂文別集二卷、經籍舉要一卷、浣月山房詩集五卷、漢南春柳詞抄一卷)

350000－2001－0005010　852.1949/933.1

[光緒癸卯恩科]評選直省闈藝大全七卷　（□）□□輯　清光緒三十年(1904)上海久敬齋石印本　七冊

350000－2001－0005011　852.1949/938.1

[光緒庚子辛丑恩正並行壬寅]直省鄉墨十二卷　題(清)宜今室主人輯　清光緒二十九年(1903)通文書局石印本　八冊

350000－2001－0005012　822.47/22－8

漁洋山人精華錄訓纂十卷目錄二卷漁洋山人[王士禎]自撰年譜二卷附錄一卷　（清）王士禎撰　（清）惠棟纂　清光緒刻本　十二冊

350000－2001－0005013　920.63/655

歷代人物論海一百卷歷代政治論海四十四卷中外掌故論海十四卷歷代時勢論海十四卷　（清）蔡和鏘輯　清光緒二十八年(1902)石印本　三十二冊

350000－2001－0005014　852.47/705.93

錢牧齋全集三種　（清）錢謙益撰　（清）錢曾箋注　清宣統二年(1910)邃漢齋鉛印本　四十冊

350000－2001－0005015　822.47/24.31

讀選樓詩稿十卷　（清）王采蘋撰　清光緒二十年(1894)刻本　一冊

350000－2001－0005016　920.63/679

歷代說約四卷　（清）劉曾璈輯　清道光九年(1829)刻本　一冊

350000－2001－0005017　822.47/24.5

南韶于役草一卷　（清）王壽民撰　清光緒二十七年(1901)刻本　一冊

350000－2001－0005018　920.63/721

政蹟滙覽十四卷　（清）糜式南纂　清嘉慶二十年(1815)刻本　三冊

350000－2001－0005019　822.47/28.7

文莫室詩八卷　王樹枏撰　清光緒刻本　一冊

350000－2001－0005020　920.64/15

泊宅編三卷　（宋）方勺撰　清同治八年(1869)永康胡氏退補齋刻金華叢書本　一冊

350000－2001－0005021　920.64/394

歸廬譚往錄二卷　（清）徐宗亮撰　清光緒刻本　一冊

350000－2001－0005022　920.67/157－1

李氏蒙求補注六卷　（唐）李瀚撰　（清）金三俊輯　清道光刻本　四冊

350000－2001－0005023　920.67/157－2

李氏蒙求補注六卷　（唐）李瀚撰　（清）金三
俊輯　清嘉慶刻本　一冊

350000－2001－0005024　丁2.3/75
宋大家王文公文鈔十六卷　（宋）王安石撰
（明）茅坤評　明萬曆刻本　二冊

350000－2001－0005025　丁2.6/153
高季迪先生大全集十八卷　（明）高啟撰　清
康熙刻本　四冊

350000－2001－0005026　戊1/22
經訓堂叢書二十一種　（清）畢沅輯　清乾隆
鎮洋畢氏刻本　二十四冊

350000－2001－0005027　丁5/9
納書楹曲譜正集四卷續集四卷外集二卷補遺
四卷四夢全譜八卷　（清）葉堂撰　（清）王文
治訂　清乾隆五十七年（1792）納書楹刻本
十四冊　缺八卷（四夢全譜八卷）

350000－2001－0005028　920.67/420
歷朝鑑略一卷　（清）曹維藩編　（清）葉滋鈞
箋注　清光緒四年（1878）俞增光刻本　一冊

350000－2001－0005029　920.67/420＝1
歷朝鑑略一卷　（清）曹維藩編　（清）葉滋鈞
箋注　清光緒四年（1878）俞增光刻本　一冊

350000－2001－0005030　852.47/705.94
錢牧齋文鈔不分卷　（清）錢謙益撰　清宣統
元年（1909）上海國學扶輪社鉛印本　四冊

350000－2001－0005031　822.196/φ110
語溪驪唱集一卷　（清）伊象昂輯　清光緒三
十四年（1908）刻本　一冊

350000－2001－0005032　852.47/706
錢南園先生遺集五卷　（清）錢灃撰　清光緒
二十一年（1895）刻本　二冊

350000－2001－0005033　852.47/706＝1
錢南園先生遺集五卷　（清）錢灃撰　清光緒
二十一年（1895）刻本　二冊

350000－2001－0005034　920.67/420＝2
歷朝鑑略一卷　（清）曹維藩編　（清）葉滋鈞
箋注　清光緒四年（1878）俞增光刻本　一冊

350000－2001－0005035　852.47/706.1
錢南園先生遺集五卷　（清）錢灃撰　清光緒
二十一年（1895）刻本　四冊

350000－2001－0005036　822.196/φ155.3
四幷堂唱和集一卷　（清）李彥章等撰　清道
光刻本　一冊

350000－2001－0005037　822.47/35.1
稼軒尺鴻詩一卷　（清）尹調元撰　清光緒二
十一年（1895）刻本　二冊

350000－2001－0005038　852.195/248
五周先生集七卷　冒廣生輯　清光緒二十二
年（1896）水繪盦刻如皋冒氏叢書本　一冊

350000－2001－0005039　822.47/35.2
抱橤阝山房詩稿二卷　（清）尹恭保撰　清光
緒六年（1880）刻本　一冊

350000－2001－0005040　822.47/61
慎盦詩鈔二卷　（清）左宗植撰　清光緒元年
（1875）刻本　二冊

350000－2001－0005041　852.47/707.82
錢文端公香樹齋全集八十七卷　（清）錢陳羣
撰　文端公年譜三卷　（清）錢儀吉編　（清）
錢志澄增訂　清乾隆嘉興錢氏刻同治九年
（1870）、清光緒二十一年（1895）遞修本　二
十六冊

350000－2001－0005042　852.195/495
二黃合稿二卷　（清）黃崇惺　（清）黃家鼎撰
（清）廷愷編　清光緒八年（1882）刻本
一冊

350000－2001－0005043　920.67/710－1
史鑑節要便讀六卷　（清）鮑東里輯　清光緒
二十七年（1901）上海書局石印本　二冊

350000－2001－0005044　822.47/61
念宛齋詩集十卷　（清）左輔撰　清嘉慶十七
年（1812）刻本　一冊　存四卷（一至四）

350000－2001－0005045　852.195/675
三劉先生家集不分卷　（宋）劉元高編　（清）
劉朝昇校　清光緒二十三年（1897）刻本

二册

350000－2001－0005046　852.195/675＝1

三劉先生家集不分卷　（宋）劉元高編　（清）劉朝昇校　清光緒二十三年（1897）刻本
二册

350000－2001－0005047　920.7/934

中國歷史教科書七卷　（□）□□撰　清光緒石印本　一册

350000－2001－0005048　822.47/74

俞俞齋詩彙二卷　（清）史念祖撰　清光緒十六年（1890）黔南藩署木活字印本　二册

350000－2001－0005049　822.47/74.2

退思軒詩存一卷　（清）史澄撰　清光緒九年（1883）刻本　一册

350000－2001－0005050　852.195/784－6

三蘇文集三種　（清）邵希雍輯　清宣統元年（1909）上海會文學社石印本　八册

350000－2001－0005051　920.67/301

歷史簡明歌詞一卷　（清）范祝崧編　清末民國初抄本　一册

350000－2001－0005052　822.47/80.1

倉海君庚戌羅浮游草一卷　邱逢甲撰　清宣統二年（1910）鉛印本　一册

350000－2001－0005053　822.47/80.2

德芬堂詩鈔十二卷　（清）邱岡撰　清嘉慶十年（1805）刻本　二册

350000－2001－0005054　822.196/φ155.2

[榕園唱和集]九卷　（清）李彦章等撰　清刻本　二册

350000－2001－0005055　920.923/439

唐陸宣公奏議讀本四卷首一卷　（唐）陸贄撰　（清）汪銘謙編輯　（清）馬傳庚評點　清宣統元年（1909）會稽馬氏石印本　二册

350000－2001－0005056　920.923/439＝1

唐陸宣公奏議讀本四卷首一卷　（唐）陸贄撰　（清）汪銘謙編輯　（清）馬傳庚評點　清宣統元年（1909）會稽馬氏石印本　二册

350000－2001－0005057　852.196/766

蜀秀集九卷　（清）吳之瑛訂　清光緒五年（1879）成都試院刻本　八册

350000－2001－0005058　852.196/766＝1

蜀秀集九卷　（清）吳之瑛訂　清光緒五年（1879）成都試院刻本　八册

350000－2001－0005059　822.47/86.1

東游草一卷　（清）江瀚著　清光緒三十年（1904）刻本　一册

350000－2001－0005060　852.47/707.9

丹魁書屋謄稿不分卷　（清）錢福煒撰　清宣統元年（1909）木活字印本　一册

350000－2001－0005061　822.196/φ156

素蘭唱和集一卷附鈔一卷　（清）李鴻瑞編　清道光十二年（1832）刻本　一册

350000－2001－0005062　822.196/φ168

正誼書院課藝詩二卷　吳曾祺等撰　清刻本　一册

350000－2001－0005063　822.196/φ180

擊鉢吟十一集二卷　（清）何剛德撰　清光緒二十三年（1897）刻本　一册

350000－2001－0005064　822.196/φ180.1

實齋詩彙二卷　（清）何西泰撰　清嘉慶十一年（1806）刻本　一册

350000－2001－0005065　822.47/φ111＝2

留春草堂詩鈔七卷　（清）伊秉綬撰　清嘉慶十九年（1814）廣州刻本　二册

350000－2001－0005066　822.196/φ212

北山詩存一卷含山語錄一卷　（清）林廣運編　清同治九年（1870）刻本　一册

350000－2001－0005067　852.47/731.9

庸盦海外文編四卷　（清）薛福成撰　清光緒二十一年（1895）望龍學社刻本　四册

350000－2001－0005068　852.47/731.10

庸盦海外文編四卷　（清）薛福成撰　清光緒二十三年（1897）上海醉六堂石印本　二册

350000 – 2001 – 0005069　852.42/655

蔡中郎集六卷附補遺一卷　（漢）蔡邕著
（清）劉嗣奇校　清康熙三十四年(1695)刻本
四冊

350000 – 2001 – 0005070　852.47/749 – 4

戴南山文鈔六卷　（清）戴名世撰　清宣統二
年(1910)上海國學扶輪社鉛印本　三冊

350000 – 2001 – 0005071　822.47/116 – 1

全謝山先生勾餘土音五卷　（清）全祖望撰
清抄本　一冊

350000 – 2001 – 0005072　852.47/760.1

儲遯菴文集十二卷附錄一卷　（清）儲方慶撰
清光緒二年(1876)刻本　六冊

350000 – 2001 – 0005073　920.926/9 – 1

少保于公奏議十卷　（明）于謙撰　清光緒丁
氏刻本　八冊

350000 – 2001 – 0005074　822.196/ϕ214.1

滇闈唱和詩鈔一卷　（清）林紹年編　清光緒
二十九年(1903)刻本　一冊

350000 – 2001 – 0005075　822.196/ϕ214.2

鴻雪聯吟一卷　（清）林昌彝編　清同治七年
(1868)廣州刻本　一冊

350000 – 2001 – 0005076　920.917/935

世宗聖訓不分卷　（清）世宗胤禛撰　清乾隆
五年(1740)刻本　三十二冊

350000 – 2001 – 0005077　852.421/552

賈太傅文一卷　（漢）賈誼撰　清光緒三年
(1877)夏獻云刻本　一冊

350000 – 2001 – 0005078　852.47/760.6

存硯樓文集十六卷　（清）儲大文著　清光緒
元年(1875)宜興儲氏刻本　十二冊

350000 – 2001 – 0005079　852.47/761 – 8

古微堂內集三卷外集七卷　（清）魏源撰　清
光緒四年(1878)淮南書局刻本　四冊

350000 – 2001 – 0005080　852.47/761 – 9

古微堂內集二卷外集八卷　（清）魏源撰　清
宣統元年(1909)上海國學扶輪社鉛印本

六冊

350000 – 2001 – 0005081　852.422/37 – 1

孔北海集一卷　（漢）孔融撰　清宣統三年
(1911)文盛書局石印本　一冊

350000 – 2001 – 0005082　852.47/765 – 5

復堂類集四種　（清）譚獻撰　清光緒刻本
五冊　缺八卷(日記八卷)

350000 – 2001 – 0005083　920.9/98

邊事彙鈔十二卷續鈔八卷　（清）劉韞齋鑒定
　（清）朱克敬編輯　清光緒六年(1880)長沙
刻本　十冊

350000 – 2001 – 0005084　852.47/782

藕香館文錄不分卷　（清）竇鎮山撰　清光緒
三十年(1904)河內竇氏刻本　一冊

350000 – 2001 – 0005085　852.423/421

曹集銓評十卷逸文一卷　（三國魏）曹植撰
（清）丁晏銓評　附魏陳思王年譜一卷　（清）
丁晏纂　清同治十一年(1872)金陵書局刻本
二冊

350000 – 2001 – 0005086　920.91/450

制詔集二十卷　（唐）常袞撰　清光緒七年
(1881)郭柏蒼沁泉山館刻本　四冊

350000 – 2001 – 0005087　852.47/784 – 1

鐵橋漫稿十三卷　（清）嚴可均撰　清道光十
八年(1838)刻四錄堂類集本　四冊

350000 – 2001 – 0005088　852.424/449.18

陶淵明文集十卷　（晉）陶潛撰　清宣統元年
(1909)著易堂書局石印本　四冊

350000 – 2001 – 0005089　852.47/787.5

悔菴學文八卷補遺一卷　（清）嚴元照撰　清
光緒湖城義塾刻本　五冊

350000 – 2001 – 0005090　852.424/449.20

靖節先生集十卷首一卷末一卷　（晉）陶潛撰
　（清）陶澍注　清道光二十年(1840)刻本
四冊

350000 – 2001 – 0005091　852.47/791.8

炳燭齋文集初刻一卷續刻一卷　（明）顧大韶

撰 清宣統元年(1909)上海國學扶輪社鉛印
本 一冊

350000－2001－0005092 852.47/791.9
盍山文錄八卷 (清)顧雲撰 清光緒十五年
(1889)刻本 二冊

350000－2001－0005093 852.47/791.9＝1
盍山文錄八卷 (清)顧雲撰 清光緒十五年
(1889)刻本 三冊

350000－2001－0005094 822.47/792.5
梅軒詩錄二卷 (清)顧延吉撰 清光緒二十
二年(1896)顧文善齋刻本 一冊

350000－2001－0005095 852.424/449.21
陶淵明文集十卷 (晉)陶潛撰 清光緒十三
年(1887)石印本 二冊

350000－2001－0005096 852.47/792.9
虞東先生文錄八卷 (清)顧鎮撰 清同治十
三年(1874)虞山顧氏刻小石山房叢書本
二冊

350000－2001－0005097 920.2/460－1
續資治通鑑二百二十卷 (清)畢沅編 清光
緒二十六年(1900)圖書集成局鉛印本 二十
八冊

350000－2001－0005098 852.47/795－6
龔定盒全集十九卷 (清)龔自珍撰 定盒
[龔自珍]先生年譜一卷 吳昌綬編 清宣統
元年(1909)上海國學扶輪社鉛印本 七冊

350000－2001－0005099 920.2/361
袁王綱鑑合編三十九卷首一卷 (明)袁黃輯
 (明)王世貞編 御撰明紀綱目二十卷
(清)張廷玉等撰 清光緒三十年(1904)上海
商務印書館鉛印本 十六冊

350000－2001－0005100 920.2/361＝1
袁王綱鑑合編三十九卷首一卷 (明)袁黃輯
 (明)王世貞編 御撰明紀綱目二十卷
(清)張廷玉等撰 清光緒三十年(1904)上海
商務印書館鉛印本 十六冊

350000－2001－0005101 920.2/272－1

通鑑釋文辨誤十二卷 (元)胡三省撰 清光
緒十六年(1890)上海積山書局石印本 一冊

350000－2001－0005102 丁2.5/16
近光集三卷扈從詩一卷 (元)周伯琦撰 清
刻本 四冊

350000－2001－0005103 丁3.2/49
翠樓集一卷二集一卷新集一卷 (清)劉雲份
選訂 清康熙十二年(1673)野香堂刻本
一冊

350000－2001－0005104 丙13/7
一切經音義二十五卷 (唐)釋玄應撰 清乾
隆五十一年(1786)刻本 六冊

350000－2001－0005105 甲9.3/49
韻略易通三卷 (明)蘭茂撰 清康熙刻本
二冊

350000－2001－0005106 甲10/10
七緯三十八卷 (清)趙在翰輯 清嘉慶十四
年(1809)侯官趙氏小積石山房刻本 十冊

350000－2001－0005107 乙5.2/1.5
象山先生[陸九淵]年譜三卷 (宋)袁燮
(宋)傅子雲編 (清)李紱增訂 清雍正十年
(1732)清風園刻本 一冊

350000－2001－0005108 甲6/13
左氏條貫十八卷 (清)曹基編 清康熙五十
一年(1712)刻本 四冊

350000－2001－0005109 甲6/13.1
左氏條貫十八卷 (清)曹基編 清康熙五十
一年(1712)刻本 十冊

350000－2001－0005110 丁2.7/159
圭美堂集二十六卷 (清)徐用錫撰 清乾隆
十三年(1748)刻本 十冊

350000－2001－0005111 822.47/116.1
鮚埼亭詩集十卷 (清)全祖望著 清光緒十
六年(1890)慈溪童氏刻本 四冊

350000－2001－0005112 852.47/φ215
挹奎樓選稿十二卷 (清)林雲銘撰 (清)仇
兆鼇選 清康熙三十五年(1696)刻本 四冊

350000 – 2001 – 0005113　丁2.7/158

圭美堂集二十六卷　（清）徐用錫撰　清乾隆
十三年(1748)刻本　三冊

350000 – 2001 – 0005114　852.47/938

夜識齋賸稿一卷　（清）沈葆楨撰　清末刻本
　一冊

350000 – 2001 – 0005115　φ927.8/974

閩警　題福建人著　清光緒三十年(1904)上
海復初書社鉛印本　一冊

350000 – 2001 – 0005116　920.2/168

廿二史紀事提要八卷　（清）吳綬纂　清乾隆
十一年(1746)刻本　八冊

350000 – 2001 – 0005117　丁3.1/39.1

晚邨先生八家古文精選八卷　（清）呂留良輯
　（清）呂葆中批點　清康熙四十三年(1704)
呂氏家塾刻本　四冊

350000 – 2001 – 0005118　874.47/740 – 1

詳註嚶求集二卷　（清）繆艮撰　清光緒十六
年(1890)上海江左書林石印本　二冊

350000 – 2001 – 0005119　822.47/124

賦梅書屋詩初集六卷二集三卷三集二卷四集
一卷五集二卷六集二卷　（清）宋廷樑著　清
光緒十七年至三十年(1891 – 1904)西江刻本
　一冊　存九卷(二集三卷、三集二卷、四集
一卷、五集二卷、六集一)

350000 – 2001 – 0005120　920.2/164

資治通鑑地理今釋十六卷　（清）吳熙載撰
清光緒八年(1882)江蘇書局刻本　三冊

350000 – 2001 – 0005121　852.48/740 – 4

藝風堂文集七卷外篇一卷　繆荃孫撰　清光
緒二十七年(1901)刻本　四冊

350000 – 2001 – 0005122　852.426/393 – 1

徐孝穆全集六卷　（南朝陳）徐陵撰　（清）吳
兆宜箋注　清康熙至乾隆間揚州藝古堂刻本
　四冊

350000 – 2001 – 0005123　920.2/25 – 1

元經薛氏傳十卷　（隋）王通撰　（宋）阮逸注

清嘉慶元年(1796)掃葉山房刻本　二冊

350000 – 2001 – 0005124　852.494/35

抱黍阝山房騈體文二卷續稿六卷散體文二卷
酬酢文一卷　（清）尹恭保撰　清光緒刻本
六冊

350000 – 2001 – 0005125　822.47/102

曝書亭集八十卷附錄一卷　（清）朱彝尊撰
笛漁小稾十卷　（清）朱昆田撰　清康熙刻本
　一冊　存十卷(笛漁小稾十卷)

350000 – 2001 – 0005126　822.196/φ216.1

續擊鉢吟四卷　（清）林鴻年輯　清道光二十
年(1840)刻本　一冊

350000 – 2001 – 0005127　822.47/102.1

穆清堂詩鈔三卷續集五卷　（清）朱庭珍撰
清光緒二十一年(1895)刻本　二冊　存五卷
(續集五卷)

350000 – 2001 – 0005128　822.196/φ218

華山游草二卷　（清）林壽圖　（清）謝章鋌撰
　清同治八年(1869)歐齋刻本　一冊

350000 – 2001 – 0005129　852.427/416.6

庚子山集十六卷　（北周）庾信撰　（清）倪璠
註釋　附總釋一卷年譜一卷　清道光十九年
(1839)刻本　十二冊

350000 – 2001 – 0005130　920.2/65.1

司馬溫公稽古錄二十卷　（宋）司馬光撰　清
同治十一年(1872)湖北崇文書局刻本　四冊

350000 – 2001 – 0005131　822.196/φ218 = 1

華山游草二卷　（清）林壽圖　（清）謝章鋌撰
　清同治八年(1869)歐齋刻本　一冊

350000 – 2001 – 0005132　852.494/133

知非齋騈文錄一卷古文錄一卷　（清）沈湛鈞
撰　清光緒三十二年(1906)木活字印本
二冊

350000 – 2001 – 0005133　822.196/φ248

支樹詩拾一卷補錄一卷附刻一卷　（清）周長
庚等輯　清光緒十七年(1891)畏廬刻本
一冊

350000－2001－0005134　822.196/ϕ249

戊辰酬唱草一卷　(清)周哲成輯　清同治十三年(1874)臺陽刻本　一冊

350000－2001－0005135　822.47/103.3

四餘堂遺彙三卷　(清)朱軾撰　清道光十三年(1833)刻本　二冊

350000－2001－0005136　852.494/169－2

有正味齋駢體文二十四卷首一卷　(清)吳錫麒撰　(清)王廣業箋　(清)葉聯芬注　清光緒十五年(1889)上海蜚英館石印本　四冊

350000－2001－0005137　920.11/964

支那文明史論十章　(日本)中西牛郎撰　普通學書室譯　清光緒二十七年(1901)上海商務印書館鉛印本　一冊

350000－2001－0005138　920.1/971

東洋史要二卷　(日本)桑原騭藏撰　樊炳清譯　清光緒二十五年(1899)東文學社石印本　二冊

350000－2001－0005139　822.47/104－3

曝書亭集箋注二十三卷　(清)朱彝尊撰　(清)孫銀槎注　清嘉慶五年至九年(1800－1804)刻本　五冊

350000－2001－0005140　852.494/360

隨園駢體文註十六卷　(清)袁枚著　(清)黎光地注　清光緒十二年(1886)刻本　十二冊

350000－2001－0005141　852.4949/408

明文才調集不分卷　(清)許振禕輯　清光緒十八年(1892)江西書局刻本　四冊

350000－2001－0005142　852.427/416.9

庾子山集十六卷　(北周)庾信撰　(清)倪璠註釋　**附總釋一卷年譜一卷**　清雍正刻本　十二冊

350000－2001－0005143　822.71/ϕ104

楚辭後語六卷　(宋)朱熹撰　清末掃葉山房影印本　一冊　存四卷(一至四)

350000－2001－0005144　822.47/104.3

虛白山房詩集四卷駢體文二卷　(清)朱鳳毛撰　清光緒刻朱印本　一冊　存四卷(詩集四卷)

350000－2001－0005145　822.196/ϕ404

吳中唱和集八卷　(清)梁章鉅輯　清道光十年(1830)刻本　四冊

350000－2001－0005146　822.196/ϕ414

擊鉢吟十集二卷　郭曾炘輯　清光緒二十三年(1897)刻本　一冊　存一卷(上)

350000－2001－0005147　852.494/439－4

善卷堂四六十卷　(清)陸繁弨撰　(清)吳自高注　清乾隆三十五年(1770)刻本　六冊

350000－2001－0005148　852.43/21.2

王右丞集二十八卷首一卷末一卷　(唐)王維撰　(清)趙殿成箋註　清乾隆刻本　六冊

350000－2001－0005149　822.196/ϕ444

來薰吟館詩存一卷吟稿七卷　(清)陳鈺輯　清光緒三十一年(1905)閩縣王氏鉛印本　一冊

350000－2001－0005150　822.47/133

蒙廬詩存四卷外集一卷　(清)沈景脩撰　清光緒二十一年(1895)杭州刻本　一冊

350000－2001－0005151　822.196/ϕ444＝1

來薰吟館詩存一卷吟稿七卷　(清)陳鈺輯　清光緒三十一年(1905)閩縣王氏鉛印本　一冊

350000－2001－0005152　852.43/151.4

李太白文集三十六卷　(唐)李白撰　(清)王琦輯注　清乾隆刻本　八冊

350000－2001－0005153　852.43/151.4＝1

李太白文集三十六卷　(唐)李白撰　(清)王琦輯注　清乾隆刻本　十二冊

350000－2001－0005154　822.196/ϕ445.2

石遺室師友詩錄六卷　陳衍輯　清末鉛印本　二冊

350000－2001－0005155　852.494/446

陳檢討四六二十卷　(清)陳維崧撰　(清)程師恭注　清乾隆三十五年(1770)刻本　四冊

350000－2001－0005156　822.47/104.4

紅粟山莊詩六卷　（清）朱寶善撰　清同治九年(1870)福州刻本　二冊

350000－2001－0005157　919.029/970－1

節相壯游日錄二卷　題（清）桃溪漁隱　題（清）惺新庵主輯　清光緒二十三年(1897)上海石印本　四冊

350000－2001－0005158　920.1/971.1

新編東洋史教科書七章　（日本）開成館編　（清）王季點譯　清光緒二十八年(1902)上海商務印書館鉛印本　一冊

350000－2001－0005159　822.47/133.2

隨山館詩簡編四卷　（清）汪瑔撰　清光緒十七年(1891)刻本　一冊

350000－2001－0005160　852.494/568

味無味齋駢文二卷　（清）董兆熊撰　清同治十三年(1874)刻本　一冊

350000－2001－0005161　852.494/568＝1

味無味齋駢文二卷　（清）董兆熊撰　清同治十三年(1874)刻本　一冊

350000－2001－0005162　822.47/136.1

黃海前游集一卷　（清）汪宗沂撰　從游小草一卷　（清）汪律本撰　清光緒十一年(1885)刻本　一冊

350000－2001－0005163　920.2/65

綱鑑擇語十卷　（清）司徒修撰　清光緒二十四年(1898)上海書局石印本　六冊

350000－2001－0005164　852.494/568＝2

味無味齋駢文二卷　（清）董兆熊撰　清同治十三年(1874)刻本　一冊

350000－2001－0005165　852.494/568＝3

味無味齋駢文二卷　（清）董兆熊撰　清同治十三年(1874)刻本　一冊

350000－2001－0005166　920.1/963

續支那通史二卷　（日本）山峰晙藏著　題（清）漢陽青年編　清光緒三十二年(1906)會文堂書局石印本　四冊

350000－2001－0005167　852.4947/99

虛白山房駢體文二卷　（清）朱鳳毛撰　清光緒十五年(1889)廣州刻本　一冊

350000－2001－0005168　852.43/156.7

樊南文集補編十二卷附錄一卷　（唐）李商隱撰　（清）錢振倫箋　（清）錢振常注　清同治五年(1866)吳棠望三益齋刻本　四冊

350000－2001－0005169　920.1/182

普通新歷史十章　（□）□□撰　清光緒二十九年(1903)石印本　一冊

350000－2001－0005170　φ852.4949/100

梅崖制義遺編不分卷　（清）朱仕琇著　清道光九年(1829)朱氏刻本　一冊

350000－2001－0005171　919.29/942

乘查筆記一卷　（清）斌椿撰　清同治八年(1869)刻本　一冊

350000－2001－0005172　919.029/167

隨軺紀游續集二卷餘編一卷附錄一卷　吳宗濂纂　清光緒二十三年(1897)經世報館石印本　一冊

350000－2001－0005173　852.43/156.8

玉谿生詩箋注三卷首一卷樊南文集箋注八卷首一卷　（唐）李商隱撰　（清）馮浩編訂　清乾隆四十五年(1780)刻本　八冊

350000－2001－0005174　852.4949/403

[光緒癸卯恩科]順天闈墨不分卷　（□）□□輯　清光緒上海文寶書局石印本　一冊

350000－2001－0005175　852.43/156.9

玉谿生詩詳注三卷首一卷樊南文集詳注八卷　（唐）李商隱撰　（清）馮浩重訂　清乾隆四十五年(1780)刻清同治補修本　一冊　存六卷(樊南文集箋注一至四、七至八)

350000－2001－0005176　852.43/156.10

李義山文集十卷　（唐）李商隱撰　（清）徐樹穀箋　（清）徐炯注　清康熙四十七年(1708)刻本　四冊

350000－2001－0005177　822.47/137－1

五瑞齋詩續鈔九卷　(清)姚濬昌撰　清末刻本　三冊

350000－2001－0005178　822.196/ф491

船司空雅集錄一卷　(清)黃嘉爾編輯　清光緒十一年(1885)豫章刻本　一冊

350000－2001－0005179　822.47/137.3

振綺堂詩存一卷　(清)汪憲撰　清光緒十五年(1889)刻本　一冊

350000－2001－0005180　852.43/439.12

唐陸宣公集二十二卷　(唐)陸贄撰　清刻本　四冊

350000－2001－0005181　822.47/150

遂初草廬詩集十卷　(清)杜墱著　清同治九年(1870)刻本　三冊

350000－2001－0005182　822.196/ф674

篤舊集十八卷　(清)劉存仁編輯　清咸豐十年(1860)蘭州刻本　八冊

350000－2001－0005183　852.84/434

老學庵筆記二卷　(宋)陸游撰　清宣統三年(1911)上海掃葉山房石印本　二冊

350000－2001－0005184　852.87/16.1

輔仁錄四卷　(清)方宗誠撰　清光緒十二年(1886)刻本　一冊

350000－2001－0005185　919.08/982

中亞洲俄屬遊記二卷　(英國)蘭士德著　(清)莫鎮藩譯　清光緒二十年(1894)上海時務報館石印本　二冊

350000－2001－0005186　852.87/22－1

椒生隨筆八卷　(清)王之春撰　清光緒七年(1881)上洋文藝齋刻本　四冊

350000－2001－0005187　919.12/964

世界地理志五卷首一卷　(日本)中村五六編纂　(日本)頓野廣太郎修補　(日本)樋田保熙譯　清光緒二十八年(1902)上海金粟齋譯書處鉛印本　三冊

350000－2001－0005188　852.87/94

希聖錄一卷　(明)艾雲蒼著　清光緒二十三年(1897)刻本　一冊

350000－2001－0005189　852.87/162.6

瀛舟筆談十二卷首一卷　(清)阮亨撰　清嘉慶二十五年(1820)刻本　六冊

350000－2001－0005190　852.87/316－2

竹葉亭雜記八卷　(清)姚元之撰　清光緒十九年(1893)刻本　二冊

350000－2001－0005191　852.87/316.3

寸陰叢錄四卷　(清)姚瑩撰　清同治六年(1867)姚濬昌安福縣署刻中復堂全集本　一冊

350000－2001－0005192　929.024/968.1

海道圖說十五卷附長江圖說一卷　(英國)金約翰輯　(英國)傅蘭雅譯　(清)王德均筆述　清光緒刻本　十冊

350000－2001－0005193　822.13/166

全唐詩鈔八十卷補遺十六卷附詩人爵里節略一卷　(清)吳成儀輯　清乾隆刻本　二十四冊

350000－2001－0005194　822.14/164－4

宋詩鈔一百六卷　(清)吳之振等輯　清康熙吳氏鑒古堂刻本　二十九冊

350000－2001－0005195　852.47/98.2

梅崖居士文集三十卷首一卷外集八卷　(清)朱仕琇撰　清乾隆四十七年(1782)刻本　八冊

350000－2001－0005196　822.1975/393－2

本事詩十二卷　(清)徐釚編輯　清乾隆二十二年(1757)刻本　四冊

350000－2001－0005197　852.47/166.12

香亭文稿十二卷　(清)吳玉綸撰　清乾隆六十年(1795)刻本　四冊

350000－2001－0005198　822.44/301－4

石湖居士詩集三十四卷　(宋)范成大撰　清康熙二十七年(1688)吳郡顧氏刻本　四冊

350000－2001－0005199　822.16/661

影園瑤華集三卷　(明)鄭元勳輯　清乾隆二

十七年(1762)刻本　一冊

350000－2001－0005200　丁2.7/2.5
閩詩傳初集四卷附一卷　（清）曾士甲輯　清康熙刻本　四冊

350000－2001－0005201　852.47/φ443.2
惕園初藁十六卷外藁一卷　（清）陳庚煥撰清道光木活字印本　六冊

350000－2001－0005202　822.03/353
詩法火傳十六卷　（清）馬上巘撰　清順治刻本　八冊

350000－2001－0005203　852.87/337
筆花閣說薈六卷　（清）唐天溥輯　清咸豐三年(1853)唐模刻本　一冊

350000－2001－0005204　852.87/430
澄懷園語四卷　（清）張廷玉撰　清光緒十四年(1888)鉛印本　一冊

350000－2001－0005205　920.98/751
學仕錄十六卷　（清）戴肇辰輯　清同治五年(1866)刻本　八冊

350000－2001－0005206　920.937/748
岡州公牘不分卷　（清）聶爾康輯　清同治六年(1867)粵東高涼官廨刻本　十冊

350000－2001－0005207　852.43/159.4
習之先生全集錄二卷　（唐）李翱撰　（清）儲欣錄　清刻本　一冊

350000－2001－0005208　920.937/938
兩淮案牘鈔存不分卷　（□）□□輯　清宣統鉛印本　一冊

350000－2001－0005209　852.43/159.4＝1
習之先生全集錄二卷　（唐）李翱撰　（清）儲欣錄　清刻本　二冊

350000－2001－0005210　920.937/938＝1
兩淮案牘鈔存不分卷　（□）□□輯　清宣統鉛印本　一冊

350000－2001－0005211　920.937/432
金陵張炳垣先生舉義文存一卷　（清）張繼庚

撰　清同治十一年(1872)金陵刻本　一冊

350000－2001－0005212　822.196/φ527＝1
擊鉢吟偶存二卷附紅樓夢戲詠一卷　（清）曾元海訂　清道光十一年(1831)刻本　二冊

350000－2001－0005213　920.937/537
燕鴻爪印三卷　（清）程蘇撰　清宣統二年(1910)鉛印本　一冊

350000－2001－0005214　852.87/430＝1
澄懷園語四卷　（清）張廷玉撰　清光緒十四年(1888)鉛印本　一冊

350000－2001－0005215　920.937/637
金鷄談薈二卷　（清）歐陽利見撰　清光緒鉛印本　一冊

350000－2001－0005216　852.87/446－2
郎潛紀聞初筆七卷二筆八卷三筆六卷　（清）陳康祺撰　清宣統二年(1910)上海掃葉山房石印本　十冊　存十九卷(初筆七卷、二筆八卷、三筆一至四)

350000－2001－0005217　920.937/642
樊山判牘四卷　樊增祥撰　清末民國初法政學社石印本　四冊

350000－2001－0005218　852.87/478
七硯齋百物銘一卷雜著一卷　（清）馮譽驄著　清光緒二十九年(1903)刻本　一冊

350000－2001－0005219　852.87/478＝1
七硯齋百物銘一卷雜著一卷　（清）馮譽驄著　清光緒二十九年(1903)刻本　一冊

350000－2001－0005220　822.196/φ527－1
擊鉢吟偶存二卷　（清）曾元海訂　清道光二十五年(1845)刻本　一冊

350000－2001－0005221　852.43/174
岑嘉州集八卷　（唐）岑參撰　清光緒十年(1884)上海同文書局石印本　二冊

350000－2001－0005222　852.87/522
古南餘話五卷　（清）舒夢蘭撰　（清）黃慎言輯　清嘉慶十八年(1813)刻本　一冊

350000－2001－0005223　822.196/φ527－2

擊鉢吟詩集十八卷　(清)曾元海編　清道光二十五年(1845)刻本　九冊

350000－2001－0005224　852.87/558

京塵雜錄四卷　(清)楊掌生撰　清光緒十二年(1886)上海同文書局石印本　二冊

350000－2001－0005225　852.87/622.1

思補齋筆記八卷　(清)潘世恩撰　清末刻本　一冊

350000－2001－0005226　920.937/677

江楚會奏變法摺(一至三摺)　(清)劉坤一(清)張之洞撰　清光緒鉛印本　三冊

350000－2001－0005227　920.937/677.1

江楚會奏變法摺(一至三摺)　(清)劉坤一(清)張之洞撰　清光緒二十七年(1901)兩湖書院刻本　一冊

350000－2001－0005228　852.87/637.1

水窗春囈二卷　(清)歐陽兆熊撰　清光緒三年(1877)上海機器印書局鉛印本　一冊

350000－2001－0005229　852.87/637.1＝1

水窗春囈二卷　(清)歐陽兆熊撰　清光緒三年(1877)上海機器印書局鉛印本　二冊

350000－2001－0005230　852.87/749－1

藤陰雜記十二卷　(清)戴璐撰　清光緒三年(1877)刻本　二冊

350000－2001－0005231　852.88/162－1

定香亭筆談四卷　(清)阮元撰　(清)吳文溥錄　清嘉慶五年(1800)揚州阮元琅嬛仙館刻本　三冊　存三卷(一至三)

350000－2001－0005232　852.88/162－2

定香亭筆談四卷　(清)阮元撰　(清)吳文溥錄　清光緒十年(1884)瀨江宋氏刻本　四冊

350000－2001－0005233　822.43/393－1

彙纂詩法度鍼三十三卷　(清)徐文弼輯　清乾隆二十三年(1758)刻本　八冊

350000－2001－0005234　021/165

易堂問目四卷　(清)吳鼎輯　清乾隆刻本二冊

350000－2001－0005235　029/333－1

四書左國彙纂四卷　(清)高其名　(清)鄭師成纂　清乾隆三十五年(1770)百尺樓刻本四冊

350000－2001－0005236　121.24/φ55

莊子因六卷　(清)林雲銘評述　清康熙二十七年(1688)刻本　二冊

350000－2001－0005237　022/272

易圖明辨十卷　(清)胡渭撰　清康熙耆學齋刻重修本　二冊

350000－2001－0005238　027/6

左穎六卷國穎二卷　(清)高士奇輯注　清康熙五十七年(1718)刻本　一冊

350000－2001－0005239　027.6/332

詞綜三十六卷　(清)朱彝尊輯　清康熙十七年(1678)休陽汪氏裘杼樓刻乾隆九年(1744)重修本　十冊

350000－2001－0005240　丁4.4/1.1

詞苑叢談十二卷　(清)徐釚編輯　清康熙二十七年(1688)刻本　六冊

350000－2001－0005241　852.87/φ394.2

嘯月亭筆記十二卷　(清)徐時作輯　清乾隆三十五年(1770)刻本　四冊

350000－2001－0005242　丁3.2/50

國朝名公詩選十二卷　(明)陳繼儒纂輯(明)陳元素箋釋　明天啓元年(1621)刻本五冊　存十卷(一至十)

350000－2001－0005243　852.46/946

從野堂存稿八卷　(明)繆昌期著　明崇禎十年(1637)繆虛白刻本　四冊

350000－2001－0005244　722.9/568

柳堂訂譌署二卷　(清)董儒龍訂　(清)董時若錄　清雍正四年(1726)荊溪柳堂刻本一冊

350000－2001－0005245　832.47/52

浣雪詞鈔二卷　(清)毛際可撰　清康熙刻本

一冊

350000－2001－0005246　852.46/731
文清公薛先生文集二十四卷　（明）薛瑄撰
（明）張鼎校正編輯　明萬曆四十二年(1614)
薛士弘刻本　十二冊

350000－2001－0005247　822.43/153.5
受祺堂詩三十五卷　（清）李因篤撰　清康熙
三十八年(1699)刻本　十二冊

350000－2001－0005248　920.937/307.5
枕干錄不分卷　（清）冒沅編輯　清光緒五年
(1879)水繪園刻本　一冊

350000－2001－0005249　920.937/307.6
拙叟贅言不分卷　（清）冒澄著　清光緒七年
(1881)水繪園刻本　一冊

350000－2001－0005250　852.88/441－1
黃學廬雜述三卷　（清）陳士芑撰　清宣統元
年(1909)鉛印本　一冊

350000－2001－0005251　920.937/307.7
潮牘偶存二卷　（清）冒澄撰　清光緒五年
(1879)刻本　二冊

350000－2001－0005252　920.937/307.4
雲門吏牘不分卷　（清）冒沅撰　清光緒四年
(1878)刻本　一冊

350000－2001－0005253　822.196/φ527－3
擊鉢吟詩集十八卷　（清）曾元海編　清末刻
本　十冊　存十三卷(一集至六集十二卷、七
集卷下)

350000－2001－0005254　862.42/951
轟天雷一卷　題(清)籐谷古香撰　清末鉛印
本　一冊

350000－2001－0005255　852.43/282
**柳文四十三卷別集二卷外集二卷附錄一卷補
錄一卷**　（唐）柳宗元撰　（唐）劉禹錫編　清
同治七年(1868)刻本　八冊

350000－2001－0005256　822.196/φ527－4
擊鉢吟詩集十八卷　（清）曾元海編　清末刻
本　六冊　存七卷(擊鉢偶存卷下、二集至四

集六卷)

350000－2001－0005257　822.196/φ527－6
擊鉢吟詩集十八卷　（清）曾元海編　清末刻
本　三冊　存六卷(六集二卷、七集二卷、八
集二卷)

350000－2001－0005258　862.426/167.1
西遊真詮二十卷一百回　（清）陳士斌撰　清
末刻本　十九冊　缺六回(二十九至三十四)

350000－2001－0005259　852.43/375.3
唐孫可之先生文集二卷　（唐）孫樵撰　清宣
統二年(1910)上海會文堂粹記影印本　一冊

350000－2001－0005260　920.937/307.3
羅綳吏牘不分卷　（清）冒沅撰　清光緒二年
(1876)刻本　一冊

350000－2001－0005261　920.937/250
**周武壯公遺書九卷首一卷外集三卷別集一卷
附錄一卷**　（清）周盛傳撰　清光緒三十一年
(1905)刻本　九冊

350000－2001－0005262　822.196/φ527－7
聽琴別館消寒詩鈔九集　（清）鄭元基輯　清
道光十五年(1835)刻本　二冊

350000－2001－0005263　862.427/940
說唐前傳十卷六十八回後傳六卷四十二回
（□）□□撰　清光緒十五年(1889)珍藝書局
石印本　四冊

350000－2001－0005264　920.937/154
開縣李尚書政書八卷首一卷　（清）李宗羲撰
清光緒十一年(1885)武昌刻本　五冊

350000－2001－0005265　852.43/439.4
唐陸宣公翰苑集二十四卷　（唐）陸贄撰
（清）張佩芳注釋　清乾隆刻光緒三年(1877)
重印本　八冊

350000－2001－0005266　822.47/152.1
容齋千首詩不分卷　（清）李天馥撰　清光緒
十二年(1886)鉛印本　六冊

350000－2001－0005267　852.43/439.15
唐陸宣公集二十二卷　（唐）陸贄撰　（清）年

龔堯重訂　清光緒二十七年（1901）石印本
一冊

350000－2001－0005268　862.908/791－3
顧氏四十家小說不分卷　（明）顧元慶輯　清
宣統三年（1911）上海國學扶輪社鉛印本
八冊

350000－2001－0005269　852.43/439.16
唐陸宣公集二十二卷　（唐）陸贄撰　清咸豐
元年（1851）刻本　六冊

350000－2001－0005270　852.43/439.41
唐陸宣公翰苑集二十二卷　（唐）陸贄撰
（清）謝希遷　（清）謝希楨校　清咸豐十一年
（1861）謝氏刻本　六冊

350000－2001－0005271　920.937/151
**李文忠公海軍函稿四卷遷移蠡池口教堂函稿
二卷外部函稿二十八卷**　（清）李鴻章撰
（清）吳汝編輯　清光緒二十八年（1902）蓮池
書社鉛印本　十五冊

350000－2001－0005272　862.9083/445－2
唐人說薈一百六十四種　（清）陳世熙輯　清
宣統三年（1911）上海掃葉山房石印本　十
六冊

350000－2001－0005273　852.43/439.13
唐陸宣公翰苑集二十二卷　（唐）陸贄撰　清
同治五年（1866）楊氏問竹軒刻本　六冊

350000－2001－0005274　920.937/61
左文襄公書牘節要二十六卷　（清）左宗棠撰
　清光緒二十八年（1902）刻本　十二冊

350000－2001－0005275　822.47/153.6
受祺堂詩三十五卷　（清）李因篤著　清康熙
刻本　十二冊

350000－2001－0005276　822.47/156.4
聽泉遺詩三卷　（清）李菖撰　清嘉慶元年
（1796）刻本　一冊

350000－2001－0005277　862.926/679－15
世說新語補二十卷　（南朝宋）劉義慶撰
（南朝梁）劉孝標注　（宋）劉應登評　（明）

何良俊增　（明）王世貞刪定　（明）王世懋評
（明）張文柱注　（清）黃汝琳補訂　清刻本
八冊

350000－2001－0005278　822.47/156.4＝1
聽泉遺詩三卷　（清）李菖撰　清嘉慶元年
（1796）刻本　二冊

350000－2001－0005279　920.928/415
南海先生戊戌奏稿不分卷　康有為撰　清宣
統三年（1911）鉛印本　一冊

350000－2001－0005280　862.926/679－15＝1
世說新語補二十卷　（南朝宋）劉義慶撰
（南朝梁）劉孝標注　（宋）劉應登評　（明）何
良俊增　（明）王世貞刪定　（明）王世懋評
（明）張文柱注　（清）黃汝琳補訂　清刻本
八冊

350000－2001－0005281　822.47/157.2
仿潛齋詩鈔十五卷　（清）李嘉樂撰　清光緒
十五年（1889）刻本　四冊

350000－2001－0005282　920.937/61.1
左文襄公批札七卷　（清）左宗棠撰　清光緒
十八年（1892）刻本　七冊

350000－2001－0005283　822.47/157.3
白華絳柎閣詩十卷　（清）李慈銘撰　清光緒
十六年（1890）石印本　六冊

350000－2001－0005284　920.927/674－1
劉中丞奏議二十卷　（清）劉蓉著　清光緒十
一年（1885）思賢講舍刻本　十冊

350000－2001－0005285　丁3.1/51
古詩箋三十二卷　（清）王士禎選　（清）聞人
倓箋　清乾隆三十一年（1766）芷蘭堂刻本
十四冊

350000－2001－0005286　852.47/619－1
經義齋集十八卷　（清）熊賜履著　清乾隆刻
本　七冊

350000－2001－0005287　丁2.1/10.5
陶靖節集六卷　（晉）陶潛撰　明萬曆四十七
年（1619）楊時偉刻合刻忠武靖節二編本

一冊

350000－2001－0005288　092.4/248.1
宋周公瑾雲煙過眼錄四卷　（宋）周密撰
（明）陳繼儒訂　明萬曆三十四年（1606）沈氏
刻尚白齋鐫陳眉公訂正秘笈本　一冊

350000－2001－0005289　φ929.71850/130
[乾隆]**上杭縣志十二卷首一卷**　（清）顧人驥
（清）潘廷儀等修　（清）沈成國纂　清乾隆
二十五年（1760）刻本　五冊

350000－2001－0005290　φ929.71743/104
[乾隆]**建寧縣志二十八卷首一卷**　（清）韓琮
（清）徐時作修　（清）朱霞　（清）廖其文
等纂　清乾隆二十四年（1759）刻四十七年
（1782）重修本　十冊

350000－2001－0005291　φ929.717/662
[乾隆]**邵武府志二十四卷**　（清）張鳳孫等修
（清）鄭念榮等纂　清乾隆三十五年（1770）
刻本　十二冊

350000－2001－0005292　φ929.71742/762
[乾隆]**光澤縣志三十二卷首一卷**　（清）段夢
日修　（清）魏洪纂　清乾隆二十四年（1759）
刻本　十二冊

350000－2001－0005293　φ929.717/662－1
[乾隆]**邵武府志二十四卷**　（清）張鳳孫等修
（清）鄭念榮等纂　清乾隆三十五年（1770）
刻本　九冊　存十四卷（一至二、十至二十
一）

350000－2001－0005294　φ929.71637/432
[雍正]**崇安縣志八卷首一卷**　（清）劉埥修
（清）張彬纂　清雍正十一年（1733）刻重修本
十冊

350000－2001－0005295　乙6.2/17.1
[康熙]**甌寧縣志十三卷**　（清）鄧其文修　清
康熙三十三年（1694）刻乾隆重印本　六冊

350000－2001－0005296　φ929.71635/645－1
[康熙]**甌寧縣志十三卷**　（清）鄧其文修　清
康熙三十三年（1694）刻乾隆重印本　六冊

350000－2001－0005297　φ929.71635/439
[康熙]**建安縣志十卷**　（清）崔銑修　（清）
陸登選等纂　清康熙五十二年（1713）刻乾隆
重修本　八冊

350000－2001－0005298　φ929.71635/24
建安縣鄉土志四卷　（清）王宗猛編　清光緒
稿本　四冊

350000－2001－0005299　乙6.2/17.5
[乾隆]**順昌縣志十卷**　（清）陳鏌修　（清）
呂天芹等纂　清乾隆三十年（1765）刻本
七冊

350000－2001－0005300　乙6.2/10.5
[乾隆]**大田縣志十二卷首一卷**　（清）杜昌丁
（清）李慧修　（清）葉銘　（清）林虎榜纂
清乾隆二十四年（1759）刻本　六冊

350000－2001－0005301　φ929.71359/496
永春州圖表不分卷　黃理編　稿本　一冊

350000－2001－0005302　φ929.71359/743
[乾隆]**永春州志十六卷首一卷**　（清）鄭一崧
修　（清）顏璹等纂　清乾隆五十二年（1787）
刻本　九冊　存十三卷（一至十二、首一卷）

350000－2001－0005303　φ929.71336/21
[康熙]**建陽縣志八卷首一卷**　（清）柳正芳修
（清）藍陳畧等纂　清康熙四十二年（1703）
刻本　一冊　存二卷（七至八）

350000－2001－0005304　乙6.2/21.5
[乾隆]**泰寧縣志十卷首一卷**　（清）張鳳孫
（清）施文燽修　（清）許燦　（清）梁大燜等
纂　清乾隆刻本　六冊

350000－2001－0005305　甲1/22
龍性堂易史參錄二卷　（清）葉矯然著　葉思
菴先生小傳一卷　清乾隆三十三年（1768）刻
本　二冊

350000－2001－0005306　φ929.71345/527.3
[光緒]**長汀縣志三十三卷首一卷末一卷**
（清）王墫等修　（清）楊瀾等纂　（清）延棟
續修　（清）曾炳文等續纂　（清）謝昌霖再續

修 （清）劉國光等再續纂 清光緒五年(1879)刻本 八冊 存二十八卷(三至三十)

350000－2001－0005307 ф929.71310/590.4
[乾隆]興化府莆田縣志三十六卷首一卷 （清）汪大經等修 （清）廖必琦 （清）林黌纂 清乾隆二十三年(1758)刻本 十冊

350000－2001－0005308 ф929.7126/428－1
[康熙]建寧府志四十八卷 （清）張琦修 （清）鄒山等纂 清康熙三十二年(1693)刻乾隆重修本 十八冊 存四十一卷(一至四、九至二十六、二十九至四十五、四十七至四十八)

350000－2001－0005309 乙6.2/9
[乾隆]屏南縣志八卷首一卷 （清）沈鍾纂修 （清）沈宗良增補 清乾隆六年(1741)刻十七年(1752)增補本 四冊

350000－2001－0005310 ф929.7112/130
[乾隆]長樂縣志十卷首一卷 （清）賀世駿修 （清）沈成國等纂 清乾隆二十八年(1763)刻本 八冊

350000－2001－0005311 乙6.2/6.2
[乾隆]福州府志藝文志補四卷首一卷 （清）李拔纂 清乾隆二十八年(1763)刻本 四冊

350000－2001－0005312 ф929.7121/665
[乾隆]福州府志七十六卷首一卷 （清）徐景熹修 （清）魯曾煜等纂 清乾隆十九年(1754)刻二十一年(1756)增補本 二十六冊

350000－2001－0005313 ф929.7119/313
[乾隆]永福縣志十卷 （清）陳焱等修 （清）俞荔 （清）陳雲客纂 清乾隆刻補修本 六冊

350000－2001－0005314 乙6.2/6.3
[乾隆]古田縣志八卷 （清）辛竟可修 （清）林咸吉等纂 清乾隆十六年(1751)刻補修本 八冊

350000－2001－0005315 ф929.7133/211.1
[乾隆]福清縣志二十卷圖一卷 （清）饒安鼎

（清）邵應龍修 （清）林昂 （清）李修卿纂 清光緒二十四年(1898)劉玉璋刻本 十二冊

350000－2001－0005316 乙6.2/3.3
閩書一百五十四卷 （明）何喬遠纂 明崇禎刻本 二十八冊 存四十六卷(六至五十一)

350000－2001－0005317 丁2.7/166
賈稻孫集四卷 （清）賈田祖撰 清乾隆四十九年(1784)刻本 一冊

350000－2001－0005318 ф929.71334/441
[道光]永安縣續志十卷首一卷 （清）孫義修 （清）陳樹蘭 （清）劉承美纂 清道光十三年(1833)刻本 二冊 存六卷(一至三、六至七,首一卷)

350000－2001－0005319 乙6.2/19
[萬曆]浦城縣志十六卷 （明）黎民範 （明）陳玄藻纂修 明萬曆刻本 五冊 存十三卷(一至八、十二至十六)

350000－2001－0005320 520/395
天元曆理全書十二卷首一卷 （清）徐發著輯 清康熙刻本 四冊

350000－2001－0005321 423.6/449
草韻彙編二十五卷首一卷 （清）陶南望輯 清乾隆二十年(1755)刻本 十冊

350000－2001－0005322 422.1/651
書法正宗不分卷 （清）蔣和撰 清乾隆刻本 一冊

350000－2001－0005323 722.8/792－3
隸辨八卷 （清）顧藹吉撰 清康熙五十七年(1718)秀水項氏玉淵堂刻本 八冊

350000－2001－0005324 812.1/674
刪補古今文致十卷 （明）劉士鏻選 （明）王宇增刪補 明天啓刻本 十一冊

350000－2001－0005325 822.17/679
國朝六家詩鈔八卷 （清）劉執玉輯 清乾隆三十二年(1767)刻本 六冊

350000－2001－0005326 822.47/22－10

王氏漁洋詩鈔十二卷　（清）王士禛撰　（清）
邵長蘅選　清康熙三十四年（1695）刻本
三冊

350000 - 2001 - 0005327　852.47/130 - 1

果堂集十二卷　（清）沈彤撰　清乾隆十六年
（1751）吳江沈氏刻沈果堂全集本　六冊

350000 - 2001 - 0005328　丙 13/6.2

五燈會元二十卷目錄二卷　（宋）釋普濟撰
明萬曆三十八年至四十年（1610 - 1612）刻本
二冊

350000 - 2001 - 0005329　822.47/396.52

七言律詩鈔十八卷　（清）翁方綱輯　清乾隆
四十七年（1782）復初齋刻本　一冊

350000 - 2001 - 0005330　025/127

四禮初藁四卷　（明）宋纁輯　清乾隆刻本
一冊

350000 - 2001 - 0005331　0285/171 - 2

呂氏四禮翼四卷　（明）呂坤撰　（清）朱軾評
點　清乾隆刻本　一冊

350000 - 2001 - 0005332　029/333 - 2

四書左國彙纂四卷　（清）高其名　（清）鄭師
成纂　清乾隆三十五年（1770）百尺樓刻本
二冊

350000 - 2001 - 0005333　722.19/372

新集古文四聲韻五卷附錄一卷　（宋）夏竦輯
清乾隆四十四年（1779）新安汪啓淑刻本
一冊

350000 - 2001 - 0005334　722.9/550.2

隸法彙纂十卷　（清）項懷述編　清乾隆刻本
二冊

350000 - 2001 - 0005335　021/21 - 1

欽定書經傳說彙纂二十一卷首二卷書序一卷
　（清）王頊齡等編　清雍正八年（1730）內府
刻本　十四冊

350000 - 2001 - 0005336　420.04/376 - 2

庚子銷夏記八卷閑者軒帖考一卷　（清）孫承
澤撰　清乾隆二十六年（1761）刻增補本

二冊

350000 - 2001 - 0005337　822.17/22 - 4

感舊集十六卷　（清）王士禛輯　（清）盧見曾
補傳　清乾隆十七年（1752）刻本　十六冊

350000 - 2001 - 0005338　822.12/606

古詩箋三十二卷　（清）王士禛選　（清）聞人
倓箋　清乾隆三十一年（1766）刻本　八冊

350000 - 2001 - 0005339　822.47/447 - 2

陳檢討詩鈔十卷　（清）陳維崧撰　（清）蔣景
祁等選　清康熙刻本　三冊

350000 - 2001 - 0005340　822.43/156 - 21

李義山詩集十六卷　（唐）李商隱撰　（清）姚
培謙箋　清乾隆姚氏松桂讀書堂刻本　二冊

350000 - 2001 - 0005341　852.47/443 - 1

陳檢討集二十卷　（清）陳維崧撰　（清）程師
恭注　清康熙三十二年（1693）刻本　六冊

350000 - 2001 - 0005342　丁 2.7/160

金東山文集十二卷　（清）金門詔撰　清乾隆
刻本　五冊

350000 - 2001 - 0005343　909.112/396 - 1

兩漢金石記二十二卷　（清）翁方綱撰　清乾
隆五十四年（1789）翁氏南昌使院刻本　六冊

350000 - 2001 - 0005344　909.112/396

兩漢金石記二十二卷　（清）翁方綱撰　清乾
隆五十四年（1789）翁氏南昌使院刻本　八冊

350000 - 2001 - 0005345　882.46/φ23

慕蓼王先生樗全集八卷　（明）王畿撰　清乾
隆二十四年（1759）王宗敏刻本　二冊

350000 - 2001 - 0005346　丙 1/42.8

性理抄二十卷　（明）楊道會撰　明萬曆刻本
十冊

350000 - 2001 - 0005347　022/41

日講易經解義十八卷　（清）牛鈕等撰　清康
熙二十三年（1684）刻本　八冊

350000 - 2001 - 0005348　927.1/φ753.1

東征集六卷　（清）藍鼎元撰　（清）王者輔評

清雍正十年(1732)刻本　二册

350000 – 2001 – 0005349　822.47/168 – 1
吳摯甫詩集不分卷　(清)吳汝綸撰　清宣統
二年(1910)上海國學扶輪社石印本　一册

350000 – 2001 – 0005350　822.47/168.11
缶爐詩四卷　(清)吳俊卿撰　清光緒十九年
(1893)刻本　一册

350000 – 2001 – 0005351　822.47/169.2 – 1
香蘇山館古體詩鈔十七卷今體詩鈔十九卷
(清)吳嵩梁撰　清道光刻本　六册　存二卷
(古體詩鈔一至二)

350000 – 2001 – 0005352　920.927/531
三公奏議三種　盛宣懷輯　清光緒二年
(1876)武進盛氏思補樓刻本　二十册

350000 – 2001 – 0005353　862.926/679 – 17
世說新語補二十卷　(南朝宋)劉義慶撰
(南朝梁)劉孝標注　(宋)劉應登評　(明)
何良俊增　(明)王世貞刪定　(明)王世懋評
(明)張文柱注　(清)黃汝琳補訂　清乾隆
二十七年(1762)江夏黃汝琳刻本　六册

350000 – 2001 – 0005354　920.927/531 = 1
三公奏議三種　盛宣懷輯　清光緒二年
(1876)武進盛氏思補樓刻本　二十册

350000 – 2001 – 0005355　822.47/169.4
香蘇山館古體詩鈔十七卷今體詩鈔十九卷
(清)吳嵩梁撰　清道光刻重修本　六册

350000 – 2001 – 0005356　822.47/169.2 – 1 = 1
香蘇山館古體詩鈔十七卷今體詩鈔十九卷
(清)吳嵩梁撰　清道光刻本　一册　存二卷
(古體詩鈔一至二)

350000 – 2001 – 0005357　862.96/346 – 1
野記四卷　(明)祝允明撰　清同治十三年
(1874)新陽李文楷刻本　一册

350000 – 2001 – 0005358　920.927/527 – 1
**曾文正公奏議十卷首一卷末一卷補編四卷文
鈔四卷詩稿四卷**　(清)曾國藩撰　(清)薛福
成編　清同治十三年至光緒二年(1874 –

1876)上海醉六堂刻本　十七册　缺一卷(奏
議三)

350000 – 2001 – 0005359　822.196/φ527 – 7 = 1
聽琴別館消寒詩鈔九集　(清)鄭元基輯　清
道光十五年(1835)刻本　四册

350000 – 2001 – 0005360　920.927/527
曾文正公奏議十卷首一卷末一卷補編四卷
(清)曾國藩撰　(清)薛福成編　清同治十三
年(1874)上海醉六堂刻本　十三册

350000 – 2001 – 0005361　822.196/φ558
西崑酬唱集二卷　(宋)楊億編　清末刻本
一册

350000 – 2001 – 0005362　822.47/169.41
**有正味齋詩集十六卷詩續集八卷駢體文二十
四卷續集八卷詞集八卷詞續集二卷外集南北
曲二卷外集五卷**　(清)吳錫麒撰　清嘉慶十
三年(1808)刻本　七册　存二十四卷(詩集
十六卷、詞集八卷)

350000 – 2001 – 0005363　862.97/320 – 15
閱微草堂筆記二十四卷　(清)紀昀撰　清道
光十五年(1835)刻本　十册

350000 – 2001 – 0005364　862.97/320 – 13
閱微草堂筆記二十四卷　(清)紀昀撰　清光
緒鉛印本　四册

350000 – 2001 – 0005365　822.47/169.42
有正味齋集十六卷　(清)吳錫麒撰　清刻本
四册

350000 – 2001 – 0005366　862.97/320 – 14
閱微草堂筆記二十四卷　(清)紀昀撰　清光
緒十五年(1889)上海廣百宋齋鉛印本　二册

350000 – 2001 – 0005367　920.927/486　2
彭剛直公奏稿八卷　(清)彭玉麟撰　清光緒
十七年(1891)吳下刻本　六册

350000 – 2001 – 0005368　862.97/403 – 2
兩般秋雨盦隨筆八卷　(清)梁紹壬撰　清宣
統二年(1910)掃葉山房石印本　四册

350000 – 2001 – 0005369　862.97/403 – 3

兩般秋雨盦隨筆八卷　（清）梁紹壬撰　清道光十七年(1837)錢塘汪氏振綺堂刻本　八冊

350000－2001－0005370　920.927/445

聖朝名公奏議八卷　（清）陳弢輯　清光緒元年(1875)上海中西書局石印本　六冊

350000－2001－0005371　920.927/338

上今皇帝書不分卷　（清）唐啓虞撰　清宣統鉛印本　一冊

350000－2001－0005372　862.97/408－2

里乘十卷　（清）許奉恩撰　清光緒五年(1879)刻本　十冊

350000－2001－0005373　920.927/360

袁太常奏稿一卷　（清）袁昶撰　清光緒刻本　一冊

350000－2001－0005374　920.927/408

禁煙諭摺輯錄一卷　（清）許玨輯　清光緒二十六年(1900)刻本　一冊

350000－2001－0005375　822.47/169.73

陋軒詩十二卷詩續二卷　（清）吳嘉紀著（清）夏荃輯　清嘉慶繆中刻道光夏嘉穀重修本　一冊　存二卷(詩續二卷)

350000－2001－0005376　920.927/414

郭侍郎奏疏十二卷　（清）郭嵩燾撰　清光緒十八年(1892)刻本　十二冊

350000－2001－0005377　920.927/153－1

李肅毅伯奏議二十卷　（清）李鴻章撰　（清）章洪鈞（清）吳汝綸編　清光緒石印本　二十冊

350000－2001－0005378　862.98/599－2

寄園寄所寄十二卷　（清）趙吉士輯　清康熙刻本　十二冊

350000－2001－0005379　862.98/599－1

寄園寄所寄十二卷　（清）趙吉士輯　清康熙刻本　十二冊

350000－2001－0005380　862.98/599－3

寄園寄所寄十二卷　（清）趙吉士輯　清宣統三年(1911)文盛書局石印本　八冊

350000－2001－0005381　920.927/156

味芋山房遺集一卷　（清）李紱藻撰　清宣統元年(1909)李氏石印本　一冊

350000－2001－0005382　822.47/169.83＝1

梅村詩集箋注十八卷　（清）吳偉業撰　（清）吳翌鳳注　清光緒十年(1884)湖北官書處刻本　十二冊

350000－2001－0005383　862.97/608－13

批點聊齋志異十六卷　（清）蒲松齡撰　（清）王士禎評　清末經元堂刻本　十四冊

350000－2001－0005384　920.927/181

藏諫研齋疏稿一卷　（清）何金壽撰　清光緒二十四年(1898)雲南刻本　一冊

350000－2001－0005385　822.47/169.83

梅村詩集箋注十八卷　（清）吳偉業著　（清）吳翌鳳注　清光緒十年(1884)湖北官書處刻本　十冊

350000－2001－0005386　822.47/169.83＝2

梅村詩集箋注十八卷　（清）吳偉業著　（清）吳翌鳳注　清光緒十年(1884)湖北官書處刻本　六冊

350000－2001－0005387　822.47/169.93

吳詩集覽二十卷補注二十卷談藪二卷補遺一卷　（清）吳偉業撰　（清）靳榮藩輯注　清乾隆、嘉慶刻清末蘇州綠蔭堂重修本　十六冊

350000－2001－0005388　852.13－4/134.2

唐宋八家文讀本三十卷　（清）沈德潛評點　清乾隆十五年(1750)刻本　十四冊　存二十八卷(一至二十八)

350000－2001－0005389　921.5/287－3

國語二十一卷　（三國吳）韋昭注　（明）陳仁錫　（明）鍾惺評　明刻本　四冊

350000－2001－0005390　992.121/ϕ590－1

尚友錄二十二卷　（明）廖用賢編纂　（清）張伯琮補輯　清康熙五年(1666)刻本　二十四冊

350000－2001－0005391　822.0414/271

漁隱叢話前集六十卷後集四十卷　（宋）胡仔
撰　清乾隆六年(1741)耘經樓刻本　十冊

350000－2001－0005392　992.12/ϕ661－2
本朝名家詩鈔小傳二卷　（清）鄭方坤撰　清
乾隆刻本　二冊

350000－2001－0005393　乙2/1.5
通鑑紀事本末二百三十九卷　（宋）袁樞撰
（明）張溥評校　明張溥刻本　三十九冊　存
二百卷(二十三至二百二十二)

350000－2001－0005394　929.029/393－6
徐霞客遊記十卷　（明）徐宏祖撰　外編一卷
補編一卷　（清）葉廷甲補編　清嘉慶二十年
(1815)江陰葉氏水心齋刻本　十冊

350000－2001－0005395　822.43/148－38
杜律通解四卷　（唐）杜甫撰　（清）李文煒箋
釋　清雍正三年(1725)刻本　四冊

350000－2001－0005396　822.43/148－4
杜工部集二十卷　（唐）杜甫撰　（清）錢謙益
箋註　年譜一卷諸家詩話一卷唱酬題詠附錄
一卷附錄一卷　清康熙六年(1667)刻本
四冊

350000－2001－0005397　852.44/ϕ151.1
宋李忠定公文集選二十九卷首四卷奏議選十
五卷　（宋）李綱撰　（明）左光先等選　明崇
禎十二年(1639)刻清康熙、乾隆遞修本　十
六冊

350000－2001－0005398　822.13/22.13
唐人萬首絕句選七卷　（宋）洪邁輯　（清）王
士禎選　清雍正十年(1732)刻本　七冊

350000－2001－0005399　852.44/66－2
司馬溫公文集八十二卷　（宋）司馬光撰　明
崇禎元年(1628)刻清康熙四十七年(1708)重
修本　二十三冊　存七十九卷(一至四十三、
四十七至八十二)

350000－2001－0005400　032.2/442
潛確居類書一百二十卷　（明）陳仁錫纂輯
明崇禎刻本　六十四冊

350000－2001－0005401　822.47/169.94
吳詩集覽二十卷補注二十卷談藪二卷補遺一
卷　（清）吳偉業著　（清）靳榮藩輯注　清乾
隆、嘉慶刻本　十六冊　存二十三卷(集覽二
十卷、談藪二卷、補遺一卷)

350000－2001－0005402　874.07/707
增補時俗通用達衷集四卷　（清）陸九如纂輯
（清）錢德蒼增補　清刻本　二冊

350000－2001－0005403　822.47/169.941
吳詩集覽二十卷補注二十卷談藪二卷補遺一
卷　（清）吳偉業著　（清）靳榮藩輯注　清刻
本　二十冊　存二十二卷(集覽二十卷、談藪
二卷)

350000－2001－0005404　822.47/183.2
使黔草三卷　（清）何紹基撰　清刻本　一冊

350000－2001－0005405　872.7/101
時務要覽八卷　（清）朱克敬輯　清光緒二十
三年(1897)上海萬選樓石印本　二冊

350000－2001－0005406　822.47/206
饅饂亭集三十卷後集十二卷　（清）祁寯藻撰
清咸豐七年(1857)祁氏刻本　六冊

350000－2001－0005407　872/181
新政真詮六編　（清）何啓　胡禮垣撰　清光
緒二十七年(1901)上海格致新報館鉛印本
六冊

350000－2001－0005408　920.3/356－1
文獻通考詳節二十四卷　（元）馬端臨撰
（清）嚴虞惇錄　清乾隆二十九年(1764)繩武
堂刻本　十冊

350000－2001－0005409　872.7/495
時務芻言一卷　（清）黃家傑撰　清光緒二十
一年(1895)刻本　一冊

350000－2001－0005410　822.47/247
其恕齋詩草八卷　（清）金銳撰　清道光二年
(1822)刻本　一冊

350000－2001－0005411　920.3/356－2
文獻通考詳節二十四卷　　（元）馬端臨撰

（清）嚴虞惇錄　清光緒二十四年（1898）鄂城求志學社刻本　十二冊

350000－2001－0005412　872.7/529
昌言報（一至十期）　（清）昌言報社編　清光緒鉛印本　一冊

350000－2001－0005413　920.3/342
文獻通考纂二十二卷續二十二卷　（元）馬端臨撰　（清）郎星等輯　清康熙三年（1664）刻本　十八冊

350000－2001－0005414　872.7/655
時務摭言四卷　（清）蔡鈞撰　清光緒二十三年（1897）六先書局石印本　二冊

350000－2001－0005415　872.2/125
時務論一卷　宋育仁撰　清光緒二十二年（1896）袖海山房石印本　一冊

350000－2001－0005416　920.3/249
文獻通考正續彙纂十二卷　（清）周宗濂撰　（清）楊守仁參校　清乾隆、嘉慶刻本　二冊

350000－2001－0005417　872.8/403.4
飲冰室自由書二卷　梁啓超著　清光緒二十五年（1899）鉛印本　一冊

350000－2001－0005418　874.108/250.1
分類尺牘竹安十六卷　（清）周道遵選　清光緒二年（1876）刻本　十冊

350000－2001－0005419　920.2/965－4
御批歷代通鑑輯覽一百二十卷　（清）傅恒等編　清末石印本　十冊

350000－2001－0005420　920.2/965－3
御批歷代通鑑輯覽一百二十卷　（清）傅恒等編　清光緒九年（1883）同文書局石印本　十六冊

350000－2001－0005421　874.16/249－4
重刻賴古堂尺牘新鈔三選結鄰集十六卷　（清）周在浚　（清）周在梁等輯　清道光六年（1826）北平雷學淦刻本　六冊

350000－2001－0005422　874.17/169.1
國朝名人小簡二卷　吳曾祺編　清宣統三年（1911）上海商務印書館鉛印本　二冊

350000－2001－0005423　920.2/948－1
鑑撮□□卷　（清）曠敏本編　清光緒二十八年（1902）上洋書局石印本　三冊　存五卷（一至五）

350000－2001－0005424　874.17/414
名賢手札八卷　（清）郭慶藩輯　清光緒二十九年（1903）上海點石齋石印本　一冊

350000－2001－0005425　874.17/414－1
名賢手札八卷　（清）郭慶藩輯　清光緒三十四年（1908）上洋海左書局石印本　一冊

350000－2001－0005426　874.17/429
昭代名人尺牘續集二十四卷　（清）陶湘輯　清宣統三年（1911）影印本　十冊　存二十卷（一至二十）

350000－2001－0005427　874.44/379－1
宋孫仲益内簡尺牘十卷　（宋）孫覿撰　（宋）李祖堯編注　（清）蔡焯　（清）蔡龍孫增訂　清光緒二十二年（1896）武進盛氏思惠齋刻常州先哲遺書本　二冊

350000－2001－0005428　920.2/792
批點綱鑑總論二卷　（清）顧迴瀾撰　清光緒二十九年（1903）上海書局石印本　二冊

350000－2001－0005429　920.2/791
綱鑑正史約三十六卷　（明）顧錫疇編　（清）陳弘謀增訂　清同治八年（1869）浙江書局刻本　二十冊

350000－2001－0005430　920.2/791＝1
綱鑑正史約三十六卷　（明）顧錫疇編　（清）陳弘謀增訂　清同治八年（1869）浙江書局刻本　十九冊　存三十五卷（一至三十五）

350000－2001－0005431　920.2/446
分類歷代通鑑輯覽六十四卷附歷代治亂興亡鏡一卷　（清）陳善輯　（清）曹錦春校　清光緒二十九年（1903）文瀾書局石印本　二十四冊

350000－2001－0005432　822.44/784.28

施註蘇詩四十二卷總目二卷　(宋)蘇軾撰
(宋)施元之注　(清)顧嗣立　(清)邵長蘅
(清)宋至刪補　蘇詩續補遺二卷　(宋)蘇
軾撰　(清)馮景補注　王注正譌一卷　(清)
邵長蘅撰　東坡先生年譜一卷　(宋)王宗稷
編　清康熙三十八年(1699)宋犖刻本　十
八冊

350000 - 2001 - 0005433　822.13/394 - 1
御定全唐詩錄一百卷　(清)徐倬　(清)徐元
正選　清康熙四十五年(1706)刻本　二十一
冊　存八十七卷(一至二十四、三十至八十
五、九十四至一百)

350000 - 2001 - 0005434　丙 10/42.5
宙合編八卷　(明)林兆珂撰　明萬曆刻本
四冊　存七卷(二至八)

350000 - 2001 - 0005435　852.43/156.1
李義山文集箋注十卷　(唐)李商隱撰　(清)
徐樹穀　(清)徐炯箋注　清康熙四十七年
(1708)徐氏花溪草堂刻本　二冊

350000 - 2001 - 0005436　852.44/28
朱子文集大全類編一百十一卷首一卷　(宋)
朱熹撰　(清)朱玉訂補　清雍正八年(1730)
紫陽書堂刻本　四十八冊

350000 - 2001 - 0005437　951.016/153
春秋大事表五十卷輿圖一卷附錄一卷　(清)
顧棟高撰　清乾隆十二年至十四年(1747 -
1749)刻本　二十四冊

350000 - 2001 - 0005438　850.107/720
江右古文選四十卷　(清)應麟輯　清乾隆三
十一年(1766)刻本　十八冊

350000 - 2001 - 0005439　852.47/ϕ215 - 1
挹奎樓選稿十二卷　(清)林雲銘撰　(清)仇
兆鼇選　清康熙三十五年(1696)刻本　四冊

350000 - 2001 - 0005440　852.46/332 - 2
青邱高季迪先生詩集十八卷遺詩一卷扣舷集
一卷鳧藻集五卷　(明)高啓撰　(清)金檀輯
注　年譜一卷附錄一卷　(清)金檀撰　清雍
正六至七年(1728 - 1729)金氏文瑞樓刻本

一冊　存五卷(鳧藻集五卷)

350000 - 2001 - 0005441　929.022/523 - 1
行水金鑑一百七十五卷首一卷　(清)傅澤洪
錄　清雍正三年(1725)淮揚官舍刻本　三十
六冊

350000 - 2001 - 0005442　909.31/25 - 1
宋王復齋鐘鼎款識一卷　(宋)王厚之編　清
嘉慶七年(1802)儀徵阮氏積古齋刻本　一冊

350000 - 2001 - 0005443　822.46/323 - 3
青邱高季迪先生詩集十八卷遺詩一卷扣舷集
一卷鳧藻集五卷　(明)高啓撰　(清)金檀輯
注　年譜一卷附錄一卷　(清)金檀撰　清雍
正六年至七年(1728 - 1729)金氏文瑞樓刻本
　八冊

350000 - 2001 - 0005444　852.1949/395
嶺雲編不分卷　(清)徐越輯　清康熙二十二
年(1683)刻本　六十四冊

350000 - 2001 - 0005445　852.46/359
袁中郎全集四十卷　(明)袁宏道著　(明)鍾
惺定　明崇禎二年(1629)武林佩蘭居刻本
二冊　存二十三卷(一至二十三)

350000 - 2001 - 0005446　852.46/98.2
覆瓿集七卷附錄一卷　(明)朱同撰　明萬曆
四十四年(1616)朱時新刻本　二冊

350000 - 2001 - 0005447　852.46/ϕ661.2
鄭山齋先生文集二十四卷　(明)鄭岳撰　明
萬曆十九年(1591)鄭炫刻本　五冊

350000 - 2001 - 0005448　822.47/248.4
水竹主人詩鈔十卷　(清)周之楷撰　清光緒
十一年(1885)刻本　一冊　存二卷(三至四)

350000 - 2001 - 0005449　822.47/237
函樓詩鈔八卷因遇詩一卷續刻八卷　(清)易
佩紳撰　清光緒八年(1882)刻本　六冊

350000 - 2001 - 0005450　874.44/379
宋孫仲益內簡尺牘十卷　(宋)孫覿撰　(宋)
李祖堯編注　清乾隆十二年(1747)刻常州先
哲遺書本　六冊

350000 – 2001 – 0005451　920.2/679

通鑑問疑一卷　（宋）劉義仲撰　**泉志十五卷**
（宋）洪遵撰　清照曠閣刻本　二冊

350000 – 2001 – 0005452　822.47/245

陶廬雜憶一卷續詠一卷　金武祥撰　清光緒
十三年(1887)廣州刻江陰叢書本　一冊

350000 – 2001 – 0005453　874.44/495 – 2

黃山谷尺牘十卷　（宋）黃庭堅撰　清道光刻
本　三冊

350000 – 2001 – 0005454　874.46/756 – 1

明瞿忠宣公手札及蠟丸書一卷　（明）瞿式耜
撰　清光緒三十四年(1908)國學保存會影印
本　一冊

350000 – 2001 – 0005455　822.47/247.1

篤慎堂燼餘詩稿二卷文稿一卷　（清）金諤撰
清光緒十一年(1885)廣州刻江陰叢書本
一冊

350000 – 2001 – 0005456　874.47/25.1

虛受堂書札二卷　王先謙撰　清宣統三年
(1911)上海掃葉山房石印本　一冊

350000 – 2001 – 0005457　920.2/706

歷朝綱鑑紀要讀本十二卷　（清）錢炅輯　清
乾隆五十六年(1791)杭城大賢樓刻本　六冊

350000 – 2001 – 0005458　822.47/250.1

雲臥山房集二卷詩餘一卷　（清）周嘉猷著
附年譜　清咸豐二年(1852)刻本　四冊

350000 – 2001 – 0005459　874.47/159.1

李文忠公朋僚函稿二十四卷　（清）李鴻章撰
（清）吳汝綸編　清光緒二十八年(1902)蓮
池書社鉛印本　十二冊

350000 – 2001 – 0005460　874.47/159.1 = 1

李文忠公朋僚函稿二十四卷　（清）李鴻章撰
（清）吳汝綸編　清光緒二十八年(1902)蓮
池書社鉛印本　十二冊

350000 – 2001 – 0005461　874.47/159 – 2

李文忠公朋僚函稿二十四卷　（清）李鴻章撰
（清）吳汝綸編　清光緒元年至三十四年

(1875 – 1908)鉛印本　十二冊

350000 – 2001 – 0005462　822.47/250.3

越詠二卷　（清）周調梅撰　清咸豐四年
(1854)刻本　二冊

350000 – 2001 – 0005463　822.47/262

青埜山人詩十卷　（清）洪飴孫撰　清光緒十
年(1884)陳氏西江使廨刻朱印本　二冊

350000 – 2001 – 0005464　874.47/394

翡翠巢依樣札稿四卷　題（清）畏壘山人撰
題（清）香洲居士錄　清嘉慶十二年(1807)刻
本　二冊

350000 – 2001 – 0005465　822.47/262 – 1

青埜山人詩十卷　（清）洪飴孫撰　清光緒十
年(1884)陳氏西江使廨刻本　二冊

350000 – 2001 – 0005466　874.47/395

適軒尺牘八卷　（清）徐菊生著　清光緒五年
(1879)刻本　三冊

350000 – 2001 – 0005467　822.47/265.1

通雅堂詩鈔十卷續集二卷　（清）施山撰　清
光緒元年(1875)荆州刻本　二冊

350000 – 2001 – 0005468　822.47/265.1 = 1

通雅堂詩鈔十卷續集二卷　（清）施山撰　清
光緒元年(1875)荆州刻本　二冊

350000 – 2001 – 0005469　822.47/452 – 3

邵亭詩鈔六卷　（清）莫友芝撰　清咸豐二年
(1852)遵義湘川講舍刻同治五年(1866)莫繩
孫補修影山草堂六種本　一冊

350000 – 2001 – 0005470　822.47/266.7

**施愚山先生學餘詩集五十卷外集二卷別集一
卷施氏家風述略一卷續編一卷**　（清）施閏章
撰　**施愚山[施閏章]先生年譜四卷**　（清）施
念曾編　清宣統三年(1911)上海國學扶輪社
石印本　十三冊

350000 – 2001 – 0005471　874.47/444.1

陳文恭公手札節要三卷　（清）陳弘謀撰　清
同治七年(1868)湖北崇文書局刻本　一冊

350000 – 2001 – 0005472　874.47/444.1 = 1

陳文恭公手札節要三卷　(清)陳弘謀撰　清同治七年(1868)湖北崇文書局刻本　一冊

350000－2001－0005473　822.47/282－4

養餘齋初集四卷二集四卷三集六卷　(清)柳樹芳撰　清道光二十七年(1847)刻本　四冊

350000－2001－0005474　822.47/282－4＝1

養餘齋初集四卷二集四卷三集六卷　(清)柳樹芳撰　清道光二十七年(1847)刻本　四冊

350000－2001－0005475　879.47/136

西征日記一卷　(清)汪振聲撰　清光緒二十六年(1900)刻本　一冊

350000－2001－0005476　822.47/453

荻蘆山房詩鈔十二卷　(清)莫洲撰　清嘉慶二十五年(1820)刻本　二冊

350000－2001－0005477　879.47/249－1

鷗堂日記三卷　(清)周星譽撰　清光緒十二年(1886)江陰金氏刻粟香室叢書本　一冊

350000－2001－0005478　879.47/408

甲辰考察日本商務日記一卷　(清)許炳榛纂　清光緒三十年(1904)鉛印本　一冊

350000－2001－0005479　920.52/23

史論正鵠二集四卷　(清)王樹敏評點　清光緒二十七年(1901)上海久敬齋石印本　四冊

350000－2001－0005480　822.47/455.3

秋水軒詩選一卷詞一卷　(清)莊盤珠撰　清光緒二年(1876)思補樓刻本　一冊

350000－2001－0005481　920.52/23－2

史論正鵠初集四卷二集四卷三集八卷四集八卷　(清)王樹敏評點　清光緒二十七年至三十年(1901－1904)上海久敬齋石印本　十六冊　存十六卷(初集四卷、二集四卷、四集八卷)

350000－2001－0005482　822.47/455.3＝1

秋水軒詩選一卷詞一卷　(清)莊盤珠撰　清光緒二年(1876)思補樓刻本　一冊

350000－2001－0005483　920.52/21－2

讀通鑑論十六卷宋論十五卷　(清)王夫之撰

清光緒三十年(1904)鉛印本　十冊

350000－2001－0005484　822.47/455.4

蒿庵遺集十二卷　(清)莊棫撰　清光緒十二年(1886)刻本　二冊

350000－2001－0005485　909.31/25－2

鐘鼎款識一卷　(宋)王厚之輯　清光緒十八年(1892)刻本　一冊

350000－2001－0005486　822.47/460

清抱居詩稿一卷　(清)畢庭杰著　清光緒十七年(1891)刻本　一冊

350000－2001－0005487　920.51/406－4

章氏遺書二種　(清)章學誠撰　清光緒三年(1877)貴陽刻本　六冊

350000－2001－0005488　879.47/733

出使英法義比四國日記六卷(清光緒十六年至十七年)　(清)薛福成撰　清光緒十八年(1892)石印本　二冊

350000－2001－0005489　879.47/733＝1

出使英法義比四國日記六卷(清光緒十六年至十七年)　(清)薛福成撰　清光緒十八年(1892)石印本　三冊

350000－2001－0005490　879.47/733.1

出使日記續刻十卷(清光緒十七年至二十年)　(清)薛福成撰　清光緒二十四年(1898)無錫薛氏刻本　十冊

350000－2001－0005491　920.51/329－3

史通通釋二十卷　(清)浦起龍釋　清末翰墨園刻本　六冊

350000－2001－0005492　920.51/320－4＝1

史通削繁四卷　(清)紀昀撰　清光緒元年(1875)湖北崇文書局刻本　四冊

350000－2001－0005493　920.51/320－6

史通削繁四卷　(清)紀昀撰　清光緒二十二年(1896)新化三昧堂刻本　四冊

350000－2001－0005494　894/431

海國妙喻一卷　題(清)赤山畸士撰　清光緒十四年(1888)天津時報館鉛印本　一冊

350000 – 2001 – 0005495　920.51/320 – 4

史通削繁四卷　（清）紀昀撰　清光緒元年（1875）湖北崇文書局刻本　四冊

350000 – 2001 – 0005496　897/182

衲蘇集二卷　（清）何栻纂　清同治元年（1862）刻悔餘庵集本　二冊

350000 – 2001 – 0005497　852.47/505.1

娑羅館逸稿二卷續娑羅館清言一卷　（明）屠隆撰　明萬曆三十四年（1606）沈氏刻尚白齋鐫陳眉公訂正秘笈本　一冊

350000 – 2001 – 0005498　φ999.1/345

[福建浦城]蓮湖祖氏族譜五卷　（清）祖欽等修　（清）祖富言續修　清乾隆三十七年（1772）刻本　五冊

350000 – 2001 – 0005499　126/272

胡敬齋先生居業錄八卷　（明）胡居仁撰　（清）張伯行訂　清康熙四十七年（1708）刻正誼堂叢書本　四冊

350000 – 2001 – 0005500　φ822.14/431

濂洛風雅九卷　（清）張伯行輯　清康熙四十七年（1708）刻正誼堂叢書本　二冊

350000 – 2001 – 0005501　897.1/250 – 2

西湖楹聯四卷　（□）□□輯　清光緒二十二年（1896）暨陽周慶祺刻本　四冊

350000 – 2001 – 0005502　897.1/250 – 3

西湖楹聯四卷　（□）□□輯　清光緒二十二年（1896）暨陽周慶祺刻本　四冊

350000 – 2001 – 0005503　822.47/395 – 1

蒼葡花館詩集二卷詩補遺一卷詞集一卷詞補遺一卷　（清）徐鴻謨撰　清光緒十二年（1886）刻本　一冊

350000 – 2001 – 0005504　822.47/471 – 2

湘中草六卷　（清）湯傳楹撰　清康熙二十四年（1685）刻西堂全集本　二冊

350000 – 2001 – 0005505　897.1/944

莫愁湖楹聯便覽一卷　（清）釋壽安錄　清光緒五年（1879）壽安刻本　一冊

350000 – 2001 – 0005506　822.47/476

甌香館集十二卷首一卷末一卷　（清）惲格著　（清）蔣光煦輯　清光緒七年（1881）刻本　四冊

350000 – 2001 – 0005507　897.4/529

求闕齋聯語四卷　（清）曾國藩著　**盾鼻餘瀋聯語四卷**　（清）左宗棠撰　清同治十二年（1873）刻本　一冊

350000 – 2001 – 0005508　920.51/320 – 1

史通削繁四卷　（清）紀昀撰　清道光十三年（1833）廣東翰墨園刻朱墨套印本　四冊

350000 – 2001 – 0005509　822.47/395.6

居易居不易居詩存一卷　（清）徐嘉幹撰　**草心閣詩存一卷自訂年譜一卷**　（清）徐景軾撰　清光緒十七年（1891）刻本　二冊　存二卷（居易居不易居詩存一卷、草心閣詩存一卷）

350000 – 2001 – 0005510　897.6/226

邵子擊壤集摘聯六卷　（宋）邵雍撰　（清）邵同珩輯　清光緒二十四年（1898）邵氏刻本　一冊

350000 – 2001 – 0005511　897.6/226 = 1

邵子擊壤集摘聯六卷　（宋）邵雍撰　（清）邵同珩輯　清光緒二十四年（1898）邵氏刻本　一冊

350000 – 2001 – 0005512　920.51/320 – 2

史通削繁四卷　（清）紀昀撰　清道光十三年（1833）廣東翰墨園刻朱墨套印本　四冊

350000 – 2001 – 0005513　822.47/482

綠雲山房詩草二卷首一卷終一卷　（清）勞蓉君撰　清光緒四年（1878）刻橘蔭軒全集本　二冊

350000 – 2001 – 0005514　822.47/486

觀河集四卷　（清）彭紹升著　清同治元年（1862）合肥劉朝侍刻本　一冊

350000 – 2001 – 0005515　920.31/49

欽定大清會典一百卷　（清）允祹等撰　清刻本　二十九冊　存九十八卷（一至五十一、五

（十四至一百）

350000 – 2001 – 0005516　822.47/395.6 = 1
居易居不易居詩存一卷　（清）徐嘉幹撰　**草心閣詩存一卷自訂年譜一卷**　（清）徐景軾撰　清光緒十七年（1891）刻本　二冊（居易居不易居詩存一卷、草心閣詩存一卷）

350000 – 2001 – 0005517　822.47/395.6 = 2
居易居不易居詩存一卷　（清）徐嘉幹撰　**草心閣詩存一卷自訂年譜一卷**　（清）徐景軾撰　清光緒十七年（1891）刻本　二冊　存二卷（居易居不易居詩存一卷、草心閣詩存一卷）

350000 – 2001 – 0005518　822.47/486 – 1
測海集六卷　（清）彭紹升撰　清同治四年（1865）刻本　三冊

350000 – 2001 – 0005519　822.47/486.7
彭剛直公詩集八卷　（清）彭玉麟撰　清光緒十七年（1891）吳下刻本　二冊

350000 – 2001 – 0005520　897.6/φ662
知足齋集稧序楹帖一卷硯銘一卷　（清）鄭開禧輯　清道光十五年（1835）正文堂刻本　一冊

350000 – 2001 – 0005521　920.3/558 – 1
三通序三卷　（清）楊國楨輯　清光緒二十八年（1902）刻本　一冊

350000 – 2001 – 0005522　822.47/395.11
茹芝山館詩鈔一卷　（清）徐鼎勳著　**長春花館試帖一卷**　（清）徐元璋撰　清光緒十三年（1887）刻本　一冊

350000 – 2001 – 0005523　822.47/486.7 = 1
彭剛直公詩集八卷　（清）彭玉麟撰　清光緒十七年（1891）吳下刻本　二冊

350000 – 2001 – 0005524　822.47/406
靜觀書屋詩集七卷　（清）章鶴齡著　清同治十三年（1874）皖城刻本　二冊

350000 – 2001 – 0005525　822.47/407.1
緗芸館詩鈔一卷　（清）許芝雯撰　清光緒二十五年（1899）吳下刻本　一冊

350000 – 2001 – 0005526　898/314
十五家妙契同岑集謎選不分卷　題（清）酉山主人輯　清光緒二年（1876）刻本　二冊

350000 – 2001 – 0005527　920.3/471.1
三通考輯要三種　湯壽潛輯　清光緒二十五年（1899）上海圖書集成局鉛印本　四十冊

350000 – 2001 – 0005528　822.47/409.1
夢鷗閣題詞一卷詩鈔一卷　（清）許銓撰　清道光二十六年（1846）刻民國九年（1920）重印本　一冊

350000 – 2001 – 0005529　901/937
君知歷史為何物乎一卷　（□）□□撰　清宣統元年（1909）鉛印本　一冊

350000 – 2001 – 0005530　909.1/556 – 1
金石三例三種　（清）盧見曾輯　（清）王芑孫評　清光緒四年（1878）南海馮氏讀有用書齋刻朱墨套印本　四冊

350000 – 2001 – 0005531　909.1/556 – 2
金石三例三種　（清）盧見曾輯　清嘉慶十六年（1811）孝岡饒向榮雙峰閣刻本　一冊

350000 – 2001 – 0005532　822.47/492
香屑集十八卷首一卷末一卷　（清）黃之雋輯　（清）古愚校注　清宣統二年（1910）掃葉山房石印本　四冊

350000 – 2001 – 0005533　822.47/406.1
思誤齋詩鈔二卷　（清）章簡撰　清光緒二十六年（1900）刻本　一冊

350000 – 2001 – 0005534　909.1/965 – 1
金石識別十二卷　（美國）代那撰　（美國）瑪高溫口譯　（清）華蘅芳筆述　清同治十一年（1872）江南機器製造總局刻本　六冊

350000 – 2001 – 0005535　822.47/492 – 2
香屑集十八卷首一卷末一卷　（清）黃之雋輯　清同治十年（1871）刻本　三冊　存十三卷（六至十八）

350000 – 2001 – 0005536　909.1/965 – 1 = 1
金石識別十二卷　（美國）代那撰　（美國）瑪

高溫口譯　(清)華蘅芳筆述　清同治十一年(1872)江南機器製造總局刻本　六冊

350000－2001－0005537　822.47/492－3
香屑集十八卷首一卷末一卷　(清)黃之雋輯　清同治十年(1871)刻本　六冊

350000－2001－0005538　909.1/965－3
金石識別十二卷　(美國)代那撰　(美國)瑪高溫譯　(清)華蘅芳筆述　清光緒二十三年(1897)上海著易堂石印本　四冊

350000－2001－0005539　920.3/471.2
欽定續文獻通考輯要二十六卷　湯壽潛輯　清通雅堂石印本　十冊

350000－2001－0005540　909.11/17
金石萃編補正四卷　(清)方履籛撰　清光緒二十年(1894)上海醉六堂石印本　四冊

350000－2001－0005541　909.11/25
金石萃編一百六十卷　(清)王昶編　清嘉慶十年(1805)青浦王昶經訓堂刻本　六十四冊　存一百五十八卷(二至一百五十九)

350000－2001－0005542　909.11/102
金石三例再續編三種　(清)朱記榮輯　清光緒十四年(1888)吳縣朱氏刻金石全例本　三冊

350000－2001－0005543　822.47/414
山礬書屋詩初集十卷　(清)郭鳳撰　清嘉慶十四年(1809)刻本　二冊

350000－2001－0005544　909.11/102.1
金石全例四種　(清)朱記榮輯　清光緒吳縣朱氏槐廬刻十八年(1892)彙印本　十二冊

350000－2001－0005545　822.47/414－1
山礬書屋詩二集十卷　(清)郭鳳撰　清道光三年(1823)刻本　二冊

350000－2001－0005546　822.47/429.1
金山姚氏二先生集四卷　(清)張文虎輯　清光緒二年(1876)刻本　一冊

350000－2001－0005547　822.47/429.1＝1
金山姚氏二先生集四卷　(清)張文虎輯　清

光緒二年(1876)刻本　一冊

350000－2001－0005548　822.47/429.6
張文襄公詩集四卷　(清)張之洞撰　清宣統二年(1910)鉛印本　二冊

350000－2001－0005549　822.19171/φ663
閩詩錄甲集六卷乙集四卷丙集二十三卷丁集一卷戊集七卷　(清)鄭杰輯　陳衍補訂　清宣統三年(1911)刻本　十冊

350000－2001－0005550　822.19171/φ663＝1
閩詩錄甲集六卷乙集四卷丙集二十三卷丁集一卷戊集七卷　(清)鄭杰輯　陳衍補訂　清宣統三年(1911)刻本　九冊　存三十七卷(甲集六卷、丙集二十三卷、丁集一卷、戊集七卷)

350000－2001－0005551　822.47/429.2
傳硯堂詩存一卷　(清)張允垂撰　清光緒十五年(1889)刻本　一冊

350000－2001－0005552　920.3/356－3
三通考詳節三種　(清)嚴虞惇錄　清光緒二十七年(1901)上海鴻寶齋石印本　二十冊

350000－2001－0005553　822.19171/φ663＝2
閩詩錄甲集六卷乙集四卷丙集二十三卷丁集一卷戊集七卷　(清)鄭杰輯　陳衍補訂　清宣統三年(1911)刻本　十冊

350000－2001－0005554　920.3/356－4
文獻通考二十四卷首一卷　(元)馬端臨撰　清光緒十一年(1885)上海鴻寶齋石印本　二十冊

350000－2001－0005555　822.19171/φ663＝3
閩詩錄甲集六卷乙集四卷丙集二十三卷丁集一卷戊集七卷　(清)鄭杰輯　清宣統三年(1911)刻朱印本　三冊　存十二卷(甲集六卷、乙集四卷、丙集一至二)

350000－2001－0005556　822.19171/φ662－1
國朝全閩詩錄初集二十一卷續十一卷　(清)鄭杰輯　清嘉慶六年(1801)鄭氏注韓居刻光緒八年(1882)重修本　八冊

350000－2001－0005557　822.195/φ402

江田梁氏詩存九卷　(清)梁章鉅輯　清道光十四年(1834)梁氏刻本　四冊

350000－2001－0005558　920.33/28

古官制考四卷　(清)王寶仁輯　清道光八年(1828)舊香居刻本　一冊

350000－2001－0005559　822.195/φ402＝1

江田梁氏詩存九卷　(清)梁章鉅輯　清道光十四年(1834)梁氏刻本　三冊　存七卷(一至七)

350000－2001－0005560　920.33/132

歷代刑官考一卷　(清)沈家本撰　清宣統元年(1909)修訂法律館鉛印本　一冊

350000－2001－0005561　920.33/491－2

歷代帝王年表一卷歷代紀元同異考略一卷　(清)黃大華撰　清光緒二十七年(1901)夢紅豆邨刻本　一冊

350000－2001－0005562　822.47/429－7

廣雅堂詩集四卷　(清)張之洞撰　(清)紀鉅維編校　清末順德龍氏刻本　二冊

350000－2001－0005563　822.47/429－7＝1

廣雅堂詩集四卷　(清)張之洞撰　(清)紀鉅維編校　清末順德龍氏刻本　二冊

350000－2001－0005564　909.11/599

金石文鈔八卷續鈔二卷　(清)趙紹祖輯　清光緒十二年(1886)刻本　十冊

350000－2001－0005565　909.1101/599－3

金石錄三十卷　(宋)趙明誠著　清乾隆二十七年(1762)雅雨堂刻本　六冊

350000－2001－0005566　909.1101/599－4

金石錄三十卷　(宋)趙明誠著　清順治七年(1650)謝氏刻本　六冊

350000－2001－0005567　920.33/491－1

歷代帝王年表一卷歷代紀元同異考略一卷　(清)黃大華撰　清光緒二十七年(1901)夢紅豆邨刻本　一冊

350000－2001－0005568　822.47/301.1

翕山女子若梅詩一卷詩餘一卷　(清)范若梅撰　清宣統元年(1909)鉛印本　一冊

350000－2001－0005569　920.34/132

歷代世系紀年編一卷　(清)沈炳震撰　清光緒十四年(1888)翠琅玕館刻本　一冊

350000－2001－0005570　909.1101/636

集古錄目十卷原目一卷　(宋)歐陽棐撰　繆荃孫輯　清光緒江陰繆氏刻雲自在龕叢書本　二冊

350000－2001－0005571　920.31/933

三通志序三卷　(□)□□撰　清光緒鉛印本　一冊

350000－2001－0005572　822.47/496－7

兩當軒詩鈔十四卷悔存詞鈔二卷　(清)黃景仁著　(清)趙希璜校　清嘉慶二十二年(1817)兩儀堂刻本　四冊

350000－2001－0005573　920.31/933.1

三通典序三卷　(□)□□撰　清末民國初石印本　一冊

350000－2001－0005574　822.47/300.1

木犀香館詩草不分卷　題(清)范月搓撰　清抄本　三冊

350000－2001－0005575　909.1102/477－1

金石索十二卷首一卷　(清)馮雲鵬　(清)馮雲鵷輯　清道光元年(1821)滋陽紫琅馮氏邃古齋刻本　十二冊

350000－2001－0005576　822.47/496－8

重刊兩當軒全集二十二卷附錄四卷攷異二卷　(清)黃景仁著　(清)趙希璜校　清光緒二年(1876)武進黃氏家塾刻本　六冊

350000－2001－0005577　822.47/301

帳墨居詩鈔一卷　(清)范其駿撰　清光緒十六年(1890)刻本　一冊

350000－2001－0005578　822.47/496－9

兩當軒詩鈔十四卷竹眠詞鈔二卷　(清)黃景仁著　(清)黎兆棠校刊　清道光十四年(1834)廣州刻本　四冊

350000 - 2001 - 0005579　909.1102/477 - 1 = 1
金石索十二卷首一卷　（清）馮雲鵬　（清）馮雲鵷輯　清道光元年(1821)滋陽紫琅馮氏邃古齋刻本　十二冊

350000 - 2001 - 0005580　920.31/935
正三通目錄十二卷續三通目錄十四卷　（□）□□撰　清光緒二十九年(1903)圖書集成局石印本　八冊

350000 - 2001 - 0005581　822.47/301 = 1
帳墨居詩鈔一卷　（清）范其駿撰　清光緒十六年(1890)刻本　一冊

350000 - 2001 - 0005582　822.47/301 = 2
帳墨居詩鈔一卷　（清）范其駿撰　清光緒十六年(1890)刻本　一冊

350000 - 2001 - 0005583　822.47/301 = 3
帳墨居詩鈔一卷　（清）范其駿撰　清光緒十六年(1890)刻本　一冊

350000 - 2001 - 0005584　909.1103/168
筠清館金石文字五卷　（清）吳榮光撰　清道光二十二年(1842)南海吳榮光筠清館刻本　五冊

350000 - 2001 - 0005585　920.31/700 - 1
文獻通考正續合編三十二卷首一卷　（清）盧宣旬編　清嘉慶十年(1805)武寧略識字齋刻光緒十二年(1886)豐城袁氏重修本　三十二冊

350000 - 2001 - 0005586　822.47/497.1
雪竹樓詩稿十四卷首一卷文稿一卷　（清）黃道讓撰　清同治六年(1867)刻本　六冊

350000 - 2001 - 0005587　822.47/497.2
松江竹枝詞不分卷　（清）黃霆著　清同治十三年(1874)刻本　一冊

350000 - 2001 - 0005588　909.1103/447
求古精舍金石圖初集四卷　（清）陳經撰　清嘉慶二十三年(1818)烏程陳經說劍樓刻本　二冊

350000 - 2001 - 0005589　909.1103/447 = 1

350000 - 2001 - 0005590　822.47/498.1
日本雜事詩二卷　（清）黃遵憲撰　清光緒二十四年(1898)長沙富文堂刻本　二冊

350000 - 2001 - 0005591　822.47/498 - 3
人境廬詩草十一卷　（清）黃遵憲撰　黃遵庚　梁啓超校　清宣統三年(1911)鉛印本　四冊

350000 - 2001 - 0005592　909.1104/98 - 1
曝書亭金石文字跋尾六卷　（清）朱彝尊撰　清光緒九年至十年(1883 - 1884)吳縣朱氏槐廬刻本　二冊

350000 - 2001 - 0005593　909.1104/98
曝書亭金石文字跋尾六卷　（清）朱彝尊撰　清光緒九年至十年(1883 - 1884)吳縣朱氏槐廬刻本　二冊

350000 - 2001 - 0005594　822.47/509.1
津門徵獻詩八卷　（清）華鼎元著　清光緒十二年(1886)刻本　四冊

350000 - 2001 - 0005595　909.1104/461
香南精舍金石契一卷　（清）崇恩撰　清末民國初影印本　一冊

350000 - 2001 - 0005596　822.47/302.1
范伯子詩集十九卷　（清）范當世撰　清光緒三十四年(1908)刻本　四冊

350000 - 2001 - 0005597　920.31/128
六通訂誤六卷　（清）沈師齊等撰　清光緒上海圖書集成局鉛印本　二冊

350000 - 2001 - 0005598　920.31/128 = 1
六通訂誤六卷　（清）沈師齊等撰　清光緒上海圖書集成局鉛印本　二冊

350000 - 2001 - 0005599　920.31/148.1
九通序錄四卷　（唐）杜佑等撰　清光緒二十八年(1902)石印本　四冊

350000 - 2001 - 0005600　丁 2.3/76

新刻臨川王介甫先生詩文集一百卷目錄二卷
（宋）王安石撰　（明）李光祚校　明萬曆四十年（1612）王鳳翔光啓堂刻本　二十四冊

350000－2001－0005601　甲1/22.1

龍性堂易史參錄二卷　（清）葉矯然著　葉思菴先生小傳一卷　清乾隆三十三年（1768）刻本　一冊

350000－2001－0005602　甲9.3/50

顧氏音學五書三十八卷　（清）顧炎武撰　清康熙六年（1667）山陽張弨符山堂刻本　十六冊

350000－2001－0005603　852.46/φ496

黃石齋先生文集十三卷　（明）黃道周撰　清康熙五十三年（1714）刻本　六冊

350000－2001－0005604　852.44/φ495

宋儒文肅公黃勉齋先生文集四十卷　（宋）黃榦撰　清康熙四十三年（1704）刻本　十二冊

350000－2001－0005605　852.47/φ671

託素齋詩集四卷文集六卷　（清）黎士弘撰　行述一卷　（清）劉元慧撰　清雍正二年（1724）黎致遠刻本　六冊

350000－2001－0005606　921.09/151

尚史七十二卷　（清）李鍇撰　清乾隆三十八年（1773）刻本　二十冊

350000－2001－0005607　822.43/148－9

杜詩詳注二十五卷首一卷附編二卷　（唐）杜甫撰　（清）仇兆鰲輯注　清康熙刻本　二十冊

350000－2001－0005608　927.6/φ937

杞憂私記一卷　（清）陳金城撰　稿本　一冊

350000－2001－0005609　852.83/937

博異記一卷　題（唐）谷神子撰　集異記一卷　（唐）薛用弱撰　明刻本　一冊

350000－2001－0005610　726.2/428

問奇集二卷　（明）張位撰　明萬曆刻寶顏堂續秘笈本　一冊

350000－2001－0005611　852.46/333

蘇門集八卷　（明）高叔嗣撰　明嘉靖四十二年（1563）張正位刻本　一冊　存四卷（五至八）

350000－2001－0005612　121.52/406.2

商子五卷　（戰國）商鞅撰　明刻本　一冊

350000－2001－0005613　丁2.3/78

趙清獻公集十卷目錄二卷　（宋）趙抃撰　明萬曆十六年（1588）成都詹思謙刻本　八冊

350000－2001－0005614　甲3/22

詩地理考六卷　（宋）王應麟撰　明崇禎毛氏汲古閣刻津逮秘書本　二冊

350000－2001－0005615　032.2/169

事類賦注三十卷　（宋）吳淑撰　明嘉靖十一年（1532）華麟祥崇正書院刻本　四冊

350000－2001－0005616　丙14/5.5

老子翼三卷　（明）焦竑輯　明末刻本　三冊

350000－2001－0005617　戊2/9

邵文莊公經史全書二十八卷　（明）邵寶撰　明崇禎九年（1636）刻清康熙十二年（1673）重修本　八冊

350000－2001－0005618　丙10/25.1

論衡三十卷　（漢）王充撰　（明）程榮校　明萬曆新安程氏刻漢魏叢書本　二冊　存十四卷（十七至三十）

350000－2001－0005619　120/φ563

葉相國選訂百子類函四十卷　（明）葉向高輯　明萬曆石城周氏萬卷樓刻本　十二冊　存二十四卷（一至十八、三十五至四十）

350000－2001－0005620　丁2.3/18.3

東坡先生全集七十五卷　（宋）蘇軾撰　明萬曆刻本　四十冊

350000－2001－0005621　丁3.5/1.1

嘉樂齋三蘇文範十八卷　（宋）蘇洵　（宋）蘇軾　（宋）蘇轍撰　（明）楊慎原選　（明）袁宏道評釋　明天啓二年（1622）刻本　八冊

350000－2001－0005622　丙1/44.1

性理大全書七十卷　（明）胡廣等撰　明萬曆

刻本　六冊　存十五卷(二至六、二十二至二十三、二十六至三十三)

350000 – 2001 – 0005623　丙1/55
南皋鄒先生會語合編二卷講義合編二卷
(明)鄒元標撰　明萬曆四十七年(1619)龍遇奇刻本　四冊

350000 – 2001 – 0005624　丙10/35
管城碩記三十卷　(清)徐文靖撰　清乾隆九年(1744)志寧堂刻徐位山六種本　八冊

350000 – 2001 – 0005625　852.43/21
王右丞集二十八卷首一卷末一卷　(唐)王維撰　(清)趙殿成箋註　清乾隆仁和趙氏刻本　十六冊

350000 – 2001 – 0005626　920.31/148 – 2
三通序三卷　(唐)杜佑等撰　清光緒二十七年(1901)上海文淵山房石印本　二冊

350000 – 2001 – 0005627　920.31/336 = 1
正三通目錄十二卷　(清)席裕福編　清光緒二十九年(1903)圖書集成局石印本　四冊

350000 – 2001 – 0005628　920.31/336
正三通目錄十二卷　(清)席裕福編　清光緒二十九年(1903)圖書集成局石印本　十二冊

350000 – 2001 – 0005629　822.47/522
缾水齋詩集十七卷別集二卷詩話一卷　(清)舒位撰　清光緒十二年(1886)刻本　八冊

350000 – 2001 – 0005630　822.47/523.1
傅徵君霜紅龕詩鈔七卷附錄一卷　(清)傅山著　清光緒十六年(1890)慎自愛軒刻本二冊

350000 – 2001 – 0005631　822.47/529.1
曾文正公詩集一卷　(清)曾國藩撰　清宣統三年(1911)掃葉山房石印本　一冊

350000 – 2001 – 0005632　822.47/530
欎華閣遺集四卷　(清)盛昱撰　清光緒三十一年(1905)有正書局影印本　一冊

350000 – 2001 – 0005633　822.47/530 – 4
欎華閣遺集四卷　(清)盛昱撰　清光緒二十

八年(1902)刻本　一冊

350000 – 2001 – 0005634　822.47/541.1
泛香齋詩鈔四卷　(清)溫承悌著　清光緒三年(1877)刻本　二冊

350000 – 2001 – 0005635　822.47/553.2
吳詩集覽二十卷　(清)吳偉業著　(清)靳榮藩輯　清乾隆刻本　十五冊

350000 – 2001 – 0005636　822.47/557.5
南湖草堂詩集六卷　(清)楊伯潤撰　清光緒八年(1882)滬上語石齋刻本　一冊

350000 – 2001 – 0005637　822.47/558.5
吟香室詩草二卷續刻一卷附刻一卷　(清)楊蘊輝撰　清光緒二十三年(1897)南海縣署刻本　二冊

350000 – 2001 – 0005638　822.47/558.5 = 1
吟香室詩草二卷續刻一卷附刻一卷　(清)楊蘊輝撰　清光緒二十三年(1897)南海縣署刻本　二冊

350000 – 2001 – 0005639　822.47/558.5 = 2
吟香室詩草二卷續刻一卷附刻一卷　(清)楊蘊輝撰　清光緒二十三年(1897)南海縣署刻本　二冊

350000 – 2001 – 0005640　822.47/558.5 = 3
吟香室詩草二卷續刻一卷附刻一卷　(清)楊蘊輝撰　清光緒二十三年(1897)南海縣署刻本　二冊

350000 – 2001 – 0005641　822.47/302.2
范伯子詩集十九卷　(清)范當世撰　蘊素軒詩稿四卷　(清)姚倚雲撰　清光緒鉛印本二冊

350000 – 2001 – 0005642　822.47/302.2 = 1
范伯子詩集十九卷　(清)范當世撰　蘊素軒詩稿四卷　(清)姚倚雲撰　清光緒鉛印本四冊

350000 – 2001 – 0005643　922/210
漢書蒙拾三卷後漢書蒙拾二卷　(清)杭世駿鈔撮　(清)湯尊棠審　清乾隆刻本　一冊

350000 – 2001 – 0005644　992.21/309.2

高士傳三卷　（晉）皇甫謐撰　清康熙七年(1668)刻本　二冊

350000 – 2001 – 0005645　822.47/311

四憶堂詩集六卷　（清）侯方域撰　（清）賈開宗等選注　清光緒十年(1884)刻本　二冊

350000 – 2001 – 0005646　921.5/792

春秋大事表五十卷輿圖一卷附錄一卷　（清）顧棟高輯　清乾隆十七年(1752)刻本　二十冊　存五十卷(春秋大事表五十卷)

350000 – 2001 – 0005647　822.47/312

蟄廬遺集一卷　（清）俞文詔著　清光緒二十一年(1895)俞氏清蔭堂刻本　一冊

350000 – 2001 – 0005648　920/φ442－2

史緯三百三十卷首一卷　（清）陳允錫輯　(清)羅大春補　清康熙刻同治重修本　一百十六冊　存三百二十三卷(五至六、十至三百三十)

350000 – 2001 – 0005649　φ852.1/152

賦學正鵠十卷　（清）李元度輯　清光緒十三年(1887)榕垣崇文堂刻本　八冊

350000 – 2001 – 0005650　822.47/314.3

繡墨軒詩稿一卷詞稿一卷　（清）俞慶曾撰　清光緒二十三年(1897)刻本　一冊

350000 – 2001 – 0005651　822.47/316.3

遠心軒遺詩一卷　（清）姚永楷撰　清光緒刻本　一冊

350000 – 2001 – 0005652　822.47/558.6

蘇盦詩錄八卷詞錄一卷　（清）楊葆光撰　清光緒元年(1875)刻本　三冊

350000 – 2001 – 0005653　822.47/317

寶善堂集七卷　（清）姚弘緒撰　清乾隆十年(1745)刻本　二冊

350000 – 2001 – 0005654　822.47/562.1

南津艸閣詩集二種　（清）葉昭撰　**愚峯詩鈔一卷**　（清）葉桐撰　清光緒二十八年(1902)刻本　一冊

350000 – 2001 – 0005655　822.47/319.1

幸餘求定稿十二卷　（清）姚濬昌撰　清光緒十七年(1891)刻本　一冊　存三卷(一至三)

350000 – 2001 – 0005656　822.47/587

太鶴山人集十三卷　（清）端木國瑚撰　清道光二十年(1840)刻本　四冊

350000 – 2001 – 0005657　822.47/590

佳想軒詩鈔不分卷　（清）繆文錦撰　（清）繆惟勳等校　清抄本　一冊

350000 – 2001 – 0005658　822.47/610

春舫詩鈔四卷　（清）蓋方泌撰　清嘉慶刻本　二冊

350000 – 2001 – 0005659　822.47/338

秀鍾堂詩鈔一卷　（清）寅保撰　清嘉慶刻本　一冊

350000 – 2001 – 0005660　822.47/340

得一山詩集二卷　（清）唐懋功撰　清光緒十九年(1893)刻本　一冊

350000 – 2001 – 0005661　822.47/348.2

伏鸞堂詩賸四卷　（清）秦雲撰　清光緒四年(1878)刻本　一冊

350000 – 2001 – 0005662　822.47/618

讀書延年堂古今體詩三十卷詩餘一卷詩續鈔十二卷文鈔十卷賦存一卷駢體文存二卷補存文鈔一卷試帖輯注四卷　（清）熊少牧撰　清咸豐七年(1857)長沙刻本　二十四冊

350000 – 2001 – 0005663　822.47/622

思補齋詩集六卷　（清）潘世恩撰　清道光三十年(1850)刻本　二冊

350000 – 2001 – 0005664　822.47/360

小倉山房詩集三十六卷　（清）袁枚撰　清刻本　八冊

350000 – 2001 – 0005665　822.47/360＝1

小倉山房詩集三十六卷　（清）袁枚撰　清刻本　十冊

350000 – 2001 – 0005666　822.47/360.1

獨笑軒詩稿二卷餅桃花館詞一卷　（清）袁成

撰　清嘉慶十五年(1810)刻本　一冊

350000－2001－0005667　822.47/363

蒪庵退叟詩賸一卷　(清)耿蒼齡撰　清光緒
三十年(1904)影印本　一冊

350000－2001－0005668　822.47/363＝1

蒪庵退叟詩賸一卷　(清)耿蒼齡撰　清光緒
三十年(1904)影印本　一冊

350000－2001－0005669　822.47/623－1

不櫛吟續刻三卷　(清)潘素心撰　清道光三
年(1823)刻本　一冊

350000－2001－0005670　822.47/623.3

功甫小集三卷　(清)潘曾沂撰　清嘉慶二十
一年(1816)刻本　一冊

350000－2001－0005671　822.47/364－1

未谷詩集四卷　(清)桂馥撰　(清)桂顯訛錄
清道光曲阜桂氏刻本　一冊

350000－2001－0005672　822.47/646.1

扁善齋詩存不分卷　(清)鄧嘉緝撰　(清)項
承鈞校　清光緒二十七年(1901)刻本　一冊

350000－2001－0005673　822.47/393

蕭然自得齋詩集八卷隨筆一卷碧琅玕館詩餘
一卷　(清)徐漢蒼著　(清)恩錫選　清光緒
二年(1876)刻本　五冊

350000－2001－0005674　822.47/650－3

忠雅堂詩集二十七卷補遺二卷銅絃詞二卷
(清)蔣士銓撰　清嘉慶二十二年(1817)藏園
刻本　八冊

350000－2001－0005675　822.47/394.2

香雪巢詩鈔十二卷集句一卷　(清)徐兆豐撰
清光緒二十七年(1901)龍津使署刻本
四冊

350000－2001－0005676　822.47/650.3

振素盦詩鈔九卷　(清)蔣士超撰　清宣統元
年(1909)鉛印本　一冊

350000－2001－0005677　822.47/394.2＝1

香雪巢詩鈔十二卷集句一卷　(清)徐兆豐撰
清光緒二十七年(1901)龍津使署刻本

四冊

350000－2001－0005678　822.47/650.4

塔灣詩草一卷　(清)蔣天錦著　花溪遺稿一
卷　(清)趙和虎撰　清康熙五十七年(1718)
刻本　一冊

350000－2001－0005679　822.47/650.5

蔣石林先生遺詩三卷　(清)蔣之翹著　(清)
李道悠　(清)沈景修編輯　清光緒二十二年
(1896)刻本　一冊

350000－2001－0005680　822.47/652

那處詩鈔四卷　(清)蔣楷撰　清宣統三年
(1911)濟南刻本　一冊

350000－2001－0005681　822.47/657

六半樓詩鈔四卷　(清)蔡鵬飛撰　文杏堂詩
勝一卷　(清)趙青士撰　清光緒十年(1884)
刻本　一冊

350000－2001－0005682　822.47/409.1＝1

夢鷗閣題詞一卷詩鈔一卷　(清)許銓輯並撰
清道光二十六年(1846)刻民國九年(1920)
重印本　一冊

350000－2001－0005683　822.47/430.4

鳳翔紀事詩存一卷　(清)張兆棟撰　清光緒
四年(1878)刻本　一冊

350000－2001－0005684　822.47/662.71

巢經巢詩鈔九卷　(清)鄭珍撰　清咸豐二年
(1852)刻鄭子尹遺書本　二冊

350000－2001－0005685　822.47/430.6

退思軒詩集六卷補遺一卷　(清)張百熙著
清宣統三年(1911)武昌刻本　二冊

350000－2001－0005686　822.47/430.7

退思軒詩集六卷補遺一卷　(清)張百熙著
清宣統三年(1911)京師鉛印本　一冊

350000－2001－0005687　822.47/665－2

通父詩存四卷詩存之餘二卷　(清)魯一同撰
清咸豐九年(1859)刻本　一冊

350000－2001－0005688　822.47/430.7＝1

退思軒詩集六卷補遺一卷　(清)張百熙著

清宣統三年(1911)京師鉛印本　一冊

350000－2001－0005689　822.47/430.7＝2

退思軒詩集六卷補遺一卷　(清)張百熙著
清宣統三年(1911)京師鉛印本　一冊

350000－2001－0005690　495.3/788

七巧書譜二卷　(清)嚴恒撰　(清)嚴信厚輯
　清光緒十八年(1892)刻本　二冊

350000－2001－0005691　822.47/675－2

海峰先生詩集十卷　(清)劉大櫆著　(清)姚
鼐校定　**附劄記一卷**　清光緒二十五年
(1899)刻本　一冊

350000－2001－0005692　822.47/431.1

晴嵐詩存七集　(清)張若靄撰　清末刻本
二冊

350000－2001－0005693　822.47/431.2

怡雲詩草二卷　(清)張其祿撰　清道光二十
三年(1843)刻本　二冊

350000－2001－0005694　822.47/ф432－1

張亨甫全集三十三卷　(清)張際亮撰　清同
治六年(1867)孔慶鑅刻本　十冊

350000－2001－0005695　822.47/676.3

鸎瑲閣遺稿一卷雜詩一卷試帖一卷　(清)劉
令瑲著　清光緒二十五年(1899)鉛印本
一冊

350000－2001－0005696　822.47/679.7

劉文清公遺集十七卷　(清)劉墉撰　清道光
六年(1826)東武劉氏味經書屋刻本　三冊

350000－2001－0005697　822.47/432.4

巢睫吟稿二卷　(清)張烜撰　清光緒十五年
(1889)刻本　二冊

350000－2001－0005698　822.47/432.5

積石詩存四卷繪餘編一卷　(清)張履撰　**南
池唱和詩存一卷**　(清)張海珊　(清)張履撰
　清光緒二十年(1894)刻本　二冊

350000－2001－0005699　822.47/432.5＝1

積石詩存四卷繪餘編一卷　(清)張履撰　**南
池唱和詩存一卷**　(清)張海珊　(清)張履撰

清光緒二十年(1894)刻本　二冊

350000－2001－0005700　822.47/679.8

尚絅堂試帖二卷　(清)劉嗣綰撰　清同治七
年(1868)辰州官署刻本　二冊

350000－2001－0005701　822.47/679.9

醉月樓試帖註釋初編四卷　(清)劉夢蓮臬
(清)傅高履　(清)劉披連註釋　(清)劉萬
瑚　(清)劉調元編校　清道光四年(1824)六
宜堂刻本　二冊

350000－2001－0005702　822.47/432.6

詩舲詩外四卷　(清)張祥河撰　清道光十八
年(1838)松風草堂刻本　二冊

350000－2001－0005703　822.47/432－7

船山詩草二十卷補遺六卷　(清)張問陶撰
清同治十三年(1874)刻本　十冊

350000－2001－0005704　822.47/432－8

船山詩草二十卷　(清)張問陶撰　清嘉慶十
三年(1808)刻本　六冊

350000－2001－0005705　822.47/432.9

濂亭遺詩二卷　(清)張裕釗著　清宣統二年
(1910)鄂城刻本　一冊

350000－2001－0005706　822.47/432.8

松心詩十集　(清)張維屏撰　清道光三十年
(1850)刻本　十冊

350000－2001－0005707　丁2.3/25－1

東坡先生編年詩補注五十卷　(宋)蘇軾撰
(清)查慎行補註　清乾隆二十六年(1761)查
開香雨齋刻本　二十四冊

350000－2001－0005708　丁3.1/52

華國編文選八卷　(清)孫護孫選　(清)孫喬
年增輯　清乾隆二十四年(1759)高郵孫氏天
心閣刻本　三冊

350000－2001－0005709　甲9.2/19.2

漢隸字源五卷碑目一卷附字一卷　(宋)婁機
撰　明末毛氏汲古閣刻本　三冊

350000－2001－0005710　丁3.2/11.1

唐人選唐詩二十三卷　(明)毛晉輯　明崇禎

元年(1628)毛氏汲古閣刻本　四冊

350000－2001－0005711　丁1/17
楚辭十七卷　（漢）劉向編集　（漢）王逸章句
　（明）馮紹祖校正　附錄一卷　明萬曆十四
年(1586)馮紹祖觀妙齋刻本　二冊

350000－2001－0005712　822.16/134
明詩別裁集十二卷　（清）沈德潛　（清）周準
輯　清乾隆四年(1739)刻本　四冊

350000－2001－0005713　丙1/56
心學宗四卷續編四卷　（明）方學漸輯　（清）
方中通編錄　清康熙刻本　一冊　存四卷
（續編四卷）

350000－2001－0005714　852.494/439
善卷堂四六十卷　（清）陸繁弨撰　（清）吳自
高注　清乾隆三十五年(1770)刻本　五冊

350000－2001－0005715　丁2.7/161
臨野堂文集十卷詩集十三卷詩餘二卷尺牘四
卷　（清）鈕琇撰　清康熙刻本　五冊

350000－2001－0005716　丁3.2/59
昭代詩針十六卷　（清）吳元桂輯選　清乾隆
十三年(1748)刻本　五冊

350000－2001－0005717　832.47/393
拙政園詩餘三卷　（清）徐燦撰　清乾隆刻本
　一冊

350000－2001－0005718　丁3.2/54
國朝詩選十四卷　（清）彭廷梅選　（清）張大
法　（清）易祖愉輯　清乾隆十四年(1749)金
陵書坊刻本　十二冊

350000－2001－0005719　852.46/370.2
夏桂洲先生文集十八卷首一卷　（明）夏言撰
　明崇禎刻本　十二冊

350000－2001－0005720　523.27/937
通占大象曆星經二卷　（明）程榮校　明刻本
　二冊

350000－2001－0005721　852.427/416
庾子山集十六卷　（北周）庾信撰　明刻本
四冊

350000－2001－0005722　612.4/168
東垣先生此事難知集二卷　（元）王好古撰
明萬曆二十九年(1601)吳勉學刻本　一冊

350000－2001－0005723　乙5.1/20
宋朱晦庵先生名臣言行錄前集十卷後集十四
卷　（宋）朱熹纂　明崇禎十一年(1638)古吳
陳長卿刻宋名臣言行錄本　十二冊

350000－2001－0005724　丙10/20.3
讀書考定三十卷　（明）程良孺撰　明萬曆刻
本　六冊

350000－2001－0005725　乙8/10
泊如齋重修宣和博古圖錄三十卷　（宋）王黼
等輯　明萬曆十六年(1588)泊如齋刻本　十
六冊

350000－2001－0005726　丙10/99.6
弦雪居重訂遵生八牋二十卷　（明）高濂編
（明）鍾惺訂　明末刻本　五冊

350000－2001－0005727　丙12/49
藝林聚錦增補故事白眉十卷　（明）許以忠輯
　（明）鄧志謨補　明書林愛慶堂刻本　三冊

350000－2001－0005728　甲9.2/49
同文千字文二卷　（明）汪以成撰　明萬曆十
年(1582)汪氏經義齋刻本　一冊

350000－2001－0005729　丁6/13
楊升菴先生批點文心雕龍十卷　（南朝梁）劉
勰撰　（明）楊慎批點　（明）梅慶生音注　明
萬曆三十七年(1609)梅慶生刻天啓二年
(1622)重修本　四冊

350000－2001－0005730　乙11/11
氷署筆談不分卷　（明）黃汝良著　明崇禎四
年(1631)刻本　二冊

350000－2001－0005731　822.0417/432－1
初白庵詩評三卷詞綜偶評一卷　（清）查慎行
撰　（清）張載華輯　清乾隆刻本　三冊

350000－2001－0005732　822.0417/432－2
初白庵詩評三卷詞綜偶評一卷　（清）查慎行
撰　（清）張載華輯　清乾隆刻本　三冊

350000－2001－0005733　832.6034/562.3

納書楹四夢全譜八卷　（清）葉堂訂譜　（清）
王文治參訂　清乾隆長洲葉氏納書楹刻本
八冊

350000－2001－0005734　丁2.7/162

槐塘詩稿十六卷文稿四卷　（清）汪沆撰　清
乾隆五十一年（1786）刻本　一冊　存四卷
（文稿四卷）

350000－2001－0005735　822.47/380

嵩山集二卷　（清）桑調元撰　清乾隆錢塘桑
氏修汲堂刻弢甫五嶽集本　五冊

350000－2001－0005736　832.97/65

紅雪樓九種曲（清容外集）　（清）蔣士銓撰
清乾隆紅雪樓刻本　十冊

350000－2001－0005737　丙10/11.5

燕在閣知新錄三十二卷　（清）王棠彙訂　清
康熙五十六年（1717）刻本　十二冊

350000－2001－0005738　丁3.2/25.5

重訂唐詩別裁集二十卷　（清）沈德潛輯　清
乾隆刻本　十二冊

350000－2001－0005739　乙7.8/3

欽定學政全書八卷續增學政全書四卷　（清）
素爾訥等纂　清乾隆刻本　十二冊

350000－2001－0005740　612.12/267.1

難經經釋二卷　（清）徐大椿釋　清雍正刻本
一冊

350000－2001－0005741　612.3/395－5

神農本草經百種錄一卷　（清）徐大椿撰　清
乾隆刻本　一冊

350000－2001－0005742　852.47/φ662.8

蘭陔四六四卷　（清）鄭王臣撰　清刻本
二冊

350000－2001－0005743　甲9.2/51

字鑑五卷　（元）李文仲編　清康熙張士俊刻
澤存堂五種本　一冊

350000－2001－0005744　852.44/784.2

蘇老泉先生全集二十卷　（宋）蘇洵撰　**附錄**

二卷　（宋）沈斐輯　清康熙三十七年（1698）
邵仁泓安樂居刻本　八冊

350000－2001－0005745　丙14/19

性命雙修萬神圭旨四卷　（明）尹真人撰　清
康熙刻本　四冊

350000－2001－0005746　822.43/148－10

杜詩詳注二十五卷首一卷附編二卷　（唐）杜
甫撰　（清）仇兆鰲輯注　清康熙刻本　十
六冊

350000－2001－0005747　822.43/148－11

杜詩詳注二十五卷首一卷附編二卷　（唐）杜
甫撰　（清）仇兆鰲輯注　清康熙刻本　十
四冊

350000－2001－0005748　920.52/674

石溪史話八卷補遺四卷　（清）劉風起撰　清
乾隆二十年（1755）崇本山堂刻本　三冊

350000－2001－0005749　126/135

汪子中詮六卷　（明）汪應蛟撰　清刻本
六冊

350000－2001－0005750　822.47/380－1

弢甫集十四卷旌門錄一卷　（清）桑調元撰
清乾隆七年（1742）錢塘桑氏蘭陔草堂刻本
二冊

350000－2001－0005751　822.47/φ331

石川詩草次集一卷　（清）唐麟撰　稿本
一冊

350000－2001－0005752　丁3.1/57

四婦人集五卷　（清）沈恕輯　清嘉慶雲間沈
氏古倪園刻本　一冊　存二卷（一至二）

350000－2001－0005753　乙3/19

戰國紀年六卷　（清）林春溥撰　稿本　五冊

350000－2001－0005754　丁2.6/155

康對山先生文集十卷　（明）康海撰　（清）孫
景烈編　**附錄一卷**　清乾隆二十六年（1761）
刻本　二冊

350000－2001－0005755　丁2.2/19.5

杜詩論文五十六卷　（唐）杜甫撰　（清）吳見

思注　清康熙十一年(1672)刻本　十五冊

350000－2001－0005756　852.43/439.5

唐陸宣公集二十二卷　(唐)陸贄撰　清雍正元年(1723)年羹堯刻本　六冊

350000－2001－0005757　852.43/439

唐陸宣公翰苑集二十四卷　(唐)陸贄撰　(清)張佩芳注釋　清乾隆三十三年(1768)希音堂刻本　八冊

350000－2001－0005758　852.44/301

范文正公集二十卷別集四卷政府奏議二卷尺牘三卷補編五卷　(宋)范仲淹撰　年譜一卷補遺一卷　(宋)樓鑰編　附言行拾遺事錄四卷鄱陽遺事錄一卷遺跡一卷義莊規矩一卷褒賢集五卷　清康熙歲寒堂刻本　十冊

350000－2001－0005759　822.47/432.9＝1

濂亭遺詩二卷　(清)張裕釗撰　清宣統二年(1910)鄂城刻本　一冊

350000－2001－0005760　852.43/156

樊南文集詳註八卷　(唐)李商隱撰　(清)馮浩編　清嘉慶刻同治重修本　四冊

350000－2001－0005761　822.47/687

坐花書屋詩錄二卷　(清)諸鎮撰　清光緒十六年(1890)諸氏家刻本　一冊

350000－2001－0005762　822.47/432.10

傅巖詩集四卷　(清)張聰咸撰　清嘉慶二十三年(1818)刻道光六年(1826)重印本　一冊

350000－2001－0005763　822.47/432.11

水屋賸稿二卷　(清)張道渥撰　清同治十一年(1872)刻本　二冊

350000－2001－0005764　822.47/706.1

悔昨非齋倣陶詩集不分卷　(清)錢登熙撰　清光緒二十六年(1900)刻本　一冊

350000－2001－0005765　822.47/706.1＝1

悔昨非齋倣陶詩集不分卷　(清)錢登熙撰　清光緒二十六年(1900)刻本　一冊

350000－2001－0005766　852.47/169

有正味齋駢體文二十四卷首一卷　(清)吳錫

麒撰　(清)王廣業箋　(清)葉聯芬注　清光緒十五年(1889)上海蜚英館石印本　二冊

350000－2001－0005767　822.47/707.6

旅逸小稿二卷　(清)錢儀吉撰　清光緒六年(1880)錢彝甫刻本　一冊

350000－2001－0005768　852.1947/ф408.1

八家四六文註八卷　(清)孫星衍撰　(清)許貞幹註　補註一卷　陳衍撰　清光緒十八年(1892)上海圖書集成印書局鉛印本　八冊

350000－2001－0005769　822.47/718.5

天愚山人詩集十二卷　(清)謝泰宗著　清光緒六年(1880)靈藐館刻本　四冊

350000－2001－0005770　822.47/319

惜抱軒今體詩選十八卷　(清)姚鼐輯　清同治七年(1868)湘鄉曾氏刻本　四冊

350000－2001－0005771　822.47/432.13

大吉羊遺稿一卷　(清)張振凡撰　清光緒五年(1879)刻本　一冊

350000－2001－0005772　822.47/432.14

抱璞亭詩集初錄五卷詩集十七卷文集十卷　(清)張湘任撰　清光緒元年(1875)刻本　六冊

350000－2001－0005773　822.47/491

香屑集十八卷首一卷末一卷　(清)黃之雋輯　清宣統二年(1910)掃葉山房石印本　四冊

350000－2001－0005774　822.47/437

崧浦草堂詩集六卷　(清)陸我嵩撰　清咸豐元年(1851)刻本　二冊

350000－2001－0005775　822.47/718.5＝1

天愚山人詩集十二卷　(清)謝泰宗撰　清光緒六年(1880)靈藐館刻本　四冊

350000－2001－0005776　822.43/156

玉谿生詩詳註三卷首一卷　(唐)李商隱撰　(清)馮浩編　清嘉慶刻同治重修本　四冊

350000－2001－0005777　822.47/447.7

木蘭館詩鈔八卷雜著稿存一卷　(清)陳徵文撰　清光緒二十五年(1899)刻本　四冊

350000 – 2001 – 0005778　822.47/447.7 = 1

木蘭館詩鈔八卷雜著稿存一卷　（清）陳徵文撰　清光緒二十五年(1899)刻本　二冊　存六卷(詩鈔一至六)

350000 – 2001 – 0005779　822.47/718.1

篷吟集不分卷　（清）謝光綺撰　清光緒十九年(1893)刻本　一冊

350000 – 2001 – 0005780　822.47/447.9

大桴山人偶存集一卷　（清）陳詩撰　清光緒四年(1878)刻本　一冊

350000 – 2001 – 0005781　822.47/448

補勤詩存二十四卷　（清）陳錦撰　清光緒三年(1877)刻本　八冊

350000 – 2001 – 0005782　822.47/723.1

翠岩室詩鈔二卷　（清）韓弼元撰　清咸豐十年(1860)刻本　一冊

350000 – 2001 – 0005783　822.47/448.1

集翠軒詩稿二卷　（清）陳鷗撰　清光緒二十一年(1895)刻本　二冊

350000 – 2001 – 0005784　822.47/448.1 – 1

集翠軒詩稿二卷　（清）陳鷗撰　**好湖山樓詩鈔一卷**　（清）陳霖撰　清光緒二十一年(1895)刻本　二冊

350000 – 2001 – 0005785　822.47/448.2

尺岡草堂遺集十二卷　（清）陳璞撰　清光緒十五年(1889)刻本　一冊　存四卷(詩一至四)

350000 – 2001 – 0005786　722.9/155

字學七種二卷　（清）李秘園撰　（清）張邦泰校　清光緒十二年(1886)石印本　一冊

350000 – 2001 – 0005787　909.1104/636 – 1

集古錄十卷　（宋）歐陽修撰　（清）謝啓光校　清四留堂刻本　四冊

350000 – 2001 – 0005788　909.1104/636 – 2

集古錄跋尾十卷　（宋）歐陽修撰　（清）朱記榮輯　清光緒十三年(1887)吳縣朱氏刻行素草堂金石叢書本　二冊

350000 – 2001 – 0005789　909.11931/460

關中金石記八卷　（清）畢沅撰　**目錄一卷**　（清）蔡錫棟編　**附記一卷**　（清）蔡汝霖編　清道光二十七年(1847)渭邑焦氏醇敬堂刻本　五冊

350000 – 2001 – 0005790　822.47/441.2

尊瓠室詩一卷　（清）陳詩撰　清光緒三十四年(1908)鉛印本　一冊

350000 – 2001 – 0005791　909.11974/396 – 1

粵東金石略九卷首一卷附二卷　（清）翁方綱撰　清光緒十七年(1891)廣州石經堂石印本　四冊

350000 – 2001 – 0005792　822.47/442.1

秣陵集六卷　（清）陳文述撰　清光緒十年(1884)淮南書局刻本　二冊

350000 – 2001 – 0005793　909.302/21 – 2

亦政堂重修宣和博古圖錄三十卷　（宋）王黼等撰　明萬曆三十一年(1603)刻清乾隆十七年(1752)天都黃氏重修三古圖本　十六冊　存二十八卷(一至二十八)

350000 – 2001 – 0005794　822.47/ф216.4 = 1

松風仙館詩草一卷　（清）林鴻年撰　清咸豐十年(1860)刻本　一冊

350000 – 2001 – 0005795　822.195/ф753

藍山詩集六卷　（明）藍仁撰　**藍澗詩集六卷**　（明）藍智撰　清光緒十四年(1888)刻本　四冊

350000 – 2001 – 0005796　822.195/ф753.1

山澗詩集合編二卷　（明）藍仁　（明）藍智撰　（明）藍禮寅編　清光緒二十二年(1896)木活字印本　四冊

350000 – 2001 – 0005797　822.47/756.1

古泉山館詩集八卷　（清）瞿中溶撰　清同治九年(1870)刻本　四冊

350000 – 2001 – 0005798　909.302/21 – 3

三古圖三種　（清）黃晟輯　明萬曆三十一年(1603)刻清重修本　二十三冊　存二種四十

卷(博古圖錄三十卷、考古圖十卷)

350000－2001－0005799　822.47/776
億堂詩抄十六卷　(清)羅志讓著　清光緒四年(1878)刻本　三冊

350000－2001－0005800　822.196/ф646
鄧林唱和集一卷　(清)鄧廷楨　(清)林則徐撰　清宣統元年(1909)江浦陳氏刻本　一冊

350000－2001－0005801　822.196/ф674＝1
篤舊集十八卷　(清)劉存仁編輯　清咸豐十年(1860)蘭州刻本　八冊

350000－2001－0005802　822.196/ф717
過存詩略二卷　(清)謝章鋌輯　清同治二年(1863)刻本　一冊

350000－2001－0005803　822.196/ф749
榕陰吟社一卷　(清)戴成芬等撰　清末刻本　一冊

350000－2001－0005804　822.196/ф795
桐蔭吟榭詩四卷　(清)龔顯曾編　清同治三年(1864)刻本　二冊

350000－2001－0005805　822.1991/ф557
武夷紀遊一卷　(清)楊豫等撰　清光緒二十三年(1897)鉛印本　一冊

350000－2001－0005806　852.101/10.7
增訂昭明文選集成詳註六十卷首二卷　(南朝梁)蕭統輯　(清)方廷珪批點　(清)陳雲程補訂　(清)于光華輯評　清同治七年(1868)吳天爵龍江書屋刻本　二十冊

350000－2001－0005807　909.302/170
亦政堂重修考古圖十卷　(宋)呂大臨撰　明萬曆刻清乾隆十八年(1753)黃晟槐蔭草堂重修三古圖本　五冊

350000－2001－0005808　909.303/21
嘯堂集古錄二卷　(宋)王俅撰　**考異二卷**　(清)張蓉鏡編　清嘉慶十七年(1812)宛湖張氏醉經堂刻本　一冊

350000－2001－0005809　909.303/162－3
積古齋鐘鼎彝器款識十卷　(清)阮元　(清)

270

朱為弼編　清光緒五年(1879)武昌刻本六冊

350000－2001－0005810　822.1991/ф718
遊石鼓詩錄一卷附詞錄一卷　(清)謝章鋌等撰　清咸豐十一年(1861)福州刻本　一冊

350000－2001－0005811　822.1991/ф718＝1
遊石鼓詩錄一卷附詞錄一卷　(清)謝章鋌等撰　清咸豐十一年(1861)福州刻本　一冊

350000－2001－0005812　822.1992/ф214
健公詩影一卷　林紓輯　清光緒二十九年(1903)刻本　一冊

350000－2001－0005813　909.303/162
積古齋鐘鼎彝器款識十卷　(清)阮元　(清)朱為弼編　清嘉慶九年(1804)揚州阮氏刻本　四冊

350000－2001－0005814　822.1995/ф24
新刻續千家詩二卷　(清)王見三編　清同治十三年(1874)刻本　一冊

350000－2001－0005815　822.1995/ф529
夔門送行詩二卷續編一卷　(清)曾福謙輯　清光緒二十八年(1902)鉛印本　一冊

350000－2001－0005816　822.1998/ф937
紅樓詩借前集二卷後集二卷　題(清)花好月圓吟榭主人輯　清光緒十九年(1893)刻本　二冊

350000－2001－0005817　350.17/359
訓練操法詳晰圖說二十二卷　袁世凱纂　清光緒二十五年(1899)石印本　十一冊　存十九卷(一至十八、二十二)

350000－2001－0005818　822.1998/ф937＝1
紅樓詩借前集二卷後集二卷　題(清)花好月圓吟榭主人輯　清光緒十九年(1893)刻本　一冊　存二卷(後集二卷)

350000－2001－0005819　822.424/ф492
陶詩析義四卷　(清)黃文煥撰　清光緒二年(1876)刻本　二冊

350000－2001－0005820　350.16/427.1

紀效新書十八卷首一卷　（明）戚繼光撰　清末刻本　六冊

350000－2001－0005821　822.47/442.5

厓楞詩鈔八卷　（清）陳大縉撰　清嘉慶刻清末增補本　一冊

350000－2001－0005822　822.43/ф248

周太朴詩一卷補遺一卷　（唐）周朴撰　清道光十八年(1838)刻本　一冊

350000－2001－0005823　909.303/675

奇觚室吉金文述二十卷首一卷　（清）劉心源撰　清光緒二十八年(1902)石印本　十冊

350000－2001－0005824　822.43/ф248＝1

周太朴詩一卷補遺一卷　（唐）周朴撰　清道光十八年(1838)刻本　一冊

350000－2001－0005825　350.14/407

虎鈐經二十卷　（宋）許洞撰　清嘉慶刻本　四冊

350000－2001－0005826　822.47/444.5

蓬萊閣詩錄四卷　（清）陳克家撰　清同治二年(1863)刻本　一冊

350000－2001－0005827　822.43/ф248－1

周太朴集不分卷　（唐）周朴撰　清道光二十四年(1844)刻本　一冊

350000－2001－0005828　909.303/732－2

歷代鐘鼎彝器款識法帖二十卷　（宋）薛尚功撰　清嘉慶二年(1797)刻本　三冊

350000－2001－0005829　822.47/444.5＝1

蓬萊閣詩錄四卷　（清）陳克家撰　清同治二年(1863)刻本　一冊

350000－2001－0005830　909.303/732－5

歷代鐘鼎彝器款識法帖二十卷　（宋）薛尚功撰　清光緒二十九年(1903)貴池劉氏玉海堂刻本　四冊

350000－2001－0005831　822.47/444.5＝2

蓬萊閣詩錄四卷　（清）陳克家撰　清同治二年(1863)刻本　一冊

350000－2001－0005832　822.43/ф248－1＝1

周太朴集不分卷　（唐）周朴撰　清道光二十四年(1844)刻本　一冊

350000－2001－0005833　822.47/444.5＝3

蓬萊閣詩錄四卷　（清）陳克家撰　清同治二年(1863)刻本　一冊

350000－2001－0005834　822.43/ф393

徐正字集四卷附錄一卷　（唐）徐寅著　清嘉慶十五年(1810)刻本　二冊

350000－2001－0005835　909.35/432

錢志新編二十卷　（清）張崇懿輯　清道光十年(1830)古婁尹氏酌春堂刻本　一冊

350000－2001－0005836　822.44/ф80

釣磯詩集四卷　（宋）邱葵著　清同治十三年(1874)邱炳忠刻本　二冊

350000－2001－0005837　822.47/792.6

玉笥山房要集四卷文一卷　（清）顧廷綸著　清光緒十二年(1886)刻本　一冊

350000－2001－0005838　822.44/ф718－2

重編晞髮集六卷補遺二卷　（宋）謝翱撰　清咸豐元年(1851)刻本　二冊

350000－2001－0005839　822.47/445.4

獨漉堂藁七卷　（清）陳恭尹撰　清康熙刻本　二冊

350000－2001－0005840　909.31/25－3

宋王復齋鐘鼎款識一卷　（宋）王厚之編　清嘉慶七年(1802)儀徵阮氏積古齋刻本　一冊

350000－2001－0005841　350.16/427

練兵實紀九卷雜集六卷　（明）戚繼光撰　清末張鵬扮刻本　八冊

350000－2001－0005842　909.3502/228－1

泉布統誌九卷首一卷附錄一卷　（清）孟麟輯　清道光十三年(1833)志古堂刻本　三十二冊

350000－2001－0005843　909.4/24

石經彙函十種　（清）王秉恩輯　清光緒九年(1883)王氏元尚居刻本　十六冊

350000 – 2001 – 0005844　822.44/ф718 – 3
晞髮集十卷　（宋）謝翱撰　清光緒二年（1876）刻本　四冊

350000 – 2001 – 0005845　822.44/ф718.4
謝參軍詩鈔二卷　（宋）謝翱撰　清嘉慶十九年（1814）刻本　一冊

350000 – 2001 – 0005846　909.4/563
語石十卷　葉昌熾撰　清宣統元年（1909）長洲葉氏刻本　四冊

350000 – 2001 – 0005847　822.44/ф718.5
西臺慟哭記註一卷　（清）黃宗羲著　清道光十三年（1833）刻本　一冊

350000 – 2001 – 0005848　909.4/563 = 1
語石十卷　葉昌熾撰　清宣統元年（1909）長洲葉氏刻本　四冊

350000 – 2001 – 0005849　909.401/636
集古錄目十卷　（宋）歐陽棐撰　繆荃孫輯　清光緒十年（1884）刻本　二冊

350000 – 2001 – 0005850　822.44/ф936
遠遊篇一卷方正學先生詩選一卷　（□）□□輯　清末抄本　一冊

350000 – 2001 – 0005851　822.45/ф558
楊仲宏集八卷　（元）楊載撰　清嘉慶十五年（1810）刻本　一冊

350000 – 2001 – 0005852　822.45/ф730 – 1
雁門集十四卷附卷一卷倡和錄一卷別錄一卷　（元）薩都剌撰　清嘉慶十二年（1807）刻本　四冊

350000 – 2001 – 0005853　822.47/445.5
蓮山詩集十九卷　陳衍虞著　清道光十九年（1839）刻本　八冊

350000 – 2001 – 0005854　822.45/ф730 – 2
雁門集六卷補遺一卷附卷一卷　（元）薩都剌著　清宣統二年（1910）刻本　三冊　存七卷（雁門集六卷、附卷一卷）

350000 – 2001 – 0005855　822.45/ф730 – 3
雁門集六卷附卷一卷　（元）薩都剌著　清宣

統元年（1909）湖北刷印局鉛印本　三冊　存五卷（雁門集三至六、附卷一卷）

350000 – 2001 – 0005856　822.45/ф730 – 3 = 1
雁門集六卷附卷一卷　（元）薩都剌著　清宣統元年（1909）湖北刷印局鉛印本　四冊

350000 – 2001 – 0005857　822.45/ф730 – 3 = 2
雁門集六卷附卷一卷　（元）薩都剌著　清宣統元年（1909）湖北刷印局鉛印本　四冊

350000 – 2001 – 0005858　124.4/789 – 1
朱子文語纂編十四卷　（清）嚴鴻逵輯　清康熙刻本　十七冊

350000 – 2001 – 0005859　127/153 – 1
御纂性理精義十二卷　（清）李光地等輯　清刻本　三冊

350000 – 2001 – 0005860　042.6/15.1
通雅五十二卷首三卷　（清）方以智輯著　（清）姚文燮較訂　清康熙五年（1666）姚氏浮山此藏軒刻本　十六冊

350000 – 2001 – 0005861　乙8.1/2
寶古堂重考古玉圖二卷　（元）朱德潤撰　明萬曆三十年（1602）吳萬化刻本　一冊

350000 – 2001 – 0005862　852.13 – 4/936
御選唐宋文醇五十八卷　（清）高宗弘曆選　清乾隆刻四色套印本　二十冊

350000 – 2001 – 0005863　乙5.3/2
孔志四卷　（清）龔景瀚撰　稿本　四冊

350000 – 2001 – 0005864　丙14/19.1
性命雙修萬神圭旨四卷　（明）尹真人撰　清抄本　一冊

350000 – 2001 – 0005865　丁1/2.1
楚辭十七卷　（漢）王逸章句　（宋）洪興祖補注　清初毛氏汲古閣刻本　二冊

350000 – 2001 – 0005866　丁1/2.2
楚辭十七卷　（漢）王逸章句　（宋）洪興祖補注　清毛氏汲古閣刻三樂齋印本　二冊　存十四卷（四至十七）

350000 – 2001 – 0005867　丙10/4.1

淮南鴻烈解二十一卷　（漢）劉安撰　（漢）高誘註　明萬曆刻本　六冊

350000 – 2001 – 0005868　822.47/792.8

城南樵唱一卷附題詞一卷　（清）顧福仁撰　清光緒十七年(1891)顧氏養心光室刻本　一冊

350000 – 2001 – 0005869　822.46/φ2

歸囊遺稿一卷附錄一卷　（明）丁儀撰　山水音詩集一卷　（明）丁啓浦撰　清光緒二十二年(1896)刻本　一冊

350000 – 2001 – 0005870　822.47/932

八指詩存二卷　（清）閔萃祥撰　清光緒三十四年(1908)刻本　二冊

350000 – 2001 – 0005871　822.46/φ183

白湖詩草六卷　（明）何御撰　清光緒七年(1881)何嵩祺刻本　二冊

350000 – 2001 – 0005872　822.46/φ215

居易堂詩集一卷　（明）林坌著　明崇禎十七年(1644)刻本　一冊

350000 – 2001 – 0005873　909.42/23

墓銘舉例四卷　（明）王行撰　清光緒四年(1878)南海馮氏讀有用書齋刻朱墨套印本　二冊

350000 – 2001 – 0005874　909.4205/23

碑版文廣例十卷　（清）王芑孫輯　清道光二十一年(1841)長洲王氏刻本　四冊

350000 – 2001 – 0005875　822.46/φ216

鳴盛集四卷　（明）林鴻著　清嘉慶十三年(1808)刻本　二冊

350000 – 2001 – 0005876　822.46/φ260

石秋子敬身錄一卷　（明）洪思撰　清末刻本　二冊

350000 – 2001 – 0005877　822.46/φ334

石門集七卷　（明）高瀫著　清道光二十一年(1841)刻本　一冊

350000 – 2001 – 0005878　822.46/φ334 = 1

石門集七卷　（明）高瀫著　清道光二十一年(1841)刻本　一冊

350000 – 2001 – 0005879　350.1/44

風后握奇經一卷　（漢）公孫弘解　六韜三卷　（周）呂望撰　清光緒元年(1875)湖北崇文書局刻本　一冊

350000 – 2001 – 0005880　909.4205/23 = 1

碑版文廣例十卷　（清）王芑孫輯　清道光二十一年(1841)長洲王氏刻本　四冊

350000 – 2001 – 0005881　822.46/φ396

梅莊遺草六卷　（明）翁白著　清嘉慶十六年(1811)刻本　四冊

350000 – 2001 – 0005882　822.46/φ431

半洲詩集七卷　（明）張經著　清咸豐七年(1857)刻本　二冊

350000 – 2001 – 0005883　822.47/935

東園詩存一卷補遺一卷　（清）蘇完鐵齡撰　清光緒三十一年(1905)北新書局鉛印本　一冊

350000 – 2001 – 0005884　822.46/φ431 = 1

半洲詩集七卷　（明）張經著　清咸豐七年(1857)刻本　二冊

350000 – 2001 – 0005885　909.42/158

蜀碑記十卷　（宋）王象之撰　蜀碑記補十卷　（清）李調元撰　清刻本　一冊

350000 – 2001 – 0005886　350.11/443

孫子十三篇直講一卷　（清）陳任暘註　清光緒三十一年(1905)月圓人壽室刻本　一冊

350000 – 2001 – 0005887　822.46/φ431 = 2

半洲詩集七卷　（明）張經著　清咸豐七年(1857)刻本　四冊

350000 – 2001 – 0005888　822.46/φ498

西江日譜二卷　（明）黃璟著　清末抄本　一冊

350000 – 2001 – 0005889　350.14/407 = 1

虎鈐經二十卷　（宋）許洞撰　清嘉慶刻本　六冊

350000 – 2001 – 0005890　822.46/φ496.1

黃陶菴詩一卷　（明）黃淳耀著　清道光十八
年(1838)郭柏蒼刻本　一冊

350000 – 2001 – 0005891　822.46/φ597

高蓋山房詩鈔二卷　（明）鄢正畿著　清光緒
四年(1878)刻本　一冊

350000 – 2001 – 0005892　822.46/φ753

藍山集六卷　（明）藍仁撰　清光緒四年
(1878)枕石草堂刻本　二冊

350000 – 2001 – 0005893　822.46/φ753 = 1

藍山集六卷　（明）藍仁撰　清光緒四年
(1878)枕石草堂刻本　一冊　存三卷(一至
三)

350000 – 2001 – 0005894　822.47/φ10

焚餘草不分卷　（清）朱秉銘著　清末刻本
一冊

350000 – 2001 – 0005895　822.47/φ23.3

[樵隱山人詩集]五種　（清）王廷俊撰　清末
抄本　九冊

350000 – 2001 – 0005896　822.47/φ4

臥遊集不分卷　（清）丁得興著　清道光元年
(1821)刻本　一冊

350000 – 2001 – 0005897　822.47/939.1

梵隱堂詩存十卷　（清）釋祖觀著　清同治五
年(1866)通濟盒刻本　二冊

350000 – 2001 – 0005898　822.47/φ24

不忘初齋詩草四卷　（清）王紹燕撰　清道光
二十三年(1843)刻本　一冊

350000 – 2001 – 0005899　349.953/978

德國新刑律草案總則不分卷　（德國）赫善心
注　（德國）魏理慈譯　清宣統二年(1910)青
島德華特別高等專門學堂鉛印本　一冊

350000 – 2001 – 0005900　909.42/501

金薤琳琅二十卷　（明）都穆撰　**補遺一卷**
(清)宋振譽撰　清刻本　四冊

350000 – 2001 – 0005901　822.47/φ24.1

小蘭雪堂唫槀十一卷　（清）王步蟾撰　清光

緒二十七年(1901)石印本　四冊

350000 – 2001 – 0005902　822.47/φ26

王文學遺草一卷　（清）王晨耀撰　清同治二
年(1863)刻本　一冊

350000 – 2001 – 0005903　822.47/φ26 = 1

王文學遺草一卷　（清）王晨耀撰　清同治二
年(1863)刻本　一冊

350000 – 2001 – 0005904　822.47/940

喫梅吟四卷夢中吟一卷　（清）釋圓玨吟
(清)陳夜熙點　（清）方羽中訂　清乾隆二十
三年(1758)刻本　一冊

350000 – 2001 – 0005905　350/101

洋務用軍必讀三卷　（清）朱克敬撰　清光緒
十年(1884)朱氏挹秀山房刻本　一冊

350000 – 2001 – 0005906　822.47/φ26.1

秋影庵遺詩一卷　（清）王景撰　清光緒二十
二年(1896)鉛印本　一冊

350000 – 2001 – 0005907　804/446

藝苑叢話十六卷　（清）陳琰編輯　清宣統三
年(1911)上海六藝書局石印本　四冊

350000 – 2001 – 0005908　910/968.1

埏紘外乘二十五卷補遺一卷　（美國）林樂知
撰　嚴良勳譯　清光緒二十七年(1901)江南
機器製造總局刻本　七冊　存二十五卷(埏
紘外乘二十五卷)

350000 – 2001 – 0005909　822.47/φ26.2

伊園詩鈔二卷　（清）王景賢撰　清光緒元年
(1875)刻本　一冊

350000 – 2001 – 0005910　822.47/φ28

鐸聲一卷　（清）王懋中撰　清光緒二十五年
(1899)華陽書院刻本　一冊

350000 – 2001 – 0005911　822.47/φ84

北游草一卷　（清）江瀚撰　清光緒二十九年
(1903)刻本　一冊

350000 – 2001 – 0005912　822.47/942 – 1

**八指頭陀詩集十卷補遺一卷集述一卷詞附存
一卷襍文一卷**　（清）釋敬安撰　清光緒十四

年(1888)刻本　二册

350000 - 2001 - 0005913　φ822.47/84 - 2
伏敬堂詩錄十五卷首一卷續錄四卷　（清）江
湜撰　**附錄一卷**　清同治五年(1866)刻本
四册　存十七卷(伏敬堂詩錄十五卷、首一
卷,續錄四)

350000 - 2001 - 0005914　349.927/402
讀律琯朗一卷　（清）梁他山著　清光緒五年
(1879)仁和葛元煦嘯園刻朱墨套印本　一册

350000 - 2001 - 0005915　804/674 - 2
文心雕龍十卷　（南朝梁）劉勰撰　（清）黃叔
琳注　清乾隆六年(1741)刻本　四册

350000 - 2001 - 0005916　804/674 - 5
文心雕龍十卷　（南朝梁）劉勰撰　（清）黃叔
琳注　（清）紀昀評點　清刻朱墨套印本
四册

350000 - 2001 - 0005917　822.47/792.9
罏塘集一卷　（清）顧貞觀撰　清光緒七年
(1881)刻本　一册

350000 - 2001 - 0005918　349.927/808
大清刑律草案二編附律目考　（清）沈家本等
編　清光緒三十三年(1907)法律館鉛印本
三册

350000 - 2001 - 0005919　822.47/942.4
鑄廬膡詩一卷　（清）裕貴撰　三多錄　清光
緒二十三年(1897)影印本　一册

350000 - 2001 - 0005920　349.927/809
修正刑律案語二編　（清）□□輯　清宣統修
訂法律館鉛印本　二册

350000 - 2001 - 0005921　822.47/φ84.1 = 1
伏敬堂詩錄十五卷首一卷續錄四卷　（清）江
湜撰　**附錄一卷**　清同治五年(1866)刻本
四册　存十八卷(伏敬堂詩錄十五卷、首一
卷、續錄一、附錄一卷)

350000 - 2001 - 0005922　349.927/132.2
大清現行刑律案語不分卷　（清）沈家本等編
　清宣統元年(1909)法律館鉛印本　十九册

350000 - 2001 - 0005923　822.47/φ84.1 = 2
伏敬堂詩錄十五卷首一卷續錄四卷　（清）江
湜撰　**附錄一卷**　清同治五年(1866)刻本
四册

350000 - 2001 - 0005924　822.47/947.1
錢塘女史檀氏遺詩一卷　（清）檀桂姬撰　清
末刻本　一册

350000 - 2001 - 0005925　822.47/φ84.1 = 3
伏敬堂詩錄十五卷首一卷續錄四卷　（清）江
湜撰　**附錄一卷**　清同治五年(1866)刻本
一册　存四卷(續錄四卷)

350000 - 2001 - 0005926　910.1/974
歐羅巴通史四卷　（日本）箕作元八　（日本）
峰岸米造纂　（清）徐有成等譯　清光緒東亞
譯書會鉛印本　四册

350000 - 2001 - 0005927　822.47/φ101
綠天吟榭詩槀二卷　（清）朱芳徽撰　清同治
十年(1871)刻本　二册

350000 - 2001 - 0005928　910.1/974 - 1
歐羅巴通史四卷　（日本）箕作元八　（日本）
峰岸米造纂　（清）徐有成等譯　清光緒二十
六年(1900)東亞譯書會鉛印本　四册

350000 - 2001 - 0005929　822.47/φ101 = 1
綠天吟榭詩槀二卷　（清）朱芳徽撰　清同治
十年(1871)刻本　一册　存一卷(一)

350000 - 2001 - 0005930　822.47/φ10 = 1
焚餘草不分卷　（清）朱秉銘撰　清刻本
一册

350000 - 2001 - 0005931　822.47/963
可園詩鈔七卷　三多撰　清光緒影印本
四册

350000 - 2001 - 0005932　349.927/401
欽定吏部處分則例五十二卷　（清）文孚
（清）清平等纂修　清光緒十一年(1885)刻本
　二十册

350000 - 2001 - 0005933　822.47/φ104
怡山館詩鈔四卷　（清）朱錫穀撰　清刻本

二冊

350000－2001－0005934　822.47/φ104＝1

怡山館詩鈔四卷　（清）朱錫穀撰　清刻本
一冊　存二卷（隴蜀遊草一卷、歸雲草一卷）

350000－2001－0005935　822.47/φ110

賜硯齋詩鈔四卷　（清）伊朝棟著　清嘉慶十
二年（1807）刻本　一冊

350000－2001－0005936　822.47/φ111

留春草堂詩鈔七卷　（清）伊秉綬撰　清嘉慶
十九年（1814）廣州刻本　二冊

350000－2001－0005937　822.47/φ111＝1

留春草堂詩鈔七卷　（清）伊秉綬撰　清嘉慶
十九年（1814）廣州刻本　二冊

350000－2001－0005938　822.47/φ111－1

留春草堂詩鈔七卷　（清）伊秉綬撰　清末刻
本　四冊

350000－2001－0005939　822.47/φ152

太華山人詩剩藁八卷　（清）李雲誥撰　清同
治元年（1862）刻本　一冊

350000－2001－0005940　822.47/φ152.1

李忠毅公遺詩一卷　（清）李廷鈺輯　清刻本
一冊

350000－2001－0005941　822.47/967

六十感懷七律十四首附甲辰四月初六早詣不
分卷　（清）延清撰　清光緒三十一年（1905）
鉛印本　一冊

350000－2001－0005942　822.47/φ154.1

琴寄齋詩剩一卷　（清）李應庚撰　清同治三
年（1864）刻本　一冊

350000－2001－0005943　822.47/φ154.2

西雲詩鈔四卷　（清）李枝青撰　清刻本　一
冊　存二卷（一至二）

350000－2001－0005944　822.47/φ155－1

蕉雨山房詩集十卷外集一卷　（清）李家瑞撰
清同治十一年（1872）刻本　五冊

350000－2001－0005945　822.47/968

養正書屋全集定本四十卷　（清）宣宗旻寧撰
清道光二年（1822）刻本　八冊

350000－2001－0005946　822.47/φ155＝1

蕉雨山房詩集十卷外集一卷　（清）李家瑞撰
清同治十一年（1872）刻本　一冊　存四卷
（詩集一至四）

350000－2001－0005947　822.47/φ155.5

榕園詩鈔十三卷　（清）李彥章撰　清道光二
十年（1840）刻本　八冊

350000－2001－0005948　354/487

戰書十七卷　（清）揭暄撰　清初刻咸豐九年
（1859）濠塘重修本　八冊

350000－2001－0005949　822.47/φ155.3

載酒堂集二卷　（清）李彥章撰　清末刻本
一冊

350000－2001－0005950　822.47/409

夢鷗閣題詞一卷詩鈔一卷　（清）許銓輯並撰
清道光二十六年（1846）刻本　一冊

350000－2001－0005951　913/967

勃興記四卷　（英國）李提摩太撰　清光緒刻
本　一冊

350000－2001－0005952　822.47/φ155.4

出山小草二卷　（清）李彥章撰　清道光二十
年（1840）刻本　一冊

350000－2001－0005953　822.47/φ156

黿鳴詩集十卷　（清）李祥賡撰　清道光六年
（1826）刻本　一冊　存五卷（一至五）

350000－2001－0005954　822.47/φ155

湧翠樓詩鈔六卷　（清）李春祺撰　（清）丁才
茂編　清末刻本　一冊

350000－2001－0005955　353.5/672

魚雷圖說問答不分卷　（清）黎晉賢繪纂　清
光緒十六年（1890）石印本　二冊

350000－2001－0005956　822.47/674－7

文心雕龍十卷　（南朝梁）劉勰撰　（清）黃叔
琳注　（清）紀昀評點　清道光十三年（1833）
兩廣節署刻朱墨套印本　四冊

350000 – 2001 – 0005957　804/674 – 6 = 1

文心雕龍十卷　（南朝梁）劉勰撰　清光緒三年(1877)湖北崇文書局刻本　二冊

350000 – 2001 – 0005958　353.5/936

各國雷艇水雷說略不分卷　（英國）唐淖真（法國）官式阿等撰　清光緒石印本　一冊

350000 – 2001 – 0005959　822.47/φ166

小梅詩存二卷　（清）吳兆荃撰　清同治三年(1864)刻本　一冊

350000 – 2001 – 0005960　822.47/φ179

鑫園詩集四卷首一卷　（清）何長聚著　清咸豐元年(1851)刻本　一冊

350000 – 2001 – 0005961　822.47/φ180.1 = 1

實齋詩蘥二卷　（清）何西泰撰　清嘉慶十一年(1806)刻本　一冊

350000 – 2001 – 0005962　822.47/φ180.2

使東雜詠一卷　（清）何如璋撰　清末鉛印本　一冊

350000 – 2001 – 0005963　913/968

世界近世史二卷　（日本）松平康國著　梁啓勳譯述　清光緒二十八年(1902)上海廣智書局鉛印本　二冊

350000 – 2001 – 0005964　913/968 = 1

世界近世史二卷　（日本）松平康國著　梁啓勳譯　清光緒二十八年(1902)上海廣智書局鉛印本　二冊

350000 – 2001 – 0005965　822.47/φ180.2 = 1

使東雜詠一卷　（清）何如璋撰　清末鉛印本　一冊

350000 – 2001 – 0005966　822.47/φ182

疎影軒遺草二卷　（清）何玉瑛撰　清嘉慶十七年(1812)刻本　一冊

350000 – 2001 – 0005967　822.48/662

羅浮待鶴山人詩草二卷外集一卷　（清）鄭觀應撰　清宣統元年(1909)上海著易堂鉛印本　一冊

350000 – 2001 – 0005968　919/428

350000 – 2001 – 0005968　919/428

地球韻言四卷　（清）張士瀛撰　清光緒二十四年(1898)鄂垣務急書館刻本　二冊

350000 – 2001 – 0005969　822.47/φ195.6

北行雜詠一卷北遊續詠一卷　（清）余潛士撰　清咸豐二年(1852)刻本　一冊

350000 – 2001 – 0005970　919/428 = 1

地球韻言四卷　（清）張士瀛撰　清光緒二十四年(1898)鄂垣務急書館刻本　二冊

350000 – 2001 – 0005971　919/428 – 1

地球韻言四卷　（清）張士瀛撰　清光緒刻本　一冊

350000 – 2001 – 0005972　822.47/φ195.7

自鳴集二卷　（清）余潛士撰　清咸豐二年(1852)刻本　一冊

350000 – 2001 – 0005973　919/428 – 2

地球韻言四卷　（清）張士瀛撰　清光緒二十四年(1898)上海自強齋石印本　二冊

350000 – 2001 – 0005974　822.47/φ212.1

漱石齋吟草十卷　（清）林元英撰　清道光五年(1825)刻本　六冊

350000 – 2001 – 0005975　822.47/φ214.5

竹佃閒話錄三卷　（清）林芳撰　清刻本　一冊

350000 – 2001 – 0005976　822.47/φ213

雲左山房詩鈔八卷附詩餘一卷試帖一卷　(清)林則徐撰　清光緒十二年(1886)刻本　二冊

350000 – 2001 – 0005977　822.47/φ213 = 1

雲左山房詩鈔八卷附詩餘一卷試帖一卷　(清)林則徐撰　清光緒十二年(1886)刻本　二冊　存八卷(詩鈔八卷)

350000 – 2001 – 0005978　822.47/φ213 = 2

雲左山房詩鈔八卷附詩餘一卷試帖一卷　(清)林則徐撰　清光緒十二年(1886)刻本　二冊

350000 – 2001 – 0005979　822.47/φ213 = 3

雲左山房詩鈔八卷附詩餘一卷試帖一卷

（清）林則徐撰　清光緒十二年（1886）刻本
四冊

350000－2001－0005980　822.47/φ213.3
范亭詩初草四卷　（清）林廷禧撰　清刻本
一冊

350000－2001－0005981　919/562－1
天文歌略一卷　（清）葉瀾著　**地理歌略一卷**
葉瀚　（清）葉滿著　清光緒二十八年
（1902）刻本　一冊

350000－2001－0005982　822.47/φ213.4
范亭詩初草五卷　（清）林廷禧撰　**范亭先兄**
事實紀略一卷　（清）林廷祚述　清同治四年
（1865）刻本　二冊

350000－2001－0005983　919/974
地理全志一卷　（英國）慕維廉撰　清光緒二
十八年（1902）上海美華書館鉛印本　一冊

350000－2001－0005984　822.47/φ213.7
鳳池食粟齋集劍餘草一卷　（清）林必達著
清光緒三十二年（1906）刻本　一冊

350000－2001－0005985　822.47/φ213.7＝1
鳳池食粟齋集劍餘草一卷　（清）林必達著
清光緒三十二年（1906）刻本　一冊

350000－2001－0005986　822.47/φ213.8
冶麓草堂詩鈔一卷　（清）林光天撰　清道光
二年（1822）刻本　一冊

350000－2001－0005987　822.47/φ214
黃鵠山人詩初鈔十八卷　（清）林壽圖撰　清
光緒八年（1882）刻本　六冊

350000－2001－0005988　919/393.2
瀛環志畧十卷　（清）徐繼畬撰　清光緒二十
四年（1898）上海書局石印本　一冊

350000－2001－0005989　822.47/φ214＝1
黃鵠山人詩初鈔十八卷　（清）林壽圖撰　清
光緒八年（1882）刻本　四冊

350000－2001－0005990　822.47/φ214＝2
黃鵠山人詩初鈔十八卷　（清）林壽圖撰　清
光緒八年（1882）刻本　四冊　存十二卷（一

至十二）

350000－2001－0005991　822.47/φ214＝3
黃鵠山人詩初鈔十八卷　（清）林壽圖撰　清
光緒八年（1882）刻本　六冊　存十六卷（一
至七、九至十、十二至十八）

350000－2001－0005992　919/761－1
海國圖志一百卷　（清）魏源撰　清咸豐二年
（1852）古微堂刻本　二十四冊

350000－2001－0005993　822.48/752
采百集二卷　（清）戴藝邳輯　清光緒十三年
（1887）鉛印本　二冊

350000－2001－0005994　822.47/φ214.1
壯懷堂詩初稿十卷二集四卷三集十四卷
（清）林直撰　清咸豐六年至光緒三十一年
（1856－1905）刻本　六冊

350000－2001－0005995　919.024/968
東亞各口岸志八篇　（日本）參謀本部編
（清）廣智書局譯　清光緒二十八年（1902）上
海廣智書局鉛印本　一冊

350000－2001－0005996　919.024/968＝1
東亞各口岸志八篇　（日本）參謀本部編
（清）廣智書局譯　清光緒二十八年（1902）上
海廣智書局鉛印本　一冊

350000－2001－0005997　822.47/φ214.1＝1
壯懷堂詩初稿十卷二集四卷三集十四卷
（清）林直撰　清咸豐六年至光緒三十一年
（1856－1905）刻本　三冊　存十四卷（初稿
十卷、二集四卷）

350000－2001－0005998　822.47/φ214.4
衣讔山房詩集八卷　（清）林昌彝撰　清同治
二年（1863）廣州刻本　四冊

350000－2001－0005999　822.47/φ214.4＝1
衣讔山房詩集八卷　（清）林昌彝撰　清同治
二年（1863）廣州刻本　四冊

350000－2001－0006000　822.47/φ214.5＝1
竹佃閒話錄三卷　（清）林芳撰　清刻本
一冊

350000 – 2001 – 0006001　822.47/φ214.6

存梅齋詩鈔四卷　（清）林其年撰　清同治三年(1864)福州宋氏刻本　一冊

350000 – 2001 – 0006002　910/968

萬國史記二十卷　（日本）岡本監輔撰　清光緒二十三年(1897)鉛印本　六冊

350000 – 2001 – 0006003　910/968 = 1

萬國史記二十卷　（日本）岡本監輔撰　清光緒二十三年(1897)鉛印本　八冊

350000 – 2001 – 0006004　822.491/444.1

嶺南雜事詩鈔八卷　（清）陳坤著　清光緒二年(1876)刻如不及齋叢書本　六冊

350000 – 2001 – 0006005　822.47/φ214.8

聽秋山館詩鈔十卷　（清）林楓著　清末鉛印本　一冊

350000 – 2001 – 0006006　920.1/971 – 1

東洋史要二卷　（日本）桑原騭藏著　樊炳清譯　清光緒東文學社石印本　一冊

350000 – 2001 – 0006007　822.47/φ214.9

林希五詩集初編一卷　（清）林雨化著　清道光十年(1830)刻本　一冊

350000 – 2001 – 0006008　920.1/971 – 2

東洋史要三卷　（日本）桑原騭藏著　樊炳清譯　清光緒二十五年(1899)刻本　四冊

350000 – 2001 – 0006009　822.47/φ215

自怡詩集八卷二集八卷　（清）林象著　清嘉慶二十二年(1817)刻本　三冊

350000 – 2001 – 0006010　920.1/971 – 3

東洋史要二卷　（日本）桑原騭藏著　樊炳清譯　清光緒石印木　四冊

350000 – 2001 – 0006011　822.47/φ215 = 1

自怡詩集八卷二集八卷　（清）林象著　清嘉慶二十二年(1817)刻本　四冊

350000 – 2001 – 0006012　822.47/φ215.1

味雪堂餘草一卷　（清）林賀峒撰　清光緒三十二年(1906)鉛印本　一冊

350000 – 2001 – 0006013　822.47/φ216.4

松風仙館詩草一卷　（清）林鴻年撰　清咸豐十年(1860)刻本　一冊

350000 – 2001 – 0006014　804/674 – 3

文心雕龍十卷　（南朝梁）劉勰撰　（明）楊慎批點　（清）張松孫輯注　清同治七年(1868)刻本　三冊

350000 – 2001 – 0006015　822.47/φ216

述菴詩零一卷　（清）林崧祁撰　清宣統元年(1909)鉛印本　一冊

350000 – 2001 – 0006016　822.47/φ216 = 1

述菴詩零一卷　（清）林崧祁撰　清宣統元年(1909)鉛印本　一冊

350000 – 2001 – 0006017　822.47/φ216 = 2

述菴詩零一卷　（清）林崧祁撰　清宣統元年(1909)鉛印本　一冊

350000 – 2001 – 0006018　822.47/φ216.1

林先生述菴遺詩一卷　（清）林崧祁撰　蘇南編　清宣統元年(1909)排印本　一冊

350000 – 2001 – 0006019　822.497/22

金陵雜詠不分卷　（清）王友亮撰　清嘉慶十四年(1809)江寧顧晴崖局刻本　一冊

350000 – 2001 – 0006020　822.47/φ216.1 = 1

林先生述菴遺詩一卷　（清）林崧祁撰　蘇南編　清宣統元年(1909)排印本　一冊

350000 – 2001 – 0006021　822.47/φ216.1 = 2

林先生述菴遺詩一卷　（清）林崧祁撰　蘇南編　清宣統元年(1909)排印本　一冊

350000 – 2001 – 0006022　822.47/φ216.2

焚餘偶錄二卷　（清）林慶炳輯　清光緒八年(1882)刻本　一冊

350000 – 2001 – 0006023　852.47/172

無罪草四卷　（清）吳莊撰　清宣統三年(1911)天心報社鉛印本　二冊

350000 – 2001 – 0006024　822.47/φ216.3

雪巖詩鈔二集　（清）林夢斗著　（清）鄭開禧輯　清道光十三年(1833)廣東刻本　一冊

350000 – 2001 – 0006025　804 – 674 – 4

文心雕龍十卷　（南朝梁）劉勰撰　（明）楊慎批點　（清）張松孫輯註　清同治七年(1868)刻本　四冊

350000 – 2001 – 0006026　822.47/φ217

井窗蜑吟集二卷　（清）林熙撰　清光緒十八年(1892)刻本　二冊

350000 – 2001 – 0006027　822.47/φ217.1

自芳偶存一卷　（清）林琪撰　清嘉慶十九年(1814)刻本　一冊

350000 – 2001 – 0006028　822.47/φ217.2

歙雲山人詩鈔四卷　（清）林樹梅著　清道光刻本　一冊

350000 – 2001 – 0006029　353.9/362

子藥圖說四卷　（清）郝懿　（清）關鐘嶸纂（清）何青雲繪　清光緒十七年(1891)石印本　四冊

350000 – 2001 – 0006030　丙10/97.1

小窗清紀不分卷　（明）吳從先輯　明刻小窗四紀本　四冊

350000 – 2001 – 0006031　丁2.6/95

弇州山人讀書後八卷　（明）王世貞撰　明萬曆刻本　四冊

350000 – 2001 – 0006032　丁3.2/55

王荊石先生批評柳文十二卷　（唐）柳宗元撰　（明）王錫爵評　明刻王荊石先生批評韓柳文本　十二冊

350000 – 2001 – 0006033　丁3.1/53

妙絕古今不分卷　（宋）湯漢輯　明刻本　一冊

350000 – 2001 – 0006034　丁2.7/164

戴東原集十二卷　（清）戴震撰　**覆校札記一卷**　（清）段玉裁撰　清乾隆五十七年(1792)刻經韻樓叢書本　三冊

350000 – 2001 – 0006035　丁2.7/165

緝齋文集八卷首一卷附錄二卷詩稿八卷首一卷　（清）蔡新撰　清乾隆刻本　四冊

350000 – 2001 – 0006036　822.44/784 – 25

施註蘇詩四十二卷總目二卷　（宋）蘇軾撰（宋）施元之注　（清）顧嗣立　（清）邵長蘅（清）宋至刪補　**蘇詩續補遺二卷**　（宋）蘇軾撰　（清）馮景補注　**王注正譌一卷**　（清）邵長蘅撰　**東坡先生年譜一卷**　（宋）王宗稷編　清康熙三十八年(1699)宋犖刻本　八冊

350000 – 2001 – 0006037　丁4.1/2

東溟集二卷雁唳編一卷補注一卷　（清）葉矯然撰　（清）葉尚達等輯　清康熙刻本　一冊

350000 – 2001 – 0006038　852.84/443 – 1

隨隱漫錄五卷　（宋）陳世崇撰　明萬曆刻本　一冊

350000 – 2001 – 0006039　032.17/430

佩文韻府一百六卷　（清）張玉書等編　清康熙刻本　八十冊

350000 – 2001 – 0006040　194/674

五燈會元二十卷　（宋）釋普濟撰　清光緒二十八年(1902)貴池劉氏刻玉海堂影宋叢書本　十二冊

350000 – 2001 – 0006041　丙2/15

兵鏡備考十三卷孫子集注一卷　（清）鄧廷羅纂輯　**兵鏡或問二卷**　（清）鄧廷羅著　清刻本　八冊

350000 – 2001 – 0006042　丁2.7/39

凝齋先生遺集十卷末一卷　（清）陳道撰　清乾隆刻本　五冊

350000 – 2001 – 0006043　丁3.2/51

明文奇賞四十卷　（明）陳仁錫評選　明天啓三年(1623)刻本　二十四冊

350000 – 2001 – 0006044　852.19416/24

四六法海十二卷　（明）王志堅論次　（明）王偲等編較　明天啓七年(1627)刻本　十二冊

350000 – 2001 – 0006045　822.47/705

蘀石齋詩集五十卷　（清）錢載撰　清乾隆刻本　六冊

350000 – 2001 – 0006046　992.121/136

九史同姓名略七十二卷補遺四卷　（清）汪輝
祖撰　清乾隆五十六年(1791)蕭山汪氏刻本
　十六冊

350000－2001－0006047　丁2.6/156

容臺文集九卷詩集四卷別集四卷　（明）董其
昌著　（明）董延編次　明崇禎三年(1630)董
庭刻本　十冊　存十卷(文集九卷、別集四)

350000－2001－0006048　丁3.2/27

校正重刊官板宋朝文鑑一百五十卷目錄三卷
　（宋）呂祖謙輯　明刻本　二十五冊

350000－2001－0006049　018.13/27

讀書引十二卷　（清）王謨輯　清乾隆四十八
年(1783)刻本　六冊

350000－2001－0006050　822.1991/434

蜀遊詩鈔六卷　（清）陸炳輯　清乾隆三十九
年(1774)刻本　二冊

350000－2001－0006051　822.47/100

畬經堂詩集六卷續集四卷文集八卷　（清）朱
景英撰　清乾隆武陵朱氏刻本　四冊　存八
卷(文集八卷)

350000－2001－0006052　822.47/φ151

藍田風雅一卷　（清）黃應虯等撰　借雲樓詩
集一卷　（清）李斌撰　清康熙抄本　一冊

350000－2001－0006053　852.44/786.1

蘇學士文集十六卷　（宋）蘇舜欽撰　清康熙
三十七年(1698)徐氏白華書屋刻本　六冊

350000－2001－0006054　852.47/492.51

唐堂集五十卷補遺二卷續集八卷附冬錄一卷
　（清）黃之雋撰　清乾隆刻本　八冊　存五
十卷(唐堂集五十卷)

350000－2001－0006055　025.6/710

周禮節釋十二卷　（清）鮑梁纂輯　清乾隆四
十六年(1781)刻本　三冊

350000－2001－0006056　丙12/44.1

尚友錄二十二卷　（明）廖用賢編纂　明天啓
刻清康熙重修本　十二冊

350000－2001－0006057　027.7/568

諸大名家合訂春秋繁露註釋大全十七卷首一
卷附錄一卷　（漢）董仲舒著　（清）孫鑛評釋
　明末刻本　二冊

350000－2001－0006058　927.1/φ751

平臺紀畧一卷　（清）藍鼎元著　（清）王者輔
評　清雍正十年(1732)刻本　一冊

350000－2001－0006059　丁6/6.6

海氛詩話一卷　（清）魏秀仁撰　稿本　一冊

350000－2001－0006060　822.824/261

擬兩晉南北史樂府二卷　（清）洪亮吉撰　清
乾隆三十六年(1771)刻授經堂重刊遺集本
　一冊

350000－2001－0006061　832.033/169

榕園詞韻一卷　（清）吳寧撰　清乾隆四十九
年(1784)刻本　一冊

350000－2001－0006062　822.47/135.4

獲經堂初藁八卷　（清）汪洼撰　清乾隆刻本
　三冊

350000－2001－0006063　822.14－5/169

宋金元詩選六卷　（清）吳翌鳳錄　清乾隆五
十八年(1793)長洲吳氏古歡堂刻本　六冊

350000－2001－0006064　832.04/393.4

詞苑叢談十二卷　（清）徐釚編輯　清康熙二
十七年(1688)刻本　六冊

350000－2001－0006065　822.43/154－5

李義山詩集十六卷　（唐）李商隱撰　（清）姚
培謙箋　清乾隆姚氏松桂讀書堂刻本　六冊

350000－2001－0006066　822.47/428.4

竹葉庵文集三十三卷　（清）張塤撰　清乾隆
五十一年(1786)張塤刻本　四冊

350000－2001－0006067　929.02/394

天下山河兩戒考十四卷圖一卷　（清）徐文靖
纂修　清雍正元年(1723)當塗徐文靖志寧堂
刻本　四冊

350000－2001－0006068　353/424

火器命中十二卷　（清）梅定九著　（清）熊方
柏圖解　清光緒刻本　四冊

350000 - 2001 - 0006069　822.47/φ218

秋來堂詩二卷　（清）林瀍著　清刻本　二冊

350000 - 2001 - 0006070　353/7422

洋槍淺言不分卷　（清）顏邦固等撰　清光緒十一年（1885）上海刻江南製造局所刻書本　一冊

350000 - 2001 - 0006071　852.47/172.5

菜圃文集二卷　（清）呂堂壽撰　清道光十八年（1838）木活字印本　二冊

350000 - 2001 - 0006072　822.47/φ218 - 1

秋來堂詩二卷　（清）林瀍著　清光緒三十年（1904）石印本　二冊

350000 - 2001 - 0006073　822.47/φ228

瓶菴居士詩鈔四卷　（清）孟超然撰　清嘉慶二十年（1815）刻本　二冊　存三卷（一至三）

350000 - 2001 - 0006074　852.47/177

谷艾園文稿四卷　（清）谷誠撰　清光緒三年（1877）瑞安孫氏刻永嘉叢書本　一冊

350000 - 2001 - 0006075　822.47/φ245

北遊草一卷　（清）金其濬撰　清光緒二十三年（1897）刻本　一冊

350000 - 2001 - 0006076　852.47/178

何文肅椒丘先生策府群玉文集三卷　（清）何椒丘撰　清康熙三年（1664）刻本　二冊

350000 - 2001 - 0006077　353.2/2

礮法畫譜不分卷　（清）丁乃文撰　清光緒十四年（1888）江南製造局鉛印本　一冊

350000 - 2001 - 0006078　822.47/φ249

二如居詩集一卷　（清）周仲姬著　清乾隆五年（1740）刻本　一冊

350000 - 2001 - 0006079　822.47/φ250

周莘仲廣文遺詩一卷　（清）周長庚撰　清光緒二十一年（1895）雙辛夷樓刻本　一冊

350000 - 2001 - 0006080　809.2/782

歷朝文學史一卷　（清）竇警凡撰　清光緒三十二年（1906）鉛印本　一冊

350000 - 2001 - 0006081　822.47/φ250 = 1

周莘仲廣文遺詩一卷　（清）周長庚撰　清光緒二十一年（1895）雙辛夷樓刻本　一冊

350000 - 2001 - 0006082　822.47/φ250 - 1

周莘仲廣文遺詩一卷　（清）周長庚撰　清光緒二十一年（1895）鉛印本　一冊

350000 - 2001 - 0006083　353.5/662

水雷秘要五卷圖一卷　（英國）史理孟纂（清）舒高第譯　（清）鄭昌棪笔述　清光緒六年（1880）刻本　六冊

350000 - 2001 - 0006084　822.47/φ250 - 1 = 1

周莘仲廣文遺詩一卷　（清）周長庚撰　清光緒二十一年（1895）鉛印本　一冊

350000 - 2001 - 0006085　822.499/742

百美新詠一卷集詠一卷　（清）顏希源輯　清嘉慶十年（1805）刻本　一冊

350000 - 2001 - 0006086　822.4993/225

韋菴詠物詩一卷　（清）宋犖撰輯　清康熙三十八年（1699）刻本　一冊

350000 - 2001 - 0006087　852.47/178.2

義門先生集十二卷附錄一卷　（清）何焯撰何義門先生家書四卷　（清）吳蔭培輯　清宣統元年（1909）鉛印本　二冊　存十三卷（義門先生集十二卷、附錄一卷）

350000 - 2001 - 0006088　353.2/972

格林礮操法一卷　（美國）傅蘭克令撰　（英國）傅蘭雅譯　（清）徐建寅筆述　清光緒上海江南機器製造總局刻本　一冊

350000 - 2001 - 0006089　822.47/φ266

畫餘詩鈔四卷　（清）施邦鎮撰　清咸豐十一年（1861）刻本　二冊

350000 - 2001 - 0006090　852.47/178.23

義門先生集十二卷附錄一卷　（清）何焯撰（清）吳雲等輯　清宣統三年（1911）中華圖書館石印本　四冊

350000 - 2001 - 0006091　822.4993/940

和梅花百詠一卷　（清）釋海卉著　（清）虞邦

光續　清康熙三十七年(1698)刻本　一冊

350000－2001－0006092　822.47/φ267
思嚳室遺稿一卷　(清)施寯撰　清宣統三年
(1911)鉛印本　一冊

350000－2001－0006093　852.47/178.24
義門先生集十二卷附錄一卷　(清)何焯撰
何義門先生家書四卷　(清)吳蔭培輯　清宣
統元年(1909)廣州平江吳氏刻朱印本　六冊

350000－2001－0006094　822.47/φ267＝1
思嚳室遺稿一卷　(清)施寯撰　清宣統三年
(1911)鉛印本　一冊

350000－2001－0006095　822.4993/940
和介石龔先生三十韻一卷　(清)釋行喆著
清康熙五十六年(1717)刻本　一冊

350000－2001－0006096　820.1/557
二十四詩品淺解一卷　(清)楊廷芝著　清光
緒元年(1875)刻本　一冊

350000－2001－0006097　353.5/409
外國師船圖表十二卷　(清)許景澄輯　清光
緒十四年(1888)上海蜚英館石印本　四冊

350000－2001－0006098　822.47/φ275
賜縑閣詠古試律二卷　(清)胡鑑著　(清)胡
欽注　清光緒二十四年(1898)刻本　二冊

350000－2001－0006099　822.4995/272
長安宮詞一卷　(清)胡延紀　清光緒二十八
年(1902)刻本　一冊

350000－2001－0006100　852.47/179
東洲艸堂文鈔二十卷　(清)何紹基撰　眠琴
閣遺文一卷眠琴閣遺詩二卷　(清)何慶涵撰
　浣月樓遺詩二卷　(清)李楣撰　清光緒刻
本　四冊

350000－2001－0006101　822.47/φ333
東香山房詩初集二卷　(清)高慶頤撰　清刻
本　一冊

350000－2001－0006102　852.47/183.1
存誠齋文集十四卷　(清)何曰愈著　清同治
五年(1866)香山何氏皖江藩署刻本　四冊

350000－2001－0006103　822.47/φ333.1
啓禎宮詞一卷　(清)高兆著　清道光二十四
年(1844)刻本　一冊

350000－2001－0006104　852.47/184
天根文鈔四卷續集一卷詩鈔二卷　(清)何家
琪撰　清光緒三十二年(1906)大樾封邱何氏
刻本　五冊　存五卷(文鈔三至四、續集一
卷、詩鈔二卷)

350000－2001－0006105　822.47/φ334
看雲樓詩存一卷　(清)高翔撰　清末刻本
一冊

350000－2001－0006106　353.2/965
攻守礮法不分卷　(德國)軍政局編　(美國)
金楷理譯　(清)李鳳苞筆述　清光緒江南製
造總局刻本　一冊

350000－2001－0006107　822.704/751
漢魏六朝賦摘豓譜說四卷　(清)戴綸喆稿
清光緒七年(1881)瀛山書院刻本　二冊

350000－2001－0006108　820.7/25
學詩法程五卷　(清)王祖源輯　清光緒九年
(1883)天壤閣石印本　二冊

350000－2001－0006109　852.47/185
甄峯先生遺稿二卷　(清)何輝寧著　清嘉慶
刻本　一冊

350000－2001－0006110　852.47/194
存吾文薰四卷　(清)余廷燦著　清咸豐五年
(1855)刻本　四冊

350000－2001－0006111　8252.71/223－2
崇文書局彙刻書三十三種　(清)崇文書局輯
　清光緒元年(1875)湖北崇文書局刻本　四
冊　存五種二十卷(楚辭集註八卷辯證二卷、
離騷集傳一卷、離騷草木疏四卷、離騷箋二
卷、高士傳三卷)

350000－2001－0006112　852.47/φ200.1＝1
官石溪文集初刻三卷　(清)官獻瑤撰　(清)
左德慧校　官獻瑤傳一卷　(清)陳壽祺撰
清道光二十年(1840)林克家、王源邃臺灣刻

本　二册

350000－2001－0006113　852.47φ/200.1＝2

官石溪文集初刻三卷　（清）官獻瑤撰　（清）
左德慧校　官獻瑤傳一卷　（清）陳壽祺撰
清道光二十年（1840）林克家、王源邃臺灣刻
本　二册　存二卷（一至二）

350000－2001－0006114　852.47/200.2

迂齋學古編四卷　（清）法坤宏撰　清乾隆三
十九年（1774）海上廬刻本　二册

350000－2001－0006115　822.71/370

屈騷心印五卷　（清）夏大霖疏注　（清）夏大
贊等參　清乾隆九年（1744）一本堂刻本
一册

350000－2001－0006116　852.47/200

道古堂文集四十六卷詩集二十六卷　（清）杭
世駿撰　清乾隆五十五年至五十七（1790－
1792）長沙府攸縣黃甲書院刻本　六册　存
四十六卷（文集四十六卷）

350000－2001－0006117　852.47/210－1

道古堂文集四十八卷詩集二十六卷　（清）杭
世駿撰　清乾隆四十年至四十一年（1775－
1776）刻本　十册　存四十六卷（文集一至四
十六）

350000－2001－0006118　820.7/393

彙纂詩法度鍼三十三卷首一卷　（清）徐文弼
編　清乾隆二十四年（1759）刻本　四册

350000－2001－0006119　353.2/968

礮乘新法三卷首一卷附圖一卷　（英國）製造
官局編　（清）舒高第譯　（清）鄭昌棪筆述
清末江南製造總局鉛印本　五册

350000－2001－0006120　820.47/283

初白菴詩評三卷詞綜偶評一卷　（清）查慎行
撰　（清）張載華輯　清末上海六藝書局石印
本　八册

350000－2001－0006121　822.0413/33

全唐詩話八卷　（清）尤袤輯　（清）孫濤參訂
清乾隆三十九年（1774）刻本　七册　存七

卷（一至五、七至八）

350000－2001－0006122　351.5/264

奏定陸軍營制餉章一卷　（清）奕劻等編　清
光緒三十年（1904）鉛印本　一册

350000－2001－0006123　822.47/φ375

復見心齋詩稿六卷　（清）孫人鳳撰　清光緒
五年（1879）刻本　一册

350000－2001－0006124　822.7107/550－2

賦鈔箋畧十五卷　（清）雷琳　（清）張杏濱箋
清嘉慶二十二年（1817）張士林刻本　八册

350000－2001－0006125　822.47/φ393

宛羽堂詩鈔三卷　（清）徐一鶚撰　清同治十
三年（1874）刻本　一册

350000－2001－0006126　822.47/φ394

質甫詩稿十五卷　（清）徐顯璋撰　清道光十
三年（1833）刻本　三册

350000－2001－0006127　822.0408/26

談藝珠叢二十七種　（清）王啓原輯　清光緒
十一年（1885）長沙玉尺山房刻本　四册　存
十四種十九卷（詩品三卷、樂府古題要解二
卷、詩式一卷、主客圖三卷、詩品一卷、風騷旨
格一卷、晦庵詩說一卷、白石道人詩說一卷、
滄浪詩話一卷、詩法家數一卷、木天禁語一
卷、詩學禁臠一卷、麓堂詩話一卷、談藝錄一
卷）

350000－2001－0006128　822.47/φ394.2

雅歌堂慎陼集詩鈔五卷賦一卷　（清）徐經稿
清光緒二年（1876）刻本　二册

350000－2001－0006129　350.17/407.1

鄉守外編輯要十卷　（清）許乃釗編輯　救命
書一卷　（清）呂坤著　清咸豐元年（1851）侯
官林鴻年刻本　二册

350000－2001－0006130　822.72/25－1

歷代賦楷八卷首一卷　（清）王修玉選輯
（清）顧豹文鑑定　（清）王元釋校　清康熙二
十五年（1686）刻本　四册

350000－2001－0006131　852.88/φ80

五百石洞天揮麈十二卷　（清）邱煒菱撰　清光緒二十五年(1899)閩漳邱氏粵垣刻本　六冊

350000－2001－0006132　350.17/487

兵經百篇三卷　（清）揭暄著　清咸豐九年(1859)濠塘刻本　二冊

350000－2001－0006133　822.72/25－1＝1

歷代賦楷八卷首一卷　（清）王修玉選輯　（清）顧豹文鑑定　（清）王元稑校　清康熙二十五年(1686)刻本　四冊

350000－2001－0006134　822.72/25－1＝2

歷代賦楷八卷首一卷　（清）王修玉選輯　（清）顧豹文鑑定　（清）王元稑校　清康熙二十五年(1686)刻本　六冊

350000－2001－0006135　350.17/487－1

揭子宣先生兵法百言三卷　（清）揭暄撰　(清)侯榮釋證　清末民國初鉛印本　一冊

350000－2001－0006136　350.17/718

兵法紀畧十卷　（清）揭暄著　（清）陳汝舟訂　（清）謝希瑗編校　清同治元年(1862)貽穀山房刻本　八冊

350000－2001－0006137　356.94/967.1

法國水師考一卷　（美國）杜默能撰　（美國）羅亨利　（清）瞿昂來譯　清光緒鉛印本　一冊

350000－2001－0006138　822.47/ϕ396－2

筠樓詩集三卷　（清）翁霆霖撰　清嘉慶刻本　一冊

350000－2001－0006139　358.4/967

海防策要不分卷　（美國）伯德撰　（美國）畢德格譯　清光緒五年(1879)森寶閣鉛印本　一冊

350000－2001－0006140　822.47/ϕ396

正始堂詩鈔一卷　（清）翁時農撰　清光緒三十三年(1907)南洋官報局鉛印本　一冊

350000－2001－0006141　359/967

法國水師考一卷　（美國）杜默能　（美國）羅

亨利　（清）瞿昂來譯　美國水師考一卷　（英國）巴那比　（美國）克理撰　（英國）傅蘭雅　（清）鍾天緯譯　清光緒二十七年(1901)石印本　一冊

350000－2001－0006142　852.88/ϕ80.1

揮麈拾遺六卷　（清）邱煒菱撰　清光緒二十八年(1902)上海鉛印本　二冊

350000－2001－0006143　822.47/ϕ404

退菴詩存二十五卷　（清）梁章鉅撰　清道光十二年(1832)刻本　八冊

350000－2001－0006144　822.47/ϕ404.1

藤花吟館詩鈔十卷　（清）梁章鉅撰　清道光五年(1825)刻本　二冊

350000－2001－0006145　822.47/ϕ404.2

藤花吟館試帖一卷　（清）梁章鉅撰　清道光五年(1825)刻本　一冊

350000－2001－0006146　822.72/432－3

七十家賦鈔六卷　（清）張惠言輯　清道光元年(1821)合河康氏刻本　四冊

350000－2001－0006147　359.43/429

日本武學兵隊紀畧一卷附存一卷　（清）張大鏞撰　清光緒二十五年(1899)浙江書局刻本　一冊

350000－2001－0006148　820.99/432

江西詩社宗派圖錄一卷　（清）張泰來撰　清乾隆至道光間長塘鮑氏刻本　一冊

350000－2001－0006149　359.43/557

考察日本軍政紀畧一卷　（清）楊壽楣撰　清光緒三十四年(1908)鉛印本　一冊

350000－2001－0006150　822.47/ϕ407－2

米友堂詩集四卷補遺一卷　（清）許友撰　(清)黃翼雲鈔　清光緒二十一年(1895)抄本　一冊

350000－2001－0006151　359.53/968

德國軍制述要一卷　（德國）來春石泰述　(清)沈敦和　（德國）錫樂巴譯　借著籌防論畧一卷附礦概淺說　（德國）來春石泰撰

（清）沈敦和譯述　清光緒上海圖書集成局鉛印本　一冊

350000－2001－0006152　852.47/136.88

堯峰文鈔五十卷　（清）汪琬撰　（清）林佶編
清康熙三十二年（1693）林佶刻本　六冊

350000－2001－0006153　025.6/27

周禮軍賦說四卷　（清）王鳴盛撰　清乾隆刻本　二冊

350000－2001－0006154　023/698

尚書古文疏證八卷　（清）閻若璩撰　**朱子古文書疑一卷**　（宋）朱熹撰　（清）閻詠輯　清乾隆十年（1745）平陰朱氏眷西堂刻本　十冊

350000－2001－0006155　822.0417/φ586

冠悔詩評選一卷書評選一卷　（清）楊浚撰
清抄本　一冊

350000－2001－0006156　822.47/4

雪菴詩存二卷　（清）丁嗣澂撰　清雍正丁桂芳刻本　一冊

350000－2001－0006157　832.47/486.62

延露詞三卷　（清）彭孫遹撰　清康熙六年（1667）孫氏留松閣刻本　二冊

350000－2001－0006158　852.47/486.62

松桂堂全集三十七卷延露詞三卷南泹集三卷
（清）彭孫遹撰　清乾隆八年（1743）刻本
十四冊　存四十卷（松桂堂全集三十七卷、南泹集三卷）

350000－2001－0006159　024/260

毛詩天文考一卷　（清）洪亮吉撰　清刻本
一冊

350000－2001－0006160　852.87/394

閒居偶錄十二卷　（清）徐時作撰　清乾隆刻本　四冊

350000－2001－0006161　862.97/137.2

水曹清暇錄十六卷　（清）汪啓淑撰　清乾隆五十七年（1792）刻本　四冊

350000－2001－0006162　832.47/164.2

玲瓏簾詞一卷　（清）吳焯撰　清雍正刻本

一冊

350000－2001－0006163　852.47/φ671.3

託素齋詩集四卷文集六卷　（清）黎士弘撰
行述一卷　（清）劉元慧撰　清雍正二年（1724）黎致遠刻本　十冊

350000－2001－0006164　822.43/186－10

玉溪生詩意八卷　（唐）李商隱撰　（清）屈復注　清乾隆四年（1739）刻本　三冊

350000－2001－0006165　822.46/85

元芝館詩集四卷　（明）江禹奠撰　清康熙五十七年（1718）刻本　一冊

350000－2001－0006166　822.47/φ419

集虛堂小草一卷　（清）郭雍訂并書　清刻本
一冊

350000－2001－0006167　359.53/967

德國陸軍考四卷　（法國）歐盟輯　吳宗濂等譯　清光緒二十八年（1902）江南製造局鉛印本　四冊

350000－2001－0006168　852.88/φ499

張文襄幕府紀聞二卷　題（清）漢濱讀易者撰
清宣統二年（1910）鉛印本　二冊

350000－2001－0006169　820.7/403

冰川詩式十卷　（明）梁橋著　清乾隆二十三年（1758）晉江黃叔純刻本　二冊

350000－2001－0006170　822.0413/33－1

全唐詩話六卷　（宋）尤袤撰　（明）毛晉訂
清宣統三年（1911）上海朝記書莊石印本
六冊

350000－2001－0006171　822.0437/22－3＝1

五代詩話十卷　（清）王士禎編　（清）鄭方坤刪補　清乾隆十三年（1748）杞菊軒刻本
六冊

350000－2001－0006172　822.0413/22－2

重訂全唐詩話八卷　（宋）尤袤撰　（清）孫濤訂　清宣統三年（1911）上海朝記書莊石印本
四冊

350000－2001－0006173　822.0437/22－3＝2

五代詩話十卷　（清）王士禛編　（清）鄭方坤刪補　清乾隆十三年（1748）杞菊軒刻本　四冊

350000－2001－0006174　822.0414/644

宋詩紀事一百卷　（清）厲鶚　（清）馬曰琯輯　清乾隆十一年（1746）樊榭山房刻本　十九冊　存八十四卷（一至二十三、二十七至二十九、三十三至三十四、三十九至五十一、五十八至一百）

350000－2001－0006175　862.97/ф151

錢神志七卷　（清）李世熊撰　清同治十年（1871）寧化縣署木活字印本　七冊

350000－2001－0006176　862.97/ф151＝1

錢神志七卷　（清）李世熊撰　清同治十年（1871）寧化縣署木活字印本　七冊

350000－2001－0006177　822.72/432－3＝1

七十家賦鈔六卷　（清）張惠言輯　清道光元年（1821）合河康氏刻本　四冊

350000－2001－0006178　862.97/ф164

玉鐏于四卷　（清）吳元樞輯　清乾隆刻本　四冊

350000－2001－0006179　862.97/ф195

板橋雜記三卷　（清）余懷著　清光緒三十四年（1908）長沙葉氏刻本　一冊

350000－2001－0006180　862.97/ф402

歸田瑣記八卷　（清）梁章鉅撰　清道光二十五年（1845）北東園刻本　二冊

350000－2001－0006181　822.72/695

評注賦體雲蒸三集　（清）燕毅編　清光緒二年（1876）南州亦政書齋刻本　三冊

350000－2001－0006182　862.97/ф403

勸戒近錄六卷續錄六卷三錄六卷四錄六卷　（清）梁恭辰撰　清同治六年（1867）刻本　八冊

350000－2001－0006183　822.72/792

律賦必以集二卷附餘論一卷　（清）顧蒓輯　清嘉慶十八年（1813）顧蒓思無邪室刻本　二冊

350000－2001－0006184　862.97/ф431

金臺殘淚記三卷　（清）張際亮著　清道光刻本　一冊

350000－2001－0006185　862.97/ф431－1

金臺殘淚記三卷　（清）張際亮著　清光緒刻本　一冊

350000－2001－0006186　862.97/ф431.2

南浦秋波錄三卷翠眉亭稿摘錄一卷碧雲遺稿選錄一卷　（清）張際亮著　清光緒刻本　二冊

350000－2001－0006187　862.97/ф431.2＝1

南浦秋波錄三卷翠眉亭稿摘錄一卷碧雲遺稿選錄一卷　（清）張際亮著　清光緒刻本　一冊　存三卷（南浦秋波錄三卷）

350000－2001－0006188　356.55/964

英國水師考不分卷　（英國）巴那比　（美國）克理撰　（英國）傅蘭雅　（清）鍾天緯譯　清光緒十二年（1886）上海機器製造局鉛印本　二冊

350000－2001－0006189　356.55/964－1

英國水師考不分卷　（英國）巴那比　（美國）克理撰　（英國）傅蘭雅　（清）鍾天緯譯　清光緒二十七年（1901）石印本　一冊

350000－2001－0006190　862.97/ф469.1

萍緣小記一卷　（清）游大琛撰　清末松竹齋抄本　一冊

350000－2001－0006191　356.55/975

英國水師律例四卷　（英國）德麟　（英國）極福德撰　（清）舒高第　（清）鄭昌棪譯　清光緒二年（1876）江南製造總局鉛印本　二冊

350000－2001－0006192　822.73/80

唐人賦鈔六卷　（清）程國仁　（清）伊秉綬鑒定　（清）邱先德選　（清）邱士超箋　清嘉慶十八年（1813）刻本　六冊

350000－2001－0006193　868/ф942.1

黑奴籲天錄四卷　（美國）斯土活著　林紓

魏易譯　清光緒二十七年(1901)刻本　三冊
　存三卷(一至三)

350000－2001－0006194　356/968.1

海軍政藝通論三篇　(美國)抹罕撰　(清)吳
振南譯　清宣統元年(1909)鉛印本　一冊

350000－2001－0006195　868/φ962

黑奴籲天錄四卷　(美國)斯土活著　林紓
魏易譯　清光緒排印本　四冊

350000－2001－0006196　356/975

鐵甲叢譚五卷附圖一卷　(英國)黎特著
(清)舒高第　(清)鄭昌棪譯　清光緒江南機
器製造總局鉛印本　二冊

350000－2001－0006197　356.1/969

海軍調度要言三卷圖一卷　(英國)拏核甫撰
　(清)舒高第　(清)鄭昌棪譯　清光緒江南
機器製造總局鉛印本　二冊

350000－2001－0006198　356.3/976

水師操練十八卷首一卷附錄一卷　(英國)戰
船部編　(英國)傅蘭雅譯　(清)徐建寅筆述
　清光緒江南機器製造總局刻本　三冊

350000－2001－0006199　822.73/378

華國編唐賦選二卷　(清)孫濩孫輯　清雍正
十一年(1733)刻本　二冊

350000－2001－0006200　822.77/152

賦學正鵠集釋四卷　(清)李元度輯　清光緒
二十年(1894)上海文瑞樓石印本　二冊

350000－2001－0006201　874.108/φ169

歷代名人書札二卷　(清)吳增祺編　清宣統
三年(1911)上海商務印書館鉛印本　二冊

350000－2001－0006202　356/968

水師章程十四卷續編六卷　(英國)水師兵部
編　(美國)林樂知譯　(清)鄭昌棪筆述　清
光緒五年(1879)江南製造總局刻本　十六冊

350000－2001－0006203　874.108/φ169－4

歷代名人小簡二卷　(清)吳增祺編　清宣統
三年(1911)上海商務印書館鉛印本　二冊

350000－2001－0006204　874.108/φ169－3

歷代名人小簡二卷　(清)吳增祺編　清宣統
元年(1909)上海商務印書館鉛印本　二冊

350000－2001－0006205　874.17/φ169

國朝名人書札二卷　(清)吳增祺編　清宣統
二年(1910)上海商務印書館鉛印本　四冊

350000－2001－0006206　822.77/152－1

賦學正鵠十卷　(清)李元度輯　清同治十年
(1871)爽谿書院刻本　九冊　存九卷(一至
四、六至十)

350000－2001－0006207　878/φ215

古書拾遺四卷　(清)林春溥撰　清咸豐三年
(1853)侯官林氏刻竹柏山房十五種本　二冊

350000－2001－0006208　879.47/φ87

西行日記二卷　(清)池仲祐撰　清光緒三十
四年(1908)上海印書館鉛印本　一冊

350000－2001－0006209　879.47/φ133

東游日記一卷　(清)沈翊清撰　清光緒二十
六年(1900)福州刻本　一冊

350000－2001－0006210　丁 2.7/2.7

吳遊集二卷　(清)余思復撰　清康熙刻本
二冊

350000－2001－0006211　356/φ153

靖海論一卷　(清)李廷鈺撰　清抄本　一冊

350000－2001－0006212　φ992.257/211

**皇清歲貢士例誥封通奉大夫江寧布政使顯考
賜谷府君[林賓日]行狀一卷**　(清)林則徐撰
　清道光八年(1828)刻本　一冊

350000－2001－0006213　822.47/φ491.4

香草箋一卷　(清)黃任撰　清乾隆刻本
一冊

350000－2001－0006214　822.47/φ395.2

崇本山堂詩鈔十二卷　(清)徐時作撰　清乾
隆十九年(1754)刻本　二冊

350000－2001－0006215　822.196/φ407

石林倡和詩一卷　(清)許鼎　(清)陳學良撰
　清康熙四十年(1701)刻本　一冊

350000 - 2001 - 0006216　852.47/φ535

樸庵偶存草一卷　（清）程萬里撰　稿本
一冊

350000 - 2001 - 0006217　822.47/φ408

鐵堂詩草二卷　（清）許珌撰　（清）楊芳燦輯
　清乾隆五十五年(1790)蘭山書院刻本
一冊

350000 - 2001 - 0006218　丁2.7/141

秋蟬吟草一卷　（清）程萬里撰　稿本　一冊

350000 - 2001 - 0006219　822.47/φ661

魚倉小草不分卷　（清）鄭承祉撰　清乾隆八
年(1743)刻本　一冊

350000 - 2001 - 0006220　822.47/φ563

綠筠書屋詩鈔十八卷　（清）葉觀國撰　清乾
隆五十七年(1792)刻本　四冊

350000 - 2001 - 0006221　355.514/967

營壘圖說不分卷　（比利時）伯里牙芒著
（美國）金楷理譯　清光緒江南機器製造總局
刻本　一冊

350000 - 2001 - 0006222　355.515/972

行軍鐵路工程二卷　（英國）武備工程學堂編
　（英國）傅蘭雅　（清）汪振聲譯　清光緒江
南製造總局鉛印本　一冊

350000 - 2001 - 0006223　355.519/968

開地道轟藥法三卷附圖一卷　（英國）武備工
程學堂編　（英國）傅蘭雅譯　（清）汪振聲筆
述　清光緒江南製造總局刻本　二冊

350000 - 2001 - 0006224　355.5/972

營工要覽四卷　（英國）武備工程課則撰
（英國）傅蘭雅　（清）汪振聲譯　清光緒末年
江南製造總局鉛印本　二冊

350000 - 2001 - 0006225　356/967

水師章程十四卷續編六卷　（英國）水師兵部
編　（美國）林樂知譯　（清）鄭昌棪筆述　清
光緒刻本　十六冊

350000 - 2001 - 0006226　879.47/φ133 = 1

東游日記一卷　（清）沈翊清撰　清光緒二十

六年(1900)福州刻本　一冊

350000 - 2001 - 0006227　822.47/φ408 - 1

鐵堂詩鈔二卷　（清）許珌著　（清）吳鎮輯
清道光十四年(1834)刻本　一冊

350000 - 2001 - 0006228　822.47/φ408 - 1 = 1

鐵堂詩鈔二卷　（清）許珌著　（清）吳鎮輯
清道光十四年(1834)刻本　一冊

350000 - 2001 - 0006229　822.47/φ410

疎影樓稿一卷　（清）許德瑗撰　清道光十四
年(1834)刻本　一冊

350000 - 2001 - 0006230　355.51/707

江南陸師學堂武備課程二十七卷附課藝二卷
　（清）錢德培等輯　清光緒二十五年(1899)
刻本　十四冊　缺二卷(軍器學三至四)

350000 - 2001 - 0006231　355/264

奏定陸軍衣制圖說一卷　（清）奕劻等撰　清
光緒三十一年(1905)石印本　一冊

350000 - 2001 - 0006232　355/264 - 1

奏定校閱陸軍軍隊章程一卷　（清）奕劻等撰
　清光緒三十四年(1908)排印本　一冊

350000 - 2001 - 0006233　822.77/272

西江文萃不分卷　（清）胡廷瓚等撰　清同
治、光緒刻本　一冊

350000 - 2001 - 0006234　355/943

奏定陸軍補官任職考績章程一卷　（清）廕昌
等訂　清宣統二年(1910)鉛印本　一冊

350000 - 2001 - 0006235　355/943 = 1

奏定陸軍補官任職考績章程一卷　（清）廕昌
等訂　清宣統二年(1910)鉛印本　一冊

350000 - 2001 - 0006236　879.47/φ133 = 2

東游日記一卷　（清）沈翊清撰　清光緒二十
六年(1900)福州刻本　一冊

350000 - 2001 - 0006237　35503/965

克虜伯礮準心法不分卷　（布）軍政局編
（美國）金楷理譯　（清）李鳳苞筆述　清光緒
江南製造總局刻本　一冊

350000 – 2001 – 0006238　822.77/558

寄蒼虜集賦篇一卷　（清）楊瓊撰　（清）楊自新注　清光緒二十七年（1901）刻本　一冊

350000 – 2001 – 0006239　929.649/ϕ213＝1

滇軺紀程一卷荷戈紀程一卷　（清）林則徐撰　清光緒三年（1877）三山林氏刻林文忠公遺集本　一冊

350000 – 2001 – 0006240　879.47/ϕ445

回騹日記一卷（清光緒二十七年）　（清）陳春瀛撰　清光緒二十七年（1901）木活字印本　一冊

350000 – 2001 – 0006241　822.47/ϕ412

韶溪詩集四卷　（清）郭龍光撰　清道光二十七年（1847）刻本　二冊

350000 – 2001 – 0006242　822.47/ϕ412＝1

韶溪詩集四卷　（清）郭龍光撰　清道光二十七年（1847）刻本　二冊

350000 – 2001 – 0006243　879.47/ϕ87＝1

西行日記二卷　（清）池仲祐撰　清光緒三十四年（1908）上海印書館鉛印本　一冊

350000 – 2001 – 0006244　822.47/ϕ412.1

書屏詩鈔五卷文鈔一卷　（清）郭文銍撰　清嘉慶十二年（1807）刻本　一冊

350000 – 2001 – 0006245　822.47/ϕ413

天開圖畫樓試帖四卷首一卷　（清）郭柏蔭撰　清同治七年（1868）武昌節署刻本　二冊

350000 – 2001 – 0006246　ϕ892/944

哪吒收妲己二卷　題（清）靜觀主人訂　清末五桂堂刻本　一冊

350000 – 2001 – 0006247　822.47/ϕ413.2

繼聲樓古今體詩一卷　（清）郭仲年撰　清光緒四年（1878）刻本　一冊

350000 – 2001 – 0006248　822.47/ϕ413.3

沁泉山館詩二卷　（清）郭柏蒼撰　清光緒十年（1884）刻本　一冊

350000 – 2001 – 0006249　822.47/ϕ414.1

鄂蹢草堂詩二卷　（清）郭柏蒼撰　清光緒八

年（1882）刻本　一冊

350000 – 2001 – 0006250　894/ϕ214

伊索寓言一卷　林紓　嚴培南等譯　清光緒二十九年（1903）商務印書館鉛印本　一冊

350000 – 2001 – 0006251　822.47/ϕ414.3

柳湄小榭詩二卷　（清）郭柏蒼撰　清光緒十一年（1885）刻本　一冊

350000 – 2001 – 0006252　822.797/104

一簾花影樓律詩一卷律賦一卷　（清）朱鳳毛撰　（清）朱一新校　清光緒十五年（1889）刻本　一冊

350000 – 2001 – 0006253　822.47/ϕ415

[康壽其雜鈔]一卷　（清）康壽其撰　清末抄本　一冊

350000 – 2001 – 0006254　897/ϕ155

榕園楹帖一卷　（清）李彥章撰　清道光八年（1828）刻本　一冊

350000 – 2001 – 0006255　822.797/370

增訂少嵒賦草正續合編四卷　（清）夏思沺撰　（清）林瀛士評　清光緒五年（1879）刻本　四冊

350000 – 2001 – 0006256　897/ϕ212－2

楹聯述錄十二卷　（清）林慶銓輯　蘅圃楹聯附錄一卷　（清）林慶銓撰　清光緒七年（1881）廣州刻本　四冊

350000 – 2001 – 0006257　822.47/ϕ431.2

南來詩錄四卷匡廬游草一卷　（清）張際亮撰　清道光十三年（1833）刻本　一冊　存四卷（南來詩錄四卷）

350000 – 2001 – 0006258　822.47/ϕ431.2＝1

南來詩錄四卷匡廬游草一卷　（清）張際亮撰　清道光十三年（1833）刻本　一冊　存四卷（南來詩錄四卷）

350000 – 2001 – 0006259　822.47/ϕ431.4

磐那室詩存一卷　（清）張亨嘉撰　清宣統三年（1911）鉛印本　一冊

350000 – 2001 – 0006260　897/ϕ212－2＝1

290

楹聯述錄十二卷 （清）林慶銓輯 **衛圃楹聯**
附錄一卷 （清）林慶銓撰 清光緒七年
(1881)廣州刻本 四冊

350000－2001－0006261 612.41/662
傷寒論證辨二卷 （清）鄭重光撰 清康熙五
十一年(1712)刻鄭素圃先生醫案五種本 一
冊 存一卷(上)

350000－2001－0006262 612.41/277
傷寒論翼二卷 （清）柯琴撰 （清）鄭重光參
訂 清康熙五十五年(1716)刻本 一冊

350000－2001－0006263 φ929.7161/316－1
西湖志六卷首一卷 （清）姚循義纂 清乾隆
十六年(1751)刻本 四冊

350000－2001－0006264 822.43/151.1
李長吉昌谷集句解定本四卷 （唐）李賀撰
（清）姚佺箋閱 （清）陳愫 （清）丘象隨辯
注 清初丘象隨西軒刻本 四冊

350000－2001－0006265 722.9/413
汗簡七卷 （宋）郭忠恕撰 清康熙四十二年
(1703)汪氏一隅草堂刻本 一冊

350000－2001－0006266 822.47/394.5
南州草堂集三十卷首一卷 （清）徐釚編次
楓江漁父圖題詞一卷青門集一卷（清）徐釚
輯 清康熙三十四年(1695)徐氏菊莊刻本
一冊 存二卷(楓江漁父圖題詞一卷、青門集
一卷)

350000－2001－0006267 897/φ213.3
楹聯續錄二卷 （清）林慶銓輯 清光緒十七
年(1891)刻本 二冊

350000－2001－0006268 897/φ213.3＝1
楹聯續錄二卷 （清）林慶銓輯 清光緒十七
年(1891)刻本 一冊 存一卷(一)

350000－2001－0006269 897/φ214
平治樓聯話一卷 （清）林宗澤撰 清光緒二
十八年(1902)侯官林宗澤稿本 一冊

350000－2001－0006270 822.797/370－1
增註少嵒賦草正續合編四卷 （清）夏思沺藥

（清）林瀛士評 清光緒十八年(1892)刻本
四冊

350000－2001－0006271 822.797/370－2
少嵒賦草四卷 （清）夏思沺著 清道光六年
(1826)刻本 一冊

350000－2001－0006272 822.797/394
新疆賦一卷 （清）徐松撰 清末鉛印本
一冊

350000－2001－0006273 897/φ404
楹聯叢話十二卷續話四卷 （清）梁章鉅輯
清道光刻本 四冊 存十四卷(楹聯叢話十
二卷、續話一至二)

350000－2001－0006274 897/φ404＝1
楹聯叢話十二卷續話四卷 （清）梁章鉅輯
清道光刻本 六冊

350000－2001－0006275 897/φ404＝2
楹聯叢話十二卷續話四卷 （清）梁章鉅輯
清道光刻本 六冊

350000－2001－0006276 370.9/963
歐洲財政史不分卷 （日本）小林丑三郎著
（清）胡宗瀛譯述 清光緒二十八年(1902)上
海商務印書館鉛印本 一冊

350000－2001－0006277 897/φ404＝3
楹聯叢話十二卷續話四卷 （清）梁章鉅輯
清道光刻本 八冊

350000－2001－0006278 897/φ404－1
楹聯叢話十二卷續話四卷 （清）梁章鉅輯
清道光二十六年(1846)刻本 四冊

350000－2001－0006279 368.5/972
最近揚子江之大勢六章 （日本）國府犀東撰
趙必振譯 清光緒二十八年(1902)廣智書
局鉛印本 二冊

350000－2001－0006280 822.797/940
御製盛京賦一卷 （清）高宗弘曆撰 （清）鄂
爾泰等注 清乾隆刻本 二冊

350000－2001－0006281 897/φ404－1＝1
楹聯叢話十二卷續話四卷 （清）梁章鉅輯

清道光二十六年(1846)刻本 二冊 存十四卷(楹聯叢話十二卷、續話一至二)

350000 - 2001 - 0006282 897/φ404 - 2
楹聯叢話十二卷 (清)梁章鉅輯 清光緒十六年(1890)醉六堂刻本 四冊

350000 - 2001 - 0006283 366.9/968
東京府十一縣聯合共進會章程不分卷 (□)□□編 清末刻本 一冊

350000 - 2001 - 0006284 366.9/974
萬國商業地理志二十三章 (英國)嘉楂德氏著 (清)上海廣智書局譯 清光緒二十八年(1902)上海廣智書局鉛印本 一冊

350000 - 2001 - 0006285 897/φ404 - 9
巧對錄八卷 (清)梁章鉅輯 清道光二十九年(1849)甌城刻本 二冊

350000 - 2001 - 0006286 897/φ404 - 9 = 1
巧對錄八卷 (清)梁章鉅輯 清道光二十九年(1849)甌城刻本 二冊

350000 - 2001 - 0006287 897/φ404 - 9 = 2
巧對錄八卷 (清)梁章鉅輯 清道光二十九年(1849)甌城刻本 二冊

350000 - 2001 - 0006288 368.3/429.1
奏粵漢川漢兩路亟須興工現已分投測勘招股摺一卷 (清)張之洞撰 清光緒三十二年(1906)鉛印本 一冊

350000 - 2001 - 0006289 897/φ404 - 10
巧對錄八卷 (清)梁章鉅輯 清末刻本 二冊

350000 - 2001 - 0006290 822.8/23
漢鏡歌釋文箋正一卷 王先謙撰 清同治十一年(1872)王氏虛受堂刻本 一冊

350000 - 2001 - 0006291 366.2/803
光緒三十四年通商各關華洋貿易總冊三節附郵政事務總論 (清)上海通商海關譯 清宣統元年(1909)上海通商海關鉛印本 一冊

350000 - 2001 - 0006292 366.2/803 = 1
光緒三十四年通商各關華洋貿易總冊三節附

350000 - 2001 - 0006293 366.88/524
郵政事務總論 (清)上海通商海關譯 清宣統元年(1909)上海通商海關鉛印本 一冊

350000 - 2001 - 0006294 822.96/338
江西商務情形說略一卷 (清)傅春官撰 清末鉛印本 一冊

350000 - 2001 - 0006295 366.88/869
詩崎八卷外編二卷 (清)唐景崧輯 清光緒十九年(1893)刻本 四冊

350000 - 2001 - 0006296 929/434 - 1
南洋勸業會審查得獎名冊不分卷 (清)南洋勸業會編 清宣統二年(1910)上海商務印書館鉛印本 二冊

350000 - 2001 - 0006297 897/φ556
廣輿記二十四卷 (明)陸應陽纂 (清)蔡方炳增輯 清康熙二十五年(1686)吳郡寶瀚樓刻本 十二冊

350000 - 2001 - 0006298 897/φ556 = 1
冠悔堂楹語三卷附錄一卷 (清)楊浚撰 清光緒二十年(1894)刻本 二冊

350000 - 2001 - 0006299 897/φ556 = 2
冠悔堂楹語三卷附錄一卷 (清)楊浚撰 清光緒二十年(1894)刻本 二冊

350000 - 2001 - 0006300 366.195/346
冠悔堂楹語三卷附錄一卷 (清)楊浚撰 清光緒二十年(1894)刻本 三冊

350000 - 2001 - 0006301 365.4/394
京師勸工陳列所章程一卷 (清)祝瀛元等撰 清光緒三十一年(1905)鉛印本 一冊

350000 - 2001 - 0006302 822.8/413
潞水客談一卷 (明)徐貞明著 清道光刻本 一冊

350000 - 2001 - 0006303 822.8/413 = 1
樂府詩集一百卷目錄二卷 (宋)郭茂倩編 清同治十三年(1874)湖北崇文書局刻本 十六冊

樂府詩集一百卷目錄二卷 (宋)郭茂倩編

清同治十三年(1874)湖北崇文書局刻本　十
六冊

350000－2001－0006304　364.518/429.1

大清國礦務正章十五章　(清)張之洞撰　清
光緒三十二年(1906)鉛印本　一冊

350000－2001－0006305　822.8/413＝2

樂府詩集一百卷目錄二卷　(宋)郭茂倩編
清同治十三年(1874)湖北崇文書局刻本　十
六冊

350000－2001－0006306　822.8/413＝3

樂府詩集一百卷目錄二卷　(宋)郭茂倩編
清同治十三年(1874)湖北崇文書局刻本　十
五冊　存一百一卷(樂府詩集一百卷、目錄
下)

350000－2001－0006307　364.518/811＝1

奏定礦政調查局章程一卷　(清)商部撰　清
光緒三十一年(1905)刻本　一冊

350000－2001－0006308　364.518/974

銅政便覽八卷　(□)□□輯　清末刻本
六冊

350000－2001－0006309　832.032/135－1

詞名集解六卷續編二卷　(清)汪汲撰　清乾
隆五十九年(1794)刻古愚老人消夏錄本
四冊

350000－2001－0006310　832.034/148

詞律校勘記二十卷　(清)杜文瀾撰　清咸豐
十一年(1861)刻曼陀羅華閣叢書本　二冊

350000－2001－0006311　364.518/811

奏定礦政調查局章程一卷　(清)商部撰　清
光緒三十一年(1905)刻本　一冊

350000－2001－0006312　909.1101/φ662

金石叢書十種　(清)葛元煦輯　清光緒崇川
葛元煦學古齋刻本　二冊　存二種四卷(金
石略三卷、元豐金石跋尾一卷)

350000－2001－0006313　832.034/522

白香詞譜箋四卷　(清)舒夢蘭輯　(清)謝朝
徵箋　清光緒十一年(1885)刻本　一冊

350000－2001－0006314　909.1101/φ662.1

金石略三卷　(宋)鄭樵輯　清光緒崇川葛元
煦學古齋刻金石叢書十種本　三冊

350000－2001－0006315　364.518/429

大清國礦務正章十五章　(清)張之洞撰　清
光緒三十二年(1906)鉛印本　二冊

350000－2001－0006316　909.1104/φ211

來齋金石刻考畧三卷　(清)林侗輯　清嘉慶
二十一年(1816)馮緝刻本　三冊

350000－2001－0006317　909.1104/φ211＝1

來齋金石刻考畧三卷　(清)林侗輯　清嘉慶
二十一年(1816)馮緝刻本　一冊

350000－2001－0006318　832.034/522.2

白香詞譜箋四卷　(清)舒夢蘭輯　(清)謝朝
徵箋　清光緒十一年(1885)刻民國十七年
(1928)增補半厂叢書初編本　一冊

350000－2001－0006319　909.1104/φ211＝2

來齋金石刻考畧三卷　(清)林侗輯　清嘉慶
二十一年(1816)馮緝刻本　一冊

350000－2001－0006320　909.1104/φ211＝3

來齋金石刻考畧三卷　(清)林侗輯　清嘉慶
二十一年(1816)馮緝刻本　三冊

350000－2001－0006321　832.034/565－3

詞律二十卷　(清)萬樹論次　(清)姜垚等校
閱　清康熙二十六年(1687)堆絮園刻本
十冊

350000－2001－0006322　φ909.112/718

漢魏碑刻紀存一卷　(清)謝道承編　清嘉慶
二十一年(1816)馮緝刻本　一冊

350000－2001－0006323　362.2/971

中國工商業考一卷　(日本)緒方南溟撰
(日本)古城貞吉譯　清光緒二十三年(1897)
時務報館石印本　一冊

350000－2001－0006324　822.47/φ431

松寧山人詩初集十卷　(清)張際亮撰　清道
光四年(1824)刻本　一冊

350000－2001－0006325　822.47/φ431＝1

松寮山人詩初集十卷 （清）張際亮撰 清道
光四年（1824）刻本 一冊 存五卷（六至十）

350000－2001－0006326 363.6/874
滬北棲流所試辦工藝廠第一屆帳略記一卷
（清）滬北棲流所試辦工藝廠編 清光緒三十
四年（1908）鉛印本 一冊

350000－2001－0006327 822.47/ф431.1
亨甫詩選八卷 （清）張際亮著 （清）徐幹選
清光緒八年（1882）徐氏刻本 四冊

350000－2001－0006328 364.518/974＝1
銅政便覽八卷 （□）□□輯 清末刻本
六冊

350000－2001－0006329 822.47/ф431.3
思伯子堂詩集三十二卷 （清）張際亮撰 清
同治八年（1869）刻本 十冊

350000－2001－0006330 909.11971/ф678
莆陽金石初編二卷 （清）劉尚文編 清光緒
二十六年（1900）福州刻本 一冊

350000－2001－0006331 832.047/ф4＝2
聽秋聲館詞話二十卷 （清）丁紹儀撰 清同
治八年（1869）刻本 四冊

350000－2001－0006332 832.08/283.1－1
詞學全書四種附一種 （清）查培繼輯 清乾
隆世德堂刻本 八冊

350000－2001－0006333 909.31/ф443.1
齊陳氏韶舞樂轟通釋二卷 （清）陳慶鏞撰
清道光二十六年（1846）光澤何秋濤一燈書舍
刻本 一冊

350000－2001－0006334 822.47/ф431.3＝1
思伯子堂詩集三十二卷 （清）張際亮撰 清
同治八年（1869）刻本 十冊

350000－2001－0006335 375.96/317
日本會計錄四卷 （清）姚文棟輯 日本師船
考一卷 （清）沈敦和輯並譯 表一卷 姚文
棟撰 清末石印本 一冊

350000－2001－0006336 ф999.1/717
[福建長樂]東嵐謝氏族譜不分卷 （清）謝□

修 清抄本 一冊

350000－2001－0006337 ф822.14/431－1
濂洛風雅九卷 （清）張伯行訂 清康熙四十
七年（1708）刻正誼堂叢書本 二冊

350000－2001－0006338 乙6.2/15.5
[乾隆]尤溪縣志八卷 （清）焦長發 （清）
王家奮等纂修 清乾隆刻本 八冊

350000－2001－0006339 726/792
顧氏音學五書三十八卷 （清）顧炎武撰 清
康熙六年（1667）山陽張弨符山堂刻本 十
二冊

350000－2001－0006340 375.3/249
預算要論五章 （清）周宏業稿 清宣統元年
（1909）鉛印周氏叢書本 一冊

350000－2001－0006341 909.4/ф214
唐昭陵石蹟考畧五卷 （清）林侗纂輯 唐昭
陵陪葬名氏攷一卷 （清）馮繕纂輯 漢魏碑
刻紀存一卷 （清）謝道承編 清嘉慶二十四
年（1819）馮繕刻本 一冊

350000－2001－0006342 375.3/599
度支部議覆御史趙炳麟奏定預算決算表整理
財政摺一卷附清單 （清）趙炳麟撰 清光緒
三十三年（1907）鉛印本 一冊

350000－2001－0006343 909.4/ф214＝1
唐昭陵石蹟考畧五卷 （清）林侗纂輯 唐昭
陵陪葬名氏攷一卷 （清）馮繕纂輯 漢魏碑
刻紀存一卷 （清）謝道承編 清嘉慶二十四
年（1819）馮繕刻本 一冊

350000－2001－0006344 375/970
中國度支考一卷 （英國）哲美森編 （美國）
林樂知譯 清光緒二十三年（1897）上海廣學
會鉛印本 一冊

350000－2001－0006345 822.47/ф431.5
怡亭詩集六卷 （清）張紳著 清道光四年
（1824）刻本 二冊

350000－2001－0006346 822.47/ф432.1
暇日詩草一卷 （清）張慎和撰 清嘉慶八年

(1803)刻本　一冊

350000 – 2001 – 0006347　822.47/ф431.5 = 1

怡亭詩集六卷　（清）張紳著　清道光四年
（1824）刻本　二冊

350000 – 2001 – 0006348　822.47/ф432.3

菉竹山房詩稿一卷　（清）張鴻書撰　清同治
九年（1870）刻本　一冊

350000 – 2001 – 0006349　822.47/ф442

木庵居士詩四卷補遺一卷　（清）陳書撰　清
光緒三十二年（1906）武昌刻本　二冊

350000 – 2001 – 0006350　375/154

光緒會計錄三卷　（清）李希聖纂　清光緒二
十二年（1896）上海時務報館石印本　二冊

350000 – 2001 – 0006351　822.47/ф442 = 1

木庵居士詩四卷補遺一卷　（清）陳書撰　清
光緒三十二年（1906）武昌刻本　一冊

350000 – 2001 – 0006352　822.47/ф442 = 2

木庵居士詩四卷補遺一卷　（清）陳書撰　清
光緒三十二年（1906）武昌刻本　一冊

350000 – 2001 – 0006353　822.47/ф432.4

犖雅堂詩八卷　（清）張景祁撰　清光緒二十
三年（1897）刻本　二冊

350000 – 2001 – 0006354　822.47/ф443

慎餘書屋詩鈔六卷　（清）陳池養著　清咸豐
五年（1855）刻本　三冊

350000 – 2001 – 0006355　376/677

江蘇省減賦全案八卷　（清）劉郇膏　（清）郭
柏蔭等纂　清同治刻本　六冊

350000 – 2001 – 0006356　822.47/ф443 = 1

慎餘書屋詩鈔六卷　（清）陳池養著　清咸豐
五年（1855）刻本　二冊　存三卷（一、五至
六）

350000 – 2001 – 0006357　822.47/ф443.1

若菴詩集六卷　（清）陳堯俞著　清乾隆六十
年（1795）刻本　一冊

350000 – 2001 – 0006358　ф909.42/213

石塔碑刻記一卷　（清）林喬蔭撰　**附考一卷**
（清）龔景瀚撰　清光緒十八年（1892）閩中
林氏續墨緣書屋刻本　一冊

350000 – 2001 – 0006359　822.47/ф444

知非亭詩稿一卷　（清）陳祈永稿　清知非亭
刻本　一冊

350000 – 2001 – 0006360　822.47/ф444.2

木蘭館詩鈔六卷　（清）陳徵文撰　清光緒二
十五年（1899）刻本　二冊

350000 – 2001 – 0006361　ф909.11971/679

蒼玉洞題名石刻一卷　（清）劉喜海編　清末
影印本　一冊

350000 – 2001 – 0006362　822.47/ф444.4

陳太史試帖詳註二卷　（清）陳壽祺撰　（清）
李廣堯註　清道光二十六年（1846）刻本
一冊

350000 – 2001 – 0006363　822.47/ф444.5

絳趺草堂詩集六卷　（清）陳壽祺撰　清刻本
三冊

350000 – 2001 – 0006364　822.47/ф444.5 = 1

絳趺草堂詩集六卷　（清）陳壽祺撰　清刻本
二冊

350000 – 2001 – 0006365　822.47/ф444.6

東觀餘稿一卷　（清）陳壽祺撰　清刻本
一冊

350000 – 2001 – 0006366　822.47/ф445.1

筠碧山房詩集四卷　（清）陳宸書著　清同治
八年（1869）閩縣陳氏刻本　二冊

350000 – 2001 – 0006367　832.104/600 – 1

陽春白雪八卷　（宋）趙聞禮選　清道光八年
（1828）刻詞學叢書本　八冊

350000 – 2001 – 0006368　822.47/ф445.1 = 1

筠碧山房詩集四卷　（清）陳宸書著　清同治
八年（1869）閩縣陳氏刻本　二冊

350000 – 2001 – 0006369　822.47/ф445.1 = 2

筠碧山房詩集四卷　（清）陳宸書著　清同治
八年（1869）閩縣陳氏刻本　一冊　存二卷

(一至二)

350000－2001－0006370　φ909.42/938
寶刻類編八卷　（宋）□□輯　清道光十八年
(1838)東武劉氏臨汀郡署十七樹梅華山館刻
本　四冊

350000－2001－0006371　822.47/φ445.4
齏粥山房詩鈔不分卷　（清）陳春波著　清嘉
慶十一年(1806)刻本　四冊

350000－2001－0006372　822.47/φ445.5
鳴秋集七卷　（清）陳瑩著　清光緒三十四年
(1908)刻本　二冊

350000－2001－0006373　909.53/φ214
漢甘泉宮瓦記一卷　（清）林佶撰　清道光吳
江沈氏世楷堂刻昭代叢書本　一冊

350000－2001－0006374　822.47/φ445.6
鷗汀漁隱詩續集二卷附琴韻閣悼亡詩一卷
(清)陳偕燦撰　琴韻閣遺草一卷　（清）沈鳳
香著　清咸豐三年(1853)小維摩室刻本
一冊

350000－2001－0006375　822.47/φ446
藤華吟館詩錄六卷　（清）陳榮仁撰　清光緒
十三年(1887)鉛印本　二冊

350000－2001－0006376　822.47/φ446.2
遊蹤紀事一卷　（清）陳賡元撰　清道光十三
年(1833)刻本　二冊

350000－2001－0006377　832.107/104.5
詞綜三十八卷　（清）朱彝尊纂　清同治四年
(1865)亦西齋刻本　九冊

350000－2001－0006378　910/φ913
歷史學三篇　（清）福建陸軍武備學堂編　清
光緒刻本　一冊

350000－2001－0006379　822.47/φ446.4
秋坪詩存十四卷　（清）陳登龍撰　清嘉慶十
九年(1814)刻本　二冊

350000－2001－0006380　822.47/φ446.5
秋坪詩存十四卷　（清）陳登龍撰　清嘉慶十
九年(1814)刻道光二十三年(1843)重修本

四冊

350000－2001－0006381　375.6/437
清理財政章程解釋一卷　（清）陸定撰　清宣
統元年(1909)鉛印本　一冊

350000－2001－0006382　822.47/φ447
湖海詩存二卷　（清）陳肇波撰　清道光十六
年(1836)刻本　二冊

350000－2001－0006383　822.47/φ448.1
竹素園詩鈔二卷詩餘一卷集句二卷　（清）陳
淑英著　清光緒三年(1877)刻本　四冊

350000－2001－0006384　375.6/809
覆陳妥酌清理財政章程摺一卷　（清）度支部
編　清宣統鉛印本　一冊

350000－2001－0006385　822.47/φ448.1＝1
竹素園詩鈔二卷詩餘一卷集句二卷　（清）陳
淑英著　清光緒三年(1877)刻本　一冊　存
二卷(詩鈔二卷)

350000－2001－0006386　375.6/809.1
度支部奏定本部清理財政處辦事章程摺單一
卷奏定各省清理財政局辦事章程摺單一卷
(清)度支部編　清宣統元年(1909)鉛印本
一冊

350000－2001－0006387　375.6/809.2
度支部奏遵擬清理財政章程摺一卷　（清）度
支部編　清宣統鉛印本　一冊

350000－2001－0006388　920/φ442
史緯三百三十卷首一卷　（清）陳允錫刪修
清康熙三十年至六十年(1691－1721)刻本
一百十九冊　存三百二十九卷(一至三百二
十六、三百二十九至三百三十,首一卷)

350000－2001－0006389　920/φ442＝1
史緯三百三十卷首一卷　（清）陳允錫刪修
清康熙三十年至六十年(1691－1721)刻本
七十七冊　存二百十卷(一至一百十一、一百
六十四至二百十、二百十八至二百六十八,首
一卷)

350000－2001－0006390　920/φ442－2

史緯三百三十卷首一卷 （清）陳允錫刪修
（清）羅大春刊補 清同治九年(1870)溫陵輔
仁堂刻本 一百二十冊

350000 – 2001 – 0006391 375.6/940
調查財政條款一卷 （□）□□纂 清宣統鉛
印本 一冊

350000 – 2001 – 0006392 822.47/φ462
勺園別業一卷 （清）崔秉鏡著 清刻本
一冊

350000 – 2001 – 0006393 822.47/φ464
[卓峰草堂詩文鈔]三十一卷 （清）符兆綸撰
清同治元年至五年(1862 – 1866)刻本
八冊

350000 – 2001 – 0006394 375.5/936
各省收支款項一卷 （□）□□纂 清末刻本
一冊

350000 – 2001 – 0006395 822.47/φ464 = 1
[卓峰草堂詩文鈔]三十一卷 （清）符兆綸撰
清同治元年至五年(1862 – 1866)刻本
八冊

350000 – 2001 – 0006396 822.47/φ477.5
拜竹詩龕詩存十卷 （清）馮登府撰 清道光
十九年(1839)刻本 一冊

350000 – 2001 – 0006397 376/936
各國稅則章程不分卷 （□）□□輯 清光緒
刻本 十四冊

350000 – 2001 – 0006398 822.47/φ479
拜竹詩龕詩存四卷釣船笛譜一卷 （清）馮登
府撰 清道光九年(1829)刻本 一冊

350000 – 2001 – 0006399 920/φ442 = 2
史緯三百三十卷首一卷 （清）陳允錫刪修
清康熙三十年至六十年(1691 – 1721)刻本
一百二十冊

350000 – 2001 – 0006400 398/155
文廟丁祭譜不分卷 （清）李家驥等撰 清同
治七年(1868)江蘇書局刻本 一冊

350000 – 2001 – 0006401 395.75/627

掩埋備覽一卷 （清）談熊江輯 清光緒十五
年(1889)鉛印本 一冊

350000 – 2001 – 0006402 042.6/φ661.3
井觀瑣言三卷 （明）鄭瑗撰 明萬曆刻本
二冊

350000 – 2001 – 0006403 124/26
三子定論五卷 （清）王復禮撰 清康熙刻本
一冊

350000 – 2001 – 0006404 φ999.1/618
[福建建陽]潭陽熊氏宗譜不分卷 （清）熊日
新纂修 清光緒七年(1881)建陽書林熊氏刻
本 七冊

350000 – 2001 – 0006405 124/φ98
二程語錄十八卷 （宋）朱熹輯 清同治五年
(1866)福州正誼書局刻正誼堂全書本 一冊

350000 – 2001 – 0006406 852.424/448.8
陶淵明文集十卷 （晉）陶潛撰 清康熙三十
三年(1694)毛扆刻本 二冊

350000 – 2001 – 0006407 929/272.1
籌海圖編十三卷 （明）胡宗憲纂 明天啟四
年(1624)胡維極刻本 七冊

350000 – 2001 – 0006408 丙 8/5.1
法書要錄十卷 （唐）張彥遠輯 明崇禎毛氏
汲古閣刻津逮祕書本 四冊

350000 – 2001 – 0006409 822.43/15
分類補註李太白詩二十五卷 （唐）李白撰
（宋）楊齊賢集注 （元）蕭士贇補注 年譜一
卷 （宋）薛仲邕編 明萬曆許自昌刻本 六
冊 存十五卷(一至十四、年譜一卷)

350000 – 2001 – 0006410 122.4/428
儒家理要二十一卷 （清）張能鱗纂輯 清刻
本 九冊

350000 – 2001 – 0006411 822.47/φ444.7
殯聽樓集選一卷 （清）陳作楫撰 清乾隆二
十五年(1760)刻本 一冊

350000 – 2001 – 0006412 646.63/260
新刻香譜二卷 （宋）洪芻輯 明萬曆胡氏文

會堂刻格致叢書本　一冊

350000－2001－0006413　852.43/282.8
唐大家柳柳州文抄十二卷　（唐）柳宗元撰
（明）茅坤評　明萬曆七年(1579)茅一桂刻唐
宋八大家文鈔本　四冊

350000－2001－0006414　ϕ926.94/954
海上見聞錄定本二卷　題(清)鷺島道人夢庵
輯　**維揚殉節紀畧一卷**　(清)史得威述　清
抄本　一冊

350000－2001－0006415　920.33/ϕ662－3
通志略五十一卷　（宋）鄭樵著　（明）陳宗夔
校　清乾隆十三年(1748)金壇于氏刻本　三
十二冊

350000－2001－0006416　395.75/946
辦理掩埋章程一卷附備考　（清）□□撰　清
光緒二十四年(1898)刻本　一冊

350000－2001－0006417　395.75/946＝1
辦理掩埋章程一卷附備考　（清）□□撰　清
光緒二十四年(1898)刻本　一冊

350000－2001－0006418　920.33/ϕ662－1
通志二百卷　（宋）鄭樵撰　清咸豐九年
(1859)崇仁謝氏刻本　九十九冊　存一百八
十六卷(一至六十二、七十七至二百)

350000－2001－0006419　395.75/946＝2
辦理掩埋章程一卷附備考　（清）□□撰　清
光緒二十四年(1898)刻本　一冊

350000－2001－0006420　832.107/432
詞選二卷附錄一卷　（清）張惠言錄　**續二卷**
（清）董毅錄　清同治六年(1867)刻本
一冊

350000－2001－0006421　397.5/175
文廟祀典輯要一卷　（清）岑毓英編　清光緒
九年(1883)刻本　一冊

350000－2001－0006422　397.9/942
西俗錄初集一卷　題(清)翔生甫輯　清光緒
二十九年(1903)鉛印本　一冊

350000－2001－0006423　395.71/568
重刊救荒補遺書二卷　（宋）董煟編　（元）張
光大新增　（明）朱熊補遺　（明）王崇慶釋斷
清同治八年(1869)湖北崇文書局刻本
二冊

350000－2001－0006424　832.13/431.1
詞選二卷坿錄一卷　（清）張惠言錄　**續二卷**
（清）董毅錄　清道光刻本　一冊

350000－2001－0006425　920.33/ϕ662
通志二百卷　（宋）鄭樵撰　清乾隆十四年
(1749)刻本　一百四十四冊

350000－2001－0006426　395.71/135－1
荒政輯要九卷首一卷　（清）汪志伊纂　清道
光二十七年(1847)刻本　四冊

350000－2001－0006427　920.33/ϕ662＝2
通志二百卷　（宋）鄭樵撰　清乾隆十四年
(1749)刻本　一百二十冊

350000－2001－0006428　832.13/431.2
詞選二卷坿錄一卷　（清）張惠言錄　**續二卷**
（清）董毅錄　清道光十年(1830)張氏宛鄰
書屋刻本　一冊

350000－2001－0006429　832.14/34
宋七家詞選七卷　（清）戈載輯　清宣統三年
(1911)掃葉山房石印本　三冊

350000－2001－0006430　920.33/ϕ662－2
通志二百卷　（宋）鄭樵撰　清光緒貫吾齋石
印本　二十四冊

350000－2001－0006431　920.33/ϕ662－3＝1
通志略五十一卷　（宋）鄭樵著　（明）陳宗夔
校　清乾隆十三年(1748)金壇于氏刻本　二
十四冊

350000－2001－0006432　920.33/ϕ662－3＝2
通志略五十一卷　（宋）鄭樵著　（明）陳宗夔
校　清乾隆十三年(1748)金壇于氏刻本　二
十三冊

350000－2001－0006433　920.33/ϕ662－3＝3
通志略五十一卷　（宋）鄭樵著　（明）陳宗夔
校　清乾隆十三年(1748)金壇于氏刻本　二

十九冊　缺二卷(校讎略一卷、圖譜略一卷)

350000－2001－0006434　832.14/34－1

宋七家詞選七卷　(清)戈載輯　(清)杜文瀾校注　清光緒十一年(1885)曼陀羅華閣刻本　四冊

350000－2001－0006435　920.51/φ497

讀史吟評一卷　(清)黃鵬揚撰　清抄本　一冊

350000－2001－0006436　920.52/φ100＝1

朱九江先生論史口說不分卷　(清)朱次琦撰　(清)邱煒萲斠　清光緒二十六年(1900)粵城寶經閣刻本　一冊

350000－2001－0006437　920.52/φ100－1

朱九江先生論史口說不分卷　(清)朱次琦撰　(清)邱煒萲斠　清光緒二十六年(1900)粵城寶經閣刻本　一冊

350000－2001－0006438　395.71/391－2

欽定康濟錄四卷　(清)陸曾禹撰　(清)倪國璉校　清同治三年(1864)浙江撫署刻本　三冊

350000－2001－0006439　395.71/558

籌濟編三十二卷首一卷　(清)楊景仁輯　清光緒五年(1879)粵東藩署刻本　八冊

350000－2001－0006440　394/972

少年中國新叢書□□種　(清)少年中國學會輯　清光緒二十八年(1902)少年中國學會鉛印本　一冊　存二種二卷(女權篇一卷、物競篇一卷)

350000－2001－0006441　832.14/53

宋六十名家詞六十一種　(明)毛晉輯　清光緒十四年(1888)錢塘汪氏刻本　十六冊

350000－2001－0006442　920.52/φ265

澂景堂史測十四卷　(清)施鴻著　清乾隆三十五年(1770)邵武鄒一枚刻本　三冊

350000－2001－0006443　378/403

中國國債史一卷　梁啓超編　清光緒三十年(1904)上海廣智書局鉛印本　一冊

350000－2001－0006444　378/946

盧漢鐵路借欵合同一卷　(□)□□撰　清光緒二十五年(1899)鉛印本　一冊

350000－2001－0006445　920.52/φ265－2

澂景堂史測十四卷　(清)施鴻著　清光緒二十八年(1902)邵武杜璘光刻知聖教齋叢書本　二冊

350000－2001－0006446　378/944

滬寧鐵路借欵條約一卷　(□)□□纂　清光緒二十九年(1903)鉛印本　一冊

350000－2001－0006447　920.52/φ497

裂繪一卷　(清)黃鵬揚撰　清宣統三年(1911)古今圖書館石印本　一冊

350000－2001－0006448　832.14/248

宋四家詞選不分卷　(清)周濟輯　清道光十二年(1832)刻本　一冊

350000－2001－0006449　379.55/965

英國度支考六章　(英國)司可得開勒撰　(清)華龍譯　清光緒二十九年(1903)上海商務印書館鉛印本　一冊

350000－2001－0006450　390/751

輿論折衷社庚戌年報告一卷　(清)戴肇熊編輯　清宣統二年(1910)鉛印本　一冊

350000－2001－0006451　920.52/φ662

古今人物論三十六卷　(明)鄭賢輯　清同治十年(1871)劉璈木活字印本　十冊

350000－2001－0006452　376.9/795

英國印花稅章程二卷　(清)沈鑑繙譯　楊葆寅編輯　清光緒二十五年(1899)石印本　一冊

350000－2001－0006453　832.14/248.7

絕妙好詞箋七卷　(宋)周密輯　(清)查爲仁(清)厲鶚箋　**續鈔一卷**　(宋)周密輯(清)余集鈔撮　**又續鈔一卷**　(宋)周密輯(清)徐楙補錄　清道光八年(1828)錢塘徐楙刻本　四冊

350000－2001－0006454　丁3.2/56

先秦鴻文五卷　（明）顧錫疇輯並評　明崇禎
刻本　四冊

350000－2001－0006455　丁2.3/79

宋大家蘇文忠公文鈔二十八卷　（宋）蘇軾撰
（明）茅坤評　明崇禎刻本　一冊　存十四
卷（八至二十一）

350000－2001－0006456　丙10/19.5

陳眉公重訂野客叢書十二卷附錄一卷　（宋）
王楙撰　明萬曆三十四年（1606）刻尚白齋鐫
陳眉公訂正秘笈本　二冊　存八卷（一至四、
九至十二）

350000－2001－0006457　丁2.1/11.5

箋註陶淵明集六卷　（晉）陶潛撰　（明）張自
烈評閱　陶集總論一卷　（明）張自烈輯　和
陶一卷　（宋）蘇軾撰　律陶一卷　（明）王思
任撰　明崇禎五年（1632）刻本　一冊

350000－2001－0006458　822.47/φ761.1

枕江堂詩十卷　（清）魏憲著　清康熙十二年
（1673）有恒書屋刻本　一冊　存五卷（一至
五）

350000－2001－0006459　852.41/φ15

不己言集二十卷　（清）方翀著　清乾隆刻本
十冊

350000－2001－0006460　822.4996/φ493.2

井上述古六卷　（清）黃晉良著　清康熙和敬
堂刻本　一冊

350000－2001－0006461　822.47/φ493

秋江集六卷　（清）黃任著　清乾隆二十一年
（1756）刻本　四冊

350000－2001－0006462　822.47/φ493＝1

秋江集六卷　（清）黃任著　清乾隆二十一年
（1756）刻本　二冊　存四卷（一至四）

350000－2001－0006463　822.47/φ493.1

秋江集注六卷　（清）黃任著　（清）王元麟注
清道光二十三年（1843）刻本　六冊

350000－2001－0006464　822.47/φ493.1＝1

秋江集注六卷　（清）黃任著　（清）王元麟注

清道光二十三年（1843）刻本　六冊

350000－2001－0006465　822.47/φ493.1＝2

秋江集注六卷　（清）黃任著　（清）王元麟注
清道光二十三年（1843）刻本　五冊　存五
卷（二至六）

350000－2001－0006466　822.47/φ493.3

香草齋詩註六卷　（清）黃任著　（清）陳應魁
注　清嘉慶十九年（1814）刻本　六冊

350000－2001－0006467　822.47/φ493.3＝1

香草齋詩註六卷　（清）黃任著　（清）陳應魁
注　清嘉慶十九年（1814）刻本　六冊

350000－2001－0006468　822.47/φ493.3＝2

香草齋詩註六卷　（清）黃任著　（清）陳應魁
注　清嘉慶十九年（1814）刻本　六冊

350000－2001－0006469　822.47/φ493.3＝3

香草齋詩註六卷　（清）黃任著　（清）陳應魁
注　清嘉慶十九年（1814）刻本　六冊

350000－2001－0006470　822.47/φ493.3＝4

香草齋詩註六卷　（清）黃任著　（清）陳應魁
注　清嘉慶十九年（1814）刻本　五冊

350000－2001－0006471　822.47/φ493.3＝5

香草齋詩註六卷　（清）黃任著　（清）陳應魁
注　清嘉慶十九年（1814）刻本　四冊

350000－2001－0006472　920.63/φ662

昨非錄十二卷　（明）鄭誼明著　（清）王楨鈔
清光緒石印本　二冊

350000－2001－0006473　832.14/248.8

絕妙好詞箋七卷　（宋）周密輯　（清）查爲仁
（清）厲鶚箋　續鈔一卷　（宋）周密輯
（清）余集鈔撮　又續鈔一卷　（清）徐楙補錄
清道光、咸豐刻本　二冊

350000－2001－0006474　920.63/φ662＝1

昨非錄十二卷　（明）鄭誼明著　（清）王楨鈔
清光緒石印本　二冊

350000－2001－0006475　822.47/φ493.4

香草箋偶註二卷　（清）黃任作　清嘉慶十三
年（1808）刻本　二冊

350000 – 2001 – 0006476　822.47/ϕ493.4 = 1

香草箋偶註二卷　（清）黃任作　清嘉慶十三年（1808）刻本　一冊

350000 – 2001 – 0006477　832.14/479

宋六十一家詞選十二卷　（清）馮煦輯　清宣統二年（1910）掃葉山房石印本　四冊

350000 – 2001 – 0006478　920.65/ϕ215

論世約編六卷外編一卷　（清）林春溥編　清嘉慶十八年（1813）竹柏山房刻本　二冊　存六卷（約編一至五、外編一卷）

350000 – 2001 – 0006479　920.65/ϕ215 = 1

論世約編六卷外編一卷　（清）林春溥編　清嘉慶十八年（1813）竹柏山房刻本　二冊

350000 – 2001 – 0006480　832.16/25

明詞綜十二卷　（清）王昶纂　清嘉慶七年（1802）刻本　四冊

350000 – 2001 – 0006481　822.47/ϕ493 = 2

秋江集六卷　（清）黃任著　清乾隆二十一年（1756）刻本　五冊

350000 – 2001 – 0006482　376.1/936

各國條款稅則不分卷　（□）□□輯　清光緒刻本　一冊

350000 – 2001 – 0006483　372.9/522

調查各國銀行義例彙鈔六卷　（日本）神津助太郎纂　（清）舒邦杰輯　清光緒三十二年（1906）上海商務總會鉛印本　六冊

350000 – 2001 – 0006484　920.65/ϕ441

漢史題旨便檢二卷　（清）陳□□編　清光緒二十九年（1903）刻本　二冊

350000 – 2001 – 0006485　920.67/ϕ194

三字鑑一卷　（清）余懋勳著　（清）陳超元注　清同治九年（1870）刻本　一冊

350000 – 2001 – 0006486　372/393

奏定釐訂各種銀行則例摺一卷　（清）□□編　清光緒石印本　一冊

350000 – 2001 – 0006487　822.47/ϕ493.8

十研老人香草箋三卷　題（清）雲窓主人註

綺窗餘事一卷　（清）黃淑畹撰　清嘉慶十四年（1809）刻本　四冊

350000 – 2001 – 0006488　920.67/ϕ194 = 1

三字鑑一卷　（清）余懋勳著　（清）陳超元注　清同治九年（1870）刻本　一冊

350000 – 2001 – 0006489　920.67/ϕ394

綱鑑纂腋三千文注三卷　（清）徐呈岳撰　（清）周炘注　清道光八年（1828）刻本　一冊

350000 – 2001 – 0006490　ϕ920.67/409

韻史二卷　（清）許遜翁著　韻史補一卷　（清）朱玉岑撰　清光緒二十七年（1901）閩汀墨香樓刻本　一冊

350000 – 2001 – 0006491　371.5/28

錢幣芻言一卷續刻一卷再續一卷　（清）王鎏著　清道光十七年（1837）刻本　一冊

350000 – 2001 – 0006492　832.17/316 – 1

國朝詞雅二十四卷　（清）姚階編次　（清）吳蔚光辨譌　清嘉慶三年（1798）刻本　八冊

350000 – 2001 – 0006493　371.5/28 = 1

錢幣芻言一卷續刻一卷再續一卷　（清）王鎏著　清道光十七年（1837）刻本　一冊

350000 – 2001 – 0006494　371/429

奏虛定金價改用金幣與今日中國情勢不合摺一卷　（清）張之洞撰　清光緒鉛印本　一冊

350000 – 2001 – 0006495　832.195/792

彈指詞三卷　（清）顧貞觀著　清光緒四年（1878）枕經葄史齋刻本　二冊

350000 – 2001 – 0006496　920.67/ϕ442

歷朝鑑略一卷補遺一卷　（清）曹維藩撰　（清）葉滋鈞注　清光緒四年（1878）刻本　一冊

350000 – 2001 – 0006497　371/539

度支部議覆汪大燮奏行用金幣請飭會議摺一卷　（清）溥頲等撰　清光緒鉛印本　一冊

350000 – 2001 – 0006498　375/968

中國財政紀略四章　（日本）東邦協會纂　（清）吳銘譯　清光緒二十八年（1902）上海廣

智書局鉛印本　一册

350000－2001－0006499　920.67/φ445
李氏蒙求詳註四卷　（唐）李翰著　（清）陳宸書纂注　清嘉慶二十年（1815）刻本　四册

350000－2001－0006500　920.67/φ445＝1
李氏蒙求詳註四卷　（唐）李翰著　（清）陳宸書纂注　清嘉慶二十年（1815）刻本　四册

350000－2001－0006501　398/494
宦鄉新要則一卷　（清）黃狄卿　（清）黃楚卿撰　清光緒三十四年（1908）鉛印本　一册

350000－2001－0006502　398/656
出使須知一卷　（清）蔡鈞輯　清光緒十年（1884）王氏弢園鉛印本　一册

350000－2001－0006503　920.67/φ446
世系序畧一卷　（清）陳景蕃編　清道光十一年（1831）刻本　一册

350000－2001－0006504　φ920.67/710
史鑑節要便讀六卷　（清）鮑東里編　清光緒二十七年（1901）浦城啓蒙學社刻本　二册

350000－2001－0006505　φ920.67/933
小四書四種　（明）朱升輯　清末刻本　二册　存二種三卷（歷代蒙求一卷、史學提要二卷）

350000－2001－0006506　920.924/φ154
宋李忠定公奏議選十五卷　（宋）李綱撰（明）左光先選　清末刻本　一册　存三卷（十三至十五）

350000－2001－0006507　920.924/φ154－1
宋李忠定公奏議選十五卷　（宋）李綱撰（明）左光先選　清同治、光緒朝宗書室木活字印本　六册

350000－2001－0006508　398/674
大清通禮品官士庶人喪禮傳二卷　（清）劉人熙輯　清光緒十一年（1885）都門刻本　二册

350000－2001－0006509　398/678
大清通禮品官士庶儀纂六卷　（清）劉師陸輯　清道光刻本　一册

350000－2001－0006510　920.927/φ133
沈文肅公政書七卷首一卷　（清）沈葆楨撰清光緒六年（1880）吳門節署木活字印本八册

350000－2001－0006511　399/970
百年一覽二十八章　（美國）畢拉宓撰　（英國）李提摩太譯　清光緒二十四年（1898）上海廣學會鉛印本　一册

350000－2001－0006512　920.927/φ133＝1
沈文肅公政書七卷首一卷　（清）沈葆楨撰清光緒六年（1880）吳門節署木活字印本　十二册

350000－2001－0006513　832.44/143
稼軒詞四卷補遺一卷　（宋）辛棄疾撰　清嘉慶十六年（1811）辛啓泰刻本　四册

350000－2001－0006514　822.43/148.28
讀杜心解六卷首二卷　（清）浦起龍講解　清雍正二年至三年（1724－1725）浦氏寧我齋刻本　九册　存五卷（讀杜心解一至三、首二卷）

350000－2001－0006515　920.51/329.1
史通通釋二十卷　（清）浦起龍釋　清乾隆十七年（1752）梁溪浦氏求放心齋刻本　八册

350000－2001－0006516　822.47/661
蔓草集四卷　（清）鄭天爵撰　清同治四年（1865）刻本　二册

350000－2001－0006517　022/671
河上易註八卷圖說二卷　（清）黎世序學　清道光元年（1821）謙豫齋刻本　六册

350000－2001－0006518　乙7.1/5
古今治平畧三十三卷　（明）朱健撰　明崇禎十二年（1639）鍾鉉刻本　三十册

350000－2001－0006519　852.44/437
渭南文集五十卷　（宋）陸游撰　明末汲古閣刻清毛扆增補陸放翁全集本　三十九册　存四十卷（二至四十一）

350000－2001－0006520　丁2.6/157

瞻華集不分卷 （清）張之浚撰 清乾隆刻本
四冊

350000 – 2001 – 0006521 丁2.3/18.5

東坡詩選十二卷 （宋）蘇軾撰 （明）譚元春
選 年譜一卷 （宋）王宗稷編 **宋史本傳一
卷** 明末刻本 八冊

350000 – 2001 – 0006522 822.47/ф493.4＝2

香草箋偶註二卷 （清）黃任作 清嘉慶十三
年(1808)刻本 二冊

350000 – 2001 – 0006523 832.44/165.5

夢窗甲乙丙丁四稿補遺一卷 （宋）吳文英撰
重校夢窗詞札記一卷 （清）朱祖謀撰 清
光緒三十四年(1908)歸安朱氏刻強村叢書本
一冊

350000 – 2001 – 0006524 822.47/ф494

率真集二卷 （清）黃圖南撰 清光緒五年
(1879)刻本 一冊

350000 – 2001 – 0006525 822.47/ф496

學拙軒詩草一卷 （清）黃銓撰 清枕嵩樓刻
本 一冊

350000 – 2001 – 0006526 832.47/33－2

百末詞五卷詞餘一卷 （清）尤侗撰 清康熙
刻本 一冊

350000 – 2001 – 0006527 832.47/74－1

弢園詞一卷 （清）史念祖撰 清光緒三十一
年(1905)趙爾巽刻本 一冊

350000 – 2001 – 0006528 832.44/165.5＝1

夢窗甲乙丙丁四藁補遺一卷 （宋）吳文英撰
重校夢窗詞札記一卷 （清）朱祖謀撰 清
光緒三十四年(1908)歸安朱氏刻強村叢書本
一冊

350000 – 2001 – 0006529 832.47/156.3

曝書亭集詞註七卷 （清）李富孫纂 清嘉慶
十九年(1814)嘉興李氏校經廎刻本 四冊

350000 – 2001 – 0006530 398/164－6

吾學錄初編二十四卷 （清）吳榮光撰 清道
光十五年(1835)刻本 八冊

350000 – 2001 – 0006531 832.47/169.3

有正味齋詩十二卷駢體文二十四卷詞七卷曲
一卷律賦一卷試帖四卷 （清）吳錫麒撰 清
咸豐五年(1855)刻吳氏一家稿十種本 二冊
存八卷(詞七卷、曲一卷)

350000 – 2001 – 0006532 398/164－4

吾學錄初編二十四卷 （清）吳榮光撰 清光
緒二十年(1894)寶善書局石印本 四冊

350000 – 2001 – 0006533 398/164－5

吾學錄初編二十四卷 （清）吳榮光撰 清道
光十二年(1832)刻本 八冊

350000 – 2001 – 0006534 398/164－3

吾學錄初編二十四卷 （清）吳榮光撰 清同
治十三年(1874)刻本 八冊

350000 – 2001 – 0006535 832.47/245

蔗畦詞二卷 （清）金石撰 清光緒二十八年
(1902)刻本 一冊

350000 – 2001 – 0006536 832.44/250

草窗詞二卷補二卷 （宋）周密撰 清光緒二
十六年(1900)歸安朱氏刻強村叢書本 一冊

350000 – 2001 – 0006537 832.47/400－1

飲水詞一卷 （清）納蘭成德著 清道光二十
六年(1846)金梁外史刻本 一冊

350000 – 2001 – 0006538 832.45/42

無弦琴譜二卷 （元）仇遠撰 清光緒十一年
(1885)刻本 一冊

350000 – 2001 – 0006539 832.47/429

冰壺詞六卷 （清）張雲驤撰 清光緒刻本
一冊 存四卷(一至四)

350000 – 2001 – 0006540 832.47/536

以恬養智齋詞錄一卷 （清）程庭鷺撰 清刻
本 一冊

350000 – 2001 – 0006541 832.47/432－2

新薇詞十卷外集一卷 （清）張景祁撰 清光
緒九年(1883)百億梅花仙館刻本 一冊

350000 – 2001 – 0006542 832.47/432－3

新薇詞十卷外集一卷 （清）張景祁撰 清光

緒九年（1883）百億梅花仙館刻本　一冊

350000－2001－0006543　398/164－2
吾學錄初編二十四卷　（清）吳榮光撰　清道光十五年（1835）陟慕居刻本　八冊

350000－2001－0006544　832.47/432－2＝1
新薔詞十卷外集一卷　（清）張景祁撰　清光緒九年（1883）百億梅花仙館刻本　二冊

350000－2001－0006545　398/164－2＝1
吾學錄初編二十四卷　（清）吳榮光撰　清道光十五年（1835）陟慕居刻本　八冊

350000－2001－0006546　398/164－2＝2
吾學錄初編二十四卷　（清）吳榮光撰　清道光十五年（1835）陟慕居刻本　八冊

350000－2001－0006547　398/164－2＝3
吾學錄初編二十四卷　（清）吳榮光撰　清道光十五年（1835）陟慕居刻本　八冊

350000－2001－0006548　832.47/589
雲起樓詞三卷　（清）齊學裘撰　清同治十年（1871）刻本　一冊

350000－2001－0006549　398/164－2＝4
吾學錄初編二十四卷　（清）吳榮光撰　清道光十五年（1835）陟慕居刻本　八冊

350000－2001－0006550　822.47/φ496.3
餘事齋詩稿二卷文稿二卷　（清）黃惠著　清道光二十七年（1847）刻本　二冊

350000－2001－0006551　822.47/φ496.3＝1
餘事齋詩稿二卷文稿二卷　（清）黃惠著　清道光二十七年（1847）刻本　三冊　存三卷（詩稿二卷、文稿二）

350000－2001－0006552　822.47/φ496.1
寄舫詩鈔四卷　（清）黃銓撰　清刻本　四冊

350000－2001－0006553　822.47/φ496.1＝1
寄舫詩鈔四卷　（清）黃銓撰　清刻本　一冊

350000－2001－0006554　398/164－1＝5
吾學錄初編二十四卷　（清）吳榮光撰　清道光十五年（1835）陟慕居刻本　八冊

350000－2001－0006555　398/164－1
吾學錄初編二十四卷　（清）吳榮光撰　清道光十二年（1832）刻本　八冊

350000－2001－0006556　832.47/623.4
詠花詞一卷　（清）潘曾瑋著　清光緒十三年（1887）刻本　一冊

350000－2001－0006557　368/807.1
郵傳部第一次交通統計表不分卷　（清）郵傳部統計處編輯　清宣統二年（1910）鉛印本　六冊

350000－2001－0006558　368/807.1＝1
郵傳部第一次交通統計表不分卷　（清）郵傳部統計處編輯　清宣統二年（1910）鉛印本　六冊

350000－2001－0006559　832.47/651－3
水雲樓詞二卷續一卷　（清）蔣春霖撰　清光緒湖南思賢書局刻本　一冊

350000－2001－0006560　368/807.2
郵傳部第二次交通統計表不分卷　（清）郵傳部統計處編輯　清宣統三年（1911）鉛印本　八冊

350000－2001－0006561　832.47/766
篋中詞六卷續二卷　（清）譚獻纂錄　清光緒八年（1882）刻半厂叢書初編本　一冊

350000－2001－0006562　368/807.2＝2
郵傳部第二次交通統計表不分卷　（清）郵傳部統計處編輯　清宣統三年（1911）鉛印本　八冊

350000－2001－0006563　832.6034/562.5
納書楹玉茗堂四夢曲譜八卷正集四卷外集二卷續集四卷補遺四卷　（清）葉堂訂譜　（清）王文治參訂　清乾隆五十七年至五十九年（1792－1794）刻本　二十四冊

350000－2001－0006564　832.6034/562.5＝1
納書楹玉茗堂四夢曲譜八卷正集四卷外集二卷續集四卷補遺四卷　（清）葉堂訂譜　（清）王文治參訂　清乾隆五十七年至五十九年

(1792－1794)刻本　九冊　存十卷(正集四卷、外集二卷、續集四卷)

350000－2001－0006565　832.97/650.36

紅雪樓九種曲(清容外集)　(清)蔣士銓填詞　(清)高東井題評　清乾隆紅雪樓刻本　八冊

350000－2001－0006566　832.97/756

鶴歸來傳奇二卷　(清)瞿頡撰　清光緒湖北官書處刻本　二冊

350000－2001－0006567　832.97/940

桃花扇後序一卷　題(清)玉溪鏡坡居士校訂　清道光十一年(1831)刻本　一冊

350000－2001－0006568　822.47/ϕ497

凍井山房詩鈔一卷　(清)黃虞世撰　清道光元年(1821)刻本　一冊

350000－2001－0006569　822.47/ϕ506

八壺怡客句不分卷　(清)賀青來著　清乾隆三年(1738)刻本　一冊

350000－2001－0006570　822.47/ϕ509

離垢集五卷　(清)華嵒著　清光緒二十一年(1895)鉛印本　二冊

350000－2001－0006571　822.47/ϕ509＝1

離垢集五卷　(清)華嵒著　清光緒二十一年(1895)鉛印本　一冊　存二卷(一至二)

350000－2001－0006572　822.47/ϕ524

醉竹園詩集四卷　(清)傅肇修撰　清光緒六年(1880)刻本　一冊

350000－2001－0006573　822.47/ϕ529

即菴詩存四卷即菴遊草附存一卷　(清)曾燦垣著　清道光二十六年(1846)晉安曾氏刻本　一冊

350000－2001－0006574　423.424/28

草訣百韻歌一卷　(晉)王羲之書　(宋)米芾集　清宣統元年(1909)上海掃葉山房石印本　一冊

350000－2001－0006575　822.47/ϕ529＝1

即菴詩存四卷即菴遊草附存一卷　(清)曾燦

垣著　清道光二十六年(1846)晉安曾氏刻本　二冊

350000－2001－0006576　822.47/ϕ531

皆山樓吟稿四卷　(清)盛百二撰　清乾隆五十七年(1792)刻本　一冊

350000－2001－0006577　822.47/ϕ536

紉蘭軒吟草一卷　題(清)程□撰　清光緒七年(1881)刻本　一冊

350000－2001－0006578　822.47/ϕ557

筠青閣吟稿一卷　(清)楊秀珠撰　清光緒十七年(1891)刻本　一冊

350000－2001－0006579　822.47/ϕ557＝1

筠青閣吟稿一卷　(清)楊秀珠撰　清光緒十七年(1891)刻本　一冊

350000－2001－0006580　822.47/ϕ557.2

絳雪山房詩鈔二十卷續鈔六卷試帖三卷　(清)楊慶琛撰　清道光二十八年至同治三年(1848－1864)刻本　十冊

350000－2001－0006581　822.47/ϕ557.2＝1

絳雪山房詩鈔二十卷續鈔六卷試帖三卷　(清)楊慶琛撰　清道光二十八年至同治三年(1848－1864)刻本　十冊　存二十六卷(詩鈔二十卷、續鈔六卷)

350000－2001－0006582　822.47/ϕ557.2＝2

絳雪山房詩鈔二十卷續鈔六卷試帖三卷　(清)楊慶琛撰　清道光二十八年至同治三年(1848－1864)刻本　六冊　存二十卷(詩鈔二十卷)

350000－2001－0006583　822.47/ϕ557.2＝3

絳雪山房詩鈔二十卷續鈔六卷試帖三卷　(清)楊慶琛撰　清道光二十八年至同治三年(1848－1864)刻本　六冊　存二十卷(詩鈔二十卷)

350000－2001－0006584　822.47/ϕ557.2＝4

絳雪山房詩鈔二十卷續鈔六卷試帖三卷　(清)楊慶琛撰　清道光二十八年至同治三年(1848－1864)刻本　六冊　存二十卷(詩鈔

二十卷）

350000 - 2001 - 0006585　822.47/φ557.4

東霞山館詩鈔六卷　（清）楊兆璜撰　清道光
二十三年(1843)刻本　一冊

350000 - 2001 - 0006586　822.47/φ557.6

**問鵬山館詩鈔一卷試帖一卷詞鈔一卷詞餘一
卷**　（清）楊炳勳著　清同治二年(1863)刻本
一冊

350000 - 2001 - 0006587　423.7/413

朱柏廬先生治家格言一卷　（清）朱用純撰
（清）郭尚先書　清末刻本　一冊

350000 - 2001 - 0006588　822.47/φ558

雲悅山房偶存稿六卷　（清）楊維屏著　清宣
統二年(1910)刻本　四冊

350000 - 2001 - 0006589　822.47/φ558.3

吟香室詩草二卷續刻一卷附刻一卷　（清）楊
蘊輝撰　清光緒二十三年(1897)刻本　二冊

350000 - 2001 - 0006590　丁3.1/9.5

樂府詩集一百卷　（宋）郭茂倩輯　明末汲古
閣刻本　十二冊

350000 - 2001 - 0006591　032.27/165

子史精華一百六十卷　（清）允祿等修　（清）
吳士玉　（清）吳襄等輯　清雍正五年(1727)
武英殿刻本　三十二冊

350000 - 2001 - 0006592　852.106/169

小窗艷紀不分卷　（明）吳從先輯　明末刻小
窗四紀本　八冊

350000 - 2001 - 0006593　042.7/441

黃嬭餘話六卷　（清）陳錫路撰　清乾隆三十
七年(1772)刻本　二冊

350000 - 2001 - 0006594　042.7/531

柚堂全集五種　（清）盛百二撰　清乾隆刻本
一冊　存二種五卷(初陽山人漁鼓曲一卷、
柚堂筆談四卷)

350000 - 2001 - 0006595　042.7/φ412

粵秀書院經史問五卷　（清）郭植著　清乾隆
刻本　二冊

350000 - 2001 - 0006596　423.7/430

朱柏廬先生治家格言一卷　（清）朱用純撰
（清）汪洵錄　清光緒三十四年(1908)上海東
方書局石印本　一冊

350000 - 2001 - 0006597　422.2/268

鄱陽姜夔堯章續書譜一卷　（宋）姜夔撰
（清）蔣衡書　清宣統元年(1909)石印本
一冊

350000 - 2001 - 0006598　822.47/φ562

永陽遊草一卷　（清）葉儀昌撰　清同治三年
(1864)刻本　一冊

350000 - 2001 - 0006599　822.47/φ562.1

小庚詩存一卷詞存一卷　（清）葉申薌撰　清
道光六年(1826)刻本　二冊

350000 - 2001 - 0006600　822.47/φ562.2

寫經齋初稿四卷續稿二卷附小玲瓏閣詞一卷
（清）葉大莊撰　清光緒二十一年(1895)刻
本　四冊

350000 - 2001 - 0006601　422.1/77

藝舟雙楫六卷　（清）包世臣撰　清光緒九年
(1883)資中宮廨刻本　二冊

350000 - 2001 - 0006602　420.4/786

東坡題跋二卷　（宋）蘇軾著　（清）溫一貞錄
清光緒二十年(1894)望三益齋石印本
二冊

350000 - 2001 - 0006603　822.47/φ563.2

稚憪詩鈔一卷　（清）葉在琦著　清末鉛印本
一冊

350000 - 2001 - 0006604　822.47/φ563.2 = 1

稚憪詩鈔一卷　（清）葉在琦著　清末鉛印本
一冊

350000 - 2001 - 0006605　420.4/786 - 1

東坡題跋二卷　（宋）蘇軾著　（清）溫一貞錄
清同治十一年(1872)又賞齋刻本　一冊

350000 - 2001 - 0006606　822.47/φ563.3

綠筠書屋詩鈔十八卷　（清）葉觀國撰　清末
刻本　一冊　存五卷(一至五)

350000－2001－0006607　822.47/φ563.4

唐風集一卷　（清）葉在衍撰　清光緒二十三年(1897)刻本　一冊

350000－2001－0006608　822.47/φ563.4＝1

唐風集一卷　（清）葉在衍撰　清光緒二十三年(1897)刻本　一冊

350000－2001－0006609　822.47/φ564

東溟集二卷雁唳編一卷　（清）葉矯然撰　清刻本　一冊

350000－2001－0006610　822.47/φ568－1

鐘陵賸草一卷　（清）董敬輿著　清末刻本　一冊

350000－2001－0006611　822.47/φ568－1＝1

鐘陵賸草一卷　（清）董敬輿著　清末刻本　一冊

350000－2001－0006612　822.47/φ568

澄心小草二卷　（清）董天工撰　清乾隆十四年(1749)刻本　一冊

350000－2001－0006613　822.47/φ568.2

秦川焚餘草六卷首一卷補遺一卷　（清）董平章撰　**附刻一卷**　（清）李元度等撰　清光緒二十七年(1901)閩縣董氏容齋刻本　六冊

350000－2001－0006614　822.47/φ568.2＝1

秦川焚餘草六卷首一卷補遺一卷　（清）董平章撰　**附刻一卷**　（清）李元度等撰　清光緒二十七年(1901)閩縣董氏容齋刻本　六冊

350000－2001－0006615　420.9/268

無聲詩史七卷　（清）姜紹書輯　清康熙五十九年(1720)觀妙齋刻本　六冊

350000－2001－0006616　480/537

琴音記二卷續篇一卷蓮欽集濠上吟稿一卷　(清)程瑤田著　清嘉慶十三年(1808)刻本　一冊

350000－2001－0006617　481.1/935

御製律呂正義五卷　（清）聖祖玄燁撰　清康熙、雍正刻本　五冊

350000－2001－0006618　487.1/676

雙忽雷本事一卷　劉世珩輯　清宣統三年(1911)貴池劉氏雙忽雷閣石印本　一冊

350000－2001－0006619　487.1/676＝1

雙忽雷本事一卷　劉世珩輯　清宣統三年(1911)貴池劉氏雙忽雷閣石印本　一冊

350000－2001－0006620　454.2/718

論墨絕句詩一卷　（清）謝崧岱撰　清光緒十九年(1893)湘鄉研經榭謝氏刻本　一冊

350000－2001－0006621　195/486

道言内外秘訣全書六卷　（明）彭好古輯　明崇禎黃之寀刻本　六冊　存三卷(内一至三)

350000－2001－0006622　920.13/655

古今逸史四十二種　（明）吳琯輯　明萬曆刻本　一冊　存二種五卷(獨斷一卷、風俗通義四卷)

350000－2001－0006623　612.113/429

類經三十二卷　（明）張介賓注　**圖翼十一卷附翼四卷**　（明）張介賓撰　明天啓四年(1624)刻本　五冊　存十一卷(圖翼十一卷)

350000－2001－0006624　121.11/24

孔氏家語十卷　（三國魏）王肅注　（明）汲古閣校　明末龍江書院刻本　二冊　存五卷(一至五)

350000－2001－0006625　822.43/148－3

杜詩集評十五卷　（唐）杜甫撰　（清）劉濬輯　清嘉慶九年(1804)刻本　六冊

350000－2001－0006626　923.8/705

五代史吳越世家疑辨一卷　（明）馬蓋臣撰　(明)錢敬業重訂　清乾隆六十年(1795)刻本　一冊

350000－2001－0006627　822.1998/791

紅樓夢圖詠四卷　（清）改琦繪　清光緒五年(1879)淮浦居士刻朱墨套印本　四冊

350000－2001－0006628　722.9/394

駢字憑霄二十四卷　（明）徐應秋撰　**徐雲林先生駢字憑霄序注釋一卷**　（明）徐國襄等編　明末刻本　六冊

350000－2001－0006629　丙14/7.5

列子沖虛真經一卷附音義　（漢）劉向編
（明）閔齊伋校　明閔齊伋刻朱墨套印三子合
刊本　一冊

350000－2001－0006630　丁2.2/50

皇甫持正集六卷　（唐）皇甫湜撰　明毛氏汲
古閣刻三唐人文集本　一冊

350000－2001－0006631　丁2.2/51

杜詩會粹二十四卷　（唐）杜甫撰　（清）張遠
箋注　清康熙刻本　六冊

350000－2001－0006632　822.43/148

杜工部集二十卷　（唐）杜甫撰　（清）錢謙益
箋註　**年譜一卷諸家詩話一卷唱酬題詠附錄
一卷附錄一卷**　清康熙六年（1667）刻本
八冊

350000－2001－0006633　204/3

詞林海錯十六卷　（明）夏樹芳輯　明萬曆刻
本　三冊

350000－2001－0006634　甲1/24

易象正十二卷初二卷終二卷　（明）黃道周輯
（清）鄭開極重訂　清康熙三十二年（1693）
鄭開極刻石齋先生經傳九種本　十冊

350000－2001－0006635　丁7/1.3

繪風亭評第七才子書琵琶記六卷釋義一卷
（元）高明撰　（清）毛綸評　清雍正元年
（1723）映秀堂刻本　六冊

350000－2001－0006636　822.19174/21

嶺南三大家詩選二十四卷　（清）王隼輯　清
刻本　六冊

350000－2001－0006637　444.12/599

百將百美合璧印譜一卷　（清）趙穆篆刻　清
光緒二十年（1894）武進趙穆鈐印本　一冊

350000－2001－0006638　444.12/2.2

丁龍泓印存一卷　（清）丁敬篆刻　（清）西泠
印社輯　清末鈐印本　一冊

350000－2001－0006639　444.12/165.2

二百蘭亭齋古印收藏六卷　（清）吳雲藏　清

同治三年（1864）刻鈐印本　二冊

350000－2001－0006640　444/376

泰山石刻記一卷　（清）孫星衍編　清末民國
初鉛印本　一冊

350000－2001－0006641　852.48/316.2

惜道味齋集文編二卷詩編一卷　（清）姚大榮
撰　清宣統三年（1911）普定姚氏刻本　一冊

350000－2001－0006642　427.9/651－2

墨林今話十八卷續編一卷　（清）蔣寶齡撰
清宣統三年（1911）掃葉山房石印本　六冊

350000－2001－0006643　427.9/651－2＝1

墨林今話十八卷續編一卷　（清）蔣寶齡撰
清宣統三年（1911）掃葉山房石印本　六冊

350000－2001－0006644　420.4/348.4

桐陰論畫二卷首一卷續一卷畫訣一卷　（清）
秦祖永撰　清同治三年（1864）刻朱墨套印本
一冊　存二卷（續一卷、畫訣一卷）

350000－2001－0006645　427/21－8

芥子園畫傳初集五卷二集八卷三集六卷四集
四卷別集三卷　（清）王安節繪　清末民國初
石印本　十二冊

350000－2001－0006646　425.23/570

孔子廟堂之碑一卷　（唐）虞世南撰並書　清
末民國初影印本　一冊

350000－2001－0006647　425.2/413

漢延熹華嶽廟碑一卷附題跋　（漢）郭香察書
清末民國初影印本　一冊

350000－2001－0006648　424.7/598.3

趙撝叔尺牘一卷　（清）趙之謙書　清宣統元
年（1909）則山簃石印本　一冊

350000－2001－0006649　424.7/598.4

趙撝叔手札一卷　（清）趙之謙撰　清光緒三
十四年（1908）則山簃石印本　一冊

350000－2001－0006650　420.4/495－1

山谷題跋三卷　（宋）黃庭堅著　（清）溫一貞
錄　清同治又賞齋刻本　一冊

350000 – 2001 – 0006651   420.4/376

庚子銷夏記八卷閑者軒帖考一卷   （清）孫承
澤撰   清乾隆二十六年(1761)刻本   二冊

350000 – 2001 – 0006652   420.4/348.2

桐陰論畫二卷首一卷續一卷畫訣一卷   （清）
秦祖永著   清同治三年至五年(1864 – 1866)
刻朱墨套印本   二冊

350000 – 2001 – 0006653   920.927/ϕ133 – 2

沈文肅公政書七卷首一卷   （清）沈葆楨撰
清光緒七年(1881)精一閣鉛印本   八冊

350000 – 2001 – 0006654   920.927/ϕ133 – 1

沈文肅公政書七卷首一卷   （清）沈葆楨撰
清光緒十八年(1892)烏石山祠刻本   八冊

350000 – 2001 – 0006655   852.04/ϕ213

藝圃問津不分卷   （清）林觀成輯   （清）林慶
炳增補   清光緒十一年(1885)刻本   一冊

350000 – 2001 – 0006656   920.927/ϕ133 – 1 ＝ 1

沈文肅公政書七卷首一卷   （清）沈葆楨撰
清光緒十八年(1892)烏石山祠刻本   八冊

350000 – 2001 – 0006657   920.927/ϕ133 – 1 ＝ 2

沈文肅公政書七卷首一卷   （清）沈葆楨撰
清光緒十八年(1892)烏石山祠刻本   八冊

350000 – 2001 – 0006658   420.4/348.3

桐陰論畫二編二卷三編二卷   （清）秦祖永撰
  清光緒八年(1882)刻朱墨套印本   二冊

350000 – 2001 – 0006659   920.927/ϕ213

林文忠公政書三集   （清）林則徐撰   清光緒
十一年(1885)刻本   十六冊

350000 – 2001 – 0006660   920.927/ϕ213 ＝ 1

林文忠公政書三集   （清）林則徐撰   清光緒
十一年(1885)刻本   十六冊

350000 – 2001 – 0006661   852.101/ϕ16 – 1

昭明文選集成六十卷首二卷   （清）方廷珪評
點   清乾隆三十年(1765)方氏倣范軒刻本
二十七冊

350000 – 2001 – 0006662   920.927/ϕ213.1

林文忠公奏議六卷   （清）林則徐撰   清光緒

二年(1876)武進盛氏思補樓刻三公奏議本
六冊

350000 – 2001 – 0006663   420.4/348.1

桐陰論畫二卷首一卷續一卷畫訣一卷   （清）
秦祖永撰   清同治三年至五年(1864 – 1866)
刻本   四冊

350000 – 2001 – 0006664   920.927/ϕ261.3

經署洪承疇奏對筆記二卷   （清）洪承疇撰
清光緒十九年(1893)京都刻本   一冊

350000 – 2001 – 0006665   ϕ920.927/352

馬端敏公奏議八卷   （清）馬新貽撰   清光緒
二十年(1894)閩浙督署刻本   八冊

350000 – 2001 – 0006666   920.937/ϕ260 – 3

洪文襄奏對筆記二卷   （清）洪承疇撰   清光
緒十四年(1888)刻本   一冊

350000 – 2001 – 0006667   920.937/ϕ261 – 4

經略洪承疇奏對筆記二卷   （清）洪承疇撰
清光緒二十七年(1901)宏文閣鉛印本   一冊

350000 – 2001 – 0006668   852.101/ϕ404

文選旁證四十六卷   （清）梁章鉅撰   清道光
十八年(1838)刻本   十二冊

350000 – 2001 – 0006669   852.101/ϕ404.5

文選旁證四十六卷   （清）梁章鉅撰   清光緒
八年(1882)刻本   十二冊

350000 – 2001 – 0006670   420.4/375

御刻三希堂石渠寶笈法帖釋文十六卷   （清）
孫功烈等校   清光緒二十三年(1897)上海鴻
寶齋石印本   四冊

350000 – 2001 – 0006671   420.4/332 – 2

江邨銷夏錄三卷   （清）高士奇輯   清宣統二
年(1910)鉛印本   三冊

350000 – 2001 – 0006672   852.101/ϕ404.5 ＝ 1

文選旁證四十六卷   （清）梁章鉅撰   清光緒
八年(1882)刻本   十二冊

350000 – 2001 – 0006673   420.3163/154

書畫鑑影二十四卷   （清）李佐賢編輯   清同
治十年(1871)利津李氏刻本   八冊

350000－2001－0006674　504/974

格致新機七卷　（英國）慕維廉撰　清光緒十四年(1888)刻二十三年(1897)重印本　一冊

350000－2001－0006675　921.02/ϕ215

古史紀年十四卷　（清）林春溥纂　清道光十七年(1837)侯官林氏刻竹柏山房十五種本　五冊

350000－2001－0006676　921.02/ϕ215＝1

古史紀年十四卷　（清）林春溥纂　清道光十七年(1837)侯官林氏刻竹柏山房十五種本　六冊

350000－2001－0006677　852.104/ϕ369.2

真西山文章正宗復刻三十卷續十二卷　（宋）真德秀輯　清同治三年(1864)刻本　三十冊

350000－2001－0006678　504/4

重訂格物入門七卷　（美國）丁韙良著　清光緒二十二年(1896)邁園徐氏刻本　七冊

350000－2001－0006679　921.4/ϕ182

王會篇箋釋三卷　（清）何秋濤撰　清道光二十九年(1849)刻本　一冊　存一卷(一)

350000－2001－0006680　921.4/ϕ182－1

王會篇箋釋三卷　（清）何秋濤撰　清光緒十七年(1891)江蘇書局刻本　三冊

350000－2001－0006681　504/4－1

格物入門七卷　（美國）丁韙良著　清同治七年(1868)京都同文館刻本　七冊

350000－2001－0006682　852.107/ϕ212

古文析義六卷二編八卷　（清）林雲銘評注　清康熙五十五年(1716)刻宏道堂補修本　十四冊

350000－2001－0006683　921.4/ϕ182－1＝1

王會篇箋釋三卷　（清）何秋濤撰　清光緒十七年(1891)江蘇書局刻本　一冊　存一卷(一)

350000－2001－0006684　500/972

觀物博異八卷　（法國）普謝撰　（英國）季理斐譯詞　（清）李鼎星述稿　清光緒三十年

(1904)上海廣學會鉛印本　一冊

350000－2001－0006685　921.4/ϕ215

武王克殷日記一卷　（清）林春溥撰　清道光十五年(1835)侯官林氏刻竹柏山房十五種本　一冊

350000－2001－0006686　500/863.1

泰西事物叢考八卷　（清）上海徐滙報館教士譯　清光緒二十九年(1903)上海鴻寶齋石印本　八冊

350000－2001－0006687　921.5/ϕ165

國語韋解補正二十一卷　（三國吳）韋昭解　吳曾祺補正　清宣統二年(1910)上海商務印書館鉛印本　四冊

350000－2001－0006688　495.3/473－1

益智圖二卷　（清）童葉庚著　清光緒七年(1881)刻本　二冊

350000－2001－0006689　921.5/ϕ662

晉文春秋一卷　（清）鄭杰訂注　清光緒十八年(1892)林氏續墨緣書屋刻本　一冊

350000－2001－0006690　490/677

漢官儀三卷　（宋）劉攽撰　清道光四年(1824)刻本　一冊

350000－2001－0006691　921.5/ϕ165＝1

國語韋解補正二十一卷　（三國吳）韋昭解　吳曾祺補正　清宣統二年(1910)上海商務印書館鉛印本　四冊

350000－2001－0006692　921.6/ϕ215

戰國紀年六卷地輿一卷年表一卷　（清）林春溥纂　清道光十八年(1838)侯官林氏刻竹柏山房十五種本　六冊

350000－2001－0006693　852.107/ϕ212.6

註釋古文檢玉初編八卷　（清）林雲銘評　（清）許鏦增釋　清乾隆元年(1736)同聲閣刻本　四冊

350000－2001－0006694　921.6/ϕ432

戰國策十八卷　（清）張星徽評點　清道光、咸豐聚賢堂刻本　二冊　存十七卷(一至十

七）

350000－2001－0006695　852.107/φ212.7
古文析義六卷二編八卷　（清）林雲銘評注
（清）鄭郊　（清）林沅等校　清刻本　十四冊

350000－2001－0006696　494.1/13
奕萃一卷官子一卷　（清）卞文恆評選　清嘉
慶二十一年（1816）刻本　一冊　存一卷（官
子一卷）

350000－2001－0006697　494.1/25
六家奕譜六卷　（清）王彥侗輯　清咸豐七年
（1857）刻本　二冊

350000－2001－0006698　927.033/φ404
南省公餘錄八卷　（清）梁章鉅撰　清道光刻
本　二冊

350000－2001－0006699　494.1/300
桃花泉奕譜一卷　（清）范世勳撰　清同治十
二年（1873）敦仁堂刻本　二冊

350000－2001－0006700　494.1/376
中山奕譜一卷　（清）孫思忠輯　清同治八年
（1869）刻本　一冊

350000－2001－0006701　510/623
算學輯要十卷　（清）潘箬舟遺草　（清）董毓
琦校算　清光緒十三年（1887）船政官廨刻本
　九冊　存九卷（一至五、七至十）

350000－2001－0006702　992.218/φ213＝1
懷第濂孫[林喬椿]事略一卷　（清）林欣榮撰
　清光緒三十三年（1907）刻本　一冊

350000－2001－0006703　852.107/φ216.4
古文析義六卷二編八卷　（清）林雲銘評注
清道光十三年（1833）令德堂刻本　八冊　存
八卷（二編八卷）

350000－2001－0006704　922.3/φ404
三國志旁證三十卷　（清）梁章鉅撰　清光緒
十五年（1889）廣雅書局刻本　六冊

350000－2001－0006705　φ992.237/443＝1
**皇清誥授奉政大夫記名御史翰林院編修加六
級先考恭甫府君[陳壽祺]行略一卷**　（清）陳

喬樅撰　**行狀一卷**　（清）高澍然撰　清道光
十四年（1834）刻本　一冊

350000－2001－0006706　510/447
中西算學大成一百卷　（清）陳維祺纂　清光
緒二十七年（1901）石印本　二十冊

350000－2001－0006707　852.107/φ654
重訂古文雅正十四卷　（清）蔡世遠編　（清）
李立疾　（清）張季長訂　清乾隆四十二年
（1777）刻本　六冊

350000－2001－0006708　922.3/φ404＝1
三國志旁證三十卷　（清）梁章鉅撰　清光緒
十五年（1889）廣雅書局刻本　六冊

350000－2001－0006709　510/424－2
御製數理精蘊上編五卷下編四十卷表八卷
（清）聖祖玄燁定　（清）何國宗　（清）梅毂
成編　清光緒三十二年（1906）上海通時書局
石印本　二十四冊

350000－2001－0006710　508/523
洋務實學新編二卷　（清）傅雲龍撰　清光緒
二十二年（1896）上海書局石印本　二冊

350000－2001－0006711　508/523＝1
洋務實學新編二卷　（清）傅雲龍撰　清光緒
二十二年（1896）上海書局石印本　二冊

350000－2001－0006712　508/706
蒙學格致教科書八章　（清）錢承駒撰　清光
緒三十年（1904）上海文明書局鉛印本　一冊

350000－2001－0006713　508/968
格物啓蒙四卷　（英國）羅斯古纂　（美國）林
樂知　（清）鄭昌棪譯　清光緒二十二年
（1896）鉛印本　四冊

350000－2001－0006714　φ929.713/493＝1
[乾隆]泉州府志七十六卷首一卷　（清）懷蔭
布修　（清）黃任等纂　清乾隆二十八年
（1763）刻同治九年（1870）重修本　二十一冊
　存三十二卷（四十五至七十六）

350000－2001－0006715　924.09/φ563
四朝聞見錄五卷　（宋）葉紹翁撰　清嘉慶十

九年(1814)祝昌泰留香室刻浦城遺書本
五册

350000－2001－0006716　925.1/φ178－1
校正元親征錄一卷　(清)何秋濤校正　清光
緒二十年(1894)小温巢刻本　一册

350000－2001－0006717　925.1/φ182
校正元親征錄一卷　(清)何秋濤校正　清光
緒二十三年(1897)蓮池書局刻本　一册

350000－2001－0006718　924.23/φ677
玉牒初草二卷　(宋)劉克莊撰　清光緒三十
四年(1908)刻藕香零拾本　一册

350000－2001－0006719　508/968－1
格物啟蒙四卷　(英國)羅斯古纂　(美國)林
樂知　(清)鄭昌棪同譯　清光緒五年(1879)
江南機器製造總局刻本　四册

350000－2001－0006720　508/970
格致舉隅十章　(英國)莫安仁口譯　(清)魏
壽彭筆述　清光緒二十四年(1898)上海美華
書館鉛印本　一册

350000－2001－0006721　929.04/φ177
明史紀事本末詳節六卷　(清)谷應泰輯　林
紓編　清光緒二十八年(1902)五城學堂鉛印
本　六册

350000－2001－0006722　852.107/φ654＝1
重訂古文雅正十四卷　(清)蔡世遠編　清乾
隆四十二年(1777)刻本　八册

350000－2001－0006723　929.04/φ177＝1
明史紀事本末詳節六卷　(清)谷應泰輯　林
紓編　清光緒二十八年(1902)五城學堂鉛印
本　四册　存三卷(四至六)

350000－2001－0006724　926.1/φ155
續藏書二十七卷　(明)李贄撰　明萬曆刻本
一册　存二卷(五至六)

350000－2001－0006725　φ929.71534/560＝1
[雍正]永安縣志十卷首一卷　(清)裘樹榮等
纂修　清道光十三年(1833)孫義刻本　一册
存四卷(一至四)

350000－2001－0006726　φ929.71530/718＝1
[嘉慶]順昌縣志十卷圖一卷　(清)許廷梧修
(清)謝鍾瑾纂　(清)陸嗣淵等增修
(清)謝鍾珆等增纂　清光緒七年(1881)吳恩
慶刻二十四年(1898)增補本　五册

350000－2001－0006727　φ929.71530/718＝2
[嘉慶]順昌縣志十卷圖一卷　(清)許廷梧修
(清)謝鍾瑾纂　(清)陸嗣淵等增修
(清)謝鍾珆等增纂　清光緒七年(1881)吳恩
慶刻二十四年(1898)增補本　五册

350000－2001－0006728　φ929.71316/168－1＝1
[嘉慶]同安縣志三十卷首一卷　(清)吳堂修
(清)劉光鼎等纂　清光緒十二年(1886)刻
本　十一册

350000－2001－0006729　φ926.9/486
蜀碧四卷　(清)彭遵泗編述　清嘉慶侯官林
霂刻本　一册

350000－2001－0006730　508/974
格致小引一卷　(英國)赫施賚著　(英國)羅
亨利　(清)瞿昂來譯　清光緒十二年(1886)
江南機器製造總局刻本　一册

350000－2001－0006731　φ926.94/494
賜姓始末一卷鄭成功傳一卷　(清)黃宗羲撰
清宣統二年(1910)上海時中書局鉛印本
一册

350000－2001－0006732　φ929.71954/432＝1
[光緒]福安縣志三十八卷首一卷終一卷
(清)張景祁修　(清)黃錦燦等纂　清光緒十
年(1884)刻本　十二册

350000－2001－0006733　852.107/φ654.2
重訂古文雅正十四卷　(清)蔡世遠輯　清道
光六年(1826)刻本　八册

350000－2001－0006734　φ929.71954/432＝2
[光緒]福安縣志三十八卷首一卷終一卷
(清)張景祁修　(清)黃錦燦等纂　清光緒十
年(1884)刻本　七册　存二十三卷(一至三、
八至十五、二十一至二十三、二十七、三十二
至三十八,首一卷)

350000 – 2001 – 0006735　927.033/ф21 – 5

石渠餘紀六卷　（清）王慶雲撰　清光緒刻本
六冊

350000 – 2001 – 0006736　927.033/ф22

熙朝紀政八卷　（清）王慶雲撰　清光緒二十
八年(1902)石印本　四冊

350000 – 2001 – 0006737　927.033/ф22 – 2

熙朝紀政八卷　（清）王慶雲撰　清光緒二十
七年(1901)上海圖書集成局鉛印本　四冊

350000 – 2001 – 0006738　927.033/ф22 – 4

熙朝紀政六卷　（清）王慶雲撰　清光緒二十
七年(1901)上海天章書局石印本　六冊

350000 – 2001 – 0006739　929.710263/ф678 = 2

小西湖志略一卷　（清）劉家鎮輯　清道光木
活字印本　一冊

350000 – 2001 – 0006740　929.710263/ф678 = 3

小西湖志略一卷　（清）劉家鎮輯　清道光木
活字印本　一冊

350000 – 2001 – 0006741　927.033/ф22 – 5

熙朝紀政八卷　（清）王慶雲撰　清光緒二十
八年(1902)上海廣益書局石印本　四冊

350000 – 2001 – 0006742　852.107/ф654.2 – 1

重訂古文雅正十四卷　（清）蔡世遠輯　清道
光刻本　八冊

350000 – 2001 – 0006743　927.033/ф404.3

樞垣記畧十六卷　（清）梁章鉅撰　清道光十
五年(1835)刻本　四冊

350000 – 2001 – 0006744　ф927.038/79

八閩試牘六卷　（清）白崑岡鑒定　清光緒八
年(1882)刻本　二冊

350000 – 2001 – 0006745　852.108/ф169

涵芬樓古今文鈔一百卷　吳曾祺纂　清宣統
二年(1910)商務印書館鉛印本　九十九冊
存九十九卷(一至二、四至一百)

350000 – 2001 – 0006746　520/552

躔離引蒙表說二卷　（清）賈步緯撰　清光緒
十年(1884)江南製造局刻本　二冊

350000 – 2001 – 0006747　ф927.8/556

從軍紀略二卷　（清）楊玉科撰　清光緒十八
年(1892)刻本　二冊

350000 – 2001 – 0006748　ф927.8/556 = 1

從軍紀略二卷　（清）楊玉科撰　清光緒十八
年(1892)刻本　二冊

350000 – 2001 – 0006749　929.0202/ф182

朔方備乘六十八卷首十二卷　（清）何秋濤撰
清光緒寶善書局石印本　八冊

350000 – 2001 – 0006750　852.126/ф407 – 2

六朝文絜箋注十二卷　（清）許槤評選　（清）
黎經誥箋注　清光緒十五年（1889）刻本
四冊

350000 – 2001 – 0006751　ф929.022/796 – 1

水經注四十卷　（北魏）酈道元撰　清乾隆十
八年(1753)黃晟槐蔭草堂刻晏湖張氏勵志書
屋重修本　十冊

350000 – 2001 – 0006752　520/934

御製曆象考成後編十卷　（清）允祿等編　清
光緒二十二年(1896)勵志書屋刻本　十冊

350000 – 2001 – 0006753　ф929.022/796

水經注匯校四十卷　（北魏）酈道元撰　（清）
楊希閔校　清光緒七年(1881)福州刻本
十冊

350000 – 2001 – 0006754　590/964

普通動物學一卷　（日本）五島清太郎著　樊
炳清譯　清光緒刻本　一冊

350000 – 2001 – 0006755　ф929.022/796 = 1

水經注匯校四十卷　（北魏）酈道元撰　（清）
楊希閔校　清光緒七年(1881)福州刻本　十
五冊　存三十九卷(二至四十)

350000 – 2001 – 0006756　583.67/283

采芳隨筆二十四卷　（清）查彬輯　清嘉慶十
九年(1814)刻本　十六冊

350000 – 2001 – 0006757　929.223/ф944

武城縣鄉土志略不分卷　（清）薩承鈺修
（清）蘇再薰等纂　清光緒三十三年（1907）薩

氏抄本　一冊

350000 - 2001 - 0006758　丁 7/1.5

鏡香園毛聲山評第七才子書十二卷首一卷
(元)高明撰　(清)毛宗崗評　清金陵聚錦堂
刻本　六冊

350000 - 2001 - 0006759　丁 5/10

吟香堂曲譜牡丹亭二卷　(清)馮起鳳定　清
乾隆五十四年(1789)馮懋才刻本　二冊

350000 - 2001 - 0006760　822.0417/φ215

榕陰譚屑賸稿不分卷　(清)林壽圖撰　清抄
本　一冊

350000 - 2001 - 0006761　822.47/21.3

黃湄詩選十卷　(清)王又旦著　(清)王士禎
選　清康熙刻本　二冊

350000 - 2001 - 0006762　021.4034/φ556

九經圖不分卷　(清)楊魁植輯　(清)楊文源
等增訂　清乾隆三十七年(1772)信芳書房刻
本　八冊

350000 - 2001 - 0006763　021.4/φ556 = 1

九經圖不分卷　(清)楊魁植輯　(清)楊文源
等增訂　清乾隆三十七年(1772)信芳書房刻
本　十冊

350000 - 2001 - 0006764　852.47/φ212

樸學齋詩藁十卷文藁一卷　(清)林佶撰　清
乾隆九年(1744)刻本　四冊

350000 - 2001 - 0006765　852.46/φ444

淇園編四卷　(明)陳道潛著　清康熙九年
(1670)陳震龍刻本　四冊

350000 - 2001 - 0006766　852.47/268 - 3

湛園未定稿六卷　(清)姜宸英撰　清刻本
四冊

350000 - 2001 - 0006767　121.9/343

鶡冠子三卷　(宋)陸佃解　(明)王宇評　明
天啓五年(1625)刻本　一冊

350000 - 2001 - 0006768　572.1/166

吳京卿節本天演論一卷　(英國)赫胥黎撰
嚴復譯　(清)吳汝綸節錄　清光緒二十四年

(1898)鉛印本　一冊

350000 - 2001 - 0006769　572.2/972

天擇篇摘要十一篇　(英國)達爾文著　馬君
武譯　清光緒二十八年(1902)石印本　一冊

350000 - 2001 - 0006770　φ929.71318/217 = 1

[同治]金門志十六卷　(清)周凱修　(清)
林焜熿纂　(清)劉松亭續修　(清)林豪續纂
清光緒八年(1882)浯江書院刻本　六冊

350000 - 2001 - 0006771　573/972

省身指掌九卷　(美國)博恒理撰　清光緒二
十三年(1897)京都美華書局鉛印本　一冊

350000 - 2001 - 0006772　573.7/970

高等小學生理衛生教科書九章　(日本)齋田
功太郎著　丁福保譯　清光緒三十年(1904)
上海文明書局鉛印本　一冊

350000 - 2001 - 0006773　573/972 = 1

省身指掌九卷　(美國)博恒理撰　清光緒二
十三年(1897)京都美華書局鉛印本　一冊

350000 - 2001 - 0006774　929.094/φ214

啟東錄六卷　(清)林壽圖撰　清光緒五年
(1879)閩縣林壽圖歐齋刻本　二冊

350000 - 2001 - 0006775　580/150

博物學大意一卷　(清)杜就田編譯　清光緒
三十二年(1906)上海商務印書館鉛印本
一冊

350000 - 2001 - 0006776　580/841

普通博物問答八章　(清)商務印書館輯　清
光緒三十二年(1906)商務鉛印本　一冊

350000 - 2001 - 0006777　929.0971/φ26 = 1

閩中沿革表五卷　(清)王捷南撰　清道光十
九年(1839)刻本　五冊

350000 - 2001 - 0006778　929.0971/φ26 = 2

閩中沿革表五卷　(清)王捷南撰　清道光十
九年(1839)刻本　二冊

350000 - 2001 - 0006779　580/974

新編植物學問答不分卷　(日本)精華堂撰
(清)徐友成譯　清光緒二十八年(1902)上海

東亞譯書會鉛印本 二冊

350000－2001－0006780 929.0971/ф26＝3

閩中沿革表五卷 （清）王捷南撰 清道光十九年（1839）刻本 三冊

350000－2001－0006781 ф929.7111/662＝1

閩縣鄉土志不分卷 （清）朱景星修 （清）鄭祖庚纂 清光緒三十二年（1906）鉛印本 四冊

350000［－2001－0006782 ф929.710269/558－1＝2

重修南溪書院志四卷首一卷 （清）楊毓健纂修 清康熙五十五年（1716）刻同治九年（1870）重修本 四冊

350000－2001－0006783 929.61022/ф446

蜀水攷四卷 （清）陳登龍撰 （清）朱錫穀補注 （清）陳一津分疏 清道光五年（1825）刻本 四冊

350000－2001－0006784 929.71021/ф762＝1

九峰志四卷 （清）陳祚康鑒定 清同治刻本 一冊

350000－2001－0006785 929.71021/ф762＝2

九峰志四卷 （清）陳祚康鑒定 清同治刻本 一冊

350000－2001－0006786 929.61022/ф446＝1

蜀水攷四卷 （清）陳登龍撰 （清）朱錫穀補注 （清）陳一津分疏 清道光五年（1825）刻本 一冊 存二卷（一至二）

350000－2001－0006787 992.226/ф496＝1

黃子［道周］年譜一卷 （清）洪思編 清道光二十四年（1844）刻本 一冊

350000－2001－0006788 929.61022/ф446－1

蜀水攷四卷 （清）陳登龍撰 （清）朱錫穀補注 （清）陳一津分疏 清光緒二十二年（1896）成都書局刻本 二冊

350000－2001－0006789 992.226/ф496＝2

黃子［道周］年譜一卷 （清）洪思編 清道光二十四年（1844）刻本 一冊

350000－2001－0006790 852.13/ф26

王氏彙刻唐人集七種 （清）王遐春輯 清嘉慶十五年（1810）福鼎王氏麟後山房刻本 十五冊

350000－2001－0006791 590/904

繪圖物理引蒙二卷 （清）上海中西書院撰 清光緒二十八年（1902）上海美華書局鉛印本 二冊

350000－2001－0006792 540/972.1

化學須知一卷 （英國）傅蘭雅輯 清光緒十二年（1886）刻本 一冊

350000－2001－0006793 852.19171/ф214

林嚴文鈔四卷 林紓 嚴復撰並譯 清宣統三年（1911）上海國學扶輪社鉛印本 四冊

350000－2001－0006794 992.2215/ф37＝1

孔志四卷 （清）龔景瀚撰 （清）林昌彝箋 清光緒二十七年（1901）刻本 二冊

350000－2001－0006795 992.2215/ф37＝2

孔志四卷 （清）龔景瀚撰 （清）林昌彝箋 清光緒二十七年（1901）刻本 二冊

350000－2001－0006796 550/227

地文學問答十一章 （清）邵義譯 清光緒二十九年（1903）上海商務印書館鉛印本 一冊

350000－2001－0006797 929.61026/ф229

使蜀日記五卷 （清）孟超然撰 清嘉慶二十年（1815）刻本 二冊

350000－2001－0006798 929.61026/ф413

使蜀日記一卷 （清）郭尚先撰 清同治七年（1868）刻本 一冊

350000－2001－0006799 550/271

初級地文學十二章 （清）胡紹曾編 清光緒二十八年（1902）上海開明書店鉛印本 一冊

350000－2001－0006800 852.19171/ф331

莆陽文輯五卷 （清）涂慶瀾編 清光緒二十五年（1899）莆田涂氏荔隱山房刻本 五冊

350000－2001－0006801 929.61026/ф413＝1

使蜀日記一卷 （清）郭尚先撰 清同治七年（1868）刻本 一冊

350000－2001－0006802　852.19171/ф331＝1

莆陽文輯五卷　（清）涂慶瀾編　清光緒二十五年(1899)莆田涂氏荔隱山房刻本　三冊　存三卷(一至三)

350000－2001－0006803　550/964

地學指略三卷　（英國）文教治譯　（清）李慶軒筆述　清光緒七年(1881)益智書會刻本　一冊

350000－2001－0006804　852.19171/ф331＝2

莆陽文輯五卷　（清）涂慶瀾編　清光緒二十五年(1899)莆田涂氏荔隱山房刻本　五冊

350000－2001－0006805　531/972

重學圖說一卷體性圖說一卷　（英國）傅蘭雅撰　清光緒十一年(1885)刻本　一冊

350000－2001－0006806　ф999.1/491

[福建漳州]龍溪壺山黃氏族譜圖系一卷（清）黃寬等纂修　清抄本　二冊

350000－2001－0006807　ф852.19171/443

螺陽文獻二十卷十八峯傳墨二卷　（清）陳澍纂輯　（清）張大河　（清）張大江校補　清光緒九年(1883)泉州張大川刻宣統元年(1909)張大河補修本　十冊

350000－2001－0006808　929.61026/ф421

蜀中名勝記三十卷　（明）曹學佺撰　清光緒元年(1875)南海伍氏刻粵雅堂叢書本　十冊

350000－2001－0006809　531.76/972

水學圖說二卷　（英國）傅蘭雅譯　清光緒十六年(1890)刻本　一冊

350000－2001－0006810　852.192/ф558

意山堂彙選褉著雅言新編二卷　（清）楊夢鯉選輯　**清話一卷**　（清）楊夢鯉撰　清乾隆五年(1740)刻本　一冊

350000－2001－0006811　852.1947/ф408

八家四六文註八卷　（清）許貞幹輯註　清光緒二十四年(1898)上海緯文閣石印本　六冊

350000－2001－0006812　852.1947/ф408－1

八家四六文註八卷首一卷　（清）許貞幹輯註

清光緒十七年(1891)刻本　十六冊

350000－2001－0006813　531.8/972

氣學須知一卷　（英國）傅蘭雅撰　清光緒十二年(1886)刻本　一冊

350000－2001－0006814　852.1947/ф408－1＝1

八家四六文註八卷首一卷　（清）許貞幹輯註　清光緒十七年(1891)刻本　十冊

350000－2001－0006815　537/942.1

光學揭要二卷　（美國）赫士譯　（清）朱葆琛筆述　清光緒二十四年(1898)上海美華書館鉛印本　一冊

350000－2001－0006816　537/965

氣學二卷　（英國）田大里輯　（德國）金楷理譯　（清）趙元益筆述　清光緒五年(1879)江南機器製造總局鉛印本　二冊

350000－2001－0006817　929.649/ф213＝2

滇軺紀程一卷荷戈紀程一卷　（清）林則徐撰　清光緒三年(1877)三山林氏刻林文忠公遺集本　一冊

350000－2001－0006818　929.649/ф213＝3

滇軺紀程一卷荷戈紀程一卷　（清）林則徐撰　清光緒三年(1877)三山林氏刻林文忠公遺集本　一冊

350000－2001－0006819　929.649/ф213＝4

滇軺紀程一卷荷戈紀程一卷　（清）林則徐撰　清光緒三年(1877)三山林氏刻林文忠公遺集本　一冊

350000－2001－0006820　929.649/ф213＝5

滇軺紀程一卷荷戈紀程一卷　（清）林則徐撰　清光緒三年(1877)三山林氏刻林文忠公遺集本　一冊

350000－2001－0006821　929.649/ф213＝6

滇軺紀程一卷荷戈紀程一卷　（清）林則徐撰　清光緒三年(1877)三山林氏刻林文忠公遺集本　一冊

350000－2001－0006822　929.649/ф213＝7

滇軺紀程一卷荷戈紀程一卷　（清）林則徐撰

清光緒三年(1877)三山林氏刻林文忠公遺集本　一冊

350000－2001－0006823　929.649/ф213＝8
滇軺紀程一卷荷戈紀程一卷　(清)林則徐撰
清光緒三年(1877)三山林氏刻林文忠公遺集本　一冊

350000－2001－0006824　929.649/ф213＝9
滇軺紀程一卷荷戈紀程一卷　(清)林則徐撰
清光緒三年(1877)三山林氏刻林文忠公遺集本　一冊

350000－2001－0006825　929.673/ф446
[嘉慶]里塘志畧二卷　(清)陳登龍編　清嘉慶十五年(1810)刻本　一冊

350000－2001－0006826　537/966
光學圖御二卷　(□)□□撰　清光緒刻本
一冊

350000－2001－0006827　538.11/972
熱學圖說二卷　(英國)傅蘭雅譯　清光緒十六年(1890)益智書會刻本　一冊

350000－2001－0006828　852.44/404.1
宛陵先生文集六十卷拾遺一卷　(宋)梅堯臣撰　清康熙四十一年(1702)徐惇復白華書屋刻本　八冊　存六十卷(文集六十卷)

350000－2001－0006829　852.43/792
唐詩英華十二卷　(清)顧有孝編　清刻本
四冊

350000－2001－0006830　852.46/390
清閟閣全集十二卷　(元)倪瓚著　(清)曹培廉校　清康熙五十二年(1713)曹氏城書室刻本　四冊

350000－2001－0006831　852.47/ф151.2
皋軒文編五卷　(清)李光坡著　清乾隆三十二年(1767)清溪李氏清白堂刻本　二冊

350000－2001－0006832　丙7/1.5
太玄經二卷　(漢)揚雄撰　(晉)范望解贊
(明)楊起元註評　明刻本　二冊

350000－2001－0006833　862.96/446

寶顏堂增訂讀書鏡十卷　(明)陳繼儒著　明刻尚白齋鐫陳眉公訂正秘笈本　一冊　存四卷(一至四)

350000－2001－0006834　丙12/51
廣事類賦四十卷　(清)華希閔撰　清刻本
六冊

350000－2001－0006835　420.4/332
江邨銷夏錄三卷　(清)高士奇輯　清康熙三十二年(1693)錢堂高氏刻本　四冊

350000－2001－0006836　852.47/ф731.3
南𡑋草存六卷　(清)薛鎔著　(清)鄭鄹較
清康熙二十一年(1682)刻本　二冊

350000－2001－0006837　822.47/ф718
小蘭陔詩集八卷　(清)謝道承著　清乾隆三十八年(1773)刻本　二冊

350000－2001－0006838　822.47/223－1
屈翁山詩集八卷詞一卷　(清)屈大均撰
(清)徐肇元選　清康熙刻本　七冊　存八卷
(詩集八卷)

350000－2001－0006839　832.6034/562
納書楹曲譜正集四卷續集四卷外集二卷補遺四卷四夢全譜八卷　(清)葉堂訂譜　清乾隆五十七年(1792)納書楹刻本　二十二冊

350000－2001－0006840　852.47/971
樂善堂全集四十卷目錄四卷　(清)高宗弘曆撰　清乾隆二年(1737)內府刻本　四冊　存二十四卷(樂善堂全集一至二十四)

350000－2001－0006841　852.47/ф152
居業堂詩稿不分卷　(清)李馥撰　清雍正李氏謄清稿本(康熙甲申至雍正乙卯詩稿係抄配)　二冊

350000－2001－0006842　822.47/650
蔣西穀集十二卷　(清)蔣廷錫撰　清康熙刻本　一冊　存四卷(秋風集一卷、西山雙氣集三卷)

350000－2001－0006843　852.45/164
吳淵穎先生集十二卷　(元)吳萊撰　(清)王

邦采　（清）王繩曾箋　清康熙六十年（1721）
刻本　十冊

350000 – 2001 – 0006844　852.47/518
臨野堂集十三卷　（清）鈕琇撰　清康熙刻本
四冊

350000 – 2001 – 0006845　420.4/568 – 1
畫禪室隨筆四卷　（明）董其昌撰　清康熙刻
本　四冊

350000 – 2001 – 0006846　822.47/132
不遮山閣詩鈔前集六卷後集十二卷詩餘二卷
　（清）沈朝初撰　清康熙刻本　二冊　存十
六卷（前集六卷、後集一至十）

350000 – 2001 – 0006847　822.46/792
草堂詩餘四卷　題（宋）武陵逸史輯　明毛氏
汲古閣刻詞苑英華本　二冊　存一卷（一）

350000 – 2001 – 0006848　024.7/724
韓詩外傳十卷　（漢）韓嬰撰　明新安程榮刻
漢魏叢書本　一冊　存五卷（一至五）

350000 – 2001 – 0006849　φ929.715/395
武夷志畧五集　（明）徐表然纂　明萬曆四十
七年（1619）孫世昌刻本　四冊

350000 – 2001 – 0006850　121.9/434
鶡冠子三卷　（宋）陸佃解　（明）王宇
（明）汪明際等評　明天啓五年（1625）花齋刻
本　一冊

350000 – 2001 – 0006851　199.1/151
觀梅測字二卷　（唐）李淳風撰　清末石印本
一冊

350000 – 2001 – 0006852　852.43/φ637
唐歐陽先生文集八卷　（唐）歐陽詹著　**附錄
一卷**　明萬曆刻清乾隆十八年（1753）增補道
光十年（1830）重修本　四冊

350000 – 2001 – 0006853　822.47/165
秋笳集八卷　（清）吳兆騫撰　清雍正刻本
二冊

350000 – 2001 – 0006854　170/443
訓俗遺規四卷補二卷　（清）陳弘謀編　清乾

隆培遠堂刻本　二冊

350000 – 2001 – 0006855　194/942
楞伽阿跋多羅寶經四卷　（南朝宋）釋求那跋
陀羅譯　明萬曆刻本　一冊　存二卷（一至
二）

350000 – 2001 – 0006856　194/756 – 1
水月齋指月錄三十二卷　（明）瞿汝稷撰　明
萬曆三十年（1602）嚴澂澤等刻本　十一冊

350000 – 2001 – 0006857　852.16/733
明文在一百卷　（清）薛熙纂　清康熙三十二
年（1693）錢大鏞等刻本　八冊

350000 – 2001 – 0006858　822.44/784 – 27
東坡詩鈔一卷　（宋）蘇軾撰　清初刻本
一冊

350000 – 2001 – 0006859　175.3/650
臣鑒錄二十卷　（清）蔣伊編輯　清康熙常熟
蔣陳錫刻本　十冊

350000 – 2001 – 0006860　852.46/492
少村漫稿四卷　（明）黃廷用著　明萬曆刻本
二冊

350000 – 2001 – 0006861　丙 7/17.1
大六壬大全十三卷　（清）郭載騋校訂　清康
熙四十三年（1704）刻本　七冊

350000 – 2001 – 0006862　832.97/273
後一捧雪二卷　（清）胡雲堅撰　清天樞閣刻
本　二冊

350000 – 2001 – 0006863　726/749
聲韻考四卷　（清）戴震撰　清乾隆刻本
一冊

350000 – 2001 – 0006864　822.46/792 – 1
草堂詩餘四卷　題（宋）武陵逸史輯　明毛氏
汲古閣刻詞苑英華本　一冊

350000 – 2001 – 0006865　535/974
聲學揭要六章　（美國）赫士譯　（清）朱葆琛
筆述　清光緒二十四年（1898）上海美華書館
鉛印本　一冊

350000－2001－0006866　536/394

電學測算十一章附表　（清）徐兆熊譯　清光緒江南機器製造局鉛印本　一冊

350000－2001－0006867　536/972

電學須知一卷　（英國）傅蘭雅撰　清光緒十三年(1887)刻本　一冊

350000－2001－0006868　536.1/965

電學綱目一卷　（英國）田大里輯　（英國）傅蘭雅譯　清末江南機器製造局刻本　一冊

350000－2001－0006869　929.71029/ф413＝1

竹閒十日話六卷　（清）郭柏蒼輯　清光緒十二年(1886)郭氏刻本　二冊　存四卷(一至四)

350000－2001－0006870　540/966

化學探原一卷　（美國）那爾德撰　（清）范震亞譯　清光緒二十八年(1902)上洋會文學社石印本　一冊

350000－2001－0006871　540/972

化學鑑原補編六卷附一卷　（英國）傅蘭雅譯　（清）徐壽筆述　清光緒刻江南製造局所刻書本　六冊

350000－2001－0006872　929.71021/ф395＝1

雪峰志十卷　（明）徐熥纂輯　清乾隆十九年(1754)刻本　三冊

350000－2001－0006873　929.71021/ф395＝2

雪峰志十卷　（明）徐熥纂輯　清乾隆十九年(1754)刻本　二冊

350000－2001－0006874　929.71021/ф395＝3

雪峰志十卷　（明）徐熥纂輯　清乾隆十九年(1754)刻清末補配本　二冊

350000－2001－0006875　530/150

理化學大意一卷　（清）杜就田編譯　清光緒三十二年(1906)上海商務印書館鉛印本　一冊

350000－2001－0006876　ф992.217/443.2＝1

陳大睿旌孝錄一卷　（清）陳慶鏞輯　清咸豐刻本　一冊

350000－2001－0006877　530/154

形性學要六卷　（比利時）赫師慎譯　（清）李杕編　清光緒二十五年(1899)徐滙報館鉛印本　二冊

350000－2001－0006878　992.216/ф730＝1

明敦孝先生[薩琅]事實一卷　薩嘉曦輯　清宣統元年(1909)刻本　一冊

350000－2001－0006879　992.227/ф444＝1

皇清誥授光祿大夫振威將軍刑部尚書望坡府君[陳若霖]年譜一卷　（清）陳承寬撰　清光緒刻本　一冊

350000－2001－0006880　992.227/ф444＝2

陳若霖年譜一卷　（清）陳承寬撰　清光緒刻本　一冊

350000－2001－0006881　530/933

物理小識十二卷首一卷　（清）方以智撰　清康熙三年(1664)宛平于藻刻本　四冊

350000－2001－0006882　526.6/169

測量高遠術一卷　（清）吳嘉善撰　清光緒二十四年(1898)清泉徐氏刻本　一冊

350000－2001－0006883　527/509

測候叢談四卷　（美國）金楷理口譯　（清）華蘅芳筆述　清光緒江南機器製造總局刻天學大成本　二冊

350000－2001－0006884　852.1947/ф408.1

八家四六文註八卷首一卷　（清）許貞幹輯註　補註一卷　陳衍撰　清光緒十八年(1892)上海圖書集成印書局鉛印本　八冊

350000－2001－0006885　526.1/970

行軍測繪十卷首一卷　（英國）連提撰　（英國）傅蘭雅譯　（清）趙元益筆述　清光緒江南製造總局刻本　二冊

350000－2001－0006886　852.1947/ф408.1＝1

八家四六文註八卷首一卷　（清）許貞幹輯註　補註一卷　陳衍撰　清光緒十八年(1892)上海圖書集成印書局鉛印本　八冊

350000－2001－0006887　852.1947/ф408－1＝2

八家四六文註八卷首一卷 （清）許貞幹輯註
清光緒十七年（1891）刻本 十冊

350000－2001－0006888 526/972

測地繪圖十一卷附一卷表一卷 （英國）富路
瑪撰 （英國）傅蘭雅譯 （清）徐壽筆述 清
光緒江南機器製造總局刻本 四冊

350000－2001－0006889 852.1947/ф408－1＝3

八家四六文註八卷首一卷 （清）許貞幹輯註
清光緒十七年（1891）刻本 八冊

350000－2001－0006890 852.1947/ф408－1＝4

八家四六文註八卷首一卷 （清）許貞幹輯註
清光緒十七年（1891）刻本 十四冊

350000－2001－0006891 523.7/975

地球與慧星之沖突一卷 （日本）橫山又次郎
編 （清）廣智書局譯 清光緒二十九年
（1903）上海廣智書局鉛印本 一冊

350000－2001－0006892 992.227/ф432＝1

張制軍[亮基]年譜二卷附行狀一卷事略一卷
家傳一卷墓誌銘一卷 （清）林紹年撰 清光
緒三十一年（1905）刻本 二冊

350000－2001－0006893 525/975

地球之過去及未來一卷 （日本）橫山又次郎
編 （清）馮霈譯 清光緒二十八年（1902）上
海廣智書局鉛印本 一冊

350000－2001－0006894 526/169

矩象測繪一卷 （清）吳錫釗撰 清光緒十七
年（1891）刻本 一冊

350000－2001－0006895 526/169＝1

矩象測繪一卷 （清）吳錫釗撰 清光緒十七
年（1891）刻本 一冊

350000－2001－0006896 526/169＝2

矩象測繪一卷 （清）吳錫釗撰 清光緒十七
年（1891）刻本 一冊

350000－2001－0006897 852.1947/ф445

八家四六文補註一卷 陳衍撰 清光緒十八
年（1892）上海方言館鉛印本 一冊

350000－2001－0006898 852.1947/ф445＝1

八家四六文補註一卷 陳衍撰 清光緒十八
年（1892）上海方言館鉛印本 一冊

350000－2001－0006899 ф992.267/333＝1

媿室先生[高鳳岐]哀輓錄一卷 高而謙 高
鳳謙輯 清宣統元年（1909）鉛印本 一冊

350000－2001－0006900 ф992.267/333＝2

媿室先生[高鳳岐]哀輓錄一卷 高而謙 高
鳳謙輯 清宣統元年（1909）鉛印本 一冊

350000－2001－0006901 ф992.267/333＝4

媿室先生[高鳳岐]哀輓錄一卷 高而謙 高
鳳謙輯 清宣統元年（1909）鉛印本 一冊

350000－2001－0006902 ф992.267/333＝3

媿室先生[高鳳岐]哀輓錄一卷 高而謙 高
鳳謙輯 清宣統元年（1909）鉛印本 一冊

350000－2001－0006903 852.1947/ф839

閩中校士錄□□卷 （□）□□輯 清光緒石
印本 一冊 存一卷（四）

350000－2001－0006904 520/972－1

談天十八卷首一卷 （英國）侯失勒撰 （清）
李善蘭刪述 （英國）偉烈亞力譯 （清）徐建
寅續述 清光緒二十三年（1897）石印本
二冊

350000－2001－0006905 520/972

談天十八卷首一卷附表一卷 （英國）侯失勒
撰 （清）李善蘭刪述 （英國）偉烈亞力譯
（清）徐建寅續述 清光緒江南製造總局刻本
四冊

350000－2001－0006906 ф929.71/718＝1

[乾隆]福建通志七十八卷首一卷 （清）郝玉
麟修 （清）謝道承 （清）劉敬與纂 清乾隆
二年（1737）刻本 五十冊

350000－2001－0006907 520/154.1

圜天圖說續編二卷 （清）李明徹撰 清道光
元年（1821）刻本 二冊

350000－2001－0006908 520/154.2

圜天圖說三卷 （清）李明徹撰 清嘉慶二十
四年（1819）刻本 三冊

350000－2001－0006909　ф852.1949/162

詁經精舍文集八卷　（清）阮元輯　清嘉慶榕城陳氏刻本　一冊

350000－2001－0006910　520/84

翼梅八卷　（清）江永著　清光緒七年(1881)群玉山房刻本　四冊

350000－2001－0006911　520/487

璇璣遺述十卷　（清）揭暄著　清咸豐九年(1859)刻本　四冊

350000－2001－0006912　520/444

推測易知四卷　（清）陳松錄　清光緒刻朱印本　四冊

350000－2001－0006913　520/394－1

高厚蒙求不分卷　（清）徐朝俊纂　清嘉慶、道光刻本　二冊

350000－2001－0006914　520/394

高厚蒙求四集　（清）徐朝俊纂　清同治五年(1866)雲間徐氏刻本　四冊

350000－2001－0006915　ф929.71419/496＝2

[乾隆]龍溪縣志二十四卷首一卷輿圖一卷新增補二卷　（清）吳宜燮修　（清）黃惠　（清）李疇纂　（清）吳聯薰等纂修　清光緒五年(1879)刻本　十冊

350000－2001－0006916　ф929.71423/236＝1

[康熙]平和縣志十二卷首一卷　（清）王相修　（清）昌天錦纂　清康熙刻光緒十五年(1889)重印本　六冊　存七卷(一、五至六、八至九、十一,首一卷)

350000－2001－0006917　ф929.711/24＝2

閩都記三十三卷　（明）王應山撰　清道光十一年(1831)刻本　六冊

350000－2001－0006918　ф929.711/24＝3

閩都記三十三卷　（明）王應山撰　清道光十一年(1831)刻本　六冊

350000－2001－0006919　ф929.711/24＝4

閩都記三十三卷　（明）王應山撰　清道光十一年(1831)刻本　六冊

350000－2001－0006920　ф929.711/24＝5

閩都記三十三卷　（明）王應山撰　清道光十一年(1831)刻本　六冊

350000－2001－0006921　ф929.711/24＝6

閩都記三十三卷　（明）王應山撰　清道光十一年(1831)刻本　六冊

350000－2001－0006922　ф929.711/24＝7

閩都記三十三卷　（明）王應山撰　清道光十一年(1831)刻本　六冊

350000－2001－0006923　852.1949/ф428

乾隆丙午科闈刻闈墨不分卷　（清）莊□輯　清光緒十六年(1890)莊氏抄本　一冊

350000－2001－0006924　514/970

代數術二十五卷首一卷　（英國）華里司輯　（英國）傅蘭雅譯　（清）華蘅芳筆述　清同治十二年(1873)江南製造局刻本　六冊

350000－2001－0006925　852.1949/ф429

鼇峯書院課藝不分卷　（清）張元奇評選　（清）林志鈞　（清）陳遵統等校　清光緒二十八年(1902)福州吳玉田刻本　六冊

350000－2001－0006926　852.1949/ф445

冶南文藪不分卷　（清）陳壽祺輯　清道光五年(1825)刻本　十五冊

350000－2001－0006927　512.32/965.1

運規約指三卷　（英國）白起德輯　（英國）傅蘭雅譯　（清）徐建寅筆述　清末江南製造總局刻本　一冊

350000－2001－0006928　512.34/28

丈量簡法一卷方田廣義一卷求積通解一卷　（清）王勳撰　清末民國初刻本　一冊

350000－2001－0006929　512.4/970

三角數理十二卷　（英國）海麻士輯　（英國）傅蘭雅譯　（清）華蘅芳筆述　清末刻本　六冊

350000－2001－0006930　512.3/596

形學備旨全草十卷首一卷　（清）壽孝天撰　清光緒三十一年(1905)石印本　六冊

350000－2001－0006931　512.1/967
筆算數學三卷　（美國）狄考文輯　（清）鄒立文述　清光緒三十二年（1906）上海美華書館鉛印本　二冊　存二卷（一、三）

350000－2001－0006932　512.1/967.1
筆算數學三卷　（美國）狄考文輯　（清）鄒立文述　清光緒二十六年（1900）上海美華書館鉛印本　三冊

350000－2001－0006933　510/941
御製數理精蘊上編五卷下編四十卷表八卷（清）聖祖玄燁撰　清光緒石印本　十六冊存八卷（表八卷）

350000－2001－0006934　510.35/129
新纂簡捷易明算法四卷首一卷　（清）沈士桂纂　清咸豐九年（1859）聚盛堂刻本　四冊

350000－2001－0006935　511/718
謝穀堂算學三種　（清）謝家禾撰　清光緒十五年（1889）上海江南機器製造總局刻本一冊

350000－2001－0006936　511/972
八線拾級二卷　（美國）溫德鄂輯　（清）劉光照譯　清光緒廣學會鉛印本　一冊

350000－2001－0006937　511/481
古籌算考釋續編八卷　（清）勞乃宣撰　清光緒二十六年（1900）刻朱墨套印本　八冊

350000－2001－0006938　φ852.1949/446
聽雨軒讀本前集不分卷今集不分卷　（清）陳鐘麟選　清光緒十五年（1889）福州小琅嬛祥記刻本　四冊

350000－2001－0006939　511/432
求一算術三卷　（清）張敦仁撰　清道光十一年（1831）陽城張氏刻本　一冊

350000－2001－0006940　511/38
衍元小草二卷　（清）孔慶齊　（清）孔慶霨等撰　清光緒二十四年（1898）清苑官廨刻本二冊

350000－2001－0006941　511/424

350000－2001－0006942　φ852.1949/562
學疆恕齋筆算十卷　（清）梅啓照輯　清同治十二年（1873）刻本　五冊

350000－2001－0006943　510.35/969
算式集要五卷　（英國）哈司韋輯　（英國）傅蘭雅譯　（清）江衡筆述　清光緒江南機器製造總局刻本　二冊

350000－2001－0006944　φ852.1949/563
制義立幹集初編一卷次編一卷　（清）葉紹本訂　（清）李邦慶校　清嘉慶十三年（1808）刻本　二冊

350000－2001－0006945　852.1949/φ679
閩中小題拔尤不分卷　（清）孫詒經選　清光緒十年（1884）刻本　二冊

350000－2001－0006946　φ929.71/444
[道光]重纂福建通志二百七十八卷首六卷（清）孫爾準等修　（清）陳壽祺纂　（清）程祖洛等續修　（清）魏敬中續纂　清同治七年至十年（1868－1871）刻本　一百四十冊

350000－2001－0006947　624.3/965
井礦工程三卷　（英國）白爾捺輯　（英國）傅蘭雅譯　（清）趙元益筆述　（清）曹鍾秀繪圖　清光緒石印本　一冊

350000－2001－0006948　626.25/394
鍊鋼要言一卷　（清）徐家寶譯　清光緒二十年（1894）江南製造總局刻本　一冊

350000－2001－0006949　627/972
鑄錢工藝三卷　（英國）傅蘭雅譯　（清）鍾天緯譯　清光緒江南製造總局刻本　二冊

350000－2001－0006950　630/969
農學津梁一卷　（英國）恒里湯納耳著　（美國）衛理譯　（清）汪振聲述　清光緒二十八年（1902）刻本　一冊

350000－2001－0006951　631.4/968

農務土質論三卷　（美國）金福蘭格令希蘭撰
（美國）衛理譯　（清）范熙庸筆述　清光緒
二十六年(1900)江南製造總局刻本　三冊

350000－2001－0006952　634.541/946

寶山橘話一卷附園圖橘樣　題(清)橘香居主
人輯　清光緒二十年(1894)刻本　一冊

350000－2001－0006953　φ929.71/444＝1

[道光]重纂福建通志二百七十八卷首六卷
(清)孫爾準等修　(清)陳壽祺纂　(清)程
祖洛等續修　(清)魏敬中續纂　清同治七年
至十年(1868－1871)刻本　一百七十冊　存
二百七十七卷(三、六至十六、十八至二十九、
三十二至二百七十八,首六卷)

350000－2001－0006954　638.1/531

蠶桑備要一卷　盛宣懷輯　清末民國初刻本
一冊

350000－2001－0006955　638.1/531＝1

蠶桑備要一卷　盛宣懷輯　清末民國初刻本
一冊

350000－2001－0006956　638.11/661

樗蘭譜一卷　(清)鄭珍纂　(清)莫友芝注
清光緒七年(1881)鉛印本　一冊

350000－2001－0006957　φ929.71/444＝2

[道光]重纂福建通志二百七十八卷首六卷
(清)孫爾準等修　(清)陳壽祺纂　(清)程
祖洛等續修　(清)魏敬中續纂　清同治七年
至十年(1868－1871)刻本　一百四十七冊
存二百三十二卷(三十二至三十七、四十四至
六十一、六十三至二百十二、二百十五至二百
三十六、二百四十一至二百七十二,首一至
四)

350000－2001－0006958　φ929.71/943

福建全省總圖一卷　（□）□□纂　清咸豐刻
本　一冊

350000－2001－0006959　621.203/646

中西度量權衡備考一卷　(清)鄧端黻輯　清
光緒二十八年(1902)湖北鐵政洋務局刻本
一冊

350000－2001－0006960　621.203/934

中西度量權衡表一卷　（□）□□編　清光緒
上海六先書局石印本　一冊

350000－2001－0006961　929.71021/φ23

太姥山續志三卷　(清)王孫恭輯　清光緒江
本侃抄本　二冊

350000－2001－0006962　621.203/943

度量權衡圖說總表及推行章程一卷　(清)溥
頤等編　清光緒三十四年(1908)刻本　一冊

350000－2001－0006963　619.27/968

臨陣傷科捷要四卷附圖一卷　（英國）帕脫編
(清)舒高第　(清)鄭昌棪譯　清光緒三十
一年(1905)江南製造總局鉛印本　四冊

350000－2001－0006964　614.37/936

同仁堂虔修諸門應症丸散膏丹一卷　(清)同
仁堂編　清光緒十五年(1889)刻本　一冊

350000－2001－0006965　617.567/939

洞主仙師白喉治法忌表抉微一卷　題(清)耐
修子輯注　清光緒三十三年(1907)鉛印本
一冊

350000－2001－0006966　929.71021/φ80

邱古園太姥山指掌一卷　(清)邱椿撰　清光
緒江本侃抄本　一冊

350000－2001－0006967　φ992.227/395＝1

敝帚齋主人[徐𤊹]年譜一卷補一卷　(清)徐
𤊹編　(清)徐承禧輯注　清同治十三年
(1874)福州邸舍刻本　一冊

350000－2001－0006968　619.2/968

濟急法一卷　（英國）舍白辣撰　（英國）秀耀
春譯　(清)趙元益筆述　清光緒二十九年
(1903)江南製造局刻本　一冊

350000－2001－0006969　992.227/φ153＝1

文貞公[李光地]年譜二卷　(清)李清植編
清道光九年(1829)李維迪刻本　一冊

350000－2001－0006970　φ992.244/442＝1

陳忠蕭公[文龍]墓錄一卷　(清)孫峻輯　清
光緒二十一年(1895)刻本　一冊

350000－2001－0006971　ф992.244/442＝2

陳忠蕭公[文龍]墓錄一卷　（清）孫峻輯　清光緒二十一年(1895)刻本　一冊

350000－2001－0006972　ф992.244/442＝3

陳忠蕭公[文龍]墓錄一卷　（清）孫峻輯　清光緒二十一年(1895)刻本　一冊

350000－2001－0006973　612.452/776

鼠疫彙編一卷　（清）吳宣崇撰　（清）羅汝蘭輯　清光緒二十七年(1901)蓉園刻本　一冊

350000－2001－0006974　ф992.277/446＝1

陳秋坪先生遺墨詠一卷附承歡圖題詠一卷　（清）甘澍輯　清同治十年(1871)刻本　一冊

350000－2001－0006975　612.63/402

白喉瘟神方一卷　（清）梁元輔審定　（清）梁錫類　（清）黃初甫編校　清光緒二十五年(1899)刻本　一冊

350000－2001－0006976　612.32/443

蕙怡堂經驗方四卷　（清）陳大縉集　（清）陳光耀增訂　清乾隆二十三年(1758)刻本　八冊

350000－2001－0006977　612.391/167

三家醫案合刻三種　（清）吳金壽輯　清道光十一年(1831)吳氏貯春僊館刻本　一冊

350000－2001－0006978　612.452/556

寒溫條辨治疫彙編一卷　（清）楊玉衡著　（清）李朝棟輯　清光緒二十年(1894)粵東潤身社刻本　一冊

350000－2001－0006979　612.452/556＝1

寒溫條辨治疫彙編一卷　（清）楊玉衡著　（清）李朝棟輯　清光緒二十年(1894)粵東潤身社刻本　一冊

350000－2001－0006980　042.7/ф214.1＝5

硯耕緒錄十六卷　（清）林昌彝撰　清同治五年(1866)廣州刻本　八冊

350000－2001－0006981　042.7/ф214.1＝4

硯耕緒錄十六卷　（清）林昌彝撰　清同治五年(1866)廣州刻本　八冊

350000－2001－0006982　612.8/127－7

重刊補註洗冤錄集證五卷續增洗冤錄辨證三卷　（宋）宋慈撰　（清）王又槐增輯　（清）李觀瀾補輯　（清）阮其新補注　清光緒五年(1879)上海通時書局石印本　五冊

350000－2001－0006983　929.71021/ф413

烏石山志九卷首一卷　（清）郭柏蒼　（清）劉永松纂輯　（清）黃宗彝　（清）郭柏蔚參訂　清道光二十二年(1842)于麓古天開圖畫樓刻同治重修本　三冊

350000－2001－0006984　612.8/127－5

洗冤錄詳義四卷首一卷　（宋）宋慈撰　（清）許槤編校　（清）葛元煦輯　**撫遺二卷**　（清）葛元煦編　**撫遺補一卷**　清光緒五年(1879)刻本　六冊

350000－2001－0006985　612.8/127－6

洗冤錄詳義四卷首一卷　（宋）宋慈撰　（清）許槤編校　（清）葛元煦　（清）張開運輯　**撫遺二卷**　（清）葛元煦編　**撫遺補一卷**　清光緒十六年(1890)湖北官書處刻本　六冊

350000－2001－0006986　929.71021/ф413＝1

烏石山志九卷首一卷　（清）郭柏蒼　（清）劉永松纂輯　清道光二十二年(1842)于麓古天開圖畫樓刻同治重修本　五冊

350000－2001－0006987　929.71021/ф413－1＝1

烏石山志九卷首一卷　（清）郭柏蒼　（清）劉永松纂輯　清道光二十二年(1842)于麓古天開圖畫樓刻光緒九年(1883)增修本　八冊

350000－2001－0006988　929.71021/ф493－1＝2

鼓山志十四卷首一卷　（清）黃任修輯　（清）李拔鑒定　清乾隆刻光緒二年(1876)增修本　五冊　存十卷(五至十四)

350000－2001－0006989　929.71021/ф493－1＝1

鼓山志十四卷首一卷　（清）黃任修輯　（清）李拔鑒定　清乾隆刻光緒二年(1876)增修本　六冊

350000－2001－0006990　929.71021/ф496

滴水巖紀略一卷　（清）黃崇惺撰　清光緒二

福建省圖書館古籍普查登記目錄

324

年(1876)汀州東壁軒書局木活字印本　一冊

350000 – 2001 – 0006991　929.71021/φ568
武夷山志二十四卷首一卷　（清）董天工編
清道光二十七年(1847)籍溪羅良嵩刻同治十
一年(1872)重修本　八冊

350000 – 2001 – 0006992　929.71021/φ568 = 1
武夷山志二十四卷首一卷　（清）董天工編
清道光二十七年(1847)籍溪羅良嵩刻同治十
一年(1872)重修本　八冊

350000 – 2001 – 0006993　929.71021/φ568 = 2
武夷山志二十四卷首一卷　（清）董天工編
清道光二十七年(1847)籍溪羅良嵩刻同治十
一年(1872)重修本　八冊

350000 – 2001 – 0006994　929.71021/φ568 = 3
武夷山志二十四卷首一卷　（清）董天工編
清道光二十七年(1847)籍溪羅良嵩刻同治十
一年(1872)重修本　八冊

350000 – 2001 – 0006995　929.71021/φ568 = 4
武夷山志二十四卷首一卷　（清）董天工編
清道光二十七年(1847)籍溪羅良嵩刻同治十
一年(1872)重修本　七冊　存二十三卷(一
至十九、二十二至二十四,首一卷)

350000 – 2001 – 0006996　929.71021/φ568 = 5
武夷山志二十四卷首一卷　（清）董天工編
清道光二十七年(1847)籍溪羅良嵩刻同治十
一年(1872)重修本　八冊

350000 – 2001 – 0006997　929.71021/φ568 = 6
武夷山志二十四卷首一卷　（清）董天工編
清道光二十七年(1847)籍溪羅良嵩刻同治十
一年(1872)重修本　七冊　存二十三卷(一
至十九、二十二至二十四,首一卷)

350000 – 2001 – 0006998　852.47/618
經義齋集十八卷　（清）熊賜履著　清康熙二
十九年(1690)刻本　九冊　存十六卷(一至
十六)

350000 – 2001 – 0006999　丁 2.2/17.3
杜工部集二十卷　（唐）杜甫撰　（清）錢謙益

箋註　**年譜一卷諸家詩話一卷唱酬題詠附錄
一卷附錄一卷**　清康熙六年(1667)刻本
六冊

350000 – 2001 – 0007000　822.43/154 – 3
李義山詩集十六卷　（唐）李商隱撰　（清）姚
培謙箋　清乾隆姚氏松桂讀書堂刻本　四冊

350000 – 2001 – 0007001　822.47/134
**御製詩初集四十四卷目錄四卷二集九十卷目
錄十卷**　（清）高宗弘曆撰　清乾隆十四年
(1749)內府刻本　三十冊

350000 – 2001 – 0007002　822.47/16
方貞觀詩集六卷　（清）方世泰撰　清乾隆刻
本　一冊

350000 – 2001 – 0007003　乙 7.2/2
林文忠公函牘匯存八卷　（清）林則徐撰　清
抄本　四冊

350000 – 2001 – 0007004　丁 6/14
學海津梁四卷　（清）崔學古編輯　清康熙三
十四年(1695)文起堂刻本　二冊

350000 – 2001 – 0007005　427/21 – 1
芥子園畫傳四集　（清）王槩　（清）王蓍
（清）王臬輯摹　清刻五色套印本　十五冊

350000 – 2001 – 0007006　864/φ832
巴黎茶花女遺事一卷　（法國）小仲馬撰　王
壽昌述　林紓譯　清光緒二十五年(1899)福
州刻本　一冊

350000 – 2001 – 0007007　082.17/φ412 – 1
郭氏叢刻十二種　（清）郭柏蒼撰　清光緒刻
本　十八冊

350000 – 2001 – 0007008　戊 1/24
喻林一百二十卷　（明）徐元太編　明萬曆四
十三年(1615)刻本　十三冊　存七十三卷
(六至九、三十七至三十九、五十五至一百二
十)

350000 – 2001 – 0007009　822.43/φ396
翁拾遺詩集一卷　（唐）翁承贊撰　清康熙四
十一年(1702)東山席氏琴川書屋刻唐詩百名

家全集本　一冊

350000 – 2001 – 0007010　032.2/386
省軒考古類編十二卷　（清）柴紹炳纂　（清）
姚培謙評　清刻本　四冊

350000 – 2001 – 0007011　乙6.6/17
衛藏圖識四卷附蠻語一卷　（清）馬揭修
（清）盛繩祖纂　清乾隆五十七年（1792）刻本
四冊

350000 – 2001 – 0007012　028/430
海南日抄三十卷　（清）張眉大撰　清嘉慶湘
鄉張氏刻本　五冊

350000 – 2001 – 0007013　022/271
周易函書別集十六卷　（清）胡煦著　清乾隆
胡氏葆璞堂刻本　六冊

350000 – 2001 – 0007014　090/333
硯箋四卷　（宋）高似孫修　清康熙四十五年
（1706）曹寅揚州使院刻本　一冊

350000 – 2001 – 0007015　023.6/394
禹貢會箋十二卷圖一卷　（清）徐文靖撰　清
乾隆刻徐位山六種本　二冊

350000 – 2001 – 0007016　929.02/412 – 1
山海經廣注十八卷讀山海經語一卷雜述一卷
引用書籍一卷圖五卷　（晉）郭璞注　（清）吳
任臣釋　清康熙刻本　四冊　存一卷（二十
一）

350000 – 2001 – 0007017　203/φ3
古愚心言八卷　（清）彭鵬撰　清康熙刻本
八冊

350000 – 2001 – 0007018　822.43/79 – 5
白香山詩長慶集二十卷後集十七卷別集一卷
補遺二卷　（唐）白居易撰　（清）汪立名編
白文公[居易]年譜一卷　（宋）陳振孫編　白
香山[居易]年譜一卷　（清）汪立名編　清康
熙古歙汪立名一隅草堂刻本　十冊

350000 – 2001 – 0007019　929.226/556 – 4
洛陽伽藍記五卷　（北魏）楊衒之撰　明崇禎
毛氏汲古閣刻津逮秘書本　一冊

350000 – 2001 – 0007020　032.1/646
韻府約編二十四卷　（清）鄧愷輯　清乾隆刻
本　二十四冊

350000 – 2001 – 0007021　032.1/134
百家類纂四十卷　（明）沈津纂輯　明嘉靖刻
本　十二冊　存十二卷（二十七至三十八）

350000 – 2001 – 0007022　852.47/165 – 9
梅村集四十卷　（清）吳偉業撰　清康熙刻本
九冊

350000 – 2001 – 0007023　丁2.1/11.3
陶彭澤集一卷　（晉）陶潛著　明婁東張氏刻
漢魏六朝一百三家集本　二冊

350000 – 2001 – 0007024　920.2/360
鼎鍥趙田了凡袁先生編纂古本歷史大方綱鑑
補三十九卷首一卷　（宋）劉恕外紀　（元）金
履祥前編　（明）袁黃編纂　明萬曆潭陽余象
斗刻本　九冊　存十三卷（二至三、十二、十
六至十七、二十四至二十五、三十至三十三、
三十五至三十六）

350000 – 2001 – 0007025　822.43/706
唐錢起詩集十卷　（唐）錢起撰　明刻本
四冊

350000 – 2001 – 0007026　425.107/131
淳化閣帖釋文二卷　（清）沈宗騫校　清乾隆
三十三年（1768）蘭言軒刻本　一冊

350000 – 2001 – 0007027　822.445/29 – 8
元遺山詩集八卷　（元）元好問撰　清乾隆四
十三年（1778）南昌萬廷蘭刻本　五冊

350000 – 2001 – 0007028　909.1103/592
金石圖不分卷　（清）牛運震撰　（清）褚峻摹
圖　清乾隆八年至十年（1743 – 1745）刻本
四冊

350000 – 2001 – 0007029　726/151
韻學大成四卷　（明）濮陽淶撰　明萬曆二十
六年（1598）書林鄭雲竹刻本　二冊

350000 – 2001 – 0007030　852.1949/φ679.1
嘉會堂課藝不分卷　（清）劉喬祺輯　清光緒

二十二年(1896)刻本　二冊

350000－2001－0007031　612.8/127－9

重刊補註洗冤錄集證六卷　（宋)宋慈撰
(清)王又槐增輯　（清)李觀瀾補輯　（清)
阮其新補註　**附刊洗冤錄解一卷**　（清)姚德
豫撰　（清)文晟校訂　清道光二十四年
(1844)刻四色套印本　六冊

350000－2001－0007032　194/940－6

緇門崇行錄十卷　（明)釋袾宏輯　清嘉慶十
三年(1808)聚賢堂刻本　一冊

350000－2001－0007033　φ852.1949/702

南浦書院課藝一卷　（清)盧擇元輯　清嘉慶
二十三年(1818)刻本　一冊

350000－2001－0007034　612.8/127－8

重刊補註洗冤錄集證六卷　（宋)宋慈撰
(清)王又槐增輯　（清)李觀瀾補輯　（清)
阮其新補註　清光緒八年(1882)刻四色套印
本　五冊

350000－2001－0007035　929.71021/φ718

太姥山志三卷　（明)謝肇淛纂　清嘉慶五年
(1800)王孫恭刻本　一冊

350000－2001－0007036　φ929.71638/396＝2

[光緒]續修浦城縣志四十二卷首一卷　（清)
翁天祐　（清)呂渭英修　（清)翁昭泰纂　清
光緒二十六年(1900)刻本　二十冊

350000－2001－0007037　852.1949/φ719

[乾隆丙午科福建鄉試闈墨]一卷　（□)□□
輯　清抄本　一冊

350000－2001－0007038　φ929.71638/396＝3

[光緒]續修浦城縣志四十二卷首一卷　（清)
翁天祐　（清)呂渭英修　（清)翁昭泰纂　清
光緒二十六年(1900)刻本　二十冊

350000－2001－0007039　φ929.71638/396＝4

[光緒]續修浦城縣志四十二卷首一卷　（清)
翁天祐　（清)呂渭英修　（清)翁昭泰纂　清
光緒二十六年(1900)刻本　十冊　存二十五
卷(一至二十四、首一卷)

350000－2001－0007040　612.8/127－8＝1

重刊補註洗冤錄集證六卷　（宋)宋慈撰
(清)王又槐增輯　（清)李觀瀾補輯　（清)
阮其新補注　清光緒八年(1882)刻四色套印
本　六冊

350000－2001－0007041　φ929.71638/396＝5

[光緒]續修浦城縣志四十二卷首一卷　（清)
翁天祐　（清)呂渭英修　（清)翁昭泰纂　清
光緒二十六年(1900)刻本　十九冊　存四十
二卷(一至三十五、三十七至四十二,首一卷)

350000－2001－0007042　929.71021/φ718－2

太姥山志三卷　（明)謝肇淛纂　清光緒二十
六年(1900)江本侃抄本　一冊

350000－2001－0007043　612.8/127－10

洗冤錄義證四卷附校記　（清)剛毅編　（清)
諸可寶校　**經驗方一卷洗冤錄歌訣一卷**　清
光緒十七年(1891)江蘇書局刻本　二冊

350000－2001－0007044　929.71021/φ718.3＝1

方廣巖志四卷　（明)謝肇淛纂　（明)徐燉校
　清光緒十一年(1885)刻本　一冊

350000－2001－0007045　929.71022/φ443＝1

莆田水利志八卷　（清)陳池養編　清光緒元
年(1875)刻本　八冊

350000－2001－0007046　612.74/330

**達生編一卷遂生編一卷福幼編一卷附經驗良
方一卷增補一卷**　（清)海慶撰　清光緒三十
三年(1907)刻本　一冊

350000－2001－0007047　852.1949/φ835

正誼鼇鳳月課合刻一卷　（清)鄭兆祺等撰
清光緒刻本　一冊

350000－2001－0007048　852.1949/φ910

致用書院文集□□卷　（□)□□輯　清光緒
刻本　六冊　存六卷(光緒丁亥年、光緒戊子
年、光緒己丑年、光緒庚寅年、光緒丁酉年、光
緒癸卯年)

350000－2001－0007049　612.74/938－1

達生編一卷　題(清)亟齋居士撰　清咸豐四

年(1854)刻本　一册

350000－2001－0007050　ф929.71029/267＝1
閩雜記十二卷　（清）施鴻保輯　清光緒四年
(1878)申報館鉛印本　八册

350000－2001－0007051　ф929.71029/267＝2
閩雜記十二卷　（清）施鴻保輯　清光緒四年
(1878)申報館鉛印本　二册

350000－2001－0007052　612.033/393－1
慎疾芻言一卷　（清）徐大椿撰　清同治十三
年(1874)費延釐刻本　一册

350000－2001－0007053　ф929.710268/462＝1
支提寺志六卷　（明）謝肇淛等修　（清）崔崿
纂　（清）釋照微增補　清同治十一年(1872)
刻本　二册

350000－2001－0007054　612.74/137
產科心法二卷附方一卷　（清）汪喆撰　清嘉
慶九年(1804)李超恒等刻本　一册

350000－2001－0007055　ф929.710268/462＝2
支提寺志六卷　（明）謝肇淛等修　（清）崔崿
纂　（清）釋照微增補　清同治十一年(1872)
刻本　一册　存三卷(一至三)

350000－2001－0007056　612.32/135
醫方集解三卷　（清）汪昂著輯　清康熙刻本
三册

350000－2001－0007057　612.31/135－4
增訂童氏本草備要八卷圖一卷　（清）汪昂輯
（清）李葆常增輯　清光緒二十二年(1896)
上海圖書集成局鉛印本　二册

350000－2001－0007058　612.31/135－3
本草備要七卷　（清）汪昂撰　清光緒十八年
(1892)崇德堂刻本　六册

350000－2001－0007059　852.1949/ф910＝1
致用書院文集□□卷　（□）□□輯　清光緒
刻本　二册　存二卷(光緒戊子年、光緒乙未
年)

350000－2001－0007060　852.1949/ф933
己亥年鼇峯師課選一卷　（□）□□輯　清光

緒二十五年(1899)抄本　一册

350000－2001－0007061　852.1949/ф939
閩中四書院月課探珠不分卷　（□）□□輯
清光緒二十八年(1902)刻本　六册

350000－2001－0007062　612.271/557
鍼灸大成十卷　（明）楊繼洲撰　（清）章廷珪
重修　清乾隆刻本　十册

350000－2001－0007063　992.217/ф133＝1
沈文肅公[葆楨]事略一卷　（清）李元度撰
清光緒刻本　一册

350000－2001－0007064　612.21/155
校正瀕湖脉學一卷奇經八脉考一卷　（明）李
時珍撰輯　清末民國初石印本　一册

350000－2001－0007065　612.21/155－1
校正瀕湖脉學一卷奇經八脉考一卷　（明）李
時珍撰輯　清末石印本　一册

350000－2001－0007066　612.21/155－2
李瀕湖脉學九卷　（明）李時珍撰　清光緒六
年(1880)集新堂刻本　二册

350000－2001－0007067　612.191/4－4
衛生學問答八章　丁福保撰　清光緒二十七
年(1901)中西小學堂刻本　二册

350000－2001－0007068　852.195/ф356
馬忠節父子合集四卷　（清）劉尚文輯　清光
緒二十四年(1898)劉鴻年刻本　一册

350000－2001－0007069　612.19/332－2
弦雪居重訂遵生八牋十九卷總目一卷　（明）
高濂撰　（明）鍾惺較閱　清光緒十年(1884)
刻本　十六册

350000－2001－0007070　612.08/338
中西匯通醫經精義二卷　（清）唐宗海撰　清
光緒二十年(1894)袖海山房書局石印本
一册

350000－2001－0007071　611.1/963
學校衛生學十篇　（日本）三島通良撰　（清）
周起鳳譯　清光緒二十九年(1903)上海廣智
書局鉛印本　一册

350000－2001－0007072　612.111/432.1

素問釋義十卷　（清）張琦撰　清道光十年
(1830)張琦宛鄰書屋刻本　二冊

350000－2001－0007073　612.13/509

中藏經八卷華佗内照法一卷　（漢）華佗撰
（清）徐舜山校　清光緒六年(1880)刻本　一
冊　存八卷(中藏經八卷)

350000－2001－0007074　611.17/965

保全生命論一卷附一卷　（英國）古蘭肥勒撰
　（英國）秀耀春譯　（清）趙元益筆述　清光
緒二十七年(1901)上海製造局刻本　一冊

350000－2001－0007075　832.13－7/359

四明近體樂府十四卷　（清）袁鈞集　附卷一
卷　（清）周世緒撰　清嘉慶二十三年(1818)
刻本　二冊

350000－2001－0007076　651/679

星軺攷軷四卷　（清）劉啓彤譯　清光緒十五
年(1889)同文書局石印本　四冊

350000－2001－0007077　655.27/972

船塢論略一卷　（英國）傅蘭雅輯譯　（清）鍾
天緯筆述　清末江南製造總局鉛印本　一冊

350000－2001－0007078　655.9/966

航海簡法四卷　（英國）那麗撰　（美國）金楷
理譯　（清）王德均筆述　清刻本　二冊

350000－2001－0007079　852.47/φ654－2

二希堂文集十一卷首一卷　（清）蔡世遠撰
緝齋文集八卷首一卷附錄二卷　（清）蔡新撰
　清光緒二十五年(1899)刻本　十二冊

350000－2001－0007080　655.87/951

［鐵鑑合同］不分卷　（清）□□撰　清末抄本
　一冊

350000－2001－0007081　655.9/965

航海章程一卷　（美國）弗蘭克林纂　（清）鳳
儀譯　航海章程初議紀錄一卷　（美國）美國
航海公會纂　（清）鳳儀譯　（清）徐家寶筆述
　清光緒二十一年(1895)江南機器製造總局
刻本　一冊

350000－2001－0007082　655.9/966－1

航海簡法四卷　（英國）那麗撰　（美國）金楷
理譯　（清）王德均筆述　清光緒江南機器製
造總局刻本　二冊

350000－2001－0007083　661.65/975

鍊石編三卷　（英國）亨利黎特撰　（清）舒高
第　（清）鄭昌棪譯　清末江南機器製造總局
鉛印本　二冊

350000－2001－0007084　668.3/969

海塘輯要十卷首一卷　（英國）章更斯撰
（英國）傅蘭雅譯　（清）趙元益筆述　清末江
南機器製造總局刻本　二冊

350000－2001－0007085　668.63/576

守城善後紀畧一卷　（清）鄒鳴鶴撰　（清）鄒
覲颺編輯　清末刻本　一冊

350000－2001－0007086　671.71/679

茶史一卷　（清）劉源長撰　清雍正六年
(1728)刻本　一冊

350000－2001－0007087　674/797

印刷局問答一卷　（清）張孝謙問　（日本）得
能通昌答　（清）權量譯　清光緒二十九年
(1903)北洋官報總局鉛印本　一冊

350000－2001－0007088　852.196/φ124

莆陽課士錄一卷　（清）宋廷模輯　清光緒三
十年(1904)鉛印本　一冊

350000－2001－0007089　682/944

廣東錢局錢廠圖說一卷章程一卷銀廠圖說一
卷章程一卷　　（□）□□撰　清光緒刻本
一冊

350000－2001－0007090　682/970

製屬金法二卷　（日本）橋本奇策著　（清）王
季點譯　清光緒二十七年(1901)上海製造局
刻本　二冊

350000－2001－0007091　693.1/492

粥譜一卷廣粥譜一卷　（清）黃云鵠撰　清光
緒七年(1881)刻本　一冊

350000－2001－0007092　822.47/φ662.2

恥虛齋詩鈔二十二卷　（清）鄭洛英撰　清刻本　三冊　存九卷（四至十二）

350000－2001－0007093　822.47/φ662＝1

樗雲詩鈔五卷　（清）鄭琼著　清道光四年（1824）刻本　一冊

350000－2001－0007094　822.47/φ662.3

注韓居詩鈔二卷　（清）鄭杰撰　清嘉慶四年（1799）刻本　一冊

350000－2001－0007095　822.47/φ662.4

注韓居詩鈔二卷　（清）鄭杰撰　清光緒十八年（1892）刻本　一冊

350000－2001－0007096　822.47/φ662.6

觀瀾堂詩鈔十三卷　（清）鄭振圖撰　清嘉慶十八年（1813）刻本　二冊　存六卷（八至十三）

350000－2001－0007097　852.1949/φ429＝1

鼇峯書院課藝不分卷　（清）張元奇評選（清）林志鈞　（清）陳遵統等校　清光緒二十八年（1902）福州刻本　五冊

350000－2001－0007098　822.47/φ662.5＝5

書帶草堂詩鈔二卷　（清）鄭廷澹著　清嘉慶六年（1801）刻本　一冊　存一卷（下）

350000－2001－0007099　822.47/φ671

託素齋詩集四卷　（清）黎士弘撰　清刻本四冊

350000－2001－0007100　852.198/φ151

守信錄二卷　（清）李宗言輯　清光緒二十四年（1898）滕王閣刻本　一冊

350000－2001－0007101　852.13/φ26＝1

王氏彙刻唐人集七種　（清）王遐春輯　清嘉慶十五年（1810）福鼎王氏麟後山房刻本　七冊　存四種十九卷（麟角集一卷、唐林邵州遺集一卷附錄一卷、唐黃御史集八卷、唐歐陽四門集八卷）

350000－2001－0007102　822.47/φ676.2

盥白齋詩鈔四卷　（清）劉永標撰　清道光八年（1828）刻本　二冊

350000－2001－0007103　822.47/φ676.3

屺雲樓集八卷　（清）劉存仁撰　清咸豐三年（1853）刻本　二冊

350000－2001－0007104　丙15/2

諸子奇賞前集五十一卷後集六十卷　（明）陳仁錫評選　明天啓六年（1626）刻本　十六冊　存六十卷（後集六十卷）（何則賢藏本）

350000－2001－0007105　丙15/3

諸子奇賞前集五十一卷後集六十卷　（明）陳仁錫評選　明天啓六年（1626）刻本　十一冊　存四十七卷（前集五至五十一）（冠悔堂藏本）

350000－2001－0007106　丙15/4

諸子彙函九十四種　（明）歸有光輯　（明）文震孟參訂　明天啓刻本　十四冊

350000－2001－0007107　丙15/5

[諸子玄言評苑]二十一卷　（明）陸可教（明）李廷機評　明光裕堂刻本　四十八冊

350000－2001－0007108　丙15/7

新鍥翰林三狀元會選二十九子品彙釋評二十卷首一卷　（明）焦竑校正　（明）翁正春參閲（明）朱之蕃圈點　明萬曆四十四年（1616）寶善堂刻本　十六冊

350000－2001－0007109　丁2.3/9.5

宋邵康節先生伊川擊壤集十卷　（宋）邵雍撰（明）吳瀚摘注　（明）吳泰增注　清康熙八年（1669）刻本　五冊

350000－2001－0007110　852.43/φ153

韓子粹言一卷　（唐）韓愈撰　（清）李光地講授　清康熙五十二年（1713）刻本　二冊

350000－2001－0007111　乙1.2/17－1

南唐書十八卷　（宋）陸游撰　音釋一卷（元）戚光撰　明末毛氏汲古閣刻清毛扆增補陸放翁全集本　三冊

350000－2001－0007112　乙1.2/17－2

南唐書十八卷　（宋）陸游撰　音釋一卷（元）戚光撰　明末毛氏汲古閣刻清毛扆增補

虞山敦說堂張氏印本　三冊

350000－2001－0007113　乙1.2/14.1
南史八十卷　（唐）李延壽撰　明萬曆南京國子監刻明清遞修本　十四冊

350000－2001－0007114　612.41/445－1
傷寒真方歌括六卷　（清）陳念祖著　（清）林壽萱校　清咸豐九年(1859)三山林氏刻陳修園先生晚餘弍書本　一冊

350000－2001－0007115　乙4/32
國史唯疑十二卷　（明）黃景昉撰　清抄本四冊　存六卷(一至二、五至六、九、十一)

350000－2001－0007116　丁2.5/11
陳眾仲文集七卷　（元）陳旅撰　清抄本一冊

350000－2001－0007117　乙6.5/2
石湖居士驂鸞錄一卷吳船錄一卷　（宋）范成大撰　清抄本　一冊

350000－2001－0007118　822.44/ф718
晞髮集十卷遺集二卷補一卷天地間集一卷(宋)謝翱撰　登西臺慟哭記註一卷冬青樹引注一卷　清康熙四十一年(1702)陸大業刻本三冊　缺十卷(晞髮集十卷)

350000－2001－0007119　ф999.1/735
[福建]潁鍾氏支譜不分卷　（清）鍾大焜修清光緒二十七年(1901)鍾氏刻本　五冊

350000－2001－0007120　024/ф492
新鐫黃維章先生詩經嬝嬛集注八卷　（清）黃文煥輯著　清刻本　四冊

350000－2001－0007121　021.1/836
經藝宏括不分卷　（清）同文書局編譯所編清光緒十一年(1885)上海同文書局石印本十六冊

350000－2001－0007122　022/938.1
周易四德通義不分卷　（明）鄭□□撰　清抄本　四冊

350000－2001－0007123　022/938.2
易卦論不分卷　（□）□□撰　清抄本　七冊

350000－2001－0007124　021.1/255
仿宋相臺五經附考證　（□）□□撰　清乾隆四十八年(1783)武英殿刻本　四十冊

350000－2001－0007125　021.8/162－6
皇清經解一千四百卷　（清）阮元輯　清道光九年(1829)廣東學海堂刻本　三百四十四冊

350000－2001－0007126　024/795
詩本誼一卷　（清）龔橙撰　清光緒十五年(1889)刻半厂叢書初編本　一冊

350000－2001－0007127　024.6/53－2
附釋音毛詩注疏七十卷　（漢）毛亨傳　（漢）鄭玄箋　（唐）陸德明音義　（唐）孔穎達疏校勘記七十卷　（清）阮元撰　（清）盧宣旬摘錄　清光緒十三年(1887)上海點石齋石印重刊宋本十三經註疏本　三冊

350000－2001－0007128　ф992.237/211
皇請誥封太淑人例晉太夫人顯妣林太夫人行述一卷　（清）許邦光撰　清道光刻本　一冊

350000－2001－0007129　ф929.710268/462
支提寺志六卷　（明）謝肇淛等修　（清）崔建纂　（清）釋照微增補　清同治十一年(1872)刻本　二冊

350000－2001－0007130　021.8/ф662－1
石齋先生經傳九種　（明）黃道周輯　（清）鄭開極重訂　清康熙三十二年(1693)刻本　十八冊

350000－2001－0007131　ф929.713/493－1
[乾隆]泉州府志七十六卷首一卷　（清）懷蔭布修　（清）黃任　（清）郭賡武纂　清乾隆二十八年(1763)刻光緒八年(1882)重修本　四十六冊

350000－2001－0007132　022/ф442
伏羲圖贊二卷雜卦傳古音考一卷　（明）陳第撰　（明）焦竑訂正　清道光二十八年(1848)連江陳斗初刻一齋集十四種本　二冊

350000－2001－0007133　022/ф656
易象意言一卷　（宋）蔡淵撰　清乾隆四十二

年（1777）刻道光、同治遞修光緒二十一年（1895）增補武英殿聚珍板書本　一冊

350000－2001－0007134　023/φ442

尚書疏衍四卷　（明）陳第撰　（明）焦竑訂正　清道光二十八年（1848）連江陳斗初刻一齋集十四種本　二冊

350000－2001－0007135　082.18/φ445

石遺室叢書十八種　陳衍撰　清光緒至民國初刻本　三十二冊

350000－2001－0007136　025.7/98－1

儀禮節略十七卷圖三卷　（清）朱軾校輯　清康熙至乾隆間刻朱文端公藏書本　十六冊

350000－2001－0007137　029.9/266

求己堂八種　（清）施彥士撰　清嘉慶、道光崇明施氏求己堂刻本　一冊　存二種八卷（讀孟質疑三卷、孟子外書集證五卷）

350000－2001－0007138　572.1/φ914－9

天演論二卷　（英國）赫胥黎造論　嚴復達恉　清光緒二十七年（1901）石印本　一冊

350000－2001－0007139　722.9/570

諧聲品字箋十集　（清）虞咸熙撰　（清）虞德升輯　清康熙刻本　十二冊

350000－2001－0007140　726.1/320

沈氏四聲考二卷　（清）紀昀撰　清乾隆嵩山書院刻本　一冊

350000－2001－0007141　戊2/6

一齋集十二種　（明）陳第撰　明萬曆會山樓刻本　四冊　存六種六卷（兩粵遊草一卷、一齋陳先生考終錄一卷、謬言一卷、意言一卷、松軒講義一卷、書札爐存一卷）

350000－2001－0007142　乙1.2/3－4

後漢書九十卷　（南朝宋）范曄撰　（唐）李賢注　志三十卷　（晉）司馬彪撰　（南朝梁）劉昭注　明崇禎十六年（1643）毛氏汲古閣刻清順治重修十七史本　十六冊

350000－2001－0007143　762.2/446

大宋重修廣韻五卷　（宋）陳彭年等纂　清康熙揚州詩局刻曹棟亭五種本　五冊

350000－2001－0007144　726.1/937

附釋文互註禮部韻略五卷　（宋）□□撰　清康熙揚州詩局刻曹棟亭五種本　二冊

350000－2001－0007145　727.1/535

新增繪圖幼學故事瓊林四卷首一卷　（明）程登吉輯　（清）鄒聖脉增補　（清）王壽彭重校　清光緒三十四年（1908）上海文瑞樓石印本　一冊

350000－2001－0007146　021.8/162－5

皇清經解一千四百卷　（清）阮元輯　清道光九年（1829）廣東學海堂刻本　三百六十冊

350000－2001－0007147　728.54/941

清文指要三卷續編兼漢清文指要二卷　（清）□□輯　清嘉慶十四年（1809）刻本　二冊

350000－2001－0007148　082.17/φ228＝1

亦園亭全集十二種　（清）孟超然撰　清嘉慶二十年（1815）刻本　十九冊

350000－2001－0007149　992.197/151

國朝先正事略六十卷　（清）李元度撰　清刻本　二十四冊

350000－2001－0007150　852.46/242－2

金忠節公文集八卷　（明）金聲著　清光緒十四年（1888）黟邑李氏刻本　六冊

350000－2001－0007151　丁3.2/1

漢魏六朝一百三家集　（明）張溥輯　明婁東張氏刻本　八冊

350000－2001－0007152　822.17/390

雪鴻偶鈔詩四卷詞一卷　（清）倪世珍錄　清光緒四年（1878）吳縣倪氏刻本　二冊

350000－2001－0007153　φ395.1/661＝1

列名懇請閩浙總督松援照新約禁運洋藥進福建口呈文一卷　（清）鄭錫光等撰　清末鉛印本　一冊

350000－2001－0007154　丁3.6/1

尺牘清裁六十卷補遺一卷　（明）王世貞編　（明）王世懋校　明隆慶五年（1571）刻本　八

冊 存二十九卷(一至二十八、補遺一卷)

350000－2001－0007155　戊1/10

唐宋叢書九十二種　(明)鍾人傑　(明)張遂
辰輯　明刻本　三十二冊　存五十二種一百
九十一卷(鶴山渠陽讀書雜鈔二卷、鼠璞二
卷、大唐創業起居注三卷、唐國史補三卷、東
京夢華錄十卷、大業雜記一卷、東林蓮社十八
高賢傳一卷、春明退朝錄三卷、佛國記一卷、
吳地記一卷、夷俗考一卷、武林舊事六卷、孔
氏雜說四卷、靖康緗素雜記十卷、押虮新話四
卷、林下偶談四卷、後山談叢四卷、野客叢談
十二卷、研北雜誌二卷、王氏談錄一卷、山海
經圖讚三卷、周髀算經二卷、陳眉公訂正文則
二卷、詩式五卷、墨藪十卷、佩觽三卷、香譜一
卷、筍譜二卷、桐譜一卷、續竹譜一卷、雲林石
譜三卷、宣和畫譜二十卷、畫鑒一卷、貞觀公
私畫史一卷、益州名畫錄三卷、桂海虞衡志十
三卷、學古編一卷、洞天清錄一卷、世範三卷、
異苑十卷、還冤記一卷、前定錄一卷、集異記
一卷、括異志一卷、周氏冥通記四卷、夢遊錄
一卷、本事詩一卷、搜神後記十卷、明道雜誌
一卷續明道雜志一卷、東觀奏記三卷、井觀瑣
言三卷、過眼雲煙錄二卷)

350000－2001－0007156　戊1/11

津逮秘書十五集一百四十四種　(明)毛晉輯
　明崇禎虞山毛氏汲古閣刻本　一百六十
八冊

350000－2001－0007157　戊1/13

古今談苑　(□)□□輯　明刻本　二十冊

350000－2001－0007158　戊1/16

學津討原二十集一百七十三種　(清)張海鵬
輯　清嘉慶十年(1805)虞山張氏照曠閣刻本
八十六冊

350000－2001－0007159　822.43/148.3＝1

杜工部集二十卷目錄一卷　(唐)杜甫撰
(清)錢謙益箋註　**少陵[杜甫]先生年譜一卷**
　清宣統三年(1911)時中書局石印本　八冊

350000－2001－0007160　822.47/φ562.3

寫經齋初稿四卷續稿二卷小玲瓏閣詞一卷

(清)葉大莊撰　清光緒刻本　四冊

350000－2001－0007161　992.194/φ99－1

**宋名臣言行錄前集十卷後集十四卷續集八卷
別集二十六卷外集十七卷**　(宋)朱熹輯
(宋)李幼武校正　清道光刻本　八冊

350000－2001－0007162　822.44/784－2

施註蘇詩四十二卷首一卷　(宋)蘇軾撰
(宋)施元之注　(清)邵長蘅等刪補　**蘇詩續
補遺二卷**　(宋)蘇軾撰　(清)馮景補注　**王
注正譌一卷**　(清)邵長蘅撰　**東坡先生年譜
一卷**　(宋)王宗稷編　清康熙三十八年
(1699)商丘宋犖刻本　八冊　存三十八卷
(一至三十八)

350000－2001－0007163　822.13/248

刪補唐詩選脈箋釋會通評林六十卷　(明)周
珽輯注　明崇禎刻本　五冊

350000－2001－0007164　822.13/248－1

刪補唐詩選脈箋釋會通評林六十卷　(明)周
珽輯注　明崇禎刻本　一冊

350000－2001－0007165　082.97/430

**昭代叢書甲集五十卷乙集四十卷丙集五十六
卷**　(清)張潮輯　清康熙刻本　十二冊

350000－2001－0007166　822.43/945

御選語錄十九卷　(清)世宗胤禛撰　清光緒
十一年(1885)金陵刻經處刻本　一冊　存二
卷(三、八)

350000－2001－0007167　927.704/127

湖防私記三卷餘事一卷　(清)宋韻初著　清
光緒十三年(1887)嘉興金吳瀾木活字印本
一冊

350000－2001－0007168　丁2.6/46.1

空同子集六十六卷目錄三卷附錄二卷　(明)
李夢陽撰　(明)鄧雲霄　(明)潘之恒輯　明
萬曆三十年至三十一年(1602－1603)鄧雲霄
刻本　六冊　存六十八卷(空同子集六十六
卷、附錄二卷)

350000－2001－0007169　822.191/φ787

樵川二家詩四卷滄浪詩話一卷附錄一卷
(宋)嚴羽　(元)黃鎮成撰　(清)朱霞輯
清康熙六十一年(1722)朱霞刻本　四冊

350000－2001－0007170　822.45/25＝1
梧溪集七卷補遺一卷　(元)王逢撰　困學齋
雜錄一卷　(元)鮮于樞撰　清同治十三年
(1874)思補樓木活字印本　八冊

350000－2001－0007171　戊2/8
楊升庵雜著十四種　(明)楊慎撰並輯　明刻
本　一冊　存七種八卷(春秋左傳地名考一
卷、夏小正解一卷、山海經補注一卷、莊子闕
誤一卷、滇載記一卷、滇程記一卷附錄一卷、
附大明清類天文分野書一卷)

350000－2001－0007172　852.44/784.5
東坡全集一百十五卷目錄七卷　(宋)蘇軾撰
　明刻本　九冊

350000－2001－0007173　822.47/22.4
檗隖詩存十二卷末一卷　(清)王以敏撰　清
光緒十七年(1891)刻本　四冊

350000－2001－0007174　822.47/22.5＝1
韻山堂詩集七卷補遺一卷　(清)王文誥撰
清光緒十四年(1888)浙江書局刻本　一冊

350000－2001－0007175　822.47/25.5
守硯齋試帖初集四卷二集二卷　(清)王祖光
撰　清光緒二十四年(1898)刻本　六冊

350000－2001－0007176　822.47/114
漱六軒詩稿一卷　(清)仲恒省撰　清光緒二
十三年(1897)刻本　一冊

350000－2001－0007177　822.13/17
瀛奎律髓選本一卷　(元)方回輯　清乾隆、
嘉慶謝世南抄本　一冊

350000－2001－0007178　φ929.71635/645
[康熙]甌寧縣志十三卷　(清)鄧其文纂修
清康熙三十二年(1693)刻本　一冊　存一卷
(十一)

350000－2001－0007179　852.12/428.2
漢魏六朝百三名家集一百十八卷　(明)張溥

輯　明婁東張氏刻本　十三冊

350000－2001－0007180　082.17/φ795.1
滄靜齋全集□□卷　(清)龔景瀚撰　清道光
六年(1826)閩縣龔式穀刻本　二冊

350000－2001－0007181　丁2.3/77
新刻臨川王介甫先生詩文集一百卷目錄二卷
　(宋)王安石撰　(明)李光祚校　明萬曆四
十年(1612)王鳳翔光啓堂刻本　二十九冊

350000－2001－0007182　乙1.2/1－5.6
史記索隱三十卷　(唐)司馬貞撰　明崇禎毛
氏汲古閣刻本　一冊

350000－2001－0007183　822.47/791.2
盇山詩錄二卷　(清)顧雲撰　清光緒十六年
(1890)刻石城七子詩鈔本　一冊

350000－2001－0007184　822.47/169.9
吳詩集覽二十卷補註二十卷談藪二卷補遺一
卷　(清)吳偉業著　(清)靳榮藩注　(清)
靳榮藩輯　清乾隆、嘉慶刻本　十四冊

350000－2001－0007185　852.47/622.7
遂初堂文集二十卷別集四卷　(清)潘耒撰
清康熙刻本　十二冊

350000－2001－0007186　852.47/207
授堂文鈔八卷　(清)武億撰　清嘉慶刻授堂
遺書本　二冊

350000－2001－0007187　822.726/357－1
六朝唐賦讀本不分卷　(清)馬傳庚選註　清
同治十三年(1874)馬氏刻本　二冊

350000－2001－0007188　929.022/523－2
行水金鑑一百七十五卷首一卷　(清)傅澤洪
錄　清雍正三年(1725)淮揚官舍刻本　十
八冊

350000－2001－0007189　901/φ970
史學原論八章　(日本)浮田和民著　(清)劉
崇傑譯　清光緒二十九年(1903)日本東京鉛
印本　一冊

350000－2001－0007190　398/164－7
吾學錄初編二十四卷　(清)吳榮光撰　清同

治七年(1868)金陵書局木活字印本　　四冊

350000－2001－0007191　　832.97/409

碧聲吟館叢書八種　(清)許善長撰　清光緒
仁和許氏刻本　　十二冊

350000－2001－0007192　　420.4/348.2

桐陰論畫二卷首一卷續一卷畫訣一卷　(清)
秦祖永著　清同治三年至五年(1864－1866)
刻本　　二冊　存四卷(桐陰論畫二卷、首一
卷、畫訣一卷)

350000－2001－0007193　　852.46/665

魯文恪公文集十卷　(明)魯鐸撰　明隆慶元
年(1567)方梁刻本　　一冊

350000－2001－0007194　　926.1/662

建文遜國臣記八卷　(明)鄭曉撰　明刻本
一冊　存四卷(五至八)

350000－2001－0007195　　444.12/432

學步盦印蛻一卷　(清)張澹篆刻　清鈐印本
一冊

350000－2001－0007196　　φ929.719/442.1

閩話不分卷　陳文濤撰　稿本　　二冊

350000－2001－0007197　　852.1949/φ376

**閩海網珊集初集不分卷二集不分卷二集不分
卷**　(清)孫詒經輯　清光緒四年(1878)刻本
四冊

350000－2001－0007198　　852.1949/φ376＝1

**閩海網珊集初集不分卷二集不分卷二集不分
卷**　(清)孫詒經輯　清光緒四年(1878)刻本
一冊　存一集(初集)

350000－2001－0007199　　617.51/935

世醫石氏家傳眼科應驗奇方全書一卷　(□)
□□撰　清抄本　　一冊

350000－2001－0007200　　丙1/14.5

揚子法言音義十三卷　(漢)揚雄撰　(晉)李
軌注　清嘉慶二十三年(1818)秦氏石研齋影
宋刻本　　一冊

350000－2001－0007201　　φ929.71638/396＝1

[光緒]**續修浦城縣志四十二卷首一卷**　　(清)

翁天祐　(清)呂渭英修　(清)翁昭泰纂　清
光緒二十六年(1900)刻本　　二十冊

350000－2001－0007202　　612.01/164

御纂醫宗金鑑七十四卷首一卷　(清)吳謙
(清)劉裕鐸等輯　清光緒三十二年(1906)有
益齋石印本　　十六冊

350000－2001－0007203　　822.44/103

新注朱淑真斷腸詩集十卷後集七卷補遺一卷
(宋)朱淑真撰　(宋)鄭元佐注　清光緒二
十三年(1897)錢塘丁氏嘉惠堂刻武林往哲遺
著本　　二冊

350000－2001－0007204　　822.43/φ723.8

香奩集一卷　(唐)韓偓著　清嘉慶十四年
(1809)侯官朱錫穀荔水軒刻本　　一冊

350000－2001－0007205　　852.43/148

樊川文集二十卷外集一卷別集一卷　(唐)杜
牧撰　清光緒二十二年(1896)景蘇園影宋刻
本　　四冊

350000－2001－0007206　　852.43/φ159

李習之先生文讀十卷首一卷　(清)高澍然著
清同治十年(1871)劉存仁福州刻本　　四冊

350000－2001－0007207　　032.2/356

強學彙編十九卷　(清)馬冠羣輯　清光緒二
十三年(1897)上海文瑞樓石印本　　八冊

350000－2001－0007208　　852.43/φ159＝1

李習之先生文讀十卷首一卷　(清)高澍然著
清同治十年(1871)劉存仁福州刻本　　三冊
存九卷(文讀一、四至十,首一卷)

350000－2001－0007209　　032.2/24.1

策府紺珠八卷　(宋)王應麟輯　清嘉慶十五
年(1810)刻本　　三冊

350000－2001－0007210　　852.43/φ218

唐林邵州遺集一卷　(唐)林蘊撰　清嘉慶十
八年(1813)福鼎王遐春麟後山房刻王氏彙刻
唐人集本　　一冊

350000－2001－0007211　　032.2/164－1

事類賦三十卷　(宋)吳淑撰並註　清刻本

四冊

350000－2001－0007212　032/491
普通百科新大詞典　（清）黃人編輯　清宣統三年(1911)上海國學扶輪社鉛印本　十五冊

350000－2001－0007213　852.43/φ334
韓文故十三卷首一卷　（唐）韓愈撰　（清）高澍然輯　清道光十六年(1836)刻本　八冊

350000－2001－0007214　032.2/15－1
古事比五十二卷　（清）方中德輯　清光緒十三年(1887)上海點石齋石印本　六冊

350000－2001－0007215　852.43/φ334＝1
韓文故十三卷首一卷　（唐）韓愈撰　（清）高澍然輯　清道光十六年(1836)刻本　十冊

350000－2001－0007216　852.43/φ334－1
韓文故十三卷首一卷　（唐）韓愈撰　（清）高澍然輯　清宣統二年(1910)雲南學務公所石印本　七冊　存十二卷（韓文故一至六、九至十三,首一卷）

350000－2001－0007217　φ852.43/450
制詔集二十卷　（唐）常袞撰　清光緒七年(1881)郭柏蒼沁泉山館刻本　四冊

350000－2001－0007218　φ852.43/450＝1
制詔集二十卷　（唐）常袞撰　清光緒七年(1881)郭柏蒼沁泉山館刻本　四冊

350000－2001－0007219　032.2/558
丹鉛總錄二十七卷　（明）楊慎著集　清乾隆三十年(1765)楊昶刻本　十冊

350000－2001－0007220　032.2/491
增補事類統編九十三卷首一卷　（清）黃葆真輯　清光緒十四年(1888)上海積山書局石印本　十二冊

350000－2001－0007221　乙1.2/2－8
漢書評林一百卷　（明）凌稚隆輯並校　明刻本　二十五冊

350000－2001－0007222　032.24/23
王先生十七史蒙求十六卷　（宋）王令撰　清道光二十八年(1848)粵東文雅齋刻本　三冊

336

350000－2001－0007223　032.2/607
通俗編三十八卷　（清）翟灝撰　清乾隆仁和翟氏無不宜齋刻本　十冊

350000－2001－0007224　852.48/φ169
漪香山館文集一卷　吳曾祺著　清宣統二年(1910)上海商務印書館鉛印本　一冊

350000－2001－0007225　852.48/φ214－1
畏廬文集一卷　林紓著　清宣統二年(1910)上海商務印書館鉛印本　一冊

350000－2001－0007226　852.48/φ214－1＝1
畏廬文集一卷　林紓著　清宣統二年(1910)上海商務印書館鉛印本　一冊

350000－2001－0007227　852.48/φ214－2
畏廬文集一卷　林紓著　清宣統二年(1910)上海商務印書館鉛印本　一冊

350000－2001－0007228　852.43/φ497＝1
唐黃御史集八卷　（唐）黃滔撰　（宋）黃公度等輯　**附錄一卷**　清乾隆、嘉慶刻本　四冊

350000－2001－0007229　852.43/φ497－2
莆陽黃御史集二卷　（唐）黃滔撰　（清）王懿榮輯　**明正德本唐黃御史集別錄一卷**　（宋）黃處權纂　**明崇禎本唐黃御史集附錄一卷**（明）黃崇翰編輯　清光緒十年(1884)福山王氏刻天壤閣叢書本　二冊

350000－2001－0007230　852.48/φ272
椽筆樓初集二卷　（清）胡鉉撰　清宣統三年(1911)鉛印本　二冊

350000－2001－0007231　852.48/φ272＝1
椽筆樓初集二卷　（清）胡鉉撰　清宣統三年(1911)鉛印本　二冊

350000－2001－0007232　852.48/φ730.2
寄廬文稿選錄一卷　薩嘉曦撰　清宣統二年(1910)抄本　一冊

350000－2001－0007233　852.494/φ557
冠悔堂駢體文鈔六卷詩鈔八卷　（清）楊浚著　清光緒刻本　六冊

350000－2001－0007234　852.4947/φ444

左海文集乙編二卷　（清）陳壽祺著　清嘉慶、道光刻左海全集本　二冊

350000－2001－0007235　852.43/φ638
唐歐陽先生文集八卷　（唐）歐陽詹著　附錄一卷　清道光十年（1830）刻光緒二十二年（1896）補修本　四冊

350000－2001－0007236　852.43/φ638＝1
唐歐陽先生文集八卷　（唐）歐陽詹著　附錄一卷　清道光十年（1830）刻光緒二十二年（1896）補修本　三冊　存八卷（文集八卷）

350000－2001－0007237　852.43/φ638＝2
唐歐陽先生文集八卷　（唐）歐陽詹著　附錄一卷　清道光十年（1830）刻光緒二十二年（1896）補修本　四冊

350000－2001－0007238　852.43/φ638－2
唐歐陽先生文集八卷　（唐）歐陽詹著　附錄一卷　清道光十年（1830）刻本　四冊

350000－2001－0007239　852.43/φ638－1
唐歐陽四門集八卷　（唐）歐陽詹著　附錄一卷　清嘉慶十五年（1810）福鼎麟後山房刻王氏彙刻唐人集本　一冊

350000－2001－0007240　852.4949/φ133
［光緒十五年］福建鄉試硃卷一卷　（清）沈翊清撰　清光緒衡鑒堂刻本　一冊

350000－2001－0007241　921.6/φ432＝1
戰國策十七卷　（清）張星徽評點　清雍正刻乾隆聚賢堂印本　八冊

350000－2001－0007242　852.43/φ334－1＝1
韓文故十三卷首一卷　（唐）韓愈撰　（清）高澍然輯　清宣統二年（1910）雲南學務公所石印本　八冊

350000－2001－0007243　φ852.44/35
尹和靖先生集一卷　（宋）尹焞撰　清同治五年（1866）福州正誼書局刻正誼堂全書本　一冊

350000－2001－0007244　042.7/623
養一齋劄記九卷　（清）潘德輿撰　清同治十

一年（1872）刻本　二冊

350000－2001－0007245　852.44/φ99
朱子集一百四卷目錄二卷　（宋）朱熹撰　清咸豐十年至同治元年（1860－1862）刻本　四十冊

350000－2001－0007246　852.4949/φ133＝1
［光緒十五年］福建鄉試硃卷一卷　（清）沈翊清撰　清光緒衡鑒堂刻本　一冊

350000－2001－0007247　852.4949/φ133＝2
［光緒十五年］福建鄉試硃卷一卷　（清）沈翊清撰　清光緒衡鑒堂刻本　一冊

350000－2001－0007248　852.4949/φ131
［同治四年］福建鄉試硃卷一卷　（清）沈詠彤撰　清同治刻本　一冊

350000－2001－0007249　822.47/φ678.1
外丁卯橋居士初稿八卷　（清）劉家謀撰　清道光二十八年（1848）東洋學署刻本　一冊　存四卷（一至四）

350000－2001－0007250　822.47/φ678.2
觀海集四卷　（清）劉家謀撰　清咸豐八年（1858）刻本　一冊

350000－2001－0007251　822.47/φ679
慕鳳巖詩集八卷　（清）劉璋壽著　清光緒六年（1880）刻本　一冊

350000－2001－0007252　822.47/φ702
紫霞軒詩鈔二卷　（清）盧蘊真著　清道光二十六年（1846）刻本　二冊

350000－2001－0007253　852.4949/φ134
［光緒十一年］順天鄉試硃卷一卷　（清）沈瑜慶撰　清光緒刻本　一冊

350000－2001－0007254　822.47/φ717.1
春草堂詩鈔十卷　（清）謝士驥撰　清抄本　一冊

350000－2001－0007255　822.47/φ718.1
櫻桃軒詩集二卷　（清）謝震著　清謝瞻洛刻本　一冊

350000－2001－0007256　822.47/φ718.2
櫻桃軒詩集二卷　（清）謝震著　清光緒九年
(1883)福州刻本　二冊

350000－2001－0007257　822.47/φ718.2＝1
櫻桃軒詩集二卷　（清）謝震著　清光緒九年
(1883)福州刻本　二冊

350000－2001－0007258　822.47/φ718.2＝2
櫻桃軒詩集二卷　（清）謝震著　清光緒九年
(1883)福州刻本　一冊

350000－2001－0007259　822.47/φ718.4＝1
小蘭陔詩集八卷　（清）謝道承著　清乾隆三
十八年(1773)刻本　二冊

350000－2001－0007260　852.4949/φ134.1
［光緒二十九年］福建鄉試第一房同門硃卷不
分卷　（清）沈覲宸等撰　清末刻本　一冊

350000－2001－0007261　852.4949/φ134＝1
［光緒二十九年］福建鄉試第一房同門硃卷不
分卷　（清）沈覲宸等撰　清末刻本　一冊

350000－2001－0007262　852.4949/φ212
［宣統二年］朝考卷一卷　（清）林心恪撰　清
宣統二年(1910)石印本　一冊

350000－2001－0007263　852.4949/φ214.1
［光緒二十九年福建鄉試第十一房同門闈卷］
不分卷　林志烜等撰　清末刻本　一冊

350000－2001－0007264　822.47/φ730
白華樓詩鈔四卷　（清）薩玉衡撰　清嘉慶十
八年(1813)刻本　一冊

350000－2001－0007265　822.47/φ730－1
白華樓詩鈔四卷　（清）薩玉衡著　清末刻本
　二冊

350000－2001－0007266　852.44/φ101－1
朱子文集大全類編一百九卷首一卷　（宋）朱
熹撰　清雍正八年(1730)刻乾隆十五年
(1750)考亭書院補修本　四十八冊

350000－2001－0007267　822.47/φ730－2
白華樓詩鈔四卷焚餘稿一卷　（清）薩玉衡著
　清光緒二十九年(1903)刻本　三冊

350000－2001－0007268　822.47/φ730－2＝1
白華樓詩鈔四卷焚餘稿一卷　（清）薩玉衡著
　清光緒二十九年(1903)刻本　一冊　存四
卷(詩鈔四卷)

350000－2001－0007269　852.44/φ101－1＝1
朱子文集大全類編一百九卷首一卷　（宋）朱
熹撰　清雍正八年(1730)刻乾隆十五年
(1750)考亭書院補修本　四十七冊　存一百
九卷(朱子文集大全類編一百九卷)

350000－2001－0007270　852.4949/φ216
［光緒二十八年］福建鄉試闈卷一卷　（清）林
葆真撰　清光緒刻本　一冊

350000－2001－0007271　822.47/φ730－3
白華樓詩鈔四卷　（清）薩玉衡著　清宣統元
年(1909)刻本　二冊

350000－2001－0007272　852.4949/φ218
［光緒二十八年福建鄉試第一房同門闈卷］不
分卷　（清）林翰等撰　清末刻本　一冊

350000－2001－0007273　822.47/φ730－3＝1
白華樓詩鈔四卷　（清）薩玉衡著　清宣統元
年(1909)刻本　二冊

350000－2001－0007274　822.47/φ730－5
湘南吟草一卷　（清）薩龍田著　清宣統二年
(1910)刻本　一冊

350000－2001－0007275　822.47/φ730.4
珠光集四卷　（清）薩察倫著　清宣統二年
(1910)刻本　一冊

350000－2001－0007276　822.47/φ730.6
荔影堂詩鈔二卷　（清）薩大年著　清末刻本
　一冊

350000－2001－0007277　822.47/φ730.7
荔影堂詩鈔二卷　（清）薩大年著　清末刻本
　一冊

350000－2001－0007278　822.47/φ730.8
望雲精舍詩鈔一卷　（清）薩大滋著　清宣統
二年(1910)刻本　一冊

350000－2001－0007279　852.4949/φ404

制義叢話二十四卷　（清）梁章鉅撰　清道光三十年至咸豐元年(1850 – 1851)知足知不足齋刻本　七冊

350000 – 2001 – 0007280　852.44/ϕ104 – 2
朱子集一百四卷目錄二卷　（宋）朱熹撰　清咸豐十年至同治元年(1860 – 1862)刻本　三十一冊　存二十二卷(一至十六、七十二至七十四、九十一至九十三)

350000 – 2001 – 0007281　852.44/ϕ99 = 2
朱子集一百四卷目錄二卷　（宋）朱熹撰　清咸豐十年至同治元年(1860 – 1862)刻本　四十冊

350000 – 2001 – 0007282　852.44/ϕ154
梁溪先生文集一百八十卷　（宋）李綱著　清道光十四年(1834)刻本　四十冊

350000 – 2001 – 0007283　852.4949/ϕ404 – 1
制義叢話二十四卷　（清）梁章鉅撰　清咸豐九年(1859)知足知不足齋刻本　八冊

350000 – 2001 – 0007284　852.44/ϕ154 = 1
梁溪先生文集一百八十卷　（宋）李綱撰　清道光十四年(1834)刻本　三十六冊

350000 – 2001 – 0007285　822.47/ϕ762
逸園詩鈔四卷後集四卷　（清）魏杰撰　清咸豐七年至同治五年(1857 – 1866)刻本　四冊

350000 – 2001 – 0007286　822.47/ϕ762 = 1
逸園詩鈔四卷後集四卷　（清）魏杰撰　清咸豐七年至同治五年(1857 – 1866)刻本　二冊　存四卷(詩鈔一至二、後集一至二)

350000 – 2001 – 0007287　822.47/ϕ762.1
百美帖體詩二卷　（清）魏秀仁著　清咸豐四年(1854)刻本　二冊

350000 – 2001 – 0007288　822.47/ϕ766
復堂詩三卷詞一卷　（清）譚獻著　清咸豐九年(1859)刻本　一冊

350000 – 2001 – 0007289　822.47/ϕ775
栗園詩鈔一卷　（清）羅大佑撰　清光緒十五年(1889)刻本　一冊

350000 – 2001 – 0007290　822.47/ϕ785
亦佳室詩鈔四卷　（清）蘇廷玉撰　清咸豐六年(1856)刻本　一冊

350000 – 2001 – 0007291　822.47/ϕ787
野航詩鈔二卷　（清）嚴仙藜著　清道光十一年(1831)刻本　一冊

350000 – 2001 – 0007292　852.4949/ϕ404 – 2
制義叢話二十四卷　（清）梁章鉅撰　清咸豐九年(1859)刻本　八冊

350000 – 2001 – 0007293　852.44/ϕ334
高東溪先生遺集三卷　（宋）高登撰　清光緒二十三年(1897)漳州素位堂刻本　二冊

350000 – 2001 – 0007294　852.4949/ϕ404 – 2 = 1
制義叢話二十四卷　（清）梁章鉅撰　清咸豐九年(1859)刻本　八冊

350000 – 2001 – 0007295　852.4949/ϕ404 – 2 = 2
制義叢話二十四卷　（清）梁章鉅撰　清咸豐九年(1859)刻本　八冊

350000 – 2001 – 0007296　852.44/ϕ369.2
西山先生真文忠公文集五十五卷目錄二卷心經一卷政經一卷　（宋）真德秀撰　年譜一卷　明崇禎十一年(1638)刻清雍正、同治遞修本　三十冊

350000 – 2001 – 0007297　852.4949/ϕ491
黃巽亭遺文不分卷　（清）黃寬撰　清刻本　二冊

350000 – 2001 – 0007298　852.4949/ϕ444.1
[光緒二十九年]福建選優貢卷一卷　（清）陳鎬撰　清末刻本　一冊

350000 – 2001 – 0007299　852.4949/ϕ496
[光緒二十三年]福建選拔貢卷一卷　（清）黃梓庠撰　清末刻本　一冊

350000 – 2001 – 0007300　852.44/ϕ369.2 = 1
西山先生真文忠公文集五十五卷目錄二卷心經一卷政經一卷　（宋）真德秀撰　年譜一卷　明崇禎十一年(1638)刻清雍正、同治遞修本　二十八冊　存五十七卷(文集五十五、

目錄二卷）

350000 – 2001 – 0007301　852.4949/φ528
[光緒九年]會試硃卷一卷　（清）曾宗彥撰
清末刻本　一冊

350000 – 2001 – 0007302　852.4949/φ662
[光緒十六年]鄭叔忱殿試朝考卷一卷　（清）
鄭叔忱撰　清光緒石印本　一冊

350000 – 2001 – 0007303　852.4949/φ662.1
[同治四年]福建鄉試第肆房同門硃卷不分卷
（清）鄭瑢等撰　清末刻本　一冊

350000 – 2001 – 0007304　852.4949/φ700
[宣統元年]福建選優貢卷一卷　（清）盧璞撰
清宣統刻本　一冊

350000 – 2001 – 0007305　822.47/φ794
臥南齋小草二卷　（清）饒春田著　清刻本
一冊

350000 – 2001 – 0007306　852.4949/φ730
[光緒十五年]會試硃卷一卷　（清）薩嘉樂撰
清末刻本　一冊

350000 – 2001 – 0007307　822.47/φ993
霜葉吟一卷一葦集一卷　（清）釋法新撰　清
刻本　一冊

350000 – 2001 – 0007308　852.44/φ369.2 – 1
西山文鈔八卷　（宋）真德秀撰　清嘉慶十六
年(1811)祝昌泰留香室刻浦城遺書本　二冊

350000 – 2001 – 0007309　822.47/φ939
荃蘭集一卷　題(清)香宮小史撰　清嘉慶十
五年(1810)刻本　一冊

350000 – 2001 – 0007310　852.44/φ446
北溪先生全集八種　（宋）陳淳撰　清乾隆四
十八年(1783)陳文芳刻本　十冊

350000 – 2001 – 0007311　852.86/φ662 – 1
昨非錄十二卷　（明）鄭誼明撰　（清）王楨鈔
清光緒石印本　二冊

350000 – 2001 – 0007312　852.86/φ718
文海披沙八卷　（明）謝肇淛撰　清光緒三年

(1877)上海鉛印申報館叢書本　四冊

350000 – 2001 – 0007313　852.44/φ446 – 1
北溪先生全集八種　（宋）陳淳撰　清光緒七
年(1881)蒞江鄭圭海種香別業刻本　十六冊

350000 – 2001 – 0007314　852.87/φ21
蘭修庵消寒錄四卷　（清）王道徵纂　清道光
二十八年(1848)刻本　二冊

350000 – 2001 – 0007315　852.44/φ492
莆陽知稼翁集二卷　（宋）黃公度著　明天啓
五年(1625)刻清道光九年(1829)重修本
二冊

350000 – 2001 – 0007316　852.44/φ497
黃勉齋先生文集八卷　（宋）黃榦撰　（宋）黃
沃編　清同治五年(1866)福州正誼書局刻正
誼堂全書本　三冊

350000 – 2001 – 0007317　852.44/φ469.1
游廌山先生集八卷　（宋）游酢撰　（清）游鳳
臺編　清同治九年(1870)刻　二冊

350000 – 2001 – 0007318　822.48/φ215.2 = 1
梅湖吟稿四卷　林棟撰　清宣統二年(1910)
北京共和印刷局鉛印本　一冊

350000 – 2001 – 0007319　822.48/φ214.4
閩中新樂府一卷　林紓撰　清光緒二十三年
(1897)鉛印本　一冊

350000 – 2001 – 0007320　822.48/φ214.6
偶涉園吟草一卷　（清）林怡仲撰　清宣統二
年(1910)山西濬文書局鉛印本　一冊

350000 – 2001 – 0007321　822.48/φ215.2
梅湖吟稿四卷　林棟撰　清宣統二年(1910)
北京共和印刷局鉛印本　一冊

350000 – 2001 – 0007322　822.48/φ218.2
感秋集一卷　（清）林黻楨撰　清宣統元年
(1909)鴻文恒記局鉛印本　一冊

350000 – 2001 – 0007323　822.48/φ218.3
北徵集一卷　（清）林黻楨撰　清光緒三十四
年(1908)廣益印字館鉛印本　一冊

350000 – 2001 – 0007324　822.48/ф395

寒碧樓詩集一卷　題(清)寒碧樓女士著　清光緒三十二年(1906)鉛印本　一冊

350000 – 2001 – 0007325　822.48/ф395 = 1

寒碧樓詩集一卷　題(清)寒碧樓女士著　清光緒三十二年(1906)鉛印本　一冊

350000 – 2001 – 0007326　822.48/ф395.1

寒碧樓餘詩一卷　題(清)寒碧樓女士著　清宣統三年(1911)鉛印本　一冊

350000 – 2001 – 0007327　822.48/ф396.1

粵行草掇存一卷　(清)翁祖蔭撰　清宣統元年(1909)清風橋文茂印局鉛印本　一冊

350000 – 2001 – 0007328　822.47/ф408 – 1 = 2

鐵堂詩鈔二卷　(清)許珌著　清道光十四年(1834)刻本　二冊

350000 – 2001 – 0007329　822.48/ф415

漫齋詩稿五卷　(清)康詠撰　清宣統二年(1910)石印本　一冊

350000 – 2001 – 0007330　822.48/ф429.1

知稼軒詩稿三卷　張元奇著　清光緒三十三年(1907)鉛印本　三冊

350000 – 2001 – 0007331　822.48/ф429.1 = 1

知稼軒詩稿三卷　張元奇著　清光緒三十三年(1907)鉛印本　二冊　存二卷(二至三)

350000 – 2001 – 0007332　822.48/ф444.3

南游草一卷　陳寶琛著　清光緒三十三年(1907)鉛印本　一冊

350000 – 2001 – 0007333　822.48/ф444.3 = 1

南游草一卷　陳寶琛著　清光緒三十三年(1907)鉛印本　一冊

350000 – 2001 – 0007334　822.48/ф445

石遺室詩集十卷補遺一卷朱絲詞二卷　陳衍著　清光緒三十一年(1905)武昌刻本　四冊

350000 – 2001 – 0007335　822.48/ф445 – 1

石遺室詩集三卷補遺一卷　陳衍著　清光緒三十一年(1905)刻本　一冊

350000 – 2001 – 0007336　822.48/ф445 – 1 = 1

石遺室詩集三卷補遺一卷　陳衍著　清光緒三十一年(1905)刻本　一冊

350000 – 2001 – 0007337　822.48/ф590

荔莊詩鈔十卷詩集二卷集句附彙編一卷　(清)廖必琦撰　清刻本　二冊

350000 – 2001 – 0007338　852.87/ф21 = 1

蘭修庵消寒錄四卷　(清)王道徵纂　清道光二十八年(1848)刻本　二冊

350000 – 2001 – 0007339　852.87/ф21 = 2

蘭修庵消寒錄四卷　(清)王道徵纂　清道光二十八年(1848)刻本　一冊

350000 – 2001 – 0007340　852.87/ф21 – 1

蘭修菴避暑鈔四卷　(清)王道徵纂　清道光二十二年(1842)刻本　一冊

350000 – 2001 – 0007341　ф852.87/22 – 1

池北偶談二十六卷　(清)王士禛撰　清康熙三十九年(1700)臨汀郡署刻本　八冊

350000 – 2001 – 0007342　852.4949/ф444

陳參時文試帖稿不分卷　(清)陳參　(清)陳瑩等撰　清道光、咸豐稿本　二冊

350000 – 2001 – 0007343　822.48/ф661

海藏樓詩一卷　鄭孝胥著　清光緒三十二年(1906)鉛印本　一冊

350000 – 2001 – 0007344　822.48/ф661 = 1

海藏樓詩一卷　鄭孝胥著　清光緒三十二年(1906)鉛印本　一冊

350000 – 2001 – 0007345　822.48/ф662

海藏樓詩一卷　鄭孝胥著　清光緒二十八年(1902)武昌刻本　一冊

350000 – 2001 – 0007346　822.48/ф662 = 1

海藏樓詩一卷　鄭孝胥著　清光緒二十八年(1902)武昌刻本　一冊

350000 – 2001 – 0007347　822.48/ф661 = 2

海藏樓詩一卷　鄭孝胥著　清光緒二十八年(1902)武昌刻本　一冊

350000 – 2001 – 0007348　822.4991/φ110

粵遊小草二卷　（清）伊恒山著　清嘉慶六年
（1801）刻本　一冊

350000 – 2001 – 0007349　822.4991/φ762

鼓山吟草五卷　（清）魏杰著　清咸豐七年
（1857）刻本　一冊

350000 – 2001 – 0007350　822.4991/φ937

遊閩草一卷　題（清）均野氏著　清光緒三十
四年（1908）鉛印本　一冊

350000 – 2001 – 0007351　822.4991/φ98

錄筠堂菊花詩集四卷首一卷　（清）朱秉銘撰
清道光十五年（1835）刻本　一冊

350000 – 2001 – 0007352　822.4991/φ98 – 1

錄筠堂菊花詩集四卷首一卷　（清）朱秉銘撰
清光緒六年（1880）刻本　二冊

350000 – 2001 – 0007353　822.4991/φ215

閩中歲時雜咏一卷　（清）林祖燾撰　稿本
一冊

350000 – 2001 – 0007354　822.4996/φ3

晉史雜詠一卷　（清）丁桐撰　清光緒十八年
（1892）木活字印本　一冊

350000 – 2001 – 0007355　822.4996/φ661

青墅讀史雜感十三卷　（清）鄭大謨著　清刻
本　四冊

350000 – 2001 – 0007356　822.4996/φ661 – 1

青墅讀史雜感十三卷　（清）鄭大謨著　清刻
本　四冊

350000 – 2001 – 0007357　342.2/940

核訂現行刑律不分卷　（清）沈家本等撰　清
宣統元年（1909）鉛印本　四冊

350000 – 2001 – 0007358　342.43/966

日本帝國憲法義解不分卷　（日本）伊藤博文
纂　清光緒二十七年（1901）鉛印本　一冊

350000 – 2001 – 0007359　342.43/966 – 1

日本帝國憲法義解不分卷　（日本）伊藤博文
纂　清光緒二十七年（1901）鉛印本　一冊

350000 – 2001 – 0007360　342.72/970

美國憲法纂釋二十一卷附美國憲法一卷續增
憲法一卷　（清）鄭昌棪譯　清光緒三十三年
（1907）江南製造總局刻本　二冊

350000 – 2001 – 0007361　342/16

憲法大綱不分卷　（清）方樞撰　清宣統元年
（1909）奉天關東印書館鉛印本　一冊

350000 – 2001 – 0007362　342/250

憲法精理二卷　（清）周逵編譯　清光緒二十
八年（1902）上海廣智書局鉛印本　一冊

350000 – 2001 – 0007363　342/965

比較國法學四編　（日本）末岡精一著　清光
緒三十二年（1906）上海商務印書館鉛印本
一冊

350000 – 2001 – 0007364　341/974

公法總論一卷公法便覽四卷續卷一卷　（美
國）吳爾璽著　（清）丁韙良譯　清光緒三年
（1877）同文館鉛印本　六冊

350000 – 2001 – 0007365　341/972.1

各國交涉公法論十六卷　（英國）費利摩羅巴
德著　（英國）傅蘭雅　（清）俞世爵等譯　清
光緒二十四年（1898）江南機器製造總局鉛印
本　十六冊

350000 – 2001 – 0007366　822.4997/φ940

燕臺鴻爪集一卷　題（清）粟海庵居士著　清
末刻本　一冊

350000 – 2001 – 0007367　822.71/φ153

離騷經一卷九歌一卷　（清）李光地注　清道
光九年（1829）李維迪刻本　一冊

350000 – 2001 – 0007368　822.71/φ223 – 4

楚辭燈四卷　（清）林雲銘論述　（清）林沅校
清康熙三十六年（1697）刻本　二冊

350000 – 2001 – 0007369　822.77/φ445

賜葛堂賦存一卷瀛洲課草錄一卷　（清）陳宸
書撰　清同治八年（1869）陳濬刻本　一冊

350000 – 2001 – 0007370　822.71/φ795 – 1 = 1

離騷箋二卷　（清）龔景瀚撰　清同治閩縣龔

易圖刻本　一冊

350000－2001－0007371　341/96701

公法會通十卷　（德國）步倫氏撰　（清）愳三等譯　清光緒鉛印本　五冊

350000－2001－0007372　822.77/ϕ677

劉夢蟾律賦零存一卷　（清）劉夢蟾著　清末抄本　一冊

350000－2001－0007373　341/972

萬國公法四卷　（美國）惠頓編　（清）丁韙良譯　清同治三年(1864)京都崇實館刻本四冊

350000－2001－0007374　341/340

公法通義總論不分卷　（清）唐戢丞著　清光緒二十八年(1902)中華編譯書館鉛印本一冊

350000－2001－0007375　341/168

局外中立國法則二編　（清）吳振麟著　清光緒三十年(1904)戰時國際法調查局鉛印本二冊

350000－2001－0007376　341/965

國際公法志一卷　（清）蔡鍔編譯　清光緒二十八年(1902)上海廣智書局鉛印本　一冊

350000－2001－0007377　342/965＝1

比較國法學四編　（日本）末岡精一著　（清）商務印書館編譯所譯　清光緒三十二年(1906)上海商務印書館鉛印本　一冊

350000－2001－0007378　340/973

法學通論二卷　（日本）鈴木喜三郎講義（清）震生譯　清光緒二十八年(1902)上海廣智書局鉛印本　一冊

350000－2001－0007379　340/973＝1

法學通論二卷　（日本）鈴木喜三郎講義（清）震生譯　清光緒二十八年(1902)上海廣智書局鉛印本　一冊

350000－2001－0007380　ϕ852.87/22

池北偶談二十六卷　（清）王士禎著　清康熙三十九年(1700)臨汀郡署刻本　八冊

350000－2001－0007381　822.78/ϕ947

樨華館試帖一卷　（清）□□撰　清抄本一冊

350000－2001－0007382　822.78/ϕ444－1

滄趣樓律賦一卷　陳寶琛撰　清鐵石軒抄本一冊

350000－2001－0007383　822.791/ϕ23

閩嶠賦約四卷　（清）王式金編　清道光二十二年(1842)刻本　一冊

350000－2001－0007384　852.44/ϕ557－1

楊龜山先生集四十二卷首一卷末一卷　（宋）楊時撰　清康熙四十六年(1707)刻六十年(1721)增補本　十冊

350000－2001－0007385　ϕ852.87/22－2

池北偶談二十六卷　（清）王士禎著　清同治元年至光緒三十四年(1862－1908)汀州張氏勵志齋刻本　十六冊

350000－2001－0007386　822.79171/ϕ181

七十二明珠樓賦鈔四卷　（清）何卓然輯　清咸豐三年(1853)刻本　四冊

350000－2001－0007387　822.79171/ϕ795

雙華館賦合刻二卷　（清）龔顯曾　（清）陳榮仁撰　清刻本　二冊

350000－2001－0007388　822.79171/ϕ557

閩南唐賦六卷　（清）楊浚輯　清光緒二年(1876)刻本　二冊

350000－2001－0007389　822.96/ϕ412

詩鐘存稿七卷　（清）郭柏蔭撰　清光緒七年(1881)刻本　一冊

350000－2001－0007390　822.96/ϕ496

雪鴻初集十卷　（清）黃理堂輯　清光緒七年(1881)刻本　一冊

350000－2001－0007391　832.01/ϕ562

天籟軒詞譜五卷詞韻一卷　（清）葉申薌編次　清道光十一年(1831)刻本　六冊

350000－2001－0007392　832.01/ϕ694

詞鏡平仄圖譜三卷　（清）賴損菴著　（清）查

隨菴輯　清乾隆四十八年(1783)刻朱墨套印本　一冊

350000 – 2001 – 0007393　852.44/φ557 – 1 = 1
楊龜山先生集四十二卷首一卷末一卷　(宋)楊時撰　清康熙四十六年(1707)刻六十年(1721)增補本　十冊

350000 – 2001 – 0007394　832.01/φ694 = 1
詞鏡平仄圖譜三卷　(清)賴損菴著　(清)查隨菴輯　清乾隆四十八年(1783)刻綠墨套印本　二冊

350000 – 2001 – 0007395　852.87/φ81
東山草堂邇言六卷　(清)邱嘉穗著　清康熙三十五年(1696)刻本　二冊

350000 – 2001 – 0007396　852.87/φ195
東山談苑八卷　(清)余懷編纂　清光緒三年(1877)酉腴仙館鉛印本　一冊

350000 – 2001 – 0007397　852.87/φ195 = 1
東山談苑八卷　(清)余懷編纂　清光緒三年(1877)酉腴仙館鉛印本　一冊

350000 – 2001 – 0007398　852.44/φ557 – 3
楊龜山先生集四十二卷首一卷末一卷　(宋)楊時撰　清康熙四十六年(1707)刻光緒五年至七年(1879 – 1881)孫晉廷增補本　十冊

350000 – 2001 – 0007399　852.44/φ557 – 4
楊龜山先生集四十二卷首一卷末一卷　(宋)楊時撰　**延平李先生答問一卷後錄一卷補錄一卷**　(宋)朱熹輯　清光緒九年(1883)刻本　十四冊

350000 – 2001 – 0007400　343.66/811
奏定商船公會章程不分卷　(清)商部定　清光緒刻本　一冊

350000 – 2001 – 0007401　343.65/872
日本商律五編　(清)湖北商務報館譯　清光緒刻本　二冊

350000 – 2001 – 0007402　343.61/23
鹽法議畧二卷　(清)王守基纂　清光緒十二年(1886)刻本　二冊

350000 – 2001 – 0007403　343.5/973
各國交涉便法論六卷　(英國)費利摩羅巴德著　(英國)傅蘭雅譯　(清)錢國祥校　清光緒江南製造總局鉛印本　六冊

350000 – 2001 – 0007404　343.2/132 – 1
大清現行刑律三十六卷首一卷附禁煙條例一卷秋審條款一卷　(清)沈家本等修訂　清宣統二年(1910)鉛印本　十二冊

350000 – 2001 – 0007405　343.2/132
大清現行刑律三十六卷首一卷附禁煙條例一卷秋審條款一卷　(清)沈家本等修訂　清宣統二年(1910)鉛印本　八冊

350000 – 2001 – 0007406　343.1/134
欽定六部處分則例五十二卷　(清)沈賢書(清)孫爾耆修訂　清光緒十一年(1885)刻本　十六冊

350000 – 2001 – 0007407　343/933
大清各國章程不分卷　(清)□□撰　清光緒三十四年(1908)石印本　一冊

350000 – 2001 – 0007408　343/134
欽定六部處分則例五十二卷　(清)□□撰　清光緒十三年(1887)刻本　三十二冊

350000 – 2001 – 0007409　852.87/φ196
困學邇言初編一卷續編一卷三編一卷居官臆測一卷　(清)余潛士著　清同治、光緒福省陳仁權刻本　一冊

350000 – 2001 – 0007410　348/622
新增刑案匯覽十六卷首一卷　(清)潘文舫(清)徐諫荃編　清光緒圖書集成局石印本　四冊

350000 – 2001 – 0007411　348/408
刑部比照加減成案三十二卷　(清)許槤(清)熊莪同訂　清道光十四年(1834)刻本　八冊

350000 – 2001 – 0007412　348/346.1
續增刑案匯覽十六卷　(清)祝慶祺編　清光緒圖書集成局鉛印本　六冊

350000－2001－0007413　852.44/ф675＝1

屏山全集二十卷　（宋）劉子翬著　清道光十
八年（1838）秋柯草堂刻本　三冊

350000－2001－0007414　852.44/ф557－4＝1

楊龜山先生集四十二卷首一卷末一卷　（宋）
楊時撰　延平李先生答問一卷後錄一卷補錄
一卷　（宋）朱熹輯　清光緒九年（1883）刻本
十三冊

350000－2001－0007415　348/346

刑案匯覽六十卷首一卷末一卷　（清）鮑書芸
編　清光緒圖書集成局鉛印本　二十八冊

350000－2001－0007416　852.44/ф557－4＝2

楊龜山先生集四十二卷首一卷末一卷　（宋）
楊時撰　延平李先生答問一卷後錄一卷補錄
一卷　（宋）朱熹輯　清光緒九年（1883）刻本
十三冊

350000－2001－0007417　852.44/ф675＝2

屏山全集二十卷　（宋）劉子翬著　清道光十
八年（1838）秋柯草堂刻本　六冊

350000－2001－0007418　852.44/ф557－5

楊龜山先生集四十二卷首一卷末一卷　（宋）
楊時撰　清康熙四十六年（1707）刻民國十年
（1921）周賡慈增補本　十冊

350000－2001－0007419　348/227

讀法圖存四卷　（清）黃杏川鑒定　（清）邵繩
清繪編　清道光三十年（1850）邵氏刻本
四冊

350000－2001－0007420　348/155

大清現行刑律講義三十三卷附秋審條款一卷
審判要畧一卷　（清）李楠訂　（清）蔡方炳校
清康熙二十八年（1689）刻本　十冊

350000－2001－0007421　852.44/ф784

宋蘇魏公文集七十二卷首一卷目錄二卷
（宋）蘇頌撰　附錄一卷　（宋）曾肇撰　清道
光二十二年（1842）蘇氏刻本　十冊

350000－2001－0007422　852.44/ф784＝1

宋蘇魏公文集七十二卷首一卷目錄二卷

（宋）蘇頌撰　附錄一卷　（宋）曾肇撰　清道
光二十二年（1842）蘇氏刻本　十冊

350000－2001－0007423　348/89.2

大清現行刑律講義三十三卷附秋審條款一卷
審判要畧一卷　（清）吉同鈞輯　清宣統二年
（1910）石印本　九冊

350000－2001－0007424　348/132

核訂現行刑律不分卷　（清）沈家本等撰　清
宣統元年（1909）鉛印本　一冊

350000－2001－0007425　348/132－1

核訂現行刑律不分卷　（清）沈家本等撰　清
宣統元年（1909）鉛印本　四冊

350000－2001－0007426　348/132.1

寄簃文存八卷　（清）沈家本撰　清宣統元年
（1909）修訂法律館鉛印本　二冊

350000－2001－0007427　348/132.2

大清刪除新律例　（清）沈家本等編　清光緒
三十一年（1905）上海書局石印本　三冊

350000－2001－0007428　852.46/ф212

淡軒先生詩集十二卷補遺一卷　（明）林文撰
明嘉靖四十五年（1566）莆田林炳章刻本
四冊

350000－2001－0007429　852.46/ф212＝1

淡軒先生詩集十二卷補遺一卷　（明）林文撰
明嘉靖四十五年（1566）莆田林炳章刻本
三冊　存七卷（詩集一至六、補遺一卷）

350000－2001－0007430　852.87/ф211

拾穗山房雜錄一卷　（清）林軒開編　清抄本
一冊

350000－2001－0007431　ф852.87/394

風月談餘錄六卷　（清）徐兆豐撰　清光緒三
十三年（1907）福州刻本　二冊

350000－2001－0007432　852.87/ф404－6

浪迹三談六卷　（清）梁章鉅撰　清杭縣鄭氏
小琳琅館刻本　六冊

350000－2001－0007433　852.46/ф277

柯竹巖集十八卷補遺一卷續補遺一卷　（明）

柯潛著　清光緒十四年(1888)刻本　四冊

350000－2001－0007434　852.46/ф277＝1

柯竹巖集十八卷補遺一卷續補遺一卷　(明)
柯潛著　清光緒十四年(1888)刻本　四冊

350000－2001－0007435　852.87/ф493.1

止齋遺書十六卷　(清)黃俊苑著　清光緒元
年(1875)福州刻六年(1880)補修本　八冊

350000－2001－0007436　852.87/ф3

因話錄一卷　(清)丁鈺撰　清道光十六年
(1836)木活字印本　二冊

350000－2001－0007437　852.46/ф312

**正氣堂集十六卷首一卷近稿一卷鎮閩議稿一
卷餘集四卷續集七卷**　(明)俞大猷著　(清)
李杜編次　清道光二十一年至二十四年
(1841－1844)龍溪孫雲鴻味古書室刻本　十
一冊　存二十二卷(正氣堂集一至四、十三至
十六,首一卷,近稿一卷,鎮閩議稿一卷,餘集
四卷,續集七卷)

350000－2001－0007438　852.46/ф312＝1

**正氣堂集十六卷首一卷近稿一卷鎮閩議稿一
卷餘集四卷續集七卷**　(明)俞大猷著　(清)
李杜編次　清道光二十一年至二十四年
(1841－1844)龍溪孫雲鴻味古書室刻本　十
六冊

350000－2001－0007439　852.87/ф931

[一齋公隨筆]一卷　(清)□□撰　清抄本
一冊

350000－2001－0007440　852.87/ф934

[雜錄]一卷　(清)□□撰　清抄本　一冊

350000－2001－0007441　852.87/ф943

[雜抄]一卷　(清)□□撰　清抄本　一冊

350000－2001－0007442　322.1/870

癸卯列國歲計政要續編不分卷　(清)海上譯
社譯纂　清光緒二十九年(1903)鉛印本
四冊

350000－2001－0007443　322.1/936

西政叢書三十三種　題(清)求自強齋主人輯

清光緒二十三年(1897)慎記書莊石印本
三十二冊

350000－2001－0007444　822.46/ф334＝2

石門集七卷　(明)高濲著　(清)郭柏蒼編
清道光二十一年(1841)刻本　一冊

350000－2001－0007445　322.13/752

歐美政治要義十八章　(清)戴鴻慈　(清)端
方撰　清光緒三十三年(1907)石印本　四冊

350000－2001－0007446　322.1/971＝1

列國歲計政要十二卷首一卷　(英國)麥丁富
得力編纂　(美國)林樂知口譯　(清)鄭昌棪
筆述　清光緒江南機器製造總局刻本　六冊

350000－2001－0007447　322.13/752＝1

歐美政治要義十八章　(清)戴鴻慈　(清)端
方撰　清光緒三十三年(1907)石印本　四冊

350000－2001－0007448　322.13/752＝2

歐美政治要義十八章　(清)戴鴻慈　(清)端
方撰　清光緒三十三年(1907)石印本　四冊

350000－2001－0007449　322.1/971

列國歲計政要十二卷首一卷　(英國)麥丁富
得力編纂　(美國)林樂知口譯　(清)鄭昌棪
筆述　清光緒江南機器製造總局刻本　六冊

350000－2001－0007450　322.1/751

列國政要一百三十二卷附譯名對照表一卷
(清)戴鴻慈　(清)端方輯　清光緒三十三年
(1907)上海商務印書館石印本　三十二冊

350000－2001－0007451　322.1/705

萬國分類時務大成四十卷首一卷　(清)錢豐
選輯　清光緒二十三年(1897)石印本　二十
八冊

350000－2001－0007452　852.47/ф445

惕園初藁十六卷外藁一卷　(清)陳庚煥撰
清道光元年(1821)木活字印本　六冊

350000－2001－0007453　349.5/318

大清律例增修統纂集成四十卷督捕則例二卷
(清)姚潤編　清光緒十七年(1891)上洋珍
藝書局鉛印本　二十四冊

350000 – 2001 – 0007454　852.47/ф445＝1

惕園初藁十六卷外藁一卷　(清)陳庚煥撰
清道光元年(1821)木活字印本　四冊　存十
二卷(初藁一至五、十一至十六,外藁一卷)

350000 – 2001 – 0007455　349.5/89.2

審判要畧一卷　(清)吉同鈞撰　清光緒三十
四年(1908)石印本　一冊

350000 – 2001 – 0007456　852.47/ф445＝2

惕園初藁十六卷外藁一卷　(清)陳庚煥撰
清道光元年(1821)木活字印本　五冊　存十
五卷(初藁一至八、十一至十六,外藁一卷)

350000 – 2001 – 0007457　348.953/970

德意志刑法不分卷　(德國)威廉俾斯麥克制
定　清光緒三十三年(1907)法律館鉛印本
一冊

350000 – 2001 – 0007458　852.47/ф445＝3

惕園初藁十六卷外藁一卷　(清)陳庚煥撰
清道光元年(1821)木活字印本　四冊

350000 – 2001 – 0007459　348.953/970.1

德意志治罪法不分卷　(德國)威廉俾斯麥克
制定　清光緒三十四年(1908)鉛印本　一冊

350000 – 2001 – 0007460　852.47/ф445－1

惕園全集三十卷　(清)陳庚煥撰　清咸豐元
年(1851)刻本　六冊　存十七卷(初藁十六
卷、外藁一卷)

350000 – 2001 – 0007461　852.46/ф337

鑑江享帚集彙輯二卷　(明)唐文燦著　清康
熙刻本　一冊

350000 – 2001 – 0007462　852.46/ф445＝1

布衣陳先生遺集四卷　(明)陳晟撰　(清)游
光繹重訂　清道光六年(1826)龍溪郭基刻本
一冊

350000 – 2001 – 0007463　852.46/ф446

薊門兵事二卷　(明)陳第編輯　(明)焦竑訂
正　清道光連江陳斗初刻一齋集十四種本
三冊

350000 – 2001 – 0007464　852.46/ф496－1

黃漳浦集五十卷首一卷目錄二卷　(明)黃道
周撰　(清)陳壽祺編　**漳浦黃先生年譜二卷**
(清)莊起儔編　清道光八年至十年(1828
－1830)刻本　二十四冊

350000 – 2001 – 0007465　852.46/ф496－1＝1

黃漳浦集五十卷首一卷目錄二卷　(明)黃道
周撰　(清)陳壽祺編　**漳浦黃先生年譜二卷**
(清)莊起儔編　清道光八年至十年(1828－
1830)刻本　二十三冊　存五十卷(黃漳浦集
五十卷)

350000 – 2001 – 0007466　348.954/938

校正法蘭西刑法不分卷　(清)□□譯　清光
緒三十三年(1907)法律館鉛印本　一冊

350000 – 2001 – 0007467　348.9/406

日本刑法四編　(清)章宗祥　(清)董康譯
清光緒三十一年(1905)中外法制調查局鉛印
本　一冊

350000 – 2001 – 0007468　852.47/ф445－1＝1

惕園全集三十卷　(清)陳庚煥撰　清咸豐元
年(1851)刻本　九冊　存二十九卷(惕園初
藁一至十六、外藁一卷、詩草漫存二卷、書札
僅存二卷、莊嶽談二卷、童子摭談一卷、謬言
意言附識一卷、日記僅存一卷、故紙隨筆一
卷、約語追記一卷、約語補錄一卷)

350000 – 2001 – 0007469　348.9/437

日本改正刑法草案不分卷　(清)陸宗輿譯
清光緒三十一年(1905)中外法制調查局鉛印
本　一冊

350000 – 2001 – 0007470　348.9/973

瑞士刑法典案二編　(清)□□譯　清光緒三
十三年(1907)法律館鉛印本　　冊

350000 – 2001 – 0007471　852.47/ф445.2

慎餘書屋文集五卷詩集五卷　(清)陳池養著
清同治九年(1870)刻本　八冊

350000 – 2001 – 0007472　349/808.1

奏定審判廳檢察廳試辦章程不分卷　(清)法
部制定　清宣統元年(1909)石印本　一冊

350000 – 2001 – 0007473　349/808.2

法部奏定修正承發吏職務章程不分卷　（清）
法部制定　清宣統三年(1911)鉛印本　一冊

350000 – 2001 – 0007474　852.47/ф445.3

松蘿山人遺稿一卷　（清）陳瑩著　清宣統元
年(1909)陳景韶刻本　一冊

350000 – 2001 – 0007475　349/808.3

司法統計表式解說二卷　（清）法部編　清宣
統鉛印本　一冊

350000 – 2001 – 0007476　852.47/ф445.3＝1

松蘿山人遺稿一卷　（清）陳瑩著　清宣統元
年(1909)陳景韶刻本　一冊

350000 – 2001 – 0007477　852.47/ф445.3＝2

松蘿山人遺稿一卷　（清）陳瑩著　清宣統元
年(1909)陳景韶刻本　一冊

350000 – 2001 – 0007478　349/808

審判廳及檢察廳辦事章程十三節　（清）法部
制定　清宣統鉛印本　一冊

350000 – 2001 – 0007479　822.47/ф446.5－1

秋坪詩存十四卷　（清）陳登龍撰　清道光刻
本　四冊

350000 – 2001 – 0007480　852.47/ф448

待隱堂遺稿四卷　（清）陳翼撰　清光緒十九
年(1893)陳秉中刻本　四冊

350000 – 2001 – 0007481　852.47/ф448.1

求在我齋文集二卷　（清）陳澧著　清同治十
三年(1874)賜葛堂刻本　二冊

350000 – 2001 – 0007482　852.47/ф452

師竹堂文集十四卷補遺一卷　（清）莫樹椿撰
　清道光二十八年(1848)刻咸豐二年(1852)
增補本　四冊

350000 – 2001 – 0007483　852.47/ф452＝1

師竹堂文集十四卷補遺一卷　（清）莫樹椿撰
　清道光二十八年(1848)刻咸豐二年(1852)
增補本　二冊　存五卷(文集一至五)

350000 – 2001 – 0007484　852.47/ф455

秋水堂文集六卷餘集二卷詩集六卷　（清）莊

亨陽著　清光緒十五年(1889)刻本　四冊

350000 – 2001 – 0007485　852.47/ф486

古愚心言八卷　（清）彭鵬編　清康熙刻本
十五冊

350000 – 2001 – 0007486　349/600

提牢備考四卷　（清）趙舒翹輯　清光緒十九
年(1893)東甌官舍刻本　一冊

350000 – 2001 – 0007487　852.46/ф496－1＝2

黃漳浦集五十卷首一卷目錄二卷　（明）黃道
周撰　清道光八年至十年(1828－1830)刻本
二十二冊　存五十卷(黃漳浦集五十卷)

350000 – 2001 – 0007488　852.46/ф496－1＝3

黃漳浦集五十卷首一卷目錄二卷　（明）黃道
周撰　清道光八年至十年(1828－1830)刻本
十二冊

350000 – 2001 – 0007489　348.9/136

和蘭刑法三編　（清）汪有齡校正　清光緒三
十三年(1907)鉛印本　一冊

350000 – 2001 – 0007490　852.46/ф524＝1

傅木虛集八種　（明）傅汝舟著　清光緒七年
(1881)沁泉山館刻本　三冊

350000 – 2001 – 0007491　348.4/938

官犯發遣改發巴藏章程摺不分卷　（清）□□
撰　清宣統三年(1911)石印本　一冊

350000 – 2001 – 0007492　852.46/ф524＝2

傅木虛集八種　（明）傅汝舟著　清光緒七年
(1881)沁泉山館刻本　一冊　存二種二卷
(七幅菴草一卷、吳遊記一卷)

350000 – 2001 – 0007493　852.46/ф654

蔡忠烈公遺集六卷　（明）蔡道憲撰　清道光
二十六年至二十八年(1846－1848)應魁刻本
六冊

350000 – 2001 – 0007494　852.46/ф654＝1

蔡忠烈公遺集六卷　（明）蔡道憲撰　清道光
二十六年至二十八年(1846－1848)應魁刻本
六冊

350000 – 2001 – 0007495　349.5/936

審看擬式六卷 (清)剛毅撰 清光緒十八年
(1892)浙江書局刻本 二冊

350000－2001－0007496 349.5/936＝1

審看擬式六卷 (清)剛毅撰 清光緒十八年
(1892)浙江書局刻本 二冊

350000－2001－0007497 349.5/943

會審信隆行租用南洋兵輪輳轕全案不分卷
(清)□□撰 清光緒石印本 一冊

350000－2001－0007498 852.46/ф654－1

蔡忠烈公遺集不分卷續編不分卷 (明)蔡道
憲撰 (清)鄧顯鶴編 清光緒二十二年
(1896)長沙刻本 四冊

350000－2001－0007499 852.46/ф654－2

蔡忠烈公遺集四卷 (明)蔡道憲撰 (清)鄧
顯鶴原編 (清)夏獻雲重輯 清光緒六年
(1880)長沙閩館蓬萊山房刻本 四冊

350000－2001－0007500 852.46/ф662

鄭少谷先生全集二十四卷首一卷 (明)鄭善
夫著 (清)鄭炳文校 清道光四年(1824)刻
本 十冊

350000－2001－0007501 852.46/ф788

筍存集八卷 (明)嚴九岳著 (明)嚴應璆編
次 清光緒十四年(1888)木活字印本 二冊

350000－2001－0007502 349.5/656

律例便覽八卷附諸圖一卷 (清)蔡逢年
(清)蔡嵩年輯 清同治八年(1869)刻本
四冊

350000－2001－0007503 852.46/ф795

玉堂稿山居集□□卷 (明)龔用卿著 清抄
本 一冊 存二卷(四至五)

350000－2001－0007504 349.5/656－2

律例便覽八卷附諸圖一卷 (清)蔡逢年
(清)蔡嵩年輯 清同治十一年(1872)刻本
四冊

350000－2001－0007505 349.5/643

樊山批判十六卷公牘三卷 樊增祥撰 清光
緒二十年至二十三年(1894－1897)刻本

十冊

350000－2001－0007506 852.47/ф550

經笥堂文鈔二卷 (清)雷鋐撰 (清)伊秉綬
編 清嘉慶十六年(1811)廣州刻本 二冊

350000－2001－0007507 852.47/ф550＝1

經笥堂文鈔二卷 (清)雷鋐撰 (清)伊秉綬
編 清嘉慶十六年(1811)廣州刻本 一冊

350000－2001－0007508 852.47/ф550＝2

經笥堂文鈔二卷 (清)雷鋐撰 (清)伊秉綬
編 清嘉慶十六年(1811)廣州刻本 四冊

350000－2001－0007509 349.5/492

秋審實緩比較彙案一卷 (清)黃文瀚輯 清
光緒刻本 一冊

350000－2001－0007510 852.47/ф550－1

經笥堂文鈔二卷 (清)雷鋐撰 (清)伊秉綬
編 清光緒二十八年(1902)刻本 二冊

350000－2001－0007511 349.5/662

折獄龜鑒八卷 (宋)鄭克輯 補六卷 (清)
胡文炳輯 清光緒四年(1878)蘭石齋刻本
八冊

350000－2001－0007512 852.47/ф23.2

種芝山房詩草六卷望捷吟戊午存草三卷種芝
古文一卷 (清)王光宇著 清光緒十年
(1884)木活字印本 五冊

350000－2001－0007513 852.47/ф557

冠悔堂詩鈔八卷駢體文鈔六卷賦鈔四卷楹語
三卷楹語附錄一卷 (清)楊浚著 清光緒刻
本 二十一冊

350000－2001－0007514 349.927/131

名法指掌新例增訂四卷 (清)沈辛田輯 清
道光刻本 四冊

350000－2001－0007515 852.47/ф27

虛谷文集三卷附拾遺一卷 (清)王錫聆撰
清道光二十六年(1846)刻本 二冊

350000－2001－0007516 852.47/ф590

南雲書屋文鈔一卷 (清)廖鴻章著 清同
治、光緒永定廖氏刻本 一冊

350000－2001－0007517　349.923/208.1
故唐律疏議三十卷　(唐)長孫無忌等撰　**音義一卷**　(宋)孫奭等撰　**宋提刑洗冤集錄五卷**　(宋)宋慈撰　清光緒十七年(1891)刻本　八册

350000－2001－0007518　349.67/963
監獄訪問錄二編　(日本)小河滋次郎講演　清光緒三十三年(1907)鉛印本　二册

350000－2001－0007519　852.47/ф100
梅崖居士文集三十卷首一卷外集八卷　(清)朱仕琇撰　清乾隆四十七年(1782)刻本　七册　存二十七卷(文集四至三十)

350000－2001－0007520　852.47/ф100＝1
梅崖居士文集三十卷首一卷外集八卷　(清)朱仕琇撰　清乾隆四十七年(1782)刻本　十二册

350000－2001－0007521　852.47/ф599
琴鶴堂詩集二卷文集二卷　(清)趙在田著　(清)趙良瑜編　清咸豐元年(1851)刻本　一册

350000－2001－0007522　852.47/ф100＝2
梅崖居士文集三十卷首一卷外集八卷　(清)朱仕琇撰　清乾隆四十七年(1782)刻本　十册

350000－2001－0007523　852.47/ф100＝3
梅崖居士文集三十卷首一卷外集八卷　(清)朱仕琇撰　清乾隆四十七年(1782)刻本　十二册

350000－2001－0007524　852.47/ф100＝4
梅崖居士文集三十卷首一卷外集八卷　(清)朱仕琇撰　清乾隆四十七年(1782)刻本　十二册

350000－2001－0007525　852.47/ф599＝1
琴鶴堂詩集二卷文集二卷　(清)趙在田著　(清)趙良瑜編　清咸豐元年(1851)刻本　一册

350000－2001－0007526　852.47/ф651
雲廖山人文鈔八卷　(清)蔣蘅撰　清咸豐元年(1851)刻本　四册

350000－2001－0007527　852.47/ф654－1
二希堂文集二十一卷首一卷　(清)蔡世遠撰　清道光十七年(1837)文林堂刻本　二册　存七卷(一至二、八至十二)

350000－2001－0007528　852.47/ф100－1
梅崖居士文集三十卷首一卷外集八卷　(清)朱仕琇撰　清乾隆四十七年(1782)刻道光補修本　十一册　存三十三卷(文集三十卷、首一卷、外集七至八)

350000－2001－0007529　852.47/ф100－1＝1
梅崖居士文集三十卷首一卷外集八卷　(清)朱仕琇撰　清乾隆四十七年(1782)刻道光補修本　十三册

350000－2001－0007530　852.47/ф100－2
梅崖居士文集三十八卷外集二卷　(清)朱仕琇撰　清刻本　八册

350000－2001－0007531　349.8/808
法部奏派赴美第八次萬國監獄改良會會員報告書不分卷　(清)法部撰　清宣統鉛印本　一册

350000－2001－0007532　349.9/936
各國刑律考不分卷　(清)□□撰　清末石印本　二册

350000－2001－0007533　852.47/ф104＝1
笙樓文鈔二卷　(清)朱簧著　清咸豐元年(1851)自問心齋刻本　一册

350000－2001－0007534　349.9/967＝1
萬國憲法比較不分卷　(日本)辰己小二郎撰　(清)戢翼翬譯　清光緒二十八年(1902)商務印書館鉛印本　一册

350000－2001－0007535　349.9/967
萬國憲法比較不分卷　(日本)辰己小二郎撰　(清)戢翼翬譯　清光緒二十八年(1902)商務印書館鉛印本　一册

350000－2001－0007536　349.92/558

讀律提綱一卷　(清)楊榮緒撰　清光緒三年(1877)刻本　一冊

350000－2001－0007537　349.92/723

大清現行刑律講義八卷　(清)吉同鈞纂輯　清宣統二年(1910)石印本　八冊

350000－2001－0007538　852.47/ф152.1

寒支初集十卷　(清)李世熊著　清道光木活字印本　五冊

350000－2001－0007539　852.47/ф656

緝齋文集八卷首一卷附錄二卷詩稿八卷首一卷　(清)蔡新撰　清刻本　八冊

350000－2001－0007540　832.047/ф4

聽秋聲館詞話二十卷　(清)丁紹儀撰　清同治八年(1869)刻本　四冊

350000－2001－0007541　832.047/ф4＝1

聽秋聲館詞話二十卷　(清)丁紹儀撰　清同治八年(1869)刻本　二冊　存十卷(一至十)

350000－2001－0007542　832.047/ф562

本事詞二卷　(清)葉申薌編輯　清道光十二年(1832)刻本　一冊

350000－2001－0007543　852.47/ф662.1

六亭文集十二卷　(清)鄭兼才撰　清道光王興源臺灣刻本　四冊

350000－2001－0007544　822.47/ф662.6＝1

觀瀾堂詩鈔十三卷　(清)鄭振圖撰　清嘉慶十八年(1813)刻本　四冊

350000－2001－0007545　349.67/429

奏新造省城模範監獄詳定約束矜恤勸善習藝諸章程不分卷　(清)張之洞撰　清光緒三十三年(1907)鉛印本　一冊

350000－2001－0007546　852.47/ф662.1＝1

六亭文集十二卷　(清)鄭兼才撰　清道光福省王興源臺灣刻本　四冊

350000－2001－0007547　349.67/568

調查日本裁判監獄報告書不分卷　(清)董康撰　清光緒三十三年(1907)鉛印本　一冊

350000－2001－0007548　852.47/ф662.1＝2

六亭文集十二卷　(清)鄭兼才撰　清道光福省王興源臺灣刻本　四冊

350000－2001－0007549　349/600＝1

提牢備考四卷　(清)趙舒翹輯　清光緒十九年(1893)東甌官舍刻本　二冊

350000－2001－0007550　349.6/976

日本裁判所搆成法四章　(日本)齋藤十一郎述　清宣統元年(1909)鉛印本　二冊

350000－2001－0007551　349.6/805.1

民政部咨違警律施行辦法不分卷　(清)民政部編　清光緒三十四年(1908)油印本　一冊

350000－2001－0007552　349.6/808

法部會奏詳訂檢察廳調度司法警察章程摺不分卷　(清)法部制定　清宣統鉛印本　一冊

350000－2001－0007553　349.6/89.2

考試法官擬作不分卷　(清)吉同鈞撰　清宣統二年(1910)法部律學館石印本　一冊

350000－2001－0007554　349.6/264

憲政編查館奏核議法部奏酌擬死罪施行詳細辦法摺不分卷　(清)奕劻等撰　清宣統鉛印本　一冊

350000－2001－0007555　349.51/943

駁案續編七卷　(清)□□撰　清嘉慶二十一年(1816)刻本　六冊

350000－2001－0007556　852.47/ф671－2

託素齋詩集四卷文集六卷　(清)黎士弘著　清道光二十五年(1845)刻本　十冊

350000－2001－0007557　852.47/ф671－1

託素齋文集六卷詩集四卷仁恕堂筆記一卷　(清)黎士弘著　清光緒二十五年(1899)閩汀東壁軒活印書局木活字印本　十一冊

350000－2001－0007558　852.47/ф671－1＝1

託素齋文集六卷詩集四卷仁恕堂筆記一卷　(清)黎士弘著　清光緒二十五年(1899)閩汀東壁軒活印書局木活字印本　八冊　存八卷(文集一、四、六,詩集四卷,仁恕堂筆記一卷)

350000 - 2001 - 0007559　852.47/ф671 - 1 = 2

託素齋文集六卷詩集四卷仁恕堂筆記一卷
（清）黎士弘著　清光緒二十五年(1899)閩汀
東壁軒活印書局木活字印本　十一冊

350000 - 2001 - 0007560　852.47/ф676

屺雲樓文鈔十二卷　（清）劉存仁撰　清光緒
鉛印本　六冊

350000 - 2001 - 0007561　832.13/ф600

花間集十卷　（五代）趙崇祚集　清光緒十四
年(1888)邵武徐氏刻本　二冊

350000 - 2001 - 0007562　832.14/ф562

天籟軒詞選六卷　（清）周稚圭鑒定　（清）葉
申薌編輯　清道光十九年(1839)刻本　五冊

350000 - 2001 - 0007563　832.19171/ф562

閩詞鈔四卷　（清）葉申薌編輯　清道光十四
年(1834)刻本　四冊

350000 - 2001 - 0007564　832.19171/ф562 = 1

閩詞鈔四卷　（清）葉申薌編輯　清道光十四
年(1834)刻本　四冊

350000 - 2001 - 0007565　832.196/ф718

聚紅榭雅集詞六卷　（清）謝章鋌輯　清同治
二年(1863)刻本　二冊　存四卷(一至二、五
至六)

350000 - 2001 - 0007566　832.43/ф934

唐五代詞選三卷　（清）成肇麐輯　清光緒十
三年(1887)刻本　一冊

350000 - 2001 - 0007567　852.47/ф718 - 1 = 1

二勿齋文集六卷首一卷　（清）謝金鑾撰　清
道光、咸豐木活字印本　一冊　存二卷(一至
二)

350000 - 2001 - 0007568　832.47/ф127

燈昏鏡曉詞四卷附錄聚紅雅集詞一卷　（清）
宋謙著　清宣統二年(1910)鉛印本　二冊

350000 - 2001 - 0007569　832.47/ф127 = 1

燈昏鏡曉詞四卷附錄聚紅雅集詞一卷　（清）
宋謙著　清宣統二年(1910)鉛印本　二冊

350000 - 2001 - 0007570　322.29/478

校邠廬抗議二卷　（清）馮桂芬著　清光緒十
年(1884)刻本　二冊

350000 - 2001 - 0007571　322.29/478 = 1

校邠廬抗議二卷　（清）馮桂芬著　清光緒十
年(1884)刻本　二冊

350000 - 2001 - 0007572　322.29/478 - 1

校邠廬抗議二卷　（清）馮桂芬著　清光緒十
八年(1892)刻本　二冊

350000 - 2001 - 0007573　832.47/ф154

雙辛夷樓詞二卷　（清）李宗禕撰　清光緒二
十四年(1898)刻本　一冊

350000 - 2001 - 0007574　832.47/ф157

華影歘笙室詞一卷　（清）李慎溶撰　清末小
檀欒室刻本　一冊

350000 - 2001 - 0007575　852.47/ф718.1

賭棋山莊所著書八種　（清）謝章鋌撰　清光
緒十年至二十四年(1884 - 1898)刻本　六冊
　　存三種十一卷(文七卷、文續二卷、又續二
卷)

350000 - 2001 - 0007576　322.29/654 - 1

廣治平略正集三十六卷續集八卷　（清）蔡方
炳撰　清光緒十六年(1890)上海廣百宋齋鉛
印本　八冊

350000 - 2001 - 0007577　322.29/970

中國現勢論四篇　（法國）愛姆士撰　（清）出
洋學生編輯所譯　清光緒二十九年(1903)商
務印書館鉛印本　一冊

350000 - 2001 - 0007578　322.29/183

中國宜改革新政論議一卷附書曾襲侯中國先
睡後醒論後一卷　（清）何啓　胡禮垣撰　清
光緒二十一年(1895)香港文裕堂鉛印本
一冊

350000 - 2001 - 0007579　852.47/ф718.2

賭棋山莊文七卷　（清）謝章鋌撰　清光緒刻
賭棋山莊所著書本　四冊

350000 - 2001 - 0007580　322.29/196

得一錄十六卷　（清）余治輯　清同治八年

(1869)刻本　八冊

350000－2001－0007581　322.29/196＝1
得一錄十六卷　（清）余治輯　清同治八年
(1869)刻本　七冊　存十四卷(一至十二、十
五至十六)

350000－2001－0007582　322.29/196＝2
得一錄十六卷　（清）余治輯　清同治八年
(1869)刻本　六冊

350000－2001－0007583　322.1/967
海國大政記十二卷首一卷　（英國）麥丁富得
力編纂　（美國）林樂知口譯　（清）鄭昌棪筆
述　清光緒二十三年(1897)上海慎記書局石
印本　十二冊

350000－2001－0007584　852.47/φ729
道安室雜文一卷戴花平安室遺詞一卷平安室
雜記一卷蕭閑堂遺詩一卷　蕭道管撰　清光
緒三十三年(1907)刻石遺室叢書本　一冊

350000－2001－0007585　852.47/φ753－1
鹿洲初集二十卷　（清）藍鼎元撰　（清）曠敏
本評　清雍正十年(1732)刻光緒五年(1879)
補修鹿洲全集本　八冊

350000－2001－0007586　327.246/934
升恭勤公藏印邊務錄二卷　（清）升泰等撰
清光緒石印本　二冊

350000－2001－0007587　327.25/165
隨軺游紀初集四卷　吳宗濂譯纂　清光緒時
務報館石印本　一冊

350000－2001－0007588　327.25/165.1
隨軺游紀初集四卷　吳宗濂譯纂　清光緒時
務報館石印本　一冊

350000－2001－0007589　327.22/481
各國約章纂要六卷首一卷附錄一卷　（清）勞
乃宣輯　清光緒十八年(1892)上海圖書集成
印書局鉛印本　四冊

350000－2001－0007590　327.2014/968
中西關係略論四卷續編一卷　（美國）林樂知
著　清光緒十八年(1892)上海格致書室鉛印

本　一冊

350000－2001－0007591　852.47/φ753
鹿洲初集二十卷　（清）藍鼎元撰　清雍正十
年(1732)刻光緒五年(1879)補修鹿洲全集本
八冊

350000－2001－0007592　852.47/φ152.1－1
寒支初集十卷首一卷二集四卷　（清）李世熊
著　（清）李向旻編次　清道光三年(1823)刻
本　十四冊

350000－2001－0007593　327.2/805
光緒乙巳年交涉要覽□□卷　（清）北洋洋務局
纂輯　清光緒三十二年(1906)鉛印本　二冊

350000－2001－0007594　327.19/965
十九世紀外交史十七章　（日本）平田久著
張相譯　清光緒二十八年(1902)杭州史學齋
刻本　四冊

350000－2001－0007595　327.291/943
[各國條款條約章程]　（清）□□輯　清光緒
刻本　一冊　存一種(義國和約、通商章程及
稅則不分卷)

350000－2001－0007596　322.9/334
王安石新法論三編　（日本）高橋作衛著
（清）陳超譯　清光緒二十八年(1902)上海廣
智書局鉛印本　一冊

350000－2001－0007597　322.9/404
中國存亡一大問題一卷　梁啓超撰　清光緒
三十二年(1906)鉛印本　一冊

350000－2001－0007598　φ832.47/249
東鷗草堂詞二卷　（清）周星譽撰　勉憙集詞
一卷　（清）周星詒撰　清同治刻本　一冊

350000－2001－0007599　φ832.47/249＝1
東鷗草堂詞二卷　（清）周星譽撰　勉憙集詞
一卷　（清）周星詒撰　清同治刻本　一冊
存二卷(東鷗草堂詞二卷)

350000－2001－0007600　φ832.47/340
蘇菴詩餘五卷　（清）唐壎撰　清同治元年
(1862)刻本　一冊　存二卷(一至二)

350000 - 2001 - 0007601　852.47/ϕ152.1 - 2
寒支初集十卷首一卷二集四卷　（清）李世熊
著　（清）李向旻編次　清同治十三年（1874）
木活字印本　十四冊

350000 - 2001 - 0007602　832.47/ϕ402
木南山館詞一卷　（清）梁履將撰　清光緒十
八年（1892）刻本　一冊

350000 - 2001 - 0007603　832.47/ϕ402 = 1
木南山館詞一卷　（清）梁履將撰　清光緒十
八年（1892）刻本　一冊

350000 - 2001 - 0007604　852.47/ϕ152.1 - 2 = 1
寒支初集十卷首一卷二集四卷　（清）李世熊
著　（清）李向旻編次　清同治十三年（1874）
木活字印本　十四冊

350000 - 2001 - 0007605　832.47/ϕ444
補眠盦詞甲集一卷乙集一卷　（清）陳宗通撰
　清光緒十六年（1890）刻本　一冊

350000 - 2001 - 0007606　322.295/871
國會期成會意見書一卷　（清）□□撰　清宣
統鉛印本　一冊

350000 - 2001 - 0007607　322.293/395
保甲書四卷　（清）徐棟輯　清道光二十八年
（1848）刻本　三冊

350000 - 2001 - 0007608　832.47/ϕ494
婆梭詞一卷　（清）黃宗彝撰　清咸豐四年
（1854）聚紅榭刻本　一冊

350000 - 2001 - 0007609　832.47/ϕ562
小庚詞存四卷　（清）葉申薌撰　清道光十四
年（1834）刻本　一冊

350000 - 2001 - 0007610　832.47/ϕ661
考功詞一卷　（清）鄭守廉撰　清光緒二十八
年（1902）武昌刻本　一冊

350000 - 2001 - 0007611　832.47/ϕ661 = 1
考功詞一卷　（清）鄭守廉撰　清光緒二十八
年（1902）武昌刻本　一冊

350000 - 2001 - 0007612　832.47/ϕ678
斫劍詞一卷　（清）劉家謀撰　清道光二十九

年（1849）東洋學署刻本　一冊

350000 - 2001 - 0007613　322.293/942
欽定宮中現行則例四卷　（清）□□輯　清光
緒鉛印本　四冊

350000 - 2001 - 0007614　322.293/941
清朝捐例不分卷　（清）□□輯　清光緒刻本
　五冊

350000 - 2001 - 0007615　322.29/654 - 2
廣治平畧三十六卷　（清）蔡方炳撰　清小琅
嬛館刻本　八冊

350000 - 2001 - 0007616　852.47/ϕ212 - 1
樸學齋詩藳十卷文一卷　（清）林佶撰　清道
光五年（1825）荔水莊刻本　四冊

350000 - 2001 - 0007617　852.47/ϕ212 - 1 = 1
樸學齋詩藳十卷文一卷　（清）林佶撰　清道
光五年（1825）荔水莊刻本　一冊　存一卷
（文一卷）

350000 - 2001 - 0007618　852.47/ϕ212 - 1 = 2
樸學齋詩藳十卷文一卷　（清）林佶撰　清道
光五年（1825）荔水莊刻本　一冊　存一卷
（文一卷）

350000 - 2001 - 0007619　852.47/ϕ212 - 1 = 3
樸學齋詩藳十卷文一卷　（清）林佶撰　清道
光五年（1825）荔水莊刻本　一冊　存一卷
（文一卷）

350000 - 2001 - 0007620　832.47/ϕ719
酒邊詞八卷　（清）謝章鋌撰　清光緒十五年
（1889）刻賭棋山莊全集本　二冊

350000 - 2001 - 0007621　327.292/654
約章分類輯要三十八卷首一卷　（清）蔡乃煌
等輯　清光緒二十六年（1900）湖南商務局刻
本　三十冊

350000 - 2001 - 0007622　852.47/ϕ212.3
介石堂文鈔八卷附編一卷　（清）林芳春著
清道光五年（1825）刻本　四冊

350000 - 2001 - 0007623　327.55/939
英俄印度交涉書一卷續編一卷　（英國）馬文

著 （英國）羅亨來 （清）瞿昂來譯稿 清光
緒十年(1884)江南製造總局刻本 一冊

350000－2001－0007624 852.47/φ212.3＝1
介石堂文鈔八卷附編一卷 （清）林芳春著
清道光五年(1825)刻本 四冊

350000－2001－0007625 327.292/435
各國立約始末記三十卷首二卷 （清）陸元鼎
編 清光緒三十二年(1906)上海商務印書館
鉛印本 二十二冊

350000－2001－0007626 852.47/φ212.6
藏山堂遺篇二卷 （明）林之蕃著 （清）郭柏
蒼編 清道光十九年(1839)黃煸刻本 一冊

350000－2001－0007627 327.292/157
通商約章類纂三十五卷 （清）張開運等纂輯
清光緒十二年(1886)天津官書局刻本 二
十冊

350000－2001－0007628 852.47/φ212.6＝1
藏山堂遺篇二卷 （明）林之蕃著 （清）郭柏
蒼編 清道光十九年(1839)黃煸刻本 一冊

350000－2001－0007629 327.291/941＝1
國恥一卷 （清）□□撰 清光緒鉛印本
一冊

350000－2001－0007630 327.291/941
國恥一卷 （清）□□撰 清光緒鉛印本
一冊

350000－2001－0007631 832.07/φ562
天籟軒五種 （清）葉申薌撰 清道光刻本
二十冊

350000－2001－0007632 327.291/967
英國藍皮書二卷 （英國）客能奈撰 （清）鄭
貞來譯 清光緒二十九年(1903)湖北洋務譯
書局鉛印本 二冊

350000－2001－0007633 327.291/967.1
英國第三冊藍皮書一卷 （英國）李敦撰
(清)黃文浩譯 清光緒二十九年(1903)湖北
洋務譯書局鉛印本 一冊

350000－2001－0007634 852.47/φ213

**林希五古文初集二卷外編一卷時古詩初集三
卷時文初集一卷** （清）林雨化著 （清）林金
緘編次 清道光十年(1830)刻本 三冊

350000－2001－0007635 852.47/φ213＝1
**林希五古文初集二卷外編一卷時古詩初集三
卷時文初集一卷** （清）林雨化著 （清）林金
緘編次 清道光十年(1830)刻本 一冊 存
三卷(古文初集二卷、外編一卷)

350000－2001－0007636 852.47/φ213＝2
**林希五古文初集二卷外編一卷時古詩初集三
卷時文初集一卷** （清）林雨化著 （清）林金
緘編次 清道光十年(1830)刻本 一冊 存
一卷(外編一卷)

350000－2001－0007637 327.291/971
華英通商事略一卷 （英國）偉烈亞力口譯
(清)王韜著 **西俗雜誌一卷** （清）袁祖志著
清光緒二十三年(1897)可閱山房刻本
一冊

350000－2001－0007638 852.47/φ213.2
小石渠閣文集六卷 （清）林昌彝撰 清光緒
福州刻本 二冊

350000－2001－0007639 852.47/φ213.2＝1
小石渠閣文集六卷 （清）林昌彝撰 清光緒
福州刻本 一冊 存三卷(一至三)

350000－2001－0007640 852.47/φ213＝3
**林希五古文初集二卷外編一卷時古詩初集三
卷時文初集一卷** （清）林雨化著 （清）林金
緘編次 清道光十年(1830)刻本 一冊 存
三卷(古文初集二卷、外編一卷)

350000－2001－0007641 852.47/φ215.2
味雪堂遺集一卷 （清）林賀峒撰 清宣統元
年(1909)林氏梁園刻本 一冊

350000－2001－0007642 852.47/φ215.4
易堂文鈔二卷 （清）林象著 （清）林廣顯等
校 清嘉慶十六年(1811)刻本 二冊

350000－2001－0007643 327.291/870
浙贛鐵路事件一卷 （清）浙江同鄉會幹事編

清光緒三十一年（1905）日本東京浙江同鄉
會事務所鉛印本　一冊

350000－2001－0007644　327.291/536
增訂教案彙編六卷首一卷　（清）程宗裕輯
清光緒二十八年（1902）寔學書社鉛印本
六冊

350000－2001－0007645　327.293/706
中俄界約斠注七卷　（清）錢恂撰　清光緒二
十年（1894）文翰齋刻本　二冊

350000－2001－0007646　852.47/φ216
歠雲詩鈔四卷歠雲山人文鈔十四卷　（清）林
樹梅著　清道光二十四年（1844）刻本　四冊

350000－2001－0007647　327.293/971
現今中俄大勢論一卷　（日本）渡邊千春撰
（清）梁武公譯　清光緒二十九年（1903）益新
譯社鉛印本　一冊

350000－2001－0007648　327.2943/933
中日馬關新約一卷　（清）□□撰　清末鉛印
本　一冊

350000－2001－0007649　329.5/966
社會黨一卷　（日本）西川光次郎著　（清）周
子高譯　清光緒二十九年（1903）上海廣智書
局鉛印本　一冊

350000－2001－0007650　329.43/964
明治政黨小史三期　（日本）日日新聞社纂
（清）陳超譯　清光緒二十八年（1902）上海廣
智書局鉛印本　一冊

350000－2001－0007651　327.292/941
通商條約章程成案彙編三十卷　（清）李鴻章
輯　清光緒廣百宋齋鉛印本　十二冊

350000－2001－0007652　852.47/φ216.1
靜遠齋文鈔一卷　（清）林樹梅輯　清道光十
六年（1836）刻本　一冊

350000－2001－0007653　192/938
耶穌紀要一卷　（清）□□撰　清光緒十五年
（1889）同文書會刻本　一冊

350000－2001－0007654　192/964

新約腓立比書註釋一卷　（英國）文高能輯
（清）楊愧軒述　清光緒三十年（1904）上海華
美書局鉛印本　一冊

350000－2001－0007655　852.47/φ217.1
濁泉二編四卷　（清）林鑑中撰　清光緒二十
六年（1900）刻本　四冊

350000－2001－0007656　852.47/φ218
林太史集十四卷附存一卷　（清）林兆鯤著
清嘉慶九年（1804）莆田林泰刻本　四冊

350000－2001－0007657　852.47/φ215.1＝1
味雪堂遺草一卷　（清）林賀峒撰　清光緒三
十三年（1907）鉛印本　一冊

350000－2001－0007658　192/973
加拉太書註釋六章　（美國）雷音百譯著　清
光緒二十三年（1897）上海美華書館鉛印本
一冊

350000－2001－0007659　192/975
使徒紀畧一卷　（美國）劉樂義譯　清光緒二
十五年（1899）上海廣學會鉛印本　一冊

350000－2001－0007660　852.47/φ228
瓶菴居士文鈔四卷　（清）孟超然撰　清嘉慶
二十年（1815）刻亦園亭全集本　三冊

350000－2001－0007661　φ852.47/250
內自訟齋文集十卷附年譜　（清）周凱撰　清
道光二十年（1840）泉州施唐培刻本　八冊

350000－2001－0007662　φ852.47/250＝1
內自訟齋文集十卷附年譜　（清）周凱撰　清
道光二十年（1840）泉州施唐培刻本　七冊
存九卷（一至七、九至十）

350000－2001－0007663　852.47/φ153－1
榕村全集四十卷　（清）李光地撰　清道光李
師洛、李國香刻本　十五冊

350000－2001－0007664　192/391
道原精萃七種　（清）倪懷綸輯　清光緒十三
年（1887）上海慈母堂鉛印本　八冊

350000－2001－0007665　852.47/φ331
荔隱山房集七種　（清）涂慶瀾撰　清光緒莆

陽涂氏刻宣統二年(1910)增修本　五冊

350000－2001－0007666　852.47/ф331＝1

荔隱山房集七種　(清)涂慶瀾撰　清光緒莆
陽涂氏刻宣統二年(1910)增修本　五冊

350000－2001－0007667　190/536

增訂教案彙編六卷首一卷　(清)程宗裕撰
清光緒二十八年(1902)鉛印本　五冊

350000－2001－0007668　852.47/ф331.1

荔隱山房文略一卷　(清)涂慶瀾撰　清光緒
三十二年(1906)刻荔隱山房集本　一冊

350000－2001－0007669　190/965

救世教成全儒教一卷　(德國)安保羅著　清
光緒二十五年(1899)上海廣學會鉛印本
一冊

350000－2001－0007670　852.47/ф331.2

進奉文一卷荔隱居楹聯偶存一卷　(清)涂慶
瀾撰　清光緒三十二年(1906)刻荔隱山房集
本　一冊

350000－2001－0007671　852.47/ф154

西雲文鈔二卷　(清)李枝青撰　清同治、光
緒刻本　一冊

350000－2001－0007672　852.47/ф332

續東軒遺集文二卷詩一卷策問一卷　(清)高
均儒著　清光緒七年(1881)刻本　三冊

350000－2001－0007673　852.47/ф332＝1

續東軒遺集文二卷詩一卷策問一卷　(清)高
均儒著　清光緒七年(1881)刻本　三冊

350000－2001－0007674　852.47/ф332＝2

續東軒遺集文二卷詩一卷策問一卷　(清)高
均儒著　清光緒七年(1881)刻本　二冊

350000－2001－0007675　852.47/ф332＝3

續東軒遺集文二卷詩一卷策問一卷　(清)高
均儒著　清光緒七年(1881)刻本　一冊　存
二卷(文二卷)

350000－2001－0007676　190.9/251

教務紀略四卷首一卷末一卷　(清)李剛己撰
清光緒三十一年(1905)南洋官報局刻本

四冊

350000－2001－0007677　852.47/ф154＝1

守信錄二卷　(清)李宗言撰　清光緒二十四
年(1898)滕王閣刻本　一冊

350000－2001－0007678　192/83

自西徂東五卷　(德國)花之安撰　清光緒十
年(1884)廣東小書會真寶堂刻本　五冊

350000－2001－0007679　179/244－3

格言聯璧一卷附一卷　(清)金纓輯　清同治
六年(1867)刻本　一冊

350000－2001－0007680　179/244－4

格言聯璧一卷附一卷　(清)金纓輯　清同治
六年(1867)刻本　一冊

350000－2001－0007681　852.47/ф155.1

榕園文鈔不分卷　(清)李彥章撰　清道光刻
本　二冊

350000－2001－0007682　179/244－5

格言聯璧一卷附一卷　(清)金纓輯　清同治
六年(1867)刻本　一冊

350000－2001－0007683　852.47/ф158

古山文鈔十卷　(清)李祥賡著　(清)李芳編
錄　清道光朱亨檜刻本　二冊

350000－2001－0007684　852.47/ф376

歸田藁六卷　(清)孫衍撰　清道光十七年
(1837)泉州施唐培刻本　二冊

350000－2001－0007685　179/3

諸子粹言一卷讀史粹言一卷　(清)丁晏述
清道光二十六年(1846)頤志齋刻本　一冊

350000－2001－0007686　852.47/ф376－1

歸田藁不分卷　(清)孫衍撰　稿本　四冊

350000－2001－0007687　852.47/ф170

愛吾廬文鈔一卷　(清)呂世宜著　清光緒三
年(1877)刻本　一冊

350000－2001－0007688　178.4/429

粹敏第一女學學約一卷　(清)張元昭撰　清
光緒三十四年(1908)鉛印本　一冊

350000－2001－0007689　852.47/φ394.1
雅歌堂全集五種　（清）徐經著　清光緒二年
(1876)潭陽徐氏刻本　十六冊

350000－2001－0007690　178.4/431
女兒書八種　（清）張承燮輯　清光緒二十六
年(1900)膠州聽雨堂刻本　二冊

350000－2001－0007691　852.47/φ179＝1
何氏學四卷　（清）何治運撰　清嘉慶二十四
年(1819)瑞室刻本　二冊

350000－2001－0007692　852.47/φ179＝2
何氏學四卷　（清）何治運撰　清嘉慶二十四
年(1819)瑞室刻本　二冊

350000－2001－0007693　178.4/841
閨訓十則　（清）培遠堂輯　清培遠堂刻本
一冊

350000－2001－0007694　852.47/φ394.1＝1
雅歌堂全集五種　（清）徐經著　清光緒二年
(1876)潭陽徐氏刻本　十四冊

350000－2001－0007695　852.47/φ200.1
官石溪文集初刻三卷　（清）官獻瑤撰　官獻
瑶傳一卷　（清）陳壽祺撰　清道光二十年
(1840)林克家、王源邃臺灣刻本　三冊

350000－2001－0007696　178.1/332－1
小學六卷　（清）高愈纂註　附文公朱夫子
[熹]年譜　清同治十一年(1872)浙江書局刻
本　二冊

350000－2001－0007697　852.47/φ210
易堂文鈔二卷　（清）林象撰　清嘉慶十六年
(1811)龍溪林氏刻本　二冊

350000－2001－0007698　852.87/φ404－2
歸田瑣記八卷　（清）梁章鉅撰　清道光二十
五年(1845)刻本　五冊

350000－2001－0007699　852.47/φ414
吉雨山房遺集十卷　（清）郭籛齡著　（清）郭
慎行等校　清光緒十六年(1890)刻吉雨山房
全集本　八冊

350000－2001－0007700　852.47/φ180

第五居士集四卷　（清）何長載著　清光緒二
十三年(1897)光澤何氏刻本　一冊

350000－2001－0007701　852.47/φ180＝1
第五居士集四卷　（清）何長載著　清光緒二
十三年(1897)光澤何氏刻本　一冊

350000－2001－0007702　852.47/φ414＝1
吉雨山房遺集十卷　（清）郭籛齡著　（清）郭
慎行等校　清光緒十六年(1890)刻吉雨山房
全集本　四冊　存四卷(文集一至三、詩集
三)

350000－2001－0007703　852.47/φ195
耕邨姑留稿六卷　（清）余潛士撰　清咸豐二
年(1852)務本堂刻本　三冊

350000－2001－0007704　852.47/φ195＝1
耕邨姑留稿六卷　（清）余潛士撰　清咸豐二
年(1852)務本堂刻本　三冊

350000－2001－0007705　852.47/φ432
張亨甫全集三十三卷首一卷　（清）張際亮著
　　清咸豐孔慶衢刻同治六年(1867)李雲誥增
補本　二冊　存六卷(文集六卷)

350000－2001－0007706　852.47/φ785
亦佳室文鈔四卷詩鈔四卷　（清）蘇廷玉撰
清咸豐六年(1856)刻本　二冊

350000－2001－0007707　852.47/φ785＝1
亦佳室文鈔四卷詩鈔四卷　（清）蘇廷玉撰
清咸豐六年(1856)刻本　二冊　存四卷(詩
鈔四卷)

350000－2001－0007708　852.47/φ795
滄靜齋文鈔六卷外篇二卷　（清）龔景瀚著
清道光六年(1826)龔式穀刻本　六冊

350000－2001－0007709　852.47/φ795－1
滄靜齋文鈔八卷詩鈔六卷　（清）龔景瀚著
清同治八年(1869)龔氏濟南郡署刻本　五冊

350000－2001－0007710　178.1/431
小學集解六卷輯說一卷　（清）張伯行輯註
清同治六年(1867)楚北崇文書局刻本　三冊

350000－2001－0007711　178.1/441－2

小學集注六卷　（明）陳選集注　清光緒三十二年(1906)鴻寶齋石印本　三冊

350000－2001－0007712　178.1/35

小學後編一卷　（清）尹嘉銓輯　清刻本　一冊

350000－2001－0007713　852.47/ф431.3

怡亭文集二十卷　（清）張紳撰　清道光十三年(1833)刻本　六冊

350000－2001－0007714　852.47/ф795－1＝1

澹靜齋文鈔八卷詩鈔六卷　（清）龔景瀚著　清同治八年(1869)龔氏濟南郡署刻本　十二冊

350000－2001－0007715　822.47/ф795.3＝2

烏石山房詩存十二卷　（清）龔易圖撰　清光緒龔氏雙驂園刻本　四冊

350000－2001－0007716　822.47/ф795.2＝1

烏石山房詩藁十六卷　（清）龔易圖撰　清光緒龔氏雙驂園刻本　四冊

350000－2001－0007717　178.1/98.1

小學集註六卷　（宋）朱熹撰　題（清）王安又輯　清雍正刻重修本　四冊

350000－2001－0007718　822.47/ф795.2－1

烏石山房詩藁二十三卷　（清）龔易圖撰　清光緒六年(1880)龔氏雙驂園刻七年(1881)粵東臬署增補本　六冊

350000－2001－0007719　178.1/98.2

小學集註六卷　（宋）朱熹撰　（明）陳選集註　清黎兆棠刻本　二冊

350000－2001－0007720　178.1/135

節韻幼儀一卷　（清）汪志伊撰　清嘉慶刻本　一冊

350000－2001－0007721　178/942

尋常語一卷　（清）劉沅撰　清同治八年(1869)刻本　一冊

350000－2001－0007722　178/15

擇識錄九卷　（清）方中編輯　清乾隆五十八年(1793)刻本　二冊

350000－2001－0007723　334/72

新輯撫豫宣化錄十卷　（清）田文炳撰　清光緒二十二年(1896)上海書局石印本　四冊

350000－2001－0007724　178/187

詒謀隨筆二卷　（清）但明倫撰　清光緒四年(1878)但氏刻本　二冊

350000－2001－0007725　178/251

居敬錄四卷　（清）周儻著　清末刻本　一冊

350000－2001－0007726　178/338

忍字臆說八則　（清）唐英撰　清乾隆十二年(1747)古柏堂刻本　一冊

350000－2001－0007727　178/679

持志塾言二卷　（清）劉熙載撰　清同治六年(1867)刻本　一冊

350000－2001－0007728　178/756

魄林漫錄二卷　（明）瞿式耜輯　清光緒十六年(1890)江蘇書局刻本　二冊

350000－2001－0007729　334/360

袁易齋先生圖民錄四卷　（清）袁守定撰　清同治十二年(1873)湘鄉楊昌濬刻本　二冊

350000－2001－0007730　334/360＝1

袁易齋先生圖民錄四卷　（清）袁守定撰　清同治十二年(1873)湘鄉楊昌濬刻本　二冊

350000－2001－0007731　334/436

莅政摘要二卷　（清）陸隴其輯　清光緒十五年(1889)解經堂刻本　一冊

350000－2001－0007732　ф929.7133/215＝1

[乾隆]福清縣志二十卷圖一卷　（清）饒安鼎　（清）邵應龍修　（清）林昂　（清）李修卿纂　清光緒二十四年(1898)劉玉璋刻本　二冊　存三卷(九至十一)

350000－2001－0007733　852.1947/ф408.1＝2

八家四六文註八卷首一卷　（清）許貞幹註　補註一卷　陳衍撰　清光緒十八年(1892)上海圖書集成印書局鉛印本　八冊

350000－2001－0007734　334/314

荒政叢書十卷附錄二卷　（清）俞森撰　清宣

統三年(1911)文盛書局石印本　六冊

350000－2001－0007735　φ929.7114/406
[嘉慶]連江縣志十卷首一卷　(清)李菶修
(清)章朝栻纂　清嘉慶十年(1805)刻本
九冊

350000－2001－0007736　334/170＝2
實政錄七卷　(明)呂坤撰　清同治十一年
(1872)浙江書局刻本　六冊

350000－2001－0007737　334/127
公門果報錄一卷續錄一卷附錄一卷　(清)宋
楚望撰　清光緒十九年(1893)刻本　一冊

350000－2001－0007738　334/127＝1
公門果報錄一卷續錄一卷附錄一卷　(清)宋
楚望撰　清光緒十九年(1893)刻本　一冊

350000－2001－0007739　334/170
實政錄七卷　(明)呂坤撰　清同治十一年
(1872)浙江書局刻本　六冊

350000－2001－0007740　φ929.7115/215＝2
[道光]新修羅源縣志三十卷首一卷　(清)盧
鳳芩修　(清)林春溥纂　清道光十一年
(1831)刻本　十一冊　存二十八卷(三至三
十)

350000－2001－0007741　φ929.7115/215＝1
[道光]新修羅源縣志三十卷首一卷　(清)盧
鳳芩修　(清)林春溥纂　清道光十一年
(1831)刻本　十二冊

350000－2001－0007742　φ929.7115/215＝3
[道光]新修羅源縣志三十卷首一卷　(清)盧
鳳芩修　(清)林春溥纂　清道光十一年
(1831)刻本　九冊　存七卷(十至十一、十四
至十六、二十九至三十)

350000－2001－0007743　φ929.7116/528
古田縣鄉土志略不分卷　(清)曾光禧纂　清
光緒三十二年(1906)鉛印本　一冊

350000－2001－0007744　φ929.712/250＝1
[弘治]重刊興化府志五十四卷　(明)陳效修
(明)周瑛　(明)黃仲昭纂　清同治十年

(1871)林慶貽刻本　十五冊　存四十二卷
(十一至五十二)

350000－2001－0007745　852.47/φ431.3＝1
怡亭文集二十卷詩集六卷　(清)張紳撰　清
道光十三年(1833)刻本　四冊　存十六卷
(文集一至十六)

350000－2001－0007746　852.47/φ431.3＝2
怡亭文集二十卷詩集六卷　(清)張紳撰　清
道光十三年(1833)刻本　八冊

350000－2001－0007747　852.1947φ408.1＝6
八家四六文注八卷首一卷　(清)許貞幹注
清光緒十七年(1891)侯官許氏味青齋刻本
十六冊

350000－2001－0007748　852.1947φ445＝2
八家四六文補注不分卷　陳衍撰　清光緒十
八年(1892)上海方言館鉛印本　一冊

350000－2001－0007749　333.2/944
察政治館五大臣奏釐定官制為立憲預備先將
京官編定覆核進呈摺不分卷附清單二十四件
　(清)□□撰　清光緒鉛印本　一冊

350000－2001－0007750　332.2/947
變通科舉章程一卷　(清)禮部政務處編　清
光緒二十七年(1901)粵東經史閣刻本　一冊

350000－2001－0007751　332.2/947＝1
變通科舉章程一卷　(清)禮部政務處編　清
光緒二十七年(1901)粵東經史閣刻本　一冊

350000－2001－0007752　332.293/940
秦晉實官捐輸章程一卷　(清)□□撰　清鉛
印本　一冊

350000－2001－0007753　327.298/865
美國華工禁約紀事不分卷　(清)平等社編輯
　清光緒三十年(1904)平等社鉛印本　一冊

350000－2001－0007754　852.4949/φ404－2＝3
制義叢話二十四卷　(清)梁章鉅撰　清咸豐
九年(1859)刻本　六冊　存十八卷(一至四、
八至十五、十九至二十四)

350000－2001－0007755　852.196/φ124＝1

莆陽課士錄一卷 （清）宋廷模輯 清光緒三十年(1904)鉛印本 一冊

350000－2001－0007756 852.195/φ356＝1

馬忠節父子合集四卷 （清）劉尚文輯 清光緒二十四年(1898)莆田劉鴻年刻本 一冊

350000－2001－0007757 852.195/φ356＝2

馬忠節父子合集四卷 （清）劉尚文輯 清光緒二十四年(1898)莆田劉鴻年刻本 一冊

350000－2001－0007758 339/904

日本文部省沿革及官制一卷 （日本）文部省原書 （清）出洋學生編輯所譯 清光緒二十八年(1902)上海商務印書館鉛印本 一冊

350000－2001－0007759 334.4/623

牧令須知四種 （清）潘霨輯 清光緒八年(1882)潘氏韓園刻本 二冊

350000－2001－0007760 334.4/492

福惠全書三十二卷 （清）黃六鴻著 清康熙三十三年(1694)刻本 十二冊

350000－2001－0007761 340/775

法學通論講義一卷 （清）羅永紹撰 清宣統元年(1909)奉天全省地方自治籌辦處鉛印本 一冊

350000－2001－0007762 340/841＝1

大清新法令不分卷 （清）商務印書館編譯所編輯 清宣統元年(1909)商務印書館鉛印本 二十冊

350000－2001－0007763 340/841

大清光緒新法令不分卷 （清）商務印書館編譯所編輯 清宣統元年(1909)商務印書館鉛印本 二十一冊

350000－2001－0007764 852.198/φ151＝2

守信錄二卷 （清）李宗言撰 清光緒二十四年(1898)滕王閣刻本 一冊

350000－2001－0007765 852.198/φ151＝3

守信錄二卷 （清）李宗言撰 清光緒二十四年(1898)滕王閣刻本 一冊

350000－2001－0007766 334.4/394.1

保甲書輯要四卷 （清）徐棟原編 （清）丁日昌重校 清同治七年(1868)江蘇書局刻本 一冊

350000－2001－0007767 042.7/φ214＝2

溫經日記六卷 （清）林昌彝撰 清光緒十六年(1890)林慶炳刻本 六冊

350000－2001－0007768 042.7/φ214＝3

溫經日記六卷 （清）林昌彝撰 清光緒十六年(1890)林慶炳刻本 六冊

350000－2001－0007769 032.2/φ402＝2

稱謂錄三十二卷 （清）梁章鉅撰 清光緒元年至十年(1875－1884)梁恭辰刻本 八冊

350000－2001－0007770 334.4/464

拙夷臆說一卷 （清）符翕撰 清光緒十五年(1889)石印本 一冊

350000－2001－0007771 334.4/782

宦吳稟牘不分卷 （清）竇鎮山撰 清光緒刻本 一冊

350000－2001－0007772 334.4/137

佐治藥言一卷續佐治藥言一卷學治續說一卷學治說贅一卷 （清）汪輝祖撰 清同治九年(1870)刻本 二冊

350000－2001－0007773 334.4/393

牧令書二十三卷保甲書四卷 （清）徐棟輯 清道光二十八年(1848)興國李氏刻本 二十一冊

350000－2001－0007774 334.4/137－1

佐治藥言一卷續佐治藥言一卷學治臆說二卷續說一卷說贅一卷 （清）汪輝祖撰 清同治七年(1868)湖北崇文書局刻本 三冊

350000－2001－0007775 334.4/229

城鎮鄉地方自治宣講書一卷 （清）孟昭常撰 清宣統二年(1910)上海中新書局鉛印本 一冊

350000－2001－0007776 263/970

國民教育論一卷 （日本）浮田和民撰 清光緒三十二年(1906)上海商務印書館鉛印本

一冊

350000－2001－0007777　334.4/10
于清端公治羅自記一卷　（清）于成龍撰　清
道光刻本　一冊

350000－2001－0007778　334.4/15
平平言四卷　（清）方大湜著　清光緒十三年
（1887）常德府署刻本　四冊

350000－2001－0007779　082.17/ф154＝2
李西雲遺書三種　（清）李枝青撰　清光緒十
年（1884）刻本　五冊

350000－2001－0007780　334..1/938
治浙成規八卷　（清）□□撰　清道光刻本
八冊

350000－2001－0007781　334.1/936
江蘇省例一至四編　（清）□□輯　清同治八
年至光緒十八年（1869－1892）江蘇書局刻本
十冊

350000－2001－0007782　082.17/ф228＝2
亦園亭全集五種　（清）孟超然撰　清嘉慶二
十年（1815）刻本　六冊

350000－2001－0007783　334/795
龔端毅公浠川政譜二卷　（清）龔鼎孳著　清
道光十四年（1834）慶餘堂刻本　一冊

350000－2001－0007784　082.17/ф228＝3
亦園亭全集五種　（清）孟超然撰　清嘉慶二
十年（1815）刻本　二十冊

350000－2001－0007785　082.17/ф228＝4
亦園亭全集五種　（清）孟超然撰　清嘉慶二
十年（1815）刻本　十四冊

350000－2001－0007786　082.17/ф441＝3
左海全集十種　（清）陳壽祺撰　清嘉慶、道
光三山陳氏刻本　二十四冊

350000－2001－0007787　082.17/ф442＝2
左海續集七十九卷　（清）陳壽祺撰　清道光
至同治間刻本　二十七冊　存三十七冊（三
家詩遺說攷十七卷、詩經四家異文考五卷、禮
記鄭讀考六卷、毛詩鄭箋改字說四卷、詩緯集

證四卷附錄一卷）

350000－2001－0007788　852.47/ф718＝3
賭棋山莊所著書十七種　（清）謝章鋌撰　清
光緒至民國間刻本　三十三冊

350000－2001－0007789　270/558
師範修身學講義一卷　（清）楊模纂述　清光
緒三十二年（1906）湖北漢陽道師範學堂鉛印
本　一冊

350000－2001－0007790　259/154
法國商務學堂章程一卷　（清）李孟實譯　清
光緒湖北洋務譯書局刻本　一冊

350000－2001－0007791　261.52/973＝1
修學篇十章　（日本）飯泉規矩三著　（清）蔣
震方譯　清光緒二十八年（1902）上海廣智書
局鉛印本　一冊

350000－2001－0007792　261.52/973
修學篇十章　（日本）飯泉規矩三著　（清）蔣
震方譯　清光緒二十八年（1902）上海廣智書
局鉛印本　一冊

350000－2001－0007793　262/937
村學究語一卷　題（清）稻香齋村學究撰　清
同治三年（1864）威遠玉成堂刻本　一冊

350000－2001－0007794　253/85
普通專門學堂課程議一卷　（清）江國治編
清光緒二十八年（1902）石印本　一冊

350000－2001－0007795　251/214
巴黎高等師範學堂招考章程一卷　（清）林學
英譯　法國格致學士科及博士科招考章程一
卷　（清）譯羅懋勳　清光緒湖北洋務譯書局
刻本　一冊

350000－2001－0007796　082.17/ф795.1＝1
澹靜齋全集□□卷　（清）龔景瀚著　清道光
六年（1826）閩縣龔式縠刻本　十二冊

350000－2001－0007797　334/ф718＝1
教諭語一卷　（清）謝金鑾撰　清同治七年
（1868）望三益齋刻本　一冊

350000－2001－0007798　334/ф718－1＝1

教諭語一卷　（清）謝金鑾撰　清同治十一年（1872）刻本　一冊

350000 - 2001 - 0007799　φ334.1/717 - 1 = 1

泉漳治法論一卷　（清）謝金鑾撰　清同治七年（1868）刻本　一冊

350000 - 2001 - 0007800　φ334.1/717 - 1 = 2

泉漳治法論一卷　（清）謝金鑾撰　清同治七年（1868）刻本　一冊

350000 - 2001 - 0007801　φ356.92/813 = 1

船政奏議彙編五十四卷　（清）總理船政事務衙門編　清光緒十四年（1888）刻本　二十二冊

350000 - 2001 - 0007802　360.18/φ942 = 4

原富五部　（英國）斯密亞丹撰　嚴復譯　清末石印本　八冊

350000 - 2001 - 0007803　360.18/φ942 = 5

原富五部　（英國）斯密亞丹撰　嚴復譯　清末石印本　八冊

350000 - 2001 - 0007804　722.9/φ170 = 2

古今文字通釋十四卷　（清）呂世宜述　（清）莊中正校　清光緒五年（1879）龍溪林維源刻本　七冊

350000 - 2001 - 0007805　822.047/φ211 = 2

射鷹樓詩話二十四卷　（清）林昌彝輯　清咸豐元年（1851）刻本　八冊

350000 - 2001 - 0007806　822.047/φ211.1 - 1

海天琴思錄八卷續錄八卷　（清）林昌彝輯　清同治八年（1869）廣州刻本　六冊

350000 - 2001 - 0007807　822.047/φ412 = 1

十朝詩乘二十四卷　（清）郭則澐纂　清光緒元年（1875）栩樓刻本　十二冊

350000 - 2001 - 0007808　822.047/φ412 = 2

十朝詩乘二十四卷　（清）郭則澐纂　清光緒元年（1875）栩樓刻本　十二冊

350000 - 2001 - 0007809　822.047/φ402 = 5

南浦詩話八卷　（清）梁章鉅撰　清光緒三十一年（1905）祝氏鉛印本　四冊

350000 - 2001 - 0007810　822.047/φ402.5 - 1

南浦詩話八卷　（清）梁章鉅撰　清宣統三年（1911）鉛印本　四冊

350000 - 2001 - 0007811　822.047/φ661 = 1

全閩詩話十二卷　（清）鄭方坤編輯　清乾隆鄭氏詩話軒刻本　十冊

350000 - 2001 - 0007812　822.047/φ661 = 2

全閩詩話十二卷　（清）鄭方坤編輯　清乾隆鄭氏詩話軒刻本　十冊

350000 - 2001 - 0007813　822.047/φ452 = 1

屏籬草堂詩話十六卷　（清）莫有棠著　清道光二十九年（1849）黃鶴齡刻本　八冊

350000 - 2001 - 0007814　φ822.12/794 = 1

月午樓古詩十九首詳解二卷　（清）饒學斌著　清光緒元年（1875）刻本　一冊

350000 - 2001 - 0007815　φ822.12/794 = 2

月午樓古詩十九首詳解二卷　（清）饒學斌著　清光緒元年（1875）刻本　二冊

350000 - 2001 - 0007816　822.19171/φ331 = 1

國朝莆陽詩輯四卷　（清）涂慶瀾編　（清）劉尚文矣訂　清光緒二十七年（1901）莆田荔隱山房刻本　二冊

350000 - 2001 - 0007817　822.19171/φ331 = 2

國朝莆陽詩輯四卷　（清）涂慶瀾編　（清）劉尚文矣訂　清光緒二十七年（1901）莆田荔隱山房刻本　二冊

350000 - 2001 - 0007818　822.19171/φ413 - 1

全閩明詩傳五十五卷　（清）郭柏蒼輯　清光緒十五年（1889）郭氏沁泉山館刻本　十六冊

350000 - 2001 - 0007819　822.19171/φ359 = 1

閩中十才子詩集三十卷首一卷　（明）袁表（明）馬熒選輯　清光緒十二年（1886）侯官郭氏刻本　八冊

350000 - 2001 - 0007820　822.19171/φ661 = 1

莆風清籟集六十卷　（清）鄭王臣輯　清乾隆三十七年（1772）刻本　八冊

350000 - 2001 - 0007821　822.19171/φ661 = 2

莆風清籟集六十卷 （清）鄭王臣輯 清乾隆三十七年（1772）刻本 八冊

350000－2001－0007822 822.19171/ф661－1＝1

莆風清籟集六十卷 （清）鄭王臣輯選 清乾隆三十七年（1772）刻光緒二十六年（1900）重修本 十冊

350000－2001－0007823 822.19171/ф661－2

莆風清籟集六十卷 （清）鄭王臣輯選 清乾隆三十七年（1772）刻光緒至民國間遞修本 二十冊

350000－2001－0007824 822.19171/ф787＝2

樵川二家詩四卷滄浪詩話一卷附錄一卷 （清）朱霞訂 清康熙六十一年（1722）朱霞刻本 四冊

350000－2001－0007825 822.195/ф402＝2

江田梁氏詩存九卷 （清）梁章鉅輯 清道光十四年（1834）梁章鉅刻本 四冊

350000－2001－0007826 822.19171/ф662＝1

國朝全閩詩錄初集二十一卷續十一卷 （清）鄭杰輯 清同治六年（1867）刻本 十二冊

350000－2001－0007827 822.19171/ф663＝4

閩詩錄甲集六卷乙集四卷丙集二十三卷丁集一卷戊集七卷 （清）鄭杰原輯 陳衍補訂 清宣統三年（1911）刻本 十冊

350000－2001－0007828 822.19171/ф663＝5

閩詩錄甲集六卷乙集四卷丙集二十三卷丁集一卷戊集七卷 （清）鄭杰原輯 陳衍補訂 清宣統三年（1911）刻本 八冊

350000－2001－0007829 822.19171/ф663＝6

閩詩錄甲集六卷乙集四卷丙集二十三卷丁集一卷戊集七卷 （清）鄭杰原輯 陳衍補訂 清宣統三年（1911）刻本 十冊

350000－2001－0007830 822.19171/ф663＝7

閩詩錄甲集六卷乙集四卷丙集二十三卷丁集一卷戊集七卷 （清）鄭杰原輯 陳衍補訂 清宣統三年（1911）刻本 八冊

350000－2001－0007831 822.17ф674＝4

篤舊集十八卷 （清）劉存仁編輯 清咸豐十年（1860）蘭州刻本 八冊

350000－2001－0007832 822.17ф674＝5

篤舊集十八卷 （清）劉存仁編輯 清咸豐十年（1860）蘭州刻本 八冊

350000－2001－0007833 822.17ф674＝6

篤舊集十八卷 （清）劉存仁編輯 清咸豐十年（1860）蘭州刻本 八冊

350000－2001－0007834 822.17ф674＝7

篤舊集十八卷 （清）劉存仁編輯 清咸豐十年（1860）蘭州刻本 八冊

350000－2001－0007835 822.195/ф718＝1

東嵐謝氏明詩畧四卷 （清）謝世南編 清光緒十九年（1893）謝章鋌賭棋山莊刻本 二冊

350000－2001－0007836 822.195/ф753.1＝1

山澗詩集合編二卷 （明）藍仁 （明）藍智撰 （明）藍禮寅編 清光緒二十二年（1896）木活字印本 四冊

350000－2001－0007837 230/943

蒙學課本二卷 （清）□□編 清光緒二十七年（1901）南洋公學鉛印本 一冊

350000－2001－0007838 230/967

養蒙正軌一卷 （英國）秀耀春 （清）汪振聲譯 清光緒鉛印本 一冊

350000－2001－0007839 822.196/ф218＝2

華山游草二卷 （清）林壽圖 （清）謝章鋌撰 清同治八年（1869）林壽圖歐齋刻本 一冊

350000－2001－0007840 232/934

中東路高等小學堂一覽六章 （清）□□撰 清光緒二十九年（1903）木活字印本 一冊

350000－2001－0007841 218.22/946

欽定磨勘條例四卷續增磨勘條例一卷 （清）□□撰 清刻本 一冊

350000－2001－0007842 822.196/ф248＝1

支樹詩拾一卷補錄一卷附刻一卷 （清）周長庚等輯 清光緒十七年（1891）畏廬刻本 一冊

350000－2001－0007843　852.47/ф432＝1

張亨甫全集三十三卷首一卷 （清）張際亮著
清咸豐孔慶衢刻同治六年(1867)李雲誥增
補本　十冊

350000－2001－0007844　822.196/ф248＝2

支榭詩拾一卷補錄一卷附刻一卷 （清）周長
庚等輯　清光緒十七年(1891)畏廬刻本
一冊

350000－2001－0007845　219/171

東瀛參觀學校記不分卷 （清）呂珮芬撰　清
光緒三十四年(1908)呂氏晚節香齋鉛印本
一冊

350000－2001－0007846　852.47/ф432＝2

張亨甫全集三十三卷首一卷 （清）張際亮著
清咸豐孔慶衢刻同治六年(1867)李雲誥增
補本　八冊　存二十八卷(詩集二十七卷、首
一卷)

350000－2001－0007847　822.196/ф717＝1

過存詩略二卷 （清）謝章鋌輯　清同治二年
(1863)刻本　一冊

350000－2001－0007848　852.47/ф432＝3

張亨甫全集三十三卷首一卷 （清）張際亮著
清咸豐孔慶衢刻同治六年(1867)李雲誥增
補本　九冊　存三十一卷(詩集二十七卷、文
集四至六,首一卷)

350000－2001－0007849　219/429

日本各校紀略不分卷 （清）張大鏞撰　清光
緒二十五年(1899)浙江書局刻本　一冊

350000－2001－0007850　822.1992/ф214＝3

健公詩影一卷 林紓輯　楊幼雪　楊希滄繪
清光緒十九年(1893)刻本　一冊

350000－2001－0007851　852.47/ф444.1

春樹堂文集二卷 （清）陳遷鶴著　清道光二
年(1822)溫陵陳氏刻本　一冊

350000－2001－0007852　822.1992/ф214＝4

健公詩影一卷 林紓輯　楊幼雪　楊希滄繪
清光緒十九年(1893)刻本　一冊

350000－2001－0007853　822.1992/ф214＝5

健公詩影一卷 林紓輯　楊幼雪　楊希滄繪
清光緒十九年(1893)刻本　一冊

350000－2001－0007854　822.424/ф492＝1

陶詩析義四卷 （清）黃文煥撰　清光緒二年
(1876)刻本　二冊

350000－2001－0007855　822.424/ф492＝2

陶詩析義四卷 （清）黃文煥撰　清光緒二年
(1876)刻本　二冊

350000－2001－0007856　822.424/ф492＝3

陶詩析義四卷 （清）黃文煥撰　清光緒二年
(1876)刻本　二冊

350000－2001－0007857　822.424/ф492＝4

陶詩析義四卷 （清）黃文煥撰　清光緒二年
(1876)刻本　二冊

350000－2001－0007858　219/840

法國經世輯要三編 （清）時務書局譯　清光
緒時務書局鉛印本　一冊

350000－2001－0007859　822.43/ф248＝2

周太朴詩一卷補遺一卷 （唐）周朴著　清道
光十八年(1838)黃煓刻本　一冊

350000－2001－0007860　ф852.47/435

儀顧堂集十五卷 （清）陸心源撰　清同治十
三年(1874)福州刻存齋陸氏所著書本　四冊

350000－2001－0007861　822.43/ф248－1＝2

周太朴詩一卷 （唐）周朴撰　（明）徐𤊹編
清道光二十四年(1844)侯官嚴鴻謨刻本
一冊

350000－2001－0007862　822.43/ф248－1＝3

周太朴詩一卷 （唐）周朴撰　（明）徐𤊹編
清道光二十四年(1844)侯官嚴鴻謨刻本
一冊

350000－2001－0007863　822.43/ф393＝1

徐正字集四卷附錄一卷 （唐）徐寅著　清嘉
慶十五年(1810)王遐春麟後山房刻本　二冊

350000－2001－0007864　852.47/ф443

籀經堂類藁二十四卷齊陳氏韶舞樂罍通釋二

卷 （清）陳慶鏞撰 清光緒九年(1883)刻本 十二冊 存二十五卷(類藁一、三至二十四,通釋二卷)

350000－2001－0007865 822.44/φ80＝1
釣磯詩集四卷 （宋）邱葵著 清同治十三年(1874)邱炳忠刻本 四冊

350000－2001－0007866 822.44/φ80＝2
釣磯詩集四卷 （宋）邱葵著 清同治十三年(1874)邱炳忠刻本 二冊

350000－2001－0007867 852.47/φ443.3
禮堂遺集三卷補遺一卷附詩一卷 （清）陳喬樅撰 （清）陳紹釗編 清同治十二年(1873)侯官陳紹釗刻本 二冊

350000－2001－0007868 219/970
太西教育史二篇 （日本）能勢榮撰 葉瀚譯 清光緒二十七年(1901)上海金粟齋鉛印本 二冊

350000－2001－0007869 219/970＝3
太西教育史二篇 （日本）能勢榮撰 葉瀚譯 清光緒二十七年(1901)上海金粟齋鉛印本 二冊

350000－2001－0007870 852.47/φ444.5
左海文集十卷 （清）陳壽祺撰 清嘉慶、道光刻陳紹墉增補左海全集本 九冊 存九卷(一至九)

350000－2001－0007871 852.47/φ444.5＝1
左海文集十卷 （清）陳壽祺撰 清嘉慶、道光刻陳紹墉增補左海全集本 八冊

350000－2001－0007872 822.45/φ730－4＝1
雁門集十四卷附卷一卷倡和錄一卷別錄一卷 （元）薩都剌著 （清）薩龍光編 清嘉慶十二年(1807)刻本 八冊

350000－2001－0007873 219/970＝1
太西教育史二篇 （日本）能勢榮撰 葉瀚譯 清光緒二十七年(1901)上海金粟齋鉛印本 二冊

350000－2001－0007874 822.45/φ730－2＝1

雁門集六卷附卷一卷補遺一卷 （元）薩都剌著 清宣統二年(1910)薩嘉曦刻本 二冊

350000－2001－0007875 219.21/947
擬訂直隸法政學堂試辦章程一卷 （清）直隸法政學堂編 清末鉛印本 一冊

350000－2001－0007876 822.46/φ216＝1
鳴盛集四卷 （明）林鴻著 清嘉慶十三年(1808)王遐春麟後山房刻本 二冊

350000－2001－0007877 822.46/φ334＝3
石門集七卷 （明）高濲著 （清）郭柏蒼編 （清）郭柏薌校 清道光二十一年(1841)刻本 二冊

350000－2001－0007878 822.46/φ334＝4
石門集七卷 （明）高濲著 （清）郭柏蒼編 （清）郭柏薌校 清道光二十一年(1841)刻本 二冊

350000－2001－0007879 822.46/φ431＝3
半洲詩集七卷 （明）張經著 清咸豐七年(1857)刻本 四冊

350000－2001－0007880 822.46/φ431＝4
半洲詩集七卷 （明）張經著 清咸豐七年(1857)刻本 四冊

350000－2001－0007881 822.47/φ24.1＝1
小蘭雪堂唫橐十一卷 （清）王步蟾著 清光緒二十七年(1901)石印本 四冊

350000－2001－0007882 φ822.47/84－4
伏敔堂詩錄十五卷首一卷續錄四卷 （清）江湜撰 清同治五年(1866)刻本 四冊

350000－2001－0007883 822.47/φ23.2
樵隱山人詩集五種 （清）王廷俊撰 清光緒十八年(1892)木活字印本 四冊

350000－2001－0007884 822.47/φ23.2＝1
樵隱山人詩集五種 （清）王廷俊撰 清光緒十八年(1892)木活字印本 二冊

350000－2001－0007885 822.47/φ104＝2
怡山館詩鈔四卷 （清）朱錫穀撰 清道光刻本 一冊

350000－2001－0007886　822.47／ф110＝1

賜硯齋詩鈔四卷　（清）伊朝棟著　清嘉慶十二年(1807)揚州郡齋刻本　一冊

350000－2001－0007887　852.44／ф655－1＝1

宋端明殿學士蔡忠惠公文集三十六卷首一卷　（宋）蔡襄撰　**別紀補遺二卷**　（明）徐熥編　（明）宋珏增補　清雍正、乾隆蔡氏遜敏齋刻本　八冊

350000－2001－0007888　852.44／ф662＝1

夾漈遺稿三卷　（宋）鄭樵辨說　清乾隆綿州李氏萬卷樓刻嘉慶十四年(1809)李鼎元重印函海本　三冊

350000－2001－0007889　822.47／ф111＝3

留春草堂詩鈔七卷　（清）伊秉綬撰　清嘉慶十九年(1814)廣州刻本　二冊

350000－2001－0007890　852.44／ф675＝3

屏山全集二十卷　（宋）劉子翬著　清道光十八年(1838)秋柯草堂李鴻儀刻本　三冊

350000－2001－0007891　822.47／ф111＝4

留春草堂詩鈔七卷　（清）伊秉綬撰　清嘉慶十九年(1814)廣州刻本　二冊

350000－2001－0007892　852.44／ф675＝4

屏山全集二十卷　（宋）劉子翬著　清道光十八年(1838)秋柯草堂李鴻儀刻本　八冊

350000－2001－0007893　822.47／ф154.1＝1

琴寄齋詩剩一卷　（清）李應庚撰　清同治三年(1864)刻本　一冊

350000－2001－0007894　822.47／ф164＝1

素邨小草十二卷　（清）吳玉麟撰　清宣統三年(1911)刻本　六冊

350000－2001－0007895　852.44／ф675－1＝1

宋劉文靖公屏山全集二十卷首一卷　（宋）劉子翬撰　**屏山集考異一卷**　（清）潘政明撰　清光緒二十八年(1902)武夷潘氏雲屏山房刻本　六冊

350000－2001－0007896　822.47／ф164＝2

素邨小草十二卷　（清）吳玉麟撰　清宣統三

年(1911)刻本　六冊

350000－2001－0007897　822.47／ф164＝3

素邨小草十二卷　（清）吳玉麟撰　清宣統三年(1911)刻本　六冊

350000－2001－0007898　822.47／ф182＝1

疎影軒遺草二卷　（清）何玉瑛撰　清嘉慶十七年(1812)刻本　一冊

350000－2001－0007899　852.44／ф675－1＝2

宋劉文靖公屏山全集二十卷首一卷　（宋）劉子翬撰　**屏山集考異一卷**　（清）潘政明撰　清光緒二十八年(1902)武夷潘氏雲屏山房刻本　三冊

350000－2001－0007900　822.47／ф213＝4

雲左山房詩鈔八卷附詩餘一卷試帖一卷　（清）林則徐撰　清光緒十二年(1886)侯官林氏刻本　二冊

350000－2001－0007901　852.44／ф675－1＝3

宋劉文靖公屏山全集二十卷首一卷　（宋）劉子翬撰　**屏山集考異一卷**　（清）潘政明撰　清光緒二十八年(1902)武夷潘氏雲屏山房刻本　六冊

350000－2001－0007902　822.47／ф213＝5

雲左山房詩鈔八卷附詩餘一卷試帖一卷　（清）林則徐撰　清光緒十二年(1886)侯官林氏刻本　二冊

350000－2001－0007903　822.47／ф213＝6

雲左山房詩鈔八卷附詩餘一卷試帖一卷　（清）林則徐撰　清光緒十二年(1886)侯官林氏刻本　一冊

350000－2001－0007904　852.46／ф277＝2

柯竹巖集十八卷補遺一卷續補遺一卷　（明）柯潛著　（明）柯維騏　（明）柯亨校編　**附錄一卷**　（清）吳希賢　（清）萬安撰　清光緒十四年(1888)刻本　二冊

350000－2001－0007905　822.47／ф213.7＝2

鳳池食粟齋集劍餘草一卷　（清）林必達著　清光緒三十二年(1906)刻本　一冊

350000 – 2001 – 0007906　852.46/ф277 = 3

柯竹巖集十八卷補遺一卷續補遺一卷　（明）
柯潛著　（明）柯維騏　（明）柯亨校編　**附錄
一卷**　（清）吳希賢　（清）萬安撰　清光緒十
四年(1888)刻本　四冊

350000 – 2001 – 0007907　822.47/ф213.7 = 3

鳳池食粟齋集劍餘草一卷　（清）林必達著
清光緒三十二年(1906)刻本　一冊

350000 – 2001 – 0007908　822.47/ф213.7 = 4

鳳池食粟齋集劍餘草一卷　（清）林必達著
清光緒三十二年(1906)刻本　一冊

350000 – 2001 – 0007909　822.47/ф213.7 = 5

鳳池食粟齋集劍餘草一卷　（清）林必達著
清光緒三十二年(1906)刻本　一冊

350000 – 2001 – 0007910　822.47/ф213.7 = 6

鳳池食粟齋集劍餘草一卷　（清）林必達著
清光緒三十二年(1906)刻本　一冊

350000 – 2001 – 0007911　852.46/ф445 = 2

布衣陳先生遺集四卷　（明）陳晟撰　（清）游
光繹重訂　清道光六年(1826)龍溪郭基刻本
一冊

350000 – 2001 – 0007912　852.46/ф445 = 3

布衣陳先生遺集四卷　（明）陳晟撰　（清）游
光繹重訂　清道光六年(1826)龍溪郭基刻本
一冊

350000 – 2001 – 0007913　852.46/ф445 = 4

布衣陳先生遺集四卷　（明）陳晟撰　（清）游
光繹重訂　清道光六年(1826)龍溪郭基刻本
一冊

350000 – 2001 – 0007914　852.46/ф445 = 5

布衣陳先生遺集四卷　（明）陳晟撰　（清）游
光繹重訂　清道光六年(1826)龍溪郭基刻本
一冊

350000 – 2001 – 0007915　852.46/ф445 = 6

布衣陳先生遺集四卷　（明）陳晟撰　（清）游
光繹重訂　清道光六年(1826)龍溪郭基刻本
一冊

350000 – 2001 – 0007916　852.46/ф496 – 1 = 4

黃漳浦集五十卷首一卷目錄二卷　（明）黃道
周撰　（清）陳壽祺編　**漳浦黃先生年譜二卷**
（清）莊起儔編　清道光八年至十年(1828 –
1830)刻本　三十二冊

350000 – 2001 – 0007917　852.46/ф496 – 1 = 5

黃漳浦集五十卷首一卷目錄二卷　（明）黃道
周撰　（清）陳壽祺編　**漳浦黃先生年譜二卷**
（清）莊起儔編　清道光八年至十年(1828 –
1830)刻本　三十冊

350000 – 2001 – 0007918　219.43/318

東瀛學校舉概一卷　（清）姚錫光撰　清光緒
二十六年(1900)皖城官舍刻本　一冊

350000 – 2001 – 0007919　852.46/ф654 = 2

蔡忠烈公遺集六卷　（明）蔡道憲撰　（清）鄧
顯鶴原輯　清道光二十六年至二十八年
(1846 – 1848)應魁刻本　六冊

350000 – 2001 – 0007920　852.47/ф100 – 1 = 2

梅崖居士文集三十卷首一卷外集八卷　（清）
朱仕琇撰　清乾隆四十七年(1782)刻道光增
補本　十二冊

350000 – 2001 – 0007921　852.47/ф100 – 1 = 3

梅崖居士文集三十卷首一卷外集八卷　（清）
朱仕琇撰　清乾隆四十七年(1782)刻道光增
補本　六冊

350000 – 2001 – 0007922　852.47/ф100 – 1 = 4

梅崖居士文集三十卷首一卷外集八卷　（清）
朱仕琇撰　清乾隆四十七年(1782)刻道光增
補本　十二冊

350000 – 2001 – 0007923　852.47/ф100 – 1 = 5

梅崖居士文集三十卷首一卷外集八卷　（清）
朱仕琇撰　清乾隆四十七年(1782)刻道光增
補本　十二冊

350000 – 2001 – 0007924　219.43/572

日本學校源流一卷　（美國）路義思撰　（美
國）衛理口譯　（清）范熙庸筆述　清光緒二
十五年(1899)江南製造局刻本　一冊

350000－2001－0007925　852.47/φ152.1－2＝2

寒支初集十卷首一卷二集四卷　（清）李世熊著　（清）李向旻編次　清同治十三年（1874）木活字印本　十四冊

350000－2001－0007926　220/311

保姆學一卷　（清）侯鴻鑑著　清光緒三十三年（1907）鉛印本　一冊

350000－2001－0007927　852.47/φ152.1－2＝3

寒支初集十卷首一卷二集四卷　（清）李世熊著　（清）李向旻編次　清同治十三年（1874）木活字印本　十二冊

350000－2001－0007928　852.47/φ152.1－2＝4

寒支初集十卷首一卷二集四卷　（清）李世熊著　（清）李向旻編次　清同治十三年（1874）木活字印本　十二冊

350000－2001－0007929　852.47/φ152.1－2＝5

寒支初集十卷首一卷二集四卷　（清）李世熊著　（清）李向旻編次　清同治十三年（1874）木活字印本　十四冊

350000－2001－0007930　852.47/φ158＝1

古山文鈔十卷　（清）李祥廣著　（清）李芳編錄　清道光朱亨檢刻本　二冊

350000－2001－0007931　852.47/φ170＝1

愛吾廬文鈔一卷　（清）呂世宜著　清光緒三年（1877）刻本　一冊

350000－2001－0007932　225/963

兒童矯弊論七章　（日本）大村仁太郎編　（清）京師編書局譯　清光緒三十二年（1906）京師學務處官書局鉛印本　一冊

350000－2001－0007933　230/564

初學讀書要略四卷　葉瀚撰　清光緒二十三年（1897）仁和葉氏刻本　一冊

350000－2001－0007934　219.43/406

東遊叢錄四卷　（清）吳汝綸撰　清光緒二十八年（1902）石印本　四冊

350000－2001－0007935　194/936.1

三論玄義二卷　（隋）釋吉藏撰　清光緒二十五年（1899）金陵刻經處刻本　一冊

350000－2001－0007936　194/940－1

竹窗隨筆一卷二筆一卷三筆一卷　（明）釋袾宏著　清光緒二十四年（1898）金陵刻經處刻本　三冊

350000－2001－0007937　822.47/φ214＝4

黃鵠山人詩初鈔十八卷　（清）林壽圖撰　清光緒八年（1882）刻本　六冊

350000－2001－0007938　822.47/φ214＝5

黃鵠山人詩初鈔十八卷　（清）林壽圖撰　清光緒八年（1882）刻本　六冊

350000－2001－0007939　822.47/φ214.1＝2

壯懷堂詩初稿十卷二集四卷三集十四卷　（清）林直撰　清咸豐六年（1856）刻光緒三十一年（1905）增補本　六冊

350000－2001－0007940　852.47/φ179＝3

何氏學四卷　（清）何治運撰　清嘉慶二十四年（1819）瑞室刻本　二冊

350000－2001－0007941　194/935－3

般若波羅密多心經疏一卷　（唐）釋玄奘譯（唐）釋靖邁撰疏　**般若波羅密多心經略疏一卷**　（唐）釋法藏述　**般若波羅密多心經注解一卷**　（明）僧宗泐撰　**般若波羅密多心經直說一卷**　（明）釋德清述　**般若波羅密多心經釋要一卷**　（明）釋智旭述　清光緒二十三年（1897）金陵刻經處刻本　一冊

350000－2001－0007942　822.47/φ214.1＝3

壯懷堂詩初稿十卷二集四卷三集十四卷　（清）林直撰　清咸豐六年（1856）刻光緒三十一年（1905）增補本　六冊

350000－2001－0007943　822.47/φ214.4＝2

衣讔山房詩集八卷　（清）林昌彝撰　清同治二年（1863）廣州刻本　四冊

350000－2001－0007944　852.47/φ179＝4

何氏學四卷　（清）何治運撰　清嘉慶二十四年（1819）瑞室刻本　二冊

350000－2001－0007945　194/934.2

佛說阿彌陀經義疏一卷　（宋）釋元照述　清光緒二十四年(1898)金陵刻經處刻本　一冊

350000－2001－0007946　822.47/φ216.1＝3

林先生述菴遺詩一卷　（清）林崧祁撰　蘇南編　清宣統排印本　一冊

350000－2001－0007947　194/933.5

久誦延年十七種　題（清）澹園主人輯　清光緒七年(1881)澹園刻本　一冊

350000－2001－0007948　852.47/φ180＝2

第五居士集四卷　（清）何長載著　清光緒二十三年(1897)光澤何氏刻本　一冊

350000－2001－0007949　852.47/φ195＝2

耕邨姑留稿六卷　（清）余潛士撰　清咸豐二年(1852)務本堂刻本　二冊

350000－2001－0007950　194/676

金剛般若波羅蜜經一卷　（後秦）釋鳩摩羅什譯　（清）劉世安書　清光緒二十年(1894)石印本　一冊

350000－2001－0007951　194/932.1

佛說四十二章經註一卷佛遺教經註一卷（明）釋了童補註　清光緒十六年(1890)金陵刻經處刻本　一冊

350000－2001－0007952　852.47/φ200.1＝3

官石溪文集初刻三卷　（清）官獻瑤撰　（清）左德慧校訂　官獻瑤傳一卷　（清）陳壽祺撰　清道光二十年(1840)林克家、王源邃刻本　三冊

350000－2001－0007953　852.47/φ212－1＝4

樸學齋棠一卷詩藁十卷　（清）林佶撰　清道光五年(1825)荔水莊刻本　五冊

350000－2001－0007954　852.47/φ212.6－1

明林涵齋先生藏山堂遺篇二卷　（明）林之蕃著　（清）郭柏蒼編　清光緒八年(1882)刻本　一冊

350000－2001－0007955　852.47/φ212.6－1＝1

明林涵齋先生藏山堂遺篇二卷　（明）林之蕃著　（清）郭柏蒼編　清光緒八年(1882)刻本　一冊

350000－2001－0007956　852.47/φ212.6－1＝2

明林涵齋先生藏山堂遺篇二卷　（明）林之蕃著　（清）郭柏蒼編　清光緒八年(1882)刻本　一冊

350000－2001－0007957　822.47/φ218＝1

秋來堂詩二卷　（清）林瀍著　清光緒十八年(1892)刻本　二冊

350000－2001－0007958　822.47/φ266＝1

畫餘詩鈔四卷　（清）施邦鎮撰　清咸豐十一年(1861)刻本　一冊

350000－2001－0007959　822.47/φ267＝2

思罍室遺稿一卷　（清）施寯著　清宣統三年(1911)鉛印本　一冊

350000－2001－0007960　822.47/φ267＝3

思罍室遺稿一卷　（清）施寯著　清宣統三年(1911)鉛印本　一冊

350000－2001－0007961　194/933－3

首棱嚴經疏十卷　（宋）釋子璿集　清同治元年(1862)刻本　二冊

350000－2001－0007962　852.47/φ215.1＝2

味雪堂遺草一卷　（清）林賀峒撰　清光緒三十三年(1907)鉛印本　一冊

350000－2001－0007963　852.47/φ215.1＝3

味雪堂遺草一卷　（清）林賀峒撰　清光緒三十三年(1907)鉛印本　一冊

350000－2001－0007964　852.47/φ215.1＝4

味雪堂遺草一卷　（清）林賀峒撰　清光緒三十三年(1907)鉛印本　一冊

350000－2001－0007965　822.47/φ404＝1

退菴詩存二十五卷　（清）梁章鉅撰　清道光十二年(1832)刻本　六冊

350000－2001－0007966　φ852.47/250＝2

內自訟齋文集十卷　（清）周凱撰　附年譜　清道光二十年(1840)愛吾廬刻本　八冊

350000－2001－0007967　φ852.47/250＝3

内自訟齋文集十卷　(清)周凱撰　**附年譜**
清道光二十年(1840)愛吾廬刻本　八冊

350000 – 2001 – 0007968　822.47/ф404.1 = 1
藤花吟館詩鈔十卷　(清)梁章鉅撰　清道光
刻本　二冊

350000 – 2001 – 0007969　ф852.47/250 = 4
内自訟齋文集十卷　(清)周凱撰　**附年譜**
清道光二十年(1840)愛吾廬刻本　八冊

350000 – 2001 – 0007970　822.47/ф404.2 = 1
藤花吟館試帖二卷　(清)梁章鉅撰　清道光
五年(1825)刻本　一冊

350000 – 2001 – 0007971　822.47/ф404.2 = 2
藤花吟館試帖二卷　(清)梁章鉅撰　清道光
五年(1825)刻本　一冊

350000 – 2001 – 0007972　822.47/ф408 – 1 = 3
鐵堂詩鈔二卷　(清)許珌著　(清)吳鎮輯
清道光十四年(1834)廣東刻本　一冊

350000 – 2001 – 0007973　822.47/ф431.1 = 1
亨甫詩選八卷　(清)張際亮著　(清)徐幹選
　清光緒八年(1882)邵武徐氏刻本　八冊

350000 – 2001 – 0007974　822.47/ф431.2 = 2
南來詩錄四卷匡廬游草一卷　(清)張際亮撰
　清道光十三年(1833)刻本　一冊

350000 – 2001 – 0007975　822.47/ф431.3 = 2
思伯子堂詩集三十二卷　(清)張際亮撰　清
同治八年(1869)刻本　十冊

350000 – 2001 – 0007976　822.47/ф431.3 = 3
思伯子堂詩集三十二卷　(清)張際亮撰　清
同治八年(1869)刻本　十冊

350000 – 2001 – 0007977　822.47/ф431.3 = 4
思伯子堂詩集三十二卷　(清)張際亮撰　清
同治八年(1869)刻本　十冊

350000 – 2001 – 0007978　822.47/ф431.4 = 1
磐那室詩存一卷　(清)張亨嘉撰　清宣統三
年(1911)鉛印本　一冊

350000 – 2001 – 0007979　822.47/ф431.5 = 2

怡亭詩集六卷　(清)張紳著　清道光四年
(1824)刻本　二冊

350000 – 2001 – 0007980　822.47/ф442 = 3
木庵居士詩四卷補遺一卷　(清)陳書撰　清
光緒三十二年(1906)武昌刻本　一冊

350000 – 2001 – 0007981　852.47/ф277 = 1
淳菴詩文集十二卷　(清)柯輅著　清嘉慶十
四年(1809)邵武樵川學舍木活字印本　六冊

350000 – 2001 – 0007982　822.47/ф442 = 4
木庵居士詩四卷補遺一卷　(清)陳書撰　清
光緒三十二年(1906)武昌刻本　一冊

350000 – 2001 – 0007983　822.47/ф442 = 5
木庵居士詩四卷補遺一卷　(清)陳書撰　清
光緒三十二年(1906)武昌刻本　一冊

350000 – 2001 – 0007984　822.47/ф442 = 6
木庵居士詩四卷補遺一卷　(清)陳書撰　清
光緒三十二年(1906)武昌刻本　一冊

350000 – 2001 – 0007985　822.47/ф442 = 6
木庵居士詩四卷補遺一卷　(清)陳書撰　清
光緒三十二年(1906)武昌刻本　一冊

350000 – 2001 – 0007986　822.47/ф442 = 8
木庵居士詩四卷補遺一卷　(清)陳書撰　清
光緒三十二年(1906)武昌刻本　一冊

350000 – 2001 – 0007987　822.47/ф448.1 = 2
竹素園詩鈔二卷詩餘一卷集句二卷　(清)陳
淑英著　清光緒三年(1877)刻本　四冊

350000 – 2001 – 0007988　852.47/ф331 = 2
荔隱山房集七種　(清)涂慶瀾撰　清光緒莆
陽涂氏刻宣統二年(1910)增修本　五冊

350000 – 2001 – 0007989　852.47/ф331 = 3
荔隱山房集七種　(清)涂慶瀾撰　清光緒莆
陽涂氏刻宣統二年(1910)增修本　五冊

350000 – 2001 – 0007990　822.47/ф493.1 = 3
秋江集註六卷　(清)黃任著　(清)王元麟注
　清道光二十三年(1843)刻本　三冊

350000 – 2001 – 0007991　852.47/ф332 = 4

續東軒遺集文二卷詩一卷策問一卷　（清）高
均儒著　清光緒七年(1881)刻本　三冊

350000－2001－0007992　822.47/ф493.1＝4

秋江集註六卷　（清）黃任著　（清）王元麟注
清道光二十三年(1843)刻本　六冊

350000－2001－0007993　852.47/ф332＝5

續東軒遺集文二卷詩一卷策問一卷　（清）高
均儒著　清光緒七年(1881)刻本　三冊

350000－2001－0007994　822.47/ф493.1＝5

秋江集註六卷　（清）黃任著　（清）王元麟注
清道光二十三年(1843)刻本　六冊

350000－2001－0007995　852.47/ф431.3＝3

怡亭文集二十卷詩集六卷　（清）張紳撰　清
道光十三年(1833)刻本　六冊　存二十卷
（文集二十卷）

350000－2001－0007996　822.47/ф493.1＝6

秋江集註六卷　（清）黃任著　（清）王元麟注
清道光二十三年(1843)刻本　六冊

350000－2001－0007997　852.47/ф431.3＝4

怡亭文集二十卷詩集六卷　（清）張紳撰　清
道光十三年(1833)刻本　六冊　存二十卷
（文集二十卷）

350000－2001－0007998　852.47/ф431.3＝5

怡亭文集二十卷詩集六卷　（清）張紳撰　清
道光十三年(1833)刻本　四冊　存二十卷
（文集二十卷）

350000－2001－0007999　852.47/ф432＝4

張亨甫全集三十三卷首一卷　（清）張際亮著
清咸豐孔慶衢刻同治六年(1867)李雲誥增
補本　十冊

350000－2001－0008000　822.47/ф493.4＝3

香草箋偶註二卷　（清）黃任撰　清嘉慶十三
年(1808)刻本　一冊

350000－2001－0008001　822.47/ф493.4＝4

香草箋偶註二卷　（清）黃任撰　清嘉慶十三
年(1808)刻本　二冊

350000－2001－0008002　822.47/ф493.4＝5

香草箋偶註二卷　（清）黃任撰　清嘉慶十三
年(1808)刻本　二冊

350000－2001－0008003　822.47/ф529＝2

即菴詩存四卷即菴遊草附存一卷　（清）曾燦
垣著　清道光二十六年(1846)刻本　一冊
存二卷(詩存一至二)

350000－2001－0008004　822.47/ф529＝3

即菴詩存四卷即菴遊草附存一卷　（清）曾燦
垣著　清道光二十六年(1846)刻本　一冊

350000－2001－0008005　194/486

淨土聖賢錄九卷　（清）彭希涑撰　淨土聖賢
錄續編四卷　題(清)蓮歸居士輯　種蓮集一
卷　（清）陳本仁撰　清光緒元年(1875)刻本
四冊

350000－2001－0008006　194/345

萬法歸心錄三卷　（清）釋超溟著　（清）釋明
貫錄　清光緒元年(1875)福州鼓山刻本
一冊

350000－2001－0008007　852.47/ф432＝5

張亨甫全集三十三卷首一卷　（清）張際亮著
清咸豐孔慶衢刻同治六年(1867)李雲誥增
補本　十冊

350000－2001－0008008　852.47/ф432＝6

張亨甫全集三十三卷首一卷　（清）張際亮著
清咸豐孔慶衢刻同治六年(1867)李雲誥增
補本　十冊

350000－2001－0008009　852.47/ф443＝1

籀經堂類藁二十四卷齊陳氏韶舞樂疁通釋二
卷　（清）陳慶鏞撰　清光緒九年(1883)刻本
十二冊

350000－2001－0008010　852.47/ф443.3＝1

禮堂遺集三卷補遺一卷附詩一卷　（清）陳喬
樅撰　（清）陳紹釗編　清同治十二年(1873)
侯官陳紹釗刻本　一冊

350000－2001－0008011　822.47/ф557.2＝5

絳雪山房詩鈔二十卷續鈔六卷試帖三卷
（清）楊慶琛撰　清咸豐、同治刻本　八冊

350000－2001－0008012　822.47/φ557.2＝6

絳雪山房詩鈔二十卷續鈔六卷試帖三卷
（清）楊慶琛撰　清咸豐、同治刻本　六冊
存二十卷（詩鈔二十卷）

350000－2001－0008013　822.47/φ558＝1

雲悅山房偶存稿六卷　（清）楊維屏著　清宣
統二年(1910)侯官楊氏刻本　二冊

350000－2001－0008014　822.47/φ558＝2

雲悅山房偶存稿六卷　（清）楊維屏著　清宣
統二年(1910)侯官楊氏刻本　二冊

350000－2001－0008015　822.47/φ558＝3

雲悅山房偶存稿六卷　（清）楊維屏著　清宣
統二年(1910)侯官楊氏刻本　二冊

350000－2001－0008016　822.47/φ562＝1

永陽游草一卷　（清）葉儀昌撰　清同治三年
(1864)刻本　一冊

350000－2001－0008017　852.47/φ448＝1

待隱堂遺稿四卷　（清）陳翼撰　清光緒十九
年(1893)陳秉中刻本　四冊

350000－2001－0008018　852.47/φ448＝2

待隱堂遺稿四卷　（清）陳翼撰　清光緒十九
年(1893)陳秉中刻本　二冊

350000－2001－0008019　822.47/φ563.4＝2

唐風集一卷　（清）葉在衍撰　清光緒二十三
年(1897)刻本　一冊

350000－2001－0008020　852.47/φ550－1＝1

經笥堂文鈔二卷　（清）雷鋐撰　（清）伊秉綬
編　清光緒二十八年(1902)刻本　二冊

350000－2001－0008021　194/188

太乙金華宗旨一卷　題（清）孚佑帝君著
（清）佟成和輯　清光緒二十三年(1897)上海
宏大善書局石印本　一冊

350000－2001－0008022　822.47/φ568－1＝2

鐘陵賸草一卷　（清）董敬輿著　清末刻本
一冊

350000－2001－0008023　822.47/φ568.2＝2

秦川焚餘草六卷首一卷補遺一卷　（清）董平

章撰　**附刻一卷**　（清）李元度等撰　清光緒
二十七年(1901)容齋刻本　六冊

350000－2001－0008024　φ822.47/652＝2

晉安樂府一卷　（清）蔣鎔撰　清道光二十六
年(1846)刻本　一冊

350000－2001－0008025　φ822.47/652＝3

晉安樂府一卷　（清）蔣鎔撰　清道光二十六
年(1846)刻本　一冊

350000－2001－0008026　822.47/φ656＝1

緝齋詩稿八卷首一卷　（清）蔡新撰　清刻本
四冊

350000－2001－0008027　216/17

蒙師箴言一卷　（清）方瀏生撰　清光緒三十
二年(1906)鉛印本　一冊

350000－2001－0008028　822.47/φ662.4＝1

注韓居詩鈔二卷　（清）鄭杰撰　清光緒十八
年(1892)刻本　一冊

350000－2001－0008029　822.47/φ676.3＝1

岯雲樓集八卷　（清）劉存仁撰　清咸豐三年
(1853)福州刻本　二冊

350000－2001－0008030　φ822.47/474.4＝1

虁虁堂詩草四卷　（清）劉玉璋撰　清宣統三
年(1911)福州鉛印本　一冊

350000－2001－0008031　822.47/φ677.1＝1

劉淡齋詩存一卷　（清）劉尚文撰　清光緒三
十四年(1908)鉛印本　一冊

350000－2001－0008032　822.47/φ678.2＝1

觀海集四卷　（清）劉家謀撰　清咸豐八年
(1858)刻本　一冊

350000－2001－0008033　822.47/φ678.1＝1

外丁卯橋居士初稿八卷　（清）劉家謀撰　清
道光二十八年(1848)東洋學署刻本　二冊

350000－2001－0008034　822.47/φ678.1＝2

外丁卯橋居士初稿八卷　（清）劉家謀撰　清
道光二十八年(1848)東洋學署刻本　一冊

350000－2001－0008035　216/17－1

蒙師箴言一卷 （清）方瀏生撰　**附錄私塾改良會章程一卷** （清）沈亮啓擬　清光緒三十二年（1906）上海商務印書館鉛印本　一冊

350000－2001－0008036　216/17－2
蒙師箴言一卷 （清）方瀏生撰　清光緒三十二年（1906）鉛印本　一冊

350000－2001－0008037　199.7/536
畢法集覽一卷 （清）程樹勛撰　清同治、光緒刻本　一冊

350000－2001－0008038　199.9/940
重訂增補陶朱公致富全書六卷附一卷　題（清）石嚴曳增定　清光緒上海萃英書局石印本　一冊

350000－2001－0008039　852.47/ф654－1＝1
二希堂文集十一卷首一卷 （清）蔡世遠撰（清）汪由敦　（清）李清植等編校　清道光十七年（1837）文林堂刻本　八冊

350000－2001－0008040　852.47/ф662＝1
西霞文鈔二卷 （清）鄭光策撰　清嘉慶十年（1805）陳名世刻本　二冊

350000－2001－0008041　199.2/429.3
地理辨正五卷 （明）蔣平階補傳 （清）姜垚辨正　題（清）無心道人增補直解　清可久堂刻本　三冊

350000－2001－0008042　199.2/557
龍經三卷龍經統說一卷 （唐）楊益撰　清光緒九年（1883）刻本　一冊

350000－2001－0008043　852.47/ф662.1＝3
六亭文集十二卷 （清）鄭兼才撰　清道光刻本　四冊

350000－2001－0008044　852.47/ф662.1＝4
六亭文集十二卷 （清）鄭兼才撰　清道光刻本　六冊

350000－2001－0008045　199.1/395
大六壬心鏡八卷 （唐）徐道符撰　清光緒二年（1876）刻本　一冊

350000－2001－0008046　822.47/ф718.1＝1
櫻桃軒詩集二卷 （清）謝震著　清道光、咸豐謝瞻洛刻本　一冊

350000－2001－0008047　822.47/ф718.2＝3
櫻桃軒詩集二卷 （清）謝震著　清光緒九年（1883）福州刻本　二冊

350000－2001－0008048　822.47/ф718.2＝4
櫻桃軒詩集二卷 （清）謝震著　清光緒九年（1883）福州刻本　二冊

350000－2001－0008049　199.1/934
壬學瑣記一卷 （清）程樹勛撰　清光緒七年（1881）刻本　一冊

350000－2001－0008050　199.7/536＝1
畢法集覽一卷 （清）程樹勛撰　清同治十一年（1872）刻本　一冊

350000－2001－0008051　199.2/332
地理水海一卷 （清）高文俊撰　清光緒十四年（1888）韶元閣刻本　一冊

350000－2001－0008052　199.2/429.1
地理辨正疏五卷首一卷末一卷 （清）張心言著　清同治二年（1863）刻本　一冊　存四卷（一至三、首一卷）

350000－2001－0008053　199.2/429.2
地理辨正五卷 （明）蔣平階補傳 （清）姜垚辨正　題（清）無心道人增補直解　清道光三年（1823）經元堂刻本　四冊

350000－2001－0008054　199/938
金山發奏科一卷 （清）邱高升書　清咸豐二年（1852）邱氏抄本　一冊

350000－2001－0008055　195/949
瓊宮五帝内思上法一卷靈飛六甲内思通靈上法一卷 （清）□□撰　清光緒二十六年（1900）石印本　一冊

350000－2001－0008056　196/679
天方至聖實錄二十卷首一卷 （清）劉智撰述　清同治十三年（1874）啓承堂刻本　十冊

350000－2001－0008057　195/934.1
元宰必讀書八種 （□）□□輯　清光緒二十

五年(1899)王友三刻本　一冊

350000－2001－0008058　195/940

執中蘊義四卷末一卷　題(清)純陽子輯　清
同治三年(1864)安成廣生堂刻本　二冊

350000－2001－0008059　195/935

太清應化天尊玄玄上經二卷　題(清)正倫註
　題(清)性融疏　清光緒十七年(1891)刻本
　一冊

350000－2001－0008060　852.47/φ671－1＝3

託素齋文集六卷詩集四卷仁恕堂筆記一卷
(清)黎士弘著　清光緒二十五年(1899)閩汀
東壁軒木活字印本　十一冊

350000－2001－0008061　852.47/φ676＝1

屺雲樓文鈔十二卷　(清)劉存仁著　清光緒
四年(1878)鉛印本　六冊

350000－2001－0008062　852.47/φ718－1＝2

二勿齋文集六卷首一卷　(清)謝金鑾撰　清
道光、咸豐木活字印本　二冊

350000－2001－0008063　852.47/φ729＝1

道安室雜文一卷蕭閑堂遺詩一卷戴花平安室
遺詞一卷平安室雜記一卷　蕭道管撰　陳衍
編　清光緒三十三年(1907)刻石遺室叢書本
　一冊

350000－2001－0008064　852.47/φ729＝2

道安室雜文一卷戴花平安室遺詞一卷平安室
雜記一卷蕭閑堂遺詩一卷　蕭道管撰　陳衍
編　清光緒三十三年(1907)刻石遺室叢書本
　一冊

350000－2001－0008065　852.48/φ169＝1

漪香山館文集一卷　吳曾祺著　清宣統二年
(1910)上海商務印書館鉛印本　一冊

350000－2001－0008066　852.48/φ169＝2

漪香山館文集一卷　吳曾祺著　清宣統二年
(1910)上海商務印書館鉛印本　一冊

350000－2001－0008067　852.48/φ214－1＝2

畏廬文集一卷　林紓著　清宣統二年(1910)
上海商務印書館鉛印本　一冊

350000－2001－0008068　852.48/φ214－1＝3

畏廬文集一卷　林紓著　清宣統二年(1910)
上海商務印書館鉛印本　一冊

350000－2001－0008069　852.48/φ214－2＝1

畏廬文集一卷　林紓著　清宣統二年(1910)
上海商務印書館鉛印本　一冊

350000－2001－0008070　852.48/φ445

石遺室文集十二卷續集一卷三集一卷四集一
卷詩集十卷補遺一卷朱絲詞二卷詩續集二卷
　陳衍撰　清光緒三十一年(1905)刻石遺室
叢書本　十冊

350000－2001－0008071　852.48/φ444.5

石遺室文集十二卷　陳衍撰　清光緒三十一
年(1905)刻石遺室叢書本　一冊　存七卷
(一至七)

350000－2001－0008072　822.47/φ730－2＝2

白華樓詩鈔四卷焚餘稿一卷　(清)薩玉衡著
　清光緒二十九年(1903)薩承鈺刻本　三冊

350000－2001－0008073　822.47/φ730－2＝3

白華樓詩鈔四卷焚餘稿一卷　(清)薩玉衡著
　清光緒二十九年(1903)薩承鈺刻本　三冊

350000－2001－0008074　822.47/φ730－2＝4

白華樓詩鈔四卷焚餘稿一卷　(清)薩玉衡著
　清光緒二十九年(1903)薩承鈺刻本　三冊

350000－2001－0008075　195/935＝1

太清應化天尊玄玄上經二卷　題(清)正倫註
　題(清)性融疏　清光緒十七年(1891)刻本
　一冊

350000－2001－0008076　195/φ795.2

古本周易參同契三卷　(漢)魏伯陽著　(清)
龔易圖註　清光緒十七年(1891)木活字印本
　二冊

350000－2001－0008077　195/795.3

參同契分節解三卷　(漢)魏伯陽撰　(元)陳
致虛解　參同契箋註分節解三卷　(漢)徐景
休撰　(元)陳致虛解　參同契三相類三卷
(漢)淳于叔通撰　(元)陳致虛解　清道光二

十年(1840)馬氏刻本　一册

350000－2001－0008078　852.4949/φ214.1＝1
[光緒二十九年福建鄉試第十一房同門闈卷]
不分卷　林志烜等撰　清末刻本　一册

350000－2001－0008079　852.4949/φ214.1＝2
[光緒二十九年福建鄉試第十一房同門闈卷]
不分卷　林志烜等撰　清末刻本　一册

350000－2001－0008080　852.4949/φ214.1＝3
[光緒二十九年福建鄉試第十一房同門闈卷]
不分卷　林志烜等撰　清末刻本　一册

350000－2001－0008081　852.4949/φ214.1＝4
[光緒二十九年福建鄉試第十一房同門闈卷]
不分卷　林志烜等撰　清末刻本　一册

350000－2001－0008082　852.4949/φ214.1＝5
[光緒二十九年福建鄉試第十一房同門闈卷]
不分卷　林志烜等撰　清末刻本　一册

350000－2001－0008083　852.4949/φ214.1＝6
[光緒二十九年福建鄉試第十一房同門闈卷]
不分卷　林志烜等撰　清末刻本　一册

350000－2001－0008084　852.4949/φ214.1＝7
[光緒二十九年福建鄉試第十一房同門闈卷]
不分卷　林志烜等撰　清末刻本　一册

350000－2001－0008085　852.4949/φ214.1＝8
[光緒二十九年福建鄉試第十一房同門闈卷]
不分卷　林志烜等撰　清末刻本　一册

350000－2001－0008086　822.47/φ730.4＝1
珠光集四卷　（清）薩察倫著　清宣統二年
(1910)福州薩氏一硯齋刻本　一册

350000－2001－0008087　822.47/φ730.4＝2
珠光集四卷　（清）薩察倫著　清宣統二年
(1910)福州薩氏一硯齋刻本　二册

350000－2001－0008088　852.4949/φ218＝1
[光緒二十八年福建鄉試第一房同門闈卷]不
分卷　（清）林翰等撰　清末刻本　一册

350000－2001－0008089　852.4949/φ218＝2
[光緒二十八年福建鄉試第一房同門闈卷]不

分卷　（清）林翰等撰　清末刻本　一册

350000－2001－0008090　852.4949/φ218＝3
[光緒二十八年福建鄉試第一房同門闈卷]不
分卷　（清）林翰等撰　清末刻本　一册

350000－2001－0008091　852.4949/φ218＝4
[光緒二十八年福建鄉試第一房同門闈卷]不
分卷　（清）林翰等撰　清末刻本　一册

350000－2001－0008092　852.4949/φ218＝5
[光緒二十八年福建鄉試第一房同門闈卷]不
分卷　（清）林翰等撰　清末刻本　一册

350000－2001－0008093　852.4949/φ218＝6
[光緒二十八年福建鄉試第一房同門闈卷]不
分卷　（清）林翰等撰　清末刻本　一册

350000－2001－0008094　852.4949/φ404－2＝4
制義叢話二十四卷　（清）梁章鉅撰　清咸豐
九年(1859)刻本　七册　存二十二卷(一至
二十二)

350000－2001－0008095　822.47/φ730－5＝2
湘南吟草一卷　（清）薩龍田著　清宣統二年
(1910)薩氏刻本　一册

350000－2001－0008096　852.4949/φ404－2＝5
制義叢話二十四卷　（清）梁章鉅撰　清咸豐
九年(1859)刻本　八册

350000－2001－0008097　852.4949/φ404－1＝1
制義叢話二十四卷　（清）梁章鉅撰　清咸豐
九年(1859)知足知不足齋刻本　八册

350000－2001－0008098　852.86/φ718＝1
文海披沙八卷　（明）謝肇淛著　清光緒三年
(1877)上海刻申報館叢書本　一册

350000－2001－0008099　822.47/φ730.6＝1
荔影堂詩鈔二卷　（清）薩大文著　清光緒刻
本　一册

350000－2001－0008100　822.47/φ730.6＝2
荔影堂詩鈔二卷　（清）薩大文著　清光緒刻
本　一册

350000－2001－0008101　822.47/φ730.6＝3

荔影堂詩鈔二卷　（清）薩大文著　清光緒刻本　一冊

350000－2001－0008102　822.47/ф730.6＝4
荔影堂詩鈔二卷　（清）薩大文著　清光緒刻本　一冊

350000－2001－0008103　822.47/ф730.7＝1
荔影堂詩鈔二卷　（清）薩大年著　清光緒刻本　一冊

350000－2001－0008104　822.47/ф730.7＝2
荔影堂詩鈔二卷　（清）薩大年著　清光緒刻本　一冊

350000－2001－0008105　822.47/ф730.7＝3
荔影堂詩鈔二卷　（清）薩大年著　清光緒刻本　一冊

350000－2001－0008106　822.47/ф730.8＝1
望雲精舍詩鈔一卷　（清）薩大滋著　清宣統二年(1910)薩嘉榘刻本　一冊

350000－2001－0008107　822.47/ф730.8＝2
望雲精舍詩鈔一卷　（清）薩大滋著　清宣統二年(1910)薩嘉榘刻本　一冊

350000－2001－0008108　822.47/ф730.8＝3
望雲精舍詩鈔一卷　（清）薩大滋著　清宣統二年(1910)薩嘉榘刻本　一冊

350000－2001－0008109　822.47/ф775＝1
栗園詩鈔一卷　（清）羅大佑著　清光緒十五年(1889)刻本　一冊

350000－2001－0008110　822.48/ф214.4＝1
閩中新樂府一卷　林紓著　清光緒二十三年(1897)鉛印本　一冊

350000－2001－0008111　822.48/ф214.4＝2
閩中新樂府一卷　林紓著　清光緒二十三年(1897)鉛印本　一冊

350000－2001－0008112　822.48/ф218.2＝1
感秋集一卷　（清）林黻楨著　清宣統元年(1909)鴻文恒記局鉛印本　一冊

350000－2001－0008113　822.48/ф395＝2

寒碧樓詩集一卷　題（清）寒碧樓女士著　清光緒三十二年(1906)鉛印本　一冊

350000－2001－0008114　822.48/ф395＝3
寒碧樓詩集一卷　題（清）寒碧樓女士著　清光緒三十二年(1906)鉛印本　一冊

350000－2001－0008115　822.48/ф395＝4
寒碧樓詩集一卷　題（清）寒碧樓女士著　清光緒三十二年(1906)鉛印本　一冊

350000－2001－0008116　822.48/ф395.1＝1
寒碧樓餘詩一卷　題（清）寒碧樓女士著　清宣統三年(1911)鉛印本　一冊

350000－2001－0008117　822.48/ф396.1＝1
粵行草掇存一卷　（清）翁祖蔭撰　清宣統元年(1909)清風橋文茂印局鉛印本　一冊

350000－2001－0008118　822.48/ф444.3＝2
南遊草一卷　陳寶琛著　清末陳氏滄趣樓鉛印本　一冊

350000－2001－0008119　822.48/ф444.3＝3
南遊草一卷　陳寶琛著　清末陳氏滄趣樓鉛印本　一冊

350000－2001－0008120　822.48/ф444.3＝4
南遊草一卷　陳寶琛著　清末陳氏滄趣樓鉛印本　一冊

350000－2001－0008121　822.48/ф444.3＝5
南遊草一卷　陳寶琛著　清末陳氏滄趣樓鉛印本　一冊

350000－2001－0008122　822.48/ф662＝2
海藏樓詩一卷　鄭孝胥著　清光緒二十八年(1902)武昌刻本　一冊

350000－2001－0008123　822.48/ф662＝3
海藏樓詩一卷　鄭孝胥著　清光緒二十八年(1902)武昌刻本　一冊

350000－2001－0008124　822.48/ф661＝3
海藏樓詩一卷　鄭孝胥著　清光緒三十二年(1906)鉛印本　一冊

350000－2001－0008125　822.4997/ф940＝2

燕臺鴻爪集一卷　題(清)粟海庵居士著　清末刻本　一冊

350000－2001－0008126　822.4997/φ940＝3
燕臺鴻爪集一卷　題(清)粟海庵居士著　清末刻本　一冊

350000－2001－0008127　852.87/φ493.1＝1
止齋遺書十六卷　(清)黃俊苑著　清光緒元年(1875)福州刻六年(1880)補修本　八冊

350000－2001－0008128　194/938.11
相宗八要解八卷　(唐)釋玄奘譯　(明)釋明昱集解　清光緒二十八年(1902)金陵刻經處刻本　三冊

350000－2001－0008129　862.97/φ151＝2
錢神志七卷　(清)李世熊著　清同治十年(1871)寧化縣署木活字印本　七冊

350000－2001－0008130　194/938.12
禮佛名經事儀一卷　(明)釋明心集　清抄本　一冊

350000－2001－0008131　194/938.13
般若波羅蜜多心經註解一卷金剛般若波羅蜜多心經註解一卷　(明)釋宗泐　(明)釋如玘註　清光緒二年(1876)長沙刻經處刻本　一冊

350000－2001－0008132　862.97/φ151－1
錢神志七卷　(清)李世熊著　清光緒六年(1880)楚北劉國光刻本　八冊

350000－2001－0008133　194/939.2
昆尼日用錄一卷　(□)□□撰　清康熙十年(1671)刻本　一冊

350000－2001－0008134　194/941.1
佛說藥師如來本願經一卷　(隋)釋達磨笈多譯　藥師瑠璃光如來本願功德經一卷　(唐)釋玄奘譯　藥師瑠璃光七佛本願功德經二卷　(唐)釋義淨譯　清宣統元年(1909)刻本　一冊

350000－2001－0008135　195/525
天仙正理讀法點睛一卷新鐫道書五篇註三卷

(清)傅金銓著　清末石印本　一冊

350000－2001－0008136　194/941.2
佛說阿彌陀經疏鈔四卷事義四卷問辯一卷續問答一卷答問一卷答淨土四十八問一卷淨土疑辯一卷　(明)釋袾宏述　清光緒刻雲棲法彙本　五冊

350000－2001－0008137　194/938.5
永嘉真覺大師證道歌一卷　(元)釋竺源(元)釋法惠註頌　(元)釋德弘編　清光緒三十四年(1908)金陵刻經處刻雲棲法彙本　一冊

350000－2001－0008138　194/938.7
大方廣圓覺修多羅了義經略疏二卷　(唐)釋宗密述　清末刻本　一冊

350000－2001－0008139　194/938.14
般若波羅蜜多心經註解一卷金剛般若波羅蜜多心經註解一卷　(明)釋宗泐　(明)釋如玘註　清光緒二年(1876)長沙刻經處刻本　一冊

350000－2001－0008140　194/938.9
大乘起信論義記七卷別記一卷　(唐)釋法藏撰　清光緒二十四年(1898)金陵刻經處刻本　二冊

350000－2001－0008141　822.71/φ795－1＝2
離騷箋二卷　(清)龔景瀚撰　清同治龔易圖刻本　一冊

350000－2001－0008142　822.79171/φ181＝1
七十二明珠樓賦鈔四卷　(清)何卓然輯　清咸豐三年(1853)刻本　四冊

350000－2001－0008143　822.79171/φ182
詩鐘存稿七卷　(清)郭柏蔭撰　清光緒七年(1881)青蓮書屋刻本　二冊

350000－2001－0008144　194/940－10
大佛頂如來密因修證了義諸菩薩萬行首楞嚴經纂註十卷　(唐)釋般刺密諦譯　(明)釋真界纂註　清光緒三十四年(1908)金陵刻經處刻本　五冊

350000 - 2001 - 0008145　832.047/φ4 = 3

聽秋聲館詞話二十卷　（清）丁紹儀撰　清同治八年(1869)刻本　四冊

350000 - 2001 - 0008146　832.047/φ562 = 1

本事詞二卷　（清）葉申薌編輯　清道光十二年(1832)刻本　二冊

350000 - 2001 - 0008147　832.47/φ127 = 2

燈昏鏡曉詞四卷附錄聚紅雅集詞一卷　（清）宋謙著　清宣統二年(1910)鉛印本　二冊

350000 - 2001 - 0008148　852.101/φ404.5 = 2

文選旁證四十六卷　（清）梁章鉅撰　清光緒八年(1882)刻本　十二冊

350000 - 2001 - 0008149　194/940 - 3

大佛頂如來密因修證了義諸菩薩萬行首楞嚴經直指十卷　（唐）釋般剌密諦譯　（唐）釋彌伽釋伽譯語　（唐）房融筆受　（清）釋函昰疏　（清）釋今釋閱　清光緒刻本　六冊

350000 - 2001 - 0008150　862.97/φ431.2 = 2

南浦秋波錄三卷翠眉亭稿摘錄一卷碧雲遺稿選錄一卷　（清）張際亮著　清光緒刻本　二冊

350000 - 2001 - 0008151　862.97/φ431.2 = 3

南浦秋波錄三卷翠眉亭稿摘錄一卷碧雲遺稿選錄一卷　（清）張際亮著　清光緒刻本　二冊

350000 - 2001 - 0008152　862.97/φ431.2 = 4

南浦秋波錄三卷翠眉亭稿摘錄一卷碧雲遺稿選錄一卷　（清）張際亮著　清光緒刻本　一冊　存三卷(秋波錄三卷)

350000 - 2001 - 0008153　832.47/φ127 = 3

燈昏鏡曉詞四卷附錄聚紅雅集詞一卷　（清）宋謙著　清宣統二年(1910)鉛印本　二冊

350000 - 2001 - 0008154　832.47/φ127 = 4

燈昏鏡曉詞四卷附錄聚紅雅集詞一卷　（清）宋謙著　清宣統二年(1910)鉛印本　二冊

350000 - 2001 - 0008155　φ832.47/249 = 2

東甌草堂詞二卷　（清）周星譽撰　勉憙集詞一卷　（清）周星詒撰　清同治刻本　一冊

350000 - 2001 - 0008156　832.47φ661 = 2

考功詞一卷　（清）鄭守廉撰　清光緒二十八年(1902)武昌刻本　一冊

350000 - 2001 - 0008157　194/932

折疑論集註二卷　（元）釋子成撰　（元）釋師子註　清光緒三十四年(1908)刻本　二冊

350000 - 2001 - 0008158　832.47φ661 = 3

考功詞一卷　（清）鄭守廉撰　清光緒二十八年(1902)武昌刻本　一冊

350000 - 2001 - 0008159　862.97/φ431 - 1 = 1

金臺殘淚記三卷　（清）張際亮著　清光緒刻本　一冊

350000 - 2001 - 0008160　852.101/φ404.5 = 3

文選旁證四十六卷　（清）梁章鉅撰　清光緒八年(1882)刻本　十二冊

350000 - 2001 - 0008161　862.97/φ431 - 1 = 2

金臺殘淚記三卷　（清）張際亮著　清光緒刻本　一冊

350000 - 2001 - 0008162　852.101/φ404.5 = 4

文選旁證四十六卷　（清）梁章鉅撰　清光緒八年(1882)刻本　十二冊

350000 - 2001 - 0008163　φ929.71210/590 - 1

[乾隆]興化府莆田縣志三十六卷首一卷　（清）汪大經等修　（清）廖必琦　（清）林黌纂　（清）潘文鳳重修　清乾隆二十三年(1758)刻光緒五年(1879)增補本　二十冊

350000 - 2001 - 0008164　852.19171/φ214 = 1

林嚴文鈔四卷　林紓　嚴復撰　清宣統三年(1911)上海國學扶輪社鉛印本　四冊

350000 - 2001 - 0008165　φ929.71211/563 - 2 = 1

[同治]仙遊縣志五十三卷首一卷　（清）胡啓植　（清）王椿修　（清）葉侃和纂　清同治十二年(1873)吳森刻本　一冊　存三卷(二十至二十二)

350000 - 2001 - 0008166　φ929.71314/431 - 1

[嘉靖]惠安縣志十三卷　（明）莫尚簡修

(明)張岳纂　清末抄本　二冊　存七卷(一至七)

350000－2001－0008167　878/φ215.1＝1
閒居雜錄二卷　(清)林春溥編　清咸豐四年(1854)侯官林氏刻竹柏山房十五種本　一冊

350000－2001－0008168　878/φ215.1＝2
閒居雜錄二卷　(清)林春溥編　清咸豐四年(1854)侯官林氏刻竹柏山房十五種本　一冊

350000－2001－0008169　852.19171/φ331＝3
莆陽文輯五卷　(清)涂慶瀾編　清光緒二十五年(1899)莆田涂氏荔隱山房刻本　五冊

350000－2001－0008170　878/φ215.1＝3
閒居雜錄二卷　(清)林春溥編　清咸豐四年(1854)侯官林氏刻竹柏山房十五種本　一冊

350000－2001－0008171　195/556
陰符經發隱一卷道德經發隱一卷沖虛經發隱一卷南華經發隱一卷　(清)楊文會註　清光緒三十年(1904)金陵刻經處刻本　一冊

350000－2001－0008172　852.19171/φ331＝4
莆陽文輯五卷　(清)涂慶瀾編　清光緒二十五年(1899)莆田涂氏荔隱山房刻本　五冊

350000－2001－0008173　832.19171/φ562＝2
閩詞鈔四卷　(清)葉申薌編輯　清道光十四年(1834)三山葉氏刻天籟軒五種本　四冊

350000－2001－0008174　φ929.71316/11＝2
[乾隆]馬巷廳志十八卷首一卷　(清)萬友正修　(清)黃家鼎纂　附錄三卷　(清)黃家鼎撰　清光緒九年(1883)丁惠深刻十九年(1893)黃家鼎增修本　十一冊

350000－2001－0008175　φ929.71316/11＝1
[乾隆]馬巷廳志十八卷首一卷　(清)萬友正修　(清)黃家鼎纂　附錄三卷　(清)黃家鼎撰　清光緒九年(1883)丁惠深刻十九年(1893)黃家鼎增修本　十一冊

350000－2001－0008176　832.19171/φ562＝3
閩詞鈔四卷　(清)葉申薌編輯　清道光十四年(1834)三山葉氏刻天籟軒五種本　八冊

350000－2001－0008177　φ929.71316/11＝3
[乾隆]馬巷廳志十八卷首一卷　(清)萬友正修　(清)黃家鼎纂　附錄三卷　(清)黃家鼎輯　清光緒九年(1883)丁惠深刻十九年(1893)黃家鼎增修本　十一冊

350000－2001－0008178　195/217
葆真山人養性編一卷　(清)柯懷經撰　體真山人性命要旨一卷　(清)汪啓濩撰　清光緒十七年(1891)刻本　二冊

350000－2001－0008179　929.649/φ213＝10
滇軺紀程一卷荷戈紀程一卷　(清)林則徐撰　清光緒三年(1877)三山林氏刻林文忠公遺集本　一冊

350000－2001－0008180　879.47/φ87＝2
西行日記二卷　(清)池仲祐撰　清光緒三十四年(1908)上海印書館鉛印本　一冊

350000－2001－0008181　195/386
太上感應篇直講二卷　(清)柴紹炳撰　清光緒二十一年(1895)刻本　一冊

350000－2001－0008182　879.47/φ87＝3
西行日記二卷　(清)池仲祐撰　清光緒三十四年(1908)上海印書館鉛印本　一冊

350000－2001－0008183　879.47/φ87＝4
西行日記二卷　(清)池仲祐撰　清光緒三十四年(1908)上海印書館鉛印本　一冊

350000－2001－0008184　852.1947/φ408－1＝6
八家四六文注八卷首一卷　(清)許貞幹注　清光緒十七年(1891)刻本　八冊

350000－2001－0008185　852.1947/φ408－1＝7
八家四六文注八卷首一卷　(清)許貞幹注　清光緒十七年(1891)刻本　八冊

350000－2001－0008186　195/432
元真子三卷　(唐)張志和撰　清同治八年(1869)胡氏退補齋刻金華叢書本　一冊

350000－2001－0008187　852.43/φ26
麟角集一卷附錄一卷　(唐)王棨著　清嘉慶十七年(1812)王逡春麟後山房刻王氏彙刻唐

人集本　一册

350000－2001－0008188　897/ɸ212－2＝2
楹聯述錄十二卷　（清）林慶銓輯　藐園楹聯
附錄一卷　（清）林慶銓撰　清光緒七年
（1881）廣州刻本　四册

350000－2001－0008189　195/486.1
元宰必讀不分卷　（□）□□撰　清光緒二十
九年（1903）刻本　一册

350000－2001－0008190　195/106
仙佛合宗一卷　（明）伍守陽著　清道光三十
年（1850）刻本　一册

350000－2001－0008191　852.43/ɸ26＝1
麟角集一卷附錄一卷　（唐）王棨著　清嘉慶
十七年（1812）王遐春麟後山房刻王氏彙刻唐
人集本　一册

350000－2001－0008192　ɸ929.71742/80
光澤縣鄉土志略一卷　（清）邱豫鼎初稿　清
光緒三十二年（1906）鉛印本　一册

350000－2001－0008193　194/945.3
省庵法師語錄二卷　（清）釋實賢撰　（清）彭
際清重訂　西方發願文註一卷　（清）釋蓮池
大師作　（清）釋實賢注　東海若解一卷
（唐）柳宗元著　（清）釋實賢解　清同治七年
（1868）刻本　一册

350000－2001－0008194　ɸ929.717/432＝1
[光緒]重纂邵武府志三十卷首一卷　（清）王
琛　（清）徐兆豐修　（清）張景祁等纂　清光
緒二十四年（1898）刻本　十五册　存二十三
卷（三至十三、十五至二十五、二十七）

350000－2001－0008195　ɸ852.43/159＝2
李習之先生文讀十卷首一卷　（清）高澍然著
　清同治十年（1871）閩縣劉存仁刻本　四册

350000－2001－0008196　ɸ929.718/154＝2
[乾隆]汀州府志四十五卷首一卷　（清）曾曰
瑛等修　（清）李紱等纂　清同治六年（1867）
延楷刻本　十二册　存二十五卷（九至三十、
四十至四十一、四十三）

350000－2001－0008197　ɸ929.718/154＝1
[乾隆]汀州府志四十五卷首一卷　（清）曾曰
瑛等修　（清）李紱等纂　清同治六年（1867）
延楷刻本　十一册

350000－2001－0008198　194/945.1
諸經昌誦二卷　（□）□□撰　清道光十八年
（1838）杭州昭慶寺刻本　二册

350000－2001－0008199　897/ɸ404＝4
楹聯叢話十二卷續話四卷　（清）梁章鉅輯
清道光刻本　二册

350000－2001－0008200　909.11971/ɸ678＝1
莆陽金石初編二卷　（清）劉尚文編　清光緒
二十六年（1900）福州刻本　一册

350000－2001－0008201　ɸ929.718/154＝3
[乾隆]汀州府志四十五卷首一卷　（清）曾曰
瑛等修　（清）李紱等纂　清同治六年（1867）
延楷刻本　九册　存二十卷（二至十九、四十
五，首一卷）

350000－2001－0008202　194/946.2
地藏菩薩本願經三卷　（唐）釋實叉難陀譯
地藏菩薩像靈驗記一卷　（宋）釋常謹集錄
清末至民國石印本　一册

350000－2001－0008203　ɸ929.71862/442
[道光]龍巖州志二十卷首一卷　（清）彭衍堂
　（清）袁曦業修　（清）陳文衡等纂　清道光
十五年（1835）刻光緒十六年（1890）重修本
十二册

350000－2001－0008204　ɸ929.71862/442＝1
[道光]龍巖州志二十卷首一卷　（清）彭衍堂
　（清）袁曦業修　（清）陳文衡等纂　清道光
十五年（1835）刻光緒十六年（1890）重修本
十二册

350000－2001－0008205　ɸ929.719/154
[乾隆]福寧府志四十四卷首一卷　（清）李拔
纂輯　清光緒六年（1880）刻本　十五册　存
三十二卷（一至二、十四至四十二，首一卷）

350000－2001－0008206　ɸ929.719/154＝1

[乾隆]福甯府志四十四卷首一卷 （清）李拔
纂輯 清光緒六年（1880）刻本 十七冊 存
三十七卷（八至四十四）

350000－2001－0008207 909.11971/φ678＝2
莆陽金石初編二卷 （清）劉尚文編 清光緒
二十六年（1900）福州刻本 一冊

350000－2001－0008208 909.11971/φ678＝3
莆陽金石初編二卷 （清）劉尚文編 清光緒
二十六年（1900）福州刻本 一冊

350000－2001－0008209 909.11971/φ678＝4
莆陽金石初編二卷 （清）劉尚文編 清光緒
二十六年（1900）福州刻本 一冊

350000－2001－0008210 852.43/φ334－1＝2
韓文故十三卷首一卷 （唐）韓愈撰 （清）高
澍然編 清宣統二年（1910）石印本 八冊

350000－2001－0008211 852.43/φ334－1＝3
韓文故十三卷首一卷 （唐）韓愈撰 （清）高
澍然編 清宣統二年（1910）石印本 八冊

350000－2001－0008212 φ929.719/186
閩風雜記一卷 （日本）佐倉孫三撰 清光緒
三十年（1904）福州美華書局鉛印本 一冊

350000－2001－0008213 φ929.71954/249
福安縣鄉土志二卷 （清）周祖頤編輯 清光
緒三十一年（1905）京師京華書局鉛印本
一冊

350000－2001－0008214 φ929.740261/229
使粵日記二卷 （清）孟超然撰 清嘉慶二十
年（1815）刻本 一冊

350000－2001－0008215 φ929.740261/229＝1
使粵日記二卷 （清）孟超然撰 清嘉慶二十
年（1815）刻本 一冊

350000－2001－0008216 947.3/φ494
尼泊爾誌一卷附錄一卷 （清）黃枝欣 （清）
沈宗元譯 清光緒三十四年（1908）油印本
一冊

350000－2001－0008217 879.47/φ133＝3
東游日記一卷 （清）沈翊清撰 清光緒二十

六年（1900）福州刻本 一冊

350000－2001－0008218 852.43/φ497＝2
唐黃御史集八卷 （唐）黃滔著 （宋）黃公度
等編輯 附錄一卷 （□）□□輯 清乾隆、
嘉慶刻本 四冊

350000－2001－0008219 950.1/φ937
布匿第二次戰紀五卷 （英國）阿納樂德撰
林紓 魏易譯 清光緒二十九年（1903）北京
大學堂官書局鉛印本 二冊

350000－2001－0008220 852.43/φ497－1
唐黃御史集八卷 （唐）黃滔著 附錄一卷
清嘉慶十五年（1810）福鼎王氏麟後山房刻王
氏匯刻唐人集本 四冊

350000－2001－0008221 950.4/φ970
西力東侵史一卷 （日本）齋藤阿具著 林長
民譯 清光緒二十九年（1903）鉛印本 一冊

350000－2001－0008222 φ950.9029/412
使西紀程二卷 （清）郭嵩燾撰 清末刻本
一冊

350000－2001－0008223 992.11/φ432
全史吏鑑十卷 （清）張祥雲輯 清嘉慶八年
（1803）刻本 二冊

350000－2001－0008224 852.43/φ497－2＝1
莆陽黃御史集二卷 （唐）黃滔撰 明正德本
唐黃御史集別錄一卷 （宋）黃處權纂 明崇
禎本唐黃御史集附錄一卷 （明）黃崇翰編輯
清光緒十年（1884）福山王氏刻天壤閣叢書
本 二冊

350000－2001－0008225 φ992.1171/913
福建法政學堂第一班別科同級齒錄一卷
（清）福建法政學堂編 清宣統元年（1909）鉛
印本 一冊

350000－2001－0008226 φ992.1171/913＝1
福建法政學堂第一班別科同級齒錄一卷
（清）福建法政學堂編 清宣統元年（1909）鉛
印本 一冊

350000－2001－0008227 φ992.1171/913＝2

福建法政學堂第一班別科同級齒錄一卷
(清)福建法政學堂編　清宣統元年(1909)鉛
印本　一冊

350000 – 2001 – 0008228　992.121/φ590 – 11

校正尚友錄二十二卷　(明)廖用賢編纂
(清)張伯琮補輯　清光緒二十五年(1899)鉛
印本　三冊

350000 – 2001 – 0008229　992.121/φ590

校正尚友錄二十二卷　(明)廖用賢編纂
(清)張伯琮補輯　**補遺一卷**　清康熙五年
(1666)刻道光重印本　十二冊

350000 – 2001 – 0008230　992.121/φ590 = 1

校正尚友錄二十二卷　(明)廖用賢編纂
(清)張伯琮補輯　**補遺一卷**　清康熙五年
(1666)刻道光重印本　一冊　存二卷(十八
至十九)

350000 – 2001 – 0008231　992.125/φ936

光緒丁酉科拔貢同譜齒錄一卷　(清)□□編
清光緒二十三年(1897)刻本　一冊

350000 – 2001 – 0008232　992.126/φ132

清代鄉會試硃卷齒錄彙存不分卷　沈祖牟輯
清末刻本　十二冊

350000 – 2001 – 0008233　φ992.126/936

光緒癸卯科福建鄉試齒錄一卷　(清)□□編
清光緒三十年(1904)鼇峯書院刻本　一冊

350000 – 2001 – 0008234　φ992.126/939

宣統己酉科福建優拔同年齒錄一卷　(清)
□□編　清宣統二年(1910)福州南門兜利福
公司鉛印本　一冊

350000 – 2001 – 0008235　852.43/φ638 – 1 = 1

唐歐陽四門集八卷　(唐)歐陽詹著　**附錄一
卷**　(宋)宋祁等撰　清嘉慶十五年(1810)福
鼎王氏麟後山房刻王氏彙刻唐人集本　三冊

350000 – 2001 – 0008236　φ992.126/942

道光壬辰科福建鄉試齒錄一卷　(清)□□編
清道光十三年(1833)刻本　一冊

350000 – 2001 – 0008237　852.44/φ154 = 2

梁溪先生文集一百八十卷　(宋)李綱著　**附
錄六卷**　清道光十四年(1834)刻本　四十冊

350000 – 2001 – 0008238　852.44/φ334 = 1

高東溪先生遺集三卷　(宋)高登撰　清光緒
二十三年(1897)漳州素位堂刻本　二冊

350000 – 2001 – 0008239　920.33/φ662 – 3 = 4

通志略五十一卷　(宋)鄭樵著　(明)陳宗夔
校　清乾隆十三年(1748)金壇于氏刻本　十
六冊

350000 – 2001 – 0008240　φ992.126/942.1

道光十九年己亥科福建鄉試齒錄不分卷
(清)□□編　清道光刻本　二冊

350000 – 2001 – 0008241　φ992.126/942.2

道光己酉科福建拔貢齒錄一卷　(清)□□編
清道光三十年(1850)刻本　一冊

350000 – 2001 – 0008242　φ992.13/25

湖海詩傳小傳六卷　(清)王昶撰　清光緒鉛
印本　一冊

350000 – 2001 – 0008243　φ992.13/104

道南源委六卷　(明)朱衡撰　清同治五年
(1866)福州正誼書局刻正誼堂全書本　二冊

350000 – 2001 – 0008244　φ992.13/215

百名士詳註一卷　(清)林拱陽撰　清末抄本
一冊

350000 – 2001 – 0008245　φ992.13/444

東越文苑六卷首一卷　(明)陳鳴鶴輯撰　清
同治十二年(1873)福州郭元昌刻本　二冊

350000 – 2001 – 0008246　φ992.13/661

本朝名家詩鈔小傳二卷　(清)鄭方坤撰　清
乾隆杞菊軒刻本　二冊

350000 – 2001 – 0008247　φ992.13/661 = 1

本朝名家詩鈔小傳二卷　(清)鄭方坤撰　清
乾隆杞菊軒刻本　四冊

350000 – 2001 – 0008248　φ992.13/661 – 1

國朝名家詩鈔小傳四卷補遺一卷附錄一卷
(清)鄭方坤撰　(清)李登雲校　清光緒十二
年(1886)刻本　二冊　存四卷(詩鈔小傳四

350000－2001－0008249　φ992.13/661－1＝1
國朝名家詩鈔小傳四卷補遺一卷附錄一卷
（清）鄭方坤撰　（清）李登雲校　清光緒十二
年（1886）刻本　一冊　存二卷（詩鈔小傳一
至二）

350000－2001－0008250　φ992.13/661－1＝2
國朝名家詩鈔小傳四卷補遺一卷附錄一卷
（清）鄭方坤撰　（清）李登雲校　清光緒十二
年（1886）刻本　一冊　存二卷（詩鈔小傳一
至二）

350000－2001－0008251　φ992.13/700
漁洋感舊集小傳四卷　（清）盧見曾撰　清光
緒鉛印本　二冊

350000－2001－0008252　920.52/φ100＝2
朱九江先生論史口說不分卷　（清）朱次琦撰
　（清）邱煒菱斠　清光緒二十六年（1900）粵
城寶經閣刻本　一冊

350000－2001－0008253　920.52/φ100＝3
朱九江先生論史口說不分卷　（清）朱次琦撰
　（清）邱煒菱斠　清光緒二十六年（1900）粵
城寶經閣刻本　一冊

350000－2001－0008254　乙6.6/7
［明詩擬］一卷　（明）瞿九思撰　**福建機宜一
卷**　（□）□□撰　明抄本　一冊

350000－2001－0008255　920.927/φ133－1＝3
沈文肅公政書七卷首一卷　（清）沈葆楨撰
清光緒十八年（1892）烏石山祠刻本　八冊

350000－2001－0008256　194/945.5
華嚴法界玄鏡三卷　（唐）釋澄觀述　清光緒
二十一年（1895）金陵刻經處刻本　一冊

350000－2001－0008257　920.927/φ133－1＝4
沈文肅公政書七卷首一卷　（清）沈葆楨撰
清光緒十八年（1892）烏石山祠刻本　八冊

350000－2001－0008258　920.927/φ133－1＝5
沈文肅公政書七卷首一卷　（清）沈葆楨撰
清光緒十八年（1892）烏石山祠刻本　八冊

350000－2001－0008259　194/945.7
大乘起信論直解二卷　（明）釋德清撰　清光
緒十六年（1890）金陵刻經處刻本　一冊

350000－2001－0008260　920.927/φ133－1＝6
沈文肅公政書七卷首一卷　（清）沈葆楨撰
清光緒十八年（1892）烏石山祠刻本　八冊

350000－2001－0008261　920.927/φ213＝2
林文忠公政書三集三十七卷　（清）林則徐撰
　清光緒十一年（1885）刻本　十一冊　存二
十八卷（江蘇奏稿一至二、六至八,湖廣奏稿
五卷,使粵奏稿八卷,兩廣奏稿二卷,雲貴奏
稿一至六、九至十）

350000－2001－0008262　194/945.8
壇經一卷附六祖大師事略一卷　（唐）釋慧能
說　（唐）釋法海錄　清同治十一年（1872）如
皋刻經處刻本　一冊

350000－2001－0008263　920.927/φ213＝3
林文忠公政書三集三十七卷　（清）林則徐撰
　清光緒十一年（1885）刻本　十六冊

350000－2001－0008264　194/943.18
佛說阿彌陀經要解一卷　（後秦）釋鳩摩羅什
譯　（明）釋智旭解　清光緒十一年（1885）金
陵刻經處刻本　一冊

350000－2001－0008265　194/945.4
頓悟入道要門論二卷　（唐）釋慧海撰　清宣
統二年（1910）梁友信刻本　一冊

350000－2001－0008266　194/943.11
金剛般若波羅密經一卷　（後秦）釋鳩摩羅什
譯　清道光二年（1822）湯輦臺刻本　一冊

350000－2001－0008267　194/943.12
金剛般若波羅密經一卷　（後秦）釋鳩摩羅什
譯　清光緒十五年（1889）金陵刻經處刻本
一冊

350000－2001－0008268　194/943.14
金剛般若波羅蜜經一卷　（後秦）釋鳩摩羅什
譯　（□）釋大鑑註　**金剛經感應事蹟一卷**
（□）黃捷選集　清咸豐五年（1855）孫雲鴻、

楊浚刻本　一冊

350000－2001－0008269　852.44/ф369.2＝2
**西山先生真文忠公文集五十五卷目錄二卷心
經一卷政經一卷**　（宋）真德秀撰　（明）楊鶚
重脩　（明）丁幸重較　**西山真文忠公年譜一
卷**　明崇禎十一年(1638)刻清雍正至同治間
遞修本　二十九冊　存五十八卷(文集五十
五卷、目錄二卷、政經一卷)

350000－2001－0008270　921.5/ф165＝2
國語韋解補正二十一卷　（三國吳）韋昭解
吳曾祺補正　朱元善校訂　清宣統二年
(1910)上海商務印書館鉛印本　二冊

350000－2001－0008271　852.44/ф446＝1
北溪先生全集八種　（宋）陳淳著　清乾隆四
十八年(1783)陳文芳刻本　八冊

350000－2001－0008272　927.033/ф22－4＝1
熙朝紀政六卷　（清）王慶雲撰　清光緒二十
七年(1901)上海天章書局石印本　六冊

350000－2001－0008273　852.44/ф492＝1
莆陽知稼翁集二卷　（宋）黃公度撰　（宋）黃
沃編　（宋）孫處權校勘　明天啓五年(1625)
莆田黃氏刻清道光九年(1829)重修本　二冊

350000－2001－0008274　927.094/ф214
啓東錄六卷　（清）林壽圖撰　清光緒五年
(1879)刻本　二冊

350000－2001－0008275　852.44/ф492＝2
莆陽知稼翁集二卷　（宋）黃公度撰　（宋）黃
沃編　（宋）孫處權校勘　明天啓五年(1625)
莆田黃氏刻清道光九年(1829)重修本　二冊

350000－2001－0008276　852.44/ф556＝1
武夷新集二十卷楊文公逸詩文一卷　（宋）楊
億撰　清嘉慶祝昌泰留香室刻浦城遺書本
八冊

350000－2001－0008277　194/943.15
金剛般若波羅密經直解一卷附金剛經大旨
(後秦)釋鳩摩羅什譯　題(清)純陽子解　清
乾隆元年(1736)刻本　一冊

350000－2001－0008278　ф927.6/943
新編福州時事文不分卷　（□）□□編　清末
侯官高氏環翠樓抄本　一冊

350000－2001－0008279　929.0971/ф26＝4
閩中沿革表五卷　（清）王捷南著　清道光十
九年(1839)刻本　四冊

350000－2001－0008280　929.1022/ф213＝2
畿輔水利議一卷　（清）林則徐撰　清光緒三
年(1877)三山林氏刻本　一冊

350000－2001－0008281　929.1022/ф213＝3
畿輔水利議一卷　（清）林則徐撰　清光緒三
年(1877)三山林氏刻本　一冊

350000－2001－0008282　929.1022/ф213＝4
畿輔水利議一卷　（清）林則徐撰　清光緒三
年(1877)三山林氏刻本　一冊

350000－2001－0008283　852.43/ф638＝3
唐歐陽先生文集八卷　（唐）歐陽詹著　（明）
歐陽元卿　（明）歐陽升卿彙輯　**附錄一卷**
明萬曆三十四年(1606)刻清乾隆十八年
(1753)增補道光至光緒間遞修本　四冊

350000－2001－0008284　929.61022/ф446－1＝1
蜀水攷四卷　（清）陳登龍撰　（清）朱錫穀補
注　（清）陳一津分疏　清光緒二十二年
(1896)成都書局刻本　四冊

350000－2001－0008285　194/943.16
修習瑜珈集要施食壇儀二卷　（□）□□編
清末刻本　一冊

350000－2001－0008286　194/943.9
金剛般若波羅蜜經一卷　（後秦）釋鳩摩羅什
譯　（□）釋大鑑註　**金剛經感應事蹟一卷**
(□)黃捷選集　清咸豐五年(1855)孫雲鴻、
楊浚刻本　一冊

350000－2001－0008287　ф929.71/130
[乾隆]福建續志九十二卷首一卷　（清）楊廷
璋等總裁　（清）沈廷芳等修　清乾隆三十三
年(1768)刻本　二十四冊

350000－2001－0008288　ф929.71/130＝1

[乾隆]福建續志九十二卷首一卷 （清）楊廷璋等總裁 （清）沈廷芳等修 清乾隆三十三年(1768)刻本 二十四冊

350000－2001－0008289 乙6.2/23.6
[乾隆]重脩福建臺灣府志二十卷首一卷 （清）劉良璧 （清）錢洙等纂輯 清乾隆刻本 八冊 存十四卷(一至六、八、十至十二、十八至二十,首一卷)

350000－2001－0008290 124/φ369.2－1＝2
大學衍義四十三卷 （宋）真德秀撰 明崇禎十一年(1638)刻清乾隆重修本 十冊

350000－2001－0008291 φ929.715/395＝1
武夷志畧不分卷 （明）徐表然纂輯 明萬曆四十七年(1619)崇安孫世昌刻本 三冊

350000－2001－0008292 124/φ369.2＝1
大學衍義四十三卷 （宋）真德秀撰 明崇禎十一年(1638)刻清乾隆重修本 十冊

350000－2001－0008293 042.7/φ155
測古錄一卷 （清）李夢登撰 清乾隆三十年(1765)刻本 一冊

350000－2001－0008294 194/944
修習止觀坐禪法要二卷 （隋）釋智顗述 六妙法門一卷 （隋）釋智顗述 清光緒金陵刻經處刻本 一冊

350000－2001－0008295 042.7/φ214＝4
溫經日記六卷 （清）林昌彝撰 清光緒十六年(1890)林慶炳刻本 六冊

350000－2001－0008296 194/942.1
大佛頂如來密因修證了義諸菩薩萬行首楞嚴經玄義二卷 （明）釋智旭撰述 清光緒十年(1884)刻本 一冊

350000－2001－0008297 194/941.3
梁皇寶懺儀文十卷 （□）□□撰 明刻明清遞修本 三冊

350000－2001－0008298 929.71021/φ395＝4
雪峰志十卷 （明）徐燉纂輯 清乾隆十九年(1754)刻本 四冊

350000－2001－0008299 φ192/652
福州美以美部第二十四次年錄三卷 （清）美以美會編 清光緒二十六年(1900)福州美華書局鉛印本 一冊

350000－2001－0008300 283.01/968
新聞學三十六章 （日本）松本君平撰 （清）商務印書館譯 清光緒二十九年(1903)鉛印本 一冊

350000－2001－0008301 929.71021/φ395＝5
雪峰志十卷 （明）徐燉纂輯 清乾隆十九年(1754)刻本 三冊

350000－2001－0008302 294.1/963
體操法一卷 （日本）上野巽編輯 清光緒、宣統鉛印本 一冊

350000－2001－0008303 294.1/975
幼學操身一卷 （英國）慶丕編著 （清）翟汝舟編著 清光緒二十八年(1902)刻本 一冊

350000－2001－0008304 929.71021/φ413－1＝2
烏石山志九卷首一卷 （清）郭柏蒼 （清）劉永松纂輯 （清）黃宗彝 （清）郭柏薌參訂 清道光二十二年(1842)于籠古天開圖畫樓刻光緒九年(1883)增修本 八冊

350000－2001－0008305 φ194/941
梁武帝問誌公禪師因果經一卷 （□）□□編 清宣統二年(1910)湧泉寺刻本 一冊

350000－2001－0008306 294.7/966
國民體育學六章 （日本）西川政憲著 （清）楊壽桐譯 清光緒二十八年(1902)鉛印本 一冊

350000－2001－0008307 929.71021/φ413－1＝3
烏石山志九卷首一卷 （清）郭柏蒼 （清）劉永松纂輯 （清）黃宗彝 （清）郭柏薌參訂 清道光二十二年(1842)于籠古天開圖畫樓刻光緒九年(1883)增修本 四冊

350000－2001－0008308 300/600
今世界大事一斑不分卷 （清）趙張楚編譯 清光緒二十九年(1903)上海一新書局石印本

一冊

350000－2001－0008309　300/654

新學彙編四卷　（美國）林樂知著　蔡爾康編輯　清光緒二十四年(1898)上海廣學會鉛印本　四冊

350000－2001－0008310　313.3/966.1

增補族制進化論三部　（日本）有賀長雄著　（清）上海廣智書局譯　清光緒二十八年(1902)上海廣智書局鉛印本　一冊

350000－2001－0008311　320.18/557

政教進化論一卷　（清）楊廷棟譯　清光緒鉛印本　一冊

350000－2001－0008312　929.71021/ф413－1＝4

烏石山志九卷首一卷　（清）郭柏蒼　（清）劉永松纂輯　（清）黃宗彝　（清）郭柏薌參訂　清道光二十二年(1842)于麓古天開圖畫樓刻光緒九年(1883)增修本　七冊

350000－2001－0008313　320.4/144

朱子議政錄一卷　（清）邢廷莢撰　清光緒二十九年(1903)鉛印本　一冊

350000－2001－0008314　320.4/443

庸書內編二卷外編二卷　（清）陳熾撰　清光緒二十二年(1896)刻本　四冊

350000－2001－0008315　320.4/443－1

庸書內編二卷外編二卷　（清）陳熾撰　清光緒二十二年(1896)石印本　八冊

350000－2001－0008316　320.4/662

盛世危言五卷　（清）鄭觀應撰　清光緒二十二年(1896)上海書局石印本　五冊

350000－2001－0008317　320.4/662.1

盛世危言續編三卷外編二卷　題（清）杞憂生輯著　清光緒二十一年(1895)上海賜書堂石印本　四冊　存四卷(盛世危言續編上下、外編上下)

350000－2001－0008318　929.71021/ф413－1＝5

烏石山志九卷首一卷　（清）郭柏蒼　（清）劉永松纂輯　（清）黃宗彝　（清）郭柏薌參訂

清道光二十二年(1842)于麓古天開圖畫樓刻光緒九年(1883)增修本　八冊

350000－2001－0008319　322.1/576

萬國近政考略十六卷　（清）鄒弢編輯　清光緒二十二年(1896)石印本　四冊

350000－2001－0008320　320/934

中外政治新編二卷　（□）□□編　清光緒二十八年(1902)上海書局石印本　二冊

350000－2001－0008321　929.71021/ф493－1＝3

鼓山志十四卷首一卷　（清）黃任修輯　（清）張伯謨參訂　清乾隆刻光緒二年(1876)補修本　六冊

350000－2001－0008322　321.8/964

各國國民公私權考一卷　（日本）井上毅著　（清）出洋學生編輯所譯　清光緒二十八年(1902)上海商務印書館鉛印帝國叢書本　一冊

350000－2001－0008323　320.4/969

治國要務九章　（英國）韋廉臣著　清光緒二十一年(1895)上海廣學會鉛印本　一冊

350000－2001－0008324　321/966

政治學二卷　（德國）那特硜講述　（清）戢翼翬　（清）王慕陶譯　清光緒二十八年(1902)上海商務印書館鉛印本　二冊

350000－2001－0008325　929.71021/ф568＝7

武夷山志二十四卷首一卷　（清）董天工編　清道光二十七年(1847)籍溪羅良嵩刻同治十一年(1872)重修本　十冊

350000－2001－0008326　929.71021/ф568＝8

武夷山志二十四卷首一卷　（清）董天工編　清道光二十七年(1847)籍溪羅良嵩刻同治十一年(1872)重修本　八冊

350000－2001－0008327　929.71021/ф568＝9

武夷山志二十四卷首一卷　（清）董天工編　清道光二十七年(1847)籍溪羅良嵩刻同治十一年(1872)重修本　八冊

350000－2001－0008328　929.71021/ф568＝10

武夷山志二十四卷首一卷　（清）董天工編
清道光二十七年(1847)籍溪羅良嵩刻同治十
一年(1872)重修本　八冊

350000 － 2001 － 0008329　929.71021/φ568 ＝ 11
武夷山志二十四卷首一卷　（清）董天工編
清道光二十七年(1847)籍溪羅良嵩刻同治十
一年(1872)重修本　八冊

350000 － 2001 － 0008330　929.71021/φ568 ＝ 12
武夷山志二十四卷首一卷　（清）董天工編
清道光二十七年(1847)籍溪羅良嵩刻同治十
一年(1872)重修本　八冊

350000 － 2001 － 0008331　929.71021/φ568 ＝ 13
武夷山志二十四卷首一卷　（清）董天工編
清道光二十七年(1847)籍溪羅良嵩刻同治十
一年(1872)重修本　八冊

350000 － 2001 － 0008332　929.71021/φ568 ＝ 14
武夷山志二十四卷首一卷　（清）董天工編
清道光二十七年(1847)籍溪羅良嵩刻同治十
一年(1872)重修本　八冊

350000 － 2001 － 0008333　929.71021/φ568 ＝ 15
武夷山志二十四卷首一卷　（清）董天工編
清道光二十七年(1847)籍溪羅良嵩刻同治十
一年(1872)重修本　九冊　存二十三卷(二
至二十四)

350000 － 2001 － 0008334　929.71021/φ568 ＝ 16
武夷山志二十四卷首一卷　（清）董天工編
清道光二十七年(1847)籍溪羅良嵩刻同治十
一年(1872)重修本　十冊

350000 － 2001 － 0008335　121.24/φ213 － 2 ＝ 3
莊子因六卷　（清）林雲銘評述　清光緒六年
(1880)刻本　四冊

350000 － 2001 － 0008336　322.1/598
最新萬國政鑑五十一卷　（清）趙天擇　（清）
王慕陶編譯　清光緒二十九年(1903)國民叢
書社鉛印本　八冊

350000 － 2001 － 0008337　124/φ369.2 － 3
大學衍義四十三卷　（宋）真德秀撰　（明）陳

仁錫評閱　清同治十三年(1874)夔州郭氏家
塾刻本　十二冊

350000 － 2001 － 0008338　121.24/φ213 － 2 ＝ 1
莊子因六卷　（清）林雲銘評述　清光緒六年
(1880)刻本　四冊

350000 － 2001 － 0008339　121.24/φ213 － 2 ＝ 2
莊子因六卷　（清）林雲銘評述　清光緒六年
(1880)刻本　四冊

350000 － 2001 － 0008340　φ192/962
天道溯原三卷　（美國）丁韙良著　清光緒二
十一年(1895)福州閩北聖書會鉛印本　一冊

350000 － 2001 － 0008341　322.1/646
東方時局論略一卷　（清）鄧鏗著　清光緒鉛
印本　一冊

350000 － 2001 － 0008342　φ194/942 － 2
普明禪師牧牛圖頌一卷　（明）釋普明撰　清
咸豐元年(1851)鼓山白雲寺積翠庵刻本
一冊

350000 － 2001 － 0008343　322.1/706 － 1
五洲各國政治考十四卷　（清）錢恂輯　清光
緒二十七年(1901)石印本　五冊

350000 － 2001 － 0008344　322.1/706
五洲各國政治考十四卷　（清）錢恂輯　清光
緒二十七年(1901)石印本　二冊

350000 － 2001 － 0008345　φ194/943.13
燕巢心經直解三卷　（後秦）釋鳩摩羅什譯
（清）閔際蓮集注　清同治元年(1862)刻本
一冊

350000 － 2001 － 0008346　321.61/973
近世社會主義三編　（日本）福井準造著　趙
必振譯　清光緒二十九年(1903)上海廣智書
局鉛印本　二冊

350000 － 2001 － 0008347　321.653/963
歐美政體通覽五章　（日本）上野貞吉著
（清）出洋學生編輯所譯　清光緒二十八年
(1902)上海商務印書館鉛印本　一冊

350000 － 2001 － 0008348　φ992.14/53

合刻延平四先生年譜四卷　（清）毛念恃訂
清乾隆十年(1745)刻本　二冊

350000－2001－0008349　ф992.14/53＝1
合刻延平四先生年譜四卷　（清）毛念恃訂
清乾隆十年(1745)刻本　二冊

350000－2001－0008350　ф992.14/53＝2
合刻延平四先生年譜四卷　（清）毛念恃訂
清乾隆十年(1745)刻本　二冊

350000－2001－0008351　ф992.14/53＝3
合刻延平四先生年譜四卷　（清）毛念恃訂
清乾隆十年(1745)刻本　二冊

350000－2001－0008352　ф992.14/406
閩儒學學則一卷　（清）章鋆編　清同治三年
(1864)刻本　一冊

350000－2001－0008353　ф992.14/406＝1
閩儒學學則一卷　（清）章鋆編　清同治三年
(1864)刻本　一冊

350000－2001－0008354　ф992.14/406＝2
閩儒學學則一卷　（清）章鋆編　清同治三年
(1864)刻本　一冊

350000－2001－0008355　ф992.14/445－1
全閩道學總纂三十八卷　（清）陳祚康撰　清
光緒九年(1883)刻本　十二冊

350000－2001－0008356　ф992.14/445
全閩道學總纂三十八卷　（清）陳祚康撰　清
同治十二年(1873)刻本　十二冊

350000－2001－0008357　ф992.14/446
福建通志稿列傳三卷補編一卷　（清）陳善著
清刻本　一冊

350000－2001－0008358　992.227/ф444＝3
皇清誥授光祿大夫振威將軍刑部尚書望坡府
君[陳若霖]年譜一卷　（清）陳景亮等編　清
末刻本　一冊

350000－2001－0008359　ф992.14/676
閩縣忠義傳二卷孝義傳二卷　（清）劉存仁編
　清咸豐元年(1851)刻本　一冊　存二卷
(忠義傳二卷)

350000－2001－0008360　ф992.14/676－1
閩縣忠義傳二卷孝義傳二卷　（清）劉存仁編
　（清）林佳書續編　清咸豐元年(1851)刻宣
統三年(1911)增補本　二冊

350000－2001－0008361　ф194/947.1＝2
禪門日誦諸經不分卷　（□）□□編　清光緒
十二年(1886)湧泉寺刻本　一冊

350000－2001－0008362　321.8/229＝1
公民必讀初編十章　（清）孟昭常撰　清光
緒三十四年(1908)預備立憲公會鉛印本
一冊

350000－2001－0008363　321.8/229
公民必讀初編十章　（清）孟昭常撰　清光緒
三十四年(1908)預備立憲公會鉛印本　一冊

350000－2001－0008364　ф194/447
不可思議功德錄初集四卷二集三卷　（清）陳
熙願等輯　清光緒同善社刻本　二冊

350000－2001－0008365　929.71021/ф568＝17
武夷山志二十四卷首一卷　（清）董天工編
清道光二十七年(1847)籍溪羅良嵩刻同治十
一年(1872)重修本　八冊

350000－2001－0008366　ф992.14/676
莆畫錄一卷　（清）劉尚文撰　清光緒三十年
(1904)刻本　一冊

350000－2001－0008367　ф194/937.2
禪林讚本一卷　（清）釋妙蓮輯　清光緒十九
年(1893)刻本　一冊

350000－2001－0008368　612.081/ф444－12
陳修園公餘醫錄四種合刻　（清）陳念祖著
清刻本　七冊

350000－2001－0008369　852.47/752
味雪齋詩鈔八卷文鈔甲集十卷乙集八卷
（清）戴綱孫撰　清道光二十七年至三十年
(1847－1850)刻本　六冊

350000－2001－0008370　992.237/ф661
皇清賜進士出身誥授資政大夫湖南鹽法長寶
道陞授山東鹽運使司鹽運使先考錫侯府君

[鄭元璧]行述一卷 （清）鄭景洙等撰 清刻本 一冊

350000－2001－0008371 992.244/ф442
陳忠肅公[文龍]墓錄一卷 （清）孫峻輯 清光緒二十一年（1895）八千卷樓刻本 一冊

350000－2001－0008372 992.244/ф442＝1
陳忠肅公[文龍]墓錄一卷 （清）孫峻輯 清光緒二十一年（1895）八千卷樓刻本 一冊

350000－2001－0008373 992.244/ф442＝2
陳忠肅公[文龍]墓錄一卷 （清）孫峻輯 清光緒二十一年（1895）八千卷樓刻本 一冊

350000－2001－0008374 322/972
佐治芻言不分卷 （英國）傅蘭雅口譯 （清）應祖錫筆述 清光緒二十四年（1898）上海書局石印本 四冊

350000－2001－0008375 322/972－1
佐治芻言不分卷 （英國）傅蘭雅口譯 （清）應祖錫筆述 清光緒江南製造總局鉛印本 三冊

350000－2001－0008376 322.1/103
中外政治策論類編一百二十卷 （清）朱鈞編輯 清光緒二十七年（1901）煥文書局石印本 十五冊 存一百十四卷（一至六十三、七十至一百二十）

350000－2001－0008377 929.71021/ф718.4＝1
方廣巖志三卷 （明）謝肇淛原本 （清）王紹沂續編 清宣統二年（1910）鉛印本 一冊

350000－2001－0008378 929.71021/ф718.3＝2
方廣巖志四卷 （明）謝肇淛纂輯 （明）徐㷇校訂 清光緒十一年（1885）刻本 一冊

350000－2001－0008379 124.4/ф98
淵鑒齋御纂朱子全書六十六卷 （宋）朱熹撰 （清）李光地等纂修 清刻本 二十冊

350000－2001－0008380 ф929.710268/133＝1
西禪長慶寺志六卷 （清）沈涵編輯 清嘉慶五年（1800）刻本 一冊 存四卷（一至四）

350000－2001－0008381 852.47/750＝1

味經山館文鈔四卷 （清）戴鈞衡撰 清咸豐三年（1853）刻本 二冊

350000－2001－0008382 612.081/ф444－13
陳修園公餘醫錄四種合刻 （清）陳念祖著 清刻本 四冊 存二種四卷（時方歌括下、時方妙用二至四）

350000－2001－0008383 992.247/ф211
誥封淑人弛封一品夫人王母林夫人六十壽辰徵文節略一卷 （清）王孝繩等撰 清末鉛印本 一冊

350000－2001－0008384 992.164/ф729
列女傳集注十卷 蕭道管撰 清光緒三十四年（1908）刻本 四冊

350000－2001－0008385 992.169/ф333
續高士傳五卷 （清）高兆撰 清光緒十九年（1893）觀自得齋刻本 二冊

350000－2001－0008386 992.194/ф104.1
宋名臣言行錄前集十卷後集十四卷續集八卷別集二十六卷外集十七卷 （宋）朱熹 （宋）李幼武撰 清同治七年（1868）臨川桂氏刻本 十二冊

350000－2001－0008387 612.081/ф444－5
南雅堂醫書全集二十一種 （清）陳念祖著 清光緒十八年（1892）上海圖書集成印書局鉛印本 二十冊

350000－2001－0008388 929.710268/ф216－1
勅封天后志二卷 （清）林清標輯 清乾隆四十三年（1778）刻道光二十三年（1843）增修本 二冊

350000－2001－0008389 612.452/ф407
溫症痧疹辨證一卷 （清）許汝楫著 清光緒十四年（1888）刻本 一冊

350000－2001－0008390 612.081/ф444－8
陳修園醫書四十種 （□）□□輯 清光緒三十一年（1905）上海商務印書館鉛印本 二十四冊

350000－2001－0008391 ф929.710269/24－1

致用堂志略一卷　（清）王凱泰輯　清同治十二年（1873）刻本　一冊

350000－2001－0008392　φ929.710269/24－1＝1

致用堂志略一卷　（清）王凱泰輯　清同治十二年（1873）刻本　一冊

350000－2001－0008393　φ929.710269/24＝1

致用堂志略一卷　（清）王凱泰輯　清同治十二年（1873）刻光緒二年（1876）增修本　一冊

350000－2001－0008394　121.24/259

南華真經解三卷　（清）宣穎著　清康熙六十年（1721）刻本　四冊

350000－2001－0008395　121.24/248

南華經鈔四卷　（戰國）莊周撰　（清）徐廷槐鈔閱　清乾隆刻本　二冊

350000－2001－0008396　121.24/23

莊子集解八卷　王先謙撰　清宣統元年（1909）鉛印本　三冊

350000－2001－0008397　121.17/556－8

荀子二十卷　（唐）楊倞注　清乾隆五十一年（1786）謝氏安雅堂刻本　四冊

350000－2001－0008398　929.710268/φ557

四神志略四種附仿宋本玉厤一卷　（清）楊浚輯　清光緒十三年至十五年（1887－1889）楊氏冠悔堂刻本　六冊

350000－2001－0008399　121.21/940

道德經解不分卷　題（□）純陽帝君釋義（明）魯史纂述　清咸豐四年（1854）刻本　一冊

350000－2001－0008400　612.081/φ444－8＝1

陳修園醫書四十種　（□）□□輯　清光緒三十一年（1905）上海商務印書館鉛印本　二十二冊

350000－2001－0008401　992.194/φ104.1＝1

宋名臣言行錄前集十卷後集十四卷續集八卷別集二十六卷外集十七卷　（宋）朱熹　（宋）李幼武撰　清同治七年（1868）臨川桂氏刻本　十二冊

350000－2001－0008402　121.11/557.1

鼎刻楊先生註釋孔聖家語三卷首一卷　（明）楊守勤撰　清刻本　三冊

350000－2001－0008403　992.214/φ444

東山聖侯陳公列傳雜誌不分卷　（清）戴得霖鑒定　（清）陳梅等編次　清乾隆正誼堂刻本　一冊

350000－2001－0008404　929.710268/φ557－2＝1

湄洲嶼志略四卷首一卷附真經一卷籤譜一卷　（清）楊浚輯　清光緒十四年（1888）刻四神志略本　二冊

350000－2001－0008405　612.081/φ444－6

陳修園醫書四十八種　（□）□□輯　清光緒三十二年（1906）吳閩醫學會石印本　十三冊　存十五種八十二卷（景岳新方砭四卷、靈樞素問集注十二卷、女科要旨四卷、金匱要略淺注十卷、金匱方歌括六卷、傷寒論淺注六卷、醫學實在易八卷、醫學從眾錄八卷、長沙方歌括六卷首一卷、傷寒醫訣串解六卷、傷寒真方歌括六卷、十藥神書注解一卷、急救異痧奇方一卷、經驗百病內外方一卷、霍亂論二卷）

350000－2001－0008406　φ929.710269/317＝2

鼇峯書院志十六卷首一卷　（清）游光繹等纂　清嘉慶刻本　六冊

350000－2001－0008407　992.217/φ283

家居自述一卷　（清）查廷華編　清道光三年（1823）刻本　一冊

350000－2001－0008408　120/312－1

諸子平議三十五卷　（清）俞樾撰　清同治十年（1871）刻本　七冊

350000－2001－0008409　992.217/φ211＝1

室人林夫人［普晴］事略一卷　（清）沈葆楨撰　清沈氏刻本　一冊

350000－2001－0008410　121.11/24－2

孔氏家語十卷　（三國魏）王肅注　清乾隆四十五年（1780）李容刻本　二冊

350000－2001－0008411　992.218/φ213＝2

懷第濂孫[林喬椿]事略一卷　（清）林欣榮撰
清光緒三十三年(1907)刻本　一冊

350000 - 2001 - 0008412　992.218/φ213 = 3
懷第濂孫[林喬椿]事略一卷　（清）林欣榮撰
清光緒三十三年(1907)刻本　一冊

350000 - 2001 - 0008413　992.218/φ213 = 4
懷第濂孫[林喬椿]事略一卷　（清）林欣榮撰
清光緒三十三年(1907)刻本　一冊

350000 - 2001 - 0008414　122.22/568 - 3
春秋繁露十七卷　（漢）董仲舒撰　清乾隆、
嘉慶刻本　二冊

350000 - 2001 - 0008415　992.224/φ104 - 1
朱子年譜四卷　（清）王懋竑纂訂　清末武昌
書局刻本　二冊

350000 - 2001 - 0008416　992.224/φ104 = 1
朱子年譜四卷考異四卷朱子論學切要語二卷
　（清）王懋竑纂訂　清乾隆十七年(1752)白
草堂刻本　四冊

350000 - 2001 - 0008417　992.227/φ395 = 2
敝帚齋主人[徐鼐]年譜一卷補一卷　（清）徐
鼐編　（清）徐承禧等注　清同治十三年
(1874)福州邸舍刻本　一冊

350000 - 2001 - 0008418　123.9/337
潛書二卷　（清）唐甄著　（清）王聞遠編　清
末上海大經綸書局石印本　二冊

350000 - 2001 - 0008419　929.71029/φ413 = 2
竹閒十日話六卷　（清）郭柏蒼輯　清光緒十
二年(1886)刻本　三冊

350000 - 2001 - 0008420　φ929.710268/749
郭山廟志八卷　（清）戴鳳儀纂　清光緒二十
三年(1897)刻本　四冊

350000 - 2001 - 0008421　123.9/337 - 1
潛書二卷　（清）唐甄著　（清）王聞遠編　清
光緒九年(1883)刻本　四冊

350000 - 2001 - 0008422　122/366.3
鹽鐵論十卷　（漢）桓寬撰　考證一卷　（清）
張敦仁撰　清嘉慶十二年(1807)刻本　一冊

350000 - 2001 - 0008423　612.71/φ421
女科要旨四卷　（清）陳念祖著　清光緒二十
七年(1901)稽古堂刻本　一冊

350000 - 2001 - 0008424　992.227/φ785
皇清誥授榮祿大夫大理寺少卿前四川總督兼
管巡撫顯考竈石府君[蘇廷玉]自記年譜一卷
　（清）蘇廷玉撰　清咸豐二年(1852)刻本
一冊

350000 - 2001 - 0008425　929.71029/φ662 = 1
閩中錄八卷　（清）鄭杰撰　清光緒十八年
(1892)林氏續墨緣書屋刻本　一冊

350000 - 2001 - 0008426　929.71029/φ662 - 1
閩中錄八卷　（清）鄭杰撰　清光緒刻本
一冊

350000 - 2001 - 0008427　992.237/φ215 = 1
皇清賜進士出身誥授奉政大夫誥封中憲大夫
賞加四品卿銜重宴瓊林翰林院編修顯考鑒塘
府君[林春溥]行狀一卷　（清）林懋勳撰　清
同治元年(1862)刻本　一冊

350000 - 2001 - 0008428　122/366.4
鹽鐵論十卷　（漢）桓寬撰　考證一卷　（清）
張敦仁撰　清嘉慶十二年(1807)刻本　二冊

350000 - 2001 - 0008429　992.237/φ26
皇清誥授資政大夫按察使銜分省補用道顯考
荔丹府君[王葆辰]行狀一卷　（清）王衍撰
清光緒十六年(1890)福州刻本　一冊

350000 - 2001 - 0008430　612.43/φ444 - 1
金匱要畧淺註十卷　（漢）張機撰　（清）陳念
祖集注　清咸豐五年(1855)重慶閏書業堂刻
本　六冊

350000 - 2001 - 0008431　929.71029/φ678 = 1
[道光]鶴場漫志二卷首一卷　（清）劉家謀纂
清道光二十九年(1849)刻本　一冊

350000 - 2001 - 0008432　122.1/488 - 4
揚子法言十三卷音義一卷　（漢）揚雄撰
（唐）李軌注　清嘉慶二十四年(1819)秦氏刻
本　一冊

350000－2001－0008433　φ992.237/444.3

皇清誥授奉政大夫記名御史翰林院編脩加六
級先考恭甫君[陳壽祺]行略一卷　(清)陳喬
樅撰　皇清誥授奉政大夫翰林院編脩記名御
史陳先生[壽祺]行狀一卷　(清)高澍然撰
清刻本　一冊

350000－2001－0008434　φ612.31/169

本草從新六卷　(清)吳儀洛輯　清末閩省靈
蘭堂刻本　四冊

350000－2001－0008435　992.237/φ590

求可堂自記一卷家訓一卷　(清)廖冀亨敘
清光緒九年(1883)刻本　一冊

350000－2001－0008436　122.1/488－5

新纂門目五臣音註揚子法言十卷　(漢)揚雄
撰　(唐)李軌　(唐)柳宗元註　清嘉慶九年
(1804)刻本　二冊

350000－2001－0008437　φ929.7121/665＝1

[乾隆]福州府志七十六卷首一卷　(清)徐景
熹總裁　(清)魯曾煜等纂修　清乾隆十九年
(1754)刻二十一年(1756)補修本　四十三冊

350000－2001－0008438　122.1/556

太玄集注四卷　(宋)司馬光撰　(清)孫樹補
注　清道光十一年(1831)青棠書屋刻本
二冊

350000－2001－0008439　121.77/332

呂氏春秋二十六卷　(秦)呂不韋撰　(漢)高
誘注　清畢氏刻本　六冊

350000－2001－0008440　φ929.711/445

螺洲志四卷　(明)陳潤纂　題(清)白花洲漁
增修　清末抄本　四冊

350000－2001－0008441　φ822.47/84－1

伏敔堂詩錄十五卷首一卷　(清)江湜撰　清
同治元年(1862)刻本　四冊

350000－2001－0008442　φ929.7112/557＝1

[同治]長樂縣志二十卷首一卷　(清)彭光藻
等總裁　(清)楊希閔等纂修　清同治九年
(1870)刻本　九冊

350000－2001－0008443　φ929.7113/215＝2

[乾隆]福清縣志二十卷圖一卷　(清)饒安鼎
(清)邵應龍修　(清)林昂　(清)李修卿
纂　清光緒二十四年(1898)劉玉璋刻本　十
二冊

350000－2001－0008444　121.9/376－1

晏子春秋七卷　(春秋)晏嬰撰　清光緒十八
年(1892)思賢講舍刻本　二冊

350000－2001－0008445　082.77/φ229＝1

孟氏八錄八種　(清)孟超然撰　清嘉慶二十
年(1815)刻亦園亭全集本　十冊

350000－2001－0008446　121.9/376－2

晏子春秋七卷　(春秋)晏嬰撰　清嘉慶二十
一年(1816)全椒吳鼒刻本　二冊

350000－2001－0008447　612.41/φ445－3

張仲景傷寒論原文淺註六卷　(清)陳念祖集
註　清道光陳氏南雅堂刻本　六冊

350000－2001－0008448　082.77/φ229

孟氏八錄八種　(清)孟超然撰　清嘉慶二十
年(1815)刻亦園亭全集本　八冊

350000－2001－0008449　φ612.457/662＝2

鼠疫約編不分卷　(清)吳宣崇撰　(清)鄭奮
揚參訂　(清)羅汝蘭增輯　清光緒二十八年
(1902)雙江袖海盧刻本　一冊

350000－2001－0008450　121.9/434－4

鶡冠子三卷　(宋)陸佃解　(明)王宇評　清
嘉慶九年(1804)刻本　一冊

350000－2001－0008451　φ822.47/84－1＝1

伏敔堂詩錄十五卷首一卷　(清)江湜撰　清
同治元年(1862)刻本　四冊

350000－2001－0008452　φ822.47/84－2＝1

伏敔堂詩錄十五卷首一卷續錄一卷　(清)江
湜撰　清同治二年(1863)刻本　四冊

350000－2001－0008453　121.55/723－2

韓非子二十卷　(戰國)韓非撰　韓非子識誤
三卷　(清)顧廣圻撰　清嘉慶二十三年
(1818)刻本　四冊

350000 – 2001 – 0008454　121.55/23 – 1

韓非子集解二十卷首一卷　（清）王先慎集解
　王先謙注　清光緒上海掃葉山房石印本
六冊

350000 – 2001 – 0008455　φ612.457/662 – 1

鼠疫彙編不分卷　（清）吳宣崇　（清）羅汝蘭
著　（清）李澍青校訂　**附應驗雜症藥方一卷**
　（清）守平盦主臾侗輯　清光緒二十六年
（1900）南安縣署刻本　一冊

350000 – 2001 – 0008456　φ612.457/662 = 3

鼠疫約編不分卷　（清）吳宣崇撰　（清）鄭奮
揚參訂　（清）羅汝蘭增輯　清光緒二十八年
（1902）雙江袖海廬刻本　一冊

350000 – 2001 – 0008457　φ929.71/130 = 2

[乾隆]福建續志九十二卷首一卷　（清）楊廷
璋等總裁　（清）沈廷芳等修　清乾隆三十三
年（1768）刻本　三十五冊

350000 – 2001 – 0008458　φ929.7112/557 = 2

[同治]長樂縣志二十卷首一卷　（清）彭光藻
等總裁　（清）楊希閔等纂修　清同治九年
（1870）刻本　八冊

350000 – 2001 – 0008459　φ929.7113/215 = 3

[乾隆]福清縣志二十卷圖一卷　（清）饒安鼎
　（清）邵應龍修　（清）林昂　（清）李修卿
纂　清光緒二十四年（1898）劉玉璋刻本　十
二冊

350000 – 2001 – 0008460　124/26 – 1

三子定論五卷　（清）王復禮撰　清康熙四十
九年（1710）刻本　一冊

350000 – 2001 – 0008461　122.275/712

元包經傳五卷　（北周）衛元嵩述　（唐）蘇源
明傳　清嘉慶二十年（1815）刻本　一冊

350000 – 2001 – 0008462　122.6/162 – 2

中說十卷　（隋）王通撰　（宋）阮逸註　清嘉
慶九年（1804）姑蘇聚文堂刻本　一冊

350000 – 2001 – 0008463　φ929.7111/662.1

新撰侯官縣鄉土志八卷　（清）鄭祖庚等編輯

清光緒三十二年（1906）鉛印本　四冊

350000 – 2001 – 0008464　121.51/205 – 6

管子二十四卷　（戰國）管仲撰　（唐）房玄齡
注　（唐）劉績增注　（明）朱長春通演
（明）朱養和輯訂　清嘉慶九年（1804）姑蘇王
氏聚文堂刻本　六冊

350000 – 2001 – 0008465　122.6/741 – 1

顏氏家訓七卷附錄一卷　（北齊）顏之推撰
（清）趙曦明注　（清）盧文弨補　清乾隆五十
四年（1789）餘姚盧氏抱經堂刻本　二冊

350000 – 2001 – 0008466　122.23/674

淮南子二十一卷敘目一卷　（漢）劉安撰
（漢）高誘注　（清）莊逵吉校　清嘉慶九年
（1804）武進莊逵吉校刻本　六冊

350000 – 2001 – 0008467　φ929.712/250 = 2

[弘治]重刊興化府志五十四卷　（明）陳效修
　（明）周瑛　（明）黃仲昭纂　清同治十年
（1871）林慶貽刻本　二十冊

350000 – 2001 – 0008468　121.24/567

抱朴子內篇二十卷　（晉）葛洪撰　清光緒十
年（1884）吳縣朱氏槐廬刻本　二冊

350000 – 2001 – 0008469　φ929.71210/590 – 2

[乾隆]興化府莆田縣志三十六卷首一卷
（清）汪大經等修　（清）廖必琦　（清）林黌
纂　清乾隆二十三年（1758）刻光緒至民國遞
修本　六冊

350000 – 2001 – 0008470　121.51/16

刪定管子一卷刪定荀子一卷　（清）方苞刪定
　清刻本　二冊

350000 – 2001 – 0008471　121.55/23

韓非子集解二十卷首一卷　（清）王先慎集解
　王先謙注　清光緒二十二年（1896）刻本
四冊

350000 – 2001 – 0008472　612.452/φ216

時疫辨四卷　（清）林慶銓述　（清）區德森箋
　清光緒林象樞刻本　一冊　存二卷（三至
四）

350000－2001－0008473　φ612.453/22

霍亂論二卷　（清）王士雄述　清光緒十一年（1885）楊氏冠悔堂刻本　一冊

350000－2001－0008474　121.51/205.5

管子二十四卷　（戰國）管仲撰　（唐）房玄齡注　（唐）劉績補　清光緒二十九年（1903）新政書局石印本　二冊

350000－2001－0008475　121.24/436

莊子雪三卷　（清）陸樹芝輯注　清嘉慶刻本　二冊

350000－2001－0008476　121.24/412－6

莊子南華真經十卷　（戰國）莊周撰　（齊）郭象注　清乾隆、嘉慶刻本　六冊

350000－2001－0008477　121.24/412－3

莊子集釋十卷　（戰國）莊周撰　（清）郭慶藩輯　清光緒二十年（1894）思賢講舍刻本　八冊

350000－2001－0008478　852.47/φ152.1－3

寒支初集八卷二集四卷　（清）李世熊著　清道光八年（1828）木活字印本　六冊

350000－2001－0008479　φ612.457/662－2

鼠疫彙編不分卷　（清）吳宣崇撰　（清）羅汝蘭增輯　清光緒二十七年（1901）蓉園刻本　一冊

350000－2001－0008480　φ612.457/662－2＝1

鼠疫彙編不分卷　（清）吳宣崇撰　（清）羅汝蘭增輯　清光緒二十七年（1901）蓉園刻本　一冊

350000－2001－0008481　φ612.457/662＝4

鼠疫約編不分卷　（清）吳宣崇撰　（清）鄭奮揚參訂　（清）羅汝蘭增輯　清光緒二十八年（1902）雙江袖海廬刻本　一冊

350000－2001－0008482　φ612.457/662＝5

鼠疫約編不分卷　（清）吳宣崇撰　（清）鄭奮揚參訂　（清）羅汝蘭增輯　清光緒二十八年（1902）雙江袖海廬刻本　一冊

350000－2001－0008483　φ612.457/662＝6

鼠疫約編不分卷　（清）吳宣崇撰　（清）鄭奮揚參訂　（清）羅汝蘭增輯　清光緒二十八年（1902）雙江袖海廬刻本　一冊

350000－2001－0008484　φ612.457/662＝7

鼠疫約編不分卷　（清）吳宣崇撰　（清）鄭奮揚參訂　（清）羅汝蘭增輯　清光緒二十八年（1902）雙江袖海廬刻本　一冊

350000－2001－0008485　乙7.5/16

李文襄公奏議二卷奏疏十卷首一卷別錄六卷　（清）李之芳撰　（清）李鍾麟編次　李文襄公[之芳]年譜一卷　（清）程光矩編纂　清康熙刻乾隆重修本　十冊

350000－2001－0008486　丁2.6/65.5

小山類藁選二十卷　（明）張岳撰　張襄惠公輯略一卷　明萬曆刻明清遞修本　五冊

350000－2001－0008487　822.424/φ492＝5

陶詩析義四卷　（清）黃文煥撰　清光緒二年（1876）刻本　二冊

350000－2001－0008488　822.424/φ492＝6

陶詩析義四卷　（清）黃文煥撰　清光緒二年（1876）刻本　二冊

350000－2001－0008489　126/562－1

草木子四卷　（明）葉子奇著　清乾隆二十七年（1762）刻本　二冊

350000－2001－0008490　126/677－1

人譜一卷人譜類記二卷　（明）劉宗周撰　清同治八年（1869）刻本　二冊

350000－2001－0008491　822.424/φ492＝7

陶詩析義四卷　（清）黃文煥撰　清光緒二年（1876）刻本　一冊

350000－2001－0008492　126/677－2

人譜一卷人譜類記二卷　（明）劉宗周撰　清光緒十六年（1890）省過堂刻本　二冊

350000－2001－0008493　822.424/φ492＝8

陶詩析義四卷　（清）黃文煥撰　清光緒二年（1876）刻本　一冊

350000－2001－0008494　822.424/φ492＝9

陶詩析義四卷　（清）黃文煥撰　清光緒二年
(1876)刻本　一冊

350000－2001－0008495　φ929.71313/564

[康熙]南安縣志二十卷　（清）劉佑總輯
（清）葉獻論等纂修　清康熙十一年(1672)刻
本　六冊

350000－2001－0008496　822.424/φ492＝10

陶詩析義四卷　（清）黃文煥撰　清光緒二年
(1876)刻本　二冊

350000－2001－0008497　126/733－3

薛子條貫續編十三卷　（清）戴楫撰次　清光
緒十九年(1893)刻本　二冊

350000－2001－0008498　852.47/φ152.1－2＝6

寒支初集十卷首一卷二集四卷　（清）李世熊
著　（清）李向旻編次　清同治十三年(1874)
木活字印本　八冊　存九卷(初集一、四至
八,首一卷,二集一至二)

350000－2001－0008499　126/733.5

薛子條貫續編十三卷　（明）薛瑄撰　（清）戴
楫撰次　清光緒十九年(1893)刻本　二冊

350000－2001－0008500　126/733.6

薛子條貫續編十三卷續篇十三卷　（明）薛瑄
撰　（清）戴楫撰次　清光緒十九年(1893)刻
本　三冊

350000－2001－0008501　822.47/φ213＝7

雲左山房詩鈔八卷附詩餘一卷試帖一卷
（清）林則徐撰　清光緒十二年(1886)侯官林
氏刻本　三冊　存六卷(雲左山房詩鈔一至
二、六至八,詩餘一卷)

350000－2001－0008502　025.66/φ445

考工記辨證三卷補疏一卷　陳衍撰　清光緒
刻石遺室叢書本　一冊

350000－2001－0008503　φ929.711/24＝8

閩都記三十三卷圖一卷　（明）王應山纂輯
清道光十一年(1831)求放心齋刻本　六冊

350000－2001－0008504　025.7/φ156

儀禮纂錄二卷　（清）李清植纂　（清）陳喬樅

參校　清道光十一年(1831)安溪李維迪刻本
二冊

350000－2001－0008505　025.7/φ562

喪服經傳補疏二卷　（清）葉大莊撰　清光緒
玉屏山莊刻本　一冊

350000－2001－0008506　852.47/φ152.1－2＝7

寒支初集十卷首一卷二集四卷　（清）李世熊
著　（清）李向旻編次　清同治十三年(1874)
木活字印本　九冊　存九卷(初集四至十、二
集三至四)

350000－2001－0008507　025.9/φ562

大戴禮記審議二卷　（清）葉大莊撰　清光緒
二十一年(1895)玉屏山莊刻本　一冊

350000－2001－0008508　126/273－1

繹志十九卷　（明）胡承諾撰　清同治十一年
(1872)浙江書局刻本　八冊

350000－2001－0008509　852.47/φ152.1－3＝1

寒支初集八卷二集四卷　（清）李世熊著　清
道光八年(1828)木活字印本　八冊　存八卷
(初集一至八)

350000－2001－0008510　126/273－2

繹志十九卷　（明）胡承諾撰　清同治十一年
(1872)浙江書局刻本　四冊

350000－2001－0008511　126/273

繹志十九卷　（明）胡承諾撰　（清）顧錫麟校
輯　清道光十七年(1837)顧氏護聞書屋刻本
四冊

350000－2001－0008512　897/φ404－3

楹聯叢話十二卷　（清）梁章鉅輯　清道光二
十年(1840)桂林署齋刻本　二冊

350000－2001－0008513　822.424/φ492＝11

陶詩析義四卷　（清）黃文煥析義　清光緒二
年(1876)刻本　二冊

350000－2001－0008514　124.4/98－2

朱子原訂近思錄十四卷　（宋）朱熹　（宋）呂
祖謙輯　（清）江永集注　清同治七年(1868)
楚北崇文書局刻本　四冊

350000－2001－0008515　822.424/φ492＝12

陶詩析義四卷　（清）黄文煥撰　清光緒二年
(1876)刻本　二冊

350000－2001－0008516　822.424/φ492＝13

陶詩析義四卷　（清）黄文煥撰　清光緒二年
(1876)刻本　二冊

350000－2001－0008517　822.45/φ558＝1

楊仲宏集八卷　（元）楊載撰　清嘉慶十五年
(1810)祝昌泰留香室刻浦城遺書本　一冊
存四卷(一至四)

350000－2001－0008518　822.424/φ492＝14

陶詩析義四卷　（清）黄文煥撰　清光緒二年
(1876)刻本　二冊

350000－2001－0008519　822.424/φ492＝15

陶詩析義四卷　（清）黄文煥撰　清光緒二年
(1876)刻本　二冊

350000－2001－0008520　822.424/φ492＝16

陶詩析義四卷　（清）黄文煥撰　清光緒二年
(1876)刻本　二冊

350000－2001－0008521　822.424/φ492＝17

陶詩析義四卷　（清）黄文煥撰　清光緒二年
(1876)刻本　二冊

350000－2001－0008522　822.424/φ492＝18

陶詩析義四卷　（清）黄文煥撰　清光緒二年
(1876)刻本　二冊

350000－2001－0008523　822.424/φ492＝19

陶詩析義四卷　（清）黄文煥撰　清光緒二年
(1876)刻本　二冊

350000－2001－0008524　822.424/φ492＝20

陶詩析義四卷　（清）黄文煥撰　清光緒二年
(1876)刻本　二冊

350000－2001－0008525　124.4/227

皇極經世緒言九卷首二卷　（宋）邵康節著
（明）黄畹洲注釋　清刻本　五冊

350000－2001－0008526　822.47/φ213＝8

雲左山房詩鈔八卷附詩餘一卷試帖一卷
（清）林則徐撰　清光緒十二年(1886)侯官林

氏刻本　一冊　存五卷(詩鈔一至五)

350000－2001－0008527　170/531

人範須知六卷　（清）盛隆編輯　清同治二年
(1863)晉陵盛隆石竹山房刻本　六冊

350000－2001－0008528　170/745

遺訓存略二卷　（清）顔續輯　清光緒三十二
年(1906)凝善堂刻本　二冊

350000－2001－0008529　甲4.3/6.5

檀弓二卷　（宋）謝枋得批點　（明）楊慎注
明萬曆四十四年(1616)閔齊伋刻朱墨套印三
經評注本　一冊

350000－2001－0008530　甲4.1/8.5

考工記二卷　（明）郭正域批點　明萬曆刻朱
墨套印本　一冊

350000－2001－0008531　027.6/227＝2

劉炫規杜持平六卷　（清）邵瑛學　清嘉慶二
十二年(1817)刻本　一冊

350000－2001－0008532　722.2/784

說文聲類二卷　（清）嚴可均述　清抄本
一冊

350000－2001－0008533　024/φ445＝1

毛詩國風繹一卷　（清）陳遷鶴著　清同治十
三年(1874)晉江黄氏梅石山房木活字印本
一冊

350000－2001－0008534　822.48/φ444.3＝6

南遊草一卷　陳寶琛著　清末陳氏滄趣樓鉛
印本　一冊

350000－2001－0008535　822.48/φ444.3＝7

南遊草一卷　陳寶琛著　清末陳氏滄趣樓鉛
印本　一冊

350000－2001－0008536　822.48/φ444.3＝8

南遊草一卷　陳寶琛著　清末陳氏滄趣樓鉛
印本　一冊

350000－2001－0008537　822.48/φ444.3＝9

南遊草一卷　陳寶琛著　清末陳氏滄趣樓鉛
印本　一冊

350000 – 2001 – 0008538　822.48/ф444.3 = 10

南遊草一卷　陳寶琛著　清末陳氏滄趣樓鉛印本　一冊

350000 – 2001 – 0008539　822.48/ф444.3 = 11

南遊草一卷　陳寶琛著　清末陳氏滄趣樓鉛印本　一冊

350000 – 2001 – 0008540　822.48/ф444.3 = 12

南遊草一卷　陳寶琛著　清末陳氏滄趣樓鉛印本　一冊

350000 – 2001 – 0008541　822.48/ф444.3 = 13

南遊草一卷　陳寶琛著　清末陳氏滄趣樓鉛印本　一冊

350000 – 2001 – 0008542　822.48/ф444.3 = 14

南遊草一卷　陳寶琛著　清末陳氏滄趣樓鉛印本　一冊

350000 – 2001 – 0008543　822.48/ф444.3 = 15

南遊草一卷　陳寶琛著　清末陳氏滄趣樓鉛印本　一冊

350000 – 2001 – 0008544　822.48/ф444.3 = 16

南遊草一卷　陳寶琛著　清末陳氏滄趣樓鉛印本　一冊

350000 – 2001 – 0008545　822.48/ф444.3 = 17

南遊草一卷　陳寶琛著　清末陳氏滄趣樓鉛印本　一冊

350000 – 2001 – 0008546　852.47/761 – 9 = 1

古微堂内集二卷外集八卷　（清）魏源著　清宣統元年（1909）上海國學扶輪社鉛印本　四冊

350000 – 2001 – 0008547　029/26

四書集註補□□卷　（清）王復禮擬定　清抄本　一冊　存八卷（七至十四）

350000 – 2001 – 0008548　ф992.277/164

一鐙課讀圖題冊二卷　（清）林昌彝輯　清刻本　一冊

350000 – 2001 – 0008549　992.297/ф333

媿室先生[高鳳岐]哀輓錄一卷　高而謙　高鳳謙輯　清宣統元年（1909）鉛印本　一冊

350000 – 2001 – 0008550　994.32/ф214

西鄉南州一卷　（清）林志鈞譯　清光緒二十九年（1903）日本東京閩學會鉛印本　一冊

350000 – 2001 – 0008551　ф999.1/215

[福建]西河林氏宗譜一卷　（清）林捷雲編　清光緒九年（1883）刻本　一冊

350000 – 2001 – 0008552　ф999.1/2.1

[福建建陽]丁氏宗譜八卷　（清）丁子造等修　清光緒二十八年（1902）丁氏濟陽堂木活字印本　九冊

350000 – 2001 – 0008553　127/166

起黃二卷質顧一卷廣王二卷　（清）吳光耀撰　清宣統刻本　二冊

350000 – 2001 – 0008554　170/167

初等倫理教科書七章　（清）吳尚述　清光緒刻本　一冊

350000 – 2001 – 0008555　170/152 – 1

功過格輯要十六卷　（清）李士達輯　清光緒三年（1877）隨鶴居刻本　六冊

350000 – 2001 – 0008556　150/871

心理學二十八章　（清）商務印書館編譯所編譯　（清）蔣維喬校訂　清光緒三十二年（1906）上海商務印書館鉛印本　一冊

350000 – 2001 – 0008557　127/486

姚江釋毀錄一卷密證錄一卷　（清）彭定求纂修　（清）汪縉訂　**不謢錄一卷**　（清）彭紹升編　清光緒七年（1881）刻本　一冊

350000 – 2001 – 0008558　127/751

顏氏學記十卷　（清）戴望述　清同治十年（1871）冶城山館刻本　四冊

350000 – 2001 – 0008559　127/494 – 5

明夷待訪錄一卷　（清）黃宗羲著　清光緒五年（1879）餘姚黃氏五桂樓刻本　一冊

350000 – 2001 – 0008560　127/494 – 5 = 1

明夷待訪錄一卷　（清）黃宗羲著　清光緒五年（1879）餘姚黃氏五桂樓刻本　一冊

350000 – 2001 – 0008561　127/494 – 54

明夷待訪錄一卷　（清）黃宗羲著　清末刻本
　　一冊

350000－2001－0008562　082.17/φ718－1＝1
賭棋山莊所著書二十四種　（清）謝章鋌撰
清光緒十年至三十年(1884－1904)刻本　三
十二冊　存十五種七十六卷(賭棋山莊文七
卷、賭棋山莊文續二卷、賭棋山莊文又續二
卷、詩集十四卷、酒邊詞八卷、賭棋山莊餘集
文三卷詩一卷詞一卷、說文閩音通一卷附錄
一卷、賭棋山莊詞話十二卷、賭棋山莊詞話續
五卷、稗販雜錄四卷、課餘偶錄四卷、課餘續
錄五卷、校刻東嵐謝氏明詩畧四卷、校刻祥符
沈侍郎勸學淺語一卷、八十壽言一卷)

350000－2001－0008563　920.4/φ359－1
通鑑紀事本末四十二卷　（宋）袁樞編　明刻
本　四冊　存四卷(十三至十六)

350000－2001－0008564　127/494－6
明夷待訪錄一卷　（清）黃宗羲著　清光緒二
十三年(1897)上海鴻局石印本　二冊

350000－2001－0008565　127/494－56＝1
明夷待訪錄一卷　（清）黃宗羲著　清光緒二
十三年(1897)上海鴻局石印本　一冊

350000－2001－0008566　127/17
大意尊聞三卷附錄一卷　（清）方東樹著　清
同治五年(1866)刻本　二冊

350000－2001－0008567　127/17－1
大意尊聞三卷附錄一卷　（清）方東樹著　清
同治五年(1866)刻本　二冊

350000－2001－0008568　127/17＝1
大意尊聞三卷附錄一卷　（清）方東樹著　清
同治五年(1866)刻本　一冊

350000－2001－0008569　082.17/φ718－1
賭棋山莊所著書二十四種　（清）謝章鋌撰
清光緒十年至三十年(1884－1904)刻本　三
十一冊　存十六種七十四卷(賭棋山莊文七
卷、賭棋山莊文續二卷、賭棋山莊文又續二
卷、詩集十四卷、酒邊詞八卷、賭棋山莊餘集
文三卷詩一卷詞一卷、說文閩音通一卷附錄

一卷、賭棋山莊詞話十二卷、賭棋山莊詞話續
五卷、圍爐瑣憶一卷、籐陰客贅一卷、稗販雜
錄四卷、課餘偶錄四卷、課餘續錄五卷、校刻
祥符沈侍郎勸學淺語一卷、八十壽言一卷)

350000－2001－0008570　082.17/φ718－1＝2
賭棋山莊所著書二十四種　（清）謝章鋌撰
清光緒十年至三十年(1884－1904)刻本　二
十七冊　存十四種七十一卷(賭棋山莊文七
卷、賭棋山莊文續二卷、賭棋山莊文又續二
卷、詩集十四卷、酒邊詞八卷、賭棋山莊詞話
十二卷、賭棋山莊詞話續五卷、圍爐瑣憶一
卷、籐陰客贅一卷、稗販雜錄四卷、課餘偶錄
四卷、課餘續錄五卷、賭棋山莊餘集文三卷詩
一卷詞一卷、八十壽言一卷)

350000－2001－0008571　127/166＝1
起黃二卷質顧一卷廣王二卷　（清）吳光耀撰
　　清宣統刻本　五冊

350000－2001－0008572　127/194
庸言四卷　（清）余元遴著　清光緒十八年
(1892)刻本　二冊

350000－2001－0008573　127/337－1
潛書四卷　（清）唐甄著　（清）王聞遠編　清
光緒九年(1883)中江李氏刻本　二冊

350000－2001－0008574　127/471
浮邱子十二卷　（清）湯鵬著　清宣統二年
(1910)上海掃葉山房石印本　六冊

350000－2001－0008575　852.47/152.2
學海堂集十六卷二集二十二卷三集二十四卷
　　（清）吳蘭修編校　清道光五年至咸豐九年
(1825－1859)吳氏啓秀山房刻本　二十冊

350000－2001－0008576　852.47/210－1＝1
道古堂文集四十八卷詩集二十六卷　（清）杭
世駿撰　清乾隆四十年至四十一年(1775－
1776)刻本　十九冊　存七十卷(道古堂文集
一至十九、二十四至四十八,詩集二十六卷)

350000－2001－0008577　852.47/210－5＝2
道古堂文集四十八卷詩集二十六卷集外文一
卷集外詩一卷軼事一卷　（清）杭世駿撰　清

光緒十四年(1888)泉唐汪氏振綺堂刻本　十六冊

350000－2001－0008578　852.47/200＝1

道古堂文集四十六卷詩集二十六卷　　(清)杭世駿撰　清乾隆五十五年至五十七年(1790－1792)仁和杭寶仁刻本　十六冊

350000－2001－0008579　852.47/214

穆菴遺文一卷林穆菴先生遺文續刻一卷　(清)林明倫著　　(清)朱仕琇評　　(清)陳守譽校　清乾隆四十二年(1777)刻本　二冊

350000－2001－0008580　812.1/152

關中兩朝文鈔二十二卷賦鈔二卷詩鈔十二卷文鈔補六卷詩鈔補四卷詩鈔又補一卷　　(清)李元春彙選　清道光十二年(1832)刻本　三十二冊

350000－2001－0008581　852.47/223－1＝1

翁山文外十六卷　　(清)屈大均撰　清宣統二年(1910)上海國學扶輪社鉛印本　五冊

350000－2001－0008582　172/432

課子隨筆節抄六卷續編一卷　　(清)張師載輯　(清)徐桐節抄　清光緒二十七年(1901)浦城李氏酌海樓刻本　四冊

350000－2001－0008583　172/432＝1

課子隨筆節抄六卷續編一卷　　(清)張師載　(清)徐桐輯　清光緒二十七年(1901)浦城李氏酌海樓刻本　四冊

350000－2001－0008584　甲9.2/18.1

大廣益會玉篇三十卷　　(南朝梁)顧野王撰　(唐)孫強增字　(宋)陳彭年等重修　清康熙四十三年(1704)吳郡張士俊刻澤存堂五種本　三冊

350000－2001－0008585　722.7/437＝2

埤雅二十卷　　(宋)陸佃撰　清康熙刻本　二冊

350000－2001－0008586　022/50

易經彙解二卷　　(□)□□撰　清抄本　二冊

350000－2001－0008587　甲9.1/15.1

別雅五卷　　(清)吳玉搢輯　清乾隆七年(1742)程氏督經堂刻本　五冊

350000－2001－0008588　024/101

詩傳孔氏傳一卷　　(春秋)端木賜述　明萬曆十九年(1591)刻本　一冊

350000－2001－0008589　852.47/225－1

青門簏稿十六卷賸稿八卷　　(清)邵長蘅撰　(清)顧景星批點　邵氏家錄二卷　　(清)宋犖等撰　清康熙三十四年(1695)刻本　十冊

350000－2001－0008590　172/432＝2

課子隨筆節抄六卷續編一卷　　(清)張師載　(清)徐桐輯　清光緒二十七年(1901)浦城李氏酌海樓刻本　四冊

350000－2001－0008591　852.47/152.3

素心堂稿三種　　(清)李士珠稿　清乾隆十七年(1752)李氏刻本　二冊

350000－2001－0008592　852.47/152.5

受祺堂文集四卷續刻四卷　　(清)李因篤著　(清)馮雲杏編次　清道光七年至十年(1827－1830)刻本　八冊

350000－2001－0008593　174/320

養知錄八卷　　(清)紀昭撰　清乾隆獻縣紀汝倫刻本　一冊

350000－2001－0008594　852.47/226.1

南江文鈔四卷札記四卷　　(清)邵晉涵撰　清嘉慶九年(1804)餘姚邵氏刻本　四冊　存四卷(文鈔四卷)

350000－2001－0008595　852.47/226.1＝1

南江文鈔四卷札記四卷　　(清)邵晉涵撰　清嘉慶九年(1804)餘姚邵氏刻本　四冊

350000－2001－0008596　174/376

身範十三卷　　(清)孫希朱編輯　清道光二十七年(1847)刻本　四冊

350000－2001－0008597　174/406

聰聽齋語錄二卷　　(清)章士玉著　清咸豐六年(1856)刻本　一冊

350000－2001－0008598　174/431

儒先訓要十四卷續輯四卷　（清）張承燮輯
清光緒十七年(1891)聽雨堂刻本　二冊

350000 – 2001 – 0008599　852.47/152.7

禮山園文集後編五卷　（清）李來章撰　清康
熙刻本　二冊

350000 – 2001 – 0008600　174/436

陸清獻公宰嘉訓俗一卷　（清）陸隴其著　清
光緒二十六年(1900)刻本　一冊

350000 – 2001 – 0008601　852.47/227

邵位西遺文一卷　（清）邵懿辰撰　清同治九
年(1870)謝章鋌抄本　一冊

350000 – 2001 – 0008602　822.13/φ332

唐詩品彙九十卷拾遺十卷　（明）高棅編　明
成化十三年(1477)刻重修本　二十冊

350000 – 2001 – 0008603　172/432 – 4

課子隨筆鈔六卷　（清）張師載輯　（清）夏錫
疇錄　清光緒刻本　二冊

350000 – 2001 – 0008604　852.47/153.1

養一齋文集二十卷　（清）李兆洛著　清光緒
四年(1878)刻本　八冊

350000 – 2001 – 0008605　172/432 – 5

課子隨筆六卷課子續編一卷　（清）張師載
（清）徐桐輯　清光緒十四年(1888)上海文瑞
樓石印本　四冊

350000 – 2001 – 0008606　172/446

宋方景明集事詩鑒一卷　（清）陳欽堯攷正并
註　清光緒二十年(1894)刻本　一冊

350000 – 2001 – 0008607　172/528

曾文正公家訓二卷　（清）曾國藩撰　清光緒
三十二年(1906)上海商務印書館鉛印本
一冊

350000 – 2001 – 0008608　172/528 – 2

曾文正公家訓二卷　（清）曾國藩撰　清光緒
十六年(1890)鴻寶南局鉛印本　一冊

350000 – 2001 – 0008609　852.47/154

聞妙香室詩十二卷文十九卷　（清）李宗昉撰
清道光十五年(1835)山陽李氏刻本　四冊

350000 – 2001 – 0008610　852.47/247

豸華堂文鈔甲部十二卷首一卷文鈔八卷
（清）金應麟撰　清咸豐元年(1851)刻本
六冊

350000 – 2001 – 0008611　172/662

親屬記二卷　（清）鄭珍輯　（清）陳榘補　清
光緒十二年(1886)貴陽陳氏刻本　一冊

350000 – 2001 – 0008612　852.47/154.4

在亭叢稿十二卷　（清）李果撰　清乾隆刻本
一冊　存一卷(一)

350000 – 2001 – 0008613　852.47/248 – 1

春酒堂文集一卷　（清）周容著　清宣統二年
(1910)上海國學扶輪社鉛印本　一冊

350000 – 2001 – 0008614　852.47/248 – 1 = 1

春酒堂文集一卷　（清）周容著　清宣統二年
(1910)上海國學扶輪社鉛印本　一冊

350000 – 2001 – 0008615　852.47/154.91

西漚全集十卷外集八卷　（清）李惺撰　（清）
童槐　（清）宋寶槐編輯　清同治七年(1868)
刻本　十八冊

350000 – 2001 – 0008616　852.47/154.91 – 1

西漚全集十卷外集八卷　（清）李惺撰　（清）
童槐　（清）宋寶槐編輯　清同治七年(1868)
刻本　十六冊

350000 – 2001 – 0008617　852.47/249.2

賴古堂集二十四卷附錄一卷　（清）周亮工著
清刻本　三冊

350000 – 2001 – 0008618　852.47/251

刪亭文集二卷　（清）周同愈撰　清光緒三十
三年(1907)文明書局鉛印本　一冊

350000 – 2001 – 0008619　852.47/254

菘耘文鈔四卷　（清）季錫疇撰　清光緒五年
(1879)刻本　一冊

350000 – 2001 – 0008620　852.47/255

賜葛堂文集六卷遺稿一卷　（清）岳震川撰
清光緒五年(1879)刻本　四冊

350000 – 2001 – 0008621　172/748

誠子書一卷 （清）聶繼模撰 清光緒二十三年(1897)刻本 一冊

350000－2001－0008622 172/334

遠色編三卷 （清）高景文撰 清嘉慶十四年(1809)刻本 一冊

350000－2001－0008623 173.6/946

醒迷錄一卷附錄一卷 題（清）醒迷子撰 清同治三年(1864)刻本 一冊

350000－2001－0008624 852.47/155

蕚輝樓詩草一卷雜記一卷文鈔一卷 （清）李案梅著 清嘉慶刻本 一冊

350000－2001－0008625 174/444－3

五種遺規十七卷 （清）陳弘謀輯 清乾隆五十五年(1790)含英閣刻本 八冊 存三種十卷(訓俗遺規五卷、從政遺規二卷、養正遺規二卷補編一卷)

350000－2001－0008626 852.47/260

卷施閣文甲集十卷乙集八卷詩二十卷附鮚軒詩八卷 （清）洪亮吉撰 清乾隆六十年(1795)貴陽節署刻北江全集本 七冊 存三十四卷(甲集十卷,乙集八卷,詩一至八、十三至二十)

350000－2001－0008627 852.47/260＝1

卷施閣文甲集十卷乙集八卷詩二十卷附鮚軒詩八卷 （清）洪亮吉撰 清乾隆六十年(1795)貴陽節署刻北江全集本 九冊

350000－2001－0008628 852.47/155.21

李舍人遺集二卷 （清）李結撰 清光緒二十年(1894)刻本 一冊

350000－2001－0008629 852.47/157

校經廎文藳十八卷 （清）李富孫撰 清道光刻本 六冊

350000－2001－0008630 174/444－1

四種遺規十四卷 （清）陳弘謀編輯 清道光十年(1830)培遠堂刻本 八冊

350000－2001－0008631 φ999.1/164

[福建福州]世美吳氏族譜不分卷 （清）吳佩玉修 清抄本 一冊

350000－2001－0008632 φ999.1/154

[福建福州]福州李氏支譜一卷 （清）李宗言修 清光緒二十三年(1897)刻本 一冊

350000－2001－0008633 φ999.1/413.1

[福建福州]福州郭氏支譜十卷首一卷 （明）郭大韶修 （清）郭杰昌 （清）郭兆昌重修 清光緒十八年(1892)郭氏刻民國九年(1920)增修本 八冊

350000－2001－0008634 852.47/157.4

湖唐林館駢體文二卷 （清）李慈銘著 清光緒十年(1884)刻本 一冊

350000－2001－0008635 852.47/157.4＝1

湖唐林館駢體文二卷 （清）李慈銘著 清光緒十年(1884)刻本 一冊

350000－2001－0008636 174/444－2

五種遺規十七卷 （清）陳弘謀輯 清光緒五年(1879)江西書局刻本 八冊

350000－2001－0008637 852.47/157.8

越縵堂駢體文四卷附散體文一卷 （清）李慈銘著 （清）曾之撰編次 清光緒二十三年(1897)刻虛霩居叢書本 四冊

350000－2001－0008638 852.47/157.8＝1

越縵堂駢體文四卷附散體文一卷 （清）李慈銘著 （清）曾之撰編次 清光緒二十三年(1897)刻虛霩居叢書本 四冊

350000－2001－0008639 920/836

二十四史 （□）□□編 清光緒十年(1884)上海同文書局石印本 七百十冊

350000－2001－0008640 852.47/156.7

海門文鈔不分卷 （清）李符清著 清嘉慶四年(1799)刻本 一冊

350000－2001－0008641 174/447

聖學入門書三卷 （清）陳瑚撰 清刻本 一冊

350000－2001－0008642 174/486

聖學入門四卷 （清）彭世昌輯注 清光緒三

年(1877)刻本　一冊　存二卷(一至二)

350000－2001－0008643　852.47/158

十三峯書屋全集八卷　(清)李榕撰　清光緒
二十五年(1899)石印本　四冊

350000－2001－0008644　174/28

寶鑑篇四卷　(清)王懿德輯　清道光刻本
四冊

350000－2001－0008645　172/17

贈言集六卷　(清)方觀海輯　清光緒七年
(1881)方氏刻本　六冊

350000－2001－0008646　174/444.1

五種遺規摘鈔十二卷　(清)陳弘謀輯　清同
治七年(1868)楚北崇文書局刻本　八冊

350000－2001－0008647　172/137

雙節堂庸訓六卷　(清)汪輝祖纂　清同治七
年(1868)楚北崇文書局刻本　二冊　存三卷
(一至三)

350000－2001－0008648　172/137＝1

雙節堂庸訓六卷　(清)汪輝祖纂　清同治七
年(1868)楚北崇文書局刻本　二冊

350000－2001－0008649　172/154

身世準繩一卷　(清)李迪光纂輯　清道光二
十七年(1847)錢氏刻本　一冊

350000－2001－0008650　852.47/159－1

李二曲先生集二十四卷首一卷　(清)李顒著
　清光緒二年(1876)刻本　四冊

350000－2001－0008651　920/977

談天十八卷首一卷附表一卷　(英國)侯失勒
撰　(英國)偉烈亞力口譯　(清)李善蘭刪述
　(清)徐建寅續述　清末江南製造局刻本
三冊　存十四卷(談天六至十八、附表一卷)

350000－2001－0008652　174.1/942－2

聖祖仁皇帝庭訓格言一卷　(清)世宗胤禛撰
　清光緒上海修文書館鉛印本　一冊

350000－2001－0008653　174.1/942－4

聖祖仁皇帝庭訓格言一卷　(清)世宗胤禛撰
　清末刻本　一冊

350000－2001－0008654　174.1/942－3

聖諭庭訓一卷　(清)世宗胤禛撰　清光緒三
十二年(1906)京都鉛印本　一冊

350000－2001－0008655　174/718.1

蒙演百孝圖一卷續編一卷　(清)謝蘭培輯
(清)沈三賢繪像　清同治五年(1866)刻本
二冊

350000－2001－0008656　920/841

欽定二十四史　(□)□□編　清光緒二十八
年(1902)竢實齋石印本　二百冊

350000－2001－0008657　174/940

居官鏡七卷　(清)剛毅撰　清光緒十八年
(1892)刻本　一冊

350000－2001－0008658　174/940＝1

居官鏡七卷　(清)剛毅撰　清光緒十八年
(1892)刻本　一冊

350000－2001－0008659　920/836－2

四史　(□)□□編　清同治十一年(1872)成
都書局刻本　一百冊

350000－2001－0008660　174/942

瓣香詞二卷　題(清)戟門氏輯　清光緒二十
年(1894)刻本　一冊

350000－2001－0008661　174.1/403

聖諭像解二十卷　(清)梁延年輯　清光緒二
十九年(1903)石印本　十冊

350000－2001－0008662　920.1/937

支那通史四卷　(日本)那珂通世編　清光緒
二十五年(1899)東文學社石印本　五冊

350000－2001－0008663　φ999.1/972

蒙古博爾濟錦氏族譜二卷　(□)□□修　清
抄本　二冊

350000－2001－0008664　φ999.1/494

[福建建陽]江夏環峰黃氏家譜不分卷　(清)
黃增書等修　清光緒三十三年(1907)環峰職
思堂木活字印本　八冊

350000－2001－0008665　920/838

遼史一百十五卷　(元)脫脫等撰　清同治十

二年(1873)江蘇書局刻二十四史本　十二冊

350000－2001－0008666　920/838.1

金史一百三十五卷　(元)脫脫等撰　清同治
十三年(1874)江蘇書局刻二十四史本　二
十冊

350000－2001－0008667　φ999.1/542

[福建清流]太原郡溫氏族譜五卷首一卷
(清)溫鳳標　(清)溫石林修　清光緒十三年
(1887)木活字印本　七冊

350000－2001－0008668　920.1/938

最近支那史二卷　(日本)河野通之　(日本)
石村貞一編　清末上海振東室學社石印本
四冊

350000－2001－0008669　φ999.1/444.6

[福建福州]錦山陳氏族譜不分卷　(清)陳宗
蕃修　清抄本　一冊

350000－2001－0008670　862.97/320－4

閱微草堂筆記二十四卷　(清)紀昀撰　清道
光刻本　十二冊

350000－2001－0008671　042.7/705.1

十駕齋養新錄二十卷餘錄三卷　(清)錢大昕
撰　清嘉慶錢氏刻本　五冊

350000－2001－0008672　042.7/705.1＝1

十駕齋養新錄二十卷餘錄三卷　(清)錢大昕
撰　清嘉慶錢氏刻本　四冊

350000－2001－0008673　874.108/22

明賢尺牘四卷　(清)王元勳　(清)程化駼輯
清光緒二十六年(1900)鄆氏榆園刻本
二冊

350000－2001－0008674　042.7/699.1

潛邱劄記六卷　(清)閻若璩撰　左汾近槀一
卷　(清)閻詠撰　清乾隆九年(1744)閻氏眷
西堂刻本　六冊

350000－2001－0008675　874.108/838

歷代女才子手簡二卷　(清)明明學社編纂
清宣統元年(1909)明明學社影印本　二冊

350000－2001－0008676　874.108/934

歷朝名媛尺牘二卷　題(清)水鏡山房輯　清
光緒三十一年(1905)成都志古堂刻本　一冊

350000－2001－0008677　920.2/23

歷朝綱鑑會纂三十九卷首一卷　(明)王世貞
纂　甲子紀元一卷　(清)陳弘謀輯　清刻本
四十八冊

350000－2001－0008678　920.2/23.1

通鑑地理通釋十四卷　(宋)王應麟撰　清光
緒九年(1883)浙江書局刻玉海本　三冊

350000－2001－0008679　920.2/23－1

通鑑答問五卷　(宋)王應麟撰　清光緒九年
(1883)浙江書局刻玉海本　二冊

350000－2001－0008680　甲9.3/5

古今韻會舉要三十卷　(宋)黃公紹編輯
(元)熊忠舉要　禮部韻畧七音三十六字母通
攷一卷　(元)熊忠撰　明嘉靖十五年(1536)
秦鉞、李舜臣刻十七年(1538)劉儲秀重修本
九冊　存二十八卷(一至二、五至三十)

350000－2001－0008681　726.1/226.2

古今韻畧五卷　(清)邵長蘅撰　(清)宋犖閱
定　清康熙三十五年(1696)商丘宋犖刻本
二冊

350000－2001－0008682　726.1/226.3

古今韻畧五卷　(清)邵長蘅撰　(清)宋犖閱
定　清康熙三十五年(1696)商丘宋犖刻本
二冊

350000－2001－0008683　723/679＝1

隸韻十卷附碑目一卷　(宋)劉球纂　考證一
卷　(清)翁方綱撰　清嘉慶十五年(1810)江
都秦恩復刻本　六冊　缺一卷(考證一卷)

350000－2001－0008684　874.16/249

賴古堂名賢尺牘新鈔十二卷二選藏弆集十六
卷三選結鄰集十六卷　(清)周亮工輯　清宣
統元年(1909)鉛印才子新書叢刻本　四冊
存六卷(名賢尺牘新鈔一至六)

350000－2001－0008685　920.2/64

司馬溫公稽古錄二十卷　(宋)司馬光撰　清

光緒五年(1879)江蘇書局刻本　　四冊

350000－2001－0008686　822.14/420

宋百家詩存二十卷　(清)曹庭棟輯　清乾隆六年(1741)嘉善曹氏二六書堂刻本　二十冊

350000－2001－0008687　042.7/699.1＝1

潛邱劄記六卷　(清)閻若璩撰　**左汾近稾一卷**　(清)閻詠撰　清乾隆九年(1744)閻氏眷西堂刻本　六冊

350000－2001－0008688　042.7/646

雙研齋筆記五卷　(清)鄧廷楨撰　清光緒二十二年(1896)刻本　五冊

350000－2001－0008689　874.16/249－1

賴古堂名賢尺牘新鈔十二卷二選藏弆集十六卷三選結鄰集十六卷　(清)周亮工輯　清宣統三年(1911)上海國學扶輪社影印本　十五冊

350000－2001－0008690　920.2/65.1＝1

司馬溫公稽古錄二十卷　(宋)司馬光撰　清同治十一年(1872)湖北崇文書局刻本　四冊

350000－2001－0008691　124.4/98－12

朱子集一百四卷補遺一卷目錄二卷　(宋)朱熹撰　清咸豐十年(1860)刻本　三十五冊

350000－2001－0008692　042.7/600

時務條陳一卷　(清)趙寬著　清光緒二十七年(1901)上海集成報館鉛印本　一冊

350000－2001－0008693　920.2/65.2

校刊資治通鑑全書八種　(清)胡元常輯　清光緒十七年(1891)刻本　一百二十冊

350000－2001－0008694　042.7/623＝1

養一齋劄記九卷　(清)潘德輿撰　清同治十一年(1872)刻本　三冊

350000－2001－0008695　722.1/458

漢隸字源五卷碑目一卷　(宋)婁機撰　清光緒三年(1877)歸安姚覲元咫進齋刻本　六冊

350000－2001－0008696　726/556

轉注古音畧五卷　(明)楊愼著　(明)李元陽校　**古音後語一卷**　(□)□□撰　明嘉靖十

一年(1532)刻本　一冊

350000－2001－0008697　042.7/598－4

陔餘叢考四十三卷　(清)趙翼撰　清乾隆五十五年(1790)壽考堂刻本　十二冊

350000－2001－0008698　874.17/261

尺牘叢刻十七種　(清)文明書局輯　清宣統三年(1911)上海文明書局鉛印本　三冊　存六種六卷(洪稚存先生尺牘一卷、芙蓉山館尺牘一卷、芙蓉山館師友尺牘一卷、縵雅堂尺牘一卷、尚絅堂尺牘一卷、養一齋尺牘一卷)

350000－2001－0008699　042.7/598－2

陔餘叢考四十三卷　(清)趙翼撰　清乾隆五十五年(1790)湛貽堂刻本　六冊

350000－2001－0008700　170/531＝1

人範須知六卷　(清)盛隆編輯　清同治二年(1863)晉陵盛隆石竹山房刻本　六冊

350000－2001－0008701　920.2/65－1

資治通鑑二百九十四卷　(宋)司馬光撰　(元)胡三省音注　**通鑑釋文辨誤十二卷**　(元)胡三省撰　清同治十年(1871)湖北崇文書局刻本　一百四冊

350000－2001－0008702　874.17/305

曹李尺牘合選二卷　(清)茅復選　清刻本　二冊

350000－2001－0008703　乙1.2/19－5

歐陽文忠公五代史抄二十卷　(宋)歐陽修撰　(明)茅坤批評　明刻本　三冊

350000－2001－0008704　874.17/312

袖中書二卷　(清)俞樾編　清光緒二十五年(1899)刻春在堂全書本　一冊

350000－2001－0008705　920.2/65－1＝1

資治通鑑二百九十四卷　(宋)司馬光撰　(元)胡三省音注　**通鑑釋文辨誤十二卷**　(元)胡三省撰　清同治十年(1871)湖北崇文書局刻本　一百四冊

350000－2001－0008706　920.2/65－7

資治通鑑目錄三十卷　(宋)司馬光編　清同

治八年(1869)江蘇書局刻本　十冊

350000－2001－0008707　042.7/442－1
東塾讀書記十五卷　(清)陳澧撰　清光緒刻本　五冊

350000－2001－0008708　920.2/65－1＝2
資治通鑑二百九十四卷　(宋)司馬光撰
(元)胡三省音注　**通鑑釋文辨誤十二卷**
(元)胡三省撰　清同治十年(1871)湖北崇文書局刻本　七十七冊　存二百三十一卷(資治通鑑一至一百四十七、一百九十一至二百二、二百二十三至二百九十四)

350000－2001－0008709　042.7/395.2
前塵夢影錄二卷　(清)徐康撰　清光緒二十三年(1897)刻元和江氏叢書本　一冊

350000－2001－0008710　920.2/65－2
資治通鑑二百九十四卷　(宋)司馬光編
(元)胡三省音註　**通鑑釋文辯誤十二卷**
(元)胡三省撰　清光緒二十四年(1898)上海積山書局石印本　三十冊　存二百九十四卷(資治通鑑一至二百九十四)

350000－2001－0008711　920.2/64－3
續資治通鑑二百二十卷　(清)畢沅撰　**明紀六十卷**　(清)陳鶴撰　(清)陳克家參訂　**外紀十卷**　(宋)劉恕撰　**通鑑釋文辯誤十二卷**　(元)胡三省撰　清光緒十六年(1890)上海積山書局石印本　三十冊

350000－2001－0008712　834.17/431
書啓合璧四種　(清)汪孝鍾　(清)張宗燾校訂　清文德堂刻本　十冊　存四種十一卷(繡虎初集二卷、二集二卷、三集二卷、續集一,倦圃集上中,秋錦全集下,名人尺牘上)

350000－2001－0008713　920.2/65－5
兩朝御批資治通鑑二百九十四卷　(宋)司馬光撰　(元)胡三省音注　**兩朝御批新校資治通鑑敘錄三卷**　(□)□□輯　清光緒二十九年(1903)重慶廣學書局刻本　一百冊

350000－2001－0008714　874.17/432
瑤華集一卷　(清)張邁哲錄　清光緒二十八

年(1902)張氏傳是樓刻本　一冊

350000－2001－0008715　920.2/65－6
資治通鑑二百九十四卷　(宋)司馬光撰
(元)胡三省音註　**通鑑釋文辯誤十二卷**
(元)胡三省撰　清嘉慶二十一年(1816)鄱陽胡克家刻本　三十一冊　存七十五卷(資治通鑑一至二、二百三十四至二百九十四,辯誤十二卷)

350000－2001－0008716　874.17/439
五十名家書札不分卷　(清)陸心源輯　清光緒二十年(1894)上海復古齋石印本　二冊

350000－2001－0008717　920.2/98－1
資治通鑑綱目五十九卷　(宋)朱熹撰　(明)陳仁錫評閱　清刻本　二冊　存二卷(十七、四十五)

350000－2001－0008718　352.2/φ3.1
演礮圖說一卷續後編一卷　(清)丁拱辰撰　清道光二十一年(1841)刻本　一冊

350000－2001－0008719　082.14/24
玉海二百卷辭學指南四卷詩攷一卷詩地理攷六卷漢藝文志攷證十卷通鑑地理通釋十四卷周書王會補注一卷漢制攷四卷踐阼篇集解一卷急就篇補注四卷小學紺珠十卷姓氏急就篇二卷六經天文編二卷周易鄭康成注一卷通鑑答問五卷　(宋)王應麟撰　元後至元六年(1340)慶元路儒學刻元明清遞修本　三冊　存九卷(玉海四十至四十三、四十五至四十六、一百十七至一百十九)

350000－2001－0008720　922/342
漢書評林一百卷　(明)凌稚隆輯校　明萬曆九年(1581)吳興凌稚隆刻本　五十冊

350000－2001－0008721　920.2/98
資治通鑑綱目一百三十一卷　(明)陳仁錫評閱　清春明堂刻本　一百冊

350000－2001－0008722　乙5.1/4.6
聖賢像贊三卷　(明)呂維祺輯　明崇禎刻清重修本　一冊

350000－2001－0008723　920.2/65－1＝3

資治通鑑二百九十四卷　（宋）司馬光撰
(元)胡三省音注　**通鑑釋文辨誤十二卷**
(元)胡三省撰　清同治十年(1871)湖北崇文
書局刻本　一百四冊

350000－2001－0008724　042.7/432.1

芸香草四卷　（清）張桂叢撰　清光緒二十年
(1894)刻本　一冊

350000－2001－0008725　909.1/556

金石三例十五卷　（清）盧見曾輯　清乾隆二
十年(1755)盧氏雅雨堂刻本　六冊

350000－2001－0008726　042.7/439－1

小知錄十二卷　（清）陸鳳藻輯　清同治十二
年(1873)淮南書局刻本　四冊

350000－2001－0008727　909.11/21

金石萃編補畧二卷　（清）王言撰　清光緒八
年(1882)刻本　四冊

350000－2001－0008728　042.7/395.1

玉芝堂談薈三十六卷首一卷　（明）徐應秋輯
清光緒刻本　三十二冊

350000－2001－0008729　042.7/395

讀書雜釋十四卷　（清）徐鼒撰　清咸豐十一
年(1861)福寧郡齋刻本　四冊

350000－2001－0008730　909.11/352

金石志□□卷　（□）□□輯　清道光刻朱印
本　一冊　存一卷(八)

350000－2001－0008731　042.7/393.1

管城碩記三十卷　（清）徐文靖撰　清乾隆九
年(1744)志寧堂刻本　十冊

350000－2001－0008732　042.7/378

新義錄一百卷首一卷　（清）孫璧文輯　清光
緒二十七年(1901)兩湖譯書學堂刻本　四十
八冊

350000－2001－0008733　909.108/100

行素草堂金石叢書十六種　（清）朱記榮輯訂
清光緒吳縣朱氏刻十四年(1888)彙印本
四十四冊

350000－2001－0008734　908.214－51/153

南湖舊話六卷　（清）李延昰著　（清）李尚絧
補撰　（清）李漢徵引釋　清嘉慶二十二年
(1817)張氏書三味樓刻本　二冊

350000－2001－0008735　924/143

南渡錄四卷附阿計替傳　題(宋)辛棄疾著
清抄本　一冊

350000－2001－0008736　乙1.2/2－1.4

漢書一百卷　（漢）班固撰　（唐）顏師古注
明崇禎十五年(1642)毛氏汲古閣刻清順治十
二年(1655)重修十七史本　十一冊

350000－2001－0008737　φ927.509/128＝1

舌擊編五卷　（清）沈儲撰　清咸豐九年
(1859)刻本　五冊

350000－2001－0008738　乙4/45.5

明季南略十六卷　題(清)九峰居士編輯　清
抄本　九冊

350000－2001－0008739　φ999.1/443.11

[福建閩清]奎峰陳氏族譜一卷　（清）陳有信
修　清抄本　一冊

350000－2001－0008740　920.2/65－7＝1

資治通鑑目錄三十卷　（宋）司馬光編　清同
治八年(1869)江蘇書局刻本　三冊　存九卷
(七至九、十六至二十一)

350000－2001－0008741　920.2/65－8

資治通鑑二百九十四卷　（宋）司馬光撰
(元)胡三省音注　**通鑑釋文辨誤十二卷**
(元)胡三省撰　清同治八年(1869)江蘇書局
刻本　三十六冊　存一百八卷(四至六、十九
至二十一、二十五至三十、五十八至六十三、
七十三至七十八、八十二至八十七、九十一至
九十三、一百至一百二、一百九至一百十一、
一百三十至一百三十二、一百三十六至一百
四十四、一百四十八至一百五十、一百六十三
至一百六十五、一百八十一至一百八十六、一
百九十九至二百七、二百十一至二百十六、二
百二十至二百二十二、二百二十六至二百二
十八、二百三十二至二百三十四、二百三十八

至二百四十、二百六十二至二百六十七、二百七十四至二百七十九、二百八十至二百八十二、二百八十九至二百九十一）

350000－2001－0008742 909.1101/599

金石錄三十卷 （宋）趙明誠編著 清光緒十三年（1887）吳縣朱氏刻行素草堂金石叢書本 四冊

350000－2001－0008743 909.1101/599＝1

金石錄三十卷 （宋）趙明誠編著 清光緒十三年（1887）吳縣朱氏刻行素草堂金石叢書本 一冊 存七卷（目錄一至七）

350000－2001－0008744 920.2/64－9

續資治通鑑二百二十卷 （清）畢沅撰 **資治通鑑外紀十卷** （宋）劉恕撰 清同治八年（1869）江蘇書局刻本 二十一冊 存七十三卷（四至十五、二十至二十五、五十一至五十四、八十二、一百十九至一百二十二、一百二十七至一百三十、一百三十八至一百四十、一百四十四至一百五十三、一百五十七至一百六十二、一百六十九至一百七十六、一百七十九至一百八十六、二百二至二百八）

350000－2001－0008745 042.7/φ717

生成輯錄不分卷 （清）謝世南書 清乾隆謝氏稿本 四冊

350000－2001－0008746 042.7/φ717.1

耐病續錄二卷 （清）謝世南集 清嘉慶謝氏稿本 二冊

350000－2001－0008747 042.7/375

札迻十二卷 （清）孫詒讓撰 清光緒二十年（1894）刻本 四冊

350000－2001－0008748 042.7/364

札樸十卷 （清）桂馥撰 清嘉慶十八年（1813）山陰李宏信小李山房刻本 八冊

350000－2001－0008749 909.1102/792

金石文字記六卷 （清）顧炎武撰 清蓬瀛閣刻吳縣朱記榮增補光緒三十二年（1906）彙印顧亭林先生遺書本 二冊

350000－2001－0008750 042.7/550－1

經餘必讀八卷續編八卷 （清）雷琳等輯 清嘉慶十二年（1807）刻本 五冊

350000－2001－0008751 042.7/550－3

經餘必讀續編八卷 （清）雷琳等輯 清嘉慶十年（1805）刻本 三冊

350000－2001－0008752 042.7/550.1

睡餘偶筆二卷 （清）雷浚撰 清光緒二十年（1894）吳縣雷氏刻本 一冊

350000－2001－0008753 042.7/550.2

學古堂日記十五卷 （清）雷浚選 （清）吳履剛編 清光緒十六年（1890）刻本 一冊

350000－2001－0008754 042.7/556

群書疑辨十二卷 （清）萬斯同纂 清嘉慶刻本 六冊

350000－2001－0008755 乙5.1/6.5

歷代名臣傳三十五卷首一卷續編五卷 （清）朱軾 （清）蔡世遠訂 清雍正七年（1729）刻本 十六冊

350000－2001－0008756 042.7/500

項氏家說十卷附錄二卷 （宋）項安世撰 清乾隆福建布政使司刻武英殿聚珍版書本 二冊

350000－2001－0008757 042.7/529

鳴原堂論文二卷 （清）曾國藩撰 （清）曾國荃審訂 清同治十二年（1873）勘志齋刻本 二冊

350000－2001－0008758 042.7/447

古學捷十卷 （清）陳應麐纂輯 （清）張熊 （清）江朝宗註釋 清雍正六年（1728）浣花軒刻本 一冊

350000－2001－0008759 042.7/455

蒿盦文集八卷首一卷 （清）莊棫撰 清同治七年（1868）刻本 二冊

350000－2001－0008760 909.1102/477－1＝2

金石索十二卷首一卷 （清）馮雲鵬 （清）馮雲鵷輯 清道光滋陽紫琅馮氏邃古齋刻本

十一册　存十二卷（金索六卷、石索二至六，
首一卷）

350000－2001－0008761　920.2/151

歷代通鑑纂要九十二卷　（明）李東陽等撰
清光緒二十三年（1897）廣雅書局刻本　三十
四册

350000－2001－0008762　920.2/151＝1

歷代通鑑纂要九十二卷　（明）李東陽等撰
清光緒二十三年（1897）廣雅書局刻本　四十
八册

350000－2001－0008763　920.2/151＝2

歷代通鑑纂要九十二卷　（明）李東陽等撰
清光緒二十三年（1897）廣雅書局刻本　四十
八册

350000－2001－0008764　042.7/478

校邠廬逸箋四卷　（清）馮桂芬撰　（清）馮世
徵補注　清光緒十一年（1885）上海點石齋石
印本　一册

350000－2001－0008765　920.2/164＝1

資治通鑑地理今釋十六卷　（清）吳熙載撰
清光緒八年（1882）江蘇書局刻本　三册

350000－2001－0008766　042.7/483

探本錄二十三卷　（清）雲茂琦著　清同治六
年（1867）刻本　六册

350000－2001－0008767　042.7/442－6

東塾讀書記十五卷　（清）陳澧撰　清光緒二
十七年（1901）大泉書局刻本　五册

350000－2001－0008768　042.7/442－5

東塾讀書記十五卷　（清）陳澧撰　清光緒二
十七年（1901）邵州勸學書舍刻本　六册

350000－2001－0008769　042.7/442－4

東塾讀書記十五卷　（清）陳澧撰　清光緒刻
本　六册

350000－2001－0008770　042.7/442－3

東塾讀書記十五卷　（清）陳澧撰　清光緒二
十四年（1898）刻本　四册

350000－2001－0008771　920.2/164＝2

資治通鑑地理今釋十六卷　（清）吳熙載撰
清光緒八年（1882）江蘇書局刻本　三册

350000－2001－0008772　φ999.1/443.12

［福建莆田］洙陽陳氏族譜不分卷　（清）陳汝
奇修　清抄本　一册

350000－2001－0008773　909.1102/945

與古齋金石集一卷　題（清）琴研雙清館主人
珍賞　清拓本　一册

350000－2001－0008774　920.2/316

**通鑑輯要前編二卷正編十九卷續編八卷明史
輯要八卷**　（清）姚培謙　（清）張景星錄　清
刻本　二十册　存三十五卷（正編十九卷、續
編八卷、明史輯要八卷）

350000－2001－0008775　乙5.1/6.6

歷代名儒傳八卷首一卷　（清）朱軾　（清）蔡
世遠訂　清雍正七年（1729）刻本　四册

350000－2001－0008776　乙5.1/6.7

歷代循吏傳八卷　（清）朱軾　（清）蔡世遠訂
　清雍正七年（1729）刻本　四册

350000－2001－0008777　乙4/52.2

洋防通論四卷　（清）林齊霄輯　清光緒十一
年（1885）閩縣林氏抄本　四册

350000－2001－0008778　φ929.71316/11＝4

［乾隆］馬巷廳志十八卷首一卷　（清）萬友正
修　（清）黃家鼎纂　**附錄三卷**　（清）黃家鼎
輯　清光緒九年（1883）丁惠深刻十九年
（1893）黃家鼎增修本　十一册

350000－2001－0008779　φ929.71211/563－2＝1

［乾隆］仙遊縣志五十三卷首一卷　（清）胡啓
植　（清）王椿修　（清）葉侃和纂　清同治十
二年（1873）吳森刻本　十六册

350000－2001－0008780　042.7/786

翼教叢編六卷　（清）蘇輿輯　清光緒二十四
年（1898）武昌刻本　三册

350000－2001－0008781　φ929.714/169＝1

［光緒］漳州府志五十卷首一卷　（清）李維鈺
修　（清）沈定均續修　清光緒三年（1877）芝

山書院刻本　三十一冊

350000－2001－0008782　φ929.714/169＝2
[光緒]漳州府志五十卷首一卷　（清）李維鈺修　（清）沈定均續修　清光緒三年(1877)芝山書院刻本　四冊　存五卷(三十五至三十七、三十九至四十)

350000－2001－0008783　φ929.714/169＝3
[光緒]漳州府志五十卷首一卷　（清）李維鈺修　（清）沈定均續修　清光緒三年(1877)芝山書院刻本　十冊　存十三卷(二十八、三十一至三十三、四十至四十八)

350000－2001－0008784　920.2/165
尺木堂綱鑑易知錄九十二卷　（清）吳乘權（清）周之炯　（清）周之燦輯　**御撰資治通鑑綱目三編二十卷**　（清）張廷玉等輯　清刻本四十八冊

350000－2001－0008785　φ929.71529/720＝1
[嘉慶]南平縣誌三十八卷首三卷末一卷（清）楊桂森修　（清）應丹詔等纂　清嘉慶十五年(1810)刻同治十一年(1872)增補本　二十冊

350000－2001－0008786　φ929.71529/720＝2
[嘉慶]南平縣誌三十八卷首三卷末一卷（清）楊桂森修　（清）應丹詔等纂　清嘉慶十五年(1810)刻同治十一年(1872)增補本　二十四冊

350000－2001－0008787　909.1103/41
金石圖說二卷　（清）牛運震集說　（清）褚峻圖　劉世珩編補　清光緒十九年(1893)刻聚學軒叢書本　四冊

350000－2001－0008788　φ929.71640/762
[道光]政和縣志十一卷首一卷末一卷　（清）程鵬里（清）梁承綸修　（清）魏敬中纂　清道光十三年(1833)刻本　八冊

350000－2001－0008789　φ929.71846/153＝2
[道光]龍巖州志二十卷首一卷　（清）彭衍堂（清）袁曦業修　（清）陳文衡等纂　清道光十五年(1835)刻光緒十六年(1890)重修本

十二冊

350000－2001－0008790　φ929.71845/677＝1
[光緒]長汀縣志三十三卷首一卷末一卷（清）王壘等修　（清）楊瀾等纂　（清）延棟續修　（清）曾炳文等續纂　（清）謝昌霖再續修　（清）劉國光等再續纂　清光緒五年(1879)刻本　十四冊

350000－2001－0008791　φ929.71845/677＝2
[光緒]長汀縣志三十三卷首一卷末一卷（清）王壘等修　（清）楊瀾等纂　（清）延棟續修　（清）曾炳文等續纂　（清）謝昌霖再續修　（清）劉國光等再續纂　清光緒五年(1879)刻本　十三冊

350000－2001－0008792　φ929.71846/153－2＝1
[康熙]寧化縣志七卷　（清）祝文郁修（清）李世熊纂　清同治八年(1869)蔣澤沄刻本　八冊

350000－2001－0008793　φ929.71846/153－2＝2
[康熙]寧化縣志七卷　（清）祝文郁修（清）李世熊纂　清同治八年(1869)蔣澤沄刻本　八冊

350000－2001－0008794　φ929.71846/153－2＝3
[康熙]寧化縣志七卷　（清）祝文郁修（清）李世熊纂　清同治八年(1869)蔣澤沄刻本　八冊

350000－2001－0008795　φ929.71846/153－2＝4
[康熙]寧化縣志七卷　（清）祝文郁修（清）李世熊纂　清同治八年(1869)蔣澤沄刻本　八冊

350000－2001－0008796　φ929.71846/153－2＝5
[康熙]寧化縣志七卷　（清）祝文郁修（清）李世熊纂　清同治八年(1869)蔣澤沄刻本　二冊　存二卷(二至三)

350000－2001－0008797　042.7/791－1
日知錄集釋三十二卷刊誤二卷續刊誤二卷（清）顧炎武著　（清）黃汝成集釋　清同治八年(1869)刻本　十六冊

350000－2001－0008798　042.7/791－2
日知錄集釋三十二卷刊誤二卷續刊誤二卷　(清)顧炎武著　(清)黄汝成集釋　清刻本　十六冊

350000－2001－0008799　ф929.71846/153－2＝6
[康熙]寧化縣志七卷　(清)祝文郁修　(清)李世熊纂　清同治八年(1869)蔣澤沅刻本　二冊　存二卷(三至四)

350000－2001－0008800　920.2/165－1
尺木堂綱鑑易知錄九十二卷明鑑易知錄十五卷　(清)吴乘權　(清)周之炯　(清)周之燦輯　清刻本　四十冊

350000－2001－0008801　920.2/165－1
尺木堂綱鑑易知錄九十二卷明鑑易知錄十五卷　(清)吴乘權　(清)周之炯　(清)周之燦輯　清刻本　四十冊

350000－2001－0008802　042.7/705.2
十駕齋養新錄二十卷餘錄三卷　(清)錢大昕撰　**錢辛楣[大昕]先生年譜一卷**　(清)錢慶曾注　**竹汀居士[錢大昕]年譜續一卷**　(清)錢慶曾述　清光緒二年(1876)浙江書局刻本　八冊

350000－2001－0008803　920.2/272
資治通鑑二百九十四卷　(宋)司馬光撰　(元)胡三省音註　**通鑑釋文辯誤十二卷**　(元)胡三省撰　清嘉慶二十一年(1816)鄱陽胡克家刻本　四冊　存十二卷(辯誤十二卷)

350000－2001－0008804　ф929.71846/153＝3
[道光]龍巖州志二十卷首一卷　(清)彭衍堂　(清)袁曦業修　(清)陳文衡等纂　清道光十五年(1835)刻光緒十六年(1890)重修本　四冊

350000－2001－0008805　ф929.719/154＝2
[乾隆]福甯府志四十四卷首一卷　(清)李拔纂輯　清光緒六年(1880)張其曜刻本　二十冊

350000－2001－0008806　909.1103/395
随軒金石文字九種　(清)徐渭仁雙鉤　清道光上海劉氏刻本　四冊

350000－2001－0008807　042.7/705.2＝1
十駕齋養新錄二十卷餘錄三卷　(清)錢大昕撰　**錢辛楣[大昕]先生年譜一卷**　(清)錢慶曾注　**竹汀居士[錢大昕]年譜續一卷**　(清)錢慶曾述　清光緒二年(1876)浙江書局刻本　八冊

350000－2001－0008808　042.7/705.2＝2
十駕齋養新錄二十卷餘錄三卷　(清)錢大昕撰　**錢辛楣[大昕]先生年譜一卷**　(清)錢慶曾注　**竹汀居士[錢大昕]年譜續一卷**　(清)錢慶曾述　清光緒二年(1876)浙江書局刻本　四冊

350000－2001－0008809　042.7/751
顔氏學記十卷　(清)戴望述　清光緒二十年(1894)刻本　二冊

350000－2001－0008810　909.1103/439
金石續編二十一卷首一卷　(清)陸耀遹纂　(清)陸增祥校訂　清同治十三年(1874)雙白燕堂刻本　十六冊

350000－2001－0008811　920.2/316－1
通鑑擥要前編二卷正編十九卷續編八卷明史擥要八卷　(清)姚培謙錄　清木活字印本　十六冊

350000－2001－0008812　909.1104/15
枕經堂金石書畫題跋三卷　(清)方朔撰　清同治三年(1864)刻本　三冊

350000－2001－0008813　042.7/753
鹿洲藏稿不分卷　(清)孫峩山評選　(清)藍鼎元著　清刻本　一冊

350000－2001－0008814　920.2/165－2
綱鑑易知錄九十二卷　(清)吴乘權　(清)周之炯　(清)周之燦輯　**御撰資治通鑑綱目三編二十卷**　(清)張廷玉等輯　清刻本　四十八冊

350000－2001－0008815　ф929.717/432＝2
[光緒]重纂邵武府志三十卷首一卷　(清)王

琛　（清）徐兆豐修　（清）張景祁等纂　清光
緒二十四年(1898)刻本　二十冊

350000－2001－0008816　042.7/786＝1
翼教叢編六卷　（清）蘇輿輯　清光緒二十四
年(1898)武昌刻本　三冊

350000－2001－0008817　909.1104/431
清儀閣題跋不分卷　（清）張廷濟撰　清光緒
蘇州振新書社石印本　六冊

350000－2001－0008818　920.2/165－3
大文堂綱鑑易知錄九十二卷　（清）吳乘權
（清）周之炯　（清）周之燦輯　**御撰資治通鑑
綱目三編二十卷**　（清）張廷玉等輯　清刻本
　四十八冊

350000－2001－0008819　ф929.71029/249
閩小紀二卷　（清）周亮工撰　清道光五年
(1825)聚秀堂額刻本　一冊

350000－2001－0008820　920.2/406－2
讀通鑑綱目劄記二十卷　（清）章邦元著　清
光緒十六年(1890)銅陵章氏刻本　八冊

350000－2001－0008821　ф929.71/444＝3
[道光]重纂福建通志二百七十八卷首六卷
（清）孫爾準等修　（清）陳壽祺纂　（清）程
祖洛等續修　（清）魏敬中續纂　清同治七年
至十年(1868－1871)刻本　一百七十三冊

350000－2001－0008822　ф992.13/444＝1
東越文苑六卷首一卷　（明）陳鳴鶴輯撰　清
同治十二年(1873)福州郭元昌刻本　二冊

350000－2001－0008823　ф992.13/444＝2
東越文苑六卷首一卷　（明）陳鳴鶴輯撰　清
同治十二年(1873)福州郭元昌刻本　二冊

350000－2001－0008824　909.1104/636－2＝1
集古錄跋尾十卷　（宋）歐陽修撰　（清）朱記
榮輯　清光緒十三年(1887)刻行素草堂金石
叢書本　二冊　存六卷(一至六)

350000－2001－0008825　ф992.13/661＝2
本朝名家詩鈔小傳二卷　（清）鄭方坤撰　清
乾隆杞菊軒刻本　二冊

350000－2001－0008826　ф992.13/661－1＝3
國朝名家詩鈔小傳四卷補遺一卷附錄一卷
（清）鄭方坤撰　（清）李登雲校　清光緒十二
年(1886)刻本　一冊

350000－2001－0008827　ф992.13/661－1＝4
國朝名家詩鈔小傳四卷補遺一卷附錄一卷
（清）鄭方坤撰　（清）李登雲校　清光緒十二
年(1886)刻本　二冊

350000－2001－0008828　992.237/ф130＝1
**誥封光祿大夫先考丹林公[沈廷楓]行狀一卷
先母林夫人事略一卷**　（清）沈葆楨撰　清同
治十年(1871)沈氏刻本　二冊

350000－2001－0008829　ф992.237/445＝1
**皇清例封修職郎鄉賢裔生七十有一翁先巖誠
試圃陳府君[樹苾]行狀一卷**　（清）陳敦勳撰
　清道光十二年(1832)刻本　一冊

350000－2001－0008830　ф992.14/445－1＝1
全閩道學總纂三十八卷　（清）陳祚康撰　清
光緒九年(1883)刻本　七冊

350000－2001－0008831　992.237/ф130＝2
**誥封光祿大夫先考丹林公[沈廷楓]行狀一卷
先母林夫人事略一卷**　（清）沈葆楨撰　清同
治十年(1871)沈氏刻本　二冊

350000－2001－0008832　920.2/428
通鑑宋本校勘記五卷元本校勘記二卷　（清）
張瑛撰　清光緒八年(1882)江蘇書局刻本
一冊

350000－2001－0008833　ф992.237/215.1＝1
**皇清歲貢士例誥封通奉大夫江寧布政使顯考
暘谷府君[林賓日]行狀一卷**　（清）林則徐撰
　清道光刻本　一冊

350000－2001－0008834　042.7/966.1
實學指針一卷　（日本）西師意撰　清光緒二
十八年(1902)北京華北譯書局刻本　一冊

350000－2001－0008835　909.1104/705
潛研堂金石文跋尾二十卷　（清）錢大昕著
清光緒十年(1884)長沙龍氏家塾刻錢氏潛研

堂全書本　　七冊

350000－2001－0008836　　920.2/444

通鑑胡注舉正一卷　（清）陳景雲撰　清乾隆
十九年(1754)吳縣陳黃中樸茂齋刻本　一冊

350000－2001－0008837　　042.7/967.1

時事新論十二卷　（英國）李提摩太著　清光
緒二十年(1894)上海廣學會石印本　二冊

350000－2001－0008838　　φ992.237/562＝1

[葉大焯行述]一卷　（清）葉在琦撰　清光緒
刻本　一冊

350000－2001－0008839　　920.2/460

續資治通鑑二百二十卷　（清）畢沅撰　清光
緒十四年(1888)上海蜚英館石印本　十七冊
　存一百八十七卷(一至一百二十三、一百四
十五至一百八十五、一百九十八至二百二十)

350000－2001－0008840　　042.7/967－3

嘯亭雜錄十卷　（清）昭槤撰　清宣統元年
(1909)中國圖書公司鉛印本　三冊

350000－2001－0008841　　042.7/792.1

菰中隨筆一卷　（清）顧炎武著　清道光十二
年(1832)長白鄂山刻本　一冊

350000－2001－0008842　　042.7/791－13

日知錄集釋三十二卷　（清）顧炎武著　（清）
黃汝成釋　附刊誤二卷續二卷　（清）黃汝成
撰　清同治十一年(1872)湖北崇文書局刻本
　十六冊

350000－2001－0008843　　909.1104/705－1

嘉定錢氏潛研堂全書二十一種　（清）錢大昕
撰　清光緒十年(1884)長沙龍氏家塾刻本
十一冊　存二種二十八卷(金石文字目錄八
卷、金石文跋尾二十卷)

350000－2001－0008844　　042.7/791－11

日知錄之餘四卷　（清）顧炎武述　清刻本
二冊

350000－2001－0008845　　042.7/791－12

日知錄三十二卷　（清）顧炎武撰　清康熙三
十四年(1695)潘耒遂初堂刻雍正重修本

八冊

350000－2001－0008846　　929.223/456

[康熙]鄒縣志三卷　（清）婁一均主修　清康
熙刻乾隆重修本　四冊

350000－2001－0008847　　992.12/φ661.3

本朝名家詩鈔小傳二卷　（清）鄭方坤撰　清
乾隆杞菊軒刻本　二冊

350000－2001－0008848　　乙5.1/8.5

皇明開國臣傳十三卷　（明）朱國禎輯　明刻
本　三冊　存九卷(一至九)

350000－2001－0008849　　042.7/791－10

日知錄之餘四卷　（清）顧炎武述　清道光鄂
山錦江書院刻本　一冊

350000－2001－0008850　　822.47/135.1

悔翁詩鈔十五卷補遺一卷　（清）汪士鐸撰
清光緒十年(1884)合肥張氏味古齋刻本
四冊

350000－2001－0008851　　042.7/791－8

日知錄集釋三十二卷　（清）顧炎武著　（清）
黃汝成集釋　附刊誤二卷續刊誤二卷　（清）
黃汝成撰　清光緒十二年(1886)上海點石齋
石印本　四冊

350000－2001－0008852　　992.133/936

全唐詩人小傳十二卷　（□）□□撰　清抄本
四冊

350000－2001－0008853　　021.8/151

經義辨晰不分卷　（□）□□撰　清末至民國
初抄本　一冊

350000－2001－0008854　　042.7/791－9

日知錄三十二卷　（清）顧炎武撰　清雍正刻
本　十冊

350000－2001－0008855　　909.1107/394

從古堂款識學十六卷　（清）徐同柏釋文
（清）徐士燕錄　清光緒十二年(1886)同文書
局石印本　八冊

350000－2001－0008856　　909.1108/431

禮塔龕考古偶編一卷　（清）張金鑑輯　（清）

張文治　（清）張廷驤等校字　清光緒三年
(1877)張氏刻本　一冊

350000－2001－0008857　052/873.1
壬寅新民叢報全編二十五卷　（清）新民叢報
社撰　清光緒二十九年(1903)維新室石印本
十四冊

350000－2001－0008858　052/873.1＝1
壬寅新民叢報全編二十五卷　（清）新民叢報
社撰　清光緒二十九年(1903)維新室石印本
十六冊

350000－2001－0008859　乙7.5/11.1
**于清端公政書八卷續集一卷首編一卷外集一
卷**　（清）于成龍撰　（清）蔡方炳　（清）諸
匡鼎編次　（清）于準錄　清康熙刻本　七冊

350000－2001－0008860　042.8/27
王志二卷　王闓運撰　（清）陳兆奎編輯　清
光緒三十三年(1907)刻本　一冊

350000－2001－0008861　042.7/967－5
嘯亭雜錄八卷續錄二卷　（清）昭槤撰　清光
緒刻本　十二冊

350000－2001－0008862　909.1108/446
金石摘不分卷　（清）陳善墀錄　清光緒刻本
八冊

350000－2001－0008863　909.1108/446－1
金石摘不分卷　（清）陳善墀錄　清同治十二
年(1873)瀏陽縣學不求甚解齋刻本　十冊

350000－2001－0008864　070/870
預備立憲公會報（第八期）　（清）預備立憲公
會編輯所編　清光緒三十四年(1908)鉛印本
一冊

350000－2001－0008865　032.9/428－1
普通學歌訣一卷　（清）張一鵬撰　清光緒二
十六年(1900)蘇州中西小學堂刻本　一冊

350000－2001－0008866　丙7/1.3
太玄經十卷　（漢）揚雄撰　（晉）范望解贊
（明）楊爾賢重訂　**說玄一卷**　（唐）王涯撰
釋文一卷　明玉鏡堂刻清印本　一冊

350000－2001－0008867　042/777
摘刊歷代論略七卷　（清）羅瑞圖輯　清光緒
刻本　五冊

350000－2001－0008868　φ336.271/702
閩省鹽務正編不分卷　（清）□□編　清刻本
九冊

350000－2001－0008869　042.1/23
勸學瑣言二卷　王先謙撰　清光緒十一年
(1885)刻本　一冊

350000－2001－0008870　042.1/103
論學述聞一卷　（清）朱福詵撰　清光緒二十
六年(1900)刻本　一冊

350000－2001－0008871　920.2/460－2
續資治通鑑二百二十卷　（清）畢沅撰　清嘉
慶六年(1801)桐鄉馮集梧刻本　八十冊

350000－2001－0008872　120/550
經餘必讀八卷續編八卷　（清）雷琳等輯　清
嘉慶八年(1803)刻本　六冊

350000－2001－0008873　120/550－1
經餘必讀八卷　（清）雷琳等輯　清嘉慶十年
(1805)刻本　二冊　存四卷(一至四)

350000－2001－0008874　120/550－2
經餘必讀八卷續編八卷三編四卷　（清）雷琳
等輯　清刻本　十冊

350000－2001－0008875　042.1/430
勸學篇二卷　（清）張之洞撰　清光緒二十四
年(1898)兩湖書院刻本　一冊

350000－2001－0008876　920.2/674
通鑑闡要十二卷　（清）劉統勛等撰　清光緒
二十八年(1902)上海英華譯齋石印本　一冊

350000－2001－0008877　042.1/430＝1
勸學篇二卷　（清）張之洞撰　清光緒二十四
年(1898)刻本　二冊

350000－2001－0008878　920.2/674.1
資治通鑑外紀十卷目錄五卷　（宋）劉恕編集
（清）胡克家注補　清同治十年(1871)江蘇
書局刻本　十冊

350000－2001－0008879　121/413

新鐫校正詳註分類百子金丹全書十卷　（清）
郭偉選註　（清）王星聚校訂　（清）郭中吉編
次　清光緒二十年(1894)上海文林堂石印本
　十冊

350000－2001－0008880　042.1/430.1

輶軒語一卷　（清）張之洞撰　清光緒三年
(1877)濠上書齋刻本　一冊

350000－2001－0008881　042.1/430.2

輶軒語一卷　（清）張之洞撰　清光緒九年
(1883)刻本　一冊

350000－2001－0008882　920.2/674.1－1

資治通鑑外紀十卷目錄五卷　（宋）劉恕編集
　清嘉慶十六年(1811)刻本　四冊

350000－2001－0008883　042.1/430.2＝1

輶軒語一卷　（清）張之洞撰　清光緒九年
(1883)刻本　一冊

350000－2001－0008884　042.1/430.3

輶軒語一卷　（清）張之洞撰　清光緒二年
(1876)刻本　　一冊

350000－2001－0008885　121/356

意林五卷　（唐）馬總撰　清刻本　二冊

350000－2001－0008886　121/413－1

新鐫校正詳註分類百子金丹全書十卷　（清）
郭偉選註　（清）王星聚校訂　（清）郭中吉編
次　**任兆麟述記三卷**　（清）任兆麟述記　清
光緒二十九年(1903)鴻寶齋石印本　八冊
存十二卷(金丹全書二至十、任兆麟述記三
卷)

350000－2001－0008887　920.2/674.1－2

資治通鑑外紀十卷目錄五卷　（宋）劉恕編集
　清刻本　二冊　存五卷(目錄五卷)

350000－2001－0008888　120/966

古今學變三卷　（日本）伊藤長胤著　清道光
二十三年(1843)浪華書林群玉堂刻本　三冊

350000－2001－0008889　920.2/787

資治通鑑補二百九十四卷　（明）嚴衍撰

（明）談允厚參　清光緒二年(1876)武進盛氏
思補樓木活字印本　六十七冊　存二百五十
六卷(五至六十七、七十五至七十八、九十六
至九十九、一百四至二百十、二百十七至二百
九十四)

350000－2001－0008890　121/115

述記四卷　（清）任兆麟述　清乾隆五十二年
(1787)忠敏家塾刻本　四冊

350000－2001－0008891　121/115＝1

述記四卷　（清）任兆麟述　清乾隆五十二年
(1787)忠敏家塾刻本　四冊

350000－2001－0008892　121.11/376

家語疏證六卷　（清）孫志祖撰　清刻本
二冊

350000－2001－0008893　121.11/376.1

孔子集語十七卷　（清）孫星衍撰　清光緒三
年(1877)浙江書局刻本　四冊

350000－2001－0008894　121.11/376.1＝1

孔子集語十七卷　（清）孫星衍撰　清光緒三
年(1877)浙江書局刻本　四冊

350000－2001－0008895　121.11/24－1

孔子家語十卷　（三國魏）王肅注　清刻本
二冊

350000－2001－0008896　042.4/396

困學紀聞注二十卷　（清）翁元圻輯　清道光
五年(1825)餘姚翁氏守福堂刻本　四冊

350000－2001－0008897　042.4/103

猗覺寮雜記二卷　（宋）朱翌撰　清道光二十
七年(1847)刻本　一冊

350000－2001－0008898　042.4/128－4

夢溪筆談二十六卷補筆談三卷　（宋）沈括撰
　清光緒三十二年(1906)陶氏愛廬刻本
四冊

350000－2001－0008899　920.2/787.1

資治通鑑補正二百九十四卷首一卷　（宋）司
馬光編集　（元）胡三省音註　（明）嚴衍補正
　（明）談允厚參　清光緒二十八年(1902)上

海益智書局石印本　四十四冊　存二百七十三卷(一至四十二、五十四至六十五、七十七至二百九十四,首一卷)

350000－2001－0008900　920.2/787.1＝1
資治通鑑補正二百九十四卷首一卷　(宋)司馬光編集　(元)胡三省音註　(明)嚴衍補正　(明)談允厚參　清光緒二十八年(1902)上海益智書局石印本　四十八冊

350000－2001－0008901　042.1/430＝5
勸學篇二卷　(清)張之洞撰　清光緒二十四年(1898)兩湖書院刻本　二冊

350000－2001－0008902　042.1/430－6
勸學篇二卷　(清)張之洞撰　清末石印本　一冊

350000－2001－0008903　920.2/791＝2
綱鑑正史約三十六卷　(明)顧錫疇撰　(清)陳弘謀增訂　**甲子紀元一卷**　(清)陳弘謀輯　清同治八年(1869)浙江書局刻本　二十冊

350000－2001－0008904　042.1/430－7
勸學篇二卷　(清)張之洞撰　清末石印本　一冊

350000－2001－0008905　042.1/430－8
勸學篇二卷　(清)張之洞撰　清末石印本　一冊

350000－2001－0008906　920.2/791＝3
綱鑑正史約三十六卷　(明)顧錫疇撰　(清)陳弘謀增訂　**甲子紀元一卷**　(清)陳弘謀輯　清同治八年(1869)浙江書局刻本　二十冊

350000－2001－0008907　920.2/791＝4
綱鑑正史約三十六卷　(明)顧錫疇撰　(清)陳弘謀增訂　**甲子紀元一卷**　(清)陳弘謀輯　清同治八年(1869)浙江書局刻本　二十冊

350000－2001－0008908　909.1108/717
金玉瑣碎二卷　(清)謝堃撰　清刻本　二冊

350000－2001－0008909　920.2/965
御批歷代通鑑輯覽一百二十卷　(清)傅恒等編　清光緒三十年(1904)育文書局石印本

二十四冊

350000－2001－0008910　909.1109/435
金石學錄補四卷　(清)陸心源編　清光緒五年(1879)刻十二年(1886)增補本　一冊

350000－2001－0008911　909.1109/435＝1
金石學錄補四卷　(清)陸心源編　清光緒五年(1879)刻十二年(1886)增補本　一冊

350000－2001－0008912　042.4/21－9
校訂困學紀聞三箋二十卷　(宋)王應麟撰　清嘉慶十二年(1807)金閶友益齋刻本　八冊

350000－2001－0008913　042.4/21－12
校訂困學紀聞集證二十卷　(宋)王應麟撰　(清)閻若璩等箋　清道光刻本　六冊

350000－2001－0008914　121.17/384－3
荀子二十卷校勘補遺一卷　(戰國)荀況撰　(唐)楊倞注　清光緒二年(1876)浙江書局刻本　六冊

350000－2001－0008915　121.17/384－3＝1
荀子二十卷校勘補遺一卷　(戰國)荀況撰　(唐)楊倞注　清光緒二年(1876)浙江書局刻本　六冊

350000－2001－0008916　121.17/384
荀子三卷　(戰國)荀況撰　清光緒元年(1875)湖北崇文書局刻本　二冊

350000－2001－0008917　121.17/384－1
荀子二十卷校勘補遺一卷　(戰國)荀況撰　(唐)楊倞注　清乾隆五十一年(1786)安雅堂刻本　六冊

350000－2001－0008918　920.2/965.1
御批資治通鑑綱目全書四種　(清)聖祖玄燁批　清康熙四十六年(1707)內府刻本　二十二冊　存二種四十卷(御批資治通鑑綱目四十七至五十九、御批續資治通鑑綱目一至二十七)

350000－2001－0008919　920.2/965－1
御批歷代通鑑輯覽一百二十卷　(清)傅恒等撰　清同治浙江書局刻朱墨套印本　五十

八冊

350000 - 2001 - 0008920　920.2/965.1 = 1

御批資治通鑑綱目全書四種　(清)聖祖玄燁批　清康熙四十六年(1707)内府刻本　十六冊　存二種二十九卷(御批資治通鑑綱目三十五至三十六、三十九至四十三、四十五至四十八、五十八至五十九,御批續資治通鑑綱目一至七、十、十三至十五、十八至二十二)

350000 - 2001 - 0008921　042.6/505

鴻苞節錄十卷　(明)屠隆著　(清)屠繼烈編　清咸豐七年(1857)章邱縣署刻本　十冊

350000 - 2001 - 0008922　042.6/342 - 1

七修類藁五十一卷續藁七卷　(明)郎瑛著述　清光緒六年(1880)廣州翰墨園刻本　十六冊

350000 - 2001 - 0008923　042.6/428 - 1

千百年眼十二卷　(明)張燧纂　清光緒十四年(1888)四明王氏東江戶使署銅活字印本　二冊

350000 - 2001 - 0008924　042.4/723

澗泉日記三卷　(宋)韓淲撰　清乾隆武英殿刻本　一冊

350000 - 2001 - 0008925　920.2/965 - 1 = 1

御批歷代通鑑輯覽一百二十卷　(清)傅恒等撰　清同治浙江書局刻朱墨套印本　四十八冊　存一百一卷(一至二十三、四十三至一百二十)

350000 - 2001 - 0008926　042.5/522

六藝綱目二卷　(元)舒天民述　(元)舒恭注　(元)趙宜中附注　清光緒七年(1881)籀書諺汪氏刻本　一冊

350000 - 2001 - 0008927　042.5/522 = 1

六藝綱目二卷　(元)舒天民述　(元)舒恭注　(元)趙宜中附注　清光緒七年(1881)籀書諺汪氏刻本　一冊

350000 - 2001 - 0008928　920.2/965 - 5

御批歷代通鑑輯覽一百二十卷　(清)傅恒等

撰　清同治十一年(1872)湖北崇文書局刻本　六十冊

350000 - 2001 - 0008929　909.11922/460

三左金石志二十四卷　(清)畢沅　(清)阮元同撰　清嘉慶二年(1797)儀徵阮氏小琅嬛僊館刻本　十二冊

350000 - 2001 - 0008930　909.11922/792

山東考古錄一卷　(清)顧炎武著　續三十二卷首一卷　(清)葉圭綬述　清光緒八年(1882)山東書局刻本　七冊

350000 - 2001 - 0008931　042.6/15 - 5

通雅五十三卷首三卷　(清)方以智輯著　清康熙五年(1666)姚氏浮山此藏軒刻本　八冊

350000 - 2001 - 0008932　042.4/558

誠齋文節先生錦繡策二卷　(宋)楊萬里撰　清乾隆五十九年(1794)楊氏刻本　一冊

350000 - 2001 - 0008933　042.4/491 - 1

慈溪黃氏日抄分類古今紀要十九卷　(宋)黃震撰　清刻本　六冊

350000 - 2001 - 0008934　042.4/396 - 1

困學紀聞注二十卷　(清)翁元圻撰　清咸豐元年(1851)小嫏嬛山館刻本　十四冊

350000 - 2001 - 0008935　852.47/160

貞一齋集十卷詩說一卷　(清)李重華撰　清乾隆刻本　四冊

350000 - 2001 - 0008936　852.47/430

南華山人詩鈔十五卷南華山房詩鈔六卷　(清)張鵬翀撰　清乾隆刻本　四冊

350000 - 2001 - 0008937　920.3/316

讀史正氣錄十八卷　(清)姚德鈞　(清)劉秉衡輯　(清)程遵道參訂　(清)謝榛編　清光緒十五年(1889)刻本　四冊

350000 - 2001 - 0008938　920.3/356 - 5

文獻通考詳節二十四卷　(元)馬端臨著　(清)嚴虞惇錄　清乾隆刻本　六冊

350000 - 2001 - 0008939　032.2/386

九通提要十二卷　(清)柴紹炳撰　清末鉛印

本　二冊

350000 - 2001 - 0008940　920.3/356
文獻通考紀要二卷　(清)□□輯　清康熙至乾隆間刻本　二冊

350000 - 2001 - 0008941　909.11923/207
偃師金石遺文記二卷　(清)武億著　(清)韓甲辰採緝　清乾隆刻本　二冊

350000 - 2001 - 0008942　920.3/471
文獻通考輯要二十四卷　湯壽潛輯　清光緒二十五年(1899)通雅堂圖書集成局鉛印本　十冊

350000 - 2001 - 0008943　920.3/558 - 3
三通序不分卷　(清)康綸鈞輯　清光緒刻本　一冊

350000 - 2001 - 0008944　920.3/558 - 2
三通序不分卷　(清)康綸鈞輯　清光緒十九年(1893)文英閣刻本　一冊

350000 - 2001 - 0008945　920.3/558
三通序五卷　(清)康綸鈞輯　清道光十三年(1833)周恭壽刻本　二冊

350000 - 2001 - 0008946　909.11923/316
中州金石目四卷補遺一卷　(清)姚晏撰　清光緒九年(1883)歸安姚氏刻咫進齋叢書本　二冊　存四卷(一至四)

350000 - 2001 - 0008947　042.7/178.3
義門讀書記五十八卷　(清)何焯撰　清乾隆三十四年(1769)刻本　二十冊

350000 - 2001 - 0008948　920.31/700
文獻通考正續合編三十二卷首一卷　(清)盧宣旬編　清嘉慶武寧盧宣旬略識字齋刻本　三十二冊

350000 - 2001 - 0008949　042.7/178.2
義門讀書記五十八卷　(清)何焯撰　清乾隆三十四年(1769)刻本　十二冊

350000 - 2001 - 0008950　920.31/700 = 1
文獻通考正續合編三十二卷首一卷　(清)盧宣旬編　清嘉慶武寧盧宣旬略識字齋刻本

二十四冊

350000 - 2001 - 0008951　042.7/158
炳燭編四卷　(清)李賡蕓撰　清同治十一年(1872)吳縣潘氏滂喜齋刻本　二冊

350000 - 2001 - 0008952　042.7/165.1
讀書隨筆四卷　(清)吳大廷著　清同治十二年(1873)刻本　二冊

350000 - 2001 - 0008953　909.11953/156
栝蒼金石志十二卷　(清)李遇孫輯　(清)鄒柏森增補　清同治十三年(1874)浙江處州府署刻本　六冊

350000 - 2001 - 0008954　920.31/841
九通序不分卷　(清)□□輯　清光緒二十八年(1902)上海掃葉山房石印本　三冊

350000 - 2001 - 0008955　920.33/320
欽定歷代職官表七十二卷首一卷　(清)紀昀等纂　清乾隆刻本　三十六冊

350000 - 2001 - 0008956　042.7/178.1
義門讀書記五十八卷　(清)何焯撰　清光緒六年(1880)茹溪吳氏刻本　十一冊

350000 - 2001 - 0008957　909.11953/162
兩浙金石志十八卷附補遺一卷　(清)阮元錄　清光緒十六年(1890)浙江書局刻本　十二冊

350000 - 2001 - 0008958　042.7/100
朱九江先生講學記一卷　(清)朱次琦撰　(清)簡朝亮輯　清光緒二十三年(1897)讀書草堂刻本　一冊

350000 - 2001 - 0008959　042.7/115 - 2
任兆麟述記三卷　(清)任兆麟撰　清末石印本　二冊

350000 - 2001 - 0008960　909.11931/53
關中金石文字存逸考十二卷首一卷　(清)毛鳳枝撰　清光緒二十七年(1901)會稽顧氏刻本　十冊

350000 - 2001 - 0008961　042.7/125.1
經術公理學四卷　宋育仁撰　清光緒三十年

(1904)上海同文社鉛印本　二冊

350000 - 2001 - 0008962　042.7/99 - 2

無邪堂答問五卷　（清）朱一新撰　清光緒二十一年(1895)廣雅書局刻本　五冊

350000 - 2001 - 0008963　042.7/28.1

讀書記疑十六卷　（清）王懋竑著　清同治十一年(1872)刻本　八冊

350000 - 2001 - 0008964　042.7/364 = 1

札樸十卷　（清）桂馥撰　清嘉慶十八年(1813)山陰李宏信小李山房刻本　十冊

350000 - 2001 - 0008965　920.33/320 - 1

欽定歷代職官表七十二卷首一卷　（清）紀昀等纂　清光緒二十二年(1896)廣雅書局刻本　二十四冊

350000 - 2001 - 0008966　920.33/491 = 2

歷代帝王年表一卷歷代紀元同異攷略一卷　（清）黃大華撰　清光緒二十六年(1900)夢紅豆邨刻本　一冊

350000 - 2001 - 0008967　920.33/491 - 1

歷代職官表六卷　（清）黃本驥輯　清光緒六年(1880)脣詁齋刻本　三冊

350000 - 2001 - 0008968　920.33/491 - 1 = 1

歷代職官表六卷　（清）黃本驥輯　清光緒六年(1880)脣詁齋刻本　二冊

350000 - 2001 - 0008969　920.33/491 - 4

歷代職官表六卷　（清）黃本驥輯　清道光二十六年(1846)刻本　二冊

350000 - 2001 - 0008970　920.33/491 - 2

歷代職官表六卷　（清）黃本驥輯　清光緒八年(1882)上海王氏刻本　三冊

350000 - 2001 - 0008971　920.33/661

欽定三通考證三種　（清）□□輯　清末石印本　一冊

350000 - 2001 - 0008972　042.7/359 - 3

隨園隨筆十二卷　（清）袁枚撰　清嘉慶九年(1804)刻本　十冊

350000 - 2001 - 0008973　927.033/945 - 1

皇朝政典挈要八卷　（日本）增田貢著　（清）毛澄補編　清光緒二十八年(1902)上海書局石印本　四冊

350000 - 2001 - 0008974　042.7/350 - 7

白虎通疏證十二卷　（清）陳立撰　清光緒元年(1875)淮南書局刻本　四冊

350000 - 2001 - 0008975　042.7/312 - 2

癸巳類稿十五卷　（清）俞正燮撰　清道光十三年(1833)求日益齋刻本　八冊

350000 - 2001 - 0008976　042.7/261

曉讀書齋初錄二卷二錄二卷三錄二卷四錄二卷　（清）洪亮吉著　清光緒三年(1877)授經堂刻本　二冊

350000 - 2001 - 0008977　042.7/283

人海記二卷　（清）查慎行編輯　清宣統二年(1910)上海掃葉山房石印本　二冊

350000 - 2001 - 0008978　042.7/226

南江札記四卷　（清）邵晉涵撰　清光緒刻本　二冊

350000 - 2001 - 0008979　042.7/248 - 1

因樹屋書影十卷　（清）周亮工撰　清雍正三年(1725)懷德堂刻本　四冊

350000 - 2001 - 0008980　042.7/178.4

義門讀書記五十八卷　（清）何焯撰　清乾隆三十四年(1769)刻本　八冊

350000 - 2001 - 0008981　920.34/11

歷代史表五十九卷首一卷末一卷　（清）萬斯同撰　清光緒十五年(1889)廣雅書局刻本　八冊

350000 - 2001 - 0008982　920.34/21

御定歷代紀事年表一百卷　（清）王之樞等纂　清康熙五十四年(1715)刻本　五十一冊

350000 - 2001 - 0008983　920.34/129 - 1

廿一史四譜五十四卷　（清）沈炳震撰　清刻本　十六冊

350000 - 2001 - 0008984　920.34/129 - 1 = 1

廿一史四譜五十四卷　（清）沈炳震撰　清刻本　十五冊

350000－2001－0008985　920.34/565

歷代史表五十九卷首一卷末一卷　（清）萬斯同撰　清光緒十九年(1893)上海古香閣石印本　八冊

350000－2001－0008986　920.34/151

紀元編三卷末一卷　（清）李兆洛撰　清同治十年(1871)合肥李氏刻本　一冊

350000－2001－0008987　032.46/556

小嫏嬛山館彙刊類書十二種　（清）□□輯　清咸豐元年(1851)刻本　八冊

350000－2001－0008988　032.46/376

益智編四十一卷　（明）孫能傳纂輯　清光緒十七年(1891)四明孫氏刻本　六冊

350000－2001－0008989　032.27/353

敬字說七卷首集一卷　（清）馬日煊纂輯　清乾隆十三年(1748)馬氏木活字印本　四冊

350000－2001－0008990　920.34/151＝1

紀元編三卷末一卷　（清）李兆洛撰　清同治十年(1871)合肥李氏刻本　三冊

350000－2001－0008991　920.34/151＝2

紀元編三卷末一卷　（清）李兆洛撰　清同治十年(1871)合肥李氏刻本　一冊

350000－2001－0008992　920.34/151＝3

紀元編三卷末一卷　（清）李兆洛撰　清同治十年(1871)合肥李氏刻本　一冊

350000－2001－0008993　032.27/316

類林新詠三十六卷　（清）馬之駟編　清康熙四十七年(1708)刻本　十冊

350000－2001－0008994　032.2/509－1

廣事類賦四十卷　（清）華希閔著　清乾隆二十九年(1764)劍光閣刻本　八冊

350000－2001－0008995　032.2/509

廣事類賦四十卷　（清）華希閔著　清乾隆二十九年(1764)劍光閣刻本　八冊

350000－2001－0008996　920.67/157－3

李氏蒙求補注六卷　（清）金三俊輯　清刻本　三冊

350000－2001－0008997　032.27/271

子史輯要詩賦題解四卷續編四卷　（清）胡本淵編輯　清崇文堂刻本　四冊

350000－2001－0008998　920.34/493

歷代紀元表一卷年號分韻錄一卷　（清）黃本驥編　清道光二十八年(1848)寧鄉黃本驥三長物齋刻本　一冊

350000－2001－0008999　032.2/165

廣廣事類賦三十二卷　（清）吳世旃撰註　清嘉慶元年(1796)經堂刻本　六冊

350000－2001－0009000　042.7/27.1

節物出典五卷　（清）王復禮纂輯　清康熙刻本　一冊

350000－2001－0009001　920.34/588

歷代帝王年表不分卷　（清）齊召南編　（清）阮福續編　帝王廟諡年諱譜一卷　（清）陸費墀撰　清光緒二十年(1894)桂垣書局刻本　四冊

350000－2001－0009002　042.7/24－4

讀書雜志八十二卷餘編二卷　（清）王念孫撰　清嘉慶十七年至道光十二年(1812－1832)刻本　二十四冊

350000－2001－0009003　920.34/588－1

文選樓叢書三十二種　（清）阮亨輯　清嘉慶、道光儀徵阮氏刻本　二冊　存二種(歷代帝王年表不分卷、帝王廟諡年諱譜一卷）

350000－2001－0009004　042.7/24

讀書雜志八十二卷餘編二卷　（清）王念孫撰　清同治九年(1870)金陵書局刻本　二十四冊

350000－2001－0009005　920.34/588－2

歷代帝王年表不分卷　（清）齊召南編　（清）阮福續編　帝王廟諡年諱譜一卷　（清）陸費墀撰　清刻本　四冊

350000－2001－0009006　042.7/24＝1

讀書雜志八十二卷餘編二卷　（清）王念孫撰
　清同治九年(1870)金陵書局刻本　二十
四冊

350000－2001－0009007　920.34/588－4

歷代帝王年表不分卷　（清）齊召南編　（清）
阮福續編　帝王廟謚年諱譜一卷　（清）陸費
墀撰　清同治二年(1863)武林葉敦怡堂刻本
　三冊

350000－2001－0009008　042.7/21－11

香祖筆記十二卷　（清）王士禛撰　清康熙四
十四年(1705)刻本　四冊

350000－2001－0009009　042.7/21－10

池北偶談二十六卷　（清）王士禛著　（清）高
廷掄校　清康熙三十九年(1700)臨汀郡署刻
雍正重印本　八冊

350000－2001－0009010　920.38/711－1

皇朝謚法考五卷　（清）鮑康輯　皇朝謚法考
續編五卷　（清）王鵬運輯　清光緒十七年
(1891)刻本　一冊

350000－2001－0009011　042.7/21－7

池北偶談二十六卷　（清）王士禛著　（清）高
廷掄校　清文粹堂刻本　六冊

350000－2001－0009012　920.38/711

皇朝謚法考五卷續編一卷補編一卷　（清）鮑
康輯　續補編一卷　（清）徐士鑾輯　清同治
十一年(1872)刻本　二冊

350000－2001－0009013　920.5/165

史記論文一百三十卷　（清）吳見思評點
(清)吳興祚參訂　清刻本　三冊　存二十二
卷(三十九至六十)

350000－2001－0009014　920.5/344

海山仙館叢書五十六種　（清）潘仕成輯　清
道光、咸豐番禺潘氏刻光緒補修本　一冊
存二種七卷(史記短長說二卷、順宗實錄五
卷)

350000－2001－0009015　920.4/557

通鑑長編紀事本末一百五十卷　（宋）楊仲良
撰　清光緒十九年(1893)廣雅書局刻本　十
三冊　存八十五卷(一至二十、二十七至三十
一、九十一至一百五十)

350000－2001－0009016　199/432

欽定協紀方書三十六卷　（清）李廷耀等輯
清乾隆六年(1741)刻本　十四冊

350000－2001－0009017　196/968

回教考畧一卷　（英國）季理斐譯　清光緒二
十六年(1900)上海廣學會鉛印本　一冊

350000－2001－0009018　195/934.3

太上感應篇集註一卷　（清）□□撰　清同治
三年(1864)刻本　一冊

350000－2001－0009019　195/936

如意寶珠二卷　（清）□□撰　清光緒至民國
初空青洞天刻本　一冊

350000－2001－0009020　195/935.1

太清應化天尊玄玄上經二卷　（清）正倫註
(清)性融疏　清光緒十七年(1891)刻本
一冊

350000－2001－0009021　195/941.1

晨鐘錄一卷　（□）□□□輯　清道光三十年
(1850)廣州金谷園刻本　一冊

350000－2001－0009022　920.5/377

芻論二卷　（清）孫鼎臣著　清抄本　二冊

350000－2001－0009023　195/941.2

太上至真無量拔苦錫福解冤真經三章　（清）
混元道祖撰　清刻本　一冊

350000－2001－0009024　195/941

感應金鑑不分卷　（清）王繼文　（清）郝玉麟
　（清）金啓賢原刻　清同治三年(1864)粵東
羊城雙門底味經堂刻本　五冊

350000－2001－0009025　195/678

張三丰祖師無根樹詞註解一卷　（清）劉悟元
註　（清）李涵虛增解　清光緒三十三年
(1907)刻本　一冊

350000－2001－0009026　920.51/320－1＝2

史通削繁四卷　(清)紀昀撰　清道光十三年(1833)廣州兩廣節署刻朱墨套印本　四冊

350000－2001－0009027　920.51/320－1＝3
史通削繁四卷　(清)紀昀撰　清道光十三年(1833)廣州兩廣節署刻朱墨套印本　四冊

350000－2001－0009028　920.51/320－1＝4
史通削繁四卷　(清)紀昀撰　清道光十三年(1833)廣州兩廣節署刻朱墨套印本　四冊

350000－2001－0009029　920.51/320－2
史通削繁四卷　(清)紀昀撰　清道光十三年(1833)廣州兩廣節署刻朱墨套印本　四冊

350000－2001－0009030　920.51/320－4＝2
史通削繁四卷　(清)紀昀撰　清光緒元年(1875)湖北崇文書局刻本　四冊

350000－2001－0009031　920.51/329.1＝1
史通通釋二十卷　(清)浦起龍釋　清乾隆十七年(1752)梁溪浦氏求放心齋刻本　六冊

350000－2001－0009032　920.51/329.1＝2
史通通釋二十卷　(清)浦起龍釋　清乾隆十七年(1752)梁溪浦氏求放心齋刻本　四冊

350000－2001－0009033　195/679
感應篇韻語一卷　(清)劉鴻典撰　清光緒七年(1881)刻本　一冊

350000－2001－0009034　195/762
古本周易參同契三卷　(漢)魏伯陽著　(清)龔易圖註　清光緒十七年(1891)刻本　二冊

350000－2001－0009035　195/762＝1
古本周易參同契三卷　(漢)魏伯陽著　(清)龔易圖註　清光緒十七年(1891)刻本　二冊

350000－2001－0009036　195/762＝2
古本周易參同契三卷　(漢)魏伯陽著　(清)龔易圖註　清光緒十七年(1891)刻本　二冊

350000－2001－0009037　195/762.1
古文周易參同契註八卷　(漢)魏伯陽著　(清)袁仁林註　清光緒二十二年(1896)刻本　二冊

350000－2001－0009038　920.51/406
文史通義八卷校讎通義三卷　(清)章學誠著　清光緒二十四年(1898)長沙經文書局刻本　八冊

350000－2001－0009039　121.17/23
荀子集解二十卷首一卷　王先謙集解　清光緒十七年(1891)刻本　六冊

350000－2001－0009040　121.17/384－3＝2
荀子二十卷校勘補遺一卷　(戰國)荀況撰　(唐)楊倞注　清光緒二年(1876)浙江書局刻本　六冊

350000－2001－0009041　121.17/384－4
荀子二十卷　(戰國)荀況撰　(唐)楊倞注　清光緒十年(1884)刻本　六冊

350000－2001－0009042　121.17/384－2
荀子二十卷校勘補遺一卷　(戰國)荀況撰　(唐)楊倞注　清乾隆五十一年(1786)安雅堂刻本　三冊

350000－2001－0009043　920.51/406－2
文史通義八卷　(清)章學誠著　清道光十二年(1832)會稽章華紱刻本　四冊

350000－2001－0009044　920.51/406－1
章氏遺書二種　(清)章學誠著　清道光十二年至十三年(1832－1833)會稽章華紱刻本　五冊

350000－2001－0009045　920.51/462
考古續說二卷　(清)崔述撰　清道光四年(1824)石屏陳履和東陽縣署刻本　一冊

350000－2001－0009046　920.51/491
史通訓故補二十卷　(清)黃叔琳補注　清乾隆十二年(1747)刻本　四冊

350000－2001－0009047　920.511/260
諸史考異十八卷　(清)洪頤煊撰　清光緒十五年(1889)廣雅書局刻本　三冊

350000－2001－0009048　121.21/153－1
老子道德經二卷　(春秋)李耳撰　(三國魏)王弼注　音義一卷　(唐)陸德明著　清光緒

元年(1875)浙江書局刻本　一冊

350000 - 2001 - 0009049　121.21/153 - 2

老子道德經二卷　(春秋)李耳撰　(三國魏)王弼注　**音義一卷**　(唐)陸德明著　清宣統三年(1911)掃葉山房石印本　一冊

350000 - 2001 - 0009050　121.21/568

太上老子道德經集解二卷　(宋)董思靖撰　清光緒三年(1877)刻本　一冊

350000 - 2001 - 0009051　121.21/733

老子集解二卷考異一卷　(明)薛蕙著　清刻本　一冊

350000 - 2001 - 0009052　218/272

白鹿洞規訓一卷　(明)胡居仁著　清道光十九年(1839)刻本　一冊

350000 - 2001 - 0009053　218/444

河北致用精舍課士錄一卷　(清)陳寶箴撰　**附鄧山長致用精舍警士鐸**　(清)鄧鐸撰　清光緒八年(1882)刻本　一冊

350000 - 2001 - 0009054　218/444 = 1

河北致用精舍課士錄一卷　(清)陳寶箴撰　**附鄧山長致用精舍警士鐸**　(清)鄧鐸撰　清光緒八年(1882)刻本　一冊

350000 - 2001 - 0009055　199.7/940

諸醮科不分卷　(□)□□撰　清抄本　一冊

350000 - 2001 - 0009056　121.21/937

道德經釋義二卷　題(清)純陽真人釋義(清)牟目源訂　**道德經轉語二卷**　(清)陳觀吾著　**道德經考正二卷**　清刻本　二冊

350000 - 2001 - 0009057　121.21/938

道德經評註二卷　(漢)河上公章句　(明)文震孟訂正　清刻本　一冊

350000 - 2001 - 0009058　199.6/938

奇門遁甲元靈經二十四卷　題(清)隱溪居士輯　(清)朱海門校刊　清光緒九年(1883)甬上朱氏刻本　四冊

350000 - 2001 - 0009059　121.23/91.2

列子八卷　(唐)盧重元解　清嘉慶八年

(1803)秦氏石研齋刻本　四冊

350000 - 2001 - 0009060　121.21/319

老子章義二卷　(清)姚鼐撰　清同治九年(1870)刻本　一冊

350000 - 2001 - 0009061　199.6/424

乾象圖二卷　(清)梅靜撰　清光緒二十五年(1899)抄本　二冊

350000 - 2001 - 0009062　121.21/460 - 1

老子道德經考異二卷說文解字舊音一卷　(清)畢沅撰　清乾隆四十八年(1783)靈巖山館刻本　一冊

350000 - 2001 - 0009063　199.2/360

地理啖蔗錄八卷　(清)袁守定著并釋　清末恒謙堂刻本　四冊　存四卷(五至八)

350000 - 2001 - 0009064　199.2/497

新編秘傳堪輿類纂人天共寶十二卷　(明)黃慎編　(清)許捷參定　清乾隆三十七年(1772)刻本　八冊

350000 - 2001 - 0009065　920.52/9

于文定公讀史漫錄二十卷　(明)于慎行撰(清)黃恩彤參訂　清道光二十六年(1846)幡紹經署刻本　六冊

350000 - 2001 - 0009066　920.52/21 - 2 = 1

讀通鑑論十六卷宋論十五卷　(清)王夫之撰　清光緒三十年(1904)上海商務印書館鉛印本　十冊

350000 - 2001 - 0009067　909.2/776 - 11

殷商貞卜文字考一卷　羅振玉撰　清宣統二年(1910)玉簡齋石印本　一冊

350000 - 2001 - 0009068　920.52/21 - 3

讀通鑑論三十卷宋論十五卷　(清)王夫之撰　清光緒二十七年(1901)簡青書局石印本八冊

350000 - 2001 - 0009069　909.2/776 - 11 = 1

殷商貞卜文字考一卷　羅振玉撰　清宣統二年(1910)玉簡齋石印本　一冊

350000 - 2001 - 0009070　920.52/21 - 9

讀通鑑論三十卷末一卷宋論十五卷 （清）王夫之撰 清光緒二十二年（1896）廣州新寧明善社刻本 二十冊

350000－2001－0009071 909.11955/787

湖北金石詩一卷 （清）嚴觀撰 清道光二十八年（1848）靈石楊氏刻連筠簃叢書本 一冊

350000－2001－0009072 920.52/23－1

史論正鵠初集四卷二集四卷三集八卷 （清）王樹敏評點 清光緒二十七年（1901）上海久敬齋石印本 十三冊 存十三卷（初集四卷、二集三至四、三集二至八）

350000－2001－0009073 909.11974/396

粵東金石略九卷首一卷附九曜石考二卷 （清）翁方綱著 清乾隆石洲草堂刻本 四冊

350000－2001－0009074 920.52/23－2＝1

史論正鵠初集四卷二集四卷三集八卷四集八卷 （清）王樹敏評點 清光緒三十年（1904）上海久敬齋石印本 二十二冊 存二十二卷（初集四卷、二集二至四、三集八卷、四集一至七）

350000－2001－0009075 920.2/23－2

通鑑答問五卷 （宋）王應麟撰 明萬曆刻清康熙、乾隆遞修本 三冊

350000－2001－0009076 199/939

春樹齋叢說一卷 （清）溫葆深撰 清光緒二年（1876）金陵溫氏刻本 二冊

350000－2001－0009077 φ192/931

潮音神詩一卷 （清）□□輯 清光緒十二年（1886）福州美華書局鉛印本 一冊

350000－2001－0009078 φ192/561

真道衡平十回 （德國）葉納清等撰 清光緒九年（1883）福州美華書局鉛印本 一冊

350000－2001－0009079 φ192/7

喻道傳一卷 （美國）丁韙良著 清光緒十四年（1888）福州美華書局鉛印本 一冊

350000－2001－0009080 φ192/211

依經問答喻解九章 （美國）武林吉譯 清光緒三十三年（1907）福州美華書局鉛印本 一冊

350000－2001－0009081 121.23/91.2－1

列子八卷 （戰國）列禦寇撰 （晉）張湛注 清光緒二年（1876）浙江書局刻本 二冊

350000－2001－0009082 909.302/170＝2

亦政堂重修考古圖十卷 （宋）呂大臨撰 清乾隆十七年（1752）黃晟槐蔭草堂刻本 二冊

350000－2001－0009083 121.23/91.2－1＝1

列子八卷 （戰國）列禦寇撰 （晉）張湛注 清光緒二年（1876）浙江書局刻本 一冊

350000－2001－0009084 121.23/91.2－2

沖虛至德真經八卷 （戰國）列御寇撰 （晉）張湛注 清光緒二十八年（1902）影印本 一冊

350000－2001－0009085 121.21/393

道德經二卷陰符經一卷 （清）徐大椿注 清刻本 一冊

350000－2001－0009086 121.21/460

老子道德經考異二卷 （清）畢沅撰 清乾隆四十八年（1783）刻本 一冊

350000－2001－0009087 909.302/586.1

陶齋吉金續錄二卷 （清）端方撰 清宣統元年（1909）石印本 二冊

350000－2001－0009088 121.21/497

道德經註釋二卷 （清）黃裳撰 清光緒十二年（1886）刻本 四冊

350000－2001－0009089 121.21/526

老子翼八卷首一卷 （明）焦竑輯 清光緒二十一年（1895）漸西村舍刻本 四冊

350000－2001－0009090 121.21/526＝1

老子翼八卷首一卷 （明）焦竑輯 清光緒二十一年（1895）漸西村舍刻本 四冊

350000－2001－0009091 121.24/25

莊子三卷 （清）王□□注 清刻本 二冊

350000－2001－0009092 909.302/165

恒軒所見吉金錄一卷所藏吉金錄一卷　（清）
吳大澂錄　清光緒十一年(1885)吳縣吳氏刻
本　二冊

350000－2001－0009093　121.24/259

南華真經解六卷　（清）宣穎著　清康熙六十
年(1721)刻本　四冊

350000－2001－0009094　121.24/271

莊子獨見不分卷　（清）胡文英評釋　清刻本
四冊

350000－2001－0009095　920.52/26－3

十七史商榷一百卷　（清）王鳴盛撰　清光緒
十九年(1893)廣雅書局刻本　二十四冊

350000－2001－0009096　121.24/271－1

莊子獨見不分卷　（清）胡文英評釋　清刻本
四冊

350000－2001－0009097　042.7/125

巾經纂二十卷　（清）宋宗元撰　清光緒十六
年(1890)刻本　五冊

350000－2001－0009098　121.24/360

南華平語四卷　（清）袁納軒撰　清道光十一
年(1831)刻本　二冊

350000－2001－0009099　121.24/413

莊子集釋十卷　（清）郭慶藩輯　清光緒二十
年(1894)刻本　八冊

350000－2001－0009100　920.52/135

史億一卷　（清）汪烍撰　清同治十一年
(1872)刻本　一冊

350000－2001－0009101　121.24/17

南華經解三卷首一卷　（清）方文通評　（清）
方敦吉述　清光緒二十二年(1896)刻本
三冊

350000－2001－0009102　121.24/23＝1

莊子集解八卷　王先謙撰　清宣統元年
(1909)鉛印本　二冊

350000－2001－0009103　920.52/148－1

讀史論略一卷　（清）杜詔著　（清）王孫芸
（清）莫健箋　清乾隆陳鐘珂刻本　一冊

350000－2001－0009104　121.24/23＝2

莊子集解八卷　王先謙撰　清宣統元年
(1909)鉛印本　三冊

350000－2001－0009105　920.52/152

史論五種　（清）李祖陶撰　清同治十年
(1871)刻本　六冊

350000－2001－0009106　909.302/166

攗古錄金文三卷　（清）吳式芬撰　清光緒二
十一年(1895)刻本　九冊

350000－2001－0009107　121.24/413＝1

莊子集釋十卷　（清）郭慶藩輯　清光緒二十
年(1894)刻本　八冊

350000－2001－0009108　199.1/314

春在堂全書三十四種　（清）俞樾編撰　清光
緒二十五年(1899)德清俞氏刻本　一冊　存
二種二卷(新定牙牌數一卷、慧福樓幸草一
卷)

350000－2001－0009109　121.24/438

莊子雪三卷　（清）陸樹芝輯註　清嘉慶四年
(1799)刻本　六冊

350000－2001－0009110　909.302/586

陶齋吉金錄八卷　（清）端方撰　清光緒三十
四年(1908)石印本　八冊

350000－2001－0009111　121.24/455

莊子南華真經十卷　（戰國）莊周撰　（晉）郭
象注　清刻本　八冊

350000－2001－0009112　313.3/966

增補族制進化論三章　（日本）有賀長雄著
（清）廣智書局譯　清光緒二十八年(1902)上
海廣智書局鉛印本　一冊

350000－2001－0009113　121.24/455－1

莊子南華真經三卷　（戰國）莊周撰　闕誤一
卷　（明）楊慎撰　清光緒元年(1875)湖北崇
文書局刻本　二冊

350000－2001－0009114　920.52/165

一草亭讀史漫筆二卷　（清）吳孟堅撰　清光
緒三十四年(1908)貴池劉氏唐石簃刻本

二冊

350000－2001－0009115　320/478

校邠廬抗議二卷　（清）馮桂芬著　清光緒二
十三年(1897)刻本　二冊

350000－2001－0009116　121.24/436－1

南華真經副墨八卷　（明）陸西星撰　清刻本
四冊　存四卷(一、三至五)

350000－2001－0009117　121.24/679

莊子約解四卷　（清）劉鴻典輯註　清同治五
年(1866)刻本　四冊

350000－2001－0009118　320.4/493

湖上答問一卷　（清）黃慶澄撰　清光緒二十
一年(1895)刻本　一冊

350000－2001－0009119　121.24/679＝1

莊子約解四卷　（清）劉鴻典輯註　清同治五
年(1866)刻本　四冊

350000－2001－0009120　121.24/707

莊屈合詁二卷　（明）錢澄之著　清刻本
二冊

350000－2001－0009121　321.2/968

國法學四卷　（日本）岸崎昌　（日本）中村孝
著　（清）章宗祥譯　清光緒二十八年(1902)
東京譯書彙編社鉛印本　一冊

350000－2001－0009122　909.302/21－2＝1

亦政堂重修宣和博古圖錄三十卷　（宋）王黼
等撰　明萬曆三十一年(1603)刻清乾隆十七
年(1752)天都黃氏亦政堂補修本　十七冊

350000－2001－0009123　920.52/166

歷代史案二十卷首一卷　（清）洪亮吉編　清
刻本　六冊

350000－2001－0009124　909.302/153

吉金志存四卷　（清）李光庭輯　（清）李慕
（清）李茵摹揚　（清）李敬　（清）李莈校錄
清咸豐九年(1859)寶坻李氏刻本　四冊

350000－2001－0009125　920.52/166＝1

歷代史案二十卷首一卷　（清）洪亮吉編　清
刻本　六冊

350000－2001－0009126　320.52/178

史論觀止正集十卷　（清）何秉誠輯　清光緒
二十九年(1903)上海美華館石印本　十冊

350000－2001－0009127　920.52/260

讀書叢錄七卷　（清）洪頤煊撰　清光緒廣雅
書局刻本　一冊

350000－2001－0009128　121.25/150

文子纘義十二卷　（元）杜道堅撰　清光緒二
十一年(1895)刻本　二冊

350000－2001－0009129　121.25/150－1

文子纘義十二卷　（元）杜道堅撰　清光緒三
年(1877)刻本　二冊

350000－2001－0009130　121.25/150－1＝1

文子纘義十二卷　（元）杜道堅撰　清光緒三
年(1877)刻本　二冊

350000－2001－0009131　121.29/437

鶡冠子三卷　（宋）陸佃解　（明）王宇評　明
天啓五年(1625)王宇花齋刻本　一冊

350000－2001－0009132　121.29/437－1

鶡冠子三卷　（宋）陸佃解　（明）王宇評　清
嘉慶九年(1804)刻本　一冊

350000－2001－0009133　121.29/437－1＝1

鶡冠子三卷　（宋）陸佃解　（明）王宇評　清
嘉慶九年(1804)刻本　二冊

350000－2001－0009134　121.29/437－3

鶡冠子三卷　（宋）陸佃解　（明）王宇評　清
宣統三年(1911)育文書局石印本　一冊

350000－2001－0009135　321.631/394

擬設公議堂章程八章　（清）徐建寅訂　清光
緒刻本　一冊

350000－2001－0009136　121.31/26

墨商三卷補遺一卷　（清）王景義撰　清宣統
二年(1910)刻本　二冊

350000－2001－0009137　322.298/939

欽定府廳州縣地方自治章程一卷欽定府廳州
縣議事會議員選舉章程一卷　（清）奕劻等撰
清宣統元年(1909)鉛印本　一冊

350000 – 2001 – 0009138　121.31/376

墨子間詁十五卷目錄一卷附錄一卷後語二卷
（清）孫詒讓撰　清光緒三十三年(1907)刻
本　八冊

350000 – 2001 – 0009139　121.31/432

墨子經說解二卷　（清）張惠言撰　清宣統元
年(1909)影印本　一冊

350000 – 2001 – 0009140　920.52/431

歷代史論十二卷宋史論三卷元史論一卷
（明）張溥撰　**明史論四卷**　（清）谷應泰撰
左傳史論二卷　（清）高士奇撰　清光緒五年
(1879)西江裴氏刻本　八冊

350000 – 2001 – 0009141　121.31/432 = 1

墨子經說解二卷　（清）張惠言撰　清宣統元
年(1909)影印本　一冊

350000 – 2001 – 0009142　121.31/432 = 2

墨子經說解二卷　（清）張惠言撰　清宣統元
年(1909)影印本　一冊

350000 – 2001 – 0009143　327.14/932

丁未和會類要四卷　（□）□□撰　清光緒三
十三年(1907)鉛印本　三冊

350000 – 2001 – 0009144　121.31/660

墨子十六卷附篇目考一卷　（清）畢沅撰　清
光緒二年(1876)浙江書局刻本　四冊

350000 – 2001 – 0009145　327.14/932 = 1

丁未和會類要四卷　（□）□□撰　清光緒三
十三年(1907)鉛印本　三冊

350000 – 2001 – 0009146　121.51/613

管子二十四卷　（唐）房玄齡注　（明）劉績補
　清光緒二年(1876)浙江書局刻本　六冊

350000 – 2001 – 0009147　121.51/613 = 1

管子二十四卷　（唐）房玄齡注　（明）劉績補
　清光緒二年(1876)浙江書局刻本　六冊

350000 – 2001 – 0009148　218/154

南陽書院學規二卷首一卷　（清）李來章著
清康熙三十二年(1693)刻本　一冊

350000 – 2001 – 0009149　121.51/613 – 1

管子二十四卷　（唐）房玄齡注　清光緒五年
(1879)刻本　六冊

350000 – 2001 – 0009150　121.51/613 – 3

管子二十四卷　（唐）房玄齡注　**管子評議六
卷**　（清）俞越撰　清光緒三十年(1904)上海
時新公記書局石印本　四冊

350000 – 2001 – 0009151　121.51/613 – 2

管子二十四卷　（唐）房玄齡注　清光緒二十
九年(1903)六藝書局石印本　四冊

350000 – 2001 – 0009152　909.303/21 = 1

嘯堂集古錄二卷　（宋）王俅錄　**考異二卷**
（清）張蓉鏡編次　清嘉慶十七年(1812)宛湖
張氏醉經堂刻本　一冊

350000 – 2001 – 0009153　920.52/431 – 2

歷代史論十二卷宋史論三卷元史論一卷
（明）張溥撰　**明史論四卷**　（清）谷應泰撰
左傳史論二卷　（清）高士奇撰　清光緒刻本
　八冊

350000 – 2001 – 0009154　218/154.1

紫雲書院讀史偶譚一卷　（清）李來章撰　清
康熙刻本　一冊

350000 – 2001 – 0009155　121.51/966

管子二十四卷　（日本）安井衡纂詁　清同治
四年(1865)刻本　十二冊

350000 – 2001 – 0009156　920.52/432

讀史舉正八卷　（清）張熷撰　清光緒十七年
(1891)廣雅書局刻本　二冊

350000 – 2001 – 0009157　218/443

豫章書院學約十則　（清）陳弘謀撰　清乾隆
七年(1742)刻本　一冊

350000 – 2001 – 0009158　909.303/162 = 1

積古齋鐘鼎彝器款識十卷　（清）阮元編錄
清嘉慶九年(1804)刻本　四冊

350000 – 2001 – 0009159　920.52/441 = 1

史餘二十卷　（清）陳堯松撰　（清）陳慶鱁注
　史餘補錄一卷　（清）陳慶鱁撰　**揭庶韓先
生註一卷**　（清）韓印葵撰　清同治三年

(1864)竹平安齋刻本　六冊

350000－2001－0009160　909.303/162＝2
積古齋鐘鼎彝器款識十卷　（清）阮元編錄
清嘉慶九年(1804)刻本　四冊

350000－2001－0009161　243/942
暫定各學堂應用書目不分卷　（□）□□撰
清光緒二十九年(1903)抄本　一冊

350000－2001－0009162　218/866
江蘇存古學堂綱要不分卷　王仁俊撰　清光
緒三十四年(1908)鉛印本　三冊

350000－2001－0009163　909.303/162－3＝1
積古齋鐘鼎彝器款識十卷　（清）阮元編錄
清光緒五年(1879)武昌刻本　六冊

350000－2001－0009164　909.303/162－2
積古齋鐘鼎彝器款識十卷　（清）阮元編錄
清光緒八年(1882)常熟抱芳閣刻本　四冊

350000－2001－0009165　909.303/169
筠清館金石文字五卷　（清）吳榮光撰　清道
光二十二年(1842)南海吳氏刻本　五冊

350000－2001－0009166　121.55/723－1
韓非子二十卷　（戰國）韓非撰　**韓非子識誤
三卷**　（清）顧廣圻撰　清嘉慶二十三年
(1818)刻本　二冊

350000－2001－0009167　121.52/406.3
商君書五卷附考一卷　（戰國）商鞅撰　（清）
巖萬里校　清光緒二年(1876)浙江書局刻本
　一冊

350000－2001－0009168　121.52/406.3－1
商君書五卷附考一卷　（戰國）商鞅撰　（清）
巖萬里校　清光緒二十三年(1897)新化三味
書局刻本　一冊

350000－2001－0009169　920.52/449＝1
求己錄三卷　（清）陶葆廉編　清光緒二十五
年(1899)石印本　三冊

350000－2001－0009170　121.55/23－1
韓非子集解二十卷首一卷　（清）王先慎集解
　王先謙注　清光緒二十二年(1896)刻本

六冊

350000－2001－0009171　121.55/723
韓非子二十卷　（戰國）韓非撰　**韓非子中說
十卷**　（隋）王通撰　清嘉慶九年(1804)刻本
　四冊　存二十二卷(韓非子二十卷、韓非子
中說一至二)

350000－2001－0009172　909.303/162－1
積古齋鐘鼎彝器款識十卷　（清）阮元編錄
清嘉慶九年(1804)刻本　四冊

350000－2001－0009173　920.52/449＝2
求己錄三卷　（清）陶葆廉編　清光緒二十五
年(1899)石印本　三冊

350000－2001－0009174　121.55/723－3
韓非子二十卷　（戰國）韓非撰　**韓非子識誤
三卷**　（清）顧廣圻撰　清光緒元年(1875)浙
江書局刻本　六冊

350000－2001－0009175　121.55/723－3＝1
韓非子二十卷　（戰國）韓非撰　**韓非子識誤
三卷**　（清）顧廣圻撰　清光緒元年(1875)浙
江書局刻本　六冊

350000－2001－0009176　121.7/449
鬼谷子三卷附錄一卷篇目考一卷　（南朝梁）
陶弘景注　清乾隆六十年(1795)江都秦氏石
研齋刻本　一冊

350000－2001－0009177　920.52/556
暢園叢書甲函六種(存三種)　（清）張邁輯
清光緒二十年(1894)始豐張氏四明刻本　二
冊　存八卷(志遠齋史話六卷、止焚稿一卷、
雌雄淵一卷)

350000－2001－0009178　121.7/449－1
鬼谷子三卷　（南朝梁）陶弘景注　**附錄一卷**
　（□）□□撰　**篇目考一卷**　（清）秦恩撰
清嘉慶十年(1805)刻本　一冊

350000－2001－0009179　121.72/136
尸子二卷存疑一卷　（戰國）尸佼撰　（清）汪
繼培輯　清光緒三年(1877)浙江書局刻本
　一冊

350000－2001－0009180　121.77/170－1

呂氏春秋二十六卷附攷一卷　（秦）呂不韋撰
（漢）高誘注　清光緒元年（1875）浙江書局
刻本　六冊

350000－2001－0009181　121.77/170－1＝1

呂氏春秋二十六卷附攷一卷　（秦）呂不韋撰
（漢）高誘注　清光緒元年（1875）浙江書局
刻本　六冊

350000－2001－0009182　121.77/402

呂氏校補二卷續補一卷　（清）梁玉繩著　清
光緒十二年（1886）刻本　一冊

350000－2001－0009183　909.303/732－4

歷代鐘鼎彝器欵識法帖二十卷　（宋）薛尚功
撰　清末江左書林石印本　五冊

350000－2001－0009184　121.72/136＝1

尸子二卷存疑一卷　（戰國）尸佼撰　（清）汪
繼培輯　清光緒三年（1877）浙江書局刻本
一冊

350000－2001－0009185　121.77/170

呂氏春秋二十六卷附攷一卷　（秦）呂不韋撰
（漢）高誘注　（清）畢沅輯校　清乾隆五十
三年（1788）刻本　五冊

350000－2001－0009186　121.9/388

晏子春秋七卷附音義二卷　（春秋）晏嬰撰
（清）孫星衍校　清刻本　二冊

350000－2001－0009187　121.9/388－1

晏子春秋七卷音義二卷　（春秋）晏嬰撰
（清）孫星衍撰　**校勘二卷**　（清）黃以周記
清光緒元年（1875）浙江書局刻本　四冊

350000－2001－0009188　122/23

論衡三十卷　（漢）王充著　清乾隆刻本
四冊

350000－2001－0009189　122/23＝1

論衡三十卷　（漢）王充著　清乾隆刻本
四冊

350000－2001－0009190　122/26

潛夫論十卷　（漢）王符著　清刻本　一冊

350000－2001－0009191　920.52/598－3

廿二史劄記三十六卷補遺一卷　（清）趙翼撰
清光緒二十六年（1900）上海書局石印本
八冊

350000－2001－0009192　909.303/732－4＝1

歷代鐘鼎彝器款識法帖二十卷　（宋）薛尚功
撰　清末江左書林石印本　五冊

350000－2001－0009193　920.52/598－3＝1

廿二史劄記三十六卷補遺一卷　（清）趙翼撰
清光緒二十六年（1900）上海書局石印本
八冊

350000－2001－0009194　909.303/732－1

歷代鐘鼎彝器欵識法帖二十卷　（宋）薛尚功
撰　清末上海書房石印本　五冊

350000－2001－0009195　920.52/598－5

廿二史劄記三十六卷補遺一卷　（清）趙翼撰
清嘉慶五年（1800）陽湖趙氏湛貽堂刻本
八冊

350000－2001－0009196　218.22/933

鄉會須知一卷　（□）□□撰　清光緒二年
（1876）刻本　一冊

350000－2001－0009197　219.43/572－1

日本學校源流一卷　（美國）路義思撰　（美
國）衛理口譯　（清）范熙庸筆述　清光緒二
十七年（1901）石印本　一冊

350000－2001－0009198　920.52/598－4

廿二史劄記三十六卷首一卷補遺一卷　（清）
趙翼撰　清光緒二十年（1894）廣雅書局刻本
十冊

350000－2001－0009199　233.7/841

最新地理教科書四十課　（清）商務印書館編
張元濟校訂　清光緒三十二年（1906）上海
商務印書館鉛印本　一冊

350000－2001－0009200　329.018/971

議會政黨論三編　（日本）菊池學而撰　（清）
商務印書館譯　清光緒二十九年（1903）上海
商務印書館鉛印本　一冊

350000－2001－0009201　334.4/679

庸吏庸言二卷餘談一卷　（清）劉衡存稿　清同治七年(1868)楚北崇文書局刻本　二冊

350000－2001－0009202　334/170＝1

實政錄七卷　（明）呂坤著　清同治十一年(1872)浙江書局刻本　六冊

350000－2001－0009203　909.303/732－2＝1

歷代鐘鼎彝器欵識法帖二十卷　（宋）薛尚功撰　清嘉慶二年(1797)刻本　四冊

350000－2001－0009204　920.52/968

二十四史論海三十二卷附近科鄉會史事論海四卷　（清）知新子輯　清光緒三十年(1904)美華鎰記石印本　二十四冊

350000－2001－0009205　909.303/732－2＝2

歷代鐘鼎彝器欵識法帖二十卷　（宋）薛尚功撰　清嘉慶二年(1797)刻本　四冊

350000－2001－0009206　334.4/394.2

牧令書輯要十卷　（清）徐棟原編　（清）丁日昌重編　清同治八年(1869)湖北崇文書局刻本　十冊

350000－2001－0009207　334.4/394

牧令書二十三卷　（清）徐棟輯　清道光二十八年(1848)刻本　十八冊

350000－2001－0009208　334.4/15＝1

平平言四卷　（清）方大湜著　清光緒十三年(1887)常德府署刻本　四冊

350000－2001－0009209　909.31/396

焦山鼎銘考一卷　（清）翁方綱編　清乾隆刻本　一冊

350000－2001－0009210　909.303/732－2＝3

歷代鐘鼎彝器欵識法帖二十卷　（宋）薛尚功撰　清嘉慶二年(1797)刻本　六冊

350000－2001－0009211　920.52/965

欽定古今儲貳金鑑六卷　（清）高宗弘曆撰　清刻本　二冊

350000－2001－0009212　920.52/449－1

求己錄三卷　（清）陶葆廉編　清光緒二十六

年(1900)刻本　一冊

350000－2001－0009213　122/384

申鑒五卷　（漢）荀悅著　（明）黃省曾注　中論二卷　（漢）徐幹撰　清光緒元年(1875)湖北崇文書局刻本　一冊

350000－2001－0009214　334.4/15－1

平平言四卷　（清）方大湜著　清光緒十六年(1890)鄂省藩署鉛印本　四冊

350000－2001－0009215　122/393

中論二卷　（漢）徐幹著　明刻本　二冊

350000－2001－0009216　909.3107/135－1

鐘鼎字源五卷　（清）汪立名撰　清光緒二年(1876)洞庭秦氏麟慶堂刻本　二冊

350000－2001－0009217　334.4/138

學治臆說二卷　（清）汪輝祖撰　清同治九年(1870)刻本　一冊

350000－2001－0009218　920.6/98

史畧八十七卷　（清）朱堃輯　清同治六年(1867)鄂城冷文秀堂刻本　二十冊

350000－2001－0009219　334/171－1

實政錄七卷　（明）呂坤撰　清同治七年(1868)湖北崇文書局刻本　一冊　存一卷(一)

350000－2001－0009220　334.1/468

粵東省例新纂八卷　（清）寧立悌等編　清道光二十六年(1846)刻本　四冊

350000－2001－0009221　122/488－1

揚子法言十三卷　（漢）揚雄撰　（晉）李軌注　音義一卷　清嘉慶二十三年(1818)秦氏石研齋影宋刻本　二冊

350000－2001－0009222　327.29/131

蠡測錄二卷　（清）沈純著　清光緒四年(1878)刻本　二冊

350000－2001－0009223　122/552＝1

新書十卷　（漢）賈誼撰　清光緒元年(1875)浙江書局刻本　二冊

350000 - 2001 - 0009224　920.6/661 - 1

廿一史約編八卷首一卷　（清）鄭元慶撰　清
愛日堂刻本　九冊

350000 - 2001 - 0009225　327.25/167

隨軺筆記四卷　吳宗濂編輯　清光緒二十八
年(1902)著易堂鉛印本　四冊

350000 - 2001 - 0009226　122/552 - 1

賈子新書十卷　（漢）賈誼撰　清光緒二十三
年(1897)文瑞樓影印本　一冊

350000 - 2001 - 0009227　909.3105/661

鳧氏爲鐘圖說補義一卷　（清）鄭珍撰　陳矩
補義　清光緒貴陽陳氏刻靈峯草堂叢書本
一冊

350000 - 2001 - 0009228　920.6/661 - 2

廿一史約編八卷首一卷　（清）鄭元慶撰　清
同治七年(1868)刻本　八冊

350000 - 2001 - 0009229　122/568

董子春秋繁露十七卷　（漢）董仲舒撰　董子
附錄一卷　清乾隆十六年(1751)董天工刻本
二冊

350000 - 2001 - 0009230　122/568 - 3

春秋繁露十七卷　（漢）董仲舒撰　（清）凌曙
注　題跋附錄一卷　清同治十二年(1873)粵
東書局刻本　三冊

350000 - 2001 - 0009231　320.4/37

普天忠憤全集十四卷首一卷　（清）孔廣德輯
清光緒二十一年(1895)石印本　四冊　存
十卷(一至九、十五)

350000 - 2001 - 0009232　122/568 - 1

董子春秋繁露十七卷　（漢）董仲舒撰　舊跋
一卷　清光緒二年(1876)浙江書局刻本
二冊

350000 - 2001 - 0009233　122/488.7

太玄經十卷　（漢）揚雄撰　清光緒元年
(1875)湖北崇文書局刻本　二冊

350000 - 2001 - 0009234　920.6/705

諸史拾遺五卷　（清）錢大昕撰　清光緒十七

年(1891)廣雅書局刻本　一冊

350000 - 2001 - 0009235　122/488 - 2

揚子法言十三卷　（漢）揚雄撰　（晉）李軌注
音義一卷　清光緒二年(1876)浙江書局刻
本　一冊

350000 - 2001 - 0009236　122/488 - 2 = 1

揚子法言十三卷　（漢）揚雄撰　（晉）李軌注
音義一卷　清光緒二年(1876)浙江書局刻
本　一冊

350000 - 2001 - 0009237　122./366.2

桓子新論一卷典論一卷皇覽一卷　（清）孫馮
翼輯　清嘉慶四年(1799)刻本　一冊

350000 - 2001 - 0009238　920.6/830

歷代史略六卷　（清）柳詒徵撰　清光緒江楚
書局刻本　八冊

350000 - 2001 - 0009239　122/568 - 4

春秋繁露十七卷　（漢）董仲舒撰　附錄一卷
清刻本　二冊

350000 - 2001 - 0009240　122/568 - 1 = 1

董子春秋繁露十七卷　（漢）董仲舒撰　舊跋
一卷　清光緒二年（1876）浙江書局刻本
二冊

350000 - 2001 - 0009241　909.35/154

古泉匯六十四卷首一卷續泉匯十四卷補遺二
卷　（清）李佐賢　（清）鮑康同編　清同治三
年(1864)利津李氏石泉書屋刻本　二十冊

350000 - 2001 - 0009242　920.6/965

諸史提要十五卷　（宋）錢端禮撰　（清）張英
輯補　清康熙五十二年(1713)刻本　十二冊

350000 - 2001 - 0009243　909.35/154 = 1

古泉匯六十四卷首一卷續泉匯十四卷補遺二
卷　（清）李佐賢　（清）鮑康同編　清同治三
年(1864)利津李氏石泉書屋刻本　二十冊

350000 - 2001 - 0009244　920.63/23

孿史四十八卷　（清）王希廉輯　清光緒二年
(1876)上海申報館鉛印本　八冊

350000 - 2001 - 0009245　920.63/622

讀史鏡古編三十二卷 （清）潘世恩輯 清同治十三年（1874）冶城飛霞閣刻本 六冊

350000－2001－0009246 920.63/622＝1

讀史鏡古編三十二卷 （清）潘世恩輯 清同治十三年（1874）冶城飛霞閣刻本 六冊

350000－2001－0009247 920.63/622＝2

讀史鏡古編三十二卷 （清）潘世恩輯 清同治十三年（1874）冶城飛霞閣刻本 六冊

350000－2001－0009248 920.63/934

歷朝年系紀略不分卷 （清）□□輯 清末抄本 二冊

350000－2001－0009249 909.35/165

泉幣圖說六卷 （清）吳鸞 （清）吳文炳纂輯 清嘉慶五年（1800）香雪山莊刻本 二冊

350000－2001－0009250 320.4/37－1

普天忠憤全集十四卷 （清）孔廣德輯 清光緒石印本 十冊 存十二卷（二、四至十四）

350000－2001－0009251 122/552

新書十卷 （漢）賈誼撰 清光緒元年（1875）浙江書局刻本 二冊

350000－2001－0009252 122/676

淮南子二十一卷 （漢）劉安等編 （漢）高誘注 （清）莊逵古校 清光緒二年（1876）浙江書局刻本 六冊

350000－2001－0009253 327.294/558

金軺籌筆四卷 （清）□□編 清光緒九年（1883）陳氏挹秀山房刻本 四冊

350000－2001－0009254 122/676＝1

淮南子二十一卷 （漢）劉安等編 （漢）高誘注 （清）莊逵古校 清光緒二年（1876）浙江書局刻本 六冊

350000－2001－0009255 122/676＝2

淮南子二十一卷 （漢）劉安等編 （漢）高誘注 （清）莊逵古校 清光緒二年（1876）浙江書局刻本 六冊

350000－2001－0009256 122/676＝3

淮南子二十一卷 （漢）劉安等編 （漢）高誘

注 （清）莊逵古校 清光緒二年（1876）浙江書局刻本 六冊

350000－2001－0009257 122.1/556－1

集注太玄十卷 （宋）司馬光撰 清刻本 五冊

350000－2001－0009258 194/945.2

性相通說一卷 （明）釋德清述 清同治十二年（1873）金陵刻經處刻本 一冊

350000－2001－0009259 124/80

大學衍義補一百六十卷首一卷 （明）丘濬進呈 （清）陳仁錫評閱 清同治十三年（1874）夔州郭氏家塾刻本 四十八冊

350000－2001－0009260 122.6/25－1

文中子中說十卷 （隋）王通撰 （宋）阮逸註 清光緒二年（1876）浙江書局刻本 二冊

350000－2001－0009261 122.6/25－1＝1

文中子中說十卷 （隋）王通撰 （宋）阮逸註 清光緒二年（1876）浙江書局刻本 二冊

350000－2001－0009262 122.6/25－2

中說十卷 （隋）王通撰 （宋）阮逸註 清光緒十六年（1890）刻本 二冊

350000－2001－0009263 194/945.6

佛說無量壽經義疏六卷 （三國魏）釋康僧鎧撰 （隋）釋慧遠撰疏 清光緒二十年（1894）金陵刻經處刻本 二冊

350000－2001－0009264 122.4/523

傅子一卷 （晉）傅玄撰 清刻本 一冊

350000－2001－0009265 122.5/741

顏氏家訓二卷 （北齊）顏之推著 （清）朱軾評點 清康熙五十八年（1719）刻本 一冊

350000－2001－0009266 194/945.2＝1

性相通說一卷 （明）釋德清述 清同治十二年（1873）金陵刻經處刻本 一冊

350000－2001－0009267 909.35/404

欽定錢錄十六卷 （清）梁詩正等撰 清末刻本 八冊

350000－2001－0009268　194/948

翻譯名義集選一卷　（宋）釋法雲編　（清）□□選　清同治十二年(1873)江北刻經處刻本　一冊

350000－2001－0009269　124/80.1

大學衍義補輯要十二卷首一卷　（明）丘濬原本　（清）陳弘謀纂　清同治刻本　六冊

350000－2001－0009270　124/104

淵鑒齋御纂朱子全書六十六卷　（宋）朱熹撰　（清）李光地等編　清刻本　三十冊

350000－2001－0009271　195/433

張三丰先生全集四卷補遺一卷　（清）李西月編　清末刻本　三冊　存四卷(二至四、補遺一卷)

350000－2001－0009272　124/104.1

淵鑒齋御纂朱子全書六十六卷　（宋）朱熹撰　（清）李光地等編　清江西書局刻本　四十冊

350000－2001－0009273　124/104.2

淵鑒齋御纂朱子全書六十六卷　（宋）朱熹撰　（清）李光地等編　清古香齋刻本　三十二冊

350000－2001－0009274　195/165

陰騭果報圖注一卷　（清）彭啓豐編　（清）吳友如繪　清光緒十七年(1891)石印本　一冊

350000－2001－0009275　124/104.3

淵鑒齋御纂朱子全書六十六卷　（宋）朱熹撰　（清）李光地等編　清末刻本　三十八冊　存六十三卷(一至三十一、三十四至六十五)

350000－2001－0009276　909.35/415－3

大錢圖錄一卷　（清）康子年著　清光緒二年(1876)刻本　一冊

350000－2001－0009277　124/104.4

近思錄十四卷　（宋）朱熹撰　清咸豐十年(1860)刻本　二冊

350000－2001－0009278　124/104.5

近思錄十四卷　（宋）朱熹撰　（清）張伯行集解　清正誼堂刻本　三冊

350000－2001－0009279　124/432

張子全書十五卷　（宋）張載撰　（宋）朱熹註釋　（清）朱軾等校　清康熙五十八年(1719)朱軾刻本　四冊

350000－2001－0009280　124/104.6

朱子原訂近思錄十四卷　（清）江永集注　清同治七年(1868)楚北崇文書局刻本　四冊

350000－2001－0009281　124/104.7

朱子原訂近思錄十四卷　（清）江永集注　清望三益齋刻本　四冊

350000－2001－0009282　124/104.10

朱子語類一百四十卷　（宋）朱熹撰　清同治十一年(1872)應元書院刻本　四十冊

350000－2001－0009283　920.63/375－1

鑄史駢言十二卷　（清）孫玉田編　清光緒鑄記書局石印本　四冊

350000－2001－0009284　124/136

五子近思錄十四卷　（清）汪啓編　清乾隆十八年(1753)刻本　四冊

350000－2001－0009285　124/432.1

橫渠先生經學理窟五卷　（宋）張載撰　清刻本　一冊

350000－2001－0009286　124/431

濂洛關閩性理集解四卷　（清）張伯行集解　清刻本　四冊

350000－2001－0009287　124/431.1

續近思錄十四卷　（清）張伯行集解　清正誼堂刻本　四冊

350000－2001－0009288　920.63/969

二十四史九通政典類要合編三百二十卷　（清）黃書霖輯　清光緒二十八年(1902)約雅堂石印本　六十冊

350000－2001－0009289　124/431.1＝1

續近思錄十四卷　（清）張伯行集解　清正誼堂刻本　二冊

350000 – 2001 – 0009290　124/443
大學衍義輯要六卷　（清）陳弘謀纂　清刻本
　二冊

350000 – 2001 – 0009291　920.67/25
王先生十七史蒙求十六卷　（宋）王令撰　清
道光九年（1829）刻本　一冊

350000 – 2001 – 0009292　920.67/25 = 1
王先生十七史蒙求十六卷　（宋）王令撰　清
道光九年（1829）刻本　二冊

350000 – 2001 – 0009293　909.35/415.1
觀古閣叢稿二卷續稿一卷三編二卷　（清）鮑
康著　清光緒二年（1876）歙鮑氏觀古閣刻本
　一冊　存二卷（三編二卷）

350000 – 2001 – 0009294　195/171
太上十三經道德經注釋四卷　題（□）呂純陽
先生評點　清末刻本　二冊

350000 – 2001 – 0009295　920.64/260
諸史攷異十八卷　（清）洪頤煊撰　清光緒十
五年（1889）廣雅書局刻本　三冊

350000 – 2001 – 0009296　909.35/415.2
觀古閣泉說一卷　（清）鮑康著　清同治十二
年（1873）鮑氏刻本　一冊

350000 – 2001 – 0009297　194/942.12
法苑珠林一百卷　（唐）釋道世撰　清道光七
年（1827）蔣氏燕園刻本　三十二冊

350000 – 2001 – 0009298　920.64/260 = 1
諸史攷異十八卷　（清）洪頤煊撰　清光緒十
五年（1889）廣雅書局刻本　三冊

350000 – 2001 – 0009299　909.35/415
觀古閣叢稿二卷　（清）鮑康著　清同治十二
年（1873）刻本　一冊

350000 – 2001 – 0009300　194/942.11 = 1
法苑珠林一百卷　（唐）釋道世撰　清道光七
年（1827）蔣氏燕園刻本　二十四冊

350000 – 2001 – 0009301　909.35/415 = 1
觀古閣叢稿二卷　（清）鮑康著　清同治十二
年（1873）刻本　一冊

350000 – 2001 – 0009302　920.65/316
讀史探驪錄五卷　（清）姚芝生撰　清光緒上
海申報館鉛印本　五冊

350000 – 2001 – 0009303　920.67/115
史要增註七卷　（清）任啓運輯　（清）吳兆慶
纂注　（清）任麟徵增注　清光緒上海鴻文書
局石印本　四冊

350000 – 2001 – 0009304　920.67/151
廿一史提綱歌二卷　（清）李兆洛編　清光緒
江楚書局刻本　一冊

350000 – 2001 – 0009305　909.35/432 = 1
錢志新編二十卷　（清）張崇懿校輯　清道光
十年（1830）古婁尹氏刻本　六冊

350000 – 2001 – 0009306　920.67/157
李氏蒙求補注六卷　（唐）李瀚撰　（清）金三
俊輯　清道光九年（1829）刻本　一冊

350000 – 2001 – 0009307　920.67/157 – 4
李氏蒙求補注六卷　（唐）李瀚撰　（清）金三
俊輯　清末刻本　三冊

350000 – 2001 – 0009308　909.3502/122
［泉幣譜］不分卷　（清）子韓輯　清咸豐、同
治拓本　二十冊

350000 – 2001 – 0009309　920.67/338
唐氏蒙求三卷　（清）唐仲冕著　清嘉慶九年
（1804）刻本　二冊

350000 – 2001 – 0009310　920.67/409 – 1
韻史二卷　（清）許邁翁著　補一卷　（清）朱
玉岑著　清光緒十年（1884）上海同文書局石
印本　一冊

350000 – 2001 – 0009311　920.67/415
家塾蒙求五卷　（清）康基淵撰　清同治十一
年（1872）黔陽官署刻本　四冊

350000 – 2001 – 0009312　920.67/420 = 4
歷朝鑑略一卷　（清）曹維藩撰　（清）葉滋鈞
箋注　清光緒四年（1878）俞增光刻本　一冊

350000 – 2001 – 0009313　920.67/420 = 5
歷朝鑑略一卷　（清）曹維藩撰　（清）葉滋鈞

箋注　清光緒四年(1878)俞增光刻本　一冊

350000 - 2001 - 0009314　920.67/420 = 6

歷朝鑑略一卷　(清)曹維藩撰　(清)葉滋鈞
箋注　清光緒四年(1878)俞增光刻本　一冊

350000 - 2001 - 0009315　727.1/728

龍文鞭影二卷　(明)蕭良有著　(明)楊臣諍
增訂　龍文鞭影二集二卷　(清)李暉吉
(清)徐瓚輯　清光緒儒林閣刻本　二冊

350000 - 2001 - 0009316　920.2/948

鑑撮四卷讀史論略一卷　(清)曠敏本編　清
刻本　五冊

350000 - 2001 - 0009317　348.5/652

爽鳩要錄二卷　(清)蔣超伯輯　清同治五年
(1866)刻本　一冊

350000 - 2001 - 0009318　348.93/730

俄羅斯刑法十二卷　(清)薩蔭圖譯　清光緒
三十一年(1905)修訂法律館鉛印本　二冊

350000 - 2001 - 0009319　340/841 - 1

大清光緒新法令不分卷　(清)商務印書館編
譯所編輯　清宣統元年(1909)商務印書館鉛
印本　十四冊

350000 - 2001 - 0009320　920.67/710 - 2

史鑑節要便讀六卷　(清)鮑東里編輯　清同
治六年(1867)姑胥刻本　二冊

350000 - 2001 - 0009321　342.27/656.1

處分則例圖要六卷　(清)蔡逢年編　清同治
八年(1869)刻本　二冊

350000 - 2001 - 0009322　342.27/536

現行刑律簡明圖一卷　(清)程繼元編　清宣
統二年(1910)鉛印本　一冊

350000 - 2001 - 0009323　349.5/656 - 1

律例便覽八卷附諸圖一卷處分則例圖要六卷
　(清)蔡逢年　(清)蔡嵩年輯　清同治九年
(1870)刻本　六冊

350000 - 2001 - 0009324　920.67/976

史鑑便蒙四卷　(清)興廉輯錄　清咸豐七年
(1857)刻本　二冊

350000 - 2001 - 0009325　124/537

二程語錄十八卷　(宋)朱熹輯　(清)張伯行
訂　清康熙四十八年(1709)刻正誼堂叢書本
　二冊

350000 - 2001 - 0009326　124/789

朱子文語纂編十四卷　(清)嚴鴻逵輯　清康
熙五十七年(1718)刻本　四冊

350000 - 2001 - 0009327　126/171 - 5

呻吟語節錄六卷　(明)呂康著　清同治八年
(1869)武林刻本　二冊

350000 - 2001 - 0009328　126/171 - 6

呂語集粹四卷首一卷　(明)呂坤著　(清)陳
弘謀評　清光緒五年(1879)龍城官廨刻本
二冊

350000 - 2001 - 0009329　342/250 - 1

憲法精理二卷　(清)周逵編譯　清光緒二十
八年(1902)上海廣智書局鉛印本　一冊

350000 - 2001 - 0009330　920.7/760

掌故時務教科書六卷　(清)儲丙鵷著　清光
緒三十年(1904)競化書局鉛印本　三冊

350000 - 2001 - 0009331　126/171

呂子節錄四卷補遺二卷　(明)呂坤著　(清)
陳弘謀評輯　清刻本　二冊

350000 - 2001 - 0009332　342/250 = 1

憲法精理二卷　(清)周逵編譯　清光緒二十
八年(1902)上海廣智書局鉛印本　一冊

350000 - 2001 - 0009333　126/171 - 1

呻吟語六卷　(明)呂坤著　清乾隆五十九年
(1794)刻本　四冊

350000 - 2001 - 0009334　341/968

公法總論一卷　(英國)羅柏村著　(清)傅蘭
雅　(清)汪振聲譯　清光緒十二年(1886)江
南製造局鉛印本　一冊

350000 - 2001 - 0009335　349.92/558 = 1

讀律提綱一卷　(清)楊榮緒撰　清光緒三年
(1877)刻本　一冊

350000 - 2001 - 0009336　126/733

讀書録十一卷續録十二卷 （明）薛瑄撰 清
乾隆十一年(1746)薛氏刻本 八冊

350000－2001－0009337 126/733.1
薛子條貫篇十三卷續篇十三卷 （明）薛瑄撰
（清）戴楫撰次 清光緒十九(1893)廣州府
署刻本 三冊

350000－2001－0009338 126/733.1＝1
薛子條貫篇十三卷續篇十三卷 （明）薛瑄撰
（清）戴楫撰次 清光緒十九(1893)廣州府
署刻本 二冊

350000－2001－0009339 126.171－1＝1
呻吟語六卷 （明）呂坤著 清乾隆五十九年
(1794)刻本 二冊

350000－2001－0009340 126/171－3
呂子節録補遺二卷 （明）呂坤著 （清）陳弘
謀評輯 清刻本 一冊

350000－2001－0009341 126/171－4
呻吟語節録六卷 （明）呂康著 清道光九年
(1829)武林刻本 四冊

350000－2001－0009342 334.4/936
牧令須知六卷 （清）剛毅著 （清）葛士達編
清光緒十八年(1892)粵東書局刻本 一冊

350000－2001－0009343 920.8/833－1
史學叢書四十二種 （□）□□輯 清光緒十
九年(1893)武林有三長齋石印本 二十四冊

350000－2001－0009344 127/101
性理大全書輯要八卷 （清）朱啓昆手輯 清
康熙二十八年(1689)紫陽書院刻本 八冊

350000－2001－0009345 350/157
金湯借箸十二籌十二卷 （明）李盤 （明）周
鑒等撰 清同治、光緒刻本 八冊

350000－2001－0009346 126/312
一書增刪四卷 （明）俞邦時著 （清）呂夏音
增刪 清康熙二十一年(1682)刻本 二冊

350000－2001－0009347 126/562
草木子四卷 （明）葉子奇著 清乾隆二十七
年(1762)刻本 二冊

350000－2001－0009348 127/152
西江文萃一卷 （清）李文敏輯 清光緒二年
(1876)刻本 一冊

350000－2001－0009349 920.9/98＝1
邊事彙鈔十二卷續鈔八卷 （清）劉韞齋鑒定
（清）朱克敬編輯 清光緒六年(1880)長沙
刻本 十冊

350000－2001－0009350 353.2/φ3＝1
演礮圖說輯要四卷 （清）丁拱辰撰 清道光
二十三年(1843)刻本 一冊

350000－2001－0009351 127/157
四書反身録八卷 （清）李顒撰 （清）王心敬
輯 清浙江書局刻本 四冊

350000－2001－0009352 127/157.2
二曲集録要四卷首一卷 （清）李顒撰 （清）
倪元坦輯 清刻本 一冊

350000－2001－0009353 852.47/φ443.3＝2
禮堂遺集三卷補遺一卷附詩一卷 （清）陳喬
樅撰 （清）陳紹釗編 清同治十二年(1873)
侯官陳紹釗刻本 二冊

350000－2001－0009354 127/153
御纂性理精義十二卷 （清）李光地等輯 清
康熙五十六年(1717)刻本 五冊

350000－2001－0009355 127/153＝1
御纂性理精義十二卷 （清）李光地等輯 清
康熙五十六年(1717)刻本 五冊

350000－2001－0009356 127/153＝2
御纂性理精義十二卷 （清）李光地等輯 清
康熙五十六年(1717)刻本 六冊

350000－2001－0009357 920.9/98＝2
邊事彙鈔十二卷續鈔八卷 （清）劉韞齋鑒定
（清）朱克敬編輯 清光緒六年(1880)長沙
刻本 八冊

350000－2001－0009358 612.41/φ655
六經傷寒辨證四卷 （清）蔡宗玉編 （清）林
昌彝補方 清同治十二年(1873)刻本 一冊
存二卷(一至二)

350000－2001－0009359　822.047/53

西河詩話一卷詞話一卷褙箋一卷　（清）毛奇齡著　清宣統三年(1911)上海文瑞樓石印本　一冊

350000－2001－0009360　920.9/225

弘簡錄二百五十四卷　（明）邵經邦撰　清康熙二十七年(1688)刻本　六十冊

350000－2001－0009361　920.9/225－1

弘簡錄二百五十四卷　（明）邵經邦撰　清康熙二十七年(1688)刻乾隆重修本　四十冊

350000－2001－0009362　822.47/486－1＝2

測海集六卷　（清）彭紹升撰　清同治四年(1865)刻本　一冊

350000－2001－0009363　822.47/486－2

測海集六卷　（清）彭紹升撰　清光緒二年(1876)成都刻本　二冊

350000－2001－0009364　822.47/486.1＝1

測海集六卷　（清）彭紹升撰　清同治四年(1865)刻本　一冊　存二卷(四至五)

350000－2001－0009365　920.9/226

續弘簡錄元史類編四十二卷　（清）邵遠平撰　清康熙刻乾隆重修本　十冊

350000－2001－0009366　920.9/226＝1

續弘簡錄元史類編四十二卷　（清）邵遠平撰　清康熙刻乾隆重修本　十一冊

350000－2001－0009367　042.7/φ431＝1

湖南校士錄四卷　（清）張亨嘉輯　清光緒十七年(1891)湖南學院刻本　五冊

350000－2001－0009368　920.9/491

古今紀要二十卷　（宋）黃震撰　清耕餘樓刻本　八冊

350000－2001－0009369　920.9/557

增訂南詔野史二卷　（明）楊慎撰　（清）胡蔚訂正　清光緒六年(1880)雲南書局刻本　二冊

350000－2001－0009370　350/126

守城要覽四卷　（明）宋祖舜編　清道光九年(1829)刻本　二冊

350000－2001－0009371　920.917/808

十朝聖訓九百二十二卷　（清）□□輯　清光緒石印本　九十一冊

350000－2001－0009372　862.04/939－2

紅樓夢廣義二卷　題(清)青山山農撰　**戲詠一卷百美合詠一卷**　清刻本　二冊

350000－2001－0009373　350/136

戊笈談書十卷　（清）汪紱錄　清光緒二十一年(1895)刻本　十冊

350000－2001－0009374　350/104.1

鷹揚奇畧武經諸子講義合纂十卷　（清）朱墉撰　清光緒二十五年(1899)刻本　六冊

350000－2001－0009375　032.2/φ403

策學類編四卷　（清）梁劍華纂輯　（清）林斗南註釋　清乾隆三十年(1765)刻本　二冊

350000－2001－0009376　350/24

兵法百戰經一卷　（明）王鳴鶴編　清刻本　一冊

350000－2001－0009377　350/24＝1

兵法百戰經一卷　（明）王鳴鶴編　清刻本　一冊

350000－2001－0009378　φ195/870＝1

南斗凌霄道君間山楊真人救產真經一卷　（□）楊真人撰　清宣統元年(1909)侯官凌霄宮刻本　一冊

350000－2001－0009379　349.5/939

秋讞輯要六卷　（清）剛毅輯　清光緒十年(1884)刻本　八冊

350000－2001－0009380　882.47/φ795

聽雨山房詩存二卷外編一卷　（清）龔豐穀著　清道光二十年(1840)龔氏刻本　一冊

350000－2001－0009381　852.83/930

好逑傳四卷十八回　（□）□□撰　清刻本　四冊

350000－2001－0009382　090/131

墨法集要一卷　（明）沈繼孫撰　清乾隆四十
二年(1777)福建刻武英殿聚珍版書本　一冊

350000－2001－0009383　丙10/6.5
泊宅編三卷　（宋）方勺撰　明萬曆商濬刻本
　一冊

350000－2001－0009384　丙10/4.2
淮南鴻烈解二十一卷　（漢）劉安著　（漢）高
誘注　（明）茅坤　（明）袁宏道等校　明天啓
武林張斌如刻本　二冊

350000－2001－0009385　丙10/14.4
容齋隨筆十六卷續筆十六卷三筆十六卷四筆
十六卷五筆十卷　（宋）洪邁撰　明崇禎三年
(1630)馬元調刻清康熙三十九年(1700)重修
本　十四冊

350000－2001－0009386　丙10/11.8
白虎通二卷　（漢）班固撰　（明）汪士漢校
清乾隆四十九年(1784)抱經堂刻本　四冊

350000－2001－0009387　丁3.2/64
同人集十二卷　（清）冒襄輯　（清）冒禾書
（清）冒丹書校訂　清乾隆刻本　十二冊

350000－2001－0009388　丁2.8/25
存格齋詩鈔一卷　（清）黃懋謙撰　稿本
　一冊

350000－2001－0009389　429.7/866
點石齋畫報二十二集　題尊聞閣主人輯　清
光緒十年(1884)上海點石齋石印本　四十
四冊

350000－2001－0009390　909.3502/128
榴合歡室泉拓一卷　（清）沈鎮輯　清光緒三
十三年(1907)沈氏拓本　一冊

350000－2001－0009391　350/104
重刊武經七書彙解七卷首一卷末一卷　（清）
朱墉纂輯　（清）朱之翰鑒　（清）朱圻等訂
清光緒二年(1876)吉林刻本　十冊

350000－2001－0009392　909.3502/228
泉布統誌九卷首一卷附錄一卷　（清）孟麟輯
　清道光十三年(1833)刻本　十六冊

350000－2001－0009393　920.408/830
左傳紀事本末五十三卷　（清）高士奇撰　清
同治十二年(1873)江西書局刻本　十二冊

350000－2001－0009394　920.408/836
通鑑紀事本末二百三十九卷　（宋）袁樞編輯
　（明）張溥論正　清同治十二年(1873)江西
書局刻本　八十冊

350000－2001－0009395　350.14/407－1
虎鈐經二十卷　（宋）許洞撰　清咸丰二年
(1852)刻本　四冊

350000－2001－0009396　920.917/808－1
十朝聖訓十種　（清）□□輯　清末鉛印本
三百五十九冊　存九種七百六十二卷(太祖
高皇帝聖訓四卷、太宗文皇帝聖訓六卷、世祖
章皇帝聖訓六卷、聖祖仁皇帝聖訓六十卷、世
宗憲皇帝聖訓三十六卷、高宗純皇帝聖訓三
百卷、仁宗睿皇帝聖訓一百十卷、宣宗成皇帝
聖訓一百三十卷、文宗顯皇帝聖訓一百十卷)

350000－2001－0009397　350.14/408
虎鈐經二十卷　（宋）許洞撰　清末刻本
二冊

350000－2001－0009398　350.14/408－1
虎鈐經二十卷　（宋）許洞撰　清末刻本
四冊

350000－2001－0009399　920.408/833
宋史紀事本末一百九卷　（明）馮琦原編
（明）陳邦瞻增訂　（明）張溥論正　清同治十
三年(1874)江西書局刻本　二十冊

350000－2001－0009400　350/394
兵學新書十六卷　（清）徐建寅輯　清光緒二
十四年(1898)刻本　八冊

350000－2001－0009401　350/376
孫子敘錄一卷　（清）畢以珣撰　孫子十家註
十三卷遺説一卷　（清）孫星衍　（清）吳人驥
校　清光緒二十三年(1897)上海文瑞樓石印
本　四冊

350000－2001－0009402　920.9173/963

上諭内閣八十九卷 （清）允祿等編　上諭内閣續編七十卷 （清）弘晝等續編　清刻本　三十二冊

350000－2001－0009403　φ992.297/128
沈大宗師榮哀錄一卷 （清）王元穉輯　清光緒十九年(1893)刻本　一冊

350000－2001－0009404　909.3502/404
欽定錢錄十六卷 （清）梁詩正等輯　清末刻本　二冊

350000－2001－0009405　920.9173/963－1
上諭内閣八十九卷　（清）允祿等編　上諭内閣續編七十卷 （清）弘晝等續編　清刻本　三十六冊

350000－2001－0009406　909.4/262
平津讀碑記八卷續記一卷 （清）洪頤煊撰　清道光刻本　二冊

350000－2001－0009407　350/376－1
孫子敘錄一卷 （清）畢以珣撰　孫子十家註十三卷遺說一卷 （清）孫星衍 （清）吳人驥校　清光緒二十三年(1897)上海文瑞樓石印本　五冊

350000－2001－0009408　920.408/837
明史紀事本末八十卷 （清）谷應泰編　清同治十三年(1874)江西書局刻本　二十冊

350000－2001－0009409　920.408/835
元史紀事本末二十七卷 （明）陳邦瞻編輯 （明）張溥論正　清同治十三年(1874)江西書局刻本　四冊

350000－2001－0009410　350/172
六韜三卷 （西周）呂望撰　清光緒刻本　一冊

350000－2001－0009411　350/272－2
讀史兵略十二卷 （清）胡林翼纂　清光緒三十一年(1905)上海富文書局石印本　十二冊

350000－2001－0009412　822.43/148－12
杜詩詳註二十五卷首一卷附編二卷 （唐）杜甫撰 （清）仇兆鰲輯註　清康熙刻本　十

七冊

350000－2001－0009413　920.917/965－1
[滿漢五朝聖訓]五種 （清）□□輯　清刻本　三十冊　存四種一百八卷(大清太宗應天興國弘德彰武寬溫仁聖睿教敬敏昭定隆道顯功文皇帝聖訓六卷、大清世祖體天隆運定統建極英睿欽文顯武大德弘功至仁純孝章皇帝聖訓六卷、大清聖祖合天弘運文武睿哲恭儉寬裕孝敬誠信中和功德大成仁皇帝聖訓六十卷、大清世宗敬天昌運建中表正文武英明寬仁信毅大孝至誠憲皇帝聖訓三十六卷)

350000－2001－0009414　350/158
兵鏡類編四十卷首一卷 （清）李蕊編輯　清光緒刻本　十六冊

350000－2001－0009415　032.26/331
新刻事物紀原五十四卷 （宋）高承輯 （明）胡文煥校正　明胡文煥刻格致叢書本　十冊　存十卷(一至十)

350000－2001－0009416　丙14/8.5
莊子南華真經四卷 （戰國）莊周撰 （晉）郭象注　音義四卷 （唐）陸德明撰　明閔齊伋刻朱墨套印三子合刊本　七冊

350000－2001－0009417　丙14/8.3
南華經十六卷 （戰國）莊周撰 （晉）郭象注 （宋）林希逸釋義 （宋）劉辰翁點校 （明）王世貞評點 （明）陳仁錫批註　明刻四色套印本　四冊

350000－2001－0009418　121.24/250
南華真經影史九卷 （清）周拱辰注 （清）周寀參評　清刻本　一冊　存五卷(五至九)

350000－2001－0009419　121.23/91.2＝2
列子八卷 （唐）盧重元解　清嘉慶八年(1803)秦氏石研齋刻本　一冊　存四卷(五至八)

350000－2001－0009420　121.23/91.2＝1
列子八卷 （唐）盧重元解　清嘉慶八年(1803)秦氏石研齋刻本　二冊

350000 - 2001 - 0009421　920.917/965 - 1 = 1

[滿漢五朝聖訓]五種　(清)□□輯　清刻本
　五冊　存三種十三卷(大清太祖承天廣運
聖德神功肇紀立極仁孝睿武端毅欽安弘文定
業高皇帝聖訓四卷、大清太宗應天興國弘德
彰武寬溫仁聖睿教敬敏昭定隆道顯功文皇帝
聖訓六卷、大清世祖體天隆運定統建極英睿
欽文顯武大德弘功至仁純孝章皇帝聖訓四至
六)

350000 - 2001 - 0009422　350/272 - 1

讀史兵略四十六卷　(清)胡林翼纂　清咸豐
十一年(1861)武昌刻本　十七冊

350000 - 2001 - 0009423　350/272

讀史兵略四十六卷　(清)胡林翼纂　清咸豐
十一年(1861)刻本　十五冊　存四十四卷
(三至四十六)

350000 - 2001 - 0009424　032.24/171

東萊先生詩律武庫十五卷後集十五卷　(宋)
呂祖謙手編　清康熙五十四年(1715)鄭尚忠
桃源山莊刻本　六冊

350000 - 2001 - 0009425　909.4/679

盤亭小錄一卷　(清)劉銘傳輯　清同治十二
年(1873)鉛印本　一冊

350000 - 2001 - 0009426　350/762

左氏兵謀一卷左氏兵法一卷　(清)魏禧輯
清咸豐十年(1860)湘望云草廣廬刻本　一冊

350000 - 2001 - 0009427　920.926/9 - 1 = 1

少保于公奏議十卷　(明)于謙撰　清光緒錢
塘丁氏嘉惠堂刻本　八冊

350000 - 2001 - 0009428　350/429

西洋兵書五種西洋兵書後五種　(清)張香帥
編　清光緒石印本　十二冊

350000 - 2001 - 0009429　920.9173/969 - 1

硃批諭旨十八函　(清)世宗胤禛撰　清同
治、光緒木活字朱墨套印本　一百十二冊

350000 - 2001 - 0009430　909.401/636 = 2

集古錄目十卷原目一卷　(宋)歐陽棐撰　繆

荃孫輯　清光緒江陰繆氏刻本　三冊

350000 - 2001 - 0009431　350/717

兵法類案十三卷　(清)謝文洊纂　清末刻本
九冊

350000 - 2001 - 0009432　350/427

練兵實紀九卷雜集六卷　(明)戚繼光撰　清
末刻本　四冊

350000 - 2001 - 0009433　350/427 - 1

練兵實紀九卷雜集六卷　(明)戚繼光撰
(清)許乃釗校　清道光二十三年(1843)刻本
四冊

350000 - 2001 - 0009434　丙 12/40.5

博物典彙二十卷　(明)黃道周纂　明崇禎刻
本　六冊

350000 - 2001 - 0009435　920.9173/969

硃批諭旨不分卷　(清)世宗胤禛撰　清光緒
石印暨朱色鉛印本　六十冊

350000 - 2001 - 0009436　350/427.2

紀效新書十八卷首一卷　(明)戚繼光撰　清
末刻本　四冊

350000 - 2001 - 0009437　丙 12/40.6

博物典彙二十卷　(明)黃道周纂　明崇禎刻
本　四冊　存十五卷(一至十五)

350000 - 2001 - 0009438　909.403/260

隸釋二十七卷隸續二十一卷　(宋)洪適撰
汪本隸釋刊誤一卷　(清)黃丕烈撰　清同治
十年(1871)洪氏晦木齋刻本　八冊

350000 - 2001 - 0009439　992.138/115

[任渭長四種]　(清)任熊繪　(清)王齡輯
清光緒三年(1877)張牧九刻本　四冊　存
二種五卷(高士傳三卷、於越先賢像傳贊二
卷)

350000 - 2001 - 0009440　909.403/586

匋齋臧石記四十四卷首一卷附匋齋臧甎記二
卷　(清)端方撰　清宣統元年(1909)上海商
務印書館石印本　十二冊

350000 - 2001 - 0009441　909.405/164

漢魏六朝志墓金石例三卷　（清）吳鎬撰　清抄本　二冊

350000 - 2001 - 0009442　862.97/φ431.2 - 1

南浦秋波錄三卷　（清）張際亮著　清抄本　一冊

350000 - 2001 - 0009443　127/394

敦艮齋遺書十七卷　（清）徐潤第撰　清道光二十八年(1848)刻本　十冊

350000 - 2001 - 0009444　127/157.3

二曲粹言四卷　（清）李顒撰　（清）吳鳳藻輯　清同治五年(1866)刻本　一冊

350000 - 2001 - 0009445　127/394 = 1

敦艮齋遺書十七卷　（清）徐潤第撰　清道光二十八年(1848)刻本　五冊

350000 - 2001 - 0009446　127/157 - 1

四書反身錄八卷　（清）李顒著　清刻本　一冊

350000 - 2001 - 0009447　127/444

明辯錄一卷　（清）陳法手訂　清光緒二十一年(1895)固始張氏刻本　一冊

350000 - 2001 - 0009448　127/471 = 1

浮邱子十二卷　（清）湯鵬著　清宣統二年(1910)上海掃葉山房石印本　六冊

350000 - 2001 - 0009449　127/494

明夷待訪錄一卷　（清）黃宗羲著　清刻本　一冊

350000 - 2001 - 0009450　127/494 = 1

明夷待訪錄一卷　（清）黃宗羲著　清刻本　一冊

350000 - 2001 - 0009451　127/623

鼇峯講義四卷　（清）潘思榘述　清乾隆十六年(1751)刻本　二冊

350000 - 2001 - 0009452　126/173

涇野子内篇二十七卷　（明）呂柟撰　清乾隆四年(1739)刻本　六冊

350000 - 2001 - 0009453　127/679

思辨錄疑義一卷　（清）劉蓉撰　清光緒三年(1877)思賢講舍刻本　一冊

350000 - 2001 - 0009454　920.92/794

奏摺譜不分卷　（清）饒旬宣纂　清光緒十三年(1887)刻本　一冊

350000 - 2001 - 0009455　127/720

性理大中二十八卷　（清）應撝謙編集　清康熙二十五年(1686)刻本　十二冊

350000 - 2001 - 0009456　082.8/φ795(12)

梅石山房詩鈔一卷隆廬稿一卷于役虞城稿一卷　（清）龔一發撰　清乾隆閩縣龔一發手稿本　一冊

350000 - 2001 - 0009457　082.8/φ795(13)

厚齋公詩藁一卷　（清）龔一發撰　清乾隆閩縣龔一發手稿本　一冊

350000 - 2001 - 0009458　909.405/403

金石稱例四卷續一卷　（清）梁廷柟纂　清光緒四年(1878)刻本　一冊

350000 - 2001 - 0009459　082.8/φ795(15)

厚齋日記不分卷　（清）龔一發撰　清乾隆閩縣龔一發手稿本　二冊

350000 - 2001 - 0009460　920.924/77

包孝肅公奏議十卷　（宋）包拯撰　清嘉慶八年(1803)刻本　二冊

350000 - 2001 - 0009461　082.8/φ795(1)

雲岡文集二十卷首一卷　（明）龔用卿著　清光緒二十九年(1903)刻本　十冊

350000 - 2001 - 0009462　082.8/φ795(14)

遲陰堂詩存一卷　（清）龔一發撰　清乾隆閩縣龔一發手稿本　一冊

350000 - 2001 - 0009463　082.8/φ795(11)

澹巖公山影樓詩存一卷　（清）龔嶸撰　清抄本　一冊

350000 - 2001 - 0009464　082.8/φ795(17)

厚齋尺牘存稿一卷　（清）龔一發撰　清乾隆閩縣龔一發謄清稿本　一冊

350000－2001－0009465　082.8/φ795(22)

澹靜齋遺鈔不分卷　（清）龔景瀚著　（清）宋思齊校　清閩縣龔景瀚膳清稿本　二冊

350000－2001－0009466　082.8/φ795(27)

雙驂亭遺藁合刊二卷　（清）龔景李著　清光緒六年(1880)刻本　一冊

350000－2001－0009467　082.8/φ795(26)

禘祫考一卷　（清）龔景瀚撰　清閩縣龔景瀚手稿本　一冊

350000－2001－0009468　082.8/φ795(29)

希靜齋詩稿一卷　（清）龔耀孫撰　清閩縣龔耀孫手稿本　一冊

350000－2001－0009469　920.924/77＝1

包孝肅公奏議十卷　（宋）包拯撰　清嘉慶八年(1803)刻本　二冊

350000－2001－0009470　398/153

大清通禮五十卷　（清）來保　（清）李玉鳴等纂修　清乾隆二十一年(1756)刻本　十二冊

350000－2001－0009471　082.8/φ795(28)

聽雨山房詩存二卷　（清）龔豐穀撰　清道光二十年(1840)刻本　一冊

350000－2001－0009472　395.71/391

欽定康濟錄四卷　（清）陸曾禹撰　（清）倪國璉釐正　清同治三年(1864)浙江撫署刻本　三冊

350000－2001－0009473　909.41/432

石鼓文釋存一卷補注一卷　（清）張燕昌述　清光緒二十八年(1902)刻本　一冊

350000－2001－0009474　395.71/391－1

欽定康濟錄四卷　（清）陸曾禹撰　（清）倪國璉釐正　清同治八年(1869)楚北崇文書局刻本　三冊

350000－2001－0009475　φ909.42/178

思古齋雙鉤漢碑篆額不分卷　（清）何澂輯　清光緒九年(1883)刻本　三冊

350000－2001－0009476　φ909.42/178＝1

思古齋雙鉤漢碑篆額不分卷　（清）何澂輯

清光緒九年(1883)刻本　三冊

350000－2001－0009477　909.403/260－1

隸釋二十七卷隸續二十一卷　（宋）洪適撰　清乾隆四十三年(1778)上澣汪氏刻本　十二冊

350000－2001－0009478　920.924/77－1

包孝肅公奏議十卷　（宋）包拯撰　清同治朝宗書室木活字印本　四冊

350000－2001－0009479　395.71/568＝1

重刊救荒補遺書二卷　（宋）董煟編著　（元）張光大新增　（明）朱熊補遺　（明）王崇慶釋斷　（明）顧雲程校閱　清刻本　二冊

350000－2001－0009480　395.7/102

廣惠編二卷輶車雜錄二卷　（清）朱軾纂　（清）劉鎮校　清嘉慶十八年(1813)刻本　一冊

350000－2001－0009481　920.926/343

凌忠介公奏疏六卷　（明）凌義渠著　清咸豐四年(1854)侯官王有齡刻本　二冊

350000－2001－0009482　140/964

哲學要領十二卷　（日本）井上圓了撰　清光緒二十八年(1902)上海廣智書局鉛印本　二冊

350000－2001－0009483　920.926/441

兵垣奏議一卷　（明）陳子龍撰　清光緒二十三年(1897)諸暨陳通聲刻本　二冊

350000－2001－0009484　395.7/939

施濟備覽錄四卷　（清）□□撰　清乾隆、嘉慶刻本　一冊

350000－2001－0009485　395.71/136

荒政輯要九卷首一卷　（清）汪志伊纂　清嘉慶十一年(1806)刻本　一冊

350000－2001－0009486　920.926/700

明大司馬盧公奏議十二卷首一卷　（明）盧象昇著　清光緒元年(1875)刻本　八冊

350000－2001－0009487　395.71/136－1

荒政輯要九卷首一卷　（清）汪志伊纂　清同

治八年(1869)湖北崇文書局刻本　二冊

350000－2001－0009488　395/195

得一錄十六卷　(清)余治輯　清同治十一年
(1872)河南刻本　八冊

350000－2001－0009489　920.927/24

王文敏公奏疏一卷　(清)王懿榮撰　清宣統
三年(1911)江寧印刷廠鉛印本　一冊

350000－2001－0009490　170/157

孝行庸言十四卷　(清)李雍熙撰　清刻本
二冊

350000－2001－0009491　172/65

家範十卷　(宋)司馬光著　(清)朱軾評點
清康熙五十八年(1719)刻本　一冊

350000－2001－0009492　920.927/52

變法自強奏議彙編二十卷　(清)毛佩之彙纂
　清光緒二十七年(1901)上海書局石印本
六冊

350000－2001－0009493　172/101

岩齋學記九卷　(清)朱性坦輯　清嘉慶三年
(1798)青雲樓刻本　四冊

350000－2001－0009494　366.88/978

中國商務志十章　(日本)織田一著　(清)蔣
篁方譯　清光緒二十八年(1902)廣智書局鉛
印本　一冊

350000－2001－0009495　172/104

文公家禮儀節八卷首一卷　(宋)朱熹編
(明)楊慎輯　清刻本　六冊

350000－2001－0009496　920.927/61

左文襄公奏疏初編三十八卷續編七十六卷三
編六卷　(清)左宗棠撰　清光緒刻本　四十
八冊

350000－2001－0009497　365.29/167

吳孟房收苗總流水不分卷　(清)吳孟房記
清光緒十年(1884)稿本　一冊

350000－2001－0009498　358.4/968

海防臆測二卷　(日本)侗庵古賀著　(日本)
日高誠實校　清光緒二十三年(1897)善化畢

氏刻本　二冊

350000－2001－0009499　362.2/971＝1

中國工商業考一卷　(日本)緒方南溟撰
(日本)古城貞吉譯　清光緒二十三年(1897)
石印本　一冊

350000－2001－0009500　727.1/406－1＝1

三字經註解備要二卷　(宋)王應麟著　(清)
賀興思註解　清光緒三十三年(1907)刻本
二冊

350000－2001－0009501　172/528＝1

曾文正公家訓二卷　(清)曾國藩撰　清光緒
三十二年(1906)上海商務印書館鉛印本
一冊

350000－2001－0009502　920.927/61－1

左恪靖伯奏稿三十八卷　(清)左宗棠撰　清
同治刻本　三十八冊

350000－2001－0009503　172.9/22

怡穀堂家書二卷　(清)王子堅撰　清光緒十
年(1884)刻本　一冊

350000－2001－0009504　920.927/152

李文襄公奏議二卷奏疏十卷首一卷別錄六卷
　(清)李之芳撰　(清)李鍾麟編次　李文襄
公[之芳]年譜一卷　(清)程光𣏌編纂　清康
熙刻乾隆重修本　十一冊　存十八卷(奏議
二卷、奏疏十卷、首一卷、別錄二至六)

350000－2001－0009505　173.6/937

戒淫寶訓一卷附刻色戒錄一卷　題(清)渙悔
菴小子編　清咸豐九年(1859)刻本　一冊

350000－2001－0009506　909.42/376

寰宇訪碑錄十二卷　(清)孫星衍　(清)邢澍
撰　清光緒九年(1883)江蘇書局刻本　四冊

350000－2001－0009507　920.927/153

李肅毅伯奏議十三卷　(清)李鴻章撰　(清)
章洪鈞　(清)吳汝綸編輯　清光緒石印本
十三冊

350000－2001－0009508　909.42/376－1

行素草堂金石叢書十六種　(清)朱記榮輯訂

清光緒吳縣朱氏刻十四年(1888)彙印本
八冊　存二種二十卷(寰宇訪碑錄十二卷刊
謬一卷、補寰宇訪碑錄五卷失編一卷刊誤一
卷)

350000－2001－0009509　358.5/973
揚子江籌防芻議一卷　(德國)雷諾撰　(清)
張永煒譯述　**查閱沿江炮臺復稟一卷**　(德
國)來春石泰　(德國)駱博凱原稿　(清)鄭
宗蔭譯述　清光緒二十二年(1896)石印本
一冊

350000－2001－0009510　359.4/939
法國海軍職要不分卷　題(清)適可居士纂
清光緒十七年(1891)刻本　一冊

350000－2001－0009511　909.42/376－2
寰宇訪碑錄十二卷　(清)孫星衍　(清)邢澍
撰　清嘉慶七年(1802)刻本　四冊

350000－2001－0009512　920.927/377
[孫文定公奏疏]十卷　(清)孫嘉淦撰
(清)孫鑄校對　清乾隆太原孫鑄刻本　七冊
　存七卷(一至七)

350000－2001－0009513　909.42/598
補寰宇訪碑錄五卷失編一卷　(清)趙之謙纂
集　(清)沈樹鏞覆勘　清同治三年(1864)刻
二金蝶堂所著書本　二冊

350000－2001－0009514　909.4201/26
輿地碑記目四卷　(宋)王象之撰　清同治九
年(1870)吳縣潘氏滂喜齋刻本　二冊

350000－2001－0009515　420.3/429－1
清河書畫舫十二卷　(明)張丑造　清乾隆二
十八年(1763)池北草堂刻本　五冊　存五卷
(一至三、五至六)

350000－2001－0009516　420.3/429
清河書畫舫十二卷　(明)張丑造　清乾隆二
十八年(1763)池北草堂刻本　十二冊

350000－2001－0009517　920.927/415
南海先生七上書記不分卷　康有為撰　清光
緒二十四年(1898)上海大同譯書局石印本

一冊

350000－2001－0009518　920.927/415.1
南海先生四上書記一卷　康有為撰　清光緒
二十一年(1895)上海時務報館石印本　一冊

350000－2001－0009519　420.3/376
佩文齋書畫譜一百卷　(清)孫岳頒等纂　清
光緒九年(1883)上海同文書局石印本　十
六冊

350000－2001－0009520　920.927/428
撫滇奏疏四卷　(清)張凱嵩撰　清光緒十九
年(1893)江夏張氏益齋刻本　一冊

350000－2001－0009521　852.424/448.9
陶淵明文集十卷　(晉)陶潛撰　清光緒五年
(1879)番禺俞秀山刻本　三冊

350000－2001－0009522　920.927/429
張大司馬奏稿四卷　(清)張亮基撰　清光緒
十七年(1891)刻本　四冊

350000－2001－0009523　822.71/φ791
離騷箋不分卷　(清)龔景瀚撰　清抄本
一冊

350000－2001－0009524　909.4203/396
蘇米齋蘭亭考八卷　(清)翁方綱撰　清嘉慶
八年(1803)羊城六書齋刻本　一冊

350000－2001－0009525　420.3/376＝1
佩文齋書畫譜一百卷　(清)孫岳頒等纂　清
光緒九年(1883)上海同文書局石印本　十
六冊

350000－2001－0009526　420.3/250
雲煙過眼錄二卷　(宋)周密著　**續一卷**
(元)湯允謨著　清光緒十三年(1887)陸氏刻
十萬卷樓叢書本　二冊

350000－2001－0009527　909.4203/23
碑版文廣例十卷　(清)王芑孫輯　清道光二
十一年(1841)長洲王氏刻本　四冊

350000－2001－0009528　612.74/937
難產第一良方一卷　題(清)守墨散人輯　清
末石印本　一冊

350000 – 2001 – 0009529　909.45/268

瓊琚譜三卷　（清）姜紹書輯　清宣統元年
(1909)南陵徐氏刻懷幽雜俎本　一冊

350000 – 2001 – 0009530　612.111/674

素問病機氣宜保命集三卷　（金）劉守真撰
明懷德堂刻本　三冊

350000 – 2001 – 0009531　丁2.2/10.5

杜工部七言律詩二卷　（唐）杜甫撰　（元）虞
集注　明遺安草堂刻本　二冊

350000 – 2001 – 0009532　852.43/331

唐詩百名家全集四百六十四卷　（清）席啓寓
輯　清康熙四十一年(1702)席氏琴川書屋刻
咸豐、光緒遞修本　一冊　存五種七卷(徐昭
夢詩集三卷、張蠙詩集一卷、翁拾遺詩集一
卷、唐任藩詩小集一卷、孟一之詩集一卷)

350000 – 2001 – 0009533　909.5/972

茗壺圖錄二卷　（日本）奧玄寶著　清光緒二
年(1876)日本注春居石印本　一冊

350000 – 2001 – 0009534　909.4502/104

亦政堂重考古玉圖二卷　（元）朱德潤撰　清
乾隆十七年(1752)天都黃氏亦政堂刻三古圖
本　一冊

350000 – 2001 – 0009535　920.927/430

張靖達公奏議八卷首一卷　（清）張樹聲撰
(清)何嗣焜編　繆荃孫　劉世珩訂正　清光
緒二十五年(1899)刻本　四冊

350000 – 2001 – 0009536　920.927/441

庸盦尚書奏議十六卷　（清）陳夔龍撰　（清）
俞陛雲等編　清宣統三年(1911)鉛印本
八冊

350000 – 2001 – 0009537　909.5/103

陶說六卷　（清）朱琰述　清乾隆刻本　二冊

350000 – 2001 – 0009538　920.927/486

彭剛直公奏稿八卷　（清）彭玉麟撰　清光緒
二十八年(1902)上海石印本　四冊

350000 – 2001 – 0009539　909.5/753

景德鎮陶錄十卷　（清）藍浦著　（清）鄭廷桂

補輯　清光緒十七年(1891)刻本　四冊

350000 – 2001 – 0009540　920.927/486 – 1

彭剛直公奏稿八卷　（清）彭玉麟撰　（清）俞
樾輯　清末鉛印本　四冊

350000 – 2001 – 0009541　178/486

儒門法語一卷　（清）彭定求原編　清光緒元
年(1875)江蘇學政署刻本　一冊

350000 – 2001 – 0009542　178/486 = 1

儒門法語一卷　（清）彭定求原編　清光緒元
年(1875)江蘇學政署刻本　一冊

350000 – 2001 – 0009543　178/486 = 2

儒門法語一卷　（清）彭定求原編　清光緒元
年(1875)江蘇學政署刻本　一冊

350000 – 2001 – 0009544　909.54/435

千甓亭磚錄六卷　（清）陸心源纂　清光緒七
年(1881)吳興陸氏刻潛園總集本　六冊

350000 – 2001 – 0009545　920.927/527 – 2

曾文正公奏議十卷首一卷末一卷　（清）曾國
藩撰　（清）薛福成編次　（清）張瑛　（清）
龐鴻湛校　清同治十三年(1874)上海醉六堂
刻本　四冊

350000 – 2001 – 0009546　178/541

咫聞錄二卷　（清）溫汝适著　清簡書齋刻本
一冊

350000 – 2001 – 0009547　178/683

讀書做人譜一卷　（清）龍炳垣輯　清道光三
十年(1850)刻本　一冊

350000 – 2001 – 0009548　178.1/431 = 1

小學集解六卷輯說一卷　（清）張伯行輯註
清同治六年(1867)楚北崇文書局刻本　三冊

350000 – 2001 – 0009549　420.3/226

澄蘭室古緣萃錄十八卷　邵松年輯　清光緒
三十年(1904)上海鴻文書局石印本　六冊

350000 – 2001 – 0009550　178/431 – 2

小學集解六卷輯說一卷　（清）張伯行輯註
清同治十一年(1872)江西撫署刻本　三冊

445

350000 – 2001 – 0009551　920.927/527 – 3

曾文正公奏議十卷首一卷末一卷補編四卷
(清)曾國藩撰　(清)薛福成編次　(清)張
瑛　(清)龐鴻湛校　清同治刻本　十三冊
存十五卷(奏議一至五、七至十,首一卷,末一
卷,補編四卷)

350000 – 2001 – 0009552　178/431 – 3

小學集解六卷輯說一卷　(清)張伯行輯註
清光緒二十七年(1901)廣東廣雅書局刻本
四冊

350000 – 2001 – 0009553　178/431

小學集解六卷輯說一卷　(清)張伯行纂輯
清同治五年(1866)福州正誼書局刻正誼堂全
書本　三冊

350000 – 2001 – 0009554　178/272

弟子箴言十六卷　(清)胡達源撰　清光緒二
十一年(1895)湖南糧儲道署刻本　四冊

350000 – 2001 – 0009555　420.3/153

甌缽羅室書畫過目考四卷首一卷附一卷
(清)李玉棻編輯　清光緒二十三年(1897)琉
璃廠興盛齋刻本　四冊

350000 – 2001 – 0009556　356.3/976 = 1

水師操練十八卷首一卷附一卷附輪船布陣圖
(英國)戰船部原書　(英國)傅蘭雅口譯
(清)徐建寅筆述　清光緒江南機器製造總局
刻本　四冊

350000 – 2001 – 0009557　178/332

重訂小學纂注六卷　(清)游光繹訂　清嘉慶
十九年(1814)何芝田等刻本　四冊

350000 – 2001 – 0009558　178.4/933

女二十四孝圖不分卷　(□)□□撰　清石印
本　一冊

350000 – 2001 – 0009559　179/244

格言聯璧一卷附一卷　(清)金纓輯　清宣統
三年(1911)居敬堂刻本　一冊

350000 – 2001 – 0009560　356/809

北洋海軍章程　(清)總理海軍事務衙門編

清光緒十四年(1888)刻本　二冊

350000 – 2001 – 0009561　190/154

理窟九卷　(清)李杕撰　清光緒二十一年
(1895)上海慈母堂鉛印本　四冊

350000 – 2001 – 0009562　172.9/718

約書十二卷　(清)謝階樹撰　清道光二十四
年(1844)刻本　三冊　存九卷(四至十二)

350000 – 2001 – 0009563　356/809 – 1

北洋海軍章程　(清)總理海軍事務衙門編
清光緒十四年(1888)天津石印書局石印本
二冊

350000 – 2001 – 0009564　172.9/973

福澤諭吉叢談不分卷　(日本)福澤諭吉著
(清)馮霈譯　清光緒二十九年(1903)上海廣
智書局鉛印本　一冊

350000 – 2001 – 0009565　356/971

水師保身法一卷　(法國)勒羅阿撰　(英國)
伯克雷譯　(清)程鑾　(清)趙元益重譯　清
光緒江南製造總局刻本　一冊

350000 – 2001 – 0009566　173.6/149

抉癮芻言一卷　(清)杜鐘駿著　清宣統元年
(1909)鉛印本　一冊

350000 – 2001 – 0009567　355.514/972

營城揭要二卷　(英國)儲意比撰　(英國)傅
蘭雅口譯　(清)徐壽筆述　清光緒刻本　一
冊　存一卷(下)

350000 – 2001 – 0009568　173.6/444

拯溺篇一篇　(清)陳迪菴撰　清同治十三年
(1874)刻本　一冊

350000 – 2001 – 0009569　172/152

功過格輯要十六卷　(清)李士達輯　清光緒
四年(1878)隨鶴居刻本　六冊

350000 – 2001 – 0009570　355/265

奏定懲治陸軍漏泄機密等項章程一卷　(清)
奕劻等撰　清光緒三十四年(1908)鉛印本
一冊

350000 – 2001 – 0009571　174/938

享福錦囊不分卷　（清）□□編　清同治十三年(1874)刻本　一冊

350000－2001－0009572　174/432

元張文忠公告全書四卷　（元）張養浩著　清道光三十年(1850)刻本　一冊

350000－2001－0009573　174/377

學齋庸訓一卷　（清）孫德祖撰　清光緒十六年(1890)刻本　一冊

350000－2001－0009574　174.1/403＝1

聖諭像解二十卷　（清）梁延年編輯原本　清光緒二十九年(1903)石印本　十冊

350000－2001－0009575　174.1/935

聖祖仁皇帝庭訓格言一卷　（清）世宗胤禛編　清同治元年(1862)刻本　一冊

350000－2001－0009576　176.2/622

呂叔簡先生明職篇一卷　（清）潘世恩手輯　清光緒十八年(1892)泉州清源書院刻本　一冊

350000－2001－0009577　178/104

小學六卷　（宋）朱熹撰　清刻本　二冊

350000－2001－0009578　178/104.1

小學集注六卷　（宋）朱熹撰　（明）陳選集注　清光緒二十三年(1897)金陵書局刻本　二冊

350000－2001－0009579　178/157

身心日用錄二卷首一卷後編一卷　（清）李瑤選錄　清道光二十九年(1849)刻本　十冊

350000－2001－0009580　909.942/679

海東金石苑四卷　（清）劉燕庭撰　清光緒七年(1881)二銘草堂刻本　四冊

350000－2001－0009581　920.927/528

曾惠敏公奏疏六卷　（清）曾紀澤撰　清光緒二十年(1894)上海石印本　一冊

350000－2001－0009582　852.47/528－1＝1

曾惠敏公遺集四種　（清）曾紀澤撰　清光緒十九年(1893)江南製造總局鉛印本　八冊

350000－2001－0009583　910.1/937

萬國通史前編十卷　（英）李思倫白約翰輯譯　蔡爾康筆述　清光緒二十九年(1903)廣學會鉛印本　十冊

350000－2001－0009584　910.1/937－1

萬國通史前編十卷　（英）李思倫白約翰輯譯　蔡爾康記述　清光緒二十六年(1900)廣學會鉛印本　十冊

350000－2001－0009585　910.1/937.2

萬國通史續編十卷　（英）李思倫白約翰輯譯　（清）曹曾涵纂述　清光緒三十年(1904)上海廣學會鉛印本　十冊

350000－2001－0009586　852.44/784.6

重刊明成化本東坡七集一百十卷　（宋）蘇軾撰　校記二卷　繆荃孫撰　清光緒三十四年至宣統元年(1908－1909)涇陽端方寶華盦刻本　四十八冊

350000－2001－0009587　122.6/25

中說十卷　（隋）王通撰　（宋）阮逸註　明敬忍居刻清道光十六年(1836)重印本　三冊

350000－2001－0009588　194/22

佛說大阿彌陀經二卷　（宋）王日休校正　明萬曆二十七年(1599)刻本　一冊

350000－2001－0009589　822.43/722.1

昌黎文選一卷附補遺一卷　（唐）韓愈撰　（清）張膽評次　清康熙刻本　一冊

350000－2001－0009590　920.92/937

奏稿批示雜鈔一卷　（□）□□輯　清末抄本　一冊

350000－2001－0009591　920.92/939

奏摺雜錄一卷　（□）□□輯　清末抄本　一冊

350000－2001－0009592　194/22.1

龍舒淨土文十卷首一卷末一卷　（宋）王日休撰　清光緒九年(1883)金陵刻經處刻本　一冊

350000－2001－0009593　194/58

念佛四大要訣一卷附一卷 （清）古崑集 清
光緒七年(1881)海鹽刻本 一冊

350000－2001－0009594 822.44/784－1

東坡文選一卷 （宋）蘇軾撰 （清）張瞻評次
清康熙五十年(1711)刻本 一冊

350000－2001－0009595 353.9/526

火攻挈要三卷附圖一卷 （德國）湯若望授
（明）焦勖纂 （清）趙仲訂 清道光二十一年
(1841)刻本 一冊

350000－2001－0009596 353.9/526－1

火攻挈要三卷附圖一卷 （德國）湯若望授
（明）焦勖纂 （清）趙仲訂 清道光二十一年
(1841)刻本 二冊

350000－2001－0009597 353/424＝1

火器命中十二卷 （清）梅定九著 （清）熊方
柏圖解 清光緒刻本 四冊

350000－2001－0009598 910.1/937－3

萬國通史三編十卷 （英國）李思倫白約翰輯
譯 （清）曹曾涵纂述 清光緒三十一年
(1905)上海廣學會鉛印本 十冊

350000－2001－0009599 194/93.4

靈峰蕅益大師選定淨土十要十卷 （清）釋成
時評點節略 清同治十一年(1872)刻本
四冊

350000－2001－0009600 194/933.2

大方廣佛華嚴經 （□）□□撰 清乾隆五十
八年(1793)抄本 一冊 存一卷(五十六)

350000－2001－0009601 353.2/688

火龍經初集三卷 （三國蜀）諸葛亮著 （明）
劉基 （明）焦玉校 火龍經二集三卷 （明）
劉基著 火龍經三集二卷 （明）茅元儀彙輯
清刻本 六冊

350000－2001－0009602 920.927/674－1＝1

劉中丞奏議二十卷 （清）劉蓉撰 清光緒十
一年(1885)思賢講舍刻本 十冊

350000－2001－0009603 910.2/248

西史綱目三十五卷 （清）周維翰輯譯 清光

緒二十九年(1903)經世文社石印本 八冊
存十五卷(二十一至三十五)

350000－2001－0009604 920.927/679

劉襄勤公奏稿十六卷 （清）劉錦棠撰 清光
緒二十四年(1898)長沙刻本 九冊 存七卷
(一至四、六至七、十六)

350000－2001－0009605 920.927/679＝1

劉襄勤公奏稿十六卷 （清）劉錦棠撰 清光
緒二十四年(1898)長沙刻本 二冊 存二卷
(二、四)

350000－2001－0009606 352.2/965

日本陸軍大學校論略一卷 （日本）東條英教
口述 （日本）川島浪速初譯 （清）張澹
（清）查雙綏點定 清光緒二十四年(1898)浙
江書局刻本 一冊

350000－2001－0009607 350/939

草廬經略十二卷 （□）□□撰 清光緒二十
四年(1898)山西同文正記書院石印本 四冊

350000－2001－0009608 910.2/969

萬國史綱目八卷 （日本）重野安繹著 清光
緒二十八年(1902)東京勸學會鉛印本 八冊

350000－2001－0009609 920.927/690

駱文忠公奏議湘中稿十六卷續刻四川奏議十
一卷附錄一卷 （清）駱秉章撰 清光緒四年
(1878)刻本 三十二冊

350000－2001－0009610 920.927/690.1

駱文忠公奏稿十卷 （清）駱秉章撰 清光緒
十七年(1891)刻本 十冊

350000－2001－0009611 920.927/690－1

駱文忠公奏議湘中稿十六卷續刻四川奏議十
一卷附錄一卷 （清）駱秉章撰 清光緒刻本
二十四冊

350000－2001－0009612 350/942

洴澼百金方十四卷首一卷 題（清）惠麓酒民
編次 題（清）玉厄居士重訂 清道光二十年
(1840)刻本 八冊

350000－2001－0009613 822.47/φ795.1

遲陰堂遺稿一卷 （清）龔一發撰 清抄本
一冊

350000－2001－0009614 082.17/72
德州田氏叢書十五種 （清）田雯等撰 清康
熙至乾隆間刻本 八冊 存四種五十卷(蒙
齋年譜一卷續一卷、古歡堂集三十六卷、黔書
二卷、長河志籍攷十卷)

350000－2001－0009615 920.927/690.1＝1
駱文忠公奏稿十卷 （清）駱秉章撰 清光緒
十七年(1891)刻本 十冊

350000－2001－0009616 920.927/705
錢敏肅公奏疏七卷 （清）錢鼎銘撰 （清）錢
溯耆輯 清光緒六年(1880)太倉錢氏存素堂
刻本 四冊

350000－2001－0009617 919/761
海國圖志一百卷 （清）魏源撰 清光緒十三
年(1887)巴蜀善成堂刻本 三十二冊

350000－2001－0009618 920.927/705＝1
錢敏肅公奏疏七卷 （清）錢鼎銘撰 （清）錢
溯耆輯 清光緒六年(1880)太倉錢氏存素堂
刻本 一冊 存二卷(六至七)

350000－2001－0009619 012/375
藏書記要一卷 （清）孫從添著 （清）許增栞
清光緒十五年(1889)仁和許氏刻榆園叢刻
本 一冊

350000－2001－0009620 920.927/784
蘇侍御因災異陳言疏一卷 （清）蘇□□著
清末抄本 一冊

350000－2001－0009621 420.3/154
書畫鑑影二十四卷 （清）李佐賢編輯 清同
治十年(1871)利津李氏刻本 十二冊

350000－2001－0009622 920.927/967
變法奏議叢鈔不分卷 （清）□□輯 清光緒
石印本 一冊

350000－2001－0009623 920.927/968
竹坡侍郎奏議二卷 （清）寶廷撰 清光緒二
十七年(1901)刻本 二冊

350000－2001－0009624 420.3/37
嶽雪樓書畫錄五卷 （清）孔廣陶編 清光緒
十五年(1889)三十三萬卷堂刻本 五冊

350000－2001－0009625 920.927/968＝1
竹坡侍郎奏議二卷 （清）寶廷撰 清光緒二
十七年(1901)刻本 二冊

350000－2001－0009626 920.927/968＝2
竹坡侍郎奏議二卷 （清）寶廷撰 清光緒二
十七年(1901)刻本 二冊

350000－2001－0009627 420.3/150
古芬閣書畫記十八卷目錄一卷 （清）杜瑞聯
纂輯 清光緒七年(1881)刻本 十六冊

350000－2001－0009628 015.2/563
藏書紀事詩六卷 葉昌熾撰 清光緒二十三
年(1897)元和江氏刻靈鶼閣叢書本 四冊
存四卷(一、三至五)

350000－2001－0009629 398/168－1
吾學錄初編二十四卷 （清）吳榮光撰 清同
治七年(1868)金陵書局木活字印本 八冊

350000－2001－0009630 015.2/563－1
藏書紀事詩七卷 葉昌熾撰 清宣統二年
(1910)長洲葉氏刻本 六冊

350000－2001－0009631 015.2/563－1＝1
藏書紀事詩七卷 葉昌熾撰 清宣統二年
(1910)長洲葉氏刻本 四冊

350000－2001－0009632 015.2/563－1＝2
藏書紀事詩七卷 葉昌熾撰 清宣統二年
(1910)長洲葉氏刻本 六冊

350000－2001－0009633 398/168
吾學錄初編二十四卷 （清）吳榮光撰 清道
光十二年(1832)刻本 八冊

350000－2001－0009634 398/720
漢官儀三卷 （宋）劉攽撰 清道光四年
(1824)歙縣鮑崇城刻本 一冊

350000－2001－0009635 920.927/972
皇清奏議六十八卷首一卷 題(清)琴川居士
輯 清都城國史館琴川居士木活字印本 三

十一冊　存四十七卷(五、十七至三十三、四十至六十八)

350000－2001－0009636　398/153.1
大清通禮五十四卷　(清)來保　(清)李玉鳴等纂修　(清)穆克登額續纂　清道光四年(1824)刻本　六冊

350000－2001－0009637　919/761－2
海國圖志六十卷附圖一卷　(清)魏源撰　清道光二十九年(1849)刻本　二十冊

350000－2001－0009638　920.93/4
雲門公牘偶存一卷　(清)丁墉著　清光緒二十年(1894)刻本　一冊

350000－2001－0009639　920.93/409
許竹篔先生出使函稿十四卷　(清)許景澄撰　清光緒鉛印本　四冊

350000－2001－0009640　919/761－1＝1
海國圖志一百卷　(清)魏源撰　清咸豐二年(1852)刻本　二十六冊

350000－2001－0009641　920.937/2
撫吳公牘五十卷　(清)丁日昌撰　**曾胡批牘二卷**　(清)曾國藩　(清)胡林翼撰　清宣統元年(1909)南洋官書局石印本　三冊　存五十卷(公牘五十卷)

350000－2001－0009642　920.937/2－1
撫吳公牘五十卷　(清)丁日昌撰　清光緒鉛印本　五冊　存四十二卷(一至三十四、四十三至五十)

350000－2001－0009643　920.937/2－3
撫吳公牘五十卷　(清)丁日昌撰　(清)沈葆楨評選　清光緒三年(1877)林達泉刻本　十冊

350000－2001－0009644　920.937/61＝1
左文襄公書牘節要二十六卷　(清)左宗棠撰　清光緒二十八年(1902)刻本　十二冊

350000－2001－0009645　920.937/377
長興縣學文牘不分卷　(清)孫德祖輯　清光緒十六年(1890)山蔭許氏刻本　一冊

350000－2001－0009646　丁3.1/28.3
古詩歸十五卷　(明)鍾惺　(明)譚元春選定　明萬曆四十五年(1617)刻本　一冊　存七卷(一至七)

350000－2001－0009647　919/761－3
海國圖志五十卷附圖一卷　(清)魏源撰　清道光二十四年(1844)古微堂木活字印本　十九冊　存四十六卷(一至七、十三至五十,附圖一卷)

350000－2001－0009648　919/761－3＝1
海國圖志五十卷附圖一卷　(清)魏源撰　清道光二十四年(1844)古微堂木活字印本　十七冊　存四十五卷(一至四、九至四十八,附圖一卷)

350000－2001－0009649　920.937/364
宦游紀略六卷續一卷　(清)桂超萬撰　清同治三年(1864)刻本　四冊

350000－2001－0009650　920.937/151.1
李文忠公外部函稿二十八卷　(清)李鴻章撰　(清)吳汝綸編　清光緒二十八年(1902)蓮池書社鉛印本　十四冊

350000－2001－0009651　920.937/273
龍州雜俎三卷附錄一卷　易順鼎撰　清光緒鉛印本　一冊

350000－2001－0009652　919/393
瀛環志畧十卷　(清)徐繼畬輯著　(清)霍明高採譯　清道光二十八年(1848)木活字印本　六冊

350000－2001－0009653　φ919/393＝1
瀛環志畧十卷　(清)徐繼畬輯著　(清)霍明高採譯　清同治五年(1866)刻本　六冊

350000－2001－0009654　919/393＝1
瀛環志畧十卷　(清)徐繼畬輯著　(清)霍明高採譯　清道光二十八年(1848)木活字印本　六冊

350000－2001－0009655　φ919/393＝2
瀛環志畧十卷　(清)徐繼畬輯著　(清)霍明

高採譯　清同治五年(1866)刻本　六冊

350000－2001－0009656　920.937/307.1

三廉吏牘二卷　（清）冒澄著　清光緒五年(1879)水繪園刻本　二冊

350000－2001－0009657　丁3.2/31.5

辟疆園宋文選三十卷　（清）顧宸輯　清順治十八年(1661)辟疆園刻本　三十冊

350000－2001－0009658　919/428＝2

地球韻言四卷　（清）張士瀛撰　清光緒二十四年(1898)鄂垣務急書館刻本　一冊

350000－2001－0009659　919/562

地學歌略一卷　（清）葉瀾　葉瀚著　清光緒刻本　一冊

350000－2001－0009660　919/936

地理搜輯一卷　（□）□□輯　清末鐵石軒抄本　一冊

350000－2001－0009661　194/415

佛說無量壽經二卷　（三國魏）釋康僧鎧譯　清同治十三年(1874)金陵刻經處刻本　一冊

350000－2001－0009662　920.937/339

四川官運鹽案類編正編二十七卷首一卷續編十五卷　（清）唐炯編　清光緒成都官鹽總局刻本　十五冊

350000－2001－0009663　422.1/382

董思白先生書法闡宗五卷　（清）吳荃纂輯　董思白先生筆勢論一卷　（清）孫雲鴻校刊　清道光二十年(1840)味古書室刻本　三冊

350000－2001－0009664　422.1/382－1

董思白先生書法闡宗五卷　（清）吳荃纂輯　清道光二十年(1840)味古書室刻本　二冊

350000－2001－0009665　920.937/395

不慊齋漫存□卷　（清）徐虜陛撰　清光緒刻本　六冊　存六卷(一至六)

350000－2001－0009666　422.1/255

寶真齋法書贊二十八卷　（宋）岳珂撰　清乾隆四十二年(1777)福建刻道光、同治遞修光緒二十一年(1895)增補武英殿聚珍版書本

八冊

350000－2001－0009667　194/249

佛爾雅八卷　（清）周春撰　清宣統二年(1910)國學扶輪社排印本　二冊

350000－2001－0009668　194/355

大乘起信論直解二卷　（明）釋德清撰　清光緒十六年(1890)刻本　一冊

350000－2001－0009669　194/355＝1

大乘起信論直解二卷　（明）釋德清撰　清光緒十六年(1890)刻本　一冊

350000－2001－0009670　421.7/934

書畫同珍二刻不分卷　（清）鄒聖脉彙訂　清乾隆七年(1742)梧岡鄒氏樓外樓刻朱墨套印本　一冊

350000－2001－0009671　194/430

徑中徑又徑四卷　（清）張師誠撰　清道光五年(1825)刻本　二冊

350000－2001－0009672　194/748

續指月錄二十卷首一卷續指月錄尊宿集一卷　（清）聶先編集　清光緒十二年(1886)金陵刻經處刻本　六冊

350000－2001－0009673　420.4/376－1

庚子銷夏記八卷　（清）孫承澤撰　清光緒四年(1878)刻本　一冊　存四卷(一至四)

350000－2001－0009674　420.4/332－1

江邨銷夏錄三卷　（清）高士奇輯　清康熙刻本　三冊

350000－2001－0009675　822.14－6/435

御選宋金元明四朝詩三百二卷首二卷姓名爵里十三卷　（清）聖祖玄燁選　（清）張豫章等纂　清康熙內府刻本　十三冊　存二十八卷(宋詩選七卷、金詩六卷、元詩六卷、明詩九卷)

350000－2001－0009676　194/486－1

重訂西方公據二卷　（清）彭際清集　清光緒四年(1878)刻本　一冊

350000－2001－0009677　194/756

指月錄三十二卷　（明）瞿汝稷集　清同治七年(1868)刻本　十冊

350000－2001－0009678　920.937/641

樊山政書二十卷　樊增祥撰　清宣統二年(1910)上海政學社鉛印本　五冊　存十卷（一至二、十一至十六、十九至二十）

350000－2001－0009679　194/933

大乘起信論科注一卷　（□）□□撰　清光緒三十年(1904)廬陵黃氏刻本　一冊

350000－2001－0009680　420.4/494

松風閣書畫跋一卷　（清）黃啓太著　清光緒二十八年(1902)刻本　一冊

350000－2001－0009681　420.4/568

畫禪室隨筆四卷　（明）董其昌撰　清宣統元年(1909)上海掃葉山房石印本　三冊

350000－2001－0009682　194/933.1

大佛頂如來密因修證了義諸菩薩萬行首楞嚴經咒不分卷　（唐）釋般刺密諦譯　清刻本　一冊

350000－2001－0009683　194－934.3

游心安樂通一卷　（唐）元曉撰　西方要決釋疑通規一卷　（唐）釋窺基撰　清末金陵刻經處刻本　一冊

350000－2001－0009684　194/934.2＝2

佛說阿彌陀經義疏一卷　（宋）釋元照述　清光緒二十四年(1898)金陵刻經處刻本　一冊

350000－2001－0009685　194/934.2＝1

佛說阿彌陀經義疏一卷　（宋）釋元照述　清光緒二十四年(1898)金陵刻經處刻本　一冊

350000－2001－0009686　194/935

大乘阿毗達摩雜集論十卷　（唐）釋玄奘譯　清刻本　二冊

350000－2001－0009687　194/935.6

成唯識論十卷　（唐）釋玄奘譯　清刻本　一冊　存五卷(一至五)

350000－2001－0009688　194/937.3

念佛百問一卷　（清）釋悟開著　清同治五年

(1866)王蔭福刻本　一冊

350000－2001－0009689　194/935.1

顯揚聖教論二十卷　（唐）釋玄奘譯　清宣統元年(1909)刻本　四冊

350000－2001－0009690　194/935.12

古庭祖師語錄輯略四卷附錄一卷　（明）□□撰　清光緒二十六年(1900)刻本　四冊

350000－2001－0009691　194/936.4

佛祖心燈不分卷　（清）釋守一編輯　清光緒十六年(1890)金陵刻經處刻本　一冊

350000－2001－0009692　194/936.4＝1

佛祖心燈不分卷　（清）釋守一編輯　清光緒十六年(1890)金陵刻經處刻本　一冊

350000－2001－0009693　194/937.6

妙法蓮華經七卷　（後秦）釋鳩摩羅什譯　清光緒二十五年(1899)刻本　四冊

350000－2001－0009694　852.14/443

蘇門六君子文粹七十卷　（□）□□輯　明崇禎六年(1633)胡潛刻本　十二冊

350000－2001－0009695　乙 12/10.2

古史紀年十四卷　（清）林春溥纂　清嘉慶二十五年(1820)閩縣林氏手稿本　三冊

350000－2001－0009696　920.947/941

酌增常例一卷　（清）□□編　清道光刻本　一冊

350000－2001－0009697　921/15

[歸震川評點史記]一百三十卷　（明）歸有光撰　方望溪平點史記四卷　（清）方苞評點　清光緒二年(1876)武昌張氏刻本　二冊　存四卷(方望溪平點史記四卷)

350000－2001－0009698　921/17

史記注補正一卷　（清）方苞撰　清乾隆刻本　一冊

350000－2001－0009699　921/24

歸方評點史記合筆六卷　（清）王拯纂　清光緒元年(1875)錦城節署刻本　四冊

350000 - 2001 - 0009700　乙 12/10.3

古史紀年十四卷　（清）林春溥纂　清嘉慶閩縣林氏謄清稿本　一冊　存四卷（一至四）

350000 - 2001 - 0009701　921/25

史記正譌三卷　（清）王元啓撰　清光緒十六年（1890）廣雅書局刻本　一冊

350000 - 2001 - 0009702　029/φ212

四書拾遺不分卷　（清）林春溥撰　清道光閩縣林氏手稿本　四冊

350000 - 2001 - 0009703　421/646

神州國光集彙編　鄧秋枚輯　清宣統元年（1909）上海神州國光社影印本　一冊　存一集（十二）

350000 - 2001 - 0009704　乙 6.2/6.5

[道光]新修羅源縣志三十卷首一卷　（清）盧鳳芩修　（清）林春溥纂　清道光閩縣林氏手稿本　一冊　存一卷（首一卷）

350000 - 2001 - 0009705　420.4/445

綠陰亭集二卷　（清）陳奕禧著　清道光二十八年（1848）味古書室刻本　一冊

350000 - 2001 - 0009706　194/937.6 = 1

妙法蓮華經七卷　（後秦）釋鳩摩羅什譯　清光緒二十五年（1899）刻本　四冊

350000 - 2001 - 0009707　194/937.10

大方廣佛華嚴經要解一卷　（宋）釋戒環集　清同治十一年（1872）金陵刻經處刻本　一冊

350000 - 2001 - 0009708　194/937.11

維摩詰所說經註八卷　（後秦）釋鳩摩羅什譯　（晉）僧肇註　清光緒十三年（1887）金陵刻經處刻本　一冊

350000 - 2001 - 0009709　420.4/485

書畫題跋記十二卷　（清）郁逢慶編　清宣統三年（1911）鄧氏風雨樓鉛印本　四冊

350000 - 2001 - 0009710　420.3/791

過雲樓書畫記十卷　（清）顧文彬撰　清光緒八年（1882）元和顧氏刻本　四冊

350000 - 2001 - 0009711　194/938

無量壽經優婆提舍願生偈註二卷略論安樂淨土義一卷　（三國魏）曇鸞註解　清光緒十九年（1893）金陵刻書處刻本　一冊

350000 - 2001 - 0009712　921/65 - 1

史記一百三十卷　（漢）司馬遷撰　（南朝宋）裴駰集解　（唐）司馬貞索隱　（唐）張守節正義　清同治九年（1870）楚北崇文書局刻本　二十四冊

350000 - 2001 - 0009713　852.13 - 4/675

精選八家文鈔不分卷　（清）劉大櫆選輯　清道光三十年（1850）刻本　六冊

350000 - 2001 - 0009714　424.7/28

王文愍與李子丹太史書不分卷　（清）王懿榮書　清光緒三十三年（1907）影印本　一冊

350000 - 2001 - 0009715　194/938.1

大方廣圓覺修多羅了義經二卷　（唐）釋宗密述　清光緒三十年（1904）刻本　二冊

350000 - 2001 - 0009716　921/65 - 3

史記一百三十卷　（漢）司馬遷撰　（南朝宋）裴駰集解　清宣統三年至民國三年（1911 - 1914）貴池劉氏玉海堂刻本　二十四冊

350000 - 2001 - 0009717　425.1/403 - 1

御刻三希堂石渠寶笈法帖三十二卷續帖四卷　（清）梁詩正等編　清光緒石印本　二十四冊　存二十四卷（四至十、十二至十四、十六至二十八、三十）

350000 - 2001 - 0009718　194/938.5

金剛般若波羅密經直解不分卷　（後秦）釋鳩摩羅什譯　清道光二十四年（1844）雲汀抄本　一冊

350000 - 2001 - 0009719　921/65 - 8

史記一百三十卷　（漢）司馬遷撰　（南朝宋）裴駰集解　（唐）司馬貞索隱　（唐）張守節正義　清光緒十四年（1888）上海圖書集成印書局鉛印本　十六冊

350000 - 2001 - 0009720　194/938.9 = 1

大乘起信論義記七卷別記一卷　（唐）釋法藏

撰　清光緒二十四年(1898)金陵刻經處刻本
　二冊

350000－2001－0009721　425.1/168
筠清館法帖六卷　(清)吳榮光輯　清宣統元
年(1909)上海文明書局影印本　三冊

350000－2001－0009722　921/65－1＝1
史記一百三十卷　(漢)司馬遷撰　(南朝宋)
裴駰集解　(唐)司馬貞索隱　(唐)張守節正
義　清同治九年(1870)楚北崇文書局刻本
二十四冊

350000－2001－0009723　194/938.7－1
念佛鏡一卷　(唐)釋道鏡　(唐)釋善道集
清光緒十年(1884)刻本　一冊

350000－2001－0009724　194/936.2
大方廣圓覺修多羅了義經二卷　(唐)釋佛陀
多羅譯　清同治八年(1869)金陵刻經處刻本
　一冊

350000－2001－0009725　194/937.5
大方廣佛華嚴經六十卷　(晉)釋實叉難陀等
譯　清光緒七年(1881)常熟刻經處刻本　十
六冊

350000－2001－0009726　φ852.47/660
八閩興頌集一卷　(清)鄭開極　(清)林日光
等撰　清康熙二十五年(1686)刻本　二冊

350000－2001－0009727　194/936.3
大方廣圓覺修多羅了義經直解二卷　(唐)釋
佛陀多羅譯　(明)釋德清解　清光緒十年
(1884)刻本　二冊

350000－2001－0009728　194/940.3
禪関策進前集一卷後集一卷　(明)釋祩宏輯
　清光緒二十四年(1898)金陵刻經處刻本
　一冊

350000－2001－0009729　727.1/728－1
龍文鞭影二卷　(明)蕭良有著　(明)楊臣諍
增訂　**龍文鞭影二集二卷**　(清)李暉吉
(清)徐瓚輯　清光緒五年(1879)集文堂刻本
　二冊　存二卷(二集二卷)

350000－2001－0009730　194/940－1＝1
竹窗隨筆一卷二筆一卷三筆一卷　(明)釋祩
宏著　清光緒二十四年(1898)金陵刻經處刻
本　三冊

350000－2001－0009731　919.0202/650
地球圖說一卷　(法國)蔣友仁譒譯　(清)何
國宗　(清)錢大昕潤色　附補圖一卷　(清)
阮元補圖　清嘉慶、道光儀徵阮氏刻文選樓
叢書本　一冊

350000－2001－0009732　194/940－6＝1
緇門崇行錄一卷　(明)釋祩宏輯　清光緒二
十四年(1898)金陵刻經處刻本　一冊

350000－2001－0009733　194/940.7
淨土四經不分卷　題(清)池蓮大師撰　清同
治五年(1866)刻本　三冊

350000－2001－0009734　921/93.4
史漢駢枝一卷　(清)成孺撰　清光緒十四年
(1888)刻廣雅書局叢書本　一冊

350000－2001－0009735　194/940.8
**大佛頂如來密因修證了義諸菩薩萬行首楞嚴
經十卷**　(唐)釋般刺密諦譯　清光緒白雲庵
刻本　三冊

350000－2001－0009736　乙 4/1.5
開闢志疑不分卷　(清)林春溥撰　清嘉慶二
十四年(1819)閩縣林氏手稿本　二冊

350000－2001－0009737　194/939.1－1
御製揀魔辨異錄八卷　(清)世宗胤禛撰　清
雍正十一年(1733)刻本　四冊

350000－2001－0009738　乙 5.2/1
孔子世家考證一卷校正一卷　(清)林春溥纂
　清嘉慶、道光閩縣林氏手稿本　一冊

350000－2001－0009739　乙 5.2/1.1
孟子列傳纂一卷　(清)林春溥編　清道光六
年(1826)閩縣林氏謄清稿本　一冊

350000－2001－0009740　921/357
史記天官書補目一卷　(清)孫星衍撰　清光
緒十三年(1887)刻廣雅書局叢書本　一冊

350000－2001－0009741　194/939.6

釋氏稽古略四卷　（元）釋覺岸編集　釋鑑稽
古略續集三卷　（元）釋大聞續集　清光緒十
二年（1886）刻本　五冊

350000－2001－0009742　921/402

史記志疑三十六卷　（清）梁玉繩撰　清光緒
十三年（1887）刻廣雅書局叢書本　十四冊

350000－2001－0009743　194/942－1

安樂集二卷　（唐）釋道綽撰　清光緒二十三
年（1897）金陵刻經處刻本　一冊

350000－2001－0009744　921/402＝1

史記志疑三十六卷　（清）梁玉繩撰　清光緒
十三年（1887）刻廣雅書局叢書本　十四冊

350000－2001－0009745　194/942.1－1

佛說觀無量壽佛經疏四卷　（唐）釋善導集記
　清光緒二十年（1894）金陵刻經處刻本
二冊

350000－2001－0009746　194/942.2

念佛鏡一卷　（唐）釋道鏡　（唐）釋善道集
清刻本　一冊

350000－2001－0009747　194/940.2

大佛頂如來密因修證了義諸菩薩萬行首楞嚴
經十卷　（唐）釋般剌密帝　（唐）釋彌伽釋迦
譯　（唐）房融筆受　（明）曾鳳儀宗通　清道
光十年（1830）刻本　十冊

350000－2001－0009748　194/942.6

佛祖三經指南三卷　（清）釋道霈撰　清光緒
十一年（1885）刻本　一冊

350000－2001－0009749　194/942.5

靈峰蕅益大師梵室偶談一卷　（清）釋智旭撰
　徹悟禪師語錄二卷　（清）釋了亮等集　清
同治十年（1871）金陵刻本　一冊

350000－2001－0009750　194/942.5＝1

靈峰蕅益大師梵室偶談一卷　（清）釋智旭撰
　徹悟禪師語錄二卷　（清）釋了亮等集　清
同治十年（1871）金陵刻本　一冊

350000－2001－0009751　919.029/556

海錄一卷　（清）謝清高口述　（清）楊炳南記
　清道光、咸豐番禺潘氏刻光緒補修本
一冊

350000－2001－0009752　919.029/970

節相壯游日錄二卷　題（清）桃谿漁隱撰　題
（清）惺新盦主輯　清光緒二十二年（1896）刻
本　一冊

350000－2001－0009753　919.048/153

環遊地球新錄四卷　（清）李圭撰　清光緒鉛
印本　四冊

350000－2001－0009754　425.1/403

御刻三希堂石渠寶笈法帖三十二卷續帖四卷
　（清）梁詩正等編　清光緒石印本　三十五
冊　存三十五卷（法帖一至二十九、三十一至
三十二，續帖四卷）

350000－2001－0009755　425.04/28

淳化秘閣法帖考證十二卷　（清）王澍撰
（清）汪玉球參正　清乾隆詩鼎齋刻本　四冊

350000－2001－0009756　921/428

史表功比說一卷　（清）張錫瑜撰　清光緒十
四年（1888）刻廣雅書局叢書本　一冊

350000－2001－0009757　424.7/653

蔣拙存書姜白石書譜不分卷　（宋）姜夔撰
（清）蔣衡書　清宣統元年（1909）國學保存會
石印本　一冊

350000－2001－0009758　424.7/431

[固始張邵予侍郎手迹]不分卷　（清）張邵予
書　清宣統元年（1909）石印本　一冊

350000－2001－0009759　424.7/396.1

常熟翁相國手札八集　（清）翁同龢書　清光
緒三十四年（1908）上海有正書局影印本　一
冊　存一集（一）

350000－2001－0009760　424.7/132

國朝四十名家墨蹟　（清）江開等書　（清）沈
鈞編　清光緒三十四年（1908）上海教育圖書
館石印本　三冊

350000－2001－0009761　919.08/816

萬國志□□種　（清）學部編譯圖書局編纂
清光緒、宣統學部圖書局鉛印本　六冊　存
十八種十八卷(俾路芝志一卷、馬留土股志一
卷、紐吉尼亞島志一卷、西里伯島志一卷、西
里伯島新志一卷、亞拉伯志一卷、亞拉伯新志
一卷、阿達曼群島志一卷、阿達曼群島新志一
卷、婆羅島志一卷、小亞細亞志一卷、阿富汗
土耳基斯坦志一卷、阿富汗斯坦志一卷、阿富
汗斯坦新志一卷、土耳基斯坦志一卷、東土耳
基斯坦志一卷、開浦殖民地志一卷、開浦殖民
地新志一卷)

350000－2001－0009762　921/441

史記測議一百三十卷首一卷　（明）陳子龍
（明）徐懷遠撰　清綠蔭堂刻本　三十二冊

350000－2001－0009763　921/556

史漢求是五十五卷附尚書文義一卷　（清）楊
琪光撰　清光緒十八年(1892)武陵楊氏刻本
十二冊

350000－2001－0009764　921/675

楚漢諸侯疆域志三卷　（清）劉文淇撰　清光
緒十五年(1889)刻廣雅書局叢書本　一冊

350000－2001－0009765　921/705

三史拾遺五卷　（清）錢大昕撰　清光緒十七
年(1891)廣雅書局刻本　一冊

350000－2001－0009766　424.7/171

呂留良先生家書真跡四卷　（清）呂留良書
清光緒三十四年(1908)上海裕記影印本
一冊

350000－2001－0009767　424.7/61

陽湖史氏家藏左文襄公手札不分卷　（清）左
宗棠書　清光緒三十三年(1907)陽湖史氏影
印本　二冊

350000－2001－0009768　919.12/933

新撰萬國地理五卷　（日本）山上萬次郎
（日本）濱田俊三郎合編　（清）林子芹等譯
清光緒二十九年(1903)開明公社鉛印本
三冊

350000－2001－0009769　921/15＝1

[歸震川評點史記]一百三十卷　（明）歸有光
撰　方望溪平點史記四卷　（清）方苞評點
清光緒二年(1876)武昌張氏刻本　二十冊

350000－2001－0009770　919.29/22

海客日譚六卷首一卷　（清）王芝著　清光緒
二年(1876)紅杏山房刻本　四冊

350000－2001－0009771　919.29/977

初使泰西記四卷　題（清）避熱主人編次　清
同治六年(1867)避熱窩刻本　四冊

350000－2001－0009772　919/393－1

瀛環志畧十卷　（清）徐繼畬著　（清）霍明高
採譯　清同治十三年(1874)香海書局鉛印本
六冊

350000－2001－0009773　919.4/598

諸蕃志二卷　（宋）趙汝适撰　（清）李調元校
清道光刻本　一冊

350000－2001－0009774　425.04/135

瘞鶴銘考一卷　（清）汪士鋐編　清康熙五十
三年(1714)松南書屋刻乾隆重修本　一冊

350000－2001－0009775　425.04/28＝1

淳化秘閣法帖考正十二卷　（清）王澍撰
（清）汪玉球參正　清乾隆詩鼎齋刻本　四冊

350000－2001－0009776　015.27/937

皕宋樓藏書源流攷一卷　（日本）島田翰撰
清光緒三十三年(1907)武進董氏京師刻朱印
本　一冊

350000－2001－0009777　015.27/937＝1

皕宋樓藏書源流攷一卷　（日本）島田翰撰
清光緒三十三年(1907)武進董氏京師刻朱印
本　一冊

350000－2001－0009778　017/248

先正讀書訣一卷　（清）周永年輯　（清）周兆
慶校字　清光緒二十一年(1895)刻靈鶼閣叢
書本　一冊

350000－2001－0009779　017/248＝1

先正讀書訣一卷　（清）周永年輯　（清）周兆
慶校字　清光緒二十一年(1895)刻靈鶼閣叢

書本　一冊

350000－2001－0009780　420.3/718
書畫所見錄三卷　（清）謝堃撰　清光緒九年
（1883）刻本　六冊

350000－2001－0009781　420.3/718－1
書畫所見錄三卷　（清）謝堃撰　清光緒九年
（1883）刻宣統二年（1910）重印本　一冊

350000－2001－0009782　017/403
西學書目表三卷附讀西學書法一卷　梁啓超
撰　清光緒時宜書室刻本　一冊　存一卷
（讀西學書法一卷）

350000－2001－0009783　017/537
程氏家塾讀書分年日程三卷綱領一卷　（清）
程端禮編撰　清道光三年（1823）刻本　二冊

350000－2001－0009784　722.9/445.1
篆訣辯釋不分卷　（明）陳鐘鼇輯　（清）甘受
和訂　清光緒八年（1882）刻本　二冊

350000－2001－0009785　017/537－1
程氏家塾讀書分年日程三卷綱領一卷　（清）
程端禮編撰　清同治七年（1868）湖北崇文書
局刻本　一冊

350000－2001－0009786　722.9/718
選集漢印分韻二卷　（清）袁日省原本　（清）
謝雲生摹錄　續集漢印分韻二卷　（清）謝景
卿篆摹　清嘉慶二年至八年（1797－1803）刻
本　四冊

350000－2001－0009787　018.13/613
花近樓叢書序跋記二卷　（清）管庭芬著　清
宣統三年（1911）上海國學扶輪社鉛印張氏適
園叢書本　一冊

350000－2001－0009788　420.3/622
須靜齋雲煙過眼錄一卷　（清）潘世璜撰
（清）潘遵祁鈔　清宣統三年（1911）吳縣潘氏
刻本　一冊

350000－2001－0009789　722.9/718＝1
選集漢印分韻二卷　（清）袁日省原本　（清）
謝雲生摹錄　續集漢印分韻二卷　（清）謝景

卿篆摹　清嘉慶二年至八年（1797－1803）刻
本　四冊

350000－2001－0009790　722.9/718＝2
選集漢印分韻二卷　（清）袁日省原本　（清）
謝雲生摹錄　續集漢印分韻二卷　（清）謝景
卿篆摹　清嘉慶二年至八年（1797－1803）刻
本　四冊

350000－2001－0009791　420.3/767
虛齋名畫錄十六卷續錄四卷　（清）龐元濟撰
清宣統元年（1909）烏程龐氏刻本　二十冊

350000－2001－0009792　921/317－3
史記菁華錄六卷　（清）姚祖恩撰　清光緒二
十七年（1901）上海廣益書局石印本　二冊

350000－2001－0009793　018.13/934
書序彙輯不分卷　（□）□□撰　清抄本
四冊

350000－2001－0009794　420.3/567
愛日吟廬書畫錄四卷補錄一卷續錄八卷別錄
四卷　（清）葛金烺輯　葛嗣浵續輯　清宣統
二年（1910）至民國初當湖葛氏刻本　六冊

350000－2001－0009795　420.3/434
穰梨館過眼錄四十卷續錄十六卷　（清）陸心
源編　清光緒十七年（1891）吳興陸氏刻本
十六冊

350000－2001－0009796　921/317－2＝2
史記菁華錄六卷　（清）姚祖恩撰　清道光四
年（1824）吳興姚氏扶荔山房刻朱墨套印本
六冊

350000－2001－0009797　420.3/429－3
清河書畫舫十二卷　（明）張丑造　清光緒元
年（1875）刻本　十二冊

350000－2001－0009798　420.3/429－2
清河書畫舫十二卷　（明）張丑造　清光緒元
年（1875）刻本　十二冊

350000－2001－0009799　422.9/945
國朝書人輯略十一卷首一卷　震鈞輯　清光
緒三十四年（1908）刻本　八冊

350000－2001－0009800　921/317－2＝3
史記菁華錄六卷　（清）姚祖恩撰　清道光四年(1824)吳興姚氏扶荔山房刻朱墨套印本　六冊

350000－2001－0009801　921/317－2＝4
史記菁華錄六卷　（清）姚祖恩撰　清道光四年(1824)吳興姚氏扶荔山房刻朱墨套印本　六冊

350000－2001－0009802　921/317－6
史記菁華錄六卷　（清）姚祖恩撰　清光緒九年(1883)廣州翰墨園刻朱墨套印本　六冊

350000－2001－0009803　φ018.15/934
義停山館集七種　（清）王景賢撰　清同治十三年(1874)三山王氏刻本　十冊　存六種二十七卷(周易玩辭一卷、論語述註十六卷、性學圖說一卷、困學瑣言一卷附牧民贅語一卷、伊園文鈔四卷、伊園詩鈔三卷)

350000－2001－0009804　甲7.3/3.5
孟子外書四卷　（宋）熙時子注　（清）林春溥補證　**外書考一卷**　（□）□□撰　**孟子逸文一卷**　（戰國）孟軻撰　（清）林春溥注　清咸豐二年(1852)閩縣林氏稿本　一冊

350000－2001－0009805　018.17/85
宋元本行格表二卷　（清）江標輯　清光緒二十三年(1897)湘潭劉肇隅刻本　四冊

350000－2001－0009806　921.317－5
史記菁華錄六卷　（清）姚祖恩撰　清光緒十三年(1887)上海蜚英館石印本　六冊　存五卷(一至三、五至六)

350000－2001－0009807　921.02/362
竹書紀年校正十四卷　（清）郝懿行撰　清光緒五年(1879)東路廳署刻郝氏遺書本　二冊

350000－2001－0009808　422.9/945＝1
國朝書人輯略十一卷首一卷　震鈞輯　清光緒三十四年(1908)刻本　八冊

350000－2001－0009809　921.02/393－1
竹書紀年統箋十二卷前編一卷雜述一卷

（南朝梁）沈約注　（清）徐文靖箋　（清）馬陽　（清）崔萬烜校訂　清光緒三年(1877)浙江書局刻本　四冊

350000－2001－0009810　487.1/250
王知齋琴譜八卷　（清）周魯封撰　清乾隆十一年(1746)刻本　二冊

350000－2001－0009811　921.02/393－1
竹書紀年統箋十二卷前編一卷雜述一卷
（南朝梁）沈約注　（清）徐文靖箋　（清）馬陽　（清）崔萬烜校訂　清光緒二十三年(1897)圖書集成局石印本　二冊

350000－2001－0009812　921.02/393＝2
竹書紀年統箋十二卷前編一卷雜述一卷
（南朝梁）沈約注　（清）徐文靖箋　（清）馬陽　（清）崔萬烜校訂　清光緒三年(1877)浙江書局刻本　四冊

350000－2001－0009813　500/15
物理小識十二卷總論一卷　（清）方以智撰　清光緒十年(1884)寧靜堂刻本　六冊

350000－2001－0009814　921.02/393＝3
竹書紀年統箋十二卷前編一卷雜述一卷
（南朝梁）沈約注　（清）徐文靖箋　（清）馬陽　（清）崔萬烜校訂　清光緒三年(1877)浙江書局刻本　四冊

350000－2001－0009815　921.02/393＝4
竹書紀年統箋十二卷前編一卷雜述一卷
（南朝梁）沈約注　（清）徐文靖箋　（清）馬陽　（清）崔萬烜校訂　清光緒三年(1877)浙江書局刻本　四冊

350000－2001－0009816　921.02/393＝5
竹書紀年統箋十二卷前編一卷雜述一卷
（南朝梁）沈約注　（清）徐文靖箋　（清）馬陽　（清）崔萬烜校訂　清光緒三年(1877)浙江書局刻本　四冊

350000－2001－0009817　500/136
物詮八卷附校勘記一卷　（清）汪紱撰　清光緒九年(1883)刻本　四冊

350000－2001－0009818　504/557

物理論一卷　（晉）楊泉撰　清嘉慶十年(1805)刻本　一冊

350000－2001－0009819　921.02/430

竹書紀年二卷　（清）張宗泰校補　清嘉慶二年(1797)刻本　一冊

350000－2001－0009820　504/935

康熙幾暇格物編二卷　（清）聖祖玄燁撰　清末石印本　二冊

350000－2001－0009821　921.02/446

竹書紀年二卷附考一卷　（清）陳詩集注　清嘉慶十年(1805)蘄州陳氏刻本　一冊

350000－2001－0009822　508/642

科學叢書第二集六種　樊炳清輯　清光緒二十九年(1903)教育世界出版所石印本　六冊

350000－2001－0009823　508/940

格致叢書□□種　（清）沈紘譯　清末至民國初石印本　四冊　存四種(妝品編六章、金類染色法一卷、染色法一卷、合金錄一卷)

350000－2001－0009824　921.02/598

校補竹書紀年二卷原委一卷　（清）趙紹祖撰　清道光趙氏古墨齋刻本　一冊

350000－2001－0009825　018.17/564

書林清話十卷　葉德輝述　清宣統三年(1911)石印本　五冊

350000－2001－0009826　018.17/564＝1

書林清話十卷　葉德輝述　清宣統三年(1911)石印本　十冊

350000－2001－0009827　510.35/966

算式解法十四卷　（清）華蘅芳筆述　清光緒二十五年(1899)刻江南製造局所刻書本　二冊

350000－2001－0009828　174.1/25

欽定元承華事略補圖二卷　（元）王惲撰　清末石印本　二冊

350000－2001－0009829　510.35/969－1

算式集要四卷　（英國）哈司韋輯　（英國）傅

蘭雅口譯　（清）江衡筆述　清光緒江南機器製造總局刻本　二冊

350000－2001－0009830　018.17/448

式訓堂叢書初集十五種　（清）章壽康輯　清光緒會稽章氏刻本　五冊　存三種七卷(經籍跋文一卷、竹汀先生日記鈔三卷、曝書雜記三卷)

350000－2001－0009831　510.74/841

最新小學數學教科書二卷　（清）□□編　清光緒三十三年(1907)鉛印本　二冊

350000－2001－0009832　511/3

白芙堂算學叢書二十一種　（清）丁取忠輯　清同治十三年至光緒元年(1874－1875)長沙古荷花池精舍刻本　三十冊

350000－2001－0009833　511/15

數度衍二十三卷首三卷　（清）方中通撰　清康熙二十六年(1687)刻本　八冊

350000－2001－0009834　422.1/939

草訣百韻歌一卷　（晉）王羲之書　清光緒三十三年(1907)章福記石印本　一冊

350000－2001－0009835　511/16

代數通藝錄十六卷　（清）方愷撰　清光緒十六年(1890)刻本　四冊

350000－2001－0009836　422.9/169

古今楹聯彙刻小傳十二集首集一集外集一集　（清）吳隱輯　清光緒三十二年(1906)西泠印社刻本　二冊

350000－2001－0009837　511/100

新編算學啓蒙三卷附勘誤一卷　（元）朱世傑編撰　（清）羅士琳勘誤　清道光十九年(1839)刻本　一冊

350000－2001－0009838　422.1/623

楷法溯源十四卷古碑目錄一卷　（清）潘存輯　（清）楊守敬編　清光緒三年至四年(1877－1878)宜都楊氏刻本　十五冊

350000－2001－0009839　511/100－1

新編算學啓蒙三卷附算學啓識誤一卷　（元）

朱世傑編撰　（清）羅士琳勘誤　清同治十年
(1871)刻本　二冊

350000－2001－0009840　511/158

開方說三卷　（清）李銳撰　清光緒十六年
(1890)上海醉六堂刻本　一冊

350000－2001－0009841　511/169

白芙堂算學叢書二十一種　（清）丁取忠輯
清光緒二十三年(1897)上海文瀾書局石印本
一冊

350000－2001－0009842　511/183

算迪八卷　（清）何夢瑤撰　清道光二十五年
(1845)南海伍氏粵雅堂文字歡娛室刻嶺南遺
書本　十冊

350000－2001－0009843　511/423

曆算叢書輯要六十二卷首一卷　（清）梅文鼎
著　清乾隆十年(1745)刻本　十四冊

350000－2001－0009844　018.214/23

崇文總目五卷　（宋）王堯臣等編次　（清）錢
東垣輯釋　補遺一卷附錄一卷　（清）錢侗輯
清嘉慶三年至四年(1798－1799)嘉定秦氏
刻汗筠齋叢書本　六冊

350000－2001－0009845　921.04/352

繹史一百六十卷世系圖一卷年表一卷　（清）
馬驌撰　清刻本　二十六冊

350000－2001－0009846　921.04/352－2

繹史一百六十卷世系圖一卷年表一卷　（清）
馬驌撰　清同治七年(1868)刻本　四十冊

350000－2001－0009847　511/423－1

曆算叢書輯要六十二卷首一卷　（清）梅文鼎
著　清乾隆二十六年(1761)刻本　十四冊

350000－2001－0009848　511/423.2

兼濟堂纂刻梅勿菴先生曆算全書二十九種
（清）梅文鼎著　清光緒十一年(1885)敦懷書
屋刻本　二十四冊

350000－2001－0009849　018.217/10.1

欽定天祿琳琅書目十卷　（清）于敏中等編校
欽定天祿琳琅書目後編二十卷　（清）彭元

瑞續編　清光緒十年(1884)長沙王氏刻本
十二冊

350000－2001－0009850　422.1/478

書法正傳十卷　（清）馮武編輯　清康熙、雍
正虞山馮氏世豸堂刻本　二冊

350000－2001－0009851　511/424－3

御製數理精蘊上編五卷下編四十卷表八卷
（清）聖祖玄燁撰　清光緒八年(1882)刻本
四十冊

350000－2001－0009852　511/424－2

御製數理精蘊上編五卷下編四十卷表八卷
（清）聖祖玄燁撰　清末刻本　八冊　存四十
五卷(上編五卷、下編四十卷)

350000－2001－0009853　015.2/563＝1

藏書紀事詩六卷　葉昌熾撰　清光緒二十三
年(1897)元和江氏刻靈鶼閣叢書本　十二冊

350000－2001－0009854　427/4

芥子園畫傳四集四卷　（清）丁皋著　圖章會
纂一卷續纂印論一卷　（清）李漁纂輯　清嘉
慶、道光刻本　四冊

350000－2001－0009855　018.217/10.1＝1

欽定天祿琳琅書目十卷　（清）于敏中等編校
欽定天祿琳琅書目後編二十卷　（清）彭元
瑞續編　清光緒十年(1884)長沙王氏刻本
十冊

350000－2001－0009856　921.09/151－1

尚史七十二卷　（清）李鍇撰　清嘉慶十九年
(1814)刻本　二十四冊

350000－2001－0009857　511/424－1

御製數理精蘊上編五卷下編四十卷表八卷
（清）聖祖玄燁撰　清刻本　十二冊　存三十
四卷(上編五卷,下編一至十六、四十一至四
十五,表八卷)

350000－2001－0009858　921.09/151－1＝1

尚史七十二卷　（清）李鍇撰　清嘉慶十九年
(1814)刻本　二十四冊

350000－2001－0009859　427/244

冬心先生題畫記五卷　（清）金農撰　清同治
十一年(1872)潘氏桐西書屋刻本　一冊

350000－2001－0009860　511/423.3

筆算五卷　（清）梅文鼎學　清康熙四十五年
(1706)刻本　二冊

350000－2001－0009861　511/274

元代合參三卷　（清）胡豫　（清）沈光烈撰
清光緒二十九年(1903)石印本　一冊

350000－2001－0009862　511/383

百雞術衍二卷　（清）時曰醇編述　清同治十
二年(1873)長沙荷花沱刻本　二冊

350000－2001－0009863　427/23－1

芥子園畫傳二集八卷　（清）王槩摹並輯　清
乾隆四十七年(1782)金閶書業堂刻本　一冊
　存二卷(竹譜二卷)

350000－2001－0009864　511/224

數學精詳十一卷首一卷末一卷　（清）屈增發
輯　清同治十年(1871)學海堂刻本　五冊

350000－2001－0009865　427/23－6

芥子園畫傳初集五卷　（清）王槩摹並輯　清
末石印本　一冊　存一卷(一)

350000－2001－0009866　427/23－5

芥子園畫傳初集六卷二集九卷三集六卷
（清）王槩摹並輯　清光緒十四年(1888)石印
本　四冊　存五卷(初集四至六、二集三至
四)

350000－2001－0009867　921.09/347＝1

世本十卷　（清）秦嘉謨輯補　清嘉慶二十三
年(1818)琳琅仙館刻本　四冊

350000－2001－0009868　511/431

翠微山房數學十二種　（清）張作楠學算　清
刻本　七冊　存五種十五卷(方田通法補例
六卷、更漏中星表三卷、高弧細草一卷、弧三
角舉隅一卷、揣籥小錄一卷續錄三卷)

350000－2001－0009869　427/23－4

芥子園畫傳初集六卷二集九卷三集六卷
（清）王槩摹並輯　清末石印本　三冊　存十

七卷(初集五至六、二集九卷、三集六卷)

350000－2001－0009870　921.09/347－1

世本四卷　（清）秦嘉謨輯補　清嘉慶刻本
四冊

350000－2001－0009871　427/23－2

芥子園畫傳初集六卷二集九卷三集六卷
（清）王槩摹並輯　清乾隆四十七年(1782)金
閶書業堂清末重修本　十二冊

350000－2001－0009872　427/23－3

芥子園畫傳二集八卷首一卷　（清）王槩摹並
輯　清乾隆四十七年(1782)金閶文淵堂刻本
　四冊

350000－2001－0009873　427/23

芥子園畫傳初集五卷　（清）王槩摹並輯　清
康熙十八年(1679)刻本　五冊

350000－2001－0009874　426.7/791

顧平叔書金剛般若波羅蜜經不分卷　（清）顧
允昌書　清宣統三年(1911)中國圖書公司石
印本　一冊

350000－2001－0009875　426.7/462

崔育之楷書墨蹟不分卷　（清）崔才英書　清
光緒九年(1883)稿本　一冊

350000－2001－0009876　921.09/775

重訂路史全本五種　（宋）羅泌著　（明）吳弘
基訂　清嘉慶六年(1801)刻本　十六冊

350000－2001－0009877　921.09/775＝1

重訂路史全本五種　（宋）羅泌著　（明）吳弘
基訂　清嘉慶六年(1801)刻本　十六冊

350000－2001－0009878　921.09/775＝2

重訂路史全本五種　（宋）羅泌著　（明）吳弘
基訂　清嘉慶六年(1801)刻本　二十冊

350000－2001－0009879　921.09/775＝3

重訂路史全本五種　（宋）羅泌著　（明）吳弘
基訂　清嘉慶六年(1801)刻本　十四冊

350000－2001－0009880　018.217/21

欽定四庫全書考證一百卷　（清）王太岳等編
　清乾隆四十一年(1776)刻道光二十七年

（1847）重修武英殿聚珍版書本　七十九冊
存九十九卷（二至一百）

350000－2001－0009881　426.7/439
陸潤庠相國楷書法一卷　（清）陸潤庠書　清
末二酉山房刻本　一冊

350000－2001－0009882　921.09/775－4
路史節讀十卷　（宋）羅泌纂　（清）廖文錦節
訂　清光緒二十七年（1901）嘉定廖氏刻本
四冊

350000－2001－0009883　018.217/271
欽定四庫全書存目十卷　（清）胡虔等錄　清
乾隆五十八年（1793）刻本　四冊

350000－2001－0009884　426.2/165
孝經一卷　（清）吳大澂書　清光緒十一年
（1885）石印本　一冊

350000－2001－0009885　921.09/784
古史六十卷　（宋）蘇轍撰　清嘉慶元年
（1796）掃葉山房刻本　六冊

350000－2001－0009886　429.7/138
沙山春先生畫冊不分卷　（清）沙馥作　清光
緒十六年（1890）石印本　二冊

350000－2001－0009887　921.4/37
逸周書十卷附錄一卷校正補遺一卷　（晉）孔
晁注　（清）盧文弨校勘　清乾隆五十一年
（1786）餘姚盧氏抱經堂刻本　一冊

350000－2001－0009888　921.4/37＝1
逸周書十卷附錄一卷校正補遺一卷　（晉）孔
晁注　（清）盧文弨校勘　清乾隆五十一年
（1786）餘姚盧氏抱經堂刻本　一冊

350000－2001－0009889　922.74/376＝1
周書斠補四卷　（清）孫詒讓撰　清光緒二十
六年（1900）刻本　一冊

350000－2001－0009890　921.4/722.2
穆天子傳六卷首一卷末一卷　（晉）郭璞注
（清）檀萃疏　清石渠閣刻本　八冊

350000－2001－0009891　921.5/23
鮮虞中山國事表疆域圖說一卷　王先謙撰

清光緒九年（1883）長沙王氏刻本　一冊

350000－2001－0009892　921.5/287＝2
國語二十一卷　（三國吳）韋昭注　校刊明道
本韋氏解國語札記一卷　（清）黃丕烈撰　國
語明道本攷異四卷　（清）汪遠孫撰　清同治
八年（1869）湖北崇文書局刻本　五冊

350000－2001－0009893　921.5/287
國語二十一卷　（三國吳）韋昭注　校刊明道
本韋氏解國語札記一卷　（清）黃丕烈撰　國
語明道本攷異四卷　（清）汪遠孫撰　清同治
八年（1869）湖北崇文書局刻本　二冊　存七
卷（國語一至三、國語明道本考異四卷）

350000－2001－0009894　511/431－1
翠微山房數學十二種　（清）張作楠學算　清
刻本　十四冊

350000－2001－0009895　511/443
勾股引蒙不分卷　（清）陳訏輯　清康熙六十
一年（1722）刻本　一冊

350000－2001－0009896　018.217/320－1
欽定四庫全書總目二百卷首一卷　（清）紀昀
等編　清同治七年（1868）廣東書局刻本　一
百二十冊

350000－2001－0009897　018.217/320－1＝1
欽定四庫全書總目二百卷首一卷　（清）紀昀
等編　清同治七年（1868）廣東書局刻本　一
百十六冊　存一百九十六卷（一至一百四十、
一百四十二、一百四十四至一百四十五、一百
四十七、一百五十至二百，首一卷）

350000－2001－0009898　018.217/320－2
欽定四庫全書總目二百卷首四卷　（清）紀昀
等纂　清光緒二十一年（1895）刻本　六十六
冊　存一百三十一卷（一至五十四、一百二十
八至二百，首四卷）

350000－2001－0009899　921.5/287－1
國語二十一卷　（三國吳）韋昭注　校刊明道
本韋氏解國語札記一卷　（清）黃丕烈撰　國
語明道本考異四卷　（清）汪遠孫撰　清光緒
三年（1877）永康胡鳳丹退補齋刻本　五冊

350000－2001－0009900　511/500

觀象廬叢書十九種　（清）呂調陽撰輯　清光緒十四年(1888)葉長高刻本　一冊　存二種二卷(弧角拾遺一卷、下學菴勾股六術一卷)

350000－2001－0009901　511/526

里堂學算記五種　（清）焦循撰　清嘉慶四年(1799)刻焦氏叢書本　七冊　存四種十五卷(加減乘除釋八卷、天元一釋二卷、釋弧三卷、釋輪二卷)

350000－2001－0009902　511/535

增刪算法統宗十二卷　（明）程大位編集（清）梅穀成增刪　清光緒二十一年(1895)上海文瑞樓石印本　二冊

350000－2001－0009903　511/535＝1

增刪算法統宗十二卷　（明）程大位編集（清）梅穀成增刪　清光緒二十一年(1895)上海文瑞樓石印本　二冊

350000－2001－0009904　511/576

格術補一卷　（清）鄒伯奇著　清光緒三年(1877)古荷池精舍刻本　一冊

350000－2001－0009905　921.5/287＝1

國語二十一卷　（三國吳）韋昭注　**校刊明道本韋氏解國語札記一卷**　（清）黃丕烈撰　**國語明道本攷異四卷**　（清）汪遠孫撰　清同治八年(1869)湖北崇文書局刻本　五冊

350000－2001－0009906　511/576.1

鄒徵君遺書六種　（清）鄒伯奇撰　清光緒二十二年(1896)上海鴻寶齋石印本　二冊

350000－2001－0009907　018.217/320－3

欽定四庫全書總目二百卷首一卷　（清）紀昀等纂　清宣統二年(1910)存古齋石印本　三十一冊　存一百九十六卷(一至四十三、四十九至二百,首一卷)

350000－2001－0009908　529.2/644

毖緯瑣言一卷　（清）厲之鍔纂　清嘉慶五年(1800)刻本　一冊

350000－2001－0009909　511/679

九章算術九卷　（晉）劉徽注　（唐）李淳風註釋　**九章算術音義一卷**　（唐）李籍撰　清乾隆四十二年(1777)福建刻道光、同治遞修光緒二十一年(1895)增補武英殿聚珍版書本　二冊

350000－2001－0009910　018.217/320－3＝1

欽定四庫全書總目二百卷首一卷　（清）紀昀等纂　清宣統二年(1910)存古齋石印本　三十二冊

350000－2001－0009911　018.217/320－3＝2

欽定四庫全書總目二百卷首一卷　（清）紀昀等纂　清宣統二年(1910)存古齋石印本　十六冊　存九十三卷(一百八至二百)

350000－2001－0009912　921.5/287－2

國語二十一卷　（三國吳）韋昭注　（宋）宋庠補音　清刻本　四冊

350000－2001－0009913　018.217/320－6

欽定四庫全書簡明目錄二十卷首一卷　（清）紀昀等纂　清乾隆五十九年(1794)刻本　十二冊

350000－2001－0009914　018.353/394

古越藏書樓書目二十卷首一卷　（清）徐樹蘭編　清光緒三十年(1904)崇實書局石印本　八冊

350000－2001－0009915　921.5/428

越絕書十五卷　（漢）袁康撰　**札記一卷**　(清)錢培名撰　清光緒四年(1878)金山錢氏刻小萬卷樓叢書本　三冊

350000－2001－0009916　921.5/491

周季編略九卷　（清）黃式三纂　清同治十二年(1873)浙江書局刻儆居遺書本　四冊

350000－2001－0009917　018.54/33

遂初堂書目一卷　（宋）尤袤撰　清道光二十六年(1846)刻海山仙館叢書本　一冊

350000－2001－0009918　921.5/710

國語讀本一卷　（清）鮑薵編　清寶章堂刻本　一冊

350000－2001－0009919　427.9/471

玉臺畫史五卷別錄一卷　（清）湯漱玉輯　清道光十七年（1837）錢塘汪氏振綺堂刻本　一冊

350000－2001－0009920　427.9/441

畫林新詠三卷補遺一卷　（清）陳文述撰（清）蔣慶保編　清道光七年（1827）刻本　一冊　存二卷（一至二）

350000－2001－0009921　921.5/765

國語釋地三卷　（清）譚澐著　清光緒六年（1880）味義根齋刻本　一冊

350000－2001－0009922　427.9/471＝1

玉臺畫史五卷別錄一卷　（清）湯漱玉輯　清道光十七年（1837）錢塘汪氏振綺堂刻本　一冊

350000－2001－0009923　921.6/322

戰國策三十三卷　（漢）高誘注　清乾隆二十一年（1756）盧氏刻雅雨堂叢書本　六冊

350000－2001－0009924　427.9/431

國朝畫徵錄三卷續錄二卷　（清）張庚著　清乾隆刻本　一冊

350000－2001－0009925　427.9/431－1

國朝畫徵錄三卷續錄二卷　（清）張庚著　清乾隆刻本　一冊

350000－2001－0009926　018.54/389

昭德先生郡齋讀書志二十卷　（宋）晁公武撰（宋）姚應績編　**附志二卷**　（宋）趙希弁撰　**郡齋讀書志攷證一卷校補一卷二本四卷考異一卷**　王先謙撰　清光緒十年（1884）長沙王氏刻本　十冊

350000－2001－0009927　427.9/249

讀畫錄四卷　（清）周亮工撰　（清）周在浚編　清康熙十二年（1673）會稽煙雲過眼堂刻嘉慶二年（1797）重修本　一冊

350000－2001－0009928　018.217/503

四庫書目略二十卷首一卷附錄一卷　（清）費莫文良輯　清同治九年（1870）費莫氏刻本

十二冊

350000－2001－0009929　722.7/706

九經文字考一卷　（清）錢坫纂　清抄本　一冊

350000－2001－0009930　921.6/332－2

戰國策三十三卷　（漢）高誘注　**重刻剡川姚氏本戰國策札記三卷**　（清）黃丕烈撰　清同治八年（1869）湖北崇文書局刻本　五冊

350000－2001－0009931　921.6/332－1

戰國策三十三卷　（漢）高誘注　**重刻剡川姚氏本戰國策札記三卷**　（清）黃丕烈撰　清光緒三年（1877）永康胡氏退補齋刻本　五冊

350000－2001－0009932　018.22/2

武林藏書錄三卷首一卷末一卷　（清）丁申撰　清光緒二十六年（1900）嘉惠堂刻武林掌故叢編本　二冊

350000－2001－0009933　920.408/830－1

左傳紀事本末五十三卷　（清）高士奇撰　清光緒光二十五年（1899）慎記書莊石印本　三冊

350000－2001－0009934　921.6/332－2＝1

戰國策三十三卷　（漢）高誘注　**重刻剡川姚氏本戰國策札記三卷**　（清）黃丕烈撰　清同治八年（1869）湖北崇文書局刻本　一冊　存三卷（札記三卷）

350000－2001－0009935　427.4/662

竹波軒楳冊不分卷　（清）鄭淳撰　清道光十八年（1838）刻本　一冊

350000－2001－0009936　018.22/556

浙江藏書樓甲編四卷附叢書彙錄一卷乙編一卷附補遺一卷日文書目一卷　（清）胡煥等編　清光緒三十三年（1907）鉛印本　三冊

350000－2001－0009937　921.6/535

戰國策九卷　（清）程豢初集注　清雍正十二年（1734）刻本　四冊

350000－2001－0009938　018.22/556＝1

浙江藏書樓甲編四卷附叢書彙錄一卷乙編一

卷附補遺一卷日文書目一卷 （清）胡煥等編
清光緒三十三年（1907）鉛印本 三冊

350000－2001－0009939 018.217/320－9
欽定四庫全書簡明目錄二十卷首一卷 （清）
紀昀等纂 清同治七年（1868）廣東書局刻本
十六冊

350000－2001－0009940 427/751
習苦齋畫絮十卷 （清）戴熙撰 （清）惠年編
輯 清光緒十九年（1893）刻本 四冊

350000－2001－0009941 921.6/710
戰國策校注十卷 （宋）鮑彪撰 （元）吳師道
校 清光緒二十二年（1896）刻惜陰軒叢書本
八冊

350000－2001－0009942 018.217/320－7
欽定四庫全書簡明目錄二十卷首一卷 （清）
紀昀等纂 清乾隆刻本 十二冊

350000－2001－0009943 018.217/320－7＝1
欽定四庫全書簡明目錄二十卷首一卷 （清）
紀昀等纂 清乾隆刻本 十二冊

350000－2001－0009944 921.6/710＝1
戰國策校注十卷 （宋）鮑彪撰 （元）吳師道
校 清光緒二十二年（1896）刻惜陰軒叢書本
八冊

350000－2001－0009945 921/675＝1
楚漢諸侯疆域志三卷 （清）劉文淇撰 清光
緒十五年（1889）刻廣雅書局叢書本 一冊

350000－2001－0009946 922/705
後漢書補表八卷 （清）錢大昭撰 清嘉慶三
年（1798）嘉定秦氏刻汗筠齋叢書本 二冊

350000－2001－0009947 427/751－1
習苦齋畫絮十卷 （清）戴熙撰 （清）惠年編
輯 清光緒十九年（1893）刻本 四冊

350000－2001－0009948 922.2/128.1＝1
漢書疏證三十六卷 （清）沈欽韓撰 清光緒
二十六年（1900）浙江官書局刻本 二十四冊

350000－2001－0009949 427/568－2
畫禪室隨筆四卷 （明）董其昌撰 （清）汪汝

祿編次 明末清初刻雍正重印本 一冊 存
一卷(二)

350000－2001－0009950 922.1/135
漢書地理志二卷 （清）汪遠孫撰 清同治十
年（1871）永康胡鳳丹退補齋刻本 一冊

350000－2001－0009951 922.1/135＝1
漢書地理志二卷 （清）汪遠孫撰 清同治十
年（1871）永康胡鳳丹退補齋刻本 一冊

350000－2001－0009952 922.1/181
前漢書注考證一卷後漢書注考證一卷 （清）
何若瑤撰 清光緒二十年（1894）刻廣雅書局
叢書本 一冊

350000－2001－0009953 922/210－1
杭大宗七種叢書 （清）杭世駿撰 清乾隆刻
本 二冊 存四種九卷(漢書蒙拾三卷、後漢
書蒙拾二卷、晉書補傳贊一卷、榕城詩話三
卷)

350000－2001－0009954 922/210－2
漢書蒙拾三卷後漢書蒙拾二卷 （清）杭世駿
鈔撰 （清）湯蕚棠審 清刻本 二冊

350000－2001－0009955 427/348.1
桐陰論畫初編二卷二編二卷三編二卷 （清）
秦祖永撰 清同治三年至光緒八年（1864－
1882）刻朱墨套印本 四冊

350000－2001－0009956 922.1/333
前漢書菁華錄四卷後漢書菁華錄二卷附蜀漢
文一卷 （清）高嵣撰 清光緒二十六年
（1900）上海書局石印本 三冊 存六卷(前
漢書菁華錄四卷、後漢書菁華錄二卷)

350000－2001－0009957 922.1/333＝1
前漢書菁華錄四卷後漢書菁華錄二卷附蜀漢
文一卷 （清）高嵣撰 清光緒二十六年
（1900）上海書局石印本 四冊 存四卷(前
漢書菁華錄四卷)

350000－2001－0009958 018.54/445
直齋書錄解題二十二卷 （宋）陳振孫撰 清
乾隆四十二年（1777）福建刻道光、同治遞修

光緒二十一年(1895)增補武英殿聚珍版書本
　　八冊

350000－2001－0009959　018.54/445＝1
直齋書錄解題二十二卷　(宋)陳振孫撰　清
乾隆四十二年(1777)福建刻道光、同治遞修
光緒二十一年(1895)增補武英殿聚珍版書本
　　七冊　存十二卷(一至十二)

350000－2001－0009960　018.54/445－1
直齋書錄解題二十二卷　(宋)陳振孫撰　清
光緒九年(1883)江蘇書局刻本　六冊

350000－2001－0009961　018.54/445－1＝1
直齋書錄解題二十二卷　(宋)陳振孫撰　清
光緒九年(1883)江蘇書局刻本　六冊

350000－2001－0009962　082.77/106＝1
粵雅堂叢書三編三十集一百八十四種　(清)
伍崇曜輯　清道光至光緒間南海伍氏刻本
三冊　存二種十二卷(菉竹堂書目六卷、菉竹
堂碑目六卷)

350000－2001－0009963　511/751
勾股割圓記三卷　(清)戴震撰　(清)吳思孝
注　清微波榭刻本　一冊

350000－2001－0009964　018.57/2
善本書室藏書志四十卷附錄一卷　(清)丁丙
輯　清光緒二十七年(1901)錢塘丁氏刻本
十六冊

350000－2001－0009965　511.21/156
孫子算經三卷　(唐)李淳風等注　清末刻本
　　一冊

350000－2001－0009966　511/775
比例滙通四卷　(清)羅士琳演　清嘉慶二十
三年(1818)刻本　二冊

350000－2001－0009967　511/938
割圓密率捷法四卷　(清)明安圖撰　(清)陳
際新補　清道光二十年(1840)石梁岑氏刻本
　　一冊

350000－2001－0009968　511/966
代數術二十五卷首一卷　(英國)華里司輯

(英國)傅蘭雅口譯　(清)華蘅芳筆述　清同
治十三年(1874)刻江南製造局所刻書本
六冊

350000－2001－0009969　511/966.1
代數難題解法十六卷　(英國)倫德編輯
(英國)傅蘭雅口譯　(清)華蘅芳筆述　清光
緒九年(1883)刻江南製造局所刻書本　六冊

350000－2001－0009970　018.57/2＝1
善本書室藏書志四十卷附錄一卷　(清)丁丙
輯　清光緒二十七年(1901)錢塘丁氏刻本
八冊

350000－2001－0009971　511/967
圜容較義一卷　(意大利)利瑪竇授　(明)李
之藻演　清道光二十七年(1847)刻本　一冊

350000－2001－0009972　511.21/156－1
孫子算經三卷　(唐)李淳風等注　清末刻本
　　一冊

350000－2001－0009973　511/970
三角數理十二卷　(英國)海麻士輯　(英國)
傅蘭雅口譯　(清)華蘅芳筆述　清光緒三年
(1877)刻江南製造局所刻書本　五冊　存十
卷(三至十二)

350000－2001－0009974　511.227/371
武英殿聚珍版書一百四十八種　(清)高宗弘
曆敕纂　(清)□□輯　清乾隆四十二年
(1777)福建刻道光、同治遞修光緒二十一年
(1895)增修本　一冊　存二種八卷(夏侯陽
算經三卷、五曹算經五卷)

350000－2001－0009975　018.57/2＝2
善本書室藏書志四十卷附錄一卷　(清)丁丙
輯　清光緒二十七年(1901)錢塘丁氏刻本
十六冊

350000－2001－0009976　121.24/φ213
莊子因六卷　(清)林雲銘評述　清乾隆四十
五年(1780)梅園萃華堂刻本　六冊

350000－2001－0009977　511.27/444
緝古算經圖解三卷　(清)陳杰著　清道光三

年(1823)敷文閣刻本　一冊

350000－2001－0009978　511/972－1

决疑數學十卷首一卷　(英國)傅蘭雅口譯
(清)華蘅芳筆述　清刻本　四冊

350000－2001－0009979　511/972.1

數學理九卷附一卷　(英國)棣麼甘撰　(英
國)傅蘭雅口譯　(清)趙元益筆述　清光緒
五年(1879)刻江南製造局所刻書本　四冊

350000－2001－0009980　514/395

校正增補代數備旨全草十三卷附勾股演代一
卷　(美國)狄考文撰　(清)徐錫麟編　清光
緒三十一年(1905)上海玉鱗書局石印本
六冊

350000－2001－0009981　922.1/350

前漢書一百卷　(漢)班固撰　(唐)顏師古注
　清同治八年(1869)金陵書局刻二十四史本
　三十二冊

350000－2001－0009982　018.57/53

汲古閣珍藏秘本書目一卷　(清)毛扆書　清
光緒十一年(1885)吳縣朱氏槐廬刻本　一冊

350000－2001－0009983　018.57/3

持靜齋書目四卷續增書目一卷　(清)丁日昌
輯　清同治刻本　五冊

350000－2001－0009984　018.57/85

江刻書目三種　(清)江標輯　清光緒元和江
氏靈鶼閣刻蘇州振新書社印本　四冊

350000－2001－0009985　018.57/85＝1

江刻書目三種　(清)江標輯　清光緒元和江
氏靈鶼閣刻蘇州振新書社印本　四冊

350000－2001－0009986　922.1/350－1

前漢書一百卷首一卷　(漢)班固撰　(唐)顏
師古注　清光緒二十六年(1900)長沙王氏刻
本　三十二冊

350000－2001－0009987　018.57/100

行素堂目睹書錄十卷　(清)朱記榮輯訂　清
光緒十年(1884)吳縣朱氏槐廬刻本　四冊
存四卷(一至四)

350000－2001－0009988　520/28

六經天文編二卷　(宋)王應麟撰　清刻本
二冊

350000－2001－0009989　018.57/100＝1

行素堂目睹書錄十卷　(清)朱記榮輯訂　清
光緒十年(1884)吳縣朱氏槐廬刻本　十冊

350000－2001－0009990　018.57/100＝2

行素堂目睹書錄十卷　(清)朱記榮輯訂　清
光緒十年(1884)吳縣朱氏槐廬刻本　十冊

350000－2001－0009991　520/154

星土釋三卷首一卷　(清)李林松編輯　清刻
本　四冊

350000－2001－0009992　520/154＝1

星土釋三卷首一卷　(清)李林松編輯　清刻
本　一冊

350000－2001－0009993　444.1/792

篆學瑣著三十卷　(清)顧湘輯　清道光二十
年(1840)海虞顧氏刻本　八冊

350000－2001－0009994　520/395.1

高厚蒙求四集八種　(清)徐朝俊纂　清嘉慶
十二年至二十年(1807－1815)刻本　三冊

350000－2001－0009995　018.57/135

藝芸書舍宋元本書目二卷　(清)汪士鐘撰
清同治十二年(1873)刻滂喜齋叢書本　一冊

350000－2001－0009996　520/705

三統術衍三卷鈐一卷　(清)錢大昕撰　清嘉
慶六年(1801)浙江撫署刻本　二冊

350000－2001－0009997　444.1/444

篆刻鍼度八卷　(清)陳克恕述　清光緒三年
(1877)刻本　二冊

350000－2001－0009998　520/497

管窺輯要八十卷　(清)黃鼎纂定　清順治十
年(1653)刻本　二十八冊

350000－2001－0009999　520/497－1

管窺輯要八十卷附天文步天歌一卷　(清)黃
鼎纂定　清末刻本　二十四冊

350000－2001－0010000　520/756

大唐開元占經一百二十卷　（唐）釋瞿曇悉達等撰　清刻本　二十四冊

350000－2001－0010001　018.57/167

拜經樓藏書題跋記五卷附錄一卷　（清）吳壽暘纂　清道光二十七年(1847)刻本　三冊

350000－2001－0010002　018.57/254

延令宋板書目一卷　（清）季振宜藏　清嘉慶十年(1805)黃氏士禮居抄本　一冊

350000－2001－0010003　922.1/350－2＝1

前漢書一百二十卷　（漢）班固撰　（漢）班昭續　（唐）顏師古注　清同治十二年(1873)嶺東使署刻本　十六冊

350000－2001－0010004　922.1/350－2

前漢書一百二十卷　（漢）班固撰　（漢）班昭續　（唐）顏師古注　清同治十二年(1873)嶺東使署刻本　十六冊

350000－2001－0010005　018.57/303

天一閣書目四卷　（清）范邦甸等編次　**天一閣碑目一卷**　（清）范懋敏編次　清嘉慶十三年(1808)揚州阮氏文選樓刻本　五冊

350000－2001－0010006　520/934－1

天文一卷　（清）□□撰　清末抄本　一冊

350000－2001－0010007　520/972－2

談天十八卷附表一卷　（英國）侯失勒原本（清）李善蘭刪述　（英國）偉烈亞力口譯　清咸豐九年(1859)木活字印本　三冊

350000－2001－0010008　523.21/86

中星圖一卷　（清）江蕙撰　清光緒六年(1880)刻本　一冊

350000－2001－0010009　922.1/350.3

漢書注校補五十六卷　（清）周壽昌撰　清光緒十年(1884)長沙周壽昌小對竹軒刻本　十三冊

350000－2001－0010010　526/939

測量釋例八卷　（清）□□撰　清光緒十六年(1890)天津石印本　六冊

350000－2001－0010011　527.5/968

測侯叢談四卷　（美國）金楷理口譯　（清）華蘅芳筆述　清光緒二年(1876)刻江南製造局所刻書本　二冊

350000－2001－0010012　444.1/169

論印絕句一卷續編一卷　（清）吳騫輯　清光緒五年(1879)仁和葛元煦刻本　一冊

350000－2001－0010013　922.1/350＝1

漢書一百卷　（漢）班固撰　（唐）顏師古注清同治八年(1869)金陵書局刻二十四史本十六冊

350000－2001－0010014　529/600

周髀算經二卷　（漢）趙爽注　（北周）甄鸞重述　**周髀算經意義一卷**　（唐）李籍撰　清光緒二十一年(1895)刻本　一冊

350000－2001－0010015　529.1/347

月令粹編二十四卷圖說一卷　（清）秦嘉謨編清嘉慶十七年(1812)江都秦氏琳琅仙館刻本　四冊

350000－2001－0010016　922.2/350－1＝1

後漢書九十卷　（南朝宋）范曄撰　（唐）李賢注　（晉）司馬彪續纂　（南朝梁）劉昭續注**續志三十卷**　（晉）司馬彪撰　（南朝梁）劉昭注　清同治十二年(1873)嶺東使署刻本　十六冊

350000－2001－0010017　529.1/347－1

月令粹編二十四卷圖說一卷　（清）秦嘉謨編清光緒九年(1883)聚文書坊刻本　八冊

350000－2001－0010018　429.7/751.19

戴子高夢隱圖一卷　（清）戴望繪　清宣統元年(1909)上海神州國光社影印本　一冊

350000－2001－0010019　529.1/347＝1

月令粹編二十四卷圖說一卷　（清）秦嘉謨編清嘉慶十七年(1812)江都秦氏琳琅仙館刻本　四冊

350000－2001－0010020　529.2/444

三統術詳說四卷　（清）陳澧撰　清光緒刻本

福建省圖書館古籍普查登記目錄

468

一冊

350000 – 2001 – 0010021　429.7/795

龔半千山水冊不分卷　（清）龔賢繪　清宣統二年(1910)影印本　一冊

350000 – 2001 – 0010022　018.57/376.3

孫氏祠堂書目內編四卷外編三卷　（清）孫星衍撰　清光緒九年(1883)刻木犀軒叢書本　一冊

350000 – 2001 – 0010023　529.2/644 = 1

毖緯瑣言一卷　（清）厲之鍔纂　清嘉慶五年(1800)刻本　一冊

350000 – 2001 – 0010024　529.3/831

[丙申歲通書大成]不分卷　（清）□□編　清光緒二十三年(1897)廣州十八甫石經堂書局石印本　一冊

350000 – 2001 – 0010025　429.7/442.1

紉齋畫賸不分卷　（清）陳允升繪　清光緒二年(1876)陳氏得古歡室刻本　四冊

350000 – 2001 – 0010026　535/965

聲學八卷　（英國）田大里著　（英國）傅蘭雅口譯　（清）徐建寅筆述　清同治十三年(1874)刻江南製造局所刻書本　二冊

350000 – 2001 – 0010027　922.1/402

人表攷九卷　（清）梁玉繩撰　清光緒十四年(1888)刻廣雅書局叢書本　四冊

350000 – 2001 – 0010028　429.7/442.1 – 1

紉齋畫賸不分卷　（清）陳允升繪　清光緒二年(1876)陳氏得古歡室刻本　四冊

350000 – 2001 – 0010029　537/662

鏡鏡詅癡五卷　（清）鄭復光著　（清）楊尚文繪圖　（清）張穆編校　清道光二十七年(1847)楊氏刻本　一冊

350000 – 2001 – 0010030　922.1/402 = 1

人表攷九卷　（清）梁玉繩撰　清光緒十四年(1888)刻廣雅書局叢書本　四冊

350000 – 2001 – 0010031　429.7/575.1

鄒小山畫冊不分卷　（清）鄒一桂繪　清宣統

元年(1909)上海神州國光社影印本　一冊

350000 – 2001 – 0010032　537/970

通物電光四卷　（美國）莫耳登撰　（英國）傅蘭雅口譯　（清）王季烈筆述　清光緒二十五年(1899)刻江南製造局所刻書本　一冊

350000 – 2001 – 0010033　922.1/402 = 2

人表攷九卷　（清）梁玉繩撰　清光緒十四年(1888)刻廣雅書局叢書本　四冊

350000 – 2001 – 0010034　922.1/402 = 3

人表攷九卷　（清）梁玉繩撰　清光緒十四年(1888)刻廣雅書局叢書本　四冊

350000 – 2001 – 0010035　429.7/500

項孔彰劉玄暉合冊　（清）項聖謨繪　（明）劉光遠繪　清宣統元年(1909)上海神州國光社影印本　一冊

350000 – 2001 – 0010036　538.11/964

物體易熱改易記四卷　（英國）瓦特斯輯（英國）傅蘭雅口譯　（清）徐壽筆述　清光緒二十五年(1899)刻江南製造局所刻書本　二冊

350000 – 2001 – 0010037　549/938

礦學須知一卷　（英國）傅蘭雅著　清光緒十九年(1893)刻本　一冊

350000 – 2001 – 0010038　429.7/476.8

惲南田花卉冊　（清）惲壽平繪　清宣統元年(1909)上海神州國光社影印本　一冊

350000 – 2001 – 0010039　549/965

金石表一卷　（美國）代那著　清光緒九年(1883)江南製造總局鉛印本　一冊

350000 – 2001 – 0010040　429.7/356.1

詩中畫二卷　（清）馬濤繪　清光緒十一年(1885)石印本　二冊

350000 – 2001 – 0010041　550/973

地學淺釋三十八卷　（英國）雷俠兒撰　（美國）瑪高溫譯　（清）華蘅芳筆述　清同治十二年(1873)刻江南製造局所刻書本　八冊

350000 – 2001 – 0010042　018.57/376.1

木犀軒叢書三十三種　李盛鐸輯　清光緒德化李氏木犀軒刻本　三冊　存五種十六卷（平津館鑒藏書籍記三卷補遺一卷續編一卷、廉石居藏書記二卷、卦氣解一卷、車制攷一卷、孫氏祠堂書目內編四卷外編三卷）

350000－2001－0010043　540/934

化學須知不分卷　（英國）傅蘭雅輯　清末刻本　一冊

350000－2001－0010044　540/969

化學鑑原補編六卷　（英國）韋而司撰　（英國）傅蘭雅口譯　（清）徐壽筆述　清同治十一年（1872）刻江南製造局所刻書本　四冊

350000－2001－0010045　018.57/376.3＝1

孫氏祠堂書目內編四卷外編三卷　（清）孫星衍撰　清光緒九年（1883）刻木犀軒叢書本　二冊

350000－2001－0010046　018.57/376.2

孫氏祠堂書目內編四卷外編三卷　（清）孫星衍撰　清嘉慶十五年（1810）金陵祠屋刻木犀軒叢書本　一冊

350000－2001－0010047　018.57/390

江上雲林閣藏書目四卷　（清）倪模輯　清道光二十三年（1843）望江倪氏刻本　三冊　存三卷（一至三）

350000－2001－0010048　018.57/431

愛日精廬藏書志三十六卷續志四卷　（清）張金吾撰　清光緒十三年（1887）吳縣靈芬閣徐氏木活字印本　十冊

350000－2001－0010049　429.7/282

柳如是山水冊不分卷　（清）柳隱繪　清宣統元年（1909）上海神州國光社影印本　一冊

350000－2001－0010050　428.3/162

阮薈臺珠湖草堂圖　（清）阮元繪　清宣統元年（1909）上海神州國光社影印本　一冊

350000－2001－0010051　018.57/435

皕宋樓藏書志一百二十卷續志四卷　（清）陸心源撰　清光緒八年（1882）歸安陸氏十萬卷樓刻潛園總集本　三十二冊

350000－2001－0010052　018.57/435＝1

皕宋樓藏書志一百二十卷續志四卷　（清）陸心源撰　清光緒八年（1882）歸安陸氏十萬卷樓刻潛園總集本　三十二冊

350000－2001－0010053　018.57/435＝2

皕宋樓藏書志一百二十卷續志四卷　（清）陸心源撰　清光緒八年（1882）歸安陸氏十萬卷樓刻潛園總集本　四十二冊

350000－2001－0010054　018.57/435.1

儀顧堂題跋十六卷續跋十六卷　（清）陸心源撰　清光緒十八年（1892）歸安陸氏刻潛園總集本　四冊　存十六卷（續跋十六卷）

350000－2001－0010055　018.57/435.1＝1

儀顧堂題跋十六卷續跋十六卷　（清）陸心源撰　清光緒十八年（1892）歸安陸氏刻潛園總集本　八冊　存十六卷（續跋十六卷）

350000－2001－0010056　018.57/486

知聖道齋讀書跋尾二卷　（清）彭元瑞撰　清乾隆刻本　一冊

350000－2001－0010057　550/973－1

地學淺釋三十八卷　（英國）雷俠兒撰　（美國）瑪高溫譯　（清）華蘅芳筆述　清光緒二十四年（1898）上海富強齋石印本　三冊

350000－2001－0010058　573.12/968

新編中學生理書不分卷　（日本）坪井次郎著　（清）何琪譯　清光緒二十八年（1902）石印本　一冊

350000－2001－0010059　573.7/970＝1

高等小學生理衛生教科書不分卷　（日本）齋田功太郎著　丁福保譯　清光緒三十年（1904）上海文明書局鉛印本　一冊

350000－2001－0010060　753.12/972

初學衛生編不分卷　（美國）蓋樂格編　（英國）傅蘭雅譯　清光緒二十二年（1896）鉛印本　一冊

350000－2001－0010061　580/967

博物學教科書不分卷　（日本）飯塚啓著
（清）益智學社譯　清光緒二十八年（1902）益
智學社石印本　一冊

350000－2001－0010062　590/16

蟲薈五卷　（清）方旭撰　清光緒十六年
（1890）刻刻鵠齋叢書本　四冊

350000－2001－0010063　018.57/493

士禮居藏書題跋記六卷　（清）黃丕烈撰　清
光緒八年（1882）吳縣潘氏滂喜齋刻朱印本
四冊

350000－2001－0010064　590/152

蠕範八卷　（清）李元撰　清光緒十七年
（1891）三餘草堂刻本　四冊

350000－2001－0010065　018.57/493.2

士禮居藏書題跋記續二卷　（清）黃丕烈撰
清光緒二十二年（1896）元和江氏刻靈鶼閣叢
書本　一冊

350000－2001－0010066　590/964－1

百獸圖說一卷百鳥圖說一卷　（清）韋門道著
　清光緒八年（1882）益智書會刻本　二冊

350000－2001－0010067　599/968

百獸集說圖考不分卷　（美國）范約翰著
（清）吳子翔述　清光緒二十五年（1899）上海
美華書館鉛印本　一冊

350000－2001－0010068　610/599

重校聖濟總錄二百卷　（宋）徽宗趙佶撰
（清）王鳴珂　（清）王鳴鳳校　清乾隆五十四
年（1789）燕遠堂刻本　五十二冊

350000－2001－0010069　611.17/4

蒙學衛生教科書不分卷　丁福保撰　清光緒
二十九年（1903）上海文明書局鉛印本　一冊

350000－2001－0010070　018.57/498

五桂樓書目四卷　（清）黃澄量藏并編　清光
緒二十一年（1895）姚江黃氏刻本　一冊

350000－2001－0010071　611.215/971

實用衛生自強法不分卷　（日本）堀井宗一著
　趙必振譯　清光緒二十九年（1903）上海廣

智書局鉛印本　一冊

350000－2001－0010072　612.191/4－4＝1

衛生學問答八章　丁福保撰　清光緒二十七
年（1901）中西小學堂刻本　一冊　存五章
（一至五）

350000－2001－0010073　611.5/2－1

衛生學問答二編　丁福保撰　清光緒無錫丁
氏石印疇隱廬叢書本　一冊　存一編（上）

350000－2001－0010074　611.5/2.2

公民衛生必讀不分卷　丁福保編　清宣統元
年（1909）上海文明書局鉛印本　一冊

350000－2001－0010075　611.5/2.3

公民醫學必讀不分卷　丁福保編　清宣統元
年（1909）上海文明書局鉛印本　一冊

350000－2001－0010076　611.5/974

衛生要旨一卷　（美國）嘉約翰口譯　清光緒
九年（1883）羊城博濟醫局刻本　一冊

350000－2001－0010077　611.5/974＝1

衛生要旨一卷　（美國）嘉約翰口譯　清光緒
九年（1883）羊城博濟醫局刻本　一冊

350000－2001－0010078　612/86

筆花醫鏡四卷　（清）汪涵暾著　清光緒三十
年（1904）上海書局石印本　一冊

350000－2001－0010079　612/104

丹溪心法附徐二十四卷首一卷　（元）朱震亨
撰　（明）方廣輯　清光緒二十五年（1899）杭
州衢樽書局石印本　十二冊

350000－2001－0010080　612/104－2

丹溪先生心法五卷附錄一卷　（元）朱震亨撰
　（明）吳中珩校　清二酉堂刻本　十冊

350000－2001－0010081　922.1/705

新斠注地里志十六卷　（清）錢坫著　（清）徐
松集釋　清同治十三年（1874）會稽章貞刻本
　八冊

350000－2001－0010082　612/152

詳校醫宗必讀十卷　（明）李中梓著　清光緒
二十六年（1900）上海文宜書局石印本　四冊

350000－2001－0010083　612/156
編註醫學入門七卷首一卷　(明)李梴編註　清光緒十八年(1892)刻本　十二冊

350000－2001－0010084　612/337
吴醫彙講十一卷　(清)唐大烈纂輯　清乾隆五十七年(1792)刻嘉慶十九年(1814)重修本　四冊

350000－2001－0010085　922.1/705＝1
新斠注地里志十六卷　(清)錢坫著　(清)徐松集釋　清同治十三年(1874)會稽章貞刻本　二冊　存二卷(六、十三)

350000－2001－0010086　612/338
醫學一見能一卷　(清)唐宗海著　清同治十二年(1873)刻本　一冊

350000－2001－0010087　612/393
靈芝益壽草二種　(清)潘霨輯　清宣統二年(1910)鉛印本　一冊

350000－2001－0010088　428/599
茜牕小品不分卷　清光緒上海同文書局石印本　二冊

350000－2001－0010089　612.12/393
難經經釋二卷　(清)徐大椿釋　清光緒十五年(1889)刻本　一冊

350000－2001－0010090　922.1/705.1
補漢兵志一卷　(宋)錢文子撰　清乾隆三十四年(1769)般陽書院刻本　一冊

350000－2001－0010091　612/393.6
醫略六書三十二級　(清)徐大椿著　清光緒二十九年(1903)鉛印本　十八冊

350000－2001－0010092　018.57/498.1
學古堂捐藏書目六卷　(□)□□輯　清光緒刻本　一冊

350000－2001－0010093　429.7/26－1
冶梅槑譜不分卷　(清)王寅繪　清光緒十八年(1892)石印本　四冊

350000－2001－0010094　429.7/26
冶梅蘭譜一卷竹譜一卷　(清)王寅繪　清光緒八年(1882)合肥李氏日本刻本　二冊

350000－2001－0010095　429.6/19.2
文衡山山水花鳥冊不分卷　(明)文徵明繪　清宣統三年(1911)上海神州國光社影印本　一冊

350000－2001－0010096　427.9/651
墨林今話十八卷續編一卷　(清)蔣寶齡撰　清宣統三年(1911)上海掃葉山房石印本　六冊

350000－2001－0010097　922.1/705.2
漢書辨疑二十二卷　(清)錢大昭撰　清光緒十三年(1887)刻廣雅書局叢書本　五冊

350000－2001－0010098　922.1/705.3
後漢書辨疑十一卷　(清)錢大昭撰　清光緒十四年(1888)刻廣雅書局叢書本　二冊

350000－2001－0010099　428/103
精選畫譜采新初集不分卷　(清)畬經堂精选　清光緒二十九年(1903)宏文閣石印本　二冊

350000－2001－0010100　922.1/705.2＝1
漢書辨疑二十二卷　(清)錢大昭撰　清光緒十三年(1887)刻廣雅書局叢書本　五冊

350000－2001－0010101　922.1/705－1
新斠注地里志十六卷　(清)錢坫撰　清嘉慶二年(1797)岑陽官舍刻本　四冊

350000－2001－0010102　428/101
畫譜采新不分卷　(清)張熊等繪　清光緒十一年至十二年(1885－1886)畬經堂影印本　一冊

350000－2001－0010103　427.99/431
國朝畫徵錄三卷續錄二卷首一卷　(清)張庚著　清乾隆刻本　二冊

350000－2001－0010104　398/720＝1
漢官儀三卷　(宋)劉攽撰　清道光四年(1824)歙縣鮑崇城刻本　一冊

350000－2001－0010105　018.57/523
華延年室題跋三卷　(清)傅以禮撰　清宣統

元年(1909)餘杭俞氏鉛印本　三冊

350000－2001－0010106　612/432

張氏醫通十六卷　(清)張璐纂述　清光緒二十年(1894)上海圖書集成印書局鉛印本　十冊

350000－2001－0010107　018.57/523＝1

華延年室題跋三卷　(清)傅以禮撰　清宣統元年(1909)餘杭俞氏鉛印本　三冊

350000－2001－0010108　922.102/21

西漢年紀三十卷　(宋)王益之撰　清同治十二年(1873)永康胡氏退補齋刻金華叢書本　十冊

350000－2001－0010109　612/442

辨證冰鑑十二卷　(清)陳士鐸著　清宣統元年(1909)北京龍文閣石印本　二冊

350000－2001－0010110　922.1/705.4

續漢書辨疑九卷　(清)錢大昭撰　清光緒十四年(1888)刻廣雅書局叢書本　一冊

350000－2001－0010111　612/446

欽定古今圖書集成醫部全錄五百四十卷　(清)陳夢雷等編纂　清光緒二十年至二十三年(1894－1897)石印本　六十冊

350000－2001－0010112　612/511

嵩厓尊生全書十五卷　(清)景日昣纂著　清刻本　八冊

350000－2001－0010113　922.1/705.2＝2

漢書辨疑二十二卷　(清)錢大昭撰　清光緒十三年(1887)刻廣雅書局叢書本　五冊

350000－2001－0010114　427.99/564

國朝畫家書小傳四卷　(清)葉銘采輯　清宣統元年(1909)杭州西泠印社鉛印本　一冊

350000－2001－0010115　922.1/705.4＝1

續漢書辨疑九卷　(清)錢大昭撰　清光緒十四年(1888)刻廣雅書局叢書本　一冊

350000－2001－0010116　018.57/557.1

海源閣藏書目一卷　(清)楊紹和撰　清光緒十四年(1888)元和師鄦室刻江刻書目本

一冊

350000－2001－0010117　612/570

蒼生八卷首一卷　(明)虞搏輯　清康熙六年(1667)刻本　九冊

350000－2001－0010118　018.57/557.1＝1

海源閣藏書目一卷　(清)楊紹和撰　清光緒十四年(1888)元和師鄦室刻江刻書目本　一冊

350000－2001－0010119　922.102/21＝1

西漢年紀三十卷　(宋)王益之撰　清同治十二年(1873)永康胡氏退補齋刻金華叢書本　十冊

350000－2001－0010120　612/563

種福堂續選臨證指南四卷　(清)葉桂論　清刻本　二冊

350000－2001－0010121　612/492

四聖心源十卷　(清)黃元御撰　清道光二十九年(1849)刻本　一冊

350000－2001－0010122　922.102/384－1

兩漢紀二種附一種　(宋)王銍輯　清光緒二年(1876)嶺南學海堂刻本　十五冊

350000－2001－0010123　922.102/384

兩漢紀二種　(宋)王銍輯　清光緒三年(1877)盱南三餘書屋刻本　七冊

350000－2001－0010124　922.102/384－2

兩漢紀二種附一種　(宋)王銍輯　清光緒二年(1876)嶺南述古堂刻本　十一冊

350000－2001－0010125　018.57/557.2

楹書隅錄總目五卷續編四卷　(清)楊紹和撰　清光緒二十年(1894)聊城楊氏海源閣刻宣統三年(1911)補修本　八冊

350000－2001－0010126　612/731

明醫雜著六卷　(明)薛己註　清刻本　三冊

350000－2001－0010127　612/782

扁鵲心書三卷神方一卷　題(戰國)扁鵲傳(宋)竇材重集　(清)胡玨參論　清光緒二十八年(1902)刻本　二冊

350000－2001－0010128　612/942

醫門法集六卷　（清）喻昌著　清末刻本　五冊　存五卷（一至五）

350000－2001－0010129　612.08/2

當歸草堂醫學叢書初編十種　（清）丁丙輯　清光緒四年（1878）錢塘丁氏當歸草堂刻本　十二冊

350000－2001－0010130　444.12/376.1

漱芳書屋集印四卷　（清）孫思敬輯　清光緒二十三年（1897）鈐印本　四冊

350000－2001－0010131　018.57/557.2＝1

楹書隅錄總目五卷續編四卷　（清）楊紹和撰　清光緒二十年（1894）聊城楊氏海源閣刻宣統三年（1911）補修本　八冊

350000－2001－0010132　612.08/26－1

醫林指月十二種　（清）王琦纂輯　清光緒二十二年（1896）上海圖書集成印書局鉛印本　八冊

350000－2001－0010133　612.08/26－2

醫林指月十二種　（清）王琦纂輯　清末鉛印本　二冊　存六種八卷（醫家心法一卷、易氏醫按一卷、芷園臆草存案一卷、傷寒金鏡錄一卷、痧瘄論疏一卷痧瘄疏方一卷、達生編二帙）

350000－2001－0010134　612.08/26－1＝1

醫林指月十二種　（清）王琦纂輯　清光緒二十二年（1896）上海圖書集成印書局鉛印本　八冊

350000－2001－0010135　612.08/26

醫林指月十二種　（清）王琦纂輯　清刻本　八冊

350000－2001－0010136　922.102/491

兩漢紀校記二卷　（清）陳璞撰　清光緒刻本　一冊

350000－2001－0010137　612.08/77

瓶花書屋醫書三種　（清）包松溪等輯　清道光二十五年（1845）刻本　十二冊

350000－2001－0010138　444.12/229

學古退齋印存不分卷　（清）孟昭然輯　清光緒九年（1883）敬業書屋鈐印本　一冊

350000－2001－0010139　922.1031/393

西漢會要七十卷　（宋）徐天麟撰　清乾隆武英殿木活字印本　八冊

350000－2001－0010140　444.12/165

十六金符齋印存不分卷　（清）吳大澂篆　清宣統元年（1909）西泠印社鈐印本　三十冊

350000－2001－0010141　444.12/181

百舉齋印譜不分卷　（清）何昆玉篆　清光緒十七年至二十一年（1891－1895）鈐印本　十二冊

350000－2001－0010142　444.12/153

秦漢三十體印證二卷　（清）李陽纂輯　清道光二十年（1840）寶籍齋刻本　一冊

350000－2001－0010143　612.08/169

御纂醫宗金鑑九十卷首一卷　（清）吳謙等輯　清刻本　二十九冊　缺八卷（外科心法要訣五至六、刺灸心法要訣一至二、正骨心法要旨一至四）

350000－2001－0010144　612.08/131

沈氏尊生書五種　（清）沈金鰲撰　清同治十三年（1874）湖北崇文書局刻本　二十五冊

350000－2001－0010145　612.08/169－1

御纂醫宗金鑑九十卷首一卷　（清）吳謙等輯　清刻本　四十四冊　缺十卷（運氣要訣一卷、傷寒心法要訣三卷、雜病心法要訣五卷、外科心法要訣七）

350000－2001－0010146　612.08/169－2

御纂醫宗金鑑九十卷首一卷　（清）吳謙等輯　清光緒二年（1876）江西書局刻本　五十八冊　缺一卷（訂正仲景全書金匱要略四）

350000－2001－0010147　612.08/169－3

御纂醫宗金鑑九十卷首一卷　（清）吳謙等輯　清光緒九年（1883）掃葉山房刻本　四十八冊

350000－2001－0010148　612.08/169－5

御纂醫宗金鑑九十卷首一卷　（清）吳謙等輯
清宣統元年(1909)上海章福記石印本　十六冊

350000－2001－0010149　612.08/169－4

御纂醫宗金鑑九十卷首一卷　（清）吳謙等輯
清光緒三十二年(1906)上海商務印書館鉛印本　二十四冊

350000－2001－0010150　612.08/338－1

中西匯通醫書五種　（清）唐宗海著　清光緒三十四年(1908)上海千頃堂書局石印本　十二冊

350000－2001－0010151　018.57/564

葉氏存古叢書四種　（清）葉銘輯　清宣統二年(1910)西泠印社鉛印本　二冊

350000－2001－0010152　922.1031/393－1

西漢會要七十卷　（宋）徐天麟撰　清光緒五年(1879)嶺南學海堂刻本　十冊

350000－2001－0010153　922.1031/394

東漢會要四十卷　（宋）徐天麟撰　清光緒五年(1879)嶺南學海堂刻本　八冊

350000－2001－0010154　922.1031/393－1＝1

西漢會要七十卷　（宋）徐天麟撰　清光緒五年(1879)嶺南學海堂刻本　十冊

350000－2001－0010155　922.1052/343

漢書評林一百卷　（明）凌稚隆輯校　清光緒十年(1884)刻本　四十冊

350000－2001－0010156　922.1052/343－2

漢書評林一百卷　（明）凌稚隆輯校　清光緒二十七年(1901)上海天章書局石印本　十二冊

350000－2001－0010157　612.08/393

徐氏醫書六種　（清）徐大椿釋　清乾隆辦松齋刻本　四冊

350000－2001－0010158　612.08/393.1

徐氏醫書六種　（清）徐大椿釋　清同治十二年(1873)湖北崇文書局刻本　十冊

350000－2001－0010159　612.08/393.2

徐氏醫書六種　（清）徐大椿釋　清光緒十五年(1889)刻本　八冊

350000－2001－0010160　612.08/393.3

徐氏醫書八種　（清）徐大椿釋　清光緒十九年(1893)上海圖書集成印書局鉛印本　十一冊

350000－2001－0010161　922.1063/965

兩漢策要十二卷　（宋）陶叔獻撰　清末影印本　八冊

350000－2001－0010162　612.08/393.5

醫書十二種　（清）徐大椿釋　清刻本　七冊

350000－2001－0010163　612.8/429

景岳全書十六種　（明）張介賓著　清嘉慶二十四年(1819)金閶書業堂刻本　二十四冊

350000－2001－0010164　612.8/429－1

景岳全書十六種　（明）張介賓著　清文林堂刻本　二十四冊

350000－2001－0010165　922.2/128

後漢書疏證三十卷　（清）沈欽韓撰　清光緒二十六年(1900)浙江官書局刻本　十六冊

350000－2001－0010166　612.08/432

張氏醫書七種　（清）張璐　（清）張登撰　清光緒三十三年(1907)上海書局石印本　一冊
存三種三卷（診宗三昧一卷、傷寒舌鑑一卷、傷寒兼證一卷）

350000－2001－0010167　425.224/28.12

[玉枕蘭亭序]　（晉）王羲之撰並書　**洛神賦十三行**　（三國魏）曹植撰　（晉）王獻之書
洛神賦十三行　（晉）王獻之書　（清）鄒方鍔臨　清拓本　一冊

350000－2001－0010168　425.23/742.9

舊拓柳公權瑯琊碑　（金）釋覺海造立　（金）仲汝尚編撰　（金）仲汝羲鐫刻　拓本　一冊

350000－2001－0010169　444.12/165－1

十六金符齋印存不分卷　（清）吳大澂篆　清鈐印本　一冊

350000 – 2001 – 0010170　612.08/623

韓園醫學六種　（清）潘霨編輯　清光緒九年至十年(1883 – 1884)江西書局刻本　十二冊

350000 – 2001 – 0010171　444.12/26

雪廬百印二卷　（清）王琛等篆　清光緒二十六年(1900)刻朱墨套印本　二冊

350000 – 2001 – 0010172　487.1/537.1

松風閣琴譜二卷　（清）莊臻鳳撰　（清）程雄選訂　清刻本　一冊

350000 – 2001 – 0010173　018.57/707.5

述古堂藏書目四卷宋板書目一卷　（清）錢曾攷藏　清道光三十年(1850)刻粵雅堂叢書本　一冊

350000 – 2001 – 0010174　444.12/26.1

蓮舫印存不分卷　（清）王萃仁篆　清同治九年(1870)鈐印本　一冊

350000 – 2001 – 0010175　487.1/395

大還閣琴譜六卷谿山琴況一卷萬峰閣指法閟箋一卷　（清）徐祺撰　清康熙十二年(1673)刻本　二冊

350000 – 2001 – 0010176　922.2/311

後漢書補注續一卷　（清）侯康撰　清光緒十七年(1891)刻廣雅書局叢書本　一冊

350000 – 2001 – 0010177　922.2/134

後漢書注又補一卷　（清）沈銘彝撰　清光緒十四年(1888)刻廣雅書局叢書本　一冊

350000 – 2001 – 0010178　922.2/250

後漢書注補正八卷　（清）周壽昌撰　清光緒十七年(1891)刻廣雅書局叢書本　一冊

350000 – 2001 – 0010179　922.2/300

後漢書九十卷　（南朝宋）范曄撰　（唐）李賢注　（晉）司馬彪續纂　（南朝梁）劉昭續注　續志三十卷　（晉）司馬彪撰　（南朝梁）劉昭注　清同治八年(1869)金陵書局刻二十四史本　十二冊

350000 – 2001 – 0010180　612.11/356

黃帝内經素問註證發微九卷靈樞註證發微九

卷補遺二卷　（明）馬蒔註　清嘉慶十年(1805)刻本　二十四冊

350000 – 2001 – 0010181　612.08/492

黃氏醫書八種　（清）黃元御著　清同治七年(1868)成都刻本　十八冊

350000 – 2001 – 0010182　612.08/492 – 1

黃氏醫書八種　（清）黃元御著　清宣統元年(1909)上海江左書林石印本　二冊　存二種十四卷(四聖心源十卷、素靈微蘊四卷)

350000 – 2001 – 0010183　612.08/623 = 1

韓園醫學六種　（清）潘霨編輯　清光緒九年至十年(1883 – 1884)江西書局刻本　十二冊

350000 – 2001 – 0010184　612.08/942

喻氏醫書三種　（清）喻昌撰　清刻本　十二冊

350000 – 2001 – 0010185　612.09/393

醫學源流論二卷　（清）徐大椿著　清刻本　二冊

350000 – 2001 – 0010186　612.1/429

儒門事親十五卷　（金）張予和撰　（明）吳勉學校　清宣統二年(1910)寧波汲綆齋書局石印本　六冊

350000 – 2001 – 0010187　612.11/28

醫經溯洄集一卷　（元）王履著　清刻本　一冊

350000 – 2001 – 0010188　612.111/332

黃帝内經素問九卷　（清）高世栻註解　清光緒十三年(1887)浙江書局刻本　八冊

350000 – 2001 – 0010189　612.11/731

醫經原旨六卷　（清）薛雪集註　清乾隆十九年(1754)刻本　六冊

350000 – 2001 – 0010190　922.2/300.3

後漢書注補正八卷　（清）周壽昌撰　清光緒十年(1884)長沙周壽昌小對竹軒刻思益堂史學三種本　二冊

350000 – 2001 – 0010191　612.11/136

素問靈樞類纂約註三卷　（清）汪昂纂輯

(清)汪恒訂定　(清)汪端等較　清同治六年
(1867)刻本　三冊

350000－2001－0010192　612.11/154

內經知要二卷　(明)李念莪輯　清光緒九年
(1883)上洋江左書林刻本　二冊

350000－2001－0010193　戊1/7.1

稗海七十種　(明)商濬輯　明萬曆會稽商氏
半埜堂刻清康熙增補本　二十三冊

350000－2001－0010194　612.11/431＝1

黃帝內經素問九卷靈樞九卷　(清)張志聰集
注　清光緒十六年(1890)浙江書局刻本　十
四冊

350000－2001－0010195　612.11/431

黃帝內經素問九卷靈樞九卷　(清)張志聰集
注　清光緒十六年(1890)浙江書局刻本　十
四冊

350000－2001－0010196　612.271/309.2

鍼灸甲乙經十二卷　(晉)皇甫謐集　(明)吳
勉學校　明萬曆二十九年(1601)新安吳勉學
刻古今醫統正脈全書本　八冊

350000－2001－0010197　922.2/134＝1

後漢書注又補一卷　(清)沈銘彝撰　清光緒
十四年(1888)刻廣雅書局叢書本　一冊

350000－2001－0010198　487.1/432

琴學入門二卷　(清)張鶴輯　清同治六年
(1867)刻本　四冊

350000－2001－0010199　487.1/250－1

王知齋琴譜八卷　(清)周魯封彙纂　(清)徐
祺鑒定　清乾隆二年(1737)刻本　五冊

350000－2001－0010200　480.1/537

琴音記二卷續篇一卷　(清)程瑤田著　清嘉
慶刻本　一冊

350000－2001－0010201　612.111/23

**補注黃帝內經素問二十四卷遺篇一卷黃帝內
經靈樞十二卷**　(唐)王冰注　(宋)林億等校
正　清光緒三年(1877)浙江書局刻本　七冊

350000－2001－0010202　612.111/23＝1

**補注黃帝內經素問二十四卷遺篇一卷黃帝內
經靈樞十二卷**　(唐)王冰注　(宋)林億等校
正　清光緒三年(1877)浙江書局刻本　六冊
存二十六卷(素問一至十四、靈樞十二卷)

350000－2001－0010203　612.111/23＝2

**補注黃帝內經素問二十四卷遺篇一卷黃帝內
經靈樞十二卷**　(唐)王冰注　(宋)林億等校
正　清光緒三年(1877)浙江書局刻本　七冊

350000－2001－0010204　922.2/350－1

後漢書九十卷　(南朝宋)范曄撰　(唐)李賢
注　(晉)司馬彪續纂　(南朝梁)劉昭續注
續志三十卷　(晉)司馬彪撰　(南朝梁)劉昭
注　清同治十二年(1873)嶺東使署刻本　十
六冊

350000－2001－0010205　612.112/356

黃帝內經靈樞註證發微九卷補遺一卷　(明)
馬蒔撰　清乾隆二十四年(1759)刻本　五冊
存五卷(一至五)

350000－2001－0010206　612.12/430

圖註八十一難經四卷　(明)張世賢註　清光
緒二十二年(1896)上海著易堂石印本　一冊

350000－2001－0010207　612.13/509－1

中藏經八卷華佗內照法一卷　(漢)華佗撰
(清)徐舜山校　清光緒六年(1880)刻本
二冊

350000－2001－0010208　612.16/26

醫林改錯二卷　(清)王清任著　清光緒十七
年(1891)刻本　二冊

350000－2001－0010209　612.19/334

弦雪居重訂遵生八牋二十卷　(明)高濂編
(明)鍾惺訂　清刻本　十冊　存十一卷(三
至十、十七至十八、二十)

350000－2001－0010210　922.2/350－2

後漢書九十卷　(南朝宋)范曄撰　(唐)李賢
注　(晉)司馬彪續纂　(南朝梁)劉昭續注
續志三十卷　(晉)司馬彪撰　(南朝梁)劉昭
注　清光緒十三年(1887)金陵書局刻本　十
七冊

350000－2001－0010211　612.193/22

隨息居飲食譜一卷　（清）王士雄纂　清同治二年（1863）上海刻本　一冊

350000－2001－0010212　922.2/362

續後漢書九十卷　（元）郝經撰　（元）苟宗道注　**札記四卷**　（清）郁松年撰　清道光二十年至二十二年（1840－1842）上海郁氏刻宜稼堂叢書本　二十二冊

350000－2001－0010213　612.2/432

石頑老人診宗三昧一卷　（清）張登編次　清光緒二十年（1894）上海圖書集成局鉛印本　一冊

350000－2001－0010214　922.2/489

後漢書補注二十四卷　（清）惠棟撰　清光緒二十年（1894）刻廣雅書局叢書本　十二冊

350000－2001－0010215　487.1/650

梅花庵二香琴譜十卷首一卷　（清）蔣文勳撰　清道光十三年（1833）吳縣蔣文勳梅花庵刻本　二冊

350000－2001－0010216　454.2/132

墨法集要一卷　（明）沈繼孫撰　清乾隆四十二年（1777）福建刻道光、同治遞修光緒二十一年（1895）增補武英殿聚珍版書本　一冊

350000－2001－0010217　454.2/132－1

墨法集要一卷　（明）沈繼孫撰　清光緒二十年（1894）湘鄉謝氏刻本　一冊

350000－2001－0010218　922.2/350－2＝1

後漢書九十卷　（南朝宋）范曄撰　（唐）李賢注　**續志三十卷**　（晉）司馬彪撰　（南朝梁）劉昭注　清光緒十三年（1887）金陵書局刻本　二冊　存三十卷（續志三十卷）

350000－2001－0010219　444.12/935.3

石竹齋印譜不分卷　題（清）小隱山房輯　清光緒二十年（1894）鈐印本　一冊

350000－2001－0010220　450/645

遠西奇器圖說錄三卷　（瑞士）鄧玉函口授（明）王徵譯繪　清道光十年（1830）刻本

一冊

350000－2001－0010221　444.12/947

友石山房印商不分卷　（清）檀掄瑩篆　清道光二十七年（1847）鈐印本　一冊

350000－2001－0010222　444.12/872

賞古齋秦漢印存不分卷　（清）賞古齋輯　清光緒二十四年（1898）鈐印本　四冊

350000－2001－0010223　862.42/φ940

花月痕全書十六卷五十二回　（清）魏秀仁編次　題（清）棲霞居士評閱　清光緒十四年（1888）福州刻本　七冊

350000－2001－0010224　018.57/707.5＝1

述古堂藏書目四卷宋板書目一卷　（清）錢曾攷藏　清道光三十年（1850）刻粵雅堂叢書本　一冊　存四卷（述古堂書目四卷）

350000－2001－0010225　018.57/707.5＝2

述古堂藏書目四卷宋板書目一卷　（清）錢曾攷藏　清道光三十年（1850）刻粵雅堂叢書本　一冊

350000－2001－0010226　444.12/792－1

小石山房印譜六卷　（清）顧湘　（清）顧浩編輯　清道光十二年（1832）海虞顧湘小石山房鈐印本　五冊

350000－2001－0010227　018.57/707.6

絳雲樓書目四卷　（清）錢謙益撰　（清）陳景雲註　清道光三十年（1850）刻粵雅堂叢書本　二冊

350000－2001－0010228　018.57/707.6＝1

絳雲樓書目四卷　（清）錢謙益撰　（清）陳景雲註　清道光三十年（1850）刻粵雅堂叢書本　二冊

350000－2001－0010229　444.12/406

實事求是齋印譜不分卷　（清）章梅垞篆　清同治二年（1863）刻鈐印本　一冊

350000－2001－0010230　444.12/564

榴蔭山房印譜　（清）葉鴻翰篆　清光緒三十四年（1908）永嘉葉氏鈐印本　一冊

350000－2001－0010231　018.57/733

天一閣見存書目四卷首一卷末一卷　（清）薛
福成編次　清光緒十五年(1889)刻本　四冊

350000－2001－0010232　444.12/577

有竹山房印癖附印學淺說　（清）鄒端篆　清
道光有竹山房鈐印本　四冊

350000－2001－0010233　444.12/557.1

友石軒印存不分卷　（清）楊秉信篆　清光緒
三十年(1904)鈐印本　一冊

350000－2001－0010234　018.57/756

古泉山館題跋一卷　（清）瞿中溶撰　清宣統
二年(1910)繆荃孫刻藕香零拾本　一冊

350000－2001－0010235　423.7/φ21

黃忠端公孝經頌　（明）黃道周撰　（清）王慶
雲書　清拓本　一冊

350000－2001－0010236　444.12/558

對山印稿不分卷　（清）楊燮篆　清道光六年
(1826)鈐印本　四冊

350000－2001－0010237　444.12/535.1

立雪齋印譜四卷　（清）程大年摹　清康熙四
十一年(1702)鈐印本　二冊　存二卷(一至
二)

350000－2001－0010238　018.57/756.1

鐵琴銅劍樓藏書目錄二十四卷　（清）瞿鏞藏
并編　清光緒二十四年(1898)常熟瞿氏罟里
家塾刻本　十冊

350000－2001－0010239　018.57/756.1 ＝1

鐵琴銅劍樓藏書目錄二十四卷　（清）瞿鏞藏
并編　清光緒二十四年(1898)常熟瞿氏罟里
家塾刻本　十冊

350000－2001－0010240　018.58/740 ＝1

藝風藏書記八卷續記八卷　繆荃孫撰　清光
緒二十六年(1900)刻本　一冊　存八卷(藏
書記八卷)

350000－2001－0010241　018.58/740

藝風藏書記八卷續記八卷　繆荃孫撰　清光
緒二十六年至民國元年(1900－1912)刻本
四冊

350000－2001－0010242　018.58/740 ＝2

藝風藏書記八卷續記八卷　繆荃孫撰　清光
緒二十六年(1900)刻本　二冊　存八卷(藏
書記八卷)

350000－2001－0010243　018.61/523

續彙刊書目十二卷補遺一卷　（清）傅雲龍輯
清光緒二年至四年(1876－1878)味腴萩圃
刻本　十一冊

350000－2001－0010244　444.12/486

印史不分卷　（清）彭玉書篆　清光緒二十一
年(1895)吟紅軒鈐印本　一冊

350000－2001－0010245　444.12/448.1

求是齋印譜不分卷　（清）陳豫鐘書　清光緒
三十四年(1908)杭州西泠印社影印本　二冊

350000－2001－0010246　425.23/742.5

大唐西京千福寺多寶佛塔感應碑文　（唐）岑
勛撰　（唐）顏真卿書　唐天寶十一年(752)
刻立清拓本　一冊

350000－2001－0010247　487.1/227

重訂擬瑟譜一卷　（清）邵嗣堯撰　（清）段仔
文等編　清光緒七年(1881)武昌書局刻本
一冊

350000－2001－0010248　424.4/φ104

**宋故右朝議大夫充徽猷閣待制贈少傅劉公神
道碑**　（宋）朱熹撰　（宋）張栻書　拓本
一冊

350000－2001－0010249　487.1/35

徽言秘旨訂不分卷　（清）尹爾韜輯　清康熙
三十一年(1692)容城孫洤刻本　五冊

350000－2001－0010250　480.9/344

燕樂考原六卷　（清）凌廷堪著　清嘉慶十六
年(1811)宣城張其錦刻本　二冊

350000－2001－0010251　426.4/486

敕建湖口石鐘山楚軍水師昭忠祠記　（清）彭
玉麟編撰　清末拓本　一冊

350000－2001－0010252　454.4/718

卜硯集二卷 （宋）謝疊生撰 清道光元年
(1821)寶拙堂刻本 一冊

350000－2001－0010253 454.4/934

硯的研究不分卷 題(清)無聊客著 清抄本
一冊

350000－2001－0010254 454.4/166

端溪硯史三卷 （清）吳蘭修撰 清道光三十
年(1850)南海伍氏粵雅堂刻嶺南遺書本
一冊

350000－2001－0010255 454.4/166－1

端溪硯史三卷 （清）吳蘭修撰 清道光三十
年(1850)南海伍氏粵雅堂刻嶺南遺書本
一冊

350000－2001－0010256 424.4/φ657

蔡忠惠公法書 （宋）蔡襄撰 （清）朱家文雅
堂鐫 清末至民國初朱家文雅堂拓本 四冊

350000－2001－0010257 425.25/599.1

清華齋趙帖 （元）趙孟頫編撰 （□）□□鐫
刻 拓本 一冊

350000－2001－0010258 425.7/26－2

淳化閣法帖 （宋）王著編 明萬曆四十三年
(1615)肅藩刻清初重修清末拓本 十冊

350000－2001－0010259 425.7/26－3

淳化閣帖 （宋）王著編 拓本 五冊 存五
卷(一、三至四、六、八)

350000－2001－0010260 424.6/23

明王守仁高攀龍兩大儒手帖 （清）國學保全
會編 清光緒三十二年(1906)上海國學保全
會石印本 一冊

350000－2001－0010261 426.7/662.1

熒陽鄭文公之碑 （北魏）鄭道昭撰 清末拓
本 一冊

350000－2001－0010262 426.7/24－2

石門銘 （北魏）王遠書 （北魏）武阿仁鐫
拓本 一冊

350000－2001－0010263 426.73/742－1

唐故通議大夫行薛王友柱國贈秘書少監國子

祭酒太子少保顏君[惟貞]廟碑銘并序 （唐）
顏真卿書 （唐）李陽冰鐫 拓本 一冊

350000－2001－0010264 612.21/154

奇經八脈玫一卷瀕湖脈學一卷 （明）李時珍
撰輯 明末清初刻本 一冊

350000－2001－0010265 612.211/249

三指禪三卷 （清）周學霆撰 清末益元書局
刻本 二冊

350000－2001－0010266 612.213/24

圖註八十一難經辨真四卷 （戰國）秦越人述
（明）張世賢註並繪 圖註脈訣辨真四卷
(晉)王叔和撰 （明）張世賢註並繪 脈訣附
方一卷 （明）張世賢編次 瀕湖脈學一卷奇
經八脈考一卷 （明）李時珍撰 清刻本
一冊

350000－2001－0010267 612.213/134

刪註脈訣規正二卷 （清）沈鏡刪註 清康熙
二十二年(1683)刻本 一冊

350000－2001－0010268 612.271/116

鍼灸擇日編集一卷 （明）全循義 （明）金義
孫等輯 清光緒十六年(1890)上杭羅氏刻本
一冊

350000－2001－0010269 612.271/116＝1

鍼灸擇日編集一卷 （明）全循義 （明）金義
孫等輯 清光緒十六年(1890)上杭羅氏刻本
一冊

350000－2001－0010270 612.271/939

備急灸法一卷 （宋）李聞人撰 鍼灸擇日編
集一卷 （明）金循義等撰 清光緒十六年
(1890)上杭羅氏刻本 二冊

350000－2001－0010271 426.3/935.1

漢循吏故聞熹長韓仁銘 題(漢)河南尹丞熹
造立 清嘉慶拓本 一冊

350000－2001－0010272 425.24/495.1

題永州淡山巖 （宋）黃庭堅撰 拓本 一冊

350000－2001－0010273 426.7/662.3

熒陽鄭文公之碑 （北魏）鄭道昭撰 拓本

一册

350000－2001－0010274　426.3/935
司空公青州刺史臨淮王像碑　（□）□□撰
拓本　一册

350000－2001－0010275　612.271/26
新刊補註銅人鍼灸圖經五卷　（元）王惟一編
修　清宣統元年(1909)刻本　二册

350000－2001－0010276　612.271/557－1
鍼灸大成十卷　（明）楊繼洲撰　（清）章廷珪
重修　清末刻本　十册

350000－2001－0010277　612.271/557－3
鍼灸大成十卷　（明）楊繼洲著　清刻本　二
册　存二卷(九至十)

350000－2001－0010278　612.271/557－2
鍼灸大成十卷　（明）楊繼洲撰　（清）章廷珪
重修　清光緒二十九年(1903)上海山左書林
石印本　六册

350000－2001－0010279　612.272/619
推拿廣意三卷　（清）熊應雄輯　（清）陳世凱
重訂　清宣統二年(1910)江庠記書莊石印幼
科三種本　一册

350000－2001－0010280　444.12/φ211
亦佳山館印錄一卷　（清）林霍篆勒　清鈐印
本　一册

350000－2001－0010281　426.2/941
篆書千字文　（宋）釋夢瑛　（宋）袁正己書
（宋）安仁裕鐫刻　（宋）吳廷祚造立　拓本
一册

350000－2001－0010282　444.12/φ443
石湖漁隱篆刻不分卷　（清）陳宗烈篆　清末
鈐印本　四册

350000－2001－0010283　425.224/28.26
佛遺教經一卷　（晉）王羲之書　拓本　一册

350000－2001－0010284　425.23/637.8
隨柱國左光祿大夫弘義明公皇甫府君之碑
（唐）于志寧製　（唐）歐陽詢書　拓本　一册

350000－2001－0010285　425.23/637
九成宮醴泉銘　（唐）魏徵撰　（唐）歐陽詢書
拓本　一册

350000－2001－0010286　426.3/394
有唐相國贈太傅崔公墓誌銘　（唐）邵說撰
（唐）徐琪　（唐）李陽冰書　拓本　一册

350000－2001－0010287　423.4/153
唐太宗文皇帝御書　（唐）李隆基書　拓本
一册

350000－2001－0010288　444.12/φ795－3
青芝田印稿一卷　（清）□□輯　清末鈐印本
一册

350000－2001－0010289　018.217/320
欽定四庫全書總目二百卷首一卷　（清）紀昀
等編　清乾隆五十九年(1794)刻本　八十册

350000－2001－0010290　424.7/622
尺素遺芬四卷　（清）潘仕成撰　（清）鄧煥平
鐫　拓本　一册　存一卷(三)

350000－2001－0010291　444.12/φ443－1
石湖漁隱篆刻續編不分卷　（清）陳宗烈篆
清末鈐印本　一册

350000－2001－0010292　444.12/φ441
承雷居印稿不分卷　（清）陳湯奏輯　清光緒
二十六年(1900)鈐印本　三册

350000－2001－0010293　444.12/φ12.2＝1
晚笑堂畫傳一卷明太祖功臣圖一卷　（清）上
官周繪　清影印本　二册

350000－2001－0010294　444.12/φ12.2
晚笑堂畫傳一卷明太祖功臣圖一卷　（清）上
官周繪　清影印本　一册

350000－2001－0010295　612.279/166
理瀹駢文一卷略言一卷續增略言一卷附膏藥
方一卷　（清）吳尚先撰　清同治三年至十二
年(1864－1873)刻本　四册

350000－2001－0010296　612.279/166－1
理瀹駢文一卷略言一卷續增略言一卷　（清）
吳尚先撰　二十一膏一卷銅人十二經絡明堂

之圖一卷　清刻本　四冊

350000－2001－0010297　612.3/152
雷公炮制藥性解六卷　（明）李中梓編輯
（清）王子接重訂　清末群玉山房刻本　二冊

350000－2001－0010298　612.3/154
珍珠囊指掌補遺藥性賦四卷　（金）李杲編輯
　雷公炮制藥性解六卷　（明）李中梓編　清
善成堂刻本　四冊

350000－2001－0010299　612.3/432
本經逢原四卷　（清）張璐纂述　清光緒二十
年(1894)上海圖書集成印書局鉛印本　三冊

350000－2001－0010300　612.31/136
圖註本草醫方合編六卷首一卷　（清）汪昂輯
　清乾隆四十三年(1778)刻本　四冊

350000－2001－0010301　612.31/136.1
增補本草備要八卷　（清）汪昂著輯　清光緒
三十三年(1907)上海同文書局石印本　四冊

350000－2001－0010302　612.31/136.2
增訂本草備要四卷　（清）汪昂著輯　清刻本
　一冊

350000－2001－0010303　612.31/131
食物本草會纂十二卷　（清）沈李龍纂輯　清
乾隆四十八年(1783)刻本　四冊

350000－2001－0010304　612.31/154
本草綱目五十二卷圖三卷　（明）李時珍撰
清康熙刻本　四十冊

350000－2001－0010305　612.31/154－1
本草綱目五十二卷圖三卷　（明）李時珍撰
清乾隆四十九年(1784)刻本　四十八冊

350000－2001－0010306　612.31/154－1＝1
本草綱目五十二卷圖三卷　（明）李時珍撰
清乾隆四十九年(1784)刻本　三十冊

350000－2001－0010307　612.31/154－3
本草綱目五十二卷圖三卷首一卷　（明）李時
珍撰　清光緒三十二年(1906)萃珍書局石印
本　十五冊　存五十三卷(四至五十二、圖三
卷、首一卷)

350000－2001－0010308　082.77/376
岱南閣叢書十六種　（清）孫星衍輯　清乾
隆、嘉慶蘭陵孫氏刻本　四十冊

350000－2001－0010309　722.2/φ444
說文提要一卷　（清）陳建侯撰　清末抄本
一冊

350000－2001－0010310　722.7/φ248
爾雅比類便讀二卷　（清）周嘉璧撰　清抄本
　一冊

350000－2001－0010311　633.82/φ441
農學叢刻二十三種　（清）農學會輯　清光緒
二十三年(1897)鉛印本　一冊　存五種五卷
(加非考一卷、荷蘭牧牛篇一卷、牧豬法一卷、
烘雞鴨法一卷、英倫奉旨設立農會章程一卷)

350000－2001－0010312　032.24/84
新雕皇朝類苑七十八卷　（宋）江少虞撰　清
宣統三年(1911)武進董氏影宋刻本　十二冊

350000－2001－0010313　909.117/162
山左金石志二十四卷　（清）畢沅　（清）阮元
同撰　清嘉慶二年(1797)儀徵阮元小琅嬛僊
館刻本　十六冊

350000－2001－0010314　φ908.2138/964
閩中正聲七卷　（明）鄧原岳選　（明）徐熥校
　閩中文苑小傳一卷詩人爵里詳節一卷
（明）□□輯　明刻本　一冊　存二卷(閩中
文苑小傳一卷、詩人爵里詳節一卷)

350000－2001－0010315　897/φ211
林文忠公抄集楹聯一卷　（清）林則徐輯並撰
　清抄本　一冊

350000－2001－0010316　φ822.47/939
香風詩稿一卷　（清）□□輯　清光緒抄本
一冊

350000－2001－0010317　822.47/449
湘糜閣遺詩四卷蘭當詞二卷　（清）陶方琦撰
　清光緒十六年(1890)鄂局刻本　一冊　存
四卷(湘糜閣遺詩四卷)

350000－2001－0010318　φ920.927/936

[清奏議彙鈔] 不分卷 （清）永恩等撰
（清）□□輯 清抄本 一冊

350000－2001－0010319 920.94/φ751

鹿洲公案二卷 （清）藍鼎元著 （清）曠敏本
評 清刻鹿洲全集本 二冊

350000－2001－0010320 920.94/φ751.1

鹿洲公案二卷 （清）藍鼎元著 （清）曠敏本
評 清刻鹿洲全集本 一冊 存一卷（上）

350000－2001－0010321 029/φ156

湔嗳存愚二卷 （清）李清植著 （清）李宗文
等校 清道光九年（1829）李維迪刻榕村全書
本 一冊

350000－2001－0010322 852.107/665

古文合鈔十六卷 （清）魯超編輯 清康熙二
十三年（1684）刻本 十冊

350000－2001－0010323 丙12/18.5

新增說文韻府羣玉二十卷 （元）陰時夫輯
（元）陰中夫注 （明）王元貞校正 明萬曆三
十三年（1605）芸經堂刻本 十二冊

350000－2001－0010324 852.43/722

新刊五百家注音辯昌黎先生文集四十卷
（唐）韓愈撰 （宋）魏仲舉輯注 清乾隆四十
九年（1784）刻本 十九冊

350000－2001－0010325 527/969

海道圖說十五卷 （英國）金約翰輯 （英國）
傅蘭雅口譯 （清）王德均筆述 附長江圖說
一卷 （英國）金約翰輯 （美國）金楷理口譯
（清）王德均筆述 清光緒刻江南製造局所
刻書 十冊

350000－2001－0010326 852.13/320

文粹一百卷 （宋）姚鉉纂 （清）許增校 唐
文粹補遺二十六卷 （清）郭麐纂 清光緒十
六年（1890）杭州許增榆園刻本 十九冊 存
一百二十一卷（文萃一百卷、補遺六至二十
六）

350000－2001－0010327 852.107/446

新刊陳眉公先生精選古論大觀四十卷 （明）

陳繼儒輯 明刻本 十八冊

350000－2001－0010328 910.1/14549

小學萬國地理新編二卷 （清）陳乾生編 清
光緒三十一年（1905）上海商務印書館鉛印本
一冊

350000－2001－0010329 910.1/134

五洲屬國紀略四卷 （清）沈林一撰 清光緒
二十四年（1898）錫山沈林一練青軒鉛印本
四冊

350000－2001－0010330 910.1/945

瀛環志略續集二卷補遺一卷 （英國）慕維廉
撰 清光緒二十九年（1903）上海有用書齋鉛
印本 一冊

350000－2001－0010331 915.1096/159

邊疆簡覽三卷 （清）李慎儒撰 清光緒二十
八年（1902）石印本 一冊

350000－2001－0010332 910.1/955

萬國地理統紀 （日本）若原著 （清）馬汝賢
（清）顧培基譯 清光緒二十八年（1902）蘇
州鉛印勵學譯社叢刻本 一冊

350000－2001－0010333 929.713/972

歷代地理沿革圖 （清）六嚴繪 （清）馬徵麟
增輯 清光緒刻本 一冊

350000－2001－0010334 910.1/940

五大洲圖說四卷首一卷 （意大利）艾儒略著
清光緒二十四年（1898）上海書局石印本
四冊

350000－2001－0010335 915.004/945

皇朝各省形勢論一卷 （清）□□編 清光緒
二十八年（1902）上海廣益書局鉛印本 一冊

350000－2001－0010336 φ852.48/562

石瓠室文稿一卷 （清）葉大琯撰 清末至民
國初福州葉氏稿本 一冊

350000－2001－0010337 874.16/247

賴古堂尺牘新鈔三選結隣集十六卷 （清）周
在浚 （清）周在梁 （清）周在延鈔 清康熙
九年（1670）周氏賴古堂刻本 四冊 存八卷

（五至十二）

350000－2001－0010338　126/491

庸言四卷　（清）余元遴著　清光緒十八年
(1892)刻本　四冊

350000－2001－0010339　852.47/709

香樹齋詩集十八卷續集三十六卷文集二十八
卷續鈔五卷　（清）錢陳羣撰　清乾隆刻本
八冊　存二十八卷(文集一至二十八)

350000－2001－0010340　922.2/350－11

後漢書九十卷　（南朝宋）范曄撰　（唐）李賢
注　續漢書志三十卷　（晉）司馬彪撰　（南
朝梁）劉昭注　清刻本　二十六冊

350000－2001－0010341　203/φ3＝1

古愚心言八卷　（清）彭鵬撰　清康熙刻本
三冊

350000－2001－0010342　φ194/940

大威德陀羅尼經二十卷　（隋）釋闍那崛多譯
北宋元祐五年(1090)福州東禪等覺院刻隆
興元年(1163)印崇寧萬壽大藏本　一冊　存
一卷(四)

350000－2001－0010343　425.1/945

墨品八珍　（清）汪由敦等書寫　清拓本
一冊

350000－2001－0010344　425.23/742.19

大唐顏魯公書宋廣平神道碑　（唐）顏真卿書
寫　清拓本　一冊

350000－2001－0010345　922.2/556

東觀漢記二十四卷　（漢）劉珍等撰　清乾隆
武英殿木活字印武英殿聚珍版書本　二冊

350000－2001－0010346　922.1/705.4＝2

續漢書辨疑九卷　（清）錢大昭撰　清光緒十
四年(1888)刻廣雅書局叢書本　一冊

350000－2001－0010347　922.1/705.3＝1

後漢書辨疑十一卷　（清）錢大昭撰　清光緒
十四年(1888)刻廣雅書局叢書本　二冊

350000－2001－0010348　922.1/705.3＝2

後漢書辨疑十一卷　（清）錢大昭撰　清光緒

十四年(1888)刻廣雅書局叢書本　二冊

350000－2001－0010349　922.2/727

續後漢書四十二卷音義四卷　（宋）蕭常撰
重刻續後漢書札記一卷　（清）郁松年撰　清
道光二十一年(1841)郁松年刻宜稼堂叢書本
六冊

350000－2001－0010350　922.203/393－1

東漢會要四十卷　（宋）徐天麟撰　清乾隆福
建布政使司刻道光間重印武英殿聚珍版書本
六冊

350000－2001－0010351　922.2031/393－1

東漢會要四十卷　（宋）徐天麟撰　清光緒十
年(1884)江蘇書局刻本　八冊

350000－2001－0010352　082.6/840＝1

二十二子三百三十九卷　（清）浙江書局輯
清光緒浙江書局刻本　七十三冊　存十九種
二百八十五卷(董子春秋繁露十七卷附錄一
卷、晏子春秋七卷音義二卷校勘記二卷、孔子
集語十七卷、荀子二十卷附校勘補遺一卷、新
書十卷、文中子中說十卷、孫子十家註十三卷
敘錄一卷遺說一卷、管子二十四卷、商君書五
卷附考一卷、韓非子二十卷識誤三卷、墨子十
六卷附篇目考一卷、呂氏春秋二十六卷附考
一卷、淮南子二十一卷、山海經十八卷、老子
道德經二卷音義一卷、莊子十卷、列子八卷、
文子纘義十二卷、竹書紀年統箋十二卷前編
一卷雜述一卷)

350000－2001－0010353　822.49/123

宋氏綿津詩鈔八卷　（清）宋犖撰　（清）邵長
蘅選　清康熙刻二家詩鈔本　二冊

350000－2001－0010354　025.8/442－6

禮記集說十卷　（元）陳澔撰　清同治十三年
(1874)江西書局刻本　三冊　存三卷(一、
二、四)

350000－2001－0010355　909.42/598＝1

補寰宇訪碑錄五卷失編一卷　（清）趙之謙纂
集　（清）沈樹鏞覆勘　清同治三年(1864)刻
二金蝶堂所著書本　二冊

350000 - 2001 - 0010356　082.6/840 = 2

二十二子三百三十九卷 （清）浙江書局輯
清光緒浙江書局刻本　六十七冊　存十八種
三百二卷(董子春秋繁露十七卷附錄一卷、晏
子春秋七卷音義二卷校勘記二卷、孔子集語
十七卷、荀子二十卷附校勘補遺一卷、揚子法
言十三卷音義一卷、新書十卷、文中子中說十
卷、孫子十家註十三卷敘錄一卷遺說一卷、管
子二十四卷、商君書五卷附考一卷、韓非子二
十卷識誤三卷、墨子十六卷附篇目考一卷、呂
氏春秋二十六卷附考一卷、淮南子二十一卷、
山海經十八卷、老子道德經二卷音義一卷、莊
子十卷、補注黃帝內經素問二十四卷靈樞十
二卷遺篇一卷)

350000 - 2001 - 0010357　121.25/150 - 2

文子纘義十二卷 （元）杜道堅撰　清乾隆四
十二年(1777)刻道光、同治遞修光緒二十一
年(1895)增補武英殿聚珍版書本　二冊

350000 - 2001 - 0010358　121.23/91.2 - 1
= 2

列子八卷 （戰國）列禦寇撰　（晉）張湛注
清光緒二年(1876)浙江書局刻本　一冊

350000 - 2001 - 0010359　082.6/841 - 1

二十五子彙函 （清）鴻文書局輯　清光緒十
九年(1893)上海鴻文書局石印本　五冊　存
十九種二百八十六卷(孔子集語十七卷、莊子
十卷、晏子春秋七卷音義二卷校勘記二卷、呂
氏春秋二十六卷附考一卷、老子道德經二卷
音義一卷、列子八卷、管子二十四卷、商君書
五卷附考一卷、韓非子二十卷識誤三卷、賈子
新書十卷、董子春秋繁露十七卷附錄一卷、淮
南子二十一卷、揚子法言十三卷音義一卷、文
子纘義十二卷、尸子二卷存疑一卷、文中子中
說十卷、補注黃帝內經素問二十四卷靈樞十
二卷遺篇一卷、山海經十八卷、竹書紀年統箋
十二卷前編一卷雜述一卷)

350000 - 2001 - 0010360　082.6/841

二十五子彙函 （清）鴻文書局輯　清光緒十
九年(1893)上海鴻文書局石印本　八冊　存
十七種二百二十六卷(晏子春秋七卷音義二

卷校勘記二卷、管子二十四卷、商君書五卷附
考一卷、董子春秋繁露十七卷附錄一卷、文中
子中說十卷、補注黃帝內經素問二十四卷靈
樞十二卷遺篇一卷、墨子十六卷、列子八卷、
尸子二卷存疑一卷、莊子十卷、鶡冠子三卷、
鬼谷子一卷、孫子十家註十三卷敘錄一卷遺
說一卷、荀子二十卷附校勘補遺一卷、文子纘
義十二卷、淮南子二十一卷、賈誼新書十卷)

350000 - 2001 - 0010361　082.6/840 = 3

二十二子三百三十九卷 （清）浙江書局輯
清光緒浙江書局刻本　四十五冊　存十三種
一百七十六卷(董子春秋繁露十七卷附錄一
卷音義二卷校勘記二卷,孔子集語十七卷,荀
子二十卷附校勘補遺一卷,揚子法言十三卷
音義一卷,新書一至四,孫子十家註一至三、
九至十、敘錄一卷,管子十三至二十四,商君
書五卷附考一卷,韓非子二十卷識誤三卷,呂
氏春秋十至二十六、附考一卷,淮南子二十一
卷,文子纘義十二卷)

350000 - 2001 - 0010362　082.6/840 = 4

二十二子三百三十九卷 （清）浙江書局輯
清光緒浙江書局刻本　二十一冊　存九種一
百十一卷(晏子春秋七卷音義二卷校勘記二
卷、揚子法言十三卷音義一卷、孫子十家註十
三卷敘錄一卷遺說一卷、商君書五卷附考一
卷、韓非子二十卷識誤三卷、墨子十六卷附篇
目考一卷、老子道德經二卷音義一卷、莊子十
卷、文子纘義十二卷)

350000 - 2001 - 0010363　494.1/250.1

周懶予棋譜不分卷 （清）周嘉錫撰　清同治
十二年(1873)刻本　一冊

350000 - 2001 - 0010364　021.5/557 - 2

十一經音訓不分卷 （清）楊國楨編　清道光
十一年(1831)大梁書院刻本　十八冊　存六
種(禮記音訓不分卷、春秋左傳音訓不分卷、
春秋公羊傳音訓不分卷、春秋谷梁傳音訓不
分卷、孝經音訓不分卷、爾雅音訓不分卷)

350000 - 2001 - 0010365　822.19171/ϕ183

綏安二布衣詩二卷 （清）朱霞編　清康熙五

十四年(1715)刻本　一冊

350000－2001－0010366　494.1/29

日本琉球奕譜不分卷　(清)元美　(清)孫小
文輯　清宣統二年(1910)上海文瑞樓石印本
　一冊

350000－2001－0010367　494.1/153

受子譜選二卷首一卷　(清)李汝珍輯　清嘉
慶二十二年(1817)刻本　二冊

350000－2001－0010368　494.1/250

皖游奕萃不分卷　(清)周鼎等撰　清光緒二
年(1876)刻本　一冊

350000－2001－0010369　487.1/938

詩經古譜二卷　(□)□□撰　清光緒三十四
年(1908)清學部圖書局石印本　一冊

350000－2001－0010370　488.1/522

缾笙館修簫譜不分卷　(清)舒位撰　清道光
十三年(1833)錢塘汪氏振綺堂刻本　二冊

350000－2001－0010371　488.8/968

喇叭吹法不分卷　(美國)金楷理口譯　(清)
蔡錫齡筆述　清光緒江南機器製造局刻本
一冊

350000－2001－0010372　082.6/840

二十二子三百三十九卷　(清)浙江書局輯
清光緒浙江書局重修本　八十四冊

350000－2001－0010373　494.1/13.1

奕萃一卷官子一卷　(清)卞文恒著　清嘉慶
邗江卞氏味書齋刻本　二冊

350000－2001－0010374　495.3/473

益智圖二卷　(清)童葉庚撰　清光緒四年
(1878)崇明童葉庚睫巢刻本　二冊

350000－2001－0010375　495.3/473＝1

益智圖二卷　(清)童葉庚撰　清光緒四年
(1878)崇明童葉庚睫巢刻本　二冊

350000－2001－0010376　494.2/102

橘中秘四卷　(明)朱晉楨輯　清咸豐三年
(1853)味根齋刻本　二冊

350000－2001－0010377　494.2/102＝1

橘中秘四卷　(明)朱晉楨輯　清咸豐三年
(1853)味根齋刻本　二冊

350000－2001－0010378　494.2/102＝2

橘中秘四卷　(明)朱晉楨輯　清咸豐三年
(1853)味根齋刻本　一冊　存二卷(三至四)

350000－2001－0010379　494.1/394

圍棋近譜二集　(清)金楙志輯　清刻本
一冊

350000－2001－0010380　494.1/524

尊天爵齋奕存一卷奕錄一卷　(清)傅延熹選
訂　清道光二十一年(1841)尊天爵齋刻本
一冊

350000－2001－0010381　494.1/711

國奕初刊不分卷　(清)鮑鼎撰　清光緒十二
年(1886)刻本　一冊

350000－2001－0010382　494.1/574

四子譜二卷　(清)過文年撰　清宣統三年
(1911)上海千頃堂石印本　二冊

350000－2001－0010383　494.1/645

弈潛齋刻梁程范施四家奕譜三十九局不分卷
　(清)鄧元鏸撰　清光緒九年(1883)上海點
石齋刻本　一冊

350000－2001－0010384　029/645.2

新訂四書補註備旨十卷　(明)鄧林撰　(清)
杜定基增訂　清刻本　一冊　存一卷(下孟
四)

350000－2001－0010385　024/98.1

詩經體註大全合參八卷　(清)高朝瓔定
(清)沈世楷輯　(清)沈存仁參　(清)高景
屺　(清)高景陳校　**詩經八卷**　清刻本　一
冊　存六卷(詩經體註大全合參六至八、詩經
六至八)

350000－2001－0010386　021.5/557－2＝1

十一經音訓不分卷　(清)楊國楨編　清道光
十一年(1831)大梁書院刻本　十三冊　存六
種(易經音訓不分卷、書經音訓不分卷、詩經

音訓不分卷、周禮音訓不分卷、儀禮音訓不分卷、禮記音訓不分卷）

350000－2001－0010387　082.7/129

王益吾所刻書十一種　王先謙輯　清光緒九年(1883)長沙王氏刻本　七冊　存六種十三卷(魏鄭公諫錄五卷、魏鄭公諫續錄二卷、魏文貞公故事拾遺三卷、魏文貞公年譜一卷、魏書校勘記一卷、新舊唐書合注魏徵列傳一卷)

350000－2001－0010388　021.5/557－2＝2

十一經音訓不分卷　(清)楊國楨編　清道光十一年(1831)大梁書院刻本　十四冊　存四種(書經音訓不分卷、詩經音訓不分卷、禮記音訓不分卷、春秋左傳音訓不分卷)

350000－2001－0010389　922.3/249

三國志注證遺四卷補四卷　(清)周壽昌撰　清光緒十七年(1891)刻廣雅書局叢書本　一冊　缺三卷(補一至三)

350000－2001－0010390　082.7/129.1

王葵園四種　王先謙撰　清光緒至民國間長沙王氏刻本　九冊　存三種二十三卷(王先謙自訂年譜三卷、虛受堂書札二卷、虛受堂詩存十八卷)

350000－2001－0010391　822.195/126

考功集選四卷　(清)王士祿撰　(清)王士禛批點　清康熙八年(1669)刻雍正重印王漁洋遺書本　二冊

350000－2001－0010392　082.7/126

王漁洋遺書三十八種　(清)王士禛撰輯　清康熙三十九年(1700)刻乾隆重印本　一冊　存二種五卷(華泉先生集選四卷、睡足軒詩選一卷)

350000－2001－0010393　021.5/557＝1

十一經音訓不分卷　(清)楊國楨輯　清光緒三年(1877)湖北崇文書局刻本　二十六冊

350000－2001－0010394　920.34/413

歷代統計表十三卷　(清)段長基述　(清)段揖書編次　清光緒元年(1875)刻二十四史三表本　二十二冊　存十二卷(一至七、九至十三)

350000－2001－0010395　082.7/218

文選樓叢書三十二種　(清)阮亨輯　清嘉慶、道光儀徵阮氏刻本　十五冊　存四種三十四卷(蜜梅花館詩錄一卷文錄一卷、雕菰集二十四卷、漑亭述古錄二卷、儀鄭堂文二卷、定香亭筆談四卷)

350000－2001－0010396　032.8/465

札樸十卷　(清)桂馥撰　清光緒九年(1883)刻心矩齋叢書本　五冊

350000－2001－0010397　822.43/126

唐人萬首絕句選七卷　(宋)洪邁元本　(清)王士禛選本　清康熙退補齋刻王漁洋遺書本　二冊

350000－2001－0010398　822.048/403

飲冰室詩話五卷　梁啓超撰　清宣統二年(1910)中華圖書館石印本　五冊

350000－2001－0010399　822.047/623.2

緝雅堂詩話二卷　(清)潘衍桐　(清)高保康編次　清光緒十七年(1891)杭州刻本　一冊

350000－2001－0010400　822.047/623.2＝1

緝雅堂詩話二卷　(清)潘衍桐　(清)高保康編次　清光緒十七年(1891)杭州刻本　一冊

350000－2001－0010401　822.047/623

養一齋詩話十卷李杜詩話三卷　(清)潘德輿撰　清道光十六年(1836)刻本　二冊

350000－2001－0010402　082.7/126＝1

王漁洋遺書三十八種　(清)王士禛撰輯　清刻本　二十一冊　存十種六十二卷(蠶尾集十卷續集二卷、南海集二卷、雍益集一卷、蜀道驛程二卷、皇華紀聞四卷、粵行三志三卷、諡法攷一卷、秦蜀驛程後記二卷、隴蜀餘聞一卷、居易錄三十四卷)

350000－2001－0010403　822.047/601

甌北詩話十卷續詩話二卷　(清)趙翼撰　清嘉慶七年(1802)刻本　二冊

350000－2001－0010404　822.047/601－1

甌北詩話十卷續詩話二卷　（清）趙翼撰　清宣統元年(1909)掃葉山房石印本　四冊

350000－2001－0010405　822.047/496

粵嶽草堂詩話二卷　（清）黃培芳撰　清宣統二年(1910)鉛印本　一冊

350000－2001－0010406　822.047/580

耕雲別墅詩話一卷　（清）鄔啓祚著　清宣統三年(1911)刻本　一冊

350000－2001－0010407　822.047/580.1

立德堂詩話一卷　（清）鄔以謙著　清宣統二年(1910)刻本　一冊

350000－2001－0010408　822.047/395

芙蓉港詩詞話一卷　（清）徐涵集　清道光二十年(1840)龐氏可廬刻本　一冊

350000－2001－0010409　822.047/395＝1

芙蓉港詩詞話一卷　（清）徐涵集　清道光二十年(1840)龐氏可廬刻本　一冊

350000－2001－0010410　822.047/402

十二石山齋詩話十卷　（清）梁九圖撰　清道光二十六年(1846)順德梁氏十二石山齋刻本　五冊

350000－2001－0010411　822.047/391

桐陰清話八卷　（清）倪鴻撰　清同治十三年(1874)刻本　四冊

350000－2001－0010412　025.8/442－4

禮記十卷　（元）陳澔集說　清光緒十二年(1886)湖北官書處刻本　十冊

350000－2001－0010413　027.6/316－4

春秋左傳三十卷首一卷　（晉）杜預　（宋）林堯叟注　（唐）陸德明音義　（清）馮李驊集解　清光緒十二年(1886)湖北官書處刻本　十二冊

350000－2001－0010414　021/710

四書五經　（清）鮑□□輯　清同治三年(1864)浙江撫署刻本　八冊　存二種十四卷（書經六卷、詩經八卷）

350000－2001－0010415　025.7/662－1

儀禮十七卷　（漢）鄭玄注　（唐）陸德明音義　清光緒十二年(1886)湖北官書處刻本　四冊

350000－2001－0010416　027.8/302－2

春秋穀梁傳十二卷　（晉）范寧注　（唐）陸德明音義　清光緒十二年(1886)湖北官書處刻本　四冊

350000－2001－0010417　922.3/249＝1

三國志注證遺四卷補四卷　（清）周壽昌撰　清光緒十七年(1891)刻廣雅書局叢書本　一冊

350000－2001－0010418　922.3/260

補三國疆域志二卷　（清）洪亮吉撰　清乾隆四十六年(1781)西安刻北江全集本　一冊

350000－2001－0010419　922.3/260－2

補三國疆域志二卷　（清）洪亮吉撰　清光緒四年(1878)刻授經堂重刊遺集本　一冊

350000－2001－0010420　922.3/260－1

補三國疆域志二卷　（清）洪亮吉撰　清光緒十七年(1891)刻廣雅書局叢書本　一冊

350000－2001－0010421　922.3/311

三國志補注續一卷　（清）侯康撰　清光緒十七年(1891)刻廣雅書局叢書本　一冊

350000－2001－0010422　922.3/311＝1

三國志補注續一卷　（清）侯康撰　清光緒十七年(1891)刻廣雅書局叢書本　一冊

350000－2001－0010423　922.3/311.1

補三國藝文志四卷　（清）侯康撰　清光緒十三年(1887)刻廣雅書局叢書本　一冊

350000－2001－0010424　922.3/393

三國志質疑六卷　（清）徐紹楨撰　清光緒十二年(1886)羊城刻本　二冊

350000－2001－0010425　922.3/412

國志蒙拾二卷　（清）郭麐撰　清光緒二十年(1894)貴池劉世珩刻聚學軒叢書本　一冊

350000－2001－0010426　018.61/792

彙刻書目初編十卷補編一卷　（清）顧脩撰

清嘉慶二十五年(1820)璜川吳氏刻本　十冊

350000－2001－0010427　922.3/441
三國志六十五卷　（晉）陳壽撰　（南朝宋）裴松之注　清同治九年(1870)金陵書局刻二十四史本　八冊

350000－2001－0010428　922.3/441－2
三國志六十五卷　（晉）陳壽撰　（南朝宋）裴松之注　清光緒十三年(1887)江南書局刻本　八冊

350000－2001－0010429　922.3/441＝1
三國志六十五卷　（晉）陳壽撰　（南朝宋）裴松之注　清同治九年(1870)金陵書局刻二十四史本　八冊

350000－2001－0010430　922.3/441－3
三國志六十五卷　（晉）陳壽撰　（南朝宋）裴松之注　清光緒三十一年(1905)武林竹簡齋石印二十四史本　四冊

350000－2001－0010431　922.3/622
三國志考證八卷　（清）潘眉撰　清光緒十五年(1889)刻廣雅書局叢書本　二冊

350000－2001－0010432　822.04191/162
廣陵詩事十卷　（清）阮元記　清嘉慶六年(1801)浙江節署刻本　一冊

350000－2001－0010433　822.04191/449
全浙詩話五十四卷　（清）陶元藻輯　（清）陶廷珍　（清）陶廷瑜編次　（清）朱文藻（清）宗聖垣參訂　清嘉慶元年(1796)怡雲閣刻本　二十冊

350000－2001－0010434　018.61/792－1
彙刻書目二十卷　（清）顧脩撰　（清）朱學勤增訂　清光緒十二年至十五年(1886－1889)上海福瀛書局刻本　二十冊

350000－2001－0010435　018.61/792－1＝1
彙刻書目二十卷　（清）顧脩撰　（清）朱學勤增訂　清光緒十二年至十五年(1886－1889)上海福瀛書局刻本　十九冊　存十九卷(二至二十)

350000－2001－0010436　018.61/792－2
彙刻書目初編十卷補編一卷　（清）顧脩撰　清光緒元年(1875)京都琉璃廠刻本　十冊

350000－2001－0010437　822.101/22
漁洋山人古詩選三十二卷　（清）王士禎選　清同治五年(1866)金陵書局刻本　十二冊

350000－2001－0010438　018.612/134
蛾術堂集十四種　（清）沈豫著　清道光十八年(1838)蕭山沈氏漢讀齋刻本　一冊　存四種六卷(皇清經解淵源錄一卷外編一卷、皇清經解總目一卷、皇清經解提要二卷、羣書提要一卷)

350000－2001－0010439　832.08/348.2
詞學叢書六種　（清）秦恩復輯　清嘉慶、道光江都秦氏享帚精舍刻本　十二冊

350000－2001－0010440　018.612/271
金華文萃書目提要八卷　（清）胡鳳丹編纂　清同治八年(1869)永康胡氏退補齋刻本　三冊

350000－2001－0010441　018.62/103
開有益齋讀書志六卷續志一卷金石文字記一卷　（清）朱緒曾撰　清光緒六年(1880)金陵翁氏茹古閣刻本　四冊

350000－2001－0010442　822.101/22.1
漁洋山人古詩選三十二卷　（清）王士禎選　清同治五年(1866)金陵書局刻本　十八冊

350000－2001－0010443　018.62/429－1
書目答問四卷別錄一卷叢書目一卷國朝著述諸家姓名略一卷　（清）張之洞撰　清光緒刻本　二冊

350000－2001－0010444　018.62/429－1＝1
書目答問四卷別錄一卷叢書目一卷國朝著述諸家姓名略一卷　（清）張之洞撰　清光緒刻本　二冊

350000－2001－0010445　018.62/429－3
書目答問四卷別錄一卷叢書目一卷國朝著述諸家姓名略一卷　（清）張之洞撰　清光緒十

四年(1888)上海蜚英館石印本 一冊

350000－2001－0010446 018.62/429－3＝1
書目答問四卷別錄一卷叢書目一卷國朝著述諸家姓名略一卷 （清）張之洞撰 清光緒十四年(1888)上海蜚英館石印本 一冊

350000－2001－0010447 018.62/429－2
書目答問四卷叢書目一卷別錄一卷國朝著述諸家姓名略一卷 （清）張之洞撰 清光緒四年(1878)上海淞隱閣石印本 四冊

350000－2001－0010448 018.62/103＝1
開有益齋讀書志六卷續志一卷金石文字記一卷 （清）朱緒曾撰 清光緒六年(1880)金陵翁氏茹古閣刻本 五冊 存七卷(書志六卷、續志一卷)

350000－2001－0010449 018.62/429
書目答問四卷叢書目一卷別錄一卷國朝著述諸家姓名略一卷 （清）張之洞撰 清光緒二年(1876)四川刻本 一冊

350000－2001－0010450 822.101/134－2
古詩源十四卷 （清）沈德潛選 清光緒十七年(1891)湖南思賢書局刻本 二冊

350000－2001－0010451 822.101/134
古詩源十四卷 （清）沈德潛選 清康熙五十八年(1719)刻道光善成堂重修本 六冊

350000－2001－0010452 822.047/317
雨中消夏錄二卷 （清）姚興泉撰 清乾隆四十七年(1782)刻本 二冊

350000－2001－0010453 018.62/493
中西普通書目表三卷 （清）黃慶澄編 清光緒二十四年(1898)刻本 一冊

350000－2001－0010454 922.3/622＝1
三國志考證八卷 （清）潘眉撰 清光緒十五年(1889)刻廣雅書局叢書本 二冊

350000－2001－0010455 922.3/705.2－1
三國志辨疑三卷 （清）錢大昭撰 **三國紀年表一卷** （清）周嘉猷撰 清光緒十五年(1889)刻廣雅書局叢書本 一冊 存三卷(三國志辨疑三卷)

350000－2001－0010456 922.3/705.2－2
三國志辨疑三卷 （清）錢大昭撰 **三國紀年表一卷** （清）周嘉猷撰 清光緒十五年(1889)刻廣雅書局叢書本 一冊

350000－2001－0010457 922.2/727＝1
續後漢書四十二卷音義四卷 （宋）蕭常撰 **重刻續後漢書札記一卷** （清）郁松年撰 清道光二十一年(1841)郁松年刻宜稼堂叢書本 六冊

350000－2001－0010458 922.3031/556
三國會要二十二卷首一卷 （清）楊晨纂 清光緒二十六年(1900)江蘇書局刻本 四冊

350000－2001－0010459 922.3034/261
三國職官表三卷 （清）洪飴孫撰 清光緒十七年(1891)刻廣雅書局叢書本 三冊

350000－2001－0010460 018.63/100
國朝未戡遺書志略一卷 （清）朱記榮輯錄 清光緒十八年(1892)石埭徐氏刻觀自得齋叢書本 一冊

350000－2001－0010461 018.63/100＝1
國朝未戡遺書志略一卷 （清）朱記榮輯錄 清光緒十八年(1892)石埭徐氏刻觀自得齋叢書本 一冊

350000－2001－0010462 018.63/100＝2
國朝未戡遺書志略一卷 （清）朱記榮輯錄 清光緒十八年(1892)石埭徐氏刻觀自得齋叢書本 一冊

350000－2001－0010463 922.31/978.1
魏書一百十四卷 （北齊）魏收撰 清光緒二十年(1894)上海同文書局石印本 二十四冊

350000－2001－0010464 018.63/451－3
宋元舊本書經眼錄三卷附錄二卷 （清）莫友芝撰 清同治十二年(1873)刻本 二冊

350000－2001－0010465 822.047/196
白嶽盦詩話二卷 （清）余楙著 清宣統三年(1911)國學扶輪社鉛印本 一冊

350000 – 2001 – 0010466　822.047/261

北江詩話六卷　（清）洪亮吉撰　清光緒三十四年(1908)上海掃葉山房石印本　二冊

350000 – 2001 – 0010467　822.047/166

圍爐詩話六卷　（清）吳喬著　清光緒十三年(1887)上海大文書局石印本　一冊

350000 – 2001 – 0010468　922.4/248 = 1

晉畧六十六卷　（清）周濟撰　清光緒二年(1876)味雋齋刻本　二十冊

350000 – 2001 – 0010469　922.4/482

晉書校勘記三卷　（清）勞格撰　清光緒十八年(1892)刻廣雅書局叢書本　一冊

350000 – 2001 – 0010470　018.63/706

曝書雜記三卷　（清）錢泰吉撰　清同治七年(1868)刻甘泉鄉人稿本　二冊

350000 – 2001 – 0010471　018.63/706 = 1

曝書雜記三卷　（清）錢泰吉撰　清同治七年(1868)刻甘泉鄉人稿本　一冊

350000 – 2001 – 0010472　922.42/260

東晉畺域志四卷　（清）洪亮吉撰　清嘉慶元年(1796)京師刻北江全集本　二冊

350000 – 2001 – 0010473　018.64/805

咫進齋叢書三集三十七種　（清）姚覲元輯　清光緒九年(1883)歸安姚氏刻本　二冊　存三種三卷（銷燬抽燬書目一卷、禁書總目一卷、違礙書目一卷）

350000 – 2001 – 0010474　922.42/260 – 1

東晉畺域志四卷　（清）洪亮吉撰　清光緒四年(1878)授經堂刻本　一冊

350000 – 2001 – 0010475　018.64/935

應禁書籍名目一卷應燬違礙書目一卷應繳違礙書目一卷應禁書籍目錄一卷　（清）□□輯　清乾隆刻本　一冊

350000 – 2001 – 0010476　922.5/260

十六國畺域志十六卷　（清）洪亮吉撰　清嘉慶三年(1798)刻本　四冊

350000 – 2001 – 0010477　018.65/375

四庫全書輯永樂大典本書目一卷　（清）孫馮翼編　清嘉慶七年(1802)刻本　一冊

350000 – 2001 – 0010478　922.5/462 – 1

十六國春秋一百卷　（北魏）崔鴻撰　清乾隆四十六年(1781)仁和汪氏刻本　十二冊

350000 – 2001 – 0010479　018.66/662

汲古閣挍刻書目一卷　（明）毛晉原本　（清）陳秉鑑錄　（清）顧湘挍　書目補遺一卷刻板存亡攷一卷　（清）鄭德懋輯　（清）顧湘參校　清同治十三年(1874)虞山顧氏刻小石山房叢書本　一冊

350000 – 2001 – 0010480　018.66/970

武英殿聚珍板書一百四十八種　（清）高宗弘曆敕撰　（清）□□輯　清乾隆四十二年(1777)福建刻道光、同治遞修光緒二十一年(1895)增補本　一冊

350000 – 2001 – 0010481　018.67/317

古今偽書考一卷　（清）姚際恒著　清光緒三年(1877)廣漢張氏刻本　一冊

350000 – 2001 – 0010482　922.6/128 = 1

南史識小錄十四卷北史識小錄十四卷　（清）沈名蓀　（清）朱昆田輯　（清）張應昌補正　清同治十年(1871)武林吳氏清來堂刻本　十二冊

350000 – 2001 – 0010483　922.6/128

南史識小錄十四卷北史識小錄十四卷　（清）沈名蓀　（清）朱昆田輯　（清）張應昌補正　清同治十年(1871)武林吳氏清來堂刻本　十二冊

350000 – 2001 – 0010484　922.6/128 = 2

南史識小錄十四卷北史識小錄十四卷　（清）沈名蓀　（清）朱昆田輯　（清）張應昌補正　清同治十年(1871)武林吳氏清來堂刻本　四冊

350000 – 2001 – 0010485　922.6/128 – 2

南史識小錄十四卷北史識小錄十四卷　（清）沈名蓀　（清）朱昆田輯　（清）張應昌補正　清同治十年(1871)武林吳氏清來堂刻本　四

冊　存九卷(南史識小錄一至九)

350000－2001－0010486　922.6/135
南北史補志十四卷　(清)汪士鐸撰　清光緒
四年(1878)淮南書局刻本　六冊

350000－2001－0010487　922.6/135＝1
南北史補志十四卷　(清)汪士鐸撰　清光緒
四年(1878)淮南書局刻本　六冊

350000－2001－0010488　922.6/151
南史八十卷　(唐)李延壽撰　清光緒六年
(1880)四川尊經書局刻本　九冊

350000－2001－0010489　922.6/151－1
南史八十卷　(唐)李延壽撰　清同治十一年
(1872)金陵書局刻二十四史本　十二冊

350000－2001－0010490　018.68/679
徵訪明季遺書目一卷　(清)劉蓮六撰　清宣
統二年(1910)鉛印本　一冊

350000－2001－0010491　922.6/151－1＝1
南史八十卷　(唐)李延壽撰　清同治十一年
(1872)金陵書局刻二十四史本　十二冊

350000－2001－0010492　018.68/679＝1
徵訪明季遺書目一卷　(清)劉蓮六撰　清宣
統二年(1910)鉛印本　一冊

350000－2001－0010493　922.6/248
南北史捃華八卷　(清)周嘉猷撰　清同治四
年(1865)鑑止水齋刻本　四冊

350000－2001－0010494　922.6/248＝1
南北史捃華八卷　(清)周嘉猷撰　清同治四
年(1865)鑑止水齋刻本　二冊

350000－2001－0010495　922.6/248－1
南北史捃華八卷　(清)周嘉猷撰　清浙省聚
文堂刻本　四冊

350000－2001－0010496　922.6/248－2
南北史捃華八卷　(清)周嘉猷撰　清光緒六
年(1880)廣州翰墨園刻本　四冊

350000－2001－0010497　922.6/248－3
南北史捃華八卷　(清)周嘉猷撰　清刻本

四冊

350000－2001－0010498　018.68/736
浙江採集遺書總錄十一集　(清)沈初等編
清乾隆三十九年(1774)刻本　十冊　存十集
(甲至癸)

350000－2001－0010499　018.68/736＝1
浙江採集遺書總錄十一集　(清)沈初等編
清乾隆三十九年(1774)刻本　五冊　存十集
(甲至辛、癸、閏)

350000－2001－0010500　922.62/588－1
南齊書五十九卷　(南朝梁)蕭子顯撰　清光
緒二十年(1894)上海同文書局石印本　八冊

350000－2001－0010501　922.62/588－2
南齊書五十九卷　(南朝梁)蕭子顯撰　清同
治十三年(1874)金陵書局刻二十四史本
六冊

350000－2001－0010502　612.31/154－2
本草綱目五十二卷首一卷圖三卷　(明)李時
珍編輯　清光緒十一年(1885)合肥張氏味古
齋刻本　四十八冊

350000－2001－0010503　922.6034/248
南北史帝王世系表一卷　(清)周嘉猷撰　清
光緒十八年(1892)刻廣雅書局叢書本　一冊

350000－2001－0010504　612.31/154－5
本草綱目五十二卷圖三卷　(明)李時珍編輯
　(清)吳毓昌較訂　清光緒十九年(1893)鴻
寶齋石印本　十四冊　存五十三卷(綱目五
十二卷、圖上)

350000－2001－0010505　922.61/361
宋瑣語一卷　(清)郝懿行撰　清嘉慶二十一
年(1816)曬書堂刻本　一冊

350000－2001－0010506　612.31/154－6
本草綱目五十二卷圖三卷　(明)李時珍編輯
　(清)吳毓昌較訂　**拾遺十卷**　(清)趙學敏
輯　清宣統元年(1909)鴻寶齋石印本　二十
四冊

350000－2001－0010507　612.31/154－8

本草綱目五十二卷圖三卷　（明）李時珍編輯
（清）吳毓昌較訂　清光緒二十年（1894）上
海圖書集成印書局鉛印本　二十四冊

350000－2001－0010508　922.63/317.3

梁書五十六卷　（唐）姚思廉撰　清同治十三
年（1874）金陵書局刻二十四史本　六冊

350000－2001－0010509　922.64/316.2

陳書三十六卷　（唐）姚思廉撰　清同治十一
年（1872）金陵書局刻二十四史本　四冊

350000－2001－0010510　922.64/316.1

陳書三十六卷　（唐）姚思廉撰　清光緒二十
年（1894）上海同文書局石印本　六冊

350000－2001－0010511　922.63/317

梁書五十六卷　（唐）姚思廉撰　清光緒二十
年（1894）上海同文書局石印本　八冊

350000－2001－0010512　612.31/166

本草從新六卷　（清）吳儀洛輯　清嘉慶十四
年（1809）刻本　六冊

350000－2001－0010513　922.6634/248

南北史年表七卷　（清）周嘉猷撰　清光緒十
八年（1892）刻廣雅書局叢書本　三冊　存五
卷（一至五）

350000－2001－0010514　612.31/166－1

本草從新十八卷首一卷　（清）吳儀洛輯　清
道光二十五年（1845）瓶花書屋刻本　一冊
存四卷（十五至十八）

350000－2001－0010515　922.7/151.2

北史一百卷　（唐）李延壽撰　清同治十一年
（1872）金陵書局刻二十四史本　二十冊

350000－2001－0010516　612.32/376.2

備急千金要方三十卷　（唐）孫思邈撰　（宋）
林億等校正　千金方攷異一卷　（日本）多紀
元堅等撰　清道光二十九年（1849）刻光緒四
年（1878）蘇州吳縣靈芬閣印本　十二冊

350000－2001－0010517　922.7/151.3

北史一百卷　（唐）李延壽撰　清光緒六年
（1880）四川尊經書局刻本　十六冊

350000－2001－0010518　922.7/151.2＝1

北史一百卷　（唐）李延壽撰　清同治十一年
（1872）金陵書局刻二十四史本　二十冊

350000－2001－0010519　922.7/151.2＝2

北史一百卷　（唐）李延壽撰　清同治十一年
（1872）金陵書局刻二十四史本　二十冊

350000－2001－0010520　922.72/717

西魏書二十四卷　（清）謝啓昆撰　清光緒刻
廣雅書局叢書本　六冊

350000－2001－0010521　922.73/153

北齊書五十卷　（唐）李百藥撰　清光緒二十
年（1894）上海同文書局石印本　八冊

350000－2001－0010522　922.73/153.2

北齊書五十卷　（唐）李百藥撰　清同治十三
年（1874）金陵書局刻二十四史本　四冊

350000－2001－0010523　612.39/393

徐氏醫書六種　（清）徐大椿撰　清同治十二
年（1873）湖北崇文書局刻本　一冊　存二種
二卷（洄溪醫案一卷、愼疾芻言一卷）

350000－2001－0010524　612.392/971

澡泉餘錄一卷續錄一卷　（日本）淺田宗伯著
清光緒十七年（1891）秀英舍鉛印本　二冊

350000－2001－0010525　922.74/82－1

周書五十卷　（唐）令狐德棻撰　清同治十三
年（1874）金陵書局刻二十四史本　四冊

350000－2001－0010526　612.31/391

本草彙言二十卷圖一卷　（明）倪朱謨選集
明末清初刻本　十六冊

350000－2001－0010527　612.31/413

本草三家和註六卷　（清）郭汝聰集註　清末
刻本　五冊

350000－2001－0010528　612.31/413－1

本草三家和註六卷　（清）郭汝聰集註　清宣
統元年（1909）刻本　六冊

350000－2001－0010529　612.31/431

本草崇原三卷　（清）張志聰註釋　清乾隆三
十四年（1769）刻本　一冊

350000 – 2001 – 0010530　612.31/393

神農本草經百種錄一卷　（清）徐大椿著　清末刻本　一冊

350000 – 2001 – 0010531　612.31/677

本草述三十二卷首一卷　（清）劉若金著　清嘉慶十五年(1810)還讀山房刻本　十六冊

350000 – 2001 – 0010532　612.31/393 – 1

神農本草經百種錄一卷　（清）徐大椿著　清末刻本　一冊

350000 – 2001 – 0010533　612.31/599 – 1

本草綱目拾遺十卷　（清）趙學敏輯　清宣統元年(1909)鴻寶齋石印本　二冊

350000 – 2001 – 0010534　612.31/655

本草萬方鍼線八卷　（清）蔡烈先輯　清刻本　二冊　存四卷(五至八)

350000 – 2001 – 0010535　612.31/655 – 1

本草萬方鍼線八卷　（清）蔡烈先輯　清宣統元年(1909)鴻寶齋石印本　二冊

350000 – 2001 – 0010536　822.047/165

南野堂筆記十二卷　（清）吳文溥撰　清嘉慶刻本　四冊

350000 – 2001 – 0010537　612.32/11

壽世新編三卷　（清）萬潛齋編　清光緒三十三年(1907)四川官報書局鉛印本　三冊

350000 – 2001 – 0010538　612.32/11 = 1

壽世新編三卷　（清）萬潛齋編　清光緒三十三年(1907)四川官報書局鉛印本　三冊

350000 – 2001 – 0010539　018.691/932

八史經籍志十種　（日本）□□輯　清光緒九年(1883)鎮海張壽榮刻本　十六冊

350000 – 2001 – 0010540　822.047/22.4

諧聲別部六卷　（清）王阮亭撰　（清）喻端士編　清乾隆刻本　二冊

350000 – 2001 – 0010541　612.32/22

絳雪園古方選註不分卷　（清）王子接註　清刻本　一冊

350000 – 2001 – 0010542　822.047/22

漁洋詩話二卷　（清）王貽上撰　清光緒三十三年(1907)上海掃葉山房石印本　一冊

350000 – 2001 – 0010543　822.047/131

匏廬詩話三卷　（清）沈濤撰　清道光二十年(1840)刻本　一冊

350000 – 2001 – 0010544　612.32/22 – 1

絳雪園古方選註不分卷　（清）王子接註　清掃葉山房刻本　四冊

350000 – 2001 – 0010545　612.32/22 – 1 = 1

絳雪園古方選註不分卷　（清）王子接註　清掃葉山房刻本　四冊

350000 – 2001 – 0010546　822.0417/134

說詩晬語二卷　（清）沈德潛撰　清乾隆十二年(1747)刻本　一冊

350000 – 2001 – 0010547　612.32/26

唐王燾先生外臺秘要方四十卷　（唐）王燾撰　（宋）林億等進　（清）陸錫明校閱　清光緒二十四年(1898)上海圖書集成印書局鉛印本　十四冊　存三十六卷(一至五、八至三十八)

350000 – 2001 – 0010548　612.32/26 = 1

唐王燾先生外臺秘要方四十卷　（唐）王燾撰　（宋）林億等進　（清）陸錫明校閱　清光緒二十四年(1898)上海圖書集成印書局鉛印本　十六冊

350000 – 2001 – 0010549　612.32/26 = 2

唐王燾先生外臺秘要方四十卷　（唐）王燾撰　（宋）林億等進　（清）陸錫明校閱　清光緒二十四年(1898)上海圖書集成印書局鉛印本　十五冊　存三十八卷(一至三十一、三十四至四十)

350000 – 2001 – 0010550　822.047/123

柳亭詩話三十卷　（清）宋長白撰　清康熙四十六年(1707)天茁園刻本　八冊

350000 – 2001 – 0010551　018.691/932 = 1

八史經籍志十種　（日本）□□輯　清光緒九

年(1883)鎮海張壽榮刻本　十七冊

350000－2001－0010552　612.31/599

本草綱目拾遺十卷　（清）趙學敏輯　清同治
十年(1871)錢塘張應昌吉心堂刻本　八冊

350000－2001－0010553　822.047/10

鐙窗瑣話八卷　（清）于源撰　清道光二十七
年(1847)刻本　一冊

350000－2001－0010554　612.32/136

醫方集解三卷　（清）汪昂撰　清同治八年
(1869)刻本　五冊

350000－2001－0010555　612.32/136－1

醫方集解三卷　（清）汪昂撰　清光緒十三年
(1887)姑蘇掃葉山房刻本　七冊

350000－2001－0010556　822.046/149

明人詩品二卷　（清）杜蔭棠輯錄　**夢曉樓隨
筆一卷**　（清）宋顧樂著　清同治十三年
(1874)虞山顧氏刻本　一冊

350000－2001－0010557　612.32/136－2

醫方湯頭歌訣一卷　（清）汪昂編輯　清光緒
二十二年(1896)學庫山房刻本　一冊

350000－2001－0010558　822.044/942

冷齋夜話十卷　（宋）釋惠洪輯　清乾隆、嘉
慶刻本　一冊

350000－2001－0010559　612.32/136－3

醫方湯頭歌訣一卷　（清）汪昂編輯　清光緒
三十年(1904)上海章福記書局石印本　一冊

350000－2001－0010560　612.32/261

增補醫方一盤珠全集十卷　（清）洪金鼎纂
清乾隆十四年(1749)刻本　五冊

350000－2001－0010561　612.32/376

千金翼方三十卷　（唐）孫思邈撰　（宋）林億
校正　清乾隆二十八年(1763)刻本　十冊

350000－2001－0010562　612.32/376＝1

千金翼方三十卷　（唐）孫思邈撰　（宋）林億
校正　清乾隆二十八年(1763)刻本　九冊
存二十七卷(一至十、十四至三十)

350000－2001－0010563　612.32/376.3

千金寶要六卷　（唐）孫思邈撰　（清）孫星衍
校　清嘉慶十二年(1807)刻本　一冊

350000－2001－0010564　612.32/429

儒門事親十五卷　（金）張予和著　（明）吳勉
學校　清末千頃堂書局石印本　六冊

350000－2001－0010565　612.32/393

蘭臺軌範八卷　（清）徐大椿著　清刻本
四冊

350000－2001－0010566　612.32/393－1

蘭臺軌範八卷慎疾芻言一卷　（清）徐大椿著
清光緒十五年(1889)刻本　五冊

350000－2001－0010567　612.32/393.2

醫貫砭二卷　（清）徐大椿著　清乾隆六年
(1741)刻本　一冊

350000－2001－0010568　822.044/166

藏海詩話一卷　（宋）吳可撰　（清）李調元校
清嘉慶十四年(1809)刻本　一冊

350000－2001－0010569　612.32/408

類證普濟本事方十卷　（宋）許叔微著　清刻
本　四冊

350000－2001－0010570　612.32/408－1

類證普濟本事方十卷　（宋）許叔微著　清嘉
慶十九年(1814)刻本　四冊

350000－2001－0010571　612.32/415

濟眾新編八卷　（清）康命吉撰　清嘉慶二十
二年(1817)刻本　二冊

350000－2001－0010572　822.044/302

對牀夜語五卷　（宋）范晞文撰　清光緒杭州
丁氏八千卷樓刻朱印本　一冊

350000－2001－0010573　822.044/431

歲寒堂詩話二卷　（宋）張戒撰　清乾隆四十
二年(1777)福建刻道光、同治遞修光緒二十
一年(1895)增修武英殿聚珍版書本　一冊

350000－2001－0010574　018.6912/24

漢藝文志攷證十卷　（宋）王應麟撰　清乾隆
刻本　二冊

350000－2001－0010575　822.043/679

杜工部詩話一卷　（清）劉鳳誥著　清宣統三年（1911）掃葉山房石印本　一冊

350000－2001－0010576　018.6914/391

宋史藝文志補一卷　（清）倪燦撰　清光緒十七年（1891）刻廣雅書局叢書本　一冊

350000－2001－0010577　018.69143/391

補遼金元藝文志一卷　（清）倪燦撰　清乾隆餘姚盧氏刻抱經堂叢書本　一冊

350000－2001－0010578　612.319/22－1

王氏醫案續編八卷　（清）王士雄撰　（清）張鴻輯　清光緒二十六年（1900）上海書局石印本　二冊

350000－2001－0010579　018.69143/243

廣雅書局叢書一百六十一種　（清）廣雅書局輯　清光緒廣雅書局刻本　四冊　存四種七卷（補三史藝文志一卷、宋史藝文志補一卷、補遼金元藝文志一卷、元史藝文志四卷）

350000－2001－0010580　018.6915/705

元史藝文志四卷　（清）錢大昕補纂　清同治十三年（1874）江蘇書局刻本　一冊

350000－2001－0010581　018.6917/493

皇朝經籍志六卷　（清）黃本驥輯　清道光二十五年（1845）刻三長物齋叢書本　二冊

350000－2001－0010582　018.692/311

補後漢書藝文志四卷　（清）侯康撰　清道光南海伍氏粵雅堂刻嶺南遺書本　一冊

350000－2001－0010583　018.69253/166

杭州藝文志十卷　吳慶坻等編　清光緒三十四年（1908）長沙刻本　四冊

350000－2001－0010584　018.6928/406

隋經籍志考證十三卷　（清）章宗源撰　清光緒三年（1877）湖北刻崇文書局匯刻書本　四冊

350000－2001－0010585　018.6928/406＝1

隋經籍志考證十三卷　（清）章宗源撰　清光緒三年（1877）湖北刻崇文書局匯刻書本

四冊

350000－2001－0010586　923/164

唐書合鈔二百六十卷首一卷唐書宰相世系表訂訛十二卷　（清）沈炳震編　**補正六卷**（清）丁子復撰　清嘉慶十五年（1810）海昌查氏刻同治十年（1871）武林吳氏清來堂補修本　八十冊

350000－2001－0010587　018.7/806

江南製造局譯書提要二卷　（清）繙譯館編　清宣統元年（1909）鉛印江南製造局所刻書本　二冊

350000－2001－0010588　822.13/273

唐四家詩集　（清）胡鳳丹輯　清同治九年（1870）永康胡鳳丹退補齋刻本　六冊

350000－2001－0010589　923/661

滎陽雜俎七種　（清）程定遠輯　清康熙程氏萬卷樓刻本　一冊　存二種五卷（開天傳信記二卷、南唐近事三卷）

350000－2001－0010590　923/636

新唐書二百二十五卷　（宋）歐陽修　（宋）宋祁等撰　**唐書釋音二十五卷**　（宋）董衝撰　清光緒二十年（1894）上海同文書局石印本　五十冊

350000－2001－0010591　612.32/432

孫真人千金方衍義三十卷　（清）張璐著　清嘉慶五年（1800）掃葉山房刻本　三十二冊

350000－2001－0010592　612.32/432＝1

孫真人千金方衍義三十卷　（清）張璐著　清嘉慶五年（1800）掃葉山房刻本　三十一冊　存二十九卷（二至三十）

350000－2001－0010593　923/674

舊唐書二百卷　（五代）劉昫撰　清光緒二十年（1894）上海同文書局石印本　四十三冊

350000－2001－0010594　019.51/4.1

算學書目提要三卷　丁福保述　清光緒二十五年（1899）無錫俟實學堂刻疇隱廬叢書本　一冊

350000 - 2001 - 0010595　923/674 - 1

舊唐書二百卷　（五代）劉昫撰　**校勘記六十六卷**　（清）劉文湛撰　**逸文十三卷**　（清）岑建功撰　清同治十一年(1872)定遠方氏刻本　六十冊

350000 - 2001 - 0010596　612.32/563

種福堂公選良方兼刻古吳名醫精論四卷　（清）葉桂論　（清）華南田較　清道光二十八年(1848)刻本　四冊

350000 - 2001 - 0010597　018.9/227

四庫簡明目錄標注二十卷　（清）邵懿辰撰　清宣統三年(1911)仁和邵氏刻半巖廬所著書本　六冊

350000 - 2001 - 0010598　612.32/598

趙翰香居丸散膏丹全錄不分卷　（清）趙文通撰　清光緒十五年(1889)趙翰香居石印本　一冊

350000 - 2001 - 0010599　612.32/599

串雅内編四卷　（清）趙學敏纂輯　（清）吳庚生補注　清光緒十六年(1890)榆園刻本　二冊

350000 - 2001 - 0010600　923/674 - 2

舊唐書二百卷　（五代）劉昫撰　清光緒二十九年(1903)上海五洲同文局石印二十四史本　四十五冊

350000 - 2001 - 0010601　612.32/711

驗方新編十六卷　（清）鮑相璈編輯　（清）丁雨生增訂　清同治三年(1864)刻本　十冊

350000 - 2001 - 0010602　822.13/247

貫華堂選批唐才子詩集八卷　（清）金人瑞選批　清宣統三年(1911)上海國學扶輪社石印本　八冊

350000 - 2001 - 0010603　612.32/711 - 1

驗方新編八卷首一卷　（清）鮑相璈編輯　清光緒二年(1876)刻本　九冊

350000 - 2001 - 0010604　822.13/169

唐詩選六卷首一卷補遺一卷　（清）吳翌鳳輯

清嘉慶十年(1805)刻本　六冊

350000 - 2001 - 0010605　612.32/711 - 2

驗方新編十八卷　（清）鮑相璈編輯　（清）丁雨生增訂　清光緒十七年(1891)鉛印本　一冊

350000 - 2001 - 0010606　822.13/149

中晚唐詩叩彈集十二卷續集三卷　（清）杜詔　（清）杜庭珠集　清康熙四十三年(1704)采山亭刻本　四冊　存十卷(一至四、十至十二,續集三卷)

350000 - 2001 - 0010607　822.13/149 - 1

中晚唐詩叩彈集十二卷續集三卷　（清）杜詔　（清）杜庭珠集　清寶仁堂刻本　四冊

350000 - 2001 - 0010608　923/674 - 3

舊唐書二百卷　（五代）劉昫撰　清光緒三十四年(1908)上海集成圖書公司鉛印二十四史本　二十六冊　存一百九十五卷(六至二百)

350000 - 2001 - 0010609　020.74/545

國粹教科書前編六卷後編二卷　題（清）廉泉編輯　清光緒三十二年(1906)上海文明書局鉛印本　二冊

350000 - 2001 - 0010610　923.031/151

大唐六典三十卷　（唐）玄宗李隆基撰　（唐）李林甫注　清光緒二十一年(1895)廣雅書局刻本　四冊

350000 - 2001 - 0010611　612.32/971

醫方彙編五卷　（英國）梅滕更口譯　（清）劉廷楨筆述　清光緒二十一年(1895)廣濟醫局鉛印本　五冊

350000 - 2001 - 0010612　923.031/151 - 1

大唐六典三十卷　（唐）玄宗李隆基撰　（唐）李林甫注　清嘉慶五年(1800)掃葉山房刻本　六冊

350000 - 2001 - 0010613　612.32/776

名醫方論四卷補遺一卷　（清）羅東逸評定　清刻本　一冊　存二卷(一至二)

350000 - 2001 - 0010614　612.32/795

醫方易簡新編六卷　（清）龔自璋輯　清同治
五年(1866)刻本　四冊

350000－2001－0010615　822.13/134－1

重訂唐詩別裁集二十卷　（清）沈德潛選　清
乾隆二十八年(1763)教忠堂刻本　六冊

350000－2001－0010616　020.74/676

經學教科書第一冊不分卷　（清）劉師培編輯
　清光緒三十二年(1906)國粹學報館鉛印本
　一冊

350000－2001－0010617　612.32/933

三朝名醫方論三種　（清）□□輯　清宣統三
年(1911)寧波汲綆齋石印本　二冊　存二種
十九卷(重訂駱龍吉内經拾遺方論四卷、宣明
方論十五卷)

350000－2001－0010618　822.13/134

重訂唐詩別裁集二十卷　（清）沈德潛選　清
乾隆二十八年(1763)教忠堂刻本　六冊

350000－2001－0010619　923.031/31

唐會要一百卷　（宋）王溥撰　清光緒十年
(1884)江蘇書局刻本　二十四冊

350000－2001－0010620　822.13/134－2

重訂唐詩別裁集二十卷　（清）沈德潛選　清
乾隆二十八年(1763)教忠堂刻本　六冊

350000－2001－0010621　923.031/164

貞觀政要十卷　（唐）吳兢輯　（元）戈直集論
　（清）席世臣校訂　清嘉慶三年(1798)南沙
席氏掃葉山房刻本　二冊

350000－2001－0010622　822.13/133.1

全唐近體詩鈔五卷　（清）沈裳錦選　清道光
二年(1822)刻本　三冊

350000－2001－0010623　612.33/28

經驗方一卷附盒友人書　（清）王濩撰　清光
緒二十八年(1902)刻本　一冊

350000－2001－0010624　612.34/272

胡慶餘堂丸散膏丹全集十四卷　（清）胡光肅
編　清光緒三年(1877)胡慶餘堂刻本　一冊

350000－2001－0010625　612.34/272＝1

胡慶餘堂丸散膏丹全集十四卷　（清）胡光肅
編　清光緒三年(1877)胡慶餘堂刻本　一冊

350000－2001－0010626　021/662.1

巢經巢集經說一卷　（清）鄭珍撰　清咸豐二
年(1852)刻民國二十九年(1940)重印鄭子尹
遺書本　一冊

350000－2001－0010627　612.34/668

同仁堂藥目一卷　（清）京都同仁堂撰　清光
緒十五年(1889)京都同仁堂刻本　一冊

350000－2001－0010628　612.39/942

寓意草不分卷　（清）喻昌著　清乾隆六十年
(1795)刻本　三冊

350000－2001－0010629　612.391/22

潛齋醫書三種　（清）王士雄輯　清咸豐元年
(1851)吟香書屋刻本　四冊

350000－2001－0010630　612.391/84

名醫類案十二卷　（明）江瓘集　清同治十年
(1871)藏脩堂刻本　十二冊

350000－2001－0010631　612.391/86

名醫類案十二卷　（明）江瓘集　清乾隆三十
五年(1770)刻本　六冊

350000－2001－0010632　923.05/302

東萊先生音註唐鑑二十四卷　（宋）范祖禹撰
　（宋）呂祖謙註　清同治十三年(1874)刻本
四冊

350000－2001－0010633　923.05/302－1

唐鑑二十四卷　（宋）范祖禹撰　（宋）呂祖謙
音注　（清）胡鳳丹校梓　唐鑑音註考異一卷
　（清）胡鳳丹纂輯　清同治十年(1871)金華
胡鳳丹退補齋刻金華叢書本　四冊

350000－2001－0010634　923.052/375

唐史論斷二卷　（宋）孫甫撰　清光緒二十六
年(1900)菁華書屋刻本　二冊

350000－2001－0010635　992.1453/28

於越先賢傳一卷　（清）王齡贊　（清）任熊圖
　清光緒十二年(1886)上海同文書局石印任
渭長先生畫傳四種本　一冊

350000－2001－0010636　923.2/486－1

五代史記七十四卷　(宋)歐陽修撰　(宋)徐無黨原注　(清)彭元瑞注　清道光八年(1828)刻本　二十四冊

350000－2001－0010637　923.2/486－2

五代史記七十四卷　(宋)歐陽修撰　(宋)徐無黨原注　(清)彭元瑞注　清刻本　四十冊

350000－2001－0010638　612.391/84＝1

名醫類案十二卷　(明)江瓘集　清同治十年(1871)藏脩堂刻本　十二冊

350000－2001－0010639　612.391/314

古今醫案按十卷　(清)俞震纂輯　清宣統元年(1909)上海會文堂書局石印本　九冊　存九卷(一至九)

350000－2001－0010640　612.391/437

三世醫驗五卷　(明)陸嶽著　清道光十八年(1838)刻本　二冊

350000－2001－0010641　923.2/636－1

五代史七十四卷　(宋)歐陽修撰　(宋)徐無黨注　清同治十一年(1872)湖北崇文書局刻本　八冊

350000－2001－0010642　612.391/167＝1

三家醫案合刻　(清)吳金壽輯　清道光十一年(1831)吳氏貯春僊館刻本　二冊

350000－2001－0010643　992.1455/245

楚寶四十卷外篇五卷　(明)周聖楷輯纂　清道光九年(1829)新化鄧氏刻本　十四冊

350000－2001－0010644　612.391/167－1

三家醫案合刻　(清)吳金壽輯　清光緒三十三年(1907)上洋海左書局石印本　一冊

350000－2001－0010645　923.2/731－1

舊五代史一百五十卷目錄二卷　(宋)薛居正等撰　清嘉慶元年(1796)掃葉山房刻本　二十四冊

350000－2001－0010646　612.391/563－3

臨證指南醫案十卷　(清)葉桂著　(清)徐大椿評　種福堂公選良方四卷　(清)葉桂著　(清)徐大椿評　清光緒十年(1884)掃葉山房刻朱墨套印本　十二冊

350000－2001－0010647　612.391/563

臨證指南醫案十卷　(清)葉桂著　種福堂公選良方兼刻古吳名醫精論四卷　(清)葉桂著　清乾隆刻本　六冊

350000－2001－0010648　612.391/563－1

臨證指南醫案十卷　(清)葉桂著　清金閶三槐堂刻本　十冊

350000－2001－0010649　923.2/731

舊五代史一百五十卷目錄二卷　(宋)薛居正等撰　清光緒二十年(1894)上海同文書局石印本　二十四冊

350000－2001－0010650　612.391/563－2

臨證指南醫案十卷　(清)葉桂著　種福堂公選良方四卷　(清)葉桂著　清刻本　十二冊

350000－2001－0010651　612.391/718

得心集醫案六卷首一卷　(清)謝星煥著　清咸豐十一年(1861)刻本　六冊

350000－2001－0010652　612.392/86＝5

筆花醫鏡四卷　(清)汪涵暾著　清光緒十一年(1885)刻本　一冊

350000－2001－0010653　612.392/86＝1

筆花醫鏡四卷　(清)汪涵暾著　清光緒十一年(1885)刻本　一冊

350000－2001－0010654　612.392/86＝2

筆花醫鏡四卷　(清)汪涵暾著　清光緒十一年(1885)刻本　一冊

350000－2001－0010655　612.392/86＝3

筆花醫鏡四卷　(清)汪涵暾著　清光緒十一年(1885)刻本　一冊

350000－2001－0010656　923.2/731－2

舊五代史一百五十卷目錄二卷　(宋)薛居正等撰　清同治十一年(1872)湖北崇文書局刻二十四史本　十六冊

350000－2001－0010657　612.392/86

筆花醫鏡四卷　(清)汪涵暾著　清道光八年

(1828)刻本　一冊

350000－2001－0010658　923.2/792

補五代史藝文志一卷　（清）顧懷三撰　**五代紀年表一卷**　（清）周嘉猷撰　清光緒十七年(1891)刻廣雅書局叢書本　一冊

350000－2001－0010659　612.4/406

醫門棒喝四卷二集九卷　（清）章楠著　清同治六年(1867)刻本　十二冊

350000－2001－0010660　923.2034/248

五代紀年表一卷　（清）周嘉猷撰　清光緒十七年(1891)刻廣雅書局叢書本　一冊

350000－2001－0010661　923.208/164

五代史纂誤三卷　（宋）吳縝撰　清乾隆福建布政使司刻武英殿聚珍版書本　一冊

350000－2001－0010662　923.208/164－1

五代史纂誤三卷　（宋）吳縝撰　清刻本　一冊

350000－2001－0010663　822.13/125

網獅園唐詩箋十八卷　（清）宋宗元輯　清乾隆刻本　五冊　存十五卷(一至十五)

350000－2001－0010664　923.208/963

紫藤書屋叢刻六種　（清）陳□輯　清乾隆五十七年(1792)秀水陳氏刻本　一冊　存四種十卷(五代史闕文一卷、五代史補五卷、五代春秋二卷、五國故事二卷)

350000－2001－0010665　822.13/85

唐人五十家小集　（清）江標輯　清光緒二十一年(1895)元和江氏靈鶼閣刻本　十六冊

350000－2001－0010666　992.1461/429

錦里新編十六卷首一卷　（清）張邦伸纂輯　清嘉慶五年(1800)刻本　四冊

350000－2001－0010667　923.7/637

歐陽文忠公五代史抄二十卷　（明）茅坤評　清康熙刻本　四冊

350000－2001－0010668　822.13/22.4

唐人萬首絕句選七卷　（清）王士禛輯　清雍正刻本　一冊

350000－2001－0010669　822.13/22.4－1

唐人萬首絕句選七卷　（清）王士禛輯　清雍正刻本　二冊

350000－2001－0010670　992.14923/375＝1

中州人物考八卷　（清）孫奇逢輯　（清）王元鑲等編　清道光二十四年(1844)刻本　四冊

350000－2001－0010671　812.13/22.5

唐文粹詩選六卷　（清）王士禛輯　清康熙刻本　二冊

350000－2001－0010672　923.8/164－1

十國春秋一百十四卷　（清）吳任臣撰　**拾遺一卷備考一卷**　（清）周昂輯　清乾隆五十八年(1793)刻嘉慶四年(1799)周氏補修本　十八冊

350000－2001－0010673　923.8/164

十國春秋一百十四卷　（清）吳任臣撰　**拾遺一卷備考一卷**　（清）周昂輯　清乾隆五十八年(1793)周氏刻本　十六冊　存一百四卷(一至八十九、一百至一百十四)

350000－2001－0010674　923.8/164－2

十國春秋一百十四卷　（清）吳任臣撰　**拾遺一卷備考一卷**　（清）周昂輯　清嘉慶刻本　三十冊

350000－2001－0010675　992.16/154

良貴錄四卷　（清）李受彤輯　清光緒二十六年(1900)羊城李氏刻本　二冊

350000－2001－0010676　612.4/494

折肱漫錄七卷　（明）黃承昊撰　清乾隆五十九年(1794)心遵樓刻本　二冊

350000－2001－0010677　992.16/154＝1

良貴錄四卷　（清）李受彤輯　清光緒二十六年(1900)羊城李氏刻本　二冊

350000－2001－0010678　612.41/26

傷寒撮要四卷　（清）王夢祖編輯並註　清道光十九年(1839)刻本　四冊

350000－2001－0010679　612.4/968

内科理法前編六卷後編總病六卷專病十卷附

一卷 （英國）虎伯撰 （清）舒高第口譯
（清）趙元益筆述 清光緒十五年(1889)刻江
南製造局所刻書本 六冊

350000－2001－0010680 612.41/24

傷寒證治準繩八卷 （明）王肯堂輯 清修敬
堂刻本 八冊

350000－2001－0010681 923.82/353

南唐書合刻二種 （清）蔣國祥 （清）蔣國祚
輯 清康熙襄平蔣氏五峰閣刻本 八冊

350000－2001－0010682 612.41/77

傷寒審症表一卷 （清）包誠纂輯 清同治十
年(1871)湖北崇文書局刻本 一冊

350000－2001－0010683 612.41/101

增注類證活人書二十二卷辨誤一卷釋音一卷
傷寒藥性一卷 （宋）朱肱撰 （明）吳勉學校
清光緒十二年(1886)刻本 四冊

350000－2001－0010684 992.16/494

思舊錄一卷 （清）黃宗羲著 清光緒五年
(1879)餘姚黃氏五桂樓刻黃梨洲先生遺書本
一冊

350000－2001－0010685 612.41/101＝1

增注類證活人書二十二卷辨誤一卷釋音一卷
傷寒藥性一卷 （宋）朱肱撰 （明）吳勉學校
清光緒十二年(1886)刻本 四冊

350000－2001－0010686 612.41/249

傷寒論三註十六卷 （清）周揚俊撰 清光緒
十三年(1887)刻本 六冊

350000－2001－0010687 612.41/277.1

傷寒來蘇集三種八卷 （漢）張機原文 （清）
柯琴編註 清乾隆二十年(1755)刻本 七冊

350000－2001－0010688 612.41/277－1

傷寒來蘇集三種八卷 （漢）張機原文 （清）
柯琴編註 清同治四年(1865)刻本 七冊

350000－2001－0010689 612.41/277－21

傷寒來蘇集三種八卷 （漢）張機原文 （清）
柯琴編註 清刻本 八冊

350000－2001－0010690 612.41/277－3

傷寒來蘇集三種八卷 （漢）張機原文 （清）
柯琴編註 清刻本 六冊

350000－2001－0010691 612.41/393

傷寒論類方一卷 （清）徐大椿編輯 清刻本
一冊

350000－2001－0010692 612.41/393－1

傷寒論類方一卷 （清）徐大椿編輯 清光緒
十九年(1893)上海圖書集成印書局鉛印本
一冊

350000－2001－0010693 612.41/414

仲景傷寒補亡論二十卷 （宋）郭雍撰次 清
道光元年(1821)刻本 四冊

350000－2001－0010694 923.82/705－1

增訂吳越備史六卷 （宋）范坰 （宋）林禹撰
（清）錢時鈺增訂 雜考附刻一卷 （明）錢
柱峰輯 清乾隆六十年(1795)吳中錢達道刻
本 三冊

350000－2001－0010695 612.41/430.5

傷寒論淺註補正七卷首一卷 （漢）張機原文
（清）陳念祖淺註 （清）唐宗海補正 清光
緒二十年(1894)袖海山房書局石印本 三冊

350000－2001－0010696 822.13/22.6

才調集選三卷 （五代）韋縠原本 （清）王士
禎刪纂 清康熙刻本 一冊

350000－2001－0010697 612.41/432.1

傷寒緒論二卷 （清）張璐纂述 清光緒二十
年(1894)上海圖書集成印書局鉛印本 二冊

350000－2001－0010698 612.41/432.1＝1

傷寒緒論二卷 （清）張璐纂述 清光緒二十
年(1894)上海圖書集成印書局鉛印本 一冊
存一卷（上）

350000－2001－0010699 612.41/432.1＝2

傷寒緒論二卷 （清）張璐纂述 清光緒二十
年(1894)上海圖書集成印書局鉛印本 二冊

350000－2001－0010700 822.13/24

古唐詩合解十二卷 （清）王堯衢注 清刻本
四冊

350000 – 2001 – 0010701　822.13/22.3
唐人萬首絕句選七卷　(宋)洪邁元本　(清)
王士禎選　清同治九年(1870)刻本　二冊

350000 – 2001 – 0010702　822.101/528.1
十八家詩鈔二十八卷首一卷　(清)曾國藩纂
清同治十三年(1874)傳忠書局刻本　十
九冊

350000 – 2001 – 0010703　923.86/402
南漢書十八卷考異十八卷文字略四卷叢錄二
卷　(清)梁廷枏撰　清道光十年(1830)順德
梁氏藤花亭刻本　九冊

350000 – 2001 – 0010704　992.163/2
百將圖傳二卷　(清)丁日昌輯　清同治八年
(1869)江蘇書局刻本　二冊

350000 – 2001 – 0010705　992.163/2 = 1
百將圖傳二卷　(清)丁日昌輯　清同治八年
(1869)江蘇書局刻本　二冊

350000 – 2001 – 0010706　992.164/33
宮閨小名錄五卷　(清)尤侗纂　(清)余懷輯
清康熙刻西堂全集本　一冊

350000 – 2001 – 0010707　924/395
三朝北盟會編二百五十卷首一卷　(宋)徐夢
莘編　**校勘記二卷校勘補遺一卷**　(清)袁祖
安等撰　清光緒四年(1878)越東鉛印本　四
十冊

350000 – 2001 – 0010708　992.164/396
黃土青山稿一卷　(清)翁若同輯著　清抄本
一冊

350000 – 2001 – 0010709　920.408/833 – 1
宋史紀事本末一百九卷　(明)馮琦原編
(明)陳邦瞻增訂　(明)張溥論正　清光緒十
三年(1887)廣雅書局刻紀事本末彙刻本　十
六冊

350000 – 2001 – 0010710　992.164/402
列女傳八卷　(漢)劉向編撰　(清)梁端校注
清光緒十七年(1891)咸寧趙劉氏刻本
四冊

350000 – 2001 – 0010711　920.408/833 = 1
宋史紀事本末一百九卷　(明)馮琦原編
(明)陳邦瞻增訂　(明)張溥論正　清同治十
三年(1874)江西書局刻本　二十冊

350000 – 2001 – 0010712　920.408/833 – 2
宋史紀事本末一百九卷　(明)馮琦原編
(明)陳邦瞻增訂　(明)張溥論正　清光緒二
十一年(1895)上海積山書局石印本　四冊

350000 – 2001 – 0010713　992.164/674
新刊古列女傳八卷　(漢)劉向編撰　(晉)顧
凱之圖畫　清道光五年(1825)儀徵阮氏刻文
選樓叢書本　四冊

350000 – 2001 – 0010714　924.098/622 – 1
宋稗類鈔八卷　(清)潘永因輯　(清)潘永圜
訂　清宣統元年(1909)有正書局鉛印本
八冊

350000 – 2001 – 0010715　992.164/674 – 1
廣列女傳二十卷　(清)劉開纂　清光緒十年
(1884)皖城刻本　六冊

350000 – 2001 – 0010716　924.098/622
宋稗類鈔八卷　(清)潘永因輯　(清)潘永圜
訂　清刻本　八冊

350000 – 2001 – 0010717　924.098/622 = 1
宋稗類鈔八卷　(清)潘永因輯　(清)潘永圜
訂　清刻本　四冊

350000 – 2001 – 0010718　612.41/432.3
傷寒舌鑑一卷　(清)張登彙纂　清光緒二十
年(1894)上海圖書集成局鉛印本　一冊

350000 – 2001 – 0010719　612.41/432.4
傷寒兼證析義一卷　(清)張倬著　清光緒二
十年(1894)上海圖書集成書局鉛印本　一冊

350000 – 2001 – 0010720　612.41/431
傷寒論六卷附本義一卷　(清)張志聰註釋
(清)高世栻纂集　清刻本　六冊

350000 – 2001 – 0010721　612.41/522
再重訂傷寒集註十卷　(清)舒詔著　清乾隆
三十年(1765)刻本　三冊

350000－2001－0010722　612.41/558

寒溫條辨七卷　（清）楊璿撰　清同治九年
(1870)刻本　六冊

350000－2001－0010723　612.41/492

傷寒懸解十四卷首一卷末一卷　（清）黃元御
著　清道光十二年(1832)宛鄰書屋刻本
二冊

350000－2001－0010724　612.41/492－1

傷寒懸解十四卷首一卷末一卷　（清）黃元御
著　清咸豐十年(1860)長沙燮和精舍刻本
三冊

350000－2001－0010725　612.41/492.1

傷寒說意十卷首一卷　（清）黃元御撰　清咸
豐十年(1860)長沙燮和精舍刻本　一冊

350000－2001－0010726　612.41/563

醫效秘傳三卷　（清）葉桂撰　清道光十二年
(1832)刻本　三冊

350000－2001－0010727　612.41/565

萬氏家傳傷寒摘錦二卷　（明）王全編著　清
乾隆六年(1741)敷文堂刻萬密齋書本　一冊

350000－2001－0010728　612.41/677

劉河間傷寒三書二十卷　（金）劉完素撰　明
萬曆懷德堂刻本　八冊

350000－2001－0010729　612.41/677－1

劉河間傷寒三書二十卷　（金）劉完素撰　清
宣統元年(1909)上海千頃堂石印本　三冊

350000－2001－0010730　612.41/677.2

劉河間傷寒三書二十卷　（金）劉完素撰　明
萬曆懷德堂刻本　八冊

350000－2001－0010731　612.41/942－1

尚論篇二卷首一卷後篇四卷　（清）喻昌著
清刻本　三冊

350000－2001－0010732　612.43/33

金匱翼八卷　（清）尤怡撰　清嘉慶十八年
(1813)刻本　四冊

350000－2001－0010733　612.43/395

張仲景金匱要略論註二十四卷　（清）徐彬撰

清刻本　八冊

350000－2001－0010734　612.43/395－1

張仲景金匱要略論註二十四卷　（清）徐彬撰
清光緒五年(1879)刻本　六冊

350000－2001－0010735　920.408/833－3

宋史紀事本末一百九卷　（明）馮琦原編
(明)張溥論正　清初張聞升刻本　十七冊

350000－2001－0010736　992.164/674－1＝1

廣列女傳二十卷　（清）劉開纂　清光緒十年
(1884)皖城刻本　六冊

350000－2001－0010737　992.164/674－3

廣列女傳二十卷　（清）劉開纂　清光緒十年
(1884)皖城刻本　六冊

350000－2001－0010738　924.1/21

東都事略一百三十卷　（宋）王偁撰　清嘉慶
三年(1798)掃葉山房刻宋遼金元別史本
十冊

350000－2001－0010739　924.1/21＝1

東都事略一百三十卷　（宋）王偁撰　清嘉慶
三年(1798)掃葉山房刻宋遼金元別史本　十
二冊

350000－2001－0010740　992.164/761

繡像古今賢女傳九卷　（清）魏息園編輯　清
光緒三十四年(1908)上海集成圖書公司點石
齋石印本　八冊

350000－2001－0010741　924.1/527

隆平集二十卷　（宋）曾鞏撰　（清）湯來賀參
(清)彭期訂　清康熙四十七年(1708)刻本
二冊

350000－2001－0010742　992.1649/135

越女表微錄五卷　（清）汪輝祖纂　清光緒十
八年(1892)杭州浙江學院刻本　一冊

350000－2001－0010743　924.2/23

靖康孤臣泣血錄二卷　（宋）丁特起著　清光
緒三十二年(1906)國學保存社鉛印國粹叢書
本　一冊

350000－2001－0010744　992.1649/135＝1

越女表微錄五卷 （清）汪輝祖纂 清光緒十八年（1892）杭州浙江學院刻本 一冊

350000－2001－0010745 924/143－1

南渡錄四卷附阿計替傳 （宋）辛棄疾著 清光緒六年（1880）刻本 二冊

350000－2001－0010746 924/143－1＝1

南渡錄四卷附阿計替傳 （宋）辛棄疾著 清光緒六年（1880）刻本 二冊

350000－2001－0010747 924.15/23＝1

王安石新法論三編 （日本）高橋作衛著 （清）陳超譯 清光緒二十八年（1902）上海廣智書局鉛印本 一冊

350000－2001－0010748 822.13/11

唐詩三百首續選六卷 （清）于慶元編 清道光二十年（1840）刻本 一冊

350000－2001－0010749 822.13/10.2

唐詩百名家全集四百六十四卷 （清）席啓寓輯 清康熙四十一年（1702）洞庭席氏琴川書屋刻本 一冊 存二卷（于鵠詩集一卷、楊少尹詩集一卷）

350000－2001－0010750 822.13/11－1

唐詩三百首續選六卷 （清）于慶元編 清末刻本 一冊 存四卷（一至四）

350000－2001－0010751 822.101/444

詩比興箋四卷簡學齋詩存一卷 （清）陳沆撰 清咸豐五年（1855）刻本 三冊

350000－2001－0010752 822.101/444－1

詩比興箋四卷 （清）陳沆撰 清光緒九年（1883）刻本 二冊

350000－2001－0010753 822.101/432

宛鄰書屋古詩錄十二卷 （清）張琦輯 清末刻本 四冊

350000－2001－0010754 822.101/432＝1

宛鄰書屋古詩錄十二卷 （清）張琦輯 清末刻本 二冊

350000－2001－0010755 822.101/432－1

宛鄰書屋古詩錄十二卷 （清）張琦輯 清嘉慶二十年（1815）刻同治八年（1869）重印本 四冊

350000－2001－0010756 822.101/432－2

宛鄰書屋古詩錄十二卷 （清）張琦輯 清嘉慶二十年（1815）刻同治八年（1869）重印本 四冊

350000－2001－0010757 822.101/394

本事詩十二卷 （清）徐釚編輯 清乾隆二十二年（1757）刻本 四冊

350000－2001－0010758 924.2/705

南宋書六十八卷 （明）錢士升撰 清嘉慶二年（1797）南沙席氏掃葉山房刻宋遼金元別史本 十冊

350000－2001－0010759 822.101/22.2

漁洋山人古詩選三十二卷 （清）王士禛選 清同治七年（1868）刻本 六冊

350000－2001－0010760 924.2/705＝1

南宋書六十八卷 （明）錢士升撰 清嘉慶二年（1797）南沙席氏掃葉山房刻宋遼金元別史本 八冊

350000－2001－0010761 920.408/833－4

宋史紀事本末一百九卷 （明）馮琦原編 （明）陳邦瞻增訂 （明）張溥論正 清光緒二十五年（1899）上海慎記書莊石印本 八冊

350000－2001－0010762 924.21/152

建炎以來繫年要錄二百卷 （宋）李心傳撰 清光緒十一年（1885）仁壽蕭氏刻本 四十八冊

350000－2001－0010763 992.1649/375

杭女表微錄十六卷首一卷 （清）孫樹禮輯 清光緒三十二年（1906）刻本 八冊

350000－2001－0010764 924.304/431

西夏紀事本末三十六卷首二卷 （清）張鑑著 清光緒十一年（1885）金陵刻半厂叢書初編本 三冊

350000－2001－0010765 924.304/431＝1

西夏紀事本末三十六卷首二卷 （清）張鑑著

清光緒十一年(1885)金陵刻半厂叢書初編本　四冊

350000－2001－0010766　924.304/431－1
西夏紀事本末三十六卷首二卷　（清）張鑑著
清光緒二十五年(1899)上海慎記書莊石印本　二冊

350000－2001－0010767　924.304/431－2
西夏紀事本末三十六卷首二卷　（清）張鑑著
清光緒二十八年(1902)上海捷記書局石印本　一冊

350000－2001－0010768　924.304/431＝2
西夏紀事本末三十六卷首二卷　（清）張鑑著
清光緒十一年(1885)金陵刻半厂叢書初編本　三冊　存三十二卷(五至三十六)

350000－2001－0010769　924.304/431－4
西夏紀事本末三十六卷首二卷　（清）張鑑著
清光緒二十一年(1895)上海積山書局石印本　一冊

350000－2001－0010770　924.4/465
遼史一百十六卷　（元）脫脫等撰　清光緒二十年(1894)上海同文書局石印本　八冊

350000－2001－0010771　992.168/968
居士傳五十六卷　（清）彭紹升撰　清乾隆刻本　四冊

350000－2001－0010772　992.169/22
古懽錄八卷　（清）王士禎撰　清康熙三十九年(1700)快宜堂刻本　二冊

350000－2001－0010773　924.4/562－1
契丹國志二十七卷　（宋）葉隆禮撰　清嘉慶二年(1797)南沙席世臣掃葉山房刻宋遼金元別史本　二冊

350000－2001－0010774　924.4/562
契丹國志二十七卷　（宋）葉隆禮撰　清乾隆五十八年(1793)刻本　二冊

350000－2001－0010775　992.168/21
列仙傳校正本二卷讚一卷夢書一卷　（清）王照圓撰輯　清嘉慶刻本　一冊

350000－2001－0010776　822.16/707
列朝詩集八十一卷　（清）錢謙益輯　清宣統二年(1910)上海神州國光社鉛印本　五十六冊

350000－2001－0010777　924.4/563
大金國志四十卷　（宋）宇文懋昭撰　清嘉慶二年(1797)南沙席世臣掃葉山房刻宋遼金元別史本　二冊

350000－2001－0010778　924.4/644
遼史拾遺二十四卷　（清）厲鶚撰　清光緒元年(1875)江蘇書局刻本　十冊

350000－2001－0010779　924.4/644－1
遼史拾遺二十四卷　（清）厲鶚撰　清道光元年(1821)錢塘汪氏刻本　八冊

350000－2001－0010780　924.4/644＝1
遼史拾遺二十四卷　（清）厲鶚撰　清光緒元年(1875)江蘇書局刻本　八冊

350000－2001－0010781　992.169/309.2
高士傳三卷　（晉）皇甫謐著　清光緒三年(1877)湖北崇文書局刻三十三種叢書本　一冊

350000－2001－0010782　924.4/644－1＝1
遼史拾遺二十四卷　（清）厲鶚撰　清道光元年(1821)錢塘汪氏刻本　七冊

350000－2001－0010783　924.404/151
遼史紀事本末四十卷首一卷　（清）李有棠編
清光緒二十五年(1899)上海慎記書莊石印歷朝紀事本末本　二冊

350000－2001－0010784　924.404/151－1＝1
遼史紀事本末四十卷　（清）李有棠編纂　清光緒十九年(1893)李杼鄂樓刻本　四冊

350000－2001－0010785　992.169/309.2－2
高士傳三卷圖一卷　（晉）皇甫謐撰　（清）任熊繪　清光緒三年(1877)蕭山王氏養和堂刻任渭長四種本　一冊

350000－2001－0010786　924.5/936
金史一百三十五卷　（元）脫脫等修　清光緒

十四年(1888)成都尊經書局刻本　二十四冊

350000－2001－0010787　992.17/21

正氣集十卷　(清)王式纂輯　清宣統三年(1911)不讀非道書齋刻本　四冊

350000－2001－0010788　822.16/104－1

明詩綜一百卷　(清)朱彝尊輯　清康熙刻乾隆西泠清來堂吳氏重印本　三十二冊　存九十七卷(四至一百)

350000－2001－0010789　822.16/104.1

明詩綜一百卷　(清)朱彝尊錄　清康熙四十四年(1705)刻本　十二冊

350000－2001－0010790　992.17/219

古品節錄六卷　(清)朱軾撰　(清)松筠節錄　清道光九年(1829)刻本　三冊

350000－2001－0010791　822.16/707＝1

列朝詩集八十一卷　(清)錢謙益輯　清宣統二年(1910)上海神州國光社鉛印本　五十六冊

350000－2001－0010792　992.172/454＝2

碧血錄五卷　(清)莊仲方著論　(清)夏鸞翔繪圖　清光緒八年(1882)上海同文書局石印本　五冊

350000－2001－0010793　822.16/443

明詩紀事八十四卷　陳田輯　清光緒二十三年至宣統三年(1897－1911)貴陽陳氏聽詩齋刻本　十八冊

350000－2001－0010794　822.16/134＝1

明詩別裁集十二卷　(清)沈德潛輯　清乾隆四年(1739)刻本　四冊

350000－2001－0010795　924.4/563＝1

大金國志四十卷　(宋)宇文懋昭撰　清嘉慶二年(1797)南沙席世臣掃葉山房刻宋遼金元別史本　三冊

350000－2001－0010796　992.172/965

欽定勝朝殉節諸臣錄十二卷首一卷　(清)紀昀等纂　清光緒十二年(1886)江西臬署刻本　五冊　存十一卷(一至二、五至十二,首一卷)

350000－2001－0010797　992.1726/491

碧血錄二卷附錄燕客具草一卷　(明)黃煜彙次　(清)傅以禮重編　清光緒二十二年(1896)七林書堂刻校錄彙函本　二冊

350000－2001－0010798　992.18/441

江表忠略二十卷　(清)陳澹然纂　清光緒二十六年至二十八年(1900－1902)桐城陳氏刻本　四冊

350000－2001－0010799　924.504/152

金史紀事本末五十二卷首一卷　(清)李有棠撰　清光緒石印本　四冊

350000－2001－0010800　924.504/152－1

金史紀事本末五十二卷首一卷末一卷　(清)李有棠撰　清光緒二十九年(1903)李氏鄂樓刻本　十二冊

350000－2001－0010801　925/225.1

元史類編四十二卷　(清)邵遠平學　清乾隆六十年(1795)南沙席氏掃葉山房刻宋遼金元別史本　十四冊

350000－2001－0010802　924.509/963

大金吊伐錄二卷　(金)□□撰　(清)錢熙祚校　清末石印本　二冊

350000－2001－0010803　992.194/135－1

史外八卷　(清)汪有典著　清乾隆十三年(1748)刻本　八冊

350000－2001－0010804　925/135

元史本證五十卷　(清)汪輝祖撰　清嘉慶七年(1802)刻本　四冊

350000－2001－0010805　992.196/393.1

小腆紀傳六十五卷　(清)徐鼒撰　**補遺二卷**　(清)徐承禮撰　清光緒十三年(1887)金陵刻本　十八冊

350000－2001－0010806　925/938＝1

蒙古史二卷　(日本)河野元三述　(清)歐陽瑞驊譯　清宣統三年(1911)江南圖書館鉛印本　二冊

350000－2001－0010807　925/761

元史新編九十五卷　（清）魏源撰　清光緒三十一年(1905)邵陽魏氏慎微堂刻本　三十一冊　存九十四卷(一至九十四)

350000－2001－0010808　925.7/393

保越錄一卷　（元）徐勉之著　清同治七林書堂刻本　一冊

350000－2001－0010809　925.031/705

元史藝文志四卷元史氏族表三卷　（清）錢大昕編撰　清同治、光緒江蘇書局刻本　三冊

350000－2001－0010810　925.031/705＝1

元史藝文志四卷元史氏族表三卷　（清）錢大昕編撰　清同治、光緒江蘇書局刻本　二冊　存三卷(氏族表三卷)

350000－2001－0010811　925.034/705.1

元史氏族表三卷　（清）錢大昕撰　清光緒二十年(1894)刻廣雅書局叢書本　二冊

350000－2001－0010812　925.03/311

元刑法志四卷　（明）宋濂等修　（明）侯恪（明）謝德溥修補　清光緒法律館刻本　一冊

350000－2001－0010813　920.408/835＝1

元史紀事本末二十七卷　（明）陳邦瞻編輯（明）張溥論正　清同治十三年(1874)江西書局刻本　四冊

350000－2001－0010814　920.408/835＝2

元史紀事本末二十七卷　（明）陳邦瞻編輯（明）張溥論正　清同治十三年(1874)江西書局刻本　三冊　存十九卷(九至二十七)

350000－2001－0010815　920.408/835＝3

元史紀事本末二十七卷　（明）陳邦瞻編輯（明）張溥論正　清同治十三年(1874)江西書局刻本　四冊

350000－2001－0010816　920.408/835－1

元史紀事本末二十七卷　（明）陳邦瞻編（明）張溥論正　清光緒二十一年(1895)上海積山書局石印本　一冊

350000－2001－0010817　926/428

明史三百三十二卷目錄四卷　（清）張廷玉等修　清光緒三年(1877)湖北崇文書局刻二十四史本　七十八冊　存三百二十九卷(一至十八、二十二至一百七十、一百七十五至三百三十二,目錄四卷)

350000－2001－0010818　926/523

明書一百七十一卷目錄二卷　（清）傅維鱗纂　清光緒五年(1879)定州王灝謙德堂刻畿輔叢書本　三十三冊　存一百四十九卷(十至一百三十七、一百五十一至一百七十一)

350000－2001－0010819　926/28

明史藁三百十卷　（清）王鴻緒編撰　清雍正敬慎堂刻本(目錄、卷一至五配抄本)　八十冊

350000－2001－0010820　926/28－1

明史藁三百十卷　（清）王鴻緒編撰　清雍正敬慎堂刻光緒元年(1875)補修本　八十冊

350000－2001－0010821　926/471

潛菴先生擬明史稿二十卷　（清）湯斌撰（清）田蘭芳評　清刻本　十二冊

350000－2001－0010822　926/428－1

明史三百三十二卷目錄四卷　（清）張廷玉等纂修　清光緒二十年(1894)上海同文書局石印本　一百十冊

350000－2001－0010823　926/622

國史考異六卷　（清）潘檉章撰　（清）吳炎訂　清刻本　四冊

350000－2001－0010824　822.13/399

河嶽英靈集二卷　（唐）殷璠撰　清光緒四年(1878)遼陽賴豐烈刻本　一冊

350000－2001－0010825　822.13/375.2

唐詩三百首註疏六卷　（清）孫洙手編　（清）章燮註　（清）孫孝根較正　清光緒十七年(1891)上海掃葉山房刻本　六冊

350000－2001－0010826　822.13/613

讀雪山房唐詩三十四卷　（清）管世銘輯　清嘉慶十四年(1809)刻本　五冊

350000－2001－0010827　822.13/395－1
而菴説唐詩二十二卷首一卷　（清）徐增撰
清乾隆二十三年(1758)文茂堂刻本　十冊

350000－2001－0010828　822.13/375.2＝1
唐詩三百首註疏六卷　（清）孫洙手編　（清）
章燮註　（清）孫孝根較正　清光緒十七年
(1891)上海掃葉山房刻本　六冊

350000－2001－0010829　822.13/375
註釋唐詩三百首六卷　（清）孫洙編　清末李
光明莊刻本　二冊

350000－2001－0010830　822.13/348
唐人三家集二十六卷　（清）秦恩復輯　清宣
統三年(1911)影印本　八冊

350000－2001－0010831　920.2/316－1＝1
**通鑑撮要前編二卷正編十九卷續編八卷明史
撮要八卷**　（清）姚培謙錄　（清）王永祺參閲
　清木活字印本　一冊　存三卷(明史撮要
一至三)

350000－2001－0010832　822.13/287.1
才調集補註十卷　（清）馮默庵　（清）馮鈍吟
評閲　（清）殷元勳箋註　（清）宋邦綏補註
清光緒二十年(1894)刻本　四冊

350000－2001－0010833　926.02/370
**明通鑑九十卷首一卷前編四卷附編六卷目錄
二十卷**　（清）夏燮編　清同治十二年(1873)
宜黄官廨刻本　四十八冊

350000－2001－0010834　822.13/316－1
惜抱軒今體詩選十八卷　（清）姚鼐輯　清同
治五年(1866)金陵書局刻本　二冊

350000－2001－0010835　822.13/320
刪正二馮評閲才調集二卷　（清）紀昀編　清
乾隆鏡煙堂刻本　一冊

350000－2001－0010836　992.18/811
貳臣傳十二卷　（清）國史館編　清末刻本
六冊　存八卷(一至八)

350000－2001－0010837　922.8/208
隋書八十五卷　（唐）魏徵等撰　清光緒二十

年(1894)上海同文書局石印本　二十四冊

350000－2001－0010838　926.02/370＝1
**明通鑑九十卷首一卷前編四卷附編六卷目錄
二十卷**　（清）夏燮編　清同治十二年(1873)
宜黄官廨刻本　四十八冊

350000－2001－0010839　926.02/370＝2
**明通鑑九十卷首一卷前編四卷附編六卷目錄
二十卷**　（清）夏燮編　清同治十二年(1873)
宜黄官廨刻本　四十八冊

350000－2001－0010840　992.18/811－2
貳臣傳十二卷　（清）國史館編　清末刻本
五冊

350000－2001－0010841　926.02/370＝3
**明通鑑九十卷首一卷前編四卷附編六卷目錄
二十卷**　（清）夏燮編　清同治十二年(1873)
宜黄官廨刻本　四十八冊

350000－2001－0010842　926.02/370－2＝1
**明通鑑九十卷首一卷前編四卷附編六卷目錄
二十卷**　（清）夏燮編　清光緒二十三年
(1897)湖北官書處刻本　四十冊

350000－2001－0010843　992.18/811－3
逆臣傳二卷　（清）國史館編　清京都榮錦書
房刻本　二冊

350000－2001－0010844　992.18/811－1＝1
貳臣傳十二卷逆臣傳四卷　（清）國史館編
清都城琉璃廠半松居士刻本　二冊　存四卷
(逆臣傳四卷)

350000－2001－0010845　926.02/370－2
**明通鑑九十卷首一卷前編四卷附編六卷目錄
二十卷**　（清）夏燮編　清光緒二十三年
(1897)湖北官書處刻本　四十四冊

350000－2001－0010846　926.02/429
御撰資治通鑑綱目三編二十卷　（清）張廷玉
等輯　清乾隆十一年(1746)刻本　二冊

350000－2001－0010847　926.02/441
明紀六十卷　（清）陳鶴纂　（清）陳克家訂
清同治十年(1871)江蘇書局刻本　二十

350000－2001－0010848　926.02/441＝1
明紀六十卷　（清）陳鶴纂　（清）陳克家訂
清同治十年(1871)江蘇書局刻本　二十冊

350000－2001－0010849　926.02/441＝2
明紀六十卷　（清）陳鶴纂　（清）陳克家訂
清同治十年(1871)江蘇書局刻本　二十冊

350000－2001－0010850　926.02/620
明大政纂要六十三卷　（明）譚希思編　清光
緒湖南思賢書局刻本　十六冊

350000－2001－0010851　926.033/491
翰林記二十卷　（明）黃佐撰　清道光十一年
(1831)南海伍氏粵雅堂文字歡娛室刻嶺南遺
書本　四冊

350000－2001－0010852　920.408/837＝1
明史紀事本末八十卷　（清）谷應泰編　清同
治十三年(1874)江西書局刻本　二十冊

350000－2001－0010853　920.408/837＝2
明史紀事本末八十卷　（清）谷應泰編　清同
治十三年(1874)江西書局刻本　二十冊

350000－2001－0010854　920.408/837－1
通鑑紀事本末八十卷　（清）谷應泰編　清順
治十五年(1658)刻本　二十冊

350000－2001－0010855　920.408/837－2
明朝紀事本末八十卷　（清）谷應泰編　清同
治朝宗書室木活字印本　二十冊

350000－2001－0010856　920.408/837－3
明史紀事本末八十卷　（清）谷應泰撰　（清）
朱記榮校正　**三藩紀事本末二十二卷**　（清）
楊陸榮編　（清）朱記榮校正　清光緒二十一
年(1895)上海積山書局石印本　四冊

350000－2001－0010857　926.05/272
欽定明鑑二十四卷首一卷　（清）托津等撰
清同治九年(1870)湖北崇文書局刻本　十冊

350000－2001－0010858　926.05/272＝1
欽定明鑑二十四卷首一卷　（清）托津等撰
清同治九年(1870)湖北崇文書局刻本　十冊

350000－2001－0010859　926.05/272－1

350000－2001－0010859a
欽定明鑑二十四卷首一卷　（清）托津等撰
清嘉慶二十三年(1818)刻本　六冊

350000－2001－0010860　822.137/155
全五代詩一百卷　（清）李調元輯　清乾隆四
十五年(1780)刻本　十四冊

350000－2001－0010861　822.15/792
元詩選癸集十卷　（清）顧嗣立輯　（清）席世
臣輯　清康熙長洲顧氏秀野草堂刻嘉慶三年
(1798)席世臣補修光緒十四年(1888)掃葉山
房增修本　十六冊

350000－2001－0010862　612.43/430＝1
金匱心典三卷　（漢）張機著　（清）尤怡集注
清雍正十年(1732)刻本　三冊

350000－2001－0010863　612.43/430＝2
金匱心典三卷　（漢）張機著　（清）尤怡集注
清雍正十年(1732)刻本　二冊　存二卷
（中、下）

350000－2001－0010864　612.43/430.1
金匱要略淺注補正九卷　（清）陳念祖淺注
（清）唐宗海補正　清光緒二十年(1894)申江
袖海山房書局石印本　三冊

350000－2001－0010865　612.44/22
溫熱經緯五卷　（清）王士雄纂　（清）楊照藜
（清）汪曰楨評　清同治二年(1863)刻本
四冊

350000－2001－0010866　612.44/22－1
溫熱經緯五卷　（清）王士雄纂　（清）楊照藜
（清）汪曰楨評　清光緒二十二年(1896)上
海圖書集成局鉛印本　三冊

350000－2001－0010867　612.44/169
溫病條辨六卷首一卷　（清）吳瑭著　清寧波
群玉山房刻本　六冊

350000－2001－0010868　612.44/169－1
溫病條辨六卷首一卷　（清）吳瑭著　清光緒
十九(1893)上海圖書集成印書局鉛印本
四冊

350000－2001－0010869　612.44/169－2

509

溫病條辨六卷首一卷　（清）吳瑭著　清光緒
三十二年(1906)上海千頃堂石印本　二冊

350000－2001－0010870　612.44/754

時病論八卷　（清）雷豐著　（清）劉賓臣鑒定
　清光緒三十年(1904)石印本　二冊

350000－2001－0010871　612.44/941

溫熱贅言一卷　題(清)寄瓢子述　清刻本
一冊

350000－2001－0010872　612.44/183

何氏心傳一卷　（清）何焰著　清光緒十五年
(1889)吳縣朱氏刻槐廬叢書本　一冊

350000－2001－0010873　822.14/133

西江詩派韓饒二集六卷　（清）沈曾植輯　清
宣統二年(1910)姚埭沈氏刻本　二冊

350000－2001－0010874　822.137/155＝1

全五代詩一百卷　（清）李調元輯　清乾隆四
十五年(1780)刻本　十六冊

350000－2001－0010875　612.451/937

慎柔五書五卷　（明）胡慎柔撰　清於然堂刻
本　二冊

350000－2001－0010876　822.13/935

全唐詩九百卷　（清）聖祖玄燁選　清光緒十
三年(1887)同文書局石印本　三十一冊　存
八百九十九卷(一至十、十二至九百)

350000－2001－0010877　612.452/166

瘟疫論二卷補遺一卷　（明）吳有性撰　清刻
本　二冊

350000－2001－0010878　612.452/558

瘟疫條辨摘畧一卷　（清）楊璿著　時疫白喉
捷要一卷　（清）張紹修撰　清同治十年
(1871)刻本　一冊

350000－2001－0010879　822.13－4/935

御選唐宋詩醇四十七卷目錄二卷　（清）高宗
弘曆選　清光緒七年(1881)刻本　二十冊

350000－2001－0010880　992.19/99

歷代名臣言行錄二十四卷　（清）朱桓編輯
(清)潘永季校定　清嘉慶十二年(1807)刻本

二十冊

350000－2001－0010881　612.453/22

霍亂論二卷　（清）王士雄撰　清咸豐元年
(1851)吟春書屋刻本　一冊

350000－2001－0010882　822.13/935.1

唐四家詩集二十八卷　（□）□□輯　清光緒
十年(1884)上海同文書局石印本　八冊

350000－2001－0010883　992.193/143

唐才子傳十卷　（元）辛文房撰　清道光十九
年(1839)味古書室刻本　五冊

350000－2001－0010884　612.453/22－1

隨息居重訂霍亂論四卷　（清）王士雄纂　清
同治二年(1863)刻本　四冊

350000－2001－0010885　926.09/35－1

明史竊一百五卷　（明）尹守衡撰　清光緒十
二年(1886)刻本　十八冊

350000－2001－0010886　612.453/22－2

隨息居重訂霍亂論四卷　（清）王士雄纂　清
光緒二十二年(1896)上海圖書集成局鉛印本
一冊

350000－2001－0010887　612.456/445

疫疹草三卷　（清）陳耕道草　清光緒十四年
(1888)刻本　一冊

350000－2001－0010888　612.48/619

中風論一卷　（清）熊笏撰　清光緒十年
(1884)醉經閣刻本　一冊

350000－2001－0010889　612.48/338

血證論八卷　（清）唐宗海著　清光緒十六年
(1890)刻本　四冊

350000－2001－0010890　612.5/24

瘍醫準繩六卷　（明）王肯堂輯　清刻本
六冊

350000－2001－0010891　612.5/444

重訂外科正宗十二卷　（明）陳寶功撰　清乾
隆五十一年(1786)有耀齋局刻本　四冊

350000－2001－0010892　926.09/194

典故紀聞十八卷　（明）余繼登輯　清光緒五年(1879)定州王氏謙德堂刻畿輔叢書本　四冊

350000－2001－0010893　612.51/937

疗瘡要訣一卷急救方一卷銅人圖一卷　（□）□□撰　清刻本　一冊

350000－2001－0010894　822.13/935

全唐詩九百卷　（清）聖祖玄燁選　清光緒十三年(1887)同文書局石印本　三十二冊

350000－2001－0010895　822.13/946

翰林學士集一卷　（唐）陳田輯　清光緒十九年(1893)貴陽陳田刻本　一冊

350000－2001－0010896　612.53/791

瘍醫大全四十卷　（清）顧世澄纂輯　清光緒二十七年(1901)上海圖書集成印書局鉛印本　十六冊

350000－2001－0010897　612.61/523

傅氏眼科審視瑤函六卷首一卷　（明）傅仁宇纂輯　清宣統元年(1909)上海會文書局鉛印本　六冊

350000－2001－0010898　612.63/77

圖註喉科指掌四卷附集驗良方一卷　（清）包永泰著　清光緒八年(1882)刻本　二冊

350000－2001－0010899　613.12/35

病理撮要一卷　（清）尹端模譯　清光緒十八年(1892)鉛印本　二冊

350000－2001－0010900　612.61/376

銀海精微四卷　（唐）孫思邈撰　清刻本　一冊　存一卷(三)

350000－2001－0010901　822.17/134.2

七子詩選十四卷　（清）沈德潛選　清乾隆十八年(1753)刻本　六冊

350000－2001－0010902　612.63/285.2

洞主仙師白喉治法忌表抉微一卷　題(清)耐修子輯注　清末石印本　一冊

350000－2001－0010903　926.09/674－1＝1

明宮史八卷　（明）劉若愚編述　清宣統二年

(1910)國學扶輪社鉛印本　二冊

350000－2001－0010904　612.63/402＝1

白喉瘟神方一卷　（清）梁元輔審定　（清）梁錫類　（清）黃初甫編校　清光緒二十五年(1899)刻本　一冊

350000－2001－0010905　926.09/674－1＝2

明宮史八卷　（明）劉若愚編述　清宣統二年(1910)國學扶輪社鉛印本　二冊

350000－2001－0010906　612.63/431.1

時疫白喉捷要一卷　（清）張紹修著　清光緒十一年(1885)衡山聶氏刻本　一冊

350000－2001－0010907　612.71/207

濟陰綱目十四卷　（明）武之望輯著　（清）汪淇箋釋　清雍正六年(1728)天德堂刻本　八冊

350000－2001－0010908　612.71/249

女科輯要八卷附胎產全書一卷　（清）周紀常纂輯　清宣統二年(1910)千頃堂石印本　一冊

350000－2001－0010909　612.71/523

女科二卷產後編二卷　（清）傅山著　清道光七年(1827)刻本　四冊

350000－2001－0010910　822.17/131

詩群六卷　沈宗畸輯　清宣統元年(1909)鉛印晨風閣叢書本　三冊

350000－2001－0010911　926.7/18＝1

先撥志始二卷　（明）文秉著　清同治二年(1863)江西刻本　二冊

350000－2001－0010912　612.71/523－1

女科二卷產後編二卷　（清）傅山著　清道光二十七年(1847)刻本　二冊

350000－2001－0010913　926.7/128－2

野獲編三十卷補遺四卷首一卷　（明）沈德符著　（清）錢枋輯　清道光七年(1827)錢塘姚氏扶荔山房刻本　十冊

350000－2001－0010914　926.7/128－3

萬曆野獲編三十卷　（明）沈德符撰　（清）錢

枋輯　清木活字印本　十四冊

350000－2001－0010915　926.8/19

烈皇小識八卷　（明）文秉撰　清刻本　四冊

350000－2001－0010916　926.8/164

綏寇紀略十二卷附補遺三卷　（清）吳偉業撰　清嘉慶九年至十四年（1804－1809）虞山張氏照曠閣刻學津討原本　八冊

350000－2001－0010917　926.8/164＝1

綏寇紀略十二卷附補遺三卷　（清）吳偉業撰　清嘉慶九年至十四年（1804－1809）虞山張氏照曠閣刻學津討原本　八冊

350000－2001－0010918　822.17/134＝2

欽定國朝詩別裁集三十二卷　（清）沈德潛纂評　清乾隆二十六年（1761）刻本　十冊

350000－2001－0010919　822.17/25

湖海詩傳四十六卷　（清）王昶輯　清嘉慶八年（1803）刻本　二十冊

350000－2001－0010920　822.17/25－1

湖海詩傳四十六卷　（清）王昶輯　清嘉慶八年（1803）刻本　十六冊

350000－2001－0010921　926.8/165

兩朝剝復錄六卷首一卷　（明）吳應箕輯　**補校證六卷**　（清）夏燮撰　清同治二年（1863）江西刻樓山堂遺書本　四冊

350000－2001－0010922　822.17/22

感舊集十六卷　（清）王士禛輯　（清）盧見曾補傳　清乾隆十七年（1752）盧見曾刻本　八冊

350000－2001－0010923　926.8/165＝1

兩朝剝復錄六卷首一卷　（明）吳應箕輯　**補校證六卷**　（清）夏燮撰　清同治二年（1863）皖南夏燮江西省寓刻樓山堂遺書本　四冊

350000－2001－0010924　926.8/165.1

復社姓氏傳略十卷首一卷　（清）吳山嘉纂輯　**復社姓氏錄一卷**　（清）吳翿輯　清道光十一年（1831）震澤吳氏南陔堂刻本　四冊

350000－2001－0010925　822.14/445

江湖後集二十四卷　（宋）陳起編　清讀畫齋刻本　七冊

350000－2001－0010926　612.71/562

葉氏女科證治四卷　（清）葉桂撰　清光緒三十四年（1908）上海文宜書局石印本　一冊

350000－2001－0010927　612.74/28

產寶百問五卷　（元）朱震亨纂輯　（明）王肯堂訂正　明刻本　二冊

350000－2001－0010928　612.74/352

增廣達生編一卷　（清）馬□□原編　（清）范在文重編　清光緒十四年（1888）刻本　一冊

350000－2001－0010929　992.195/434

元祐黨人傳十卷　（清）陸心源纂　清光緒十五年（1889）刻潛園總集本　四冊

350000－2001－0010930　992.194/248

宋名臣言行錄前編八卷約編八卷　（宋）朱熹編定　（清）強望泰　（清）林振榮選刻　清道光十五年至十九年（1835－1839）刻本　五冊

350000－2001－0010931　926.8/166－1

東林本末三卷　（明）吳應箕撰　清同治五年（1866）文江官廨刻本　一冊

350000－2001－0010932　926.8/166

東林本末三卷　（明）吳應箕撰　劉世珩校　清光緒二十四年（1898）劉氏唐石簃刻貴池先哲遺書本　一冊

350000－2001－0010933　926.8/705

甲申傳信錄十卷　（明）錢軹撰　清光緒鉛印申報館叢書本　二冊

350000－2001－0010934　822.14－5/169－1

宋金元詩選六卷　（清）吳翌鳳錄　清乾隆五十八年（1793）長洲吳氏古歡堂刻本　四冊

350000－2001－0010935　992.195/434＝1

元祐黨人傳十卷　（清）陸心源纂　清光緒十五年（1889）刻潛園總集本　四冊

350000－2001－0010936　822.14－6/103

宋元明詩三百首一卷　（清）朱梓　（清）冷昌言編　清同治十一年（1872）金陵刻本　一冊

350000－2001－0010937　822.14－6/103－1

宋元明詩約鈔三百首一卷 （清）朱梓 （清）冷昌言編輯　清光緒李光明莊刻本　二冊

350000－2001－0010938　926.8/968

甲申朝事小紀八卷二編八卷三編四卷 題（清）抱陽生輯　**湖西遺事一卷虞臺逸史一卷**（清）彭孫貽撰　清光緒、宣統鉛印本　十一冊

350000－2001－0010939　926.9/136

明季續聞一卷 （明）汪光復撰　清宣統三年（1911）商務印書館鉛印本　一冊

350000－2001－0010940　992.195/784

元朝名臣事略十五卷 （元）蘇天爵撰　清乾隆四十二年（1777）福建刻道光至同治間遞修光緒二十一年（1895）增補武英殿聚珍版書本　四冊

350000－2001－0010941　926.9/791

明季三朝野史四卷 （清）顧炎武編輯　清光緒三十四年（1908）石印本　一冊

350000－2001－0010942　822.14/937

宋代五十六家詩集不分卷 題（清）坐春書塾選本　清宣統二年（1910）北京龍文閣石印本　五冊

350000－2001－0010943　822.15/792＝1

元詩選癸集十卷 （清）顧嗣立輯 （清）席世臣輯　清康熙長洲顧氏秀野草堂刻嘉慶三年（1798）席世臣補修光緒十四年（1888）掃葉山房增修本　十六冊

350000－2001－0010944　822.14/937.1

宋詩三百首六卷首一卷 （□）□□輯　清光緒十年（1884）刻本　二冊

350000－2001－0010945　926.9/263.4

明季南略十八卷 （清）計六奇編　清刻本　十八冊

350000－2001－0010946　926.9/263.3

明季北略二十四卷明季南略十八卷 （清）計六奇輯　清光緒十三年（1887）上海圖書集成印書局鉛印本　十冊

350000－2001－0010947　926.9/263.2

明季南略十八卷明季北略二十四卷 （清）計六奇輯　清末石印本　十冊

350000－2001－0010948　992.195/784－1

元朝名臣事略十五卷 （元）蘇天爵撰　清刻本　四冊

350000－2001－0010949　992.196/135

史外八卷 （清）汪有典著　清同治四年（1865）刻本　八冊

350000－2001－0010950　926.9/343

南天痕二十六卷附錄一卷 （清）凌雪纂修（清）汪成教 （清）江鏡清校訂　清宣統二年（1910）復古社鉛印本　六冊

350000－2001－0010951　926.9/343＝1

南天痕二十六卷附錄一卷 （清）凌雪纂修（清）汪成教 （清）江鏡清校訂　清宣統二年（1910）復古社鉛印本　六冊

350000－2001－0010952　926.9/393＝2

小腆紀年坿攷二十卷 （清）徐鼒撰　清咸豐十一年（1861）刻本　十二冊

350000－2001－0010953　992.196/393.1＝1

小腆紀傳六十五卷 （清）徐鼒撰　**補遺二卷**（清）徐承禮撰　清光緒十三年（1887）金陵刻本　十八冊

350000－2001－0010954　926.9/393＝3

小腆紀年附攷二十卷 （清）徐鼒撰　清咸豐十一年（1861）刻本　六冊

350000－2001－0010955　992.196/393.1＝2

小腆紀傳六十五卷 （清）徐鼒撰　**補遺二卷**（清）徐承禮撰　清光緒十三年（1887）金陵刻本　十二冊

350000－2001－0010956　926.9/429

臨安旬制紀三卷全浙詩話刊誤一卷 （清）張道撰　清光緒六年（1880）刻本　一冊

350000－2001－0010957　992.196/420

崇禎五十宰相傳一卷 （清）曹溶重訂　清宣

統三年(1911)國學扶輪社鉛印張氏適園叢書本 一冊

350000－2001－0010958 822.47/396.3
復初齋詩集六十六卷 (清)翁方綱撰 清嘉慶刻本 十冊 存五十二卷(一至五十二)

350000－2001－0010959 992.197/21
國朝名臣言行錄十六卷 (清)王炳燮撰 清光緒十一年(1885)津河廣仁堂刻本 六冊

350000－2001－0010960 822.47/396.2
知止齋詩集十六卷 (清)翁心存撰 清光緒三年(1877)常熟刻本 四冊

350000－2001－0010961 992.197/100
咸豐以來功臣別傳三十卷 (清)朱孔彰撰 清光緒二十四年(1898)石印漸學廬叢書本 六冊

350000－2001－0010962 992.197/151＝1
國朝先正事略六十卷 (清)李元度纂 清同治刻本 二十四冊

350000－2001－0010963 992.197/152－1
國朝賢媛類徵初編十二卷 (清)李桓輯 清光緒十七年(1891)湘陰李氏刻本 六冊

350000－2001－0010964 822.47/396.2－1
知止齋詩集十六卷 (清)翁心存撰 清光緒三年(1877)常熟刻本 四冊

350000－2001－0010965 822.47/395.1
蒼蔔花館詩集二卷詩補遺一卷詞集一卷詞補遺一卷 (清)徐鴻謨撰 清光緒十二年(1886)刻本 一冊

350000－2001－0010966 822.47/394.7
養花軒詩集一卷 (清)徐官海撰 清宣統元年(1909)鉛印本 一冊

350000－2001－0010967 822.47/394.3
愛蓮詩鈔七卷 (清)徐佩鉞撰 清嘉慶十一年(1806)南白草堂刻本 一冊

350000－2001－0010968 822.47/394.4
香雪巢詩鈔又續二卷 (清)徐兆豐撰 清光緒三十四年(1908)刻本 二冊

350000－2001－0010969 926.9/486－1
蜀碧四卷附記一卷 (清)彭遵泗編 清乾隆刻本 一冊

350000－2001－0010970 926.9/486－2
蜀碧四卷 (清)彭遵泗編 清刻本 二冊

350000－2001－0010971 992.197/151－1
國朝先正事略六十卷 (清)李元度纂 中興名臣事略八卷 (清)朱孔彰撰 清光緒二十五年(1899)上海圖書集成印書局石印本 十冊

350000－2001－0010972 926.9/542－2
南疆繹史勘本紀略六卷列傳二十四卷首二卷 (清)溫睿臨原本 (清)李瑤勘定 繹史摭遺十八卷繹史卹謚攷八卷 (清)李瑤纂 清道光、咸豐刻本 六冊 存二十三卷(紀略六卷、列傳一至十五、首二卷)

350000－2001－0010973 992.197/151－2
國朝先正事略六十卷 (清)李元度纂 清光緒山東官印書局石印本 十冊

350000－2001－0010974 612.74/705
胎產秘書三卷 (明)錢氏撰 清光緒二十六年(1900)刻本 一冊

350000－2001－0010975 612.77/24
嬰童百問十卷 (明)魯伯嗣著 明刻本 六冊

350000－2001－0010976 612.77/445
鼎鍥幼幼集成六卷 (清)陳復正輯訂 清刻本 六冊

350000－2001－0010977 992.197/152
國朝耆獻類徵初編四百八十四卷首二百四目錄二十卷通檢十卷賢媛類徵十二卷 (清)李桓撰 清光緒十年至十六年(1884－1890)湘陰李氏刻十七年(1891)增修本 二百九十四冊

350000－2001－0010978 612.77/445－1
鼎鍥幼幼集成六卷 (清)陳復正輯訂 清末刻本 六冊

350000 – 2001 – 0010979　612.77/679

驚風辨證必讀書二種　(清)劉德馨輯　清光緒二十七年(1901)上元江氏刻本　一冊

350000 – 2001 – 0010980　612.77/705

小兒藥證真訣三卷　(宋)錢乙撰　清光緒二十一年(1895)刻本　一冊

350000 – 2001 – 0010981　612.771/11

萬氏家傳痘疹心法二十三卷　(明)萬全撰　清乾隆六年(1741)敷文堂刻萬密齋書本　一冊　存六卷(一至六)

350000 – 2001 – 0010982　822.47/394.6

畏壘山人詩四卷　(清)徐昂發著　清道光十年(1830)信芳閣木活字印本　一冊

350000 – 2001 – 0010983　992.197/164

昭代名人尺牘小傳二十四卷　(清)吳修采輯　清光緒三十四年(1908)上海集古齋石印本　二冊

350000 – 2001 – 0010984　822.47/393.1

洄溪道情一卷　(清)徐大椿著　清道光四年(1824)徐培刻本　一冊

350000 – 2001 – 0010985　612.771/11.1

萬氏家傳片工痘疹十三卷　(明)萬全編著　清乾隆六年(1741)敷文堂刻萬密齋書本　一冊　存三卷(七至九)

350000 – 2001 – 0010986　926.9/542 – 2 = 1

南疆繹史勘本三十卷首二卷　(清)溫睿臨原本　(清)李瑤勘定　**繹史摭遺十八卷繹史卹諡攷八卷**　(清)李瑤纂　清道光、咸豐刻本　十六冊

350000 – 2001 – 0010987　822.47/386

百一草堂附刻初編二卷　(清)柴杰輯　清乾隆三十二年(1767)百一草堂刻本　一冊

350000 – 2001 – 0010988　612.771/102

痘疹定論三卷　(清)朱純嘏著　清光緒十八年(1892)粵東儒雅堂鉛印本　一冊

350000 – 2001 – 0010989　612.8/127 – 8 = 2

重刊補註洗冤錄集證六卷　(宋)宋慈撰　(清)王又槐增輯　(清)李觀瀾補輯　(清)阮其新補註　清光緒八年(1882)刻四色套印本　六冊

350000 – 2001 – 0010990　612.8/127 – 4

重刊補註洗冤錄集證六卷　(宋)宋慈撰　(清)王又槐增輯　(清)李觀瀾補輯　(清)阮其新補註　清光緒五年(1879)浙江書局刻四色套印本　五冊

350000 – 2001 – 0010991　612.8/127 – 9 = 1

重刊補註洗冤錄集證六卷　(宋)宋慈撰　(清)王又槐增輯　(清)李觀瀾補輯　(清)阮其新補註　清道光二十四年(1844)刻三色套印本　五冊

350000 – 2001 – 0010992　992.197/568 = 1

國朝名臣言行錄三十卷首一卷　(清)董壽纂輯　清光緒二十九年(1903)上海順成書局石印本　八冊

350000 – 2001 – 0010993　612.8/127 – 11

重刊補註洗冤錄集證六卷　(宋)宋慈撰　(清)王又槐增輯　(清)李觀瀾補輯　(清)阮其新補註　清光緒三十三年(1907)文盛書局石印本　五冊

350000 – 2001 – 0010994　612.8/127 – 3

洗冤錄詳義四卷首一卷　(清)許槤編校　清咸豐六年(1856)刻本　四冊

350000 – 2001 – 0010995　822.47/376

芳茂山人詩錄九卷　(清)孫星衍撰　清嘉慶二十五年(1820)刻本　一冊　存四卷(六至九)

350000 – 2001 – 0010996　612.8/443

檢骨圖說一卷　(清)陳任暘撰　清光緒十六年(1890)味腴書屋刻本　一冊

350000 – 2001 – 0010997　612.8/127 – 2

補注洗冤錄集證四卷增補一卷　(清)許槤編校　清道光二十三年(1843)刻三色套印本　二冊

350000 – 2001 – 0010998　926.9/542 – 3

南疆繹史勘本三十卷首二卷　（清）溫睿臨原本　（清）李瑤勘定　繹史摭遺十八卷繹史卹諡攷八卷　（清）李瑤纂　清刻本　十六冊

350000－2001－0010999　612.8/127－12
洗冤錄義證四卷　（清）剛毅編輯　清光緒十八年（1892）粵東撫署刻本　二冊

350000－2001－0011000　612.8/939
洗冤錄歌訣一卷　（清）剛毅編輯　清光緒五年（1879）湖北書局刻本　一冊

350000－2001－0011001　926.9/792
聖安皇帝本紀二卷　（清）顧炎武撰　清刻本　一冊

350000－2001－0011002　822.47/169.17
寫韻樓詩集五卷首一卷末一卷　（清）吳瓊仙撰　清光緒二十二年（1896）烏程龐元澂刻本　二冊

350000－2001－0011003　926.9/792－1
聖安本紀六卷　（清）顧炎武撰　清鉛印本　一冊

350000－2001－0011004　822.47/169.13
新定寓薲四卷　（清）吳錫麒撰　清刻本　一冊

350000－2001－0011005　926.9/793.1
明季實錄一卷　（清）顧炎武輯　清光緒十四年（1888）吳縣朱氏刻槐廬叢書本　一冊

350000－2001－0011006　926.9/969
明末五小史八卷　題（清）三餘氏撰　清刻本　六冊

350000－2001－0011007　822.47/169.10
有正味齋詩集十六卷詩續集八卷詞集四卷詞續集二卷南北曲二卷外集四卷　（清）吳錫麒撰　清嘉慶十三年（1808）刻本　八冊

350000－2001－0011008　822.47/169.8
柈湖文錄八卷首一卷釣者風一卷　（清）吳敏樹著　清同治八年（1869）刻本　四冊

350000－2001－0011009　822.47/169.6
陋軒詩十二卷續二卷　（清）吳嘉紀著　清嘉

慶繆氏刻道光二十年（1840）夏嘉穀重修本四冊　存十二卷（詩十二卷）

350000－2001－0011010　822.47/169.1
吳徵君蓮洋詩鈔不分卷　（清）吳雯著　（清）蘇爾詒　（清）劉贊參訂　清乾隆三十二年（1767）刻本　四冊

350000－2001－0011011　822.47/169.4
香蘇山館古體詩鈔十七卷今體詩鈔十九卷　（清）吳嵩梁撰　清光緒二十三年（1897）三益文社刻本　六冊

350000－2001－0011012　926.9/970
海東逸史十八卷　題（清）翁洲老民撰　清光緒十年（1884）慈谿楊氏經畬塾刻本　一冊

350000－2001－0011013　926.908/970－3
明季稗史彙編十六種　題（清）留雲居士輯　清刻本　十四冊

350000－2001－0011014　926.908/970－4
明季稗史彙編十六種　題（清）留雲居士輯　清刻本　十二冊

350000－2001－0011015　926.908/970－4＝1
明季稗史彙編十六種　題（清）留雲居士輯　清刻本　十二冊

350000－2001－0011016　926.908/970－4＝2
明季稗史彙編十六種　題（清）留雲居士輯　清刻本　六冊

350000－2001－0011017　822.47/169.5
陋軒詩十二卷續二卷　（清）吳嘉紀著　清嘉慶繆氏刻道光二十年（1840）夏嘉穀重修本六冊

350000－2001－0011018　927/178
皇朝紀略一卷　（清）何琪編輯　清光緒二十七年（1901）越郡北鄉學堂刻本　一冊

350000－2001－0011019　822.47/249.8
沈觀齋詩二卷　（清）周樹模撰　清宣統二年（1910）龍江節署石印本　二冊

350000－2001－0011020　822.47/249.6
賴古堂詩集四卷　（清）周亮工撰　清康熙刻

本　二冊

350000－2001－0011021　672/942

御題棉花圖　（清）方觀承撰並繪　（清）高宗弘曆撰並書　清乾隆三十七年(1772)刻朱拓本　一冊

350000－2001－0011022　927.033/945－2

皇朝政典輯要六卷　（日本）增田貢著　清光緒二十八年(1902)上海中西譯書會石印本二冊

350000－2001－0011023　927.033/945－3

皇朝政典輯要四卷　（日本）增田貢著　清光緒二十八年(1902)上海書局石印本　四冊

350000－2001－0011024　927.02/21

東華錄六百二十四卷　王先謙編　清光緒十三年(1887)廣百宋齋鉛印本　一百十六冊

350000－2001－0011025　992.197/705

碑傳集一百六十卷首二卷末二卷　（清）錢儀吉纂錄　清光緒十九年(1893)江蘇書局刻本六十冊

350000－2001－0011026　992.197/705＝1

碑傳集一百六十卷首二卷末二卷　（清）錢儀吉纂錄　清光緒十九年(1893)江蘇書局刻本五十九冊　存一百六十二卷(碑傳集一百六十卷、首二卷)

350000－2001－0011027　927.02/21.1

東華續錄同治朝一百卷　王先謙編　清光緒二十五年(1899)公記書莊石印本　二十四冊

350000－2001－0011028　927.02/21.2

[九朝]東華錄一百二十卷　王先謙編　（清）周潤蕃等校　清光緒十三年(1887)圖書集成印書局鉛印本　六十五冊

350000－2001－0011029　992.197/740

續碑傳集八十六卷首二卷　繆荃孫纂錄　清宣統二年(1910)江楚編譯書局刻本　二十四冊

350000－2001－0011030　992.197/740＝1

續碑傳集八十六卷首二卷　繆荃孫纂錄　清宣統二年(1910)江楚編譯書局刻本　二十四冊

350000－2001－0011031　927.02/22

十一朝東華錄肇要一百十四卷　（清）汪文安編　清光緒二十九年(1903)商務印書館鉛印本　十四冊

350000－2001－0011032　822.47/317.1

後湘集九卷　（清）姚瑩著　清嘉慶十九年(1814)刻本　一冊

350000－2001－0011033　992.197/705.1

文獻徵存錄十卷　（清）王藻編　（清）錢林輯清咸豐八年(1858)有嘉樹軒刻本　十冊

350000－2001－0011034　992.197/705.1＝1

文獻徵存錄十卷　（清）王藻編　（清）錢林輯清咸豐八年(1858)有嘉樹軒刻本　九冊存九卷(一至二、四至十)

350000－2001－0011035　927.02/98

東華續錄光緒朝二百二十卷　（清）朱壽朋編清宣統元年(1909)上海集成圖書公司鉛印本　五十八冊

350000－2001－0011036　927.02/650

東華錄三十二卷　（清）蔣良騏編　清刻本五冊

350000－2001－0011037　992.197/811－3

滿洲名臣傳四十八卷漢名臣傳三十二卷（清）國史館編　清京都榮錦書房刻本　八十冊

350000－2001－0011038　927.02/650－1

東華錄三十二卷　（清）蔣良騏編　清刻本十六冊

350000－2001－0011039　927.02/580＝1

東華錄詳節二十四卷　（清）鄔樹庭編　清光緒二十六年(1900)上海東文學堂石印本　十六冊

350000－2001－0011040　822.47/249

內自訟齋詩鈔八卷　（清）周凱撰　清道光八年(1828)富陽周氏刻本　四冊

350000 – 2001 – 0011041　822.47/249.1

香巖詩稿一卷　（清）周鉞撰　清乾隆八年
(1743)刻本　一冊

350000 – 2001 – 0011042　992.2123/428

忠武誌十卷　（清）張鵬翮輯　清嘉慶刻本
五冊

350000 – 2001 – 0011043　927.02/650 – 1 = 1

東華錄三十二卷　（清）蔣良騏編　清刻本
五冊　存二十六卷(一至二十六)

350000 – 2001 – 0011044　927.02/781

讀東華錄一卷　（清）寶士鏞撰　清宣統三年
(1911)鉛印本　一冊

350000 – 2001 – 0011045　927.029/21

國朝柔遠記二十卷　（清）王之春撰　清光緒
十七年(1891)廣雅書局刻本　六冊

350000 – 2001 – 0011046　992.2123/770 – 1

協天大成關聖帝君聖跡列傳一卷覺世經一卷
（清）陳樹滋等書　清光緒石印本　一冊

350000 – 2001 – 0011047　927.02/945

清史攬要六卷　（日本）增田貢著　清光緒二
十七年(1901)杭州白話報館石印本　六冊

350000 – 2001 – 0011048　822.47/249.2

竹生吟館墨竹詩草二卷　（清）周師濂撰　清
光緒十一年(1885)刻本　一冊

350000 – 2001 – 0011049　992.2123/770 – 2

關帝聖蹟圖誌全集十卷　（清）梁寶常等纂修
清道光十六年(1836)湖北荊宜施道署刻本
六冊

350000 – 2001 – 0011050　927.03/811

欽定臺規八卷　（清）杭奕祿等修　（清）慧中
纂　清乾隆刻本　四冊

350000 – 2001 – 0011051　822.47/102.3

知足齋詩集二十卷續集四卷　（清）朱珪撰
清嘉慶刻本　十六冊

350000 – 2001 – 0011052　927.032/316

東方兵事紀略五卷　（清）姚錫光撰　清光緒
二十三年(1897)武昌刻本　五冊

350000 – 2001 – 0011053　927.032/316 = 1

東方兵事紀略五卷　（清）姚錫光撰　清光緒
二十三年(1897)武昌刻本　四冊　存四卷
(二至五)

350000 – 2001 – 0011054　822.47/223

道援堂詩集十三卷　（清）屈大均著　清道光
刻本　八冊

350000 – 2001 – 0011055　822.47/181

東洲草堂詩鈔三十卷詩餘一卷　（清）何紹基
撰　清同治六年(1867)長沙無園刻本　四冊

350000 – 2001 – 0011056　927.032/316 = 2

東方兵事紀略五卷　（清）姚錫光撰　清光緒
二十三年(1897)武昌刻本　五冊

350000 – 2001 – 0011057　822.47/181.1

使黔草三卷　（清）何紹基撰　清末刻本
一冊

350000 – 2001 – 0011058　822.47/210

嶺南集八卷　（清）杭世駿撰　清光緒七年
(1881)學海堂刻本　二冊

350000 – 2001 – 0011059　927.031/48 = 1

欽定大清會典一百卷　（清）允祹等撰　清光
緒十九年(1893)上海圖書集成印書局鉛印本
八冊

350000 – 2001 – 0011060　927.033/486

大清百官錄不分卷　（清）彭汝驤編　清光緒
三十三年(1907)槐蔭山房刻本　五冊

350000 – 2001 – 0011061　822.47/283

敬業堂詩集五十卷　（清）查慎行撰　清康熙
刻本　八冊

350000 – 2001 – 0011062　822.47/283 – 1

敬業堂詩集五十卷　（清）查慎行撰　清康熙
刻本　十冊

350000 – 2001 – 0011063　822.47/282.2

養餘齋三集六卷　（清）柳樹芳撰　清道光二
十七年(1847)吳江柳氏勝谿草堂刻本　二冊

350000 – 2001 – 0011064　927.033/844

大清縉紳全書不分卷　（清）榮祿堂編　清同

治七年(1868)京都榮祿堂刻本　四冊

350000 – 2001 – 0011065　927.033/844 – 1
大清縉紳全書不分卷　(清)榮寶齋編　清光緒二十八年(1902)京都榮寶齋刻本　六冊

350000 – 2001 – 0011066　992.216/756
瞿式耜傳三卷　題(清)倚劍生著　清宣統三年(1911)桂林鉛印本　一冊

350000 – 2001 – 0011067　822.47/262 – 2
青埵山人詩十卷　(清)洪飴孫撰　清光緒十年(1884)陳氏西江使廨刻朱印本　二冊

350000 – 2001 – 0011068　822.47/262 – 3
青埵山人詩十卷　(清)洪飴孫著　清光緒十年(1884)陳氏西江使廨刻本　二冊

350000 – 2001 – 0011069　822.47/267
隨村先生遺集六卷　(清)施琛撰　清宣統二年(1910)上海國學扶輪社鉛印本　一冊

350000 – 2001 – 0011070　822.47/267 = 1
隨村先生遺集六卷　(清)施琛撰　清宣統二年(1910)上海國學扶輪社鉛印本　一冊

350000 – 2001 – 0011071　822.47/261.2
鮎軒詩八卷　(清)洪亮吉著　清光緒三年(1877)洪氏授經堂刻洪北江全集本　一冊存四卷(一至四)

350000 – 2001 – 0011072　822.47/261.1
卷施閣文甲集十卷續一卷補遺一卷乙集八卷續編一卷詩二十卷附鮎軒詩八卷　(清)洪亮吉著　清光緒五年(1879)洪氏授經堂刻洪北江全集本　五冊　存十七卷(詩四至二十)

350000 – 2001 – 0011073　920.51/320 – 1 = 6
史通削繁四卷　(清)紀昀撰　清道光十三年(1833)兩廣節署刻朱墨套印本　三冊　存三卷(一至三)

350000 – 2001 – 0011074　822.47/261
卷施閣文甲集十卷乙集八卷詩二十卷附鮎軒詩八卷　(清)洪亮吉著　清乾隆五十九年(1794)刻北江全集本　六冊　存二十卷(詩二十卷)

350000 – 2001 – 0011075　822.47/348.1
小睡足寮詩錄八卷　(清)秦敏樹撰　清光緒十三年(1887)刻本　一冊

350000 – 2001 – 0011076　822.47/360.2
瑤華閣詩草一卷　(清)袁綬著　清同治十一年(1872)刻本　一冊

350000 – 2001 – 0011077　927.033/844 – 2
憲政增補最新職官全錄不分卷　(清)榮寶齋編　清光緒三十三年(1907)京都榮寶齋刻本　一冊

350000 – 2001 – 0011078　822.47/364
未谷詩集四卷　(清)桂馥著　(清)桂顯訛錄　清嘉慶元年(1796)刻本　二冊

350000 – 2001 – 0011079　927.033/844 – 3
大清縉紳全書不分卷　(清)榮祿堂編　清宣統元年(1909)京都榮祿堂刻本　四冊

350000 – 2001 – 0011080　822.47/372
仕國弦歌錄四卷　(清)夏寶晉撰　清道光十三年(1833)未能信齋刻本　一冊

350000 – 2001 – 0011081　822.47/376
芳茂山人詩錄九卷　(清)孫星衍撰　清嘉慶二十五年(1820)刻本　二冊

350000 – 2001 – 0011082　822.47/340 – 1
得一山房詩集二卷　(清)唐懋功撰　清光緒十九年(1893)灌陽唐氏刻本　二冊

350000 – 2001 – 0011083　927.033/844 – 4
大清縉紳全書不分卷　(清)榮寶齋編　清宣統元年(1909)京都榮寶齋刻本　四冊

350000 – 2001 – 0011084　822.47/347
涵村詩集十卷　(清)秦文超著　清末刻本　二冊　存四卷(一至二、七至八)

350000 – 2001 – 0011085　927.033/844 – 6
大清縉紳全書不分卷　(清)榮祿堂編　清宣統二年(1910)京都榮祿堂刻本　四冊

350000 – 2001 – 0011086　822.47/318
通藝閣詩錄八卷　(清)姚椿撰　清道光十三年(1833)婁縣姚氏刻本　二冊

350000－2001－0011087　822.47/318－1

通藝閣詩錄八卷　（清）姚椿撰　清道光十三年(1833)婁縣姚氏刻本　一冊

350000－2001－0011088　927.033/967

國朝御史題名不分卷　（清）黃叔璥輯　清光緒刻本　二冊

350000－2001－0011089　822.47/318.1

絃詩塾詩六卷　（清）姚清華撰　清光緒七年(1881)金山程國嘉補讀書齋刻本　二冊

350000－2001－0011090　822.47/314.1

巢雲詩艾二卷　（清）俞臨著　清刻本　二冊

350000－2001－0011091　822.47/317.2

後湘詩集九卷後湘二集五卷　（清）姚瑩著　清嘉慶十九年(1814)刻本　二冊

350000－2001－0011092　927.038/21

[王壽彭殿試卷]一卷　（清）王壽彭撰　清末石印本　一冊

350000－2001－0011093　927.038/98

皇朝詞林典故六十四卷　（清）朱珪等纂　清光緒十三年(1887)刻本　三十四冊

350000－2001－0011094　927.038/157

鶴徵錄八卷首一卷後錄十二卷首一卷　（清）李集輯　（清）李富孫　（清）李遇孫續輯　清同治十一年(1872)刻本　五冊

350000－2001－0011095　927.038/157＝1

鶴徵錄八卷首一卷後錄十二卷首一卷　（清）李集輯　（清）李富孫　（清）李遇孫續輯　清同治十一年(1872)刻本　五冊

350000－2001－0011096　920.38/711－1＝1

皇朝諡法考五卷　（清）鮑康輯　**皇朝諡法考續編五卷**　（清）王鵬運輯　清光緒十七年(1891)刻本　一冊

350000－2001－0011097　920.38/711－2

皇朝諡法考五卷續編一卷　（清）鮑康輯　清同治刻本　一冊

350000－2001－0011098　920.38/711－3

皇朝諡法考五卷續編一卷補編一卷　（清）鮑康輯　清光緒三年(1877)永康胡氏退補齋刻本　二冊

350000－2001－0011099　920.38/711－3＝1

皇朝諡法考五卷續編一卷補編一卷　（清）鮑康輯　清光緒三年(1877)永康胡氏退補齋刻本　二冊

350000－2001－0011100　927.038/120

國朝歷科館選錄不分卷　（清）沈廷芳輯　（清）陸費墀　（清）陸世煒訂　清末刻本　二冊

350000－2001－0011101　927.038/200

清秘述聞十六卷　（清）法式善編　清嘉慶刻本　六冊

350000－2001－0011102　927.038/200－1

清秘述聞十六卷　（清）法式善編　（清）錢維福重校　**續十六卷**　（清）王家相編　（清）錢維福重校　**補一卷**　（清）錢維福編　清光緒十四年(1888)刻本　七冊　存二十九卷(清秘述聞十六卷、續五至十六、補一卷)

350000－2001－0011103　927.038/428

張督部陳撫部請變科舉奏不分卷　（清）張之洞　（清）陳寶箴撰　清光緒刻朱印本　一冊

350000－2001－0011104　927.038/491

國朝貢舉考略四卷明貢舉考略二卷　（清）黃崇蘭著　清光緒刻本　三冊

350000－2001－0011105　927.038/332

[清季殿試卷匯訂]不分卷　（清）劉福姚　（清）吳魯等撰　清末刻本　二冊

350000－2001－0011106　927.038/705

國朝歷科題名碑錄初集不分卷　（清）李周望輯　清刻本　十四冊

350000－2001－0011107　927.038/705－2

國朝歷科題名碑錄初集不分卷　（清）李周望輯　清雍正十年(1732)刻乾隆十一年(1746)補修本　七冊

350000－2001－0011108　927.038/962

道光二十七年丁未科宗室會試齒錄不分卷

(清)潘世恩等錄　清道光二十七年(1847)琉璃廠刻本　四冊

350000－2001－0011109　822.47/421
紫荊吟館詩集四卷　(清)曹秉哲撰　清光緒二十四年(1898)番禺曹氏刻本　二冊

350000－2001－0011110　822.47/429.3
廣雅堂詩集不分卷　(清)張之洞撰　清光緒至民國間石印本　二冊

350000－2001－0011111　822.47/429.4
廣雅堂詩集不分卷　(清)張之洞撰　清光緒至民國間石印本　二冊

350000－2001－0011112　822.47/429.3＝1
廣雅堂詩集不分卷　(清)張之洞撰　清光緒至民國間石印本　一冊

350000－2001－0011113　927.038/968
光緒庚子辛丑恩正併科浙江鄉試第陸房同門試卷不分卷　(清)朱益藩等錄　清末刻本　一冊

350000－2001－0011114　927.038/968＝1
光緒庚子辛丑恩正併科浙江鄉試第陸房同門試卷不分卷　(清)朱益藩等錄　清末刻本　一冊

350000－2001－0011115　822.47/408
靡至吟一卷　(清)許道基撰　清乾隆二十二年(1757)刻本　一冊

350000－2001－0011116　822.47/407
雪莊西湖漁唱七卷　(清)許承祖著　清光緒十年(1884)錢塘丁氏八千卷樓廣州刻本　六冊

350000－2001－0011117　822.47/402
畹香樓詩稿二卷　(清)梁蘭漪撰　清光緒二十一年(1895)上洋飛鴻閣書林石印本　一冊

350000－2001－0011118　822.47/402＝1
畹香樓詩稿二卷　(清)梁蘭漪撰　清光緒二十一年(1895)上洋飛鴻閣書林石印本　一冊

350000－2001－0011119　822.47/403
頻羅庵遺集五卷　(清)梁同書撰　清嘉慶二

十二年(1817)刻本　二冊

350000－2001－0011120　822.47/403.1
兩般秋雨庵詩選一卷　(清)梁紹壬撰　清宣統二年(1910)南陵徐乃昌刻本　一冊

350000－2001－0011121　822.47/452－3＝3
郘亭詩鈔六卷　(清)莫友芝撰　清咸豐二年(1852)遵義湘川講舍刻同治五年(1866)莫繩孫補修影山草堂六種本　一冊

350000－2001－0011122　822.47/396.3
復初齋詩集六十六卷　(清)翁方綱撰　清道光二十五年(1845)漢陽葉志詵刻本　十四冊

350000－2001－0011123　822.47/431.4
通隱堂詩存四卷　(清)張京度著　清同治六年(1867)五百樓花草堂刻本　一冊

350000－2001－0011124　822.47/430.8
船山詩草二十卷　(清)張問陶撰　清嘉慶二十年(1815)刻本　八冊

350000－2001－0011125　822.47/430.8＝1
船山詩草二十卷　(清)張問陶撰　清嘉慶二十年(1815)刻本　八冊

350000－2001－0011126　822.47/430.6＝1
退思軒詩集六卷補遺一卷　(清)張百熙著　清宣統三年(1911)武昌刻本　二冊

350000－2001－0011127　822.47/452－3＝1
郘亭詩鈔六卷　(清)莫友芝撰　清咸豐二年(1852)遵義湘川講舍刻同治五年(1866)莫繩孫補修影山草堂六種本　一冊

350000－2001－0011128　822.47/429.7
廣雅碎金四卷附錄一卷　(清)張之洞撰　清光緒二十三年(1897)刻本　二冊

350000－2001－0011129　822.47/452－3＝2
郘亭詩鈔六卷　(清)莫友芝撰　清咸豐二年(1852)遵義湘川講舍刻同治五年(1866)莫繩孫補修影山草堂六種本　二冊

350000－2001－0011130　822.47/429.7＝1
廣雅碎金四卷附錄一卷　(清)張之洞撰　清光緒二十三年(1897)刻本　二冊

350000－2001－0011131　822.47/429.7＝2

廣雅碎金四卷附錄一卷　（清）張之洞撰　清光緒二十三年(1897)刻本　二冊

350000－2001－0011132　630/394－2

農政全書六十卷　（明）徐光啓纂　清道光二十三年(1843)刻本　二十四冊

350000－2001－0011133　630/394－2＝1

農政全書六十卷　（明）徐光啓纂　清道光二十三年(1843)刻本　十六冊

350000－2001－0011134　630/652

欽定授時通考七十八卷　（清）鄂爾泰　（清）張廷玉等撰　清同治江西書局刻本　二十四冊

350000－2001－0011135　630/652－1

欽定授時通考七十八卷　（清）鄂爾泰　（清）張廷玉等撰　清道光六年(1826)刻本　十二冊

350000－2001－0011136　630/431

農學叢刻二十三種　（清）農學會輯　清光緒二十三年(1897)鉛印本　三冊

350000－2001－0011137　630/444

農話十卷　（清）陳啓謙編　清光緒二十九年(1903)上海商務印書館鉛印本　一冊

350000－2001－0011138　634.5/974

種植果樹新法六卷　（清）□□撰　清刻本　一冊

350000－2001－0011139　634.5/974＝1

種植果樹新法六卷　（清）□□撰　清刻本　一冊

350000－2001－0011140　634.532/592

水蜜桃譜一卷　（清）褚華著　清光緒九年(1883)刻本　一冊

350000－2001－0011141　634.582/428

荔枝譜一卷　（清）陳鼎著　清道光世楷堂刻本　一冊

350000－2001－0011142　927.04/598－2

皇朝武功紀盛四卷　（清）趙翼撰　清刻本

一冊

350000－2001－0011143　634.63/359

蘭言述畧四卷　（清）袁世俊輯　清光緒二年(1876)刻本　二冊

350000－2001－0011144　927.04/761－1

聖武記十四卷　（清）魏源撰　清光緒二十四年(1898)上海書局石印本　四冊

350000－2001－0011145　630/935

御製耕織圖二卷　（清）聖祖玄燁繪　清光緒五年(1879)點石齋石印本　二冊

350000－2001－0011146　631.2/445

普通農學淺說不分卷　（清）陳樹涵編　（清）蔣黼編　清光緒三十年(1904)江蘇通州翰墨林編譯印書局石印本　一冊

350000－2001－0011147　927.04/761＝1

聖武記十四卷　（清）魏源撰　清道光二十六年(1846)刻本　十二冊

350000－2001－0011148　631.2/965

農學初級不分卷　（英國）旦爾恒理著　（英國）秀耀春口譯　（清）范熙庸筆述　清光緒二十四年(1898)上海製造局刻本　一冊

350000－2001－0011149　927.04/761－2

聖武記十四卷　（清）魏源撰　清道光二十二年(1842)刻本　十冊

350000－2001－0011150　631.3/974

泰西水法六卷　（意大利）熊三拔撰說　（明）徐光啓筆記　（清）席世臣校正　清嘉慶五年(1800)刻本　一冊

350000－2001－0011151　927.04/761－4

聖武記十四卷　（清）魏源撰　清道光二十六年(1846)刻本　十二冊

350000－2001－0011152　632.53/940

捕蝗要訣一卷捕蝗圖說一卷除螟八要一卷　（清）顧彥撰　清同治八年(1869)楚北崇文書局刻本　一冊

350000－2001－0011153　927.04/761－5

聖武記十四卷　（清）魏源撰　清道光二十四

年(1844)京都琉璃廠刻本　十冊

350000－2001－0011154　822.47/429.9

且存齋吟藁一卷　（清）張大緒撰　清康熙刻
本　一冊

350000－2001－0011155　614.3/937

西藥略釋四卷　（美國）嘉約翰口譯　（清）林
湘東筆述　清光緒元年(1875)刻本　一冊
存一卷(三)

350000－2001－0011156　822.47/429.10

滇雲集詩一卷詞一卷　（清）張大令著　（清）
張毓芝評注　清光緒九年(1883)刻本　一冊

350000－2001－0011157　822.47/430

棄餘詩草初集一卷續集一卷閏集一卷四集一
卷　（清）張廷枚撰　清乾隆五十三年(1788)
餘姚張氏寶墨齋刻本　一冊

350000－2001－0011158　927.064/941

[詔諭奏議雜録]不分卷　（清）□□輯　清抄
本　一冊

350000－2001－0011159　822.47/431.3

存誠堂應制詩五卷　（清）張英撰　清光緒二
十三年(1897)桐城張氏刻存誠堂集本　二冊

350000－2001－0011160　927.09/206

皇朝藩部要略十八卷世系表四卷　（清）祁韻
士纂　（清）毛嶽生編次　（清）宋景昌校寫
（清）張穆覆審　清光緒十年(1884)浙江書局
刻本　七冊　存十九卷(皇朝藩部要略四至
十八、世系表四卷)

350000－2001－0011161　927.1/189

皇清開國方略三十二卷首一卷　（清）彭紹觀
等輯　清光緒十三年(1887)廣百宋齋鉛印本
六冊

350000－2001－0011162　927.1/947

亞美利加洲通史十編　（清）戴彬編譯　清光
緒二十八年(1902)上海商務印書館鉛印本
二冊

350000－2001－0011163　822.47/431

存誠堂詩集二十五卷　（清）張英撰　清光緒

二十三年(1897)桐城張氏刻存誠堂集本
六冊

350000－2001－0011164　927.2/406

康熙政要二十四卷　（清）章梫纂　清宣統二
年(1910)鉛印本　十二冊

350000－2001－0011165　927.2/406＝1

康熙政要二十四卷　（清）章梫纂　清宣統二
年(1910)鉛印本　十二冊

350000－2001－0011166　927.2/406＝2

康熙政要二十四卷　（清）章梫纂　清宣統二
年(1910)鉛印本　十二冊

350000－2001－0011167　822.47/431.7

躬厚堂集十七卷　（清）張金鏞撰　清同治三
年(1864)刻本　五冊

350000－2001－0011168　822.47/430.12

船山詩草二十卷　（清）張問陶撰　清宣統二
年(1910)掃葉山房石印本　六冊

350000－2001－0011169　822.47/430.14

船山詩草選六卷　（清）張問陶著　（清）石韞
玉錄　清光緒至民國間石印本　二冊

350000－2001－0011170　822.47/430.11

船山詩草二十卷補遺六卷　（清）張問陶撰
清同治十三年(1874)刻本　六冊

350000－2001－0011171　822.47/430.10

船山詩草二十卷補遺六卷　（清）張問陶撰
清同治十三年(1874)刻本　八冊　存二十卷
(船山詩草二十卷)

350000－2001－0011172　822.47/430.9

船山詩草二十卷補遺六卷　（清）張問陶撰
清嘉慶二十年(1815)刻道光二十九年(1849)
增補本　八冊

350000－2001－0011173　822.47/432

聽松廬詩鈔十六卷　（清）張維屏撰　清嘉慶
十八年(1813)刻本　四冊

350000－2001－0011174　822.47/432.1

寄嶽雲齋試體詩選詳註四卷　（清）聶銑敏稾
（清）張學蘇箋　清嘉慶九年(1804)刻朱墨

套印本　四冊

350000－2001－0011175　822.47/432.17
得天居士集六卷　（清）張照撰　清末刻本
一冊

350000－2001－0011176　822.47/432.2
擁書堂詩集四卷　（清）張璿華撰　傳硯堂詩
存一卷　（清）張允垂撰　清光緒刻本　一冊

350000－2001－0011177　822.47/451.1
郘亭遺詩八卷　（清）莫友芝撰　清光緒元年
（1875）莫繩孫刻本　一冊

350000－2001－0011178　927.4/980
靖逆記六卷　（清）盛大士纂　清刻本　一冊

350000－2001－0011179　822.47/451.1＝1
郘亭遺詩八卷　（清）莫友芝撰　清光緒元年
（1875）莫繩孫刻本　一冊

350000－2001－0011180　927.509/872
出圍城記一卷　（清）楊榮撰　清宣統元年
（1909）番禺沈宗畸刻晨風閣叢書本　一冊

350000－2001－0011181　614.37/966
醫方彙編四卷首一卷　（英國）梅滕更口譯
（清）劉廷楨筆述　清光緒二十二年（1896）鉛
印本　五冊

350000－2001－0011182　614.37/969
萬國藥方八卷　（美國）洪士提反譯　清光緒
三十年（1904）鉛印本　五冊

350000－2001－0011183　927.509/705
中俄交涉記四卷　（清）楊楷撰　清光緒二十
二年（1896）積山書局石印本　四冊

350000－2001－0011184　618.2/967
西醫胎產舉要二卷　（美國）阿庶頓輯　（清）
尹端模筆譯　清光緒十九年（1893）刻本
二冊

350000－2001－0011185　618.3/972
幼童衛生編不分卷　（英國）傅蘭雅譯　清光
緒二十年（1894）鉛印本　一冊

350000－2001－0011186　618.3/972.1

兒科論略不分卷　（美國）富醫士選　（清）龐
文卿譯　清光緒二十三年（1897）刻本　一冊

350000－2001－0011187　624.3/965－1
井礦工程三卷　（英國）白爾捺輯　（英國）傅
蘭雅口譯　（清）趙元益筆述　（清）曹鍾秀繪
圖　清光緒刻本　二冊

350000－2001－0011188　927.509/966
中西紀事二十四卷　（清）夏燮撰　清光緒十
三年（1887）鉛印申報館叢書本　二冊

350000－2001－0011189　822.47/437.1
筱雲詩集二卷　（清）陸應宿撰　清同治五年
（1866）刻隨園三十種本　一冊

350000－2001－0011190　927.509/966－1＝1
中西紀事二十四卷　（清）夏燮撰　清同治七
年（1868）刻本　六冊

350000－2001－0011191　927.7/428
金陵省難紀略一卷　（清）張汝南述　清光緒
鉛印本　一冊

350000－2001－0011192　927.509/966－1＝2
中西紀事二十四卷　（清）夏燮撰　清同治七
年（1868）刻本　八冊

350000－2001－0011193　927.69/420
十三日備嘗記一卷附事略附記一卷　（清）曹
晟撰　清光緒鉛印申報館叢書本　一冊

350000－2001－0011194　630/26
二如亭群芳譜二十八卷首一卷　（明）王象晉
撰　明末清初刻本　十四冊

350000－2001－0011195　927.7/430
兩淮戡亂記一卷　（清）張瑞墀著　清宣統元
年（1909）國學萃編社鉛印本　一冊

350000－2001－0011196　630/26－1
二如亭群芳譜二十八卷首一卷　（明）王象晉
撰　明末清初刻本　十四冊

350000－2001－0011197　927.7/430－1
兩淮戡亂記一卷　（清）張瑞墀著　清同治十
年（1871）泉唐汪氏刻振綺堂叢書本　一冊

350000－2001－0011198　927.7/61

恪靖侯盾鼻餘瀋一卷　（清）左宗棠撰　清光緒七年(1881)刻本　一冊

350000－2001－0011199　630/25

農書二十二卷　（元）王禎撰　清刻本　四冊

350000－2001－0011200　630/137

佩文齋廣群芳譜一百卷目錄二卷　（明）王象晉編　（清）汪灝等重編　清康熙四十七年(1708)刻本　五十冊

350000－2001－0011201　630/137＝1

佩文齋廣群芳譜一百卷目錄二卷　（明）王象晉編　（清）汪灝等重編　清康熙四十七年(1708)刻本　四十八冊

350000－2001－0011202　630/137－2

佩文齋廣群芳譜一百卷目錄二卷　（明）王象晉編　（清）汪灝等重編　清同治七年(1868)刻本　三十六冊

350000－2001－0011203　630/362

寶訓八卷　（清）郝懿行輯　清光緒五年(1879)東路廳署刻本　三冊

350000－2001－0011204　630/394－1

農政全書六十卷　（明）徐光啓纂　清道光十七年(1837)刻本　二十冊

350000－2001－0011205　633.1/677

釋穀四卷　（清）劉寶楠撰　清光緒十四年(1888)刻廣雅書局叢書本　二冊

350000－2001－0011206　633.42/439

甘藷錄一卷　（清）陸燿著　清道光二十四年(1844)世楷堂刻本　一冊

350000－2001－0011207　633.51/806

棉業圖說八卷　（清）農工商部編　清宣統三年(1911)鉛印本　一冊　存四卷(一至四)

350000－2001－0011208　636.48/491

貓苑二卷　（清）丁杰訂　（清）黃漢輯　清咸豐三年(1853)刻本　二冊

350000－2001－0011209　636.48/491＝1

貓苑二卷　（清）丁杰訂　（清）黃漢輯　清咸豐三年(1853)刻本　二冊

350000－2001－0011210　638/15

桑蠶提要二卷　（清）方大湜述　清光緒八年(1882)刻本　二冊

350000－2001－0011211　927.7/153

思痛記二卷　（清）李圭撰　清光緒六年(1880)師一齋刻本　一冊

350000－2001－0011212　927.7/154

金陵兵事彙略四卷　（清）李圭撰　清光緒十四年(1888)江寧李氏刻本　一冊

350000－2001－0011213　822.47/432.16

張都護詩存一卷　（清）張錫鑾撰　清宣統二年(1910)鉛印本　一冊

350000－2001－0011214　822.47/432.15

雲舲詩錄四卷　（清）張祥澐撰　清末刻本　一冊

350000－2001－0011215　927.704/98

欽定剿平捻匪方略三百二十卷首一卷　（清）奕訢等撰　清同治十一年(1872)鉛印本　六十四冊

350000－2001－0011216　992.18/441＝1

江表忠略二十卷　（清）陳澹然纂　清光緒二十六年至二十八年(1900－1902)桐城陳氏刻本　四冊

350000－2001－0011217　822.47/435

小書巢詩課偶存四卷續存二卷　（清）陸以莊撰　清道光二十九年(1849)五羊官舍刻本　二冊

350000－2001－0011218　822.47/436

柈亭先生詩鈔八卷確菴先生詩鈔八卷　（清）葉裕仁編次　清光緒二年(1876)合肥蒯德模刻本　二冊　存八卷(柈亭先生詩鈔八卷)

350000－2001－0011219　927.7/717

軍興本末紀畧四卷　（清）謝蘭生著　清同治木活字印本　一冊

350000－2001－0011220　822.46/416

無欲齋詩鈔一卷　（明）鹿善繼著　清道光四

年(1824)刻本　一册

350000－2001－0011221　927.704/24

湘軍志十六卷　王闓運撰　清光緒十一年
(1885)刻本　四册

350000－2001－0011222　822.46/496

黃陶庵詩一卷　(明)黃淳耀著　清道光十八
年(1838)刻本　一册

350000－2001－0011223　822.46/496＝1

黃陶庵詩一卷　(明)黃淳耀著　清道光十八
年(1838)刻本　一册

350000－2001－0011224　822.46/496＝2

黃陶庵詩一卷　(明)黃淳耀著　清道光十八
年(1838)刻本　一册

350000－2001－0011225　927.704/35

豫軍紀略十二卷　(清)尹耕雲等纂　清光緒
三年(1877)鉛印申報館叢書本　六册

350000－2001－0011226　927.704/35－1

豫軍紀略十二卷　(清)尹耕雲等纂　清同治
河南刻本　八册

350000－2001－0011227　822.46/718

四溟山人詩集十卷　(明)謝榛著　(明)盛以
進選　清宣統元年(1909)問影樓鉛印本
二册

350000－2001－0011228　822.46/333－2

青邱高季迪先生詩集十八卷首一卷補遺一卷
扣舷集一卷附錄一卷鳧藻集五卷　(明)高啓
撰　(清)金檀輯注　清雍正六年(1728)桐鄉
金氏文瑞樓刻平湖寶芸堂印本　八册

350000－2001－0011229　927.704/99

欽定剿平粵匪方略四百二十卷首二卷附設立
長江水師章程六卷　(清)奕訢等撰　清同治
十一年(1872)鉛印本　八十四册

350000－2001－0011230　638/98

蠶桑答問二卷續編一卷　(清)朱祖榮輯
(清)蔣斧重編　清光緒二十七年(1901)刻本
一册

350000－2001－0011231　638/128

蠶桑輯要一卷　(清)鄭文同撰　清光緒九年
(1883)金陵書局刻本　一册

350000－2001－0011232　638/211

蠶桑淺要二卷　(清)林志恂撰　清光緒三十
年(1904)刻本　一册

350000－2001－0011233　638/965

蠶桑萃編十五卷　(清)衛杰編　清光緒二十
六年(1900)浙江官書局刻本　一册　存一卷
(二)

350000－2001－0011234　638/965＝1

蠶桑萃編十五卷　(清)衛杰編　清光緒二十
六年(1900)浙江官書局刻本　六册　存十三
卷(二至十二、十四至十五)

350000－2001－0011235　822.46/333－1

青邱高季迪先生詩集十八卷首一卷補遺一卷
扣舷集一卷附錄一卷鳧藻集五卷　(明)高啓
撰　(清)金檀輯注　清雍正六年(1728)桐鄉
金氏文瑞樓刻本　十三册

350000－2001－0011236　822.46/333

青邱高季迪先生詩集十八卷首一卷補遺一卷
扣舷集一卷附錄一卷鳧藻集五卷　(明)高啓
撰　(清)金檀輯注　清雍正六年(1728)桐鄉
金氏文瑞樓刻本　八册

350000－2001－0011237　822.47/136

隨山館詩簡編四卷　(清)汪瑔撰　清光緒十
八年(1892)刻本　二册

350000－2001－0011238　822.47/136.2

自然好學齋詩鈔十卷　(清)汪端撰　清道光
刻本　二册　存七卷(四至十)

350000－2001－0011239　822.47/136.4

桐花吟館詩一卷　(清)汪佩珩著　清光緒二
十一年(1895)石印本　一册

350000－2001－0011240　822.47/136.5

據梧吟館詩存二卷　(清)汪滋樹著　清光緒
二十一年(1895)刻本　一册

350000－2001－0011241　638.1/135

意大利蠶書不分卷　(意大利)丹吐魯著

(英國)傅蘭雅口譯 （清）汪振聲筆述 清光緒二十四年(1898)刻江南製造局所刻書本 一冊

350000－2001－0011242 638.1/133

廣蠶桑說輯補二卷 （清）沈練著 （清）仲學輅增補 清光緒三年(1877)刻本 一冊

350000－2001－0011243 630/652－2

欽定授時通考七十八卷 （清）鄂爾泰 （清）張廷玉等撰 清光緒二十八年(1902)富文局石印本 六冊

350000－2001－0011244 638/965＝2

蠶桑萃編十五卷 （清）衛杰編 清光緒二十六年(1900)浙江官書局刻本 七冊

350000－2001－0011245 638.1099/135

意大利蠶書不分卷 （英國）傅蘭雅口譯 （清）汪振聲筆述 清務農會石印本 一冊

350000－2001－0011246 638.132/938

養蠶新法一卷 （法國）巴士德撰 （法國）拔維晏譯述 清光緒二十八年(1902)江浙官書局刻本 一冊

350000－2001－0011247 822.47/136.6

借閒生詩三卷詞一卷 （清）汪遠孫撰 清道光二十年(1840)錢塘汪氏振綺堂刻本 二冊

350000－2001－0011248 639.091/933

農工商部咨送美國開設萬國漁業會會草一卷 （清）農工商部撰 清光緒鉛印本 一冊

350000－2001－0011249 639/362

記海錯一卷燕子春秋一卷蜂衙小記一卷 （清）郝懿行著 清光緒五年(1879)東路廳署刻本 一冊

350000－2001－0011250 639.092/128

中國漁業歷史一卷 （清）沈同芳撰 清宣統三年(1911)鉛印本 一冊

350000－2001－0011251 645.2/973

開煤要法十二卷 （英國）士密德輯 （英國）傅蘭雅口譯 （清）王德均筆述 清光緒二十七年(1901)刻江南製造局所刻書本 二冊

350000－2001－0011252 822.47/444.1

簡學齋詩存四卷詩刪四卷 （清）陳沆撰 清咸豐二年(1852)刻本 二冊

350000－2001－0011253 651/969.1

美國鐵路彙考十三卷 （美國）柯理集 （英國）傅蘭雅口譯 （清）潘松筆述 清光緒二十五年(1899)刻江南製造局所刻書本 二冊

350000－2001－0011254 651/969

鐵路紀要三卷 （美國）柯理集 （清）潘松譯 清光緒二十年(1894)刻江南製造局所刻書本 一冊

350000－2001－0011255 655.96/972

行船免撞章程一卷附一卷 （英國）傅蘭雅譯 （清）鍾天緯譯 清光緒二十一年(1895)鉛印本 一冊

350000－2001－0011256 662.63/661－1

洞主仙師白喉治法忌表抉微不分卷 題（清）耐修子編 清光緒十七年(1891)刻本 一冊

350000－2001－0011257 671.62/448

酒顛補三卷 （清）陳繼儒輯 清道光二十七年(1847)刻本 一冊

350000－2001－0011258 693.1/937

隨園食單一卷 （清）袁枚撰 清刻本 一冊

350000－2001－0011259 638.1/165

蠶桑白話二卷 （清）林紹年撰 清光緒三十一年(1905)刻本 一冊

350000－2001－0011260 638.1/165＝1

蠶桑白話二卷 （清）林紹年撰 清光緒三十一年(1905)刻本 一冊

350000－2001－0011261 638.1/165＝2

蠶桑白話二卷 （清）林紹年撰 清光緒三十一年(1905)刻本 一冊

350000－2001－0011262 638.1/165＝3

蠶桑白話二卷 （清）林紹年撰 清光緒三十一年(1905)刻本 一冊

350000－2001－0011263 822.47/136.6－1

借閒生詩三卷詞一卷 （清）汪遠孫撰 清道

光二十年(1840)錢塘汪氏振綺堂刻本　一冊

350000－2001－0011264　822.47/137
松聲池館詩存四卷　(清)汪璐撰　清光緒十五年(1889)泉唐振綺堂刻本　一冊

350000－2001－0011265　822.47/137＝1
松聲池館詩存四卷　(清)汪璐撰　清光緒十五年(1889)泉唐振綺堂刻本　一冊

350000－2001－0011266　822.47/149
松風詩草五卷　(清)杜昌丁著　清乾隆十四年(1749)刻本　二冊

350000－2001－0011267　822.47/131
桂留山房詩集十二卷詞集一卷　(清)沈學淵撰　清道光二十四年(1844)刻本　八冊

350000－2001－0011268　822.47/104－4
曝書亭集箋註二十三卷　(清)朱彝尊撰(清)孫銀槎輯注　清嘉慶五年(1800)刻九年(1804)續修本　八冊

350000－2001－0011269　852.47/439＝1
切問齋文鈔三十卷　(清)陸燿輯　清乾隆四十一年(1776)蘇州吳門劉萬傳局刻本　十冊

350000－2001－0011270　852.17/439.3
切問齋文鈔三十卷　(清)陸燿輯　清道光五年(1825)長白誠端刻本　十冊

350000－2001－0011271　822.47/104－6
曝書亭集箋註二十三卷　(清)朱彝尊撰(清)孫銀槎輯注　清嘉慶五年(1800)刻九年(1804)續修本　六冊

350000－2001－0011272　852.47/439＝2
切問齋文鈔三十卷　(清)陸燿輯　清乾隆四十一年(1776)蘇州吳門劉萬傳局刻本　八冊

350000－2001－0011273　852.17/444
皇朝經世文三編八十卷　(清)陳忠倚輯　清光緒二十四年(1898)寶文書局石印本　十六冊

350000－2001－0011274　822.47/104.2
曝書亭集詩註二十四卷詞注七卷　(清)朱彝尊撰　(清)楊謙撰　清乾隆木山閣刻嘉慶增

修本　十二冊

350000－2001－0011275　822.47/104.5
曝書亭詩錄十二卷　(清)朱彝尊撰　(清)江浩然箋注　清乾隆三十年(1765)嘉興刻本六冊

350000－2001－0011276　822.47/104.1
曝書亭集詩註二十四卷附年譜一卷　(清)楊謙纂　(清)李集參　清乾隆木山閣刻本八冊

350000－2001－0011277　822.47/102.2
知足齋詩集二十卷　(清)朱珪撰　清嘉慶十年(1805)刻本　四冊

350000－2001－0011278　852.17/506－2
皇朝經世文編一百二十卷　(清)賀長齡輯清光緒十五年(1889)上海廣百宋齋鉛印本二十三冊

350000－2001－0011279　852.17/506
皇朝經世文編一百二十卷姓名總目二卷(清)賀長齡輯　清道光七年(1827)刻本　三十四冊　存八十二卷(皇朝經世文編一至三十八、七十九至一百二十,總目二卷)

350000－2001－0011280　822.47/53
西垣詩鈔二卷西垣黔苗竹枝詞一卷　(清)毛貴銘撰　清光緒十年(1884)長沙王氏刻本一冊

350000－2001－0011281　822.47/101
先得月樓遺詩一卷　(清)朱蘭撰　清光緒十二年(1886)沈煒刻本　一冊

350000－2001－0011282　822.47/35
尹文端公詩集十卷　(清)尹繼善撰　清道光刻本　五冊

350000－2001－0011283　852.17/933
國朝名人著述叢編十三種　(清)□□輯　清光緒五年(1879)淞隱閣鉛印本　六冊

350000－2001－0011284　852.17/941
最近四大家古文鈔四卷　題(清)寄古齋主人輯　清光緒三十四年(1908)寄古齋鉛印本

四冊

350000－2001－0011285　852.19417/377.2＝2

四六叢話三十三卷選詩叢話一卷　（清）孫梅輯　清光緒七年(1881)刻本　十冊

350000－2001－0011286　852.19417/377.2＝3

四六叢話三十三卷選詩叢話一卷　（清）孫梅輯　清光緒七年(1881)刻本　十二冊

350000－2001－0011287　852.19417/377.1

四六叢話三十三卷　（清）孫梅輯　清嘉慶三年(1798)刻本　十二冊

350000－2001－0011288　852.19416/24－2

四六法海十二卷　（明）王志堅論次　（明）王偲等編校　清乾隆二十三年(1758)刻本　十二冊

350000－2001－0011289　852.19417/153

駢體文鈔三十一卷　（清）李兆洛輯　清刻誦芬閣叢書本　十六冊

350000－2001－0011290　852.19417/650

忠雅堂評選四六法海八卷　（清）蔣士銓評選　清光緒十五年(1889)刻朱墨套印本　八冊

350000－2001－0011291　852.19417/650.3

忠雅堂評選四六法海八卷　（清）蔣士銓評選　清光緒元年(1875)刻本　八冊

350000－2001－0011292　822.47/24.7

小山詩後藁二卷小山詩餘四卷　（清）王時翔撰　清乾隆太倉王景元刻本　一冊

350000－2001－0011293　822.47/24

長離閣集一卷　（清）王采薇著　清末刻本　一冊

350000－2001－0011294　822.47/24.1

讀選樓詩稿十卷　（清）王采蘋撰　清光緒二十年(1894)東河督署刻本　二冊

350000－2001－0011295　822.47/23.3

韻山堂詩集七卷補遺一卷　（清）王文誥撰　清光緒十四年(1888)浙江書局刻本　一冊

350000－2001－0011296　822.47/23

夢樓詩集二十四卷　（清）王文治撰　清乾隆六十年(1795)食舊堂刻本　六冊

350000－2001－0011297　822.47/23.4

淵雅堂編年詩藁二十卷　（清）王芑孫撰　清道光刻本　四冊

350000－2001－0011298　822.47/23.1

澤山詩抄二卷賦鈔一卷　（清）王再咸著　（清）趙熙光　（清）趙壁光編輯　清光緒十五年(1889)成都鉛印本　二冊

350000－2001－0011299　822.47/22.5

蠶尾後集二卷　（清）王士禛撰　清康熙刻本　一冊

350000－2001－0011300　822.47/22.6

雍益集一卷　（清）王士禛撰　清康熙三十六年(1697)刻本　一冊

350000－2001－0011301　822.47/22.10

漁洋山人精華錄訓纂十卷總目二卷　（清）王士禛撰　（清）惠棟訓纂　清乾隆紅豆齋刻本　十冊

350000－2001－0011302　822.47/22.3

漁洋山人精華錄箋注十二卷補注一卷附漁洋山人年譜一卷　（清）王士禛撰　（清）金榮箋注　（清）徐淮纂輯　清光緒至民國間石印本　十二冊

350000－2001－0011303　822.47/22.7

漁洋山人精華錄箋注十二卷補注一卷附漁洋山人年譜一卷　（清）王士禛撰　（清）金榮箋注　（清）徐淮纂輯　清乾隆鳳翲堂刻本　六冊

350000－2001－0011304　822.47/22.8

漁洋山人精華錄箋注十二卷補注一卷附漁洋山人年譜一卷　（清）王士禛撰　（清）金榮箋注　（清）徐淮纂輯　清康熙五十一年(1712)刻本　七冊　存十三卷(箋注一、三至十二,補注一卷,年譜一卷)

350000－2001－0011305　822.47/22.1

漁洋山人精華錄箋注十二卷補注一卷附漁洋

山人年譜一卷 （清）王士禛撰 （清）金榮箋注 （清）徐淮纂輯 清康熙五十一年(1712)刻本 八冊 存十三卷（箋注一、三至十二，補注一卷，年譜一卷）

350000－2001－0011306 822.47/444.1＝1

簡學齋詩存四卷詩刪四卷館課賦存一卷館課試律存一卷館課賦續鈔一卷試律續鈔一卷 （清）陳沆撰 清咸豐二年(1852)蘄水陳廷經刻本 一冊 存八卷（簡學齋詩存四卷、詩刪四卷）

350000－2001－0011307 822.47/17

吟梅仙館絕句詩一卷 （清）方韻仙撰 清光緒四年(1878)刻本 一冊

350000－2001－0011308 852.19417/737

駢體文略二十九卷 （清）鍾廣編 清光緒十四年(1888)刻本 二冊

350000－2001－0011309 852.19418/131

鍊菴駢體文選四卷 沈宗畸輯 清宣統元年(1909)鉛印本 一冊

350000－2001－0011310 852.1943/444

唐駢體文鈔十七卷 （清）陳均輯 清同治十二年(1873)刻本 四冊

350000－2001－0011311 852.1943/444＝1

唐駢體文鈔十七卷 （清）陳均輯 清同治十二年(1873)刻本 四冊

350000－2001－0011312 822.47/441.2＝1

尊瓠室詩一卷 （清）陳詩撰 清光緒三十四年(1908)鉛印本 一冊

350000－2001－0011313 852.1943/444－1

唐駢體文鈔十七卷 （清）陳均輯 清嘉慶二十五年(1820)刻本 四冊

350000－2001－0011314 852.1994/421.1

宋四六選二十四卷 （清）曹振鏞編 清乾隆四十一年(1776)翠微樓刻本 十二冊

350000－2001－0011315 822.47/444.3

敦拙堂詩集十三卷 （清）陳奉滋撰 清光緒二年(1876)刻本 四冊

350000－2001－0011316 852.191/135

蓮漪文鈔八卷 （清）汪曰楨輯 清咸豐九年(1859)刻本 一冊

350000－2001－0011317 822.47/446

陳一齋先生詩集一卷 （清）陳梓撰 （清）崔以學編錄 清宣統三年(1911)上海國學扶輪社鉛印張氏適園叢書本 一冊

350000－2001－0011318 852.191/426

八旗文經五十六卷作者攷三卷敘錄一卷 （清）盛昱 （清）楊鐘羲編 清光緒二十八年(1902)刻本 十二冊

350000－2001－0011319 822.47/446.1

襄碧齋詩五卷詞一卷雜文一卷 （清）陳銳撰 清光緒二十一年(1895)揚州刻本 二冊

350000－2001－0011320 852.191201/413

津門古文所見錄四卷 （清）郭師泰編次 清光緒十八年(1892)刻本 四冊

350000－2001－0011321 852.17/486

易堂九子文鈔九種 （清）彭玉雯編 清道光十六年(1836)刻本 十二冊

350000－2001－0011322 852.19151/343

松陵文錄二十四卷 （清）凌淦輯 清同治十三年(1874)刻本 十二冊

350000－2001－0011323 852.19151/471

徐州二遺民集十卷 （清）桂中行編 清光緒二十年(1894)刻本 五冊

350000－2001－0011324 852.19153/568

甬東正氣集四卷 （清）董琅編輯 清嘉慶十年(1805)刻本 一冊

350000－2001－0011325 852.19161/588

全蜀藝文志六十四卷首一卷 （明）楊慎輯 清光緒十五年(1889)雨餘山房刻本 十二冊

350000－2001－0011326 852.196/766＝2

蜀秀集九卷 （清）吳之瓚訂 清光緒五年(1879)成都試院刻本 八冊

350000－2001－0011327 852.192/424

古文詞略二十四卷 （清）梅曾亮編 清光緒

三十四年(1908)學部圖書局鉛印本　五冊

350000－2001－0011328　822.47/447

碻庵先生文鈔六卷詩鈔八卷　（清）陳瑚撰
清光緒二年(1876)合肥蒯德模安道書院刻陸
陳兩先生詩文鈔本　二冊　存八卷(詩鈔八
卷)

350000－2001－0011329　822.47/17＝1

吟梅仙館絕句詩一卷　（清）方韻仙撰　清光
緒四年(1878)刻本　一冊

350000－2001－0011330　852.1944/486

宋四六話十二卷　（清）彭元瑞定本　清道光
二十六年(1846)刻本　四冊

350000－2001－0011331　852.1994/421.2

宋四六選二十四卷　（清）曹振鏞編　清乾隆
四十二年(1777)刻本　十二冊

350000－2001－0011332　852.1994/421.2＝1

宋四六選二十四卷　（清）曹振鏞編　清乾隆
四十二年(1777)刻本　十二冊

350000－2001－0011333　852.1994/421

宋四六選二十四卷　（清）曹振鏞編　清刻本
十二冊

350000－2001－0011334　852.1947/23.3＝1

國朝十家四六文鈔十種　王先謙輯　清光緒
十五年(1889)長沙王氏刻本　四冊

350000－2001－0011335　852.1947/23.3＝2

國朝十家四六文鈔十種　王先謙輯　清光緒
十五年(1889)長沙王氏刻本　四冊

350000－2001－0011336　822.47/22.9

王氏漁洋詩鈔十二卷　（清）王士禎撰　（清）
邵長蘅選　清宣統二年(1910)時中書局石印
本　八冊

350000－2001－0011337　852.1947/23.3＝3

國朝十家四六文鈔十種　王先謙輯　清光緒
十五年(1889)長沙王氏刻本　四冊

350000－2001－0011338　852.1947/137－1

駢體南鍼十六卷　（清）汪傳懿編輯　（清）傅
智庸參閱　（清）傅登瀛校字　清同治五年

(1866)刻本　八冊

350000－2001－0011339　852.1947/173

八家四六八種　（清）吳鼒編　清刻本　六冊

350000－2001－0011340　852.1947/173.1

八家四六文鈔八種　（清）吳鼒編　清嘉慶三
年(1798)刻本　二冊

350000－2001－0011341　852.1949/652

本朝三十科小題文範不分卷　（清）蔣萬等編
清康熙元年(1662)文林堂刻本　十六冊

350000－2001－0011342　852.1949/838

[光緒甲辰恩科會試闈墨]一卷　（清）□□編
清光緒三十年(1904)石印本　四冊

350000－2001－0011343　852.195/164

吳氏一家稿有正味齋集十二卷　（清）吳錫麒
編　清咸豐五年(1855)刻本　十六冊

350000－2001－0011344　852.195/248＝1

五周先生集六種　冒廣生輯　清光緒二十二
年(1896)刻如皋冒氏叢書本　一冊

350000－2001－0011345　852.195/359

項城袁氏家集六十五卷　（清）丁振鐸輯　清
宣統三年(1911)清芬閣鉛印本　五十五冊

350000－2001－0011346　852.195/762

寧都三魏全集八十五卷首一卷　（清）林時益
輯　清道光二十五年(1845)寧都謝庭綏綏園
書塾刻本　四十八冊

350000－2001－0011347　852.195/762＝1

寧都三魏全集八十五卷首一卷　（清）林時益
輯　清道光二十五年(1845)寧都謝庭綏綏園
書塾刻本　五十冊

350000－2001－0011348　852.195/784.1

三蘇策論十二卷　（宋）蘇洵等著　清光緒二
十七年(1901)石印本　四冊

350000－2001－0011349　852.1947/432

國朝駢體正宗續編八卷　（清）張鳴珂輯　清
光緒十四年(1888)寒松閣刻本　四冊

350000－2001－0011350　852.1947/432＝1

國朝駢體正宗續編八卷　（清）張鳴珂輯　清光緒十四年(1888)寒松閣刻本　四冊

350000－2001－0011351　822.47/11

璇璣碎錦不分卷　（清）萬樹填譜　（清）釋宏倫編正　清康熙刻本　二冊

350000－2001－0011352　822.47/443

求志居集三十六卷外集一卷時文一卷經說四卷　（清）陳世鎔撰　清道光二十五年(1845)刻本　二冊　存十二卷(詩卷一至十二)

350000－2001－0011353　852.1947/486

恩餘堂策問存課二卷　（清）彭元瑞撰　清嘉慶四年(1799)刻本　一冊

350000－2001－0011354　852.1947/529.1

國朝駢體正宗續編八卷　（清）張鳴珂　清嘉慶十一年(1806)刻本　四冊

350000－2001－0011355　852.1947/563

洋務策不分卷　（清）李毓鼇撰　清刻本　十一冊

350000－2001－0011356　852.1949/16

欽定四書文選三十卷　（清）方苞等輯　清光緒二十年(1894)上海古香閣石印本　六冊　存六卷(欽定化治四書文六卷)

350000－2001－0011357　852.1949/16.1

欽定四書文選三十卷　（清）方苞等輯　清光緒二年(1876)崇文書局刻本　十六冊　存六卷(欽定化治四書文六卷)

350000－2001－0011358　852.1949/131

新增註釋目耕齋初刻不分卷二刻不分卷三刻不分卷　（清）徐楷原評　（清）沈叔眉選　(清)黃貽相注釋　清刻本　十二冊

350000－2001－0011359　852.1949/131.1

目耕齋讀本不分卷　（清）徐楷評註　（清）沈叔眉選　清道光二十一年(1841)刻本　二冊

350000－2001－0011360　852.1949/152

揣摩一法六卷　（清）□□撰　清道光八年(1828)刻本　三冊

350000－2001－0011361　822.47/443.1

邀月樓古今體詩一卷　（清）陳有懿撰　清道光二十七年(1847)刻光緒十四年(1888)重印本　一冊

350000－2001－0011362　852.1949/162

詁經精舍文集十四卷　（清）阮元手訂　清嘉慶六年(1801)刻本　七冊

350000－2001－0011363　852.1949/136

抗希堂全稿四卷增補一卷　（清）方苞撰　清光緒十五年(1889)會經堂刻本　二冊

350000－2001－0011364　852.1949/377

宛南書院課讀經義策論三種　（清）孫葆田輯　清光緒二十七年(1901)刻本　四冊

350000－2001－0011365　822.18/444＝1

白石山館詩一卷　（清）陳沆撰　清夜齋詩稿一卷　（清）魏源撰　清宣統三年(1911)影印本　一冊

350000－2001－0011366　822.18/444＝2

白石山館詩一卷　（清）陳沆撰　清夜齋詩稿一卷　（清）魏源撰　清宣統三年(1911)影印本　一冊

350000－2001－0011367　822.47/448.3

漁陽草堂詩稿一卷　（清）陳義撰　清光緒鉛印本　一冊

350000－2001－0011368　822.47/471

湘中草六卷　（清）湯傳楷撰　清刻本　二冊

350000－2001－0011369　822.47/476.1

甌香館集十二卷首一卷末一卷　（清）惲格撰　（清）蔣光煦輯　清光緒元年(1875)湖北崇文書局刻本　二冊　存八卷(一至七、首一卷)

350000－2001－0011370　822.47/476＝1

甌香館集十二卷首一卷末一卷　（清）惲格撰　（清）蔣光煦輯　清光緒元年(1875)湖北崇文書局刻七年(1881)重印本　四冊

350000－2001－0011371　852.195/784.2

三蘇全集一百五十八卷　（清）弓翊清校　清道光十三年(1833)刻本　六十四冊

350000－2001－0011372　852.196/86

沅湘通藝錄八卷四書文二卷　（清）江標編校　清光緒二十三年（1897）長沙使院刻本　十冊

350000－2001－0011373　852.196/162

學海堂集十六卷二集二十二卷三集二十四卷四集二十八卷　（清）吳蘭修編校監刻　清道光五年至光緒十二年（1825－1886）吳氏啓秀山房刻本　四十冊

350000－2001－0011374　852.196/162＝1

學海堂集十六卷二集二十二卷三集二十四卷四集二十八卷　（清）吳蘭修編校監刻　清道光五年至光緒十二年（1825－1886）吳氏啓秀山房刻本　四十冊

350000－2001－0011375　852.196/359

于湖題襟集詩六卷文三卷　（清）袁昶輯　清光緒二十一年（1895）刻本　六冊

350000－2001－0011376　852.196/766＝3

蜀秀集九卷　（清）吳之瑛訂　清光緒五年（1879）成都試院刻本　八冊

350000－2001－0011377　852.196/910

致用書院文集不分卷　（清）葉大綬等撰　清光緒十六年（1890）刻本　五冊

350000－2001－0011378　852.197/251

宮閨文選二十六卷　（清）周壽昌輯訂　清光緒十二年（1886）嶺南集成書局石印本　一冊

350000－2001－0011379　852.1991/751

建溪集前編四卷　（清）戴聰輯　清道光十一年（1831）刻本　一冊

350000－2001－0011380　852.1992/157

敘德書情集三卷　（清）吳嵩梁選錄　清道光十九年（1839）刻本　一冊

350000－2001－0011381　852.1992/506

新刻諸葛宗岳史四公文集四種　（清）賀瑞麟編　清同治十二年（1873）刻本　十四冊

350000－2001－0011382　852.17/250＝1

歷代宮閨文選二十六卷　（清）周壽昌輯訂

（清）孫鼎臣參閱　（清）翟元鈞纂類　（清）蔣恭鎰編校　（清）許家怡重訂　清宣統三年（1911）上海群學社鉛印本　六冊

350000－2001－0011383　852.422/37

孔北海集一卷　（漢）孔融撰　清宣統三年（1911）文盛書局石印本　一冊

350000－2001－0011384　852.423/533.1

嵇叔夜集七卷　（三國魏）嵇康著　清宣統三年（1911）上海文明書局鉛印本　一冊

350000－2001－0011385　822.47/478.1

微尚齋詩集初編四卷詩續集一卷　（清）馮志沂撰　清同治三年（1864）盧州郡齋刻本　一冊

350000－2001－0011386　852.423/678

漢丞相諸葛忠武侯集二十一卷　（明）諸葛義基編輯　清刻道藏輯要本　六冊

350000－2001－0011387　852.423/687.1

諸葛武侯文集四卷　（三國蜀）諸葛亮撰　（清）張伯行訂　清同治五年（1866）福州正誼書局刻正誼堂全書本　二冊

350000－2001－0011388　852.424/449.10

靖節先生集十卷首一卷　（晉）陶潛撰　（清）陶澍集注　**靖節先生年譜攷異二卷**　（清）陶澍撰　清光緒九年（1883）江蘇書局刻本　四冊

350000－2001－0011389　852.424/449

陶淵明文集十卷　（晉）陶潛撰　清康熙三十三年（1694）汲古閣刻本　二冊

350000－2001－0011390　852.424/449.2

陶淵明文集十卷　（晉）陶潛撰　清宣統元年（1909）著易堂石印本　四冊

350000－2001－0011391　852.424/449.3

陶淵明集八卷首一卷末一卷　（晉）陶潛撰　清光緒六年（1880）刻三色套印本　四冊

350000－2001－0011392　852.424/449.4

陶淵明集八卷首一卷末一卷　（晉）陶潛撰　清光緒五年（1879）翰墨園木活字四色套印本

一冊

350000 – 2001 – 0011393　852.424/449.10 = 1
靖節先生集十卷首一卷　（晉）陶潛撰　（清）
陶澍集注　**靖節先生年譜攷異二卷**　（清）陶
澍撰　清光緒九年(1883)江蘇書局刻本
四冊

350000 – 2001 – 0011394　852.424/449.6
陶淵明文集十卷　（晉）陶潛撰　（宋）蘇軾書
　清光緒五年(1879)番禺俞秀山刻本　三冊

350000 – 2001 – 0011395　852.424/449.7
陶淵明文集十卷　（晉）陶潛撰　清光緒十四
年(1888)稽山樓刻本　二冊

350000 – 2001 – 0011396　852.424/449.2 = 1
陶淵明文集十卷　（晉）陶潛撰　清宣統元年
(1909)著易堂石印本　四冊

350000 – 2001 – 0011397　852.424/449.13
陶靖節集八卷　（晉）陶潛撰　清光緒五年
(1879)傳忠書舍刻本　一冊

350000 – 2001 – 0011398　852.424/449.44
陶淵明集八卷首一卷末一卷　（晉）陶潛撰
清刻三色套印本　三冊

350000 – 2001 – 0011399　852.424/449.15
陶淵明文集十卷　（晉）陶潛撰　（宋）蘇軾書
　清光緒五年(1879)刻本　三冊

350000 – 2001 – 0011400　822.424/449 – 21
陶淵明詩一卷　（晉）陶潛撰　清光緒元年
(1875)影印本　一冊

350000 – 2001 – 0011401　822.424/449 – 23
箋註陶淵明集十卷總論一卷　（晉）陶潛撰
(宋)李公煥箋　清宣統三年至民國二年
(1911 – 1913)貴池劉氏刻玉海堂景宋叢書本
四冊

350000 – 2001 – 0011402　822.424/449 – 21 = 1
陶淵明詩一卷　（晉）陶潛撰　清光緒元年
(1875)影印本　一冊

350000 – 2001 – 0011403　852.426/393
徐孝穆全集六卷　（南朝陳）徐陵撰　（清）吳

兆宜箋注　**徐孝穆備考一卷**　（清）徐文炳撰
清光緒二年(1876)廣東翰墨園刻本　三冊

350000 – 2001 – 0011404　852.426/393.1
徐孝穆全集六卷　（南朝陳）徐陵撰　（清）吳
兆宜箋注　**徐孝穆備考一卷**　（清）徐文炳撰
清刻本　三冊

350000 – 2001 – 0011405　822.47/486.2
詩義堂集二卷　（清）彭輅撰　**後集六卷**
(清)彭泰來撰　清道光三十年至咸豐十一年
(1850 – 1861)刻本　四冊

350000 – 2001 – 0011406　852.427/416.61
庚子山集十六卷　（北周）庾信撰　（清）倪璠
註釋　**附總釋一卷年譜一卷**　清光緒二十年
(1894)儒雅堂刻本　十二冊

350000 – 2001 – 0011407　822.47/486.3
簡緣詩草一卷　（清）彭希洛撰　**瓊樓吟稿一
卷**　（清）陶善著　清光緒九年(1883)刻本
一冊

350000 – 2001 – 0011408　852.427/416.91
庚子山集十六卷　（北周）庾信撰　（清）倪璠
注釋　**附總釋一卷**　清崇岫堂刻本　十六冊

350000 – 2001 – 0011409　852.43/784 = 2
蘇許公文集十二卷首一卷　（唐）蘇環撰　**壟
上記一卷**　（唐）蘇頲纂　**許公逸事一卷**
(清)蘇廷玉輯　清道光二十三年(1843)同安
蘇氏刻本　二冊

350000 – 2001 – 0011410　927.038/972
道光庚子恩科直省同年譜五卷　（清）□□輯
　清道光二十四年(1844)刻本　五冊

350000 – 2001 – 0011411　852.43/21.1
王右丞集二十八卷首一卷末一卷　（唐）王維
撰　（清）趙殿成箋註　清乾隆二年(1737)刻
本　十二冊

350000 – 2001 – 0011412　852.43/148 = 1
樊川文集二十卷外集一卷別集一卷　（唐）杜
牧撰　清光緒二十二年(1896)景蘇園影宋刻
本　四冊

350000－2001－0011413　927.038/846

宣統二年庚戌科優貢授職官職錄不分卷
（清）□□編　清宣統二年(1910)刻本　二冊

350000－2001－0011414　927.704/148

平定粵匪紀略十八卷附記四卷　（清）杜文瀾
撰　清刻本　八冊

350000－2001－0011415　852.43/149－1

讀書堂杜工部文集註解二卷　（唐）杜甫撰
（清）張潛評註　清末至民國初著易堂書局石
印本　一冊

350000－2001－0011416　852.43/149

讀書堂杜工部文集註解二卷　（唐）杜甫撰
（清）張潛評註　清末至民國初石印本　一冊

350000－2001－0011417　852.43/151.6＝1

李太白文集三十卷　（唐）李白撰　清康熙五
十六年(1717)吳門繆曰芑刻本　四冊

350000－2001－0011418　927.704/148＝1

平定粵匪紀略十八卷附記四卷　（清）杜文瀾
撰　清刻本　十二冊

350000－2001－0011419　852.43/151.6＝2

李太白文集三十卷　（唐）李白撰　清康熙五
十六年(1717)吳門繆曰芑刻本　四冊

350000－2001－0011420　852.43/151.3

李翰林集三十卷　（唐）李白撰　**李集札記一
卷**　劉世珩記　清宣統元年(1909)刻本
六冊

350000－2001－0011421　927.704/149

平定粵匪紀略十八卷附記四卷　（清）杜文瀾
撰　清光緒鉛印申報館叢書本　六冊

350000－2001－0011422　927.704/149＝1

平定粵匪紀略十八卷附記四卷　（清）杜文瀾
撰　清光緒鉛印申報館叢書本　六冊

350000－2001－0011423　852.43/151.4＝2

李太白文集三十六卷　（唐）李白撰　（清）王
琦輯註　清乾隆刻本　十二冊

350000－2001－0011424　927.704/149＝1

平定粵匪紀略十八卷附記四卷　（清）杜文瀾

撰　清末鉛印本　三冊

350000－2001－0011425　927.704/248

淮軍平捻記十二卷　（清）周世澄撰　清光緒
鉛印申報館叢書本　四冊

350000－2001－0011426　852.43/151.7

李太白文集三十六卷　（唐）李白撰　（清）王
琦輯註　清刻本　六冊　存三十五卷(二至
三十六)

350000－2001－0011427　927.704/248＝1

淮軍平捻記十二卷　（清）周世澄撰　清光緒
鉛印申報館叢書本　二冊

350000－2001－0011428　822.47/494

**讀白華草堂詩初集九卷二集十二卷首蒨集八
卷**　（清）黃釗撰　清道光二十八年(1848)刻
本　八冊

350000－2001－0011429　927.704/347

平浙紀略十六卷　（清）秦緗業　（清）陳鐘英
輯　清光緒元年(1875)鉛印申報館叢書本
四冊

350000－2001－0011430　852.43/156－1

樊南文集箋註八卷　（唐）李商隱撰　（清）馮
浩重訂　清末上海廣益書局石印本　二冊

350000－2001－0011431　852.43/156.2

**玉谿生詩箋註三卷首一卷樊南文集箋註八卷
首一卷**　（唐）李商隱撰　（清）馮浩重訂　清
乾隆四十五年(1780)德聚堂刻嘉慶元年
(1796)增補本　七冊　存九卷(樊南文集箋
注八卷、首一卷)

350000－2001－0011432　927.704/347－1

平浙紀略十六卷　（清）秦緗業　（清）陳鐘英
撰　清同治十三年(1874)浙江書局刻本
四冊

350000－2001－0011433　927.704/443

**欽定平定雲南回匪方略五十卷欽定平定貴州
苗匪紀略四十卷**　（清）陳邦瑞等纂　清光緒
二十二年(1896)鉛印本　十八冊

350000－2001－0011434　852.43/156.3

樊南文集詳註八卷　（唐）李商隱撰　（清）馮浩編訂　清同治七年(1868)刻本　四冊

350000－2001－0011435　927.704/443－2

欽定平定陝甘新疆回匪方略三百二十卷首一卷　（清）陳邦瑞等撰　清光緒二十二年(1896)鉛印本　六十四冊

350000－2001－0011436　852.43/156.7＝1

樊南文集補編十二卷附錄一卷　（唐）李商隱撰　（清）錢振倫箋　（清）錢振常注　清同治五年(1866)吳棠望三益齋刻本　四冊

350000－2001－0011437　852.43/156.7＝2

樊南文集補編十二卷附錄一卷　（唐）李商隱撰　（清）錢振倫箋　（清）錢振常注　清同治五年(1866)吳棠望三益齋刻本　四冊

350000－2001－0011438　927.704/556

平定關隴紀略十三卷　（清）楊昌濬撰　清光緒十三年(1887)刻本　十三冊

350000－2001－0011439　852.43/156.7＝3

樊南文集補編十二卷附錄一卷　（唐）李商隱撰　（清）錢振倫箋　（清）錢振常注　清同治五年(1866)吳棠望三益齋刻本　四冊

350000－2001－0011440　927.704/717

粵氛紀事十三卷　（清）夏燮撰　清同治八年(1869)當塗夏燮刻本　六冊

350000－2001－0011441　852.43/156－9

玉谿生詩箋註三卷首一卷樊南文集箋註八卷首一卷　（唐）李商隱撰　（清）馮浩重訂　清乾隆四十五年（1780）德聚堂刻嘉慶元年(1796)增補本　四冊　存九卷(樊南文集箋注八卷、首一卷)

350000－2001－0011442　927.704/967

山東軍興紀略二十二卷　（清）□□撰　清光緒鉛印申報館叢書本　十冊

350000－2001－0011443　852.43/156.2＝1

玉谿生詩箋註三卷首一卷樊南文集箋註八卷首一卷　（唐）李商隱撰　（清）馮浩重訂　清乾隆四十五年（1780）德聚堂刻嘉慶元年

(1796)增補本　四冊　存九卷(樊南文集箋注八卷、首一卷)

350000－2001－0011444　927.709/27＝1

湘軍記二十卷　（清）王定安撰　清光緒十六年(1890)袖海山房石印本　四冊

350000－2001－0011445　822.43/156－18

玉谿生詩箋註三卷首一卷樊南文集箋註八卷首一卷　（唐）李商隱撰　（清）馮浩編訂　清乾隆四十五年（1780）德聚堂刻嘉慶元年(1796)增補本　十八冊

350000－2001－0011446　927.709/27.1

湘軍記二十卷　（清）王定安撰　清末上海書局石印本　四冊

350000－2001－0011447　822.47/494.2

訓真書屋詩存二卷　（清）黃國瑾撰　清光緒三十二年(1906)貴陽黃氏家塾刻本　一冊

350000－2001－0011448　927.704/347－1＝1

平浙紀略十六卷　（清）秦緗業　（清）陳鐘英撰　清同治十三年(1874)浙江書局刻本　四冊

350000－2001－0011449　852.43/159

李元賓文集六卷　（唐）李觀撰　（清）陸希聲編　清嘉慶二十三年(1818)秦氏石研齋刻本　一冊

350000－2001－0011450　927.709/449

貞豐里庚甲見聞錄二卷　（清）陶煦撰　清光緒八年(1882)刻本　一冊

350000－2001－0011451　852.43/159.4＝2

習之先生全集錄二卷　（唐）李翱撰　（清）儲欣錄　（清）蔚起參校　清刻本　一冊

350000－2001－0011452　852.43/159.5

李文公集十八卷補遺一卷附錄一卷　（唐）李翱撰　清光緒元年(1875)南海馮焌光讀有用書齋刻三唐人集本　四冊

350000－2001－0011453　927.704/967＝1

山東軍興紀略二十二卷　（清）□□撰　清光緒鉛印申報館叢書本　十冊

350000－2001－0011454　852.43/159.5＝1

李文公集十八卷補遺一卷附錄一卷　(唐)李翱撰　清光緒元年(1875)南海馮煥光讀有用書齋刻三唐人集本　四冊

350000－2001－0011455　822.47/492.2

長吟閣詩一卷　(清)黃子雲撰　清抄本　一冊

350000－2001－0011456　927.8/128

光緒政要三十四卷　(清)沈桐生等輯　清宣統元年(1909)上海崇義堂石印本　二十九冊　存三十三卷(一至二十、二十二至三十四)

350000－2001－0011457　852.43/282.1

唐柳河東集四十五卷外集五卷遺文一卷　(唐)柳宗元撰　(明)蔣之翹輯注　清嘉慶三年(1798)刻本　二十冊

350000－2001－0011458　822.47/492.1

荷花山莊詩鈔三卷　(清)黃士元撰　清同治三年(1864)刻本　一冊

350000－2001－0011459　852.43/282.7

柳文四十三卷別集二卷外集二卷附錄一卷年譜一卷　(唐)柳宗元撰　(唐)劉禹錫編　(宋)穆脩訂　(清)楊季鸞重校　清同治六年(1867)刻本　八冊

350000－2001－0011460　822.47/486.1

觀河集四卷　(清)彭紹升著　清道光三年(1823)刻本　二冊

350000－2001－0011461　852.43/309.24

皇甫持正文集六卷補遺一卷　(唐)皇甫湜撰　清光緒二年(1876)南海馮煥光讀有用書齋刻三唐人集本　一冊

350000－2001－0011462　822.47/496－9＝1

兩當軒詩鈔十四卷竹眠詞鈔二卷　(清)黃景仁著　清道光十四年(1834)廣州黎兆棠刻本　六冊

350000－2001－0011463　852.43/375.2

孫可之文集二卷　(唐)孫樵撰　清宣統二年(1910)守政書局刻本　一冊

350000－2001－0011464　852.43/439.1

唐陸宣公集二十二卷　(唐)陸贄撰　清光緒二十九年(1903)揚州益智印書社鉛印本　六冊

350000－2001－0011465　852.43/428

唐丞相曲江張文獻公集十二卷首一卷附錄一卷　(唐)張九齡著　清光緒十八年(1892)張曉如刻本　六冊

350000－2001－0011466　852.43/439.3

唐陸宣公集二十二卷　(唐)陸贄撰　**年譜一卷**　清善化楊岳斌刻本　六冊

350000－2001－0011467　852.43/439.2

唐陸宣公集二十二卷　(唐)陸贄撰　(清)年羹堯重訂　(清)王汝驤校　(清)張泰基校　清光緒二十四年(1898)上海著易堂石印本　四冊

350000－2001－0011468　852.43/439.6

唐陸宣公集二十二卷　(唐)陸贄撰　清光緒十二年(1886)公善堂刻本　六冊

350000－2001－0011469　920.923/439＝2

唐陸宣公奏議讀本四卷首一卷　(唐)陸贄撰　(清)汪銘謙編輯　(清)馬傳庚評點　清宣統元年(1909)會稽馬氏石印本　二冊

350000－2001－0011470　920.923/439＝3

唐陸宣公奏議讀本四卷首一卷　(唐)陸贄撰　(清)汪銘謙編輯　(清)馬傳庚評點　清宣統元年(1909)會稽馬氏石印本　二冊

350000－2001－0011471　852.43/439.8

唐陸宣公集二十二卷　(唐)陸贄撰　清光緒十三年(1887)上海積山書局石印本　二冊

350000－2001－0011472　822.47/496

兩當軒詩鈔十四卷悔存詞鈔二卷　(清)黃景仁撰　清嘉慶二十二年(1817)長寧趙希璜刻本　二冊

350000－2001－0011473　822.47/496－8＝1

兩當軒集二十二卷附錄四卷攷異二卷　(清)黃景仁著　清光緒二年(1876)武進黃氏家塾

刻本　六冊

350000－2001－0011474　822.47/496.6

嶺海樓詩鈔六卷　（清）黃培芳撰　清嘉慶二
十二年（1817）刻本　一冊

350000－2001－0011475　822.47/498

人境廬詩草十一卷　（清）黃遵憲撰　清宣統
三年（1911）鉛印本　二冊

350000－2001－0011476　852.43/691

駱臨海集十卷首一卷末一卷　（唐）駱賓王撰
（清）陳熙晉箋註　（清）駱祖攀校訂　清咸
豐三年（1853）刻本　六冊

350000－2001－0011477　852.43/691.1

駱臨海集十卷首一卷末一卷　（唐）駱賓王撰
（清）陳熙晉箋註　（清）駱祖攀校訂　清咸
豐三年（1853）刻本　三冊　存三卷（三、八，
首一卷）

350000－2001－0011478　852.43/691.3

駱賓王文集十卷考異一卷　（唐）駱賓王撰
清宣統元年（1909）上海文瑞樓石印本　二冊

350000－2001－0011479　852.43/691.3＝1

駱賓王文集十卷考異一卷　（唐）駱賓王撰
清宣統元年（1909）上海文瑞樓石印本　二冊

350000－2001－0011480　852.43/691.4

駱丞集四卷首一卷　（唐）駱賓王撰　清同治
八年（1869）退補齋刻本　二冊

350000－2001－0011481　852.43/691.5－1

駱丞集四卷　（唐）駱賓王撰　清乾隆四十六
年（1781）星渚項氏刻本　一冊

350000－2001－0011482　852.43/702

盧昇之集七卷　（唐）盧照鄰撰　清乾隆四十
六年（1781）星渚項氏刻本　一冊

350000－2001－0011483　852.43/723

新刊五百家註音辯昌黎先生文集四十卷
（唐）韓愈撰　清乾隆四十九年（1784）刻本
五冊

350000－2001－0011484　852.43/723.1

昌黎先生集四十卷外集十卷遺文一卷　（唐）

韓愈撰　朱子校昌黎先生集傳一卷　（宋）朱
熹撰　韓集點勘四卷　（清）陳景雲撰　清同
治八年（1869）江蘇書局刻本　十一冊

350000－2001－0011485　822.47/10

都梁草二卷補遺一卷附和竹如意齋唱和集一卷
（清）于養源著　都梁草題詞一卷　（清）于
樹滋輯　清光緒十九年至三十二年（1893－
1906）刻本　二冊

350000－2001－0011486　822.47/162

研經室詩錄四卷　（清）阮元撰　清道光十三
年（1833）刻本　一冊

350000－2001－0011487　822.47/162－1

研經室詩錄四卷　（清）阮元撰　清道光十三
年（1833）刻本　二冊

350000－2001－0011488　822.47/162.2

聽松濤館詩鈔十一卷　（清）阮文藻撰　清道
光十一年（1831）刻本　六冊

350000－2001－0011489　822.47/159

柳絮集一卷　（清）李湘芝撰　清乾隆五十九
年（1794）刻本　一冊

350000－2001－0011490　822.47/155

清華堂詩鈔一卷　（清）李美撰　清道光五年
（1825）寄酒傴館刻本　一冊

350000－2001－0011491　822.47/154

禮山園詩集十卷　（清）李來章撰　清康熙刻
本　二冊

350000－2001－0011492　822.47/154.3

嵩遊草一卷　（清）李來章藳　（清）耿介選
（清）冉覯祖評　清康熙三十年（1691）刻本
一冊

350000－2001－0011493　822.47/154.4

小芋香館遺集十二卷　（清）李杭撰　清同治
七年（1868）刻本　二冊　存八卷（四至十一）

350000－2001－0011494　822.47/152

梅花書屋詩選四卷詩餘一卷　（清）李中素著
清康熙二十三年（1684）刻本　四冊

350000－2001－0011495　852.43/723.6

重刊五百家註音辯昌黎先生文集四十卷
(唐)韓愈撰　清兩儀堂刻本　八冊

350000－2001－0011496　852.43/723.8

新刊五百家註音辯昌黎先生文集四十卷
(唐)韓愈撰　清刻本　八冊

350000－2001－0011497　852.44/104

朱子集一百四卷目錄二卷　(宋)朱熹撰　清
同治元年(1862)刻本　二十冊　存五十七卷
(四十八至一百四)

350000－2001－0011498　852.43/723.14

韓集補注一卷　(清)沈欽韓撰　(清)胡承珙
訂　清光緒十七年(1891)刻廣雅書局叢書本
一冊

350000－2001－0011499　852.43/723.13

韓集點勘四卷　(清)陳景雲撰　清雍正五年
(1727)刻本　一冊

350000－2001－0011500　852.43/723.18

昌黎先生集考異十卷　(宋)朱熹撰　清康熙
四十七年(1708)李光地刻本　二冊

350000－2001－0011501　852.43/742

魯公文集十五卷　(唐)顏真卿撰　清宣統二
年(1910)守政書局刻本　四冊

350000－2001－0011502　852.43/742.2

顏魯公文集十五卷　(唐)顏真卿著　清宣統
三年(1911)文盛書局石印本　四冊

350000－2001－0011503　852.43/784＝3

蘇許公文集十二卷首一卷　(唐)蘇環撰　壟
上記一卷　(唐)蘇頲纂　許公逸事一卷
(清)蘇廷玉輯　清道光二十三年(1843)同安
蘇氏刻本　二冊

350000－2001－0011504　992.217/153－2

李鴻章十二章　梁啓超著　清光緒石印本
一冊

350000－2001－0011505　992.217/153－2＝1

李鴻章十二章　梁啓超著　清光緒石印本
一冊

350000－2001－0011506　992.217/153－2.1

李鴻章十二章　梁啓超著　清光緒石印本
一冊

350000－2001－0011507　992.217/178

循吏傳一卷　(清)國史館纂　清光緒二十四
年(1898)滇南刻本　一冊

350000－2001－0011508　992.217/402

李鴻章十二章　梁啓超著　清光緒鉛印本
一冊

350000－2001－0011509　852.43/791

新刊權載之文集五十卷　(唐)權德輿撰　清
嘉慶十一年(1806)刻本　八冊

350000－2001－0011510　992.217/428

新出張文襄公[之洞]大事記一卷　(清)□□
撰　清宣統石印本　一冊

350000－2001－0011511　852.43/792.1

顧華陽集三卷　(唐)顧況撰　清同治元年
(1862)刻本　二冊

350000－2001－0011512　992.217/527

曾文正公事畧四卷首一卷　(清)王定安撰
清光緒元年(1875)都門刻本　四冊

350000－2001－0011513　852.44/35

河南先生文集二十七卷附錄一卷　(宋)尹洙
撰　清宣統二年(1910)守政書局刻本　四冊

350000－2001－0011514　852.44/66.3＝1

司馬溫公文集十四卷首一卷　(宋)司馬光撰
(清)張伯行重訂　清光緒七年(1881)紅杏
山房刻本　六冊

350000－2001－0011515　852.44/66.3＝2

司馬溫公文集十四卷首一卷　(宋)司馬光撰
(清)張伯行重訂　清光緒七年(1881)紅杏
山房刻本　十冊

350000－2001－0011516　852.44/98－2

朱子文集十八卷　(清)張伯行編訂　清同治
五年(1866)福州正誼書局刻正誼堂全書本
一冊　存一卷(十一)

350000－2001－0011517　852.44/98－3

朱子古文讀本六卷　(清)周大璋編次　清刻

本　六冊

350000－2001－0011518　852.44/98－1

朱子古文六卷　（宋）朱熹撰　（清）周大璋輯校　清道光二十八年（1848）長沙小琅嬛山館刻本　三冊

350000－2001－0011519　852.44/125

景文集六十二卷　（宋）宋祁撰　清乾隆武英殿木活字印武英殿聚珍版書本　六冊

350000－2001－0011520　852.44/18

宋少保信國公文文山先生全集十六卷首一卷　（宋）文天祥撰　清道光二十五年（1845）刻本　十冊

350000－2001－0011521　852.44/18－1

廬陵宋丞相信國公文忠烈先生全集十六卷　（宋）文天祥撰　清乾隆二年（1737）刻本　十冊

350000－2001－0011522　852.44/22

宋王忠文公文集五十卷附宋史本傳墓誌銘年譜一卷　（宋）王十朋撰　（清）唐傳鉎重編　清雍正六年（1728）刻本　十冊

350000－2001－0011523　852.44/22－2

宋王忠文公文集五十卷　（宋）王十朋撰　（清）唐傳鉎重編　清光緒二年（1876）梅溪書院刻本　十冊

350000－2001－0011524　852.44/23.1＝1

王臨川全集一百卷目錄二卷　（宋）王安石撰　清光緒九年（1883）刻本　十六冊

350000－2001－0011525　852.44/23.5

王臨川全集一百卷目錄二卷　（宋）王安石撰　清刻本　十六冊

350000－2001－0011526　822.47/165.4

黃葉邨莊詩集八卷續集一卷後集一卷　（清）吳之振撰　清光緒五年（1879）泉州吳氏刻本　四冊

350000－2001－0011527　822.47/165.1

南野堂詩集七卷首一卷　（清）吳文溥撰　清乾隆五十九年（1794）檇李吳氏刻嘉慶二十二

年（1817）南野堂重印本　四冊

350000－2001－0011528　822.47/165.2

墨井詩鈔二卷三巴集一卷　（清）吳曆撰　**冬心先生三體詩一卷**　（清）金吉著　**看花雜詠一卷**　（清）歸莊著　**海珊詩鈔一卷**　（清）嚴遂成著　清同治十三年（1874）虞山顧氏刻本　一冊

350000－2001－0011529　822.47/165.3

小酉腴山館詩鈔二卷補錄一卷續編二卷　（清）吳大廷撰　清同治元年至二年（1862－1863）京都刻四年（1865）福州鹽署續修本　一冊

350000－2001－0011530　822.47/166

秋笳集八卷補遺一卷　（清）吳兆騫著　清乾隆四十一年（1776）吳江吳氏刻本　四冊

350000－2001－0011531　852.44/125－1

景文集六十二卷　（宋）宋祁撰　清乾隆四十二年（1777）福建刻道光八年至十年（1828－1830）增補武英殿聚珍版書本　十二冊

350000－2001－0011532　852.44/126

元憲集三十六卷　（宋）宋庠撰　清乾隆四十二年（1777）福建刻道光八年至十年（1828－1830）增補武英殿聚珍版書本　四冊

350000－2001－0011533　852.44/135

浮溪集三十二卷　（宋）汪藻撰　清乾隆四十二年（1777）刻道光二十七年（1847）修武英殿聚珍版書本　八冊

350000－2001－0011534　852.44/135＝1

浮溪集三十二卷　（宋）汪藻撰　清乾隆四十二年（1777）刻道光二十七年（1847）修武英殿聚珍版書本　七冊　存二十八卷（一至二十八）

350000－2001－0011535　852.44/135＝2

浮溪集三十二卷　（宋）汪藻撰　清乾隆四十二年（1777）刻道光二十七年（1847）修武英殿聚珍版書本　八冊

350000－2001－0011536　852.44/137

文定集二十四卷　（宋）汪應辰撰　清乾隆四十二年（1777）福建刻武英殿聚珍版書本　四冊

350000－2001－0011537　852.44/148

杜清獻公集十九卷首一卷　（宋）杜範著　杜清獻公集補遺一卷附錄一卷　（清）王棻輯　杜清獻公集校注一卷年譜一卷　（清）王棻等撰　清同治九年（1870）吳縣孫氏九峰書院刻光緒六年（1880）補修本　八冊

350000－2001－0011538　822.47/169

小蝸廬詩鈔二卷　（清）吳其泰撰　清同治十二年（1873）固始吳氏刻本　一冊

350000－2001－0011539　852.44/155

鐔津文集十九卷首一卷　（宋）釋契嵩撰　清刻本　四冊

350000－2001－0011540　852.44/159

盱江先生全集三十七卷　（宋）李覯撰　清光緒十九年（1893）刻本　八冊

350000－2001－0011541　852.44/171＝1

呂東萊先生文集二十卷首一卷　（宋）呂祖謙撰　（清）王崇炳編　清雍正元年（1723）金華陳思臚刻本　四冊

350000－2001－0011542　927.8/359

孤忠錄二卷　（清）袁祖志輯　清光緒十二年（1886）還讀樓刻本　一冊

350000－2001－0011543　852.44/200＝1

宋宗忠簡公集八卷　（宋）宗澤撰　（清）王廷曾重編　清乾隆刻本　一冊

350000－2001－0011544　852.44/200.1

宗忠簡公集四卷　（宋）宗澤著　清末至民國初文盛書局石印本　二冊

350000－2001－0011545　927.8/525

征西紀略四卷　（清）曾毓瑜撰　清光緒京師官書局鉛印本　一冊

350000－2001－0011546　927.8/864

醇親王使德始末恭紀一卷　（清）□□編　清末鉛印本　一冊

350000－2001－0011547　927.8/939

中倭戰守始末記四卷附中法交涉一卷中俄交涉一卷　題（清）思復恢生輯　清末石印本　一冊　存四卷（中倭戰守始末記四卷）

350000－2001－0011548　852.44/255.1

岳忠武王文集八卷首一卷末一卷　（宋）岳飛撰　（清）黃邦寧纂修　清光緒十二年（1886）上海簡玉山房刻本　四冊

350000－2001－0011549　927.8/942

援黔錄十二卷　（清）唐炯撰　清同治、光緒刻本　四冊

350000－2001－0011550　852.44/348－1

淮海集四十卷年譜一卷附錄一卷　（宋）秦觀著　（清）秦鏞編輯　清刻本　六冊

350000－2001－0011551　852.44/348.1

淮海集十七卷後集二卷詞一卷詞補遺一卷淮海文集攷證一卷　（宋）秦觀著　（清）王敬之等纂　清道光十七年（1837）刻二十一年（1841）增補本　六冊

350000－2001－0011552　927.8/967

庚子都門紀事詩六卷首一卷末一卷　（清）延清撰　清光緒二十八年（1902）刻朱印本　一冊

350000－2001－0011553　927.8/967－1

庚子都門紀事詩六卷首一卷末一卷　（清）延清撰　清光緒二十八年（1902）刻本　二冊

350000－2001－0011554　822.47/166.1

圭盦詩錄一卷　（清）吳觀禮撰　清光緒五年（1879）賁齋刻本　一冊

350000－2001－0011555　927.8/970

拳匪紀略八卷前編二卷後編二卷　題（清）僑析生　（清）余□輯　清光緒二十七年（1901）石印本　六冊

350000－2001－0011556　927.8092/441

同治中興京外奏議約編八卷　（清）陳弢纂　清光緒元年（1875）篋劍囊琴之室刻本　八冊

350000－2001－0011557　822.47/166.2

圭盦詩錄一卷　（清）吳觀禮撰　清光緒五年
（1879）賁齋刻本　一冊

350000－2001－0011558　822.47/166.3

圭盦詩錄一卷　（清）吳觀禮撰　清光緒五年
（1879）賁齋刻本　二冊

350000－2001－0011559　822.47/166.4

吳摯甫詩集不分卷　（清）吳汝綸撰　清宣統
元年（1909）上海國學扶輪社石印本　一冊

350000－2001－0011560　852.44/348.3

淮海後集二卷淮海詞一卷　（宋）秦觀著　淮
海集補遺一卷　（清）王敬之等纂輯　清刻本
　一冊

350000－2001－0011561　927.84/80

請纓日記十卷　（清）唐景崧撰　清光緒十九
年（1893）臺灣布政使署刻本　四冊

350000－2001－0011562　852.44/375

孫明復小集三卷附一卷　（宋）孫復撰　清光
緒十五年（1889）問經精舍刻本　一冊

350000－2001－0011563　927.84/80＝1

請纓日記十卷　（清）唐景崧撰　清光緒十九
年（1893）臺灣布政使署刻本　四冊

350000－2001－0011564　852.44/424＝1

宛陵先生文集六十卷　（宋）梅堯臣撰　清宣
統二年（1910）上海石印本　十冊

350000－2001－0011565　927.84/80＝2

請纓日記十卷　（清）唐景崧撰　清光緒十九
年（1893）臺灣布政使署刻本　四冊

350000－2001－0011566　927.84/80＝3

請纓日記十卷　（清）唐景崧撰　清光緒十九
年（1893）臺灣布政使署刻本　八冊

350000－2001－0011567　927.84/317

東方兵事紀略六卷　（清）姚錫光撰　清光緒
二十四年（1898）得古歡室石印本　五冊

350000－2001－0011568　852.44/424.2

宛陵集六十卷附一卷　（宋）梅堯臣著　清康
熙八年（1669）刻本　十二冊

350000－2001－0011569　852.44/428.1

柯山集五十卷　（宋）張耒撰　清刻本　十冊

350000－2001－0011570　927.84/938

中東戰紀本末八卷首一卷末一卷續編四卷首
一卷末一卷文學興國策二卷　（美國）林樂知
譯　蔡爾康纂輯　清光緒二十二年（1896）上
海圖書集成局鉛印本　十二冊

350000－2001－0011571　927.84/938＝1

中東戰紀本末八卷首一卷末一卷續編四卷首
一卷末一卷文學興國策二卷　（美國）林樂知
譯　蔡爾康纂輯　清光緒二十二年（1896）上
海圖書集成局鉛印本　八冊

350000－2001－0011572　927.87/122

京師日記錄要一卷　（清）宋廷模撰　清光緒
二十六年（1900）晉寧宋氏鉛印本　一冊

350000－2001－0011573　927.85/402

戊戌政變記九卷　梁啓超撰　清末鉛印本
三冊

350000－2001－0011574　852.44/433

祠部集三十五卷　（宋）強至撰　清乾隆四十
二年（1777）福建布政使司刻武英殿聚珍版書
本　六冊

350000－2001－0011575　927.87/441

沈觀察燕晉弭兵記二卷　（清）陳守謙編　清
光緒二十九年（1903）上海英商順成書局石印
本　一冊

350000－2001－0011576　927.87/937

拳匪紀事六卷　（日本）佐原篤介　題（清）浙
西漚隱輯　清末鉛印本　六冊

350000－2001－0011577　852.44/441－1

本堂先生文集九十四卷佚文一卷佚詩一卷附
錄二卷校錄二卷　（宋）陳著撰　清光緒十九
年（1893）四明陳氏刻本　八冊

350000－2001－0011578　927.8/970－1

拳匪紀略八卷前編二卷後編二卷　題（清）僑
析生　（清）余□輯　清光緒二十九年（1903）
上洋書局石印本　六冊

350000 – 2001 – 0011579　852.44/446

止齋先生文集五十二卷附一卷　（宋）陳傅良撰　清光緒刻本　五冊

350000 – 2001 – 0011580　852.44/446.1

宋陳文節公詩集五卷首一卷　（宋）陳傅良撰　清道光十四年（1834）刻本　一冊

350000 – 2001 – 0011581　218/24 – 2

欽定學政全書八十六卷首一卷　（清）童璜等纂　清嘉慶十七年（1812）刻本　二十冊

350000 – 2001 – 0011582　927.87/974

庚子京津拳匪紀略八卷前編二卷後編二卷　題（清）僑析生　（清）縉雲氏輯　清末石印本　四冊　存九卷（紀略一至三、七至八，前編二卷，後編二卷）

350000 – 2001 – 0011583　852.44/434 = 1

象山先生文集三十六卷　（宋）陸九淵撰　附錄少湖徐先生學則辨一卷　（清）徐階撰　清宣統二年（1910）江左書林鉛印本　八冊

350000 – 2001 – 0011584　852.44/434 – 1

陸象山先生文集三十六卷　（宋）陸九淵撰　附錄少湖徐先生學則辨一卷　（清）徐階撰　清同治十年（1871）刻本　十二冊

350000 – 2001 – 0011585　852.44/434 – 1 = 1

陸象山先生文集三十六卷　（宋）陸九淵撰　附錄少湖徐先生學則辨一卷　（清）徐階撰　清同治十年（1871）刻本　十冊

350000 – 2001 – 0011586　852.44/444

陳克齋先生集五卷　（宋）陳文蔚重訂　清同治五年（1866）福州正誼書局刻正誼堂全書本　一冊

350000 – 2001 – 0011587　852.44/445

鏡烟堂十種　（清）紀昀輯　清乾隆嵩山書院刻本　二冊　存二種四卷（後山集鈔三卷、張為主客圖一卷）

350000 – 2001 – 0011588　852.44/445 = 1

鏡烟堂十種　（清）紀昀輯　清乾隆嵩山書院刻本　一冊　存二種四卷（後山集鈔三卷、張為主客圖一卷）

350000 – 2001 – 0011589　852.44/445.1

後山先生集二十四卷首一卷　（宋）陳師道撰　清光緒十一年（1885）番禺陶福祥刻本　四冊

350000 – 2001 – 0011590　218/24 – 1

欽定學政全書八十二卷　（清）廣興等纂　清乾隆刻本　十二冊

350000 – 2001 – 0011591　992.2215/37 – 3 = 2

孔孟編年三種　（清）狄子奇輯　清光緒十三年（1887）浙江書局刻本　二冊　存二種八卷（孔子編年四卷、孟子編年四卷）

350000 – 2001 – 0011592　852.44/460

西臺集二十卷　（宋）畢仲游撰　清刻本　三冊

350000 – 2001 – 0011593　852.44/494

宋黃文節公文集三十二卷外集二十四卷別集十九卷首四卷附年譜一卷　（宋）黃庭堅撰　（清）緝香堂重訂　清乾隆三十年（1765）刻本　十冊

350000 – 2001 – 0011594　929/23

輿地紀勝二百卷首一卷　（宋）王象之撰　清咸豐五年（1855）南海伍氏文字歡娛室刻粵雅堂叢書本　二十四冊

350000 – 2001 – 0011595　929/24

元豐九域志十卷　（宋）王存等撰　清光緒八年（1882）金陵書局刻本　四冊

350000 – 2001 – 0011596　327.293/805

約章成案匯覽甲篇十卷乙篇四十二卷　（清）北洋洋務局輯　清光緒三十一年（1905）上海點石齋影印本　四十六冊

350000 – 2001 – 0011597　929/24 – 1

元豐九域志十卷　（宋）王存等撰　清乾隆木活字印武英殿聚珍版書本　三冊

350000 – 2001 – 0011598　929/151.1 = 2

歷代地理志韻編今釋二十卷附皇朝輿地韻編二卷　（清）李兆洛輯　清同治九年至十

(1870-1871)合肥李鴻章刻本　八册

350000-2001-0011599　992.2215/37-3
孔孟編年三種　(清)狄子奇輯　清光緒十三年(1887)浙江書局刻本　二册　存二種八卷(孔子編年四卷、孟子編年四卷)

350000-2001-0011600　992.2215/37-1
先聖生卒年月日考二卷　(清)孔廣牧敬述
清光緒十九年(1893)浙江書局刻本　一册

350000-2001-0011601　929/24.1
今古地理述十八卷首三卷末一卷　(清)王子音撰　(清)萬承風等補　清嘉慶京師文會堂刻本　八册

350000-2001-0011602　992.2215/37-2
孔子編年四卷　(清)狄子奇撰　清光緒十三年(1887)浙江書局刻孔孟編年本　一册

350000-2001-0011603　929/151
歷代地理志韻編今釋二十卷　附校勘記一卷　(清)馬貞楡撰　清光緒元年(1875)羊城馬氏集益堂刻本　十二册

350000-2001-0011604　929/151.1=1
歷代地理志韻編今釋二十卷附皇朝輿地韻編二卷　(清)李兆洛輯　清同治九年至十年(1870-1871)合肥李鴻章刻本　八册

350000-2001-0011605　992.2215/37-3=1
孔孟編年三種　(清)狄子奇輯　清光緒十三年(1887)浙江書局刻本　二册　存二種八卷(孔子編年四卷、孟子編年四卷)

350000-2001-0011606　852.44/527-1
曾文定公全集二十卷首一卷末一卷　(宋)曾鞏撰　清康熙三十一年(1692)七業堂刻本
八册

350000-2001-0011607　929/152
元和郡縣圖志四十卷　(唐)李吉甫撰　闕卷逸文一卷　(清)孫星衍輯　補志九卷　(清)嚴觀輯　清光緒六年至八年(1880-1882)金陵書局刻本　八册

350000-2001-0011608　992.2224/21

右軍[王羲之]年譜一卷　(清)魯一同編　清咸豐五年(1855)刻民國重印本　一册

350000-2001-0011609　992.2233/151
四朝先賢六家年譜　(清)楊希閔編　清光緒四年(1878)福州刻本　五册　存四種五卷(唐李鄴侯年譜一卷、唐陸宣公年譜一卷、宋韓忠獻公年譜一卷、明王文成公年譜節鈔二卷)

350000-2001-0011610　929/272.1=1
籌海圖編十三卷　(明)胡宗憲纂　明天啓四年(1624)胡維極刻本　二册　存三卷(二至四)

350000-2001-0011611　852.44/527.1
元豐類稿五十卷　(宋)曾鞏撰　(清)曾國光重修　清康熙四十九年(1710)南豐長嶺西爽堂刻本　十二册

350000-2001-0011612　992.2241/375
宋孫莘老[覺]先生年譜一卷　(清)茆泮林纂　補遺一卷　(清)陳奏平校補　清道光二十五年(1845)刻本　二册

350000-2001-0011613　852.44/527.3
南豐先生全集錄二卷　(宋)曾鞏撰　(清)儲欣錄　清刻本　一册

350000-2001-0011614　042.4/558=1
誠齋文節先生錦繡策二卷　(宋)楊萬里撰
清乾隆五十九年(1794)楊氏刻本　一册

350000-2001-0011615　852.44/598.2
南陽集六卷　(宋)趙湘撰　清刻本　一册

350000-2001-0011616　852.44/562
水心文集二十九卷補遺一卷別集十六卷
(宋)葉適撰　清光緒八年(1882)刻本　十二册

350000-2001-0011617　852.44/562-1
水心文集二十九卷　(宋)葉適撰　(明)黎諒輯　清乾隆二十年(1755)刻本　十二册

350000-2001-0011618　852.44/637.1
歐陽文忠公全集一百五十三卷附錄五卷年譜

一卷本傳一卷　（宋）歐陽修撰　清光緒十九年(1893)澹雅書局刻本　四十冊

350000－2001－0011619　852.44/637.2

歐陽文忠公全集一百五十三卷附錄五卷年譜一卷本傳一卷　（宋）歐陽修撰　清乾隆十二年(1747)刻本　三十二冊

350000－2001－0011620　929/260.1

乾隆府廳州縣圖志五十卷　（清）洪亮吉撰　清乾隆五十三年至嘉慶八年(1788－1803)刻北江全集本　十冊

350000－2001－0011621　929/260.2

乾隆府廳州縣圖志五十卷　（清）洪亮吉撰　清光緒五年(1879)洪用勤授經堂刻洪北江全集本　十三冊

350000－2001－0011622　852.44/637.2＝1

歐陽文忠公全集一百五十三卷附錄五卷年譜一卷本傳一卷　（宋）歐陽修撰　清乾隆十二年(1747)刻本　三十二冊

350000－2001－0011623　929/260.2＝1

乾隆府廳州縣圖志五十卷　（清）洪亮吉撰　清光緒五年(1879)洪用勤授經堂刻洪北江全集本　二十冊

350000－2001－0011624　929/260.3

乾隆府廳州縣圖志五十卷　（清）洪亮吉撰　清光緒二十三年(1897)新化三味書室刻本　二十冊

350000－2001－0011625　852.44/637.5

唐宋八大家文百篇不分卷　（清）劉大櫆編　清光緒二年(1876)劉繼覃懷刻本　一冊

350000－2001－0011626　929/260.2＝2

乾隆府廳州縣圖志五十卷　（清）洪亮吉撰　清光緒五年(1879)洪用勤授經堂刻洪北江全集本　十八冊

350000－2001－0011627　852.44/639

東平僅存集一卷　（宋）鞏豐撰　（清）何德潤等輯　清光緒三十二年(1906)刻本　一冊

350000－2001－0011628　822.47/168.2

十國宮詞一百首一卷　（清）吳省蘭撰　清同治十二年(1873)淮南書局刻本　一冊

350000－2001－0011629　822.47/168.3

居易居小草三卷　（清）吳修撰　清嘉慶九年(1804)刻本　一冊

350000－2001－0011630　929/434

廣輿記二十四卷　（清）蔡方炳增輯　清嘉慶七年(1802)刻本　十四冊

350000－2001－0011631　852.44/654

定齋集二十卷　（宋）蔡戡撰　清光緒二十三年(1897)刻本　四冊

350000－2001－0011632　929/434－2

廣輿記二十四卷　（明）陸應陽撰　（清）蔡方炳增輯　清刻本　十六冊

350000－2001－0011633　852.44/674

蒙川先生遺槀四卷補遺一卷　（宋）劉黻撰　清光緒元年(1875)瑞安孫詒讓刻本　一冊

350000－2001－0011634　929/428

歷代定域史綱四卷　（清）張印西撰　清光緒二十九年(1903)棄碧軒石印本　一冊

350000－2001－0011635　992.2242/18

盧陵宋丞相信國公文忠烈先生全集十六卷　（宋）文天祥撰　（清）文有煥等編輯　清雍正三年(1725)文氏刻本　一冊　存一卷(十五)

350000－2001－0011636　929/622

方輿紀要簡覽三十四卷　（清）顧祖禹撰　（清）潘鐸輯錄　清咸豐八年(1858)紅杏書屋刻本　十五冊

350000－2001－0011637　852.44/722.1

南澗甲乙稿二十二卷　（宋）韓元吉撰　清乾隆四十二年(1777)福建刻道光八年至十年(1828－1830)增補武英殿聚珍版書本　八冊

350000－2001－0011638　822.47/166.5

梅村詩集箋注十八卷　（清）吳偉業原著　（清）吳翌鳳撰　清嘉慶十九年(1814)滄浪吟榭刻本　六冊

350000－2001－0011639　852.44/722＝1

安陽集五十卷　（宋）韓琦著　（清）黃邦寧修
　　忠獻韓魏王［琦］家傳十卷別錄三卷　（宋）
王巖叟撰　遺事一卷　（宋）強至編　清乾隆
三十七年（1772）黃邦寧刻本　八冊

350000 - 2001 - 0011640　822.47/166.6

吳詩集覽二十卷談藪二卷拾遺一卷補注二十
卷　（清）吳偉業撰　（清）靳榮藩輯　清乾隆
四十年（1775）凌雲亭刻本　十五冊　存四十
一卷（集覽一至十八、談藪二卷、拾遺一卷、補
注二十卷）

350000 - 2001 - 0011641　852.44/775.3 = 1

羅鄂州小集六卷　（宋）羅願撰　羅鄂州遺文
一卷　（宋）羅頌撰　清光緒十九年（1893）黟
縣李氏刻本　二冊

350000 - 2001 - 0011642　822.47/168.7

吳詩集覽二十卷談藪二卷拾遺一卷補注二十
卷　（清）吳偉業撰　（清）靳榮藩輯　清乾隆
四十年（1775）凌雲亭刻本　十八冊　存二十
二卷（吳詩集覽二十卷、談藪二卷）

350000 - 2001 - 0011643　992.2234/722

宋本韓柳二先生年譜　（清）馬曰璐輯　清光
緒元年（1875）隸釋齋刻本　四冊

350000 - 2001 - 0011644　992.2242/28

王深甯［應麟］先生年譜一卷　（清）張大昌輯
　　清光緒十三年（1887）浙江書局刻玉海本
一冊

350000 - 2001 - 0011645　992.225/22

廣元遺山［好問］年譜二卷　（清）李光廷編次
　　清同治五年（1866）刻民國二十三年（1934）
增補本　二冊

350000 - 2001 - 0011646　822.44/785.11

蘇文忠公詩編註集成編年總案四十五卷編年
古今體詩四十五卷貼子口號詞一卷兩宋雜綴
一卷蘇海識餘四卷附牋詩圖一卷　（宋）蘇軾
撰　（清）王文誥輯訂　清嘉慶二十年（1815）
王氏刻道光三年（1823）增補本　二十五冊

350000 - 2001 - 0011647　822.44/785.8

蘇文忠公詩合注五十卷首一卷　（宋）蘇軾撰

（清）馮應榴輯　清乾隆五十八年（1793）踵
息齋刻同治九年（1870）桐鄉馮氏重修本　二
十冊

350000 - 2001 - 0011648　992.225/598

閑閑老人［趙秉文］年譜二卷　王樹枏編訂
清光緒至民國間新城王氏刻陶廬叢刻本
一冊

350000 - 2001 - 0011649　992.226/219 - 4

太史來瞿唐［知德］先生年譜一卷　（明）古之
賢等編　清光緒七年（1881）桂香書院刻本
一冊

350000 - 2001 - 0011650　349.5/116 - 1

駁案新編三十二卷續編七卷　（清）全士潮等
纂輯　清刻本　十八冊　存三十二卷（新編
三十二卷）

350000 - 2001 - 0011651　992.226/416

鹿忠節公［善繼］年譜二卷　（清）陳鋐編次
清光緒三十一年（1905）尋樂堂刻本　二冊

350000 - 2001 - 0011652　992.226/427

戚少保［繼光］年譜耆編十二卷首一卷　（明）
戚祚國彙纂　（明）戚昌國集錄　清道光二十
七年（1847）刻光緒四年（1878）增補本　十
二冊

350000 - 2001 - 0011653　992.226/427 = 1

戚少保［繼光］年譜耆編十二卷首一卷　（明）
戚祚國彙纂　（明）戚昌國集錄　清道光二十
七年（1847）刻光緒四年（1878）增補本　十
二冊

350000 - 2001 - 0011654　822.44/785.9

蘇文忠公詩合注五十卷首一卷　（宋）蘇軾撰
　　（清）馮應榴輯　清乾隆五十八年（1793）踵
息齋刻同治九年（1870）重修本　二十四冊

350000 - 2001 - 0011655　822.44/785.6

蘇文忠公詩合注五十卷首一卷　（宋）蘇軾撰
　　（清）馮應榴輯　清乾隆五十八年（1793）刻
本　十六冊

350000 - 2001 - 0011656　349.5/116

駁案新編三十二卷續編七卷　（清）全士潮等纂輯　清乾隆、嘉慶刻本　二十五冊　存三十二卷（新編三十二卷）

350000－2001－0011657　822.44/785.4

施註蘇詩四十二卷總目二卷　（宋）蘇軾撰　（宋）施元之注　（清）顧嗣立　（清）邵長蘅　（清）宋至刪補　蘇詩續補遺二卷　（宋）蘇軾撰　（清）馮景補注　清康熙三十九年（1700）刻金閶步月樓重修本　十六冊

350000－2001－0011658　822.44/785.3

施註蘇詩四十二卷總目二卷　（宋）蘇軾撰　（宋）施元之注　（清）顧嗣立　（清）邵長蘅　（清）宋至刪補　蘇詩續補遺二卷　（宋）蘇軾撰　（清）馮景補注　清康熙三十九年（1700）刻本　八冊

350000－2001－0011659　822.44/785.2

施註蘇詩四十二卷總目二卷　（宋）蘇軾撰　（宋）施元之注　（清）顧嗣立　（清）邵長蘅　（清）宋至刪補　蘇詩續補遺二卷　（宋）蘇軾撰　（清）馮景補注　清康熙三十九年（1700）刻本　十二冊

350000－2001－0011660　327.293/805＝1

約章成案匯覽甲篇十卷乙篇四十二卷　（清）北洋洋務局輯　清光緒三十一年（1905）上海點石齋影印本　四十五冊

350000－2001－0011661　992.227/61＝1

左文襄公［宗棠］年譜十卷　（清）羅正鈞纂　清光緒二十三年（1897）湘陰左氏刻本　六冊

350000－2001－0011662　992.227/98

朱竹垞［彝尊］先生年譜一卷　（清）楊謙纂　清刻本　一冊

350000－2001－0011663　992.227/128

皇清誥授榮祿大夫工部左侍郎兼署錢法堂事務加一級顯考鼎甫府君［沈維鐈］年譜一卷　（清）沈宗涵　（清）沈宗濟編　清道光三十年（1850）嘉興沈氏刻本　一冊

350000－2001－0011664　349.5/933－1

大清律例彙輯便覽四十卷督捕則例二卷五軍道里表一卷三流道里表一卷　（清）何瞻等纂修　清末刻本　三十二冊

350000－2001－0011665　349.5/933

大清律例彙輯便覽四十卷督捕則例二卷五軍道里表一卷三流道里表一卷　（清）何瞻等纂修　清末刻本　三十冊　存四十一卷（彙輯便覽四至四十、督捕則例二卷、五軍道里表一卷、三流道里表一卷）

350000－2001－0011666　992.227/131

沈德潛自訂年譜一卷　（清）沈德潛自訂　清乾隆教忠堂刻沈歸愚詩文全集本　一冊

350000－2001－0011667　992.227/136

雙池［汪紱］先生年譜四卷　（清）余龍光編次　清光緒二十二年（1896）刻本　二冊

350000－2001－0011668　992.227/136＝1

雙池［汪紱］先生年譜四卷　（清）余龍光編次　清光緒二十二年（1896）刻本　二冊

350000－2001－0011669　992.227/21

王船山［夫之］先生年譜二卷　（清）劉毓崧編　清光緒十二年（1886）江南書局刻本　一冊

350000－2001－0011670　343.2/938

定例彙編一百二十八卷　（清）□□訂　清光緒江西按察司衙門刻本　一百八十冊

350000－2001－0011671　822.46/156

李空同詩集三十三卷附錄一卷　（明）李夢陽撰　清宣統二年（1910）掃葉山房石印本　十冊

350000－2001－0011672　822.45/558

鐵崖三種　（元）楊維楨著　清宣統二年（1910）掃葉山房石印本　十冊

350000－2001－0011673　822.45/558＝1

鐵崖三種　（元）楊維楨著　清宣統二年（1910）掃葉山房石印本　十冊

350000－2001－0011674　822.445/599

閑閑老人詩集十卷目錄二卷　（金）趙秉文著　清光緒十三年（1887）新城王氏刻本　三冊

350000－2001－0011675　822.445/29－3

元遺山詩集箋注十四卷首一卷末一卷　（元）
元好問撰　（元）張德輝編　（清）施國祁注
清道光二年(1822)刻七年(1827)苕溪吳氏醉
六堂重修本　六冊

350000－2001－0011676　822.445/29－4
元遺山詩集箋注十四卷首一卷末一卷　（元）
元好問撰　（元）張德輝編　（清）施國祁注
清道光二年(1822)刻七年(1827)苕溪吳氏醉
六堂重修本　六冊

350000－2001－0011677　822.445/29－5
元遺山詩集箋注十四卷首一卷末一卷　（元）
元好問撰　（元）張德輝編　（清）施國祁注
清道光二年(1822)刻七年(1827)苕溪吳氏醉
六堂重修本　八冊

350000－2001－0011678　822.445/29
元遺山詩集箋注十四卷首一卷末一卷　（元）
元好問撰　（元）張德輝編　（清）施國祁注
清道光二年(1822)蔣氏瑞松堂刻本　四冊

350000－2001－0011679　822.45/558＝2
鐵崖三種　（元）楊維楨著　清宣統二年
(1910)掃葉山房石印本　十冊

350000－2001－0011680　822.445/29－6
元遺山詩集箋注十四卷首一卷末一卷　（元）
元好問撰　（元）張德輝類次　（清）施國祁箋
　清宣統三年(1911)上海掃葉山房石印本
八冊

350000－2001－0011681　822.445/26
拙軒集六卷　（金）王寂撰　清同治十三年
(1874)江西書局刻本　一冊

350000－2001－0011682　822.45/718
龜巢稿十卷補遺一卷　（元）謝應芳撰　清道
光二十六年(1846)刻本　二冊

350000－2001－0011683　992.227/21－1
先船山公[王夫之]年譜前編一卷後編一卷
（清）王之春輯　清光緒十九年(1893)刻本
一冊　存一卷(前編一卷)

350000－2001－0011684　929/787＝3

大清中外壹統輿圖中一卷南十卷北二十卷首
一卷　（清）鄒世詒等編　（清）李廷簫增訂
清同治二年(1863)新繁嚴樹森刻本　十六冊

350000－2001－0011685　929/787＝4
大清中外壹統輿圖三十卷首一卷中一卷
（清）鄒世詒等編　（清）李廷簫增訂　清同治
二年(1863)新繁嚴樹森刻本　十六冊

350000－2001－0011686　929/651
尚書地理今釋一卷　（清）蔣廷錫著　清末石
印本　一冊

350000－2001－0011687　929/791
讀史方輿紀要一百三十卷　（清）顧祖禹輯著
　清末石印本　十八冊

350000－2001－0011688　929/793
方輿類纂二十八卷首一卷　（清）顧祖禹撰
（清）溫汝能編　清嘉慶十三年(1808)文會堂
刻本　三十一冊

350000－2001－0011689　929/791－5
讀史方輿紀要一百三十卷輿地總圖要覽四卷
　（清）顧祖禹輯　（清）彭元瑞校定　清光緒
二十五年(1899)慎記書莊石印本　三十二冊

350000－2001－0011690　349.9/869
日本法規大全二十五類卷　（清）南洋公學譯
書院譯　日本法規解字一卷　（清）董鴻禕輯
　（清）錢恂輯　清光緒三十三(1907)上海商
務印書館鉛印本　八十冊

350000－2001－0011691　992.227/21.1
漁洋山人[王士禛]自撰年譜二卷　（清）王士
禛撰　（清）惠棟註補　附金氏精華錄箋註辨
訛一卷　（清）惠棟撰　清乾隆惠氏紅豆齋刻
本　一冊

350000－2001－0011692　349.927/841
大清光緒新法令十三類　（清）商務印書館編
譯所編　清宣統二年(1910)上海商務印書館
鉛印本　二十冊

350000－2001－0011693　992.227/21＝1
王船山[夫之]先生年譜二卷　（清）劉毓崧編

清光緒十二年(1886)江南書局刻本　二冊

350000 – 2001 – 0011694　349.5/318 – 2
大清律例增修統纂集成四十卷督捕則例二卷
（清）姚潤編　（清）任彭年修　（清）陶東
皋增修　（清）陶曉篔增修　清光緒十五年
(1889)浙江聚文堂書坊刻本　二十四冊

350000 – 2001 – 0011695　929/791 – 2
讀史方輿紀要一百三十卷輿圖要覽四卷
（清）顧祖禹輯著　（清）彭元瑞校定　清嘉慶
十七年(1812)錦里龍萬育刻本　五十四冊

350000 – 2001 – 0011696　822.44/794
倚松老人詩集二卷　（宋）饒節撰　清宣統二
年(1910)姚埭沈氏刻本　一冊

350000 – 2001 – 0011697　929/791 – 3
讀史方輿紀要一百三十卷方輿全圖總說五卷
（清）顧祖禹輯著　清光緒二十五年(1899)
上海圖書集成局鉛印暨石印本　二十八冊

350000 – 2001 – 0011698　822.44/785.20
東坡和陶合箋四卷　（宋）蘇軾撰　（清）溫汝
能纂訂　清光緒十八年(1892)上海五彩公司
石印本　二冊

350000 – 2001 – 0011699　822.44/785.18
蘇詩選五卷　（宋）蘇軾撰　清刻本　三冊

350000 – 2001 – 0011700　822.44/785.19
**角山樓蘇詩評注彙鈔二十卷目錄二卷附錄三
卷**　（宋）蘇軾撰　（清）趙克宜輯訂　清咸豐
二年(1852)刻本　八冊

350000 – 2001 – 0011701　929/792
天下郡國利病書一百二十卷　（清）顧炎武輯
（清）龍萬育訂　清道光成都龍萬育刻本
一百冊

350000 – 2001 – 0011702　992.227/25 – 3
王靖毅公[懿德]年譜二卷　（清）王家勤編次
王靖毅公列傳一卷　（清）薛斯來撰　**公餘
鎖言一卷**　（清）王懿德著　**先靖毅公行述一
卷**　（清）王文謙等謹述　清同治刻本　二冊
缺一卷(公餘鎖言一)

350000 – 2001 – 0011703　929/792 – 1
天下郡國利病書一百二十卷　（清）顧炎武輯
清光緒五年(1879)蜀南桐花書屋薛氏家塾
重修本　六十冊

350000 – 2001 – 0011704　852.47/22.3
蘇文忠公詩編注集成一百四卷　（宋）蘇軾撰
（清）王文誥編注　清光緒十四年(1888)浙
江書局刻本　二十三冊

350000 – 2001 – 0011705　929/792 – 2
天下郡國利病書一百二十卷　（清）顧炎武輯
清光緒慎記書莊石印本　二十四冊

350000 – 2001 – 0011706　929/939
中國歷代疆域沿革改一卷　（日本）重野安繹
（日本）河田羆撰　題(清)滌盦居士譯　清
光緒二十八年(1902)上海商務印書館鉛印本
一冊

350000 – 2001 – 0011707　992.227/25 – 3 = 1
王靖毅公[懿德]年譜二卷　（清）王家勤編次
王靖毅公列傳一卷　（清）薛斯來撰　**公餘
鎖言一卷**　（清）王懿德著　**先靖毅公行述一
卷**　（清）王文謙等謹述　清同治刻本　五冊

350000 – 2001 – 0011708　822.44/785.16
東坡先生編年詩五十卷　（宋）蘇軾撰　（清）
查慎行補注　清乾隆二十六年(1761)香雨齋
刻本　六冊

350000 – 2001 – 0011709　992.227/61
左文襄公[宗棠]年譜十卷　（清）羅正鈞纂
清光緒二十三年(1897)湘陰左氏刻本　十冊

350000 – 2001 – 0011710　822.44/785.13
蘇文忠公詩集五十卷目錄二卷　（宋）蘇軾撰
（清）紀昀評點　清同治八年(1869)韞玉山
房刻朱墨套印本　十二冊

350000 – 2001 – 0011711　929/939 = 1
中國歷代疆域沿革改一卷　（日本）重野安繹
（日本）河田羆撰　題(清)滌盦居士譯　清
光緒二十八年(1902)上海商務印書館鉛印本
一冊

350000 – 2001 – 0011712　349.5/318 – 1

大清律例增修統纂集成四十卷督捕則例二卷
（清）姚潤編　（清）任彭年修　（清）陶東
皋增修　（清）陶曉簹增修　清光緒十三年
(1887)浙江聚文堂書坊刻本　二十三冊　缺
一卷(四)

350000 – 2001 – 0011713　822.44/785.14

蘇文忠公詩集五十卷目錄二卷　（宋）蘇軾撰
（清）紀昀評點　清同治八年(1869)韞玉山
房刻朱墨套印本　十二冊

350000 – 2001 – 0011714　929/969

皇朝輿地沿革攷一卷　題(清)遁天撰　清光
緒二十八年(1902)上海廣益書局鉛印本
一冊

350000 – 2001 – 0011715　929/971

大清一統志表不分卷　（清）徐午輯校　清乾
隆五十八年(1793)刻本　三冊

350000 – 2001 – 0011716　822.44/785.12

**蘇文忠公詩編註集成編年總案四十五卷編年
古今體詩四十五卷貼子口號詞一卷**　（宋）蘇
軾撰　（清）王文誥輯訂　清光緒十四年
(1888)浙江書局刻本　二十四冊

350000 – 2001 – 0011717　349.92/731

讀例存疑五十四卷　（清）薛允升撰　清光緒
三十一年(1905)京師刻本　四十冊

350000 – 2001 – 0011718　992.226/428

張楊園[履祥]先生年譜四卷　（清）姚夏輯
（清）陳梓訂　**附錄一卷**　（清）陳梓輯　清道
光十四年(1834)刻本　一冊

350000 – 2001 – 0011719　929/971 = 1

大清一統志表不分卷　（清）徐午輯校　清乾
隆五十八年(1793)刻本　六冊

350000 – 2001 – 0011720　992.226/492

黃忠節公[淳燿]年譜一卷　（清）陳樹德輯
清乾隆六十年(1795)刻本　一冊

350000 – 2001 – 0011721　929/971 = 2

大清一統志表不分卷　（清）徐午輯校　清乾

隆五十八年(1793)刻本　八冊

350000 – 2001 – 0011722　929/971 – 1

大清一統志表不分卷　（清）徐午輯校　清刻
本　六冊

350000 – 2001 – 0011723　992.226/557

楊忠愍公[繼盛]傳家寶書三種　（明）楊繼盛
著　（明）陳君輯　清咸豐五年(1855)福州刻
本　一冊

350000 – 2001 – 0011724　929.02/412 – 4

山海經十八卷圖讚一卷訂譌一卷叙錄一卷
（晉）郭璞傳　（清）郝懿行箋疏　清光緒十九
年(1893)仿古齋石印本　五冊

350000 – 2001 – 0011725　349.927/812

**大清律例彙輯便覽四十卷督捕則例二卷五軍
道里表一卷三流道里表一卷**　（清）何瞻等纂
修　清同治十一年(1872)湖北讞局刻本　三
十二冊

350000 – 2001 – 0011726　992.226/557 = 1

楊忠愍公[繼盛]傳家寶書三種　（明）楊繼盛
著　（明）陳君輯　清咸豐五年(1855)福州刻
本　一冊　存二種二卷(楊忠愍公自著年譜
一卷、楊忠愍公家訓一卷)

350000 – 2001 – 0011727　349.927/812 = 1

**大清律例彙輯便覽四十卷督捕則例二卷五軍
道里表一卷三流道里表一卷**　（清）何瞻等纂
修　清同治十一年(1872)湖北讞局刻本　三
十一冊

350000 – 2001 – 0011728　992.227/153

露桐[李殿圖]先生年譜前編四卷　（清）錢景
星輯　清嘉慶八年(1803)李氏刻本　四冊

350000 – 2001 – 0011729　929.02/412

山海經十八卷　（晉）郭璞撰　清乾隆天都黃
曉峰刻本　一冊

350000 – 2001 – 0011730　992.227/154

**武進李申耆[兆洛]先生年譜三卷附小德錄一
卷**　（清）蔣彤編　清光緒十三年(1887)嘉興
金氏木活字印本　一冊

350000 – 2001 – 0011731　822.44/443

後山詩十二卷　（宋）陳師道撰　（宋）任淵注
　　清乾隆四十二年（1777）福建刻武英殿聚珍
版書本　四冊

350000 – 2001 – 0011732　822.44/443 – 1

後山詩十二卷　（宋）陳師道撰　（宋）任淵注
　　清道光、同治刻本　四冊

350000 – 2001 – 0011733　349.927/841.1

大清宣統新法令不分卷　（清）商務印書館編
譯所編　清宣統上海商務印書館鉛印本　三
十冊

350000 – 2001 – 0011734　929.02/412 – 2

山海經十八卷　（晉）郭璞撰　清光緒三年
（1877）浙江書局刻本　三冊

350000 – 2001 – 0011735　992.227/155

雷塘庵主［阮元］弟子記八卷　（清）張鑑錄
　清咸豐儀徵阮氏瑯環仙館刻本　二冊

350000 – 2001 – 0011736　929.02/412 – 2 ＝1

山海經十八卷　（晉）郭璞撰　清光緒三年
（1877）浙江書局刻本　三冊

350000 – 2001 – 0011737　929.02/412 – 2 ＝2

山海經十八卷　（晉）郭璞撰　清光緒三年
（1877）浙江書局刻本　三冊

350000 – 2001 – 0011738　929.02/412 – 3

山海經十八卷　（晉）郭璞傳　（清）畢沅校正
　　清光緒二十三年（1897）文瑞樓石印本
一冊

350000 – 2001 – 0011739　992.227/165

吳竹如［廷棟］先生年譜一卷　（清）方宗誠纂
輯　清光緒十一年（1885）桐城方氏刻柏堂遺
書本　一冊

350000 – 2001 – 0011740　822.44/439 – 3

劍南詩鈔不分卷　（宋）陸遊著　（清）楊大鶴
選　清末刻本　三冊

350000 – 2001 – 0011741　992.227/231

阿文成公［章佳阿桂］年譜三十四卷　（清）那
彥成纂　（清）王昶勘定　（清）盧蔭溥增脩

清嘉慶十八年（1813）刻本　三十二冊

350000 – 2001 – 0011742　822.44/301 – 1

范石湖詩集注三卷　（宋）范成大撰　（清）沈
欽韓注　（清）羅忠濟等校　清光緒十九年
（1893）刻廣雅書局叢書本　一冊

350000 – 2001 – 0011743　822.44/301 – 1 ＝1

范石湖詩集注三卷　（宋）范成大撰　（清）沈
欽韓注　（清）羅忠濟等校　清光緒十九年
（1893）刻廣雅書局叢書本　一冊

350000 – 2001 – 0011744　929.0202/21

歷代輿地沿革險要圖說不分卷　（清）楊守敬
　（清）饒敦秩撰　（清）王尚德繪　清光緒二
十四年（1898）上海文賢閣石印本　一冊

350000 – 2001 – 0011745　929.0202/151

朔方備乘圖說不分卷　（清）何秋濤撰　清光
緒三年（1877）畿輔通志局刻本　一冊

350000 – 2001 – 0011746　349.927/841.1 ＝1

大清宣統新法令不分卷　（清）商務印書館編
譯所編　清宣統上海商務印書館鉛印本　二
十四冊

350000 – 2001 – 0011747　929.0202/650

皇朝直省府廳州縣歌括一卷　（清）蔣升撰
　清光緒二十四年（1898）上海慈母堂鉛印本
一冊

350000 – 2001 – 0011748　929.021/135

山海經存九卷首一卷　（清）汪紱釋　清光緒
二十一年（1895）石印本　六冊

350000 – 2001 – 0011749　822.44/389

晁具茨先生詩集十五卷　（宋）晁沖之撰　清
光緒七年（1881）式訓堂章氏刻本　二冊

350000 – 2001 – 0011750　929.0202/272

皇清地理圖不分卷　（清）董祐誠繪　清同治
十年（1871）番禺俞守義刻本　二冊

350000 – 2001 – 0011751　822.44/424

宛陵詩鈔一卷　（宋）梅堯臣撰　清康熙刻本
　一冊

350000 – 2001 – 0011752　929.0202/352

歷代地理沿革圖不分卷　（清）六嚴繪　（清）
馬徵麟增輯　清同治十年（1871）金陵刻本
一冊

350000－2001－0011753　822.44/439－1

劍南詩鈔不分卷　（宋）陸遊著　（清）楊大鶴
選　清康熙刻本　二冊

350000－2001－0011754　822.44/439－2

劍南詩鈔不分卷　（宋）陸遊著　（清）楊大鶴
選　清刻本　八冊

350000－2001－0011755　349.927/841.1＝2

大清宣統新法令不分卷　（清）商務印書館編
譯所編　清宣統上海商務印書館鉛印本　二
十三冊

350000－2001－0011756　992.227/271

胡文忠公遺集十卷首一卷　（清）胡林翼撰
（清）閻敬銘　（清）屬雲官等輯　清同治七年
（1868）醉六堂刻本　一冊　存一卷（首一卷）

350000－2001－0011757　822.43/942

寒山子詩集一卷　（唐）釋寒山子撰　豐干拾
得詩一卷　（唐）釋豐干　（唐）釋拾得撰　明
刻清重修本　一冊

350000－2001－0011758　822.43/723.6

昌黎先生詩增注証訛十一卷　（唐）韓愈撰
（清）顧嗣立刪補　（清）黃鉞增注証訛　清咸
豐七年（1857）四明鮑氏二客軒刻本　四冊

350000－2001－0011759　929.021/166

山海經廣注十八卷　（清）吳任臣注　清刻本
三冊

350000－2001－0011760　822.43/723.3

韓昌黎詩集編年箋注十二卷　（清）方世舉撰
清乾隆二十三年（1758）德州盧氏雅雨堂刻
春及堂重印本　八冊

350000－2001－0011761　929.021/460

山海經新校正十八卷篇目考一卷圖五卷
（晉）郭璞注　（清）畢沅校正　清光緒二十三
年（1897）上海圖書集成局鉛印本　二冊

350000－2001－0011762　349.927/841.1＝3

大清宣統新法令不分卷　（清）商務印書館編
譯所編　清宣統上海商務印書館鉛印本　二
十四冊

350000－2001－0011763　822.43/723.2

韓昌黎詩集編年箋注十二卷　（唐）韓愈撰
（清）方世舉考訂　清刻本　六冊

350000－2001－0011764　929.022/23

合校水經注四十卷首一卷末二卷　（北魏）酈
道元撰　清光緒二十年（1894）寶善書局石印
本　二十冊

350000－2001－0011765　929.022/23

河北采風錄四卷　（清）王鳳生撰　清道光六
年（1826）刻本　四冊

350000－2001－0011766　929.022/135

水經注圖一卷附錄一卷　（清）汪士鐸撰　清
末石印本　二冊

350000－2001－0011767　992.227/375

皇清誥授榮祿大夫太子少保兵部尚書都察院
右都御史閩浙總督賞戴花翎晉贈太子太師諭
賜祭葬予諡文□顯考平叔府君［孫爾準］年譜
一卷　（清）孫慧惇　（清）孫慧翼編　清道光
二十二年（1842）金匱孫氏刻本　一冊

350000－2001－0011768　929.022/135－1

水經注圖一卷附錄一卷　（清）汪士鐸繪　清
咸豐十一年（1861）長沙益陽胡林翼刻本
一冊

350000－2001－0011769　929.022/178

朔方備乘六十八卷首十二卷　（清）何秋濤撰
清光緒七年（1881）石印本　八冊

350000－2001－0011770　992.227/394－7

斯未信齋主人［徐宗幹］自訂年譜　（清）徐宗
幹自訂　清同治刻本　一冊

350000－2001－0011771　349.927/841.1＝4

大清宣統新法令不分卷　（清）商務印書館編
譯所編　清宣統上海商務印書館鉛印本　二
十七冊

350000－2001－0011772　992.227/395＝1

草心閣[徐景軾]自訂年譜一卷　（清）徐景軾
撰　清光緒刻本　一冊

350000－2001－0011773　992.227/395＝2
草心閣[徐景軾]自訂年譜一卷　（清）徐景軾
撰　清光緒刻本　一冊

350000－2001－0011774　992.227/407
[章邦元]年譜一卷附日記一卷　（清）章家祚
追述　清光緒十八年(1892)刻本　一冊

350000－2001－0011775　929.022/441
歷代河防統纂二十八卷　（清）陳璜輯　清光
緒十四年(1888)鴻寶齋石印本　四冊

350000－2001－0011776　929.022/598
水經註釋四十卷首一卷附錄二卷刊誤十二卷
　（清）趙一清錄　清光緒蛟川張氏花雨樓刻
本　二十二冊

350000－2001－0011777　929.022/441.1
漢書地理志水道圖說七卷　（清）陳澧撰　考
正德清胡氏禹貢圖一卷　（清）陳宗誼撰　清
同治刻本　二冊

350000－2001－0011778　929.022/491
今水經一卷表一卷　（清）黃宗羲撰　清光緒
三年(1877)湖北崇文書局刻本　一冊

350000－2001－0011779　929.022/588
水道提綱二十八卷　（清）齊召南撰　清光緒
五年(1879)宏達堂刻本　六冊

350000－2001－0011780　929.022/588－1
水道提綱二十八卷　（清）齊召南編錄　清光
緒四年(1878)津門徐士鑾霞城精舍刻本
六冊

350000－2001－0011781　929.022/588－1＝1
水道提綱二十八卷　（清）齊召南編錄　清光
緒四年(1878)津門徐士鑾霞城精舍刻本
八冊

350000－2001－0011782　929.022/668－1
太平寰宇記二百卷目錄二卷補闕八卷　（宋）
樂史撰　（清）陳蘭森補輯　清嘉慶南昌萬廷
蘭刻本　三十冊　存二百二卷(太平寰宇記

二百卷、目錄二卷)

350000－2001－0011783　427.9/486－2
歷代畫史彙傳七十二卷首一卷總目三卷附錄
二卷　（清）彭蘊璨編　清光緒八年(1882)刻
本　二十四冊

350000－2001－0011784　929.022/668－1＝1
太平寰宇記二百卷目錄二卷補闕八卷　（宋）
樂史撰　（清）陳蘭森補輯　清南昌萬廷蘭刻
本　三十冊

350000－2001－0011785　427.9/486－1
歷代畫史彙傳七十二卷首一卷總目三卷附錄
二卷　（清）彭蘊璨編　（清）邱步洲重輯　清
同治十三年(1874)三楚畊餘堂邱氏刻本　三
十二冊

350000－2001－0011786　929.022/668－3
太平寰宇記二百卷目錄二卷　（宋）樂史撰
清同治、光緒金谿趙氏紅杏山房補刻趙氏藏
書本　十七冊

350000－2001－0011787　929.022/668－4
太平寰宇記二百卷目錄二卷　（宋）樂史撰
清光緒八年(1882)金陵書局刻本　三十六冊

350000－2001－0011788　822.43/707
讀杜小箋三卷二箋二卷　（唐）杜甫撰　（清）
錢謙益撰　清宣統三年(1911)國學扶輪社石
印本　一冊

350000－2001－0011789　349.927/933
大清法規大全　（清）□□編　清宣統政學社
石印本　四十二冊

350000－2001－0011790　822.43/707＝1
讀杜小箋三卷二箋二卷　（唐）杜甫撰　（清）
錢謙益撰　清宣統三年(1911)國學扶輪社石
印本　一冊

350000－2001－0011791　822.43/723
昌黎先生詩集注十一卷　（唐）韓愈撰　（清）
顧嗣立刪補　年譜一卷　清康熙三十八年
(1699)顧氏秀野草堂刻本　二冊

350000－2001－0011792　822.43/723.1

昌黎先生詩集注十一卷附年譜 （唐）韓愈撰
（清）朱彝尊 （清）何焯評 （清）顧嗣立
刪補 清賸德堂朱墨套印刻本 四冊

350000－2001－0011793 822.43/333
高常侍集十卷 （唐）高適撰 清光緒十年
(1884)上海同文書局石印本 二冊

350000－2001－0011794 822.43/541－6
溫飛卿詩集九卷 （唐）溫庭筠著 （明）曾益
原注 （清）顧予咸補注 （清）顧嗣立重校並
續注集外詩 清宣統二年(1910)上海掃葉山
房石印本 四冊

350000－2001－0011795 822.43/541
溫飛卿詩集九卷 （唐）溫庭筠撰 （清）曾益
原注 （清）顧予咸補注 （清）顧嗣立重校
清光緒八年(1882)萬軸山房刻本 二冊

350000－2001－0011796 822.43/541－2
溫飛卿詩集九卷 （唐）溫庭筠撰 （明）曾益
原注 （清）顧予咸補注 清光緒八年(1882)
錢塘汪氏刻本 二冊

350000－2001－0011797 349.927/933＝1
大清法規大全 （清）□□編 清宣統政學社
石印本 四十一冊

350000－2001－0011798 822.43/541－3
溫飛卿詩集九卷 （唐）溫庭筠撰 （明）曾益
注 （清）顧予咸補注 清宣統二年(1910)廣
益書局影印本 四冊

350000－2001－0011799 822.43/432.1
張司業詩集八卷拾遺一卷附錄一卷 （唐）張
籍撰 清康熙刻本 二冊

350000－2001－0011800 852.44/784
斜川集六卷附錄二卷 （宋）蘇過撰 清乾隆
五十三年(1788)刻本 二冊

350000－2001－0011801 349.943/941
日本法規大全二十五類卷 （清）南洋公學譯
書院譯 日本法規解字一卷 （清）董鴻禕輯
（清）錢恂輯 清光緒三十三(1907)上海商
務印書館鉛印本 八十一冊

350000－2001－0011802 929.029/449
辛卯侍行記六卷 （清）陶葆廉撰 清光緒二
十三年(1897)養樹山房刻本 三冊

350000－2001－0011803 852.44/784.4
東坡先生全集七十五卷東坡詩選十二卷
（宋）蘇軾撰 年譜一卷 （宋）王宗稷撰 宋
史本傳一卷 （元）□□撰 明末文盛堂刻本
六十四冊

350000－2001－0011804 349.943/941－1
日本法規大全二十五類卷 （清）南洋公學譯
書院譯 日本法規解字一卷 （清）董鴻禕輯
（清）錢恂輯 清宣統三年(1911)上海商務
印書館鉛印本 八十一冊

350000－2001－0011805 852.44/786
蘇子美文集六卷 （宋）蘇舜欽撰 清同治六
年(1867)刻本 三冊

350000－2001－0011806 929.029/779.2
凝香室鴻雪因緣圖記三集 （清）麟慶撰 清
光緒五年(1879)上海點石齋石印本 六冊

350000－2001－0011807 929.03/153
歷代地理志韻編今釋二十卷 （清）李兆洛編
清光緒上海蜚英館石印本 一冊 存四卷
（四至七）

350000－2001－0011808 929.022/796－1
水經注四十卷首一卷 （漢）桑欽撰 （北魏）
酈道元注 （清）戴震校 清光緒三年(1877)
湖北崇文書局刻本 十二冊

350000－2001－0011809 929.022/796－4
水經四十卷 （漢）桑欽撰 （北魏）酈道元注
清乾隆天都黃曉峰刻本 六冊

350000－2001－0011810 822.43/329
讀杜心解六卷首二卷 （唐）杜甫撰 （清）浦
起龍講解 清雍正二年至三年(1724－1725)
浦氏寧我齋刻本 十二冊

350000－2001－0011811 822.43/282
柳河東詩集二卷 （唐）柳宗元撰 清宣統二
年(1910)石印本 四冊

350000 – 2001 – 0011812   929.022/796 – 5
水經注四十卷補遺一卷附錄二卷   (北魏)酈
道元注   (清)全祖望校   清光緒十四年
(1888)無錫薛福成刻本   十六冊

350000 – 2001 – 0011813   852.45/179
知非堂稿六卷   (元)何中著   雞肋集二卷
(宋)何希之撰   清康熙五十八年(1719)刻本
四冊

350000 – 2001 – 0011814   852.45/197.1 = 1
余忠宣公青陽山房集五卷   (元)余闕撰   余
忠宣公傳一卷   (明)宋濂撰   清嘉慶八年
(1803)刻本   一冊

350000 – 2001 – 0011815   852.45/197.1
余忠宣公青陽山房集五卷   (元)余闕撰   余
忠宣公傳一卷   (明)宋濂撰   清嘉慶八年
(1803)刻本   一冊

350000 – 2001 – 0011816   929.0221/428
河防志十二卷   (清)張希良纂   清雍正刻本
十二冊

350000 – 2001 – 0011817   822.43/287 – 2
韋蘇州集十卷   (唐)韋應物撰   清宣統三年
(1911)上海自強書局石印本   六冊

350000 – 2001 – 0011818   822.43/287 – 2 = 1
韋蘇州集十卷   (唐)韋應物撰   清宣統三年
(1911)上海自強書局石印本   六冊

350000 – 2001 – 0011819   822.43/287 – 1
韋蘇州集十卷   (唐)韋應物撰   清宣統三年
(1911)冰雪山房石印本   六冊

350000 – 2001 – 0011820   822.43/287 – 1 = 1
韋蘇州集十卷   (唐)韋應物撰   清宣統三年
(1911)冰雪山房石印本   六冊

350000 – 2001 – 0011821   929.026/428
六朝事迹編類十四卷   (宋)張敦頤輯   清光
緒十三年(1887)寶章閣刻本   四冊

350000 – 2001 – 0011822   822.43/329 = 1
讀杜心解六卷首二卷   (唐)杜甫撰   (清)浦
起龍講解   清雍正二年至三年(1724 – 1725)

浦氏寧我齋刻本   六冊

350000 – 2001 – 0011823   852.45/361
清容居士集五十卷目錄二卷附一卷   (元)袁
桷撰   清容居士集目錄二卷   不著撰者撰
清容居士集附一卷□□撰   清道光二十年
(1840)刻本   十四冊

350000 – 2001 – 0011824   852.46/486
樹廬文鈔八卷   (清)彭士望著   清道光四年
(1824)刻本   四冊

350000 – 2001 – 0011825   822.43/228.1 = 3
孟東野集十卷附一卷   (唐)孟郊撰   追昔遊
集三卷   (唐)李紳撰   清宣統二年(1910)上
海著易堂石印本   四冊

350000 – 2001 – 0011826   822.43/228.1 = 1
孟東野集十卷附一卷   (唐)孟郊撰   追昔遊
集三卷   (唐)李紳撰   清宣統二年(1910)上
海著易堂石印本   四冊

350000 – 2001 – 0011827   822.43/228.1 = 2
孟東野集十卷附一卷   (唐)孟郊撰   清宣統
二年(1910)上海著易堂石印本   四冊

350000 – 2001 – 0011828   929.0267/98
歷代陵寢備考五十卷宗廟附考八卷   (清)朱
孔陽輯   清光緒三年(1877)申報館鉛印本
十四冊

350000 – 2001 – 0011829   929.027/313
防海輯要十八卷首一卷附約言一卷   (清)俞
昌會輯   清道光二十二年(1842)刻本   四冊

350000 – 2001 – 0011830   929.029/21
廣志繹五卷   (明)王士性著   清嘉慶二十二
年(1817)臨海宋氏刻本   二冊

350000 – 2001 – 0011831   915.1096/159 = 1
邊疆簡覽三卷   (清)李慎儒撰   清光緒二十
八年(1902)石印本   一冊

350000 – 2001 – 0011832   929.029/375
南遊記一卷   (清)孫嘉淦撰   清道光二十四
年(1844)刻朱墨套印本   一冊

350000 – 2001 – 0011833   929.029/393

徐霞客遊記十卷外編一卷補編一卷　（明）徐
宏祖撰　清光緒三十四年(1908)上海集成圖
書公司鉛印本　八冊

350000－2001－0011834　852.45/570.1
道園學古錄五十卷　（元）虞集著　清乾隆四
十三年(1778)刻本　十冊

350000－2001－0011835　822.44/785
蘇東坡詩集注三十二卷　（宋）蘇軾撰　（宋）
王十朋輯　清康熙三十七年(1698)文蔚堂刻
乾隆四十七年(1782)重印本　十六冊

350000－2001－0011836　852.45/599
趙文敏公松雪齋全集十卷　（元）趙孟頫撰
（清）曹培廉校　外集一卷續集一卷　（清）曹
培廉輯　趙文敏公行狀一卷　（元）楊載撰
謚文一卷　（元）□□撰　清康熙五十二年
(1713)曹培廉城書室刻本　五冊

350000－2001－0011837　822.44/723
陵陽先生詩四卷　（宋）韓駒撰　陵陽先生詩
校勘記一卷　（清）傅增湘撰　清宣統二年
(1910)姚埭沈氏刻本　一冊

350000－2001－0011838　852.45/599＝1
趙文敏公松雪齋全集十卷　（元）趙孟頫撰
（清）曹培廉校　外集一卷續集一卷　（清）曹
培廉輯　趙文敏公行狀一卷　（元）楊載撰
謚文一卷　（元）□□撰　清康熙五十二年
(1713)曹培廉城書室刻本　五冊

350000－2001－0011839　822.44/600
乾道稿二卷淳熙稿二十卷章泉稿五卷　（宋）
趙蕃撰　清乾隆四十二年(1777)福建刻道
光、同治遞修武英殿聚珍版書本　八冊

350000－2001－0011840　852.45/969
湛然居士文集十四卷　（元）耶律楚材撰　清
光緒二十一年(1895)桐廬袁氏刻本　四冊

350000－2001－0011841　852.46/5
用六集十二卷　（清）刁包著　清道光二十三
年(1843)刻本　四冊

350000－2001－0011842　852.46/18

甫田集三十六卷　（明）文徵明撰　清宣統三
年(1911)上海千頃堂書莊鉛印本　十二冊

350000－2001－0011843　929.08/971
問影樓輿地叢書第一集十五種　（清）胡思敬
輯　清光緒三十四年(1908)新昌胡氏京師鉛
印本　十冊

350000－2001－0011844　929.08/971＝1
問影樓輿地叢書第一集十五種　（清）胡思敬
輯　清光緒三十四年(1908)新昌胡氏京師鉛
印本　八冊

350000－2001－0011845　929.022/796－3
水經注四十卷　（北魏）酈道元注　清刻本
十三冊

350000－2001－0011846　992.227/412
華野郭公[琇]年譜一卷　（清）郭廷翼編
（清）柳樹芳補刻　清道光二十一年(1841)吳
江柳樹芳刻本　一冊

350000－2001－0011847　992.227/429－7
張楊園[履祥]先生年譜一卷附錄一卷　（清）
蘇惇元纂訂重編　清同治三年(1864)錢塘丁
氏刻本　一冊

350000－2001－0011848　992.227/432
張文貞公[玉書]年譜一卷　（清）丁傅靖編
清光緒三十一年(1905)刻本　一冊

350000－2001－0011849　992.227/441
皇清誥授光祿大夫振威將軍刑部尚書賞戴花
翎紫禁城騎馬恩予致仕諭賜祭葬顯考望坡府
君[陳若霖]年譜一卷　（清）陳景曾　（清）
陳景亮等編　清道光閩縣陳氏刻本　一冊

350000－2001－0011850　992.227/441＝1
皇清誥授光祿大夫振威將軍刑部尚書賞戴花
翎紫禁城騎馬恩予致仕諭賜祭葬顯考望坡府
君[陳若霖]年譜一卷　（清）陳景曾　（清）
陳景亮等編　清道光閩縣陳氏刻本　一冊

350000－2001－0011851　723/344.3
康熙字典十二集附總目一卷檢字一卷辨似一
卷等韻一卷　（清）張玉書等纂　清光緒十三

年(1887)上海積石書局石印本　六冊

350000－2001－0011852　992.227/441＝2

皇清誥授光祿大夫振威將軍刑部尚書賞戴花
翎紫禁城騎馬恩予致仕諭賜祭葬顯考望坡府
君[陳若霖]年譜一卷　（清）陳景曾　（清）
陳景亮等編　清道光閩縣陳氏刻本　一冊

350000－2001－0011853　992.227/441＝3

皇清誥授光祿大夫振威將軍刑部尚書賞戴花
翎紫禁城騎馬恩予致仕諭賜祭葬顯考望坡府
君[陳若霖]年譜一卷　（清）陳景曾　（清）
陳景亮等編　清道光閩縣陳氏刻本　一冊

350000－2001－0011854　992.227/441＝4

皇清誥授光祿大夫振威將軍刑部尚書賞戴花
翎紫禁城騎馬恩予致仕諭賜祭葬顯考望坡府
君[陳若霖]年譜一卷　（清）陳景曾　（清）
陳景亮等編　清道光閩縣陳氏刻本　一冊

350000－2001－0011855　822.44/556

誠齋詩集十六卷　（宋）楊萬里撰　清嘉慶吳
江徐氏刻本　六冊

350000－2001－0011856　992.227/441＝5

皇清誥授光祿大夫振威將軍刑部尚書賞戴花
翎紫禁城騎馬恩予致仕諭賜祭葬顯考望坡府
君[陳若霖]年譜一卷　（清）陳景曾　（清）
陳景亮等編　清道光閩縣陳氏刻本　一冊

350000－2001－0011857　822.44/495－2

山谷詩集註二十卷外集詩註十七卷別集詩註
二卷　（宋）黃庭堅撰　清宣統二年（1910）刻
本　二十冊

350000－2001－0011858　992.227/441＝6

皇清誥授光祿大夫振威將軍刑部尚書賞戴花
翎紫禁城騎馬恩予致仕諭賜祭葬顯考望坡
[陳若霖]府君年譜一卷　（清）陳景曾
（清）陳景亮等編　清道光閩縣陳氏刻本
一冊

350000－2001－0011859　921/65

史記一百三十卷　（漢）司馬遷撰　明刻本
六冊　存三十五卷(三十五至四十九、五十一
至五十九、一百十七至一百二十七)

350000－2001－0011860　992.227/441＝7

皇清誥授光祿大夫振威將軍刑部尚書賞戴花
翎紫禁城騎馬恩予致仕諭賜祭葬顯考望坡
[陳若霖]府君年譜一卷　（清）陳景曾
（清）陳景亮等編　清道光閩縣陳氏刻本
一冊

350000－2001－0011861　992.227/441＝8

皇清誥授光祿大夫振威將軍刑部尚書賞戴花
翎紫禁城騎馬恩予致仕諭賜祭葬顯考望坡
[陳若霖]府君年譜一卷　（清）陳景曾
（清）陳景亮等編　清道光閩縣陳氏刻本
一冊

350000－2001－0011862　992.227/486

詒穀老人[彭蘊章]手訂年譜一卷　（清）彭蘊
章手訂　清同治刻本　一冊

350000－2001－0011863　822.44/495－3

山谷詩集註二十卷外集詩註十七卷別集詩註
二卷　（宋）黃庭堅撰　清宣統二年（1910）刻
本　二十冊

350000－2001－0011864　822.44/495－4

山谷詩集註二十卷外集詩註十七卷別集詩註
二卷　（宋）黃庭堅撰　清宣統二年（1910）刻
本　二十冊

350000－2001－0011865　822.44/171

詩律武庫十五卷　（宋）呂祖謙撰　清同治至
光緒間胡鳳丹退補齋刻本　一冊

350000－2001－0011866　822.44/215

林和靖先生詩集四卷省心錄一卷　（宋）林逋
撰　清康熙四十七年（1708）吳調元刻本
一冊

350000－2001－0011867　992.227/491

黃梨洲[宗羲]先生年譜三卷　（清）黃炳垕編
輯　清同治十二年（1873）刻本　一冊

350000－2001－0011868　992.227/491＝1

黃梨洲[宗羲]先生年譜三卷　（清）黃炳垕編
輯　清同治十二年（1873）刻本　一冊

350000－2001－0011869　822.44/215－1

林和靖詩集四卷拾遺一卷　（宋）林逋撰　清
同治十二年(1873)長洲朱氏刻本　二冊

350000－2001－0011870　992.227/527

曾文正公[國藩]年譜十二卷　（清）黎庶昌編
輯　清光緒三年(1877)申報館排印本　六冊

350000－2001－0011871　992.227/527－1＝1

曾文正公[國藩]年譜十二卷　（清）黎庶昌編
輯　清光緒二年(1876)傳忠書局刻曾文正公
全集本　四冊

350000－2001－0011872　992.227/527－1＝2

曾文正公[國藩]年譜十二卷　（清）黎庶昌編
輯　清光緒二年(1876)傳忠書局刻曾文正公
全集本　四冊

350000－2001－0011873　822.44/215－2

林和靖詩集四卷拾遺一卷　（宋）林逋撰　清
宣統二年(1910)上海文瑞樓石印本　二冊

350000－2001－0011874　822.44/215－3

林和靖詩集四卷拾遺一卷　（宋）林逋撰　清
宣統二年(1910)上海文瑞樓石印本　二冊

350000－2001－0011875　822.44/248

方泉先生詩集三卷　（宋）周文璞撰　清宣統
元年(1909)國光社影印本　一冊

350000－2001－0011876　992.227/730

懋亭[長齡]自定年譜四卷　（清）長齡自定
(清)桂輪接錄　清道光刻本　四冊

350000－2001－0011877　822.44/103＝1

新注朱淑真斷腸詩集十卷後集七卷補遺一卷
斷腸詞一卷　（宋）朱淑真撰　（宋）鄭元佐注
　清光緒二十三年(1897)刻本　一冊

350000－2001－0011878　852.46/21－1

王龍谿先生全集二十卷　（明）王畿撰　清道
光二年(1822)刻本　十二冊

350000－2001－0011879　822.44/23

王荊文公詩五十卷補遺一卷　（宋）王安石撰
　（宋）李壁箋註　清乾隆五年至六年(1740－
1741)張宗松清綺齋刻本　八冊

350000－2001－0011880　929.082/21

小方壺齋輿地叢鈔十二帙　（清）王錫祺輯
清光緒十七年(1891)上海著易堂鉛印本　五
十九冊

350000－2001－0011881　929.082/21.1

小方壺齋輿地叢鈔補編十二帙　（清）王錫祺
輯　清光緒二十年(1894)上海著易堂鉛印本
四冊

350000－2001－0011882　992.227/775

羅忠節公[澤南]年譜二卷　（清）□□撰　清
同治二年(1863)長沙刻羅忠節公遺集本
一冊

350000－2001－0011883　929.082/936

中外地輿圖說集成一百三十卷首三卷　題
(清)同康廬主人輯　清光緒二十年(1894)上
海順成書局石印本　二十三冊

350000－2001－0011884　822.44/23－1

王荊文公詩五十卷補遺一卷　（宋）王安石撰
　（宋）李壁箋註　清乾隆五年至六年(1740－
1741)張宗松清綺齋刻本　一冊　存九卷(一
至九)

350000－2001－0011885　992.227/781

尋樂堂日錄二十五卷　（清）竇克勤著　（清）
竇容邃　（清）竇容莊編　清康熙六十一年
(1722)刻本　八冊　存十二卷(一至十二)

350000－2001－0011886　723/343.2

康熙字典十二集附總目一卷檢字一卷辨似一
卷等韻一卷　（清）張玉書等纂修　清道光七
年(1827)刻本　三十二冊

350000－2001－0011887　929.09/322

[歷代二十四史統紀全表]三種　（清）段長基
輯　清嘉慶二十年至二十二年(1815－1817)
偃師段氏刻本　十六冊　存二種七卷(歷代
疆域表三卷圖一卷、歷代沿革表三卷)

350000－2001－0011888　929.09/791

元朝秘史十五卷　（元）□□撰　（清）李文田
注　清末石印本　四冊

350000－2001－0011889　929.1/937

日下尊聞錄五卷 （清）□□編 清咸豐二年
(1852)刻本 一冊

350000 - 2001 - 0011890 852.46/23

王陽明先生全集二十卷首一卷 （明）王守仁
撰 清康熙十二年(1673)刻本 十六冊

350000 - 2001 - 0011891 992.227/791

顧亭林［炎武］先生年譜一卷 （清）張穆撰
清道光二十四年(1844)刻本 一冊

350000 - 2001 - 0011892 929.174021/947

羅浮野乘六卷 （明）韓晃編 清康熙刻本
三冊 存二卷(一至二)

350000 - 2001 - 0011893 992.227/791 = 1

顧亭林［炎武］先生年譜一卷 （清）張穆撰
清道光二十四年(1844)刻本 二冊

350000 - 2001 - 0011894 852.46/23.2

弇山堂別集一百卷 （明）王世貞撰 明萬曆
十八年(1590)南京翁良瑜雨金堂刻本 一冊
存三卷(三至五)

350000 - 2001 - 0011895 852.46/23.4

王文成公全書三十八卷 （明）王守仁撰 清
刻本 二十三冊

350000 - 2001 - 0011896 723/343 - 4

康熙字典十二集附總目一卷檢字一卷辨似一
卷等韻一卷補遺一卷備考一卷 （清）張玉書
等纂 清康熙五十五年(1716)刻本 三十
八冊

350000 - 2001 - 0011897 852.46/24

陽明先生集要文章編四卷 （明）王守仁撰
（明）施四明評輯 清乾隆五十二年(1787)刻
本 二冊

350000 - 2001 - 0011898 992.227/527 - 2

曾文正公［國藩］大事記四卷 （清）王定安著
清光緒十二年(1886)維揚慎德堂刻本
四冊

350000 - 2001 - 0011899 852.46/26

俟後編六卷 （明）王敬臣著 仁孝先生事略
附錄一卷 （清）彭定求輯 補錄一卷 清光

緒元年(1875)刻本 一冊

350000 - 2001 - 0011900 992.227/527 - 9

曾文正公［國藩］大事記四卷 （清）王定安著
清光緒十三年(1887)鴻文書局鉛印本
一冊

350000 - 2001 - 0011901 929.18/674

帝京景物略八卷 （明）方逢年定 （明）劉侗
（明）于奕正修 清刻本 五冊 存五卷
(二至六)

350000 - 2001 - 0011902 929.19/93

日下舊聞四十二卷 （清）朱彝尊輯 （清）朱
昆田補遺 清康熙刻本 七冊 存三十六卷
(一至二、九至四十二)

350000 - 2001 - 0011903 852.46/61

左忠毅公文集三卷 （明）左光斗著 清宣統
三年(1911)文盛書局石印本 三冊

350000 - 2001 - 0011904 852.46/61 - 1

左忠毅公集五卷 （明）左光斗著 （清）左輝
春輯 清道光二十六年(1846)刻本 四冊

350000 - 2001 - 0011905 822.43/156.1

李義山詩集三卷詩譜一卷附錄諸家詩評一卷
（唐）李商隱撰 （清）朱鶴齡注 （清）沈
厚壂輯評 清同治九年(1870)廣州倅署刻本
四冊

350000 - 2001 - 0011906 929.19/93 - 1

日下舊聞四十二卷 （清）朱彝尊輯 （清）朱
昆田補遺 清康熙刻本 二十冊

350000 - 2001 - 0011907 852.46/61 - 2

左忠貞公集八卷 （明）左懋第著 （清）左輝
春輯 清道光二十七年(1847)刻本 四冊

350000 - 2001 - 0011908 822.43/156

李義山詩集三卷詩譜一卷附錄諸家詩評一卷
（唐）李商隱撰 （清）朱鶴齡注 （清）沈
厚壂輯評 清同治九年(1870)廣州倅署刻三
色套印本 四冊

350000 - 2001 - 0011909 852.46/73

史忠正公集四卷 （明）史可法著 清宣統三

年(1911)文盛書局石印本　二冊

350000－2001－0011910　929.19/153
都門彙纂不分卷　（清）楊靜亭輯　（清）李靜山補　清末刻本　六冊

350000－2001－0011911　852.46/73－1
史忠正公集四卷首一卷末一卷　（明）史可法撰　清道光二十九年(1849)刻本　二冊

350000－2001－0011912　852.46/73－2
史忠正公集四卷首一卷末一卷　（明）史可法撰　（清）史山清輯　清咸豐二年(1852)刻本　二冊

350000－2001－0011913　822.43/156＝1
李義山詩集三卷詩譜一卷附錄諸家詩評一卷　（唐）李商隱撰　（清）朱鶴齡注　（清）沈厚塽輯評　清同治九年(1870)廣州倅署刻三色套印本　四冊

350000－2001－0011914　723/345－5
康熙字典十二集附凡例一卷等韻一卷　（清）張玉書等纂　清康熙刻本　四十冊

350000－2001－0011915　822.43/156＝2
李義山詩集三卷詩譜一卷附錄諸家詩評一卷　（唐）李商隱撰　（清）朱鶴齡箋注　（清）沈厚塽輯評　清同治九年(1870)廣州倅署刻三色套印本　四冊

350000－2001－0011916　852.46/80
邱文莊公集十卷　（明）邱濬著　海忠介公集六卷　（明）海瑞撰　清同治十年(1871)刻本　十冊

350000－2001－0011917　929.19/375
古香齋鑒賞袖珍春明夢餘錄七十卷　（清）孫承澤撰　清光緒八年(1882)南海孔氏刻本　二十四冊

350000－2001－0011918　852.46/94
重刻天傭子全集十卷首一卷末一卷　（明）艾南英著　（清）蔡元鳳　（清）張良御等評點　清道光十六年(1836)刻本　十冊

350000－2001－0011919　852.46/94－1

重刻天傭子全集十卷首一卷末一卷　（明）艾南英撰　（清）蔡元鳳　（清）張良御等評點　清光緒五年(1879)刻本　七冊

350000－2001－0011920　929.19/375－1
古香齋鑒賞袖珍春明夢餘錄七十卷　（清）孫承澤撰　清光緒九年(1883)刻本　二十四冊

350000－2001－0011921　852.46/94＝1
重刻天傭子全集十卷首一卷末一卷　（明）艾南英著　（清）蔡元鳳　（清）張良御等評點　清道光十六年(1836)刻本　六冊

350000－2001－0011922　929.19/375－1＝1
古香齋鑒賞袖珍春明夢餘錄七十卷　（清）孫承澤撰　清光緒九年(1883)刻本　二十四冊

350000－2001－0011923　992.227/568
還讀我書室老人[董恂]手訂年譜二卷　（清）董恂訂　清光緒十八年(1892)江都董氏刻本　二冊

350000－2001－0011924　852.46/178
燕泉何先生遺藁十卷　（明）何孟春撰　（明）何仲方彙輯　清乾隆二十四年(1759)刻本　四冊

350000－2001－0011925　852.46/122－1
宋學士全集三十二卷附錄一卷　（明）宋濂撰　清康熙四十八年(1709)刻本　十六冊

350000－2001－0011926　852.46/332－2＝1
青邱高季迪先生鳧藻集五卷　（明）高啟撰　（清）金檀重輯　清雍正六年(1728)刻本　二冊

350000－2001－0011927　852.46/122－2
潛溪集六卷　（明）宋濂撰　清宣統三年(1911)成都刻本　五冊

350000－2001－0011928　852.46/128
青霞沈公遺集十六卷　（明）沈鍊著　清乾隆十九年(1754)溧陽馬氏刻嘉慶增補本　四冊

350000－2001－0011929　992.227/598
皇清誥授中憲大夫賜進士及第翰林院編修貴州貴西兵備道庚午科重赴鹿鳴筵宴晉加三品

頂戴趙甌北府君[翼]墓誌銘一卷　（清）孫星衍撰　甌北先生年譜一卷　（清）趙懷玉編次　清嘉慶刻本　一冊

350000－2001－0011930　929.19/781

欽定日下舊聞考一百六十卷譯語總目一卷　（清）朱彝尊輯　（清）于敏中修　（清）竇光鼐等纂　清乾隆刻本　四十冊

350000－2001－0011931　992.227/615

裴光祿[蔭森]年譜四卷　（清）裴士驤等輯　（清）徐嘉編次　清光緒二十五年(1899)刻本　二冊

350000－2001－0011932　852.46/128＝1

青霞沈公遺集十六卷　（明）沈鍊著　清乾隆十九年(1754)溧陽馬氏刻嘉慶增補本　六冊

350000－2001－0011933　929.1/937＝1

日下尊聞錄五卷　（清）□□編　清咸豐二年(1852)刻本　一冊

350000－2001－0011934　929.209/428

津門雜記三卷　（清）張燾撰　清光緒十年(1884)刻本　一冊

350000－2001－0011935　992.227/690

駱文忠公[秉章]年譜二卷　（清）駱秉章撰　清光緒二十一年(1895)都門刻　二冊

350000－2001－0011936　929.212/272

[乾隆]河間府新志二十卷首一卷　（清）杜甲修　（清）胡天游等編輯　清乾隆二十五年(1760)刻本　十冊

350000－2001－0011937　852.46/151

落落齋遺集十卷　（明）李應昇撰　清光緒二十二年(1896)刻朱印本　四冊

350000－2001－0011938　852.46/152

懷麓堂集五種　（明）李西涯著　清嘉慶八年(1803)刻本　二十冊

350000－2001－0011939　852.46/156

李滄溟集六卷　（明）李攀龍著　清康熙二十一年(1682)郢雪書林刻本　二冊

350000－2001－0011940　929.211/337

[雍正]畿輔通志一百二十卷　（清）唐執玉等修　（清）陳儀纂　清雍正十三年(1735)刻乾隆重修本　四十八冊

350000－2001－0011941　852.46/164

樓山堂集二十六卷　（明）吳應箕撰　（清）張自烈訂　清木活字印本　六冊

350000－2001－0011942　992.227/698

閻潛丘[若璩]先生年譜不分卷　（清）張穆編　清道光二十七年(1847)壽陽祁氏刻本　二冊

350000－2001－0011943　852.46/165

吳康齋先生集十二卷首一卷　（明）吳與弼撰　清道光十五年(1835)刻本　六冊

350000－2001－0011944　852.46/165.3

賜餘堂集十四卷　（明）吳中行撰　清宣統元年(1909)武進盛氏刻本　二冊

350000－2001－0011945　992.227/705

錢辛楣[大昕]先生年譜一卷　（清）錢大昕手編自題　（清）錢慶曾校注　竹汀居士[錢大昕]年譜續編一卷　（清）錢慶曾述　清嘉慶十年至道光十一年(1805－1831)刻本　一冊

350000－2001－0011946　822.43/156＝3

李義山詩集三卷詩譜一卷附錄諸家詩評一卷　（唐）李商隱撰　（清）朱鶴齡箋注　（清）沈厚塽輯評　清同治九年(1870)廣州倅署刻三色套印本　四冊

350000－2001－0011947　992.227/706

皇清敕授修職郎誥封朝議大夫顯考警石[錢泰吉]府君年譜一卷　（清）錢應溥述　清同治三年(1864)嘉興錢氏刻本　一冊

350000－2001－0011948　929.212/330

[道光]承德府志六十卷首二十六卷　（清）海忠纂修　（清）廷傑　（清）李世寅重訂　清光緒十三年(1887)刻本　十五冊

350000－2001－0011949　822.43/155.9

協律鈎元四卷外集一卷　（唐）李賀撰　（清）陳本禮箋注　清嘉慶刻本　一冊

350000－2001－0011950　992.227/706＝1

皇清敕授修職郎誥封朝議大夫顯考警石府君
[錢泰吉]年譜一卷　（清）錢應溥述　清同治
三年（1864）嘉興錢氏刻本　一冊

350000－2001－0011951　822.43/155.5

李長吉集四卷外卷一卷　（唐）李賀撰　（明）
黃淳耀評本　（清）黎簡評點　清宣統元年
（1909）掃葉山房刻朱墨套印本　二冊

350000－2001－0011952　992.227/706＝1

邠農偶吟稿一卷　（清）錢炳森撰　**皇清敕授
修職郎誥封朝議大夫顯考警石府君[錢泰吉]
年譜一卷**　（清）錢應溥述　清同治十一年
（1872）嘉興錢氏刻本　一冊

350000－2001－0011953　822.43/155.1

李長吉歌詩四卷首一卷外集一卷　（唐）李賀
撰　（清）王琦彙解　清乾隆刻本　二冊

350000－2001－0011954　822.43/155.2

李長吉歌詩四卷首一卷外集一卷　（唐）李賀
撰　（清）王琦彙解　清宣統元年（1909）掃葉
山房石印本　四冊

350000－2001－0011955　822.43/155.3

李長吉集四卷外卷一卷　（唐）李賀撰　（明）
黃淳耀評本　（清）黎簡評點　清光緒十八年
（1892）刻朱墨套印本　二冊

350000－2001－0011956　722.27/322.4

說文解字注三十卷六書音均表二卷　（清）段
玉裁撰　**說文部目分韻一卷**　（清）陳煥撰
清嘉慶段氏經韻樓刻本　二十冊

350000－2001－0011957　929.19/556

都門紀略不分卷　（清）楊靜亭編　清同治六
年（1867）刻本　二冊

350000－2001－0011958　852.46/332

高子別集八卷　（明）高攀龍著　清光緒二十
四年（1898）刻本　三冊

350000－2001－0011959　852.46/334

高子遺書十二卷附錄一卷年譜一卷　（明）高
攀龍撰　清光緒二年（1876）刻本　八冊

350000－2001－0011960　852.46/242

金忠節公文集八卷　（明）金聲撰　清道光十
六年（1836）刻本　八冊

350000－2001－0011961　929.212/523

[乾隆]直隸遵化州志二十卷　（清）劉埥纂
（清）傅修續纂　清乾隆刻本　八冊

350000－2001－0011962　992.227/795

定盦[龔自珍]先生年譜一卷　吳昌綬編　清
宣統元年（1909）國學扶輪社鉛印民國四年
（1915）重印本　一冊

350000－2001－0011963　852.46/242－2＝1

金忠節公文集八卷　（明）金聲著　清光緒十
四年（1888）黟邑李氏刻本　六冊

350000－2001－0011964　852.46/248＝1

周忠愍公垂光集二卷　（明）周璽撰　清嘉慶
八年（1803）刻本　一冊

350000－2001－0011965　852.46/248

周忠愍公垂光集二卷　（明）周璽撰　清嘉慶
八年（1803）刻本　一冊

350000－2001－0011966　511/424－3＝1

御製數理精蘊上編五卷下編四十卷表八卷
（清）聖祖玄燁撰　清光緒八年（1882）廣東藩
司刻本　三十二冊

350000－2001－0011967　929.212/740

光緒昌平州志十八卷　（清）吳履福修　繆荃
孫等纂　清光緒十二年（1886）刻本　八冊

350000－2001－0011968　852.46/268

敬亭集十卷補遺一卷附錄一卷　（明）姜埰撰
姜貞毅先生自著年譜續編一卷　（清）姜安
節撰　清光緒十五年（1889）山東書局刻本
四冊

350000－2001－0011969　929.212/741

光緒順天府志一百三十卷附錄一卷　（清）李
鴻章　（清）萬青黎修　（清）張之洞　繆荃孫
纂　清光緒十年至十二年（1884－1886）刻本
三十九冊　存一百四卷（一至八十四、一百
十二至一百三十,附錄一卷）

350000－2001－0011970　822.46/272

胡敬齋先生文集三卷　（清）張伯行訂　清同
治五年(1866)福州正誼書局刻正誼堂全書本
　一冊　存二卷(二至三)

350000－2001－0011971　852.46/φ277＝4

柯竹巖集十八卷補遺一卷續補遺一卷　（明）
柯潛著　（明）柯維騏　（清）柯亨校編　**附錄**
一卷　（清）吳希賢　（清）萬安撰　清光緒十
四年(1888)刻本　四冊

350000－2001－0011972　852.46/330

海剛峯先生文集二卷　（明）海瑞撰　（清）張
伯行編訂　（清）陳紹濂校　清同治五年
(1866)福州正誼書局刻正誼堂全書本　二冊

350000－2001－0011973　511/424－3＝2

御製數理精蘊上編五卷下編四十卷表八卷
（清）聖祖玄燁撰　清光緒八年(1882)廣東藩
司刻本　三十二冊

350000－2001－0011974　822.43/148.13

杜詩鏡銓二十卷附錄一卷　（唐）杜甫撰
（清）楊倫編輯　**讀書堂杜工部文集注解二卷**
　（清）張溍注解　清光緒十八年(1892)鉛印
本　六冊

350000－2001－0011975　822.43/148.12

杜詩鏡銓二十卷附錄一卷　（唐）杜甫撰
（清）楊倫編輯　**讀書堂杜工部文集二卷**
（清）張溍評注　清同治十一年(1872)望三益
齋刻本　十二冊

350000－2001－0011976　822.43/148.12＝1

杜詩鏡銓二十卷附錄一卷　（唐）杜甫撰
（清）楊倫編輯　**讀書堂杜工部文集二卷**
（清）張溍評注　清同治十一年(1872)望三益
齋刻本　九冊　缺二卷(十五至十六)

350000－2001－0011977　852.46/361.4

堵文忠公集十卷年譜一卷附錄一卷　（明）堵
允錫著　清光緒十三年(1887)刻本　六冊

350000－2001－0011978　852.46/361.4＝1

堵文忠公集十卷年譜一卷附錄一卷　（明）堵
允錫著　清光緒十三年(1887)刻本　四冊

350000－2001－0011979　852.46/359－1

[梨云館類定袁中郎先生全集]二十四卷
（明）袁宏道撰　清道光九年(1829)刻本　十
四冊

350000－2001－0011980　852.46/359.2＝1

瓶花齋集十卷　（明）袁宏道撰　清宣統三年
(1911)抱殘守缺齋石印本　四冊

350000－2001－0011981　852.46/370

夏節愍全集十卷首一卷末一卷補遺二卷
（明）夏完淳撰　（清）莊師洛輯　清光緒二十
九年(1903)刻本　二冊

350000－2001－0011982　822.43/148.9

杜工部草堂詩箋二十二卷　（唐）杜甫撰
（宋）魯訔編次　（宋）蔡夢弼箋　**杜工部草堂**
詩話二卷　（唐）杜甫撰　（宋）宋夢弼集錄
杜工部草堂詩年譜二卷　（宋）趙子櫟撰　清
光緒元年(1875)巴陵方氏碧琳瑯館刻本
四冊

350000－2001－0011983　852.46/402

新喻梁石門先生集十卷首一卷末一卷　（明）
梁寅撰　清光緒十五年(1889)刻本　六冊

350000－2001－0011984　852.46/415

康對山先生文集十卷附錄一卷　（明）康海撰
　（清）孫景烈選次　清乾隆二十六年(1761)
刻本　六冊

350000－2001－0011985　822.43/148.11

杜詩鏡銓二十卷附錄一卷　（唐）杜甫撰
（清）楊倫編輯　清乾隆五十七年(1792)刻本
　六冊

350000－2001－0011986　852.46/429

明張文忠公全集四十六卷附二卷　（明）張居
正撰　清光緒二十七年(1901)紅藤碧樹山館
刻本　八冊

350000－2001－0011987　852.46/429＝1

明張文忠公全集四十六卷附二卷　（明）張居
正撰　清光緒二十七年(1901)紅藤碧樹山館
刻本　十二冊

350000－2001－0011988　822.43/148.21

杜詩註釋二十四卷首一卷　　（唐）杜甫撰
（清）許寶善編輯　清嘉慶七年（1802）自怡軒
刻光緒三年（1877）吳縣朱氏補修本　八冊

350000－2001－0011989　852.46/429－3

明張文忠公文集十一卷　　（明）張居正撰　清
宣統三年（1911）醉古堂石印本　四冊

350000－2001－0011990　822.43/149－2

樊川詩集四卷詩補遺一卷外集一卷別集一卷
　　（唐）杜牧撰　（清）馮集梧注　清光緒十六
年（1890）湘南書局刻本　四冊

350000－2001－0011991　929.222/477

[道光]濟南府志七十二卷首一卷　（清）王贈
芳等修　（清）成瓘等纂　清道光二十年
（1840）刻本　十冊　存二十卷（二十一至四
十）

350000－2001－0011992　852.46/431－1

張忠敏公遺集十卷首一卷附錄六卷　　（明）張
國維著　清刻本　四冊　存十三卷（遺集十
卷、附錄一至三）

350000－2001－0011993　852.46/432

楊園先生全集十六種　（清）張履祥撰　（清）
祝洤輯　清光緒三十年（1904）武昌呂氏刻本
六冊

350000－2001－0011994　822.43/149－3

樊川詩集四卷詩補遺一卷外集一卷別集一卷
　　（唐）杜牧撰　（清）馮集梧注　清光緒十六
年（1890）湘南書局刻本　六冊

350000－2001－0011995　929.222/700

[光緒]東平州志二十七卷首編四卷　（清）左
宜似等修　（清）盧釜纂　清光緒五年至七年
（1879－1881）刻本　十八冊

350000－2001－0011996　822.47/447

確庵先生文鈔六卷詩鈔八卷　　（清）陳瑚撰
清光緒二年（1876）合肥蒯德模安道書院刻本
　二冊　存八卷（詩鈔八卷）

350000－2001－0011997　822.43/148.27

朱竹垞先生杜詩評本二十四卷　　（唐）杜甫撰
　（清）朱彝尊評　清道光十一年（1831）陽湖
莊氏刻本　八冊

350000－2001－0011998　929.223/9

掖縣全志四種十八卷首二卷　　（清）魏起鵬等
輯　清光緒十九年（1893）刻本　十六冊

350000－2001－0011999　929.223/21

[道光]滕縣志十四卷首一卷　　（清）王政修
（清）王庸立　（清）黃來麟纂　清道光二十六
年（1846）刻本　八冊

350000－2001－0012000　929.225/337

岱覽三十二卷目錄一卷首編七卷附錄一卷
（清）唐仲冕輯　清嘉慶十二年（1807）刻本
十二冊

350000－2001－0012001　992.257/13

皇清誥授光祿大夫欽賞頭品頂戴兵部尚書都
察院左都御史前閩浙總督兼管福建巡撫事船
政大臣顯考頌臣府君[卞寶第]行述一卷
（清）卞綏昌等述　清光緒刻本　一冊

350000－2001－0012002　822.43/148.22

辟疆園杜詩注解五言律十二卷七言律五卷
（唐）杜甫撰　（清）顧宸著　清康熙二年
（1663）刻本　十八冊

350000－2001－0012003　992.257/84

皇清誥授榮祿大夫兵部侍郎兼督察院右副都
禦史安徽巡撫兼提督軍門霍隆武巴圖魯追贈
總督照總督例賜卹予諡忠烈新甯江公[忠源]
行狀一卷　（清）郭嵩燾　（清）左宗棠撰　誥
授中憲大夫例晉通議大夫即選道追贈按察使
銜汝舟江君[忠濟]行狀一卷　（清）鄧瑤撰
清同治刻本　一冊

350000－2001－0012004　852.46/442

陳臥子先生安雅堂稿十五卷兵垣奏議二卷
（明）陳子龍撰　清宣統元年（1909）上海時中
書局鉛印本　六冊

350000－2001－0012005　822.43/148.11＝1

杜詩鏡銓二十卷附錄一卷　　（唐）杜甫撰
（清）楊倫編輯　清乾隆五十七年（1792）刻本

十二冊

350000－2001－0012006　852.46/449
陶元暉中丞遺集二卷首一卷　（明）陶朗撰
清光緒二十四年（1898）蘭州書局排印本
一冊

350000－2001－0012007　852.46/449＝1
陶元暉中丞遺集二卷首一卷　（明）陶朗撰
清光緒二十四年（1898）蘭州書局排印本
一冊

350000－2001－0012008　992.257/129
皇清誥封一品夫人顯妣虞夫人行述一卷
（清）沈宗涵　（清）沈宗濟撰　清道光刻本
一冊

350000－2001－0012009　822.43/148.6
杜工部集二十卷附錄一卷　（唐）杜甫撰
（清）錢謙益箋註　少陵［杜甫］先生年譜一卷
　　（□）□□輯　清宣統三年（1911）時中書局
石印本　八冊

350000－2001－0012010　992.257/152
皇清誥授榮祿大夫欽差大臣太子太保前兵部
尚書兼都察院右都御史兩江總督諭賜祭葬予
諡文恭先府君［李星沅］行述一卷　（清）李梡
等述　清咸豐刻本　一冊

350000－2001－0012011　852.46/470
湛甘泉先生文集三十二卷　（明）湛若水撰
清同治五年（1866）刻本　十冊

350000－2001－0012012　852.46/491
陶菴集二十二卷首一卷末一卷　（明）黃淳耀
撰　清光緒五年（1879）刻本　六冊

350000－2001－0012013　992.131/38＝1
闕里文獻考一百卷首一卷末一卷　（清）孔繼
汾撰　清乾隆二十七年（1762）刻本　四冊

350000－2001－0012014　852.46/494
黃忠端公集三卷　（明）黃尊素撰　清宣統二
年（1910）上海文盛書局石印本　三冊

350000－2001－0012015　992.131/38＝2
闕里文獻考一百卷首一卷末一卷　（清）孔繼

汾撰　清乾隆二十七年（1762）刻本　八冊

350000－2001－0012016　992.131/38＝3
闕里文獻考一百卷首一卷末一卷　（清）孔繼
汾撰　清乾隆二十七年（1762）刻本　八冊

350000－2001－0012017　822.43/148.6＝1
杜工部集二十卷附錄一卷　（唐）杜甫撰
（清）錢謙益箋註　少陵［杜甫］先生年譜一卷
　　（□）□□輯　清宣統三年（1911）時中書局
石印本　八冊

350000－2001－0012018　852.46/556
太史升菴全集八十一卷目錄二卷　（明）楊慎
著　清乾隆六十年（1795）新都周氏刻本　二
十四冊

350000－2001－0012019　822.43/148.4
杜工部集二十卷附錄一卷唱酬題詠附錄一卷
諸家詩話一卷　（唐）杜甫撰　（清）錢謙益箋
註　（清）季振宜校閱　（清）何焯評點　清宣
統二年（1910）國學扶輪社神州國光社鉛印本
　八冊

350000－2001－0012020　852.46/556＝1
太史升菴全集八十一卷目錄二卷　（明）楊慎
著　清乾隆六十年（1795）新都周氏刻本　二
十冊

350000－2001－0012021　992.257/402
詒煒集五卷　（清）許振褘撰輯　侍香集一卷
　（清）許恩緝輯　清光緒二十三年（1897）廣
州節署刻本　二冊

350000－2001－0012022　852.46/558
楊忠愍公全集四卷靈驗記一卷　（明）楊繼盛
撰　清刻本　一冊

350000－2001－0012023　852.46/558－1
楊忠愍公全集四卷　（明）楊繼盛撰　章鈺重
訂　清康熙三十八年（1699）刻本　二冊

350000－2001－0012024　822.43/148.5
杜工部集二十卷首一卷　（唐）杜甫撰　（明）
王世貞等評　清光緒二年（1876）粵東翰墨園
刻六色套印本　十二冊

350000 – 2001 – 0012025　852.46/558 – 2
楊忠愍公全集四卷　（明）楊繼盛撰　章鈺重
訂　清刻本　二冊

350000 – 2001 – 0012026　822.43/148.7
杜工部集二十卷首一卷　（唐）杜甫撰　（明）
王世貞等評　清光緒二年(1876)粵東翰墨園
刻六色套印本　十冊

350000 – 2001 – 0012027　992.257/416
皇清誥授中憲大夫賞戴花翎道銜兼護貴州貴
東兵備道都匀府知府恩給騎都尉世職顯考簡
堂府君[鹿丕宗]暨誥贈恭人原配顯妣邊太君
誥封恭人繼配顯妣蕭太君行述一卷　（清）鹿
傳霖　（清）鹿傳鈞　（清）鹿傳昉述　清咸豐
刻本　一冊

350000 – 2001 – 0012028　852.46/558 – 3
楊忠愍公全集四卷靈驗記一卷　（明）楊繼盛
撰　清光緒二年(1876)刻本　一冊　存四卷
(二至四、靈驗記一卷)

350000 – 2001 – 0012029　992.257/449
皇清誥授光祿大夫贈太子少保予諡勤肅頭品
頂戴兵部尚書都察院右都御史兩廣總督顯考
方之府君[陶模]行述一卷　（清）陶保霖
(清)陶葆廉述　清光緒刻本　一冊

350000 – 2001 – 0012030　852.46/558 – 4
楊忠愍公全集四卷靈驗記一卷　（明）楊繼盛
撰　清道光八年(1828)刻本　四冊

350000 – 2001 – 0012031　992.257/565
誥授榮祿大夫二品頂戴候選道隨帶加二級澄
衷府君[葉成忠]行狀一卷　（清）葉貽銘等狀
清光緒石印本　一冊

350000 – 2001 – 0012032　992.257/967
皇清誥授榮祿大夫江南河道總督庫倫辦事大
臣候補四品京堂顯考見亭府君[麟慶]行述一
卷　（清）崇厚　（清）崇實述　清道光刻本
一冊

350000 – 2001 – 0012033　929.226/38
杏壇聖蹟四卷　（清）孔衍楳編集　清康熙書
林素位堂刻本　五冊

350000 – 2001 – 0012034　929.226/228
三遷志十二卷　（清）王特選增纂　清康熙六
十一年(1722)刻本　四冊

350000 – 2001 – 0012035　852.46/559
楊大洪先生文集二卷　（明）楊漣撰　（清）張
伯行訂　清光緒十三年(1887)福州正誼書院
刻正誼堂全書本　二冊

350000 – 2001 – 0012036　852.46/559.2
清江楊忠節公遺集八卷　（明）楊廷麟撰　清
光緒五年(1879)蕭江書院刻本　六冊

350000 – 2001 – 0012037　852.46/560
楊忠烈公文集五卷　（明）楊漣著　清宣統三
年(1911)文盛書局石印本　四冊

350000 – 2001 – 0012038　852.46/560 = 1
楊忠烈公文集五卷　（明）楊漣著　清宣統三
年(1911)文盛書局石印本　四冊

350000 – 2001 – 0012039　929.232/178
[乾隆]鄭州志十二卷首一卷　（清）張鉞修
(清)毛如詵纂　清刻本　五冊　存九卷(四
至十二)

350000 – 2001 – 0012040　852.46/560 – 1
楊忠烈公文集十卷　（明）楊漣撰　**補遺一卷**
清道光十三年(1833)刻本　八冊

350000 – 2001 – 0012041　929.232/260
[乾隆]新修懷慶府志三十二卷首一卷　（清）
唐侍陛修　（清）布顔　（清）杜琮纂　清乾隆
五十四年(1789)刻本　十一冊

350000 – 2001 – 0012042　852.46/560 – 1 = 1
楊忠烈公文集十卷　（明）楊漣撰　**補遺一卷**
清道光十三年(1833)刻本　六冊

350000 – 2001 – 0012043　852.46/566
葛中翰遺集十二卷首一卷　（明）葛麟撰
(清)葛培義重輯　清光緒十六年(1890)刻本
四冊

350000 – 2001 – 0012044　852.46/572
路文貞公集一卷附一卷　（明）路振飛撰　清
刻本　一冊

350000 – 2001 – 0012045　852.46/655

蔡文莊公集八卷太極圖說一卷河洛私見一卷
艾庵密箴一卷　（明）蔡清撰　（清）徐居敬重
編校　清光緒二十四年(1898)刻本　四冊

350000 – 2001 – 0012046　852.46/655 = 1

蔡文莊公集八卷太極圖說一卷河洛私見一卷
艾庵密箴一卷　（明）蔡清撰　（清）徐居敬重
編校　清光緒二十四年(1898)刻本　六冊

350000 – 2001 – 0012047　852.46/618

熊襄愍公集十卷首一卷末一卷　（明）熊廷弼
撰　清同治十一年(1872)刻本　十冊

350000 – 2001 – 0012048　852.46/618 = 1

熊襄愍公集十卷首一卷末一卷　（明）熊廷弼
撰　清同治十一年(1872)刻本　十冊

350000 – 2001 – 0012049　929.232/316

[乾隆]陳州府志三十卷首一卷　（清）崔應階
修　（清）姚之琅纂　清乾隆十二年(1747)刻
本　十一冊　存二十一卷（一至十六、十八至
二十、三十,首一卷）

350000 – 2001 – 0012050　929.232/317

[道光]禹州志二十六卷續志二卷　（清）朱煒
修　（清）姚椿等纂　（清）宮國勳續修
（清）楊景純等續纂　清道光十五年(1835)刻
同治九年(1870)增修本　六冊　存十四卷
（一至十四）

350000 – 2001 – 0012051　822.43/79 – 6

新雕校證大字白氏諷諫一卷　（唐）白居易撰
清光緒十九年(1893)蘇州刻本　一冊

350000 – 2001 – 0012052　822.43/φ636

歐陽助教詩集一卷　（唐）歐陽詹撰　清康熙
四十一年(1702)洞庭席氏琴川書屋刻本
一冊

350000 – 2001 – 0012053　822.43/79

白香山詩長慶集二十卷後集十七卷別集一卷
補遺二卷　（唐）白居易撰　年譜一卷　（清）
汪立名撰　年譜舊本一卷　（宋）陳振孫撰
清康熙四十一年至四十二年(1702 – 1703)刻
本　二十冊

350000 – 2001 – 0012054　992.295/598

先儒趙子言行錄二卷　（清）陳廷鈞纂述
（清）陳廷儒校編　清同治九年(1870)楚北崇
文書局刻本　二冊

350000 – 2001 – 0012055　929.233/15

[道光]河內縣志三十六卷　（清）袁通修
（清）方履籛　（清）吳育纂　清道光五年
(1825)刻本　三冊　存十三卷（二十四至三
十六）

350000 – 2001 – 0012056　992.296/26

孝行錄一卷　（清）王聲鱗輯　清道光四年
(1824)霸州王苞林廣晉學署刻本　一冊

350000 – 2001 – 0012057　822.43/79 – 1

白香山詩長慶集二十卷後集十七卷別集一卷
補遺二卷　（唐）白居易撰　清康熙四十一年
至四十二年(1702 – 1703)刻本　十冊

350000 – 2001 – 0012058　929.233/22

[乾隆]滎澤縣志十四卷　（清）崔淇修
（清）王博　（清）李維橋纂　清乾隆十三年
(1748)刻本　四冊

350000 – 2001 – 0012059　822.43/79 – 2

白香山詩長慶集二十卷後集十七卷別集一卷
補遺二卷　（唐）白居易撰　年譜一卷　（清）
汪立名撰　年譜舊本一卷　（宋）陳振孫撰
清康熙四十一年至四十二年(1702 – 1703)刻
本　八冊

350000 – 2001 – 0012060　929.233/128

[乾隆]濟源縣志十六卷首一卷末一卷　（清）
蕭應植纂修　清乾隆二十六年(1761)刻本
六冊

350000 – 2001 – 0012061　822.43/23

王貞白詩一卷補遺一卷附錄一卷　（唐）王貞
白撰　清宣統元年(1909)餘姚邵氏刻本
一冊

350000 – 2001 – 0012062　929.233/151 – 1

[道光]寶豐縣志十六卷首一卷　（清）李彷梧
修　（清）耿興宗　（清）鮑桂征纂　清道光十
七年(1837)刻本　一冊　存四卷（一至三、首

一卷)

350000 - 2001 - 0012063　822.43/175
岑嘉州集八卷　（唐）岑參撰　清光緒十年
（1884）上海同文書局石印本　一冊

350000 - 2001 - 0012064　852.46/674
太師誠意伯劉文成公集二十卷首一卷　（明）
劉基撰　清康熙四十六年（1707）劉孤嶼刻本
　十二冊　存十九卷（一至十七、十九至二
十）

350000 - 2001 - 0012065　929.233/178
[乾隆]原武縣志十卷　（清）吳文炘修
（清）何遠等纂　清乾隆十二年（1747）刻本
四冊　存七卷（一至七）

350000 - 2001 - 0012066　822.43/156.7
重訂李義山詩集箋注三卷集外詩箋注一卷年
譜一卷詩話一卷　（唐）李商隱撰　（清）朱鶴
齡元本　（清）程夢星刪補　清乾隆刻本
三冊

350000 - 2001 - 0012067　929.233/225
[乾隆]通許縣志十卷　（清）阮龍光修
（清）邵自祐纂　清乾隆三十六年（1771）刻本
　五冊　存八卷（一至三、六至十）

350000 - 2001 - 0012068　852.46/677.2
十科策畧箋釋十卷附一卷　（明）劉文安著
清乾隆二十一年（1756）古吳三樂齋刻本
三冊

350000 - 2001 - 0012069　929.233/248
[道光]輝縣志二十卷首一卷末一卷　（清）周
際華修　（清）戴銘等纂　清道光十五年
（1835）刻光緒二十一年（1895）增修本　七冊
　　存十九卷（一至十八、首一卷）

350000 - 2001 - 0012070　852.46/705.2
田間文集三十卷　（明）錢澄之撰　錢公飲光
府君年譜一卷　（清）錢撝祿撰　清宣統二年
（1910）錢氏振風學社刻本　五冊

350000 - 2001 - 0012071　852.46/701
盧忠烈公集三卷　（明）盧象昇撰　清乾隆二

十七年（1762）刻本　一冊

350000 - 2001 - 0012072　929.233/248 = 1
[道光]輝縣志二十卷首一卷末一卷　（清）周
際華修　（清）戴銘等纂　清道光十五年
（1835）刻光緒二十一年（1895）增修本　四冊
　　存十卷（一至九、首一卷）

350000 - 2001 - 0012073　852.46/705
藏山閣文存六卷田間尺牘四卷藏山閣詩存十
四卷　（清）錢秉鐙著　清光緒三十四年
（1908）鉛印本　六冊

350000 - 2001 - 0012074　929.233/393
[同治]滑縣志十二卷　（清）姚錕修　（清）
徐光第纂　清同治六年（1867）刻本　七冊
存十一卷（一至八、十至十二）

350000 - 2001 - 0012075　852.46/730
鍾忠惠公體仁全集二卷　（明）鍾名臣等編
清刻本　二冊

350000 - 2001 - 0012076　852.46/749
九靈山房集三十卷首一卷末一卷　（元）戴良
撰　清乾隆三十六年（1771）刻本　五冊

350000 - 2001 - 0012077　929.233/477
[乾隆]孟縣志十卷　（清）馮敏昌撰　（清）
仇汝瑚輯　清乾隆五十五年（1790）刻本　四
冊　存四卷（一至二、四、十）

350000 - 2001 - 0012078　852.46/763 = 1
震川先生集三十卷別集十卷　（明）歸有光撰
　清光緒六年（1880）常熟歸氏刻本　十六冊

350000 - 2001 - 0012079　852.46/763 - 4
震川先生集三十卷別集十卷　（明）歸有光著
　清康熙十年至十五年（1671 - 1676）刻本
十冊

350000 - 2001 - 0012080　852.46/763 - 2
震川先生集三十卷別集十卷　（明）歸有光撰
　清道光二十三年（1843）南昌府學刻本　二
十冊

350000 - 2001 - 0012081　929.233/674
[嘉慶]澠池縣志十六卷　（清）甘揚聲修

（清）劉文運等纂　清嘉慶十五年(1810)刻本
三冊　存六卷(一至四、七至八)

350000－2001－0012082　992.297/79
記潞河白大司空[鎔]軼事一卷　(清)張炳撰
清咸豐刻本　一冊

350000－2001－0012083　852.46/775
整菴先生存稿二十卷　(明)羅欽順撰　清乾
隆二十一年(1756)刻嘉慶四年(1799)補修本
十二冊

350000－2001－0012084　852.46/775－1
整菴續稿十三卷　(明)羅欽順撰　清乾隆二
十一年(1756)刻嘉慶四年(1799)補修本
一冊

350000－2001－0012085　929.233/675
[嘉慶]續濟源縣志十二卷　(清)何荇芳修
(清)劉大觀纂　清嘉慶十八年(1813)刻本
二冊　存六卷(一至六)

350000－2001－0012086　929.233/727
[道光]許州志十六卷首一卷　(清)蕭元吉修
(清)李堯觀纂　清道光十八年(1838)刻本
十二冊

350000－2001－0012087　852.46/787
鈐山堂集四十卷　(明)嚴嵩撰　清嘉慶十一
年(1806)刻本　六冊

350000－2001－0012088　852.46/791
炳燭齋文集初刻一卷續刻一卷　(明)顧大韶
著　清宣統元年(1909)上海國學扶輪社鉛印
本　二冊

350000－2001－0012089　852.46/791＝1
炳燭齋文集初刻一卷續刻一卷　(明)顧大韶
著　清宣統元年(1909)上海國學扶輪社鉛印
本　二冊

350000－2001－0012090　992.297/121.5
蓉湖艸堂贈言錄十二卷　(清)麟慶輯　清道
光十六年(1836)刻本　二冊

350000－2001－0012091　852.46/791－2
小辨齋偶存八卷附錄一卷　(明)顧允成撰

清光緒二十二年(1896)武進盛氏刻本　一冊

350000－2001－0012092　852.46/946－1
從野堂存稿八卷補遺一卷年譜一卷附錄一卷
(明)繆昌期撰　清光緒二十一年(1895)武
進盛氏朱印常州先哲遺書本　三冊

350000－2001－0012093　992.297/154
皇清處士明功授知縣欽賜拔貢郡庠生員李公
[光壁]崇祀錄不分卷　(清)孫爲淦輯　清乾
隆李氏刻本　二冊

350000－2001－0012094　992.297/157
漸西村舍彙刊四十四種　(清)袁昶輯　清光
緒桐廬袁氏刻本　二冊　存二種二卷(合肥
相國壽言一卷、香嚴老人壽言一卷)

350000－2001－0012095　992.297/412
玉池老人自敘一卷　(清)郭嵩燾自敘　清光
緒十九年(1893)養知書屋刻本　一冊

350000－2001－0012096　929.233/973
[乾隆]新鄉縣志三十四卷首一卷　(清)趙開
元修　(清)暢俊纂　清乾隆十二年(1747)刻
本　六冊

350000－2001－0012097　929.230268/428
湯陰精忠廟志十卷　(明)張應登等輯　清刻
本　六冊

350000－2001－0012098　992.29/18－1
指南後錄三卷　(宋)文天祥撰　清光緒六年
(1880)刻本　一冊

350000－2001－0012099　909.11/25－1
金石萃編一百六十卷　(清)王昶撰　清嘉慶
十年(1805)刻同治十年(1871)重修本　六十
四冊

350000－2001－0012100　929.241/972
[乾隆]山西志輯要十卷首一卷　(清)雅德修
(清)汪本直纂　清刻本　十冊

350000－2001－0012101　929.242/556
[光緒]代州志十二卷首一卷　(清)俞廉三修
(清)楊篤纂　清光緒八年(1882)代山書院
刻本　六冊

350000－2001－0012102 822.43/156.4

玉谿生詩意八卷 （唐）李商隱撰 （清）朱鶴齡注 （清）屈復意 清乾隆四年(1739)刻本 四冊

350000－2001－0012103 822.43/156.5

玉谿生詩意八卷 （唐）李商隱撰 （清）朱鶴齡注 （清）屈復箋注 清道光十年(1830)屈汝駱刻同治六年(1867)劉氏傳經堂重印本 五冊

350000－2001－0012104 920.2/65－9

資治通鑑二百九十四卷目錄三十卷 （宋）司馬光撰 （元）胡三省音注 **續資治通鑑二百二十卷** （清）畢沅撰 清光緒二十六年(1900)上海圖書集成局鉛印本 七十二冊

350000－2001－0012105 929.232/473

[乾隆]河南府志一百十六卷首四卷 （清）施誠修 （清）童鈺等纂 清乾隆四十四年(1779)刻本 十冊 存六十一卷(二至三十八、四十至四十四、五十一至六十九)

350000－2001－0012106 920.2/442

資治通鑑綱目前編二十五卷正編五十九卷續編二十七卷補編一卷三編二十卷 （明）陳仁錫評閱 清嘉慶八年(1803)宏道堂刻本 一百五冊

350000－2001－0012107 992.294/255

鄂國金佗稡編二十八卷續編三十卷 （宋）岳珂編進 （清）王崇鼎分校 清光緒九年(1883)浙江書局刻本 十二冊

350000－2001－0012108 822.43/156.3

李義山詩集三卷 （唐）李商隱撰 清宣統元年(1909)上海國粹學報館影印本 一冊

350000－2001－0012109 822.43/156.3－1

李義山詩集三卷 （唐）李商隱撰 清宣統元年(1909)上海國粹學報館影印本 二冊

350000－2001－0012110 822.43/156.2

李義山詩集三卷詩譜一卷附錄諸家詩評一卷 （唐）李商隱撰 （清）朱鶴齡箋注 （清）沈厚塽輯評 清同治九年(1870)廣州倅署刻

三色套印本 四冊

350000－2001－0012111 992.267/393

菏澤李淑人徐氏墓志銘一卷 （清）徐坊撰 清光緒刻本 一冊

350000－2001－0012112 852.46/5＝1

用六集十二卷 （清）刁包著 清道光二十三年(1843)刻本 十冊

350000－2001－0012113 852.47/15

柏堂集前編十四卷 （清）方宗誠撰 清光緒六年(1880)刻本 十六冊

350000－2001－0012114 852.47/15－1

柏堂集九十四卷 （清）方宗誠撰 **毅齋遺集五卷** （清）方培瀶撰 清光緒六年(1880)刻本 十二冊

350000－2001－0012115 992.27/283

東山[查繼佐]外紀二卷 （清）周驤 （清）劉振麟輯 清刻本 二冊

350000－2001－0012116 852.47/16－2

望溪先生集外文十卷 （清）方苞撰 清咸豐元年(1851)刻本 二冊

350000－2001－0012117 852.47/16－12＝1

望溪集不分卷 （清）方苞撰 （清）王兆符 （清）程崟輯 清乾隆十一年(1746)刻本 十冊

350000－2001－0012118 852.47/16－4

望溪集不分卷 （清）方苞撰 （清）王兆符 （清）程崟輯 清乾隆十一年至嘉慶十八年(1746－1813)刻本 十冊

350000－2001－0012119 852.47/16－5

望溪先生文集十八卷集外文十卷補遺二卷 （清）方苞撰 **方望溪先生年譜一卷附錄一卷** （清）蘇惇元撰 清咸豐二年(1852)桐城戴鈞衡刻本 十六冊

350000－2001－0012120 852.47/16－6

望溪先生文集十八卷集外文十卷補遺二卷 （清）方苞撰 **方望溪先生年譜一卷附錄一卷** （清）蘇惇元撰 清咸豐二年(1852)桐城戴

鈞衡刻本　二冊

350000－2001－0012121　852.47/16－7
望溪集不分卷　(清)方苞撰　(清)王兆符
(清)程崟輯　清刻本　八冊

350000－2001－0012122　852.47/16－13＝1
方望溪文鈔六卷　(清)方苞撰　清宣統二年
(1910)上海國學扶輪社鉛印本　五冊

350000－2001－0012123　852.47/16－9
望溪集不分卷　(清)方苞撰　(清)王兆符
(清)程崟輯　清刻本　五冊

350000－2001－0012124　852.47/17
萬善花室文藳六卷　(清)方履籛撰　清道光
十一年(1831)刻本　二冊

350000－2001－0012125　852.47/16－5＝1
望溪先生文集十八卷集外文十卷補遺二卷
(清)方苞撰　**方望溪先生年譜一卷附錄一卷**
　(清)蘇惇元撰　清咸豐二年(1852)刻本
十一冊

350000－2001－0012126　852.47/17－1
萬善花室文藳六卷　(清)方履籛撰　**坿錄一
卷**　清光緒十二年(1886)刻本　三冊

350000－2001－0012127　992.297/430
**潛齋[張百熙]尚書六十賜壽圖一卷附序一卷
詩一卷楹牓一卷**　(清)李實編輯　清光緒三
十三年(1907)京師官書局鉛印本　一冊

350000－2001－0012128　852.47/21
青虛山房集十一卷　(清)王太岳著　清光緒
十九年(1893)定興鹿氏刻本　二冊

350000－2001－0012129　852.47/21.2
無止境初續存藳十卷集外詩一卷　(清)王相
撰　清咸豐四年(1854)刻本　二冊

350000－2001－0012130　992.297/442
[祁陽陳氏]清芬錄二卷　(清)陳文騄輯　清
光緒十六年(1890)求志書屋排印本　二冊

350000－2001－0012131　852.47/21.9
雙佩齋文集四卷駢體文集一卷　(清)王友亮
撰　清嘉慶十五年(1810)刻本　一冊

350000－2001－0012132　852.47/22
淵雅堂全集六種　(清)王芑孫撰　**波餘遺藳
一卷首一卷附錄二卷**　(清)王翼孫撰　清嘉
慶二十年(1815)刻本　二十二冊

350000－2001－0012133　992.297/527
曾希堂[賢]吹臺生壙圖併題辭一卷　(清)曾
賢纂輯　清道光二十九年(1849)刻本　一冊

350000－2001－0012134　992.297/528
曾文正公[國藩]榮哀錄一卷　(清)□□輯
清光緒十三年(1887)鴻文書局鉛印本　一冊

350000－2001－0012135　852.47/22.1
豐川續集三十四卷　(清)王心敬著　清乾隆
十三年(1748)刻本　十六冊

350000－2001－0012136　852.47/22.6
波餘遺藳一卷首一卷附錄二卷　(清)王翼孫
撰　清嘉慶九年(1804)刻本　一冊

350000－2001－0012137　852.47/23
葆淳閣集二十六卷　(清)王傑撰　**王文端公
年譜一卷**　(清)阮元編　清嘉慶二十年
(1815)刻本　十二冊

350000－2001－0012138　852.47/23＝1
葆淳閣集二十六卷　(清)王傑撰　**王文端公
年譜一卷**　(清)阮元編　清嘉慶二十年
(1815)刻本　二十四冊

350000－2001－0012139　992.297/775
羅氏始遷揚兩世先塋碣銘一卷　(清)羅士琳
輯　清道光刻本　一冊

350000－2001－0012140　852.47/23.6
禮書通故四十七卷　(清)黃以周述　清光緒
刻本　二十四冊　存四十五卷(一至三十、三
十三至四十七)

350000－2001－0012141　852.47/23.10＝1
煙霞萬古樓文集六卷　(清)王曇撰　清道光
二十年(1840)刻本　四冊

350000－2001－0012142　852.47/23.7
春融堂集六十八卷　(清)王昶撰　清嘉慶十
二年(1807)刻本　十六冊

350000 - 2001 - 0012143　852.47/24 = 1

伊蒿室文集六卷詩集二卷附詩餘　（清）王效
成撰　清咸豐五年(1855)刻本　六冊

350000 - 2001 - 0012144　852.47/24.5

砥齋集十二卷　（清）王弘撰撰　清光緒二十
年(1894)刻本　十二冊

350000 - 2001 - 0012145　852.47/24.8

小言集二十五卷　（清）王敬之撰　清道光二
十八年(1848)刻本　三冊

350000 - 2001 - 0012146　852.47/25.3

百柱堂全集五十三卷　（清）王柏心撰　彤雲
閣遺稿二卷　（清）王家仕撰　清光緒二十四
年(1898)成山唐氏貴陽刻本　十六冊

350000 - 2001 - 0012147　852.47/25.5

豐川全集二十二卷　（清）王心敬撰　清刻本
四冊

350000 - 2001 - 0012148　992.91/807

絕代偉人[伊蘇普]傳略一卷　（清）蘇州崇辨
蒙塾編譯　清光緒二十八年(1902)蘇城開智
書室刻本　一冊

350000 - 2001 - 0012149　852.47/26

青箱堂文集十卷遺稿一卷附年譜一卷詩集三
十三卷　（清）王崇簡著　清刻本　八冊

350000 - 2001 - 0012150　999.1/375

[浙江餘姚]姚江孫氏家乘□□卷　（清）孫兆
勳等彙輯　清嘉慶十三年(1808)餘姚孫氏靜
遠軒刻本　一冊　存一卷(上)

350000 - 2001 - 0012151　999.1/281

[江蘇吳江]分湖柳氏重脩家譜十二卷　（清）
柳樹芳纂　（清）柳兆薰續脩　清光緒七年
(1881)柳氏勝谿草堂刻本　四冊

350000 - 2001 - 0012152　999.1/166

[江蘇吳江]吳氏族譜七卷　（清）吳安國續輯
清乾隆四十一年(1776)江蘇吳江吳氏刻本
二冊　存二卷(六至七)

350000 - 2001 - 0012153　999.11/117

甬上族望表二卷　（清）全祖望撰　清嘉慶十

九年(1814)刻本　一冊

350000 - 2001 - 0012154　999.1/128

[浙江]蕭山長巷沈氏續修宗譜四十卷首一卷
（清）沈荇等編輯　清光緒十九年(1893)蕭
山沈氏承裕堂木活字印本　三十冊

350000 - 2001 - 0012155　999.1/124

[江蘇松江]宋氏族譜□□卷　（清）宋□□纂修
清嘉慶刻本　一冊　存三卷(十四至十六)

350000 - 2001 - 0012156　929.27/332

[光緒]綏遠志十卷首一卷　（清）貽穀修
（清）高賡恩纂　清光緒三十四年(1908)刻本
三冊

350000 - 2001 - 0012157　940.9/151

漢西域圖考七卷首一卷　（清）李光廷撰　清
光緒八年(1882)陽湖趙氏壽諼草堂木活字印
本　四冊

350000 - 2001 - 0012158　999.1/100

[廣東]南海九江朱氏家譜十二卷首一卷
（清）朱學懋初輯　（清）朱昌瑤　（清）朱宗
琦續脩　（清）朱士仁等編校　清同治八年
(1869)刻本　十二冊

350000 - 2001 - 0012159　929.279/429

蒙古游牧記十六卷　（清）張穆撰　清同治六
年(1867)壽陽祁寯藻刻本　四冊

350000 - 2001 - 0012160　929.279/429 = 1

蒙古游牧記十六卷　（清）張穆撰　清同治六
年(1867)壽陽祁寯藻刻本　四冊

350000 - 2001 - 0012161　999.1/556

[雲南蒙自]楊氏宗譜一卷　（清）楊學周訂
（清）楊文鼎等增補　清道光十九年(1839)楊
氏稿同治增修本　一冊

350000 - 2001 - 0012162　999.1/493

[廣東]南海學正黃氏家譜節本十卷　（清）黃
仁恒編　清宣統三年(1911)南海保粹堂刻本
一冊　存七卷(一至二、七至十,首一卷)

350000 - 2001 - 0012163　999.1/444

[江西樂安]陳氏重修族譜不分卷　（清）陳

□□修　清乾隆三十二年(1767)樂安陳氏抄
本　二十冊

350000－2001－0012164　852.47/23.10＝2

煙霞萬古樓文集六卷　(清)王曇撰　清道光
二十年(1840)刻本　二冊

350000－2001－0012165　852.47/27.3＝1

蠶尾集十卷續集二卷後集二卷　(清)王士禛
撰　清雍正刻本　六冊

350000－2001－0012166　999.1/447

[安徽青陽]官禮敘倫堂陳氏宗譜十二卷首一
卷　(清)陳攀桂修　清光緒十年(1884)雲陽
館木活字印本　一冊　存二卷(一、首一卷)

350000－2001－0012167　852.47/27.7

白田草堂存槀八卷　(清)王懋竑撰　清光緒
二十年(1894)廣雅書局刻本　二冊

350000－2001－0012168　852.47/28

許鄭學廬存槀八卷首一卷　(清)王紹蘭撰
清道光二十九年(1849)刻本　五冊

350000－2001－0012169　929.312/650

[咸豐]同州府志三十四卷首二卷附文徵錄三
卷　(清)李恩繼　(清)文廉修　(清)蔣湘
南纂　清咸豐二年(1852)刻本　二十三冊

350000－2001－0012170　852.47/28.1

虛受堂文集十六卷　王先謙撰　清宣統二年
(1910)上海國學書社石印本　六冊

350000－2001－0012171　852.47/28.1＝1

虛受堂文集十六卷　王先謙撰　清宣統二年
(1910)上海國學書社石印本　六冊

350000－2001－0012172　999.1/524

[江西]清河堂傅氏重修宗譜不分卷　(清)傅
炳南等修　清道光十九年(1839)刻光緒十一
年(1885)重修本　一冊

350000－2001－0012173　929.311/128－2

[康熙]陝西通志三十二卷首三卷　(清)賈漢
復修　(清)李楷撰　清康熙六年至七年
(1667－1668)刻本　二冊

350000－2001－0012174　929.312/650＝1

[咸豐]同州府志三十四卷首二卷附文徵錄三
卷　(清)李恩繼　(清)文廉修　(清)蔣湘
南纂　清咸豐二年(1852)刻本　二十四冊

350000－2001－0012175　929.313/122

[熙寧]長安志二十卷圖三卷　(宋)宋敏求纂
　(元)李好文繪　(清)畢沅校　清乾隆四十
九年(1784)鎮洋畢氏靈巖山館刻本　三冊

350000－2001－0012176　999.1/406.1

[江西永豐]吉安永邑明德鄉五十三都章氏重
修家譜不分卷　(清)章應何編修　清乾隆五
十六年(1791)木活字印本　一冊

350000－2001－0012177　929.313/260

[乾隆]淳化縣志三十卷　(清)萬廷樹修
(清)洪亮吉纂　清乾隆四十九年(1784)刻本
四冊

350000－2001－0012178　929.313/415

[正德]武功縣志三卷首一卷　(明)康海撰
(清)孫景烈評註　清同治十二年(1873)湖北
崇文書局刻本　一冊

350000－2001－0012179　852.47/33

西堂全集十八種　(清)尤侗撰　清康熙刻本
十五冊

350000－2001－0012180　999.1/406.2

[江西永豐]吉安永明五十三都大水洞章氏三
修族譜不分卷　(清)章蟬模編修　清道光二
十六年(1846)木活字印本　一冊

350000－2001－0012181　999.1/406.3

[江西永豐]吉安永明章氏四修族譜不分卷
(清)章慶遊　(清)章慶旺編修　清光緒二十
三年(1897)木活字印本　二冊

350000－2001－0012182　852.47/33.3

西堂全集十八種　(清)尤侗撰　清康熙刻本
二十四冊

350000－2001－0012183　929.313/415＝1

[正德]武功縣志三卷首一卷　(明)康海撰
(清)孫景烈評註　清同治十二年(1873)湖北
崇文書局刻本　一冊

350000 - 2001 - 0012184   852.47/33.1

西堂全集二十二種 (清)尤侗撰 清刻本
二十冊

350000 - 2001 - 0012185   929.313/415＝2

[正德]武功縣志三卷首一卷 (明)康海撰
(清)孫景烈評註 清同治十二年(1873)湖北
崇文書局刻本 一冊

350000 - 2001 - 0012186   852.47/33.4

西堂全集二十二種 (清)尤侗撰 清刻本
十五冊

350000 - 2001 - 0012187   929.313/415－2

[正德]武功縣志三卷首一卷 (明)康海纂修
(清)孫景烈評注 清道光十一年(1831)安
康張鵬翓來鹿堂刻本 一冊

350000 - 2001 - 0012188   852.47/41

空山堂文集十二卷 (清)牛運震著 清嘉慶
八年(1803)蘭陵門人張桂林刻本 九冊

350000 - 2001 - 0012189   852.47/52.6

西河文選十一卷 (清)毛奇齡撰 (清)汪霦
等選評 清乾隆四十八年(1783)刻本 四冊

350000 - 2001 - 0012190   929.313/568

[嘉慶]長安縣志三十六卷 (清)張聰賢修
(清)董曾臣纂 清嘉慶二十年(1815)刻同治
十二年(1873)增修本 六冊

350000 - 2001 - 0012191   852.47/53

味蔾文藁十八卷 (清)毛燧傳著 清刻本
六冊

350000 - 2001 - 0012192   929.313/575

[乾隆]鼇厔縣志十五卷 (清)鄒儒修
(清)王璋纂 清乾隆十四年(1749)刻本
四冊

350000 - 2001 - 0012193   929.313/705

[乾隆]朝邑志十一卷首一卷 (清)金嘉琰
(清)朱廷模修 (清)錢坫纂 清乾隆四十五
年(1780)刻本 三冊

350000 - 2001 - 0012194   929.315/152

華嶽志八卷首一卷 (清)李榕輯 清道光十

一年(1831)華麓楊翼武清白別墅刻本 四冊

350000 - 2001 - 0012195   852.47/57.2

清素堂文集八卷 (清)石鈞撰 清嘉慶八年
(1803)刻本 二冊

350000 - 2001 - 0012196   929.319/23

秦蜀驛程後記二卷 (清)王士禎撰 清康熙
刻本 一冊

350000 - 2001 - 0012197   852.47/61

恪靖侯盾鼻餘瀋一卷 (清)左宗棠撰 清光
緒八年(1882)刻本 一冊

350000 - 2001 - 0012198   929.319/151

西征錄一卷 (清)李燧撰 清道光十三年
(1833)刻本 一冊

350000 - 2001 - 0012199   852.47/61.1

恪靖侯盾鼻餘瀋一卷附聯語一卷 (清)左宗
棠撰 清光緒九年(1883)刻本 一冊

350000 - 2001 - 0012200   929.321/83

[光緒]甘肅新通志一百卷首五卷 (清)昇允
(清)長庚修 (清)安維峻纂 清宣統元年
(1909)刻暨石印本 六十四冊 存一百一卷
(一至七十四、七十七至七十九、八十一至一
百,首二至五)

350000 - 2001 - 0012201   852.47/61.3

左文襄公文集五卷聯語一卷 (清)左宗棠撰
清光緒十八年(1892)刻本 一冊 存三卷
(一至三)

350000 - 2001 - 0012202   929.323/98

[乾隆]清水縣志十六卷 (清)朱超纂修 清
乾隆六十年(1795)刻本 四冊

350000 - 2001 - 0012203   852.47/61.6

慎盦文鈔二卷 (清)左宗植撰 清光緒元年
(1875)刻本 二冊

350000 - 2001 - 0012204   852.47/71

聰山集八種 (清)申涵光著 清康熙二年
(1663)刻本 六冊

350000 - 2001 - 0012205   929.37/151－1

漢西域圖考七卷首一卷 (清)李光廷撰 清

同治九年(1870)刻本　　四册

350000 - 2001 - 0012206　852.47/72
有懷堂文集一卷詩集一卷　(清)田肇麗撰
清乾隆七年(1742)刻本　　一册

350000 - 2001 - 0012207　929.37/393
西域水道記五卷　(清)徐松撰　清道光刻本
　五册

350000 - 2001 - 0012208　929.4/60
欽定滿洲源流考二十卷　(清)阿桂　(清)于
敏忠修　(清)麟喜　(清)呈麟纂　清乾隆刻
本　　八册

350000 - 2001 - 0012209　929.37/813
新疆圖考不分卷　(清)經費局錄　清經費局
刻本　　一册

350000 - 2001 - 0012210　929.4/393
東三省政略十二卷總目一卷附圖　徐世昌纂
修　清宣統三年(1911)鉛印本　　四十册

350000 - 2001 - 0012211　929.379/206
新疆要略四卷　(清)祁韻士輯　清光緒二十
一年(1895)上海鴻寶書局石印本　　二册

350000 - 2001 - 0012212　929.379/207
西陲要略四卷　(清)祁韻士撰　清道光十七
年(1837)壽陽祁氏筠淥山房刻本　　二册

350000 - 2001 - 0012213　929.4/963 = 1
滿洲旅行記(白山黑水錄)二卷　(日本)小越
平隆著　(清)克齋譯　清光緒二十八年
(1902)上海廣智書局鉛印本　　二册

350000 - 2001 - 0012214　929.029/449 = 1
辛卯侍行記六卷　(清)陶葆廉撰　清光緒二
十三年(1897)養樹山房刻本　　六册

350000 - 2001 - 0012215　929.39/3
西域聞見錄八卷首一卷　題(清)七十一撰
清刻本　　一册

350000 - 2001 - 0012216　929.411/761
[乾隆]盛京通志四十八卷首一卷　(清)呂燿
曾等總裁　(清)魏樞纂修　清乾隆元年
(1736)刻本　　十三册

350000 - 2001 - 0012217　929.4201/679.1
寶刻類編八卷　(宋)□□撰　清道光十八年
(1838)刻粵雅堂叢書本　　四册

350000 - 2001 - 0012218　852.47/73
俞俞齋文集四卷　(清)史念祖撰　清光緒十
六年(1890)黔南藩署鉛印本　　四册

350000 - 2001 - 0012219　852.47/80
邱邦士文集十八卷　(清)邱維屏著　清光緒
元年(1875)刻本　　八册

350000 - 2001 - 0012220　852.47/85
江忠烈公遺集二卷　(清)江忠源撰　江忠烈
公墓表一卷　(清)黃彭年撰　清同治三年
(1864)四川藩署刻本　　一册

350000 - 2001 - 0012221　929.421/151
[光緒]吉林通志一百二十二卷圖一卷　(清)
長順　(清)訥欽修　(清)李桂林　(清)顧
雲纂　清光緒十七年(1891)刻本　　四十九册

350000 - 2001 - 0012222　852.47/85 = 1
江忠烈公遺集二卷　(清)江忠源撰　江忠烈
公墓表一卷　(清)黃彭年撰　清同治三年
(1864)四川藩署刻本　　一册

350000 - 2001 - 0012223　929.421/151 = 1
[光緒]吉林通志一百二十二卷圖一卷　(清)
長順　(清)訥欽修　(清)李桂林　(清)顧
雲纂　清光緒十七年(1891)刻本　　四十五册
　存一百十三卷(一至三、七至八、十一至十
八、二十二至一百八、一百十一至一百二十
二,圖一卷)

350000 - 2001 - 0012224　822.1993/24
練浦攀轅圖詩一卷　(清)王國佐編錄　清道
光十九年(1839)刻本　　一册

350000 - 2001 - 0012225　822.1992/314
詠物詩選八卷　(清)俞琰輯　清雍正刻本
五册

350000 - 2001 - 0012226　822.1991/206
寓山注二卷附錄一卷　(明)祁彪佳著　清光
緒元年(1875)山蔭安越堂刻本　　一册

350000－2001－0012227　929.421/151＝2

[光緒]吉林通志一百二十二卷圖一卷　（清）
長順　（清）訥欽修　（清）李桂林　（清）顧
雲纂　清光緒十七年（1891）刻本　四十一冊
　存一百七卷（一至四十三、四十七至五十
八、六十一至六十五、六十八至八十、八十四
至一百十、一百十三至一百十八,圖一卷）

350000－2001－0012228　822.197/836

試帖玉芙蓉集四卷　題(清)同文書局主人選
輯　清光緒上海同文書局石印本　四冊

350000－2001－0012229　994.31/938＝4

大日本中興先覺志二卷　（日本）岡本監輔撰
　清光緒二十七年（1901）開導社刻本　一冊

350000－2001－0012230　994.31/938＝5

大日本中興先覺志二卷　（日本）岡本監輔撰
　清光緒二十七年（1901）開導社刻本　二冊

350000－2001－0012231　822.197/936

蒙養詩鈔十卷　題(清)西溪外史編次　清道
光十四年（1834）刻本　一冊

350000－2001－0012232　929.421/151＝3

[光緒]吉林通志一百二十二卷圖一卷　（清）
長順　（清）訥欽修　（清）李桂林　（清）顧
雲纂　清光緒十七年（1891）刻本　八冊　存
十八卷(二至十八、圖一卷)

350000－2001－0012233　822.197/939

館律分韻初編五卷　題(清)春暉閣主人輯
清光緒十八年（1892）石印本　六冊

350000－2001－0012234　929.429/661

朝鮮圖說一卷琉球圖說一卷安南圖說一卷
(明)鄭若曾撰　清康熙三十七年（1698）鄭定
遠刻本　一冊

350000－2001－0012235　929.431/393

[光緒]黑龍江述略六卷　（清）徐宗亮纂修
清光緒刻本　四冊

350000－2001－0012236　φ929.71425/563

[乾隆]海澄縣志二十四卷首一卷　（清）陳鍈
等修　（清）葉廷推等纂　清乾隆二十七年

（1762）刻民國十五年（1926）重印本　八冊

350000－2001－0012237　999.2/362.2

[浙江紹興]連氏義田事略三卷　（清）連職等
撰　清光緒十四年（1888）枕湖樓刻本　一冊

350000－2001－0012238　822.197/438－1

歷朝名媛詩詞十二卷　（清）陸昶評選　（清）
程琰等閱定　清宣統三年（1911）上海掃葉山
房石印本　四冊

350000－2001－0012239　929.431/966

[嘉慶]黑龍江外記八卷　（清）西清纂修　清
光緒桐廬袁昶漸西村舍刻本　二冊

350000－2001－0012240　929.5/133

英法俄德四國志略四卷　（清）沈敦和輯譯
清光緒二十二年（1896）上海圖書集成印書局
石印本　一冊

350000－2001－0012241　999.2/705

牧齋晚年家乘文一卷　（清）錢謙益撰　錢牧
翁[謙益]先生年譜一卷　題(清)彭城退士撰
　清宣統三年（1911）國學扶輪社鉛印本
一冊

350000－2001－0012242　822.197/438

歷朝名媛詩詞十二卷　（清）陸昶評選　清乾
隆三十八年（1773）紅樹樓刻本　五冊

350000－2001－0012243　929.5012/312

[光緒]川沙廳志十四卷首一卷末一卷　（清）
陳方瀛修　（清）俞樾纂　清光緒五年（1879）
刻本　六冊

350000－2001－0012244　822.197/438.1

歷朝名媛詩詞十二卷　（清）陸昶評選　清乾
隆三十八年（1773）紅樹樓刻本　四冊

350000－2001－0012245　929.5013/312

同治上海縣志三十二卷首一卷末一卷　（清）
應寶時修　（清）俞樾　（清）方宗誠纂　清同
治十年（1871）吳門臬署刻本　十六冊

350000－2001－0012246　999.2/432

[湖南瀏陽]治城羊角山敬宗堂張氏祠志三卷
　（清）張錫三主修　（清）張徽五纂修　清宣

統三年(1911)湖南瀏陽敬宗堂張氏木活字印本　一冊

350000－2001－0012247　822.197/28

閨秀詩選六卷　（清）王慧秋輯　清光緒二十年(1894)鉛印本　二冊

350000－2001－0012248　929.5013/312－1

同治上海縣志三十二卷首一卷末一卷　（清）應寶時修　（清）俞樾　（清）方宗誠纂　清同治十年(1871)吳門臬署刻十一年(1872)南園志局重修本　十六冊

350000－2001－0012249　822.197/169.1

女士詩錄一卷　（清）吳翌鳳輯　清嘉慶(1796－1820)刻本　一冊

350000－2001－0012250　822.197/23

試帖詩課合存九卷　（清）王芑孫編　清乾隆六十年(1795)刻本　四冊

350000－2001－0012251　999.2/441

先府君[陳基]行狀一卷仲弟冶卿[陳鈁]事略一卷　（清）陳錦撰　清光緒九年(1883)刻本　一冊

350000－2001－0012252　929.5013/312－2

同治上海縣志三十二卷首一卷末一卷　（清）應寶時修　（清）俞樾　（清）方宗誠纂　清同治十年(1871)吳門臬署刻光緒八年(1882)增修本　十六冊

350000－2001－0012253　929.5013/312＝1

同治上海縣志三十二卷首一卷末一卷　（清）應寶時修　（清）俞樾　（清）方宗誠纂　清同治十年(1871)吳門臬署刻本　七冊　存十六卷(一至四、七至十七,首一卷)

350000－2001－0012254　999.2/444

渤海舊聞一卷　（清）陳其元撰　清宣統三年(1911)石印本　一冊

350000－2001－0012255　852.48/φ661

無辯齋詩文稿一卷　（清）鄭容撰　清光緒鄭氏稿本　一冊

350000－2001－0012256　822.197/152

侯鯖集十卷　（清）李友棠撰　清光緒六年(1880)刻本　六冊

350000－2001－0012257　822.197/136

擷芳集五十卷　（清）汪啓淑選　清乾隆五十年(1785)古歙汪啓淑飛鴻堂刻本　七冊

350000－2001－0012258　042.4/491

慈溪黃氏日抄分類九十七卷古今紀要十九卷　（宋）黃震編輯　清乾隆三十二年(1767)新安汪佩鍔刻本　三十冊

350000－2001－0012259　822.47/φ795－1

希靜齋稿一卷文坡公詩稿一卷希靜齋詞稿一卷瑣語一卷　（清）龔耀孫撰　（清）□□輯　清抄本　一冊

350000－2001－0012260　999.2/558

長沙乾州楊氏家言雜錄一卷　（清）楊正頤等撰　（清）楊□□鈔輯　清宣統元年(1909)鉛印本　一冊

350000－2001－0012261　929.5019/26

瀛壖雜志六卷　（清）王韜撰　清光緒元年(1875)刻本　二冊

350000－2001－0012262　929.5019/26＝1

瀛壖雜志六卷　（清）王韜撰　清光緒元年(1875)刻本　二冊

350000－2001－0012263　999.2/558.1

瑞芝室家傳一卷家傳志銘一卷　（清）楊琪光著　清光緒刻本　一冊

350000－2001－0012264　929.5028/441

金陵瑣志五種續二種　陳作霖撰　清光緒至民國間江寧陳氏刻本　五冊

350000－2001－0012265　042.3/775

邵武徐氏叢書二集二十三種　（清）徐幹輯　清光緒刻本　三冊　存三種二十五卷(讕書五卷附校一卷、春秋世族譜一卷、海東逸史十八卷)

350000－2001－0012266　929.51/506

江蘇海運全案十二卷　（清）賀長齡等纂　清道光刻本　六冊

350000－2001－0012267　042.7/21－9
分甘餘話四卷　（清）王士禎漫筆　（清）王兆棟書　清康熙刻本　四冊

350000－2001－0012268　929.51/98
江蘇沿海圖說一卷海島表一卷　（清）朱正元撰　清光緒二十五年(1899)上海鉛印本　一冊

350000－2001－0012269　929.512/98
吳郡圖經續記三卷　（宋）朱長文撰　清同治十二年(1873)江蘇書局刻本　一冊

350000－2001－0012270　822.196/550
盍簪集十四卷　（清）雷國楫選　清乾隆刻本　四冊

350000－2001－0012271　042.7/443－2
壬癸藏札記十二卷　（清）陳康祺著　清光緒十一年(1885)刻本　三冊　存六卷(四至九)

350000－2001－0012272　929.512/316
[嘉慶]重刊江甯府志五十六卷校勘記一卷　（清）呂燕昭修　（清）姚鼐纂　清光緒六年(1880)刻本　十二冊

350000－2001－0012273　822.196/445
山谷生日詩錄一卷六一居士生日詩錄一卷　(清)陳頌洛等撰　清光緒鉛印本　一冊

350000－2001－0012274　822.196/348
西泠消寒集二卷　（清）秦緗業選定　清同治十三年(1874)刻本　一冊

350000－2001－0012275　929.512/133
[光緒]續纂江寧府志十五卷首一卷勘誤一卷　（清）蔣啟勳　（清）趙佑宸修　（清）汪士鐸纂　清光緒七年(1881)刻本　十冊

350000－2001－0012276　822.196/348.1
西泠酬倡集五卷　（清）秦緗業等撰　清光緒五年(1879)刻本　二冊

350000－2001－0012277　822.196/237
湘社集四卷　易順鼎　（清）程頌萬編　清光緒十七年(1891)刻本　一冊

350000－2001－0012278　822.195/933

350000－2001－0012279　822.196/136
柳營詩傳四卷　三多輯　清光緒十七年(1891)刻本　一冊　存三卷(一至三)

350000－2001－0012280　082.17/674－581
清尊集十六卷　（清）汪遠孫輯　清道光十九年(1839)錢塘汪氏振綺堂刻本　四冊

350000－2001－0012281　822.195/353
屺雲樓集五種　（清）劉存仁撰　清咸豐至光緒間刻本　十六冊

350000－2001－0012282　929.512/525
桐城馬氏詩鈔七十卷末一卷　（清）馬樹華輯　清道光十六年(1836)可久處齋刻本　二十冊

350000－2001－0012283　929.512/665
揚州足徵錄二十七卷　（清）焦循輯　清光緒刻本　十冊

350000－2001－0012284　822.194/557
[咸豐]邳州志二十卷首一卷　（清）董用威（清）馬軼羣修　（清）魯一同纂　清咸豐元年(1851)刻光緒二十一年(1895)重印本　四冊

350000－2001－0012285　822.192/320
絕句詩選三卷續選三卷　（清）楊希閔選　清同治十三年(1874)刻本　二冊

350000－2001－0012286　929.513/73
刪正方虛谷瀛奎律髓四卷　（清）紀昀編　清乾隆鏡煙堂刻本　二冊

350000－2001－0012287　822.192/16
[嘉慶]溧陽縣志十六卷　（清）李景嶧（清）陳鴻壽修　（清）史炳　（清）史津纂　清光緒二十二年(1896)木活字印本　九冊

350000－2001－0012288　822.19153/386
瀛奎律髓刊誤四十九卷　（元）方回輯　（清）紀昀批點　清刻本　十二冊

350000－2001－0012289　822.19153/386.1
國朝浙人詩存八卷　（清）柴杰撰　清乾隆三十三年(1768)刻本　四冊

國朝浙人詩存八卷　（清）柴杰撰　清乾隆三

十三年(1768)刻本　四冊

350000－2001－0012290　929.513/99

[光緒]溧陽縣續志十六卷末一卷　(清)朱畯
(清)陳重綸修　(清)馮煦纂　清光緒二十
五年(1899)木活字印本　八冊

350000－2001－0012291　822.19153/162

兩浙輶軒錄四十卷補遺十卷　(清)阮元輯
清光緒十六年(1890)浙江書局刻本　三十
二冊

350000－2001－0012292　929.513/156－1

[嘉慶]增修宜興縣舊志十卷首一卷末一卷
(清)阮升基修　(清)寧楷纂　清同治八年
(1869)木活字印本　四冊　存四卷(八至十、
末一卷)

350000－2001－0012293　822.19153/116

續甬上耆舊詩集一百四十卷　(清)全祖望選
清光緒、宣統國學保存會鉛印本　五冊
存九十八卷(二十八至四十四、六十至一百四
十)

350000－2001－0012294　082.17/674－581＝1

杞雲樓集五種　(清)劉存仁撰　清咸豐至光
緒間刻本　二冊　存二種六卷(勸學芻言四
卷、詩經口義二卷)

350000－2001－0012295　929.513/156

[嘉慶]重刊宜興縣志四卷首一卷　(清)阮升
基修　(清)寧楷纂　清光緒八年(1882)刻本
二冊

350000－2001－0012296　822.19152/424

宛雅初編八卷首一卷　(明)梅鼎祚輯　(清)
張銘　(清)張大森補輯　二編八卷　(清)施
閏章　(清)蔡蓁春輯　三編二十四卷　(清)
施念曾輯　(清)張汝霖輯　清道光二十四年
(1844)刻本　十冊

350000－2001－0012297　822.424/449

陶靖節先生詩四卷補註一卷　(晉)陶潛撰
(宋)湯漢注　附錄一卷　(元)吳師道撰　清
光緒十一年(1885)會稽章氏刻本　一冊

350000－2001－0012298　929.513/164

[光緒]高淳縣志二十八卷首一卷　(清)楊福
鼎修　(清)陳嘉謀纂　清光緒七年(1881)刻
本　七冊　存二十二卷(一至二十一、首一
卷)

350000－2001－0012299　929.513/169

[道光]重刊續纂宜荊縣志十卷首一卷　(清)
顧名　(清)龔潤森修　(清)吳德旋纂　清道
光二十年(1840)刻本　四冊

350000－2001－0012300　929.513/169

[光緒]宜興荊谿縣新志十卷首一卷末一卷
(清)施惠　(清)錢志澄修　(清)吳景牆纂
清光緒八年(1882)刻本　八冊

350000－2001－0012301　929.513/248

景定建康志五十卷　(宋)馬光祖修　(宋)周
應合修纂　清嘉慶七年(1802)金陵孫忠愍祠
刻本　十二冊

350000－2001－0012302　822.426/718

謝康樂集拾遺一卷　(南朝宋)謝靈運撰　冒
廣生輯　謝康樂集校勘記一卷謝康樂詩一卷
冒廣生撰　清光緒至民國間刻如皋冒氏叢
書本　一冊

350000－2001－0012303　822.1999/492

香屑集十八卷首一卷末一卷　(清)黃之雋集
(清)陳邦直注　清刻本　六冊

350000－2001－0012304　929.513/248＝1

景定建康志五十卷　(宋)馬光祖修　(宋)周
應合纂　清嘉慶七年(1802)金陵孫忠愍祠刻
本　二十冊

350000－2001－0012305　822.1999/380－1

回文類聚四卷首一卷　(宋)桑世昌纂次　續
編十卷首一卷　(清)朱象賢　織錦回文圖一
卷　題(清)玉山仙史摹集　清雍正、乾隆刻
本　四冊

350000－2001－0012306　929.513/254

[光緒]江陰縣志三十卷首一卷　(清)盧思誠
等修　(清)季念詒　(清)夏煒如纂　清光緒
四年(1878)刻本　十九冊　存三十卷(江陰

縣志三十卷）

350000－2001－0012307　929.513/248.1

[光緒]海門廳圖志二十卷首一卷　（清）俞麟
年等修　（清）孫壽祺　（清）王汝騏纂　清光
緒二十六年（1900）刻本　四冊

350000－2001－0012308　082.76/406

稗海十函七十種　（明）商濬輯　明萬曆會稽
商氏半埜堂刻清康熙振鷺堂增補本　四十五
冊　存四十五種二百八十六卷（博物志十卷,
西京雜記六卷,王子年拾遺記十卷,搜神記八
卷,述異記二卷,續博物志十卷,捫言一卷,小
名錄二卷,雲溪友議十二卷,獨異志三卷,杜
陽雜編三卷,東觀奏記三卷,大唐新語一至
三,北夢瑣言錄二十卷,過庭錄一卷,泊宅編
三卷,閑窗括異志一卷,搜採異聞錄五卷,東
軒筆錄十五卷,青箱雜記十卷,蒙齋筆談二
卷,畫墁錄一卷,游宦紀聞十卷,夢溪筆談二
十六卷補筆談一卷,學齋占畢纂一卷,儲華穀
袪疑說纂一卷,墨莊漫錄一至七,避暑錄話
下,宣室志十卷補遺一卷,河東先生龍城錄二
卷,鶴林玉露五至十六卷、補遺一卷,儒林公
議二卷,侯鯖錄八卷,暌車志六卷,江鄰幾雜
志一卷,桯史十五卷,隨隱漫錄五卷,楓窻小
牘二卷,耕祿藁一卷,厚德錄四卷,酉陽雜俎
二十卷,清波雜志三卷,墨客揮犀十卷,異聞
總錄四卷,遂昌雜錄一卷）

350000－2001－0012309　082.8/395

邵武徐氏叢書二集二十三種　（清）徐幹輯
清光緒刻本　八冊　存四種五十三卷（東南
紀事十二卷、西南紀事十二卷、海東逸史十八
卷、李忠定公別集十卷附錄一卷）

350000－2001－0012310　822.1999/154

洮陽集句二卷　（清）李苞編輯　清嘉慶刻本
二冊

350000－2001－0012311　082.6/21

十子全書一百二十八卷　（清）王子興輯　清
嘉慶九年（1804）姑蘇王氏聚文堂刻本　三
十冊

350000－2001－0012312　427/21－6

芥子園畫傳三集　（清）王槩　（清）王蓍
（清）王臬摹古　清刻五色套印本　八冊

350000－2001－0012313　427/21－4

芥子園畫傳四集　（清）王槩摹古　（清）李漁
論定　清刻五色套印本　十冊

350000－2001－0012314　427/21－5

芥子園畫傳四集　（清）王槩摹古　（清）李漁
論定　清刻五色套印本　九冊

350000－2001－0012315　427/21－3

芥子園畫傳初集五卷　（清）王槩摹古　（清）
李漁論定　清刻五色套印本　五冊

350000－2001－0012316　乙1.2/2－1.3

漢書一百卷　（漢）班固撰　（唐）顏師古注
明崇禎十五年（1642）琴川毛氏汲古閣刻清順
治十二年（1655）重修十七史本　二十四冊

350000－2001－0012317　乙1.2/2－3

漢書一百卷　（漢）班固撰　（唐）顏師古注
清同治八年（1869）金陵書局刻二十四史本
十五冊　存九十一卷（一至六十三、七十三至
一百）

350000－2001－0012318　乙1.2/2－4

前漢書一百卷　（漢）班固撰　（唐）顏師古注
清同治八年（1869）金陵書局刻本　十六冊

350000－2001－0012319　082.8/486

長洲彭氏家集九種　（清）彭祖賢輯　清同
治、光緒刻本　四十八冊

350000－2001－0012320　乙1.2/2－5

漢書一百卷　（漢）班固撰　（唐）顏師古注
清同治八年（1869）金陵書局刻二十四史本
十六冊

350000－2001－0012321　909.11/674

金石苑不分卷　（清）劉喜海輯　清道光劉氏
來鳳堂刻本　八冊

350000－2001－0012322　124/φ104

淵鑒齋御纂朱子全書六十六卷　（宋）朱熹撰
（清）熊賜履　（清）李光地等修　清康熙五
十三年（1714）武英殿刻本　二十六冊

350000－2001－0012323　丁3.2/29.1

宋詩鈔一百六卷　（清）吳之振等輯　清康熙十年(1671)吳氏鑑古堂刻本　二十冊

350000－2001－0012324　822.1999/166

香痕盦影集四卷附題辭一卷　（清）吳仲輯錄　清宣統元年(1909)鉛印本　五冊

350000－2001－0012325　822.1996/940

諸家宮詞一卷　（□）□□撰　清宣統至民國間抄本　一冊

350000－2001－0012326　822.1996/52－1

三家宮詞三卷二家宮詞二卷　（明）毛晉輯　清宣統三年(1911)上海掃葉山房石印本　一冊

350000－2001－0012327　082.9953/377

永嘉叢書十三種　（清）孫衣言輯　清同治、光緒瑞安孫氏詒善祠塾刻本　三十五冊　存十二種一百四十六卷(橫塘集二十卷、竹軒雜著六卷補遺一卷、劉左史文集四卷、劉給諫文集五卷、艮齋先生薛常州浪語集三十五卷、止齋先生文集五十二卷附錄一卷、水心先生別集十六卷、開禧德安守城錄一卷、蒙川遺藁四卷補遺一卷)

350000－2001－0012328　822.1996/134

南宋雜事詩七卷　（清）沈嘉轍等撰　清同治十一年(1872)淮南書局刻本　四冊

350000－2001－0012329　822.1995/662

夢香園題詠一卷　（清）鄭績輯　清光緒刻本　一冊

350000－2001－0012330　822.1995/85

魏塘南浦吟一卷　（清）江峰青輯　清光緒二十六年(1900)刻本　一冊

350000－2001－0012331　822.1996/134－1

南宋雜事詩七卷　（清）沈嘉轍等撰　清同治十一年(1872)淮南書局刻本　二冊

350000－2001－0012332　822.1996/134－2

南宋雜事詩七卷　（清）沈嘉轍等撰　清同治十一年(1872)淮南書局刻本　二冊

350000－2001－0012333　822.1996/134－4

南宋雜事詩七卷　（清）沈嘉轍等撰　清同治十一年(1872)淮南書局刻本　四冊

350000－2001－0012334　822.1993/943

佩文齋詠物詩選四百八十二卷　（清）□□編　清康熙內府刻本　三十二冊

350000－2001－0012335　194/128

雲棲法彙三十五卷　（明）釋袾宏撰並輯　清同治、光緒刻本　三十五冊

350000－2001－0012336　021.6/162.1

重刊宋本十三經注疏　（□）□□輯　附校勘記　（清）阮元撰　（清）盧宣旬校定　清同治十二年(1873)江西書局刻本　一百八十冊

350000－2001－0012337　923.2/486

五代史記七十四卷　（宋）歐陽修撰　（宋）徐無黨原注　（清）彭元瑞補注　清嘉慶刻本　四十冊

350000－2001－0012338　195/432－1

悟真篇闡幽三卷　（宋）張伯端撰　（明）潘靜觀等訂　清康熙六十年(1721)貴文堂刻本　二冊

350000－2001－0012339　921/65－7

古香齋鑒賞袖珍史記一百三十卷　（漢）司馬遷撰　（南朝宋）裴駰集解　（唐）司馬貞索隱　（唐）張守節正義　史記正義論例謐法解列國分野一卷　（唐）張守節撰　補史記一卷（唐）司馬貞撰並注　清光緒八年(1882)刻本　二十四冊

350000－2001－0012340　082.78/741

藕香零拾三十九種　繆荃孫輯　清光緒二十二年至宣統二年(1896－1910)江陰繆氏刻本　三十二冊

350000－2001－0012341　852.13/122

重校正唐文粹一百卷　（宋）姚鉉纂　（清）尤桂等校正　明嘉靖三年(1524)姑蘇徐焴刻本　十六冊

350000－2001－0012342　832.08/393.2

小檀欒室彙刻閨秀詞十集一百種　徐乃昌輯
　清光緒二十一年至二十二年(1895 – 1896)
南陵徐氏刻本　　一冊　存第一集五種五卷
(玉雨詞一卷、鴻雪廎詞一卷、洞簫廎詞一卷、
聽雪詞一卷、古雪詩餘一卷)

350000 – 2001 – 0012343　822.19151/460
吳會英才集二十四卷　(清)畢沅輯　清道光
刻本　四冊

350000 – 2001 – 0012344　822.19151/28
江蘇詩征一百八十三卷　(清)王豫輯　清道
光元年(1821)刻本　四十冊

350000 – 2001 – 0012345　822.19151/103
國朝金陵詩征四十八卷　(清)朱緒曾編　清
光緒十三年(1887)德清俞樾刻本　十六冊

350000 – 2001 – 0012346　822.17/938
徑北草堂印須集初刻三卷　(清)管晏輯　清
末刻本　一冊

350000 – 2001 – 0012347　822.19123/558
國朝中州詩鈔三十二卷　(清)楊淮輯　清道
光二十三年(1843)刻本　十冊

350000 – 2001 – 0012348　822.17/793
欽定熙朝雅頌集一百六卷首集二十六卷餘集
二卷　(清)鐵保纂輯　(清)彭元瑞校閱
(清)法式善等編次　清嘉慶九年(1804)刻本
　二十四冊

350000 – 2001 – 0012349　822.17/676 – 1
國朝六家詩鈔八卷　(清)劉執玉選　(清)許
庭堅　(清)鄒容成參閱　清乾隆三十二年
(1767)燕詒樓刻本　四冊

350000 – 2001 – 0012350　822.17/676 – 2
國朝六家詩鈔八卷　(清)劉執玉選　(清)許
庭堅　(清)鄒容成參閱　清光緒汗青簃刻本
　八冊

350000 – 2001 – 0012351　822.17/676
國朝六家詩鈔八卷　(清)劉執玉選　(清)許
庭堅　(清)鄒容成參閱　清乾隆三十二年
(1767)燕詒樓刻本　八冊

350000 – 2001 – 0012352　822.17/656
國朝閨閣詩鈔一百卷　(清)蔡殿齊輯　清道
光二十四年(1844)娜嬛別館刻本　十冊

350000 – 2001 – 0012353　082.77/2
當歸草堂叢書八種　(清)丁丙輯　清同治錢
塘丁氏刻本　七冊

350000 – 2001 – 0012354　852.47/99
笥河文鈔二卷　(清)朱筠撰　清乾隆朱珪刻
本　一冊　存一卷(一)

350000 – 2001 – 0012355　195/486 – 1
承志錄三卷　(明)彭純著　(清)陶素耜校
附集一卷　(清)陶素耜述　清嘉慶刻本
一冊

350000 – 2001 – 0012356　822.47/98.1
怡志堂詩初編八卷　(清)朱琦撰　清咸豐七
年(1857)代州馮志沂署刻本　二冊

350000 – 2001 – 0012357　852.47/98.9
曝書亭集八十卷附錄一卷　(清)朱彝尊撰
笛漁小稾十卷　(清)朱昆田撰　清光緒十五
年(1889)陶闓寒梅舘刻本　十六冊

350000 – 2001 – 0012358　822.17/623
國朝詩萃初集十卷二集十四卷　(清)潘瑛
(清)高岑輯　清嘉慶九年(1804)潘氏刻二十
一年(1816)全椒金氏重修本　五冊

350000 – 2001 – 0012359　822.17/94
蔗根集十七卷　(清)黃冶原輯　清道光十六
年(1836)清美堂刻本　六冊

350000 – 2001 – 0012360　822.17/445
采菽堂古詩選三十八卷補遺四卷　(清)陳祚
明評選　清乾隆二十三年(1758)刻本　一冊
　存二卷(三十三至三十四)

350000 – 2001 – 0012361　032.2/935
御定駢字類編二百四十卷　(清)聖祖玄燁纂
　(清)沈宗敬等編　清光緒十三年(1887)上
海同文書局石印本　四十八冊

350000 – 2001 – 0012362　822.17/446
篋衍集十二卷　(清)陳維崧輯　清末至民國

初神州國光社鉛印本　四冊

350000－2001－0012363　822.17/432
國朝詩人徵略六十卷　（清）張維屏撰　清道光十年(1830)番禺張氏刻本　十冊　存四十九卷(一至二十、三十二至六十)

350000－2001－0012364　082.77/791
讀畫齋叢書八集四十六種　（清）顧修輯　清嘉慶四年(1799)桐川顧氏刻本　六十四冊

350000－2001－0012365　822.17/334
後九家詩九卷　（清）高學淇　（清）俞廷簡輯　清道光十年(1830)刻本　一冊

350000－2001－0012366　822.17/320
庚辰集五卷　（清）紀昀編　清乾隆二十七年(1762)刻本　五冊

350000－2001－0012367　822.17/320.1
庚辰集五卷　（清）紀昀編　清乾隆二十七年(1762)嵩山書院刻本　五冊

350000－2001－0012368　822.17/225
王氏漁洋詩鈔十二卷　（清）王士禎撰　（清）邵長蘅選　清康熙三十四年(1695)刻本　八冊

350000－2001－0012369　852.47/98.9＝1
曝書亭集八十卷附錄一卷　（清）朱彝尊撰　笛漁小稾十卷　（清）朱昆田撰　清光緒十五年(1889)陶闓寒梅舘刻本　十五冊

350000－2001－0012370　852.47/98.92
曝書亭集外稿八卷　（清）朱彝尊撰　清嘉慶二十二年(1817)刻本　六冊

350000－2001－0012371　082.77/651
鐵華館叢書六種　（清）蔣鳳藻輯　清光緒九年至十年(1883－1884)長洲蔣氏刻本　六冊

350000－2001－0012372　823.1995/393
本事詩前集六卷後集六卷　（清）徐釚編輯　清光緒刻邵武徐氏叢書本　四冊

350000－2001－0012373　082.77/622
潘刻五種　（清）恩燾輯　清光緒二十九年(1903)京都翰文齋刻本　六冊

350000－2001－0012374　822.47/649
忠雅堂詩集二十七卷補遺二卷詞集二卷　（清）蔣士銓撰　清刻本　十二冊

350000－2001－0012375　082.17/15
柏堂遺書八種　（清）方宗誠述　毅齋遺集五卷　（清）方培瀶撰　清光緒元年至十二年(1875－1886)桐城方氏志學堂刻本　六十冊

350000－2001－0012376　920.2/151＝3
歷代通鑑纂要九十二卷　（明）李東陽等撰　清光緒二十三年(1897)廣雅書局刻本　四十八冊

350000－2001－0012377　852.47/99.1
笥河文集十六卷首一卷　（清）朱筠著　清光緒五年(1879)刻本　六冊

350000－2001－0012378　822.47/572
樨華館試帖彙鈔輯注十卷　（清）路德編　清道光十四年(1834)刻本　六冊　存二卷(一至二)

350000－2001－0012379　920.2/151＝4
歷代通鑑纂要九十二卷　（明）李東陽等撰　清光緒二十三年(1897)廣雅書局刻本　四十八冊

350000－2001－0012380　822.132/158－1
全五代詩一百卷補遺一卷五代帝王廟謚年諱譜一卷　（清）李調元編　清乾隆刻本　十四冊

350000－2001－0012381　852.47/99.6
知足齋文集六卷　（清）朱珪撰　清刻本　四冊

350000－2001－0012382　852.47/99.6＝1
知足齋文集六卷　（清）朱珪撰　清刻本　六冊

350000－2001－0012383　852.47/100.8
朱文端公文集四卷補編四卷　（清）朱軾撰　朱文端公［軾］年譜一卷　（清）朱瀚輯　（清）朱玲補訂　清同治十二年(1873)刻本　四冊

350000－2001－0012384　852.47/100.9
朱文端公文集四卷　（清）朱軾撰　清刻本
二冊

350000－2001－0012385　822.47/574
櫽華館試帖彙鈔輯注十卷　（清）路德撰　清
道光刻本　五冊　存六卷（三至八）

350000－2001－0012386　852.47/100.11
柏廬外集四卷　（清）朱用純撰　清光緒八年
（1882）津河廣仁堂刻本　二冊

350000－2001－0012387　852.47/101
古懽齋文錄四卷　（清）朱舲撰　清光緒十一
年（1885）古唐朱氏刻本　一冊

350000－2001－0012388　822.17/22－5
感舊集十二卷　（清）王士禛選　（清）盧見曾
補傳　清乾隆十七年（1752）刻本　六冊

350000－2001－0012389　852.47/102.8
虛白山房駢體文二卷詩集四卷　（清）朱鳳毛
撰　清光緒十五年（1889）廣州刻本　二冊

350000－2001－0012390　929.513/440
[乾隆]婁縣志三十卷首二卷　（清）謝庭薰修
　（清）陸錫熊纂　清乾隆五十三年（1788）刻
本　六冊

350000－2001－0012391　929.513/468
[嘉慶]新修荊溪縣志四卷首一卷　（清）唐仲
冕修　（清）寧楷纂　清同治八年（1869）木活
字印本　二冊

350000－2001－0012392　822.47/650－1
忠雅堂詩集二十七卷補遺二卷銅絃詞二卷
（清）蔣士銓撰　清嘉慶三年（1798）揚州刻本
十二冊

350000－2001－0012393　852.47/103
棣垞集四卷外集三卷　（清）朱啓連撰　清光
緒二十六年（1900）刻本　二冊

350000－2001－0012394　852.47/103.1
朱強甫集三卷　（清）朱克柔撰　清宣統二年
（1910）武昌刻本　一冊

350000－2001－0012395　822.47/661.1

350000－2001－0012396　929.513/568
巢經巢詩鈔九卷後集四卷　（清）鄭珍撰　清
咸豐二年（1852）刻民國重印本　四冊

[咸豐]甘棠小志四卷首一卷末一卷　（清）董
醇纂　清咸豐五年（1855）甘棠董氏刻本
四冊

350000－2001－0012397　852.47/103.2
結一廬遺文二卷　（清）朱學勤撰　清光緒三
十四年（1908）刻本　一冊

350000－2001－0012398　920.2/442＝1
資治通鑑綱目前編二十五卷正編五十九卷續
編二十七卷補編一卷三編二十卷　（明）陳仁
錫評閱　清嘉慶八年（1803）宏道堂刻本　一
百四十五冊　存一百十二冊（前編二十五卷、
正編五十九卷、續編二十七卷、補編一卷）

350000－2001－0012399　927.031/122
皇朝掌故彙編內編六十卷首一卷外編四十卷
首一卷　（清）張壽鏞　（清）宋文蔚等輯　清
光緒二十八年（1902）求實書社鉛印本　六
十

350000－2001－0012400　929.19/375－2
古香齋鑒賞袖珍春明夢餘錄七十卷　（清）孫
承澤撰　清光緒九年（1883）刻本　二十四冊

350000－2001－0012401　929.513/592
[光緒]靖江縣志十六卷首一卷　（清）葉滋森
修　（清）褚翔等纂　清光緒五年（1879）刻本
八冊

350000－2001－0012402　929.513/592＝1
[光緒]靖江縣志十六卷首一卷　（清）葉滋森
修　（清）褚翔等纂　清光緒五年（1879）刻本
八冊

350000－2001－0012403　852.47/104.1
怡志堂文初編六卷　（清）朱琦撰　清同治四
年（1865）北京刻本　二冊

350000－2001－0012404　852.47/104.1＝1
怡志堂文初編六卷　（清）朱琦撰　清同治四
年（1865）北京刻本　二冊

350000 - 2001 - 0012405　082.77/409 - 8

榆園叢刻二十八種　（清）許增輯　清光緒十年至十九年（1884 - 1893）仁和許氏刻本　十六冊

350000 - 2001 - 0012406　822.47/598 - 2

甌北詩鈔二十卷　（清）趙翼撰　清湛貽堂刻本　四冊

350000 - 2001 - 0012407　822.47/598 - 3

甌北集五十三卷　（清）趙翼撰　清乾隆刻本　十二冊

350000 - 2001 - 0012408　822.13/936 - 2

御選唐宋詩醇四十七卷目錄二卷　（清）高宗弘曆選　清光緒七年（1881）浙江書局刻本（卷十八補配清刻本）　二十二冊　存四十七卷（一至四十五、目錄二卷）

350000 - 2001 - 0012409　920.2/460 - 4

續資治通鑑二百二十卷　（清）畢沅編集　清嘉慶六年（1801）桐鄉馮集梧刻同治六年（1867）重修本　六十冊

350000 - 2001 - 0012410　乙5.1/12.1

欽定宗室王公功績表傳十二卷首一卷　（清）國史館編　清抄本　六冊

350000 - 2001 - 0012411　852.47/104.5

拙盦叢稿五種　（清）朱一新撰　清光緒二十二年（1896）順德龍氏葆真堂刻本　四冊　存二種九卷（佩弦齋文存二卷首一卷駢文存一卷詩存一卷、佩弦齋試帖存一卷律賦一卷雜存二卷）

350000 - 2001 - 0012412　929.513/665

[咸豐]清河縣志二十四卷首一卷　（清）吳棠修　（清）魯一同纂　清咸豐四年（1854）刻同治元年（1862）補修本　八冊

350000 - 2001 - 0012413　852.47/104.7

朱九江先生集十卷首四卷　（清）朱次琦撰　清光緒二十三年（1897）讀書草堂刻本　四冊

350000 - 2001 - 0012414　929.513/705

[咸豐]壬癸志稿二十八卷　（清）錢寶琛撰

清光緒六年（1880）刻本　四冊

350000 - 2001 - 0012415　852.47/115.1

清芬樓遺藁四卷　（清）任啓運撰　清嘉慶二十二年（1817）刻本　二冊

350000 - 2001 - 0012416　852.47/115 - 1 = 1

清芬樓遺藁四卷　（清）任啓運撰　清光緒十四年（1888）荊溪任氏家塾刻本　一冊

350000 - 2001 - 0012417　822.47/573

樨華館詩集四卷　（清）路德輯　清刻本　二冊

350000 - 2001 - 0012418　822.71/223 - 2

楚辭十七卷　（漢）劉向集　（漢）王逸章句（宋）洪興祖補注　清初毛氏汲古閣刻同治十一年（1872）金陵書局重印本　四冊

350000 - 2001 - 0012419　822.47/577

聲玉山齋詩集五卷　（清）鄒熊撰　清嘉慶十五年（1810）刻本　一冊

350000 - 2001 - 0012420　822.47/578

心安隱室詩集九卷詞集四卷　（清）詹肇堂撰　清光緒十年（1884）成德堂刻本　四冊

350000 - 2001 - 0012421　929.514/151

揚州畫舫錄十八卷　（清）李斗著　清同治十一年（1872）刻本　四冊

350000 - 2001 - 0012422　822.71/223 - 2 = 1

楚辭十七卷　（漢）劉向集　（漢）王逸章句（宋）洪興祖補注　清初毛氏汲古閣刻同治十一年（1872）金陵書局重印本　四冊

350000 - 2001 - 0012423　929.514/449

[光緒]周莊鎮志六卷首一卷附貞豐里庚甲見聞錄二卷　（清）陶煦纂　清光緒八年（1882）元和陶氏儀一堂刻本　六冊

350000 - 2001 - 0012424　822.71/223 - 2 = 2

楚辭十七卷　（漢）劉向集　（漢）王逸章句（宋）洪興祖補注　清初毛氏汲古閣刻同治十一年（1872）金陵書局重印本　四冊

350000 - 2001 - 0012425　822.47/558.2

弗過軒詩鈔七卷　（清）楊雍建著　清康熙三

十三年(1694)刻本　一冊

350000－2001－0012426　822.47/558.3
吟香室詩草二卷續刻一卷附刻一卷　（清）楊
蘊輝撰　清光緒二十四年(1898)南海縣署刻
本　二冊

350000－2001－0012427　822.47/558.3＝1
吟香室詩草二卷續刻一卷附刻一卷　（清）楊
蘊輝撰　清光緒二十四年(1898)南海縣署刻
本　二冊

350000－2001－0012428　822.47/558.3－1
吟香室詩草二卷續刻一卷附刻一卷　（清）楊
蘊輝撰　清光緒二十四年(1898)南海縣署刻
本　二冊

350000－2001－0012429　082.17/322
經韻樓叢書八種　（清）段玉裁撰　清乾隆至
道光間金壇段氏刻本　二十冊

350000－2001－0012430　992.1314/491－2
宋元學案一百卷首一卷　（清）黃宗羲撰
（清）黃百家輯　（清）全祖望修定　清光緒五
年(1879)長沙寄廬刻本　三十二冊

350000－2001－0012431　929.515/21
後湖志不分卷　（清）王作棟纂　（清）錢福臻
增輯　清宣統二年(1910)鉛印本　一冊

350000－2001－0012432　920.31/844
九通九種　（清）□□輯　清光緒二十七年
(1901)上海圖書集成局排印本　三百二冊

350000－2001－0012433　929.515/282＝1
分湖小識六卷　（清）柳樹芳輯錄　清道光二
十七年(1847)勝溪草堂刻本　二冊

350000－2001－0012434　929.515/282＝2
分湖小識六卷　（清）柳樹芳輯錄　清道光二
十七年(1847)勝溪草堂刻本　二冊

350000－2001－0012435　929.515/352
莫愁湖志六卷首一卷　（清）馬士圖輯著　清
光緒刻本　二冊

350000－2001－0012436　929.515/352＝1
莫愁湖志六卷首一卷　（清）馬士圖輯著　清

光緒刻本　二冊

350000－2001－0012437　929.515/352＝2
莫愁湖志六卷首一卷　（清）馬士圖輯著　清
光緒刻本　二冊

350000－2001－0012438　929.515/352＝3
莫愁湖志六卷首一卷　（清）馬士圖輯著　清
光緒刻本　二冊

350000－2001－0012439　929.515/525
北湖小志六卷首一卷　（清）焦循纂　清嘉慶
十三年(1808)刻本　四冊

350000－2001－0012440　929.515/525＝1
北湖小志六卷首一卷　（清）焦循纂　清嘉慶
十三年(1808)刻本　二冊

350000－2001－0012441　852.107/529
經史百家雜鈔二十六卷　（清）曾國藩纂　清
光緒三十二年(1906)上海商務印書館鉛印本
十二冊

350000－2001－0012442　822.47/566
種蕉聽雨軒詩鈔五卷　（清）葛之覃撰　清光
緒二十八年(1902)高密縣署刻本　一冊

350000－2001－0012443　992.1316/491－5
明儒學案六十二卷　（清）黃宗羲著　（清）萬
言訂　清乾隆四年(1739)慈谿鄭性刻本　二
十四冊

350000－2001－0012444　852.107/φ654－1
古文雅正十四卷　（清）蔡世遠選評　清同治
七年(1868)湘城曾氏刻本　六冊

350000－2001－0012445　852.107/215
續選古文雅正十四卷　（清）林有席評輯　清
道光二十二年(1842)刻本　十五冊

350000－2001－0012446　852.107/529＝1
經史百家雜鈔二十六卷　（清）曾國藩纂　清
光緒三十二年(1906)上海商務印書館鉛印本
十二冊

350000－2001－0012447　852.47/116
結埼亭集三十八卷　（清）全祖望撰　（清）史
夢蛟校　**首一卷**　（清）董秉純編輯　清嘉慶

九年(1804)刻本　八册

350000－2001－0012448　852.47/116.5＝1

鮚埼亭集三十八卷全謝山先生經史問答十卷
（清）全祖望撰　（清）史夢蛟校　首一卷
（清）董秉純輯　（清）史夢蛟校　清嘉慶刻本
十二册

350000－2001－0012449　852.47/116.2

鮚埼亭集三十八卷首一卷外編五十卷全謝山
先生經史問答十卷　（清）全祖望撰　（清）史
夢蛟校　清嘉慶九年(1804)刻同治十一年
(1872)增補本　二十四册

350000－2001－0012450　852.47/116.2＝1

鮚埼亭集三十八卷首一卷外編五十卷全謝山
先生經史問答十卷　（清）全祖望撰　（清）史
夢蛟校　清嘉慶九年(1804)刻同治十一年
(1872)增補本　二十四册

350000－2001－0012451　909.308/102

行素草堂金石叢書十六種　（清）朱記榮輯訂
清光緒吳縣朱氏刻十四年(1888)彙印本
四十册

350000－2001－0012452　822.47/137.3＝1

振綺堂詩存一卷　（清）汪憲撰　清光緒十五
年(1889)刻本　一册

350000－2001－0012453　852.47/125.1

業香書屋文賸一卷　（清）宋體淳撰　清咸豐
三年(1853)刻本　一册

350000－2001－0012454　852.17/439.2

切問齋文鈔三十卷首一卷　（清）陸燿輯　清
道光五年(1825)刻本　十册

350000－2001－0012455　852.47/128.6

頤綵堂文集十六卷劍舟律賦二卷　（清）沈叔
埏撰　聖禾鄉農詩鈔四卷　（清）沈珏撰　清
光緒九年(1883)刻本　七册

350000－2001－0012456　852.17/439.2＝1

切問齋文鈔三十卷首一卷　（清）陸燿輯　清
道光五年(1825)刻本　十册

350000－2001－0012457　852.47/124

安雅堂未刻稿八卷　（清）宋琬著　清乾隆三
十一年(1766)刻本　六册

350000－2001－0012458　852.47/129.2

天鑒堂一集二卷　（清）朱珪手訂　清光緒二
十五年(1899)刻本　一册

350000－2001－0012459　852.47/129.1

勵志錄二卷　（清）沈近思著　沈端恪公［近思］
年譜二卷本傳一卷　（□）□□撰　碑銘一卷
（清）杭世駿撰　墓誌一卷　（清）彭啓豐撰　清
同治十二年(1873)浙江書局刻本　二册

350000－2001－0012460　852.47/130

果堂集十二卷　（清）沈彤撰　清乾隆十九年
(1754)刻本　四册

350000－2001－0012461　929.515/674

寶華山志十五卷首一卷　（清）劉名芳纂修
清光緒刻本　四册

350000－2001－0012462　852.47/178.21

義門先生集十二卷　（清）何焯撰　（清）吳雲
等輯　清宣統三年(1911)中華圖書館石印本
四册

350000－2001－0012463　852.47/178.21＝1

義門先生集十二卷　（清）何焯撰　（清）吳雲
等輯　清宣統三年(1911)中華圖書館石印本
四册

350000－2001－0012464　929.515/700

金山志十卷　（清）盧見曾纂　續金山志二卷
（清）釋秋崖續纂　清光緒二十七年(1901)
刻本　六册

350000－2001－0012465　920.31/844－1

九通九種　（清）□□輯　清光緒二十八年
(1902)上海鴻寶書局石印本　二百四册

350000－2001－0012466　822.47/564

大瓠山房詩集二卷　（清）葉道源著　（清）胡
念修選　清宣統三年(1911)鉛印本　一册

350000－2001－0012467　822.47/564＝1

大瓠山房詩集二卷　（清）葉道源著　（清）胡
念修選　清宣統三年(1911)鉛印本　一册

350000 – 2001 – 0012468　822.47/557

插花窗詩草六卷　（清）楊昌光撰　清嘉慶十
七年(1812)刻本　二冊

350000 – 2001 – 0012469　929.515/700 – 1

金山志十卷　（清）盧見曾纂　清乾隆二十七
年(1762)刻本　一冊　存二卷(九至十)

350000 – 2001 – 0012470　822.47/530 – 3

鬱華閣遺集四卷　（清）盛昱撰　清光緒二十
八年(1902)武昌刻朱印本　一冊

350000 – 2001 – 0012471　852.196/162.2

學海堂初集十六卷二集二十二卷三集二十四
卷四集二十八卷　（清）吳蘭修訂　清道光五
年至光緒十二年(1825 – 1886)仙城簡書齋刻
本　四十冊

350000 – 2001 – 0012472　852.107/787 – 2

全上古三代秦漢三國六朝文七百四十六卷
（清）嚴可均輯　清光緒二十年(1894)黃岡王
氏刻本　一百冊

350000 – 2001 – 0012473　929.515/791

虎邱山志十卷首一卷　（清）顧湄修　清宣統
三年(1911)集群圖書館鉛印本　二冊

350000 – 2001 – 0012474　929.515/969

慧山記四卷　（明）釋圓顯輯　（明）邵寶訂
續編三卷首一卷　（清）邵涵初續輯　清同治
七年(1868)刻本　六冊

350000 – 2001 – 0012475　822.47/530 – 1

鬱華閣遺集四卷　（清）盛昱撰　清光緒二十
八年(1902)武昌刻三十四年(1908)增補本
一冊

350000 – 2001 – 0012476　822.47/530 – 2

鬱華閣遺集四卷　（清）盛昱撰　清光緒三十
一年(1905)石印本　一冊

350000 – 2001 – 0012477　992.197/705 – 2

碑集傳一百六十卷首二卷末二卷　（清）錢儀
吉纂錄　清光緒十九年(1893)江蘇書局刻本
六十冊

350000 – 2001 – 0012478　852.47/157.83

越縵堂駢體文四卷附散體文一卷　（清）李慈
銘著　（清）曾之撰編次　清光緒二十三年
(1897)刻虛霩居叢書本　四冊

350000 – 2001 – 0012479　929.515/969 = 1

慧山記四卷　（明）釋圓顯輯　（明）邵寶訂
續編三卷首一卷　（清）邵涵初續輯　清同治
七年(1868)刻本　三冊

350000 – 2001 – 0012480　992.197/740 – 2

續碑傳集八十卷首二卷　繆荃孫纂錄　清宣
統二年(1910)江楚編譯書局刻本　二十四冊

350000 – 2001 – 0012481　822.47/530 – 2 = 1

鬱華閣遺集四卷　（清）盛昱撰　清光緒三十
一年(1905)上海有正書局石印本　一冊

350000 – 2001 – 0012482　852.44/φ151.2

宋李忠定文集三十九卷　（宋）李綱撰　清光
緒三十四年(1908)湘鄉愛日堂刻本　八冊

350000 – 2001 – 0012483　822.47/538

黃葉樓初集四卷首一卷末一卷　（清）喬煌撰
清嘉慶六年(1801)刻本　四冊

350000 – 2001 – 0012484　852.47/170.2

呂晚村先生文集八卷　（清）呂留良撰　清木
活字印本　二冊　存四卷(三至六)

350000 – 2001 – 0012485　929.518/122

滄浪小志二卷　（清）宋犖編　清光緒十年
(1884)江蘇書局刻本　一冊

350000 – 2001 – 0012486　920.2/787

資治通鑑補二百九十四卷　（明）嚴衍撰　清
光緒二年(1876)盛氏思補樓刻本　八十冊

350000 – 2001 – 0012487　929.519/151 – 1

揚州畫舫錄十八卷　（清）李斗撰　清乾隆六
十年(1795)刻本　六冊

350000 – 2001 – 0012488　822.047/27

帶經堂詩話三十卷首一卷　（清）王士禎撰
（清）張宗柟編　清乾隆二十七年(1762)刻本
十二冊

350000 – 2001 – 0012489　822.047/104

靜志居詩話二十四卷　（清）朱彝尊著　清嘉

慶二十四年(1819)扶荔山房刻本　十二冊

350000－2001－0012490　852.47/133

借箸雜俎四卷　(清)沈清旭撰　清光緒十二年(1886)刻本　四冊

350000－2001－0012491　852.107/φ165

涵芬樓古今文鈔一百卷　吳曾祺纂錄　清宣統二年(1910)鉛印本　一百冊

350000－2001－0012492　929.519/449

京口掌故叢編六種　(清)陶駿保輯　清光緒三十四年(1908)陶氏刻本　二冊

350000－2001－0012493　852.47/135

東里生爐餘集三卷　(清)汪家禧撰　清道光元年(1821)武林愛日軒刻本　一冊

350000－2001－0012494　852.47/135.2

汪梅村先生集十二卷文外集一卷　(清)汪士鐸撰　清光緒七年(1881)刻本　四冊

350000－2001－0012495　852.47/135.5

松泉文集二十卷　(清)汪由敦撰　清乾隆刻本　八冊

350000－2001－0012496　822.47/541

津寄齋詩鈔四卷　(清)溫汝進撰　清末刻本　二冊

350000－2001－0012497　852.47/135.7

雙池文集十卷　(清)汪紱稿　清道光十四年(1834)一經堂刻本　四冊

350000－2001－0012498　929.514/151＝1

揚州畫舫錄十八卷　(清)李斗著　清同治十一年(1872)刻本　四冊

350000－2001－0012499　852.47/135.7＝1

雙池文集十卷　(清)汪紱稿　清道光十四年(1834)一經堂刻本　六冊

350000－2001－0012500　929.514/151＝2

揚州畫舫錄十八卷　(清)李斗著　清同治十一年(1872)刻本　四冊

350000－2001－0012501　929.514/151＝3

揚州畫舫錄十八卷　(清)李斗著　清同治十

一年(1872)刻本　四冊

350000－2001－0012502　852.47/136＝4

述學內篇三卷補遺一卷外篇一卷別錄一卷　(清)汪中撰　清同治八年(1869)揚州書局刻本　二冊

350000－2001－0012503　852.47/136＝5

述學內篇三卷補遺一卷外篇一卷別錄一卷　(清)汪中撰　清同治八年(1869)揚州書局刻本　一冊

350000－2001－0012504　852.47/136＝6

述學內篇三卷補遺一卷外篇一卷別錄一卷　(清)汪中撰　清同治八年(1869)揚州書局刻本　一冊

350000－2001－0012505　822.47/529

賞雨茅屋詩集二十一卷外集一卷　(清)曾燠撰　清道光刻本　六冊

350000－2001－0012506　852.47/136.6

稼門文鈔十卷　(清)汪志伊著　清嘉慶十五年(1810)刻本　二冊

350000－2001－0012507　082.77/431

張氏適園叢書初集七種　(清)張鈞衡輯　清宣統三年(1911)上海國學扶輪社鉛印本　二十冊

350000－2001－0012508　852.47/136＝7

述學內篇三卷補遺一卷外篇一卷別錄一卷　(清)汪中撰　清同治八年(1869)揚州書局刻本　二冊

350000－2001－0012509　920.2/965－6

御批資治通鑑綱目全書四種一百二十九卷　(清)聖祖玄燁批　清康熙刻乾隆增補本　六十七冊　缺一卷(綱目正編一)

350000－2001－0012510　082.17/741

顏李遺書二十種　(清)顏元　(清)李塨撰　清光緒定州王氏刻本　二十三冊

350000－2001－0012511　852.47/273－8

胡文忠公遺集八十六卷首一卷　(清)曾國荃纂輯　(清)胡鳳丹重編　清光緒二十七年

(1901)上海圖書集成印書局鉛印本　　八冊

350000－2001－0012512　852.47/347－2
小峴山人詩集□□卷　（清）秦瀛撰　清刻本
二冊　存十四卷（一至十四）

350000－2001－0012513　822.47/524
我詩集六卷　（清）傅眉著　（清）張耀先編輯
清乾隆十二年(1747)刻本　一冊

350000－2001－0012514　082.71/100
結一廬朱氏剩餘叢書四種　（清）朱澂輯　清
光緒三十年至三十一年(1904－1905)刻本
十五冊

350000－2001－0012515　822.47/522＝1
缾水齋詩集十七卷別集二卷詩話一卷　（清）
舒位撰　清光緒十二年(1886)刻本　八冊

350000－2001－0012516　852.47/394.9
斯未信齋全集二種　（清）徐宗幹撰　清咸豐
五年(1855)刻本　十冊

350000－2001－0012517　乙4/10.1
國語二十一卷　（三國吳）韋昭解　**校刊明道
本韋氏解國語札記一卷**　（清）黃丕烈撰　清
嘉慶五年(1800)吳門黃氏讀未見書齋刻本
二冊

350000－2001－0012518　852.47/396－5
復初齋文集三十五卷　（清）翁方綱撰　清道
光十六年(1836)侯官李彥章刻光緒三年至四
年(1877－1878)補修本　十冊

350000－2001－0012519　852.47/476－2
大雲山房文稾初集四卷二集四卷言事二卷
（清）惲敬著　清嘉慶二十年(1815)南昌甲戌
坊刻本　八冊

350000－2001－0012520　852.47/486
二林居集二卷　（清）彭紹升撰　清光緒六年
(1880)合肥李瀚章刻本　二冊

350000－2001－0012521　852.47/136.821
鈍翁前後類稾六十二卷續稾五十六卷　（清）
汪琬撰　**寸碧堂詩集二卷外集一卷**　（清）汪
膺撰　清雍正十年(1732)刻本　十二冊

350000－2001－0012522　929.519/791－2
清嘉錄十二卷　（清）顧祿撰　清道光十年
(1830)刻本　二冊

350000－2001－0012523　852.47/136.85＝1
鈍翁文集十六卷　（清）汪琬撰　清宣統二年
(1910)國學扶輪社石印本　八冊

350000－2001－0012524　852.47/486－1
二林居集二十四卷　（清）彭紹升著　清光緒
七年(1881)刻長洲彭氏家集本　四冊

350000－2001－0012525　852.47/136.81
鈍翁前後類稾六十二卷續稾五十六卷　（清）
汪琬撰　**姑蘇楊柳枝詞一卷**　（清）周枝梀編
次　清雍正十年(1732)刻本　十冊

350000－2001－0012526　852.47/136.84
鈍翁文錄十六卷　（清）汪琬撰　清光緒十三
年(1887)鋤月種梅室木活字印本　六冊

350000－2001－0012527　822.47/568－3
吟香室詩草二卷續刻一卷附刻一卷　（清）楊
蘊輝撰　清光緒二十三年(1897)南海縣署刻
本　二冊

350000－2001－0012528　852.47/136.85
鈍翁文集十六卷　（清）汪琬撰　清宣統二年
(1910)國學扶輪社石印本　八冊

350000－2001－0012529　822.47/568－3＝1
吟香室詩草二卷續刻一卷附刻一卷　（清）楊
蘊輝撰　清光緒二十三年(1897)南海縣署刻
本　二冊

350000－2001－0012530　929.521/178
[道光]安徽通志二百六十卷首六卷　（清）陶
澍等修　（清）李振庸　（清）韓玖纂　清道光
十年(1830)刻本　五十一冊　存一百十四卷
（一百十二至二百二十五）

350000－2001－0012531　852.47/148
變雅堂文集八卷詩集十卷附錄二卷　（清）杜
濬撰　清光緒二十年(1894)刻本　六冊

350000－2001－0012532　822.47/568－3＝2
吟香室詩草二卷續刻一卷附刻一卷　（清）楊

蘊輝撰　清光緒二十三年(1897)南海縣署刻本　二冊

350000－2001－0012533　822.47/568－3＝3
吟香室詩草二卷續刻一卷附刻一卷　(清)楊蘊輝撰　清光緒二十三年(1897)南海縣署刻本　二冊

350000－2001－0012534　852.47/148＝1
變雅堂文集八卷詩集十卷附錄二卷　(清)杜濬撰　清光緒二十年(1894)刻本　六冊

350000－2001－0012535　852.47/148＝2
變雅堂文集八卷詩集十卷附錄二卷　(清)杜濬撰　清光緒二十年(1894)刻本　二冊

350000－2001－0012536　852.47/151.1
南澗文集二卷　(清)李文藻撰　清刻本　二冊

350000－2001－0012537　852.47/151.1＝1
南澗文集二卷　(清)李文藻撰　清刻本　一冊

350000－2001－0012538　852.47/153.1＝1
養一齋文集二十卷　(清)李兆洛著　**李鳳臺傳一卷**　(清)包世臣書　**李養一先生行狀**　(清)薛子衡撰　清光緒四年(1878)刻本　八冊

350000－2001－0012539　852.47/615－1
裴光祿遺集八卷首一卷　(清)裴蔭森撰　(清)沈翊清編次　清宣統三年(1911)裴氏刻本　四冊

350000－2001－0012540　852.47/153.1＝2
養一齋文集二十卷　(清)李兆洛著　**李鳳臺傳一卷**　(清)包世臣書　**李養一先生行狀**　(清)薛子衡撰　清光緒四年(1878)刻本　七冊

350000－2001－0012541　852.47/153.1＝3
養一齋文集二十卷　(清)李兆洛著　**李鳳臺傳一卷**　(清)包世臣書　**李養一先生行狀**　(清)薛子衡撰　清光緒四年(1878)刻本　八冊

350000－2001－0012542　852.47/615－1＝1
裴光祿遺集八卷首一卷　(清)裴蔭森撰　(清)沈翊清編次　清宣統三年(1911)裴氏刻本　四冊

350000－2001－0012543　852.47/151.43
李養一先生文集二十四卷　(清)李兆洛著　**李鳳臺傳一卷**　(清)包世臣書　**李養一先生行狀**　(清)薛子衡撰　清咸豐二年(1852)維鳳堂刻本　六冊

350000－2001－0012544　852.47/151.45
宛湄書屋文鈔八卷　(清)李光廷撰　清光緒四年(1878)端溪書院刻本　二冊

350000－2001－0012545　929.522/332
[光緒]直隸和州志四十卷首一卷補遺一卷　(清)朱大紳修　(清)高照纂　清光緒二十七年(1901)木活字印本　十六冊

350000－2001－0012546　852.47/749.8
戴東原集十二卷　(清)戴震撰　(清)段玉裁輯　清乾隆五十七年(1792)金壇段玉裁經韻樓刻本　四冊

350000－2001－0012547　852.47/749.8＝1
戴東原集十二卷　(清)戴震撰　(清)段玉裁輯　清乾隆五十七年(1792)金壇段玉裁經韻樓刻本　四冊

350000－2001－0012548　852.47/749.8＝2
戴東原集十二卷附札記一卷　(清)戴震撰　(清)段玉裁輯　清乾隆五十七年(1792)金壇段玉裁經韻樓刻本　四冊

350000－2001－0012549　822.47/623
不櫛吟續刻三卷　(清)潘素心撰　清道光三年(1823)刻本　一冊

350000－2001－0012550　920.2/965－2
御批歷代通鑑輯覽一百二十卷　(清)傅恒等撰　清乾隆刻清末補修本　三十二冊

350000－2001－0012551　929.521/178－1
[光緒]重修安徽通志三百五十卷補遺十卷　(清)吳坤修等修　(清)何紹基等纂　(清)

盧士傑續修　(清)馮焯續纂　清光緒四年(1878)刻七年(1881)增修本　八十冊　存三百四卷(一至八十九、一百十六至一百九十二、二百至二百十四、二百三十至二百六十二、二百六十九至三百五十,補遺一至六、九至十)

350000－2001－0012552　929.522/2

[光緒]廣德州志六十卷首一卷末一卷　(清)胡有誠修　(清)丁寶書纂　清光緒七年(1881)刻本　十五冊　存四十五卷(一至十九、三十四至四十八、五十二至六十二)

350000－2001－0012553　822.47/623.2

小鷗波館詩鈔十卷小鷗波詞鈔一卷　(清)潘曾瑩撰　清道光二十五年(1845)刻本　二冊

350000－2001－0012554　822.47/ϕ578

[詹勿庵詩稿]一卷　(清)詹在前撰　稿本　一冊

350000－2001－0012555　929.523/9

[乾隆]鳳陽縣誌十六卷首一卷　(清)于萬培纂修　(清)謝永泰續修　(清)王汝琛續纂　清光緒十三年(1887)刻本　八冊

350000－2001－0012556　920.3/933

三通典四百五十卷　(清)□□輯　清同治、光緒廣州學海堂刻本　一百十二冊

350000－2001－0012557　852.494/439.1

善卷堂四六十卷　(清)陸繁弨撰　(清)吳自高注　清道光二年(1822)刻本　四冊

350000－2001－0012558　ϕ927/448

靖臺策一卷　(清)陳震曜輯　清抄本　一冊

350000－2001－0012559　822.47/623.1

萃堂詩錄一卷附詞錄一卷　(清)潘鴻義撰　清光緒三十三年(1907)刻本　一冊

350000－2001－0012560　822.47/625

棗林詩集一卷　(清)談遷著　清宣統三年(1911)上海國學扶輪社鉛印本　一冊

350000－2001－0012561　822.47/638

澗東詩鈔二卷　(清)歐陽輅撰　清光緒十五年(1889)長沙王氏刻本　一冊

350000－2001－0012562　852.87/249

因樹屋書影十卷　(清)周亮工筆記　題(清)屯溪螺隱校訂　清雍正懷德堂刻本　六冊

350000－2001－0012563　852.87/249＝1

因樹屋書影十卷　(清)周亮工筆記　題(清)屯溪螺隱校訂　清雍正懷德堂刻本　三冊

350000－2001－0012564　822.47/644

樊榭游仙詩一卷　(清)厲鶚撰　清光緒二十二年(1896)刻本　一冊

350000－2001－0012565　852.47/152

天岳山館文鈔四十卷　(清)李元度撰　清光緒六年(1880)爽谿精舍刻本　十六冊

350000－2001－0012566　852.47/152＝1

天岳山館文鈔四十卷　(清)李元度撰　清光緒六年(1880)爽谿精舍刻本　十冊

350000－2001－0012567　852.47/152.1

儀衛軒文集十二卷外集一卷詩集五卷遺集三卷　(清)方東樹撰　附錄一卷　(清)宗誠撰　方儀衛先生年譜一卷　(清)鄭福照撰　清同治七年(1868)刻本　八冊

350000－2001－0012568　852.47/152＝2

天岳山館文鈔四十卷　(清)李元度撰　清光緒六年(1880)爽谿精舍刻本　九冊　存十八卷(二十三至四十)

350000－2001－0012569　852.47/151.53

李先生一家言全集不分卷　(清)李漁著　清抄本　二冊

350000－2001－0012570　082.77/710

知不足齋叢書二百六種　(清)鮑廷博輯(清)鮑志祖續輯　清乾隆至道光間長塘鮑氏知不足齋刻本　二百二十四冊

350000－2001－0012571　920.31/844＝1

九通九種　(清)□□輯　清光緒二十七年(1901)上海圖書集成局排印本　二百九十二冊

350000－2001－0012572　D90/57－1

福建法政雜誌(第一卷第一號) （清）何琇先編　清光緒三十四年(1908)五月福建法政學堂鉛印本　一冊

350000－2001－0012573　822.47/644.2
樊榭山房續集十卷　（清）厲鶚撰　清乾隆刻本　三冊

350000－2001－0012574　D90/57－2
福建法政雜誌(第一卷第二號) （清）何琇先編　清光緒三十四年(1908)六月福建法政學堂鉛印本　一冊

350000－2001－0012575　D90/57－3
福建法政雜誌(第一卷第六號) （清）何琇先編　清光緒三十四年(1908)十月福建法政學堂鉛印本　一冊

350000－2001－0012576　822.47/645
荻訓堂詩鈔四卷　（清）鄧琛撰　清同治六年(1867)刻本　二冊

350000－2001－0012577　D90/57－4
福建法政雜誌(第一卷第七、八號) （清）何琇先編　清光緒三十四年(1908)十二月福建法政學堂鉛印本　一冊

350000－2001－0012578　D90/57－5
福建法政雜誌(第二卷第一、二號) （清）何琇先編　清宣統元年(1909)二月福建法政學堂鉛印本　一冊

350000－2001－0012579　D90/57－6
福建法政雜誌(第二卷第三、四號) （清）何琇先編　清宣統元年(1909)四月福建法政學堂鉛印本　一冊

350000－2001－0012580　D90/57－7
福建法政雜誌(第二卷第五、六號) （清）何琇先編　清宣統元年(1909)福建法政學堂鉛印本　一冊

350000－2001－0012581　822.47/598.2
石柏山房詩存八卷首一卷　（清）趙文楷撰　清咸豐七年(1857)惠潮嘉道署刻本　四冊

350000－2001－0012582　D90/57－8

福建法政雜誌(第二卷第七、八號) （清）何琇先編　清宣統二年(1910)四月福建法政學堂鉛印本　一冊

350000－2001－0012583　D90/57－9
福建法政雜誌(第二卷第九、十號) （清）何琇先編　清宣統二年(1910)五月福建法政學堂鉛印本　一冊

350000－2001－0012584　D90/57－10
福建法政雜誌(第二卷第十一、十二號) (清)何琇先編　清宣統二年(1910)八月福建法政學堂鉛印本　一冊

350000－2001－0012585　920.9/225－1＝1
弘簡錄二百五十四卷　（明）邵經邦撰　清康熙二十七年(1688)刻乾隆重修本　七十冊

350000－2001－0012586　822.47/598.4
嬋雅堂詩集十卷　（清）趙文喆撰　清乾隆刻本　一冊

350000－2001－0012587　929.523/248
[宣統]建德縣志二十卷首一卷　（清）張贊巽等修　（清）周學銘纂　清宣統二年(1910)湖北官刷印局鉛印本　十冊

350000－2001－0012588　929.523/598
[同治]太湖縣志四十六卷首一卷末一卷（清）符兆鵬修　（清）趙繼元纂　清同治十一年(1872)熙湖書院刻本　十二冊

350000－2001－0012589　822.47/606
錦峰詩稿五卷　（清）聞益著　清道光二十五年(1845)刻本　一冊

350000－2001－0012590　929.525/272
大別山志十卷首一卷　（清）胡鳳丹編纂　清同治十三年(1874)永康胡氏退補齋刻木四冊

350000－2001－0012591　929.529/151
[光緒]皖志便覽六卷　（清）李應珏撰　清光緒二十八年(1902)刻本　二冊

350000－2001－0012592　852.87/249－2
因樹屋書影十卷　（清）周亮工筆記　題(清)

屯溪螺隱校訂　清末上海士林精舍石印本
六冊

350000－2001－0012593　874.17/432－1
張韻梅太夫子書札一卷　（清）張景祁撰　稿
本　一冊

350000－2001－0012594　852.87/249－2＝1
因樹屋書影十卷　（清）周亮工筆記　題（清）
屯溪螺隱校訂　清末上海士林精舍石印本
六冊

350000－2001－0012595　822.47/613
韞山堂詩集十六卷　（清）管世銘撰　清光緒
二十年（1894）刻本　二冊

350000－2001－0012596　822.47/613.4
祇可軒刪餘稿二卷　（清）管學洛著　清同治
十一年（1872）武進管氏刻本　一冊

350000－2001－0012597　929.529/363
勅賜紫雲書院志不分卷　（清）李來章　（清）
李琇纂　清康熙刻本　一冊

350000－2001－0012598　852.87/522－1
湘舟漫錄三卷驂鸞集三卷　（清）舒夢蘭著
（清）詹堅　（清）龔鉽編　清嘉慶十六年
（1811）桂林講舍刻本　一冊　存三卷（湘舟
漫錄三卷）

350000－2001－0012599　822.47/613.6
萬綠草堂詩集二十卷首一卷　（清）管繩萊撰
清光緒十二年（1886）徑北書屋刻本　四冊

350000－2001－0012600　920.917/808－2
大清十朝聖訓九百二十二卷　（清）□□輯
清光緒鉛印本　一百七十八冊

350000－2001－0012601　832.13/600.7
花間集十卷　（五代）趙崇祚集　清光緒十四
年（1888）刻邵武徐氏叢書本　一冊

350000－2001－0012602　862.426/938
第一奇書一百回　（清）□□撰　（清）張竹坡
評　清木活字印本　八冊　存九十四回（七
至一百）

350000－2001－0012603　878/940

[求是齋課藝]一卷　（清）□□撰　稿本
一冊

350000－2001－0012604　929.53/21
會稽三賦四卷　（宋）王十朋撰　（明）南逢吉
注　明萬曆刻本　一冊

350000－2001－0012605　878/74
管窺外篇二卷　（元）史伯璿著　清康熙橫陽
呂氏刻本　二冊

350000－2001－0012606　ϕ874.17/181.1
鄉前輩書札一卷　黃曾樾輯　稿本　一冊

350000－2001－0012607　822.47/650－4
忠雅堂詩集六卷補遺二卷詞集二卷　（清）蔣
士銓撰　清嘉慶三年（1798）揚州刻本　六冊
存九卷（詩集一至五、補遺二卷、詞集二卷）

350000－2001－0012608　920.52/ϕ265－1
澂景堂史測十四卷　（清）施鴻著　清光緒十
三年（1887）刻邵武徐氏叢書本　二冊

350000－2001－0012609　929.53/98
浙江沿海圖說一卷海島表一卷　（清）朱正元
撰　清光緒二十五年（1899）鉛印本　一冊

350000－2001－0012610　929.53/151
[光緒]浙志便覽十卷　（清）李應珏著　清光
緒二十二年（1896）刻本　四冊

350000－2001－0012611　929.53/344
湖墅小志四卷　（清）高鵬年輯　清光緒二十
二年（1896）石印本　一冊　存二卷（一至二）

350000－2001－0012612　822.47/651
隨扈紀行詩存一卷　（清）蔣廷黻著　清刻本
一冊

350000－2001－0012613　929.53/344＝1
湖墅小志四卷　（清）高鵬年輯　清光緒二十
二年（1896）石印本　一冊　存二卷（一至二）

350000－2001－0012614　992.24/377
大唐故中大夫守內侍上柱國渤海高府君墓誌
銘并序　（唐）孫翌編撰　（唐）□□書寫　清
拓本　一冊

350000－2001－0012615　929.53/939

流香一覽一卷　（清）釋明開輯　清光緒六年(1880)刻本　一冊

350000－2001－0012616　822.47/653

次圍詩存六卷　（清）蔣彬若著　清光緒十一年(1885)鉛印本　一冊

350000－2001－0012617　852.47/159.2

鄞芸文集五卷　（清）李騰華著　清道光五年(1825)湘川書院刻本　四冊

350000－2001－0012618　822.47/652.1

拳石山房遺稿一卷　（清）蔣靖撰　清同治六年(1867)刻本　一冊

350000－2001－0012619　929.53026/644

武林掌故叢編二十六集一百九十一種　（清）丁丙輯　清光緒錢塘丁氏嘉惠堂刻本　一冊
存二種三卷(湖船錄一卷、湖船續錄一卷首一卷)

350000－2001－0012620　852.47/159－3

二曲全集二十六卷　（清）李顒著　清咸豐湘陰蔣氏小娜嬛山館刻本　六冊

350000－2001－0012621　822.47/652.3

嘯古堂詩集八卷　（清）蔣敦復著　清光緒十一年(1885)刻本　一冊

350000－2001－0012622　920.2/23－2.1

歷朝綱鑑會纂三十九卷首一卷　（明）王世貞編　御撰資治通鑑綱目三編二十卷　（清）張廷玉等編次　清乾隆十一年(1746)刻本　二十八冊　存四十八卷(會纂十二至三十九、三編二十卷)

350000－2001－0012623　852.47/152＝3

天岳山館文鈔四十卷　（清）李元度撰　清光緒六年(1880)爽谿精舍刻本　二十冊

350000－2001－0012624　822.47/661－1

巢經巢詩鈔九卷後集四卷　（清）鄭珍撰　清咸豐四年(1854)刻本　四冊

350000－2001－0012625　822.1991/414

石洞貽芳集不分卷　（明）郭鈇輯　（清）郭鐘

儒訂輯　清刻本　一冊

350000－2001－0012626　852.47/162

揅經室一集十四卷二集八卷三集五卷四集二卷四集詩十一卷續集十一卷再續集六卷外集五卷　（清）阮元撰　清道光三年(1823)刻本　二十四冊

350000－2001－0012627　929.531/128－1

浙江通省志圖說一卷　（清）沈德潛稿　（清）周準評點　清乾隆刻本　一冊

350000－2001－0012628　852.47/162－1

揅經室一集十四卷二集八卷三集五卷四集二卷四集詩十一卷　（清）阮元撰　清刻本　十二冊

350000－2001－0012629　852.47/164

小酉腴山館文集十二卷　（清）吳大廷撰　清刻本　一冊

350000－2001－0012630　852.47/162.1

聽松濤館文鈔二十八卷　（清）阮文藻著　清光緒十二年(1886)刻本　六冊

350000－2001－0012631　852.47/164－1

小酉腴山館文鈔五卷集外文二卷　（清）吳大廷撰　清同治三年(1864)刻本　四冊

350000－2001－0012632　929.533/98

[光緒]上虞縣志四十八卷首一卷末一卷　（清）唐煦春主修　（清）朱士黻　（清）錢繼曾等纂　清光緒十七年(1891)刻本　十九冊
存四十七卷(一至十、十四至四十八，首一卷，末一卷)

350000－2001－0012633　929.533/98＝1

[光緒]上虞縣志四十八卷首一卷末一卷　（清）唐煦春主修　（清）朱士黻　（清）錢繼曾等纂　清光緒十七年(1891)刻本　二十冊

350000－2001－0012634　822.47/ф419.1

集虛堂餘草一卷　（清）郭雍撰　清乾隆四年(1739)刻本　一冊

350000－2001－0012635　929.533/128

[嘉靖]仁和縣志十四卷　（明）沈朝宣纂修

清光緒十九年(1893)錢塘丁氏嘉惠堂刻本
六冊

350000－2001－0012636　852.47/164.7
梆湖文集十二卷首一卷　(清)吳敏樹著　清
光緒十九年(1893)思賢講舍刻本　四冊

350000－2001－0012637　852.47/164.71
梆湖文錄八卷首一卷　(清)吳敏樹著　清同
治八年(1869)刻本　四冊

350000－2001－0012638　929.533/211
[同治]分疆錄(泰順縣志)十二卷首一卷
(清)林鶚纂輯　(清)林用霖續編　清光緒五
年(1879)刻本　六冊

350000－2001－0012639　929.533/375
[乾隆]平陽縣志二十卷首一卷　(清)徐恕修
　(清)張南英　(清)孫謙纂　清乾隆二十五
年(1760)刻本　八冊

350000－2001－0012640　852.47/165
有正味齋全集四種　(清)吳錫麒撰　清刻本
十二冊

350000－2001－0012641　929.533/393
[光緒]海鹽縣志二十二卷首一卷末一卷
(清)王彬修　(清)徐用儀纂　清光緒三年
(1877)蔚文書院刻本　十六冊

350000－2001－0012642　992.197/705＝2
碑傳集一百六十卷首二卷末二卷　(清)錢儀
吉纂錄　清光緒十九年(1893)江蘇書局刻本
五十九冊

350000－2001－0012643　927.031/517.1
**欽定大清會典一百卷首一卷圖二百七十卷首
一卷事例一千二百二十卷首八卷**　(清)昆岡
等纂　清光緒二十五年(1899)清會典館石印
本　三百八十五冊　存一千二百六卷(事例
一至五十五、七十八至一千二百二十,首八
卷)

350000－2001－0012644　852.47/165.3
紫石泉山房文集十二卷詩鈔三卷　(清)吳定
撰　**吳殿麟傳一卷**　(清)姚鼐撰　**保舉孝廉**

方正吳君墓誌銘一卷　(清)王灼撰　**附錄一
卷**　(清)鮑桂星撰　清光緒十三年(1887)黟
縣李氏刻本　六冊

350000－2001－0012645　929.533/393－1
[光緒]上虞縣志校續五十卷首一卷末一卷
(清)儲家藻修　(清)徐致靖纂　清光緒二十
四年至二十五年(1898－1899)刻本　二十冊

350000－2001－0012646　929.533/427
嘉慶太平縣志十八卷首一卷　(清)慶霖修
(清)戚學標纂　清光緒二十二年(1896)刻本
十冊

350000－2001－0012647　852.47/165.6
梅村集四十卷　(清)吳偉業撰　清康熙刻本
三冊

350000－2001－0012648　929.533/427＝1
嘉慶太平縣志十八卷首一卷　(清)慶霖修
(清)戚學標纂　清光緒二十二年(1896)刻本
十冊

350000－2001－0012649　852.47/165.5
此君園文集三十卷　(清)吳名鳳撰　清道光
二十一年(1841)刻本　八冊

350000－2001－0012650　929.533/427.1
光緒太平續志十八卷首一卷　(清)陳汝霖修
(清)王棻纂　清光緒二十二年(1896)刻本
八冊

350000－2001－0012651　929.533/427.1＝1
光緒太平續志十八卷首一卷　(清)陳汝霖修
(清)王棻纂　清光緒二十二年(1896)刻本
八冊

350000－2001－0012652　929.533/428
光緒寧海縣志二十四卷首一卷　(清)王瑞成
等修　(清)張濬纂　清光緒二十八年(1902)
刻本　九冊　存十八卷(一至二、七至十六、
十九至二十四)

350000－2001－0012653　929.533/441
[嘉定]赤城志四十卷　(宋)黃𪩘　(宋)齊碩
修　(宋)陳耆卿纂　清嘉慶二十三年(1818)

臨海宋氏刻本　五冊　存三十三卷（一至三十三）

350000－2001－0012654　929.533/441＝1

[嘉定]赤城志四十卷　（宋）黃𪩘　（宋）齊碩修　（宋）陳耆卿纂　清嘉慶二十三年（1818）臨海宋氏刻本　六冊

350000－2001－0012655　929.535/442

清波三志三卷　（清）陳景鐘輯　（清）吳栻續訂　清光緒二十一年（1895）錢塘丁氏嘉惠堂刻本　三冊

350000－2001－0012656　929.533/448

[光緒]諸暨縣志六十一卷首一卷　（清）陳遹聲修　（清）蔣鴻藻纂　清宣統二年（1910）刻本　十八冊

350000－2001－0012657　920.927/61－3

左恪靖侯奏稿初編三十八卷續編七十六卷三編六卷　（清）左宗棠撰　清光緒刻本　五十四冊

350000－2001－0012658　852.47/165.6＝1

梅村集四十卷　（清）吳偉業撰　清康熙刻本　十六冊

350000－2001－0012659　852.47/165.7

桐城吳先生全書七種　（清）吳汝綸撰　清光緒三十年（1904）刻本　三冊　存五卷（文集一至二、四，詩集一，增補傳狀一卷）

350000－2001－0012660　822.47/705－1

籜石齋詩集五十卷　（清）錢載撰　清光緒四年（1878）蘇州府署刻本　八冊

350000－2001－0012661　926/28＝1

明史藁三百十卷目錄三卷　（清）王鴻緒纂　清雍正敬慎堂刻本　三十九冊　存三百八卷（三至三百十）

350000－2001－0012662　852.47/165.71

桐城吳先生文集四卷　（清）吳汝綸撰　清光緒三十年（1904）刻本　四冊

350000－2001－0012663　822.47/705.2

潛研堂詩續集十卷　（清）錢大昕撰　清光緒

十年（1884）長沙龍氏刻本　三冊

350000－2001－0012664　822.47/705.2－1

潛研堂詩續集十卷　（清）錢大昕撰　清刻本　二冊

350000－2001－0012665　822.47/706

浣青詩草四卷　（清）錢孟鈿著　清乾隆刻本　二冊

350000－2001－0012666　929.533/491－1

[康熙]天台縣志十五卷　（清）李德燿　（清）黃執中纂修　清康熙二十三年（1684）刻咸豐六年（1856）補修本　六冊

350000－2001－0012667　929.533/568

[同治]鄞縣志七十五卷　（清）戴枚修　（清）董沛等纂　清光緒三年（1877）刻本　三十四冊

350000－2001－0012668　920.9173/969＝1

硃批諭旨不分卷　（清）世宗胤禛撰　清光緒石印暨朱色鉛印本　六十冊

350000－2001－0012669　822.47/707

江左三大家詩鈔九卷　（清）顧有孝　（清）趙澐輯　清康熙刻本　一冊　存三卷（牧齋詩鈔三卷）

350000－2001－0012670　874.17/ф441

左海先生手札一卷　（清）陳壽祺撰　先尚書公致左海先生函札一卷　（清）陳若霖撰　稿本　一冊

350000－2001－0012671　920.927/61－1＝1

左恪靖伯奏稿三十八卷　（清）左宗棠撰　清同治刻本　三十八冊

350000－2001－0012672　852.47/165.9＝2

白華前稿六十卷後稿四十卷　（清）吳省欽撰　年譜一卷　（清）吳敬樞述　墓誌銘一卷　（清）王昶撰　清嘉慶十五年（1810）刻本　十六冊

350000－2001－0012673　852.4949/ф23

[光緒十五年]福建鄉試硃卷一卷　（清）王瑚等撰　清光緒十五年（1889）衡鑒堂刻本

一件

350000－2001－0012674　822.47/707－1
初學集二十卷　（清）錢謙益撰　（清）錢曾箋
註　牧翁先生［錢謙益］年譜一卷　（清）葛萬
里編　清宣統三年（1911）國學扶輪社石印本
十二冊

350000－2001－0012675　929.533/479
［雍正］慈谿縣志十六卷　（清）楊正筍修
（清）馮鴻模等纂　清雍正八年（1730）刻乾隆
三年（1738）增修本　八冊

350000－2001－0012676　852.47/166.1
有正味齋駢文十六卷補注一卷　（清）吳錫麒
著　清同治七年（1868）刻本　八冊

350000－2001－0012677　852.47/166.11
有正味齋駢文十六卷補注一卷　（清）吳錫麒
著　清道光二十年（1840）刻本　六冊

350000－2001－0012678　852.47/166.3
小蝸廬文存二卷　（清）吳其泰撰　清咸豐九
年（1859）固始吳氏刻本　二冊

350000－2001－0012679　852.47/166.9＝1
吳學士文集四卷詩集五卷　（清）吳藘撰
（清）梁肇煌　（清）薛時雨編訂　清光緒八年
（1882）江寧藩署刻本　六冊

350000－2001－0012680　852.47/169＝1
有正味齋駢體文二十四卷首一卷　（清）吳錫
麒著　（清）王廣業箋　（清）葉聯芬注　清光
緒十五年（1889）上海蜚英館石印本　四冊

350000－2001－0012681　929.533/622
［光緒］縉雲縣志十六卷首一卷末一卷　（清）
何乃容修　（清）潘樹棠纂　清光緒七年
（1881）刻本　十冊

350000－2001－0012682　852.47/167.84
鳳巢山樵求是錄外集二卷　（清）吳慈鶴撰
清道光七年（1827）刻本　一冊

350000－2001－0012683　927.031/517
欽定大清會典一百卷首一卷圖二百七十卷首
一卷事例一千二百二十卷目錄八卷　（清）昆

岡等纂　清光緒二十五年（1899）清會典館石
印本　三十冊　存八十二卷（一至八十一、首
一卷）

350000－2001－0012684　929.533/448＝1
［光緒］諸暨縣志六十一卷首一卷　（清）陳遹
聲修　（清）蔣鴻藻纂　清宣統二年（1910）刻
本　十五冊　存五十卷（一至四、十七至六十
一，首一卷）

350000－2001－0012685　082.17/558
冠悔堂駢體文鈔六卷詩鈔八卷賦鈔四卷楹語
三卷附刻一卷　（清）楊浚著　清光緒十八年
至二十年（1892－1894）楊氏刻本　十一冊

350000－2001－0012686　082.17/558＝1
冠悔堂駢體文鈔六卷詩鈔八卷賦鈔四卷楹語
三卷附刻一卷　（清）楊浚著　清光緒十八年
至二十年（1892－1894）楊氏刻本　二十四冊

350000－2001－0012687　929.533/748
［萬曆］錢塘縣志不分卷　（明）聶心湯纂修
清光緒十九年（1893）錢塘丁氏刻本　六冊

350000－2001－0012688　822.47/676.2
介白堂詩集二卷　（清）劉光第著　清光緒二
十九年（1903）刻本　一冊

350000－2001－0012689　929.534/445
上虞縣五鄉水利本末二卷　（元）陳恬纂　清
光緒九年（1883）刻本　二冊

350000－2001－0012690　852.47/168.8
求自得之室文鈔十二卷　（清）吳嘉賓撰　清
同治五年（1866）廣州刻本　五冊

350000－2001－0012691　929.534/445＝1
上虞縣五鄉水利本末二卷　（元）陳恬纂　清
光緒九年（1883）刻本　一冊　存一卷（一）

350000－2001－0012692　822.47/679
浙游草二卷　（清）劉夢蓮著　清道光十五年
（1835）刻本　一冊

350000－2001－0012693　822.47/679＝1
浙游草二卷　（清）劉夢蓮著　清道光十五年
（1835）刻本　一冊

350000－2001－0012694　082.17/558－1

島居隨錄十卷續錄十卷三錄十卷　（清）楊浚
輯　清光緒十三年(1887)養雲書屋刻本
三冊

350000－2001－0012695　852.47/168.9

愚谷文存十四卷續集三卷　（清）吳騫撰　清
嘉慶十二年(1807)刻本　八冊

350000－2001－0012696　929.535/21

浙西水利備考不分卷　（清）王鳳生纂　清光
緒四年(1878)浙江書局刻朱墨套印本　四冊

350000－2001－0012697　822.47/679.2

旅窗懷舊詩一卷　（清）劉履芬撰　清同治二
年(1863)刻本　一冊

350000－2001－0012698　852.47/169.2

貴池二妙集五十一卷　劉世珩輯　清光緒二
十六年(1900)刻本　十冊

350000－2001－0012699　929.535/21＝1

浙西水利備考不分卷　（清）王鳳生纂　清光
緒四年(1878)浙江書局刻朱墨套印本　四冊

350000－2001－0012700　929.535/21＝2

浙西水利備考不分卷　（清）王鳳生纂　清光
緒四年(1878)浙江書局刻朱墨套印本　五冊

350000－2001－0012701　929.535/21－1

浙西水利備考不分卷　（清）王鳳生纂　清道
光四年(1824)浙江書局刻朱墨套印本　三冊

350000－2001－0012702　927.031/517＝1

欽定大清會典一百卷首一卷圖二百七十卷首
一卷事例一千二百二十卷目錄八卷　（清）昆
岡等纂　清光緒二十五年(1899)清會典館石
印本　十八冊　存五十八卷(會典四十三至
一百)

350000－2001－0012703　927.031/517＝2

欽定大清會典一百卷首一卷圖二百七十卷首
一卷事例一千二百二十卷目錄八卷　（清）昆
岡等纂　清光緒二十五年(1899)清會典館石
印本　九十七冊　存三百二十六卷(會典一
百卷、首一卷,圖四十六至二百七十)

350000－2001－0012704　929.535/72

西湖遊覽志二十四卷志餘二十六卷　（明）田
汝成撰　清光緒二十二年(1896)錢塘丁氏嘉
惠堂刻本　十二冊

350000－2001－0012705　852.47/169.8

林蕙堂文集十二卷續刻六卷藝香詞鈔四卷
（清）吳綺著　清乾隆刻本　八冊　存十八卷
(文集十二卷、續刻六卷)

350000－2001－0012706　852.47/169.81

林蕙堂文集十二卷續刻六卷亭皋詩鈔四卷藝
香詞鈔四卷　（清）吳綺著　清乾隆四十一年
(1776)刻本　八冊

350000－2001－0012707　822.47/166.5＝1

梅村詩集箋注十八卷　（清）吳偉業撰　（清）
吳翌鳳撰　清嘉慶十九年(1814)滄浪吟榭刻
本　八冊

350000－2001－0012708　032.2/509－2

重訂廣事類賦四十卷　（清）華希閔著　（清）
華希閔重訂　清道光元年(1821)劍光閣刻本
十冊

350000－2001－0012709　852.88/φ214

榕陰譚屑賸稿一卷　（清）林壽圖輯　（清）林
昌虞編校　林師尚重編校　清閩縣林氏謄清
稿本　一冊

350000－2001－0012710　032.2/607＝1

通俗編三十八卷　（清）翟灝撰　清乾隆仁和
翟氏無不宜齋刻本　十冊

350000－2001－0012711　032.2/607＝2

通俗編三十八卷　（清）翟灝撰　清乾隆仁和
翟氏無不宜齋刻本　六冊

350000－2001－0012712　032.2/570

北堂書鈔一百六十卷首一卷　（唐）虞世南撰
（清）孔廣陶校註　清光緒十四年(1888)南
海孔氏三十有三萬卷堂刻本　二十冊

350000－2001－0012713　032.2/607－2

通俗編三十八卷　（清）翟灝撰　清光緒武林
竹簡齋刻本　十二冊

350000－2001－0012714　032.2/607－2＝1

通俗編三十八卷　（清）翟灝撰　清光緒武林竹簡齋刻本　九冊　存二十八卷（一至二十五、三十六至三十八）

350000－2001－0012715　929.535/72＝1

西湖遊覽志二十四卷志餘二十六卷　（明）田汝成撰　清光緒二十二年（1896）錢塘丁氏嘉惠堂刻本　二冊　存七卷（遊覽志一至七）

350000－2001－0012716　032.2/637

藝文類聚一百卷　（唐）歐陽詢撰　（明）王元貞校　清光緒五年（1879）華陽宏達堂刻本　四十冊

350000－2001－0012717　929.535/72＝2

西湖遊覽志二十四卷志餘二十六卷　（明）田汝成撰　清光緒二十二年（1896）錢塘丁氏嘉惠堂刻本　十冊

350000－2001－0012718　032.2/646

精選黃眉故事十卷　（明）鄧志謨彙編　清光緒三年（1877）經濟堂刻本　四冊

350000－2001－0012719　929.535/128

西湖志纂十五卷首一卷　（清）沈德潛　（清）傅王露輯　清乾隆二十七年（1762）刻本　八冊

350000－2001－0012720　032.2/646.1

蘭雪堂古事苑定本十二卷　（明）鄧志謨編輯　清康熙蘭雪堂刻乾隆十四年（1749）文翰樓重印本　六冊

350000－2001－0012721　929.535/300

廣雁蕩山志二十八卷首一卷末一卷　（清）曾唯纂　清刻本　八冊

350000－2001－0012722　929.535/300＝1

廣雁蕩山志二十八卷首一卷末一卷　（清）曾唯纂　清刻本　八冊

350000－2001－0012723　929.535/300＝2

廣雁蕩山志二十八卷首一卷末一卷　（清）曾唯纂　清刻本　四冊

350000－2001－0012724　929.535/300＝3

廣雁蕩山志二十八卷首一卷末一卷　（清）曾唯纂　清刻本　四冊

350000－2001－0012725　032.2/652

三才略三卷　蔣德鈞輯　清末刻本　一冊

350000－2001－0012726　032.2/652＝1

三才略三卷　蔣德鈞輯　清末刻本　一冊

350000－2001－0012727　032.7/435

小知錄十二卷　（清）陸鳳藻輯　清同治十二年（1873）淮南書局刻本　四冊

350000－2001－0012728　929.535/265

白石山志六卷首一卷末一卷　（清）施元孚纂輯　（清）陳玤重輯　清光緒九年（1883）刻本　二冊

350000－2001－0012729　042.1/429

勸學篇二卷　（清）張之洞撰　清光緒二十四年（1898）兩湖書院刻本　一冊

350000－2001－0012730　042.1/429.3

輶軒語六卷　（清）張之洞撰　清光緒二年（1876）永康胡氏退補齋刻本　一冊

350000－2001－0012731　929.535/523

西湖志四十八卷　（清）李衛等修　（清）傅王露等纂　清光緒四年（1878）浙江書局刻本　二十冊

350000－2001－0012732　929.535/523＝1

西湖志四十八卷　（清）李衛等修　（清）傅王露等纂　清光緒四年（1878）浙江書局刻本　二十冊

350000－2001－0012733　929.535/523＝3

西湖志四十八卷　（清）李衛等修　（清）傅王露等纂　清光緒四年（1878）浙江書局刻本　二十冊

350000－2001－0012734　042.24/462

古今註三卷　（晉）崔豹撰　清光緒影印本　一冊

350000－2001－0012735　929.535/523＝2

西湖志四十八卷　（清）李衛等修　（清）傅王露等纂　清光緒四年（1878）浙江書局刻本

十六冊　存三十九卷(十至四十八)

350000－2001－0012736　042.3/270
封氏聞見記十卷　(唐)封演撰　清乾隆二十
一年(1756)德州盧氏雅雨堂刻本　一冊

350000－2001－0012737　929.535/523－2
西湖志四十八卷　(清)李衛等修　(清)傅王
露等纂　清雍正刻本　二十四冊

350000－2001－0012738　042.3/322
北戶錄三卷　(唐)段公路纂　(唐)崔龜圖註
　校勘記一卷　(清)陸心源撰　清光緒六年
(1880)吳興陸氏刻十萬卷樓叢書本　一冊

350000－2001－0012739　929.535/523－4
西湖志四十八卷　(清)李衛等修　(清)傅王
露等纂　清雍正刻乾隆重修本　十九冊　存
四十六卷(一至二、五至四十八)

350000－2001－0012740　822.47－679.2－1
旅窗懷舊詩一卷　(清)劉履芬撰　清同治二
年(1863)刻本　一冊

350000－2001－0012741　042.4/23
學林十卷　(宋)王觀國撰　清乾隆四十二年
(1777)福建刻武英殿聚珍版書本　五冊

350000－2001－0012742　929.536/242
吳山伍公廟志六卷首一卷　(清)金文淳纂修
　(清)沈永青增輯　清光緒二年(1876)刻本
　二冊

350000－2001－0012743　852.47/260＝2
卷施閣文甲集十卷乙集八卷詩二十卷附鮚軒
詩八卷　(清)洪亮吉撰　清乾隆六十年
(1795)貴陽節署刻北江全集本　十冊　存四
十卷(施閣文甲集一至八、乙集八卷、詩二十
卷、鮚軒詩一至四)

350000－2001－0012744　929.536/974
天童寺志十卷　(清)釋德介纂　清刻本
四冊

350000－2001－0012745　929.538/98
南宋古蹟攷二卷　(清)朱彭輯　清光緒七年
(1881)錢塘丁丙嘉惠堂刻武林掌故叢編本

一冊

350000－2001－0012746　929.536/462
崔府君祠錄一卷　(清)鄭焜輯　清宣統三年
(1911)刻懷幽雜俎本　一冊

350000－2001－0012747　927.031/517＝3
欽定大清會典一百卷首一卷圖二百七十卷首
一卷事例一千二百二十卷目錄八卷　(清)昆
岡等纂　清光緒二十五年(1899)清會典館石
印本　四百四十六冊　存一千四百二十六卷
(圖二百七十卷、首一卷,事例一至五百七十
四、五百七十七至七百七十八、八百至一千五
十七、一千八十八至一千二百,目錄八卷)

350000－2001－0012748　852.47/260＝3
卷施閣文甲集十卷乙集八卷詩二十卷附鮚軒
詩八卷　(清)洪亮吉撰　清乾隆六十年
(1795)貴陽節署刻北江全集本　四冊　存八
卷(甲集一至八)

350000－2001－0012749　852.47/261
更生齋文甲集四卷乙集四卷詩集八卷文續集
二卷詩續集十卷　(清)洪亮吉撰　清光緒四
年(1878)授經堂刻洪北江全集本　十冊　存
二十三卷(甲集一至三、詩集八卷、文續集二
卷、詩續集十卷)

350000－2001－0012750　822.47/679.4
灊江薖一卷　(清)劉湽焞撰　清光緒元年
(1875)上海點石齋刻本　一冊

350000－2001－0012751　852.47/261－1
更生齋文甲集四卷乙集四卷詩集八卷詩餘二
卷　(清)洪亮吉撰　清嘉慶七年(1802)洋川
書院刻北江全集本　四冊

350000－2001－0012752　852.47/261.7
洪北江文集四卷　(清)洪亮吉著　清宣統二
年(1910)上海國學扶輪社鉛印本　二冊

350000－2001－0012753　852.47/265
澤雅堂文集八卷　(清)施補華著　清光緒十
九年(1893)刻本　二冊

350000－2001－0012754　852.47/265＝1

澤雅堂文集八卷 （清）施補華著 清光緒十
九年(1893)刻本 一冊 存三卷(一至三)

350000－2001－0012755 852.47/266

施愚山先生學餘文集二十八卷 （清）施閏章
著 清宣統三年(1911)上海國學扶輪社石印
施愚山全集本 六冊

350000－2001－0012756 852.47/266.2

施愚山全集四種附施氏家風述略續編一卷隨
村先生遺集六卷 （清）施閏章撰 清宣統三
年(1911)上海國學扶輪社石印本 二十冊

350000－2001－0012757 852.47/267

禮耕堂叢說一卷附一卷 （清）施國祁撰 清
宣統三年(1911)上海國學扶輪社鉛印張氏適
園叢書本 一冊

350000－2001－0012758 852.47/268－1

湛園未定藳六卷 （清）姜宸英撰 清宣統二
年(1910)石印本 六冊

350000－2001－0012759 852.47/268－2

湛園未定藳六卷 （清）姜宸英撰 清康熙刻
本 六冊

350000－2001－0012760 852.47/271－4

石笥山房文集六卷詩集四卷 （清）胡天游著
清嘉慶三年(1798)刻本 四冊

350000－2001－0012761 852.47/271－3

石笥山房文集六卷詩集四卷 （清）胡天游著
清嘉慶三年(1798)刻本 四冊

350000－2001－0012762 852.47/271－3＝1

石笥山房文集六卷詩集四卷 （清）胡天游著
清嘉慶三年(1798)刻本 六冊

350000－2001－0012763 852.47/271－1

石笥山房文集六卷補遺一卷詩集十一卷詩餘
一卷詩集補遺二卷續補遺二卷 （清）胡天游
著 清宣統二年(1910)上海國學扶輪社石印
本 十冊

350000－2001－0012764 852.47/271－2

石笥山房文集六卷補遺一卷詩集十一卷詩餘
一卷詩集補遺二卷續補遺二卷先考稱威府君

年譜紀略一卷 （清）胡天游著 清咸豐二年
(1852)刻本 十冊

350000－2001－0012765 852.47/271.3

綠蘿山莊詩集三十二卷文集二十四卷 （清）
胡浚撰注 清乾隆二十七年(1762)刻本 二
十三冊

350000－2001－0012766 929.539/98

樊川書院集刻不分卷 （清）張大宗閱 （清）
仇雲蛟 （清）范鴻定 （清）秦椒等校 清康
熙朱時淶刻本 三冊

350000－2001－0012767 042.4/24－1

困學紀聞二十卷 （宋）王應麟撰 （清）何焯
注 清乾隆桐鄉汪垕刻本 四冊

350000－2001－0012768 042.4/24

困學紀聞二十卷 （宋）王應麟撰 （清）閻若
璩勘 清乾隆三年(1738)祁門馬氏叢書樓刻
本 六冊

350000－2001－0012769 852.47/272.5＝1

問湘樓駢文初稿四卷 （清）胡念修著 清光
緒二十四年(1898)杭州刻本 二冊

350000－2001－0012770 042.4/24－3

重校困學紀聞集證二十卷首一卷 （宋）王應
麟著 （清）何焯 （清）閻若璩等評註 清道
光十二年(1832)長白鄂山刻本 八冊

350000－2001－0012771 822.47/679.6

大潛山房詩鈔一卷 （清）劉銘傳撰 清同治
元年(1862)刻本 一冊

350000－2001－0012772 852.47/273

胡文忠公遺集八十六卷 （清）胡林翼撰
(清)鄭敦謹 （清）曾國荃編輯 清同治六年
(1867)湖北刻本 三十冊

350000－2001－0012773 822.47/679.6－1

大潛山房詩鈔一卷 （清）劉銘傳撰 清同治
元年(1862)刻本 一冊

350000－2001－0012774 042.4/24－2

校訂困學紀聞三箋二十卷 （宋）王應麟撰
(清)閻若璩 （清）何焯 （清）全祖望箋

（清）屠繼序校補　清嘉慶十二年(1807)金閶
友益齋刻本　四冊

350000－2001－0012775　929.539/162

小滄浪筆談四卷　（清）阮元撰　清光緒二十
六年(1900)刻本　一冊　存二卷(一至二)

350000－2001－0012776　852.47/273－2

胡文忠公遺集八十六卷　（清）胡林翼撰
（清）鄭敦謹　（清）曾國荃纂輯　清光緒元年
(1875)湖北崇文書局刻本　三十二冊

350000－2001－0012777　042.4/24－4

校訂困學紀聞集證二十卷　（宋）王應麟撰
（清）閻若璩　（清）何焯等注　（清）屠繼序
較補　清嘉慶十八年(1813)刻本　十二冊

350000－2001－0012778　852.47/273－2＝1

胡文忠公遺集八十六卷　（清）胡林翼撰
（清）鄭敦謹　（清）曾國荃纂輯　清光緒元年
(1875)湖北崇文書局刻本　三十二冊

350000－2001－0012779　042.4/24－4＝1

校訂困學紀聞集證二十卷　（宋）王應麟撰
（清）閻若璩　（清）何焯等注　（清）屠繼序
較補　清嘉慶十八年(1813)刻本　八冊

350000－2001－0012780　929.539/412

甌江小記一卷　（清）郭鍾岳著　清光緒四年
(1878)刻本　一冊

350000－2001－0012781　852.47/273－3

胡文忠公遺集十卷首一卷　（清）胡林翼撰
清同治三年(1864)武昌節署刻本　八冊

350000－2001－0012782　852.47/273－3＝1

胡文忠公遺集十卷首一卷　（清）胡林翼撰
清同治三年(1864)武昌節署刻本　六冊　存
六卷(一至五、首一卷)

350000－2001－0012783　042.4/24－7

困學紀聞注二十卷　（宋）王應麟撰　（清）閻
若璩　（清）何焯等注　（清）屠繼序校補
（清）翁元圻輯　清道光五年(1825)餘姚守福
堂刻本　十二冊

350000－2001－0012784　929.539/556

東城記餘二卷　（清）楊文杰撰　清光緒二十
六年(1900)錢塘丁氏刻武林掌故叢編本
二冊

350000－2001－0012785　929.541/598

[光緒]江西通志一百八十卷首五卷　（清）劉
坤一等修　（清）趙之謙纂　清光緒七年
(1881)刻本　九十冊　存一百三十八卷(一
至八十七、九十一至九十四、一百五至一百
八、一百四十二至一百五十五、一百五十七至
一百八十,首五卷)

350000－2001－0012786　822.47/683

僅存詩鈔三卷　（清）鄭兆龍著　清龍山鄭氏
譜局木活字印本　一冊

350000－2001－0012787　852.47/273＝1

胡文忠公遺集八十六卷　（清）胡林翼撰
（清）鄭敦謹　（清）曾國荃編輯　清同治六年
(1867)湖北刻本　二十四冊

350000－2001－0012788　042.4/132

夢溪筆談二十六卷補筆談三卷續筆談一卷
（宋）沈括撰　明崇禎四年(1631)嘉定馬氏刻
清康熙重修本　一冊　存五卷(筆談一至五)

350000－2001－0012789　852.47/273－3＝2

胡文忠公遺集十卷首一卷附一卷　（清）胡林
翼撰　清同治三年(1864)武昌節署刻本
八冊

350000－2001－0012790　042.4/132－1

**夢溪筆談二十六卷首一卷末一卷補筆談三卷
續筆談一卷**　（宋）沈括撰　夢溪筆談校字記
一卷　（清）陶福祥訂　清光緒三十二年
(1906)番禺陶氏愛廬刻本　四冊

350000－2001－0012791　852.47/273－7

胡文忠公遺集八十六卷　（清）胡林翼撰
（清）曾國荃纂輯　（清）胡鳳丹重編　清光緒
二十七年(1901)上海圖書集成印書局鉛印本
八冊

350000－2001－0012792　042.4/169

能改齋漫錄十八卷　（宋）吳曾撰　（清）孫星
華輯　清乾隆四十二年(1777)福建刻道光十

年(1830)增修武英殿聚珍版書本　六冊

350000－2001－0012793　042.4/250

浩然齋雅談三卷　（宋）周密撰　清乾隆浙江刻武英殿聚珍版書本　一冊

350000－2001－0012794　852.47/273－7＝1

胡文忠公遺集八十六卷　（清）胡林翼撰（清）曾國荃纂輯　（清）胡鳳丹重編　清光緒二十七年(1901)上海圖書集成印書局鉛印本　三冊

350000－2001－0012795　852.47/274

研六室文鈔十卷　（清）胡培翬撰　清道光十七年(1837)涇川書院刻本　六冊

350000－2001－0012796　852.47/271

綠蘿山莊文集二十四卷　（清）胡浚撰注　清乾隆二十一年(1756)刻本　十六冊

350000－2001－0012797　822.47/665.1

仲實類稿一卷　（清）魯貢撰　清末刻本　一冊

350000－2001－0012798　822.47/665.11

仲實詩存二卷　（清）魯貢撰　清末刻本　一冊

350000－2001－0012799　852.47/281

蘐盫文鈔一卷　（清）柳商賢撰　清光緒十五年(1889)閑存小舍刻本　二冊

350000－2001－0012800　822.47/671

五百四峰堂詩鈔二十五卷　（清）黎簡撰　清光緒六年(1880)德黎氏教忠堂刻本　八冊

350000－2001－0012801　852.47/281－1

食古齋詩錄四卷詩餘一卷文錄一卷　（清）柳以蕃撰　清光緒十八年(1892)刻本　二冊

350000－2001－0012802　852.47/281－1＝1

食古齋詩錄四卷詩餘一卷文錄一卷　（清）柳以蕃撰　清光緒十八年(1892)刻本　四冊

350000－2001－0012803　822.47/674

大山詩集七卷　（清）劉巖撰　清宣統二年(1910)鉛印本　二冊

350000－2001－0012804　852.47/283

篔谷文鈔十二卷　（清）查揆著　清道光十五年(1835)刻本　二冊

350000－2001－0012805　852.47/283.9

銅鼓書堂遺稿三十二卷　（清）查禮撰　清乾隆五十七年(1792)刻本　四冊

350000－2001－0012806　852.47/300

范忠貞公全集四卷首一卷附錄一卷　（清）范承謨撰　清光緒二十一年(1895)刻本　四冊

350000－2001－0012807　852.47/300－1

范忠貞公全集四卷首一卷附錄一卷　（清）范承謨撰　清光緒二十二年(1896)刻本　四冊

350000－2001－0012808　852.47/300－1＝1

范忠貞公全集四卷首一卷附錄一卷　（清）范承謨撰　清光緒二十二年(1896)刻本　四冊

350000－2001－0012809　852.47/311－2

壯悔堂文集十卷遺稿一卷　（清）侯方域著（清）賈開宗　（清）徐作肅等評點　侯方域年譜一卷　（清）侯洵輯　清同治十一年(1872)刻本　二冊

350000－2001－0012810　852.47/311－1

壯悔堂文集十卷遺稿一卷四憶堂詩集六卷遺稿一卷　（清）侯方域著　（清）賈開宗（清）徐作肅等評點　侯方域年譜一卷　（清）侯洵輯　清宣統元年(1909)上海掃葉山房石印本　六冊

350000－2001－0012811　852.47/311－1＝1

壯悔堂文集十卷遺稿一卷四憶堂詩集六卷遺稿一卷　（清）侯方域著　（清）賈開宗（清）徐作肅等評點　侯方域年譜一卷　（清）侯洵輯　清宣統元年(1909)上海掃葉山房石印本　六冊

350000－2001－0012812　852.47/311－6

壯悔堂文集十卷遺稿一卷四憶堂詩集六卷遺稿一卷　（清）侯方域著　（清）賈開宗（清）徐作肅等評點　侯方域年譜一卷　（清）侯洵輯　清刻本　十冊

350000－2001－0012813　822.47/675

海峰詩集十一卷　（清）劉大櫆著　清同治十三年(1874)刻本　二冊

350000－2001－0012814　852.47/311－6＝1

壯悔堂文集十卷遺稿一卷四憶堂詩集六卷遺稿一卷　（清）侯方域著　（清）賈開宗（清）徐作肅等評點　侯方域年譜一卷　（清）侯洵輯　清刻本　八冊

350000－2001－0012815　852.47/311－8

壯悔堂文集十卷　（清）侯方域著　清乾隆十四年(1749)刻本　四冊

350000－2001－0012816　822.47/φ730.3

白華樓焚餘稿一卷　（清）薩玉衡著　清末薩氏刻敦孝堂叢刻本　一冊

350000－2001－0012817　822.47/φ731.1

白華樓詩鈔附錄一卷　薩嘉曦輯　清宣統元年(1909)刻敦孝堂叢刻本　一冊

350000－2001－0012818　082/429

借月山房彙鈔十六集一百三十四種　（清）張海鵬輯　清嘉慶虞山張氏刻本　一冊　存二種二卷(端巖公年譜一卷、陳張事畧一卷)

350000－2001－0012819　929.541/867

江西全省輿圖不分卷　（清）朱兆麟等編　清宣統元年(1909)石印本　十四冊

350000－2001－0012820　929.541/967

江西全省輿圖十四卷　（清）劉坤一等編繪　清同治七年(1868)刻本　六冊

350000－2001－0012821　929.542/98

[同治]臨江府志三十二卷首一卷　（清）德馨（清）鮑孝光修　（清）朱孫詒　（清）陳錫麟纂　清同治十年(1871)刻本　六冊

350000－2001－0012822　929.542/151

[同治]廣信府志十二卷首一卷補遺一卷（清）蔣繼洙纂修　清同治十二年(1873)刻本　二十九冊　存十三卷(一至七、九至十二，首一卷,補遺一卷)

350000－2001－0012823　822.47/φ730.3＝1

白華樓焚餘稿一卷　（清）薩玉衡著　清光緒二十九年(1903)武城縣署刻敦孝堂叢刻本一冊

350000－2001－0012824　929.542/556

[光緒]南安府志補正十二卷首一卷　（清）楊鐍纂修　清光緒元年(1875)南安府署刻本六冊

350000－2001－0012825　822.47/φ730.2

白華樓詩鈔附錄一卷　薩嘉曦輯　清宣統元年(1909)刻敦孝堂叢刻本　一冊

350000－2001－0012826　929.542/393

[同治]南安府志三十二卷首一卷　（清）黃鳴珂修　（清）石景芬等纂　清同治七年(1868)刻本　十八冊　存三十二卷(一至二十四、二十六至三十二,首一卷)

350000－2001－0012827　929.542/530

[同治]南康府志二十四卷首一卷　（清）盛元纂修　清同治十一年(1872)刻本　十二冊

350000－2001－0012828　929.52/636

[同治]九江府志五十四卷首一卷末一卷(清)逢春布修　（清）黃鳳樓　（清）歐陽燾纂　清同治十三年(1874)刻本　二十二冊

350000－2001－0012829　852.47/317

東溟文集六卷外集四卷文後集十四卷文外集二卷　（清）姚瑩著　清道光十三年(1833)刻中復堂全集本　二冊　存十卷(文集六卷、外集四卷)

350000－2001－0012830　852.47/317－1

中復堂遺稿五卷續編二卷　（清）姚瑩著　清同治六年(1867)姚濬昌安福縣署刻中復堂全集本　三冊

350000－2001－0012831　852.47/317＝1

東溟文集六卷外集四卷文後集十四卷文外集二卷　（清）姚瑩著　清道光十三年(1833)刻中復堂全集本　二冊　存十卷(文集六卷、外集四卷)

350000－2001－0012832　852.47/317.1

後湘詩集九卷二集五卷續集七卷 （清）姚瑩著 清道光十三年(1833)刻中復堂全集本 二冊 存十四卷(後湘詩集九卷、二集五卷)

350000－2001－0012833 852.47/317.2
東槎紀略五卷 （清）姚瑩著 清道光十三年(1833)刻中復堂全集本 二冊

350000－2001－0012834 852.47/317.3
姚氏先德傳六卷 （清）姚瑩著 清道光十三年(1833)刻中復堂全集本 一冊

350000－2001－0012835 852.47/317－2
東溟文集六卷外集四卷文後集十四卷文外集二卷 （清）姚瑩著 清同治六年(1867)姚濬昌安福縣署刻中復堂全集本 七冊

350000－2001－0012836 929.542/666
[同治]贛州府志七十八卷首一卷 （清）魏瀛修 （清）魯琪光等纂 清同治十二年(1873)刻本 三十六冊

350000－2001－0012837 929.542/665
[同治]建昌府志十卷首一卷 （清）邵子彝修 （清）魯琪光纂 清同治十一年(1872)刻本 二十九冊

350000－2001－0012838 042.4/260
容齋隨筆十六卷續筆十六卷三筆十六卷四筆十六卷五筆十卷 （宋）洪邁撰 明崇禎三年(1630)嘉定馬元調刻清康熙洪璟補修乾隆五十九年(1794)掃葉山房重修本 十冊

350000－2001－0012839 929.542/665＝1
[同治]建昌府志十卷首一卷 （清）邵子彝修 （清）魯琪光纂 清同治十一年(1872)刻本 三冊 存三卷(一、八,首一卷)

350000－2001－0012840 929.542/666＝1
[同治]贛州府志七十八卷首一卷 （清）魏瀛修 （清）魯琪光等纂 清同治十二年(1873)刻本 二十四冊

350000－2001－0012841 852.47/318
姚鏡塘先生全集三種 （清）姚學塽著 清道光七年(1827)刻本 八冊

350000－2001－0012842 929.542/717
[光緒]撫州府志八十六卷首一卷 （清）朱澄瀾等修 （清）謝煌等纂 清光緒二年(1876)刻本 三十四冊 存八十六卷(撫州府志八十六卷)

350000－2001－0012843 929.542/727
[同治]袁州府志十卷首一卷 （清）駱敏修等修 （清）蕭玉銓等纂 清同治十三年(1874)刻本 二十冊

350000－2001－0012844 852.47/318＝1
姚鏡塘先生全集三種 （清）姚學塽著 清道光七年(1827)刻本 六冊

350000－2001－0012845 929.543/57.2
[同治]大庾縣志二十六卷首一卷 （清）陳蔭昌修 （清）石景芬纂 清同治十三年(1874)刻本 十六冊

350000－2001－0012846 042.4/260＝1
容齋隨筆十六卷續筆十六卷三筆十六卷四筆十六卷五筆十卷 （宋）洪邁撰 明崇禎三年(1630)嘉定馬元調刻清康熙洪璟補修乾隆五十九年(1794)掃葉山房重修本 二冊 存十卷(四筆一至十)

350000－2001－0012847 852.47/319
石甫文鈔三卷 （清）姚瑩撰 清嘉慶二十三年(1818)刻本 二冊 存二卷(一至二)

350000－2001－0012848 929.543/91
[同治]廬陵縣志五十六卷首一卷補編一卷 （清）陳汝楨等修 （清）匡汝諧纂 清同治十二年(1873)刻本 二十二冊

350000－2001－0012849 852.47/319＝1
石甫文鈔三卷 （清）姚瑩撰 清嘉慶二十三年(1818)刻本 二冊

350000－2001－0012850 042.4/359
甕牖閒評八卷 （宋）袁文撰 清乾隆四十二年(1777)福建刻武英殿聚珍版書本 一冊

350000－2001－0012851 929.543/151
[乾隆]臨川縣志四十九卷 （清）李廷友修

（清）李紱纂　清乾隆五年（1740）刻本　十六册

350000－2001－0012852　929.543/151.1

［同治］上饒縣志二十六卷首一卷　（清）王恩溥等修　（清）李樹藩等纂　清同治十二年（1873）刻本　二十册

350000－2001－0012853　852.47/319－2

惜抱軒全集十種　（清）姚鼐撰　清光緒三十三年（1907）上海校經山房刻本　二十册

350000－2001－0012854　929.543/151.2

［同治］臨川縣誌五十四卷首一卷末一卷（清）童范儼修　（清）陳慶齡等纂　清同治九年（1870）刻本　二十三册　缺一卷（首一卷）

350000－2001－0012855　929.543/164

［同治］德化縣志五十四卷首一卷　（清）陳蕭修　（清）吳彬纂　清同治十一年（1872）刻本　二十册

350000－2001－0012856　929.543/178

［同治］雩都縣志十六卷首一卷　（清）顏壽芝等修　（清）何戴仁等纂　清同治十三年（1874）刻本　十二册

350000－2001－0012857　852.47/319－5

惜抱軒文集十六卷　（清）姚鼐撰　清嘉慶十二年（1807）刻本　三册

350000－2001－0012858　852.47/320

紀文達公遺集十六卷首一卷　（清）紀昀撰（清）紀樹馨編校　清宣統二年（1910）上海保粹樓石印本　八册

350000－2001－0012859　852.47/320＝1

紀文達公遺集十六卷首一卷　（清）紀昀撰（清）紀樹馨編校　清宣統二年（1910）上海保粹樓石印本　八册

350000－2001－0012860　042.4/498

慈溪黃氏日抄分類九十七卷　（宋）黃震輯清乾隆木活字印本　二十册　存五十四卷（三十五至八十八）

350000－2001－0012861　042.4/260－1

容齋隨筆十六卷首一卷續筆十六卷三筆十六卷四筆十六卷五筆十卷　（宋）洪邁撰　清同治十一年（1872）新豐洪氏刻光緒元年（1875）、九年（1883）遞修本　十册

350000－2001－0012862　042.4/260－1＝1

容齋隨筆十六卷首一卷續筆十六卷三筆十六卷四筆十六卷五筆十卷　（宋）洪邁撰　清同治十一年（1872）新豐洪氏刻光緒元年（1875）、九年（1883）遞修本　十四册

350000－2001－0012863　852.47/320－2

紀文達公遺集十六卷　（清）紀昀撰　清嘉慶十七年（1812）紀樹馨刻本　十六册

350000－2001－0012864　852.47/320－2＝1

紀文達公遺集十六卷　（清）紀昀撰　清嘉慶十七年（1812）紀樹馨刻本　十六册

350000－2001－0012865　852.47/320－21

雙桂堂稿十卷續編十二卷　（清）紀大奎撰清嘉慶十三年（1808）刻紀慎齋先生全集本七册　存十四卷（雙桂堂稿二至十、續編一至五）

350000－2001－0012866　852.47/320－21＝1

雙桂堂稿十卷續編十二卷　（清）紀大奎撰清嘉慶十三年（1808）刻紀慎齋先生全集本一册　存二卷（雙桂堂稿三至四）

350000－2001－0012867　852.47/322－1

經韻樓集十二卷　（清）段玉裁撰　清道光元年（1821）刻經韻樓叢書本　五册

350000－2001－0012868　852.47/322.1

經韻樓集十二卷　（清）段玉裁撰　清光緒十年（1884）秋樹根齋刻本　六册

350000－2001－0012869　929.543/486

［光緒］泰和縣志三十卷首一卷　（清）宋瑛等修　（清）彭啓瑞等纂　（清）周之鏞續纂修清光緒五年（1879）刻本　十六册

350000－2001－0012870　929.343/504

［同治］建昌縣志十二卷首一卷　（清）陳惟清修　（清）王士彬　（清）閔芳言纂　清同治十

年(1871)刻本 十冊

350000－2001－0012871 042.4/498－1

慈溪黃氏日鈔分類九十七卷古今紀要二十卷
 （宋）黃震輯著 （清）張壽榮校訂 清末耕
餘樓刻本 二十四冊 存九十七卷(日鈔分
類九十七卷)

350000－2001－0012872 929.543/535

[同治]德安縣志十五卷 （清）沈建勳修
(清)程景周纂 清同治十年(1871)刻本
八冊

350000－2001－0012873 822.47/662

板橋詩鈔二卷詞鈔一卷題畫一卷家書一卷小
唱一卷 （清）鄭燮撰 清乾隆十四年(1749)
刻本 四冊

350000－2001－0012874 822.47/661－2

巢經巢詩鈔九卷 （清）鄭珍撰 清咸豐四年
(1854)刻本 一冊

350000－2001－0012875 822.47/662－1

鄭板橋全集六編 （清）鄭燮撰 清宣統元年
(1909)掃葉山房石印本 四冊

350000－2001－0012876 822.47/662－3

板橋詩鈔二卷 （清）鄭燮撰 清乾隆清暉書
屋刻本 一冊

350000－2001－0012877 929.543/590

[同治]峽江縣志十卷首一卷 （清）暴大儒等
修 （清）廖其觀纂 清同治十年(1871)刻本
 八冊

350000－2001－0012878 929.543/618

[同治]高安縣志二十八卷首一卷 （清）孫家
鐸等修 （清）熊松之等纂 清同治十年
(1871)刻本 二十冊

350000－2001－0012879 929.543/708

[同治]萍鄉縣志十卷首一卷 （清）錫榮
(清)王明璠修 （清）熊清河等纂 清同治十
一年(1872)刻本 八冊

350000－2001－0012880 929.543/592

[同治]贛縣志五十四卷首一卷 （清）黃德溥

（清）崔國榜修 （清）褚景昕纂 清同治十
一年(1872)刻本 十七冊 存五十一卷(四
至五十四)

350000－2001－0012881 929.543/717

[同治]宜黃縣志五十卷首一卷 （清）張興言
 （清）夏燮修 （清）謝煌等纂 清同治十年
(1871)刻本 二十二冊

350000－2001－0012882 929.543/727

[同治]瑞州府志二十四卷首一卷 （清）黃廷
金修 （清）蕭浚蘭等纂 清同治十二年
(1873)刻本 十四冊

350000－2001－0012883 929.543/735

[同治]興國縣志四十六卷首一卷 （清）崔國
榜修 （清）金益謙 （清）藍拔奇纂 清同治
十一年(1872)刻本 十二冊

350000－2001－0012884 929.543/781

[同治]廣豐縣志十卷首一卷 （清）雙全等修
 （清）顧蘭生等纂 清同治十一年至光緒元
年(1872－1875)刻本 十冊

350000－2001－0012885 822.47/661－4

巢經巢詩鈔九卷後集四卷 （清）鄭珍撰 清
光緒二十三年(1897)遵義黎汝謙刻光緒三十
一年(1905)獨山莫氏重修本 四冊

350000－2001－0012886 822.47/662.2

雲璈閣詩草一卷 （清）陶鄭業娣 清宣統元
年(1909)刻本 一冊

350000－2001－0012887 929.545/52

盧山志十五卷 （清）毛德琦纂 清康熙刻本
 十冊

350000－2001－0012888 929.545/52－1

盧山志十五卷 （清）毛德琦纂 清康熙刻乾
隆至同治間遞修本 十六冊

350000－2001－0012889 929.545/151

石鐘山志十六卷首一卷 （清）李成謀 （清）
丁義方輯 （清）方宗誠等訂 清光緒九年
(1883)聽濤眺雨軒刻本 八冊

350000－2001－0012890 929.549/52

白鹿書院志十九卷　（清）毛德琦撰　清康熙五十九年(1720)刻本　六冊

350000－2001－0012891　822.47/661－3

巢經巢詩鈔九卷後集四卷　（清）鄭珍撰　清光緒二十三年(1897)遵義黎汝謙刻本　三冊

350000－2001－0012892　822.47/661－5

巢經巢詩鈔九卷後集四卷　（清）鄭珍撰　清咸豐四年(1854)刻本　三冊

350000－2001－0012893　852.47/332.5

高陶堂遺集四種　（清）高心夔編　清光緒八年(1882)平湖朱氏經注經齋刻本　四冊

350000－2001－0012894　852.47/332.5＝1

高陶堂遺集四種　（清）高心夔編　清光緒八年(1882)平湖朱氏經注經齋刻本　三冊

350000－2001－0012895　852.47/322.2

經韻樓集十二卷　（清）段玉裁撰　清道光元年(1821)刻經韻樓叢書本　六冊

350000－2001－0012896　852.47/338

阮亭選志壑堂詩十五卷辛酉同遊倡和詩餘後集二卷吳越同游日記二卷　（清）唐夢賚撰　（清）王士禎選　清康熙刻本　四冊

350000－2001－0012897　852.47/347

小峴山人詩集二十六卷文集六卷續文集二卷補編一卷　（清）秦瀛撰　清嘉慶二十二年(1817)刻本　十二冊

350000－2001－0012898　852.47/355

適可齋記言四卷記行六卷　（清）馬建忠撰　清光緒二十二年(1896)刻本　四冊

350000－2001－0012899　852.47/347＝1

小峴山人詩集二十六卷文集六卷續文集二卷補編一卷　（清）秦瀛撰　清嘉慶二十二年(1817)刻本　二冊　存六卷(文集六卷)

350000－2001－0012900　852.47/355＝1

適可齋記言四卷記行六卷　（清）馬建忠撰　清光緒二十二年(1896)刻本　二冊　存七卷(記言四卷、記行一至三)

350000－2001－0012901　042.4/535

演繁露十六卷續集六卷　（宋）程大昌著　（清）張海鵬較　清嘉慶十年(1805)昭文張氏照曠閣刻本　二冊　存十三卷(一至七、續集六卷)

350000－2001－0012902　852.47/359

本朝文讀本不分卷　（清）袁枚撰　清刻本　四冊

350000－2001－0012903　852.47/359－2

袁文箋正十六卷補注一卷　（清）袁枚著　（清）石韞玉箋　清同治四年(1865)刻本　五冊　存十四卷(一至十、十四至十六,補注一卷)

350000－2001－0012904　852.47/359－3

袁文箋正十六卷補注一卷　（清）袁枚著　（清）石韞玉箋　清嘉慶十七年(1812)刻本　八冊

350000－2001－0012905　852.47/359－3＝1

袁文箋正十六卷補注一卷　（清）袁枚著　（清）石韞玉箋　清嘉慶十七年(1812)刻本　八冊

350000－2001－0012906　929.549/52.1

白鹿書院志十九卷　（清）毛德琦撰　（清）周兆蘭重修　清乾隆六十年(1795)刻同治十年(1871)補修本　八冊

350000－2001－0012907　929.549/52.1＝1

白鹿書院志十九卷　（清）毛德琦撰　（清）周兆蘭重修　清乾隆六十年(1795)刻同治十年(1871)補修本　八冊

350000－2001－0012908　852.47/359－5

袁文合箋十六卷　（清）袁枚著　（清）王廣業集箋　清光緒八年(1882)刻本　六冊

350000－2001－0012909　852.88/162－3

定香亭筆談四卷　（清）阮元撰　（清）吳文溥錄　清光緒二十五年(1899)浙江書局刻本　四冊

350000－2001－0012910　929.549/522

遊山日記十二卷歸舟雜咏一卷　（清）舒夢蘭

撰　清嘉慶十八年(1813)蓮根詩社刻天香全集本　四冊

350000－2001－0012911　929.55/300

漢口叢談六卷　(清)范鍇撰　清道光二年(1822)刻本　二冊　存三卷(一至三)

350000－2001－0012912　929.552/21.1

[同治]鄖陽志八卷首一卷　(清)吳葆儀修　(清)王嚴恭纂　清同治九年(1870)刻本　十二冊

350000－2001－0012913　929.552/306

[光緒]黃州府志四十卷首一卷　(清)英啓修　(清)鄧琛等纂　清光緒十年(1884)刻本　三十三冊　缺一卷(首一卷)

350000－2001－0012914　929.552/306＝1

[光緒]黃州府志四十卷首一卷　(清)英啓修　(清)鄧琛等纂　清光緒十年(1884)刻本　四十冊

350000－2001－0012915　929.553/21

光緒應城志十四卷首一卷　(清)羅縉　(清)陳豪修　(清)王承禧纂　清光緒八年(1882)蒲陽書院刻本　八冊

350000－2001－0012916　929.553/148

[乾隆]鐘祥縣志二十卷　(清)張琴等修　(清)杜光德纂　清乾隆六十年(1795)刻本　十冊

350000－2001－0012917　929.553/705

[乾隆]黃岡縣志二十卷首一卷　(清)王鳳儀修　(清)胡紹鼎等纂　(清)王正常續修　清乾隆五十四年(1789)刻本　十二冊　存二十卷(一至二、四至二十,首一卷)

350000－2001－0012918　852.47/361

小倉山房文集三十一卷外集七卷　(清)袁枚撰　清乾隆刻本　十冊

350000－2001－0012919　929.55/300＝1

漢口叢談六卷　(清)范鍇撰　清道光二年(1822)刻本　四冊

350000－2001－0012920　042.4/535.2

程氏考古編十卷　(宋)程大昌撰　清乾隆綿州李氏萬卷樓刻嘉慶十四年(1809)李鼎元校印函海本　四冊

350000－2001－0012921　929.562/21

[同治]桂陽直隸州志二十七卷首一卷　(清)汪斅灝修　王闓運纂　清同治七年(1868)刻本　十三冊

350000－2001－0012922　929.563/316

邵陽縣鄉土志四卷首一卷　(清)陳吳萃　(清)施啓宇等修　(清)姚炳奎纂　清光緒三十三年(1907)刻本　四冊

350000－2001－0012923　929.563/447

[光緒]湘潭縣志十二卷　(清)陳嘉榆等修　王闓運等纂　清光緒十五年(1889)刻本　十冊

350000－2001－0012924　929.563/491

[光緒]東安縣志八卷　(清)黃心菊等纂修　清光緒元年至二年(1875－1876)刻本　三冊　存六卷(一至五、八)

350000－2001－0012925　929.569/491

湖南方物志八卷　(清)黃本驥撰　清道光二十六年(1846)寧鄉黃本驥刻三長物齋叢書本　二冊

350000－2001－0012926　929.611/556

[嘉慶]四川通志二百四卷首二十二卷　(清)常明等修　(清)楊芳燦等纂　清嘉慶二十一年(1816)刻本　五十冊　存六十八卷(一至四十六、首二十二卷)

350000－2001－0012927　929.611/556＝1

[嘉慶]四川通志二百四卷首二十二卷　(清)常明等修　(清)楊芳燦等纂　清嘉慶二十一年(1816)刻本　三十冊　存四十八卷(三、十七至二十、二十五至三十六、三十八至四十、四十六至五十一、五十六至五十七、一百二十二、一百二十九至一百三十、一百三十四、一百六十二至一百六十六、一百七十至一百七十二、一百七十九至一百八十四、一百八十六至一百八十七)

350000－2001－0012928　042.4/598

賓退錄十卷　（宋）趙與峕撰　清乾隆十七年（1752）刻本　二冊

350000－2001－0012929　042.6/15＝1

通雅五十二卷首三卷　（清）方以智輯著　清康熙五年（1666）姚氏浮山此藏軒刻本　三冊　存三十五卷（五至三十九）

350000－2001－0012930　042.6/15＝2

通雅五十二卷首三卷　（清）方以智輯著　清康熙五年（1666）姚氏浮山此藏軒刻本　十六冊

350000－2001－0012931　042.6/15＝3

通雅五十二卷首三卷　（清）方以智輯著　清康熙五年（1666）姚氏浮山此藏軒刻本　十六冊　存五十二卷（一至九、十三至五十二，首三卷）

350000－2001－0012932　929.611/429

蜀典十二卷　（清）張澍編輯　清光緒二年（1876）尊經書院刻本　四冊

350000－2001－0012933　929.613/23

[乾隆]巴縣志十七卷首一卷　（清）王爾鑑修（清）王世沿等纂　清嘉慶二十五年（1820）刻本　十二冊

350000－2001－0012934　852.47/360－1

袁太史稿一卷　（清）袁枚著　清光緒三十四年（1908）石印本　一冊

350000－2001－0012935　929.612/450

華陽國志十二卷　（晉）常璩撰　清乾隆四十六年（1781）綿州李氏萬卷樓刻函海本　二冊

350000－2001－0012936　042.6/15＝4

通雅五十二卷首三卷　（清）方以智輯著　清康熙五年（1666）姚氏浮山此藏軒刻本　十六冊　存四十九卷（一至四十六、首三卷）

350000－2001－0012937　852.47/361.1

邃懷堂文集四卷詩前編六卷詩後編六卷哀忠集三卷詞鈔二卷駢文箋注十六卷補箋一卷　（清）袁翼撰　清光緒十四年（1888）刻本　二

十冊

350000－2001－0012938　852.47/364

惇裕堂文集四卷　（清）桂超萬撰　清同治五年（1866）刻惇裕堂全集本　二冊

350000－2001－0012939　929.612/450－2

華陽國志十二卷　（晉）常璩撰　清初刻本　一冊　存五卷（八至十二）

350000－2001－0012940　929.618/598

平山堂圖志十卷首一卷　（清）趙之壁編纂　清光緒九年（1883）歐陽利見刻本　四冊

350000－2001－0012941　929.618/598＝1

平山堂圖志十卷首一卷　（清）趙之壁編纂　清光緒九年（1883）歐陽利見刻本　四冊

350000－2001－0012942　929.619/24

蜀道驛程記二卷　（清）王士禎撰　清刻本　一冊

350000－2001－0012943　929.619/24＝1

蜀道驛程記二卷　（清）王士禎撰　清刻本　一冊

350000－2001－0012944　929.631/152

黔記四卷　（清）李宗昉撰　清道光十四年（1834）刻本　一冊

350000－2001－0012945　042.6/15.4

嚮言一卷　（清）方以智撰　清光緒十四年（1888）刻桐城方氏七代遺書本　一冊

350000－2001－0012946　929.631/943

[乾隆]黔南識略三十二卷　（清）愛必達纂修　清道光二十七年（1847）安化羅繞典刻本　六冊

350000－2001－0012947　929.632/128

[光緒]永寧州志十二卷　（清）沈毓蘭續纂（清）楊域林等纂　清光緒二十年（1894）昆明沈毓蘭刻本　六冊

350000－2001－0012948　042.6/26

重刻俟後編六卷補錄一卷附錄一卷　（明）王敬臣著　（清）彭定求訂　清同治八年（1869）木活字印本　二冊

350000－2001－0012949　929.631/973

[乾隆]貴州通志四十六卷首一卷　（清）鄂爾泰等修　（清）靖道謨　（清）杜詮纂　清乾隆六年(1741)刻本　十二冊

350000－2001－0012950　929.632/441

[光緒]黎平府志八卷首一卷　（清）俞渭修（清）陳瑜纂　清光緒十八年(1892)刻本　十四冊

350000－2001－0012951　042.6/181

餘冬錄六十一卷　（明）何孟春輯　清同治三年(1864)刻光緒二年(1876)重印本　十六冊

350000－2001－0012952　929.632/491

[道光]永寧州志十二卷首一卷　（清）黃培杰纂修　清光緒二十年(1894)昆明沈毓蘭刻本　六冊

350000－2001－0012953　929.632/575

[咸豐]安順府志五十四卷首一卷　（清）常恩修　（清）鄒漢勳等纂　清咸豐元年(1851)刻本　十五冊　存五十二卷(一至二十七、三十一至五十四,首一卷)

350000－2001－0012954　929.632/661

[道光]遵義府志四十八卷首一卷　（清）平翰等修　（清）鄭珍等纂　清道光二十一年(1841)刻本　二十冊

350000－2001－0012955　042.6/342

七修類藁五十一卷續藁七卷　（明）郎瑛著述清乾隆四十年(1775)耕烟堂刻本　八冊

350000－2001－0012956　929.633/77

[光緒]平遠州續志八卷首一卷　（清）黃紹光修　（清）申雲根等纂　清光緒十六年(1890)刻本　六冊

350000－2001－0012957　929.633/490

[光緒]普安直隸廳志二十二卷　（清）曹昌祺等修　（清）覃夢榕等纂　清光緒十五年(1889)刻本　八冊

350000－2001－0012958　042.6/342－1＝1

七修類藁五十一卷續藁七卷　（明）郎瑛著述

清光緒六年(1880)廣州翰墨園刻本　十二冊

350000－2001－0012959　042.6/342－1＝2

七修類藁五十一卷續藁七卷　（明）郎瑛著述清光緒六年(1880)廣州翰墨園刻本　十六冊

350000－2001－0012960　929.633/556

[光緒]天柱縣志八卷首一卷　（清）林佩綸等修　（清）楊樹琪等纂　清光緒二十九年(1903)木活字印本　八冊

350000－2001－0012961　929.633/634

[光緒]湄潭縣志八卷首一卷　（清）吳宗周修（清）歐陽曙纂　清光緒二十五年(1899)刻本　六冊

350000－2001－0012962　992.11/99－2

歷代名臣言行錄二十四卷　（清）朱桓編輯（清）潘永季校定　清光緒元年(1875)刻本三十冊

350000－2001－0012963　927.031/674－2

皇朝續文獻通考三百二十卷　劉錦藻纂　清光緒三十一年(1905)堅匏盦鉛印本　八十八冊

350000－2001－0012964　852.47/375－2

芳茂山人文集十三卷詩錄十卷　（清）孫星衍撰　清光緒十一年(1885)長沙王氏刻本八冊

350000－2001－0012965　042.6/432

千百年眼十二卷　（明）張燧纂　清光緒十四年(1888)四明王氏東江戶使署銅活字印本二冊

350000－2001－0012966　852.47/375－3

芳茂山人文集十二卷　（清）孫星衍撰　清光緒十二年(1886)刻槐廬叢書本　六冊　存十一卷(問字堂集六卷附贈言一卷、平津館文稿二卷、岱南閣集二卷)

350000－2001－0012967　042.6/432＝1

千百年眼十二卷　（明）張燧纂　清光緒十四

年(1888)四明王氏東江戶使署銅活字印本
二冊

350000－2001－0012968　852.47/375－4
問字堂集六卷　(清)孫星衍撰　清乾隆五十
九年(1794)刻本　一冊

350000－2001－0012969　852.47/376
遜學齋文鈔十二卷首一卷末一卷文續鈔五卷
詩鈔十卷詩續鈔五卷　(清)孫衣言撰　清同
治三年至十二年(1864－1873)刻光緒增補本
　四冊　存十四卷(文鈔十二卷、首一卷、末
一卷)

350000－2001－0012970　852.47/376－1
遜學齋文鈔十二卷首一卷末一卷文續鈔五卷
詩鈔十卷詩續鈔五卷　(清)孫衣言撰　清同
治三年至十二年(1864－1873)刻光緒增補本
十冊

350000－2001－0012971　852.47/376－2
遜學齋文鈔十卷首一卷末一卷詩鈔十卷
(清)孫衣言撰　清同治三年至十二年(1864－
1873)刻本　八冊

350000－2001－0012972　852.47/376.2
遜學齋詩鈔十卷　(清)孫衣言撰　清同治三
年(1864)刻本　二冊

350000－2001－0012973　042.6/505＝1
鴻苞節錄十卷　(明)屠隆著　(清)屠繼烈編
　清咸豐七年(1857)章邱縣署刻本　十冊

350000－2001－0012974　042.6/505＝2
鴻苞節錄十卷　(明)屠隆著　(清)屠繼烈編
　清咸豐七年(1857)章邱縣署刻本　十冊

350000－2001－0012975　042.6/505＝3
鴻苞節錄十卷　(明)屠隆著　(清)屠繼烈編
　清咸豐七年(1857)章邱縣署刻本　十冊

350000－2001－0012976　852.47/376.3
溉堂前集九卷後集六卷續集六卷文集五卷詩
餘二卷　(清)孫枝蔚著　清康熙刻本　十
二冊

350000－2001－0012977　042.7/15

古今釋疑十八卷　(清)方中履撰　清康熙安
成楊霖刻本　十二冊

350000－2001－0012978　992.197/811.1
滿洲名臣傳四十八卷漢名臣傳三十二卷貳臣
傳十二卷逆臣傳四卷　(清)國史館編　清京
都琉璃廠榮錦書坊刻本　八十八冊　缺四卷
(逆臣傳四卷)

350000－2001－0012979　042.7/15.2
漢學商兌三卷　(清)方東樹撰　清光緒二十
六年(1900)浙江書局刻本　二冊

350000－2001－0012980　852.47/377
蒼莨集三種　(清)孫鼎臣撰　清咸豐刻本
八冊

350000－2001－0012981　042.7/15.1
漢學商兌三卷　(清)方東樹撰　清光緒十五
年(1889)孫溪朱氏刻本　二冊

350000－2001－0012982　992.1314/491
宋元學案一百卷首一卷　(清)黃宗羲撰
(清)黃百家輯　(清)全祖望修定　清光緒五
年(1879)長沙寄廬刻本　四十八冊

350000－2001－0012983　852.47/378.8
泰雲堂集文集二卷駢體文集二卷詩集十八卷
詞集三卷　(清)孫爾準撰　清同治九年
(1870)刻本　四冊

350000－2001－0012984　042.7/16
方南堂先生輟鍛錄一卷　(清)方貞觀撰
(清)李堃　(清)金楷挍　清道光十四年
(1834)廣陵聚好齋刻本　一冊

350000－2001－0012985　992.12/99－3
歷代名臣言行錄二十四卷　(清)朱桓編輯
(清)潘永季校定　清嘉慶十二年(1807)刻本
三十二冊

350000－2001－0012986　852.47/388
楚蒙山房集六種　(清)晏斯盛撰　清乾隆七
年(1742)新喻晏氏刻本　三十二冊

350000－2001－0012987　852.47/389.4
倭文端公遺書十一卷首二卷　(清)倭仁輯

清同治元年(1862)刻本 四册

350000－2001－0012988 852.47/389.8
倭文端公遺書十卷首二卷 （清）倭仁輯 清光緒三年(1877)粵東翰元樓刻本 四册

350000－2001－0012989 852.47/393
儋園全集三十六卷 （清）徐乾學撰 清光緒九年(1883)刻本 十二册

350000－2001－0012990 042.7/16.1
柏堂讀書筆記十三卷 （清）方宗誠述 清光緒桐城方氏刻柏堂遺書本 三册 存八卷(一至八)

350000－2001－0012991 852.47/393＝1
儋園全集三十六卷 （清）徐乾學撰 清光緒九年(1883)刻本 十二册

350000－2001－0012992 852.47/394－2
居易堂集二十卷 （清）徐枋撰 清康熙二十三年(1684)刻本 六册

350000－2001－0012993 852.47/395
不謙齋漫存六卷 （清）徐賡陛著 清光緒八年(1882)刻本 六册

350000－2001－0012994 042.7/98－1
無邪堂答問五卷 （清）朱一新撰 清光緒二十二年(1896)上海書局石印本 五册

350000－2001－0012995 042.7/98
無邪堂答問五卷 （清）朱一新撰 清光緒二十一年(1895)廣雅書局刻本 五册

350000－2001－0012996 042.7/98＝1
無邪堂答問五卷 （清）朱一新撰 清光緒二十一年(1895)廣雅書局刻本 五册

350000－2001－0012997 042.7/100.1
群書札記十六卷 （清）朱亦棟學 清光緒四年(1878)武林竹簡齋刻本 六册

350000－2001－0012998 042.7/100.1＝1
群書札記十六卷 （清）朱亦棟學 清光緒四年(1878)武林竹簡齋刻本 五册 存十四卷(一至二、五至十六)

350000－2001－0012999 929.633/976
[道光]平遠州志二十卷 （清）徐豐玉修 （清）諶厚光纂 清光緒十六年(1890)會稽黃紹先刻本 四册

350000－2001－0013000 929.641/337
[光緒]續雲南通志稿一百九十四卷首六卷 （清）王文韶等修 （清）唐炯等纂 清光緒二十七年(1901)四川岳池刻本 一百册

350000－2001－0013001 929.0202/151－2
朔方備乘六十八卷首十二卷 （清）何秋濤撰 清光緒刻本 二十四册

350000－2001－0013002 929.641/392
滇繫四十卷 （清）師範纂輯 清光緒十三年(1887)雲南通志局刻本 三十九册 存三十九卷(一至十四、十六至四十)

350000－2001－0013003 929.641/973
[乾隆]雲南通志三十卷首一卷 （清）鄂爾泰等修 （清）靖道謨纂 清乾隆元年(1736)刻本 二十六册

350000－2001－0013004 852.47/396－2
復初齋文集三十五卷 （清）翁方綱撰 清道光十六年(1836)侯官李彥章刻光緒三年至四年(1877－1878)補修本 八册

350000－2001－0013005 929.0202/151－2＝1
朔方備乘六十八卷首十二卷 （清）何秋濤撰 清光緒刻本 二十四册

350000－2001－0013006 852.47/396－2＝1
復初齋文集三十五卷 （清）翁方綱撰 清道光十六年(1836)侯官李彥章刻光緒三年至四年(1877－1878)補修本 六册

350000－2001－0013007 852.47/396－2＝2
復初齋文集三十五卷 （清）翁方綱撰 清道光十六年(1836)侯官李彥章刻光緒三年至四年(1877－1878)補修本 十册

350000－2001－0013008 929.642/122
[光緒]鎮雄州志六卷 （清）吳光漢修 （清）宋成基纂 清光緒十三年(1887)刻本

八冊

350000 – 2001 – 0013009　929.642/194

[光緒]東川府續志四卷　（清）余澤春修
（清）茅紫芳纂　（清）馮譽聰續纂修　清光緒
二十三年(1897)刻本　四冊

350000 – 2001 – 0013010　852.47/402.1

清白士集二十八卷　（清）梁玉繩撰　清嘉慶
五年(1800)刻本　十冊

350000 – 2001 – 0013011　822.47/403

頻羅庵遺集四種　（清）梁同書撰　清嘉慶二
十二年(1817)仁和陸貞一刻本　五冊

350000 – 2001 – 0013012　042.7/24 – 1

讀書雜志八十二卷餘編二卷　（清）王念孫撰
　清嘉慶十七年至道光十二年(1812 – 1832)
刻本　二十四冊

350000 – 2001 – 0013013　822.47/403 = 1

頻羅庵遺集四種　（清）梁同書撰　清嘉慶二
十二年(1817)仁和陸貞一刻本　四冊　缺三
卷(集杜二、文一至二)

350000 – 2001 – 0013014　852.47/406 – 1 = 1

思綺堂文集十卷　（清）章藻功撰　清康熙六
十一年(1722)刻本　五冊

350000 – 2001 – 0013015　042.7/127

宋氏過庭錄十六卷　（清）宋翔鳳撰　清光緒
七年(1881)會稽章氏刻本　四冊

350000 – 2001 – 0013016　042.7/127 = 1

宋氏過庭錄十六卷　（清）宋翔鳳撰　清光緒
七年(1881)會稽章氏刻本　四冊

350000 – 2001 – 0013017　929.642/441

[光緒]普洱府志稿五十一卷首一卷　（清）陳
宗海修　（清）陳度等纂　清光緒二十五年
(1899)刻本　十二冊

350000 – 2001 – 0013018　929.642/505

[乾隆]雲南騰越州志十三卷　（清）屠述濂纂
修　清光緒二十三年(1897)刻本　六冊

350000 – 2001 – 0013019　929/792 – 4

天下郡國利病書一百二十卷　（清）顧炎武輯

（清）龍萬育訂　清末刻本　六十冊

350000 – 2001 – 0013020　852.47/407.2

鑑止水齋集二十卷　（清）許宗彥撰　清咸豐
八年(1858)德清許延礽刻本　六冊

350000 – 2001 – 0013021　929.643/248

[光緒]浪穹縣志略十三卷　（清）周沆纂修
清光緒二十九年(1903)刻本　六冊

350000 – 2001 – 0013022　852.47/407

鑑止水齋集二十卷　（清）許宗彥撰　清同治
十年(1871)刻本　六冊

350000 – 2001 – 0013023　929.643/749

[道光]昆明縣志十卷　（清）戴絅孫纂修　清
光緒二十七年(1901)刻本　六冊

350000 – 2001 – 0013024　042.7/130

濼源問答十二卷　（清）沈可培撰　清嘉慶二
十年(1815)雪浪齋刻道光七年(1827)重印本
　四冊

350000 – 2001 – 0013025　042.7/131

寄傲軒讀書隨筆十卷續筆六卷三筆六卷
（清）沈赤然撰　清嘉慶十年(1805)刻本　一
冊　存六卷(續筆六卷)

350000 – 2001 – 0013026　852.47/408

玉井山館文略五卷　（清）許宗衡著　清同治
四年(1865)刻本　四冊

350000 – 2001 – 0013027　929/792 – 3

天下郡國利病書一百二十卷　（清）顧炎武輯
　（清）龍萬育訂　清光緒二十五年(1899)上
海二林齋鉛印暨石印本　二十八冊

350000 – 2001 – 0013028　929.645/157

雲巖小志八卷　（清）李焰祿輯　清嘉慶刻本
　十冊

350000 – 2001 – 0013029　042.7/131.1 = 1

泖東草堂筆記二十卷　（清）沈宗祉撰　（清）
李維翰　（清）王毅存校　清宣統二年(1910)
上海時中書局鉛印本　四冊

350000 – 2001 – 0013030　042.7/131.1

泖東草堂筆記二十卷　（清）沈宗祉撰　（清）

李維翰 （清）王毅存校 清宣統二年（1910）
上海時中書局鉛印本 四冊

350000 – 2001 – 0013031 929.649/428
續黔書八卷 （清）張澍撰 清嘉慶九年
（1804）刻本 二冊

350000 – 2001 – 0013032 042.7/132
交翠軒筆記四卷 （清）沈濤纂 清道光刻本
一冊 存二卷（一至二）

350000 – 2001 – 0013033 929/791 – 4
讀史方輿紀要一百三十卷輿圖要覽四卷
（清）顧祖禹輯著 （清）彭元瑞校定 清道光
三年（1823）刻本 六十冊

350000 – 2001 – 0013034 929.669/316 = 1
康輶紀行十六卷 （清）姚瑩撰 清同治六年
（1867）桐城姚濬昌安福縣署刻中復堂全集本
五冊

350000 – 2001 – 0013035 929.72/938
番社采風圖考一卷 （清）六十七撰 清道光
吳江沈氏世楷堂刻昭代叢書本 一冊

350000 – 2001 – 0013036 929.731/212
[嘉慶]廣西通志二百七十九卷首一卷 （清）
謝啓昆修 （清）胡虔纂 清嘉慶六年（1801）
刻光緒十七年（1891）補修本 六十一冊 存
二百七十卷（一至六十一、七十二至二百七十
九,首一卷）

350000 – 2001 – 0013037 929.733/98
[乾隆]橫州志十二卷 （清）謝鐘齡等修
（清）朱秀等纂 清乾隆十一年（1746）刻本
六冊

350000 – 2001 – 0013038 929.739/429
桂游日記三卷 （清）張維屏撰 清道光十七
年（1837）刻本 一冊

350000 – 2001 – 0013039 929.742/654
海南雜著二卷 （清）蔡廷蘭撰 清道光刻本
一冊 存一卷（上）

350000 – 2001 – 0013040 929.741/52
廣東圖說九十二卷首一卷 （清）毛鴻賓等修

（清）桂文燦等纂 清同治九年至十年
（1870 – 1871）萃文堂刻本 二十一冊

350000 – 2001 – 0013041 929.744/442
孤嶼志八卷首一卷 （清）陳舜咨訂修 （清）
葉應宿繪畫 清嘉慶十四年（1809）刻本
五冊

350000 – 2001 – 0013042 929.749/441
南越遊記三卷 （清）陳徽言撰 清咸豐七年
（1857）刻本 一冊

350000 – 2001 – 0013043 929.745/162
[道光]廣東通志三百三十四卷首一卷 （清）
阮元等修 （清）陳昌齊等纂 清同治三年
（1864）刻本 一百二十冊

350000 – 2001 – 0013044 929.745/162 = 1
[道光]廣東通志三百三十四卷首一卷 （清）
阮元等修 （清）陳昌齊等纂 清同治三年
（1864）刻本 五十冊 存五十卷（一至二十、
五十五至五十六、一百七至一百八、二百五十
至二百五十八、三百至三百二、三百十二至三
百十四、三百二十一至三百三十,首一卷）

350000 – 2001 – 0013045 929.741/162 – 1
[道光]廣東通志三百三十四卷首一卷 （清）
阮元等修 （清）陳昌齊等纂 清道光二年
（1822）刻本 一百一冊 存二百六十五卷
（三十四至三十七、四十五至四十九、七十至
一百十五、一百十七至二百三十九、二百四十
二至二百九十九、三百三至三百二十七、三百
二十九至三百三十二）

350000 – 2001 – 0013046 042.7/134
懷小編二十卷 （清）沈濂撰 清咸豐四年
（1854）刻本 六冊

350000 – 2001 – 0013047 042.7/135.1
悔翁筆記六卷 （清）汪士鐸撰 清光緒九年
（1883）合肥張氏味古齋刻本 一冊

350000 – 2001 – 0013048 042.7/135.1 = 1
悔翁筆記六卷 （清）汪士鐸撰 清光緒九年
（1883）合肥張氏味古齋刻本 六冊

350000 - 2001 - 0013049　042.7/157

昭陽述舊編三卷　（清）李福祚輯　清咸豐七年(1857)刻本　四冊

350000 - 2001 - 0013050　852.47/408.2

玉井山館文略五卷文續二卷詩十五卷詩餘一卷　（清）許宗衡著　清同治四年至九年(1865 - 1870)刻本　五冊

350000 - 2001 - 0013051　852.47/408.5

憩亭雜俎一卷　（清）許樹棠撰　清光緒鉛印本　一冊

350000 - 2001 - 0013052　852.47/413

金峨山館文甲乙集不分卷　（清）郭傳璞撰　清刻本　四冊

350000 - 2001 - 0013053　852.47/413.5

郭中州禹門集四卷　（清）郭振遐撰　清康熙二十二年(1683)刻本　四冊

350000 - 2001 - 0013054　852.47/414

遲雲閣詩稿四卷文稿五卷　（清）郭階撰　清光緒十五年(1889)刻春暉雜稿本　一冊　存五卷(文稿五卷)

350000 - 2001 - 0013055　852.47/414.2

養知書屋文集二十八卷詩集十五卷　（清）郭嵩燾撰　清光緒十八年(1892)刻本　十六冊

350000 - 2001 - 0013056　852.47/414.2 = 1

養知書屋文集二十八卷詩集十五卷　（清）郭嵩燾撰　清光緒十八年(1892)刻本　十六冊

350000 - 2001 - 0013057　042.7/169.1

尖陽叢筆十卷　（清）吳騫撰　清宣統三年(1911)國學扶輪社鉛印張氏適園叢書本　二冊

350000 - 2001 - 0013058　042.7/183

義門讀書記五十八卷　（清）何焯撰　清乾隆三十四年(1769)長洲蔣氏刻本　十冊

350000 - 2001 - 0013059　042.7/183 - 1

義門讀書記五十八卷　（清）何焯撰　清乾隆三十四年(1769)長洲蔣氏刻本　十五冊

350000 - 2001 - 0013060　042.7/183 = 1

義門讀書記五十八卷　（清）何焯撰　清乾隆三十四年(1769)長洲蔣氏刻本　十冊

350000 - 2001 - 0013061　042.7/262

讀書叢錄七卷　（清）洪頤煊撰　清光緒廣雅書局刻本　一冊

350000 - 2001 - 0013062　042.7/268

湛園札記四卷　（清）姜宸英著　（清）葉元墀重校　清嘉慶、道光鶴麓山房刻本　四冊

350000 - 2001 - 0013063　042.7/272

訂譌雜錄十卷　（清）胡鳴玉述　（清）查如壎校　清乾隆二十三年(1758)戢篋書屋刻本　二冊

350000 - 2001 - 0013064　042.7/272.1

寶存四卷　（清）胡式鈺撰　清道光二十一年(1841)刻本　二冊

350000 - 2001 - 0013065　042.7/312

癸巳類稿十五卷　（清）俞正燮撰　清道光十三年(1833)求日益齋刻本　八冊

350000 - 2001 - 0013066　042.7/312 - 1

癸巳存稿十五卷　（清）俞正燮撰　清道光二十八年(1848)靈石楊氏刻連筠簃叢書本　十冊

350000 - 2001 - 0013067　042.7/312 - 3

癸巳類稿十五卷　（清）俞正燮撰　清光緒五年(1879)刻本　十二冊

350000 - 2001 - 0013068　042.7/312 - 4

癸巳存稿十五卷　（清）俞正燮撰　清光緒十年(1884)刻本　六冊

350000 - 2001 - 0013069　929.749/441

[嘉慶]雷州府志二十卷首一卷　（清）雷學海修　（清）陳昌齊等纂　清嘉慶十六年(1811)刻本　十冊

350000 - 2001 - 0013070　929/791 - 3 = 1

讀史方輿紀要一百三十卷方輿全圖總說五卷　（清）顧祖禹輯著　清光緒二十五年(1899)上海圖書集成局鉛印暨石印本　三十二冊

350000 - 2001 - 0013071　992.1314/491.1

宋元學案一百卷首一卷　（清）黃宗羲撰
（清）黃百家輯　（清）全祖望修定　清末刻本
　四十冊

350000－2001－0013072　992.121/729
歷代名賢列女氏姓譜一百五十七卷　（清）蕭
智漢輯　清乾隆、嘉慶刻本　一百三十八冊

350000－2001－0013073　042.7/360
隨園隨筆二十八卷　（清）袁枚著　清乾隆、
嘉慶刻本　六冊

350000－2001－0013074　929.771/965
[乾隆]澳門紀略二卷首一卷末一卷　（清）印
光任　（清）張汝霖纂修　清嘉慶五年(1800)
江寧藩署刻本　二冊

350000－2001－0013075　852.47/420
復盦類稿八卷　（清）曹允源撰　清光緒二十
八年(1902)刻本　二冊

350000－2001－0013076　852.47/420.5
四焉齋文集八卷詩集六卷　（清）曹一士著
梯仙閣餘課一卷　（清）陸鳳池著　清宣統二
年(1910)木活字印本　六冊

350000－2001－0013077　929.742/654＝1
海南雜著二卷　（清）蔡廷蘭撰　清道光刻本
　一冊　存一卷(上)

350000－2001－0013078　852.47/420－7
淮南襪著二卷　（清）曹允源撰　清光緒十七
年(1891)刻本　二冊

350000－2001－0013079　852.47/421
寫韻軒小稿二卷　（清）曹貞秀撰　清嘉慶九
年(1804)刻本　一冊

350000－2001－0013080　852.47/421.5
紫雲山房文鈔一卷　（清）曹學閔撰　清嘉慶
刻本　一冊

350000－2001－0013081　929.791/248
琉球國志略十六卷首一卷　（清）周煌輯　清
乾隆武英殿木活字印武英殿聚珍版書本
三冊

350000－2001－0013082　929.791/656

續琉球國志略二卷首一卷　（清）趙新輯　清
光緒八年(1882)黃樓刻本　二冊

350000－2001－0013083　852.47/423－1
柏梘山房文集十六卷續集一卷駢體文二卷詩
集十卷續集二卷　（清）梅曾亮撰　清光緒鉛
印本　六冊

350000－2001－0013084　042.7/318
援鶉堂筆記五十卷　（清）姚範撰　栞誤一卷
栞誤補遺一卷　（清）方東樹撰　清道光十五
年(1835)桐城姚瑩淮南監摹官署刻本　十
二冊

350000－2001－0013085　929.441/671
安南志略二十卷首一卷　（越南）黎崱撰　清
光緒十年(1884)日本東都岸吟香樂善堂鉛印
本　四冊

350000－2001－0013086　852.47/424
慎自愛軒錄存十八卷　（清）梅雨田撰　清光
緒十四年(1888)刻本　一冊　存一卷(三)

350000－2001－0013087　042.7/360.3
佔畢叢談六卷附勸學卮言一卷時文蠡測一卷
　（清）袁守定撰　清嘉慶十九年(1814)豐城
袁氏刻本　四冊

350000－2001－0013088　042.7/360.3＝1
佔畢叢談六卷附勸學卮言一卷時文蠡測一卷
　（清）袁守定撰　清嘉慶十九年(1814)豐城
袁氏刻本　六冊

350000－2001－0013089　930.1/936
俄羅斯史十六章　（俄羅斯）伊羅瓦伊基撰
（日本）八代六郎譯　（清）商務印書館重譯
清光緒二十九年(1903)商務印書館鉛印本
一冊

350000－2001－0013090　852.47/427
鶴泉文鈔二卷續選九卷　（清）戚學標著　清
嘉慶五年(1800)刻戚鶴泉所著書本　六冊

350000－2001－0013091　852.47/428
鐵瓶雜存二卷　（清）張岳齡撰　清光緒六年
(1880)刻本　一冊

350000－2001－0013092　852.47/428.2

強恕齋文鈔五卷詩鈔四卷　（清）張庚著　清乾隆二十二年(1757)刻本　二冊

350000－2001－0013093　939.117/839

西比里亞志一卷新志一卷　（清）前編書局編　清光緒三十四年(1908)學部圖書局鉛印本　一冊

350000－2001－0013094　852.47/428.5

陶園文集八卷詩集二十四卷詩餘二卷　（清）張九鉞撰　清道光二十三年（1843）刻本　八冊

350000－2001－0013095　939.119/420

俄國西伯利東偏紀要一卷　（清）曹廷杰撰　清光緒錢塘汪氏刻振綺堂叢書本　一冊

350000－2001－0013096　852.47/428.6

陶園文集八卷詩集二十三卷　（清）張九鉞撰　清嘉慶二十三年(1818)陳象文刻本　八冊

350000－2001－0013097　939.119/420＝1

俄國西伯利東偏紀要一卷　（清）曹廷杰撰　清光緒錢塘汪氏刻振綺堂叢書本　一冊

350000－2001－0013098　940.9/816

亞細亞洲志一卷新志一卷　（清）學部編譯圖書局編　清光緒三十四年(1908)學部編譯圖書局鉛印本　一冊

350000－2001－0013099　943/599

日俄戰紀本末八章　（清）趙伸編　清光緒三十二年(1906)上海廣智書局鉛印本　一冊

350000－2001－0013100　082.16/792

顧端文公遺書十四種附一種　（明）顧憲成撰　清光緒三年(1877)涇里宗祠刻本　四冊　存二種二十二卷(小心齋劄記十八卷、涇皋藏稿十九至二十二)

350000－2001－0013101　042.7/365

札樸十卷　（清）桂馥撰　清嘉慶十八年(1813)山陰小李山房刻本　四冊

350000－2001－0013102　042.7/365＝1

札樸十卷　（清）桂馥撰　清嘉慶十八年(1813)山陰小李山房刻本　十冊

350000－2001－0013103　042.7/365－3

札樸十卷　（清）桂馥撰　清光緒九年(1883)長洲蔣氏心矩齋業書刻本　六冊

350000－2001－0013104　082.17/2

來復堂全書二種　（清）丁大椿撰　清道光二十年(1840)刻本　十二冊

350000－2001－0013105　943/935

明治政黨小史一卷　（日本）東京日日新報著　（日本）出洋學生編輯所編　清光緒二十八年(1902)上海商務印書館鉛印帝國叢書本　一冊

350000－2001－0013106　943/935＝1

明治政黨小史一卷　（日本）東京日日新報著　（日本）出洋學生編輯所編　清光緒二十八年(1902)上海商務印書館鉛印帝國叢書本　一冊

350000－2001－0013107　852.47/428.61

篤素堂文集四卷　（清）張英著　**澄懷園語四卷**　（清）張廷玉著　**澄懷主人[張廷玉]自訂年譜六卷**　（清）張廷玉撰　清光緒六年(1880)刻本　四冊

350000－2001－0013108　943/934

日露戰爭未來記十四章　（英國）木里司著　（日本）大町桂月譯　（清）金開華　（清）薛鳳昌譯　清光緒二十九年(1903)祥記書莊鉛印本　一冊　存七章(八至十四)

350000－2001－0013109　042.7/376

札迻十二卷　（清）孫詒讓撰　清光緒二十年(1894)刻本　四冊

350000－2001－0013110　852.47/428.7

篤素堂集鈔三卷　（清）張英撰　清光緒十七年(1891)江蘇書局刻本　一冊

350000－2001－0013111　852.47/428.7－1

篤素堂文集四卷　（清）張英著　清末至民國初上海文瑞樓石印本　一冊

350000－2001－0013112　852.47/428.71

篤素堂文集十六卷詩集七卷　（清）張英著
清光緒二十三年(1897)刻本　九冊

350000－2001－0013113　042.7/376＝1
札迻十二卷　（清）孫詒讓撰　清光緒二十年
(1894)刻本　四冊

350000－2001－0013114　042.7/376＝2
札迻十二卷　（清）孫詒讓撰　清光緒二十年
(1894)刻本　二冊

350000－2001－0013115　852.47/428.8＝9
濂亭文集八卷　（清）張裕釗撰　清光緒八年
(1882)蘇州查氏木漸齋刻本　二冊

350000－2001－0013116　852.47/428.8＝10
濂亭文集八卷　（清）張裕釗撰　清光緒八年
(1882)蘇州查氏木漸齋刻本　二冊

350000－2001－0013117　852.47/428.8＝11
濂亭文集八卷　（清）張裕釗撰　清光緒八年
(1882)蘇州查氏木漸齋刻本　二冊

350000－2001－0013118　943/971
日俄勝敗抉論十章　題（日本）雪峰氏著
（清）陸軍部編譯局編譯　清光緒三十四年
(1908)陸軍部編譯局鉛印本　一冊

350000－2001－0013119　852.47/428.92＝1
㑇齋文集八卷詩集四卷　（清）張穆撰　清咸
豐八年(1858)刻本　六冊

350000－2001－0013120　943.09/693
日本外史二十二卷　（日本）賴襄撰　清光緒
二十八年(1902)文賢閣石印本　八冊

350000－2001－0013121　852.47/428.92＝2
㑇齋文集八卷詩集四卷　（清）張穆撰　清咸
豐八年(1858)刻本　六冊

350000－2001－0013122　943.2/935
日本新史攬要七卷　（日本）石村貞一撰　題
（清）游瀛主人譯　清光緒二十五年(1899)石
印本　八冊

350000－2001－0013123　852.47/429
磨甋齋文存一卷　（清）張杓撰　清光緒十二
年(1886)刻本　一冊

350000－2001－0013124　943.51/935
日本維新三十年史十二編附一編　（日本）東
京博文館編輯　（清）廣智書局譯　清光緒二
十八年(1902)上海廣智書局鉛印本　六冊

350000－2001－0013125　943.51/935－1
日本維新三十年史十二編附一編　（日本）東
京博文館編輯　（清）廣智書局譯　清光緒二
十八年(1902)上海廣智書局鉛印本　十二冊

350000－2001－0013126　943.51/935＝1
日本維新三十年史十二編附一編　（日本）東
京博文館編輯　（清）廣智書局譯　清光緒二
十八年(1902)上海廣智書局鉛印本　六冊

350000－2001－0013127　852.47/429.1
覆瓿集十三種　（清）張文虎撰　清同治、光
緒刻本　十二冊

350000－2001－0013128　943.9/491
日本國志四十卷首一卷　（清）黃遵憲編纂
清光緒二十四年(1898)上海圖書集成印書局
鉛印本　六冊

350000－2001－0013129　943.9/491＝1
日本國志四十卷首一卷　（清）黃遵憲編纂
清光緒二十四年(1898)上海圖書集成印書局
鉛印本　十冊

350000－2001－0013130　943.9/491－2
日本國志四十卷首一卷　（清）黃遵憲編纂
清光緒二十七年(1901)上海書局石印本
八冊

350000－2001－0013131　943.9/491－3
日本國志四十卷首一卷　（清）黃遵憲編纂
清光緒羊城富文齋刻本　十四冊

350000－2001－0013132　943.9/491－5＝1
日本國志四十卷首一卷　（清）黃遵憲編纂
清光緒二十四年(1898)浙江書局刻本　十冊

350000－2001－0013133　943.9/491－2＝1
日本國志四十卷首一卷　（清）黃遵憲編纂
清光緒二十七年(1901)上海書局石印本
八冊

350000 - 2001 - 0013134　943.9/491 - 2 = 2

日本國志四十卷首一卷　（清）黄遵憲編纂
清光緒二十七年（1901）上海書局石印本
十册

350000 - 2001 - 0013135　943.9/535

丙午日本游記一卷附錄一卷　（清）程淯撰
清末鉛印本　一册

350000 - 2001 - 0013136　852.47/429.3

嘉樹山房集二十卷外集二卷　（清）張士元撰
清嘉慶二十四年（1819）刻本　四册

350000 - 2001 - 0013137　943.9/535 = 1

丙午日本游記一卷附錄一卷　（清）程淯撰
清末鉛印本　一册

350000 - 2001 - 0013138　852.47/429.5

舒蓺室雜著甲編二卷乙編二卷　（清）張文虎
撰　清光緒五年（1879）刻覆瓿集本　三册

350000 - 2001 - 0013139　943.99/428

癸卯東遊日記一卷　（清）張謇撰　清光緒二
十九年（1903）翰墨林書局鉛印本　一册

350000 - 2001 - 0013140　852.47/429.7

小安樂窩文集四卷　（清）張海珊撰　清道光
十一年（1831）刻本　二册

350000 - 2001 - 0013141　943.99/491

東游日記一卷　（清）黄慶澄撰　清光緒二十
年（1894）刻本　一册

350000 - 2001 - 0013142　852.47/429.8

楊園先生全集五十四卷年譜一卷　（清）張履
祥撰　清同治十年（1871）江蘇書局刻本　十
六册

350000 - 2001 - 0013143　944.09/816

**緬甸國志一卷英領緬甸志一卷緬甸新志一卷
暹羅國志一卷布哈爾志一卷**　（清）學部編譯
圖書局編　清光緒三十三年（1907）學部編譯
圖書局鉛印本　一册

350000 - 2001 - 0013144　852.47/429.9

楊園張先生全集十種　（清）張履祥撰　清刻
本　六册　存三種九卷（楊園先生備忘四卷

錄遺一卷、初學備忘二卷、經正錄一卷附學規
一卷）

350000 - 2001 - 0013145　852.47/430 - 1 = 1

寄庵雜著二卷　（清）張應昌撰　清同治二年
（1863）刻本　一册

350000 - 2001 - 0013146　852.47/430 - 1

寄庵雜著二卷　（清）張應昌撰　清同治二年
（1863）刻本　二册

350000 - 2001 - 0013147　852.47/430.1

仰蕭樓文集一卷　（清）張星鑑撰　清光緒六
年（1880）刻本　一册

350000 - 2001 - 0013148　852.47/430.2

張文貞公集十二卷　（清）張玉書著　清乾隆
五十七年（1792）松蔭堂刻本　四册

350000 - 2001 - 0013149　852.47/430.8

積石文槀十八卷詩存四卷　（清）張履撰　清
光緒二十年（1894）刻本　八册

350000 - 2001 - 0013150　852.47/430.9

茹茶軒文集十一卷　（清）張錫恭撰　清宣統
三年（1911）刻本　四册

350000 - 2001 - 0013151　042.7/402

庭立記聞四卷　（清）梁玉繩撰　（清）梁學昌
（清）梁耆等輯　清嘉慶刻本　二册

350000 - 2001 - 0013152　042.7/402 = 1

庭立記聞四卷　（清）梁玉繩撰　（清）梁學昌
（清）梁耆等輯　清嘉慶刻本　二册

350000 - 2001 - 0013153　944.19/393

越南輯略二卷　（清）徐延旭編輯　清光緒三
年（1877）梧州郡署刻本　二册

350000 - 2001 - 0013154　944.19/466

越南地輿圖說六卷首一卷　（清）盛慶紱纂輯
清光緒九年（1883）永新盛慶紱求忠堂刻本
二册

350000 - 2001 - 0013155　944.7/155

靈鶼閣叢書五十六種　（清）江標輯　清光緒
元和江氏湖南使院刻本　一册　存四種四卷
（新嘉坡風土記一卷、中西度量權衡表一卷、

光論一卷、人參考一卷)

350000 – 2001 – 0013156　852.47/431 – 1
南蘭文集六卷　(清)張恕撰　清光緒刻本
二冊

350000 – 2001 – 0013157　852.47/431.2
魯巖所學集十五卷補遺一卷交遊記一卷餘事
彙二卷　(清)張宗泰撰　清光緒二十三年
(1897)刻本　六冊

350000 – 2001 – 0013158　042.7/414
劍閒齋師門盦問一卷　(清)陳瀚問　(清)陳
錫綸繕錄　(清)郭嵩燾盦並題　清宣統二年
(1910)刻本　一冊

350000 – 2001 – 0013159　852.47/431.8
茗柯文初編一卷二編二卷三編一卷四編一卷
　(清)張惠言撰　清光緒七年(1881)刻本
二冊

350000 – 2001 – 0013160　945.09/816
爪哇志一卷附新志一卷蘇門答拉志一卷附新
志一卷　(清)學部編譯圖書局編　清光緒三
十三年(1907)學部編譯圖書局鉛印本　一冊

350000 – 2001 – 0013161　852.47/431.8 = 1
茗柯文初編一卷二編二卷三編一卷四編一卷
　(清)張惠言撰　清光緒七年(1881)刻本
二冊

350000 – 2001 – 0013162　042.7/429
舒藝室隨筆六卷續筆一卷餘集一卷　(清)張
文虎撰　清同治十三年(1874)金陵刻本　六
冊　存六卷(隨筆六卷)

350000 – 2001 – 0013163　945.1/942
飛獵濱獨立戰史十四章　(菲律賓)棒時著
題(清)中國同是傷心人譯　清光緒二十八年
(1902)上海商務印書館鉛印戰史叢書本
二冊

350000 – 2001 – 0013164　852.47/431.83
茗柯文初編一卷二編二卷三編一卷四編一卷
　(清)張惠言撰　清嘉慶十四年(1809)刻本
一冊

350000 – 2001 – 0013165　852.47/431.82
茗柯文初編一卷二編二卷三編一卷四編一卷
　(清)張惠言撰　清道光四年(1824)刻本
二冊

350000 – 2001 – 0013166　946.2/938
印度史攬要三卷　(英國)寶星亨德偉良撰
(清)任廷旭譯　清光緒二十七年(1901)上海
美華書館鉛印本　三冊

350000 – 2001 – 0013167　946.2/938 = 1
印度史攬要三卷　(英國)寶星亨德偉良撰
(清)任廷旭譯　清光緒二十七年(1901)上海
美華書館鉛印本　三冊

350000 – 2001 – 0013168　946.09/816
印度新志一卷　(清)學部編譯圖書局編　清
光緒三十三年(1907)學部編譯圖書局鉛印本
一冊

350000 – 2001 – 0013169　948.309/816
土耳基國志一卷附新志一卷　(清)學部編譯
圖書局編　清光緒三十三年(1907)學部編譯
圖書局鉛印本　一冊

350000 – 2001 – 0013170　948.209/816
波斯志一卷　(清)學部編譯圖書局編　清光
緒三十三年(1907)學部編譯圖書局鉛印本
一冊

350000 – 2001 – 0013171　950/933 – 1
西洋史要不分卷　(日本)小川銀次郎撰　樊
炳清　(清)薩端同譯　清光緒二十七年
(1901)金粟齋譯書處鉛印本　二冊

350000 – 2001 – 0013172　950/937 = 1
節本泰西新史攬要八卷　(英國)李提摩太譯
　(清)周慶雲節錄　清光緒二十七年(1901)
夢坡室刻本　二冊

350000 – 2001 – 0013173　950/863
泰西新史攬要二十四卷附人名地名表一卷
(英國)馬懇西著　(英國)李提摩太譯　蔡爾
康述稿　清光緒二十七年(1901)上海萬卷書
樓刻本　八冊

350000－2001－0013174　954/21

重訂法國志略二十四卷　（清）王韜撰　清光緒十六年（1890）長洲王氏淞隱廬鉛印本十册

350000－2001－0013175　954.4/149

普法兵事記一卷　杜俞撰　清光緒十五年（1889）成都刻本　一册

350000－2001－0013176　954.4/428

重訂普法戰紀二十卷　（清）張宗良譯　（清）王韜撰　（清）李光廷纂　清光緒二十四年（1898）中華印務總局鉛印本　八册

350000－2001－0013177　954.4/428－2

普法戰紀輯要四卷　（清）張宗良譯　（清）王韜撰　（清）李光廷纂　清光緒二十七年（1901）東亞自強譯書會石印榕園叢書本八册

350000－2001－0013178　954.4/428－3＝1

普法戰紀二十卷　（清）張宗良譯　（清）王韜撰　清光緒十二年（1886）弢園王氏鉛印本十册

350000－2001－0013179　954.4/428－4

普法戰紀二十卷　（清）張宗良譯　（清）王韜撰　清光緒二十一年（1895）弢園王氏鉛印本十册

350000－2001－0013180　042.7/435＝1

小知錄十二卷　（清）陸鳳藻輯　清同治十二年（1873）淮南書局刻本　四册

350000－2001－0013181　042.7/438

合肥學舍札記十二卷　（清）陸繼輅撰　清道光十六年（1836）陽湖陸氏刻光緒四年（1878）興國州署重修本　二册

350000－2001－0013182　042.7/443.1

句溪雜著六卷　（清）陳立撰　清光緒十四年（1888）廣雅書局刻本　二册

350000－2001－0013183　042.7/444

東塾讀書記二十五卷　（清）陳澧撰　清光緒刻本　六册

350000－2001－0013184　042.7/444－1

東塾讀書記二十五卷　（清）陳澧撰　清光緒刻本　四册

350000－2001－0013185　042.7/444－1＝1

東塾讀書記二十五卷　（清）陳澧撰　清光緒刻本　五册

350000－2001－0013186　042.7/444－1＝2

東塾讀書記二十五卷　（清）陳澧撰　清光緒刻本　四册

350000－2001－0013187　042.7/444－6

東塾讀書記二十五卷　（清）陳澧撰　清光緒二十九年（1903）刻本　六册

350000－2001－0013188　042.7/445

掌錄二卷　（清）陳祖范著　（清）鄭鐘（清）王嗣賢等較　清乾隆二十九年（1764）刻本　一册

350000－2001－0013189　042.7/482

讀書雜識十二卷　（清）勞格著　（清）丁寶書述　清光緒四年（1878）刻月河精舍叢鈔本六册

350000－2001－0013190　042.7/528

求闕齋讀書錄十卷　（清）曾國藩著　（清）王啓原編輯　清光緒二年（1876）傳忠書局刻曾文正公全集本　四册

350000－2001－0013191　822.47/665

通父詩存四卷詩存之餘二卷　（清）魯一同撰清咸豐九年（1859）刻魯氏遺書本　三册

350000－2001－0013192　822.47/665－1

通甫類藳四卷續編二卷　（清）魯一同撰　清咸豐九年（1859）刻魯氏遺書本　三册

350000－2001－0013193　042.7/563

吹綱錄六卷　（清）葉廷琯撰　清同治八年（1869）刻本　三册

350000－2001－0013194　042.7/538

蘿藦亭札記八卷　（清）喬松年鈔撮　清同治十二年（1873）刻本　四册

350000－2001－0013195　042.7/601

陔餘叢考四十三卷　（清）趙翼撰　清乾隆五十五年（1790）刻本　十二冊

350000－2001－0013196　042.7/601＝1
陔餘叢考四十三卷　（清）趙翼撰　清乾隆五十五年（1790）刻本　十六冊　存四十一卷（一至三十三、三十六至四十三）

350000－2001－0013197　822.47/728.1
剖瓠存稿二十卷附樂府一卷左傳樂府一卷莆陽樂府一卷　（清）蕭重撰　清道光刻本　四冊

350000－2001－0013198　042.7/606
淮南雜識四卷　（清）聞益編　清同治七年至十一年（1868－1872）刻本　四冊

350000－2001－0013199　042.7/606＝1
淮南雜識四卷　（清）聞益編　清同治七年至十一年（1868－1872）刻本　四冊

350000－2001－0013200　027/15
續經苑三種　（□）□□編　清末刻本　四冊　存二種八卷（春秋通論四卷、春秋比事目錄四卷）

350000－2001－0013201　042.7/651
東湖叢記六卷　（清）蔣光煦撰　清光緒九年（1883）刻雲自在龕叢書本　三冊

350000－2001－0013202　082.17/26－7
船山遺書五十六種附校勘記二卷　（清）王夫之撰　清同治四年（1865）湘鄉曾國荃金陵刻本　一百十二冊

350000－2001－0013203　082.17/15＝1
柏堂遺書八種附一種　（清）方宗誠述　清光緒桐城方氏刻本　二十八冊　存一百五卷（柏堂讀書筆記十三卷；周子通書講義一卷；柏堂集前編十四卷，次編十三卷，續編一至八、十四至二十二卷，後編二十二卷，餘編八卷，補存三卷，外編一至九；毅齋遺集五卷）

350000－2001－0013204　乙4/11.1
戰國策三十三卷　（漢）高誘注　重刻剡川姚氏本戰國策札記三卷　（清）黃丕烈撰　（清）

黃玉堂校字　清嘉慶八年（1803）吳門黃氏讀未見書齋刻本　四冊

350000－2001－0013205　042.7/652
南潯楛語八卷　（清）蔣超伯輯　清同治十年（1871）兩鴈山房刻本　二冊

350000－2001－0013206　042.7/652＝1
南潯楛語八卷　（清）蔣超伯輯　清同治十年（1871）兩鴈山房刻本　二冊

350000－2001－0013207　042.7/662.1
鄭學錄四卷　（清）鄭珍撰　（清）鄭知同校　清同治四年（1865）成山唐氏刻鄭子尹遺書本　二冊

350000－2001－0013208　822.47/718.2
麻園遺集一卷　（清）謝焴樞撰　覩廬初稿一卷　（清）趙世修撰　清宣統元年（1909）上海集成圖書公司鉛印本　一冊

350000－2001－0013209　042.7/655
雞窗叢話一卷　（清）蔡澄練著　清光緒十二年（1886）新陽趙氏刻本　一冊

350000－2001－0013210　042.7/699
潛邱劄記六卷　（清）閻若璩撰　左汾近槀一卷　（清）閻詠遺槀　清乾隆九年（1744）閻氏眷西堂刻本　六冊

350000－2001－0013211　042.7/699＝1
潛邱劄記六卷　（清）閻若璩撰　左汾近槀一卷　（清）閻詠遺槀　清乾隆九年（1744）閻氏眷西堂刻本　六冊

350000－2001－0013212　042.7/699－1
鐘山札記四卷　（清）盧文弨撰　清乾隆五十五年（1790）刻抱經堂叢書本　一冊

350000－2001－0013213　822.47/718.4
知恥齋詩集六卷　（清）謝振定撰　（清）陶澍編次　清嘉慶十九年（1814）刻本　三冊

350000－2001－0013214　822.47/104－5
曝書亭集箋註二十三卷　（清）朱彝尊撰　（清）孫銀槎輯注　清嘉慶九年（1804）刻本　八冊

350000－2001－0013215　822.47/750

三雁紀遊一卷東甌紀遊一卷　（清）戴啓文撰
清光緒二十五年(1899)刻本　一冊

350000－2001－0013216　822.47/760

哦月樓詩存三卷詩餘一卷詩餘續附一卷
（清）儲慧著　清光緒十一年(1885)鉛印本
一冊

350000－2001－0013217　042.7/705

十駕齋養新錄二十卷餘錄三卷　（清）錢大昕
學　清光緒十年(1884)長沙龍氏家塾刻本
八冊　存二十卷(新錄二十卷)

350000－2001－0013218　822.47/781.2

綺雲樓詩草二卷楹聯一卷詞集一卷　（清）寶
士鏞撰　曇花唅一卷　（清）杜敬撰　清宣統
元年(1909)鉛印本　一冊

350000－2001－0013219　822.47/707.2

刻楮集四卷　（清）錢儀吉撰　清光緒六年
(1880)嘉興錢彝甫刻本　一冊

350000－2001－0013220　822.47/707－2

牧齋有學集詩註十四卷　（清）錢謙益撰
（清）錢曾箋註　（清）朱梅校　清刻本　十
二冊

350000－2001－0013221　822.47/707.6＝1

旅逸小稾二卷　（清）錢儀吉撰　清光緒六年
(1880)刻本　一冊

350000－2001－0013222　822.47/710.2

海門詩鈔八卷外集四卷末一卷　（清）鮑皋撰
清宣統三年(1911)刻本　四冊

350000－2001－0013223　822.47/710.4

壽藤齋詩三十五卷　（清）鮑倚雲撰　清嘉慶
十三年(1808)刻本　八冊

350000－2001－0013224　042.7/792.2

日知錄三十二卷之餘四卷　（清）顧炎武撰
清乾隆、嘉慶刻本　二十八冊

350000－2001－0013225　042.7/792.3

日知錄集釋三十二卷　（清）顧炎武著　（清）
黃汝成集釋　刊誤二卷續刊誤二卷　（清）黃

汝成撰　清道光十四年(1834)嘉定黃氏西谿
草廬刻本　十二冊

350000－2001－0013226　042.7/792.4

日知錄集釋三十二卷　（清）顧炎武著　（清）
黃汝成集釋　刊誤二卷續刊誤二卷　（清）黃
汝成撰　清同治十一年(1872)湖北崇文書局
刻本　十六冊

350000－2001－0013227　042.7/792.5

日知錄集釋三十二卷　（清）顧炎武著　（清）
黃汝成集釋　刊誤二卷續刊誤二卷　（清）黃
汝成撰　清光緒三年(1877)刻本　十四冊
缺四卷(一至四)

350000－2001－0013228　042.7/792.9

日知錄之餘四卷　（清）顧炎武著　清宣統二
年(1910)吳中鄒福保刻本　一冊

350000－2001－0013229　042.7/792.10

菰中隨筆一卷　（清）顧炎武著　清道光十二
年(1832)長白鄂山刻本　一冊

350000－2001－0013230　852.47/435

三魚堂文集十二卷外集六卷附錄一卷　（清）
陸隴其撰　清宣統三年(1911)掃葉山房石印
本　八冊

350000－2001－0013231　852.47/432－1

舫廬文存內集四卷外集一卷餘集一卷　（清）
張壽榮撰　清光緒九年(1883)蛟川張氏秋樹
根齋刻本　四冊

350000－2001－0013232　852.47/432.1

蒿菴集三卷附錄一卷　（清）張爾岐撰　清乾
隆三十八年(1773)刻本　三冊

350000－2001－0013233　852.47/432－1＝1

舫廬文存內集四卷外集一卷餘集一卷　（清）
張壽榮撰　清光緒九年(1883)蛟川張氏秋樹
根齋刻本　二冊

350000－2001－0013234　852.47/432.2

寒松閣集五種　（清）張鳴珂撰　清光緒十年
至二十年(1884－1894)嘉興張氏刻本　六冊

350000－2001－0013235　852.47/432.9

松心文鈔十卷　（清）張維屏撰　清刻本　一冊　存一卷（□）

350000－2001－0013236　852.47/434－1

儀顧堂集二十卷　（清）陸心源撰　清光緒二十四年（1898）刻本　六冊

350000－2001－0013237　852.47/434－2

儀顧堂集十二卷　（清）陸心源撰　清刻本　四冊

350000－2001－0013238　852.47/434－1＝1

儀顧堂集二十卷　（清）陸心源撰　清光緒二十四年（1898）刻本　六冊

350000－2001－0013239　042.7/936

有不爲齋隨筆十卷　（清）光聰諧著　清光緒十四年（1888）蘇州藩署刻本　二冊

350000－2001－0013240　042.8/202

蕙風簃隨筆二卷二筆二卷　況周頤撰　清光緒刻本　一冊

350000－2001－0013241　852.47/435－1

陸桴亭先生文集五卷　（清）陸世儀撰　清廣仁堂刻本　四冊

350000－2001－0013242　852.47/435－2

桴亭先生文鈔六卷　（清）陸世儀撰　確庵先生文鈔六卷　（清）陳瑚撰　清同治九年（1870）合肥蒯德模刻本　四冊

350000－2001－0013243　852.47/436

寶奎堂集十二卷　（清）陸錫熊撰　清嘉慶十五年（1810）刻本　四冊

350000－2001－0013244　852.47/437

崇百藥齋文集二十卷續集四卷三集十二卷合肥學舍札記十二卷　（清）陸繼輅撰　五真閣吟稿一卷　（清）錢惠尊撰　清光緒四年（1878）陽湖陸氏興國州署刻本　十二冊

350000－2001－0013245　852.47/437－1

崇百藥齋文集二十卷續集四卷三集十二卷合肥學舍札記十二卷　（清）陸繼輅撰　五真閣吟稿一卷　（清）錢惠尊撰　清刻本　八冊

350000－2001－0013246　852.47/439－1

鐵莊文集八卷疏快軒詩二卷詩餘一卷　（清）陸楣著　清光緒二十一年（1895）曹氏樂善堂木活字印本　一冊　存三卷（文集六至八）

350000－2001－0013247　852.47/441.1

頤道堂文鈔四卷　（清）陳文述撰　清嘉慶刻本　一冊

350000－2001－0013248　852.47/441.11

頤道堂文鈔十三卷　（清）陳文述撰　清道光八年（1828）刻本　六冊

350000－2001－0013249　852.47/441.9

損齋文集二卷　（清）陳善著　清刻本　一冊

350000－2001－0013250　852.47/442

枕善堂雜著二卷　（清）陳大溶纂　清道光十六年（1836）武林任九思刻本　一冊　存一卷（上）

350000－2001－0013251　852.47/442.1

句溪雜著六卷　（清）陳立撰　清光緒十四年（1888）刻廣雅書局叢書本　一冊

350000－2001－0013252　852.47/442.1＝1

句溪雜著六卷　（清）陳立撰　清光緒十四年（1888）刻廣雅書局叢書本　二冊

350000－2001－0013253　852.47/442.1＝2

句溪雜著六卷　（清）陳立撰　清光緒十四年（1888）刻廣雅書局叢書本　一冊

350000－2001－0013254　852.47/442.51

凝齋先生遺集十卷末一卷　（清）陳道撰　清乾隆二十七年（1762）刻本　三冊

350000－2001－0013255　852.47/442.8

憑山閣增輯留青新集三十卷　（清）陳枚選　（清）陳德裕輯　清康熙經綸堂刻本　二十四冊

350000－2001－0013256　852.47/443

陳檢討四六二十卷　（清）陳維崧撰　（清）程師恭註　清末鴻章書局石印本　八冊

350000－2001－0013257　852.494/446＝1

陳檢討四六二十卷　（清）陳維崧撰　（清）程師恭注　清乾隆三十五年（1770）刻本　八冊

350000 - 2001 - 0013258　852.47/443.3

紫竹山房文集二十卷詩集十二卷　（清）陳兆崙著　陳兆崙年譜一卷　（清）陳玉繩編　清刻本　十冊

350000 - 2001 - 0013259　852.47/443 - 4

陳檢討集二十卷　（清）陳維崧撰　（清）程師恭註　清康熙三十二年(1693)刻本　四冊

350000 - 2001 - 0013260　822.47/942

八指頭陀詩集十卷補遺一卷襍文一卷附詞　（清）釋敬安撰　清光緒二十四年(1898)刻本　二冊

350000 - 2001 - 0013261　822.47/943.4

御製圓明園詩二卷　（清）高宗弘曆撰　（清）鄂爾泰等注　清光緒十三年(1887)天津石印書屋石印本　二冊

350000 - 2001 - 0013262　852.47/443.5

湖海樓文集六卷儷體文集十二卷詩集十二卷補遺一卷詞集二十卷　（清）陳維崧著　清光緒十七年(1891)刻本　六冊　存十八卷(湖海樓文集六卷、儷體文集十二卷)

350000 - 2001 - 0013263　852.47/444

東塾集六卷　（清）陳澧撰　清光緒十八年(1892)刻本　三冊

350000 - 2001 - 0013264　852.47/444.3

小迦陵館文集一卷　（清）陳寶著　清宣統二年(1910)浙江官報兼印刷局排印本　一冊

350000 - 2001 - 0013265　420.4/445 = 1

綠陰亭集二卷　（清）陳奕禧著　清道光二十八年(1848)味古書室刻本　一冊

350000 - 2001 - 0013266　852.47/445.2

簡莊文鈔六卷續編二卷河莊詩鈔一卷　（清）陳鱣著　清光緒十四年(1888)刻本　二冊

350000 - 2001 - 0013267　852.47/445.22

簡莊集六卷　（清）陳鱣撰　清嘉慶十二年(1807)刻本　三冊

350000 - 2001 - 0013268　822.47/949

鏡芙詩餘不分卷　（□）□□撰　清抄本　一冊

350000 - 2001 - 0013269　822.47/934

餘蔭堂詩稿六卷　（清）玉德著　清嘉慶五年(1800)刻本　四冊

350000 - 2001 - 0013270　852.47/445.6

陳司業遺書三卷　（清）陳祖范撰　清光緒十七年(1891)廣雅書局刻本　二冊

350000 - 2001 - 0013271　822.47/934 - 1

餘蔭堂詩稿八卷　（清）玉德著　清嘉慶五年(1800)刻本　四冊

350000 - 2001 - 0013272　822.47/941

嚼梅吟二卷　（清）釋敬安著　（清）呂桂校題(清)白雲禪窟道人評　清光緒刻本　一冊

350000 - 2001 - 0013273　082.17/26 - 7 = 1

船山遺書五十六種附校勘記二卷　（清）王夫之撰　清同治四年(1865)湘鄉曾國荃金陵刻本　一百冊

350000 - 2001 - 0013274　852.47/447

湖海樓詩集十二卷補遺一卷詞集二十卷文集六卷儷體文集十二卷　（清）陳維崧著　清乾隆六十年(1795)浩然堂刻本　二十四冊

350000 - 2001 - 0013275　852.47/448.7

綴學堂初槀四卷　（清）陳漢章撰　清光緒十九年(1893)刻本　二冊

350000 - 2001 - 0013276　852.47/ф445.3 = 4

松蘿山人遺稿一卷　（清）陳瑩著　清宣統元年(1909)刻本　一冊

350000 - 2001 - 0013277　852.47/449

陶文毅公全集六十四卷首一卷末一卷　（清）陶澍撰　清道光二十年(1840)淮北士民刻本　二十四冊

350000 - 2001 - 0013278　852.47/449 = 1

陶文毅公全集六十四卷首一卷末一卷　（清）陶澍撰　清道光二十年(1840)淮北士民刻本　二十四冊

350000 - 2001 - 0013279　852.47/449.5

晚聞存稿二卷　（清）陶正靖撰　清乾隆刻本

一冊

350000－2001－0013280　852.47/451
邵亭遺文八卷　（清）莫友芝撰　清末刻本
一冊

350000－2001－0013281　852.47/452
貞定先生遺集四卷　（清）莫與儔撰　**坿錄一
卷**　（清）鄭珍撰　清咸豐、同治獨山莫氏刻
影山草堂本　一冊

350000－2001－0013282　822.47/794
明宮雜詠二十卷　（清）饒智元撰　清光緒十
九年(1893)刻湘淥館叢書本　六冊

350000－2001－0013283　852.47/453
來雨軒存稿四卷　（清）莫晉撰　清道光十六
年(1836)刻本　四冊

350000－2001－0013284　082.17/27
羲停山館集六種　（清）王景賢撰　清同治十
三年(1874)三山王氏刻本　十冊

350000－2001－0013285　852.47/454
珍藝宧文鈔七卷　（清）莊述祖撰　清道光十
四年(1834)刻本　四冊

350000－2001－0013286　822.47/794－1
明宮雜詠二十卷　（清）饒智元撰　清光緒十
九年(1893)刻湘淥館叢書本　一冊　存四卷
(八至十一)

350000－2001－0013287　852.47/455
秋水堂遺集三種　（清）莊亨陽撰　清光緒十
五年(1889)刻本　八冊

350000－2001－0013288　822.47/795
龔定盦集外未刻詩一卷詞一卷　（清）龔自珍
撰　清宣統三年(1911)石印本　一冊

350000－2001－0013289　082.17/27＝2
羲停山館集六種　（清）王景賢撰　清同治十
三年(1874)三山王氏刻本　八冊　存四種二
十五卷(論語述注十六卷、困學瑣言一卷、牧
民贅語一卷、伊園文鈔四卷詩鈔三卷)

350000－2001－0013290　852.47/φ455＝1
秋水堂文集六卷餘集二卷詩集六卷　（清）莊

亨陽著　清光緒十五年(1889)刻本　四冊

350000－2001－0013291　822.47/795－1
龔定盦集外未刻詩一卷詞一卷　（清）龔自珍
撰　清宣統三年(1911)秋星社石印本　一冊

350000－2001－0013292　082.17/27＝1
羲停山館集六種　（清）王景賢撰　清同治十
三年(1874)三山王氏刻本　十冊

350000－2001－0013293　822.47/795.2
芝麓詩鈔三卷　（清）龔鼎孳撰　（清）顧有孝
（清）趙澐輯　清刻江左三大家詩鈔本
一冊

350000－2001－0013294　082.17/37
顨軒孔氏所著書六十卷　（清）孔廣森撰　清
嘉慶二十二年(1817)曲阜孔氏刻本　十冊

350000－2001－0013295　822.47/795.4
定山堂詩集四十三卷詩餘四卷　（清）龔鼎孳
著　（清）龔鼎鉾訂　清光緒九年(1883)刻本
十四冊

350000－2001－0013296　822.47/936
燕蘭小譜二卷　題（清）安樂山樵撰　清抄本
一冊

350000－2001－0013297　852.47/471
槃蕅紀事初槁四卷　（清）湯紀尚著　清光緒
十一年(1885)蘇州刻本　四冊

350000－2001－0013298　852.47/471－11
湯子遺書十卷附錄一卷　（清）湯斌撰　清康
熙四十二年(1703)劉藻文刻本　四冊

350000－2001－0013299　852.47/471.12
**臨漪園詩後集四卷文後集四卷贅言三卷讀經
偶錄一卷**　（清）湯準著　**年譜二卷**　（清）湯
準等謹述　清雍正四年(1726)刻本　四冊

350000－2001－0013300　852.47/471.2
**潛菴先生全集五卷疏稿一卷困學錄一卷志學
會約一卷志學會約補刊一卷**　（清）湯斌著
湯文正公年譜一卷　（清）湯沆輯　清同治十
二年(1873)刻本　八冊

350000－2001－0013301　852.47/476－2＝1

大雲山房文槀初集四卷二集四卷言事二卷
(清)惲敬著　清嘉慶二十年(1815)南昌甲戌
坊刻本　八冊

350000－2001－0013302　852.47/476－2＝2
大雲山房文槀初集四卷二集四卷言事二卷補
編一卷　(清)惲敬著　清光緒十年(1884)刻
本　十冊

350000－2001－0013303　852.47/476－2＝3
大雲山房文槀初集四卷二集四卷言事二卷
(清)惲敬著　清嘉慶二十年(1815)南昌甲戌
坊刻本　二冊　存四卷(初集四卷)

350000－2001－0013304　852.47/476
大雲山房文槀初集四卷　(清)惲敬撰　清刻
本　四冊

350000－2001－0013305　852.47/476－5
大雲山房文槀初集四卷二集四卷言事二卷補
編一卷　(清)惲敬著　清光緒十年(1884)刻
本　八冊

350000－2001－0013306　852.47/476－7
惲子居文鈔四卷　(清)惲敬撰　清宣統元年
(1909)國學扶輪社石印本　二冊

350000－2001－0013307　852.47/476－7＝1
惲子居文鈔四卷　(清)惲敬撰　清宣統元年
(1909)國學扶輪社石印本　四冊

350000－2001－0013308　852.47/477
石經閣文初集八卷　(清)馮登府撰　清道光
刻本　二冊

350000－2001－0013309　852.47/477.2
蕙襟集十二卷　(清)馮秀瑩著　清宣統三年
(1911)刻本　二冊

350000－2001－0013310　852.47/478
解春集文鈔十二卷補遺二卷詩鈔三卷　(清)
馮景撰　清乾隆刻本　五冊

350000－2001－0013311　852.47/478.5
微尚齋文集一卷　(清)馮志沂撰　清同治十
三年(1874)刻本　一冊

350000－2001－0013312　852.47/486－2

二林居集二十四卷　(清)彭紹升著　清光緒
七年(1881)刻長洲彭氏家集本　六冊

350000－2001－0013313　852.47/486－3
二林居集二卷　(清)彭紹升撰　清光緒六年
(1880)刻本　二冊

350000－2001－0013314　852.47/486.3＝1
秋士先生遺集六卷　(清)彭績撰　清光緒七
年(1881)刻本　一冊

350000－2001－0013315　852.47/486.3
秋士先生遺集六卷　(清)彭績撰　清光緒七
年(1881)刻本　一冊

350000－2001－0013316　852.47/486－4
二林居集二十四卷遺集六卷姚江釋毀錄一卷
　(清)彭紹升著　清光緒七年(1881)刻長洲
彭氏家集本　八冊

350000－2001－0013317　852.47/486.6
小謨觴館詩集八卷詩續集二卷詩餘附錄二卷
文集四卷文續集二卷　(清)彭兆蓀撰　清嘉
慶十一年(1806)韓江寓舍刻本　六冊　存十
四卷(小謨觴館詩集一至四、詩續集二卷、詩
餘附錄二卷、文集四卷、文續集二卷)

350000－2001－0013318　852.47/486.61
小謨觴館詩集八卷詩續集二卷詩餘附錄二卷
文集四卷文續集二卷　(清)彭兆蓀撰　清嘉
慶十一年(1806)韓江寓舍刻本　四冊　存十
七卷(小謨觴館詩集八卷、詩續集二卷、詩餘
附錄二、文集四卷、文續集二卷)

350000－2001－0013319　852.47/486.7
松風閣詩鈔二十六卷歸樸龕叢稿續編四卷
(清)彭蘊章撰　清同治七年(1868)刻本
六冊

350000－2001－0013320　852.47/486.8
松桂堂全集三十七卷南往集三卷延露詞三卷
　(清)彭孫遹著　清宣統三年(1911)掃葉山
房石印本　十二冊

350000－2001－0013321　822.47/941
桐憪閣詩存一卷　(□)□□撰　清抄本

一冊

350000 - 2001 - 0013322　822.47/937

于湖小集二卷　(清)袁昶撰　清光緒水明樓
刻本　一冊

350000 - 2001 - 0013323　082.17/61

左文襄公全集一百三十三卷首一卷　(清)左
宗棠撰　清光緒刻本　一百十四冊　存一百
十九卷(左文襄公年譜十卷、左文襄公奏稿六
十四卷、左文襄公書牘二十六卷說帖一卷、左
文襄公批札七卷、左文襄公咨札一卷告示一
卷、左文襄公謝摺二卷、左文襄公文集五卷詩
集一卷聯語一卷)

350000 - 2001 - 0013324　822.47/787

鰈硯廬詩鈔二卷　(清)嚴永華撰　**聯吟集一
卷**　(清)沈秉成　(清)嚴永華撰　清同治六
年(1867)刻本　一冊

350000 - 2001 - 0013325　822.47/787 - 1

鰈硯廬詩鈔二卷　(清)嚴永華撰　**聯吟集一
卷**　(清)沈秉成　(清)嚴永華撰　清同治六
年(1867)刻本　一冊

350000 - 2001 - 0013326　822.47/787.2

紉蘭室詩鈔三卷　(清)嚴永華撰　清光緒十
七年(1891)刻本　一冊

350000 - 2001 - 0013327　822.47/788

紫佩軒詩稿二卷　(清)嚴昭華撰　清光緒二
十二年(1896)刻本　二冊

350000 - 2001 - 0013328　822.47/791.3

盍山詩錄二卷　(清)顧雲撰　清光緒十五年
(1889)刻本　一冊

350000 - 2001 - 0013329　822.47/792

亭林詩集五卷　(清)顧炎武撰　清末掃葉山
房石印本　一冊

350000 - 2001 - 0013330　822.47/792 - 1

亭林詩集五卷　(清)顧炎武撰　清光緒二年
(1876)湖南書局刻本　一冊

350000 - 2001 - 0013331　822.47/792 - 2

顧亭林先生詩箋注十七卷詩譜一卷　(清)顧

炎武撰　(清)徐嘉注　**校補一卷**　(清)李詳
(清)段朝端撰　**集外逸詩一卷**　清光緒二
十三年至二十七年(1897 - 1901)山陽徐氏味
靜齋刻本　四冊

350000 - 2001 - 0013332　822.47/792 - 3

顧亭林先生詩箋注十七卷詩譜一卷　(清)顧
炎武撰　(清)徐嘉注　**校補一卷**　(清)李詳
(清)段朝端撰　**集外逸詩一卷**　清光緒二
十三年至二十七年(1897 - 1901)山陽徐氏味
靜齋刻本　一冊

350000 - 2001 - 0013333　082.17/77

安吳四種　(清)包世臣著　清同治十一年
(1872)包氏刻本　十六冊

350000 - 2001 - 0013334　082.17/77 = 1

安吳四種　(清)包世臣著　清同治十一年
(1872)包氏刻本　十一冊

350000 - 2001 - 0013335　082.17/404 - 1

頻羅庵遺集四種　(清)梁同書撰　清嘉慶二
十二年(1817)仁和陸貞一刻本　六冊

350000 - 2001 - 0013336　082.17/104

朱氏群書六種　(清)朱駿聲撰　清光緒八年
(1882)臨嘯閣刻本　四冊

350000 - 2001 - 0013337　乙 1.2/1 - 10

史記纂二十四卷　(明)凌稚隆輯　明萬曆吳
興凌氏刻朱墨套印本　十五冊　存二十三卷
(一至十六、十八至二十四)

350000 - 2001 - 0013338　822.47/2 - 1

秋華堂詩一卷　丁傳靖撰　清宣統三年
(1911)鉛印本　一冊

350000 - 2001 - 0013339　822.47/2 - 2

秋華堂詩一卷　丁傳靖撰　清宣統三年
(1911)鉛印本　一冊

350000 - 2001 - 0013340　822.48/136.2

微尚齋詩二卷　(清)汪兆鏞撰　清宣統三年
(1911)刻本　一冊

350000 - 2001 - 0013341　082.17/131

沈歸愚詩文全集十四種　(清)沈德潛撰　清

乾隆教忠堂刻本　十五冊　存十種四十三卷
（歸愚文鈔二十卷餘集八卷、矢音集四卷、歸
田集三卷、說詩晬語二卷、浙江通省志圖說一
卷、八秩壽序壽詩一卷、九秩壽序壽詩一卷、
黃山遊草一卷、南巡詩一卷、沈德潛自訂年譜
一卷）

350000－2001－0013342　822.47/168.1
缶廬詩四卷缶廬別存一卷　（清）吳俊卿撰
清光緒十九年（1893）刻本　三冊

350000－2001－0013343　082.17/131＝1
沈歸愚詩文全集十四種　（清）沈德潛撰　清
乾隆教忠堂刻本　二十一冊　存十二種七十
一卷（歸愚文鈔二十卷餘集八卷、矢音集四
卷、歸田集三卷、說詩晬語二卷、浙江通省志
圖說一卷、八秩壽序壽詩一卷、九秩壽序壽詩
一卷、黃山遊草一卷、南巡詩一卷、沈德潛自
訂年譜一卷、歸愚詩鈔二十卷、歸愚詩鈔餘集
八卷）

350000－2001－0013344　082.17/129
沈余遺書三種　（清）趙舒翹輯　清光緒二十
二年（1896）江蘇書局刻本　四冊

350000－2001－0013345　822.47/245－1
陶廬雜憶一卷續詠一卷　金武祥撰　清光緒
十四年（1888）江陰金氏廣州刻本　一冊

350000－2001－0013346　082.17/129.6
沈端恪公遺書□□種　（清）□□輯　清同治
十二年（1873）浙江書局刻本　二冊　存二種
四卷（沈端恪公年譜二卷、勵志錄二卷）

350000－2001－0013347　822.47/250.2
愛日軒稿不分卷　（清）周葆元撰　清末至民
國初抄本　二冊

350000－2001－0013348　822.47/178
鞮芬室近詩一卷　（清）何震彝撰　清宣統元
年（1909）鉛印本　一冊

350000－2001－0013349　082.17/135
古愚叢書十七種　（清）汲撰　清乾隆、嘉
慶古愚山房刻清末二銘草堂重修本　二十冊
　　存十六種六十六卷（事物原會四十卷、十三

經紀字一卷、字典紀字一卷、韻府紀字一卷、
詞名集解六卷續編二卷、宋樂類編二卷、南北
詞名宮調匯錄二卷、院本名目一卷、雜劇待考
一卷、琴曲萃覽一卷、樂府標源二卷、樂府遺
聲一卷、漱經齋座右銘類編一卷續編一卷、解
毒編一卷、怪疾奇方一卷、彙集經驗方一卷）

350000－2001－0013350　082.17/135－6
汪雙池先生叢書二十種　（清）汪紱撰　清道
光至光緒間刻光緒二十三年（1897）長安趙舒
翹等彙印本　一百四十六冊　存十六種二百
三十八卷（易經如話十二卷首一卷、周易詮義
十四卷首一卷、書經詮義十二卷首二卷、詩經
詮義十二卷首一卷末二卷、禮記章句十卷、禮
記或問八卷、四書詮義三十八卷、六禮或問十
二卷首一卷末一卷、樂經律呂通解五卷、樂經
或問三卷、理學逢源十二卷、山海經存九卷首
一卷、策略六卷、醫林纂要探源十卷附錄一
卷、戊笈談兵十卷首一卷補校錄一卷、雙池文
集十卷、浙刻雙池遺書十二種三十八卷、雙池
先生年譜四卷）

350000－2001－0013351　082.17/148
海嶽軒叢刻十種　杜俞撰　清光緒二十六年
（1900）申江鉛印本　八冊

350000－2001－0013352　822.48/307.3
小三吾亭詩□□卷　冒廣生撰　清光緒刻如
皋冒氏叢書本　一冊　存四卷（十三至十六）

350000－2001－0013353　822.48/316
慎宜軒詩八卷　（清）姚永概撰　清宣統二年
（1910）安徽官紙印刷局鉛印本　一冊

350000－2001－0013354　822.48/316＝1
慎宜軒詩八卷　（清）姚永概撰　清宣統二年
（1910）安徽官紙印刷局鉛印本　一冊

350000－2001－0013355　082.17/136－2
龍莊遺書四種　（清）汪輝祖撰　清光緒江蘇
書局刻本　四冊

350000－2001－0013356　852.47/487
歸樸龕叢稿十二卷　（清）彭蘊章撰　清道光
二十九年（1849）刻本　六冊

350000－2001－0013357　852.47/487－1

歸樸龕叢稿十二卷　（清）彭蘊章撰　清道光
二十八年(1848)刻本　三冊

350000－2001－0013358　852.47/487.6

南畇先生文錄二卷詩錄二卷　（清）彭定求撰
清雍正四年(1726)刻本　二冊

350000－2001－0013359　082.17/136－2＝1

龍莊遺書四種　（清）汪輝祖撰　清光緒江蘇
書局刻本　六冊

350000－2001－0013360　852.47/487.62

南畇文藁十二卷　（清）彭定求撰　清光緒六
年(1880)刻本　六冊

350000－2001－0013361　852.47/487.7

芝庭文藁六卷　（清）彭啓豐撰　清乾隆刻本
六冊

350000－2001－0013362　852.47/491

更生旅巢文膡三卷　（清）黃之晉撰　清同治
元年(1862)廣州刻本　三冊

350000－2001－0013363　082.17/136－1

汪龍莊先生遺書四種　（清）汪輝祖撰　清同
治元年(1862)刻本　六冊

350000－2001－0013364　852.47/492

敬居集十四卷　（清）黃式三撰　清道光二十
八年(1848)刻本　四冊

350000－2001－0013365　852.47/492－1

敬居集二十二卷　（清）黃式三撰　清光緒十
四年(1888)刻本　八冊

350000－2001－0013366　082.17/136

汪龍莊先生遺書四種　（清）汪輝祖撰　清同
治十一年(1872)刻本　六冊

350000－2001－0013367　852.47/492.5

厴堂集五十卷補遺二卷續八卷附刻一卷
(清)黃之雋撰　清乾隆刻本　二冊　存十一
卷(補遺二卷、續八卷、附刻一卷)

350000－2001－0013368　822.48/412

安般簃集詩續十卷　（清）袁昶撰　清光緒小
漚巢刻本　四冊

350000－2001－0013369　082.17/136.1

上湖遺集八種　（清）汪師韓撰　清乾隆刻本
四冊　存三種八卷(詩學纂聞一卷、談書錄
一卷、韓門綴學五卷續一卷)

350000－2001－0013370　852.47/494.3

南莊類稿八卷　（清）黃永年著　清乾隆刻本
四冊

350000－2001－0013371　852.47/495

補不足齋雜著四種　（清）黃家鼎撰　清光緒
六年(1880)鄞縣黃氏刻本　二冊

350000－2001－0013372　852.47/495＝1

補不足齋雜著四種　（清）黃家鼎撰　清光緒
六年(1880)鄞縣黃氏刻本　一冊　存二種二
卷(西征詩錄一卷、西征文存一卷)

350000－2001－0013373　852.47/495＝2

補不足齋雜著四種　（清）黃家鼎撰　清光緒
六年(1880)鄞縣黃氏刻本　一冊　存二種二
卷(西征詩錄一卷、西征文存一卷)

350000－2001－0013374　852.47/495.3

怡善堂膡稿二卷附錄一卷　（清）黃維煊撰
清光緒十九年(1893)補不足齋刻黃氏家集本
一冊

350000－2001－0013375　852.47/496

黃梨洲先生南雷文約四卷　（清）黃宗羲撰
(清)鄭性考訂　清雍正刻本　四冊

350000－2001－0013376　852.47/496＝1

黃梨洲先生南雷文約四卷　（清）黃宗羲撰
(清)鄭性考訂　清雍正刻本　二冊

350000－2001－0013377　822.47/496.4

仰山堂遺集三卷首一卷　（清）黃紹統著　清
刻本　一冊

350000－2001－0013378　852.47/503

留雲山館文鈔一卷　（清）費伯雄撰　清光緒
十四年(1888)鉛印本　一冊

350000－2001－0013379　852.47/505＝1

結一宧駢體文二卷詩略三卷　（清）屠寄撰
清光緒十六年(1890)廣州刻本　一冊

350000 – 2001 – 0013380　852.47/506

芸馨書屋遺草一卷　（清）賀光慶撰　清光緒
九年(1883)刻本　一冊

350000 – 2001 – 0013381　082.17/φ152

榕村全書三十一種附十種　（清）李光地撰
清道光九年(1829)李維迪刻本　一百二十冊

350000 – 2001 – 0013382　852.47/506.2

耐菴存稿四種　（清）賀長齡撰　清咸豐十一
年(1861)刻本　十二冊

350000 – 2001 – 0013383　852.47/508

陰靜夫先生遺文二卷　（清）陰承方撰　清嘉
慶十二年(1807)刻本　一冊

350000 – 2001 – 0013384　852.47/508 = 1

陰靜夫先生遺文二卷　（清）陰承方撰　清嘉
慶十二年(1807)刻本　二冊

350000 – 2001 – 0013385　852.47/514

惺諟齋初稿十卷　（清）喻長霖撰　清宣統三
年(1911)鉛印崧岱山館叢鈔本　六冊

350000 – 2001 – 0013386　852.47/523

霜紅龕集四十卷　（清）傅山撰　**附錄三卷傅
青主先生年譜一卷**　丁寶銓輯　清宣統三年
(1911)山陽丁氏刻本　十二冊

350000 – 2001 – 0013387　852.47/523.5

灌園未定稿二卷　（清）傅懷祖著　清光緒十
三年(1887)刻本　二冊

350000 – 2001 – 0013388　897.4/529 = 1

求闕齋文鈔八卷　（清）曾國藩撰　清同治十
二年(1873)刻本　二冊

350000 – 2001 – 0013389　852.47/528 – 1 = 2

曾惠敏公遺集四種　（清）曾紀澤撰　清光緒
十九年(1893)江南製造總局鉛印本　八冊

350000 – 2001 – 0013390　852.47/529 – 8 = 1

曾文正公文集三卷詩集一卷　（清）曾國藩撰
　清宣統三年(1911)掃葉山房石印本　四冊

350000 – 2001 – 0013391　852.47/529 – 10

曾文正公文鈔四卷　（清）曾國藩撰　（清）張
瑛編校　清同治十一年(1872)刻本　二冊

350000 – 2001 – 0013392　950.4/938

西國近事彙編三十六卷　（美國）金楷理口譯
　（清）姚棻筆述　清光緒刻本　十二冊

350000 – 2001 – 0013393　852.47/529 – 10 = 1

曾文正公文鈔四卷　（清）曾國藩撰　（清）張
瑛編校　清同治十一年(1872)刻本　四冊

350000 – 2001 – 0013394　852.47/529 – 2

曾文正公詩彙四卷　（清）曾國藩撰　清光緒
二年(1876)上海醉六堂刻本　二冊

350000 – 2001 – 0013395　955/945

大英國志八卷　（英國）慕維廉譯　清光緒七
年(1881)刻本　二冊

350000 – 2001 – 0013396　852.47/529 – 9 = 1

曾文正公奏疏文鈔合刊六卷　（清）曾國藩撰
　清同治十二年(1873)金陵書局刻本　四冊

350000 – 2001 – 0013397　960.9/839

亞斐利加洲志一卷附新志一卷　（清）學部編
譯圖書局編　清宣統元年(1909)學部編譯圖
書局鉛印本　一冊

350000 – 2001 – 0013398　961/940 = 1

埃及近世史二十六章　（日本）柴四郎著
(清)麥鼎華譯　清光緒二十八年(1902)上海
廣智書局鉛印本　一冊

350000 – 2001 – 0013399　852.47/533

抱犢山房集六卷　（清）嵇永仁著　（清）嵇曾
筠編　清雍正刻本　一冊

350000 – 2001 – 0013400　852.47/533 – 1

抱犢山房集六卷續離騷一卷　（清）嵇永仁著
　（清）嵇曾筠編　清同治五年(1866)長沙刻
本　一冊

350000 – 2001 – 0013401　972/961

一八九八年之西美戰史十六章　（法國）勃利
德著　（清）李昌鎬譯　清光緒三十年(1904)
江南機器製造總局鉛印本　二冊

350000 – 2001 – 0013402　852.47/535

勉行堂詩集二十四卷首一卷文集六卷　（清）
程晉芳撰　清嘉慶二十三年至二十五年

(1818－1820)勉行堂刻本　　六冊

350000－2001－0013403　　927.1/947＝1

亞美利加洲通史十編　（清）戴彬編譯　清光緒二十八年(1902)上海商務印書館鉛印本　二冊

350000－2001－0013404　　852.47/536

密齋文集一卷　（清）程同文著　清刻本　一冊

350000－2001－0013405　　972.4/939

美史紀事本末八卷首一卷末一卷　（美國）姜寧撰　（清）章宗元輯譯　清光緒二十九年(1903)求我齋刻本　　二冊

350000－2001－0013406　　852.47/540

登雲山房文稿四卷　（清）溫訓著　清道光三年(1823)刻本　　二冊

350000－2001－0013407　　852.47/557

晦明軒稿一卷　（清）楊守敬撰　清光緒二十七年(1901)宜都楊氏鄰蘇園刻本　　一冊

350000－2001－0013408　　972.9/936

美國獨立戰史二卷　（日本）澀江保著　題（清）中國東京留學生譯　清光緒上海商務印書館鉛印戰史叢書本　　一冊

350000－2001－0013409　　852.47/558

古柏軒文集四卷首一卷　（清）楊繩武著　清道光二十八年(1848)楊氏古柏軒刻本　　四冊

350000－2001－0013410　　852.47/558＝1

古柏軒文集四卷首一卷　（清）楊繩武著　清道光二十八年(1848)楊氏古柏軒刻本　　二冊

350000－2001－0013411　　978.1/765

古巴雜記一卷　（清）譚乾初譯錄　清光緒十三年(1887)鉛印本　　一冊

350000－2001－0013412　　852.47/577

敦藝齋外集一卷　（清）鄒漢勛撰　清光緒八年(1882)刻鄒叔子遺書本　　一冊

350000－2001－0013413　　852.47/586

有不為齋集六卷　（清）端木埰著　清宣統元年(1909)刻本　　二冊

350000－2001－0013414　　852.47/588

寶綸堂外集十二卷　（清）齊召南撰　（清）齊毓川輯　清宣統三年(1911)掃葉山房石印本　　二冊

350000－2001－0013415　　852.47/588－1

寶綸堂文鈔八卷　（清）齊召南撰　清光緒十三年(1887)鄞縣郭氏刻金峨山館叢書本　　二冊

350000－2001－0013416　　979.2/791

巴西國地理兵要一卷巴西政治考一卷　（清）顧厚焜編　（清）鄭之驤譯　清末石印本　　一冊

350000－2001－0013417　　852.47/588.1

心止居詩集四卷文集二卷　（清）楊夢符著　清嘉慶十四年(1809)刻本　　二冊

350000－2001－0013418　　852.47/559

裘文達公文集六卷詩集十二卷奏議一卷　（清）裘曰修撰　清嘉慶八年(1803)刻本　六冊

350000－2001－0013419　　991.12/164

海國尚友錄八卷　（清）吳佐清輯　清光緒二十九年(1903)上海奎章書局石印本　　四冊

350000－2001－0013420　　991.121/674

二十四史尚友錄八卷國朝尚友錄一卷　（清）劉樹屏輯　清光緒九年(1883)上海文記書莊石印本　　四冊

350000－2001－0013421　　992.08/556－1

四朝先賢六家年譜六種　（清）楊希閔編　清光緒四年(1878)福州刻本　　六冊

350000－2001－0013422　　082.17/φ152＝1

榕村全書三十一種附十種　（清）李光地撰　清道光九年(1829)李維迪刻本　　一百冊

350000－2001－0013423　　822.48/442

散原精舍詩二卷　陳三立撰　清宣統二年(1910)上海商務印書館鉛印本　　二冊

350000－2001－0013424　　992.0899/245

歸顧朱三先生年譜合刻三種　（清）金吳瀾輯

清光緒六年(1880)嘉興金氏刻本　六冊

350000－2001－0013425　992.088/260

四洪年譜四種　(清)洪汝奎輯　清宣統二年
至三年(1910－1911)刻洪氏晦木齋叢書本
四冊

350000－2001－0013426　822.48/442＝1

散原精舍詩二卷　陳三立撰　清宣統二年
(1910)上海商務印書館鉛印本　二冊

350000－2001－0013427　822.48/442＝2

散原精舍詩二卷　陳三立撰　清宣統二年
(1910)上海商務印書館鉛印本　二冊

350000－2001－0013428　822.48/442＝3

散原精舍詩二卷　陳三立撰　清宣統二年
(1910)上海商務印書館鉛印本　二冊

350000－2001－0013429　852.47/592

勉益齋偶存稿八卷續存稿十六卷　(清)裕謙
撰　清光緒二年(1876)勉益齋刻本　二十
四冊

350000－2001－0013430　852.47/592＝1

勉益齋偶存稿八卷續存稿十六卷　(清)裕謙
撰　清光緒二年(1876)勉益齋刻本　八冊
存八卷(偶存稿八卷)

350000－2001－0013431　992.0899/556

豫章先賢九家年譜九種　(清)楊希閔編　清
光緒四年(1878)刻本　四冊

350000－2001－0013432　852.47/598

清獻堂集十卷　(清)趙佑著　清乾隆刻本
六冊

350000－2001－0013433　852.47/600

趙忠節公遺墨一卷　(清)趙景賢撰　溫次言
先生詩錄一卷　(清)溫汝超撰　清光緒八年
(1882)刻本　一冊

350000－2001－0013434　852.47/601

亦有生齋集詩三十二卷文二十卷詞五卷樂府
二卷　(清)趙懷玉撰　清道光元年(1821)刻
本　二十冊

350000－2001－0013435　852.47/601＝1

亦有生齋集詩三十二卷文二十卷詞五卷樂府
二卷　(清)趙懷玉撰　清道光元年(1821)刻
本　二十冊

350000－2001－0013436　852.47/608

聊齋文集二卷　(清)蒲松齡著　清宣統元年
(1909)上海國學扶輪社鉛印三年(1911)重印
本　一冊

350000－2001－0013437　852.47/613

韞山堂時文三集不分卷　(清)管世銘撰　清
光緒六年(1880)湖南書局刻本　四冊

350000－2001－0013438　852.47/613－2

韞山堂文集八卷　(清)管世銘撰　清光緒十
七年(1891)刻本　四冊

350000－2001－0013439　852.47/613－3

韞山堂詩集十六卷文集八卷　(清)管世銘撰
清光緒二十年(1894)刻本　二冊

350000－2001－0013440　852.47/613.4

韞山堂時文初集不分卷　(清)管世銘著　清
光緒三十年(1904)刻本　一冊

350000－2001－0013441　852.47/613－1

批點詳註管稿時文不分卷　(清)管世銘著
(清)汪鳴鑾批注　清光緒二十年(1894)刻本
八冊

350000－2001－0013442　852.47/615

裴光祿遺集八卷首一卷　(清)裴蔭森撰
(清)沈翊清編次　年譜四卷　(清)徐嘉編次
清宣統三年(1911)裴氏刻本　六冊

350000－2001－0013443　852.47/615－1＝2

裴光祿遺集八卷首一卷　(清)裴蔭森撰
(清)沈翊清編次　清宣統三年(1911)裴氏刻
本　四冊

350000－2001－0013444　852.47/619

恥不逮齋文集三卷首一卷附錄一卷補遺一卷
(清)熊英純撰　清光緒十七年(1891)刻本
二冊

350000－2001－0013445　852.47/622

遂初堂文集二十卷別集四卷　(清)潘耒著

清康熙刻本　五冊

350000－2001－0013446　852.47/622＝1
遂初堂文集二十卷別集四卷　（清）潘耒著
清康熙刻本　七冊

350000－2001－0013447　852.47/622－4
遂初堂詩集十六卷別集四卷　（清）潘耒著
清刻本　四冊

350000－2001－0013448　992.11/26
說郛一百二十弓　（明）陶宗儀輯　清刻本
一冊　存四弓六卷(群輔錄一卷、英雄記鈔一
卷、高士傳三卷、蓮社高賢傳一卷)

350000－2001－0013449　852.47/623
三松堂集詩二十卷續六卷文四卷　（清）潘奕
雋撰　清刻本　八冊

350000－2001－0013450　852.47/623.1
**西圃集文四卷詩十卷續集四卷補遺一卷詞續
一卷詞三續一卷題畫詩一卷**　（清）潘遵祁撰
清刻本　六冊

350000－2001－0013451　822.48/448.10
松壽堂詩鈔十卷　陳夔龍撰　清宣統三年
(1911)京師刻本　四冊

350000－2001－0013452　852.47/623.2
養一齋全集六種　（清）潘德輿撰　清刻本
二十四冊

350000－2001－0013453　852.47/624
有真意齋文集一卷　（清）潘世恩撰　清道光
十八年(1838)刻本　一冊

350000－2001－0013454　852.47/644－1
樊榭山房文集八卷　（清）厲鶚撰　清乾隆刻
本　二冊

350000－2001－0013455　852.47/644－1＝1
樊榭山房文集八卷　（清）厲鶚撰　清乾隆刻
本　一冊

350000－2001－0013456　852.47/644－3
**樊榭山房集十卷續集十卷文集八卷集外詩一
卷集外詞一卷集外文一卷**　（清）厲鶚撰　振
綺堂詩存一卷　（清）汪憲撰　**松聲池館詩存**

四卷　（清）汪璐撰　清光緒十年(1884)錢塘
汪氏振綺堂刻本　十一冊　缺一卷(振綺堂
詩存一卷)

350000－2001－0013457　852.47/645
南村草堂文鈔二十卷詩鈔二十四卷　（清）鄧
顯鶴撰　清咸豐元年(1851)刻本　十二冊

350000－2001－0013458　852.47/645＝1
南村草堂文鈔二十卷詩鈔二十四卷　（清）鄧
顯鶴撰　清咸豐元年(1851)刻本　十冊

350000－2001－0013459　852.47/645＝2
南村草堂文鈔二十卷詩鈔二十四卷　（清）鄧
顯鶴撰　清咸豐元年(1851)刻本　十二冊

350000－2001－0013460　852.47/646.1
扁善齋文存二卷　（清）鄧嘉緝撰　清光緒二
十七年(1901)刻本　二冊

350000－2001－0013461　852.47/650.9
友竹草堂文集一卷　（清）蔣慶第撰　清刻本
一冊

350000－2001－0013462　852.47/652.2
窺豹集二卷　（清）蔣超伯輯　清刻本　一冊

350000－2001－0013463　852.47/652
清溪草堂文二卷首一卷續補一卷　（清）蔣錫
震著　清光緒十四年(1888)刻本　一冊

350000－2001－0013464　852.47/654
七經樓文鈔六卷　（清）蔣湘南撰　清道光二
十七年(1847)刻本　四冊

350000－2001－0013465　852.47/661.7
寒村詩文選十七種　（清）鄭梁撰　清康熙紫
蟾山房刻本　十四冊

350000－2001－0013466　852.47/661.71
寒村五丁集二卷　（清）鄭梁撰　清刻本
二冊

350000－2001－0013467　852.47/662－3
**板橋詩鈔三卷詞鈔一卷家書一卷題畫一卷小
唱一卷**　（清）鄭燮著　清刻本　二冊

350000－2001－0013468　852.47/662.8

巢經巢遺文五卷 （清）鄭珍撰 清光緒二十年(1894)刻本 四冊

350000－2001－0013469 852.47/662.9

南谿不文一卷 （清）鄭性撰 清乾隆五年(1740)刻本 一冊

350000－2001－0013470 052/873

新民叢報彙編不分卷（清光緒二十八年至三十一年） 梁啓超等編撰 清宣統元年(1909)普新瑞記書局石印本 三十二冊

350000－2001－0013471 992.11/98

史傳三編五十六卷 （清）朱軾 （清）蔡世遠訂 清雍正刻本 十六冊

350000－2001－0013472 992.11/98－3

歷代名臣傳三十五卷首一卷續編五卷 （清）朱軾 （清）蔡世遠訂 清刻本 十冊

350000－2001－0013473 052/934

五洲時事彙報不分卷（清光緒二十五年）（日本）佐原篤介創 清光緒二十五年(1899)上海五洲時事彙報館鉛印本 一冊

350000－2001－0013474 852.47/663

補學軒文集四卷詩集十二卷 （清）鄭獻甫撰 清光緒八年(1882)刻本 十冊

350000－2001－0013475 072/866

地方白話報六期（清光緒三十三年三月十一日至五月初一日） （清）王法勤編輯 清光緒三十三年(1907)保定東街學務處排印局鉛印本 一冊

350000－2001－0013476 992.11/98－4

歷代名臣傳三十五卷首一卷續編五卷 （清）朱軾 （清）蔡世遠訂 清光緒二十三年(1897)刻朱文端公藏書本 十六冊

350000－2001－0013477 852.47/663－1

補學軒文集四卷詩集十二卷制藝四卷批選時文讀本二卷 （清）鄭獻甫撰 清同治八年至光緒八年(1869－1882)刻本 十四冊

350000－2001－0013478 992.11/99

歷代名臣言行錄二十四卷 （清）朱桓編輯 （清）潘永季校定 清光緒二十九年(1903)上海錦章書局石印本 八冊

350000－2001－0013479 852.47/663.3

吞松閣集四十卷 （清）鄭虎文撰 清嘉慶十八年(1813)刻本 八冊

350000－2001－0013480 992.12/99－3＝1

歷代名臣言行錄二十四卷 （清）朱桓編輯 （清）潘永季校定 清嘉慶十二年(1807)刻本 十八冊

350000－2001－0013481 922.1/402＝4

人表攷九卷 （清）梁玉繩撰 清光緒十四年(1888)刻廣雅書局叢書本 三冊

350000－2001－0013482 852.47/665.11

魯山木先生文集十二卷首一卷外集二卷 （清）魯九皋撰 清道光十一年(1831)陳用光刻本 七冊

350000－2001－0013483 852.47/665－1

山木居士文集十二卷首一卷外集二卷 （清）魯九皋撰 清道光十四年(1834)刻本 八冊

350000－2001－0013484 992.11/564

廣印人傳十六卷補遺一卷 （清）葉銘輯 清宣統西泠印社刻印學叢書本 四冊

350000－2001－0013485 992.11/976

繪圖歷代神仙傳二十四卷 （清）□□撰 清宣統元年(1909)掃葉山房石印本 四冊

350000－2001－0013486 852.47/665－1＝1

山木居士文集十二卷首一卷外集二卷 （清）魯九皋撰 清道光十四年(1834)刻本 六冊 存十三卷(山木居士文集十二卷、首一卷)

350000－2001－0013487 072/868.1

杭州白話報不分卷（清光緒二十七年至二十八年） （清）項藻馨 （清）林獬等編撰 清光緒二十七年至二十八年(1901－1902)杭州刻本 六冊

350000－2001－0013488 852.47/665.5

魯氏遺著四種 （清）魯一同撰 清咸豐九年(1859)刻本 十冊 存三種十二卷(通甫類

藥四卷續編二卷、通父詩存四卷、詩存之餘二卷）

350000－2001－0013489　992.116/939
[光緒二十九年]恩科鄉試同年錄不分卷
（清）□□輯　清光緒刻本　一冊

350000－2001－0013490　852.47/665.5＝1
魯氏遺著四種　（清）魯一同撰　清咸豐九年（1859）刻本　四冊　存三種十二卷（通甫類藁四卷續編二卷、通父詩存四卷、詩存之餘二卷）

350000－2001－0013491　072/938
時事報圖畫雜俎（清宣統元年）不分卷　（清）上海時事報社編繪　清宣統元年（1909）石印本　四冊

350000－2001－0013492　992.11/99－2＝1
歷代名臣言行錄二十四卷　（清）朱桓編輯（清）潘永季校定　清光緒元年（1875）刻本　三十一冊

350000－2001－0013493　822.47/665.6
仲實類稿一卷詩存二卷　（清）魯賁撰　清刻本　四冊

350000－2001－0013494　992.121/135－1
史姓韻編二十四卷　（清）汪輝祖輯　清光緒二十九年（1903）上海文瀾書局石印本　八冊

350000－2001－0013495　992.121/135
史姓韻編六十四卷　（清）汪輝祖輯　（清）馮祖憲重校　清光緒上海中西書局石印本　四冊

350000－2001－0013496　992.121/135－2
史姓韻編六十四卷　（清）汪輝祖述　清嘉慶元年（1796）刻本　十二冊

350000－2001－0013497　082.17/φ152－1
榕村全書三十一種附十種　（清）李光地撰清刻本　七十六冊　存二十二種附十種二百十九卷（四書解義八卷、周易通論四卷、周易觀象十二卷、周易觀象大指二卷、詩所八卷、尚書七篇解義二卷、洪範說二卷、春秋毀餘四

卷、孝經全註一卷、正蒙註二卷、二程子遺書纂二卷外書纂一卷、朱子語類四纂五卷、朱子禮纂五卷、古文精藻二卷、榕村講授三卷、榕村字畫辨訛一卷、榕村韻書五卷、榕村詩選八卷首一卷、名文前選六卷、榕村語錄三十卷、榕村全集四十卷續集七卷別集五卷、榕村制義初集一卷二集一卷三集一卷四集一卷、附周禮纂訓二十一卷、經書源流歌訣一卷、三禮儀制歌訣一卷、歷代姓系歌訣一卷、文貞公年譜二卷、儀禮纂錄二卷、洌咦存愚二卷、榕村譜錄合考二卷、道南講授十三卷、律詩四辨四卷）

350000－2001－0013498　072/865
外交報□號（清光緒二十九年）　張元濟主編　清光緒二十九年（1903）上海商務印書館鉛印本　五冊　存五號（六、八、十九、二十三至二十四）

350000－2001－0013499　072/865－1
外交報□號（清光緒三十年）　張元濟主編清光緒三十年（1904）上海商務印書館鉛印本　九冊　存九號（二至三、五至八、十八至二十）

350000－2001－0013500　072/874
滙報□期（清光緒三十二年）　（清）滙報館編輯　清光緒三十二年（1906）鉛印本　一冊存三期（十四、五十四、九十六）

350000－2001－0013501　852.47/673
拙尊園叢稿六卷　（清）黎庶昌撰　清光緒十九年（1893）上海醉六堂石印本　二冊

350000－2001－0013502　852.47/672
拙尊園叢稿六卷　（清）黎庶昌撰　清光緒二十一年（1895）刻本　四冊

350000－2001－0013503　822.48/652
醉園詩存二十六卷閏集一卷　（清）蔣葶撰先考府君年譜一卷　（清）蔣兆蘭撰　清光緒鉛印本　四冊

350000－2001－0013504　072/876－1
嶺東日報□期（清光緒二十八年）　（清）嶺東

日報館編輯　清光緒二十八年(1902)嶺東日
報館鉛印本　二冊　存二月(八至九)

350000－2001－0013505　072/876－2

嶺東日報□期(清光緒二十九年)　(清)嶺東
日報館編輯　清光緒二十九年(1903)嶺東日
報館鉛印本　七冊　存四月(九至十二)

350000－2001－0013506　072/876－3

嶺東日報□期(清光緒三十年)　(清)嶺東日
報館編輯　清光緒三十年(1904)嶺東日報館
鉛印本　五冊　存四月(一、九、十、十二)

350000－2001－0013507　072/876－4

嶺東日報□期(清光緒三十一年)　(清)嶺東
日報館編輯　清光緒三十一年(1905)嶺東日
報館鉛印本　十八冊　存十二月(一至十二)

350000－2001－0013508　072/876－5

嶺東日報□期(清光緒三十二年)　(清)嶺東
日報館編輯　清光緒三十二年(1906)嶺東日
報館鉛印本　九冊　存七月(一至二、閏四、
六至七、十、十二)

350000－2001－0013509　072/876－6

**嶺東日報□期(清光緒三十三年正月初五至
十一月十五)**　(清)嶺東日報館編輯　清光
緒三十三年(1907)嶺東日報館鉛印本　十七
冊　存十一月(一至十一)

350000－2001－0013510　072/876－7

嶺東日報□期(清光緒三十四年)　(清)嶺東
日報館編輯　清光緒三十四年(1908)嶺東日
報館鉛印本　十三冊　存八月(一至七、十
一)

350000－2001－0013511　072/876－8

嶺東日報□期(清宣統元年)　(清)嶺東日報
館編輯　清宣統元年(1909)嶺東日報館鉛印
本　一冊　存一月(閏二)

350000－2001－0013512　082.14/23

**玉海二百卷附辭學指南四卷詩攷一卷詩地理
攷六卷漢藝文志攷證十卷通鑑地理通釋十四
卷漢制攷四卷踐阼篇集解一卷急就篇補注四
卷姓氏急就篇二卷小學紺珠十卷六經天文編**
二卷周易鄭康成注一卷周書王會補注一卷通
鑑答問五卷　(宋)王應麟撰　王深寧[應麟]
先生年譜一卷　(清)張大昌撰　清光緒九年
(1883)浙江書局刻本　二十冊　缺二百四卷
(玉海二百卷、辭學指南四卷)

350000－2001－0013513　082.14/24－1

**玉海二百卷附辭學指南四卷詩攷一卷詩地理
攷六卷漢藝文志攷證十卷通鑑地理通釋十四
卷漢制攷四卷踐阼篇集解一卷急就篇補注四
卷姓氏急就篇二卷小學紺珠十卷六經天文編**
二卷周易鄭康成注一卷周書王會補注一卷通
鑑答問五卷　(宋)王應麟撰　王深寧[應麟]
先生年譜一卷　(清)張大昌撰　清光緒十年
(1884)成都志古堂刻本　一冊　存二卷(玉
海八十至八十一)

350000－2001－0013514　082.14/23＝1

**玉海二百卷附辭學指南四卷詩攷一卷詩地理
攷六卷漢藝文志攷證十卷通鑑地理通釋十四
卷漢制攷四卷踐阼篇集解一卷急就篇補注四
卷姓氏急就篇二卷小學紺珠十卷六經天文編**
二卷周易鄭康成注一卷周書王會補注一卷通
鑑答問五卷　(宋)王應麟撰　王深寧[應麟]
先生年譜一卷　(清)張大昌撰　清光緒九年
(1883)浙江書局刻本　一百十七冊

350000－2001－0013515　992.121/135－2＝1

史姓韻編六十四卷　(清)汪輝祖述　清嘉慶
元年(1796)刻本　十四冊

350000－2001－0013516　082.14/268

白石道人四種　(宋)姜夔撰　清同治十年
(1871)桂林倪鴻刻本　四冊

350000－2001－0013517　992.121/135－3

史姓韻編六十四卷　(清)汪輝祖撰　清同治
九年(1870)金陵書局木活字印本　二十四冊

350000－2001－0013518　992.121/136＝1

九史同姓名略七十二卷補遺四卷　(清)汪輝
祖撰　清乾隆五十六年(1791)蕭山汪氏刻本
七冊

350000－2001－0013519　992.121/136－7

三史同名錄四十卷　（清）汪輝祖輯　（清）汪
繼培補　清嘉慶六年（1801）蕭山汪氏刻本
三冊

350000－2001－0013520　082.14/268＝1

白石道人四種　（宋）姜夔撰　清同治十年
（1871）桂林倪鴻刻本　二冊

350000－2001－0013521　992.121/212

元和姓纂十卷　（唐）林寶撰　（清）孫星衍等
校　清光緒六年（1880）金陵書局刻本　四冊

350000－2001－0013522　992.121/428

姓氏尋源四十五卷　（清）張澍纂　清道光十
八年（1838）刻本　十六冊

350000－2001－0013523　992.121/720

增廣尚友錄統編二十二卷　（清）應祖錫編輯
　清光緒二十八年（1902）鴻寶齋石印本　十
二冊

350000－2001－0013524　082.17/φ152－2

榕村全書三十一種附十種　（清）李光地撰
清刻本　三十六冊　存十種附八種九十三卷
（尚書七篇解義二卷，詩所六至八，洪範說二
卷，春秋毚餘四卷，孝經全註一卷，榕村韻書
五卷，榕村詩選五至八，榕村語錄二十七至三
十，榕村全集一至五、八至四十、續集七卷，榕
村制義二集一卷、三集一卷、四集一卷，附周
禮纂訓一至四、十四至十八，經書源流歌訣一
卷，三禮儀制歌訣一卷，歷代姓系歌訣一卷，
文貞公年譜二卷，儀禮纂錄二卷，湗啜存愚二
卷，榕村譜錄合考二卷）

350000－2001－0013525　082.14/268＝2

白石道人四種　（宋）姜夔撰　清同治十年
（1871）桂林倪鴻刻本　三冊

350000－2001－0013526　992.123/151

姓氏譜纂七卷　（明）李日華撰　明崇禎元年
（1628）刻四六全書本　三冊

350000－2001－0013527　082.14/372

真西山全集七種　（宋）真德秀撰　清康熙刻
同治印本　一百冊　存六種一百八十四卷
（大學衍義四十三卷，真文忠公心經一卷，真

文忠公政經一卷、文章正宗復刻三十卷續十
二卷、西山先生真文忠公讀書記四十卷、西山
先生真文忠公文集五十五卷目錄二卷）

350000－2001－0013528　992.124/166

歷代名人年譜十卷附一卷　（清）吳榮光編
清光緒二年（1876）京都寶經書坊刻本　十冊

350000－2001－0013529　992.124/428

疑年賡錄二卷　（清）張鳴珂編　清光緒二十
四年（1898）刻寒松閣集本　一冊

350000－2001－0013530　082.14/439

放翁全集六種　（宋）陸游撰　清光緒五年
（1879）益陽丁氏養雲書屋木活字印本　四十
六冊

350000－2001－0013531　082.16/24

王文成公全書七種三十八卷　（明）王守仁撰
　清同治、光緒刻本　二十四冊

350000－2001－0013532　992.124/434＝1

三續疑年錄十卷　（清）陸心源編　清光緒五
年（1879）吳興陸氏刻潛園總集本　三冊

350000－2001－0013533　082.17/φ158－2

榕園全集六種　（清）李彥章撰　清道光二十
二年（1842）李以炬刻本　十六冊

350000－2001－0013534　992.124/674

四史疑年錄七卷　（清）劉文如撰　清宣統元
年（1909）刻本　四冊

350000－2001－0013535　992.124/705

補疑年錄四卷　（清）錢椒編　清光緒六年
（1880）吳興陸氏刻本　一冊

350000－2001－0013536　992.124/725

疑年錄四卷　（清）錢大昕編　清咸豐四年
（1854）刻粵雅堂叢書本　一冊

350000－2001－0013537　992.124/726

續疑年錄四卷　（清）吳修編　清咸豐五年
（1855）刻粵雅堂叢書本　一冊

350000－2001－0013538　992.124/725－1

疑年錄四卷　（清）錢大昕編　續四卷　（清）
吳修編　清刻本　二冊

350000 – 2001 –0013539　992.124/725 – 1 = 1
疑年錄四卷　（清）錢大昕編　續四卷　（清）
吳修編　清刻本　二冊

350000 – 2001 –0013540　992.124/725 – 1 =2
疑年錄四卷　（清）錢大昕編　續四卷　（清）
吳修編　清刻本　二冊

350000 – 2001 –0013541　992.1247/938
欽定宗室王公功績表傳十二卷首一卷　（清）
國史館編　清刻本　六冊　存十卷（一至二、
四至七、九至十一,首一卷）

350000 – 2001 –0013542　082.16/23 – 2
陽明先生集要三編　（明）王守仁撰　（明）施
邦曜評輯　年譜一卷　清光緒五年（1879）黔
南林肇元刻本　十冊

350000 – 2001 –0013543　082.16/271
少室山房筆叢四十八卷　（明）胡應麟撰　清
光緒二十二年（1896）刻廣雅書局叢書本
七冊

350000 – 2001 –0013544　992.124/932
[人名錄]不分卷　（清）□□編　清末抄本
一冊

350000 – 2001 –0013545　992.125/117 – 2
年華錄四卷　（清）全祖望輯　清嘉慶刻本
二冊

350000 – 2001 –0013546　992.125/237
歷代名賢齒譜九卷名媛齒譜三卷　（清）易宗
涒輯　清雍正刻乾隆六十年（1795）重修本
二十冊

350000 – 2001 –0013547　992.125/535 = 1
人壽金鑑二十二卷　（清）程得齡輯　清嘉慶
二十五年（1820）刻本　四冊

350000 – 2001 –0013548　992.125/535 – 1
人壽金鑑二十二卷　（清）程得齡輯　清光緒
元年（1875）湖北崇文書局刻本　四冊

350000 – 2001 –0013549　992.126/23
中州簡明同官錄二卷　（清）王玉山輯　清光
緒三十一年（1905）刻本　二冊

350000 – 2001 –0013550　992.131/98
歷代名儒傳八卷　（清）朱軾　（清）蔡世遠訂
清雍正七年（1729）刻本　二冊

350000 – 2001 –0013551　992.131/99
歷代循吏傳八卷　（清）朱軾　（清）蔡世遠訂
清雍正七年（1729）刻本　二冊

350000 – 2001 –0013552　992.131/98 – 3
歷代名儒傳八卷首一卷　（清）朱軾　（清）蔡
世遠訂　清刻本　四冊

350000 – 2001 –0013553　082.17/φ158 – 2 =1
榕園全集六種　（清）李彥章撰　清道光二十
二年（1842）李以烜刻本　十九冊　存五種三
十卷（榕園文鈔六卷、榕園詩鈔十六卷、潤經
堂自治官書六卷、榕園識字編一卷、江南催耕
課稻編一卷）

350000 – 2001 –0013554　992.129/394
自號錄一卷　（宋）徐光溥撰　清光緒歸安陸
氏刻十萬卷樓叢書本　一冊

350000 – 2001 –0013555　992.13/394
兵鑑全集四卷　（清）徐宗幹輯　附火攻答一
卷　（明）王鳴鶴著　清咸豐二年（1852）斯未
信齋刻本　四冊

350000 – 2001 –0013556　992.131/337
文廟通錄七卷　（清）唐學全纂輯　清道光刻
本　五冊

350000 – 2001 –0013557　992.131/378 =1
理學宗傳二十六卷　（清）孫奇逢輯　（清）魏
一鰲　（清）孫立雅編　清光緒六年（1880）浙
江書局刻本　十二冊

350000 – 2001 –0013558　992.1316/491 – 2
明儒學案十六卷　（清）黃宗羲撰　清光緒二
十八年（1902）上海文瀾書局石印本　八冊

350000 – 2001 –0013559　992.131/558
餘師錄前集十四卷後集十卷續集八卷　（清）
楊希閔纂　清光緒四年（1878）福州刻本　十
六冊

350000 – 2001 –0013560　082.17/159

李二曲先生集□□種 （清）李顒撰 清同治
元年(1862)刻本 九冊 存二種三十六卷
（二曲集二十六卷、四書反身錄一至十）

350000－2001－0013561 992.131/558＝1
餘師錄前集十四卷後集十卷續集八卷 （清）
楊希閔纂 清光緒四年(1878)福州刻本 十
六冊

350000－2001－0013562 992.131/558＝2
餘師錄前集十四卷後集十卷續集八卷 （清）
楊希閔纂 清光緒四年(1878)福州刻本 十
六冊

350000－2001－0013563 822.72/432
七十家賦鈔六卷 （清）張惠言輯 清光緒四
年(1878)宏達堂刻本 四冊

350000－2001－0013564 822.72/432－2
七十家賦鈔六卷 （清）張惠言輯 清道光元
年(1821)合河康氏刻本 四冊

350000－2001－0013565 822.71/3
楚辭天問箋一卷 （清）丁晏撰 清光緒廣雅
書局刻本 一冊

350000－2001－0013566 082.17/159＝1
李二曲先生集□□種 （清）李顒撰 清同治
元年(1862)刻本 九冊 存二種三十六卷
（二曲集二十六卷、四書反身錄一至十）

350000－2001－0013567 852.47/159.1
二曲集四十六卷 （清）李顒撰 清光緒三年
(1877)信述堂刻本 六冊

350000－2001－0013568 082.16/442
一齋集十四種 （明）陳第編輯 明萬曆會山
樓刻清康熙、乾隆遞修道光二十八年(1848)
陳斗初增補本 二十三冊

350000－2001－0013569 822.1996/777
集義軒詠史詩鈔六十卷 （清）羅惇衍著 清
光緒元年(1875)刻本 十二冊

350000－2001－0013570 822.491/444
嶺南雜事詩鈔八卷 （清）陳坤著 清光緒二
年(1876)刻如不及齋叢書本 四冊

350000－2001－0013571 082.16/675
劉子全書四十卷首一卷 （明）劉宗周撰
（清）董瑒編次 清道光四年至十五年(1824－
1835)刻本 二十四冊

350000－2001－0013572 082.17/165
桐城吳先生全書五種 （清）吳汝綸撰 清光
緒三十年(1904)王恩紱刻本 十三冊

350000－2001－0013573 822.77/362
一門沅澧集賦草四卷 （清）郝緒榮選 清同
治七年(1868)刻本 四冊

350000－2001－0013574 822.77/444
簡學齋館課賦鈔一卷 （清）陳沅撰 清咸豐
刻本 一冊

350000－2001－0013575 082.17/178
何宮贊遺書七種 （清）何若瑤撰 清光緒八
年(1882)何雲旭刻本 四冊

350000－2001－0013576 822.77/679
尚絅堂賦一卷 （清）劉嗣綰撰 清同治七年
(1868)刻本 一冊

350000－2001－0013577 822.797/4
浮玉山房賦鈔一卷 （清）丁紹周著 清同治
十年(1871)刻本 一冊

350000－2001－0013578 822.797/134
漱藝堂律賦偶存一卷 （清）汪潤之著 清嘉
慶十四年(1809)刻本 一冊

350000－2001－0013579 822.797/272
聞妙香室律賦選註三卷 （清）李宗昉撰
（清）胡光瑩選評 （清）胡鐘芳等注釋 清刻
本 二冊

350000－2001－0013580 082.17/207
授堂遺書九種 （清）武億著 清道光二十三
年(1843)偃師武氏刻本 十六冊

350000－2001－0013581 822.97/844
館賦精選四卷 題（清）綺蕙樓主人評注 清
道光二十七年(1847)刻本 四冊

350000－2001－0013582 乙 1.2/1－5.1
校刊史記集解索隱正義札記五卷 （清）張文

虎撰　清同治十一年(1872)金陵書局刻本
二冊

350000－2001－0013583　992.131/661
闕里述聞十四卷　(清)鄭曉如撰　清同治七
年(1868)廣州華文堂刻本　八冊

350000－2001－0013584　992.131/781
理學正宗十五卷　(清)竇克勤輯　**續四卷**
(清)何桂珍輯　清道光二十六年(1846)刻本
六冊

350000－2001－0013585　992.131/973
聖賢像贊四卷　(明)呂維祺編　清道光刻本
四冊

350000－2001－0013586　082.77/942
賞奇軒合編五種　(清)□□輯　清光緒十二
年(1886)上海同文書局石印本　六冊

350000－2001－0013587　992.1311/428
孔孟志略三卷　(清)張承燮纂　清光緒二十
七年(1901)聽雨何時軒刻本　一冊

350000－2001－0013588　992.1314/491＝1
宋元學案一百卷首一卷　(清)黃宗羲撰
(清)黃百家輯　(清)全祖望修定　清光緒五
年(1879)長沙寄廬刻本　三十四冊

350000－2001－0013589　082.17/φ216
愛梅樓襍著七種　(清)林慶炳撰　清光緒十
四年(1888)侯官林氏三山家塾刻本　十五冊

350000－2001－0013590　082.17/φ216＝1
愛梅樓襍著七種　(清)林慶炳撰　清光緒十
四年(1888)侯官林氏三山家塾刻本　十四冊

350000－2001－0013591　082.17/φ216＝2
愛梅樓襍著七種　(清)林慶炳撰　清光緒十
四年(1888)侯官林氏三山家塾刻本　十五冊

350000－2001－0013592　082.17φ/216＝3
愛梅樓襍著七種　(清)林慶炳撰　清光緒十
四年(1888)侯官林氏三山家塾刻本　十一冊

350000－2001－0013593　992.1316/491－1
明儒學案六十二卷　(清)黃宗羲撰　(清)賈
潤參閱　清康熙刻本　十六冊

350000－2001－0013594　992.1316/491－2＝1
明儒學案十六卷　(清)黃宗羲撰　清光緒二
十八年(1902)上海文瀾書局石印本　五冊

350000－2001－0013595　992.1317/84
**國朝漢學師承記八卷經師經義目錄一卷宋學
淵源記二卷附記一卷**　(清)江藩纂　清末刻
本　六冊

350000－2001－0013596　992.1317/84－2
**國朝漢學師承記八卷經師經義目錄一卷宋學
淵源記二卷附記一卷**　(清)江藩纂　清光緒
十一年(1885)掃葉山房刻本　三冊　存六卷
(師承記一至六)

350000－2001－0013597　822.96/338＝1
詩畸八卷外編二卷　(清)唐景崧輯　清光緒
十九年(1893)刻本　四冊

350000－2001－0013598　082.17/210
杭大宗七種叢書　(清)杭世駿撰　清乾隆杭
賓仁羊城刻本　四冊

350000－2001－0013599　992.1317/162
**國史賢良祠王大臣小傳二卷儒林傳二卷文苑
傳二卷**　(清)□□撰　清刻本　二冊　存四
卷(儒林傳二卷、文苑傳二卷)

350000－2001－0013600　992.1317/337－1＝3
學案小識十四卷首一卷末一卷　(清)唐鑒撰
清光緒十年(1884)刻本　八冊

350000－2001－0013601　992.1317/705＝1
文獻徵存錄十卷　(清)錢林輯　(清)王藻編
清咸豐八年(1858)刻本　十冊

350000－2001－0013602　992.1317/705＝2
文獻徵存錄十卷　(清)錢林輯　(清)王藻編
清咸豐八年(1858)刻本　十冊

350000－2001－0013603　822.87/393
樂府傳聲一卷　(清)徐大椿著　清末刻本
一冊

350000－2001－0013604　082.17/210＝1
杭大宗七種叢書　(清)杭世駿撰　清乾隆杭
賓仁羊城刻本　四冊

350000－2001－0013605　082.17/210＝2

杭大宗七種叢書　（清）杭世駿撰　清乾隆杭賓仁羊城刻本　五冊　缺一種三卷（榕城詩話三卷）

350000－2001－0013606　082.17/210－1

杭大宗七種叢書　（清）杭世駿撰　清咸豐元年（1851）長沙小嫏嬛山館刻本　四冊

350000－2001－0013607　082.17/212

脩本堂叢書十種　（清）林伯桐撰　清道光二十四年（1844）林世戀刻本　十二冊　缺一種一卷（公車見聞錄一卷）

350000－2001－0013608　822.47/260

擬兩晉南北史樂府二卷　（清）洪亮吉撰　清光緒三年（1877）刻授經堂重刊遺集本　一冊

350000－2001－0013609　852.47/674

海峰文集八卷　（清）劉大櫆著　清光緒元年（1875）刻本　四冊

350000－2001－0013610　852.47/674－1

海峰文集八卷詩集十一卷　（清）劉大櫆著　清刻本　十二冊

350000－2001－0013611　852.47/674.8

昨非集四卷　（清）劉熙載撰　清光緒刻本　一冊

350000－2001－0013612　852.47/675

青溪舊屋文集十卷詩集一卷　（清）劉文淇撰　清光緒九年（1883）刻本　二冊

350000－2001－0013613　852.47/676－1

劉孟塗前集十卷後集二十二卷文集十卷駢體文二卷　（清）劉開撰　清道光六年（1826）檗山草堂刻本　八冊

350000－2001－0013614　852.47/676－1＝1

劉孟塗前集十卷後集二十二卷文集十卷駢體文二卷　（清）劉開撰　清道光六年（1826）檗山草堂刻本　一冊　存四卷（文集一至四）

350000－2001－0013615　852.47/676－2

劉孟塗文集十卷坿駢體文二卷　（清）劉開撰　清光緒刻本　四冊

350000－2001－0013616　822.8/413－1

樂府詩集一百卷目錄二卷　（宋）郭茂倩編次　清同治十三年（1874）刻本　十九冊

350000－2001－0013617　822.8/413＝4

樂府詩集一百卷目錄二卷　（宋）郭茂倩編次　清同治十三年（1874）湖北崇文書局刻本　十六冊

350000－2001－0013618　082.17/212＝1

脩本堂叢書十種　（清）林伯桐撰　清道光二十四年（1844）林世戀刻本　十二冊

350000－2001－0013619　852.47/679－2

古紅梅閣集八卷附錄一卷　（清）劉履芬撰　清光緒六年（1880）刻本　六冊

350000－2001－0013620　852.47/679.5

匪莪堂文集五卷　（清）劉巖撰　清光緒二年（1876）復廬刻本　一冊

350000－2001－0013621　082.17/ϕ213＝1

林文忠公遺集四種　（清）林則徐撰　清光緒三山林氏刻本　十六冊

350000－2001－0013622　852.47/679.6＝1

存悔齋集二十八卷　（清）劉鳳誥撰　清道光十七年（1837）刻本　二冊　存十卷（十四至十六、二十二至二十八）

350000－2001－0013623　852.47/679.6

存悔齋集二十八卷　（清）劉鳳誥撰　清道光十七年（1837）刻本　八冊

350000－2001－0013624　852.47/679.7

廣經室文鈔一卷　（清）劉恭冕撰　清光緒十五年（1889）刻廣雅書局叢書本　一冊

350000－2001－0013625　832.107/202

粵西詞見二卷　況周儀撰　清光緒二十二年至二十三年（1896－1897）刻本　一冊

350000－2001－0013626　832.107/371

清綺軒詞選十三卷　（清）夏秉衡選　（清）榮勳校　清光緒二十一年（1895）刻本　四冊

350000－2001－0013627　832.107/432－1

詞選二卷附錄一卷　（清）張惠言錄　清道光

十年(1830)刻本　一冊

350000 – 2001 – 0013628　992.1317/775 = 1
船山師友記十七卷首一卷　(清)羅正鈞纂
清光緒三十三年(1907)刻本　四冊

350000 – 2001 – 0013629　992.1317/775 = 2
船山師友記十七卷首一卷　(清)羅正鈞纂
清光緒三十三年(1907)刻本　四冊

350000 – 2001 – 0013630　992.1318/143
唐才子傳十卷　(元)辛文房撰　(清)孫鴻雲
補正　清光緒十二年(1886)刻本　二冊

350000 – 2001 – 0013631　082.17/φ412 = 1
郭氏叢刻十三種　(清)郭柏蒼撰　清光緒刻
本　十七冊　存十二種三十三卷(補蕉山館
詩二卷、鄂跗草堂詩二卷、沁泉山館詩二卷、
柳湄小榭詩二卷、葭柎草堂集三卷、竹間十日
話六卷、海錯百一錄五卷、閩產錄異六卷、七
月漫錄二卷、左傳臆說十九條一卷、閩中郭氏
支派大略一卷、我私錄一卷)

350000 – 2001 – 0013632　082.17/260
洪北江全集二十三種　(清)洪亮吉撰　清光
緒洪用懃授經堂刻本　八十一冊　缺一種一
卷(附鮚軒外集唐宋小樂府一卷)

350000 – 2001 – 0013633　992.133/104
歷代循吏傳八卷　(清)朱軾　(清)蔡世遠訂
(清)張福昶纂　清光緒二十三年(1897)刻
朱文端公藏書本　四冊

350000 – 2001 – 0013634　852.47/683
友琴山房文草八卷　(清)龍學泰撰　清光緒
三十一年(1905)石印本　六冊

350000 – 2001 – 0013635　852.47/683.1
敬學軒文集十二卷　(清)龍廷槐著　清道光
二十二年(1842)刻本　三冊

350000 – 2001 – 0013636　852.47/705
潛研堂文集五十卷詩集十卷詩續集十卷
(清)錢大昕撰　清嘉慶十一年(1806)刻潛研
堂全書本　十四冊

350000 – 2001 – 0013637　852.47/705 = 1

潛研堂文集五十卷詩集十卷詩續集十卷
(清)錢大昕撰　清嘉慶十一年(1806)刻潛研
堂全書本　六冊　存五十卷(潛研堂文集五
十卷)

350000 – 2001 – 0013638　852.47/705.6
**蘀石齋文集二十六卷詩集五十卷十國詞箋略
一卷**　(清)錢載著　清光緒四年(1878)蘇州
府署刻本　十冊

350000 – 2001 – 0013639　992.11/98 – 4 = 1
歷代名臣傳三十五卷首一卷續編五卷　(清)
朱軾　(清)蔡世遠訂　清光緒二十三年
(1897)刻朱文端公藏書本　二冊　存五卷
(續編五卷)

350000 – 2001 – 0013640　852.47/705.7
甘泉鄉人稿二十四卷餘稿二卷　(清)錢泰吉
撰　**警石府君[錢泰吉]年譜一卷**　(清)錢應
溥撰　**四水子遺著一卷**　(清)錢友泗撰　**邠
農偶吟稿一卷**　(清)錢炳森撰　清同治七年
至十一年(1868 – 1872)刻本　七冊

350000 – 2001 – 0013641　992.163/2 = 2
百將圖傳二卷　(清)丁日昌輯　清同治八年
(1869)江蘇書局刻本　六冊

350000 – 2001 – 0013642　992.134/249
印人傳三卷　(清)周亮工撰　清光緒十四年
(1888)虞山飛鴻延年室刻篆學叢書本　一冊

350000 – 2001 – 0013643　992.134/249.1
續印人傳八卷　(清)汪啓淑撰　清光緒十四
年(1888)虞山飛鴻延年室刻篆學叢書本
二冊

350000 – 2001 – 0013644　992.135/162
疇人傳四十六卷　(清)阮元撰　**續六卷**
(清)羅士琳續編　清光緒八年(1882)海鹽張
敬常惺齋刻本　十二冊

350000 – 2001 – 0013645　992.137/268
無聲詩史七卷　(清)姜紹書輯　清宣統二年
(1910)杭州雲林閣石印本　六冊

350000 – 2001 – 0013646　992.1387/164 – 1 = 1

昭代名人尺牘小傳二十四卷　（清）吳修采輯
清道光六年(1826)刻本　一冊

350000－2001－0013647　992.197/164＝1
昭代名人尺牘小傳二十四卷　（清）吳修采輯
清光緒三十四年(1908)上海集古齋石印本
一冊

350000－2001－0013648　832.107/432＝1
詞選二卷附錄一卷　（清）張惠言錄　續二卷
（清）董毅錄　清末刻本　一冊

350000－2001－0013649　992.1987/237
國朝文苑傳一卷孝子小傳一卷　易順鼎撰
清末刻本　一冊

350000－2001－0013650　992.1387/429
國朝詩人徵略六十卷　（清）張維屏輯　清道
光十年(1830)番禺張氏刻本　十二冊

350000－2001－0013651　832.107/449
詞綜補遺二十卷　（清）陶樑輯　清道光十四
年(1834)刻本　六冊

350000－2001－0013652　992.1387/700＝1
漁洋感舊集小傳四卷附補遺　（清）盧見曾撰
清宣統二年(1910)上海國學扶輪社鉛印本
二冊

350000－2001－0013653　992.1387/429＝1
國朝詩人徵略六十卷　（清）張維屏輯　清道
光十年(1830)番禺張氏刻本　十冊

350000－2001－0013654　832.107/449.1
詞綜補遺十卷　（清）陶樑輯　清光緒二十年
(1894)刻本　四冊

350000－2001－0013655　082.17/314
春在堂全書三十四種　（清）俞樾撰　清光緒
二十五年(1899)刻本　一百五十九冊　缺四
種六卷(金剛般若波羅蜜經注二卷、太上感應
篇纘義二卷、瓊英小錄一卷、春在堂挽言一
卷)

350000－2001－0013656　832.107/494
歷代詞腋二卷眠鷗集遺詞一卷　（清）黃承勳
輯　清光緒十一年(1885)刻本　一冊

350000－2001－0013657　832.107/131
御選歷代詩餘一百二十卷　（清）沈辰垣等輯
清康熙四十六年(1707)刻本　三十二冊

350000－2001－0013658　832.107/131.1
御選歷代詩餘一百二十卷　（清）沈辰垣等輯
清康熙四十六年(1707)刻本　二十五冊
缺十卷(一、一百十二至一百二十)

350000－2001－0013659　832.104/600
陽春白雪八卷外集一卷　（宋）趙聞禮輯　清
道光九年(1829)刻本　二冊

350000－2001－0013660　852.47/705.91
錢牧齋文鈔不分卷　（清）錢謙益撰　清宣統
元年(1909)上海國學扶輪社鉛印本　四冊

350000－2001－0013661　852.47/705.91＝1
錢牧齋文鈔不分卷　（清）錢謙益撰　清宣統
元年(1909)上海國學扶輪社鉛印本　四冊

350000－2001－0013662　852.47/705.99＝1
牧齋晚年家乘文一卷　（清）錢謙益撰　錢牧
翁先生年譜一卷　題（清）彭城退士撰　清宣
統三年(1911)國學扶輪社鉛印本　一冊

350000－2001－0013663　852.47/706－1
錢南園先生遺集五卷　（清）錢灃撰　清光緒
十九年(1893)浙江書局刻本　二冊

350000－2001－0013664　852.47/706－1＝1
錢南園先生遺集五卷　（清）錢灃撰　清光緒
十九年(1893)浙江書局刻本　二冊

350000－2001－0013665　852.47/706－1＝2
錢南園先生遺集五卷　（清）錢灃撰　清光緒
十九年(1893)浙江書局刻本　二冊

350000－2001－0013666　852.47/705.7＝1
甘泉鄉人稿二十四卷餘稿二卷　（清）錢泰吉
撰　警石府君[錢泰吉]年譜一卷　（清）錢應
溥撰　四水子遺著一卷　（清）錢友泗撰　邠
農偶吟稿一卷　（清）錢炳森撰　清同治七年
至十一年(1868－1872)刻本　七冊

350000－2001－0013667　852.47/644－3＝1
樊榭山房集十卷續集十卷文集八卷集外詩一

卷集外詞一卷集外文一卷 （清）厲鶚撰 **振綺堂詩存一卷** （清）汪憲撰 **松聲池館詩存四卷** （清）汪璐撰 清光緒十年(1884)錢塘汪氏振綺堂刻本 十冊 存三十一卷(樊榭山房集十卷、續集十卷、文集八卷、集外詩一卷、集外詞一卷、集外文一卷)

350000 -2001 -0013668 852.47/706 -2
南園文存一卷 （清）錢澧撰 清道光十五年(1835)昆明錢嘉棗刻本 一冊

350000 -2001 -0013669 082.17/316
中復堂五種 （清）姚瑩撰 清同治六年(1867)刻本 十六冊

350000 -2001 -0013670 832.08/28
四印齋所刻詞二十一種 （清）王鵬運輯 清末石印本 十五冊 缺二種二卷(史達祖集一卷、朱淑真集一卷)

350000 -2001 -0013671 082.17/317
中復堂全集十種 （清）姚瑩撰 清同治六年(1867)姚濬昌安福縣署刻本 十二冊 存七種八十卷(東溟文集六卷外集四卷文後集十四卷文外集二卷、後湘詩集九卷二集五卷續集七卷、東溟奏稿四卷、識小錄八卷、康輶紀行十六卷、寸陰叢錄四卷、中復堂年譜一卷)

350000 -2001 -0013672 832.04/556
詞品六卷拾遺一卷 （明）楊慎撰 （清）李調元校定 清刻本 二冊

350000 -2001 -0013673 832.04/248
詞辨二卷介存齋論詞雜著一卷 （清）周濟撰 清光緒四年(1878)刻本 一冊

350000 -2001 -0013674 832.04/248.1
詞辨二卷介存齋論詞雜著一卷 （清）周濟撰 清光緒四年(1878)刻本 一冊

350000 -2001 -0013675 852.47/706.3
竹初文鈔六卷詩鈔十六卷 （清）錢維喬著 （清）錢伯坰 （清）錢中鈗編次 清嘉慶十三年(1808)刻本 六冊

350000 -2001 -0013676 852.47/706.5
述古堂文集十二卷 （清）錢兆鵬著 清光緒七年(1881)刻本 四冊

350000 -2001 -0013677 852.47/707
衎石齋記事槀十卷續稿十卷旅逸小稿二卷續良吏述一卷刻楮集四卷 （清）錢儀吉撰 清光緒三年(1877)刻本 十二冊

350000 -2001 -0013678 832.04/393.2
詞苑叢談十二卷 （清）徐釚輯 清光緒至民國初有正書局鉛印本 四冊

350000 -2001 -0013679 852.47/707 -1
衎石齋記事稿十卷續稿十卷旅逸小稿二卷續良吏述一卷刻楮集四卷 （清）錢儀吉撰 清光緒六年(1880)嘉興錢彝甫刻本 十冊 存二十卷(衎石齋記事稿十卷、續稿十卷)

350000 -2001 -0013680 852.47/707 -1 =1
衎石齋記事稿十卷續稿十卷旅逸小稿二卷續良吏述一卷刻楮集四卷 （清）錢儀吉撰 清光緒六年(1880)嘉興錢彝甫刻本 十二冊

350000 -2001 -0013681 832.04/393.5
詞苑叢談十二卷 （清）徐釚輯 清光緒至民國初有正書局鉛印本 一冊

350000 -2001 -0013682 852.47/707 -3
衎石齋記事稿十卷續稿十卷 （清）錢儀吉撰 清道光十四年(1834)刻本 五冊

350000 -2001 -0013683 832.04/393.1
詞苑叢談十二卷 （清）徐釚輯 清光緒至民國初有正書局鉛印本 四冊

350000 -2001 -0013684 832.04/393
詞苑叢談十二卷 （清）徐釚輯 清光緒至民國初有正書局鉛印本 四冊

350000 -2001 -0013685 852.46/705.2 =1
田間文集三十卷 （明）錢澄之撰 **錢公飲光府君年譜一卷** （清）錢撝祿撰 清宣統二年(1910)錢氏振風學社刻本 四冊

350000 -2001 -0013686 852.47/707.8
香樹齋文集二十八卷續鈔五卷詩集十八卷續集三十六卷 （清）錢陳羣撰 清乾隆刻本

二十四冊

350000－2001－0013687　852.47/707.82＝1

香樹齋文集二十八卷續鈔五卷詩集十八卷續集三十六卷　（清）錢陳羣撰　**文端公[錢陳羣]年譜三卷**　（清）錢儀吉編　（清）錢志澄增訂　清乾隆嘉興錢氏刻同治、光緒遞修本　二十六冊

350000－2001－0013688　852.47/717.5

天愚山人詩集十二卷文集十六卷附錄一卷　(清)謝泰宗著　清光緒七年(1881)鎮海謝駿德刻本　四冊

350000－2001－0013689　852.47/717.5＝1

天愚山人詩集十二卷文集十六卷附錄一卷　(清)謝泰宗著　清光緒七年(1881)鎮海謝駿德刻本　四冊

350000－2001－0013690　852.47/718

知恥齋文集二卷　（清）謝振定著　清刻本　二冊

350000－2001－0013691　852.47/718－2

知恥齋文集二卷　（清）謝振定著　清道光十八年(1838)刻本　二冊

350000－2001－0013692　852.47/723

理堂文集十卷外集一卷附錄一卷詩集四卷日記八卷　（清）韓夢周撰　清道光三年至四年(1823－1824)靜恒書屋刻本　九冊

350000－2001－0013693　852.47/723.5

滑疑集八卷　（清）韓錫胙著　清同治十三年(1874)浙江處州府署刻本　四冊

350000－2001－0013694　852.47/728

敬孚類稿十六卷　（清）蕭穆撰　清光緒三十二年至三十三年(1906－1907)刻本　四冊

350000－2001－0013695　852.47/728＝1

敬孚類稿十六卷　（清）蕭穆撰　清光緒三十二年至三十三年(1906－1907)刻本　六冊

350000－2001－0013696　852.47/731

青萍軒文錄二卷　（清）薛福保撰　清光緒刻本　一冊

350000－2001－0013697　852.47/731.6

庸庵全集七種　（清）薛福成撰　清光緒刻本　十三冊　存三種二十一卷(庸庵文編四卷文續編二卷文外編四卷海外文編四卷、籌洋芻議一卷、出使英法義比四國日記六卷)

350000－2001－0013698　082.17/319

惜抱軒全集十種　（清）姚鼐撰　清同治五年(1866)省心閣刻本　十六冊

350000－2001－0013699　082.17/319－1

惜抱軒全集十種　（清）姚鼐撰　清嘉慶刻本　十四冊　缺二種十八卷(五言今體詩鈔九卷、七言今體詩鈔九卷)

350000－2001－0013700　082.17/319－2

惜抱軒全集十種　（清）姚鼐撰　清光緒三十三年(1907)上海校經山房刻本　十六冊

350000－2001－0013701　852.47/749.81

戴東原集十二卷　（清）戴震撰　清光緒十年(1884)刻本　四冊

350000－2001－0013702　852.47/731.6＝1

庸庵全集七種　（清）薛福成撰　清光緒刻本　四冊　存三種二十一卷(庸庵文編四卷文續編二卷文外編四卷海外文編四卷、籌洋芻議一卷、出使英法義比四國日記六卷)

350000－2001－0013703　852.47/732

學詁齋文集二卷　（清）薛壽撰　清光緒六年(1880)治城山館刻本　一冊

350000－2001－0013704　852.47/749

南山集十四卷補遺三卷年譜一卷　（清）戴名世著　清光緒二十八年(1902)木活字印本　八冊

350000－2001－0013705　852.47/749－2

潛虛先生文集十四卷補遺一卷年譜一卷　(清)戴名世撰　清光緒十八年(1892)木活字印本　八冊

350000－2001－0013706　082.17/320

紀慎齋先生全集十二種續七種　（清）紀大奎撰　清嘉慶、咸豐刻本　二十冊　存七種四

十七卷(雙桂堂易說二種十二卷、古律經傳附考五卷、老子約說四卷、雙桂堂稿十卷續編十二卷、課子遺編一卷、紀慎齋先生崇祀錄一卷、甑峯先生遺稿二卷)

350000 - 2001 - 0013707　852.47/750

味經山館文鈔四卷　(清)戴鈞衡撰　清咸豐三年(1853)刻本　一冊

350000 - 2001 - 0013708　852.47/749 = 1

南山集十四卷補遺三卷年譜一卷　(清)戴名世著　清光緒二十八年(1902)木活字印本　八冊

350000 - 2001 - 0013709　852.47/749.83

戴東原集十二卷坿校札記一卷　(清)戴震撰 **年譜一卷**　(清)段玉裁編　清宣統二年(1910)成都渭南嚴氏孝義家塾刻本　六冊

350000 - 2001 - 0013710　852.47/749.8 = 3

戴東原集十二卷附札記一卷　(清)戴震撰 (清)段玉裁輯　清乾隆五十七年(1792)金壇段氏經韻樓刻本　三冊

350000 - 2001 - 0013711　832.04/428.2

詞源二卷　(宋)張炎編　**詞旨一卷**　(元)陸輔之述　清道光八年(1828)刻本　一冊

350000 - 2001 - 0013712　832.04/428.3

詞源二卷　(宋)張炎編　**詞旨一卷**　(元)陸輔之述　**樂府指迷一卷**　(宋)沈義父撰　清道光八年(1828)刻本　一冊

350000 - 2001 - 0013713　832.034/565.2

詞律二十卷　(清)萬樹論次　(清)姜垚等校閱　清康熙二十六年(1687)堆絮園刻本　六冊

350000 - 2001 - 0013714　832.97/157

比目魚傳奇二卷三十二齣　(清)李漁編　清刻本　四冊

350000 - 2001 - 0013715　832.97/169

秣陵春傳奇二卷　(清)吳偉業編　清刻本　二冊

350000 - 2001 - 0013716　832.96/471

牡丹亭還魂記二卷　(明)湯顯祖編　清光緒十二年(1886)同文書局石印本　四冊

350000 - 2001 - 0013717　852.47/761 - 9 = 2

古微堂內集二卷外集八卷　(清)魏源著　清宣統元年(1909)上海國學扶輪社鉛印本　六冊

350000 - 2001 - 0013718　832.14/53.1

宋六十名家詞六十一種　(明)毛晉輯　清光緒十四年(1888)錢塘汪氏刻本　二十四冊

350000 - 2001 - 0013719　082.17/320.1

鏡烟堂十種　(清)紀昀撰　清乾隆嵩山書院刻本　十六冊　存九種二十三卷(沈氏四聲考二卷、唐人試律說一卷、刪正二馮評閱才調集二卷、刪正方虛谷瀛奎律髓一至三、後山集鈔三卷、張為主客圖一卷、風雅遺音二卷、庚辰集五卷、館課存藥四卷)

350000 - 2001 - 0013720　822.43/154.8

李義山詩集三卷　(清)紀昀點論　清乾隆嵩山書院刻鏡烟堂十種本　一冊　缺一卷(中)

350000 - 2001 - 0013721　852.47/761 - 9 = 3

古微堂內集二卷外集八卷　(清)魏源著　清宣統元年(1909)上海國學扶輪社鉛印本　六冊

350000 - 2001 - 0013722　852.47/761 - 8 = 2

古微堂內集三卷外集七卷　(清)魏源著　清光緒四年(1878)淮南書局刻本　四冊

350000 - 2001 - 0013723　852.47/761 - 8 = 3

古微堂內集三卷外集七卷　(清)魏源著　清光緒四年(1878)淮南書局刻本　四冊

350000 - 2001 - 0013724　852.47/761 - 8 = 4

古微堂內集三卷外集七卷　(清)魏源著　清光緒四年(1878)淮南書局刻本　四冊

350000 - 2001 - 0013725　852.47/761 - 9 = 4

古微堂內集二卷外集八卷　(清)魏源著　清宣統元年(1909)上海國學扶輪社鉛印本　五冊

350000 - 2001 - 0013726　852.47/762

兼濟堂文集選十六卷詩集選三卷 （清）魏裔
介著 （清）魏荔彤編輯 **魏貞庵[裔介]先生
年譜一卷** （清）魏荔彤編輯 清康熙五十年
(1711)龍江書院刻本 十六冊

350000－2001－0013727 852.47/762.2
四此堂稿十卷 （清）魏際瑞著 清康熙寧都
謝階玉、謝階珍刻本 六冊

350000－2001－0013728 852.47/762.2＝1
四此堂稿十卷 （清）魏際瑞著 清康熙寧都
謝階玉、謝階珍刻本 六冊

350000－2001－0013729 852.47/765－1
復堂類集四種 （清）譚獻撰 清同治四年至
光緒十三年(1865－1887)刻本 五冊

350000－2001－0013730 852.47/765
復堂類集四種 （清）譚獻撰 清同治四年至
光緒十三年(1865－1887)刻本 八冊

350000－2001－0013731 082.17/359－3
隨園三十種 （清）袁枚撰 清刻本 六十九
冊 存二十八種二百二十九卷(小倉山房文
集三十五卷、小倉山房外集八卷、小倉山房詩
集三十七卷補遺二卷、袁太史時文一卷、小倉
山房尺牘十卷、牘外餘言一卷、隨園隨筆二十
八卷、續同人集十七卷、隨園八十壽言六卷、
紅豆村人詩稿十四卷、南園詩選二卷、筱雲詩
集二卷、槃花軒詩稿二卷、綠秋草堂詞一卷、
玉山堂詞一卷、崇睦山房詞一卷、過雲精舍詞
二卷、碧梧山館詞二卷、飲水詞鈔二卷、捧月
樓詞二卷、子不語二十四卷續十卷、隨園食單
一卷、碧腴齋詩存八卷、隨園女弟子詩選六
卷、盈書閣遺稿一卷、繡餘吟稿一卷、樓居小
草一卷、素文女子遺稿一卷)

350000－2001－0013732 852.47/765－2
復堂類集四種附待堂文一種 （清）譚獻撰
清同治四年至光緒十三年(1865－1887)刻半
厂叢書初編本 六冊

350000－2001－0013733 852.47/765－3
半厂叢書初編 （清）譚獻撰 清同治四年至
光緒十三年(1865－1887)刻本 十冊

350000－2001－0013734 852.47/765－4
復堂文續五卷 （清）譚獻撰 清光緒二十七
年(1901)刻刻鵠齋叢書本 二冊

350000－2001－0013735 852.47/766
樂志堂文集十八卷詩集十二卷 （清）譚瑩撰
清咸豐九年至十年(1859－1860)吏隱園刻
本 十冊

350000－2001－0013736 852.47/766.68
譚復生文鈔二卷 （清）譚嗣同著 清宣統二
年(1910)國學扶輪社鉛印本 一冊

350000－2001－0013737 832.96/471－1
牡丹亭還魂記二卷 （明）湯顯祖編 清光緒
三十四年(1908)石印本 一冊

350000－2001－0013738 832.97/557
坦園傳奇六種 （清）楊恩壽撰 清光緒長沙
楊氏刻坦園全集本 四冊

350000－2001－0013739 852.47/766.8
寥天一閣文二卷 （清）譚嗣同撰 清光緒二
十八年(1902)石印東海褰冥氏三十以前舊學
本 一冊

350000－2001－0013740 852.47/776
尊聞居士集八卷遺稿一卷 （清）羅有高著
清光緒七年(1881)刻本 四冊

350000－2001－0013741 832.97/949
揚州夢二卷三十二齣 （清）嵇永仁撰 清康
熙刻本 二冊

350000－2001－0013742 852.47/776－1
尊聞居士集八卷 （清）羅有高著 清光緒刻
本 四冊

350000－2001－0013743 852.47/776－2
綠漪艸堂文集三十卷首一卷詩集二十卷首一
卷外集二卷首一卷研華館詞三卷首一卷
（清）羅汝懷著 清光緒九年(1883)刻本
十冊

350000－2001－0013744 832.97/650.34
臨川夢二卷 （清）蔣士銓填詞 清乾隆刻紅
雪樓九種曲本 一冊

350000－2001－0013745　832.97/650.2

空古香傳奇二卷三十齣 （清）蔣士銓撰　清乾隆刻紅雪樓九種曲本　一冊

350000－2001－0013746　832.97/650.33

紅雪樓九種曲 （清）蔣士銓填詞　清刻本　九冊

350000－2001－0013747　082.17/362

郝氏遺書三十三種 （清）郝懿行撰　清嘉慶至光緒間刻本　三十冊　存十六種九十八卷（寶訓八卷、蜂衙小記一卷、燕子春秋一卷、春秋說略十二卷、春秋比二卷、爾雅郭注義疏十九卷、山海經箋疏十八卷圖讚一卷訂譌一卷敍錄一卷、竹書紀年校正十四卷通考一卷、晉宋書故一卷、補宋書刑法志一卷、補宋書食貨志一卷、宋瑣語不分卷、列女傳補注八卷敍錄一卷校正一卷、列仙傳校正本二卷讚一卷、夢書一卷、記海錯一卷）

350000－2001－0013748　082.17/362＝1

郝氏遺書三十三種 （清）郝懿行撰　清嘉慶至光緒間刻本　十五冊　存十種四十三卷（春秋比二卷、山海經箋疏十八卷圖讚一卷訂譌一卷敍錄一卷、補宋書刑法志一卷、補宋書食貨志一卷、宋瑣語不分卷、列女傳補注八卷敍錄一卷校正一卷、列仙傳校正本二卷讚一卷、夢書一卷、荀子補注二卷、晉宋書故一卷）

350000－2001－0013749　乙1.2/2－7

漢書評林一百卷 （明）凌稚隆輯校　明萬曆九年(1581)吳興凌稚隆刻本　三十二冊

350000－2001－0013750　852.47/784

鐵橋漫稿八卷 （清）嚴可均撰　清光緒十一年(1885)長洲蔣氏刻本　二冊

350000－2001－0013751　852.47/784＝1

鐵橋漫稿八卷 （清）嚴可均撰　清光緒十一年(1885)長洲蔣氏刻本　四冊

350000－2001－0013752　852.47/791.2

蓋山文錄八卷 （清）顧雲撰　清光緒十五年(1889)刻本　二冊

350000－2001－0013753　852.47/792.91

虞東先生文錄八卷 （清）顧鎮著　清道光十九年(1839)海虞顧氏小石山房刻本　一冊　存四卷(一至四)

350000－2001－0013754　852.47/792.91＝1

虞東先生文錄八卷 （清）顧鎮著　清道光十九年(1839)海虞顧氏小石山房刻本　二冊

350000－2001－0013755　852.47/792.91＝2

虞東先生文錄八卷 （清）顧鎮著　清道光十九年(1839)海虞顧氏小石山房刻本　二冊

350000－2001－0013756　852.47/793.8

孟晉齋文集五卷周列士傳一卷 （清）顧壽楨撰　**孟晉齋[壽楨]年譜一卷** 清同治五年(1866)見素抱樸齋刻本　二冊

350000－2001－0013757　082.17/ф375

惕齋遺書三種 （清）孫經世撰　清道光二十三年(1843)蘇廷玉刻本　五冊

350000－2001－0013758　852.47/793.8＝1

孟晉齋文集五卷周列士傳一卷 （清）顧壽楨撰　**孟晉齋[壽楨]年譜一卷** 清同治五年(1866)見素抱樸齋刻本　一冊　存二卷(一至二)

350000－2001－0013759　082.17/ф375＝1

惕齋遺書三種 （清）孫經世撰　清道光二十三年(1843)蘇廷玉刻本　六冊

350000－2001－0013760　852.47/795－1

定盦文集三卷續集四卷文集補五卷 （清）龔自珍撰　清同治七年(1868)刻本　四冊

350000－2001－0013761　852.47/795

精刊定盦全集二十卷 （清）龔自珍撰　清宣統二年(1910)上海國學扶輪社鉛印本　六冊

350000－2001－0013762　852.47/795.1

精刊定盦全集二十卷 （清）龔自珍撰　清宣統元年(1909)上海國學扶輪社鉛印本　七冊

350000－2001－0013763　852.47/795－2

龔定盦全集二十卷 （清）龔自珍撰　清末鉛印本　六冊

350000－2001－0013764　852.47/795－3

龔定盦全集十六卷 （清）龔自珍撰 清光緒二十三年(1897)萬本書堂刻本 六冊

350000－2001－0013765 082.17/377

寄龕全集四十一卷 （清）孫德祖撰 清光緒刻本 八冊 存三十四卷(寄龕詩質十二卷，寄龕甲志四卷、寄龕丙志四卷、寄龕乙志四卷、寄龕丁志四卷,寄龕詞問六卷)

350000－2001－0013766 852.47/795－5

校訂定盦全集十卷 （清）龔自珍撰 定盦年譜藁本一卷 （清）黃守恒撰 清宣統元年(1909)時中書局鉛印本 八冊

350000－2001－0013767 852.47/795－3＝1

龔定盦全集十六卷 （清）龔自珍撰 清光緒二十三年(1897)萬本書堂刻本 六冊

350000－2001－0013768 852.47/795.9

定山堂雜序一卷 （清）龔鼎孳著 （清）龔永孚較輯 清道光十四年(1834)刻本 一冊

350000－2001－0013769 852.47/795.93

定山堂古文小品二卷續集一卷 （清）龔鼎孳著 清道光十四年(1834)刻本 二冊 存二卷(小品上、續集一卷)

350000－2001－0013770 852.47/940

倭文端公遺書八卷首二卷末一卷續刊三卷 （清）倭仁撰 清光緒元年(1875)六安求我齋刻本 四冊

350000－2001－0013771 852.47/966－1

御製文初集三十卷 （清）高宗弘曆撰 清乾隆二十九年(1764)刻本 六冊

350000－2001－0013772 852.47/976

徧行堂集十六卷 （清）釋今釋造 清宣統三年(1911)上海國學扶輪社鉛印本 八冊

350000－2001－0013773 852.47/976＝1

徧行堂集十六卷 （清）釋今釋造 清宣統三年(1911)上海國學扶輪社鉛印本 四冊

350000－2001－0013774 852.47/976－2

徧行堂集四十八卷目錄二卷 （清）釋今釋造 明末刻本 十冊 存二十九卷(一至三、七

至十二、二十一至二十二、二十四至四十一)

350000－2001－0013775 042.17/404

雕丘雜錄十八種 （清）梁清遠撰 清康熙十七年(1678)太平園刻咸豐六年(1856)正定府署印本 四冊

350000－2001－0013776 852.47/972

樂道堂全集三十六卷 （清）奕訢著 清咸豐至光緒間刻本 三十五冊

350000－2001－0013777 082.17/420

箋經室叢書三種 曹元忠撰 清光緒曹氏箋經室刻本 三冊

350000－2001－0013778 082.17/428

諸葛武侯全集二十卷 （清）張澍纂輯 清末刻本 八冊

350000－2001－0013779 082.17/404

頻羅庵遺集四種 （清）梁同書撰 清末刻本 六冊

350000－2001－0013780 852.48/21－1

湘綺樓全集三十卷 王闓運撰 清宣統二年(1910)上海國學扶輪社石印本 八冊 存二十二卷(文集八卷、詩集十四卷)

350000－2001－0013781 852.48/21－1＝1

湘綺樓全集三十卷 王闓運撰 清宣統二年(1910)上海國學扶輪社石印本 十一冊

350000－2001－0013782 852.47/21－3

湘綺樓全集三十卷 王闓運撰 清光緒三十三年(1907)墨莊劉氏刻本 十八冊

350000－2001－0013783 082.17/ф404＝1

二思堂叢書六種 （清）梁章鉅編 清光緒元年(1875)浙江書局刻本 十六冊

350000－2001－0013784 852.48/28.5

文莫室詩三卷駢文一卷 王樹枏撰 清光緒新城王氏文莫室刻陶廬叢刻本 一冊

350000－2001－0013785 852.48/128

公言集三卷續編一卷刻鵠集三卷秘書集十卷 （清）沈同芳撰 清宣統三年(1911)中國圖書公司鉛印本 四冊

350000－2001－0013786　428.1/26－1

冶梅竹譜一卷　（清）王寅述　清光緒八年(1882)金陵王氏刻本　一冊

350000－2001－0013787　852.48/166

守敬齋雜著二卷　（清）吳式璋撰　清木活字印本　一冊　存一卷(一)

350000－2001－0013788　082.17/393

徐靈胎先生雜著五種　（清）徐大椿撰　清末刻本　三冊

350000－2001－0013789　082.17/413

靈芬館集十七種　（清）郭麐撰　清嘉慶、道光刻本　二十八冊

350000－2001－0013790　852.48/316.1

慎宜軒文五卷　（清）姚永概撰　清光緒三十四年(1908)靈萱室鉛印本　一冊

350000－2001－0013791　822.48/316＝2

慎宜軒詩八卷　（清）姚永概撰　清宣統二年(1910)安徽官紙印刷局鉛印本　一冊

350000－2001－0013792　852.48/352

抱潤軒文集十卷　馬其昶撰　清宣統元年(1909)安徽官紙印刷局石印本　一冊

350000－2001－0013793　852.48/352＝1

抱潤軒文集十卷　馬其昶撰　清宣統元年(1909)安徽官紙印刷局石印本　一冊

350000－2001－0013794　852.48/378

鄭齋漢學文編六卷　（清）孫雄撰　清光緒三十四年(1908)鉛印師鄭叢書本　二冊

350000－2001－0013795　852.48/378.3

師鄭堂駢體文存二卷　（清）孫雄撰　清光緒二十一年(1895)刻本　一冊

350000－2001－0013796　852.48/448

晦僧文略二卷　（清）陳澹然著　清宣統元年(1909)鉛印本　一冊

350000－2001－0013797　852.48/448.5

橫山鄉人類稿十三卷　（清）陳慶年撰　清末至民國初橫山草堂刻本　四冊

350000－2001－0013798　082.17/428.1

二酉堂叢書二十三種　（清）張澍輯　清道光元年(1821)武威張氏二酉堂刻本　六冊

350000－2001－0013799　852.48/406－1

一山經說二卷　（清）章梫撰　清宣統元年(1909)京華印書局鉛印本　一冊

350000－2001－0013800　852.48/643－1

樊山集八種　樊增祥撰　清光緒十九年至二十八年(1893－1902)刻本　二十四冊　存五種七十八卷(樊山集二十四卷續集二十八卷、二家詠古詩一卷、二家試帖一卷、二家詞鈔五卷、樊山公續三卷時文一卷批判十五卷)

350000－2001－0013801　852.48/740－4＝1

藝風堂文集七卷外篇一卷　繆荃孫撰　清光緒二十七年(1901)刻本　二冊

350000－2001－0013802　852.48/740－1

藝風堂文續集八卷外集一卷　繆荃孫撰　清宣統二年至民國二年(1910－1913)刻本　二冊

350000－2001－0013803　852.48/706.7

名山文集十四卷詩集二卷詞一卷三集二十卷良心書二卷　（清）錢振鍠撰　清末至民國初木活字印本　六冊

350000－2001－0013804　852.48/740－2

藝風堂文漫存三卷　繆荃孫撰　清末至民國初刻本　一冊

350000－2001－0013805　852.48/758

讀書堂集十三卷首一卷　（清）簡朝亮藁　清光緒二十九年(1903)讀書堂刻本　八冊

350000－2001－0013806　852.48/775.2

面城精舍襍文甲編一卷　羅振玉撰　清光緒十八年(1892)刻本　一冊

350000－2001－0013807　082.17/428.2

二酉堂叢書二十一種　（清）張澍輯　清末刻本　十二冊

350000－2001－0013808　082.17/359－2

隨園三十六種　（清）袁枚撰　清光緒三十四

年（1908）上海集成圖書公司鉛印本　五十
六冊

350000－2001－0013809　082.47/970
武英殿聚珍版書一百四十八種　（清）高宗弘
曆勅纂　（清）□□輯　清乾隆四十二年
（1777）福建布政使司刻道光、同治遞修光緒
二十一年（1895）增補本　九百六十二冊

350000－2001－0013810　082.14/372＝1
真西山全集一百八十五卷　（宋）真德秀撰
清康熙浦城真氏家祠刻同治重印本　五十八
冊　存九十九卷（真文忠公心經一卷、真文忠
公政經一卷、西山先生真文忠公讀書記四十
卷、西山先生真文忠公文集五十五卷目錄二
卷）

350000－2001－0013811　852.489/169
有正味齋駢體文二十四卷　（清）吳錫麒撰
清刻本　四冊

350000－2001－0013812　852.494/439＝2
善卷堂四六十卷　（清）陸繁弨撰　（清）吳自
高注　清乾隆三十五年（1770）刻本　三冊

350000－2001－0013813　852.494/439＝1
善卷堂四六十卷　（清）陸繁弨撰　（清）吳自
高注　清乾隆三十五年（1770）刻本　四冊

350000－2001－0013814　852.494/439＝3
善卷堂四六十卷　（清）陸繁弨撰　（清）吳自
高注　清乾隆三十五年（1770）刻本　五冊

350000－2001－0013815　852.4947/572
檉華館駢體文一卷　（清）路德撰　清光緒七
年（1881）閣道林刻本　一冊

350000－2001－0013816　852.4949/101
雪龕制藝四卷補遺一卷　（清）朱秉銘著　清
刻本　四冊

350000－2001－0013817　852.4949/377.2
孫太史稿二卷　（清）孫希旦撰　清道光十年
（1830）刻本　一冊

350000－2001－0013818　852.4949/409
許漸荇先生存稿二卷　（清）許暉藻著　清光

緒七年（1881）江西撫署刻本　二冊

350000－2001－0013819　852.4949/486
鶴和樓制義二卷補編一卷　（清）彭蘊章撰
清刻本　一冊

350000－2001－0013820　852.84/21.5
唐語林八卷　（宋）王讜撰　（清）錢熙祚校
清光緒十九年（1893）湖北官書處刻本　二冊

350000－2001－0013821　852.84/66
涑水記聞十六卷補遺一卷　（宋）司馬光撰
清光緒三年（1877）湖北崇文書局刻本　四冊

350000－2001－0013822　852.84/100
御覽曲洧舊聞十卷　（宋）朱弁撰　清刻本
二冊

350000－2001－0013823　852.84/376
北夢瑣言二十卷　（宋）孫光憲纂集　清乾隆
二十一年（1756）刻本　一冊

350000－2001－0013824　852.84/389
續談助五卷　（宋）晁載之輯　清光緒十三年
（1887）刻本　二冊

350000－2001－0013825　852.84/434＝1
老學庵筆記二卷　（宋）陸游撰　清宣統三年
（1911）上海掃葉山房石印本　二冊

350000－2001－0013826　852.84/449－1
清異錄二卷　（宋）陶穀撰　清康熙四十七年
（1708）陳世修刻本　二冊

350000－2001－0013827　852.84/449
清異錄二卷　（宋）陶穀撰　清光緒元年
（1875）陳氏庸閑齋刻本　二冊

350000－2001－0013828　852.84/723
澗泉日記三卷　（宋）韓淲撰　清乾隆四十二
年（1777）福建刻武英殿聚珍版書本　一冊

350000－2001－0013829　852.85/674
歸潛志十四卷附錄一卷　（元）劉祁撰　清乾
隆、嘉慶長塘鮑氏知不足齋刻知不足齋叢書
本　三冊

350000－2001－0013830　852.86/24－1

名句文身表異録二十卷　（明）王志堅輯　清康熙四十七年(1708)海鹽陳世修漱六閣刻本　二冊

350000－2001－0013831　852.86/262

菜根譚一卷　（明）洪應明輯　清道光十六年(1836)刻本　一冊

350000－2001－0013832　852.86/262－1

菜根譚二卷　（明）洪應明著　清光緒三十年(1904)刻本　一冊

350000－2001－0013833　852.86/268

韻石齋筆談二卷　（明）姜紹書著　清光緒五年(1879)刻嘯園叢書本　一冊

350000－2001－0013834　852.495/557

伏羌紀事詩一卷　（清）楊芳燦著　清光緒十八年(1892)刻朱印本　一冊

350000－2001－0013835　852.8/945

調燮類編四卷　（宋）趙希鵠編　清道光二十七年(1847)刻海山仙館叢書本　一冊

350000－2001－0013836　852.824/428

博物志十卷　（晉）張華撰　續博物志十卷（唐）李石撰　清光緒元年(1875)湖北崇文書局刻本　二冊

350000－2001－0013837　852.83/323

酉陽雜俎二十卷續集十卷　（唐）段成式撰　清光緒三年(1877)崇文書局刻本　四冊　存二十卷(雜俎二十卷)

350000－2001－0013838　852.83/674

嶺表録異三卷　（唐）劉恂撰　清乾隆四十二年(1777)福建刻道光、同治遞修武英殿聚珍版書本　一冊

350000－2001－0013839　862.96/346－1＝1

野記四卷　（明）祝允明纂　清同治十三年(1874)刻本　四冊

350000－2001－0013840　852.86/395

玉芝堂談薈三十六卷首一卷　（明）徐應秋輯　明崇禎刻清乾隆、光緒遞修本　三十三冊

350000－2001－0013841　852.86/395＝1

玉芝堂談薈三十六卷首一卷　（明）徐應秋輯　明崇禎刻清乾隆、光緒遞修本　二十冊

350000－2001－0013842　822.13/336－1

唐詩百名家全集四百六十四卷　（清）席啓寓編録　清康熙四十一年(1702)席氏琴川書屋刻咸豐遞修光緒八年(1882)補修本　六十三冊

350000－2001－0013843　032.2/443＝1

陳刻二種　（清）陳世修輯　清光緒元年至二年(1875－1876)陳氏庸閒齋刻本　四冊

350000－2001－0013844　852.86/428

松窗夢語八卷　（明）張瀚著　清光緒二十二年(1896)錢塘丁氏嘉惠堂刻本　二冊

350000－2001－0013845　852.86/497

雙槐歲鈔十卷　（明）黃瑜撰　清光緒南海伍氏文字歡娛室刻嶺南遺書本　三冊

350000－2001－0013846　852.86/558

楊愧菴先生集要五卷　（清）楊甲仁撰　清刻本　一冊

350000－2001－0013847　852.86/625

棗林襍俎六卷　（清）談遷著　清宣統三年(1911)上海國學扶輪社鉛印張氏適園叢書本　六冊

350000－2001－0013848　178/756＝1

媿林漫録二卷　（明）瞿式耜輯　清光緒十六年(1890)江蘇書局刻本　二冊

350000－2001－0013849　852.86/792

客座贅語十卷　（明）顧起元輯　清光緒三十年(1904)刻朱印本　四冊

350000－2001－0013850　194/940－1＝2

竹窗隨筆一卷二筆一卷三筆一卷　（明）釋袾宏著　清光緒二十四年(1898)金陵刻經處刻本　三冊

350000－2001－0013851　822.047/10＝1

鐙窗瑣話八卷　（清）于源撰　清道光二十七年(1847)刻本　一冊　存五卷(一至五)

350000－2001－0013852　082.17/443

江都陳氏叢書八種　（清）陳本禮　（清）陳逢衡撰　清嘉慶、道光刻本　四冊　存四種十五卷（屈辭精義六卷、急救探奇一卷、漢樂府三歌牋註三卷、協律鈎元四卷外集一卷）

350000－2001－0013853　822.047/10＝2

鐙窗瑣話八卷　（清）于源撰　清道光二十七年(1847)刻本　一冊　存四卷（一至四）

350000－2001－0013854　852.87/17.5

夢園叢說內編八卷外編八卷　（清）方濬頤撰　清刻本　二冊　存八卷（外編八卷）

350000－2001－0013855　852.87/16

俟命錄十卷　（清）方宗誠撰　清光緒十一年(1885)刻本　二冊

350000－2001－0013856　852.87/17

說鈴二集五十二種　（清）吳震方輯　清刻本　二冊　存七種九卷（封長白山記一卷、使琉球紀一卷、西征紀畧一卷、滇行紀程一卷、東還紀程一卷、筠廊偶筆二卷、金鰲退食筆記二卷）

350000－2001－0013857　852.87/17.1

蕉軒隨錄十二卷續錄二卷　（清）方濬師撰　清同治十一年(1872)退一步齋刻本　八冊

350000－2001－0013858　042.7/21－3

池北偶談二十六卷　（清）王士禛著　清康熙四十年(1701)金谿李氏自怡草堂刻本　八冊

350000－2001－0013859　852.87/23

斯陶說林十二卷　（清）王用臣輯　清光緒十八年(1892)深澤王用臣刻本　六冊

350000－2001－0013860　852.87/26

聽雨樓隨筆六卷　（清）王培荀輯　清道光二十六年(1846)刻本　三冊　存三卷（一至三）

350000－2001－0013861　852.87/23＝1

斯陶說林十二卷　（清）王用臣輯　清光緒十八年(1892)深澤王用臣刻本　四冊　存四卷（一至二、六、十一）

350000－2001－0013862　852.87/27－1

重論文齋筆錄十二卷　（清）王端履輯　清道光二十六年(1846)刻本　六冊

350000－2001－0013863　852.87/29

有不為齋隨筆十集　（清）光聰諧著　清光緒十四年(1888)蘇州藩署刻本　一冊　存五卷（一至五）

350000－2001－0013864　852.87/29.1

小石山房叢書三十八種　（清）顧湘輯　清同治十三年(1874)虞山顧氏刻本　一冊　存四種五卷（尋花日記二卷、看花雜詠一卷、冬心先生畫竹題記一卷、冬心先生三題詩一卷）

350000－2001－0013865　852.87/101

暝庵雜識四卷　（清）朱克敬著　清光緒四年(1878)上海進步書局刻挹秀山房叢書本　一冊

350000－2001－0013866　852.87/104

泪江隨筆二卷　（清）朱錫綬撰　清咸豐八年(1858)刻本　一冊

350000－2001－0013867　852.87/131.1

懺盦隨筆八卷　沈澤棠撰　清刻本　一冊　存四卷（五至八）

350000－2001－0013868　852.87/135

旅譚五卷　（清）汪琇撰　清光緒十一年(1885)刻本　一冊

350000－2001－0013869　852.87/152

行素齋雜記二卷　（清）李佳繼昌撰　清光緒二十七年(1901)湖南臯署刻本　一冊

350000－2001－0013870　852.87/135

增刪堅瓠集八卷　（清）汪燮輯　清乾隆二十一年(1756)汪燮刻本　四冊

350000－2001－0013871　852.87/154

左庵瑣語一卷　（清）李佳繼昌撰　清光緒刻本　一冊

350000－2001－0013872　852.87/158

淡墨錄十六卷　（清）李調元撰　清乾隆刻本　四冊

350000－2001－0013873　852.87/162

小滄浪筆談四卷　（清）阮元記　清光緒二十

六年(1900)江蘇書局刻本　二冊

350000 – 2001 – 0013874　852.87/162
定香亭筆談四卷　(清)阮元記　(清)吳文溥
錄　清光緒二十五年(1899)浙江書局刻本
四冊

350000 – 2001 – 0013875　852.87/162.1
定香亭筆談四卷　(清)阮元記　(清)吳文溥
錄　清光緒十年(1884)瀨江宋氏刻本　二冊

350000 – 2001 – 0013876　852.87/165
養吉齋叢錄二十六卷餘錄十卷　(清)吳振棫
撰　清光緒刻本　八冊

350000 – 2001 – 0013877　852.87/165 = 1
養吉齋叢錄二十六卷餘錄十卷　(清)吳振棫
撰　清光緒刻本　四冊

350000 – 2001 – 0013878　852.87/165 = 2
養吉齋叢錄二十六卷餘錄十卷　(清)吳振棫
撰　清光緒刻本　二冊　存十六卷(一至十
六)

350000 – 2001 – 0013879　852.47/165.1
南野堂全集二十五卷　(清)吳文溥撰　清乾
隆、嘉慶刻本　六冊　存二十卷(筆記十二
卷,詩集七卷、首一卷)

350000 – 2001 – 0013880　082.17/491
儆季雜著五種附二種　(清)黃以周撰　清光
緒二十年(1894)江蘇南菁講舍刻本　十冊

350000 – 2001 – 0013881　042.7/169
初月樓聞見錄十卷　(清)吳德旋著　清道光
二年(1822)刻本　二冊　存五卷(一至五)

350000 – 2001 – 0013882　852.87/169
聽香館叢錄六卷　(清)吳嵩梁撰　清道光二
十三年(1843)刻香蘇山館全集本　一冊

350000 – 2001 – 0013883　852.87/169
遜志堂雜鈔十卷　(清)吳翌鳳著　(清)朱記
榮校訂　清光緒十三年(1887)吳縣朱氏刻槐
廬叢書本　二冊

350000 – 2001 – 0013884　852.87/302
粵中見聞三十一卷　(清)范端昂纂輯　清嘉

慶六年(1801)同安刻本　三冊

350000 – 2001 – 0013885　082.17/494
黃梨洲遺書十種　(清)黃宗羲撰　清光緒三
十一年(1905)杭州群學社石印本　十四冊

350000 – 2001 – 0013886　852.87/301
華笑廎雜筆六卷　(清)范鍇錄　清道光二十
五年(1845)刻本　一冊

350000 – 2001 – 0013887　042.7/306.1
恩福堂筆記二卷　(清)英和撰　清道光十七
年(1837)刻本　四冊

350000 – 2001 – 0013888　852.87/312
九九銷夏錄十四卷首一卷　(清)俞樾撰　清
光緒十八年(1892)刻本　二冊

350000 – 2001 – 0013889　852.87/313
荷廊筆記四卷　(清)俞洵慶著　清光緒十一
年(1885)刻本　二冊

350000 – 2001 – 0013890　852.87/316
竹葉亭雜記四卷　(清)姚元之撰　清宣統二
年(1910)上海掃葉山房石印本　二冊

350000 – 2001 – 0013891　852.87/316 – 2 = 1
竹葉亭雜記八卷　(清)姚元之撰　清光緒十
九年(1893)刻本　二冊

350000 – 2001 – 0013892　082.17/492 – 1
梨洲遺著彙刊十九種　(清)黃宗羲撰　(清)
薛鳳昌輯　清宣統二年(1910)上海時中書局
鉛印本　二十冊

350000 – 2001 – 0013893　832.108/873
信齋詞一卷　(宋)葛郯撰　清抄本　一冊

350000 – 2001 – 0013894　082.17/494 – 1
黃梨洲遺書十種　(清)黃宗羲撰　清末石印
本　二冊

350000 – 2001 – 0013895　082.17/492 – 1 = 1
梨洲遺著彙刊十九種　(清)黃宗羲撰　(清)
薛鳳昌輯　清宣統二年(1910)上海時中書局
鉛印本　十冊　存十八種五十六卷(南雷文
約四卷、南雷文定前集十一卷後集四卷三集
三卷附錄一卷、南雷文案四卷外卷一卷、南雷詩歷四卷、明夷待訪錄一卷、破邪論一卷、歷代甲子考一卷、西臺慟哭記註一卷、冬青引注一卷、汰存錄一卷、行朝錄十卷、滇考一卷、賜姓始末一卷、鄭成功傳一卷、張元著先生事略一卷、思舊錄一卷、金石要例一卷附論文管見、今水經一卷表一卷)

350000－2001－0013896 832.13/477.1
唐五代詞選三卷 (清)成肇麐輯 清光緒、宣統刻本 一冊

350000－2001－0013897 832.13/477
唐五代詞選三卷 (清)成肇麐輯 清光緒、宣統刻本 一冊

350000－2001－0013898 832.13/600.2
花間集十卷 (五代)趙崇祚輯 清末石印本 一冊

350000－2001－0013899 082.17/435
陸桴亭先生遺書二十二種 (清)陸世儀撰 清光緒二十五年(1899)太倉唐受祺京師刻本 二十冊

350000－2001－0013900 852.87/316.2
識小錄八卷 (清)姚瑩撰 清道光二十九年(1849)刻本 二冊

350000－2001－0013901 852.87/320
阮盦筆記五種 況周儀撰 清光緒三十三年(1907)刻蕙風叢書本 二冊

350000－2001－0013902 852.87/200.2
槐廳載筆二十卷 (清)法式善編 清嘉慶刻本 六冊

350000－2001－0013903 852.87/193
熙朝新語十六卷 (清)余金輯 清光緒元年(1875)刻本 二冊

350000－2001－0013904 852.87/193－1
熙朝新語十六卷 (清)余金輯 清道光十二年(1832)刻本 二冊

350000－2001－0013905 852.87/251
餐苕華館隨筆二卷 (清)周騰虎撰 清光緒三十一年(1905)陽湖周氏刻本 一冊

350000－2001－0013906 852.87/237.2
湖北叢書三十種 (清)趙尚輔輯 清光緒十七年(1891)三餘草堂刻本 一冊 存二種二卷(雲杜故事一卷、導江三議一卷)

350000－2001－0013907 042.7/283＝1
人海記二卷 (清)查慎行編輯 清宣統二年(1910)上海掃葉山房石印本 一冊

350000－2001－0013908 852.87/283
查浦輯聞二卷 (清)查嗣瑮輯 清雍正刻本 二冊

350000－2001－0013909 832.13/600.4
花間集十卷 (五代)趙崇祚輯 清末石印本 一冊

350000－2001－0013910 832.13/650
詞選約二卷 (清)蔣方增定本 清抄本 一冊

350000－2001－0013911 082.17/439
三魚堂全集四十二卷 (清)陸隴其撰 清同治七年(1868)武林薇署刻本 二十冊

350000－2001－0013912 082.17/439－1
三魚堂全集四十二卷 (清)陸隴其撰 清同治刻本 十六冊

350000－2001－0013913 832.14/431
宋六十名家詞六十一種 (明)毛晉輯 清光緒十四年(1888)錢塘汪氏刻本 一冊 存二種四卷(于湖詞三卷、洛水詞一卷)

350000－2001－0013914 832.16/135
東皋詩餘四卷 (清)汪之珩輯 清嘉慶八年(1803)如皋汪氏文園刻本 一冊

350000－2001－0013915 832.17/765
篋中詞六卷 (清)譚獻纂錄 清光緒八年(1882)刻本 三冊

350000－2001－0013916 832.17/765.1
篋中詞六卷續三卷 (清)譚獻纂錄 清光緒八年(1882)刻本 四冊

350000－2001－0013917 822.16/104－4
明詩綜一百卷 (清)朱彝尊錄 (清)汪森緝

評　清康熙刻本　三十二冊

350000－2001－0013918　832.14/248.1
宋四家詞選不分卷　(清)周濟輯　清道光十二年(1832)刻本　一冊

350000－2001－0013919　082.17/525
焦氏遺書十種　(清)焦循學　清光緒二年(1876)衡陽魏氏刻本　五十四冊

350000－2001－0013920　082.17/527＝1
曾文正公全集一百八十八卷　(清)曾國藩撰　清同治、光緒傳忠書局刻本　一百二十八冊　存一百七十六卷(曾文正公奏稿三十六卷,十八家詩鈔二十八卷,經史百家雜鈔二十六卷,經史百家簡編二卷,鳴原堂論文二卷,曾文正公詩集四卷文集四卷,曾文正公書札三十三卷,曾文正公批牘六卷,曾文正公雜著四卷,求闕齋讀書錄十卷,求闕齋日記類鈔二卷,曾文正公年譜十二卷,孟子要略五卷附錄一卷、首一卷)

350000－2001－0013921　852.87/348
聞見瓣香錄二卷　(清)秦武域纂　清嘉慶八年(1803)刻本　一冊

350000－2001－0013922　852.87/393
牧菴雜紀六卷　(清)徐一麟著　清同治七年(1868)刻本　四冊

350000－2001－0013923　852.87/361
此木軒雜著八卷　(清)焦袁熹撰　清嘉慶九年(1804)刻本　四冊

350000－2001－0013924　852.87/376
永嘉聞見錄二卷　(清)孫同元撰　清光緒十四年(1888)刻本　二冊

350000－2001－0013925　852.87/370
聞見一隅錄三卷　(清)夏炘述　清同治六年(1867)刻本　一冊

350000－2001－0013926　852.87/395
丹泉海島錄四卷　(清)徐景福撰　清光緒四年(1878)遂昌徐氏家塾刻本　一冊

350000－2001－0013927　852.87/431

梅簃隨筆四卷　(清)張作楠撰　清嘉慶刻本　二冊

350000－2001－0013928　042.7/402＝2
庭立記聞四卷　(清)梁玉繩撰　(清)梁學昌等輯　清嘉慶刻本　一冊

350000－2001－0013929　852.87/432
蒿菴閒話二卷附談龍錄一卷　(清)張爾岐撰　清刻本　一冊

350000－2001－0013930　962.9/442
庸閒齋筆記十二卷　(清)陳其元撰　清同治十三年(1874)吳下刻本　六冊

350000－2001－0013931　852.87/443
郎潛紀聞十四卷　(清)陳康琪著　清光緒八年(1882)琴川刻本　四冊

350000－2001－0013932　832.14/248－1
絕妙好詞箋七卷　(宋)周密輯　(清)查爲仁(清)厲鶚箋　**續鈔一卷**　(宋)周密輯(清)余集鈔撮　**又續鈔一卷**　(宋)周密原本(清)徐楙補錄　清道光八年至九年(1828－1829)錢塘徐楙刻本　六冊

350000－2001－0013933　852.87/446－1
郎潛二筆十六卷　(清)陳康祺著　清光緒八年(1882)刻本　四冊

350000－2001－0013934　852.87/445
談古偶錄二卷　(清)陳星瑞撰　(清)姚成濟注　清光緒二年(1876)鉛印申報館叢書本　一冊

350000－2001－0013935　852.87/446－2＝1
郎潛紀聞初筆七卷二筆八卷三筆六卷　(清)陳康祺著　清宣統二年(1910)上海掃葉山房石印本　十冊

350000－2001－0013936　852.87/486
魯岡或問四卷　(清)彭大壽著　清道光二十六年(1846)刻本　二冊

350000－2001－0013937　926.033/491＝1
翰林記二十卷　(明)黃佐撰　清道光十一年(1831)南海伍氏粵雅堂文字歡娛室刻嶺南遺

書本　一冊　存五卷(一至五)

350000 – 2001 – 0013938　852.87/505

六合内外瑣言二十卷　(清)屠紳編　清宣統
三年(1911)上海國學扶輪社石印本　六冊

350000 – 2001 – 0013939　852.87/563

鷗陂漁話六卷　(清)葉廷琯撰　清同治八年
至九年(1869 – 1870)刻本　二冊

350000 – 2001 – 0013940　852.87/563 = 1

鷗陂漁話六卷　(清)葉廷琯撰　清同治八年
至九年(1869 – 1870)刻本　二冊

350000 – 2001 – 0013941　852.87/563 – 2

吹綱錄六卷　(清)葉廷琯撰　清同治八年
(1869)刻本　二冊

350000 – 2001 – 0013942　042.7/564 – 1

橋西雜記一卷　(清)葉名澧撰　清宣統三年
(1911)國學扶輪社鉛印張氏適園叢書本
一冊

350000 – 2001 – 0013943　852.87/563.3

橋西雜記一卷　(清)葉名澧撰　清同治十年
(1871)滂喜齋刻本　一冊

350000 – 2001 – 0013944　852.87/598 – 2

簷曝雜記六卷　(清)趙翼撰　欽賞三品職銜
准重赴鹿鳴宴謝摺一卷　(清)趙翼　(清)姚
鼐撰　清光緒三年(1877)刻甌北全集本
二冊

350000 – 2001 – 0013945　852.87/644

東城雜記二卷　(清)厲鶚撰　清嘉慶二十五
年(1820)錢塘汪氏振綺堂刻本　一冊

350000 – 2001 – 0013946　852.87/598 – 2 = 1

簷曝雜記六卷　(清)趙翼撰　欽賞三品職銜
准重赴鹿鳴宴謝摺一卷　(清)趙翼　(清)姚
鼐撰　清光緒三年(1877)刻甌北全集本
一冊

350000 – 2001 – 0013947　852.87/652

榕堂續錄四卷　(清)蔣超伯著　清同治六年
(1867)羊城聚珍堂刻本　一冊　存二卷(三
至四)

350000 – 2001 – 0013948　832.14/248.2

宋四家詞選不分卷　(清)周濟輯　清道光十
二年(1832)刻本　一冊

350000 – 2001 – 0013949　832.14/248.3

絕妙好詞箋七卷　(宋)周密輯　(清)查爲仁
(清)厲鶚箋　續鈔一卷　(宋)周密輯
(清)余集鈔撮　又續鈔一卷　(宋)周密原本
(清)徐楙補錄　清道光八年至九年(1828 –
1829)錢塘徐楙刻本　三冊　存七卷(一至七)

350000 – 2001 – 0013950　082.17/527 = 2

曾文正公全集一百八十八卷　(清)曾國藩撰
清同治、光緒傳忠書局刻本　一百二十冊

350000 – 2001 – 0013951　832.14/34 = 1

宋七家詞選七卷　(清)戈載輯　清宣統三年
(1911)掃葉山房石印本　三冊

350000 – 2001 – 0013952　082.17/530

柚堂全集□□卷　(清)盛百二撰　清乾隆刻
本　四冊　存二十卷(柚堂文存四卷、尚書釋
天六卷、柚堂筆談四卷、教稼書二卷、皆山樓
吟稿四卷)

350000 – 2001 – 0013953　.923/168

新唐書糾謬二十卷　(宋)吳縝撰編　校勘記
二卷　(清)孫星華撰　清乾隆四十二年
(1777)福建刻道光、同治遞修光緒二十一年
(1895)增補武英殿聚珍版書本　四冊

350000 – 2001 – 0013954　832.44/102

斷腸詞一卷　(宋)朱淑真撰　漱玉詞一卷
(宋)李清照撰　清光緒二十六年(1900)石印
本　一冊

350000 – 2001 – 0013955　852.87/679

廣陽雜記五卷　(清)劉獻廷撰　清刻本
二冊

350000 – 2001 – 0013956　852.87/706

履園叢話二十四卷　(清)錢泳輯　清同治九
年(1870)刻本　九冊

350000 – 2001 – 0013957　822.16/707 – 3

列朝詩集乾集二卷甲集前編十一卷甲集二十

二卷乙集八卷丙集十六卷丁集十六卷閏集六卷 （清）錢謙益選 清宣統二年(1910)鉛印本 五十六冊

350000－2001－0013958 042/537＝1

通藝錄二十一種 （清）程瑤田撰 清嘉慶刻本 十六冊

350000－2001－0013959 822.43/148－42

杜詩詳註二十五卷首一卷附編二卷 （唐）杜甫撰 （清）仇兆鰲輯註 清康熙刻本 十四冊

350000－2001－0013960 822.43/148－43

杜詩詳註二十五卷首一卷附編二卷 （唐）杜甫撰 （清）仇兆鰲輯註 清康熙刻本 十四冊

350000－2001－0013961 852.87/700.2

養疴漫語一卷 （清）法嘉蓀著 清刻本 一冊

350000－2001－0013962 852.87/749－1＝1

藤陰雜記十二卷 （清）戴璐撰 清光緒三年(1877)刻本 四冊

350000－2001－0013963 852.87/749－1＝2

藤陰雜記十二卷 （清）戴璐撰 清光緒三年(1877)刻本 二冊

350000－2001－0013964 852.87/775

懷幽雜俎十二種 徐乃昌輯 清光緒、宣統南陵徐乃昌刻本 一冊 存二種三卷(我信錄二卷、花部農譚一卷)

350000－2001－0013965 042/537

通藝錄二十一種 （清）程瑤田撰 清嘉慶刻本 十六冊

350000－2001－0013966 021/787＝1

娛親雅言六卷 （清）嚴元照撰 清光緒十年(1884)吳興陸氏刻湖州叢書十二種本 四冊

350000－2001－0013967 021/787＝2

娛親雅言六卷 （清）嚴元照撰 清光緒十年(1884)吳興陸氏刻湖州叢書十二種本 二冊

350000－2001－0013968 852.87/940.2

病榻述舊錄一卷 （清）陳湜撰 清光緒十一年(1885)願聞吾過之軒刻本 一冊

350000－2001－0013969 852.87/941

天咫偶聞十卷 震鈞撰 清光緒三十三(1907)甘棠轉舍刻本 四冊

350000－2001－0013970 082.17/556

楊氏全書十種 （清）楊名時撰 清光緒三十四年(1908)南菁高等學堂刻本 十冊

350000－2001－0013971 082.17/ф558－7＝1

閩竹居叢書二十八種 題(清)觀頮道人輯 清刻本 四冊

350000－2001－0013972 082.17/ф558－7＝2

閩竹居叢書二十八種 題(清)觀頮道人輯 清刻本 二冊 存十四種十四卷(古逸詩載一卷,春秋紀年一卷,春秋地名考目一卷,五國執政表一卷,戰國七雄圖說一卷,禮經釋例目錄一卷,月令演一卷,郊說一卷,禘說一卷,爾雅歲陽考一卷,孔門弟子考一卷、門人考一卷,孟子弟子考一卷,集聖賢群輔錄一卷)

350000－2001－0013973 832.47/156.2

曝書亭集詞註七卷 （清）李富孫纂 清嘉慶十九年(1814)嘉興李富孫校經廎刻本 一冊 存一卷(一)

350000－2001－0013974 戊 1/25.1

五車韻瑞一百六十卷 （清）凌稚隆編輯 明刻本 九冊 存八十五卷(六至十五、六十至七十三、八十五至一百二十、一百三十六至一百六十)

350000－2001－0013975 832.44/165

夢窗甲乙丙丁藁四卷補遺一卷 （宋）吳文英撰 校勘夢窗詞劄記一卷 （清）王鵬運撰 清光緒二十五年(1899)臨桂四印齋刻本 一冊

350000－2001－0013976 832.47/156.3＝1

曝書亭集詞註七卷 （清）李富孫纂 清嘉慶十九年(1814)嘉興李富孫校經廎刻本 四冊

350000－2001－0013977 082.17/568

董方立遺書九種　（清）董祐誠撰　清同治八年(1869)董賜清成都刻本　四冊

350000－2001－0013978　082.17/ϕ562－1
寫經齋全集十七卷　（清）葉大莊撰　清光緒刻本　八冊

350000－2001－0013979　082.17/ϕ562－2
寫經齋全集十七卷　（清）葉大莊撰　清光緒刻本　四冊　存八卷(大戴禮記審議二卷、禮記審議二卷、喪服經傳補疏二卷、退學錄二卷)

350000－2001－0013980　832.196/102
庚子秋詞二卷　（清）王鵬運輯　清光緒二十六年(1900)有正書局刻本　二冊

350000－2001－0013981　丁2.7/1
牧齋初學集一百十卷目錄二卷　（清）錢謙益撰　明崇禎十六年(1643)瞿式耜刻本　二十三冊

350000－2001－0013982　082.17/575
鄒叔子遺書七種　（清）鄒漢勛撰　清光緒九年(1883)刻本　十冊

350000－2001－0013983　丙14/2.2
老子道德真經一卷音義一卷　（□）□□撰　明閔齊伋刻朱墨套印三子合刊本　一冊

350000－2001－0013984　乙3/2－3
資治通鑑目錄三十卷　（宋）司馬光編集　釋例圖譜一卷　（宋）司馬光撰　（明）陳仁錫評閱　問疑一卷　（宋）劉義仲纂集　明崇禎二年(1629)刻本　十冊

350000－2001－0013985　乙3/16
皇朝編年備要三十卷　（宋）陳均編　清萃古齋抄本　九冊　存九卷(二十二至三十)

350000－2001－0013986　乙4/2
歷代小史摘編六卷　（明）朱東光督編　（明）唐世延校梓　明萬曆三十二年(1604)朱東光刻本　八冊

350000－2001－0013987　852.87/942
嘯亭雜錄八卷續錄二卷　（清）昭槤著　清光

緒二十七年(1901)掃葉山房石印本　六冊

350000－2001－0013988　852.87/942＝1
嘯亭雜錄八卷續錄二卷　（清）昭槤著　清光緒二十七年(1901)掃葉山房石印本　一冊　存三卷(一至三)

350000－2001－0013989　042.7/967－2
嘯亭雜錄十卷續錄三卷　（清）昭槤撰　清宣統元年(1909)中國圖書公司鉛印本　四冊

350000－2001－0013990　082.17/ϕ558＝1
冠悔堂全集五十二卷　（清）楊浚撰　清光緒十三年至二十年(1887－1894)刻本　二十四冊　存四十二卷(冠悔堂駢體文鈔六卷、冠悔堂詩鈔八卷、冠悔堂賦鈔四卷、島居隨錄十卷、島居續錄十卷、冠悔堂楹語三卷附錄一卷)

350000－2001－0013991　042.7/969
恩福堂筆記二卷　（清）英和撰　清刻本　一冊

350000－2001－0013992　852.87/972
西齋偶得三卷坿錄一卷　（清）博明撰　清光緒二十六年(1900)刻留垞叢刻本　一冊

350000－2001－0013993　042.7/402
味餘書室隨筆二卷　（清）仁宗顒琰撰　清嘉慶五年(1800)刻本　二冊

350000－2001－0013994　082.17/ϕ558
冠悔堂全集五十二卷　（清）楊浚撰　清光緒十三年至二十年(1887－1894)刻本　十四冊

350000－2001－0013995　822.44/784－32
蘇文忠詩合註五十卷首一卷目錄一卷　（宋）蘇軾撰　（清）馮應榴輯訂　清乾隆馮氏刻同治九年(1870)補修本　二十四冊

350000－2001－0013996　822.44/784－9
蘇文忠詩合註五十卷首一卷目錄一卷　（宋）蘇軾撰　（清）馮應榴輯訂　清乾隆刻同治、光緒重印本　十九冊　缺一卷(首一卷)

350000－2001－0013997　822.44/784－9＝1
蘇文忠詩合註五十卷首一卷目錄一卷　（宋）

蘇軾撰　（清）馮應榴輯訂　清乾隆刻同治、光緒重印本　二十四冊

350000－2001－0013998　922.31/978

魏書一百十四卷　（北齊）魏收撰　明崇禎九年(1636)琴川毛氏汲古閣刻十七史本　十六冊

350000－2001－0013999　922.4/257

晉書一百三十卷　（唐）房玄齡等撰　明崇禎元年(1628)琴川毛氏汲古閣刻十七史本　十二冊

350000－2001－0014000　922.6/157.1

梁書五十六卷　（唐）姚思廉撰　明崇禎六年(1633)琴川毛氏汲古閣刻十七史本　四冊

350000－2001－0014001　920/53

十七史　（明）毛晉編　明崇禎元年至十七年(1628－1644)琴川毛氏汲古閣刻清順治印本　八十四冊　存六種四百四十五卷（宋書一百卷、南齊書五十九卷、南史八十卷、梁書五十六卷、北史一百卷、周書五十卷）

350000－2001－0014002　922.61/134

宋書一百卷　（南朝梁）沈約撰　明崇禎七年(1634)琴川毛氏汲古閣刻本　十冊

350000－2001－0014003　922.64/316

陳書三十六卷　（唐）姚思廉撰　明崇禎四年(1631)琴川毛氏汲古閣刻十七史本　四冊

350000－2001－0014004　922.7/151.1

北史一百卷　（唐）李延壽撰　明崇禎十二年(1639)琴川毛氏汲古閣刻十七史本　十二冊

350000－2001－0014005　922.74/82

周書五十卷　（唐）令狐德棻撰　明崇禎五年(1632)琴川毛氏汲古閣刻十七史本　四冊

350000－2001－0014006　922.8/761

隋書八十五卷　（唐）魏徵等撰　明崇禎八年(1635)琴川毛氏汲古閣刻十七史本　十冊

350000－2001－0014007　922.8/761－1

隋書八十五卷　（唐）魏徵等撰　明崇禎八年(1635)琴川毛氏汲古閣刻十七史本　十六冊

350000－2001－0014008　φ992.24/152.1

清誥授資政大夫江西候補道翰林院庶吉士長樂陳公[君耀]墓誌銘　林蒼編撰　陳國廓書　王虢篆蓋　拓片　二張

350000－2001－0014009　922.73/153.1

北齊書五十卷　（唐）李百藥撰　明崇禎十一年(1638)琴川毛氏汲古閣刻清順治重修十七史本　五冊

350000－2001－0014010　922.8/761－2

隋書八十五卷　（唐）魏徵等撰　明崇禎八年(1635)琴川毛氏汲古閣刻清順治重修十七史本　十四冊

350000－2001－0014011　923.7/82

周書五十卷　（唐）令狐德棻撰　明崇禎五年(1632)琴川毛氏汲古閣刻清順治重修十七史本　六冊

350000－2001－0014012　924/465

宋史四百九十六卷目錄三卷　（元）脫脫等修　明萬曆二十七年(1599)北京國子監刻二十一史本　九十四冊　缺三卷（目錄三卷）

350000－2001－0014013　925/122

元史二百十卷目錄二卷　（明）宋濂撰　明洪武三年(1370)內府刻南京國子監遞修二十一史本　五十四冊

350000－2001－0014014　924.4/465－1

遼史一百十六卷　（元）脫脫修　明嘉靖八年(1529)南京國子監刻明清遞修二十一史本　十冊

350000－2001－0014015　乙4/36.1

弇山堂別集一百卷　（明）王世貞著　明萬曆十八年(1590)金陵刻本　三十冊

350000－2001－0014016　φ992.24/442.7

清誥授奉政大夫同知銜直隸州知州用江蘇宜興縣知縣侯官陳公[與同]墓志銘　（清）陳與同撰並書　（清）林士燦刻　拓片　一張

350000－2001－0014017　φ992.24/718.1

皇清誥授奉政大夫欽加五品衛布政司理問貤
封振威將軍北洋海軍左翼總兵海琴林公﹝鐘
渤﹞墓誌銘　（清）謝章鋌撰　（清）丁菁書
（清）龔易圖篆蓋　拓片　一張

350000－2001－0014018　φ992.24/214
清贈光祿大夫江蘇按察使陳公﹝欽銘﹞墓誌銘
　（清）林壽圖撰　（清）龔易圖篆額　陳寶琛
書丹　吳玉田鐫　拓片　一張

350000－2001－0014019　φ992.24/214＝1
清贈光祿大夫江蘇按察使陳公﹝欽銘﹞墓誌銘
　（清）林壽圖撰　（清）龔易圖篆額　陳寶琛
書丹　吳玉田鐫　拓片　一張

350000－2001－0014020　832.196/444
陳檢討填詞圖不分卷　（清）陳維崧撰　清乾
隆五十九年(1794)刻本　一冊

350000－2001－0014021　852.88/245＝1
粟香隨筆八卷二筆八卷三筆八卷四筆八卷五
筆八卷　金武祥撰　清光緒刻本　十五冊
存三十卷(隨筆一至二、五至八，二筆一至四、
七至八，三筆八卷，四筆一至二，五筆八卷)

350000－2001－0014022　852.88/441－1＝1
黃學廬雜述三卷　（清）陳士芑撰　清宣統元
年(1909)鉛印本　一冊

350000－2001－0014023　862.426/776.7
四大奇書第一種（三國演義）六十卷一百二十
回　（明）羅貫中撰　（清）毛宗崗評　清光緒
三十三年(1907)澹雅書局刻本　二十冊

350000－2001－0014024　862.427/153
圖像鏡花緣二十卷一百回首一卷　（清）李汝
珍撰　清光緒二十一年(1895)文盛書局鉛印
本　六冊

350000－2001－0014025　862.42/974
繪圖說唐前傳四卷六十八回後傳五卷　（□）
□□撰　清末石印本　二冊

350000－2001－0014026　862.424/934
新鐫後續繡像五虎平南狄青演傳六卷四十二
回　（清）□□撰　清刻本　六冊

350000－2001－0014027　862.424/940
異說五虎平西珍珠旗演義狄青前傳六卷一百
十二回　（□）□□撰　清石印本　一冊　存
三卷(四至六)

350000－2001－0014028　862.426/167－2
新說西遊記一百回　（明）吳承恩撰　清刻本
三冊　存三十二回(五十九至九十)

350000－2001－0014029　862.426/167－1
西遊記評註一百回　（明）吳承恩撰　（清）龔
易圖評註　清刻本　十八冊　存九十回(六
至九十五)

350000－2001－0014030　862.426/444
水滸後傳十卷首一卷四十回　（明）陳忱評
（清）蔡奡評　清刻本　十二冊

350000－2001－0014031　862.426/654
東周列國全志二十三卷一百八回　（明）余邵
魚撰　（清）蔡奡評點　清乾隆十七年(1752)
兩儀堂刻本　二十四冊

350000－2001－0014032　862.426/654－2
東周列國全志二十三卷一百八回　（清）蔡奡
評點　清刻本　二十四冊

350000－2001－0014033　042.7/937
警心錄十卷　（清）□□輯　清康熙四十二年
(1703)刻本　四冊

350000－2001－0014034　852.87/394＝1
閒居偶錄十二卷　（清）徐時作著　清乾隆刻
本　三冊

350000－2001－0014035　854.3/969
成齋文初集三卷　（日本）重野安繹著　清光
緒二十三年(1897)石印本　三冊

350000－2001－0014036　862.427/155
水石緣六卷三十段　（清）李春榮編輯　清乾
隆刻本　四冊

350000－2001－0014037　862.427/937
聖朝鼎盛萬年清八集七十六回　（清）□□撰
清末上海海左書局石印本　八冊

350000－2001－0014038　862.427/971

情天寶鑑二十四卷　（□）□□撰　清末至民國初石印本　六冊

350000 – 2001 – 0014039　862.42704/943

夢癡說夢二卷　題（清）夢癡學人撰　清光緒十三年(1887)管可壽齋刻本　一冊

350000 – 2001 – 0014040　862.43/441 – 3

燕山外史二卷　（清）陳球著　清刻本　一冊

350000 – 2001 – 0014041　862.43/441

燕山外史註釋八卷　（清）陳球著　（清）傅傳輯註　（清）項震新參校　清刻本　四冊

350000 – 2001 – 0014042　862.43/441 – 1

燕山外史二卷　（清）陳球著　清嘉慶刻本　二冊

350000 – 2001 – 0014043　862.44/548.4

新刻京臺公餘勝覽國色天香十卷　（明）吳所敬編輯　清末至民國初石印本　二冊　存四卷(一至四)

350000 – 2001 – 0014044　862.44/935

繪圖真正新西廂記二卷　（□）□□撰　清宣統二年(1910)石印本　二冊

350000 – 2001 – 0014045　862.44/940

繪圖花月因緣十六卷五十二回　（清）魏秀仁撰　題（清）棲霞居士評　清光緒十九年(1893)上海書局石印本　八冊

350000 – 2001 – 0014046　862.9/442

敏求軒述記十六卷　（清）陳世箴輯　清道光二十八年(1848)刻本　八冊

350000 – 2001 – 0014047　862.908/505

潛園集錄十八卷　（清）屠倬輯　清道光十九年(1839)刻本　八冊

350000 – 2001 – 0014048　862.908/505 – 1

潛園集錄十六卷　（清）屠倬輯　清道光二年(1822)刻本　八冊

350000 – 2001 – 0014049　862.9087/494 = 1

廣虞初新志四十卷　（清）黃承曾輯　清嘉慶八年(1803)刻本　十九冊　存三十八卷(三至四十)

350000 – 2001 – 0014050　862.9087/494

廣虞初新志四十卷　（清）黃承曾輯　清嘉慶八年(1803)刻本　二十冊

350000 – 2001 – 0014051　862.908/791 – 2

顧氏四十家小說不分卷　（明）顧元慶輯　清宣統三年(1911)上海國學扶輪社鉛印本　八冊

350000 – 2001 – 0014052　862.908/841.71

古今說部叢書十集三百七十五種　國學扶輪社輯　清宣統至民國間國學扶輪社鉛印本　六十冊

350000 – 2001 – 0014053　862.908/841.72

古今說部叢書十集三百七十五種　國學扶輪社輯　清宣統至民國間國學扶輪社鉛印本　五十五冊

350000 – 2001 – 0014054　862.908/841.72 = 1

古今說部叢書十集三百七十五種　國學扶輪社輯　清宣統至民國間國學扶輪社鉛印本　五十五冊

350000 – 2001 – 0014055　862.908/841.71 = 1

古今說部叢書十集三百七十五種　國學扶輪社輯　清宣統至民國間國學扶輪社鉛印本　六十冊

350000 – 2001 – 0014056　862.908/945

鐵香室叢刻十種　（清）李世勷輯　清光緒刻本　九冊　存九種十四卷(明夷待訪錄一卷、使西紀程二卷、使東述略一卷附雜記一卷、出洋瑣記一卷、滬遊脞記一卷、日本記遊一卷附雜記一卷、乘槎筆記二卷、樞言一卷續一卷、罪言存略一卷)

350000 – 2001 – 0014057　φ992.24/24

皇清誥授通議大夫龔公[衡齡]墓誌銘　（清）王崧辰編撰　（清）王宣辰書丹　（清）陳懋侯篆額　（清）吳玉田鐫　拓片　一張

350000 – 2001 – 0014058　862.908/948 – 1

香艷叢書三百二十八種　題（清）蟲天子輯　清宣統國學扶輪社鉛印本　八十冊

350000－2001－0014059　862.908/948

香艷叢書三百二十八種　題(清)蟲天子輯　清宣統上海中國圖書公司和記鉛印本　八十冊

350000－2001－0014060　862.908/948＝1

香艷叢書三百二十八種　題(清)蟲天子輯　清宣統上海中國圖書公司和記鉛印本　八十冊

350000－2001－0014061　862.9083/445－1

唐代叢書一百六十四種　(清)陳世熙輯　清宣統三年(1911)上海天寶書局石印本　十二冊

350000－2001－0014062　862.9083/445

唐代叢書一百六十四種　(清)陳世熙輯　清嘉慶刻本　三十冊

350000－2001－0014063　862.926/679－3

世說新語三卷　(南朝宋)劉義慶撰　**引用書目一卷佚文一卷校勘小識一卷校勘小識補一卷考證一卷**　清光緒十七年(1891)思賢講舍刻本　二冊

350000－2001－0014064　862.926/679－4

世說新語六卷　(南朝宋)劉義慶撰　(南朝梁)劉孝標注　清光緒三年(1877)湖北崇文書局刻本　六冊

350000－2001－0014065　862.926/679－4＝1

世說新語六卷　(南朝宋)劉義慶撰　(南朝梁)劉孝標注　清光緒三年(1877)湖北崇文書局刻本　四冊

350000－2001－0014066　862.926/679－4＝3

世說新語六卷　(南朝宋)劉義慶撰　(南朝梁)劉孝標注　清光緒三年(1877)湖北崇文書局刻本　五冊

350000－2001－0014067　862.926/679－4＝2

世說新語六卷　(南朝宋)劉義慶撰　(南朝梁)劉孝標注　清光緒三年(1877)湖北崇文書局刻本　二冊

350000－2001－0014068　852.83/323＝1

酉陽雜俎二十卷續十卷　(唐)段成式撰　清光緒三年(1877)崇文書局刻本　四冊

350000－2001－0014069　862.926/679－14

世說新語六卷　(南朝宋)劉義慶撰　(南朝梁)劉孝標注　清道光八年(1828)紛欣閣刻本　六冊

350000－2001－0014070　862.94/248

癸辛雜識前集一卷後集一卷續集二卷別集二卷　(宋)周密撰　清初刻本　二冊

350000－2001－0014071　082.17/598

甌北全集一百七十五卷　(清)趙翼撰　清光緒三年(1877)刻本　六十四冊

350000－2001－0014072　082.17/598＝1

甌北全集一百七十五卷　(清)趙翼撰　清光緒三年(1877)刻本　四十五冊　存一百三十五卷(廿二史劄記三十六卷補遺一卷、陔餘叢考四十三卷、皇朝武功紀盛一至二、甌北集五十三卷)

350000－2001－0014073　082.17/φ598＝2

還硯齋全集二十五卷　(清)趙新撰　清光緒八年(1882)黃樓刻本　三十二冊

350000－2001－0014074　082.17674－1

槐軒全書三十種　(清)劉沅撰　清咸豐至民國間刻本　八十四冊　存十六種一百五十三卷(周易恒解五卷首一卷、詩經恒解六卷、書經恒解六卷書序辨正一卷、周官恒解六卷、儀禮恒解十六卷、禮記恒解四十九卷、春秋恒解八卷附錄餘傳一卷、四書恒解十二卷、大學古本質言一卷、孝經直解一卷、史存三十卷、槐軒約言一卷、槐軒俗言一卷、子問二卷又問一卷、拾餘四種四卷、槐軒雜著不分卷)

350000－2001－0014075　822.44/784－32.1

蘇文忠詩合註五十卷首一卷目錄一卷　(宋)蘇軾撰　(清)馮應榴輯訂　清乾隆馮氏刻本　二十四冊

350000－2001－0014076　822.44/784－33

蘇文忠詩合註五十卷首一卷目錄一卷　(宋)蘇軾撰　(清)馮應榴輯訂　清光緒九年

(1883)眉山木假山堂刻本　二十冊

350000－2001－0014077　822.44/784－17

蘇文忠公詩編註集成四十六卷總案四十五卷真像考一卷諸家雜綴酌存一卷蘇海識餘四卷牋詩圖一卷附韻山堂詩集七卷諸家弁言一卷王施註諸家姓氏考一卷墓誌銘註一卷本傳註一卷御評一卷詩目一卷　（宋）蘇軾撰　（清）王文誥輯訂　清光緒十四年(1888)浙江書局刻本　二十四冊

350000－2001－0014078　822.44/784－27.1

蘇文忠公詩編註集成四十六卷總案四十五卷真像考一卷諸家雜綴酌存一卷蘇海識餘四卷牋詩圖一卷附韻山堂詩集七卷諸家弁言一卷王施註諸家姓氏考一卷墓誌銘註一卷本傳註一卷御評一卷詩目一卷　（宋）蘇軾撰　（清）王文誥輯訂　清光緒十四年(1888)浙江書局刻本　二十四冊

350000－2001－0014079　082.17/650

通齋全集三十六卷　（清）蔣超伯撰　清同治三年(1864)高涼郡齋刻民國二十二年(1933)揚州陳恒和書林重印本　六冊　存十七卷（通齋文集二卷、南行紀程一卷、圖葡琱嚴館詩鈔四卷、通齋集五卷外集一卷、垂金蔭綠軒詩鈔二卷、曉瀛遺稿二卷）

350000－2001－0014080　822.44/784－30

蘇文忠公詩編註集成四十六卷總案四十五卷真像考一卷諸家雜綴酌存一卷蘇海識餘四卷牋詩圖一卷諸家弁言一卷王施註諸家姓氏考一卷墓誌銘註一卷本傳註一卷御評一卷詩目一卷　（宋）蘇軾撰　（清）王文誥輯訂　清嘉慶二十四年(1819)武林王氏韻山堂刻本　二十四冊

350000－2001－0014081　822.44/784－29

補注東坡先生編年詩五十卷目錄一卷采輯書目一卷編年例畧一卷東坡先生年表一卷　（宋）蘇軾撰　（清）查慎行補註　清乾隆二十六年(1761)海寧查氏香雨齋刻本　十六冊

350000－2001－0014082　ф999.1/317

[福建永定]泰溪游氏宗譜一卷　（清）游光魁

增修　清光緒二十七年(1901)抄本　一冊

350000－2001－0014083　126/733.4

薛文清公讀書全錄類編二十卷　（明）薛瑄撰　（明）侯鶴齡編類　明萬曆二十四年(1596)刻本　八冊

350000－2001－0014084　852.46/940

天目先生集二十一卷　（明）徐中行著　明萬曆十二年(1584)銅梁張佳胤刻本　一冊　存四卷（十六至十九）

350000－2001－0014085　126/733.3

薛文清公讀書錄十一卷續錄十二卷　（明）薛瑄著　（明）陳邦瞻　（明）陳大綬重校　明趙府味經堂刻本　四冊　存十七卷（讀書錄十一卷、續錄一至六）

350000－2001－0014086　丙12/46.1

古學彙纂十卷　（明）周岜雍輯　（清）錢謙益　（明）顧錫疇評定　（明）周詩雅較正　明崇禎十五年(1642)愛日齋刻本　十六冊

350000－2001－0014087　922/342＝1

漢書評林一百卷　（明）凌稚隆輯校　明萬曆九年(1581)吳興凌稚隆刻本　十六冊

350000－2001－0014088　042.7/652.1

[通齋選集]□□種　（清）蔣超伯撰　清同治刻本　九冊　存三種十八卷（麗濮薈錄十四卷、爽鳩要錄二卷、窺豹集二卷）

350000－2001－0014089　042.8/652

榕堂續錄四卷　（清）蔣超伯撰　清同治六年(1867)刻通齋全集本　一冊　存二卷（一至二）

350000－2001－0014090　ф655.4/941

[福建造船資料]不分卷　（□）□□輯　清抄本　二冊

350000－2001－0014091　甲6/9.5

春秋公羊註疏二十八卷　（漢）何休學　（唐）徐彥疏　（唐）陸德明音義　明崇禎七年(1634)毛氏汲古閣刻十三經註疏本　五冊

350000－2001－0014092　027.7/179

春秋公羊註疏二十八卷　（漢）何休學　（唐）
徐彥疏　（唐）陸德明音義　明崇禎七年
(1634)毛氏汲古閣刻十三經註疏本　八冊

350000－2001－0014093　832.1967/128

洺州唱和詞一卷　（清）沈濤輯　清道光刻本
一冊

350000－2001－0014094　832.17/558

白山詞介五卷　（清）楊鍾義輯　清宣統二年
(1910)刻朱印本　一冊

350000－2001－0014095　832.17/765.2

篋中詞六卷續四卷　（清）譚獻篹錄　清光緒
八年(1882)刻本　四冊

350000－2001－0014096　832.17/498

國朝詞綜續編二十四卷　（清）黃燮清編篹
（清）張炳堃增訂　（清）諸可寶校勘　清同治
十二年(1873)鄂垣刻本　八冊

350000－2001－0014097　832.17/316

國朝詞雅二十四卷　（清）姚階編次　（清）吳
蔚光辨譌　（清）汪大經糸定　清嘉慶三年
(1798)刻本　六冊

350000－2001－0014098　042.7/650

滂喜齋學錄十一卷　（清）蔣曰豫撰　清光緒
三年(1877)蓮池書局刻蔣侑石遺書本　二冊

350000－2001－0014099　082.17/661

大鶴山房全書十種附一種　鄭文焯撰　清光
緒至民國間刻民國九年(1920)蘇州交通圖書
館匯印本　八冊

350000－2001－0014100　082.17/662

鄭小谷先生全集四十八卷　（清）鄭獻甫撰
清同治七年至光緒八年(1868－1882)林肇元
黔南刻本　三十二冊

350000－2001－0014101　832.44/249

清真集二卷補遺一卷集外詞一卷　（宋）周邦
彥撰　清真詞校後錄要一卷　鄭文焯撰　清
光緒臨桂王氏家塾刻四印齋所刻詞本　二冊

350000－2001－0014102　082.17/662.2

鄭子尹遺書五種　（清）鄭珍撰　清咸豐、同

治刻本　十冊

350000－2001－0014103　832.44/249－1

清真集二卷補遺一卷　（宋）周邦彥撰　清真
詞校後錄要一卷　鄭文焯撰　清光緒二十六
年(1900)北海鄭文焯刻本　二冊

350000－2001－0014104　832.44/268

榆園叢刻十五種附娛園叢刻十一種　（清）許
增輯　清同治、光緒刻本　五冊　存四種二
十五卷(白石道人歌曲四卷別集一卷、白石道
人詩集二卷集外詩一卷詩說一卷附錄一卷補
遺一卷、山中白雲詞八卷逸事一卷、詞源二
卷、衍波詞二卷、微波詞一卷)

350000－2001－0014105　832.44/431－1

山中白雲詞八卷附錄一卷王田先生樂府指迷
一卷　（宋）張炎著　清宣統三年(1911)龍文
閣書莊石印本　四冊

350000－2001－0014106　042.7/700

羣書拾補四十種　（清）盧文弨撰　清光緒十
三年(1887)上海蜚英館石印本　六冊　存二
十九種三十一卷(春秋左傳注疏校正一卷、禮
記注疏校補一卷、儀禮注疏校正一卷、呂氏讀
詩記補闕一卷、史記惠景閒侯者年表校補一
卷、續漢書志注補校正一卷、晉書校正一卷、
魏書校補一卷、宋史孝宗紀補脫一卷、金史補
脫一卷、資治通鑑序補逸一卷、文獻通考經籍
校補一卷、史通校正一卷、新唐書糾謬校補一
卷、山海經圖讚補逸一卷、水經序補逸一卷、
鹽鐵論校補一卷、新序校補一卷、風俗通義校
正逸文一卷、新論校正一卷、潛虛校正一卷、
嘯堂集古錄校補一卷、鮑照集校補一卷、韋蘇
州集校正拾遺一卷、元微之文集校補一卷、白
氏文集校正一卷、林和靖集校正一卷、明史藝
文志二卷補遼金元舊藝文志一卷、補遼金元
舊藝文志一卷)

350000－2001－0014107　832.44/442.2

日湖漁唱一卷補遺一卷續補遺一卷　（宋）陳
允平撰　清道光至光緒間南海伍氏刻粵雅堂
叢書本　一冊

350000－2001－0014108　832.44/442.3

日湖漁唱一卷補遺一卷續補遺一卷　（宋）陳允平撰　清道光九年(1829)江都秦恩復享帚精舍刻詞學叢書本　一冊

350000－2001－0014109　832.47/61

念宛齋詞鈔一卷　（清）左輔撰　詞曲一卷（清）姚培忠譜　清嘉慶二十五年(1820)刻本　一冊

350000－2001－0014110　832.47/74

弢園詞一卷　（清）史念祖撰　清光緒三十一年(1905)刻本　一冊

350000－2001－0014111　832.47/133

井華詞二卷　（清）沈景脩撰　清光緒二十五年(1899)刻本　一冊

350000－2001－0014112　852.47/φ535.1

學蛩吟草一卷　（清）程萬里撰　稿本　一冊

350000－2001－0014113　丁6/6.5

蜀中詩話四卷　（明）曹學佺著　明刻本　一冊

350000－2001－0014114　042.7/135－1

悔翁詩餘五卷　（清）汪士鐸撰　清光緒九年(1883)合肥張氏味古齋刻本　一冊

350000－2001－0014115　082.17/699

西澗草堂全集十六卷　（清）閻循觀撰　清乾隆三十八年(1773)樹滋堂刻本　一冊　存六卷(困勉齋私記四卷、尚書讀記一卷、春秋一得一卷)

350000－2001－0014116　832.47/156.3＝2

曝書亭集詞註七卷　（清）李富孫纂　清嘉慶十九年(1814)嘉興李富孫校經廎刻本　四冊

350000－2001－0014117　924.064/937

[宋代政治]一卷　（□）□□撰　清抄本　一冊

350000－2001－0014118　832.47/156.3＝3

曝書亭集詞註七卷　（清）李富孫纂　清嘉慶十九年(1814)刻本　三冊

350000－2001－0014119　832.47/164.1

香南雪北詞一卷　（清）吳藻撰　清道光二十

四年(1844)刻本　二冊

350000－2001－0014120　082.17/678

[劉中丞集]四種　（清）劉蓉撰　清光緒思賢講舍刻本　十七冊

350000－2001－0014121　874.47/151

李制軍復致往來各札稿不分卷　（清）李□撰　清抄本　一冊

350000－2001－0014122　726.2/15

屈子正音三卷　（清）方績撰　清道光七年(1827)鄧廷楨刻本　一冊

350000－2001－0014123　822.46/φ701

明通議大夫盧牧洲先生島噫詩集一卷附錄鈔刻異同一卷　（明）盧若騰著　（清）盧植志錄　清光緒二十年(1894)盧植志抄本　一冊

350000－2001－0014124　丙1/27.3

近思錄十四卷　（宋）朱熹撰　（清）張伯行集解　清乾隆元年(1736)刻本　四冊

350000－2001－0014125　082.17/677

劉端臨先生遺書九種　（清）劉台拱撰　清道光十四年(1834)世德堂刻本　四冊

350000－2001－0014126　832.46/28

崇禎宮詞二卷　（清）王譽昌撰　清同治元年(1862)三餘書屋刻本　一冊

350000－2001－0014127　082.17/674

古桐書屋六種續刻三種　（清）劉熙載撰　清光緒十三年(1887)刻本　二冊　存三種三卷(古桐書屋劄記一卷、游藝約言一卷、制藝書存一卷)

350000－2001－0014128　832.46/552

木皮子詞一卷　（明）賈鳧西撰　清刻本　一冊

350000－2001－0014129　832.47/19

雲起軒詞鈔一卷　（清）文廷式撰　清光緒三十三年(1907)南陵徐乃昌刻懷豳雜俎本　一冊

350000－2001－0014130　丁3.2/23.5

十種唐詩選十七卷　（清）王士禎刪纂　清康

熙刻本　三冊

350000－2001－0014131　丁3.2/23.6
十種唐詩選十七卷　（清）王士禎刪纂　清康
熙刻本　三冊

350000－2001－0014132　082.17/φ674.5
屺雲樓集四種　（清）劉存仁撰　清咸豐、同
治刻光緒六年(1880)重修本　十冊

350000－2001－0014133　φ929.718/211
榕城考古畧三卷　（清）林楓輯　清抄本
三冊

350000－2001－0014134　822.14/443
宋十五家詩選十六卷　（清）陳訏輯　清康熙
三十二年(1693)刻本　八冊

350000－2001－0014135　丁3.2/37.1
**元詩選初集一百十四卷首一卷二集一百三卷
三集一百三卷**　（清）顧嗣立集　清康熙顧氏
秀野草堂刻重修本　三十二冊

350000－2001－0014136　φ992.227/211
文忠年譜草稿一卷　（清）林聰彝編　清同治
侯官林氏稿本　一冊

350000－2001－0014137　丁3.1/1.5
先秦鴻文五卷兩漢鴻文二十卷　（明）顧錫疇
評選　（明）徐開雍　（明）顧鋆糸訂　明崇禎
刻本　四冊　存五卷(先秦鴻文五卷)

350000－2001－0014138　852.47/φ676＝2
屺雲樓文鈔十二卷　（清）劉存仁撰　清光緒
四年(1878)鉛印本　六冊

350000－2001－0014139　082.17/705
嘉定錢氏潛研堂全書二十一種　（清）錢大昕
撰　清光緒十年(1884)長沙龍氏家塾刻本
五十四冊　存二十一種二百六十五卷(聲類
四卷、廿二史考異一百卷、三史拾遺五卷、諸
史拾遺五卷、元史氏族表三卷、元史藝文志四
卷、宋遼金元四史朔閏考二卷、通鑑注辯正二
卷、洪文惠公年譜一卷、洪文敏年譜一卷、陸
放翁先生年譜一卷、深寧先生年譜一卷、弇州
山人年譜一卷、疑年錄四卷、潛研堂金石文跋

尾二十卷、潛研堂金石文字目錄八卷、十駕齋
養新錄二十卷餘錄三卷、三統術衍三卷鈐一
卷、恒言錄六卷、潛研堂文集五十卷詩集十卷
詩續集十卷）

350000－2001－0014140　丁1/10.1
楚辭十九卷　（戰國）屈原撰　（明）陸時雍疏
明緝柳齋刻本　一冊　存十六卷(四至十
九)

350000－2001－0014141　甲9.1/1.8
新刻爾雅三卷　（晉）郭璞註　（明）胡文煥校
明胡氏文會堂刻本　一冊

350000－2001－0014142　丁2.6/2.5
誠意伯劉先生文集二十卷　（明）劉基撰　明
刻本　五冊

350000－2001－0014143　852.47/795－7
定盦文集三卷　（清）龔自珍撰　清光緒刻本
四冊

350000－2001－0014144　822.44/241
臨川文集六十三卷　（宋）王安石撰　清光緒
十年(1884)大興殷氏六瑚堂刻本　二十冊

350000－2001－0014145　乙7.1/5.1
古今治平畧三十三卷　（明）朱健撰　明崇禎
十二年(1639)鍾鈜刻本　十五冊　存十三卷
(二至四、七至八、十四至二十一)

350000－2001－0014146　194/940
**大佛頂如來密因修證了義諸菩薩萬行首楞嚴
經十卷**　（唐）釋般刺密帝譯　（唐）釋彌伽釋
迦譯語　（宋）朱熹考異　明凌毓柟刻三色套
印本　一冊　存二卷(一至二)

350000－2001－0014147　027.8/300
春秋穀梁註疏二十卷　（晉）范甯集解　（唐）
陸德明音義　（唐）楊士勛疏　明崇禎八年
(1635)古虞毛氏汲古閣刻十三經註疏本　五
冊　存十七卷(四至二十)

350000－2001－0014148　082.17/717
謝程山全書十二種　（清）謝文洊撰　清光緒
十八年(1892)謝鏞刻本　四十冊

350000 – 2001 – 0014149　832.47/24

罃甃山人詞集四卷　（清）王初桐撰　清刻本
　　一冊

350000 – 2001 – 0014150　832.47/26

笙月詞五卷　（清）王詒壽撰　清同治十一年
　　(1872)刻本　一冊

350000 – 2001 – 0014151　082.17/717 = 1

謝程山全書十二種　（清）謝文洊撰　清光緒
　　十八年(1892)謝鏞刻本　三十一冊

350000 – 2001 – 0014152　832.47/29

味棃集一卷　（清）王鵬運撰　清光緒二十一
　　年(1895)刻本　一冊

350000 – 2001 – 0014153　082.17/719

春草堂叢書十三種　（清）謝堃撰　清道光二
　　十年(1840)曲邑奎文齋刻二十五年(1845)重
　　印本　八冊　存八種十八卷(黃河遠二卷、十
　　二金錢二卷、繡帕記二卷、血梅記二卷、錢式
　　圖四卷、花木小志一卷、書畫所見錄三卷、金
　　玉瑣碎二卷)

350000 – 2001 – 0014154　832.47/33

西堂全集十六卷　（清）尤侗撰　清康熙刻本
　　三冊

350000 – 2001 – 0014155　454/338

文房肆攷圖說八卷　（清）唐秉鈞纂　（清）康
　　愷繪圖　清乾隆竹暎山莊刻本　八冊

350000 – 2001 – 0014156　822.47/φ924

憩窩小草不分卷　（清）□□撰　稿本　三冊

350000 – 2001 – 0014157　638.1/φ938

蠶桑撮要一卷　（清）謝用庥著　清抄本
　　一冊

350000 – 2001 – 0014158　φ862.96/393

陳金鳳外傳一卷　（□）□□撰　清宣統元年
　　(1909)東越徐氏抄本　一冊

350000 – 2001 – 0014159　甲 9.2/26.1

六書正譌五卷　（元）周伯琦撰　（明）胡正言
　　訂篆　明崇禎七年(1634)海陽胡正言十竹齋
　　刻本　三冊

350000 – 2001 – 0014160　甲 1/9.1

周易本義四卷卦歌一卷圖說一卷筮儀一卷
　　（宋）朱熹撰　清康熙刻本　二冊

350000 – 2001 – 0014161　甲 9.1/3.1

爾雅三卷　（宋）鄭樵注　明崇禎毛氏汲古閣
　　刻津逮秘書本　二冊

350000 – 2001 – 0014162　852.04/763

歸震川先生論文章體則不分卷　（明）歸有光
　　撰　清光緒十八年(1892)謝章鋌抄本　一冊

350000 – 2001 – 0014163　852.043/679

藝槩六卷　（清）劉熙載撰　清抄本　二冊

350000 – 2001 – 0014164　甲 9.2/29.1

六書精蘊六卷　（明）魏校撰　音釋舉要一卷
　　（明）徐官撰　明嘉靖十九年(1540)魏希明
　　刻本　六冊

350000 – 2001 – 0014165　832.47/34

翠薇花館詞二十七卷　（清）戈載撰　清嘉慶
　　刻本　六冊

350000 – 2001 – 0014166　822.47/φ662.1

香雪留痕二卷　（清）鄭玉筍撰　附錄題辭一
　　卷　清抄本　一冊

350000 – 2001 – 0014167　612.61/943

眼科龍木論十卷首一卷　題（明）葆光道人撰
　　明萬曆三年(1575)刻清重修本　二冊

350000 – 2001 – 0014168　612.41/16

傷寒論條辨續註十二卷　（明）方有執條辨
　　（清）鄭重光續註　清康熙秩斯堂刻本　一冊

350000 – 2001 – 0014169　822.4993/φ491

梅史十四卷　（清）黃瓊輯　（清）林人中校
　　清康熙栖園刻本　四冊　存十卷(五至十四)

350000 – 2001 – 0014170　832.47/164

藝香詞鈔四卷　（清）吳綺撰　清乾隆四十一
　　年(1776)刻本　二冊

350000 – 2001 – 0014171　082.17/741.1

畿輔叢書一百二十六種　（清）王灝輯　清光
　　緒五年(1879)定州王氏謙德堂刻本　二十四
　　冊　存二種九十二卷(顏習齋遺書二十七卷、

李恕谷遺書六十五卷)

350000－2001－0014172　612.4/165
醫壘元戎一卷　(元)王好古撰　(明)吳中珩校　海藏癥論萃英一卷　(元)王好古撰
(明)吳勉學校　清刻本　一冊

350000－2001－0014173　832.47/33－1
百末詞五卷百末詞餘一卷　(清)尤侗撰　性理吟一卷後性理吟一卷　(宋)朱熹撰　清刻本　一冊

350000－2001－0014174　832.47/166
桐花閣詞鈔一卷　(清)吳蘭修撰　清光緒刻學海堂叢刻本　一冊

350000－2001－0014175　612.4/749
證治要訣類方四卷　(明)戴元禮輯　(明)吳中珩　(明)吳勉學等校　明刻本　一冊

350000－2001－0014176　832.47/168
十國宮詞一百首　(清)吳省蘭撰　清末上海掃葉山房石印本　一冊

350000－2001－0014177　832.47/168.2
横山草堂詞一卷　(清)吳唐林撰　清光緒十一年(1885)刻本　一冊

350000－2001－0014178　178/21
世法周行十八卷　(明)王陛輯著　(明)汪元灝　(明)毛際可等較　清康熙二十四年(1685)刻本　四冊

350000－2001－0014179　852.07/154
古文筆法八卷首一卷　(清)李扶九編　(清)黃仁黻書後並集評　清光緒二十九年(1903)石印本　一冊

350000－2001－0014180　丁2.7/12.2
井上述古六卷　(清)黃晉良著　清康熙和敬堂刻本　一冊

350000－2001－0014181　852.04/98
朱飲山千金譜二十九卷三韻易知十卷　(清)朱燮撰　(清)楊廷茲編　清乾隆三十七年(1772)刻五十五年(1790)重印本　十六冊　存二十九卷(朱飲山千金譜二十九卷)

350000－2001－0014182　195/448

350000－2001－0014183　852.101/448
新刻選文選二十四卷　(南朝梁)蕭統選　(明)陳繼儒選評　(明)李廷機校點　(明)湯賓尹編定　明刻本　二冊　存五卷(一至五)

350000－2001－0014184　121.24/412
莊子十卷　(晉)郭象注　(唐)陸德明音義清光緒二年(1876)浙江書局刻二十二子本四冊

350000－2001－0014185　852.12/428－4
漢魏六朝百三家集　(明)張溥輯　清光緒五年(1879)彭懋謙信述堂刻本　一百冊

350000－2001－0014186　852.13/448
全唐文紀事一百二十卷首一卷　(清)陳鴻墀纂　清同治十二年(1873)巴陵方功惠刻本三十二冊

350000－2001－0014187　612.21/156
李時珍先生脉訣規正二卷　(明)李時珍輯明末東興堂刻本　二冊

350000－2001－0014188　612.01/15－5
丹溪心法附餘二十四卷首一卷　(明)方廣輯　明刻清修本　一冊　存二卷(一至二)

350000－2001－0014189　929.022/796－2
水經注四十卷　(北魏)酈道元撰　(清)王福清等校　清乾隆福建刻武英殿聚珍版書本十五冊　存三十八卷(三至四十)

350000－2001－0014190　929.022/796
水經注四十卷　(漢)桑欽撰　(北魏)酈道元注　明崇禎刻本　十冊

350000－2001－0014191　921.6/676
戰國策三十三卷　(宋)鮑彪校注　(元)吳師道重校　明萬曆刻重修本　六冊　存八卷(一至八)

350000－2001－0014192　121.23/91

列子八卷　（戰國）列禦寇撰　（明）孫鑛評
明天啓五年(1625)錢光彭刻本　三冊　存七
卷(二至八)

350000－2001－0014193　726/150

新刻韻學大成十二卷　（明）李攀龍編輯
（明）胡文煥校刪　明刻本　二冊

350000－2001－0014194　926.02/100

皇明大訓記十六卷　（明）朱國禎輯　明崇禎
刻皇明史概本　一冊　存三卷(十一至十三)

350000－2001－0014195　乙3/13.7

元經薛氏傳十卷　（隋）王通撰　（唐）薛收傳
　（宋）阮逸注　明萬曆程榮刻漢魏叢書本
二冊

350000－2001－0014196　929.613/450－2

華陽國志十二卷　（晉）常璩撰　清乾隆四十
六年(1781)綿州李氏萬卷樓刻函海本　四冊

350000－2001－0014197　909.302/21－1

亦政堂重修宣和博古圖錄三十卷　（宋）王黼
等撰　明萬曆刻清乾隆十七年(1752)天都黃
晟重修三古圖本　十二冊　存十一卷(二十
至三十)

350000－2001－0014198　852.13－4/305

唐宋八大家文鈔　（明）茅坤批評　清皖省聚
文堂刻本　六十冊

350000－2001－0014199　852.47/φ136

堯峰文鈔五十卷　（清）汪琬撰　（清）林佶編
　清康熙三十二年(1693)林佶刻本　四冊
存十卷(詩一至十)

350000－2001－0014200　082.17/φ753.1

鹿洲全集四十三卷　（清）藍鼎元撰　清末刻
本　二十冊

350000－2001－0014201　852.47/149

黃岡杜于皇詩文全集五卷　（清）杜濬著　清
刻本　五冊

350000－2001－0014202　832.47/169

花簾詞一卷　（清）吳藻撰　清道光十年

(1830)刻本　一冊

350000－2001－0014203　082.17/φ753.1＝1

鹿洲全集四十三卷　（清）藍鼎元撰　清末刻
本　十六冊　存四十一卷(鹿洲初集二十卷、
東征集六卷、鹿洲公案二卷、脩史試筆二卷、
棉陽學準五卷、女學六卷)

350000－2001－0014204　832.47/169.1

吳梅村詞一卷　（清）吳偉業撰　清光緒三十
四年(1908)上海掃葉山房石印本　一冊

350000－2001－0014205　832.47/178

詞苑珠塵一卷　（清）何震彝輯　清光緒三十
三年(1907)鉛印本　一冊

350000－2001－0014206　124.4/428

儒宗理要二十九卷　（清）張能鱗纂輯　清順
治刻本　九冊　存二十七卷(張子六卷、二程
子六卷、朱子十五卷)

350000－2001－0014207　832.47/178＝1

詞苑珠塵一卷　（清）何震彝輯　清光緒三十
三年(1907)鉛印本　一冊

350000－2001－0014208　862.428/424

水滸改錯一卷　題(□)梅花生撰　清抄本
一冊

350000－2001－0014209　919.0202/164

地圖綜要三卷　（明）朱國達　（明）吳學儼等
編輯　明末刻本　四冊　存一卷(內卷一)

350000－2001－0014210　852.101/10

重訂文選集評十五卷首一卷末一卷　（南朝
梁）蕭統選　（清）于光華編次　清乾隆刻本
　十六冊

350000－2001－0014211　832.47/200

窺生鐵齋詞一卷　（清）宗山撰　清光緒十一
年(1885)刻本　一冊

350000－2001－0014212　832.47/202.1

蕙風詞二卷　況周頤撰　清光緒刻惜陰軒叢
書本　一冊

350000－2001－0014213　450/432

亦政堂鐫陳眉公家藏廣祕笈五十四種　（明）

陳繼儒輯　明萬曆刻本　一冊　存二種二卷
（高寄齋訂正駢花譜一卷、寶顏堂訂正汲古叢
語一卷）

350000－2001－0014214　852.101/10.1
重訂文選集評十五卷首一卷末一卷　（南朝
梁）蕭統選　（清）于光華編次　清乾隆四十
六年（1781）刻本　十六冊

350000－2001－0014215　852.101/10.1＝1
重訂文選集評十五卷首一卷末一卷　（南朝
梁）蕭統選　（清）于光華編次　清乾隆四十
六年（1781）刻本　八冊

350000－2001－0014216　332.3254/255
東寧政事不分卷　（清）季麒光著　清康熙刻
本　二冊

350000－2001－0014217　852.101/10.8
**古文分編集評初集五卷二集五卷三集八卷四
集四卷首一卷**　（清）于光華輯　清嘉慶六年
（1801）敦怡堂刻本　十八冊

350000－2001－0014218　852.101/10.9
增訂昭明文選集成詳註六十卷首二卷　（南
朝梁）蕭統纂　（清）方廷珪評點　（清）陳雲
程補訂　（清）于光華採輯評注　清光緒福州
醉經閣刻本　二十四冊

350000－2001－0014219　乙1.2/1－71
史記評林一百三十卷　（明）凌稚隆輯校　明
萬曆二年至四年（1574－1576）凌稚隆刻本
三十二冊

350000－2001－0014220　082.17/φ753＝1
鹿洲全集四十三卷　（清）藍鼎元撰　清雍正
十年（1732）刻光緒五年（1879）藍謙補修本
二十冊　存八種四十三卷（鹿洲初集二十卷、
平臺紀略一卷、東征集六卷、鹿洲公案二卷、
修史試筆二卷、棉陽學準五卷、女學六卷、鹿
洲奏疏一卷）

350000－2001－0014221　852.101/136
文選理學權輿八卷補一卷　（清）汪師韓撰
文選考異四卷李注補正四卷　（清）孫志祖輯
　清光緒十五年（1889）刻本　五冊

350000－2001－0014222　852.145/431
金文最六十卷首一卷　（清）張金吾輯　清光
緒二十一年（1895）蘇州書局刻本　十六冊

350000－2001－0014223　852.145/431－1
金文最一百二十卷首一卷　（清）張金吾輯
清光緒八年（1882）粵雅堂刻本　三十六冊

350000－2001－0014224　852.101/156
文選六十卷　（南朝梁）蕭統輯　（唐）李善注
　（清）何焯評述　（清）葉樹藩訂　清乾隆三
十七年（1772）葉氏海録軒刻朱墨套印本
十冊

350000－2001－0014225　852.17/162
**學海堂初集十六卷二集二十二卷三集二十四
卷四集二十八卷**　（清）阮元訂　清道光五年
至光緒十二年（1825－1886）啓秀山房刻本
四十冊

350000－2001－0014226　082.17/φ753＝2
鹿洲全集四十三卷　（清）藍鼎元撰　清雍正
十年（1732）刻光緒五年（1879）藍謙補修本
二十四冊　存八種四十三卷（鹿洲初集二十
卷、平臺紀略一卷、東征集六卷、鹿洲公案二
卷、修史試筆二卷、棉陽學準五卷、女學六卷、
鹿洲奏疏一卷）

350000－2001－0014227　852.101/156.1
文選六十卷　（南朝梁）蕭統輯　（唐）李善注
　清同治八年（1869）潯陽萬氏刻本　二十冊

350000－2001－0014228　852.87/φ215.2
讀書偶見不分卷　（清）林春溥撰　稿本
一冊

350000－2001－0014229　832.47/244
棕亭詞鈔七卷　（清）金兆燕撰　清道光十六
年（1836）全椒金氏贈雲軒刻本　二冊

350000－2001－0014230　082.17/φ753＝3
鹿洲全集四十三卷　（清）藍鼎元撰　清雍正
十年（1732）刻光緒五年（1879）藍謙補修本
二十冊　存八種四十三卷（鹿洲初集二十卷、
平臺紀略一卷、東征集六卷、鹿洲公案二卷、
修史試筆二卷、棉陽學準五卷、女學六卷、鹿

洲奏疏一卷)

350000－2001－0014231　082.17/φ753＝4

鹿洲全集四十三卷　（清）藍鼎元撰　清雍正
十年(1732)刻光緒五年(1879)藍謙補修本
二十冊

350000－2001－0014232　832.47/248

懷夢詞一卷　（清）周之琦　**三十六陂漁唱一
卷**　（清）王敬之撰　清末刻本　一冊

350000－2001－0014233　852.101/156.5

文選六十卷　（南朝梁）蕭統撰　（唐）李善注
明末毛氏汲古閣刻清乾隆、嘉慶重修本
十四冊

350000－2001－0014234　082.17/φ753＝5

鹿洲全集四十三卷　（清）藍鼎元撰　清雍正
十年(1732)刻光緒五年(1879)藍謙修補本
二十四冊

350000－2001－0014235　852.17/316－3

國朝文錄初編八十二卷　（清）姚椿輯　清道
光十九年(1839)瑞州府鳳儀書院刻本　三十
六冊

350000－2001－0014236　852.17/316－2

國朝文錄八十二卷　（清）姚椿輯　清咸豐元
年(1851)刻本　三十二冊

350000－2001－0014237　乙12/13－1

竹書紀年補證二卷　（清）林春溥手校　清道
光閩縣林氏謄清稿本　一冊

350000－2001－0014238　乙5.2/1－1

孔子世家考證一卷　（清）林春溥纂　清道光
閩縣林氏謄清稿本　一冊

350000－2001－0014239　乙12/13－2

竹書紀年補證四卷　（清）林春溥手校　清道
光閩縣林氏修改稿本　一冊

350000－2001－0014240　852.101/156.9

文選六十卷　（南朝梁）蕭統撰　（唐）李善注
清嘉慶十四年(1809)鄱陽胡氏刻本　二十
四冊

350000－2001－0014241　852.17/506－2＝1

皇朝經世文編一百二十卷姓名總目二卷
（清）賀長齡輯　清光緒十五年(1889)上海廣
百宋齋鉛印本　二十四冊

350000－2001－0014242　852.101/156.3

文選六十卷　（南朝梁）蕭統撰　（唐）李善注
清同治八年(1869)金陵書局刻本　十冊

350000－2001－0014243　832.47/248.2

金梁夢月詞二卷　（清）周之琦撰　清刻本
一冊

350000－2001－0014244　852.101/173

文選古字通補訓四卷拾遺一卷　（清）呂錦文
撰　清光緒二十七年(1901)懷硯齋刻本
四冊

350000－2001－0014245　852.101/196－1

文選音義八卷　（清）余蕭客輯　清乾隆刻本
二冊

350000－2001－0014246　852.17/506－4

皇朝經世文編一百二十卷姓名總目三卷
（清）賀長齡輯　清光緒十二年(1886)思補樓
石印本　六十冊

350000－2001－0014247　921.02/φ215－1

古史考年異同表一卷　（清）林春溥編　稿本
一冊

350000－2001－0014248　852.17/506－4＝1

皇朝經世文編一百二十卷姓名總目三卷
（清）賀長齡輯　清光緒十二年(1886)思補樓
石印本　六十冊

350000－2001－0014249　852.101/210

文選課虛四卷　（清）杭世駿類次　清乾隆刻
本　一冊

350000－2001－0014250　921/φ215

戰國年表一卷　（清）林春溥撰　稿本　一冊

350000－2001－0014251　丁2.3/25－2

東坡先生編年詩五十卷　（宋）蘇軾撰　（清）
查慎行補註　**年表一卷**　清乾隆二年(1737)
查開香雨齋刻本　十六冊

350000－2001－0014252　832.47/249.21

鷗堂勝薰一卷補遺一卷東鷗草堂詞二卷
(清)周星譽撰　清光緒十二年(1886)江陰金
氏刻本　一冊

350000－2001－0014253　852.101/272.1
文選考異十卷　(清)胡克家撰　清光緒四明
林氏刻本　四冊

350000－2001－0014254　832.47/271
苾芻館詞集六種　(清)胡延撰　清光緒二十
九年(1903)金陵糧儲道廨刻本　四冊

350000－2001－0014255　852.101/272
文選考異十卷　(清)胡克家撰　清嘉慶十四
年(1809)鄱陽胡克家刻本　四冊

350000－2001－0014256　852.17/506－5
皇朝經世文編一百二十卷姓名目錄二卷
(清)賀長齡輯　清道光七年(1827)刻本　五
十八冊

350000－2001－0014257　852.17/506－5＝1
皇朝經世文編一百二十卷姓名目錄二卷
(清)賀長齡輯　清道光七年(1827)刻本　四
十六冊

350000－2001－0014258　852.17/506－2＝2
皇朝經世文編一百二十卷姓名總目二卷
(清)賀長齡輯　清光緒十五年(1889)上海廣
百宋齋鉛印本　二十四冊

350000－2001－0014259　852.17/531
皇朝經世文續編一百二十卷姓名總目三卷
(清)盛康輯　清光緒二十三年(1897)武進盛
氏思補樓刻本　八十冊

350000－2001－0014260　852.17/531＝1
皇朝經世文續編一百二十卷姓名總目三卷
(清)盛康輯　清光緒二十三年(1897)武進盛
氏思補樓刻本　八十冊

350000－2001－0014261　852.17/531＝2
皇朝經世文續編一百二十卷姓名總目三卷
(清)盛康輯　清光緒二十三年(1897)武進盛
氏思補樓刻本　八十冊

350000－2001－0014262　852.101/272－2

文選考異十卷　(清)胡克家撰　清刻本
四冊

350000－2001－0014263　852.17/566
皇朝經世文續編一百二十卷　(清)葛士濬輯
清光緒十四年(1888)圖書集成局鉛印本
三十二冊

350000－2001－0014264　852.17/566＝1
皇朝經世文續編一百二十卷　(清)葛士濬輯
清光緒十四年(1888)圖書集成局鉛印本
三十二冊

350000－2001－0014265　852.101/289
文選集腋六卷　(清)胥斌輯　清嘉慶二十一
年(1816)刻本　一冊

350000－2001－0014266　852.17/566＝2
皇朝經世文續編一百二十卷　(清)葛士濬輯
清光緒十四年(1888)圖書集成局鉛印本
三十二冊

350000－2001－0014267　852.17/568
皇清文穎續編一百八卷首五十六卷目錄十卷
(清)董誥　(清)戴衢亨等編輯　清嘉慶刻
本　一百二十八冊

350000－2001－0014268　832.47/284
南窪牧篆一卷　題(清)南窪牧叟撰　清光緒
二十一年(1895)刻本　一冊

350000－2001－0014269　丁7/2.1
湯義仍先生紫釵記二卷五十三齣　(明)湯顯
祖編　明末刻玉茗堂四種傳奇本　二冊

350000－2001－0014270　832.47/313
瓊華室詞一卷　(清)俞廷瑛撰　清光緒十一
年(1885)刻本　一冊

350000－2001－0014271　852.101/442
文選補遺四十卷首一卷　(宋)陳仁子輯誦
(宋)譚紹烈纂類　清道光二十五年(1845)刻
本　十二冊

350000－2001－0014272　832.47/319
疎影樓詞四種　(清)姚燮撰　清道光十三年
(1833)上湖草堂刻本　二冊　存三種三卷

(剪鐙夜語一卷、石雲唫雅一卷、種玉詞一卷)

350000－2001－0014273　082.18/26
湘綺樓全書二十種　王閭運撰　清光緒至民國間刻本　八十四冊

350000－2001－0014274　852.101/733
文選古字通疏證六卷　(清)薛傳均撰　清光緒十二年(1886)還讀樓刻本　二冊

350000－2001－0014275　852.195/762＝2
寧都三魏全集八十五卷首一卷　(清)林時益輯　清道光二十五年(1845)寧都謝庭綏綏園書塾刻本　五十冊

350000－2001－0014276　852.195/762.2
寧都三魏全集八十五卷首一卷　(清)林時益輯　清易堂刻本　四十冊

350000－2001－0014277　852.104/406
古文苑二十一卷　(宋)章樵注　清光緒二十二年(1896)刻惜陰軒叢書本　六冊

350000－2001－0014278　832.47/338
露蟬吟詞鈔一卷續鈔一卷　(清)唐仲冕撰　清嘉慶十六年(1811)崇川酌民言堂刻本　一冊

350000－2001－0014279　852.104/406－1
古文苑二十一卷　(宋)章樵注　清光緒刻本　四冊

350000－2001－0014280　852.106/763
文章指南五集　(明)歸有光選　(清)許佐重輯　清光緒二年(1876)許氏皖江節署刻本　五冊

350000－2001－0014281　832.47/359
吳江袁氏詩詞三種　(清)□□輯　清嘉慶、道光刻本　一冊

350000－2001－0014282　922.6/260
南朝史精語十卷　(宋)洪邁撰　清乾隆五十二年(1787)刻本　一冊

350000－2001－0014283　852.43/29
元次山集十二卷　(唐)元結撰　清刻本　二冊

350000－2001－0014284　丁4.3/10
名家詞集十集　(清)侯文燦輯　清康熙二十八年(1689)侯氏亦園刻本　四冊

350000－2001－0014285　832.47/372.2
笛椽詞二卷　(清)夏寶晉撰　清道光十三年(1833)刻本　一冊

350000－2001－0014286　832.47/375
泰雲堂詞集三卷　(清)孫爾準撰　清末刻本　一冊

350000－2001－0014287　832.47/374
二十四橋吹簫譜二卷　(清)孫宗禮撰　清道光十四年(1834)刻本　一冊

350000－2001－0014288　852.107/24
古文未曾有集八卷　(清)王甫白評選　清嘉慶十九年(1814)刻本　八冊

350000－2001－0014289　852.104/φ369.2＝1
文章正宗復刻三十卷續十二卷　(宋)真德秀輯　清同治三年(1864)刻本　三十一冊

350000－2001－0014290　822.47/266
施愚山先生學餘詩集五十卷　(清)施閏章著　(清)施彥淳等錄緝　清康熙四十七年(1708)刻施愚山先生全集本　十冊

350000－2001－0014291　832.47/377
詩餘偶鈔六種　王先謙輯　清光緒十六年(1890)長沙王氏刻本　一冊

350000－2001－0014292　852.107/168.2
古文觀止十二卷　(清)吳秉權　(清)吳大職選　清光緒李光明莊刻本　五冊

350000－2001－0014293　832.47/343
梅邊吹笛譜二卷補錄一卷　(清)凌廷堪撰　清道光六年(1826)刻本　一冊

350000－2001－0014294　832.47/390
花陰寫夢詞一卷　(清)倪鴻撰　清同治十三年(1874)刻本　一冊

350000－2001－0014295　852.107/250
古文精言詳注合編十六卷　(清)馬寬裕編輯　(清)周聘侯評選　清乾隆刻本　十六冊

350000－2001－0014296　852.107/250－1

古文精言詳注合編十六卷　（清）馬寬裕編輯（清）周聘侯評選　清光緒宏文閣刻本　十六冊

350000－2001－0014297　852.107/329

古文眉詮七十九卷首一卷　（清）浦起龍評選　清乾隆九年(1744)三吳書院刻本　二十冊

350000－2001－0014298　852.107/329＝1

古文眉詮七十九卷首一卷　（清）浦起龍評選　清乾隆九年(1744)三吳書院刻本　十冊

350000－2001－0014299　852.107/329＝2

古文眉詮七十九卷首一卷　（清）浦起龍評選　清乾隆九年(1744)三吳書院刻本　十冊　存二十卷(六十至七十九)

350000－2001－0014300　852.107/319.10＝2

古文辭類纂七十四卷　（清）姚鼐纂集　清道光合河康氏刻本　十二冊

350000－2001－0014301　832.47/395

攬雲閣詞一卷　（清）徐灝撰　清宣統三年(1911)刻民國十四年(1925)補修朱印本　一冊

350000－2001－0014302　832.47/400

飲水詞鈔二卷　（清）納蘭成德著（清）袁通選錄　清光緒刻本　一冊

350000－2001－0014303　852.107/395.6＝1

古文淵鑒六十四卷　（清）徐乾學等編注　清同治十二年(1873)浙江書局刻本　三十二冊

350000－2001－0014304　852.107/424

古文詞略二十四卷　（清）梅曾亮選　清同治六年(1867)合肥李氏刻本　五冊

350000－2001－0014305　082.17/792

顧亭林先生遺書二十一種　（清）顧炎武撰　清蓬萊閣刻吳縣朱記榮增補光緒三十二年(1906)彙印本　八冊　存十種二十七卷(左傳杜解補正三卷、九經誤字一卷、石經考一卷、金石文字記六卷、韻補正一卷、昌平山水記二卷、譎觚十事一卷、顧氏譜系考一卷、亭林文集六卷、亭林詩集五卷)

350000－2001－0014306　852.107/529.2

古文四象四卷　（清）曾國藩輯　清光緒三十四年(1908)趙氏鉛印本　四冊

350000－2001－0014307　852.107/539.6

鳴原堂論文二卷　（清）曾國藩撰（清）曾國荃審訂　清同治十二年(1873)勘志齋刻本　二冊

350000－2001－0014308　ϕ929.717/938

南山略紀一卷　（清）釋非剛纂（清）伍星聚參訂（清）陳學波校字　清嘉慶刻本　一冊

350000－2001－0014309　852.44/248

廬陵周益國文忠公集一百六十二卷首一卷續刊三十八卷首一卷末一卷附錄五卷　（宋）周必大撰　清道光二十八年(1848)歐陽棨瀛塘別墅刻咸豐元年(1851)增補本　五十二冊

350000－2001－0014310　852.107/623＝1

乾坤正氣集一百一種　（清）姚瑩（清）顧沅（清）潘錫恩輯　清道光二十八年(1848)涇縣潘氏袁江節署刻光緒十八年(1892)潘駿文重印本　一百九十八冊

350000－2001－0014311　832.47/409

蘿月詞二卷　（清）許廎皞撰　清道光十九年(1839)刻本　一冊

350000－2001－0014312　832.47/413

屑玉詞一卷　（清）郭鍾岳撰　清光緒十二年(1886)天倪齋刻本　一冊

350000－2001－0014313　082.17/792＝1

顧亭林先生遺書二十一種　（清）顧炎武撰　清蓬萊閣刻吳縣朱記榮增刻光緒三十二年(1906)彙印本　六冊　存九種二十一卷(左傳杜解補正三卷、九經誤字一卷、石經考一卷、韻補正一卷、昌平山水記二卷、譎觚十事一卷、顧氏譜系考一卷、亭林文集六卷、亭林詩集五卷)

350000－2001－0014314　852.47/ϕ675

[天潮閣集]十二卷　（清）劉坊撰　清康熙刻

本　一冊　存四卷（九至十二）

350000－2001－0014315　852.107/673

續古文辭類纂二十八卷　（清）黎庶昌輯　清
光緒十六年（1890）金陵書局刻本　十二冊

350000－2001－0014316　852.107/758

八代文粹二百二十卷目錄十八卷　（清）簡燊
（清）陳崇哲編　清光緒十一年（1885）富順
玫雋堂刻本　四十八冊

350000－2001－0014317　852.107/652

文苑珠林四卷　（清）蔣超伯輯　清廣東刻本
二冊

350000－2001－0014318　852.43/792

唐詩英華二十二卷　（清）顧有孝編　清初顧
氏寧遠堂刻本　四冊　存十一卷（六至十二、
十九至二十二）

350000－2001－0014319　082.17/792＝2

顧亭林先生遺書二十一種　（清）顧炎武撰
清蓬萊閣刻吳縣朱記榮增刻光緒三十二年
（1906）彙印本　三冊　存八種十六卷（左傳
杜解補正三卷、九經誤字一卷、石經考一卷、
金石文字記六卷、韻補正一卷、昌平山水記二
卷、譎觚十事一卷、顧氏譜系考一卷）

350000－2001－0014320　832.47/413.2

懊儂詞一卷　（清）郭鍾岳撰　清光緒十三年
（1887）溫州刻本　一冊

350000－2001－0014321　082.17/792＝3

顧亭林先生遺書二十一種　（清）顧炎武撰
清蓬萊閣刻吳縣朱記榮增刻光緒三十二年
（1906）彙印本　八冊　存十一種十五卷（顧
亭林先生年譜一卷附一卷、山東玫古錄一卷、
菰中隨筆不分卷、救文格論一卷、五經同異三
卷、亭林餘集一卷、亭林雜錄一卷、聖安紀事
二卷、同志贈言一卷、亭林逸詩一卷、京東玫
古錄一卷）

350000－2001－0014322　852.44/637.6

歐陽文忠公全集一百五十三卷附錄五卷
（宋）歐陽修撰　（宋）周必大編修　年譜一卷
（宋）胡柯撰　清乾隆五十七年（1792）刻本

二十四冊

350000－2001－0014323　丁2.2/27.5

韓文翼二卷　（唐）韓愈撰　（清）李馨輯　清
乾隆刻本　二冊

350000－2001－0014324　852.107/760

重訂七種古文選七種　（清）儲欣評　（清）儲
芝參述　清乾隆四十九年（1784）刻本　二
十冊

350000－2001－0014325　832.47/414

芬陀利室詞集五卷嘯古堂遺集一卷芬陀利室
詞遺集一卷　（清）蔣敦復著　麗農山人事實
雜錄一卷　（清）王韜輯　清光緒十一年
（1885）長洲王韜淞隱廬刻本　二冊

350000－2001－0014326　909.302/21

亦政堂重修宣和博古圖錄三十卷　（宋）王黼
等撰　明萬曆三十一年（1603）刻清乾隆十七
年（1752）天都黃晟重修三古圖本　十七冊

350000－2001－0014327　852.107/787－2＝1

全上古三代秦漢三國六朝文七百四十六卷
（清）嚴可均輯　清光緒二十年（1894）黃岡王
氏刻本　一百冊

350000－2001－0014328　852.107/787.1

全上古三代秦漢三國晉南北朝文編目一百三
卷　（清）蔣壑輯　清光緒五年（1879）烏程蔣
錫礽刻本　十六冊

350000－2001－0014329　852.107/787.1＝1

全上古三代秦漢三國晉南北朝文編目一百三
卷　（清）蔣壑輯　清光緒五年（1879）烏程蔣
錫礽刻本　十六冊

350000－2001－0014330　852.107/791

乾坤正氣集二十卷　（清）顧沅輯　清同治六
年（1867）新建吳坤皖江臬署刻半畝園叢書本
六冊

350000－2001－0014331　φ929.71021/395

雪峰志十卷　（明）徐𤊹纂輯　（明）林弘衍參
定　清乾隆十九年（1754）刻本　三冊

350000－2001－0014332　852.12/428.3

漢魏六朝一百三家集題辭二卷　（明）張溥撰
清道光十四年(1834)刻本　一冊　存一卷
（一）

350000－2001－0014333　丁2.7/53.1

綠筠書屋詩鈔十八卷　（清）葉觀國撰　清乾
隆五十七年(1792)刻本　四冊

350000－2001－0014334　992.1319/428

雒閩源流錄十八卷　（清）張夏纂　（清）黃昌
衢等校　清康熙二十一年(1682)彝敘堂刻本
六冊

350000－2001－0014335　822.47/414.6

懺餘綺語二卷曩餘詞一卷　（清）郭麐著　清
光緒五年(1879)刻本　一冊

350000－2001－0014336　852.12/432.2

漢魏六朝女子文選二卷　（清）張維撰　清宣
統三年(1911)海鹽朱是刻本　一冊

350000－2001－0014337　852.126/271

六朝四家全集二十卷　（清）胡鳳丹輯　清同
治九年(1870)永康胡氏退補齋刻本　六冊

350000－2001－0014338　082.17/791

亭林先生遺書彙輯二十三種附錄三種　（清）
顧炎武撰　清光緒十四年(1888)吳縣朱氏校
經山房刻本　二十冊　存二十五種六十四卷
（左傳杜解補正三卷、九經誤字一卷、五經同
異三卷、韻補正一卷、聖安紀事二卷、顧氏譜
系考一卷、明季實錄一卷、歷代帝王宅京記二
十卷、營平二州地名記一卷、昌平山水記二
卷、京東考古錄一卷、山東考古錄一卷、譎觚
十事一卷、求古錄一卷、金石文字記六卷、石
經考一卷、菰中隨筆一卷、救文格論一卷、亭
林雜錄一卷、亭林文集六卷、亭林詩集五卷、
亭林餘集一卷、亭林逸詩一卷、顧亭林先生年
譜一卷、同志贈言一卷）

350000－2001－0014339　852.126/407

六朝文絜四卷　（清）許槤評選　清光緒三年
(1877)讀有用書齋刻朱墨套印本　一冊

350000－2001－0014340　852.44/637.7

歐陽文忠公全集一百五十三卷首一卷附錄五
卷　（宋）歐陽修撰　（宋）周必大編修　清嘉
慶歐陽衡刻本　三十二冊

350000－2001－0014341　852.126/407－1

六朝文絜四卷　（清）許槤評選　清光緒三年
(1877)讀有用書齋刻朱墨套印本　四冊

350000－2001－0014342　852.126/486

南北朝文鈔二卷　（清）彭兆蓀輯　清光緒八
年(1882)紫雲室刻本　四冊

350000－2001－0014343　832.47/430

三影閣箏語三卷　（清）張雲璈撰　清嘉慶二
十四年(1819)刻本　一冊

350000－2001－0014344　852.46/556－3

總纂升菴合集二百四十卷　（明）楊慎著
（清）鄭寶琛纂輯　（清）王文林編次　清光緒
八年(1882)刻本　五十冊

350000－2001－0014345　852.126/486－1

南北朝文鈔二卷　（清）彭兆蓀輯　清光緒二
年(1876)番禺陳起榮刻本　二冊

350000－2001－0014346　832.47/431

藕村詞存一卷　（清）張宗橚撰　清嘉慶二十
二年(1817)刻本　一冊

350000－2001－0014347　852.13/150

欽定全唐文一千卷總目三卷　（清）董誥等輯
清嘉慶十九年(1814)內府刻本（全唐文一
至三、總目一至三配清抄本）　三百五十三冊

350000－2001－0014348　832.47/432

新蘅詞六卷外集一卷　（清）張景祁撰　清光
緒九年(1883)百億梅花仙館刻本　二冊

350000－2001－0014349　832.47/432－1

新蘅詞六卷外集一卷　（清）張景祁撰　清光
緒九年(1883)百億梅花仙館刻本　二冊

350000－2001－0014350　乙9/1.4

國史經籍志六卷　（明）焦竑輯　明徐象橒刻
本　五冊

350000－2001－0014351　832.47/441

憶江南館詞一卷　（清）陳澧撰　清光緒三十
年(1904)刻本　一冊

350000 – 2001 – 0014352　832.47/448

湖海樓詞集二十卷　（清）陳維崧撰　清光緒
十九年(1893)弇山鐸署刻本　六冊

350000 – 2001 – 0014353　832.47/448.2

迦陵先生填詞圖題詞一卷　（清）陳藥洲輯
清乾隆五十九年(1794)刻本　一冊

350000 – 2001 – 0014354　832.47/471

清淮詞二卷　（清）湯成烈著　清同治刻本
一冊

350000 – 2001 – 0014355　082.17/791 = 1

亭林先生遺書彙輯二十三種附錄三種　（清）
顧炎武撰　清光緒十四年(1888)吳縣朱氏校
經山房刻本　二十冊　存二十三種五十七卷
（左傳杜解補正三卷、九經誤字一卷、五經同
異三卷、韻補正一卷、聖安紀事二卷、顧氏譜
系考一卷、歷代帝王宅京記二十卷、營平二州
地名記一卷、昌平山水記二卷、京東考古錄一
卷、山東考古錄一卷、譎觚十事一卷、求古錄
一卷、菰中隨筆一卷、救文格論一卷、亭林雜
錄一卷、亭林文集六卷、亭林詩集五卷、亭林
餘集一卷、亭林逸詩一卷、顧亭林先生年譜一
卷、同志贈言一卷、亭林先生神道表一卷）

350000 – 2001 – 0014356　832.47/591

松巋詞一卷　（清）福增格撰　清乾隆刻本
一冊

350000 – 2001 – 0014357　832.47/598

約園詞稿十卷　（清）趙起撰　清光緒二十六
年(1900)刻本　一冊

350000 – 2001 – 0014358　832.47/25 – 1

歷代詞綜一百六卷　（清）王昶纂輯　清光緒
二十八年(1902)金匱浦氏刻本　二十二冊
存八十九卷（詞綜三十八卷，國朝詞綜一至
八、十四至四十八，國朝詞綜二集八卷）

350000 – 2001 – 0014359　832.47/25 – 2

歷代詞綜一百六卷　（清）王昶纂輯　清光緒
二十八年(1902)金匱浦氏刻本　二十八冊
存九十四卷（詞綜三十八卷、國朝詞綜四十八
卷、國朝詞綜二集八卷）

350000 – 2001 – 0014360　832.47/598.2

飛鴻閣琴意二卷　（清）趙函撰　清道光十六
年(1836)刻樂潛堂集本　一冊

350000 – 2001 – 0014361　832.47/601

雲溪樂府二卷　（清）趙懷玉著　清光緒十二
年(1886)刻粟香室叢書本　一冊

350000 – 2001 – 0014362　832.47/600

香銷酒醒詞一卷曲一卷　（清）趙慶熺撰　清
光緒十一年(1885)刻本　一冊

350000 – 2001 – 0014363　082.17/793

武陵山人遺書十種　（清）顧觀光撰　清光緒
九年(1883)獨山莫祥芝上海刻本　六冊

350000 – 2001 – 0014364　φ992.24/444.3 – 1

清賜同進士出身奉政大夫侍讀銜內閣中書謝
先生[章鋌]墓志銘　陳寶琛撰　（清）張景祁
書　吳玉田鐫刻　拓片　一張

350000 – 2001 – 0014365　832.47/613

湘雨齋詞一卷　（清）管貽葄撰　清抄本
一冊

350000 – 2001 – 0014366　832.47/623

蝶園詞一卷　（清）潘曾綬撰　清刻本　一冊

350000 – 2001 – 0014367　832.47/623.2

養一齋詞三卷　（清）潘德輿撰　清咸豐三年
(1853)刻本　一冊

350000 – 2001 – 0014368　832.47/644

秋林琴雅四卷　（清）厲鶚撰　清刻本　一冊

350000 – 2001 – 0014369　852.13/318

文粹一百卷　（宋）姚鉉纂　（清）許增校　唐
文粹補遺二十六卷　（清）郭麐纂　清光緒十
六年(1890)杭州許增榆園刻本　二十冊

350000 – 2001 – 0014370　852.13/318 = 1

文粹一百卷　（宋）姚鉉纂　（清）許增校　唐
文粹補遺二十六卷　（清）郭麐纂　清光緒十
六年(1890)杭州許增榆園刻本　二十冊

350000 – 2001 – 0014371　852.13/318 = 2

文粹一百卷　（宋）姚鉉纂　（清）許增校　唐
文粹補遺二十六卷　（清）郭麐纂　清光緒十

六年（1890）杭州許增榆園刻本　二十冊

350000 - 2001 - 0014372　852.13/348 - 1
唐人三家集三種　（清）秦恩復編　清道光十年（1830）石研齋秦氏刻本　六冊

350000 - 2001 - 0014373　852.13/348
唐人三家集三種　（清）秦恩復編　清道光十年（1830）石研齋秦氏刻本　十冊

350000 - 2001 - 0014374　832.47/479
種芸仙館詞三種　（清）馮登府撰　清道光刻本　一冊

350000 - 2001 - 0014375　852.13/760
唐宋十大家全集錄五十二卷首一卷　（清）儲欣錄　清康熙刻本　三十四冊

350000 - 2001 - 0014376　852.13/760 = 1
唐宋十大家全集錄五十二卷首一卷　（清）儲欣錄　清康熙刻本　三十冊

350000 - 2001 - 0014377　852.13/760 - 1
唐宋十大家全集錄五十二卷首一卷　（清）儲欣錄　清康熙刻本　二十六冊

350000 - 2001 - 0014378　832.47/486
延露詞三卷　（清）彭孫遹著　清宣統三年（1911）掃葉山房石印本　一冊

350000 - 2001 - 0014379　832.47/495
珂雪詞一卷　（清）曹貞吉撰　清康熙刻本　一冊

350000 - 2001 - 0014380　082.47/833 = 1
廣雅書局叢書一百六十一種　（清）廣雅書局輯　清光緒廣雅書局刻民國九年（1920）番禺徐紹棨彙編重印本　一百五十種　存四十八種五百十五卷（易經四卷、易緯略義三卷、易林釋文二卷、尚書伸孔篇一卷、書蔡傳附釋一卷、毛詩天文考一卷、詩集傳附釋一卷、春秋規過考信三卷、說文本經答問二卷、愈愚錄六卷、句溪雜著六卷、學詁齋文集二卷、廣經室文鈔一卷、白田草堂存藁八卷、陳司業遺書三卷、掌錄二卷、經咫一卷、無邪堂答問五卷、先聖生卒年月日攷二卷、史記索隱三十卷、史記

志疑三十六卷、史記正譌三卷、史記月表正譌一卷、漢書辨疑二十二卷、史表功比說一卷、史記天官書補目一卷、楚漢諸侯疆域志三卷、史漢駢枝一卷、漢志水道疏證四卷、人表攷九卷附錄一卷、補續漢書藝文志一卷、後漢書補注二十四卷、後漢書辨疑十一卷、續漢書辨疑九卷、後漢書注補正八卷、後漢書注又補一卷、三國職官表三卷、三國志攷證八卷、三國志旁證三十卷、晉書校勘記四卷、宋州郡志校勘記一卷、補梁疆域志四卷、南北史世系表五卷、南北史帝王世系表一卷、新舊唐書互證二十卷、五代紀年表一卷、中興小紀四十卷、歷代史表五十九卷、歷代地理沿革表四十七卷、欽定歷代職官表七十二卷）

350000 - 2001 - 0014381　832.47/498
拙宜園集二卷　（清）黃燮清著　清咸豐六年（1856）刻本　一冊

350000 - 2001 - 0014382　φ852.87/22 - 2 = 1
池北偶談二十六卷　（清）王士禛撰　清同治、光緒汀州張氏勵志齋刻勵志齋叢書本　九冊

350000 - 2001 - 0014383　832.47/498.2
倚晴樓詩餘四卷　（清）黃燮清撰　清同治六年（1867）刻本　一冊

350000 - 2001 - 0014384　950/930.2 - 1
勵學譯編（光緒二十七年）　（清）勵學譯社編譯　清光緒二十七年（1901）刻勵學譯社叢刻本　一冊

350000 - 2001 - 0014385　852.13/936
御選唐宋文醇五十八卷　（清）高宗弘曆選輯　清光緒三年（1877）浙江書局刻本　二十冊

350000 - 2001 - 0014386　832.47/498.4
鐵盦詞甲藁一卷　（清）黃錫慶撰　清道光刻本　一冊

350000 - 2001 - 0014387　φ992.24/930.4
皇清賜進士出身誥授奉政大夫誥封中憲大夫欽加四品卿銜重宴瓊林翰林院編修鑑塘林公[春溥]暨德配龔恭人繼配龔恭人墓誌銘

(清)士傳編撰　（清)沈葆楨書　（清)林壽圖篆額　吳玉田鐫刻　拓片　二張

350000－2001－0014388　φ992.24/556
皇清誥授榮祿大夫趙公[新]合葬墓志銘
(清)楊仲愈撰　（清)許振禕書　（清)劉曾清篆額　吳玉田鐫　拓片　一張

350000－2001－0014389　φ992.24/442.7－1
劉宜人墓志銘　（清)陳與冏撰　吳玉田鐫　拓片　二張

350000－2001－0014390　φ992.24/556＝1
皇清誥授榮祿大夫趙公[新]合葬墓志銘
(清)楊仲愈撰　（清)許振禕書　（清)劉曾清篆蓋　吳玉田鐫刻　拓片　一張

350000－2001－0014391　φ992.24/663.1－1
清誥封宜人鄭母劉太宜人墓志銘　鄭錫光撰　劉崧英書　于君彥篆額　李元恩鐫　拓片　一張

350000－2001－0014392　φ992.24/444.3－2
清誥封淑人晉封夫人鄭母陳太夫人[淑]之塔銘　陳寶琛撰　江春霖書　黃彥鴻篆蓋　吳玉田鐫　拓片　二張

350000－2001－0014393　φ992.24/444.3－2＝1
清誥封淑人晉封夫人鄭母陳太夫人[淑]之塔銘　陳寶琛撰　江春霖書　黃彥鴻篆蓋　吳玉田鐫　拓片　一張

350000－2001－0014394　φ992.24/24－1
清武功將軍林公之配陳夫人墓志銘　（清)王崧辰撰　（清)張景祁書　（清)王友士鐫　拓片　一張

350000－2001－0014395　φ992.24/152.5
賜封一品夫人吳夫人張夫人墓誌銘　（清)林壽圖撰　吳玉田鐫　拓片　一張

350000－2001－0014396　φ992.24/718.3
賜封一品夫人太夫人張氏墓誌銘　（清)謝章鋌撰　（清)鄭世恭書　吳玉田鐫　拓片　一張

350000－2001－0014397　φ992.24/718.3＝1

賜封一品夫人太夫人張氏墓誌銘　（清)謝章鋌撰　（清)鄭世恭書　吳玉田鐫　拓片　一張

350000－2001－0014398　φ992.24/423.8
皇清誥命三次疊封恭人淑人夫人黃母翁夫人[秀英]墓誌銘　（清)黃允中撰　（清)惲毓鼎書　（清)汪洵篆蓋　拓片　一張

350000－2001－0014399　992.24/312－1
費編修女潤華壙銘　（清)俞樾編撰　（清)吳大澂書　（清)王孝繩篆蓋　（清)陳伯玉鐫　拓片　一張

350000－2001－0014400　φ992.24/334
皇清敕封孺人晉封安人王年伯母張大安人墓誌銘　宋汾年撰　會賢堂鐫　拓片　一張

350000－2001－0014401　032.17/430－1
佩文韻府一百六卷　（清)張玉書等彙閱　（清)蔡升元等纂修　**韻府拾遺一百六卷**　（清)張廷玉等校勘　（清)汪灝等纂修　清光緒十三年(1887)上海點石齋石印本　六十冊

350000－2001－0014402　852.43/151.8
李太白文集三十六卷　（唐)李白撰　（清)王琦集註　清乾隆寶笏樓刻二十五年(1760)增修本　二十三冊

350000－2001－0014403　戊1/9.5
漢魏六朝百三名家集一百八十卷　（明)張溥輯　明婁東張氏刻本　一冊　存四種五卷(陳思王集二卷、傅中丞集一卷、潘太常集一卷、魏鍾司徒集一卷)

350000－2001－0014404　丁3.1/14.1
西山先生真文忠公文章正宗二十四卷續二十卷　（宋)真德秀輯　明嘉靖四十三年(1564)蔣氏家塾刻本　六冊　存二十卷(續二十卷)

350000－2001－0014405　822.47/100－1
畬經堂詩集六卷續集四卷文集八卷　（清)朱景英撰　清乾隆武陵朱氏刻本　二冊　存十卷(詩集六卷、續集四卷)

350000－2001－0014406　194/674.1

五燈會元二十卷 （宋）釋普濟撰　明刻本
九冊　存十卷（二、四至九、十二至十三、十六）

350000－2001－0014407　φ992.24/376－1
清誥授光禄大夫二品頂戴升缺後加頭品頂戴署浙江按察使分巡金衢幾道郭公[式昌]墓志銘　（清）孫家鼐撰　陳寶琛書　（清）葉在琦篆蓋　吳玉田鐫　拓片　一張

350000－2001－0014408　822.47/705＝1
籜石齋詩集五十卷　（清）錢載撰　清乾隆刻本　六冊

350000－2001－0014409　丙1/1.1
孔子家語八卷　（三國魏）王肅纂註　（明）何孟春補註　明永明書院刻本　一冊　存二卷（五至六）

350000－2001－0014410　082.47/833
廣雅書局叢書一百六十一種　（清）廣雅書局輯　清光緒廣雅書局刻民國九年（1920）番禺徐紹棨彙編重印本　一百五十九冊　存七十一種六百十九卷（周易解故一卷、尚書伸孔篇一卷、易林釋文二卷、書蔡傳坿釋一卷、毛詩後箋三十卷、禮書綱目八十五卷首三卷、儀禮古今文異同疏證五卷、儀禮私箋八卷、輪輿私箋二卷附圖一卷、大戴禮記解詁十三卷、爾雅匡名二十卷、春秋公羊注疏質疑二卷、孟子趙注補正六卷、小爾雅訓纂六卷、釋名疏證八卷續釋名一卷補遺一卷附校議一卷、釋穀四卷、急就章攷異一卷、漢書注校補五十六卷、三國志攷證八卷、廿二史攷異一百卷、諸史拾遺五卷、歷代史表五十九卷、漢書西域傳補注二卷、漢書人表攷校補一卷、前漢書注攷證一卷、後漢書注攷證一卷、史記毛本正誤一卷、史記注補正一卷、史記月表正譌一卷、漢書辨疑二十二卷、續漢書辨疑九卷、補續漢書藝文志一卷、後漢郡國令長攷一卷、後漢書補注續一卷、後漢書注又補一卷、後漢書注補正八卷、後漢書辨疑十一卷、補後漢書藝文志四卷、後漢書補表八卷、後漢三公年表一卷、三國紀年表一卷、補五代史藝文志一卷、補三國藝文志四卷、三國職官表三卷、三國志辨疑三**

卷、三國志補注續一卷、三國志注證遺四卷、補三國疆域志二卷、晉書地理志新補正五卷、補晉兵志一卷、晉宋書故一卷、晉書校勘記三卷、晉書校勘記五卷、十六國疆域志十六卷、補宋書刑法志一卷、補宋書食貨志一卷、宋州郡志校勘記一卷、補梁疆域志四卷、魏書校勘記一卷、新舊唐書互證二十卷、宋史藝文志補一卷、宋遼金元四史朔閏攷二卷、補三史藝文志一卷、補遼金元藝文志一卷、金史詳校十卷末一卷、補元史藝文志四卷、元史氏族表三卷、三史拾遺五卷、先聖生卒年月日攷二卷、史記正譌三卷、韓詩補注一卷）

350000－2001－0014411　852.13－4/936－2
御選唐宋文醇五十八卷　（清）高宗弘曆選　清刻本　六冊

350000－2001－0014412　852.04/557
文柟上編八卷下編二卷　（清）楊希閔撰　稿本　二冊

350000－2001－0014413　920/964
二十四史　（清）□□輯　清同治、光緒五省官書局刻光緒五年（1879）湖北書局彙印本　三百八十六冊　存二十種二千四百五十五卷（史記一百三十卷索隱二卷、漢書一百卷、後漢書一百二十卷續漢書志三十卷、三國志六十五卷、晉書一百三十卷音義三卷、宋書一百卷、南齊書五十九卷、梁書五十六卷、陳書三十六卷、魏書一百十四卷、北齊書五十卷、周書五十卷、隋書八十五卷附考異、南史八十卷、北史一百卷、舊唐書二百卷、唐書二百二十五卷、五代史七十四卷、舊五代史一百五十卷、宋史四百九十六卷）

350000－2001－0014414　丁2.2/7.4
集千家註杜工部詩集二十卷文集二卷　（唐）杜甫撰　（宋）黃鶴補註　附錄一卷　明嘉靖十五年（1536）玉几山人刻本　二冊　存四卷（十至十三）

350000－2001－0014415　φ992.24/158
誥封昭武都尉國學生吳公[燦書]墓表　（清）李英華撰　（清）吳魯書　（清）貴恒篆蓋　拓

片 三張

350000 - 2001 - 0014416 φ992.24/442.22

清賜同進士出身誥授奉政大夫同知銜升用直隸州知州署江西新淦縣知縣史君［誠］墓志銘 陳寶琛撰 陳璧書 吳玉田鐫 拓片一張

350000 - 2001 - 0014417 丁3.2/23.7

唐詩所四十七卷 （明）臧懋循輯 明萬曆刻本 十一冊 存二十八卷（三至九、十二至三十、三十三至三十四）

350000 - 2001 - 0014418 832.47/500.21

憶雲詞四卷附錄一卷 （清）項廷紀撰 清光緒二十五年（1899）思賢書局刻本 一冊

350000 - 2001 - 0014419 832.47/500.23

憶雲詞甲乙丙丁四藁附錄一卷 （清）項廷紀撰 清光緒十九年（1893）榆園刻本 一冊

350000 - 2001 - 0014420 832.47/557

芙蓉山館詞鈔二卷附鈔一卷 （清）楊芳燦著 清光緒十七年（1891）木活字印本 一冊

350000 - 2001 - 0014421 832.47/557.2

芙蓉山館詞稿四卷 （清）楊芳燦著 清刻本 一冊

350000 - 2001 - 0014422 124.4/98 - 3

朱子原訂近思錄十四卷考訂朱子世家一卷 （清）江永集注 清光緒十四年（1888）廣雅書局刻本 五冊

350000 - 2001 - 0014423 852.13 - 4/443 - 1

陳太僕批選八家文抄九卷 （清）陳兆崙輯 清光緒二十六年（1900）天津文美齋石印本 六冊

350000 - 2001 - 0014424 852.13 - 4/360.1

唐宋八大家類選十四卷 （清）儲欣評 清乾隆五十一年（1786）寶章堂刻本 四冊

350000 - 2001 - 0014425 丙12/36.1

文苑彙雋二十四卷 （明）孫丕顯彙纂 明萬曆三十六年（1608）刻本 七冊 存二十一卷（四至二十四）

350000 - 2001 - 0014426 852.13 - 4/300

晚邨先生八家古文精選八卷 （清）呂留良輯 （清）呂葆中批點 清康熙四十三年（1704）呂氏家塾刻本 八冊

350000 - 2001 - 0014427 丁3.3/19.5

莆陽文獻十三卷列傳七十五卷 （明）鄭岳編定 明萬曆四十四年（1616）黃起龍刻本 十冊

350000 - 2001 - 0014428 丙10/25.5

論衡三十卷 （漢）王充著 （明）程榮校 明萬曆新安程氏刻漢魏叢書本 十冊

350000 - 2001 - 0014429 852.13 - 4/443 - 1 = 1

陳太僕批選八家文抄九卷 （清）陳兆崙輯 清光緒二十六年（1900）天津文美齋石印本 五冊

350000 - 2001 - 0014430 丙15/4.2

諸子彙函二十六卷 （明）歸有光蒐輯 （明）文震孟參訂 明天啓刻本 十二冊

350000 - 2001 - 0014431 丙15/4.3

諸子彙函二十六卷 （明）歸有光蒐輯 （明）文震孟參訂 明天啓刻本 二十六冊

350000 - 2001 - 0014432 852.13 - 4/675 - 1

精選八家文鈔不分卷 （清）劉大櫆選 清光緒二年（1876）劉繼邢邱刻本 二冊

350000 - 2001 - 0014433 852.13 - 4/675 - 1 = 1

精選八家文鈔不分卷 （清）劉大櫆選 清光緒二年（1876）劉繼邢邱刻本 二冊

350000 - 2001 - 0014434 082.17/598 = 2

廿二史劄記三十六卷補遺一卷 （清）趙翼撰 清光緒三年（1877）滇南唐氏刻甌北全集本 十二冊

350000 - 2001 - 0014435 852.14/171

宋文鑒一百五十卷目錄三卷 （宋）呂祖謙詮次 清光緒十二年（1886）江蘇書局刻本 二十四冊

350000 - 2001 - 0014436 852.14/455

南宋文範七十卷外編四卷作者考二卷 （清）

莊仲方編 清光緒十四年(1888)江蘇書局刻本 十六冊

350000－2001－0014437 852.14/455－1
南宋文範七十卷外編四卷作者考二卷 （清）莊仲方編 清光緒十四年(1888)江蘇書局刻上海千頃堂書局重印本 十六冊

350000－2001－0014438 852.14/568
南宋文錄錄二十四卷 （清）董兆熊輯 清光緒十七年(1891)蘇州書局刻上海千頃堂書局重印本 六冊

350000－2001－0014439 852.145/455＝2
金文雅十六卷作者考一卷 （清）莊仲方編 清光緒十七年(1891)江蘇書局刻本 四冊

350000－2001－0014440 421.8/φ26
[書畫扇面]一折 （清）陳遇清 （清）王彬等書 （清）李格 （清）陳鴻儀等繪 清繪本 一冊

350000－2001－0014441 852.145/455＝3
金文雅十六卷作者考一卷 （清）莊仲方編 清光緒十七年(1891)江蘇書局刻本 四冊

350000－2001－0014442 852.15/784－1＝1
元文類七十卷目錄三卷 （元）蘇天爵編 清光緒十五年(1889)江蘇書局刻本 十冊

350000－2001－0014443 丁1/1.5
楚辭十七卷 （漢）王逸章句 （宋）洪興祖補注 明刻本 六冊

350000－2001－0014444 852.16/733－1＝2
明文在一百卷 （清）薛熙纂 （清）何潔輯 清光緒十五年(1889)江蘇書局刻本 十冊

350000－2001－0014445 852.17/21
湖海文傳七十五卷 （清）王昶輯 清道光十七年(1837)經訓堂刻同治五年(1866)印本 十六冊

350000－2001－0014446 852.17/21＝1
湖海文傳七十五卷 （清）王昶輯 清道光十七年(1837)經訓堂刻同治五年(1866)印本 十六冊

350000－2001－0014447 852.17/22
國朝文匯甲前集二十卷甲集六十卷乙集七十卷丙集三十卷丁集二十卷姓氏目錄一卷 （清）上海國學扶輪社輯 清宣統元年(1909)上海國學扶輪社石印本 一百冊

350000－2001－0014448 丁2.7/3.2
東武山房文集四卷 （清）余懋杞著 （清）余文儀編次 （清）余延良較字 清乾隆刻本 一冊

350000－2001－0014449 822.47/134.1
御製詩二集九十卷目錄十卷 （清）高宗弘曆撰 清乾隆二十四年(1759)內府刻本 十九冊

350000－2001－0014450 852.47/φ100.1
濰溪四家詩鈔九卷 （清）朱仕玠輯 清乾隆刻本 一冊 存二種四卷(槎亭詩鈔二卷、曲廬詩鈔二卷)

350000－2001－0014451 852.12/φ432
漢魏叢書不分卷 （明）張運泰 （明）余元熹彙評 明刻本 六十冊

350000－2001－0014452 832.47/558
聽雨小樓詞稿二卷 （清）楊英燦著 清光緒十七年(1891)西溪草堂木活字印本 一冊

350000－2001－0014453 852.17/23
汪羅彭薛四家合鈔四種 （清）國學扶輪社輯 清宣統二年(1910)國學扶輪社鉛印本 六冊

350000－2001－0014454 852.17/23.8＝1
續古文辭類纂三十四卷 王先謙纂集 清光緒八年(1882)長沙王氏虛受堂刻本 七冊

350000－2001－0014455 852.17/155.1
國朝文錄初編四十種續編四十九種 （清）李祖陶輯 清道光十九年(1839)瑞州府鳳儀書院刻本 四十冊 存四十種八十二卷(熊學士文集錄一卷、亭林文錄二卷、石莊先生文錄三卷、南雷文錄三卷、壯悔堂文錄二卷、恥躬堂文錄二卷、四照堂文錄二卷、湘帆堂文錄一卷、水田居文錄二卷、潛庵先生遺藁文錄二卷、愚山先生文錄二卷、午亭文錄三卷、張文貞公文錄二卷、帶經堂集文錄二卷、鄭靜庵先生文錄一卷、榕村全集文錄二卷、西陂類稾文錄一卷、湛園未定稾文錄三卷、居業齋文錄一卷、邵青門文錄三卷、朱文端公文集二卷、孫文定公文錄二卷、二希堂文錄二卷、鮚埼亭集文錄四卷、紫竹山房文集三卷、鹿洲文錄三卷、白鶴堂文錄一卷、南莊類稿文錄二卷、海峯先生文錄二卷、潛研堂文錄二卷、惜抱軒先生文選二卷、紀文達公文錄二卷、清獻堂文錄二卷、忠雅堂文錄二卷、二林居文錄二卷、厚岡文錄三卷、陶士升先生甹江文錄一卷、劉寄庵文錄二卷、知恥齋文錄一卷、惕園初稾文二卷)

350000－2001－0014456　832.47/568
蒼梧詞十二卷　(清)董元愷撰　清康熙刻本　四冊

350000－2001－0014457　852.126/ф428
七十二家集三百四十六卷附錄七十二卷　(明)張燮纂　明天啓、崇禎刻本　四冊　存四種十三卷(孔少府集二卷附錄一卷、李懷州集二卷附錄一卷、牛其章集三卷附錄一卷、溫侍讀集二卷附錄一卷)

350000－2001－0014458　852.47/ф412.6
介石堂古文十卷　(清)郭起元撰　(清)郭鵬舉編次　清乾隆刻介石堂集本　二冊

350000－2001－0014459　822.13/ф334
唐詩品彙九十卷拾遺十卷　(明)高棅編輯　(明)張恂重訂　明刻本　二冊　存十卷(五十一至五十五、八十六至九十)

350000－2001－0014460　852.192/ф558.1
意山堂彙選褉著雅言新編二卷　(清)楊夢鯉選輯　意山堂清話一卷　(清)楊夢鯉著　清乾隆書林熊氏刻本　一冊

350000－2001－0014461　甲8/6
孝經疏畧一卷　(清)張沐註　清康熙二十六年(1687)敦臨堂刻本　一冊

350000－2001－0014462　852.47/760.2

儲遯菴文集十二卷　(清)儲方慶著　(清)儲欣評　附錄一卷　清光緒刻本　四冊

350000－2001－0014463　874.17/248
向山近鈔尺牘小品十二卷　(清)周京手輯　清康熙刻本　一冊　存五卷(一至五)

350000－2001－0014464　832.47/644.1
樊榭山房集外詞四卷集外曲二卷　(清)厲鶚撰　清光緒十一年(1885)錢塘汪氏振綺堂刻本　一冊

350000－2001－0014465　832.47/646
空一切盦詞一卷　(清)鄧嘉純撰　清光緒十一年(1885)刻本　一冊

350000－2001－0014466　832.47/651
水雲樓詞二卷續一卷　(清)蔣春霖撰　清刻本　二冊

350000－2001－0014467　丙7/24
選擇天鏡三卷　(清)任端書輯　清乾隆十三年(1748)刻朱墨套印本　三冊

350000－2001－0014468　甲4.4/2.6
司馬氏書儀十卷　(宋)司馬光撰　清雍正二年(1724)汪亮采刻本　一冊

350000－2001－0014469　082.47/833＝2
廣雅書局叢書一百六十一種　(清)廣雅書局輯　清光緒廣雅書局刻民國九年(1920)番禺徐紹棨彙編重印本　二十冊　存二種六十六卷(史記志疑三十六卷、三國志旁證三十卷)

350000－2001－0014470　丁3.1/40.1
慧眼山房原本古今文小品八卷　(清)陳天定評選　清雍正三年(1725)萬我堂刻本　十五冊

350000－2001－0014471　929.715/144
說嵩三十二卷例目一卷　(清)景日昣撰　清康熙景氏嶽生堂刻本　八冊　存二十四卷(一至三、七至二十六,例目一卷)

350000－2001－0014472　丁3.1/43.5
古文淵鑒六十四卷　(清)徐乾學等編注　清康熙二十四年(1685)內府刻五色套印本　三

十冊

350000 - 2001 - 0014473　822.47/411

星臥樓詩集二卷　（清）郭金臺著　清乾隆刻本　一冊

350000 - 2001 - 0014474　032.2/31.1

類林新詠三十六卷　（清）姚之駰撰　清康熙四十六年（1707）刻本　十二冊　存三十三卷（一至三十三）

350000 - 2001 - 0014475　丙4/7

豳風廣義三卷　（清）楊屾編輯　（清）楊生洲參閱　清乾隆刻本　三冊

350000 - 2001 - 0014476　127/φ153

榕村講授三卷　（清）李光地輯　清刻本　三冊

350000 - 2001 - 0014477　172/24

先徵君大人家訓一卷　（清）王心敬著　清乾隆十七年（1752）王勍刻本　一冊

350000 - 2001 - 0014478　322.29/654

廣治平略四十四卷　（清）蔡方炳纂定　清康熙刻本　六冊

350000 - 2001 - 0014479　丙10/4.3

淮南鴻烈解二十一卷　（漢）劉安著　（漢）高誘註　清乾隆五十六年（1791）金谿王氏刻增訂漢魏叢書本　四冊

350000 - 2001 - 0014480　922.2/350 - 12

後漢書九十卷　（南朝宋）范曄撰　（唐）李賢注　志三十卷　（晉）司馬彪纂　（南朝梁）劉昭注補　明崇禎十六年（1643）毛氏汲古閣刻十七史本　二十四冊

350000 - 2001 - 0014481　丁2.7/9

力本文集十三卷　（清）馬榮祖撰　清乾隆十七年（1752）石蓮堂刻本　二冊

350000 - 2001 - 0014482　922.31/978.2

魏書一百十四卷　（北齊）魏收撰　（明）馮夢禎校閱　明萬曆二十四年（1596）南京國子監刻二十一史本　二十四冊

350000 - 2001 - 0014483　φ082.47/428

正誼堂全書六十八種　（清）張伯行輯　（清）楊浚重輯　清同治五年（1866）福州正誼書局刻八年至九年（1869 - 1870）正誼書院增補光緒十三年（1887）續增補本　一百五十三冊　存六十六種五百二十二卷（周濂溪先生全集十三卷、困學錄集粹八卷、廣近思錄十四卷、胡敬齋先生居業錄八卷、上蔡先生語錄三卷、陸稼書先生問學錄四卷、陸稼書先生松陽鈔存一卷、道統錄二卷附錄一卷、道南源委六卷、羅整庵先生困知記四卷、張南軒先生文集七卷、羅豫章先生文集十卷、李延平先生文集四卷、唐陸宣公文集四卷首一卷、謝疊山先生集二卷、黃勉齋先生文集八卷、魏莊渠先生集二卷、胡敬齋先生文集三卷、羅整庵先生存稿二卷、唐宋八大家文鈔十九卷、二程文集十二卷、張橫渠先生文集十二卷、朱子文集十八卷、楊龜山先生集六卷、尹和靖先生集一卷、陳克齋先生集五卷、許魯齋先生集六卷、薛敬軒先生文集十卷、韓魏公集二十卷、司馬溫公文集十四卷、文山先生文集二卷、方正學先生文集七卷、楊椒山先生文集二卷、二程粹言二卷、伊洛淵源錄十四卷、程氏家塾讀書分年日程三卷、朱子學的二卷、陳清瀾先生學蔀通辯十二卷、薛文清公讀書錄八卷、陸桴亭思辨錄輯要二十二卷、王學質疑五卷附錄一卷、讀禮志疑六卷、石守道先生集二卷、高東溪先生遺集二卷、真西山先生集八卷、熊勿軒先生文集六卷、吳朝宗先生聞過齋集四卷、陳剩夫先生集四卷、張陽和文選三卷、湯潛庵先生集二卷、陸稼書先生文集二卷、二程語錄十八卷、朱子語類輯略八卷、濂洛關閩書十九卷、近思錄十四卷、小學集解六卷、濂洛風雅九卷、學規類編二十七卷、養正類編十三卷、居濟一得八卷、正誼堂文集十二卷、正誼堂續集八卷、范文正公文集九卷、續近思錄十四卷、讀朱隨筆四卷、諸葛武侯文集四卷）

350000 - 2001 - 0014484　832.47/652

醉園龕臼詞一卷　（清）蔣萼著　清光緒三十一年（1905）鉛印本　一冊

350000 - 2001 - 0014485　832.47/652.2

替竹盦詞五卷　（清）蔣彬若著　清光緒三十

一年(1905)鉛印本　一冊

350000－2001－0014486　832.47/661

瘦碧詞二卷　鄭文焯撰　清光緒十四年
(1888)刻本　一冊

350000－2001－0014487　832.47/678

麐楥詞一卷　(清)劉恩黻撰　清光緒三十四
年(1908)吳昌綬雙照樓刻本　一冊

350000－2001－0014488　023/24.1

尚書後案三十卷附後辨一卷　(清)王鳴盛學
清乾隆四十五年(1780)禮堂刻本　五冊

350000－2001－0014489　023/24.2

尚書後案三十卷附後辨一卷　(清)王鳴盛學
清乾隆四十五年(1780)禮堂刻本　八冊

350000－2001－0014490　832.47/679

尚絅堂詞集二卷　(清)劉嗣綰撰　清同治八
年(1869)刻本　一冊

350000－2001－0014491　丁3.2/25.4

重訂唐詩別裁集二十卷　(清)沈德潛選　清
乾隆二十八年(1763)長洲沈德潛教忠堂刻本
十冊

350000－2001－0014492　甲9.1/19

吳下方言考十二卷　(清)胡文英輯　清乾隆
四十八年(1783)刻本　四冊

350000－2001－0014493　乙12/19

兩漢雋言十六卷　(宋)林越輯　(明)凌迪知
校　明萬曆刻文林綺繡五種本　四冊

350000－2001－0014494　822.47/762

四此堂稿十卷　(清)魏際瑞著　清康熙寧都
謝氏刻本　六冊

350000－2001－0014495　甲6/7.7

蕉烋內傳古注輯存三卷　(清)嚴蔚撰　清乾
隆五十二年(1787)嚴氏二酉齋刻本　三冊

350000－2001－0014496　丙14/12.5

莊子獨見不分卷　(清)胡文英評釋　清乾隆
刻本　六冊

350000－2001－0014497　φ929.717/434

唐宋劉氏墓地備考不分卷　題(清)澹齋上舍
著　(清)劉大幹重訂　清光緒劉氏抄本
一冊

350000－2001－0014498　832.47/780

劍虹盦詞一卷　(清)邊保樞撰　清光緒十一
年(1885)刻本　一冊

350000－2001－0014499　832.47/792.3

拜石山房詞鈔四卷　(清)顧翰著　清光緒十
五年(1889)仁和許氏刻榆園叢刻本　一冊

350000－2001－0014500　832.47/941

樗洲詞二卷　(清)勒方錡撰　清同治四年
(1865)刻本　一冊　存一卷(下)

350000－2001－0014501　082.4/21

檀几叢書一百五十七種　(清)王晫　(清)張
潮輯　清康熙三十四年(1695)新安張氏霞舉
堂刻本　十二冊

350000－2001－0014502　832.48/661

比竹餘音四卷　鄭文焯撰　清光緒二十八年
(1902)刻本　一冊

350000－2001－0014503　199.7/133

卜筮正宗十四卷　(清)王維德著　清光緒三
十年(1904)上洋海左書局石印本　四冊

350000－2001－0014504　丙7/25

諏吉便覽一卷　(清)俞榮寬纂　清嘉慶二年
(1797)刻朱墨套印本　一冊

350000－2001－0014505　199.4/394

新刊合併官板音義評註淵海子平五卷　(宋)
徐昇編　(明)楊淙增校　清宣統元年(1909)
仁記書局刻本　三冊

350000－2001－0014506　丙1/45.5

南皋鄒先生會語合編二卷講義合編二卷
(明)鄒元標撰　明萬曆四十七年(1619)龍遇
奇刻本　四冊

350000－2001－0014507　832.6034/562.4

納書楹紫釵記全譜二卷　(清)葉堂訂譜
(清)王文治糸訂　清乾隆五十七年(1792)刻
本　一冊　存一卷(下)

350000－2001－0014508　832.604/393

樂府傳聲二卷　（清）徐大椿著　清光緒七年
(1881)刻本　一冊

350000－2001－0014509　852.17/155

國朝文錄續編四十九種附一種　（清）李祖陶
輯　清同治七年(1868)敖陽李氏尚友樓刻國
朝文錄本　三十二冊

350000－2001－0014510　852.47/709.1

香樹齋詩集十八卷續集三十六卷文集二十八
卷續鈔五卷　（清）錢陳羣撰　清乾隆刻本
四冊　存二十八卷(文集二十八卷)

350000－2001－0014511　082.16/792＝1

小心齋劄記十八卷　（明）顧憲成撰　清光緒
三年(1877)涇里宗祠刻顧端文公遺書本
二冊

350000－2001－0014512　乙3/11.7

夢松軒訂正綱鑑玉衡七十二卷　（宋）劉恕外
紀　（元）金履祥前編　（明）劉孔敬彙訂
（明）劉肇慶較閱　明崇禎十年(1637)潭陽劉
氏夢松軒刻本　十五冊

350000－2001－0014513　丁2.3/18.4

東坡詩選十二卷　（宋）蘇軾撰　（明）袁宏道
閱　（明）譚元春選　東坡先生年譜一卷
（宋）王宗稷編　宋史本傳一卷　明天啓元年
(1621)刻本　六冊

350000－2001－0014514　甲9.2/25.5

六書通十卷　（清）閔齊伋撰　（清）畢弘述篆
訂　（清）閔章　（清）程昌燁校　清康熙五十
九年(1720)刻乾隆六十年(1795)重修本
四冊

350000－2001－0014515　852.17/181

皇朝經世文四編五十二卷　（清）何良棟輯
清光緒二十八年(1902)鴻寶書局石印本　十
二冊

350000－2001－0014516　852.17/316

國朝文錄八十二卷　（清）姚椿輯　清咸豐元
年(1851)終南山館刻本　二十六冊

350000－2001－0014517　852.17/316.1

國朝文錄八十二卷　（清）姚椿輯　清光緒二
十六年(1900)掃葉山房石印本　十六冊

350000－2001－0014518　852.17/395

國朝二十四家文鈔二十四卷　（清）徐斐然輯
評　清道光十年(1830)刻本　十二冊

350000－2001－0014519　852.17/395－1

國朝二十四家文鈔二十四卷　（清）徐斐然輯
評　清道光十年(1830)文光堂刻本　八冊

350000－2001－0014520　852.17/426

皇朝經世文新編二十一卷　麥仲華輯　清光
緒二十四年(1898)上海大同譯書局石印本
二十四冊

350000－2001－0014521　852.17/426－1

皇朝經世文新編三十二卷　麥仲華輯　清光
緒二十七年(1901)上海書局石印本　十四冊

350000－2001－0014522　862.96/151

汴京勾異記八卷　（明）李濂輯　清乾隆四十
三年(1778)金氏刻硯雲本　一冊　存四卷
(五至八)

350000－2001－0014523　862.96/346

九朝野記四卷　（明）祝允明纂　清宣統三年
(1911)時中書局鉛印本　一冊　存二卷(一
至二)

350000－2001－0014524　082.16/791－1

賜硯堂叢書新編二集二十卷　（清）顧沅編
清道光十年(1830)長洲顧氏刻本　四冊

350000－2001－0014525　862.96/424

青泥蓮花記十三卷　（明）梅鼎祚輯　清宣統
二年(1910)北京自強書局石印本　四冊

350000－2001－0014526　862.96/942

覓燈因話二卷　（明）邵景詹撰　清刻本
二冊

350000－2001－0014527　832.6034/562.1

納書楹曲譜正集四卷續集四卷外集二卷補遺
四卷四夢全譜八卷　（清）葉堂訂譜　（清）王
文治參訂　清道光二十八年(1848)刻本　十

二冊

350000 - 2001 - 0014528　丁2.4/4

金詩選四卷　（清）顧奎光選輯　（清）陶玉禾參評　清乾隆十六年（1751）刻本　一冊

350000 - 2001 - 0014529　丁6/15

榕城詩話三卷　（清）杭世駿撰　清乾隆刻杭大宗七種叢書本　二冊

350000 - 2001 - 0014530　862.97/21 - 1

今世說八卷　（清）王晫撰　清乾隆、嘉慶知不足齋刻本　二冊

350000 - 2001 - 0014531　862.97/21 - 2

今世說八卷　（清）王晫撰　清末刻本　二冊

350000 - 2001 - 0014532　920.8/134 - 2

遼金元三史語解　（清）高宗弘曆敕撰　清道光四年（1824）刻本　七冊　存二種三十七卷（欽定金史語解十二卷金國語解一卷、欽定元史語解二十四卷）

350000 - 2001 - 0014533　甲9.2/25.4

六書通十卷　（清）閔齊伋撰　（清）畢弘述篆訂　（清）閔章　（清）程昌燁校　清康熙五十九年（1720）基聞堂刻乾隆重印本　五冊

350000 - 2001 - 0014534　862.97/21.2

遯窟讕言十二卷眉珠盦憶語一卷　（清）王韜撰　清光緒六年（1880）鉛印申報館叢書本　六冊

350000 - 2001 - 0014535　丁3.3/26

瀨溪四家詩鈔九卷　（清）朱仕玠輯　清乾隆刻本　二冊

350000 - 2001 - 0014536　862.97/28

籜廊璅記九卷　（清）王濟宏撰　清咸豐四年（1854）晉文齋刻本　四冊　存七卷（一至七）

350000 - 2001 - 0014537　082.47/711

後知不足齋叢書四十七種　（清）鮑廷爵輯　清光緒常熟鮑氏刻本　六十二冊

350000 - 2001 - 0014538　丙10/112

[名帖]不分卷　（清）□□輯　稿本　一冊

350000 - 2001 - 0014539　042.4/767 = 1

文昌雜錄六卷補遺一卷　（清）龐元英撰　清乾隆二十一年（1756）刻雅雨堂叢書本　一冊

350000 - 2001 - 0014540　丙2/14.1

洴澼百金方十四卷首一卷　題（清）惠麓酒民編次　題（清）玉厄居士重訂　清乾隆刻本　四冊

350000 - 2001 - 0014541　862.97/98

妄妄錄十二卷　（清）朱海著　清道光十年（1830）刻本　六冊

350000 - 2001 - 0014542　甲1/8.7

周易十卷　（宋）程頤傳　（宋）朱熹本義　上下篇義一卷　（宋）程頤撰　**易圖一卷易說綱領一卷易五贊一卷筮儀一卷**　（宋）朱熹撰　明正統十二年（1447）司禮監刻本　十冊

350000 - 2001 - 0014543　862.97/103

埋憂集十卷續集二卷　（清）朱翊清撰　清同治十二年（1873）刻本　四冊

350000 - 2001 - 0014544　862.97/132

繪圖諧鐸十二卷　（清）沈起鳳撰　清宣統元年（1909）上海錦文書莊石印本　二冊

350000 - 2001 - 0014545　892.9/φ943

地理水法全成不分卷　（清）張丙琳輯著　清末刻本　一冊

350000 - 2001 - 0014546　910.1/23

五洲地理志略三十六卷首一卷　王先謙撰　清宣統二年（1910）湖南學務公所刻本　十二冊

350000 - 2001 - 0014547　862.97/496 - 1

金壺七墨十八卷　（清）黃鈞宰著　清同治十二年（1873）松江刻本　八冊

350000 - 2001 - 0014548　082.17/φ795 - 1 = 1

澹靜齋全集□□卷　（清）龔景瀚著　清同治八年（1869）龔易圖濟南郡署刻本　八冊　存十八卷（澹靜齋文鈔八卷、澹靜齋詩鈔六卷、邶風說二卷、澹靜齋說裸一卷圖一卷）

350000 - 2001 - 0014549　082.17/φ795 - 1 = 2

澹靜齋全集□□卷 （清）龔景瀚著 清同治
八年(1869)龔易圖濟南郡署刻本 四冊 存
十卷(邶風說二卷、祭儀攷四卷、澹靜齋說裸
一卷圖一卷、離騷箋二卷)

350000－2001－0014550 862.97/158

樂府侍兒小名二卷 （清）李調元撰 清嘉慶
十四年(1809)刻函海本 一冊 存一卷(一)

350000－2001－0014551 024/φ795－1

邶風說二卷 （清）龔景瀚著 清同治八年
(1869)龔易圖濟南郡署刻澹靜齋全集本
一冊

350000－2001－0014552 822.71/φ795－2

離騷箋二卷 （清）龔景瀚撰 清道光六年
(1826)閩縣龔式穀刻澹靜齋全集本 一冊

350000－2001－0014553 862.97/162－2

東皋雜鈔三卷 （清）董潮撰 清嘉慶南匯吳
氏聽彝堂刻藝海珠塵本 一冊

350000－2001－0014554 862.97/169

初月樓聞見錄十卷續十卷 （清）吳德旋著
清道光三年(1823)刻本 二冊

350000－2001－0014555 862.97/169.2

四夢彙譚四種 （清）吳紹箕撰 清光緒五年
(1879)鉛印申報館叢書本 四冊

350000－2001－0014556 726.1/523.1

古音類表九卷 （清）傅壽彤學 清光緒二年
(1876)刻澹勤室著述本 四冊

350000－2001－0014557 862.97/162－3

茶餘客話十二卷 （清）阮葵生撰 清嘉慶南
匯吳氏聽彝堂刻藝海珠塵本 二冊

350000－2001－0014558 862.97/162

茶餘客話十二卷 （清）阮葵生著 （清）戴璐
選 清乾隆五十九年(1794)刻本 二冊

350000－2001－0014559 862.97/170

試場異聞錄五種 （清）呂相熒輯 清同治九
年(1870)味經堂刻本 十冊

350000－2001－0014560 862.97/213

江東外紀拾殘一卷 （清）林用霖撰 清咸豐

刻本 一冊

350000－2001－0014561 832.615/558

樂府新編陽春白雪前集五卷後集五卷 （元）
楊朝英選集 清光緒三十一年(1905)南陵徐
乃昌小檀欒室刻隨庵徐氏叢書本 一冊

350000－2001－0014562 862.97/307.3

影梅庵憶語一卷 （清）冒襄著 （清）沈宗疇
訂 清光緒沈氏拜鵑樓刻如皋冒氏叢書本
三冊

350000－2001－0014563 862.97/307.4

決事餘譚一卷 （清）冒澄著 清光緒八年
(1882)刻本 一冊

350000－2001－0014564 862.97/320

紀氏嘉言四卷 （清）紀昀撰 （清）徐瑡摘錄
清道光二十六年(1846)刻本 三冊 存三
卷(一至三)

350000－2001－0014565 722.8/413＝2

佩觿三卷 （宋）郭忠恕撰 清康熙四十九年
(1710)吳郡張氏刻澤存堂五種本 一冊

350000－2001－0014566 862.97/320－3

閱微草堂筆記二十四卷 （清）紀昀撰 清刻
本 十二冊

350000－2001－0014567 920.4/442.1

歷朝紀事本末九種 （清）陳如升 （清）朱記
榮輯 題（清）捷記主人增輯 清光緒二十八
年(1902)上海捷記書局石印本 十四冊 存
四種三百五十六卷(左傳紀事本末一至二十
五、通鑑紀事本末二百三十九卷、宋史紀事本
末五十六至一百九、西夏紀事本末三十六卷
首二卷)

350000－2001－0014568 082.47/930.1

螢雪軒叢書□□種 （日本）近藤元粹評訂
清光緒三十二年(1906)青木嵩山堂鉛印本
一冊 存四種五卷(東坡詩話一卷、東坡詩話
補遺一卷、蘇詩紀事二卷、吳禮部詩話一卷)

350000－2001－0014569 862.97/320－9

閱微草堂筆記擇要二卷 （清）紀昀撰 題

（清）籐園居士選訂　清光緒十五年(1889)泉唐沈氏刻本　二冊

350000－2001－0014570　862.97/320－4＝1
閱微草堂筆記二十四卷　（清）紀昀撰　清道光刻本　十冊

350000－2001－0014571　862.97/330
涼棚夜話四卷續編二卷　（清）方元鵾著　清嘉慶四年(1799)刻本　一冊　存一卷(四)

350000－2001－0014572　920.4/442.1－1
歷朝紀事本末九種　（清）陳如升　（清）朱記榮輯　清光緒二十一年(1895)上海積山書局石印本　三十五冊　存五種五百二十二卷(通鑑紀事本末二百三十九卷、宋史紀事本末一百九卷、遼史紀事本末四十卷首一卷、金史紀事本末五十二卷首一卷、明史紀事本末八十卷)

350000－2001－0014573　920.4/442.1－1＝1
歷朝紀事本末九種　（清）陳如升　（清）朱記榮輯　清光緒二十一年(1895)上海積山書局石印本　三十四冊　存八種六百四十卷(左傳紀事本末五十三卷、通鑑紀事本末二百三十九卷、宋史紀事本末一百九卷、遼史紀事本末四十卷首一卷、金史紀事本末五十二卷首一卷、西夏紀事本末三十六卷首二卷、元史紀事本末二十七卷、明史紀事本末八十卷)

350000－2001－0014574　862.97/332
松筠閣鈔異十二卷　（清）高承勳輯　清道光八年(1828)渤海高氏刻本　六冊

350000－2001－0014575　862.97/359
新齊諧二十四卷　（清）袁枚編　清刻本　六冊

350000－2001－0014576　018.63/451－3.1
宋元舊本書經眼錄三卷坿錄二卷　（清）莫友芝撰　清光緒十年(1884)上海還讀樓刻本　二冊　存二卷(坿錄二卷)

350000－2001－0014577　762.2/430.1
澤存堂五種　（清）張士俊輯　清光緒十四年(1888)上海蜚英館影印本　七冊　存三種四

十二卷(大宋重修廣韻五卷、大廣益會玉篇三十卷、羣經音辨七卷)

350000－2001－0014578　862.97/393
宋豔十二卷　（清）徐士鑾撰　清光緒十七年(1891)天津徐氏蝶園刻本　六冊

350000－2001－0014579　862.97/403
兩般秋雨盦隨筆八卷　（清）梁紹壬撰　清木活字印本　四冊

350000－2001－0014580　862.97/403－1
兩般秋雨盦隨筆八卷　（清）梁紹壬撰　清光緒四年(1878)繡谷敦仁堂刻本　四冊

350000－2001－0014581　862.97/406
景船齋雜記二卷　（清）章有謨撰　清光緒鉛印申報館叢書本　二冊

350000－2001－0014582　862.97/505
六合內外瑣言二十卷　（清）屠紳編　清宣統三年(1911)上海國學扶輪社石印本　六冊

350000－2001－0014583　862.97/408－2＝1
里乘十卷　（清）許奉恩撰　清光緒五年(1879)刻本　十冊

350000－2001－0014584　862.97/408
里乘十卷　（清）許奉恩撰　清刻本　五冊

350000－2001－0014585　862.97/429
宦海浮沈錄二卷　（清）張心泰撰　清光緒三十二年(1906)刻本　一冊

350000－2001－0014586　862.97/432
息影偶錄八卷　（清）張埏輯　清光緒八年(1882)翠筠山房刻本　八冊

350000－2001－0014587　862.97/444
庸閒齋筆記十二卷　（清）陳其元撰　清宣統三年(1911)掃葉山房石印本　四冊

350000－2001－0014588　862.97/444＝1
庸閒齋筆記十二卷　（清）陳其元撰　清宣統三年(1911)掃葉山房石印本　四冊

350000－2001－0014589　862.97/518
瓻賸八卷續編四卷　（清）鈕琇輯　清宣統三

年(1911)時中書局石印本　四冊

350000－2001－0014590　862.97/518－1

舳艫八卷續編四卷　(清)鈕琇輯　清康熙四十一年(1702)臨野堂刻本　四冊

350000－2001－0014591　862.97/557

蘭芷零香錄三卷　(清)楊恩壽編　清光緒長沙楊氏刻坦園全集本　一冊

350000－2001－0014592　862.97/557＝1

蘭芷零香錄三卷　(清)楊恩壽編　清光緒長沙楊氏刻坦園全集本　一冊

350000－2001－0014593　862.97/568

三岡識畧十卷　(清)董含撰　清光緒鉛印申報館叢書本　二冊

350000－2001－0014594　862.97/538.4

聊攝叢談六卷　(清)須方岳著　清光緒十二年(1886)文英堂刻本　二冊

350000－2001－0014595　862.97/588

見聞隨筆二十六卷　(清)齊學裘撰　清同治十年(1871)天空海闊之居刻本　四冊

350000－2001－0014596　042.7/598

寄園寄所寄十二卷　(清)趙吉士輯　(清)馮雲驤等校訂　清康熙趙氏寄園刻本　十二冊

350000－2001－0014597　862.97/600

榆巢雜識二卷　(清)趙慎畛撰　清末鉛印本　二冊

350000－2001－0014598　082.17/φ795.1＝2

澹靜齋全集□□卷　(清)龔景瀚著　清道光六年(1826)閩縣龔式穀刻本　十冊　存二十二卷(澹靜齋文鈔六卷文鈔外篇二卷、澹靜齋詩鈔六卷、祭儀考四卷、邶風說二卷、離騷箋二卷)

350000－2001－0014599　862.98/253

夜譚隨錄十二卷　(清)和邦額著　清光緒十三年(1887)鴻寶齋石印本　一冊

350000－2001－0014600　864.342/965

經國美談前後編四十五回　(日本)矢野文雄纂　(清)雨塵子譯　清光緒二十八年(1902)

上海商務印書館鉛印本　二冊

350000－2001－0014601　866/968

未來戰國志十九回　題(日本)東洋奇人著　(清)老驥譯　清光緒二十八年(1902)上海廣智書局鉛印本　一冊

350000－2001－0014602　867/491

大復仇九章　(英國)亞瑟·柯南·道爾著　題(日本)黃人潤辭　題(清)奚若譯意　清光緒三十年(1904)上海小說林社鉛印本　一冊

350000－2001－0014603　862.97/600.2

海鷗小譜一卷附錄一卷　(清)趙執信撰　清光緒沈氏拜鵑樓刻如皋冒氏叢書本　一冊

350000－2001－0014604　872/939

癸丑年日課不分卷　(清)□□撰　清末至民國初稿本　一冊

350000－2001－0014605　862.97/608－3

詳註聊齋志異圖詠十六卷首一卷　(清)蒲松齡撰　(清)呂湛恩注　清宣統二年(1910)上海章福記石印本　十六冊

350000－2001－0014606　862.97/943

桂山錄異八卷　題(清)獅橋居士編　題(清)碧梧主人校　清刻本　四冊

350000－2001－0014607　862.97/608－4

聊齋志異評註十六卷　(清)蒲松齡著　(清)呂湛恩注　(清)王士禛評　清咸豐十一年(1861)芥子園刻本　十六冊

350000－2001－0014608　862.97/608－5

聊齋志異新評十六卷　(清)蒲松齡著　(清)王士禛評　(清)但明倫新評　清道光二十二年(1842)廣順但氏刻朱墨套印本　十六冊

350000－2001－0014609　862.97/944

吳門畫舫續錄三卷投贈三卷　(清)箇中生編　清嘉慶來清閣刻本　四冊

350000－2001－0014610　862.97/944＝1

吳門畫舫續錄三卷投贈三卷　(清)箇中生編　清嘉慶來清閣刻本　二冊

350000－2001－0014611　862.97/944.2

半螺龕雜誌一卷 題(清)遠菴僧著 清咸豐十年(1860)刻本 一冊

350000－2001－0014612 862.97/608－9
聊齋志異新評十六卷 (清)蒲松齡著 (清)呂湛思注 (清)王士禎評 (清)但明倫新評 清光緒十七年(1891)上海書局石印本 八冊

350000－2001－0014613 862.97/943.2
寄蝸殘贅十六卷 題(清)葵愚道人纂 清同治十一年(1872)汪氏无悶齋刻本 四冊

350000－2001－0014614 862.97/944.4
新齊諧二十四卷續十卷 (清)袁枚編 清刻隨園本 二冊 存十卷(續十卷)

350000－2001－0014615 862.97/608－5＝1
聊齋志異新評十六卷 (清)蒲松齡著 (清)王士禎評 (清)但明倫新評 清道光二十二年(1842)廣順但氏刻朱墨套印本 三冊 存五卷(五至七、十一至十二)

350000－2001－0014616 862.97/634
霤樓賸覽四卷 (清)歐蘇撰 清咸豐九年(1859)來盛堂刻本 二冊

350000－2001－0014617 862.97/707
質直談耳八卷 (清)錢肇鼇撰 清道光四年(1824)刻本 八冊

350000－2001－0014618 862.97/686
明齋小識十二卷 (清)諸聯著 清同治四年(1865)刻本 四冊

350000－2001－0014619 862.97/733
庸盦筆記六卷 (清)薛福成撰 清宣統二年(1910)掃葉山房石印本 三冊

350000－2001－0014620 862.97/733－1
庸盦筆記六卷 (清)薛福成撰 清光緒二十三年至二十四年(1897－1898)蕭山陳光淞刻本 六冊

350000－2001－0014621 862.97/740
塗說四卷 (清)繆艮輯 清道光七年(1827)刻本 四冊

350000－2001－0014622 862.97/936－1
談異八卷 (清)陳六舟撰 清光緒十九年(1893)刻本 二冊

350000－2001－0014623 862.97/936.2
吳門畫舫錄二卷 題(清)西溪山人編 清嘉慶紅樹山房刻本 二冊

350000－2001－0014624 862.97/936.2＝1
吳門畫舫錄二卷 題(清)西溪山人編 清嘉慶紅樹山房刻本 二冊

350000－2001－0014625 832.8/556
念一史彈詞注二卷 (明)楊慎撰 (明)吳如珩注 清刻本 一冊

350000－2001－0014626 862.97/940
秋坪新語十二卷 (清)張景運編 清乾隆六十年(1795)刻本 十二冊

350000－2001－0014627 862.97/588.1
見聞續筆二十四卷 (清)齊學裘撰 清光緒二年(1876)天空海闊之居刻本 四冊

350000－2001－0014628 874.17/834
國朝名人書札三卷 文明書局輯 清宣統三年(1911)上海文明書局鉛印尺牘叢刻本 三冊

350000－2001－0014629 875/152
叩鉢齋纂行廚集十八卷 (清)李之澎 (清)汪建封輯 (清)汪志瑞注 清乾隆二十二年(1757)刻本 十六冊

350000－2001－0014630 874.46/761
蔵密齋書牘一卷 (明)魏大中著 清光緒四年(1878)秀水孫氏望雲仙館刻檇李遺書本 一冊

350000－2001－0014631 874.47/21
弢園尺牘十二卷 (清)王韜著 清宣統二年(1910)鉛印本 四冊

350000－2001－0014632 874.47/164
兩罍軒尺牘十二卷 (清)吳雲著 清光緒刻本 三冊

350000－2001－0014633 874.47/164.1

兩罍軒尺牘十二卷 （清）吳雲著 清宣統二年(1910)上海時中書局石印本 四冊

350000 – 2001 – 0014634 874.47/166.2

桐城吳先生尺牘五卷補遺一卷諭兒書一卷 （清）吳汝綸撰 清光緒二十九年(1903)刻桐城吳先生全書本 三冊

350000 – 2001 – 0014635 425.224/28

大唐三藏聖教序 （唐）太宗李世民編撰 （晉）王羲之書寫 （唐）釋懷仁書寫 聖記 （唐）高宗李治編撰 （晉）王羲之書寫 （唐）釋懷仁書寫 般若波羅蜜多心經 （唐）釋玄奘編撰 （晉）王羲之書寫 （唐）釋懷仁書寫 拓本 一冊

350000 – 2001 – 0014636 874.47/184

何義門先生家書四卷 （清）何焯撰 吳蔭培編 清宣統元年(1909)平江吳蔭培刻本 二冊

350000 – 2001 – 0014637 874.47/226

五色瓜廬尺牘叢殘四卷 （清）邵慶辰撰 清光緒九年(1883)皖省聚文書坊木活字印本 四冊

350000 – 2001 – 0014638 874.47/343

六梅書屋尺牘三集 （清）凌丹陛存藁 （清）凌承家加評 清同治刻本 三冊

350000 – 2001 – 0014639 874.47/312

春在堂尺牘六卷 （清）俞樾撰 清光緒二十一年(1895)刻春在堂全書本 四冊

350000 – 2001 – 0014640 874.47/314 – 4

惜抱先生尺牘八卷 （清）姚鼐撰 清宣統元年(1909)小萬柳堂刻本 四冊

350000 – 2001 – 0014641 874.47/359

音註小倉山房尺牘八卷 （清）袁枚著 （清）胡光斗箋釋 清宣統三年(1911)掃葉山房石印本 四冊

350000 – 2001 – 0014642 874.47/314 – 4 = 1

惜抱先生尺牘八卷 （清）姚鼐撰 清宣統元年(1909)小萬柳堂刻本 四冊

350000 – 2001 – 0014643 874.47/408

秋水軒尺牘四卷 （清）許思湄著 （清）婁世瑞注 題（清）寄虹軒主人輯 清宣統元年(1909)石印本 二冊

350000 – 2001 – 0014644 874.47/420

繡虎軒尺牘初集八卷次集八卷三集八卷 （清）曹煜著 （清）許旭 （清）唐孫華校定 清康熙刻本 一冊 存四卷(初集一至四)

350000 – 2001 – 0014645 874.47/529.2

曾文正公書札三十三卷 （清）曾國藩撰 清光緒十三年(1887)申報館鉛印本 二十冊

350000 – 2001 – 0014646 874.47/444.1 – 1

培遠堂手札節要三卷首一卷附錄一卷 （清）陳弘謀著 清同治尊道堂刻本 二冊

350000 – 2001 – 0014647 874.47/529

曾文正公家書十卷 （清）曾國藩撰 大事記四卷 （清）李鴻章 （清）曾國荃審定 （清）王定安編 家書二卷 （清）曾國藩撰 榮哀錄一卷 （清）□□編 清光緒十九年(1893)上海圖書集成印書局鉛印本 八冊

350000 – 2001 – 0014648 874.47/447

知味軒稟言四卷啓事四卷 （清）陳毓靈撰 （清）左昇等校訂 清咸豐十年(1860)刻本 六冊

350000 – 2001 – 0014649 874.47/937

紅藕山莊尺牘十二卷首一卷 題（清）治垠散人定本 清嘉慶十七年(1812)紅藕山莊刻本 四冊

350000 – 2001 – 0014650 874.47/529.1

曾文正公家書十卷 （清）曾國藩撰 清光緒十六年(1890)鴻寶南局鉛印本 二冊 存四卷(五至八)

350000 – 2001 – 0014651 874.47/938

官場尺牘不分卷尺牘自怡四卷 （清）□□輯 清抄本 二冊

350000 – 2001 – 0014652 874.47/946

半園尺牘二十五卷補遺六卷 題（清）靜福山

人著　清同治刻本　二十三冊

350000－2001－0014653　878/156

閑情偶寄十六卷　（清）李漁撰　清康熙翼聖堂刻笠翁秘書本　十冊

350000－2001－0014654　874.47/976

徧行堂集四十九卷目錄二卷續集十六卷（清）釋今釋造　（清）釋古止　（清）釋傳湧編　清康熙刻本　一冊　存三卷（續集十至十二）

350000－2001－0014655　874.47/706－1

錢牧齋尺牘三卷補遺一卷　（清）錢謙益撰　清宣統三年（1911）上海商務印書館鉛印本　三冊

350000－2001－0014656　874.47/706

錢牧齋尺牘三卷補遺一卷　（清）錢謙益撰　清宣統二年（1910）上海商務印書館鉛印本　三冊

350000－2001－0014657　874.47/25.1＝1

虛受堂書札二卷　王先謙撰　清宣統三年（1911）上海掃葉山房石印本　二冊

350000－2001－0014658　874.48/27

新官場尺牘不分卷　（清）王楚薌撰　清宣統元年（1909）石印本　一冊

350000－2001－0014659　874.48/28

湘綺樓箋啓八卷　王闓運撰　清光緒三十三年（1907）墨莊劉氏刻本　四冊

350000－2001－0014660　878/272

寶存四卷　（清）胡式鈺撰　清道光二十一年（1841）刻本　二冊

350000－2001－0014661　878/336

畜德錄二十卷　（清）席啓圖纂輯　清康熙繩武堂刻本　九冊

350000－2001－0014662　876/940

[佚名小課]不分卷　（清）□□撰　清末稿本　一冊

350000－2001－0014663　878/441

塵海妙品十二種　（清）陳琰編　清宣統三年（1911）上海六藝書局石印本　一冊　存五種五卷（乾嘉詩壇點將錄一卷、圓明園詞序合一卷、痛定詞一卷、蠡湖異響一卷、骨牌燈戲譜一卷）

350000－2001－0014664　877/740

文章游戲初編八卷二編八卷三編八卷四編八卷　（清）繆艮輯　清道光四年（1824）刻本　十六冊

350000－2001－0014665　878/678

存古齋續晨鐘集二十卷　（清）劉光泗　（清）劉光洙輯　清康熙四十四年（1705）存古齋刻本　五冊　存十六卷（三至十八）

350000－2001－0014666　877/941

天花亂墜八卷二集八卷　（清）寅半生選輯　清光緒刻本　六冊　存十四卷（三至八、二集八卷）

350000－2001－0014667　878/134

雜抄不分卷　（清）沈誦先重訂　清光緒二十三年（1897）福州沈誦先抄本　二冊

350000－2001－0014668　878/936

[五書摘句]五卷　（清）□□輯　清抄本　二冊

350000－2001－0014669　832.8/558

廿一史彈詞註十一卷　（明）楊慎編著　（清）張三異增定　（清）張仲璜註　清乾隆五十一年（1786）漢陽張仁佐刻本　十六冊

350000－2001－0014670　822.19/939.1

怡情集一卷　（清）□□撰　清抄本　一冊

350000－2001－0014671　879.47/17

朝天錄一卷蜀程小紀一卷北行日記一卷征途隨筆一卷　（清）方濬頤撰　清光緒四年（1878）刻本　二冊

350000－2001－0014672　879.47/24

北遊日記四卷（清乾隆三十九年三月二十七日至六月三日）　（清）王初桐撰　清乾隆五十八年（1793）刻巏堥山人雜著本　一冊

350000－2001－0014673　879.47/249

鷗堂日記三卷(清咸豐五年正月初一至咸豐六年六月二十三日、咸豐九年六月初四至九月初九) (清)周星譽撰 清光緒十二年(1886)江陰金氏刻本 一冊

350000－2001－0014674 878/938
[吳之桓雜鈔]不分卷 (清)吳之桓輯 清末抄本 一冊

350000－2001－0014675 879.47/27
淞隱漫錄十二卷續錄五卷漫游隨錄三卷 (清)王韜撰 清光緒石印本 四冊

350000－2001－0014676 832.8/557
廿一史彈詞註十一卷 (明)楊慎編著 (清)張三異增定 (清)張仲璜註 清乾隆五十一年(1786)刻本 八冊

350000－2001－0014677 878/948－1
[陳氏雜鈔]不分卷 (清)陳氏輯 清末鐵石軒抄本 一冊

350000－2001－0014678 832.87/491
芝龕記六卷 (清)董榕撰 清乾隆十六年(1751)刻本 五冊

350000－2001－0014679 878/948
[道光邸鈔]不分卷 (清)□□輯 清抄本 二冊

350000－2001－0014680 852.47/φ331＝4
荔隱山房集七種 (清)涂慶瀾撰 清光緒莆陽涂氏刻宣統二年(1910)增修本 一冊 存二種六卷(荔隱居日記偶存三卷、荔隱居衛生集語三卷)

350000－2001－0014681 878/948.1
[江西榜文告示]不分卷 (清)□□輯 清抄本 一冊

350000－2001－0014682 832.9/938
繡像金玉緣十回 (□)□□撰 清抄本 一冊

350000－2001－0014683 878/948.2
浙司招詳一卷浙省司詳一卷 (清)□□輯 清末抄本 一冊

350000－2001－0014684 879.47/376
孫徵君日譜錄存三十六卷 (清)孫奇逢撰 清光緒十一年(1885)刻孫夏峰全集本 二十四冊

350000－2001－0014685 879.47/462－1
出使美日秘崔日記十六卷 (清)崔國因撰 清光緒二十年(1894)鉛印本 十二冊

350000－2001－0014686 879.47/462
出使美日秘崔日記十六卷 (清)崔國因撰 清末石印本 十二冊

350000－2001－0014687 879.47/529
曾文正手書日記不分卷(清道光十一年至同治十一年) (清)曾國藩撰 清宣統元年(1909)上海中國圖書公司石印 四十冊

350000－2001－0014688 879.47/765
復堂日記六卷 (清)譚獻撰 清光緒十三年(1887)刻復堂類集本 二冊

350000－2001－0014689 832.95/28.4
合訂西廂記文機活趣全解八卷 (元)王實甫撰 (清)金人瑞批點 (清)鄧汝寧音義 清光緒十三年(1887)上海石印本 三冊 存六卷(一至六)

350000－2001－0014690 832.95/28.5
此宜閣增訂金批西廂四卷首一卷末一卷 (清)金人瑞評 清刻朱墨套印本 六冊

350000－2001－0014691 893.2/148
古謠諺一百卷 (清)杜文瀾輯 清咸豐十一年(1861)刻曼陀羅華閣叢書本 二十冊

350000－2001－0014692 893.2/556
古今風謠一卷 (明)楊慎纂 (清)史夢蘭補注 古今風謠拾遺四卷 (清)史夢蘭輯 清同治十二年(1873)樂亭史夢蘭止園刻本 四冊

350000－2001－0014693 897.1/80
對聯匯海九卷 (清)邱日虹編 清周茂五刻本 一冊

350000－2001－0014694 832.95/28.6

如是山房增訂金批西廂四卷首一卷末一卷
(元)王實甫撰　清光緒二年(1876)刻朱墨套
印本　三冊　存三卷(一、三,末一卷)

350000－2001－0014695　897.1/250－2＝1
西湖楹聯四卷　(□)□□輯　清光緒二十二
年(1896)暨陽周慶祺刻本　四冊

350000－2001－0014696　897.1/274
楹聯集錦八卷　(清)胡鳳丹輯　清同治六年
(1867)退補齋刻本　二冊

350000－2001－0014697　892.9/343
金魚緣全傳二十卷　題(清)凌雲僊子編　清
抄本　十四冊

350000－2001－0014698　892.9/932
八仙記三十二卷　(清)□□撰　清抄本　三
十二冊

350000－2001－0014699　897.4/971
罔措齋對聯一卷　(清)釋通荷著　**擔當荷禪
師拈花百韻一卷**　(清)廣廈輯　清康熙廣廈
刻本　一冊

350000－2001－0014700　897/182＝1
衲蘇集二卷　(清)何杙纂　清同治元年
(1862)刻悔餘庵集本　二冊

350000－2001－0014701　897.6/158
聯經四卷　(清)李學禮述　清乾隆刻本
四冊

350000－2001－0014702　897.6/497
四書人物事類集鑑一卷　(清)黃圖南輯　清
光緒五年(1879)刻本　一冊

350000－2001－0014703　898/58
晨風閣叢書甲集四十六種　沈宗畸輯　清光
緒三十四年至宣統三年(1908－1911)鉛印本
　一冊　存二種三卷(謎話二卷、江鄉漁話一
卷)

350000－2001－0014704　852.17/531＝3
皇朝經世文續編一百二十卷姓名總目三卷
(清)盛康輯　盛宣懷編次　繆荃孫等勘　清
光緒二十三年(1897)武進盛氏思補樓刻本

八十冊

350000－2001－0014705　φ314/8
各國贊助禁煙之公言一卷　(清)福建去毒總
社編　清宣統三年(1911)福建去毒總社鉛印
本　一冊

350000－2001－0014706　179/φ211
林子三教正宗統論□□卷　(明)林兆恩撰
(明)盧文輝訂　明萬曆二十八年(1600)涵江
夏心堂刻本　一冊　存八卷(三教會編要略
一至二、心聖直指一卷、夏語註釋四卷、三教
合一大要一卷)

350000－2001－0014707　368.82/964
開平礦務創辦章程案據彙編不分卷　(清)開
平礦務局編　清光緒二十二年(1896)上海著
易堂書局鉛印本　一冊

350000－2001－0014708　甲6/19
公羊傳不分卷　(清)王源評訂　(清)程茂參
正　清武林任九思刻本　一冊

350000－2001－0014709　戊1/8
漢魏叢書三十八種　(明)程榮編　明萬曆二
十年(1592)程榮刻本　二冊　存六種十六卷
(穆天子傳六卷、周易略例一卷、古三墳一卷、
詩說一卷、新語二卷、申鑒五卷)

350000－2001－0014710　024.21/661
毛詩二十卷　(漢)毛亨傳　**鄭氏詩譜一卷**
(漢)鄭玄撰　**毛詩音義三卷**　(唐)陸德明撰
　清同治十一年(1872)金陵書局刻本　一冊
　存一卷(鄭氏詩譜一卷)

350000－2001－0014711　852.43/φ637－1
唐歐陽先生文集九卷　(唐)歐陽詹著　**附錄
一卷**　清康熙四十五年(1706)莆田歐陽晚刻
本(卷一至四、九配抄本)　四冊

350000－2001－0014712　852.107/944
青原嫡唱頌古六卷　(□)釋智考輯　清刻本
　一冊　存三卷(一至三)

350000－2001－0014713　852.47/φ161
方簡肅公文集十卷　(明)方良永撰　**附錄一**

卷　明萬曆八年(1580)方攸績刻本　一冊　存五卷(文集七至十、附錄一卷)

350000－2001－0014714　乙6.2/32

欽定滿洲源流考二十卷　(清)阿桂等修　(清)麟喜等纂　清抄本　一冊　存二卷(一至二)

350000－2001－0014715　722.2/409－11

說文解字十五卷標目一卷　(漢)許慎記　(宋)徐鉉等校定　**說文校字記一卷**　(清)陳昌治撰　**說文通檢十四卷首一卷末一卷**　(清)黎永椿編　清同治十二年(1873)陳昌治刻本　十冊

350000－2001－0014716　852.48/φ718

惜纓齋全集七十卷　謝叔元著　清末至民國初抄本　四冊　存二十卷(年譜一卷,大學述義五卷、首一卷,中庸章段存疑四卷,讀論語記九卷)

350000－2001－0014717　822.47/152＝4

天岳山館文鈔四十卷　(清)李元度撰　清光緒六年(1880)刻本　十一冊　存二十二卷(一至二十二)

350000－2001－0014718　082.5/352－1

玉函山房輯佚書五百九十四種附一種　(清)馬國翰輯　清光緒十年(1884)楚南書局刻本　九十八冊

350000－2001－0014719　φ366.8/814

甯德商務分會章程八章　(清)甯德商務分會編　清末鉛印本　一冊

350000－2001－0014720　082.5/352－2

玉函山房輯佚書五百九十四種附一種　(清)馬國翰輯　清光緒十年(1884)楚南湘遠堂刻本　八十冊

350000－2001－0014721　082.77/100

結一廬朱氏剩餘叢書四種　(清)朱澂輯　清光緒三十一年(1905)仁和朱氏刻本　十四冊

350000－2001－0014722　082.5/352

玉函山房輯佚書五百九十四種附一種　(清)

馬國翰輯　清光緒九年(1883)長沙娜嬛館刻本　九十六冊

350000－2001－0014723　082.6/21＝1

十子全書一百二十八卷　(清)王子興輯　清嘉慶九年(1804)姑蘇王氏聚文堂刻本　二十六冊

350000－2001－0014724　082.6/21＝2

十子全書一百二十八卷　(清)王子興輯　清嘉慶九年(1804)姑蘇王氏聚文堂刻本　三十冊

350000－2001－0014725　082.6/842

子書百家一百一種　(清)崇文書局輯　清光緒元年(1875)湖北崇文書局刻本　一百十冊

350000－2001－0014726　082.6/842＝1

子書百家一百一種　(清)崇文書局輯　清光緒元年(1875)湖北崇文書局刻本　一百十冊

350000－2001－0014727　082.7/791

藝苑捃華四十八種　(清)顧之逵輯　清同治七年(1868)務本堂刻本　二十四冊

350000－2001－0014728　082.77/25

天壤閣叢書二十種附六種　(清)王懿榮輯　清同治、光緒福山王氏刻本　十四冊

350000－2001－0014729　082.77/84

靈鶼閣叢書五十六種　(清)江標輯　清光緒元和江氏湖南使院刻本　二十一冊　存四十四種六十二卷(韓詩遺說二卷訂訛一卷、尚書大傳七卷、皇象本急就章一卷、說文解字索隱一卷補例一卷、漢事會最人物志三卷、隸友肊說一卷附錄一卷、教童子法一卷、汶民遺文一卷、欽定四庫全書總目提要四部類敘一卷、朔方備乘扎記一卷、使德日記一卷、德國議院章程一卷、英軺私記一卷、新嘉坡風土記一卷、中西度量權衡表一卷、光論一卷、人參攷一卷、積古齋藏器目一卷、平安館藏器目一卷、清儀閣藏器目一卷、懷米山房藏器目一卷、兩罍軒藏器目一卷、木庵藏器目一卷、梅花草廬藏器目一卷、簠齋藏器目一卷、窓齋藏器目一卷、天壤閣雜記一卷、董華亭書畫錄一卷、畫

友詩一卷、士禮居藏書題跋記續二卷、江寧金
石待訪目二卷、文史通義補編一卷附鈔本目
一卷刊本所有鈔本所無目一卷、和林金石錄
一卷詩一卷、前塵夢影錄二卷、西遊錄注一
卷、澳大利亞洲新志一卷、張憶娘簪華圖卷題
詠一卷、國語校文一卷、嘉蔭簃藏器目一卷、
愛吾鼎齋藏器目一卷、石泉書屋藏器目一卷、
雙虞壺齋藏器目一卷、簠齋藏器目第二本一
卷、選青閣藏器目一卷)

350000－2001－0014730　021.8/98

孫溪朱氏經學叢書初編十三種　(清)朱記榮
輯　清光緒十一至十三年(1885－1887)吳縣
朱氏槐廬刻本　十一冊　缺一種二卷(古易
音訓二卷)

350000－2001－0014731　082.77/99－8

槐廬叢書四十六種　(清)朱記榮輯　清光緒
吳縣朱氏槐廬刻本　六十五冊　存四十一種
二百十二卷(李氏易解賸義三卷、詩辨說一
卷、饗禮補亡一卷、公羊逸禮攷徵一卷、弟子
職集解一卷、攷經筆記一卷、世本二卷、楚漢
春秋一卷附疑義一卷、楚漢諸侯疆域志三卷、
括地志八卷補遺一卷、金石三例續編三種十
卷、九經古義十六卷、十三經詁答問六卷、古
易音訓二卷、京畿金石考二卷、平津讀碑記八
卷續記一卷、周髀算經二卷、數術記遺一卷、
九數外錄一卷、呂子校補二卷校續補一卷、芳
茂山人文集十二卷、四禮權疑八卷、爾雅漢注
三卷、歷代帝王宅京記二十卷、求古錄一卷、
漢魏六朝墓銘纂例四卷、補寰宇訪碑錄五卷
失編一卷、圖畫精意識一卷、玉溪生詩說二
卷、論語孔注辨偽二卷、營平二州地名記一
卷、明季實錄一卷、廣川書跋十卷、金石稱例
四卷續一卷、金石綜例四卷、石經閣金石跋文
一卷、鍼灸甲乙經十二卷、中吳紀聞六卷、孟
子時事略一卷、讀孟質疑二卷、金石錄補二十
七卷續跋七卷)

350000－2001－0014732　φ366.8/813－1

更定福州商務總會章程七章　(清)福州商務
總會編　清光緒福州鉛印本　一冊

350000－2001－0014733　082.77/99

校經山房叢書二十七種　(清)朱記榮輯　清
光緒三十年(1904)孫谿朱氏槐廬刻本　三十
二冊

350000－2001－0014734　φ366.8/813

更定福州商務總會章程七章　(清)福州商務
總會編　清光緒福州刻本　一冊

350000－2001－0014735　φ366.8/813＝1

更定福州商務總會章程七章　(清)福州商務
總會編　清光緒福州刻本　一冊

350000－2001－0014736　φ366.8/813－1＝1

更定福州商務總會章程七章　(清)福州商務
總會編　清光緒福州刻本　一冊

350000－2001－0014737　φ366.8/813－1＝2

更定福州商務總會章程七章　(清)福州商務
總會編　清光緒福州刻本　一冊

350000－2001－0014738　082.77/101

朱文端公藏書十三種　(清)朱軾校輯　清光
緒二十三年(1897)高安朱衡刻本　八十冊

350000－2001－0014739　082.77/106

粵雅堂叢書三編三十集一百八十四種　(清)
伍崇曜輯　清道光至光緒間南海伍氏刻本
三百九十五冊　缺一種十二卷(馭交記十二
卷)

350000－2001－0014740　082.77/100－1

結一廬朱氏剩餘叢書四種　(清)朱澂輯　清
光緒三十一年(1905)仁和朱氏刻本　二十冊

350000－2001－0014741　082.77/106－1

粵雅堂叢書三編三十集一百八十四種　(清)
伍崇曜輯　清道光至光緒間南海伍氏刻本
二百五十冊

350000－2001－0014742　082.77/159

惜陰軒叢書十六函三十五種　(清)李錫齡輯
　清道光二十六年(1846)宏道書院刻咸豐八
年(1858)增修本　六十四冊

350000－2001－0014743　082.5/942

敦煌石室遺書十三種　羅振玉等輯　清宣統
元年(1909)誦芬室鉛印本　一冊　存五種五

卷(尚書顧命殘本一卷、沙州志殘一卷、西州志殘一卷、慧超往五天竺國傳殘一卷、溫泉銘殘一卷)

350000－2001－0014744　082.6/164

桐城吳先生點勘諸子七種　（清）吳汝綸點勘　清宣統二年(1910)衍星社鉛印本　十冊
存六種存九十一卷(老子一卷、管子二十四卷、墨子十六卷、荀子二十卷、韓非子二十卷、太玄十卷)

350000－2001－0014745　082.77/151

榕園叢書三集六十二種　（清）張丙炎輯　清同治刻本　四十八冊

350000－2001－0014746　082.77/154

木犀軒叢書二十四種續刻六種　李盛鐸輯　清光緒德化李氏木犀軒刻本　三十九冊

350000－2001－0014747　082.77/157

函海二十三集一百四十九種　（清）李調元輯　清乾隆綿州李氏萬卷樓刻本　一百冊

350000－2001－0014748　082.77/157.3

函海四十函一百五十九種　（清）李調元輯　清光緒七年至八年(1881－1882)廣漢鍾登甲樂道齋刻本　一冊　存六種十五卷(續孟子二卷、仲蒙子三卷、素履子三卷、金華子雜編二卷、廣成子解一卷、孟子外書四卷)

350000－2001－0014749　082.77/157.1

函海四十函一百五十種　（清）李調元輯　清乾隆綿州李氏萬卷樓刻嘉慶十四年(1809)李鼎元增修本　一百五十冊　缺三種七卷(說文解字韻譜五卷、古今諺一卷、俗言一卷)

350000－2001－0014750　082.77/159－1

惜陰軒叢書十六函三十五種　（清）李錫齡輯　清道光二十六年(1846)宏道書院刻咸豐八年(1858)增修本　四十九冊

350000－2001－0014751　082.77/157－7

續函海六函十種　（清）李調元撰輯　清嘉慶李氏萬卷樓刻本　十二冊

350000－2001－0014752　082.77/167

重刊拜經樓叢書七種　（清）吳騫輯　清光緒刻本　九冊

350000－2001－0014753　082.77/157.2

函海四十函一百五十種　（清）李調元輯　清乾隆綿州李氏萬卷樓刻嘉慶十四年(1809)道光五年(1825)遞修本　八十八冊

350000－2001－0014754　082.77/169

說鈴二集五十二種　（清）吳震方輯　清刻本　二十四冊

350000－2001－0014755　082.77/212

春暉堂叢書□□種　（清）徐渭仁輯　清道光上海徐氏寒木春華館刻本　九冊　存六種二十八卷(寓意錄四卷、煙霞萬古樓詩選二卷、仲瞿詩錄一卷、秋紅丈室遺詩一卷、儀鄭堂殘稿二卷、思適齋集十八卷)

350000－2001－0014756　082.77/285

宜稼堂叢書七種　（清）郁松年輯　清道光上海郁氏刻本　五十九冊

350000－2001－0014757　082.77/316

咫進齋叢書三集三十七種　（清）姚覲元輯　清光緒九年(1883)歸安姚氏刻本　二十四冊

350000－2001－0014758　082.77/316＝1

咫進齋叢書三集三十七種　（清）姚覲元輯　清光緒九年(1883)歸安姚氏刻本　二十四冊

350000－2001－0014759　082.77/352

龍威秘書十集一百六十九種　（清）馬俊良輯　清乾隆世德堂刻本　八十冊

350000－2001－0014760　082.77/168

藝海珠塵八集一百六十八種　（清）吳省蘭輯　清嘉慶南滙吳氏聽彝堂刻本　五十二冊

350000－2001－0014761　082.77/316.1

咫進齋叢書二十二種　（清）姚覲元輯　清刻本　十六冊

350000－2001－0014762　082.77/352＝1

龍威秘書十集一百六十九種　（清）馬俊良輯　清乾隆世德堂刻本　四十六冊

350000－2001－0014763　082.77/376.2

平津館叢書十集三十二種　（清）孫星衍輯
清光緒十一年(1885)吳縣朱氏槐廬家塾刻本
　四十七冊

350000－2001－0014764　018.1/377

藏修堂叢書六集三十六種　（清）劉晚榮輯
清光緒十六年(1890)新會劉氏藏修堂刻本
二冊　存五種九卷(清秘藏二卷、藏書紀要一
卷、裝潢志一卷、畫筌析覽一卷、張氏四種四
卷)

350000－2001－0014765　082.77/169－1

說鈴二集五十一種　（清）吳震方輯　清康熙
刻本　十四冊

350000－2001－0014766　082.77/393

融經館叢書十一種　（清）徐友蘭輯　清光緒
會稽徐氏八杉齋刻本　三十二冊

350000－2001－0014767　082.77/248

貸園叢書初集十二種　（清）周永年輯　清乾
隆五十四年(1789)歷城周氏竹西書屋刻本
十六冊

350000－2001－0014768　082.77/248－1

貸園叢書初集十二種　（清）周永年輯　清乾
隆五十四年(1789)歷城周氏竹西書屋刻本
八冊

350000－2001－0014769　082.77/406

式訓堂叢書三集四十一種　（清）章壽康輯
清光緒會稽章氏刻本　二十冊　存二十二種
九十三卷(古易音訓二卷、傳經表一卷通經表
一卷、晉書地理志新補正五卷、乾道臨安志十
五卷首一卷、弟子職集解一卷、呂子校補二
卷、竹汀先生日記鈔三卷、經籍跋文一卷、對
策六卷、拜經樓藏書題跋記五卷附錄一卷、曝
書雜記三卷、溉亭述古錄二卷、春秋夏正二
卷、家語疏證六卷、平津館鑒藏記書籍三卷補
遺一卷續編一卷、廉石居藏書記二卷、銅熨斗
齋隨筆八卷、癖談六卷、疑年表一卷太歲超辰
表三卷、後甲集二卷、晚學集八卷、元魏熒陽
鄭文公摩崖碑跋一卷)

350000－2001－0014770　082.77/409－9

榆園叢刻十六種　（清）許增輯　清同治、光
緒刻本　十七冊

350000－2001－0014771　082.77/272

粟香室叢書五十八種　金武祥輯　清光緒江
陰金氏刻本　二十五冊

350000－2001－0014772　082.77/406＝1

式訓堂叢書三集四十一種　（清）章壽康輯
清光緒會稽章氏刻本　二十三冊

350000－2001－0014773　082.77/407

敏果齋七種　（清）許乃釗輯　清道光錢塘許
氏刻本　二十冊

350000－2001－0014774　082.77/409

娛園叢刻十種　（清）許增輯　清光緒十五年
(1889)仁和許氏刻榆園叢刻本　二冊

350000－2001－0014775　082.77/272.1

漸學廬叢書第一集十五種　（清）胡祥鑠輯
清光緒元和胡氏石印本　七冊

350000－2001－0014776　042.7/245

硯雲甲編八種乙編八種　（清）金忠淳輯　清
乾隆金氏硯雲書屋刻本　九冊　存十三種三
十七卷(都公譚纂二卷、顧曲雜言一卷、南中
紀聞一卷、耳新八卷、屏居十二課一卷、夢憶
一卷、汴京勾異記一至四、小隱書全帖一卷、
嶠南瑣記二卷、揮塵詩話一卷、敝帚齋餘談一
卷、長物志一至六、冷賞八卷)

350000－2001－0014777　082.77/432

花雨樓叢鈔十一種續十一種　（清）張壽榮輯
　清光緒蛟川張氏花雨樓刻本　四十八冊

350000－2001－0014778　082.77/434

十萬卷樓叢書五十一種　（清）陸心源輯　清
光緒歸安陸氏刻本　九十六冊

350000－2001－0014779　082.77/441

湖海樓叢書十二種　（清）陳春輯　清嘉慶十
四年至二十四年(1809－1819)蕭山陳氏湖海
樓刻本　三十冊

350000－2001－0014780　082.77/441.1

湖海樓叢書十二種　（清）陳春輯　清嘉慶蕭

山陳氏湖海樓刻光緒八年（1882）重印本　二
十六冊

350000－2001－0014781　082.17/673
槐軒全書三十種　（清）劉沅輯　清咸豐至民
國間刻本　一百七冊

350000－2001－0014782　082.77/441.2
湖海樓叢書十二種　（清）陳春輯　清嘉慶蕭
山陳氏湖海樓刻光緒千頃堂書局重印本　二
十六冊

350000－2001－0014783　082.77/454－1
長恩書室叢書甲集十種乙集九種　（清）莊肇
麟輯　清咸豐四年（1854）新昌莊氏過客軒刻
本　八冊

350000－2001－0014784　082.77/454－1＝1
長恩書室叢書甲集十種乙集九種　（清）莊肇
麟輯　清咸豐四年（1854）新昌莊氏過客軒刻
本　十冊　存甲集十種四十卷（神機制敵太
白陰經十卷、何博士備論一卷、守城錄四卷、
歷代兵制八卷、陣紀四卷、救荒活民書三卷拾
遺一卷、農桑衣食撮要二卷、旅舍備要方一
卷、傷寒微旨二卷、全生指迷四卷）

350000－2001－0014785　082.77/492
士禮居黃氏叢書十八種附二種　（清）黃丕烈
輯　清光緒十三年（1887）上海蜚英館石印本
二十八冊　缺二種九卷（船山詩選六卷、同
人唱和詩三卷）

350000－2001－0014786　082.77/601－7
仰視千七百二十九鶴齋叢書六集四十種
（清）趙之謙輯　清光緒會稽趙氏刻本　六冊
存六種十八卷（讀史舉正八卷、弟子職注一
卷、餘生錄一卷、甲乙雜著一卷、遯翁隨筆二
卷、鄭堂札記五卷）

350000－2001－0014787　082.77/491
漢學堂叢書二百十一種　（清）黃奭輯　清道
光甘泉黃氏刻光緒重印本　六十冊

350000－2001－0014788　082.77/651＝1
鐵華館叢書六種　（清）蔣鳳藻輯　清光緒九
年至十年（1883－1884）長洲蔣氏刻本　六冊

350000－2001－0014789　082.77/623
滂喜齋叢書四函五十種　（清）潘祖蔭輯　清
同治、光緒吳縣潘氏刻本　十一冊　存二十
三種四十四卷（虞氏易消息圖說初藁一卷、大
誓答問一卷、求古錄禮說補遺一卷續一卷、公
羊逸禮攷徵一卷、喪禮經傳約一卷、京畿金石
考二卷、止觀輔行傳宏決一卷、炳燭編四卷、
橋西雜記一卷、蕙西先生遺稿一卷、張文節公
遺集二卷、越三子集三種七卷、唅敢覽館稿一
卷、壬申消夏詩一卷、卦本圖攷一卷、尚書序
錄一卷、春秋左氏古義六卷、說文管見三卷、
鹽法議略一卷、黃帝內經素問校義一卷、藝芸
書舍宋元本書目二卷、玉井山館筆記一卷舊
遊日記一卷、癸酉消夏詩一卷）

350000－2001－0014790　082.77/622.2
海山仙館叢書五十六種　（清）潘仕成輯　清
道光、咸豐番禺潘氏刻本　一百二十二冊

350000－2001－0014791　082.77/622.2＝1
海山仙館叢書五十六種　（清）潘仕成輯　清
道光、咸豐番禺潘氏刻本　一百十八冊

350000－2001－0014792　082.77/651＝2
鐵華館叢書六種　（清）蔣鳳藻輯　清光緒九
年至十年（1883－1884）長洲蔣氏刻本　六冊

350000－2001－0014793　042.7/740
南菁札記十四種　（清）溥良輯　清光緒二十
年（1894）江陰使署刻本　三冊

350000－2001－0014794　082.77/700.1
抱經堂叢書十七種　（清）盧文弨輯　清乾
隆、嘉慶餘姚盧氏抱經堂刻本　一百冊

350000－2001－0014795　082.77/706
小萬卷樓叢書十七種　（清）錢培名輯　清光
緒四年（1878）金山錢氏刻本　八冊　存十二
種二十五卷（易學濫觴一卷、春秋通義一卷、
左傳博議拾遺二卷、律呂元音一卷、豐清敏公
遺事一卷、唐書直筆四卷、申鑒五卷、中論二
卷、醫經正本書一卷、對數簡法一卷續一卷、
元城語錄三卷附錄一卷、武陵山人雜著一卷）

350000－2001－0014796　082.77/705

守山閣叢書一百十一種　（清）錢熙祚輯　清光緒十五年(1889)上海鴻文書局石印本　一百冊

350000－2001－0014797　082.77/645

風雨樓叢書二十三種　鄧實輯　清宣統順德鄧氏鉛印本　四十七冊　缺一種十二卷(書畫題跋記十二卷)

350000－2001－0014798　082.77/700＝1

雅雨堂叢書十三種　（清）盧見曾輯　清乾隆二十一年至二十五年(1756－1760)盧氏雅雨堂刻本　三十冊　存十種一百二十九卷(李氏易傳十七卷、尚書大傳四卷、周易乾鑿度二卷、大戴禮記十三卷、戰國策三十三卷、匡謬正俗八卷、摭言十五卷、北夢瑣言二十卷、封氏聞見記十卷、文昌雜錄六卷補遺一卷)

350000－2001－0014799　082.77/792

南宋群賢小集七十三種　（宋）陳起輯　清嘉慶六年(1801)顧氏讀書齋刻本　二十八冊

350000－2001－0014800　082.77/793

小石山房叢書三十八種　（清）顧湘輯　清同治十三年(1874)虞山顧氏刻本　十一冊　存二十八種四十二卷(四書講義一卷、淮雲問答一卷續編一卷、論學酬答四卷、葦菴經說一卷、毋欺錄一卷、潘瀾筆記二卷、東觀奏記三卷、承華事略一卷、明夷待訪錄一卷、岳陽風土記一卷、校正朝邑志一卷、吳門耆舊記一卷、松窗快筆一卷、海虞畫苑略一卷補遺一卷、疑年錄四卷、續疑年錄四卷、稼書先生年譜一卷、汲古閣校刻書目一卷、汲古閣校刻書目補遺一卷、汲古閣刻板存亡考一卷、隱綠軒題識一卷、砥齋題跋一卷、湛園題跋一卷、義門題跋一卷、尋花日記一卷、看花雜詠一卷、冬心先生畫竹題記一卷、冬心先生三體詩一卷)

350000－2001－0014801　082.8/569

董氏叢書十六種　（清）董金鑑輯　清光緒會稽董氏取斯家塾刻本　十二冊

350000－2001－0014802　082.77/575－1

鄒叔子遺書七種　（清）鄒漢勛撰　清光緒九年(1883)刻本　十六冊

350000－2001－0014803　082.77/674

述古叢鈔四集二十六種　（清）劉晚榮輯　清同治、光緒古岡劉氏藏修書屋刻本　四十冊

350000－2001－0014804　丁3.2/10.5

唐文歸十卷　（明）鍾惺評選　（明）顧夢麟參訂　明集賢堂刻本　九冊　存九卷(二至十)

350000－2001－0014805　082.77/710－1

知不足齋叢書一百九十六種附十一種　（清）鮑廷博輯　（清）鮑志祖續輯　清乾隆至道光間長塘鮑氏知不足齋刻本　二百四十冊

350000－2001－0014806　082.77/965

正覺樓叢刻二十九種　（清）崇文書局輯　清光緒崇文書局刻本　十九冊　存十七種五十二卷(西京雜記二卷、酌中志餘二卷、括地志八卷、兩京新記殘一卷、李嶠雜詠二卷、化書六卷、指南後錄三卷、風角書八卷、人海記二卷、律呂臆說一卷、周官指掌五卷、紀事約言二卷、舊唐書疑義四卷、臨安旬制紀三卷、全浙詩話刊誤一卷、三國紀年表一卷、五代紀年表一卷)

350000－2001－0014807　822.18152/765

半廠叢書初編十種　（清）譚獻輯　清光緒仁和譚氏刻本　一冊　存五種六卷(合肥三家詩錄二卷、待堂文一卷、池上題襟小集一卷、四十初度述懷一卷、非見齋審定六朝正書碑目一卷)

350000－2001－0014808　082.78/128

晨風閣叢書二十種附七種　沈宗畸輯　清宣統元年(1909)番禺沈氏刻本　一冊　存五種七卷(邕州小集一卷、方叔淵遺稿一卷、高氏三宴詩集三卷、香山九老會詩一卷、古洋遺響集一卷)

350000－2001－0014809　032.46/556＝1

小嫏嬛山館彙刊類書十二種　（清）李調元輯　清咸豐元年(1851)綿州李氏刻本　八冊

350000－2001－0014810　082.78/128＝1

晨風閣叢書二十種附七種　沈宗畸輯　清宣

統元年(1909)番禺沈氏刻本　十六冊

350000－2001－0014811　082.78/153
集虛草堂叢書甲集十種　李國松撰　清光緒三十年至三十二年(1904－1906)合肥李國松集虛草堂刻本　二十四冊

350000－2001－0014812　082.8/765
桐城方氏七代遺書二十種　(清)方昌翰輯清光緒十四年(1888)刻本　十冊

350000－2001－0014813　082.78/740
藕香零拾三十九種　繆荃孫輯　清光緒二十二年至宣統二年(1896－1910)江陰繆荃孫刻本　三十二冊

350000－2001－0014814　082.9953/2
武林掌故叢編二十六集一百九十一種　(清)丁丙輯　清光緒錢塘丁氏嘉惠堂刻本　二百八冊

350000－2001－0014815　082.78/128－7
晨風閣叢書甲集五十二種　沈宗畸選編　清光緒三十四年至宣統三年(1908－1911)國學萃編社排印本　十八冊　存三十五種七十八卷(毛鄭詩斠議一卷、毛詩草木鳥獸蟲魚疏二卷、湖船錄一卷、鷗夢詞一卷、韻麋詞一卷、勉憙集詞一卷、石閭集一卷、羅浮紀游一卷、建康同遊記一卷、怡情小品一卷、銅仙殘淚一卷、遼東行部志一卷、五湖遊稿一卷、湖海樓集拾遺一卷、幽夢影一卷、幽夢續影一卷、謀野集刪二卷、芙蓉莊紅豆錄一卷、實獲齋文鈔四卷、鍊菴駢體文選四卷、樸學齋文鈔四卷、駢花閣文選四卷、石遺室師友錄六卷、江鄉漁話一卷、胡海同聲集後集四卷、詩羣六卷、今詞綜四卷、飲瓊漿館詞一卷、眉韻漏詩話八卷、小三吾亭詞話五卷、慕巢館札記一卷、說林二卷、今齊諧一卷、異伶傳一卷、謎話二卷)

350000－2001－0014816　082.9951/530
常州先哲遺書四十四種　盛宣懷輯　清光緒武進盛氏思惠齋刻本　六十四冊

350000－2001－0014817　822.19151/2
西泠五布衣遺著五種　(清)丁丙輯　清同治、光緒錢塘丁氏當歸草堂刻本　十冊

350000－2001－0014818　082.78/775－6
玉簡齋叢書二十二種　羅振玉輯　清宣統二年(1910)上虞羅振玉刻本　二十冊

350000－2001－0014819　082.97/394
懷幽雜俎十二種　徐乃昌輯　清光緒、宣統南陵徐氏刻本　十冊

350000－2001－0014820　082.78/128－7＝1
國學萃編□□期　沈宗畸選編　清光緒三十四年至宣統三年(1908－1911)國學萃編社排印本　二十五冊　存二十五期(一至二十五)

350000－2001－0014821　082.92/27
增訂漢魏叢書九十六種　(清)王謨輯　清宣統三年(1911)上海大通書局石印本　三十二冊

350000－2001－0014822　082.97/128
昭代叢書十集四百九十九種別集六十種附一種　(清)張潮　(清)張漸輯　(清)楊復吉　(清)沈懋憙續輯　清道光吳江沈氏世楷堂刻本　二十冊　存別集四十五種四十五卷(心病說一卷、觀宅四十吉祥相一卷、增訂心相百二十善一卷、閒餘筆話一卷、悟語一卷、蒙養詩教一卷、板橋褉記一卷、花底拾遺一卷、十眉謠一卷、戒賭文一卷、快說續紀一卷、廎詞一卷、酒社芻言一卷、嬾園觸政一卷、混同天牌譜一卷、三友棋譜一卷、内家拳法一卷、放生會約一卷、百花彈詞一卷、鶺鴒譜一卷、陰隲文頌一卷、幽夢影一卷、晉人麈一卷、西湖小史一卷、十美詞紀一卷、影梅庵憶語一卷、妒律一卷、牧豬閒話一卷、湖船錄一卷、說蛇一卷、世書一卷、馬弔說一卷、冷雲齋冰燈詩一卷、春秋左傳類聯一卷、閒情十二憮一卷、清閒供一卷、琉璃誌一卷、悅容編一卷、海鷗小譜一卷、五石瓠一卷、潮嘉風月記一卷、火戲略一卷、羽扇譜一卷、鳳仙譜一卷、貓乘一卷)

350000－2001－0014823　082.8/23
王漁洋遺書三十八種　(清)王士禛撰輯　清康熙刻雍正重印本　四十九冊　存三十二種

二百四十卷(漁洋山人詩集二十二卷、漁洋山人續集十六卷、鼇尾集十卷續二卷後二卷、南海集二卷、雍益集一卷、漁洋山人精華錄十卷、漁洋山人文略十四卷、唐賢三昧集三卷、香祖筆記十二卷、池北偶談二十六卷、居易錄三十四卷、分甘餘話四卷、皇華紀聞四卷、粵行三志三卷、蜀道驛程記二卷、秦蜀驛程後記二卷、龍蜀餘聞一卷、長白山錄一卷補遺一卷、浯溪考二卷、請假疏一卷賜沐紀程一卷、國朝謚法考一卷、考公集選四卷、抱山集選一卷、古鉢集選一卷、二家詩選二卷附錄一卷、阮亭選徐詩二卷附錄一卷、蕭亭詩選六卷、歷仕錄一卷、隴首集一卷、剪桐載筆一卷、清寤齋心賞編一卷、二如亭群芳譜四部四十一卷首一卷)

350000－2001－0014824　082.8/493

三長物齋叢書二十五種　(清)黃本驥輯　清道光湘陰蔣瓚刻本　六十冊

350000－2001－0014825　082.78/648－8

國粹叢書三集五十二種　(清)國學保存會輯　清光緒、宣統排印本　十八冊　存十七種四十九卷(顏習齋先生年譜二卷、吳赤溟先生文集一卷附錄一卷、靖康孤臣泣血錄二卷、嶠雅十二卷、投筆集二卷、刼灰錄一卷、三山鄭菊先生清雋集一卷、鄭所南先生文集一卷、陸右丞蹈海錄一卷附錄一卷、餘生錄一卷、金陵癸甲摭談一卷、孑遺錄一卷、爐餘錄二卷、辛巳泣蘄錄一卷附錄一卷、草莽私乘一卷、甲申傳信錄十卷、行朝錄六卷)

350000－2001－0014826　082.77/793－1

小石山房叢書三十八種　(清)顧湘輯　清同治十三年(1874)虞山顧氏刻本　六冊　存十五種二十三卷(懺摩錄一卷、潘瀾筆記二卷、尋花日記一卷、吳門耆舊記一卷、海虞畫苑略一卷、海虞畫苑略補遺一卷、疑年錄四卷、續疑年錄四卷、稼書先生年譜一卷、墨井題跋一卷、汲古閣校刻書目一卷、汲古閣刻板存亡考一卷、冬心先生畫竹題記一卷、詞評一卷、明人詩品二卷)

350000－2001－0014827　852.4949/φ434

[宣統己酉科]**福建選優貢卷一卷**　(清)張棻撰　清宣統元年(1909)鉛印本　一冊

350000－2001－0014828　082.9971/φ346－2

浦城遺書十四種　(清)祝昌泰等輯　清嘉慶浦城祝氏留香室刻本　十六冊　存十二種一百三卷(武夷新集二十卷楊文公逸詩文一卷、西崑酬唱集二卷、何博士備論一卷、春渚紀聞十卷、四朝聞見錄五卷、忘筌書十卷、大學集編二卷中庸集編三卷論語集編十卷孟子集編十四卷、西山文鈔八卷、真山民集一卷、楊仲弘集八卷、春秋四傳私考二卷、梅莊遺艸六卷)

350000－2001－0014829　082.78/394

隨庵徐氏叢書十種續編十種　徐乃昌輯　清光緒徐氏刻本　十九冊　存十七種七十卷(詞林韻釋一卷、蒼崖先生金石例十卷札記一卷、中朝故事一卷、雲仙散錄十卷札記一卷、述異記二卷、唐女郎魚玄機詩一卷、篋中集一卷札記一卷、補漢兵志一卷兵志札記一卷、呂氏鄉約一卷鄉儀一卷、三曆撮要一卷、劉涓子鬼遺方五卷、廣成先生玉函經一卷、忘憂清樂集一卷、酒經三卷、白虎通德論十卷、風俗通義十卷、續幽怪錄四卷重雕續幽怪錄札記一卷續幽怪錄逸文一卷)

350000－2001－0014830　082.77/793－2

小石山房叢書三十八種　(清)顧湘輯　清同治十三年(1874)虞山顧氏刻本　五冊　存十六種二十七卷(毋欺錄一卷、論學酬答四卷、潘瀾筆記二卷、夢曉樓隨筆一卷、松窗快筆一卷、隱綠軒題識一卷、砥齋題跋一卷、湛園題跋一卷、義門題跋一卷、海虞畫苑略一卷、海虞畫苑略補遺一卷、東觀奏記三卷、承華事略一卷、岳陽風土記一卷、校正朝邑志一卷、虞東先生文錄六卷)

350000－2001－0014831　082.78/600－1

峭帆樓叢書十八種　趙詒琛輯　清宣統三年至民國八年(1911－1919)趙氏刻本　二十冊

350000－2001－0014832　082.79/430－3

昭代叢書甲集五十卷乙集四十卷　(清)張潮

輯 清康熙三十六年至三十九年（1697-1700）刻本 九冊 存六十二卷（甲集三至十六、二十五至四十,乙集一至三十二）

350000-2001-0014833 082.8/375
古棠書屋叢書十七種 （清）孫澍 （清）孫鏌輯 清道光鵝溪孫氏刻本 二十冊

350000-2001-0014834 082.4/21-1
檀几叢書一百五十七種 （清）王晫輯 （清）張潮校 清康熙三十四年（1695）新安張氏霞舉堂刻本 四冊 存四十三種四十四卷（三百篇鳥獸草木記一卷、月令演一卷、歷代甲子考一卷、二十一史徵一卷、黜朱梁紀年論一卷、韻史一卷、釋奠考一卷、臚傳紀事一卷、喪禮雜說常禮雜說一卷、喪禮或問一卷、錦帶連珠一卷、操觚十六觀一卷、十七帖述一卷、龜臺琬琰一卷、稚黃子一卷、東江子一卷、續證人社約誠一卷、家訓一卷、高氏塾鐸一卷、餘慶堂十二戒一卷、猶見篇一卷、七勸口號一卷、元寶公案一卷、聯莊一卷聯騷一卷、琴聲十六法一卷、鶴齡錄一卷、逸亭易論一卷、孟子考一卷、人譜補圖一卷、教孝編一卷、仕的一卷、古觀人法一卷、古人居家居鄉法一卷、幼訓一卷、少學一卷、俗砭一卷、燕翼篇一卷、艾言一卷、訓蒙條例一卷、拙翁庸語一卷、醉筆堂三十六善一卷、七怪一卷、崋山經一卷）

350000-2001-0014835 戊1/8.7
增訂漢魏叢書八十六種 （清）王謨輯 清乾隆五十六年（1791）金谿王氏刻本 一百冊

350000-2001-0014836 822.195/619
賜墨堂家集合編八種 （清）熊寶泰 清嘉慶性餘堂刻本 一冊 存三種三卷（西園遺稿一卷、四十賢人集一卷、熊補亭遺詩一卷）

350000-2001-0014837 082.9953/377-2
永嘉叢書十三種 （清）孫衣言輯 清同治、光緒瑞安孫氏詒善祠塾刻本 十二冊 存八種九十二卷（劉左史文集四卷、劉給諫文集五卷、橫塘集二十卷、竹軒雜著六卷附竹軒襍著補遺、艮齋先生薛常州浪語集三十五卷、水心先生別集十六卷、蒙川先生遺稾四卷補遺一卷、閩徐德安守城錄一卷）

350000-2001-0014838 082.9953/377-1
永嘉叢書十三種 （清）孫衣言輯 清同治、光緒瑞安孫氏詒善祠塾刻本 二十四冊 存六種一百十卷（劉給諫文集五卷、水心先生別集十六卷、艮齋先生薛常州浪語集三十五卷、劉左史文集四卷、橫塘集二十卷、水心先生文集二十九卷補遺一卷）

350000-2001-0014839 082.79/430
昭代叢書甲集五十卷乙集四十卷 （清）張潮輯 （清）王晫槐 （清）崔岱齊等校 清康熙刻乾隆重印本 八冊 存三十六卷（甲集一至十六、三十一至五十）

350000-2001-0014840 082.9955/698
湖北叢書三十種 （清）趙尚輔輯 清光緒十七年（1891）三餘草堂刻本 一百冊

350000-2001-0014841 082.9953/395
紹興先正遺書八種 （清）徐友蘭輯 清光緒會稽徐友蘭鑄學齋刻本 三十六冊

350000-2001-0014842 082.78/600-1=1
峭帆樓叢書十八種 趙詒琛輯 清宣統三年至民國八年（1911-1919）趙氏刻本 二十冊

350000-2001-0014843 082.9974/106
嶺南遺書六集五十九種 （清）伍元薇 （清）伍崇耀輯 清道光、同治南海伍氏粵雅堂文字歡娛室刻本 八冊 存六種八十卷（雙槐歲鈔十卷附錄一卷、廣州人物傳二十四卷、翰林記二十卷、革除遺事節本六卷、春秋別典十五卷、百越先賢志四卷）

350000-2001-0014844 082.79/430-1
昭代叢書甲集五十卷乙集四十卷 （清）張潮輯 （清）王晫槐 （清）崔岱齊等校 清康熙刻乾隆重印本 八冊 存五十卷（甲集五十卷）

350000-2001-0014845 852.47/428.8=12
濂亭文集八卷 （清）張裕釗撰 清光緒八年（1882）蘇州查氏木漸齋刻本 二冊

350000－2001－0014846　082.9932/598

涇川叢書四十四種續七種　(清)趙紹祖
(清)趙繩祖輯　清道光十二年(1832)涇縣趙
氏古墨齋刻本　三十冊

350000－2001－0014847　852.47/428.8＝13

濂亭文集八卷　(清)張裕釗撰　清光緒八年
(1882)蘇州查氏木漸齋刻本　二冊

350000－2001－0014848　852.47/428.8＝14

濂亭文集八卷　(清)張裕釗撰　清光緒八年
(1882)蘇州查氏木漸齋刻本　二冊

350000－2001－0014849　852.47/428.8＝15

濂亭文集八卷　(清)張裕釗撰　清光緒八年
(1882)蘇州查氏木漸齋刻本　二冊

350000－2001－0014850　822.47/166.1＝3

圭盦詩錄一卷　(清)吳觀禮撰　清光緒五年
(1879)蕢齋刻本　一冊

350000－2001－0014851　920.51/320－1＝5

史通削繁四卷　(清)紀昀撰　清道光十三年
(1833)兩廣節署刻朱墨套印本　四冊

350000－2001－0014852　822.46/332－2

青邱高季迪先生詩集十八卷遺詩一卷扣舷集
一卷鳧藻集五卷　(明)高啓撰　(清)金檀輯
注　首一卷附錄一卷　(清)金檀撰　清雍正
六年至七年(1728－1729)金氏文瑞樓刻本
八冊

350000－2001－0014853　852.47/ϕ718.3

賭棋山莊餘集五卷　(清)謝章鋌撰　清光緒
至民國間刻賭棋山莊全集本　二冊

350000－2001－0014854　乙6.3/4.5

小白渡紀勝一卷　(清)鄢正衡著　清抄本
一冊

350000－2001－0014855　822.46/332－3

青邱高季迪先生詩集十八卷遺詩一卷扣舷集
一卷鳧藻集五卷　(明)高啓撰　(清)金檀輯
注　首一卷附錄一卷　(清)金檀撰　清雍正
六年至七年(1728－1729)金氏文瑞樓刻本
八冊

350000－2001－0014856　920.2/164－3

尺木堂綱鑑易知錄九十二卷明鑑易知錄十五
卷　(清)吳乘權等輯　清光緒三十一年
(1905)上海廣益書局鉛印本　十六冊

350000－2001－0014857　852.101/156.6

六家文選六十卷　(南朝梁)蕭統輯　(唐)李
善等注　明嘉靖袁褧嘉趣堂刻清重修本　三
十六冊　存三十五卷(一至三十五)

350000－2001－0014858　822.47/496＝1

兩當軒詩鈔十四卷悔存詞鈔二卷　(清)黃景
仁撰　清嘉慶二十二年(1817)長寧趙希璜刻
本　四冊

350000－2001－0014859　822.43/148.4＝1

杜工部集二十卷　(唐)杜甫撰　(清)錢謙益
箋註　(清)季振宜校閱　(清)何焯評點　清
宣統二年(1910)國學扶輪社鉛印本　八冊

350000－2001－0014860　852.47/ϕ718.3＝6

賭棋山莊餘集五卷　(清)謝章鋌撰　清光緒
至民國間刻賭棋山莊全集本　二冊

350000－2001－0014861　920.31/844－1＝1

九通九種　(清)□□輯　清光緒二十八年
(1902)上海鴻寶書局石印本　十六冊　存二
種二百二十六卷(皇朝通典一百卷、皇朝通志
一百二十六卷)

350000－2001－0014862　852.47/ϕ718.3＝7

賭棋山莊餘集五卷　(清)謝章鋌撰　清光緒
至民國間刻賭棋山莊全集本　二冊

350000－2001－0014863　852.47/ϕ718.3＝1

賭棋山莊餘集五卷　(清)謝章鋌撰　清光緒
至民國間刻賭棋山莊全集本　二冊

350000－2001－0014864　852.47/443－6

陳檢討集二十卷　(清)陳維崧撰　(清)程師
恭注　清末刻本　三冊

350000－2001－0014865　852.47/ϕ718.3＝2

賭棋山莊餘集五卷　(清)謝章鋌撰　清光緒
至民國間刻賭棋山莊全集本　二冊

350000－2001－0014866　852.47/ϕ718.3＝3

賭棋山莊餘集五卷　（清）謝章鋌撰　清光緒
至民國間刻賭棋山莊全集本　二冊

350000－2001－0014867　852.47/ф718.3＝4

賭棋山莊餘集五卷　（清）謝章鋌撰　清光緒
至民國間刻賭棋山莊全集本　二冊

350000－2001－0014868　852.47/ф718.3＝8

賭棋山莊餘集五卷　（清）謝章鋌撰　清光緒
至民國間刻賭棋山莊全集本　二冊

350000－2001－0014869　852.47/ф718.3＝5

賭棋山莊餘集五卷　（清）謝章鋌撰　清光緒
至民國間刻賭棋山莊全集本　二冊

350000－2001－0014870　920.31/844＝2

九通九種　（清）□□輯　清光緒二十七年
（1901）上海圖書集成局鉛印本　二百六十冊
　存六種一千八百九十四卷（欽定續通典一
百五十卷、欽定續通志六百四十卷、文獻通志
三百四十八卷附考證三卷、欽定續文獻通考
二百五十卷、皇朝文獻通考三百卷、通志二百
卷附考證三卷）

350000－2001－0014871　852.47/ф718.3＝9

賭棋山莊餘集五卷　（清）謝章鋌撰　清光緒
至民國間刻賭棋山莊全集本　二冊

350000－2001－0014872　852.47/ф718.3＝10

賭棋山莊餘集五卷　（清）謝章鋌撰　清光緒
至民國間刻賭棋山莊全集本　二冊

350000－2001－0014873　529.1/347－2

月令粹編二十四卷圖說一卷　（清）秦嘉謨編
　清光緒九年（1883）聚文書坊刻本（月令粹編
卷一至四、圖說一補配清嘉慶十七年（1812）江
都秦氏琳琅仙館本）　六冊

350000－2001－0014874　804/674－1＝4

文心雕龍十卷　（南朝梁）劉勰撰　（清）黃叔
琳注　（清）紀昀評點　清道光十三年（1833）
兩廣節署刻朱墨套印本　四冊

350000－2001－0014875　022.08/377＝1

漢魏二十一家易注　（清）孫堂輯　清嘉慶四
年（1799）平湖孫氏映雪草堂刻本　五冊

350000－2001－0014876　121.11/24－3

孔子家語十卷　（三國魏）王肅注　清李光明
莊刻本　四冊

350000－2001－0014877　852.47/ф718.3＝11

賭棋山莊餘集五卷　（清）謝章鋌撰　清光緒
至民國間刻賭棋山莊全集本　二冊

350000－2001－0014878　124.4/98－4

近思錄十四卷考訂朱子世家一卷　（清）江永
集注　校勘記一卷　（清）王炳錄　清同治八
年（1869）江蘇書局刻本　四冊

350000－2001－0014879　199.1/536

易冒十卷　（清）程良玉撰　（清）胡介定　清
康熙三年（1664）刻本　四冊　存五卷（一至
五）

350000－2001－0014880　852.47/ф718.3＝12

賭棋山莊餘集五卷　（清）謝章鋌撰　清光緒
至民國間刻賭棋山莊全集本　二冊

350000－2001－0014881　852.47/ф718.3＝13

賭棋山莊餘集五卷　（清）謝章鋌撰　清光緒
至民國間刻賭棋山莊全集本　二冊

350000－2001－0014882　852.47/ф718.3＝14

賭棋山莊餘集五卷　（清）謝章鋌撰　清光緒
至民國間刻賭棋山莊全集本　二冊

350000－2001－0014883　852.47/ф718.3＝15

賭棋山莊餘集五卷　（清）謝章鋌撰　清光緒
至民國間刻賭棋山莊全集本　二冊

350000－2001－0014884　852.47/ф718.3＝16

賭棋山莊餘集五卷　（清）謝章鋌撰　清光緒
至民國間刻賭棋山莊全集本　二冊

350000－2001－0014885　174/444－4

五種遺規十七卷　（清）陳弘謀輯　清光緒二
十一年（1895）浙江書局刻本　十冊

350000－2001－0014886　852.47/ф718.3＝17

賭棋山莊餘集五卷　（清）謝章鋌撰　清光緒
至民國間刻賭棋山莊全集本　二冊

350000－2001－0014887　909.11/25－2

金石萃編一百六十卷　（清）王昶編　清嘉慶

十年(1805)青浦王昶經訓堂刻本　六十四册

350000-2001-0014888　929.0261/496
得一齋雜著四種　(清)黄楙材撰　清光緒十二年(1886)新陽趙元益夢花軒刻本　一册　存二種六卷(西輶日記四卷、印度劄記二卷)

350000-2001-0014889　852.47/φ718.3=18
賭棋山莊餘集五卷　(清)謝章鋌撰　清光緒至民國間刻賭棋山莊全集本　二册

350000-2001-0014890　852.47/φ718.3=19
賭棋山莊餘集五卷　(清)謝章鋌撰　清光緒至民國間刻賭棋山莊全集本　二册

350000-2001-0014891　852.47/φ718.3=20
賭棋山莊餘集五卷　(清)謝章鋌撰　清光緒至民國間刻賭棋山莊全集本　二册

350000-2001-0014892　852.47/φ718.3=21
賭棋山莊餘集五卷　(清)謝章鋌撰　清光緒至民國間刻賭棋山莊全集本　二册

350000-2001-0014893　852.47/φ718.3=22
賭棋山莊餘集五卷　(清)謝章鋌撰　清光緒至民國間刻賭棋山莊全集本　二册

350000-2001-0014894　082.77/393=1
融經館叢書十一種　(清)徐友蘭輯　清光緒會稽徐氏八杉齋刻本　十五册　存五種三十五卷(兩漢雋言前集十卷、兩漢雋言後集六卷、楚騷綺語六卷、左國腴詞八卷、漢書蒙拾三卷、後漢書蒙拾二卷)

350000-2001-0014895　022/939
鄭氏周易爻辰一卷　(□)□□輯　清抄本　一册

350000-2001-0014896　852.47/φ718.4
賭棋山莊詩集十四卷　(清)謝章鋌撰　清光緒十四年(1888)刻賭棋山莊全集本　二册　存九卷(一至九)

350000-2001-0014897　852.43/151
李衛公會昌一品集二十卷别集十卷外集四卷補遺一卷　(唐)李德裕撰　清光緒五年(1879)定州王氏謙德堂刻畿輔叢書本　六册

350000-2001-0014898　822.12/394-1
玉臺新詠考異十卷　(清)紀容舒撰　清光緒五年(1879)定州王氏謙德堂刻畿輔叢書本　二册

350000-2001-0014899　920.34/736
歷代建元考二卷總論一卷類考一卷前編一卷外編四卷　(清)鍾淵映撰　清道光二十四年(1844)金山錢氏刻守山閣叢書本　二册

350000-2001-0014900　852.47/φ718.3=23
賭棋山莊餘集五卷　(清)謝章鋌撰　清光緒至民國間刻賭棋山莊全集本　一册　存二卷(文一至二)

350000-2001-0014901　972.9/935
義大利獨立戰史六卷附錄一卷　題(清)東京留學生譯　清光緒二十八年(1902)上海商務印書館鉛印戰史叢書本　一册

350000-2001-0014902　972.9/935=1
義大利獨立戰史六卷附錄一卷　題(清)東京留學生譯　清光緒二十八年(1902)上海商務印書館鉛印戰史叢書本　一册

350000-2001-0014903　910.2/936
歷史叢書□□種　(清)商務印書館編　清光緒上海商務印書館鉛印本　八册　存七種(世界近世史五編、俄羅斯史十六章、東洋倫理學史四期西洋倫理學史二編、希臘史八篇、蘇格蘭獨立史二十章、法蘭西史五卷、羅馬史十一編)

350000-2001-0014904　082.77/352-1
龍威秘書十集一百六十九種　(清)馬俊良輯　清刻本　五册　存二種四十五卷(本朝名家詩鈔小傳四卷、説文解字繫傳四十卷附錄一卷)

350000-2001-0014905　909.108/566
學古齋金石叢書四集十二種　(清)葛元煦輯　清光緒崇川葛元煦學古齋刻本　五册　存二種九卷(亭林文集六卷餘集一卷、識小編二卷)

350000-2001-0014906　350.16/427.3

紀效新書十八卷首一卷 （明）戚繼光撰 清
嘉慶十年(1805)張氏照曠閣刻學津討原本
八冊

350000－2001－0014907 920.52/302
歷代政事要論四卷 （清）范公諤纂集 清光
緒二十八年(1902)知新齋刻潛盦編纂群書本
六冊

350000－2001－0014908 082.77/791＝1
讀畫齋叢書八集四十六種 （清）顧修輯 清
嘉慶四年(1799)桐川顧氏刻本 三冊 存三
種七卷(好古堂書畫記二卷續記一卷、洞天清
祿集一卷、梅磵詩話三卷)

350000－2001－0014909 972.9/935＝2
義大利獨立戰史六卷附錄一卷 題（清）東京
留學生譯 清光緒二十八年(1902)上海商務
印書館鉛印戰史叢書本 一冊

350000－2001－0014910 082.17/φ718.5
賭棋山莊全集八種 （清）謝章鋌撰 清光緒
至民國間刻本 四冊 存三種二十四卷(賭
棋山莊集文七卷、賭棋山莊集詞話十二卷、課
餘續錄五卷)

350000－2001－0014911 082.17/φ598＝3
還硯齋全集二十五卷 （清）趙新撰 清光緒
黃樓刻本 十冊 存十三卷(還硯齋周易述
四卷、還硯齋易漢學擬旨一卷、還硯齋大學題
解參略一卷中庸題解參略二卷、還硯齋雜著
四卷附古近體詩一卷)

350000－2001－0014912 082.77/395
學壽堂叢書十二種 （清）徐紹楨撰 清咸豐
至光緒間番禺徐氏梧州刻本 三冊 存二種
十二卷(四書質疑九至十九、孝經質疑一)

350000－2001－0014913 042.4/132－2
夢溪筆談二十六卷補筆談一卷續筆談一卷
(宋)沈括撰 清嘉慶十年(1805)張氏照曠閣
刻學津討原本 一冊 存十卷(夢溪筆談十
八至二十六、補筆談一卷)

350000－2001－0014914 082.17/φ718.6
賭棋山莊全集十二種 （清）謝章鋌撰 清光

緒至民國間刻本 三十冊 存十一種七十五
卷(賭棋山莊文七卷、賭棋山莊文續二卷、賭
棋山莊集詩十四卷、賭棋山莊集酒邊詞八卷、
賭棋山莊餘集文三卷詩一卷詞一卷、說文閩
音通一卷附錄一卷、賭棋山莊詞話十二卷、賭
棋山莊詞話續五卷、賭棋山莊八十壽言一卷、
賭棋山莊筆記十五卷、東嵐謝氏明詩畧四卷)

350000－2001－0014915 121.17/384.1
荀子二十卷 （戰國）荀況撰 （唐）楊倞注
荀子校勘補遺一卷 （清）盧文弨 （清）謝墉
校 清嘉慶九年(1804)刻十子全書本 四冊

350000－2001－0014916 920.63/622＝4
讀史鏡古編三十二卷 （清）潘世恩輯 清同
治十三年(1874)冶城飛霞閣刻本 六冊

350000－2001－0014917 082.17/φ718.7
賭棋山莊所著書十二種 （清）謝章鋌撰 清
光緒十年至三十年(1884－1904)刻本 十六
冊 存八種六十八卷(賭棋山莊詩集十四卷、
賭棋山莊集酒邊詞八卷、賭棋山莊餘集文三
卷詩一卷詞一卷、說文閩音通一卷附錄一卷、
賭棋山莊集詞話十二卷、賭棋山莊詞話續五
卷、賭棋山莊筆記二種九卷、課餘偶錄四卷、
課餘續錄五卷、東嵐謝氏明詩畧四卷)

350000－2001－0014918 022/φ776
學易闡微四卷 （清）羅登標著 清乾隆七年
(1742)刻張榮紳重修本 二冊

350000－2001－0014919 082.17/404.1
藤花亭十種 （清）梁廷枏撰 清道光八年至
十三年(1828－1833)刻本 一冊 存二種二
卷(碑文摘奇一卷、書餘一卷)

350000－2001－0014920 923.85/402
南漢文字畧四卷 （清）梁廷枏輯 清刻藤花
亭本 一冊 存二卷(三至四)

350000－2001－0014921 082.77/566
嘯園叢書五十七種 （清）葛元煦輯 清光緒
仁和葛氏刻本 七冊 存五種十三卷(小山
畫譜二卷、放翁題跋六卷、放翁家訓一卷、臨
民要略二種三卷、吳中判讀一卷)

350000 – 2001 – 0014922　878/359

隨園瑣記二卷　（清）袁祖志著　清光緒五年(1879)葛氏嘯園刻本　一冊

350000 – 2001 – 0014923　852.47/429.1＝1

覆瓿集十三種　（清）張文虎撰　清同治、光緒刻本　一冊　存二種二卷(鼠壤餘蔬一卷、舒藝室詩續存一卷)

350000 – 2001 – 0014924　082.17/φ718.8

賭棋山莊全集十二種　（清）謝章鋌撰　清光緒至民國間刻本　五冊　存四種三十卷(賭棋山莊詩集十四卷、賭棋山莊餘集文三卷詩一卷詞一卷、說文閩音通一卷附錄一卷、賭棋山莊筆記二種九卷)

350000 – 2001 – 0014925　082.77/940

儲英館叢刻□□種　（清）□□輯　清光緒二十二年(1896)刻本　四冊　存三種十五卷(英俄印度交涉書一卷續編一卷、歐洲東方交涉記十二卷、帕米爾圖說一卷)

350000 – 2001 – 0014926　852.47/φ718.5

賭棋山莊詩集十四卷　（清）謝章鋌撰　清光緒十四年(1888)刻本　一冊　存五卷(一至五)

350000 – 2001 – 0014927　878/336.1

醒世日記二卷　（清）席世能著　清末上海印書公會鉛印翼化堂叢書本　一冊

350000 – 2001 – 0014928　454.4/166－2

端溪硯史三卷　（清）吳蘭修編　清道光、同治南海伍氏粵雅堂文字歡娛室刻嶺南遺書本　一冊

350000 – 2001 – 0014929　121.55/723－4

韓非子二十卷　（戰國）韓非撰　清道光二十五年(1845)影宋刻韓晏合編本　二冊

350000 – 2001 – 0014930　082.17/413－1

靈芬館集十七種　（清）郭麐撰　清嘉慶、道光刻本　四冊　存三種十二卷(靈芬館詩三集四卷、靈芬館詞三種六卷、靈芬樓雜著二卷)

350000 – 2001 – 0014931　082.17/136.3

龍莊遺書四種　（清）汪輝祖撰　清末刻本　五冊　存三種十二卷(學治臆說二卷續說一卷說贅一卷、佐治藥言一卷續一卷、雙節堂庸訓六卷)

350000 – 2001 – 0014932　126/792

小心齋劄記十八卷　（明）顧憲成撰　清光緒三年(1877)涇里宗祠刻顧端文公遺書本　一冊　存三卷(一至三)

350000 – 2001 – 0014933　879.47/18

星烈日記彙要四十卷首二卷末一卷　（清）方玉潤撰　清同治十二年至光緒元年(1873 – 1875)刻鴻濛室叢書本　三冊　存五卷(七至九、三十一至三十二)

350000 – 2001 – 0014934　082.17/260.1

續刻北江遺書七種　（清）洪亮吉撰　清道光二十二年(1842)姑蘇刻本　三冊　存六種十四卷(曉讀書齋初錄二卷二錄二卷三錄二卷四錄二卷、遣戍伊犁日記一卷、天山客話一卷、外家紀聞一卷、附鮚軒外集唐宋小樂府一卷、史目表二卷)

350000 – 2001 – 0014935　082.17/447

靈峯草堂叢書□□種　陳矩輯　清光緒刻本　三冊　存三種五卷(天全石錄一卷、毛詩殘三卷、歷代帝王紹運圖一卷)

350000 – 2001 – 0014936　726.2/223

屈子七卷　（戰國）屈原撰　評一卷　（明）毛晉輯　楚譯二卷參疑一卷　（明）毛晉參定　明萬曆四十六年(1618)毛氏綠君亭刻本　一冊　存四卷(評一卷、楚譯二卷、參疑一卷)

350000 – 2001 – 0014937　195/485

新鐫道書度人梯經八卷　（清）傅金銓撰　清刻濟一子道書本　一冊　存四卷(一至四)

350000 – 2001 – 0014938　992.2899/245

朱柏廬先生編年毋欺錄三卷補遺一卷附一卷　（清）朱用純撰　（清）李祖榮校輯　清光緒金氏刻歸顧朱三先生年譜合刻本　一冊　存一卷(上)

350000 – 2001 – 0014939　852.47/φ444.2

怡怡堂詩文集不分卷　（清）陳金城撰　清抄本　一册

350000 – 2001 – 0014940　852.47/φ444.4

陳念庭文稿不分卷　（清）陳金城撰　清抄本　八册

350000 – 2001 – 0014941　822.43/151 – 4

李長吉歌詩四卷首一卷外集一卷　（唐）李賀撰　（清）王琦編輯　清乾隆二十五年（1760）寶笏樓刻本　一册　存二卷（歌詩一、首一卷）

350000 – 2001 – 0014942　082.77/395 – 1

學壽堂叢書十二種　（清）徐紹楨撰　清咸豐至光緒間番禺徐氏梧州刻本　十九册　存十種八十四卷（通介堂經說三十七卷、孝經質疑一卷、樂律攷二卷、靈州山人詩錄六卷、四書質疑十九卷、後漢書朔閏考五卷、三國志質疑六卷、勾股通義三卷、學一齋算課草四卷、學一齋算學問答一卷）

350000 – 2001 – 0014943　082.47/964.1

古文小品冰雪携□□卷　（明）衛泳箋　清初刻本　三册　殘

350000 – 2001 – 0014944　722.2/272.3 = 1

說文字原韻表二卷　（清）胡重編　（清）金孝柏訂　清嘉慶十六年（1811）秀水金氏月香書屋刻蕅圃十種本　一册

350000 – 2001 – 0014945　082.17/565

雙楳景闇叢書十六種　葉德輝輯　清光緒、宣統長沙葉氏刻本　一册　存四種四卷（乾嘉詩壇點將錄一卷、東林點將錄一卷、重刻足本乾嘉詩壇點將錄一卷、秦雲擷英小譜一卷）

350000 – 2001 – 0014946　082.17/248

犢山類藁五種　（清）周鎬撰　清嘉慶二十二年（1817）啓秀堂刻本　四册

350000 – 2001 – 0014947　082.17/319 – 3

惜抱軒全集十種　（清）姚鼐撰　清同治五年（1866）省心閣刻本　十六册

350000 – 2001 – 0014948　742.7/938 = 2

和文漢讀法不分卷　丁福保撰　清光緒二十七年（1901）無錫丁氏石印疇隱廬叢書本　一册

350000 – 2001 – 0014949　852.107/320

唐人試律說一卷　（清）紀昀撰　清刻鏡煙堂本　一册

350000 – 2001 – 0014950　121.24/237

讀老札記二卷補遺一卷　易順鼎撰　清光緒十年（1884）刻寶瓠齋雜俎本　一册

350000 – 2001 – 0014951　727.1/915 – 4

澄衷蒙學堂字課圖說四卷檢字一卷類字一卷　（清）劉樹屏撰　清光緒二十七年（1901）澄衷蒙學堂石印本　八册

350000 – 2001 – 0014952　395.75/946 = 3

辦理掩埋章程一卷附刊掩埋備考一卷　（清）□□撰　清光緒二十四年（1898）刻本　一册

350000 – 2001 – 0014953　395.75/946 = 4

辦理掩埋章程一卷附刊掩埋備考一卷　（清）□□撰　清光緒二十四年（1898）刻本　一册

350000 – 2001 – 0014954　395.75/946 = 5

辦理掩埋章程一卷附刊掩埋備考一卷　（清）□□撰　清光緒二十四年（1898）刻本　一册

350000 – 2001 – 0014955　395.75/946 = 6

辦理掩埋章程一卷附刊掩埋備考一卷　（清）□□撰　清光緒二十四年（1898）刻本　一册

350000 – 2001 – 0014956　082.77/166

雙梧軒四種　（清）吳繼曾輯　清道光二十年至二十一年（1840 – 1841）上元吳氏刻本　一册

350000 – 2001 – 0014957　360.18/φ942 – 1

原富五部　（英國）斯密亞丹撰　嚴復譯　清末石印本（甲、乙、丙三部為清末鉛印本補配）　七册

350000 – 2001 – 0014958　852.47/273 – 9

胡文忠公遺集八十六卷首一卷　（清）胡林翼撰　（清）曾國荃　（清）鄭敦謹編輯　清同治

三年(1864)武昌節署刻本　三十四冊　存八十卷(五至三十一、三十五至八十六,首一卷)

350000－2001－0014959　822.47/ϕ730.8＝4
望雲精舍詩鈔一卷　(清)薩大滋著　清宣統二年(1910)薩嘉榘蒔花吟館刻本　一冊

350000－2001－0014960　822.48/442＝4
散原精舍詩二卷　陳三立撰　清宣統元年(1909)上海商務印書館鉛印本　二冊

350000－2001－0014961　804/674－1＝5
文心雕龍十卷　(南朝梁)劉勰撰　(清)黃叔琳注　(清)紀昀評點　清道光十三年(1833)兩廣節署刻朱墨套印本　四冊

350000－2001－0014962　722.8/792＝1
隸辨八卷　(清)顧藹吉撰　清康熙五十七年(1718)刻本　四冊

350000－2001－0014963　992.1314/491＝2
宋元學案一百卷首一卷　(清)黃宗羲撰　(清)黃百家輯　(清)全祖望修定　清光緒五年(1879)長沙寄廬刻本　四十八冊

350000－2001－0014964　360.18/ϕ942－2
原富五部　(英國)斯密亞丹撰　嚴復譯　清光緒二十八年(1902)南洋公學譯書院刻本　七冊

350000－2001－0014965　360.18/ϕ942－3
原富五部　(英國)斯密亞丹撰　嚴復譯　清末石印本　八冊

350000－2001－0014966　612.4/24
醫統正脈全書四十四種　(明)王肯堂彙輯　清江陰朱文震刻光緒三十三年(1907)京師醫局印本　三十六冊　存十七種一百四十六卷(補注黃帝內經素問二十四卷遺篇一卷、黃帝內經靈樞十二卷、黃帝鍼灸甲乙經十二卷、中藏經八卷、脈經十卷、難經本義二卷、注解傷寒論十卷、傷寒明理論四卷、類證活人書二十二卷、素問玄機原病式一卷、黃帝素問宣明論方十五卷、傷寒標本心法類萃二卷、傷寒心鏡別集一卷、傷寒心要一卷、素問病機氣宜保命集三卷、傷寒直格論方三卷、儒門事親十五

卷)

350000－2001－0014967　252/833
廣西監獄學堂章程一卷內務細則一卷　(清)廣西監獄學堂編　清宣統鉛印本　一冊

350000－2001－0014968　252/833＝1
廣西監獄學堂章程一卷內務細則一卷　(清)廣西監獄學堂編　清宣統鉛印本　一冊

350000－2001－0014969　252/833＝2
廣西監獄學堂章程一卷內務細則一卷　(清)廣西監獄學堂編　清宣統鉛印本　一冊

350000－2001－0014970　252/833＝3
廣西監獄學堂章程一卷內務細則一卷　(清)廣西監獄學堂編　清宣統鉛印本　一冊

350000－2001－0014971　252/833＝4
廣西監獄學堂章程一卷內務細則一卷　(清)廣西監獄學堂編　清宣統鉛印本　一冊

350000－2001－0014972　252/833＝5
廣西監獄學堂章程一卷內務細則一卷　(清)廣西監獄學堂編　清宣統鉛印本　一冊

350000－2001－0014973　252/833＝6
廣西監獄學堂章程一卷內務細則一卷　(清)廣西監獄學堂編　清宣統鉛印本　一冊

350000－2001－0014974　252/833＝7
廣西監獄學堂章程一卷內務細則一卷　(清)廣西監獄學堂編　清宣統鉛印本　一冊

350000－2001－0014975　252/833＝8
廣西監獄學堂章程一卷內務細則一卷　(清)廣西監獄學堂編　清宣統鉛印本　一冊

350000－2001－0014976　252/833＝9
廣西監獄學堂章程一卷內務細則一卷　(清)廣西監獄學堂編　清宣統鉛印本　一冊

350000－2001－0014977　252/833＝10
廣西監獄學堂章程一卷內務細則一卷　(清)廣西監獄學堂編　清宣統鉛印本　一冊

350000－2001－0014978　252/833＝11
廣西監獄學堂章程一卷內務細則一卷　(清)

廣西監獄學堂編　清宣統鉛印本　一冊

350000－2001－0014979　252/833 = 12
廣西監獄學堂章程一卷内務細則一卷　（清）
廣西監獄學堂編　清宣統鉛印本　一冊

350000－2001－0014980　252/833 = 13
廣西監獄學堂章程一卷内務細則一卷　（清）
廣西監獄學堂編　清宣統鉛印本　一冊

350000－2001－0014981　252/833 = 14
廣西監獄學堂章程一卷内務細則一卷　（清）
廣西監獄學堂編　清宣統鉛印本　一冊

350000－2001－0014982　252/833 = 15
廣西監獄學堂章程一卷内務細則一卷　（清）
廣西監獄學堂編　清宣統鉛印本　一冊

350000－2001－0014983　252/833 = 16
廣西監獄學堂章程一卷内務細則一卷　（清）
廣西監獄學堂編　清宣統鉛印本　一冊

350000－2001－0014984　252/833 = 17
廣西監獄學堂章程一卷内務細則一卷　（清）
廣西監獄學堂編　清宣統鉛印本　一冊

350000－2001－0014985　252/833 = 18
廣西監獄學堂章程一卷内務細則一卷　（清）
廣西監獄學堂編　清宣統鉛印本　一冊

350000－2001－0014986　252/833 = 19
廣西監獄學堂章程一卷内務細則一卷　（清）
廣西監獄學堂編　清宣統鉛印本　一冊

350000－2001－0014987　252/833 = 20
廣西監獄學堂章程一卷内務細則一卷　（清）
廣西監獄學堂編　清宣統鉛印本　一冊

350000－2001－0014988　252/833 = 21
廣西監獄學堂章程一卷内務細則一卷　（清）
廣西監獄學堂編　清宣統鉛印本　一冊

350000－2001－0014989　082.77/168 = 1
藝海珠塵八集一百六十八種　（清）吳省蘭輯
清嘉慶南滙吳氏聽彝堂刻本　五十六冊

350000－2001－0014990　042.7/φ214 = 5
溫經日記六卷　（清）林昌彝撰　清光緒十六

年(1890)林慶炳刻本　四冊　存四卷(一、三至五)

350000－2001－0014991　822.47/φ730.8 = 5
望雲精舍詩鈔一卷　（清）薩大滋著　清宣統二年(1910)蔣花吟館刻本　一冊

350000－2001－0014992　126/171 － 7
呂語集粹四卷首一卷　（明）呂坤著　（清）陳弘謀評　清光緒五年(1879)刻本　四冊

350000－2001－0014993　909.4502/165 － 2
古玉圖攷不分卷　（清）吳大澂編訂　（清）吳大槇圖　清光緒十五年(1889)上海同文書局石印本　四冊

350000－2001－0014994　822.45/φ730 － 7
雁門集六卷附卷一卷補遺一卷　（元）薩都剌著　清宣統二年(1910)刻本　四冊

350000－2001－0014995　909.42/557
望堂金石文字初集三十四種二集九種　（清）楊守敬摹刻　清同治九年至光緒三年(1870 － 1877)宜都楊守敬飛青閣刻本　八冊

350000－2001－0014996　852.195/762.2 = 1
寧都三魏全集八十五卷首一卷　（清）林時益輯　清易堂刻本　五十二冊

350000－2001－0014997　912/575
[**京師大學堂講義**]□□種　（清）京師大學堂編　清光緒二十四年至宣統三年(1898 － 1911)排印本　一冊　存三種(京師大學堂中國地理講義一卷首一卷、京師大學堂經濟學講義五篇)

350000－2001－0014998　822.47/942.1
雪林遺詩一卷續一卷　（清）釋德亮撰　清道光元年(1821)吳江柳氏刻本　一冊

350000－2001－0014999　822.47/942.1 = 1
雪林遺詩一卷續一卷　（清）釋德亮撰　清道光元年(1821)吳江柳氏刻本　一冊

350000－2001－0015000　929.02/412 － 2
山海經十八卷篇目考一卷　（晉）郭璞傳（清）畢沅校正　清光緒三年(1877)浙江書局

刻本 三册

350000－2001－0015001 852.107/319.7

古文辭類纂七十四卷 （清）姚鼐纂集 清光緒十八年(1892)席氏掃葉山房刻本 十一册

350000－2001－0015002 913/28

譯史綱目十六卷首一卷 （清）王勳撰 （清）陳英荄校 清光緒二十七年(1901)刻本 十册

350000－2001－0015003 852.17/506－5＝2

皇朝經世文編一百二十卷姓名目錄二卷 （清）賀長齡輯 清道光七年(1827)刻本 二十册 缺九十一卷(皇朝經世文編一至八十九、姓名目錄二卷)

350000－2001－0015004 920.51/329－3＝1

史通通釋二十卷 （清）浦起龍釋 清光緒翰墨園刻本 八册

350000－2001－0015005 852.46/442－2＝1

陳臥子先生安雅堂稿十五卷 （明）陳子龍撰 清宣統元年(1909)上海時中書局鉛印本 六册

350000－2001－0015006 909.42/776.1

碑別字補五卷 羅振玉輯 清光緒二十七年(1901)刻本 一册

350000－2001－0015007 909.53/535

秦漢瓦當文一卷續一卷 （清）程敦著錄 清光緒影印本 三册

350000－2001－0015008 909.53/535＝1

秦漢瓦當文一卷續一卷 （清）程敦著錄 清光緒影印本 三册

350000－2001－0015009 172/151

張樂圃太傅文端公聰訓齋語二卷恒產瑣言一卷飯有十二合說一卷 （清）李增秩述 清同治三年(1864)刻本 一册

350000－2001－0015010 852.101/156.3＝1

文選六十卷 （南朝梁）蕭統撰 （唐）李善注 清同治八年(1869)金陵書局刻本 五册 存二十五卷(十一至二十、二十五至二十九、四十五至四十八、五十五至六十)

350000－2001－0015011 909.4201/26－1

輿地碑記目四卷 （宋）王象之撰 清同治九年(1870)潘祖蔭滂喜齋刻本 二册

350000－2001－0015012 929.029/21＝1

廣志繹五卷 （明）王士性著 清嘉慶二十二年(1817)臨海宋氏刻台州叢書本 二册

350000－2001－0015013 082.17/598－1

甌北全集一百七十五卷 （清）趙翼撰 清乾隆、嘉慶湛貽堂刻本 一册 存二種十卷(簷曝雜記六卷、皇朝武功紀盛四卷)

350000－2001－0015014 334/749

東甌記畧一卷東甌留別和章三卷 （清）戴槃撰 清同治七年(1868)刻兩浙宦遊紀畧本 一册

350000－2001－0015015 021/415＝1

新學偽經考十四卷 康有為撰 清光緒十七年(1891)廣州康氏萬木草堂刻本 六册

350000－2001－0015016 909.4502/104－1

亦政堂重考古玉圖二卷 （元）朱德潤集 清乾隆十七年(1752)天都黃氏亦政堂刻清末重印三古圖本 一册

350000－2001－0015017 042.7/306.1＝1

恩福堂筆記二卷 （清）英和撰 清道光十七年(1837)刻本 二册

350000－2001－0015018 910.34/968

四裔編年表四卷 （美國）林樂知譯 嚴良勳譯 （清）李鳳苞彙編 清同治刻本 四册

350000－2001－0015019 852.17/506－1

皇朝經世文編一百二十卷姓名總目二卷 （清）賀長齡輯 清光緒二十二年(1896)掃葉山房鉛印本 二十四册

350000－2001－0015020 862.98/599－4

寄園寄所寄十二卷 （清）趙吉士輯 （清）馮雲驤等校訂 清刻本 十三册 缺一卷(五)

350000－2001－0015021 910.34/968＝1

四裔編年表四卷 （美國）林樂知譯 嚴良勳

譯　(清)李鳳苞彙編　清同治刻本　四冊

350000－2001－0015022　909.53/535＝2

秦漢瓦當文一卷續一卷　(清)程敦著錄　清光緒影印本　三冊

350000－2001－0015023　909.42/679

漢石例六卷　(清)劉寶楠錄　清道光二十九年(1849)靈石楊氏刻連筠簃叢書本　一冊

350000－2001－0015024　920.2/65－9＝1

資治通鑑二百九十四卷目錄三十卷　(宋)司馬光撰　(元)胡三省音注　清光緒二十六年(1900)上海圖書集成局鉛印本　四十五冊

350000－2001－0015025　φ082.47/431

正誼堂全書六十八種　(清)張伯行編輯　(清)左宗棠重輯　(清)楊浚總校　清同治五年(1866)福州正誼書局刻八年至九年(1869－1870)正誼書院增補光緒十三年(1887)續增補本　二百四冊

350000－2001－0015026　852.17/566－1

皇朝經世文續編一百二十卷　(清)葛士濬輯　清末鉛印本　二十四冊

350000－2001－0015027　822.47/182

餘辛集三卷　(清)何杕撰　清同治四年(1865)鳩江戎幄刻悔餘庵集本　一冊

350000－2001－0015028　926.9/792＝1

聖安皇帝本紀二卷　(清)顧炎武撰　清刻本　一冊

350000－2001－0015029　927.02/588

明鑑前紀二卷　(清)齊召南編　清光緒十五年(1889)刻本　一冊

350000－2001－0015030　926.9/793.1＝1

明季實錄一卷　(清)顧炎武輯　清光緒十四年(1888)吳縣朱氏刻槐盧叢書本　一冊

350000－2001－0015031　φ992.227/395＝3

敝帚齋主人[徐鼒]年譜一卷補一卷　(清)徐鼒編　(清)徐承禧等注　清同治十三年(1874)福州邸舍刻本　一冊

350000－2001－0015032　021.1034/700

五經圖十二卷　(明)盧謙訂正　(清)盧雲英重編　清雍正盧雲英刻本　六冊

350000－2001－0015033　919.029/491

日本雜事詩二卷　(清)黃遵憲著　清光緒二十四年(1898)長沙富文堂刻本　一冊

350000－2001－0015034　121.9/24

賈子十六卷　(清)王耕心次詁　清光緒二十九年(1903)正定王氏龍樹精舍刻本　二冊

350000－2001－0015035　926/622＝1

國史考異六卷　(清)潘檉章撰　(清)吳炎訂　清刻本　三冊

350000－2001－0015036　929.549/949

鵞峯書院冊不分卷　(清)鵞峯書院編　清光緒二十八年(1902)刻本　一冊

350000－2001－0015037　920.937/332

宦游紀略二卷　(清)高廷瑤書　清光緒九年(1883)資中官廨刻本　一冊

350000－2001－0015038　082.77/791＝2

讀畫齋叢書八集四十六種　(清)顧修輯　清嘉慶四年至五年(1799－1800)桐川顧氏刻本　四十四冊

350000－2001－0015039　927.704/24－2

湘軍志十六篇　王闓運撰　清光緒二十四年(1898)致知書局鉛印述盧叢書本　二冊

350000－2001－0015040　920.408/556

三藩紀事本末二十二卷　(清)楊陸榮編　清光緒二十八年(1902)上海捷記書局石印本　一冊

350000－2001－0015041　920.408/556＝1

三藩紀事本末二十二卷　(清)楊陸榮編　清光緒二十八年(1902)上海捷記書局石印本　一冊

350000－2001－0015042　874.47/434

增補尺牘類函達哀集二卷　(清)陸九如纂輯　清益智堂刻本　一冊

350000－2001－0015043　852.87/316＝1

竹葉亭雜記四卷　(清)姚元之撰　清宣統二

年(1910)上海掃葉山房石印本　二冊

350000－2001－0015044　852.17/316.1＝1
國朝文錄八十二卷　（清）姚椿輯　清光緒二
十六年(1900)掃葉山房石印本　十六冊

350000－2001－0015045　926.02/370－3
明通鑑九十卷首一卷附紀六卷　（清）夏燮編
　清光緒二十九年(1903)上海點石齋石印本
　十六冊

350000－2001－0015046　852.47/153.1＝4
養一齋文集二十卷　（清）李兆洛著　清光緒
四年(1878)刻本　五冊　存十二卷（一至十
二）

350000－2001－0015047　082.17/151
棣懷堂隨筆七種附二種　（清）李象鵾撰　清
同治十三年(1874)刻本　八冊

350000－2001－0015048　929/940
示我周行六卷　題（清）求放心齋輯　清刻本
　四冊　存四卷（一至四）

350000－2001－0015049　992.16/154＝2
良貴錄四卷　（清）李受彤輯　清光緒二十六
年(1900)羊城李氏刻本　二冊

350000－2001－0015050　852.86/792－1
客座贅語十卷　（明）顧起元輯　清光緒三十
二年(1906)刻金陵叢刻本　三冊

350000－2001－0015051　349.5/940
大明律例三十卷律例類抄一卷　（明）□□纂
　明刻本　一冊　存一卷（律例類抄一卷）

350000－2001－0015052　082.77/509
海粟廬叢書九種　（清）華焯輯　清末刻本
四冊　存四種六卷（菰中隨筆一卷、噩夢一
卷、黃書一卷、日錄三卷）

350000－2001－0015053　920/836－1
二十四史　（清）□□編　清光緒十八年
(1892)武林竹簡齋石印本　一百八十一冊
缺三種二百八十五卷（史記一至一百三十、前
漢書一至一百、後漢書一至五十五）

350000－2001－0015054　甲9.3/41.5

音韻輯要二十一卷　（清）王鵷纂　清乾隆四
十九年(1784)刻本　二冊

350000－2001－0015055　032.27/348－2
欽定古今圖書集成一萬卷目錄三十二卷
（清）聖祖玄燁定　（清）蔣廷錫等校　清光緒
十年(1884)上海圖書集成局鉛印本　一千六
百二十八冊

350000－2001－0015056　032.2/169－1
子史精華一百六十卷　（清）吳士玉　（清）張
廷璐等總裁　（清）吳襄　（清）沈宗敬等纂修
　（清）張廷玉　（清）蔣廷錫等校對　清光緒
十二年(1886)上海同文書局石印本　八冊

350000－2001－0015057　852.107/623
乾坤正氣集一百一種　（清）姚瑩　（清）顧沅
　（清）潘錫恩輯　清道光二十八年(1848)涇
縣潘氏袁江節署刻光緒十八年(1892)潘駿文
重印本　一百六十冊

350000－2001－0015058　082.77/402
端溪叢書十九種　梁鼎芬等輯　清光緒二十
五年(1899)番禺端溪書院刻本　十一冊　存
十種三十七卷（漢官答問五卷、孟子字義疏證
三卷、孝經一卷、弟子職集解一卷、練勇芻言
五卷、司馬氏書儀十卷、亭林文集六卷餘集一
卷、嘉定錢氏藝文志略三卷、怡志堂文鈔一
卷、全謝山先生遺詩一卷）

350000－2001－0015059　999.2/395
誦芬詠烈編八十卷首二十五卷總目二卷
（清）徐琪輯　清光緒十六年至十七年(1890－
1891)刻本　二十冊

350000－2001－0015060　832.08/283.2＝1
詞學全書四種附一種　（清）查培繼輯　清世
德堂刻本　四冊　存三種十一卷（古今詞論
一卷、填詞圖譜六卷續集三卷、古韻通略一
卷）

350000－2001－0015061　852.47/273＝3
胡文忠公遺集八十六卷首一卷　（清）胡林翼
撰　（清）鄭敦謹　（清）曾國荃編輯　清同治
六年(1867)黃鶴樓刻本　八冊　存十八卷

（一至四、三十二至四十四,首一卷）

350000 – 2001 – 0015062　832.034/565 – 4
詞律二十卷　（清）萬樹論次　清刻本　十二冊

350000 – 2001 – 0015063　822.47/φ493.3＝6
香草齋詩註六卷　（清）黃任著　（清）陳應魁註　清嘉慶十九年(1814)刻本　四冊

350000 – 2001 – 0015064　032.2/169 – 2
子史精華一百六十卷　（清）允祿等監修（清）吳士玉　（清）吳襄等輯　清乾隆刻本二十四冊

350000 – 2001 – 0015065　032.2/154
太平御覽一千卷目錄十卷　（宋）李昉等纂（清）汪昌序重校　清嘉慶十一年(1806)儀徵汪氏木活字印本　一百冊

350000 – 2001 – 0015066　042.7/24.6
蛾術編八十二卷　（清）王鳴盛撰　（清）迮鶴壽參校　清道光二十一年(1841)世楷堂刻本十六冊

350000 – 2001 – 0015067　032.2/154 – 2
太平御覽一千卷目錄十五卷　（宋）李昉等纂　清嘉慶歙縣鮑氏刻光緒十八年(1892)學海堂增補本　一百二十冊

350000 – 2001 – 0015068　032.2/154 – 1
太平御覽一千卷目錄十卷　（宋）李昉等纂清嘉慶十一年(1806)木活字印本　七十五冊　缺二百八十六卷(八十四至一百、二百七十六至三百九、三百三十一至四百九十二、五百四十三至五百七十一、六百二十四至六百四十二、六百七十五至六百九十九)

350000 – 2001 – 0015069　862.426/776
四大奇書第一種六十卷一百二十回首一卷圖一卷　（明）羅貫中撰　（清）毛宗崗　（清）杭永年評訂　清刻本　八冊

350000 – 2001 – 0015070　032.2/428 – 2
淵鑑類函不分卷　（清）張英等纂輯　清光緒九年(1883)上海點石齋石印本　十冊

350000 – 2001 – 0015071　032.2/430
記事珠十卷　（清）張以謙原稿　清光緒八年(1882)掃葉山房刻本　十二冊

350000 – 2001 – 0015072　822.48/442.1
散原精舍詩二卷　陳三立撰　清宣統元年(1909)石印本　二冊

350000 – 2001 – 0015073　032.2/326.4 – 1
讀書紀數略五十四卷　（清）宮夢仁編纂　清光緒六年(1880)山陰宋氏刻本　十二冊

350000 – 2001 – 0015074　032.2/441
格致鏡原一百卷　（清）陳元龍撰　清雍正刻本　十六冊

350000 – 2001 – 0015075　852.47/116.1
鮚埼亭集三十八卷全謝山先生經史問答十卷　（清）全祖望撰　（清）史夢蛟校　年譜一卷全氏世譜一卷　（清）董秉純撰　清嘉慶九年(1804)刻本　十冊

350000 – 2001 – 0015076　852.87/937.4
見者錄擇尤集不分卷　（清）□□撰　清抄本一冊

350000 – 2001 – 0015077　032.2/441＝1
格致鏡原一百卷　（清）陳元龍撰　清雍正刻本　三十二冊

350000 – 2001 – 0015078　852.87/937.2
見聞日紀□□卷　（清）□□撰　清抄本　一冊　存二卷(三、六)

350000 – 2001 – 0015079　032.2/428 – 1
古香齋新刻袖珍淵鑑類函四百五十卷目錄四卷　（清）張英等纂　清刻本　一百六十冊

350000 – 2001 – 0015080　032.27/428 – 1＝1
淵鑑類函四百五十卷目錄四卷　（清）張英（清）王士禛等纂輯　清康熙四十九年(1710)內府刻本　二百冊

350000 – 2001 – 0015081　032.2/26
權衡一書四十一卷　（清）王植輯　清刻本二十冊

350000 – 2001 – 0015082　852.1949/936

价人拔尤一卷 （清）戚藩撰 清抄本 一冊

350000－2001－0015083 032.2/394

初學記三十卷校勘記補遺一卷 （唐）徐堅等撰 （清）黃加焜校 清光緒十四年(1888)安康黃氏蘊石齋刻本 十六冊

350000－2001－0015084 032.2/407

增補註釋故事白眉十卷 （明）許以忠集 清光緒二年(1876)經濟堂刻本 六冊

350000－2001－0015085 852.47/116.3

鮚埼亭集外編五十卷 （清）全祖望撰 清乾隆四十一年(1776)刻本 十二冊

350000－2001－0015086 852.1949/937

壽世文章熟鈔六卷 題（清）葦庵詹氏手鈔敬讀 清抄本 一冊

350000－2001－0015087 852.1949/938

精選庚辰集一卷別集一卷古唐詩合解五言律一卷唐詩廣註排律金針五言六韻一卷 （清）□□輯 清抄本 一冊

350000－2001－0015088 032.2/318

類腋五十五卷 （清）姚培謙 （清）張卿雲輯 類腋補遺一卷 （清）張隆孫輯 清檢香齋刻本 八冊

350000－2001－0015089 909.108/100＝1

行素草堂金石叢書十六種 （清）朱記榮輯訂 清光緒吳縣朱氏刻十四年(1888)彙印本 二十八冊 缺二種二十三卷（寰宇訪碑錄十二卷刊謬一卷、碑版文廣例十卷）

350000－2001－0015090 852.1949/940

象軒制藝一卷 （清）陳德撰 清抄本 一冊

350000－2001－0015091 032.2/447

記問邇言四卷 （清）陳惟本輯 清同治六年(1867)刻本 四冊

350000－2001－0015092 852.1949/946

擬名家制藝一卷 （清）□□輯 清抄本 一冊

350000－2001－0015093 032.2/494

錦字箋四卷 （清）黃溍纂 清康熙刻本 二冊

350000－2001－0015094 032.2/494－1

錦字箋四卷 （清）黃溍纂 清康熙刻本 四冊

350000－2001－0015095 832.08/348

詞學叢書六種 （清）秦恩復輯 清嘉慶、道光江都秦氏享帚精舍刻本 十二冊

350000－2001－0015096 832.032/135

詞名集解六卷續編二卷 （清）汪汲撰 清刻古愚老人消夏錄本 四冊

350000－2001－0015097 832.032/135＝1

詞名集解六卷續編二卷 （清）汪汲撰 清刻古愚老人消夏錄本 三冊

350000－2001－0015098 909.108/100＝2

金石三例續編十卷 （清）朱記榮輯訂 清光緒吳縣朱氏刻行素草堂金石叢書本 四冊

350000－2001－0015099 082.77/601－7＝1

仰視千七百二十九鶴齋叢書六集四十種 （清）趙之謙輯 清光緒會稽趙氏刻本 六冊 存十一種十六卷(九經學殘三卷、卞廬札記一卷、從古堂款識學一卷、汰存錄一卷、偶陽雜錄一卷、英吉利廣東入城始末一卷、東籬耦談四卷、阮亭詩餘一卷、書巖賸稿一卷、二十一都懷古詩一卷、勇廬閑詰一卷)

350000－2001－0015100 082.77/168＝2

藝海珠塵八集一百六十八種 （清）吳省蘭輯 清刻本 四十六冊

350000－2001－0015101 832.08/393.1

小檀欒室彙刻閨秀詞十集一百種 徐乃昌輯 清光緒二十一年至二十二年(1895－1896)南陵徐乃昌小檀欒室刻本 二冊 存十七種十七卷(嘯雪庵詩餘一卷、繡閒詞一卷、三秀齋詞一卷、補欄詞一卷、德風亭詞一卷、曇花詞一卷、碧梧紅蕉館詞一卷、冷吟僊館詩餘一卷、慈暉館詞一卷、瘦吟詞一卷、蓮因室詞一卷、浣青詩餘一卷、茶香閣詞一卷、雯窗瘦影詞一卷、慧福廔詞一卷、倚雲閣詞一卷、霞珍詞一卷)

350000－2001－0015102　φ082.47/431－2

正誼堂全書六十八種　（清）張伯行輯　（清）楊浚重輯　清同治五年（1866）福州正誼書局刻八年至九年（1869－1870）正誼書院增補光緒十三年（1887）續增補本　九十四冊　存二十九種二百二十九卷（讀禮志疑六卷、讀朱隨筆四卷、陸稼書先生問學錄四卷、陸稼書先生松陽鈔存一卷、石守道先生集二卷、高東溪先生遺集二卷、真西山先生集八卷、熊勿軒先生文集六卷、吳朝宗先生聞過齋集四卷、魏莊渠先生集二卷、羅整庵先生存藁二卷、陳剩夫先生集四卷、張陽和文選三卷、湯潛庵先生集二卷、陸稼書先生文集二卷、道統錄二卷附錄一卷、二程語錄十八卷、朱子語類輯略八卷、濂洛關閩書十九卷、近思錄十四卷、廣近思錄十四卷、困學錄集粹八卷、小學集解六卷、學規類編二十七卷、養正類編十三卷、居濟一得八卷、正誼堂文集十二卷、正誼堂續集八卷、唐宋八大家文鈔十九卷）

350000－2001－0015103　832.034/148＝1

詞律校勘記二十卷　（清）杜文瀾撰　清咸豐十一年（1861）刻曼陀羅華閣叢書本　一冊

350000－2001－0015104　832.034/148＝2

詞律校勘記二十卷　（清）杜文瀾撰　清咸豐十一年（1861）刻曼陀羅華閣叢書本　二冊

350000－2001－0015105　832.034/393

詞律拾遺八卷　（清）徐本立纂　清同治十二年（1873）刻本　四冊

350000－2001－0015106　832.034/393＝1

詞律拾遺八卷　（清）徐本立纂　清同治十二年（1873）刻本　三冊

350000－2001－0015107　832.034/393＝2

詞律拾遺八卷　（清）徐本立纂　清同治十二年（1873）刻本　四冊

350000－2001－0015108　832.04/128

古今詞話八卷　（清）沈熊編纂　（清）江尚質增輯　清康熙二十八年（1689）澄暉堂刻本　三冊　存五卷（詞評下、詞辨二卷、詞品二卷）

350000－2001－0015109　082.47/970－1

武英殿聚珍版書一百三十七種　（清）高宗弘曆勅纂　（清）□□輯　清乾隆四十二年（1777）福建刻道光、同治遞修本　一百七十冊　存五十四種九百四十八卷（吳園周易解九卷附錄一卷、郭氏傳家易說十一卷總論一卷、易學濫觴一卷、融堂書解二十卷、禹貢說斷四卷、禹貢指南四卷、詩總聞二十卷、續呂氏家塾讀詩記三、絜齋毛詩經筵講義四卷、儀禮集釋三十卷、儀禮釋宮一卷、水經注四十卷、漢官舊儀二卷補遺一卷、鄴中記一卷、元和郡縣志四十卷、輿地廣記三十八卷、文子纘義十二卷、易緯八種十二卷、意林五卷、學林十卷、寶真齋法書贊二十八卷、雲谷雜紀四卷首一卷末一卷、敬齋古今黈八卷、欽定四庫全書考證一百卷、張燕公集二十五卷、南陽集六卷拾遺一卷、元憲集三十六卷、景文集六十二卷、祠部集三十五卷、琉球國志略十六首一卷、閩政要領三卷、周易口訣義六卷、易說六卷、誠齋易傳二十卷、易象意言一卷、尚書詳解五十卷、春秋釋例十五卷、春秋傳說例一卷、春秋經解十五卷、儀禮識誤三卷、五代會要三十卷、宋朝事實二十卷、能改齋漫錄十八卷、涑水記聞十六卷、絳帖平六卷總錄一卷、甕牖閒評八卷、歲寒堂詩話二卷、澗泉日記三卷、直齋書錄解題二十二卷、文忠集十六卷、文恭集四十卷、華陽集四十卷、唐書直筆四卷、易原八卷）

350000－2001－0015110　832.08/84

宋元名家詞十五種　（清）江標輯　清光緒二十一年（1895）湖南思賢書局刻本　四冊

350000－2001－0015111　832.08/84＝1

宋元名家詞十五種　（清）江標輯　清光緒二十一年（1895）湖南思賢書局刻本　四冊

350000－2001－0015112　832.08/393

小檀欒室彙刻閨秀詞十集一百種　徐乃昌輯　清光緒二十一年至二十二年（1895－1896）南陵徐乃昌小檀欒室刻本　十六冊

350000－2001－0015113　021.1/255.1

仿宋相臺五經附考證　（□）□□輯　清刻本

十二冊　存二種三十卷(周易十卷附考證、
毛詩二十卷附考證)

350000－2001－0015114　024/53.1

毛詩二十卷附考證　(漢)毛亨傳　(漢)鄭玄
箋　(唐)陸德明音義　清刻仿宋相臺五經本
四冊

350000－2001－0015115　832.08/348.1＝2

詞學全書四種　(清)查培繼輯　清致和堂刻
本　二冊　存二種七卷(填詞名解四卷、詞韻
二卷詞韻略論一卷)

350000－2001－0015116　511.2/509

學算筆談十二卷　(清)華蘅芳撰　清光緒三
十一年(1905)廣益書局石印行素軒算學本
四冊

350000－2001－0015117　511.2/509－1

學算筆談十二卷　(清)華蘅芳撰　清光緒三
十三年(1907)廣益書局石印行素軒算學本
四冊

350000－2001－0015118　511.2/509－2

學算筆談十二卷　(清)華蘅芳撰　清末石印
行素軒算學本　二冊

350000－2001－0015119　832.08/348.1

詞學全書四種　(清)查培繼輯　清致和堂刻
本　八冊

350000－2001－0015120　924.1/21－1

東都事略一百三十卷　(宋)王偁撰　清寶華
堂刻本　八冊

350000－2001－0015121　832.08/348.1＝1

詞學全書四種　(清)查培繼輯　清致和堂刻
本　八冊

350000－2001－0015122　822.14/443＝1

宋十五家詩選十六卷　(清)陳訏輯　清康熙
三十二年(1693)刻本　八冊

350000－2001－0015123　082.7/447.1

為政忠告四卷　(清)陳坤輯　清同治三年
(1864)刻如不及齋叢書本　一冊

350000－2001－0015124　082.47/970＝1

武英殿聚珍版書一百四十八種　(清)高宗弘
曆勅纂　(清)□□輯　清乾隆四十二年
(1777)福建刻道光、同治遞修光緒二十一年
(1895)增補本　四百七十九冊　存七十一種
一千七百十九卷(絜齋毛詩經筵講義四卷、儀
禮識誤三卷、大戴禮記十三卷、五代史纂誤三
卷、東觀漢記二十四卷、御選明臣奏議四十
卷、蠻書十卷、琉球國志略十六首一卷、元豐
九域志十卷、元和郡縣志四十卷、輿地廣記三
十八卷校勘記二卷、畿輔安瀾志五十六卷、水
經注四十卷、御製文一卷、河朔訪古記三卷、
唐會要一百卷、五代會要三十卷校勘記一卷、
宋朝事實二十卷、建炎以來朝野雜記甲集二
十卷乙集二十卷校勘記五卷、西漢會要七十
卷、東漢會要四十卷、漢官舊儀二卷補遺一
卷、幸魯盛典四十卷、欽定武英殿聚珍版程式
一卷、直齋書錄解題二十二卷、欽定四庫全書
總目二百卷首四卷、帝範四卷、周髀算經二卷
音義一卷、九章算術九卷音義一卷、孫子算經
三卷、海島算經一卷、五曹算經五卷、五經算
術二卷、寶真齋法書贊二十八卷、鶡冠子三
卷、白虎通義四卷附錄一卷校勘記四卷、學林
十卷、考古質疑六卷、朝野類要五卷、敬齋古
今黈八卷拾遺五卷、帝王經世圖譜十六卷、歸
潛志十四卷、張燕公集二十五卷、小畜集三十
卷外集十三卷拾遺一卷、南陽集六卷拾遺一
卷、元憲集三十六卷、景文集六十二卷拾遺二
十二卷、祠部集三十五卷、公是集五十四卷、
彭城集四十卷、淨德集三十八卷、忠肅集二十
卷拾遺一卷、山谷內集詩注二十卷外集詩注
十七卷別集詩注二卷外集補四卷別集補一
卷、後山詩十二卷、乾道稿二卷淳熙稿二十卷
章泉稿五卷章泉稿拾遺一卷、止堂集十八卷、
絜齋集二十四卷拾遺一卷、南澗甲乙稿二十
二卷拾遺一卷、蒙齋集二十卷拾遺一卷、恥堂
存稿八卷、拙軒集六卷、金淵集六卷、御製詩
文十全集五十四卷、悅心集五卷、萬壽衢歌樂
章六卷、詩倫二卷、嶺表錄異三卷、麟臺故事
五卷拾遺二卷考異一卷、雲谷雜紀四卷首一
卷末一卷、意林六卷拾遺一卷、浮溪集三十二
卷、茶山集八卷拾遺一卷)

350000－2001－0015125　825.47/152.8

李光祿公遺集八卷　(清)李文安撰　清光緒三十年(1904)刻合肥李氏三世遺集本　四冊

350000－2001－0015126　082.17/135－6＝1

汪雙池先生叢書二十種　(清)汪紱撰　清道光至光緒間刻光緒二十三年(1897)長安趙舒翹等彙印本　九冊　存二種十六卷(戊笈談兵十卷首一卷補校錄一卷,浙刻雙池遺書十二種之讀陰符經一卷、讀參同契三卷)

350000－2001－0015127　042.7/135.2

儒先晤語二卷　(清)汪紱著　清嘉慶二十三年(1818)刻本　一冊

350000－2001－0015128　082.17/136＝1

汪龍莊先生遺書四種　(清)汪輝祖撰　清同治十一年(1872)刻本　五冊

350000－2001－0015129　082.17/131＝2

沈歸愚詩文全集十四種　(清)沈德潛撰　清乾隆教忠堂刻本　三冊　存四種十五卷(歸愚文鈔七至十二、歸田集三卷、說詩晬語二卷、歸愚詩鈔十一至十四)

350000－2001－0015130　852.47/131

歸愚文鈔二十卷　(清)沈德潛撰　清乾隆教忠堂刻沈歸愚詩文全集本　一冊　存四卷(五至八)

350000－2001－0015131　082.17/274

求是堂全集六種　(清)胡承珙撰　清道光歙縣胡氏求是堂刻本　十二冊　存四種六十三卷(儀禮古今文疏義十七卷、小爾雅義證十三卷補遺一卷、求是堂文集六卷首一卷駢體文二卷、求是堂詩集二十二卷詩餘一卷)

350000－2001－0015132　909.11/166

國山碑攷一卷　(清)吳騫輯　清乾隆五十一年(1786)海昌吳騫刻拜經樓叢書本　一冊

350000－2001－0015133　832.47/72

晚香詞三卷　(清)田同之撰　清光緒二十七年(1901)金陵刻吳氏石蓮庵刻山左人詞本　一冊

350000－2001－0015134　852.45/749

剡源集三十卷　(元)戴表元撰　**重刻剡源集札記一卷**　(清)郁松年撰　清道光上海郁氏刻宜稼堂叢書本　八冊

350000－2001－0015135　082.17/φ661－1

鄭氏注韓居七種　(清)鄭杰輯　清乾隆六十年(1795)侯官鄭杰刻本　三冊　存二種四卷(爾雅鄭註三卷、孝經集注衍義一卷)

350000－2001－0015136　722.7/φ662

爾雅三卷　(宋)鄭樵注　清乾隆六十年(1795)刻鄭氏注韓居七種本　一冊

350000－2001－0015137　082.17/φ661－2

鄭氏注韓居七種　(清)鄭杰輯　清乾隆六十年(1795)侯官鄭杰刻本　二冊　存二種四卷(爾雅鄭註三卷、唐陳觀察墓誌一卷附遺事)

350000－2001－0015138　920.927/φ441

諫垣存稿一卷　(清)陳濬撰　清同治十三年(1874)賜葛堂刻求在我齋全集本　一冊

350000－2001－0015139　822.43/21

王子安集十六卷　(唐)王勃撰　清乾隆四十六年(1781)星渚項氏刻唐初四傑集本　一冊　存六卷(一至六)

350000－2001－0015140　832.47/226

蟻術詞選四卷　(元)邵亨貞撰　清光緒十七年(1891)刻第一生修樣華館叢書本　一冊

350000－2001－0015141　822.16/529

國朝駢體正宗評本十二卷補編一卷　(清)曾燠選　(清)姚燮評　清光緒十年(1884)花雨樓刻朱墨套印花雨樓叢鈔本　六冊

350000－2001－0015142　082.17/135.3

汪子遺書二十三卷　(清)汪縉著　清光緒八年(1882)刻民國十五年(1926)彭清鵬補修本　四冊　存十卷(文錄一至十)

350000－2001－0015143　082.17/131.3

沈蓮溪全集三十六卷　(清)沈濂撰　清道光、咸豐秀水沈氏始言堂刻本　十冊　存十六卷(蓮溪文稿一卷續刻一卷、蓮溪吟稿八卷

續刻三卷、蓮溪試帖一卷、桂馨書屋遺文一卷、桂馨塾課一卷）

350000－2001－0015144　822.14/937＝1
宋代五十六家詩集　題（清）坐春書塾選輯
清宣統二年（1910）北京龍文閣石印本　二冊
　存十九種十九卷（具茨集鈔一卷、淮海集鈔一卷、節孝詩集一卷、雙溪詩集一卷、清苑齋詩集一卷、梅溪詩集一卷、芳蘭軒詩集一卷、漫塘詩集一卷、義豐集鈔一卷、石屏詩集一卷、農歌集鈔一卷、秋崖小稿集一卷、晞髮集鈔一卷、天地間集一卷、文山詩集一卷、白石樵唱集一卷、山民詩集一卷、水雲詩集一卷、隆吉詩集一卷）

350000－2001－0015145　φ082.47/431－1
正誼堂全書六十八種　（清）張伯行輯　清同治五年（1866）福州正誼書局刻八年至九年（1869－1870）正誼書院增補光緒十三年（1887）續增補本　一百五十五冊　缺一種十四卷（近思錄十四卷）

350000－2001－0015146　822.14/248－2
宋四名家詩鈔　（清）周之鱗　（清）柴升選
清光緒元年（1875）刻本　三冊　存二種三卷（石湖先生詩鈔四、放翁先生詩鈔五至六）

350000－2001－0015147　920/336
宋遼金元別史（四朝別史）五種　（清）席世臣輯　清乾隆、嘉慶南沙席氏掃葉山房刻本十一冊　存二種七十二卷（東都事略九十八至一百五、南宋書五至六十八）

350000－2001－0015148　832.14/53.1＝1
宋六十名家詞六十一種　（明）毛晉輯　清光緒十四年（1888）錢塘汪氏刻本　二十三冊
存四十八種六十七卷（珠玉詞一卷、六一詞一卷、樂章集一卷、東坡詞一卷、山谷詞一卷、淮海詞一卷、小山詞一卷、東堂詞一卷、放翁詞一卷、稼軒詞四卷、片玉詞二卷補遺一卷、梅溪詞一卷、白石詞一卷、石林詞一卷、酒邊詞二卷、溪堂詞一卷、西樵語業一卷、竹屋癡語一卷、夢窗甲藁一卷乙藁一卷丙藁一卷丁藁一卷絕筆一卷補遺一卷、近體樂府一卷、竹齋詩餘一卷、金谷遺音一卷、散花庵詞一卷、和清真詞一卷、後村別調一卷、蘆川詞一卷、于湖詞三卷、洛水詞一卷、歸愚詞一卷、龍洲詞一卷、初寮詞一卷、龍川詞一卷補一卷、姑溪詞一卷、友古詞一卷、石屏詞一卷、海野詞一卷、逃禪詞一卷、空同詞一卷、壽域詞一卷、審齋詞一卷、東浦詞一卷、知稼翁詞一卷、無住詞一卷、蒲江詞一卷、琴趣外篇六卷、烘堂詞一卷、聖求詞一卷、後山詞一卷）

350000－2001－0015149　174/444－4＝1
五種遺規十七卷　（清）陳弘謀輯　清光緒二十一年（1895）浙江書局刻本　九冊　缺二卷（在官法戒錄一至二）

350000－2001－0015150　174/444－4＝2
五種遺規十七卷　（清）陳弘謀輯　清光緒二十一年（1895）浙江書局刻本　四冊　存五卷（養正遺規補編一卷，訓俗遺規四、補編一，從政遺規二卷）

350000－2001－0015151　174/444.1＝1
五種遺規摘鈔十二卷　（清）陳弘謀原輯（清）劉肇坤摘鈔　清同治七年（1868）楚北崇文書局刻本　六冊　存八卷（養正遺規摘鈔一卷、教女遺規摘鈔一卷、訓俗遺規摘鈔四卷、從政遺規摘鈔二卷）

350000－2001－0015152　174/444.3
在官法戒錄摘鈔四卷　（清）陳弘謀原輯（清）劉肇坤摘鈔　清同治七年（1868）楚北崇文書局刻五種遺規摘鈔本　二冊

350000－2001－0015153　082.17/72.1
德州田氏叢書十五種　（清）田雯等撰　清康熙至乾隆間刻本　二十八冊　缺一種三卷（蒙齋年譜一卷續一卷附補一卷）

350000－2001－0015154　174/444.2
訓俗遺規摘鈔四卷　（清）陳弘謀原輯　（清）劉肇坤摘鈔　清同治七年（1868）楚北崇文書局刻五種遺規摘鈔本　二冊

350000－2001－0015155　852.47/33＝1
西堂餘集七十八卷　（清）尤侗撰　清康熙刻

西堂全集本　十三冊　存五十六卷(年譜圖詩一卷、小影圖贊一卷、悔菴[尤侗]年譜二卷、性理吟一卷、後性理吟一卷、續論語詩一卷、艮齋倦稾詩集十一卷文集十五卷、艮齋續說七至十、明史擬稿六卷、外國傳八卷、宮閨小名錄五卷)

350000－2001－0015156　025.8/947＝2

禮記增訂旁訓六卷　(清)徐立綱撰　清嘉慶九年(1804)吳郡張氏刻西堂全集本　五冊存五卷(二至六)

350000－2001－0015157　852.47/33－1

西堂全集一百三十八卷　(清)尤侗撰　清康熙刻清末重印本　三冊　存十卷(西堂雜組三集一至四、述祖詩一卷、于京集五卷)

350000－2001－0015158　121.1/494.1

五經精義二十二卷首一卷　(清)黃淦撰　清嘉慶九年(1804)尊德堂刻本　三冊　存九卷(周易四卷首一卷、周禮三至六)

350000－2001－0015159　082.7/129.1＝1

王葵園三十九卷　王先謙撰　清光緒至民國間長沙王氏刻本　十四冊　存三十六卷(虛受堂書札二卷、虛受堂詩存十八卷、虛受堂文集十六卷)

350000－2001－0015160　929.09/151

歷代地理志韻編今釋二十卷皇朝輿地韻編二卷　(清)李兆洛撰　清同治九年(1870)刻李氏五種本　五冊　存十二卷(今釋十二卷)

350000－2001－0015161　929.09/151＝1

歷代地理志韻編今釋二十卷皇朝輿地韻編二卷　(清)李兆洛撰　清同治九年(1870)刻李氏五種本　七冊　存十九卷(今釋一至九、十三至二十,類編二卷)

350000－2001－0015162　852.47/33－2

西堂詩集二十五卷　(清)尤侗撰　清康熙刻西堂全集本　三冊　存十八卷(看雲草堂集八卷、述祖詩一卷、于京集五卷、哀絃集一卷後一卷、擬明史樂府一卷、外國竹枝詞一卷)

350000－2001－0015163　027.7/941

公羊方言疏箋一卷　(清)淳于鴻恩著　(清)張錫祚　(清)丁世曦校　清光緒三十四年(1908)金泉精舍刻君錫所著書本　一冊

350000－2001－0015164　852.47/33－3

艮齋倦稾詩集十一卷文集十五卷　(清)尤侗著　清康熙刻西堂全集本　四冊　存十五卷(文集十五卷)

350000－2001－0015165　852.47/33－4

西堂全集六十二卷　(清)尤侗撰　清刻本二十二冊　存十八種六十二卷(西堂雜組一集八卷、西堂雜組二集八卷、西堂雜組三集八卷、西堂剩稾二卷、西堂秋夢錄一卷、西堂小草一卷、論語詩一卷、右北平集一卷、看雲草堂集八卷、述祖詩一卷、于京集五卷、哀絃集一卷後一卷、擬明史樂府一卷、外國竹枝詞一卷、百末詞五卷詞餘一卷、附湘中草六卷、性理吟一卷、後性理吟一卷)

350000－2001－0015166　018.63/706.1

曝書雜記二卷　(清)錢泰吉撰　清道光海昌蔣氏刻別下齋叢書本　二冊

350000－2001－0015167　023/761

尚書要義二十卷　(宋)魏了翁撰　清光緒十年(1884)江蘇書局刻五經要義本　六冊　存十九卷(一至十九)

350000－2001－0015168　852.47/33－5

百末詞五卷詞餘一卷　(清)尤侗撰　清康熙刻西堂全集本　一冊

350000－2001－0015169　822.47/φ678.2＝2

觀海集四卷　(清)劉家謀撰　清咸豐八年(1858)侯官劉氏刻本　一冊

350000－2001－0015170　082.17/φ228＝5

亦園亭全集五種　(清)孟超然撰　清嘉慶二十年(1815)刻本　十一冊　存三種十五卷(晚聞錄一卷、廣愛錄一卷、喪禮輯畧一卷、瓜棚避暑錄二卷、誠是錄一卷、喪禮輯畧一卷,瓶菴居士文鈔四卷、瓶菴居士詩鈔四卷)

350000－2001－0015171　082.17/φ228＝6

亦園亭全集五種　(清)孟超然撰　清嘉慶二

十年(1815)刻本　五冊　存二種十三卷(家誡錄二卷、求復錄四卷、誠是錄一卷、晚聞錄一卷、廣愛錄一卷、瓶菴居士詩鈔四卷)

350000－2001－0015172　082.17/φ228＝7
亦園亭全集五種　(清)孟超然撰　清嘉慶二十年(1815)刻本　六冊　存二種九卷(孟氏八錄之廣愛錄一卷、誠是錄一卷、家誡錄二卷、喪禮輯畧一卷,瓶菴居士詩鈔四卷)

350000－2001－0015173　992.11/98－3＝1
歷代名臣傳三十五卷首一卷續編五卷　(清)朱軾　(清)蔡世遠訂　清刻本　二十四冊　缺五卷(續編五卷)

350000－2001－0015174　852.47/77－1
中衢一勺三卷附錄四卷　(清)包世臣撰　清刻安吳四種本　一冊

350000－2001－0015175　832.08/2
西泠詞萃六種　(清)丁丙輯　清光緒錢塘丁氏刻本　二冊　存四種六卷(蕭臺公餘詞一卷、片玉詞二卷補遺一卷、貞居詞一卷、斷腸詞一卷)

350000－2001－0015176　φ082.47/431－3
正誼堂全書六十八種　(清)張伯行輯　清同治五年(1866)福州正誼書局刻八年至九年(1869－1870)正誼書院增補光緒十三年(1887)續增補本　一百五十四冊　存四十七種二百九十四卷(周濂溪先生全集十三卷、二程文集十二卷、張橫渠先生文集十二卷、朱子文集十八卷、楊龜山先生集六卷、尹和靖先生集一卷、羅豫章先生文集十卷、李延平先生文集四卷、張南軒先生文集七卷、陳克齋先生集五卷、許魯齋先生集六卷、薛敬軒先生文集十卷、胡敬齋先生文集三卷、諸葛武侯文集四卷、唐陸宣公文集四卷首一卷、文山先生文集二卷、謝疊山先生文集七卷、方正學先生文集七卷、楊椒山先生文集二卷、二程粹言二卷、伊洛淵源錄十四卷、程氏家塾讀書分年日程三卷、朱子學的二卷、陳清瀾先生學蔀通辯十二卷、道南源委六卷、王學質疑五卷附錄一卷、讀禮志疑六卷、讀朱隨筆四卷、陸稼書先

生問學錄四卷、陸稼書先生松陽鈔存一卷、石守道先生集二卷、高東溪先生遺集二卷、真西山先生集八卷、熊勿軒先生文集六卷、吳朝宗先生聞過齋集四卷、魏莊渠先生集二卷、陳剩夫先生集四卷、張陽和文選三卷、湯潛庵先生集二卷、陸稼書先生文集二卷、道統錄二卷附錄一卷、二程語錄十八卷、朱子語類輯略八卷、濂洛關閩書十九卷、廣近思錄十四卷、小學集解六卷、羅整庵先生存槀二卷)

350000－2001－0015177　909.5/434
千甓亭磚錄六卷續錄四卷　(清)陸心源纂　清光緒七年(1881)陸氏十萬卷樓刻存齋雜錄本　二冊　存六卷(千甓亭磚錄六卷)

350000－2001－0015178　082.47/537
河南二程全書六種　(宋)程頤　(宋)程顥撰　(宋)朱熹輯　清光緒十八年(1892)刻西京清麓叢書本　十四冊

350000－2001－0015179　124/432＝1
張子全書十五卷　(宋)張載撰　(宋)朱熹註釋　(清)朱軾　(清)段志熙校　清康熙五十八年(1719)刻朱文端公藏書本　六冊

350000－2001－0015180　082.17/104＝1
朱氏群書六種　(清)朱駿聲撰　清光緒八年(1882)臨嘯閣刻本　三冊　存三種二十二卷(說文通訓定聲補遺十八卷、儀禮經注一隅二卷、春秋左傳識小錄二卷)

350000－2001－0015181　822.47/φ676
岵雲樓詩選初集八卷二集四卷三集十二卷詞一卷　(清)劉存仁撰　清咸豐、同治刻光緒六年(1880)重修岵雲樓集本　四冊　存十六卷(初集八卷、二集四卷、三集一至四)

350000－2001－0015182　852.48/444
松陵文集初編四卷二編五卷三編五十五卷　陳去病輯　清宣統三年至民國十一年(1911－1922)鉛印百尺樓叢書本　二冊　存九卷(初編四卷、二編五卷)

350000－2001－0015183　852.48/444＝1
松陵文集初編四卷二編五卷三編五十五卷　陳

去病輯　清宣統三年至民國十一年（1911 - 1922）鉛印百尺樓叢書本　一冊　存四卷（初編四卷）

350000 - 2001 - 0015184　992.121/705
古今姓氏書辯證四十卷　（宋）鄧名世撰（清）錢熙祚校　**姓氏書校勘記三卷**　（清）錢熙祚撰　清光緒十五年（1889）上海鴻文書局石印守山閣叢書本　十冊

350000 - 2001 - 0015185　082.17/444
百尺樓叢書□□種　陳去病輯　清光緒三十四年（1908）鉛印本　一冊　存二種二卷（懺慧詞一卷、度鍼樓遺稿一卷）

350000 - 2001 - 0015186　852.47/169 - 1
有正味齋駢體文二十四卷首一卷　（清）吳錫麒著　（清）王廣業箋　清咸豐青箱塾刻本　六冊

350000 - 2001 - 0015187　φ082.47/431 - 4
正誼堂全書六十八種　（清）張伯行輯　清同治五年（1866）福州正誼書局刻八年至九年（1869 - 1870）正誼書院增補光緒十三年（1887）續增補本　一百八十八冊　存六十種四百四十八卷（周濂溪先生全集十三卷、二程文集十二卷、張橫渠先生文集十二卷、朱子文集十八卷、楊龜山先生集六卷、尹和靖先生集一卷、羅豫章先生文集十卷、李延平先生文集四卷、張南軒先生文集七卷、黃勉齋先生文集八卷、陳克齋先生集五卷、許魯齋先生集六卷、薛敬軒先生文集十卷、胡敬齋先生文集三卷、諸葛武侯文集四卷、韓魏公集二十卷、司馬溫公文集十四卷、文山先生文集二卷、謝疊山先生文集二卷、方正學先生文集七卷、楊椒山先生文集二卷、二程粹言二卷、上蔡先生語錄三卷、朱子學的二卷、陳清瀾先生學蔀通辯十二卷、薛文清公讀書錄八卷、胡敬齋先生居業錄八卷、道南源委六卷、羅整庵先生困知記四卷、陸桴亭思辨錄輯要二十二卷、王學質疑五卷附錄一卷、讀禮志疑六卷、讀朱隨筆四卷、陸稼書先生問學錄四卷、陸稼書先生松陽鈔存一卷、石守道先生集二卷、高東溪先生遺集二卷、真西山先生集八卷、熊勿軒先生文集

六卷、吳朝宗先生聞過齋集四卷、魏莊渠先生集二卷、陳剩夫先生集四卷、張陽和文選三卷、湯潛庵先生集二卷、二程語錄十八卷、朱子語類輯略八卷、廣近思錄十四卷、困學錄集粹八卷、小學集解六卷、濂洛風雅九卷、養正類編十三卷、居濟一得八卷、正誼堂文集十二卷、羅整庵先生存稿二卷、唐宋八大家文鈔十九卷、范文正公文集九卷、海剛峯先生集二卷、續近思錄十四卷、唐陸宣公文集四卷首一卷、伊洛淵源錄十四卷）

350000 - 2001 - 0015188　082.17/152
李文貞公全集三十九種　（清）李光地撰輯　清乾隆李清植刻嘉慶補修本　六冊　存四種十七卷（古樂經傳五卷、朱子禮纂五卷、尚書七篇解義二卷、朱子語類四纂五卷）

350000 - 2001 - 0015189　024/53.2
毛詩二十卷附考證　（漢）毛亨傳　（漢）鄭玄箋　（唐）陸德明音義　清乾隆四十八年（1783）武英殿刻仿宋相臺五經本　四冊

350000 - 2001 - 0015190　082.17/φ215.1 = 1
竹柏山房十五種附刻四種　（清）林春溥編　清嘉慶至咸豐間閩縣林氏刻本　四十冊　缺四種十二卷（宜略識字二卷、識字續編一卷、論世約編七卷、閒居雜錄二卷）

350000 - 2001 - 0015191　082.47/151
李氏五種合刊　（清）李兆洛纂　清同治至光緒間刻步月山房補修掃葉山房重印本　十三冊　存四種二十七卷（歷代地理志韻編今釋二十卷校勘記一卷、歷代地理沿革圖一卷、輿地圖一卷、紀元編三卷末一卷）

350000 - 2001 - 0015192　φ082.47/431 - 5
正誼堂全書六十八種　（清）張伯行輯　清同治五年（1866）福州正誼書局刻八年至九年（1869 - 1870）增補光緒十三年（1887）續增補本　八十六冊　存三十八種二百七十五卷（張橫渠先生文集十二卷、楊龜山先生集六卷、羅豫章先生文集十卷、李延平先生文集四卷、唐陸宣公文集四卷首一卷、司馬溫公文集十四卷、文山先生文集二卷、謝疊山先生文集

二卷、方正學先生文集七卷、楊椒山先生文集
二卷、伊洛淵源錄十四卷、上蔡先生語錄三
卷、朱子學的二卷、陳清瀾先生學蔀通辯十二
卷、薛文清公讀書錄八卷、胡敬齋先生居業錄
八卷、道南源委六卷、羅整庵先生困知記四
卷、陸桴亭思辨錄輯要二十二卷、王學質疑五
卷附錄一卷、讀禮志疑六卷、陳剩夫先生集四
卷、陸稼書先生文集二卷、道統錄二卷附錄一
卷、小學集解六卷、養正類編十三卷、正誼堂
文集十二卷、續近思錄十四卷、羅整庵先生存
稾二卷、朱子文集十八卷、張南軒先生文集七
卷、黃勉齋先生文集八卷、高東溪先生遺集二
卷、居濟一得八卷、正誼堂續集八卷、范文正
公文集九卷、楊大洪先生文集二卷、海剛峰先
生集二卷)

350000 - 2001 - 0015193　920.927/152
李文恭公奏議二十二卷　(清)李星沅著
(清)李榛　(清)李概等編次　清同治刻李文
恭公遺集本　二十四冊

350000 - 2001 - 0015194　082.17/φ215.1＝2
竹柏山房十五種附刻四種　(清)林春溥編
清嘉慶至咸豐間閩縣林氏刻本　十六冊　存
六種三十九卷(戰國紀年六卷地輿一卷年表
一卷、孔子世家補訂一卷、孟子外書補證一
卷、四書拾遺六卷、孟子列傳纂一卷、春秋經
傳比事二十二卷)

350000 - 2001 - 0015195　082.17/φ215.1＝3
竹柏山房十五種附刻四種　(清)林春溥編
清嘉慶至咸豐間閩縣林氏刻本　十六冊　存
七種五十三卷(開闢傳疑二卷、古史考年異同
表二卷後說一卷、武王克殷日紀一卷、滅國五
十考一卷、春秋經傳比事二十二卷、開卷偶得
十卷、古史紀年十四卷)

350000 - 2001 - 0015196　027.6/φ215＝2
春秋經傳比事二十二卷　(清)林春溥撰　清
咸豐元年(1851)侯官林氏刻竹柏山房十五種
本　十冊

350000 - 2001 - 0015197　852.48/444＝2
松陵文集初編四卷二編五卷三編五十五卷　陳

去病輯　清宣統三年至民國十一年(1911 -
1922)鉛印百尺樓叢書本　十一冊　存五十五
卷(三編五十五卷)

350000 - 2001 - 0015198　852.48/444＝3
松陵文集初編四卷二編五卷三編五十五卷　陳
去病輯　清宣統三年至民國十一年(1911 -
1922)鉛印百尺樓叢書本　十一冊　存五十五
卷(三編五十五卷)

350000 - 2001 - 0015199　082.17/φ441＝4
左海全集三十四卷　(清)陳壽祺撰　清嘉
慶、道光刻陳紹墉補修本　十冊　存二十卷
(絳跗草堂詩集六卷、左海乙集二卷、五經異
義疏證三卷、尚書大傳五卷、洪範五行傳三
卷、東觀存稾一卷)

350000 - 2001 - 0015200　082.17/φ441＝5
左海全集三十四卷　(清)陳壽祺撰　清嘉
慶、道光刻陳紹墉補修本　四冊　存五卷(洪
範五行傳三卷、五經異義疏證一至二)

350000 - 2001 - 0015201　021.1/255.2
仿宋相臺五經附考證　(□)□□輯　清乾隆
福建刻本　五冊　存二種三十三卷(毛詩二
十卷附考證、尚書十三卷附考證)

350000 - 2001 - 0015202　082.17/φ441＝7
左海全集三十四卷　(清)陳壽祺撰　清嘉
慶、道光刻陳紹墉補修本　十五冊

350000 - 2001 - 0015203　082.17/φ441＝6
左海全集三十四卷　(清)陳壽祺撰　清嘉
慶、道光刻陳紹墉補修本　三冊　存四卷(洪
範五行傳一至二、五經異義疏證一至二)

350000 - 2001 - 0015204　021.1/255.3
仿宋相臺五經附考證　(□)□□輯　清乾隆
福建刻本　七冊　存四種六十三卷(毛詩二
十卷附考證、尚書十三卷附考證、周易十卷附
考證、禮記二十卷附考證)

350000 - 2001 - 0015205　021.1/255.4
仿宋相臺五經附考證　(□)□□輯　清乾隆
福建刻本　六冊　存二種五十三卷(禮記二
十卷附考證、春秋經傳集解三十卷附考證附

春秋年表一卷春秋名號歸一圖二卷）

350000－2001－0015206　027.6/148－5
春秋經傳集解三十卷附考證　（晉）杜預撰
（唐）陸德明音義　**年表一卷**　（□）□□撰
春秋名號歸一圖二卷附考證　（五代）馮繼先
撰　清刻仿宋相臺五經本　一冊　存二卷
（七至八）

350000－2001－0015207　082.17/φ442＝1
左海續集七十九卷　（清）陳壽祺撰　清道光
至同治間刻本　三十九冊

350000－2001－0015208　021.1/255.5
仿宋相臺五經附考證　（□）□□輯　清刻本
　二十九冊

350000－2001－0015209　822.47/707.1
江左三大家詩鈔九卷　（清）顧有孝　（清）趙
澐輯　清刻本　六冊　存六卷（牧齋詩鈔三
卷、梅村詩鈔三卷）

350000－2001－0015210　082.77/406＝2
式訓堂叢書三集四十一種　（清）章壽康輯
清光緒會稽章氏刻本　二冊　存四種九卷
（傳經表一卷通經表一卷、龍城札記三卷、漢
書西域傳補注二卷、知聖道齋讀書跋二卷）

350000－2001－0015211　082.77/406＝3
式訓堂叢書三集四十一種　（清）章壽康輯
清光緒會稽章氏刻本　二十九冊　存二十九
種一百三十卷（古易音訓二卷、傳經表一卷通
經表一卷、晉書地理志新補正五卷、乾道臨安
志十五卷首一卷札記一卷、弟子職集解一卷、
呂子校補二卷、竹汀先生日記鈔三卷、經籍跋
文一卷、對策六卷、拜經樓藏書題跋五卷附
錄一卷、溉亭述古錄二卷、春秋夏正二卷、家
語疏證六卷、鐘山札記四卷、龍城札記三卷、
知聖道齋讀書跋二卷、平津館鑒藏記書籍三
卷補遺一卷續編一卷、廉石居藏書記二卷、銅
熨斗齋隨筆八卷、僻談六卷、疑年表一卷太歲
超辰表三卷、後甲集二卷、晚學集八卷、元魏
滎陽鄭文公摩崖碑跋一卷、漢書西域傳補注
二卷、志銘廣例二卷、金石例補二卷、字林考
逸八卷、過庭錄十六卷）

350000－2001－0015212　082.17/61＝1
左文襄公全集一百三十三卷首一卷　（清）左
宗棠撰　清光緒刻本　三十二冊　存三十四
卷（左文襄公書牘二十六卷藝學說帖一卷、左
文襄公批札五至七、左文襄公咨札一卷告示
一卷、左文襄公謝摺二卷）

350000－2001－0015213　082.17/φ442－2
左海續集七十九卷　（清）陳壽祺撰　清道光
至同治間刻本　七冊　存八卷（禮記鄭讀攷
六卷、禮堂經說二卷）

350000－2001－0015214　082.17/φ442＝3
左海續集七十九卷　（清）陳壽祺撰　清道光
至同治間刻本　七冊　存六卷（三家詩遺說
攷一、敘錄一,詩經四家異文攷一至四）

350000－2001－0015215　874.47/61
左文襄公書牘二十六卷藝學說帖一卷　（清）
左宗棠撰　清光緒十八年（1892）刻左文襄公
全集本　一冊　存一卷（一）

350000－2001－0015216　852.47/61.7
左文襄公詩集一卷文集五卷聯語一卷　（清）
左宗棠撰　清光緒、宣統排印左文襄公全集
本　一冊　存三卷（詩集一、文集一至二）

350000－2001－0015217　023/78
古文尚書冤詞平議二卷　（清）皮錫瑞著　清
光緒二十二年（1896）思賢書局刻皮氏經學叢
書本　一冊

350000－2001－0015218　862.426/776－1
**四大奇書第一種（三國演義）六十卷一百二十
回首一卷圖一卷**　（明）羅貫中撰　（清）毛宗
崗評　清刻本　六冊　存二十八卷（七至三
十四）

350000－2001－0015219　082.17/260－1
北江全集一百二十三卷　（清）洪亮吉撰　清
乾隆、嘉慶刻本　七冊　存二十卷（補三國疆
域志二卷、東晉疆域志二卷、十六國疆域志十
六卷）

350000－2001－0015220　852.47/260＝4
卷施閣文甲集十卷乙集八卷詩二十卷附鮚軒

詩八卷 （清）洪亮吉學 清乾隆六十年 (1795)貴陽節署刻北江全集本 十冊 缺八卷(鮚軒詩八卷)

350000－2001－0015221 852.47/261－1＝1
更生齋文甲集四卷乙集四卷詩八卷詩餘二卷 （清）洪亮吉著 清嘉慶七年(1802)洋川書院刻北江全集本 二冊 存八卷(甲集四卷、乙集四卷)

350000－2001－0015222 ф082.47/431－6
正誼堂全書六十八種 （清）張伯行輯 清同治五年(1866)福州正誼書局刻八年至九年(1869－1870)正誼書院增補光緒十三年(1887)續增補本 二十三冊 存十三種九十九卷(朱子文集十八卷、謝疊山先生文集二卷、方正學先生文集七卷、薛文清公讀書錄八卷、道南源委六卷、濂洛關閩書十九卷、小學集解六卷、濂洛風雅九卷、正誼堂文集十二卷、楊大洪先生文集二卷、海剛峯先生集二卷、許魯齋先生集六卷、陸稼書先生文集二卷)

350000－2001－0015223 082.47/930.3
申報館叢書□□種 （清）錢徵輯 清光緒申報館鉛印本 二十二冊 存八種七十六卷(翰海十二卷、庸閒齋筆記八卷、勝國文徵四卷、澆愁集八卷、東藩紀要十二卷補錄一卷、國朝閨秀香咳集十卷附錄一卷、薑露庵雜記六卷、蟫史七至二十)

350000－2001－0015224 ф082.47/431－7
正誼堂全書六十八種 （清）張伯行輯 清同治五年(1866)福州正誼書局刻八年至九年(1869－1870)正誼書院增補光緒十三年(1887)續增補本 四十冊 存十六種一百六十四卷(周濂溪先生全集十三卷、二程文集十二卷、張橫渠先生文集十二卷、朱子文集十八卷、楊龜山先生集六卷、尹和靖先生集一卷、羅豫章先生文集十卷、李延平先生文集四卷、張南軒先生文集七卷、黃勉齋先生文集八卷、薛文清公讀書錄八卷、濂洛風雅九卷、學規類編二十七卷、正誼堂文集十二卷、正誼堂續集八卷、范文正公文集九卷)

350000－2001－0015225 ф082.47/436
正誼堂遺書二種 （清）□□輯 清道光四年(1824)刻本 一冊

350000－2001－0015226 082.17/317＝1
中復堂全集九十八卷 （清）姚瑩撰 清同治六年(1867)姚濬昌安福縣署刻本 二冊 存二種九卷(寸陰叢錄四卷、東槎紀略五卷)

350000－2001－0015227 024/761
詩經精華十卷 （清）薛嘉穎輯 清道光五年(1825)光霽堂刻七經精華本 四冊

350000－2001－0015228 082.17/317＝2
中復堂全集九十八卷 （清）姚瑩撰 清同治六年(1867)姚濬昌安福縣署刻本 四冊 存三種三十五卷(後湘詩集九卷二集五卷續集七卷、識小錄八卷、姚氏先德傳六卷)

350000－2001－0015229 082.17/317＝3
中復堂全集九十八卷 （清）姚瑩撰 清同治六年(1867)姚濬昌安福縣署刻本 十六冊 存五種五十九卷(東溟文集六卷外集四卷文後集十四卷文外集二卷、後湘詩集九卷二集五卷續集七卷、東溟奏稿四卷、中復堂年譜一卷、中復堂遺稿五卷續編二卷)

350000－2001－0015230 992.134/268
無聲詩史七卷 （清）姜紹書輯 清宣統二年(1910)杭州雲林閣石印本 六冊

350000－2001－0015231 992.124/115
任渭長先生畫傳四種 （清）任熊繪 （清）王齡輯 清光緒十二年(1886)上海同文書局石印本 二冊

350000－2001－0015232 121.1/35
尹氏小學大全五種 （清）尹嘉銓撰 清光緒二十五年(1899)刻民國六年(1917)印本 四冊 存四種十三卷(小學義疏六卷、小學或問四卷、小學考證一卷、小學釋文二卷)

350000－2001－0015233 022/430
吳園周易解九卷附錄一卷 （宋）張根撰 清乾隆福建刻武英殿聚珍版書本 三冊

350000－2001－0015234　021.3/491

周易精義四卷首一卷　（清）黃淦纂　清嘉慶刻七經精義本　一冊

350000－2001－0015235　082.77/434.1

十萬卷樓叢書三編五十一種　（清）陸心源輯　清光緒八年(1882)歸安陸氏十萬卷樓刻本　一冊　存二種三卷(周秦刻石釋音一卷、切韻指掌圖一卷附檢圖之例一卷)

350000－2001－0015236　082.6/21－1

十子全書一百二十八卷　（清）王子興輯　清嘉慶九年(1804)姑蘇王氏聚文堂刻本　三冊　存二十一卷(沖虛至德真經八卷、中說十卷、鶡冠子三卷)

350000－2001－0015237　992.2215/37－4

孟子編年四卷　（清）狄子奇編　清光緒十三年(1887)浙江書局刻孔孟編年本　一冊

350000－2001－0015238　992.21/407

安定言行錄二卷　（清）許正綏輯　清光緒六年(1880)茗溪丁氏刻月河精舍叢鈔本　一冊

350000－2001－0015239　322.29/136

學治臆說二卷續說一卷說贅一卷　（清）汪輝祖著　清光緒刻入幕須知本　一冊　存二卷(續說一卷、說贅一卷)

350000－2001－0015240　024/761＝1

詩經精華十卷　（清）薛嘉穎輯　清道光五年(1825)光韲堂刻七經精華本　一冊　存一卷(一)

350000－2001－0015241　032.2/428－3

古香齋新刻袖珍淵鑑類函四百五十卷目錄四卷　（清）張英　（清）王士禎等纂　清刻本　七冊　存二十二卷(三百十至三百三十一)

350000－2001－0015242　021.1/255－1

仿宋相臺五經附考證　（□）□□輯　清光緒八年(1882)長沙龍氏家塾刻十年(1884)重印本　四十冊

350000－2001－0015243　082.77/338

木鐘臺全集三十二卷　（明）唐樞撰　清咸豐

六年(1856)唐氏書院刻本　十七冊　存二十八卷(積承錄一卷、景行館論一卷、三一測一卷、真談一卷、證道篇二卷、嘉禾問錄一卷、宋學商求一卷、列流測一卷、一菴語錄一卷、海議一卷、轄圜窩雜著一卷、感學篇一卷、法綴一卷、偶客談一卷、酬物難一卷、國琛集一卷、周禮因論一卷、禮元剩語一卷、六咨言一卷、激衷小擬一卷、冀越通一卷、政問錄一卷、春秋讀意一卷、病榻答言一卷、易修墨守一卷、未學學線一卷、疑誼偶述一卷)

350000－2001－0015244　822.44/785.7

施註蘇詩四十二卷總目二卷　（宋）蘇軾撰　（宋）施元之注　（清）宋犖　（宋）張榕端閱定　（清）顧嗣立　（清）邵長蘅等刪補　**蘇詩續補遺二卷**　（宋）蘇軾撰　（清）馮景補注　**王注正譌一卷**　（清）邵長蘅撰　**東坡先生年譜一卷**　（宋）王宗稷編　清康熙三十八年(1699)商丘宋犖刻本　三冊　存十四卷(一至十二、續補遺二卷)

350000－2001－0015245　082.77/965＝1

正覺樓叢刻二十九種　（清）崇文書局輯　清光緒崇文書局刻本　十二冊　存十二種三十二卷(括地志八卷、兩京新記殘一卷、李嶠雜詠二卷、管色考一卷、荀勖笛律圖注一卷、三國職官表三卷、舊唐書疑義四卷、三國紀年表一卷、五代紀年表一卷、龍經疑龍三卷撼龍統說一卷、律呂新義四卷附錄一卷、後漢郡國令長考一卷)

350000－2001－0015246　082.17/135－1

古愚老人消夏錄十六種　（清）汪汲撰　清刻本　十六冊　存八種五十五卷(事物原會四十卷、十三經紀字一卷、字典紀字一卷、疊字編一卷、詞名集解六卷、詞名續編二卷、南北詞名宮調彙錄二卷、宋樂類編二卷)

350000－2001－0015247　024/761.1

詩經精華十卷　（清）薛嘉穎輯　清道光刻清末重印七經精華本　一冊　存四卷(七至十)

350000－2001－0015248　021.1/733－1

七經精華□□卷　（清）薛嘉穎纂　清嘉慶、

道光光霽堂刻本　三冊　存四卷（書經精華六；易經精華一、六，末一卷）

350000－2001－0015249　021.1/761＝2

詩經精華十卷　（清）薛嘉穎輯　清道光五年（1825）光霽堂刻七經精華本　六冊　存七卷（四至十）

350000－2001－0015250　023/38.4

尚書十三卷附考證　（漢）孔安國傳　（唐）陸德明音義　清刻仿宋相臺五經本　一冊　存五卷（九至十三）

350000－2001－0015251　822.43/148－1

杜工部草堂詩箋四十卷　（唐）杜甫撰　（宋）魯訔編次　（宋）蔡夢弼會箋　**杜工部草堂詩話二卷**　（唐）杜甫撰　（宋）蔡夢弼集録　**杜工部草堂詩年譜二卷**　（宋）趙子櫟　（宋）魯訔　**黃氏集千家註杜工部詩史補遺十卷**　（宋）黃鶴集註　（宋）蔡夢弼校正　**集註草堂杜工部詩外集一卷**　（宋）蔡夢弼會箋　清光緒遵義黎庶昌日本東京使署刻古逸叢書本　八冊

350000－2001－0015252　852.46/330.1

海忠介公集六卷　（明）海瑞撰　清乾隆十八年（1753）邱氏可繼堂刻嘉慶二十年（1815）桂林朱啓增補丘海二公文集合編本　四冊

350000－2001－0015253　722.7/73

疊雅十三卷　（清）史夢蘭撰　清同治四年（1865）刻止園叢書本　四冊

350000－2001－0015254　φ999.1/249.1

［福建建陽］周氏宗譜不分卷　（清）周苣垣等纂修　清同治十一年（1872）建陽周氏木活字印本　七冊

350000－2001－0015255　082.17/73

止園叢書二十四種　（清）史夢蘭撰　清道光至光緒間刻本　一冊　存二種四卷（味古齋詩存二卷、小倉嶼山房詩存二卷）

350000－2001－0015256　852.1947/173.2

八家四六文鈔八種　（清）吳鼒編　清較經堂刻本　七冊　存六種七卷（玉芝堂文集一卷、思補堂文集一卷、儀鄭堂遺稿一卷、有正味齋文續集二卷、西溪漁隱外集一卷、卷施閣文乙集一卷）

350000－2001－0015257　852.13－4/305－1

八大家文鈔一百四十四卷　（明）茅坤輯　清初刻本　十二冊　存六十卷（宋大家歐陽文忠公文抄三十二卷、宋大家蘇文忠公文抄二十八卷）

350000－2001－0015258　082.47/833＝3

廣雅書局叢書一百六十一種　（清）廣雅書局輯　清光緒廣雅書局刻民國九年（1920）番禺徐紹棨彙編重印本　一冊　存二種五卷（三統術詳說四卷、弧三角平視法一卷）

350000－2001－0015259　992.121/228

姓解三卷　（宋）邵思纂　清光緒遵義黎氏日本東京使署刻古逸叢書本　一冊

350000－2001－0015260　822.71/φ104－1

楚辭集注八卷辯證二卷後語六卷　（宋）朱熹撰　清光緒遵義黎氏日本東京使署刻古逸叢書本　二冊　存八卷（辯證二卷、後語六卷）

350000－2001－0015261　992.29/18－2

文信國公集二十卷首一卷　（宋）文天祥撰　清同治七年（1868）楚醴景萊書室刻四忠遺集本　十三冊

350000－2001－0015262　032.2/940

琱玉集殘二卷　（唐）□□輯　清光緒遵義黎氏日本東京使署刻古逸叢書本　二冊

350000－2001－0015263　082.47/673

古逸叢書二十六種　（清）黎庶昌輯　清光緒遵義黎氏日本東京使署刻本　十一冊　存二種十二卷（南華真經注疏十卷、尚書釋音二卷）

350000－2001－0015264　021.1/φ575.1

五經備旨五種　（清）鄒聖脉纂輯　清同治三年（1864）刻本　十九冊

350000－2001－0015265　832.08/28＝1

四印齋所刻詞二十一種　（清）王鵬運輯　清

光緒十四年(1888)臨桂王氏家塾刻本　二冊
　　存二種七卷(蕭閑老人明秀集注六卷、東山
　　寓聲樂府一卷)

350000－2001－0015266　018.9/227＝1
四庫簡明目錄標注二十卷附錄一卷　(清)邵
懿辰撰　清宣統三年(1911)仁和邵氏家祠刻
半巖廬所著書本　六冊

350000－2001－0015267　199.7/429
畢法案錄二卷　(清)張官德撰　清同治十一
年(1872)刻半畝園叢書　二冊

350000－2001－0015268　082.77/901
四家賦鈔四種　(清)景其濬編　清咸豐三年
(1853)誦芬堂刻本　二冊　存二種二卷(有
正味齋賦稿一卷、覺生賦鈔一卷)

350000－2001－0015269　832.17/765.2＝1
篋中詞六卷續四卷　(清)譚獻篹錄　清光緒
八年(1882)刻半廠叢書初編本　四冊

350000－2001－0015270　082.77/492－1
士禮居黃氏叢書十八種附二種　(清)黃丕烈
輯　清嘉慶、道光吳縣黃氏刻本　十三冊
存四種九十卷(周禮十二卷札記一卷、儀禮十
七卷校錄一卷續校一卷、國語二十一卷札記
一卷、戰國策三十三卷札記三卷)

350000－2001－0015271　822.47/765
復堂類集文四卷詩十一卷詞三卷　(清)譚獻
撰　清同治四年(1865)刻半廠叢書初編本
一冊　存七卷(詩一至七)

350000－2001－0015272　812.44/215＝1
竹軒雜著六卷　(宋)林季仲撰　清光緒二年
(1876)刻永嘉叢書本　一冊

350000－2001－0015273　852.44/761
良齋先生薛常州浪語集三十五卷　(宋)薛季
宣撰　清同治、光緒瑞安孫氏詒善祠塾刻永
嘉叢書本　五冊　存二十九卷(七至三十五)

350000－2001－0015274　852.44/676.3
劉左史文集四卷　(宋)劉安節撰　清同治十
二年(1873)刻永嘉叢書本　一冊

350000－2001－0015275　862.97/435
古今說海一百三十五種　(明)陸楫輯　清道
光元年(1821)苕溪邵氏酉山堂刻本　二冊
存十一種十三卷(三楚新錄三卷、溪蠻叢笑一
卷、遼志一卷、金志一卷、蒙韃備錄一卷、北邊
備對一卷、鐵圍山叢談一卷、孔氏雜說一卷、
瀟湘錄一卷、三水小牘一卷、談藪一卷)

350000－2001－0015276　920.408/940
九朝紀事本末九種　(清)□□輯　清光緒二
十八年(1902)上海書局石印本　三十三冊
存五種五百八卷(左傳紀事本末五十三卷、通
鑑紀事本末二百三十九卷、宋史紀事本末一
百九卷、元史紀事本末二十七卷、明史紀事本
末八十卷)

350000－2001－0015277　812.44/215
竹軒雜著六卷　(宋)林季仲撰　清光緒二年
(1876)刻永嘉叢書本　一冊

350000－2001－0015278　920.3/471.1＝1
三通考輯要　湯壽潛輯　清光緒二十五年
(1899)上海圖書集成局鉛印本　十五冊　存
二種四十卷(文獻通考輯要一至八、十至十
一、十三至十四、十七至十八、皇朝文獻通考
輯要二十六卷)

350000－2001－0015279　822.44/676.3
蒙川先生遺稿四卷補遺一卷　(宋)劉黻撰
清同治、光緒瑞安孫氏詒善祠塾刻永嘉叢書
本　一冊

350000－2001－0015280　920.3/471.1＝2
三通考輯要　湯壽潛輯　清光緒二十五年
(1899)上海圖書集成局鉛印本　二十二冊

350000－2001－0015281　920.8/833－2
史學叢書四十三種　(清)□□輯　清光緒上
海文瀾書局石印本　十五冊　存三十種一百
五十五卷(後漢書注補正八卷、後漢書注又補
一卷、後漢書補注續一卷、三史拾遺五卷、補
三國疆域志二卷、補三史藝文志一卷、三國志
辨疑三卷、三國志攷證八卷、三國志旁證三十
卷、三國職官表三卷、三國志補注續一卷、補
三國藝文志四卷、宋遼金元四史朔閏考二卷、

晉書校勘記五卷、東進疆域志四卷、補晉兵志一卷、晉宋書故一卷、補梁疆域志一卷、魏書校勘記一卷、新舊唐書互證二十卷、宋州郡志校勘記一卷、宋史藝文志補一卷、補宋書刑法志一卷、補宋書食貨志一卷、補遼金元藝文志一卷、十六國疆域志十六卷、補五代史藝文志一卷、讀史舉正八卷、諸史拾遺五卷、諸史考異十八卷）

350000－2001－0015282　920.3/471.1＝3
三通考輯要　湯壽潛輯　清光緒二十五年(1899)上海圖書集成局鉛印本　三十九冊　存二種四十五卷(文獻通考輯要六至二十四、欽定續文獻通考輯要二十六卷)

350000－2001－0015283　920.3/471.1＝4
三通考輯要　湯壽潛輯　清光緒二十五年(1899)上海圖書集成局鉛印本　十七冊

350000－2001－0015284　927.031/533
皇朝文獻通考輯要二十六卷　(清)嵇璜等撰　湯壽潛輯　清光緒二十五年(1899)上海圖書集成局鉛印三通考輯要本　十冊

350000－2001－0015285　722.2/27
六書辨譌輯要三卷　(清)王玉鑽錄　清光緒二年(1876)盱南上塘蔡氏刻三餘書屋叢書本　一冊

350000－2001－0015286　121.2/930
南華真經解三卷　(清)宣穎著　(清)王暉吉校　清末經國堂刻本　六冊

350000－2001－0015287　822.44/784－6
東坡文集八卷　(宋)蘇軾著　清宣統元年(1909)上海會文學社石印三蘇文集本　一冊　存三卷(一至三)

350000－2001－0015288　950.8/965
史學小叢書□□種　(日本)北村三郎著　趙必振譯　清光緒上海廣智書局鉛印本　三冊　存三種(亞西里亞巴比倫史九章、腓尼西亞史七章、亞剌伯史二篇十三章首一篇)

350000－2001－0015289　194/940.5
大佛頂如來密因修證了義諸菩薩萬行首楞嚴經十卷　(唐)釋般刺密帝譯　**附校勘記一卷**　清同治七年(1868)刻半畝園叢書本　一冊　存五卷(六至十)

350000－2001－0015290　950.8/965＝1
史學小叢書□□種　(日本)北村三郎著　趙必振譯　清光緒上海廣智書局鉛印本　二冊　存二種(腓尼西亞史七章、亞剌伯史二篇十三章首一篇)

350000－2001－0015291　174/444.4
五種遺規十七卷　(清)陳弘謀編輯　清乾隆八年(1743)刻本　七冊　存四種十三卷(從政遺規二卷、教女遺規三卷、訓俗遺規四卷、在官法戒錄四卷)

350000－2001－0015292　082.17/153
代耕堂全集□□卷　(清)李嘉績撰輯　清光緒刻本　三冊　存八卷(汧上錄一卷、惜心書屋詩鈔一卷、懶雲山莊詩鈔一卷、桐屋遺棄一卷、蘭谷遺棄一卷、味蔗軒詩鈔一卷、雙桐書屋賸藁二卷)

350000－2001－0015293　082.17/793.3
平湖顧氏遺書五種　(清)顧廣譽撰　清光緒三年(1877)顧鴻昇刻本　四冊　存三種十六卷(劄記一卷、悔過齋文集七卷、悔過齋續集七卷補遺一卷)

350000－2001－0015294　082.8/493－1
三長物齋叢書二十五種　(清)黃本驥輯　清道光湘陰蔣瓅刻本　十七冊　存六種六十三卷(聖域述聞二十八卷、皇朝經籍志六卷、歷代統系錄六卷、郡縣分韻考十卷、三志合編七卷、歷代職官表六卷)

350000－2001－0015295　082.17/793.3＝1
平湖顧氏遺書五種　(清)顧廣譽撰　清光緒三年(1877)顧鴻昇刻本　四冊　存三種十六卷(劄記一卷、悔過齋文集七卷、悔過齋續集七卷補遺一卷)

350000－2001－0015296　021.1/φ575.2
五經備旨　(清)鄒聖脉纂輯　清光緒十二年(1886)上海點石齋石印本　九冊　存四種三

十八卷（書經備旨七卷、詩經備旨八卷、春秋備旨十二卷、禮記全文備旨十一卷）

350000－2001－0015297　852.13/479＝1
三唐人集　（清）馮焌光輯　清光緒南海馮氏讀有用書齋刻本　六冊

350000－2001－0015298　023/376.2
尚書今古文注三十卷　（清）孫星衍撰　清光緒五年（1879）刻平津館叢書本　八冊

350000－2001－0015299　852.47/260＝5
卷施閣文甲集十卷乙集八卷詩二十卷附鮚軒詩八卷　（清）洪亮吉學　清乾隆六十年（1795）貴陽節署刻北江全集本　六冊　存十八卷（詩一至十八）

350000－2001－0015300　822.43/309
皇甫持正文集六卷補遺一卷　（唐）皇甫湜撰　清光緒南海馮氏讀有用書齋刻三唐人集本　一冊

350000－2001－0015301　822.47/182.1
天根文鈔四卷文法一卷續集一卷詩鈔二卷　（清）何家琪撰　清光緒三十二年（1906）刻三怡堂叢書本　六冊

350000－2001－0015302　812.1/376
續古文苑二十卷　（清）孫星衍輯　清嘉慶十七年（1812）刻平津館叢書本　四冊

350000－2001－0015303　021/268
九經補注八種　（清）姜兆錫撰　清雍正、乾隆寅清樓刻本　三十二冊　存三種五十一卷（禮記章義十卷、儀禮經傳注疏參義內編二十三卷外編五卷首一卷、周體輯義十二卷）

350000－2001－0015304　082.14/24－2
玉海二百卷附辭學指南四卷詩攷一卷詩地攷六卷漢藝文志攷證十卷通鑑地理通釋十四卷漢制攷四卷踐阼篇集解一卷急就篇補注四卷姓氏急就篇二卷小學紺珠十卷六經天文編二卷周易鄭康成注一卷周書王會補注一卷通鑑答問五卷　（宋）王應麟撰　清嘉慶十一年（1806）刻本　一百十八冊　缺三卷（玉海一百九十六至一百九十八）

350000－2001－0015305　082.77/376.2＝1
平津館叢書十集三十二種　（清）孫星衍輯　清光緒十一年（1885）吳縣朱氏槐廬家塾刻本　九冊　存四種二十八卷（寰宇訪碑錄十二卷刊謬一卷、尚書今古文注疏三至六、芳茂山人詩錄十卷、長離閣詩集一卷）

350000－2001－0015306　φ082.47/431－8
正誼堂全書六十八種　（清）張伯行輯　清同治五年（1866）福州正誼書局刻八年至九年（1869－1870）正誼書院增補光緒十三年（1887）續增補本　一百八十九冊　缺二種二十一卷（唐宋八大家文鈔十九卷、海剛峰文集二卷）

350000－2001－0015307　511/3＝1
白芙堂算學叢書二十二種　（清）丁取忠輯　清同治、光緒長沙古荷花池精舍刻本　三十二冊

350000－2001－0015308　025.7/268
儀禮經傳注疏參義內編二十三卷外編五卷首一卷　（清）姜兆錫撰　清乾隆元年（1736）刻九經補注本　十四冊

350000－2001－0015309　722.7/933
七經孟子考文併補遺二百卷　（日本）山井鼎撰　（日本）物觀補遺　清嘉慶二年（1797）阮元刻文選樓叢書本　二十冊

350000－2001－0015310　822.47/162.3
揅經室一集十四卷二集八卷三集五卷四集二卷四集詩十一卷續集十一卷再續集七卷外集五卷　（清）阮元撰　清嘉慶、道光儀徵阮氏刻文選樓叢書本　二十冊　缺八卷（四集詩三、再續集七卷）

350000－2001－0015311　082.7/218＝1
文選樓叢書三十二種　（清）阮亨輯　清嘉慶、道光儀徵阮氏刻本　二冊　存二種（歷代帝王年表不分卷、帝王廟諡年諱譜一卷）

350000－2001－0015312　812.16/930
清江貝先生詩集十卷文集三十卷　（明）貝瓊撰　（清）金檀編　（清）汪屺校　清康熙金檀

刻本 六冊

350000－2001－0015313 082.77/840
文林綺繡五種 （清）鴻寶齋書局輯 清光緒
十九年(1893)上洋鴻寶齋石印本 六冊

350000－2001－0015314 822.47/485
**小謨觴館詩集八卷續集二卷詩餘一卷續一卷
文集四卷續集二卷** （清）彭兆蓀撰 清光緒
鎮洋繆朝荃刻三十二年(1906)彙印小謨觴館
全集本 六冊

350000－2001－0015315 822.043/274
采輯歷朝詩話一卷辨訛考異四卷 （清）胡鳳
丹輯 清同治九年(1870)永康胡氏退補齋刻
六朝四家全集本 一冊

350000－2001－0015316 822.47/16.1
生齋詩稿九卷 （清）方坰撰 清光緒元年
(1875)武昌藩署刻方學博全集本 一冊 存
四卷(一至四)

350000－2001－0015317 832.19171/ϕ562＝4
閩詞鈔四卷 （清）葉申薌編 清道光十四年
(1834)三山葉氏刻天籟軒五種本 四冊

350000－2001－0015318 527/509＝1
測候叢談四卷 （美國）金楷理口譯 （清）華
蘅芳筆述 清光緒江南機器製造總局刻天學
大成本 一冊 存二卷(三至四)

350000－2001－0015319 082.77/793－3
小石山房叢書三十八種 （清）顧湘輯 清同
治十三年(1874)虞山顧氏刻本 二冊 存五
種五卷(隱綠軒題識一卷、砥齋題跋一卷、海
珊詩鈔一卷、蕋庵遺詩一卷、明人詩品一卷)

350000－2001－0015320 082.14/24－2＝1
**玉海二百卷附辭學指南四卷詩攷一卷詩地理
攷六卷漢藝文志攷證十卷通鑑地理通釋十四
卷漢制攷四卷踐阼篇集解一卷急就篇補注四
卷姓氏急就篇二卷小學紺珠十卷六經天文編
二卷周易鄭康成注一卷周書王會補注一卷通
鑑答問五卷** （宋）王應麟撰 **王深寧[應麟]
先生年譜一卷** （清）張大昌撰 清嘉慶刻本
一百冊 缺一卷(玉海一百二十六)

350000－2001－0015321 082.17/ϕ441＝8
左海全集三十四卷 （清）陳壽祺撰 清嘉
慶、道光刻陳紹墉補修本 十三冊 存二十
八卷(左海文集十卷、絳跗草堂詩集六卷、左
海文集乙編駢體文二卷、五經異義疏證三卷、
左海經辨二卷、尚書大傳二至三、東越儒林後
傳一卷、東越文苑傳一卷、東觀存槁一卷)

350000－2001－0015322 174/444.5
從政遺規摘鈔二卷 （清）陳弘謀編 清同治
七年(1868)楚北崇文書局刻五種遺規摘鈔本
二冊

350000－2001－0015323 082.17/ϕ441＝9
左海全集三十四卷 （清）陳壽祺撰 清嘉
慶、道光刻陳紹墉補修本 十三冊 存二十
六卷(左海文集十卷、絳跗草堂詩集六卷、左
海經辨二卷、尚書大傳五卷、洪範五行傳三
卷)

350000－2001－0015324 852.47/ϕ441
東越文苑傳一卷 （清）陳壽祺撰 清嘉慶、
道光刻陳紹墉補修左海全集本 一冊

350000－2001－0015325 822.445/29.1
遺山先生詩集二十卷 （元）元好問撰 明崇
禎十一年(1638)毛氏汲古閣刻元人十種詩本
二冊 存十二卷(三至十四)

350000－2001－0015326 082.6/24
女四書 （明）王相箋註 清光緒六年(1880)
李光明莊刻本 一冊 存二種二卷(曹大家
女誡一卷、仁孝文皇后內訓一卷)

350000－2001－0015327 082.14/23＝2
**玉海二百卷附辭學指南四卷詩攷一卷詩地理
攷六卷漢藝文志攷證十卷通鑑地理通釋十四
卷漢制攷四卷踐阼篇集解一卷急就篇補注四
卷姓氏急就篇二卷小學紺珠十卷六經天文編
二卷周易鄭康成注一卷周書王會補注一卷通
鑑答問五卷** （宋）王應麟撰 **王深寧[應麟]
先生年譜一卷** （清）張大昌撰 清光緒九年
(1883)浙江書局刻本 六冊 存二十五卷
(漢藝文志攷證十卷、通鑑地理通釋十四卷、
王深寧先生年譜一卷)

350000 - 2001 - 0015328　174/444.6
學仕遺規四卷補編四卷　（清）陳弘謀輯　清光緒二十九年（1903）上海文來書局石印五種遺規本　一冊　存四卷（補編四卷）

350000 - 2001 - 0015329　021.1/761 = 3
詩經精華十卷　（清）薛嘉穎輯　清道光五年（1825）光霽堂刻七經精華本　五冊　存七卷（一至二、五至六、八至十）

350000 - 2001 - 0015330　082.14/24 - 2 = 2
玉海二百卷附辭學指南四卷詩攷一卷詩地理攷六卷漢藝文志攷證十卷通鑑地理通釋十四卷漢制攷四卷踐阼篇集解一卷急就篇補注四卷姓氏急就篇二卷小學紺珠十卷六經天文編二卷周易鄭康成注一卷周書王會補注一卷通鑑答問五卷　（宋）王應麟撰　王深寧［應麟］先生年譜一卷　（清）張大昌撰　清嘉慶刻本　二冊　存五卷（踐阼篇集解一卷、急就篇補注四卷）

350000 - 2001 - 0015331　727.1/441
養正遺規二卷補編一卷　（清）陳弘謀輯　清同治七年（1868）金陵書局刻五種遺規本　一冊　存二卷（養正遺規二卷）

350000 - 2001 - 0015332　021.1/761.2
詩經精華十卷　（清）薛嘉穎輯　清道光刻七經精華本　三冊　存八卷（三至十）

350000 - 2001 - 0015333　722.71/377.1
爾雅直音二卷　（清）孫侃輯　（清）王祖源校　清光緒六年（1880）福山王氏刻天壤閣叢書本　二冊

350000 - 2001 - 0015334　φ082.47/431 - 9
正誼堂全書六十八種　（清）張伯行輯　清同治五年（1866）福州正誼書局刻八年至九年（1869 - 1870）正誼書院增補光緒十三年（1887）續增補本　八十六冊　存二十七種二百九卷（周濂溪先生全集十三卷、二程文集十二卷、張橫渠先生文集十二卷、朱子文集十八卷、楊龜山先生集六卷、羅豫章先生文集十卷、李延平先生文集四卷、張南軒先生文集七卷、程氏家塾讀書分年日程三卷、朱子學的二

738

卷、陳清瀾先生學蔀通辯十二卷、陸稼書先生問學錄四卷、陸稼書先生松陽鈔存一卷、湯潛庵先生集二卷、陸稼書先生文集二卷、道統錄二卷附錄一卷、二程語錄十八卷、朱子語類輯略八卷、濂洛關閩書十九卷、廣近思錄十四卷、困學錄集粹八卷、小學集解六卷、魏莊渠先生集二卷、羅整庵先生存稾二卷、陳剩夫先生集四卷、張陽和文選三卷、近思錄十四卷）

350000 - 2001 - 0015335　022/733 - 4
易經精華六卷末一卷　（清）薛嘉穎纂　清光緒十六年（1890）漢口宏道堂刻本　二冊

350000 - 2001 - 0015336　021.1/733 - 2
七經精華　（清）薛嘉穎纂　清道光光霽堂刻福州集新堂印本　八冊　存二種十六卷（書經精華六卷、詩經精華十卷）

350000 - 2001 - 0015337　022/733 - 3
易經精華六卷末一卷　（清）薛嘉穎纂　清道光刻七經精華本（卷五至六、末一配補清道光元年（1821）光霽堂刻本）　二冊　存五卷（一至二、五至六，末一卷）

350000 - 2001 - 0015338　174/444.7
從政遺規二卷　（清）陳弘謀輯　清刻四種遺規本　二冊

350000 - 2001 - 0015339　082.5/352 - 3 = 1
玉函山房輯佚書五百九十四種附刻一種　（清）馬國翰輯　清同治十年（1871）濟南皇華館書局刻本　一冊

350000 - 2001 - 0015340　822.47/431.6
鴗鷥吟槀一卷　（清）張祥河輯　清刻小重山房叢書本　一冊

350000 - 2001 - 0015341　082.6/557
均藻五卷　（明）楊慎編輯　（清）李調元校　清同治六年（1867）刻小瑯環山館彙刊類書十二種本　一冊

350000 - 2001 - 0015342　082.77/430
小重山房叢書十五種　（清）張祥河輯　清刻本　一冊　存二種二卷（鴗鷥錄一卷、續鴗鷥錄一卷）

350000－2001－0015343　832.13/600

花間集十卷　(五代)趙崇祚輯　清光緒十九年(1893)臨桂王氏家塾刻四印齋所刻詞本　二冊　存八卷(一至八)

350000－2001－0015344　082.6/557.1

謝華啓秀四卷　(明)楊慎纂輯　(清)李調元校　清同治六年(1867)刻小瑯環山館彙刊類書十二種本　一冊

350000－2001－0015345　822.19151/396

石城七子詩鈔十四卷　翁長森輯　清光緒十六年(1890)刻本　四冊

350000－2001－0015346　722.2/155＝1

小學類編七種三十六卷　(清)李祖望輯　清咸豐江都李氏半畝園刻本　六冊

350000－2001－0015347　852.17/24

聲調三譜四種十一卷　(清)王祖源輯　清光緒二十二年(1896)宏道堂刻天壤閣叢書本　二冊

350000－2001－0015348　082.5/352－3

玉函山房輯佚書五百九十四種附刻一種　(清)馬國翰輯　清同治十年(1871)濟南皇華館書局刻本　七十四冊

350000－2001－0015349　832.08/393＝1

小檀欒室彙刻閨秀詞十集一百種　徐乃昌輯　清光緒二十一年至二十二年(1895－1896)南陵徐乃昌小檀欒室刻本　二十冊　存九十二種一百三卷(琴清閣詞一卷、生香館詞一卷、藅香詞一卷、衍波詞一卷、鴻雪廎詞一卷、玉雨詞一卷、古春軒詞一卷、洞簫嘆詞一卷、聽雪詞一卷、古雪詩餘一卷、拙政園詩餘三卷、梅花園詩餘一卷、玉窗詩餘一卷、貯素廎詞一卷、綠月廎詞一卷、靜一齋詩餘一卷、冷香齋詩餘一卷、夢湘廎詞一卷、繡餘詞一卷、簪花閣詩餘一卷、栖香閣詞二卷、蠹窗詩餘一卷、絳雪詞一卷、浣紗詞一卷、青藜閣詞一卷、碧桃館詞一卷、松籟閣詩餘一卷、鮮潔亭詩餘一卷、澹音閣詞一卷、寫麋廎詞一卷、烒水軒詞一卷、雨花盦詩餘一卷、夢影廎詞一卷、澹菊軒詞一卷、緯青詞一卷、穌漱玉詞一卷潤南

詞一卷、濾月軒詩餘一卷、月廎琴語一卷、倩影廎遺詞一卷、寫均廎詞一卷、華簾詞一卷香南雪北詞一卷、烒笛詞一卷、聞妙香室詞一卷、長真閣詩餘一卷、烒廢閣詞一卷、綠夢軒遺詞一卷、賦燕廎詞一卷、光霽廎詞一卷、翠螺閣詞一卷、彈綠詞一卷、聽雨廎詞二卷、瑤華閣詞一卷補遺一卷、九疑仙館詞一卷、金粟詞一卷、澹僊詞四卷、有誠堂詩餘一卷、玉簫詞一卷、芷衫詩餘一卷、菊籬詞一卷、哦月廎詩餘一卷、嘯雪庵詞一卷、繡閒詞一卷、三秀齋詞一卷、德風亭詞一卷、碧梧紅蕉館詞一卷、冷吟僊館詩餘一卷、蓮因室詞一卷、慈暉館詞一卷、曇花詞一卷、蕉窗詞一卷、錦囊詩餘一卷、澹香廎詞一卷、補欄詞一卷、晚香居詞二卷、瘦吟詞一卷、浣青詩餘一卷、茶香閣詞一卷、雯窗瘦影詞一卷、佩烒閣詞一卷、慧福廎詞一卷、鏡閣新聲一卷、古香廎詞一卷、黎雲樹詞一卷、湘筠館詞一卷、韞玉廎詞一卷、楚畹閣詩餘一卷、壽研山房詞一卷、含青閣詩餘一卷、繡墨軒詞一卷、飲露詞一卷、鸝吹詞一卷、芳雪軒詞一卷)

350000－2001－0015350　021/736

古經解彙函十六種　(清)鍾謙鈞等輯　清光緒十五年(1889)湘南書局刻本　六十五冊

350000－2001－0015351　082.18/φ445＝1

石遺室叢書十八種　陳衍撰輯　清光緒至民國間刻本　四冊　存三種十七卷(尚書舉要五卷、禮記疑義辯證五卷、說文舉例七卷)

350000－2001－0015352　082.18/φ445＝2

石遺室叢書十八種　陳衍撰輯　清光緒至民國間刻本　二冊　存二種四卷(考工記辨證三卷、考工記補疏一卷)

350000－2001－0015353　082.18/φ445＝3

石遺室叢書十八種　陳衍撰輯　清光緒至民國間刻本　九冊　存二種四十六卷(禮記疑義辨證五卷，閩詩錄甲集六卷、乙集四卷、丙集二十三卷、丁集一卷、戊集七卷)

350000－2001－0015354　082.18/φ445＝4

石遺室叢書十八種　陳衍撰輯　清光緒至民

國間刻本　三冊　存三種二十卷(石遺室文集十二卷、木庵文槀一卷、石遺室詩集六卷補遺一卷)

350000－2001－0015355　027.8/302－1
春秋穀梁傳十二卷　(晉)范甯集解　(唐)陸德明音義　清光緒南京李光明莊刻本　三冊　存九卷(一至九)

350000－2001－0015356　822.47/φ445
閩詩錄甲集六卷乙集四卷丙集二十三卷丁集一卷戊集七卷　(清)鄭杰原輯　陳衍補訂　清宣統三年(1911)刻石遺室叢書本　八冊　存二十八卷(乙集四卷、丙集二十三卷、丁集一卷)

350000－2001－0015357　025.7/662－3
儀禮十七卷　(漢)鄭玄注　(清)張爾岐句讀　監本正誤一卷石本誤字一卷　(清)張爾岐撰　清同治七年(1868)金陵書局刻十三經讀本本　四冊

350000－2001－0015358　874.16/247－1
賴古堂名賢尺牘新鈔十二卷二選藏弄集十六卷三選結鄰集十六卷　(清)周亮工輯　清宣統元年(1909)上海賴古堂鉛印才子新書叢刻本　七冊　存十二卷(名賢尺牘新鈔十二卷)

350000－2001－0015359　874.16/247－1＝1
賴古堂名賢尺牘新鈔十二卷二選藏弄集十六卷三選結鄰集十六卷　(清)周亮工輯　清宣統元年(1909)上海賴古堂鉛印才子新書叢刻本　三冊　存六卷(名賢尺牘新鈔七至十二)

350000－2001－0015360　082.17/661＝1
大鶴山房全書十種附一種　鄭文焯撰　清光緒至民國間刻民國九年(1920)蘇州交通圖書館匯印本　二冊　存四種六卷(揚雄訓纂篇考一卷、高麗國永樂好太王碑釋文纂攷一卷、醫故二卷古逸方補一卷、揚雄說故一卷)

350000－2001－0015361　021.6/844－3＝2
十三經註疏三百三十三卷　(□)□□輯　明崇禎元年至十二年(1628－1639)毛氏汲古閣刻清順治重修本　二十四冊　存二種三十一卷(毛詩注疏存二至十九,儀禮注疏三至十、十三至十七)

350000－2001－0015362　021.6/247＝1
十三經古注二百九十卷　(明)金蟠　(明)葛鼐校　清同治八年(1869)浙江書局刻本　十一冊　存八十五卷(書經古注十五至二十,詩經古注十六至二十,儀禮古注七至八,周禮古注一至十、三十三至四十二,禮記古注五至七、三十三至四十九,春秋左傳古注二十五至三十,春秋穀梁傳古注九至十四,論語古注二十卷)

350000－2001－0015363　021.6/162.2
十三經讀本十六種一百五十二卷　(清)□□輯　清同治金陵書局刻本　三十五冊　存八種九十四卷(春秋公羊經傳解詁十二卷、重刊宋紹熙公羊傳注附音本校記一卷、儀禮十七卷、監本正誤一卷石本誤字一卷、書經六卷首一卷末一卷、禮記十卷、春秋穀梁傳十二卷、論語十卷、易經十二卷首一卷末一卷、詩經八卷)

350000－2001－0015364　082.6/843
子書二十二種三百三十八卷　(清)浙江書局輯　清光緒二十三年(1897)上海圖書集成局鉛印本　二十五冊　存十八種二百八十六卷(管子二十四卷、荀子二十卷附校勘補遺一卷、列子八卷、韓非子二十卷附識誤三卷、淮南子二十一卷、揚子法言十三卷附音義一卷、鶡冠子三卷、墨子十六卷、孫子十家註十三卷附敍錄一卷遺說一卷、孔子集語十七卷、晏子春秋七卷附音義二卷校勘記二卷、呂氏春秋二十六卷附攷一卷、賈子新書十卷、文子纘義十二卷、補注黃帝內經素問二十四卷素問遺篇一卷靈樞十二卷、尸子二卷存疑一卷、商君書五卷附考一卷、山海經十八卷)

350000－2001－0015365　021.6/844＝1
十三經註疏附考證　(□)□□輯　清乾隆四年至十二年(1739－1747)刻本　七十五冊　存七種二百四十五卷(周易注疏十三卷附考證略例一卷附考證、尚書注疏十九卷附考證、毛詩注疏三十卷附考證、周禮注疏四十二卷

附考證、儀禮注疏十七卷附考證、禮記注疏六十三卷附考證、春秋左傳注疏六十卷附考證）

350000 – 2001 – 0015366　φ082.47/431 – 10
正誼堂全書六十八種　（清）張伯行輯　清同治五年(1866)福州正誼書局刻八年至九年(1869 – 1870)正誼書院增補光緒十三年(1887)續增補本　八十二冊　存三十種二百二十卷（朱子文集十八卷、楊龜山先生集六卷、尹和靖先生集一卷、羅豫章先生文集十卷、李延平先生文集四卷、張南軒先生文集七卷、黃勉齋先生文集八卷、陳克齋先生集五卷、許魯齋先生集六卷、薛敬軒先生文集十卷、胡敬齋先生文集三卷、唐陸宣公文集四卷首一卷、韓魏公集二十卷、司馬溫公文集十四卷、文山先生文集二卷、謝疊山先生文集二卷、方正學先生文集七卷、楊椒山先生文集二卷、二程粹言二卷、伊洛淵源錄十四卷、上蔡先生語錄三卷、程氏家塾讀書分年日程三卷、朱子學的二卷、陳清瀾先生學蔀通辯十二卷、薛文清公讀書錄八卷、胡敬齋先生居業錄八卷、道南源委六卷、羅整庵先生困知記四卷、陸桴亭思辨錄輯要二十二卷、王學質疑五卷附錄一卷）

350000 – 2001 – 0015367　021/736 – 2
古經解彙函十六種　（清）鍾謙鈞等輯　清同治十二年(1873)粵東書局刻本　四十冊　存十三種一百四十二卷（鄭氏周易注三卷補遺一卷，陸氏周易述一卷，周易集解十七卷，周易口訣義六卷，易緯八種十二卷，尚書大傳一、序錄一卷，春秋釋例四至十五，春秋㕥趙集傳纂例十卷，春秋微旨三卷，春秋㕥趙二先生集傳辯疑十卷，論語集解義疏十卷，說文解字十五卷，說文解字通釋四十卷）

350000 – 2001 – 0015368　082.6/842 ＝ 2
子書百家一百一種　（清）崇文書局輯　清光緒元年(1875)湖北崇文書局刻本　七十一冊　存六十九種三百六十三卷（孔子家語十卷、孔子集語二卷、荀子三卷、孔叢子二卷、新語二卷、忠經一卷、新書十卷、鹽鐵論二卷、說苑二十卷、揚子法言一卷、方言十三卷、潛夫論

十卷、申鑒五卷、中論二卷、傳子一卷、文中子中說一卷、續孟子二卷、伸蒙子三卷、素履子三卷、鬻子知言六卷附錄一卷疑義一卷、薛子道論三卷、海樵子一卷、六韜三卷、孫子三卷、吳子二卷、司馬法一卷、尉繚子二卷、素書一卷、心書一卷、何博士備論二卷、宋丞相李忠定公輔政本末一卷、管子二十四卷、晏子春秋八卷、商子五卷、鄧子一卷、尸子二卷、韓非子二十卷、齊民要術十卷雜說一卷、太玄經十卷、焦氏易林四卷、鬻子一卷補一卷、計倪子一卷、於陵子一卷、子華子二卷、尹文子一卷、慎子一卷、公孫龍子一卷、鬼谷子一卷、呂氏春秋二十六卷、淮南鴻烈解二十一卷、金樓子六卷、劉子二卷、顏氏家訓二卷、獨斷一卷、論衡三十卷、白虎通德論四卷、風俗通義十卷、理惑論一卷、古今注三卷、廣成子解一卷、叔苴子八卷、鬱離子一卷、空洞子一卷、海沂子五卷、燕丹子三卷、玉泉子一卷、金華子雜編二卷、山海經十八卷、山海經圖贊一卷）

350000 – 2001 – 0015369　082.6/842 ＝ 3
子書百家一百一種　（清）崇文書局輯　清光緒元年(1875)湖北崇文書局刻本　七十三冊　存七十種三百八十卷（孔子家語十卷、孔子集語二卷、荀子三卷、孔叢子二卷、新語二卷、忠經一卷、新書十卷、鹽鐵論二卷、說苑二十卷、揚子法言一卷、方言十三卷、潛夫論十卷、申鑒五卷、中論二卷、傳子一卷、文中子中說一卷、續孟子二卷、伸蒙子三卷、素履子三卷、鬻子知言六卷附錄一卷疑義一卷、薛子道論三卷、海樵子一卷、六韜三卷、孫子三卷、吳子二卷、司馬法一卷、尉繚子二卷、素書一卷、心書一卷、何博士備論二卷、宋丞相李忠定公輔政本末一卷、管子二十四卷、晏子春秋八卷、商子五卷、鄧子　卷、尸子二卷、韓非子二十卷、齊民要術十卷雜說一卷、太玄經十卷、焦氏易林四卷、鬻子一卷補一卷、計倪子一卷、於陵子一卷、子華子二卷、墨子十六卷附篇目考一卷、尹文子一卷、慎子一卷、公孫龍子一卷、鬼谷子一卷、呂氏春秋二十六卷、淮南鴻烈解二十一卷、金樓子六卷、劉子二卷、顏氏家訓二卷、獨斷一卷、論衡三十卷、白虎通德

論四卷、風俗通義十卷、理惑論一卷、古今注三卷、廣成子解一卷、叔苴子八卷、鬱離子一卷、空洞子一卷、海沂子五卷、燕丹子三卷、玉泉子一卷、金華子雜編二卷、山海經十八卷、山海經圖贊一卷）

350000－2001－0015370　027.6/938－2
欽定春秋左傳讀本三十卷　（清）英和等撰　清刻十三經讀本本　十五冊　存二十八卷（三至三十）

350000－2001－0015371　121.31/660.1
墨子十六卷　（戰國）墨翟撰　（清）畢沅校注　清光緒二十三年（1897）上海圖書集成局鉛印子書二十二種本　一冊

350000－2001－0015372　021.6/867＝1
十三經注疏三百八十三卷　（□）□□輯　清嘉慶三年（1798）金閶書業堂刻本　一百二十一冊　存三百十一卷（周易兼義九卷周易略例一卷、尚書註疏二十卷、毛詩注疏二十卷、春秋左傳注疏六十卷、周禮註疏四十二卷、儀禮註疏十七卷、春秋公羊註疏二十八卷、春秋穀梁註疏二十卷、爾雅註疏十一卷、禮記註疏六十三卷、論語註疏解經二十卷）

350000－2001－0015373　722/736
小學彙函十四種　（清）鍾謙鈞等輯　清同治十二年（1873）粵東書局刻古經解彙函十六種本　二十一冊　存十二種一百十三卷（輶軒使者絕代語釋別國方言十三卷、正補遺一卷、釋名八卷、廣雅十卷、匡謬正俗八卷、急就篇一卷、說文解字十五卷、說文解字通釋四十卷、說文解字繫傳校勘記三卷、說文解字篆韻譜五卷附錄一卷、大廣益會玉篇三卷、干祿字書一卷、五經文字三卷、新加九經字樣一卷）

350000－2001－0015374　021.6/844－2
十三經註疏三百三十三卷　（□）□□輯　明崇禎元年至十二年（1628－1639）毛氏汲古閣刻本　七十二冊　存一百七十卷（毛詩註疏二十卷、周禮註疏四十二卷、春秋左傳註疏六十卷、春秋公羊註疏二十八卷、論語註疏解經二十卷）

350000－2001－0015375　021.6/844－3
十三經註疏三百三十三卷　（□）□□輯　明崇禎元年至十二年（1628－1639）毛氏汲古閣刻清順治重修本　九十七冊　缺十一卷（春秋左傳註疏一至十一）

350000－2001－0015376　021/736－2＝1
古經解彙函十六種　（清）鍾謙鈞等輯　清同治十二年（1873）粵東書局刻本　五十一冊　存十四種二百三十六卷（鄭氏周易注三卷補遺一卷、陸氏周易述一卷、周易集解一至四、周易口訣義四至六、毛詩草木鳥獸蟲魚疏二卷、春秋繁露十七卷題跋附錄一卷、春秋釋例十五卷、春秋啖趙集傳纂例十卷、春秋微旨三卷、春秋啖趙二先生集傳辯疑十卷、論語集解義疏十卷、論語筆解二卷、鄭志三卷補遺一卷、小學彙函十四種一百五十卷）

350000－2001－0015377　082.6/842＝4
子書百家一百一種　（清）崇文書局輯　清光緒元年（1875）湖北崇文書局刻本　五十二冊　存五十六種一百五十六卷（孔子集語二卷、荀子三卷、孔叢子二卷、新語二卷、忠經一卷、新書十卷、鹽鐵論二卷、揚子法言一卷、方言十三卷、潛夫論十卷、申鑒五卷、中論二卷、傅子一卷、文中子中說一卷、續孟子二卷、伸蒙子三卷、素履子三卷、薛子道論三卷、海樵子一卷、六韜三卷、孫子三卷、吳子二卷、司馬法一卷、尉繚子二卷、素書一卷、心書一卷、何博士備論二卷、宋丞相李忠定公輔政本末一卷、晏子春秋八卷、商子五卷、鄧子一卷、尸子二卷、焦氏易林四卷、鶡子一卷補一卷、計倪子一卷、於陵子一卷、子華子二卷、尹文子一卷、慎子一卷、公孫龍子一卷、鬼谷子一卷、金樓子六卷、劉子二卷、顏氏家訓二卷、白虎通德論四卷、風俗通義十卷、理惑論一卷、古今注三卷、廣成子解一卷、空洞子一卷、海沂子五卷、燕丹子三卷、玉泉子一卷、金華子雜編二卷、山海經圖贊一卷、山海經補注一卷）

350000－2001－0015378　021.6/844－3＝1
十三經註疏三百三十三卷　（□）□□輯　明崇禎元年至十二年（1628－1639）毛氏汲古閣

刻清順治重修本　七十九冊　存二百一卷
（毛詩註疏八至二十、周禮註疏一至三十七、
儀禮註疏十七卷、禮記註疏六十三卷、春秋左
傳註疏六十卷、爾雅注疏十一卷）

350000－2001－0015379　122/23.2
論衡三十卷　（漢）王充撰　清光緒元年
（1875）湖北崇文書局刻子書百家本　六冊

350000－2001－0015380　024.6/53－1
毛詩註疏二十卷　（漢）鄭玄箋　（唐）陸德明
音義　（唐）孔穎達疏　明崇禎三年（1630）毛
氏汲古閣刻十三經註疏本　十六冊

350000－2001－0015381　121.21/169
道德真經註四卷　（元）吳澄撰　清光緒元年
（1875）湖北崇文書局刻子書百家本　一冊

350000－2001－0015382　024.6/53－3
毛詩註疏二十卷　（漢）鄭玄箋　（唐）陸德明
音義　（唐）孔穎達疏　明崇禎三年（1630）毛
氏汲古閣刻清順治重修十三經註疏本　八冊
　存十三卷（二至三、七至十三、十七至二十）

350000－2001－0015383　025.8/661.2
禮記註疏六十三卷　（漢）鄭玄注　（唐）陸德
明音義　（唐）孔穎達疏　明崇禎十二年
（1639）毛氏汲古閣刻清順治重修十三經注疏
本　五冊　存十六卷（四十五至六十）

350000－2001－0015384　121.17/384＝1
荀子三卷　（戰國）荀況撰　清光緒元年
（1875）湖北崇文書局刻子書百家本　二冊

350000－2001－0015385　025.8/442－8
禮記十卷　（元）陳澔著　明崇禎十四年
（1641）毛氏汲古閣刻本　十冊

350000－2001－0015386　121.21/153－3
老子道德經二卷　（春秋）李耳撰　（三國魏）
王弼注　清光緒元年（1875）湖北崇文書局刻
子書百家本　一冊

350000－2001－0015387　022/26－1
周易兼義九卷　（三國魏）王弼注　（唐）孔穎
達正義　明崇禎四年（1631）毛氏汲古閣刻十

三經注疏本　四冊

350000－2001－0015388　122/23.2＝1
論衡三十卷　（漢）王充撰　清光緒元年
（1875）湖北崇文書局刻子書百家本　六冊

350000－2001－0015389　082.6/842＝5
子書百家一百一種　（清）崇文書局輯　清光
緒元年（1875）湖北崇文書局刻本　十八冊
存二十六種八十一卷（鹽鐵論二卷、揚子法言
一卷、方言十三卷、潛夫論十卷、申鑒五卷、中
論二卷、傅子一卷、文中子中說一卷、續孟子
二卷、伸蒙子三卷、素履子三卷、薛子道論三
卷、海樵子一卷、六韜三卷、孫子三卷、吳子二
卷、司馬法一卷、尉繚子二卷、素書一卷、心書
一卷、何博士備論二卷、宋丞相李忠定公輔政
本末一卷、晏子春秋八卷、商子五卷、鄧子一
卷、焦氏易林四卷）

350000－2001－0015390　029.8/182.2
論語註疏解經二十卷　（三國魏）何晏集解
（宋）邢昺疏　明崇禎十年（1637）毛氏汲古閣
刻清順治重修十三經註疏本　三冊

350000－2001－0015391　722.7/268－1
爾雅註疏十一卷　（晉）郭璞注　（宋）邢昺疏
　明崇禎元年（1628）毛氏汲古閣刻清順治重
修十三經註疏本　一冊　存五卷（三至七）

350000－2001－0015392　082.6/842＝6
子書百家一百一種　（清）崇文書局輯　清光
緒元年（1875）湖北崇文書局刻本　三十四冊
　存三十六種一百一卷（孔子集語二卷、荀子
三卷、孔叢子二卷、新語二卷、新書十卷、鹽鐵
論二卷、揚子法言一卷、方言十三卷、中論二
卷、傅子一卷、文中子中說一卷、續孟子二卷、
伸蒙子三卷、素履子三卷、薛子道論三卷、孫
子三卷、吳子二卷、司馬法一卷、何博士備論
二卷、宋丞相李忠定公輔政本末一卷、晏子春
秋八卷、商子五卷、鄧子一卷、焦氏易林四卷、
鬻子一卷補一卷、計倪子一卷、於陵子一卷、
子華子二卷、尹文子一卷、慎子一卷、公孫龍
子一卷、鬼谷子一卷、金樓子六卷、劉子二卷、
顏氏家訓二卷、白虎通德論四卷）

350000 – 2001 – 0015393　722.9/792 – 1

大廣益會玉篇三十卷　（南朝梁）顧野王撰
（唐）孫強增補　（清）朱彝尊儺挍　清同治十
二年(1873)粵東書局刻古經解彙函本　三冊

350000 – 2001 – 0015394　032.27/348 – 1

欽定古今圖書集成一萬卷　（清）陳夢雷
（清）蔣廷錫等輯　**附考證二十四卷**　（清）龍
繼棟撰　清光緒十六年至二十年（1890 –
1894）上海同文書局石印本　五千四十四冊

350000 – 2001 – 0015395　722/736 = 1

小學彙函十四種　（清）鍾謙鈞等輯　清同治
十二年(1873)粵東書局刻古經解彙函十六種
本　十一冊　存四種二十卷（匡謬正俗八卷、
急就篇一卷、大宋重修廣韻五卷、廣韻五卷首
一卷）

350000 – 2001 – 0015396　021/736 – 2 = 2

古經解彙函十六種　（清）鍾謙鈞等輯　清同
治十二年(1873)粵東書局刻本　十二冊　存
三種三十六卷（春秋釋例十五卷、春秋啖趙集
傳纂例十卷、春秋啖趙二先生集傳辯疑十卷
附一卷）

350000 – 2001 – 0015397　722/736 = 2

小學彙函十四種　（清）鍾謙鈞等輯　清同治
十二年(1873)粵東書局刻古經解彙函十六種
本　十二冊　存三種六十四卷（說文解字十
五卷、說文解字通釋四十卷、說文解字繫傳校
勘記三卷、說文解字篆韻譜五卷附錄一卷）

350000 – 2001 – 0015398　021.6/844 – 4

十三經註疏三百三十三卷　（□）□□輯　明
崇禎元年至十二年（1628 – 1639）毛氏汲古閣
刻本　七冊　存四十八卷（春秋公羊註疏二
十八卷、春秋穀梁註疏二十卷）

350000 – 2001 – 0015399　021.6/247 = 2

十三經古注二百九十卷　（明）金蟠　（明）葛
鼒校　清同治八年(1869)浙江書局刻本　三
十七冊　存二百二十六卷（周易畧例一、周易
一至五，書經一至十九，詩經二十卷，儀禮九
至十七，周禮一至九、十一至四十二，禮記十
六至四十八，春秋左傳七至三十，春秋穀梁傳

二十卷，爾雅一至十一，論語二十卷，孝經九
卷,孟子十四卷）

350000 – 2001 – 0015400　021.6/844 – 5

十三經註疏附考證　（□）□□輯　清同治十
年(1871)刻本　六十四冊　存一百七十五卷
（毛詩注疏五至三十，周禮注疏四十二卷,儀
禮注疏十七卷，禮記注疏六十三卷，春秋左傳
注疏一至六、二十八至三十九,爾雅注疏三至
十一）

350000 – 2001 – 0015401　032.2/935 – 2

御定駢字類編二百四十卷　（清）吳士玉
（清）張廷璐等總裁　（清）沈宗敬　（清）張
縉等纂修　（清）張廷玉　（清）蔣廷錫等校對
　清雍正刻本　一百二十冊

350000 – 2001 – 0015402　862.908/841.71 = 2

古今說部叢書十集三百七十五卷　國學扶輪
社輯　清宣統二年至民國二年（1910 – 1913）
鉛印本　三十三冊　缺八十五種一百二十四
卷（漁洋感舊集小傳四卷補遺一卷、袖中記一
卷、玄亭涉筆一卷、荔枝譜一卷、嶠南瑣記二
卷、志怪錄一卷、集靈記一卷、祥異記一卷、風
騷旨格一卷、灌畦暇語一卷、春雨雜述一卷、
天爵堂筆餘一卷、資暇錄一卷、戲瑕一卷、玉
笑零音一卷、竹坡老人詩話一卷、筆經一卷、
膳夫錄一卷、林下盟一卷、餅花譜一卷、攝生
要錄一卷、滇行日錄一卷、太清記一卷、寓簡
一卷、志雅堂雜抄一卷、浩然齋視聽抄一卷、
誠齋雜記一卷、顧曲雜言一卷、北牕瑣語一
卷、譚輅一卷、分甘餘話二卷、征緬紀略一卷、
高坡異纂三卷、瓠里子筆談一卷、遣戍伊犁日
記一卷、然脂百一編六種六卷、玉照新志四
卷、王文正筆錄一卷、舤不舤錄一卷、暌車志
一卷、說聽二卷、石林詩話三卷、然燈紀聞一
卷、律詩定體一卷、聲調譜一卷、談龍錄一卷、
西湖秋柳詞一卷、幽夢影二卷、幽夢續影一
卷、匡廬紀遊一卷、安南紀遊一卷、涪翁雜說
一卷、湖壖雜記一卷、簪雲樓雜說一卷、天香
樓偶得一卷、笪廊偶筆二卷、楓窗小牘二卷、
幸蜀記一卷、談助一卷、庚已編四卷、樊榭山
房集外詩一卷、碧雞漫志一卷、仿園清語一

卷、賜硯齋題畫偶錄一卷、九華新譜一卷、塵餘一卷、泰山紀勝一卷、孫公談圃三卷、玉澗雜書一卷、道山清話一卷、天祿識餘二卷、歸田詩話三卷、麓堂詩話一卷、明季詠史百一詩一卷、竹垞小志五卷、閩小記二卷、龍輔女紅餘志二卷、酒顛二卷、救文格論一卷、師友詩傳錄一卷、師友詩傳續錄一卷、金石要例一卷、貯香小品八至九、語新二卷、黃嬭餘話四至八）

350000 – 2001 – 0015403　021.5/557 – 3
十一經音訓不分卷　（清）楊國楨輯　清光緒三年（1877）湖北崇文書局刻本　十三冊　存六種（詩經音訓不分卷、周禮音訓不分卷、儀禮音訓不分卷、春秋左傳音訓不分卷、春秋公羊傳音訓不分卷、春秋穀梁傳音訓不分卷）

350000 – 2001 – 0015404　032.2/955
觀我齋分類中外涉世通書不分卷　（□）□□輯　清末石印本　一冊

350000 – 2001 – 0015405　021/11 – 1
萬充宗先生經學五書十九卷　（清）萬斯大撰　清嘉慶元年（1796）刻本　四冊

350000 – 2001 – 0015406　082.17/136.4
浙刻雙池遺書八種　（清）汪紱撰　清光緒二十二年（1896）浙江刻本　八冊

350000 – 2001 – 0015407　028/562 – 1
孝經衍義一百卷首二卷　（清）葉方藹　（清）張英等撰　清康熙武英殿刻本　三十冊

350000 – 2001 – 0015408　028/562
孝經衍義一百卷首二卷　（清）葉方藹　（清）張英等撰　清康熙三十年（1691）浙江刻本　三十冊

350000 – 2001 – 0015409　042.4/260 – 4
容齋隨筆十六卷首一卷續筆十六卷三筆十六卷四筆十六卷五筆十卷　（宋）洪邁撰　清光緒二十年（1894）刻本　十四冊

350000 – 2001 – 0015410　082.17/77 – 1
安吳四種　（清）包世臣撰　清咸豐元年（1851）刻本　十六冊

350000 – 2001 – 0015411　032.17/135 – 1
韻府拾遺一百六卷　（清）張廷玉等校勘（清）汪灝等纂修　清刻本　二十冊

350000 – 2001 – 0015412　042.4/260 – 4 = 1
容齋隨筆十六卷首一卷續筆十六卷三筆十六卷四筆十六卷五筆十卷　（宋）洪邁撰　清光緒二十年（1894）刻本　十六冊

350000 – 2001 – 0015413　032.17/135 – 1 = 1
韻府拾遺一百六卷　（清）張廷玉等校勘（清）汪灝等纂修　清刻本　二十冊

350000 – 2001 – 0015414　032.17/428 – 6
韻府拾遺一百六卷　（清）張廷玉等校勘（清）汪灝等纂修　清刻本　二十冊

350000 – 2001 – 0015415　042.4/21 – 11
校訂困學紀聞集證二十卷　（宋）王應麟撰（清）閻若璩等箋　清道光刻本　十冊

350000 – 2001 – 0015416　032.17/428 – 41
佩文韻府一百六卷　（清）張玉書等彙閱（清）蔡升元等纂修　**韻府拾遺一百六卷**（清）張廷玉等校勘　（清）汪灝等纂修　清嶺南潘氏海山仙館刻本　一百六十冊

350000 – 2001 – 0015417　082.17/762
魏稼孫全集四卷　（清）魏錫曾撰　清光緒九年（1883）刻本　十二冊

350000 – 2001 – 0015418　021.8/162 – 3
經籍籑詁一百六卷首一卷　（清）阮元撰集　清刻本　五十九冊

350000 – 2001 – 0015419　032.6/326.5
讀書紀數略五十四卷　（清）宮夢仁纂輯　清康熙刻本　十二冊

350000 – 2001 – 0015420　032.2/169 – 3
子史精華一百六十卷　（清）允祿等監修（清）吳士玉　（清）吳襄等輯　清乾隆、嘉慶刻本　三十冊

350000 – 2001 – 0015421　082.17/393.1
徐氏褉著四種　（清）徐大椿撰　清光緒十九年（1893）上海圖書集成印書局鉛印本　一冊

350000－2001－0015422　082.77/4.1

月河精舍叢鈔五種 （清）丁寶書輯　清光緒四年至十二年（1878－1886）歸安丁寶書刻本　二十四冊

350000－2001－0015423　082.17/598.1

甌北全集一百七十六卷 （清）趙翼撰　清乾隆、嘉慶陽湖趙氏湛貽堂刻本　四十八冊　缺五十三卷（甌北集五十三卷）

350000－2001－0015424　082.17/432

寒松閣集五種 （清）張鳴珂撰　清光緒十年至二十年（1884－1894）嘉興張氏刻本　五冊

350000－2001－0015425　082.17/314－1

第一樓叢書九種三十卷 （清）俞樾撰　清同治十年（1871）刻春在堂全書本　八冊

350000－2001－0015426　082.77/421.1

小兒書輯八種 （清）張承燮輯　清光緒二十七年（1901）刻東聽雨堂刊書本　三冊

350000－2001－0015427　032.27/165－4

子史精華一百六十卷 （清）吳士玉　（清）張廷璐等總裁　（清）吳襄　（清）沈宗敬等纂修　（清）張廷玉　（清）蔣廷錫等校對　清光緒十年（1884）上海同文書局石印本　八冊

350000－2001－0015428　032.27/165－1

子史精華一百六十卷 （清）允祿等監修（清）吳士玉　（清）吳襄等輯　清雍正刻本　三十六冊

350000－2001－0015429　082.17/27.1

西學輯存六種六卷 （清）王韜輯　清光緒十五年至十六年（1889－1890）鉛印本　二冊

350000－2001－0015430　862.908/841.71＝3

古今說部叢書十集三百七十五卷 國學扶輪社輯　清宣統二年至民國二年（1910－1913）鉛印本　五十九冊　缺二卷（閩小記一至二）

350000－2001－0015431　032.27/165－1＝1

子史精華一百六十卷 （清）允祿等監修（清）吳士玉　（清）吳襄等輯　清雍正刻本　四十八冊

350000－2001－0015432　862.908/841.71＝4

古今說部叢書十集三百七十五卷 國學扶輪社輯　清宣統二年至民國二年（1910－1913）鉛印本　七冊　存四十二種五十七卷（漢官儀一卷、獻帝春秋一卷、九州春秋一卷、三國典略一卷、會稽典錄一卷、魏春秋一卷、鄴中記一卷、羣輔錄一卷、晉陽秋一卷、續晉陽秋一卷、晉中興書一卷、次柳氏舊聞一卷、曲洧舊聞一卷、長物志十二卷、海內十洲記一卷、列仙傳一卷、搜神記一卷、搜神後記一卷、冥祥記一卷、述異記一卷、林下清錄一卷、真率筆記一卷、致虛雜俎一卷、下帷短牒一卷、燕閒錄一卷、春風堂隨筆一卷、枕譚一卷、羣碎錄一卷、蜀檮紀聞一卷、南中紀聞一卷、桂海果志一卷、桂海蟲魚志一卷、還冤記一卷、天山客話一卷、艾子後語一卷、猥談一卷、半村野人閒談一卷、蓉塘紀聞一卷、蓬軒吳記二卷、蓬軒別記一卷、吳中故語一卷、觚賸五至八）

350000－2001－0015433　032.27/165－2

子史精華一百六十卷 （清）允祿等監修（清）吳士玉　（清）吳襄等輯　清嘉慶刻本　四十四冊

350000－2001－0015434　082.77/430.5

入幕須知五種附一種 （清）張廷驤輯　清光緒十八年（1892）浙江書局刻本　六冊

350000－2001－0015435　025.92/393－3

讀禮通考一百二十卷 （清）徐乾學撰　清康熙三十五年（1696）徐樹穀刻本　二十冊

350000－2001－0015436　032.24/151－1

太平御覽一千卷目錄十卷 （宋）李昉等纂　清嘉慶二十三年（1818）鮑崇城刻本　一百二十冊

350000－2001－0015437　032.27/429－1

記事珠十卷 （清）張以謙原稿　（清）王燮廷原校　（清）張剛重訂　清同治十三年（1874）刻本　十冊

350000－2001－0015438　027/431＝1

春秋屬辭辨例編六十卷首二卷序目一卷

（清）張應昌學　清同治十二年(1873)江蘇書局刻本　三十二冊

350000－2001－0015439　032.27/165－3

子史精華一百六十卷　（清）允祿等監修（清）吳士玉　（清）吳襄等輯　清雍正刻本　三十二冊

350000－2001－0015440　021/21＝2

經義述聞三十二卷　（清）王引之撰　清道光七年(1827)京師壽藤書屋刻本　十六冊

350000－2001－0015441　032.27/165－4

子史精華一百六十卷　（清）允祿等監修（清）吳士玉　（清）吳襄等輯　清刻本　三十六冊

350000－2001－0015442　082.17/359－1

隨園三十六種　（清）袁枚撰輯　清光緒石印本　二十四冊

350000－2001－0015443　082.92/27－11

增訂漢魏叢書八十六種　（清）王謨輯　清乾隆五十六年(1791)金谿王氏刻本　一百三十九冊

350000－2001－0015444　021.3/942－1

御纂七經五種二百九十四卷　（清）□□輯　清同治十年(1871)湖北崇文書局刻本　一百六十九冊

350000－2001－0015445　025/348＝1

五禮通考二百六十二卷首四卷總目二卷　（清）秦蕙田編輯　（清）方觀承訂　清乾隆刻本　一百二十冊

350000－2001－0015446　025.92/393－3＝1

讀禮通考一百二十卷　（清）徐乾學撰　清康熙三十五年(1696)徐樹毅刻本　三十六冊

350000－2001－0015447　025.92/393－3＝2

讀禮通考一百二十卷　（清）徐乾學撰　清康熙三十五年(1696)徐樹毅刻本　四十二冊

350000－2001－0015448　032.2/491－3

增補事類統編九十三卷首一卷　（清）黃葆真增輯　（清）何立中校字　清道光二十六年

(1846)丹陽黃氏敦好堂刻本　三十二冊

350000－2001－0015449　032.2/656

策學備纂三十二卷首一卷　（清）蔡啓盛（清）吳穎炎輯　清光緒十四年(1888)上海點石齋石印本　四十八冊

350000－2001－0015450　042.4/260－3

容齋隨筆十六卷首一卷續筆十六卷三筆十六卷四筆十六卷五筆十卷　（宋）洪邁撰　清同治十一年(1872)新豐洪氏刻光緒元年(1875)印本　十四冊

350000－2001－0015451　042.6/15＝5

通雅五十二卷首三卷　（清）方以智輯著　清康熙五年(1666)姚氏浮山此藏軒刻本　十二冊　缺六卷(四十七至五十二)

350000－2001－0015452　032.27/677

策府統宗六十五卷目錄二卷　（清）劉昌齡輯　清光緒十五年(1889)鴻文書局石印本　二十冊

350000－2001－0015453　082.78/600－1＝2

峭帆樓叢書十八種　趙詒琛輯　清宣統三年至民國八年(1911－1919)趙氏刻本　二十冊

350000－2001－0015454　082.16/249

周孟侯先生全書五種三十五卷　（清）周拱辰撰　清道光二十七年（1847)刻光緒元年(1875)補修本　十冊

350000－2001－0015455　032.27/940

時務通攷三十一卷　題(清)杞廬主人輯　清光緒二十三年(1897)上海點石齋石印本　二十冊

350000－2001－0015456　082.14/718

謝疊山先生評注四種合刻　（宋）謝枋得著　清光緒九年(1883)刻本　四冊

350000－2001－0015457　082.77/409－9＝1

榆園叢刻十六種　（清）許增輯　清同治、光緒間刻本　十二冊

350000－2001－0015458　082.17/494－2

梨洲遺書彙刊三十三種　（清）黃宗羲撰　清

宣統二年（1910）上海時中書局鉛印本　二
十冊

350000－2001－0015459　085/944

西學啓蒙十六種　（英國）赫德輯　（英國）艾
約瑟譯　清光緒二十二年（1896）上海著易堂
書局鉛印本　十六冊

350000－2001－0015460　082.17/431

張文瑞集五種五十九卷　（清）張英撰　清光
緒二十三年（1897）桐城張氏刻本　二十冊

350000－2001－0015461　021/104

經義考三百卷　（清）朱彝尊錄　（清）李濤校
　總目二卷　（清）盧見曾編　清康熙刻乾隆
二十年（1755）盧見曾增補四十二年（1777）汪
汝瑮重印本　五十冊

350000－2001－0015462　032.27/940.1

時務通攷續編三十一卷　題（清）杞廬主人輯
　清光緒二十七年（1901）上海點石齋石印本
十六冊

350000－2001－0015463　082.17/527.2

曾文正公四種十七卷　（清）曾國藩等撰　清
光緒三十一年（1905）上海商務印書館鉛印本
　八冊

350000－2001－0015464　082.6/840＝5

二十二子三百三十九卷　（清）浙江書局輯
清光緒浙江書局刻本　八十三冊

350000－2001－0015465　852.47/388＝1

楚蒙山房文集二十卷　（清）晏斯盛撰　清乾
隆八年（1743）新喻晏氏刻本　三十二冊

350000－2001－0015466　082.17/550

雷氏遺書二種三卷　（清）雷廷珍學　清光緒
二十八年（1902）貴陽刻本　三冊

350000－2001－0015467　042.537＝2

通藝錄二十一種　（清）程瑤田撰　清嘉慶刻
本　二十冊

350000－2001－0015468　082.77/478

潮州耆舊集三十七卷　（清）馮奉初編　清道
光二十九年（1849）李氏愛吾鼎齋刻本　十

六冊

350000－2001－0015469　082.77/700.2

雅雨堂藏書十二種附一種　（清）盧見曾輯
清乾隆二十一年（1756）德州盧氏刻本　三十
四冊　存十一種一百二十九卷（戰國策三十
三卷、北夢瑣言二十卷、封氏聞見記十卷、文
昌雜錄六卷補遺一卷、李氏易傳十七卷附周
易音義一卷、鄭氏周易三卷、鄭司農集一卷、
周易乾鑿度二卷、尚書大傳四卷補遺一卷續
補遺一卷考異一卷、大戴禮記十三卷、摭言十
五卷）

350000－2001－0015470　042.4/24－7＝1

困學紀聞注二十卷　（宋）王應麟撰　（清）閻
若璩　（清）何焯等注　（清）屠繼序校補
（清）翁元圻輯　清道光五年（1825）餘姚守福
堂刻本　十二冊

350000－2001－0015471　021/104＝1

經義考三百卷　（清）朱彝尊錄　（清）李濤校
　總目二卷　（清）盧見曾編　清康熙刻乾隆
二十年（1755）盧見曾增補四十二年（1777）汪
汝瑮重印本　四十八冊

350000－2001－0015472　032.2/935＝1

御定駢字類編二百四十卷　（清）聖祖玄燁纂
　（清）沈宗敬等編　清光緒十三年（1887）上
海同文書局石印本　四十八冊

350000－2001－0015473　032.2/935＝2

御定駢字類編二百四十卷　（清）聖祖玄燁纂
　（清）沈宗敬等編　清光緒十三年（1887）上
海同文書局石印本　四十八冊

350000－2001－0015474　032.2/935＝3

御定駢字類編二百四十卷　（清）聖祖玄燁纂
　（清）沈宗敬等編　清光緒十三年（1887）上
海同文書局石印本　四十八冊

350000－2001－0015475　082.47/711＝1

後知不足齋叢書四十七種　（清）鮑廷爵輯
清光緒常熟鮑氏刻本　三十二冊

350000－2001－0015476　021/104－1

經義考三百卷　（清）朱彝尊錄　（清）李濤校

總目二卷　（清）盧見曾編　清光緒二十三年(1897)浙江書局刻本　五十冊

350000－2001－0015477　042.4/491－2
慈溪黃氏日抄分類九十七卷古今紀要十九卷　（宋）黃震編輯　清乾隆三十二年(1767)刻本　三十二冊

350000－2001－0015478　082.78/227
經史百家序錄不分卷　湯壽潛輯　清光緒二十九年(1903)瀘州開智書局鉛印本　十六冊

350000－2001－0015479　082.77/106.1
粵十三家集一百九十一卷　（清）伍元薇輯　清道光二十年(1840)南海伍氏詩雪軒刻本　四十冊

350000－2001－0015480　021/21－2
經義述聞三十二卷　（清）王引之撰　清嘉慶二十二年(1817)刻本　二十四冊

350000－2001－0015481　021/104＝2
經義考三百卷　（清）朱彝尊錄　（清）李濤校　總目二卷　（清）盧見曾編　清康熙刻乾隆二十年(1755)盧見曾增補四十二年(1777)汪汝瑮重印本　四十八冊

350000－2001－0015482　082.77/622.2＝2
海山仙館叢書五十六種　（清）潘仕成輯　清道光、咸豐番禺潘氏刻本　一百二十冊

350000－2001－0015483　082.77/622.2＝3
海山仙館叢書五十六種　（清）潘仕成輯　清道光、咸豐番禺潘氏刻本　一百二十冊

350000－2001－0015484　032.2/444
分類時務通纂三百卷　（清）陳昌紳輯　清光緒二十八年(1902)上海文瀾書局石印本　六十三冊

350000－2001－0015485　082.17/37＝1
顨軒孔氏所著書七種六十卷　（清）孔廣森撰　清乾隆五十七年至嘉慶二十二年(1792－1817)曲阜孔氏刻本　十二冊

350000－2001－0015486　032.2/491－2
增補事類統編九十三卷首一卷　（清）黃葆真

增輯　（清）何立中校字　清道光二十六年(1846)刻本　四十冊

350000－2001－0015487　032.2/444＝1
分類時務通纂三百卷　（清）陳昌紳輯　清光緒二十八年(1902)上海文瀾書局石印本　四十七冊

350000－2001－0015488　021.2/661＝1
六經圖二十四卷　（清）鄭之僑編輯　清乾隆九年(1744)潮陽鄭氏述堂刻本　十二冊

350000－2001－0015489　021.2/661＝2
六經圖二十四卷　（清）鄭之僑編輯　清乾隆九年(1744)潮陽鄭氏述堂刻本　十二冊

350000－2001－0015490　032.2/965.1
分類字錦六十四卷　（清）何焯等纂　清雍正刻本　六十四冊

350000－2001－0015491　082.17/394
雅歌堂全集四十二卷　（清）徐經著　（清）陳春淑參訂　清光緒二年(1876)潭陽徐氏刻本　十六冊　存四十一卷（雅歌堂文集二十二卷、雅歌堂外集十二卷、雅歌堂甃坪詩話二卷、雅歌堂慎陟集詩鈔五卷）

350000－2001－0015492　082.6/840＝6
二十二子三百三十九卷　（清）浙江書局輯　清光緒浙江書局刻本　八十冊

350000－2001－0015493　032.2/656－1
策學備纂三十二卷首一卷　（清）蔡啓盛（清）吳潁炎輯　清光緒二十三年(1897)上海點石齋石印本　四十八冊

350000－2001－0015494　082.77/106＝2
粵雅堂叢書三編三十集一百八十四種　（清）伍崇曜輯　清道光至光緒間南海伍氏刻本　三百五十九冊

350000－2001－0015495　082.77/106＝3
粵雅堂叢書三編三十集一百八十四種　（清）伍崇曜輯　清道光至光緒間南海伍氏刻本　三百二十九冊

350000－2001－0015496　032.27/428－4

淵鑑類函四百五十卷目錄四卷 (清)張英 (清)王士禛等纂輯 清康熙刻本 一百六十冊

350000－2001－0015497 082.17/61＝2
左文襄公全集一百三十三卷首一卷 (清)左宗棠撰 清光緒刻本 八十六冊

350000－2001－0015498 021/705＝1
經苑二十五種 (清)錢儀吉輯 清道光、咸豐大梁書院刻同治七年(1868)王儒行等印本 七十六冊

350000－2001－0015499 021.1/255－3
仿宋相臺五經附考證 (□)□□輯 清乾隆四十八年(1783)武英殿刻本 三十六冊

350000－2001－0015500 082.77/4
皇朝蓄艾文編八十卷目錄一卷 (清)于寶軒輯 清光緒二十九年(1903)上海官書局鉛印本 三十六冊

350000－2001－0015501 082.17/26－7＝2
船山遺書五十六種附校勘記二卷 (清)王夫之撰 清同治四年(1865)湘鄉曾國荃金陵刻本 一百十二冊

350000－2001－0015502 021.1/837－1
皇朝五經彙解二百七十卷 題(清)抉經心室主人纂 清光緒十九年(1893)寶文書局石印本 三十三冊

350000－2001－0015503 082.76/406＝1
稗海十函七十種 (明)商濬輯 明萬曆會稽商氏半埜堂刻清康熙振鷺堂增補本 五十冊

350000－2001－0015504 021.1/255.7
相臺書塾刊正九經三傳沿革例一卷 (宋)岳珂撰 清光緒元年(1875)湖北崇文書局刻崇文書局彙刻書本 一冊

350000－2001－0015505 032.2/428－1＝1
古香齋新刻袖珍淵鑑類函四百五十卷目錄四卷 (清)張英等纂 清刻本 一百七十冊

350000－2001－0015506 018.217/320－1＝2
欽定四庫全書總目二百卷首一卷 (清)紀昀等編 清同治七年(1868)廣東書局刻本 一百十九冊

350000－2001－0015507 082.77/710＝2
知不足齋叢書二百六種 (清)鮑廷博輯 (清)鮑志祖續輯 清乾隆至道光間長塘鮑氏知不足齋刻本 一百三十九冊

350000－2001－0015508 032.17/428－5
佩文韻府一百六卷 (清)張玉書等彙閱 (清)蔡升元等纂修 **韻府拾遺一百六卷** (清)張廷玉等校勘 (清)汪灝等纂修 清光緒二十一年(1895)上海點石齋石印本 二十四冊

350000－2001－0015509 025.8/577
寄傲山房塾課纂輯禮記全文備旨十一卷 (清)鄒聖脉纂輯 (清)鄒廷猷編次 (清)鄒景揚等校訂 清刻本 六冊

350000－2001－0015510 909.4/ф214＝2
唐昭陵石蹟考畧五卷 (清)林侗纂輯 **唐昭陵陪葬名氏攷一卷** (清)馮縉纂輯 **漢魏碑刻紀存一卷** (清)謝道承編 清嘉慶二十四年(1819)馮縉刻本 二冊 存六卷(石蹟考畧五卷、陪葬名氏攷一卷)

350000－2001－0015511 082.17/15.2＝1
抗希堂十六種 (清)方苞撰 清康熙至嘉慶間桐城方氏抗希堂刻本 二十八冊 存九種一百二十二卷(周官集注十二卷、周官析疑三十六卷、考工記析疑四卷、周官辨一卷、春秋直解十二卷、春秋通論四卷、春秋比事目錄四卷、禮記析疑四十八卷、喪禮或問一卷)

350000－2001－0015512 032.17/428－41＝1
佩文韻府一百六卷 (清)張玉書等彙閱 (清)蔡升元等纂修 **韻府拾遺一百六卷** (清)張廷玉等校勘 (清)汪灝等纂修 清嶺南潘氏海山仙馆刻本 一百三十八冊

350000－2001－0015513 722.8/165
隸書正譌二卷 (明)吳元滿輯 清乾隆鄭氏刻鄭氏注韓居七種本 一冊

350000－2001－0015514 082.17/15.2＝2

抗希堂十六種 （清）方苞撰 清康熙至嘉慶間桐城方氏抗希堂刻本 六冊 存二種十八卷（儀禮析疑十七卷、喪禮或問一卷）

350000－2001－0015515 852.46/ф662＝1
鄭少谷先生全集二十四卷首一卷 （明）鄭善夫著 （清）鄭炳文校 清道光四年（1824）鄭炳文刻本 十冊

350000－2001－0015516 852.87/135.2
韓門綴學五卷續編一卷 （清）汪師韓撰 清乾隆刻上湖遺集本 二冊

350000－2001－0015517 929.632/575－1
[道光]大定府志六十卷 （清）黃宅中修（清）鄒漢勳纂 清道光三十年（1850）刻本 二十冊

350000－2001－0015518 909.4/ф214＝3
唐昭陵石蹟考署五卷 （清）林侗纂輯 唐昭陵陪葬名氏攷一卷 （清）馮繾纂輯 漢魏碑刻紀存一卷 （清）謝道承編 清嘉慶二十四年（1819）馮繾刻本 一冊

350000－2001－0015519 822.196/ф491＝1
船司空雅集錄一卷 （清）黃嘉爾輯 清光緒十一年（1885）豫章刻本 一冊

350000－2001－0015520 852.87/162.6＝1
瀛舟筆談十二卷首一卷 （清）阮亨撰 清嘉慶二十五年（1820）刻本 四冊

350000－2001－0015521 822.196/ф646＝1
鄧尚書林文忠公唱和詩詞合刻一卷 （清）鄧廷楨 （清）林則徐撰 清宣統元年（1909）江浦陳氏刻本 一冊

350000－2001－0015522 ф999.1/920
[福建]林氏開閩分支總譜不分卷 （清）□□纂修 清道光二十三年（1843）林氏刻本 一冊

350000－2001－0015523 832.97/65.1
空谷香傳奇二卷三十齣 （清）蔣士銓填詞（清）高東井題評 清乾隆刻紅雪樓九種曲本 一冊 存一卷（上）

350000－2001－0015524 992.25/247
合肥相國七十賜祝壽圖不分卷附壽言一卷
（清）羅豐祿等輯 清光緒海軍石印書局朱墨套色石印本 一冊

350000－2001－0015525 722.2/ф22－6
古書十種引說文校異十八卷 （清）王元穉撰 稿本 十八冊

350000－2001－0015526 822.13/935.2
唐四家詩二十卷 （清）胡鳳丹輯 清光緒三十四年（1908）鉛印本 一冊 存一卷（王輞川集一）

350000－2001－0015527 822.1991/934
六如亭題詠鈔一卷 （清）尹秉綬輯 清末抄本 一冊

350000－2001－0015528 852.47/441＝1
陳清端文集九卷 （清）陳璸撰 清同治七年（1868）羊城富文齋刻本 一冊 存二卷（一至二）

350000－2001－0015529 082.47/970－2＝1
武英殿聚珍版書一百二十三種 （清）高宗弘曆勅纂 （清）□□輯 清乾隆福建刻本 十二冊 存五種三十九卷（吳園周易解九卷附錄一卷、禹貢說斷四卷、詩總聞二十卷、春秋傳說例一卷、論語意原四卷）

350000－2001－0015530 021.4/ф558＝2
九經圖不分卷 （清）楊魁植輯 （清）楊文源增訂 清乾隆三十七年（1772）信芳書房刻本 六冊 存四種（禮記圖不分卷、周禮圖不分卷、儀禮圖不分卷、春秋圖不分卷）

350000－2001－0015531 ф025.8/442－1
禮記音訓不分卷 （清）楊國楨編 清道光十一年（1831）大梁書院刻光緒閩省宏文閣印十一經音訓本 四冊

350000－2001－0015532 025.8/442－9
禮記十卷 （元）陳澔集說 清刻本 六冊

350000－2001－0015533 348/942
禁煙條例一卷秋審條款一卷 （清）善者等訂

清宣統二年（1910）鉛印本　一冊

350000－2001－0015534　897.1/575.7
對聯大全四卷　（清）鄒屏翰選　清光緒十年（1884）刻本　一冊　存二卷（一至二）

350000－2001－0015535　025.66/162
考工記車制圖解二卷　（清）阮元學　清乾隆七錄書館刻本　一冊

350000－2001－0015536　822.47/ф444.4＝1
陳太史試帖詳註二卷　（清）陳壽祺著　（清）李虇堯註　清道光二十六年（1846）刻本　一冊

350000－2001－0015537　082.17/27.2
王菉友九種　（清）王筠撰　清道光、咸豐刻本　二冊　存四種四卷（毛詩重言一卷、毛詩雙聲疊韻說一卷、弟子職正音一卷、夏小正正義一卷）

350000－2001－0015538　852.47/ф675＝1
劉龕石先生詩文集（天潮閣集）十二卷　（清）劉坊撰　（清）曾其悝　（清）曾道揚閱　（清）曾珩編次　（清）曾魯較字　清康熙六十年（1721）上杭周維慶剞錦齋刻本　二冊

350000－2001－0015539　897.1/ф181＝1

榕嶠聯吟二卷　（清）郭柏蔭編　清光緒三年（1877）刻本　一冊

350000－2001－0015540　929.0266/244＝1
曹江孝女廟誌八卷首一卷末一卷補遺一卷　（清）阮元鑒定　（清）金廷棟編輯　清光緒八年（1882）刻本　二冊

350000－2001－0015541　822.196/936
西陵倡和集□□卷　（清）曹爾堪等著　（清）朱孔照　（清）程邑訂　清順治、康熙刻本　一冊　存二卷（余□□一卷、曹爾堪一卷）

350000－2001－0015542　032.2/ф403－1
策學類編四卷　（清）梁劍華纂輯　（清）林斗南註釋　清乾隆三十年（1765）刻本　四冊

350000－2001－0015543　927.038/939.1
［光緒二十三年］十八省正副榜同年全錄不分卷　（清）□□輯　清光緒刻本　二冊

350000－2001－0015544　082.92/27－11＝1
增訂漢魏叢書八十六種　（清）王謨輯　清乾隆五十六年（1791）金谿王氏刻本　一冊　存三種七卷（枕中書一卷、佛國記一卷、伽藍記五卷）